U0610216

全国旅游职业教育教学指导委员会
2017年科研项目（LZW201714）

旅游职业教育

旅游大类专业课程标准研制研究

主　编◎叶志良　苏奕妓

副主编◎徐　洁　余　超

中国旅游出版社

项目策划：段向民

责任编辑：王 颖

责任印制：谢 雨

封面设计：何 杰

图书在版编目（CIP）数据

旅游职业教育旅游大类专业课程标准研制研究 / 叶
志良，苏奕姣主编 . —— 北京：中国旅游出版社，2018.6
　ISBN 978-7-5032-6062-9

　Ⅰ . ①旅… Ⅱ . ①叶… ②苏… Ⅲ . ①旅游教育—课
程标准—高等学校—教学参考资料 Ⅳ . ① F590

中国版本图书馆 CIP 数据核字（2018）第 138941 号

书　　　名：旅游职业教育旅游大类专业课程标准研制研究

作　　　者：叶志良　　苏奕姣主编

出版发行：中国旅游出版社

　　　　　（北京建国门内大街甲9号　邮编：100005）

　　　　　http://www.cttp.net.cn　E-mail:cttp@cnta.gov.cn

　　　　　营销中心电话：010-85166503

排　　版：北京旅教文化传播有限公司

经　　销：全国各地新华书店

印　　刷：河北省三河市灵山芝兰印刷有限公司

版　　次：2018年6月第1版　2018年6月第1次印刷

开　　本：787毫米×1092毫米　1/16

印　　张：61.25

字　　数：1414千字

定　　价：199.00元

ISBN　978-7-5032-6062-9

版权所有　翻印必究

如发现质量问题，请直接与营销中心联系调换

‖ 前 言 ‖

旅游大类专业课程标准研制的整体构想

2017 年 10 月，全国旅游职业教育教学指导委员会颁发《全国旅游职业教育教学指导委员会 2017 年科研立项通知书》（旅指委〔2017〕25 号）："根据《全国旅游职业教育教学指导委员会关于科研项目申报的通知》（旅指委〔2017〕13 号），全国旅游职业教育教学指导委员会组织开展了 2017 年科研项目申报工作，共收到 100 份申报材料，经资格审查、专家审核评议，经报中华人民共和国文化和旅游部批准，其中 12 个项目列入中华人民共和国文化和旅游部预算经费支持项目、10 个项目列为自筹经费项目。"浙江旅游职业学院组织申报的《旅游职业教育旅游大类专业课程标准研制研究》是基于学院开设的旅游大类专业开展的课程标准研制，有幸列为 10 个自筹经费项目之中，项目号为 LZW201714。

浙江旅游职业学院一直注重旅游类专业课程标准制定的研究，并且列为学院教育教学改革创新的重要项目。2017 年，在顺利实施两轮"英才计划"并取得辉煌成绩的前提下，学院制定《浙江旅游职业学院 2017—2020 年人才培养质量提升计划（第三轮英才计划）实施意见》，并开始在新时代背景下进行旅游职业教育教学新的改革与创新，推进优质高职校建设工作，进一步明确浙江旅游职业学院教育教学的指导思想："坚持旅游立校，以服务旅游万亿产业为宗旨，围绕旅游办专业，围绕旅游育人才，满足旅游产业各要素及新业态发展需求，努力实现'科教兴旅、人才强旅'；坚持品牌立校，以立德树人为核心，深化内涵建设，培养高素质技能型旅游人才，努力把学院建设成为旅游教育的'中国品牌'和'中国服务'人才培养的摇篮；坚持特色立校，以产教融合为主线，推进体制机制改革与创新创业教育，提升技术创新服务能力，彰显办学特色。"第三轮"英才计划"明确提出课程标准建设的举措，要求科学制定修订特色化专业课程标准："对应专业课程体系，科学制定修订课程标准，规范课程标准内容，做到'门门课程有标准'；结合旅游新业态变化、岗位能力需求以及专业发展校本特色，开发特色化专业核心课程标准，优化课程目标定位，更新课程结构内容，完善课程评价方式，明确课程实施建议，体现课程教学特色；在此基础上，参与教育部专业标准和实习标准制定，在专业核心课程中，进一步打造具有示范意义和推广价值的优质课程标准。

到 2020 年，实现学校开设的课程 100% 有标准，打造示范性课程标准 100 个，每个专业开发特色化核心课程标准 3~5 个。"全面提升课程标准的质与量，接轨行业标准建设课程。

一、课程标准制定的目标

课程标准是课程改革和实施教学的核心，是课程开发建设、课程实施、课程评价与管理的准绳。它规定了整个课程运作活动与过程的规则，供学校和教育机构遵守与反复使用，以确保教学活动的最佳效果和秩序。加强旅游职业教育课程标准建设，是提升我国旅游人才素质、加快发展现代旅游职业教育、构建现代旅游职业教育体系的重要工作。本项目致力于研制一套涵盖学院旅游大类专业、数百门专业核心课程，适应学生发展、凸显旅游特色、具备示范推广效应的旅游职业教育课程标准。

（一）以"全员覆盖、全人教育、全程育人"为原则，提升旅游职业教育课程标准内涵

以"全员覆盖、全人教育、全程育人"为旅游职业教育课程标准研制原则，渗透到课程的基本理念、课程目标、课程实施建议等方面，提出面向学生的学习基本要求。坚持"全员覆盖、质量优先"的原则，课程标准覆盖全院学生，以学生为课程标准陈述出发点，深化以质量为核心的教学内涵建设，促进学生个体与学院整体同步发展；坚持"全人教育、全面发展"的原则，课程标准不仅规定知识和能力标准，还要将思想政治教育与综合素质提升纳入其中，提高学生的创新创业能力与可持续发展能力；坚持"全程育人、有序推进"的原则，进一步将课程标准纳入专业人才培养方案中全面考虑，明确课程在人才培养过程中所处的地位和作用，并将课程标准融入育人全过程、教学各环节、课程体系各模块，从学生入学到毕业，全学程有序推进。

（二）以"一专一模、一专一特、一专一体"为构架，凝练旅游职业教育课程标准特色

以"一专一模、一专一特、一专一体"为构架，突破学科中心，以旅游大类专业为单位，在课程定位、课程教学目标、课程教学内容、考核方式与标准、课程教学资源及使用要求、课程实施建议等方面形成旅游职业教育特色。根据"一个专业一个模式"的多元化人才培养模式，以及实践混合所有制、现代学徒制育人模式要求，设置符合育人模式要求的课程定位，设计在不同育人模式下的典型工作任务、模块结构、学习情境、案例等课程内容；根据"一个专业一种特色"的内涵发展要求，对接旅游新业态与"旅游+"新形态下"大旅游"产业需求，以积极培养新业态人才为目标，研制具有旅游新业态特色的课程标准；根据"一个专业一个体系"的多元化课程体系建设要求，从课程方案设计标准、专业课程标准、实践课程标准、教材设计与编写标准、课程实施标准、课程质量管理标准、课程标准的评价标准等方面出发，形成多元化的课程标准体系，保障人才培养有效实施。

（三）以"优课程、优课堂、优专业"为主线，发挥旅游职业教育课程标准辐射效应

以"优课程、优课堂、优专业"为主线，进一步厘清课程标准对课程、课堂、专业之间互为支撑的逻辑关系，建立专业—课程—课堂质量生命线，发挥旅游职业教育课程标准对专业建设、课程改革、课堂教学的辐射效应。课程标准是课程建设的准绳，是课堂教学的依据，是专业建设的支撑，通过研制旅游职业教育课程标准，带动课程建设，优化课堂教学，助力专业发展；反之，根据专业发展调整、课堂教学需要、课程性质变化，课程标准随之进行动态调整；加强课程标准质量监控，建立内部质量保证体系，对专业建设、课程建设与课堂教学进行自我诊断与改进，保障人才培养质量。

二、课程标准制定的主要思路

（一）研制旅游大类专业课程标准，做到"门门课程有标准"

根据教育部2015年颁布的《普通高等学校高等职业教育（专科）专业目录（2015）》，对学院目前开设的9个旅游大类专业，根据职业基础课、职业技术课、岗位选修课、职业技能训练课等不同课程类型，研制相应的课程标准，做到"门门课程有标准"。

旅游大类	学院开设专业
旅游类	导游、旅行社经营管理、景区开发与管理、酒店管理、休闲服务与管理
餐饮类	餐饮管理、烹调工艺与营养、西餐工艺
会展类	会展策划与管理

（二）对接"旅游+"新常态与旅游新业态，建设专业核心课程标准

以提升旅游人才整体素质和职业能力，培养全域旅游开发管理人才、新业态人才和国际化人才等紧缺人才为目标，根据"商、养、学、闲、情、奇"新旅游六要素，对接"旅游+"新常态与旅游新业态下"大旅游"产业需求，尤其是浙江省旅游万亿产业发展、"大景区"建设、"大花园"行动、全域旅游发展、全面建成"诗画浙江"中国最佳旅游目的地的需求，针对旅游大类专业的专业核心课程，优化课程目标定位，更新课程结构内容，完善课程评价方式，明确课程实施建议，研制专业核心课程标准。

（三）对标旅游标准化建设要求，构建旅游职业教育课程标准体系

根据国家标准化战略部署、浙江省"标准化+"举措，将课程标准纳入旅游标准化建设，在浙江省开设旅游大类专业的高职院校、国内旅游院校，作为标准化建设的成果加以推广应用。同时依托浙江旅游职业学院中澳国际酒店管理学院、中外合作项目、海外分校，推动旅游职业教育课程标准国际认证。在研制旅游大类专业课程标准、专业核心课程标准以及提高课程标准国际化水平的基础上，依据课程方案设计标准、专业课程标准、实践课程标准、教材设计与编写标准、课程实施标准、课程标准的评价标准等方面，形成旅游职业教育课程标准体系。

（四）强化课程标准实际应用，实行校际学分互认

以旅游职业教育课程标准为准则，强化课程标准的实际应用。本着推广课程标准的目标，率先试行校内、校区间课程学分互换；同时在杭高教园区实现课程互选、学分互认，实现优质专业课程、公共选修课资源共享与互补；开展中国旅游院校校际交流，交流学校根据学生的学制和专业编入相应班级跟班学习，参加其人才培养方案规定的所有

教学活动，学习结束后，由交流学校出具交流学生学业成绩证明，派出学校根据相关办法进行课程和成绩认定。

三、课程标准制定的主要内容

（一）确定课程标准基本构架和要求

从课程定位、课程目标、课程内容、考核方式与标准、课程教学资源及使用要求、课程实施建议及其他说明等六个方面确定课程标准的基本构架和要求。

1.课程定位

课程定位主要是对课程的性质、地位、功能作定性描述。根据不同的课程类型，结合"全员覆盖、全人教育、全程育人"课程标准研制原则、旅游新业态与"旅游+"新形态对专业人才培养要求、行业企业用人单位的岗位需求，阐述课程的基本教学理念，说明课程标准的设计思路，并说明该课程与前续及后续课程的关系。

2.课程目标

课程目标是课程学习的预期结果，课程教学目标从横向可分为课程总目标，从纵向可分为知识目标、能力目标、素质目标、职业目标。课程总目标是规定学生在课程学习中的知识、能力、素质、职业等方向要达到的总体要求，课程总目标与专业人才培养目标相一致；课程单元教学目标是对课程总目标的细化，具体说明学生在每个工作任务、模块、情境中需要达到的目标。

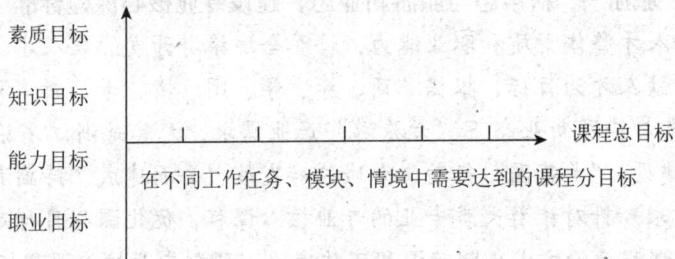

3.课程内容

课程内容可以从理论教学和实践教学两个层面，按照项目单元设计。项目单元可以表现为典型工作任务、工作过程、模块结构、学习情境、案例等，包括具体实施步骤或内容，以及学生在不同阶段应实现的表现标准。

项目	课程内容描述与细化		表现标准		
	理论	实践	初级	一级	二级……
任务1					
任务2 ……					

4.考核方式与标准

在考核方式上，采用形成性与终结性评价相结合的开卷考试、大型作业、现场面试、上机考试、技能测试、阶段测试、课程论文、调研报告等多种考核方式。增加过程性成绩比重，增加考勤、作业、实训、平时表现等在成绩中的比重，合理确定过程性成绩在总成绩中的比重，由原先的不超过 40% 提高为不低于 50%。改革考核评价制度，支持学生以参加校内外各类考证、比赛取得的成果，以参加校内外优质网络课程、网络学习资源取得的结业证书，以参加创新创业、社会实践等活动以及发表论文、获得专利授权等与专业学习、学业要求相关的经历、成果，申请校内相关课程的免修（免考），折算为学分，计入学业成绩。

5. 课程教学资源及使用要求

课程教学资源及使用要求即是给出本门课程运行所需的师资条件、实训教学条件、教材编写等方面的要求。师资条件要求，主要包括教师所要具备的专业背景、学历学位、行业企业经历等资质，以及教学设计、课程开发、实践指导、比赛指导等方面能力。实训教学条件要求，主要包括针对校内及校外的每个实训项目（或工作任务）、实训室（或校外实训基地）、实训资源要求及实训时间安排等。教材编写的要求，主要包括充分体现课程设计思想，符合行业企业发展和职业岗位实际工作任务需求，能够实现课程教学目标，以及对教材内容的呈现方式、教材体例要求等。还有其他诸如教学课件、网络资源、教学软件、实训指导手册等教学资源需要达到的标准。

6. 课程实施建议及其他说明

课程实施建议包括课程实施方案、教师教学方案、课程资源开发、教学模式、教学方法、教学手段、推荐使用教材、国家职业标准、主要参考资料等。

（二）构建旅游职业教育课程标准体系

在形成旅游大类专业（含方向）课程标准，并逐步实施推广、实行校际学分互认的基础上，联合省内高职院校和国内旅游院校，依据课程方案设计标准、专业课程标准、实践课程标准、教材设计与编写标准、课程实施标准、课程标准的评价标准等方面，建立旅游职业教育课程标准体系。

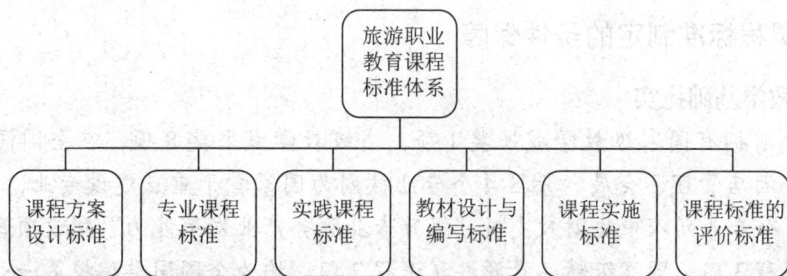

```
                    旅游职业
                    教育课程
                    标准体系
 ┌───────┬───────┬───────┬───────┬───────┬───────┐
 课程方案  专业课程  实践课程  教材设计与  课程实施  课程标准的
 设计标准  标准    标准    编写标准   标准    评价标准
```

四、课程标准制定的实施步骤

（一）调研阶段

通过产业分析、行业调研、企业调查、毕业生调查、同类院校（专业）调研，了解旅游行业的现状和发展，了解相关职业岗位的主要职业活动，熟悉工作流程。

（二）撰写阶段

在广泛调研的基础上，由学院教务处牵头，依托五星联盟，在以专业教研室作为课程标准研制组的基础上，充实一批旅游职业教育研究学者和一线教师，旅游企业代表，共同撰写《旅游大类专业课程标准》及《专业核心课程标准》。

（三）实施阶段

经过专家论证后，《旅游大类专业课程标准》《专业核心课程标准》在学院各个专业中实施。

（四）推广阶段

在学校实施后，根据效果进行修订，依托省内高职院校和五星联盟，推广到同类专业中实施。并在此基础上，试行学分互认。

（五）修订阶段

根据课程标准实施和推广效果，对课程标准进行修订，并着手构建旅游职业教育课程标准体系。

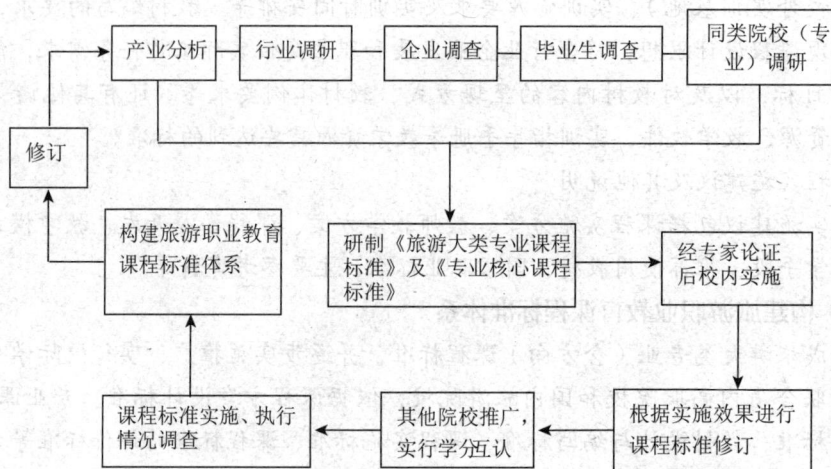

五、课程标准制定的条件保障

（一）教学基础扎实

学院目前拥有国家级教学成果奖 1 项，省级教学成果奖 8 项，在全国同类院校领先；导游、酒店管理、会展、景区 4 个专业被列为国家骨干重点建设专业，空中乘务、西餐工艺 2 个专业列入中央财政支持"提升专业服务产业发展能力"建设项目；拥有国家级精品课程 3 门、国家级精品资源共享课程 2 门，均为全国同类院校第一；课堂教学改革与创新成效显著，在 2015 年首次省内高职院（校）长教学述职中，6 个指标有 5 个排第一，总分排全省第一；省教学业绩考核连续三年名列第一方阵，分别为第 10、第 5、第 7；酒店管理、导游、景区开发与管理、会展策划与管理、西餐工艺等 7 个专业全部获得省"十三五"优势专业立项；烹调工艺与营养、休闲服务与管理等 5 个专业获省"十三五"特色专业立项；获"十三五"高等职业教育示范性实训基地建设 6 项；被评为"2015 年高等职业院校服务贡献 50 强院校"。

（二）研制力量雄厚

学院专任教师中，高级职称 145 人；双师素质比例 90%，列全省高职院校前五名；

有国家级教学团队1个、国家2级教授2人、国家社科基金专家库成员1人、中华人民共和国文化和旅游部中国旅游改革发展咨询委员会专家1人、教育部学校规划建设中心专家1人、教育部职业教育行业指导委员会委员2人；国家旅游业青年专家5人，位居全国高职院校首位；拥有55项中华人民共和国文化和旅游部"万名旅游英才计划"项目，立项数及拨款额均位居全国高职院校首位。

（三）行业支撑有力

浙江省将旅游业列入优先发展的七大万亿产业之一，并在文件中明确重点建设浙江旅游职业学院；中华人民共和国文化和旅游部和浙江省人民政府两次召开省部共建会议，会商学院发展；省人民政府主导设立了政、企、校三方参与的浙江旅游职业学院发展理事会；中华人民共和国文化和旅游部、省委政研室和省旅游局在我院设立了中国旅游研究院旅游标准化研究基地、省旅游发展研究中心、省旅游标准化技术委员会、省旅游统计数据中心、浙江旅游科学研究院、浙江旅游培训中心等重要机构和平台；省旅游局发文推进实施《浙江旅游职业学院服务万亿旅游产业5年行动计划》。

本书呈现的课程标准，正是根据上述目标、思路、内容、实施步骤、条件保障等，集浙江旅游职业学院教师之力，倾力编写而成的。

‖ 目 录 ‖

导游专业课程标准

一、培养目标

培养具有良好敬业精神与旅游职业素养及丰富的人文知识,适应现代国际旅游业发展需要,具有国际视野、创新精神以及可持续发展观念,能流利使用英语,具备涉外导游服务优秀技能,能与外国旅行商共事协作,能把握中国旅游业发展新常态,具备旅行社管理潜质的,符合现代旅行社等旅游企业要求的入境旅游英语导游、出境旅游领队及其他旅游服务与管理的高素质、高技能的国际化应用型人才。

二、主干课程

导游文化基础知识、模拟导游、导游业务、旅游政策与法规、中国旅游文化等。

三、职业定位

该专业毕业生就职以众信旅游、凤凰假期等国内外一流的上市旅游企业以及省内首屈一指的大型旅游企业从事导游、出境领队、计调及相关高端旅游服务及管理工作,更有学生赴阿联酋迪拜的旅行社企业进行海外实习及就业。

导游专业"导游文化基础知识"课程标准

一、课程性质

本课程是导游专业必修课，也是中华人民共和国文化和旅游部导游资格证书考试的必考科目，承担着传授导游工作所需的文化基础知识、提升导游人员的人文素养、培养导游引领游客欣赏美景、感受文化、把知识应用于实际能力的任务。它以学生中学历史、地理、语文等课程为基础，也是进一步学习模拟导游的基础。

该课程是依据 2017 级人才培养方案中，校企合作共同实施"学生主体、任务驱动"人才培养模式改革设置的。其总体设计思路是：课程开发以学生文化素养、学习能力、认知能力，实践能力培养为重点，同时密切关注旅行社行业发展动态，紧跟行业需求，使得课程能够充分融入行业、适应旅游市场的需求，重点培养旅行社所需实用型人才的相关知识、能力素质，充分挖掘学生的主动性和创造性；根据每一教学模块的知识、能力和技能在实际职业工作中出现的频率、内容的难度和要求掌握的程度来合理安排学时。其设计理念是：根据授课对象的文化知识素养、自我学习能力以及学习兴趣，同时参考本专业相关就业岗位——旅行社的知识、能力、素质要求，选取课堂教学内容，通过案例研究、情景模拟、小组讨论等多种形式的课堂教学对学生进行文化素养和学习能力、认知能力和职业技能的培养。

该课程的总学时为 128 学时，建议学分为 8 分，执笔人为芦爱英。

二、课程目标

知识目标：通过本课程的实践教学，学生应具备从事导游工作所需的扎实的文化基础知识，具备文化内涵、文化修养和人文情怀。

能力目标：通过本课程的实践教学培养学生综合运用各方面文化知识于实际讲解的能力，能够引领旅游者欣赏美景，感受文化，更好地为其提供愉悦身心，增长见识的服务，真正起到传播优秀文化，促进精神文明的作用。

素质目标：能够使师生之间、学生之间增强互动交流，互相启发，巩固知识，提高学生自主学习的能力，启发学生的创新能力。

三、课程内容和要求

从旅游业发展的实践出发，结合旅游工作的实际需要，主要通过十一个教学模块，使学生能够灵活掌握并运用各方面知识分析景观的文化背景与文化内涵，培养学生学以致用的能力。

序号	工作任务/项目	知识内容与要求	技能内容与要求	建议学时
1	旅游与旅游业基础知识	1.旅游的概念、分类与特点 2.旅游活动的构成要素 3.旅游业与旅游市场 4.中国当代旅游业发展概况	1.了解旅游活动的类型、主体和客体 2.熟悉中国旅游业的发展概况 3.了解入境旅游市场、国内旅游市场和出境旅游市场的特点 4.了解中国旅游标志、主要国际性旅游组织的名称与标识 5.了解世界旅游日、中国旅游日的由来及意义	6
2	中国历史文化	1.中国历史概述 2.中国古代文化与哲学 3.中国古代科学技术 4.中国古代历史文化常识 5.中国共产党的发展历程、重大事件和成功经验	1.了解中国历史的发展轨迹 2.熟悉中国历史各个发展阶段的主要成就 3.熟悉中国科技发明主要知识 4.掌握中国哲学、文学、戏剧戏曲、中医药、书画艺术和历史文化常识 5.熟悉中国共产党的发展历程,掌握中国共产党历史上的重大事件和中国共产党的成功经验	16
3	中国民族民俗	1.中国民族民俗概述 2.汉族 3.北方部分少数民族 4.西南部分少数民族 5.南方部分少数民族	熟悉中国56个民族的地理分布、特点及习俗文化	12
4	中国旅游景观	1.山地旅游景观 2.水体旅游景观 3.气象、气候和天象旅游景观 4.动植物旅游景观 5.中国的世界遗产及其他	1.熟悉中国旅游地理相关知识 2.掌握中国主要地貌类型及代表性地貌景观 3.掌握山、水、动物、植物、天象等自然景观知识	14
5	中国四大宗教	1.中国宗教概述 2.佛教 3.道教 4.基督教 5.伊斯兰教	1.了解中国宗教的地理分布特征 2.掌握佛教、道教、伊斯兰教和基督教的创立、发展、教义、教派、经典和标记、信奉的对象、主要称谓、主要节日与习俗以及著名的宗教建筑 3.熟悉宗教旅游景观的相关知识	14
6	中国古代建筑	1.中国古建筑文化概述 2.宫殿与坛庙 3.古城、古镇古村与古长城 4.陵墓 5.古楼阁、古塔和古石桥	1.了解中国古代建筑的历史沿革 2.熟悉中国古代建筑的基本构件与特点 3.掌握宫殿、坛庙、陵墓、古城、古长城、古镇古村、古楼阁、古石桥和佛塔的类型、布局和特点	12
7	中国古典园林	1.中国古典园林概述 2.中国古典园林的组成要素与造园艺术 3.中国古典园林之构景手法 4.中国著名古典园林	1.了解中国古典园林的起源与发展 2.熟悉中国古典园林的特色和分类 3.掌握中国古典园林的构成要素、造园艺术、构景手段和代表性园林	10
8	中国饮食文化	1.中国主要菜系 2.特色风味菜 3.地方名点小吃 4.名茶与名酒	1.了解中国烹饪的发展历史及风味流派的形成 2.掌握中国"四大菜系"的形成、特点及代表性菜品 3.熟悉中国风味特色菜——宫廷菜、官府菜、寺院菜的特点和代表菜品 4.掌握中国传统名茶、名酒的分类与特点	8

续表

序号	工作任务/项目	知识内容与要求	技能内容与要求	建议学时
9	中国风物特产	1.陶瓷器 2.四大刺绣 3.玉雕、石雕、木雕 4.漆器、锡器 5.文房四宝、年画、剪纸和风筝	1.了解中国陶器、瓷的发展简史，熟悉我国陶器、瓷器的主要产地和特色 2.掌握中国四大名绣及其代表作 3.熟悉我国漆器、玉器的主要产地和特色 4.掌握我国文房四宝、年画、剪纸和风筝的主要产地和特色	8
10	中国旅游诗词、楹联、游记选读	1.汉字的起源与演变规律 2.诗词格律及楹联常识 3.旅游诗词名篇选读 4.旅游名联选读 5.游记名篇选读	1.了解中国汉字的起源及诗词、楹联格律常识 2.熟悉楹联的类型和名胜古迹中的著名楹联 3.掌握古典旅游诗词名篇的内容和艺术特点 4.熟悉历代游记名篇的内容、艺术特点	16
11	中国港澳台地区和主要客源国概况	1.港澳台地区概况 2.亚洲主要客源国概况 3.欧洲主要客源国概况 4.美洲主要客源国概况 5.大洋洲、非洲主要客源国概况	1.熟悉港澳台地区的基本概况、民俗风情和知名景点 2.了解我国主要客源国的基本概况、民俗风情和知名景点	12

四、考核评价

在考核方式上，采用形成性与终结性评价相结合的多种考核方式。本课程的考核由期末考试＋期中考试＋平时成绩三部分组成，采用百分制记分，三者的比例分别为60%+20%+20%，期中、期末考试形式为笔试，平时成绩由到课率＋课堂表现＋课外作业组成。

五、课程资源及使用要求

（一）师资条件要求

"导游文化基础知识"作为一门专业课、考证课，任课教师要具有中高级职称、拥有旅游文化相关专业背景，是具有丰富经验的双师型教师，既有扎实的专业知识，又具备运用知识的实践经验。同时能够分析形势，抓住导考方向。该课程还是各级各类大赛理论知识竞赛环节的主要内容，为学生全面展示风采提供帮助，要求教师具备除专业知识技能素质之外的责任心、热心和耐心。

（二）实训教学条件要求

"导游文化基础知识"课程日常主要利用学校作为4A级景区内的教学元素、坐落在校内的"浙江省旅游博物馆"进行教学，并结合"华东踩线""识岗实训"等教学环节融入教学内容。

本课程作为省精品课程开放平台的建设课程，已拍摄教学视频45个，都为教学提供了有利条件。

（三）教材选用

本课程以全国导游资格考试统编教材专家编写组编写的《全国导游基础知识》（中

国旅游出版社）为主要教材。该教材作者都是来自全国各地的旅游教育专家，内容选取充分体现课程设计思想，符合行业企业发展和职业岗位实际工作任务需求，紧扣"全国导游资格证考试大纲"，能够实现课程教学目标。

六、课程实施建议及其他说明

"导游文化基础知识"作为考证课，建议在教学中讲练结合，让学生用心识记要点、尝试回忆、多做习题。结合全国导游资格考试统编教材专家编写组编的《全国导游资格统一考试模拟习题集》（中国旅游出版社），模块练习与综合练习结合，查遗补漏，巩固要点。

建议学生经常登录"浙江省高等学校精品在线开放课程共享平台"http：//zjedu. moocollege.com/ 进行在线学习，答疑解惑。

本课程的学习参考书主要包括：

［1］芦爱英，王雁.中国旅游地理［M］.北京：高等教育出版社，2015.

［2］饶华清.中国出境旅游目的地概况［M］.北京：中国人民大学出版社，2014.

［3］全国导游人员资格考试教材编写组.全国导游基础知识［M］.北京：旅游教育出版社，2017.

［4］全国导游资格考试统编教材专家编写组.全国导游资格统一考试模拟习题集［M］.北京：中国旅游出版社，2017.

［5］芦爱英.中国古建筑与园林［M］.北京：高等教育出版社，2014.

［6］全国导游人员资格考试教材编写组.地方导游基础知识［M］.北京：旅游教育出版社，2017.

［7］全国导游资格考试统编教材专家编写组.地方导游基础知识［M］.北京：中国旅游出版社，2017.

导游专业"旅游政策与法规"课程标准

一、课程性质

该课程是导游专业学生的职业技术课之一，也是职业资格考试（全国导游人员资格考试）的主要课程。目标是让学生掌握精通业务知识、旅游政策法规知识依法履行职责能力。它以"旅游概论""导游业务"课程的学习为基础，为进一步学习"旅游危机处理""旅行社经营"等课程打下坚实的地基。同时也为考取全国导游人员资格证书打下良好基础。

"旅游政策与法规"是"课证融合"课程，该课程是依据"导游专业工作任务与职业能力分析表"中"依法履行职责能力"设置的，也是全国导游人员资格证书考试科目之一，这就要求在教学过程中必须做到专业教学与职业考试并重。其总体设计思路是，打破以知识传授为主要特征的传统学科课程模式，转变为以工作任务为中心组织课程内容，并让学生在完成具体项目的过程中学会完成相应工作任务，并构建相关理论知识，发展职业能力。课程内容突出对学生职业能力的训练，理论知识的选取紧紧围绕工作任务完成的需要来进行，同时又充分考虑了高等职业教育对理论知识学习的需要，并融合了相关职业资格证书对知识、技能和态度的要求。项目设计以知识掌握和技能养成为线索来进行。教学过程中，要通过校企合作、校内实训基地建设等多种途径，采取工学结合、半工半读等形式，充分开发学习资源。教学效果评价采取过程评价与结果评价相结合的方式，通过理论与实践相结合，重点评价学生的职业能力。

该门课程的总学时为90学时，建议学分为8分，执笔人为江涛。

二、课程目标

（一）知识目标

通过该课程的学习，学生应达到全国导游人员资格考试的资格标准，能够了解国家旅游方针政策，能够熟悉旅游法规，掌握导游工作中常用相关法律法规内容。

（二）能力目标

一是使学生分清旅游法律主体之间的关系，达到运用所学旅游法规知识分析旅游业实践中遇到的法律问题；二是提高学生依法分析问题、解决旅游纠纷的能力，从而为我国旅游业的发展培养高技能的旅游应用型人才。

三、课程内容和要求

为使学生掌握依法从业、经营和处理相关旅游纠纷的知识与技能，课程通过全面推进依法治国，宪法基本知识，旅游方针政策，"十三五"旅游业发展规划，旅游法的基本知识，合同与旅游服务合同法律制度，侵权法律制度，旅行社法律制度，导游法律制度，旅游安全管理与责任保险法律制度，出入境与交通法律制度，食品安全、住宿与娱乐法律制度，旅游资源保护法律制度和解决纠纷的法律制度等教学单元，采用讲授、讨论、案例教学和职业情景教学。

根据专业课程目标和涵盖的工作任务要求，确定课程内容和要求，说明学生应获得的知识、技能与态度，见下表。

序号	工作任务/项目	课程内容和要求		建议学时
		理论	实践	
1	全面推进依法治国	1.概述 2.全面推进依法治国的总目标 3.全面推进依法治国的六项重大任务 4.全面推进依法兴旅、依法治旅	1.熟悉依法治国政策 2.熟悉依法兴旅、治旅 3.依法从业	1
2	宪法基本知识	1.概述 2.国家的基本制度 3.国家机构 4.公民的基本权利和义务	1.熟悉宪法基本知识 2.依法从业	2
3	旅游方针政策	1.国务院关于加快发展旅游业的意见 2.国民旅游休闲纲要（2013—2020年） 3.国务院关于促进旅游业改革发展的若干意见 4.关于进一步促进旅游投资和消费的若干意见 5.国务院办公厅关于加强旅游市场综合监管的通知	1.熟悉旅游业相关政策 2.依法从业	3
4	"十三五"旅游业发展规划	1.概述 2.指导思想与基本原则 3.主要目标与任务	1.熟悉"十三五"旅游业发展规划 2.依法从业	4
5	旅游法的基本知识	1.概述 2.旅游者 3.旅游规划和促进 4.旅游经营 5.旅游监督管理	1.维护旅游者的合法权益 2.文明旅游	5
6	合同与旅游服务合同法律制度	1.概述 2.合同的订立和效力 3.合同的变更、转让、解除和终止 4.合同的履行和违约责任 5.旅游服务合同	1.订立合同 2.依约履行合同 3.合同纠纷处理	6
7	侵权责任法律制度	1.概述 2.一般侵权责任 3.特殊侵权责任	1.侵权纠纷处理 2.维护合法权益	7
8	旅行社法律制度	1.概述 2.旅行社管理法律制度 3.旅行社经营规则	依法经营	8
9	导游法律制度	1.概述 2.导游资格考试与执业许可制度 3.导游的权利和义务	依法执业	9

序号	工作任务/项目	课程内容和要求		建议学时
		理论	实践	
10	旅游安全管理与责任保险法律制度	1.概述 2.旅游经营者安全责任 3.旅游安全管理制度 4.责任保险管理制度	1.安全经营 2.安全从业	10
11	出入境与交通法律制度	1.概述 2.出入境管理法律制度 3.航空运输法律制度 4.铁路运输法律制度 5.道路运输法律制度 6.水路运输法律制度	1.依法出入境 2.依法、安全提供交通服务	11
12	食品安全、住宿与娱乐法律制度	1.概述 2.食品安全法律制度 3.住宿管理法律制度 4.娱乐场所管理法律制度	依法、安全提供食品、住宿和娱乐服务	12
13	旅游资源保护法律制度	1.概述 2.风景名胜区法律制度 3.自然保护区法律制度 4.野生动物保护法律制度 5.文物保护法律制度 6.世界文化和自然遗产保护法律制度	遵守旅游资源保护法律	13
14	解决旅游纠纷的法律制度	1.概述 2.消费者权益保护法律制度 3.旅游投诉受理与处理法律制度 4.旅游不文明行为记录管理与治安管理相关法律制度 5.民事证据法律制度 6.审理旅游纠纷案件适用法律的规定	1.依法处理纠纷 2.依法维权	14

备注：典型工作任务、项目、模块、学习情境、工作过程等。

四、考核评价

在考核方式上，采用形成性与终结性评价相结合的开卷考试、大型作业、现场面试、上机考试、技能测试、阶段测试、课程论文、调研报告等多种考核方式。增加过程性成绩比重，增加考勤、作业、实训、平时表现等在成绩中的比重，合理确定过程性成绩在总成绩中的比重，由原先的不超过40%提高为不低于50%。改革考核评价制度，支持学生以参加校内外各类考证、比赛取得的成果；以参加校内外优质网络课程、网络学习资源取得的结业证书；以参加创新创业、社会实践等活动以及发表论文、获得专利授权等与专业学习、学业要求相关的经历、成果，申请校内相关课程的免修（免考），折算为学分，计入学业成绩。

五、课程资源及使用要求

（一）师资条件要求

承担本课程的专业教师必须毕业于与本课程相关的法律等专业，具备硕士及以上学历。且了解旅游行业，具备律师证或导游证。并具备教学设计、课程开发、实践指导、导游大赛比赛指导等方面能力。根据需要，也可适当聘请行业兼职教师。

（二）实训教学条件要求

实训设备与实训环境条件优越，拥有虚拟现实的模拟导游实训室。浙江旅游职业学院"虚拟现实"导游实验室是国内第一个采用环幕背投方式的教学实训室；以培养学生技术应用能力和职业素质为主旨，进行模拟导游课程设计内容改造，并进行模拟，大大提高了实践教学的先进性。我院是国内第一个把虚拟现实系统集成技术运用于导游教学中的院校，在国内处于领先地位。校外实训基地，点多面广。现建有浙江省中旅、杭州旅游集散中心、杭州大厦旅行社、杭州新世界旅游有限公司、浙江中青旅、浙江省国际合作旅行社、宁波浙仑海外旅游有限公司、温州国旅等50余家校外实训基地。我们与这些实习基地建立了良好而稳定的关系。

（三）教材选用

本课程选用全国导游资格考试统编教材"旅游政策与法规"（全国导游资格考试统编教材专家编写组编，中国旅游出版社，2017年5月）。该教材对导游人员的要求和导游专业的培养目标相一致，同时自行编写《旅游案例》作为补充教材，弥补实训内容之不足。参与编写、中国旅游出版社出版的《全国导游人员资格考试试题集》作为职业资格考试补充教材。本课程核心能力和技能与岗位要求比较贴近，教材体现了核心能力和技能的深度。

六、课程实施建议及其他说明

本课程理论教学和实践教学并重，在此基础上，尊重认知的基本规律，立足于对学生的充分了解，将多种教学方法如启发式教学法、讨论式教学法、分析式教学法等，灵活应用于教学活动过程中，使学生既有感性认知，又有理性认识。

本课程重视网络教学资源、信息技术、多媒体技术在教学中的应用。在认真进行自身网站建设的同时，引导学生利用网络的教学资源，开展网络学习。

导游专业"目的地国家知识"（双语）课程标准

一、课程性质

该课程是导游专业（含国际导游方向）、旅游管理（中澳合作）学生的职业技术课之一，是专业核心课程，目标是让学生掌握领队工作实践中各出境旅游主要目的地国家与地区概况的知识。它要以"领队实务"课程的学习为基础，也是进一步学习"领队英语"等课程的基础。

该课程是根据"导游专业任务与职业能力分析表"中的校企合作共同实施"学生主体、任务驱动"人才培养模式改革设置的。其总体设计思路是：课程开发以学生职业素养能力培养为重点，充分挖掘学生的主动性和创造性；同时密切关注中国出境旅游发展动态，盯住行业需求，使得课程能够充分融入行业、迎合行业，重点培养企业所需要的相关知识要点，并融合了出境领队资格证书对知识、技能和态度的要求。项目设计以学生的文化知识素养为线索来进行，根据授课对象的文化知识素养、自我学习能力以及学习兴趣，同时参考出境旅游相关就业岗位（如出境领队、出境计调、出境门市接待、旅游顾问）的知识、能力、素质要求，选取课堂教学内容；通过案例展示、情景模拟、小组讨论等多种形式的课堂教学对学生进行文化素养和语言学习能力、职业能力的培养。

该门课程分上下两个学期讲授，共56学时，建议学分为4分，执笔人为李德煜。

二、课程目标

（一）知识目标

通过该课程的学习，学生应了解中国出境旅游各主要目的地国家和地区的旅游环境特征，熟悉各主要旅游地和交通线路在地图上的大致分布，并掌握国家概况、风土人情和旅游资源等知识，熟悉出入境工作常识。该课程着力培养学生双语讲解表述能力以及基本的旅游产品设计能力和对问题的分析和处理能力，使学生毕业走上工作岗位后，能够尽快适应出境领队、出境计调、出境门市销售、旅游顾问等岗位的工作。

（二）能力目标

通过该课程的学习，学生应达到如下的职业能力（技能）目标：

1. 能够掌握中国出境旅游各主要目的地国家与地区的分布；
2. 能够熟练讲解日韩的风土人情；
3. 能够设计有主题的日韩出境旅游线路；
4. 能够熟练讲解新马泰的风土人情；
5. 能够设计有主题的新马泰出境旅游线路；
6. 能够熟练讲解中国港澳台的风土人情；

7. 能够设计有主题的港澳台出境旅游线路；

8. 能够熟练讲解澳新的风土人情；

9. 能够设计有主题的澳新出境旅游线路；

10. 能够掌握欧洲有关欧盟、申根等知识要点；

11. 能够熟练讲解英法德意西瑞等国家的风土人情；

12. 能够设计有主题的申根国旅游线路；

13. 能够熟练讲解美加的风土人情；

14. 能够设计有主题的美加旅游线路。

（三）素质目标

通过该课程的学习，学生能够树立爱国主义思想，具备良好的目的地国家的知识，专业的职业素质，良好的身心素质，以良好的综合素质在未来的出境游工作中更好地服务于客人。

三、课程内容和要求

序号	工作任务/项目	知识内容与要求	技能内容与要求	建议学时
1	中国出境旅游概述	1.中国出境旅游发展现状 2.中国出境旅游的特点 3.中国出境旅游发展的趋势	能够根据数据分析中国出境旅游的发展特点	2
2	中国出境旅游——日本市场	1.日本的地理位置 2.日本的风土人情 3.日本的旅游城市与景点 4.中日文化差异	1.能够在领队服务过程中讲解日本风土人情 2.能够处理和协调出境旅游中中日文化的差异 3.能够设计和策划日本主题旅游线路	4
3	中国出境旅游——韩国市场	1.韩国的地理位置 2.韩国的风土人情 3.韩国的旅游城市与景点 4.中韩文化差异	1.能够在领队服务过程中讲解韩国风土人情 2.能够处理和协调出境旅游中中韩文化的差异 3.能够设计和策划韩国主题旅游线路	4
4	中国出境旅游——新加坡市场	1.新加坡的地理位置 2.新加坡的风土人情 3.新加坡的旅游景点 4.中新文化差异	1.能够在领队服务过程中讲解新加坡风土人情 2.能够处理和协调出境旅游中中新文化的差异 3.能够设计和策划新加坡主题旅游线路	2
5	中国出境旅游——马来西亚市场	1.马来西亚的地理位置 2.马来西亚的风土人情 3.马来西亚的旅游城市与景点 4.中马文化差异	1.能够在领队服务过程中讲解马来西亚风土人情 2.能够处理和协调出境旅游中中马文化的差异 3.能够设计和策划马来西亚主题旅游线路	2
6	中国出境旅游——泰国市场	1.泰国的地理位置 2.泰国的风土人情 3.泰国的旅游城市与景点 4.中泰文化差异	1.能够在领队服务过程中讲解泰国风土人情 2.能够处理和协调出境旅游中中泰文化的差异 3.能够设计和策划泰国主题旅游线路	4
7	中国出境旅游——香港市场	1.中国香港的地理位置 2.中国香港的风土人情 3.中国香港的旅游景点 4.中国香港与内地的文化差异	1.能够在领队服务过程中讲解中国香港风土人情 2.能够处理和协调出境旅游中内地和中国香港文化的差异 3.能够设计和策划中国香港主题旅游线路	2

续表

序号	工作任务/项目	知识内容与要求	技能内容与要求	建议学时
8	中国出境旅游——澳门市场	1.中国澳门的地理位置 2.中国澳门的风土人情 3.中国澳门的旅游景点 4.中国澳门与内地文化差异	1.能够在领队服务过程中讲解中国澳门风土人情 2.能够处理和协调出境旅游中内地和中国澳门文化的差异 3.能够设计和策划中国澳门主题旅游线路	2
9	中国出境旅游——台湾市场	1.中国台湾的地理位置 2.中国台湾的风土人情 3.中国台湾的旅游城市与景点 4.中国台湾与大陆的文化差异	1.能够在领队服务过程中讲解中国台湾风土人情 2.能够处理和协调出境旅游中大陆和中国台湾文化的差异 3.能够设计和策划中国台湾主题旅游线路	2
10	中国出境旅游——澳大利亚市场	1.澳大利亚的地理位置 2.澳大利亚的风土人情 3.澳大利亚的旅游城市与景点 4.中澳文化差异	1.能够在领队服务过程中讲解澳大利亚风土人情 2.能够处理和协调出境旅游中中澳文化的差异 3.能够设计和策划澳大利亚主题旅游线路	4
11	中国出境旅游——英国市场	1.英国的地理位置 2.英国的风土人情 3.英国的旅游城市与景点 4.中英文化差异	1.能够在领队服务过程中讲解英国风土人情 2.能够处理和协调出境旅游中中英文化的差异 3.能够设计和策划英国主题旅游线路	4
12	中国出境旅游——法国市场	1.法国的地理位置 2.法国的风土人情 3.法国的旅游城市与景点 4.中法文化差异	1.能够在领队服务过程中讲解法国风土人情 2.能够处理和协调出境旅游中中法文化的差异 3.能够设计和策划法国主题旅游线路	4
13	中国出境旅游——德国市场	1.德国的地理位置 2.德国的风土人情 3.德国的旅游城市与景点 4.中德文化差异	1.能够在领队服务过程中讲解德国风土人情 2.能够处理和协调出境旅游中中德文化的差异 3.能够设计和策划德国主题旅游线路	4
14	中国出境旅游——意大利市场	1.意大利的地理位置 2.意大利的风土人情 3.意大利的旅游城市与景点 4.中意文化差异	1.能够在领队服务过程中讲解意大利风土人情 2.能够处理和协调出境旅游中中意文化的差异 3.能够设计和策划意大利主题旅游线路	4
15	中国出境旅游——西班牙市场	1.西班牙的地理位置 2.西班牙的风土人情 3.西班牙的旅游城市与景点 4.中西文化差异	1.能够在领队服务过程中讲解西班牙风土人情 2.能够处理和协调出境旅游中中西文化的差异 3.能够设计和策划西班牙主题旅游线路	2
16	中国出境旅游——美国市场	1.美国的地理位置 2.美国的风土人情 3.美国的旅游城市与景点 4.中美文化差异	1.能够在领队服务过程中讲解美国风土人情 2.能够处理和协调出境旅游中中美文化的差异 3.能够设计和策划美国主题旅游线路	4
17	中国出境旅游——加拿大市场	1.加拿大的地理位置 2.加拿大的风土人情 3.加拿大的旅游城市与景点 4.中加文化差异	1.能够在领队服务过程中讲解加拿大风土人情 2.能够处理和协调出境旅游中中加文化的差异 3.能够设计和策划加拿大主题旅游线路	2

四、教学评价

本课程的考核由期末考试＋期中考试＋平时成绩三部分组成，采用百分制记分，三者的比例分别为50%、30%、20%。期中考试形式为口试，期末考试形式为笔试。平时成绩由到课率＋课堂表现＋课外作业组成。

五、课程资源及使用要求

（一）师资条件要求

"目的地国家知识"（双语）是专业性极强的课程，任课教师为具有丰富行业经验的双师型教师，整个教学团队由专任教师和行业兼职教师组成。

（二）教材选用

根据授课内容以及高职高专学生的特点，该课程采用饶华清副教授主编，任课教师参与编写的《中国旅游客源地与目的地概况》（双语）教材，主要内容包括：绪论、亚洲地区、大洋洲地区、欧洲地区、非洲地区、美洲地区、中国港澳台地区等。该教材充分体现了课程设计思想，单元之间的逻辑结构清晰，能支撑课程目标的实现，并能突出职业能力的培养与提高，同时可操作性较强。

（三）课程资源的开发与利用

1. 学习参考书

本课程的学习参考书主要包括：

①目的地国家（地区）知识编写组．目的地国家（地区）知识［M］．北京：中国旅游出版社，2015.

②王佩良．中国主要旅游客源国与目的地国概况（双语）［M］．北京：中国旅游出版社，2011.

③陆大道．环球国家地理［M］．郑州：大象出版社，2005.

④王昆欣．中国旅游客源地与目的地概况［M］．北京：高等教育出版社，2014.

2. 师资

与本地知名出境社合作，聘请行业经验丰富的人士阶段性授课或讲座；同时，兼职和专任教师形成优势互补。

3. 出境领队实训室

利用我系出境领队实训室。

六、课程实施建议及其他说明

由于中国出境旅游目的地国家与地区日益增长，而学生出境实践机会较少，因此建议该课程的教学宜采用活动小组为主体、小组互动为形式，学生查找各国不同风俗资料，自编自导，设计场景，角色扮演，同学互评，老师点评，归纳要点，学生把所学的知识融化、演绎为专业内涵，转化成学生们在今后工作岗位中能够应用和实践的能力；针对出境领队人员的带团技能、讲解技能等知识，融入旅行社企业的鲜活案例，通过案例分析讨论，把课堂讲授与学生讨论相结合，提高学生分析和处理问题能力。本课程作为职业技能课，与领队证资格考试的"目的地国家知识"（双语）培训课在教学内容上合二为一，通过课证融合的教学理念，在课堂教学实践中有意识地把职业素质教育和职业资格证书结合在一起，从而开拓学生的职业视野，并增强他们的行业就业竞争能力。

导游专业"领队实务"（双语）课程标准

一、课程性质

该课程是导游专业（国际导游方向）、旅游管理（中澳合作）学生的职业技术课之一，目标是让学生掌握出境、出国带团的各种知识，培养出境游领队带团的流程和技巧，达到具有出境资质旅行社对领队带团的职业要求。它以"导游业务"课程的学习为基础，也是进一步学习"目的地国家知识""领队英语""旅游服务质量"和"旅游政策法规"等课程的基础。

该课程是依据 2016 级人才培养方案中，校企合作共同实施"学生主体、任务驱动"人才培养模式改革设置的。其总体设计思路是：课程开发以学生文化素养、学习能力、认知能力，实践能力培养为重点，同时密切关注旅行社行业发展动态，紧跟行业需求，使得课程能够充分融入行业、迎合出境旅游市场的需求，重点培养旅行社所需要的相关知识要点、能力素质，充分挖掘学生的主动性和创造性；根据每一教学单元的知识、能力和技能在实际职业工作中出现的频率、内容的难度和要求掌握的程度来合理安排学时。其设计理念是：根据授课对象的文化知识素养、自我学习能力以及学习兴趣，同时参考本专业相关就业岗位——旅行社的知识、能力、素质要求，选取课堂教学内容，通过案例研究、情景模拟、小组讨论等多种形式的课堂教学对学生进行文化素养和学习能力、认知能力和职业技能的培养。

该课程的总学时为 66 学时，建议学分为 4 分，执笔人为徐辉。

二、课程目标

（一）知识目标

通过该课程的学习，学生应掌握出境旅游领队的概述、出境旅游领队相关政策的沿革、出境领队境外工作的全部流程、领队的各项知识储备、带团中的操作流程与技巧、领队讲解的技巧与方法。能够在今后顶岗实习和就业中胜任出境游领队、出境计调、出境门市销售等岗位的工作。

（二）能力目标

通过该课程的学习，学生应达到如下的职业能力（技能）目标：

● 掌握领队组织游客召开行前说明会的演示能力；

● 掌握领队在境外与导游等相关旅游服务人员良好的沟通能力；

● 掌握领队带领游客出入境目的地国家的技能；

● 掌握领队带团的必备技能；

● 掌握出境旅游业务的基本流程；

- 掌握出境旅游团队管理的基本技能；
- 掌握突发事件危机处理的技巧；
- 掌握护照、签证、国际机票、国际连锁酒店的相关知识；
- 掌握领队讲解的基本技能；
- 掌握领队带团中英语词汇的运用与理解。

（三）素质目标

通过该课程的学习，学生能够树立爱国主义思想，具备良好的目的地国家的知识，专业的职业素质，良好的身心素质，以良好的综合素质在未来的出境游工作中更好地服务于客人。

三、课程内容和要求

序号	工作任务/项目	课程内容和要求		建议学时
		理论	实践	
1	出境旅游领队概述	●出境旅游领队的发展历程 ●国家对出境旅游领队的相关政策规定 ●出境旅游领队从业资格和素质要求 ●出境旅游领队在旅游业中的地位	●无	6
2	出境游领队必须储备的相关知识	●护照与签证的基本知识 ●出境旅游交通的相关知识 ●保险的相关知识	●无	6
3	出团前的工作准备	●接受旅游公司所分配的带团任务 ●组织召开行前说明会 ●出团前的诸项准备	●学生能够策划组织旅游者召开出境游的行前说明会	8
4	中国出境、飞行途中、目的地国家（地区）入境、旅途中转机流程及手续	●办理中国出境的手续 ●飞行途中领队的服务 ●办理目的地国家入境手续 ●旅途中转机的流程	●能够根据不同的目的地国家或地区策划中国出境与目的国（地区）入境的模拟演示	8
5	领队在境外带团期间的主要工作	●领队与境外导游工作的配合 ●入住酒店、游览、用餐和退房 ●境外购物与欣赏表演 ●领队在境外游览当中的主要工作 ●其他工作	●学生演绎领队在境外期间的主要工作	8
6	目的地国家（地区）离境以及中国入境	●办理目的地国（地区）离境手续 ●办理中国入境手续 ●退税等其他手续	●根据不同的目的地国家（地区）策划并演绎离境，中国入境和退税	6
7	领队带队返回后的后续工作	●与组团社计调人员进行工作交代 ●账务报销 ●保持与游客的联系等	●策划并演绎带团回来后交接工作的基本要领	2
8	带团中的操作流程与技巧	●境外餐饮服务 ●境外酒店服务 ●境外交通服务 ●境外游览服务 ●境外购物服务	●掌握领队在境外带团时的各项服务技能	6

续表

序号	工作任务/项目	课程内容和要求		建议学时
		理论	实践	
9	Through-guide（领队兼导游）讲解技巧与方法	●领队讲解的要求和原则 ●把握讲解配合要诀 ●出境游领队讲解的技巧 ●出境游领队讲解的方法	●通过练习（境外导游词撰写与讲解测试）全面掌握"领兼地"的讲解技巧与方式	8
10	事故的处理与预防	●突发性事件的处理 ●技术性事件的处理 ●各种事故的预防 ●出境旅游急救知识	●通过演绎与练习全面掌握各种事故的预防与处理	6
11	赴航空实训中心及"歌诗达"实训中心实地授课	●国际航站楼的架构及布局 ●不同飞机的内部结构 ●机场广播的中英文要求 ●中国出境的流程 ●"歌诗达"邮轮等的介绍	●掌握领队在国际机场及国际邮轮的服务要领	2

四、教学评价

本课程的考核由期末考试＋期中考试＋平时成绩三部分组成，采用百分制记分，三者的比例分别为50%、30%、20%。期中考试形式为口试，期末考试形式为笔试。平时成绩由到课率＋课堂表现＋课外作业组成。

五、课程资源及使用要求

（一）师资条件要求

"领队实务"（双语）是专业性极强的课程，任课教师为具有副高级职称的且具有丰富行业经验，同时具有英文导游及出境游领队职业资格证的老师。整个教学团队由专任教师和行业兼职教师组成，既具备10多年的领队从业经历更具备20多年的外文导游的资历，又能用中文讲授，也能用英文讲授。

（二）实训教学条件要求

"领队实务"（双语）课程主要使用出境领队实训室、航空实训中心及"歌诗达"实训中心实地授课。同时，也让学生在学校的4A级景区内授课及考核。

（三）教材选用

本课程以浙江旅游职业学院旅行社管理系副教授、高级经济师、资深国际导游（英文导游及出境游领队）、从事国际旅游业30年的徐辉所编著的《出境旅游领队实务》（双语）（中国财政经济出版社）为主要参考教材。该教材分成基础概述篇、操作实物篇、技能提升篇三个模块。其中，操作实务篇采用任务驱动的体例。该部分的设计以真实出境游领队职业活动为导向，以出境游领队工作真实的任务为载体，配合带团的实景照片，加上中英文的温馨提示，整合序化教学内容，导入教学情境，重视学生的能力训练，采用以学生为主题，学做一体化的课程教学模式，充分体现课程设计思想；单元之间的逻辑结构清晰，能支撑课程目标的实现，并能突出职业能力的培养与提高，可操作性较强。

六、课程实施建议及其他说明

本课程实行"理论＋流程"实践教学法，在此基础上，尊重认知的基本规律，立足于对学生的充分了解，将多种教学方法，如：启发式教学法、讨论式教学法、分析式教学法、案例研究教学法、多模态教学法、双语教学法等以及与课程相关联的音频、视频、微课等灵活应用于教学活动过程中，为学生营造真实的出境游氛围，使学生既有感性认知，又有理性认识，强化其亲身感受所带来的重要影响作用。学时中，理论与实践的分配为各占一半。

本课程的学习参考书主要包括：

[1] 黄荣鹏. 领队实务 [M]. 新北：扬智文化事业股份有限公司，2012.

[2] 徐辉. 中国公民出境旅游服务质量解析 [M]. 杭州：浙江工商大学出版社，2017.

[3] 徐辉. 国际旅游业对客服务艺术案例 [M]. 杭州：浙江科学技术出版社，2008.

[4] 李天元. 旅游学概论 [M]. 天津：南开大学出版社，2003.

[5] 中国旅游研究院. 中国出境旅游发展年度报告 2015 [M]. 北京：旅游教育出版社，2015.

[6] 中国旅游研究院. 中国出境旅游发展年度报告 2016 [M]. 北京：旅游教育出版社，2016.

[7] 北京凤凰假期国际旅行社有限公司. 出境旅游操作实务 [M]. 北京：兵器工业出版社，2006.

[8] 黄荣鹏. 观光导游与领队 [M]. 新北：松根出版社，2013.

[9] 饶华清. 中国出境旅游目的地概况 [M]. 北京：中国人民大学出版社，2014.

[10] 石定乐，孙嬛. 旅游跨文化交流 [M]. 北京：旅游教育出版社，2014.

[11] 吕尔欣. 中西方饮食文化差异及翻译研究 [M]. 杭州：浙江大学出版社，2013.

[12] 张晓青，周淑敏. 市场营销实务 [M]. 北京：中国财政经济出版社，2014.

[13] 韦福祥，等. 服务营销学 [M]. 北京：电子工业出版社，2013.

本课程在 2012 年建成院级优质核心双语课程。

同时，推荐学生积极地利用发达的网络信息如：中国旅游网、浙江旅游网、携程网等诸多专业网站以及相关的报纸杂志阅读，如《钱江晚报》《都市快报》《中国旅游报》《江南游报》《饭店业》《休闲》等，来开阔学生的眼界，捕捉中国出境旅游的最新动态。

导游专业"领队英语"课程标准

一、课程性质

该课程是导游专业的必修课，是专业基础课，目标是让学生掌握出境领队应具备的专业英语知识，培养与外方人员沟通的英语交际能力，具备合格出境领队的英语职业素质，达到全程担任中国出境旅游领队的职业要求。它以"大学英语"和"领队实务"等课程的学习为基础，也是进一步学习导游专业相关职业技术课的基础。

该课程是依据导游专业工作任务与职业能力分析表中出境领队的相关要求而设置。其总体设计思路是，打破以知识传授为主要特征的传统学科课程模式，转变为以"工学结合，任务驱动"为中心组织课程内容，并让学生在完成具体任务的过程中学会完成相应学习任务，并构建相关理论知识，发展出境领队职业能力。课程内容突出对学生专业英语能力的训练和领队职业素养的培养。理论知识的选取紧紧围绕工作任务完成的需要来进行，同时又充分考虑当前出境旅游行业的最新业态和旅游企业对出境旅游人才的素质要求。教学过程中，通过顶岗实习、校企合作、校内实训基地等多种途径，采取工学结合的模式，充分开发学习资源，给学生提供丰富的实践实训机会。教学效果评价采取过程评价与结果评价相结合的方式，通过理论与实践相结合，重点评价学生的职业能力和综合素质。

该课程学时数总计为 64 学时，建议学分为 4 分，执笔人为袁青。

二、课程目标

（一）知识目标

通过该课程的学习，学生应熟练掌握领队英语的专业术语、常用句型和情景对话等相关基础知识，并掌握领队工作流程中相关的英语专业知识。

（二）能力目标

通过该课程的学习，使学生具备用地道、流利英语与外方人员进行沟通的专业能力，并具备相应的组织协调能力和应变处理能力。

（三）素质目标

通过该课程的学习，使学生具备职业出境领队的基本素质：能熟练运用领队专业英语，并熟悉领队工作的业务流程，能独立承担出境旅游企业的境外领队工作。

三、课程内容和要求

序号	工作任务/项目	课程内容和要求		建议学时
		理论	实践	64
1	中国出境	模块概况	对话：机场问询、值机、处理意外	8
		常用词汇	问答	
		重要术语	课堂讨论	
		对话指导	ORAL PRESENTATION	
2	飞行途中	模块概况	对话：登机、用餐、机上服务	8
		常用词汇	问答	
		重要术语	课堂讨论	
		对话指导	ORAL PRESENTATION	
3	他国入境	模块概况	对话：登机、机上餐饮服务、机上免税店	8
		常用词汇	问答	
		重要术语	课堂讨论	
		对话指导	ORAL PRESENTATION	
4	在酒店	模块概况	对话：登记入住、餐饮服务	8
		常用词汇	问答	
		重要术语	课堂讨论	
		对话指导	ORAL PRESENTATION	
5	餐饮	模块概况	对话：确认订餐、用餐问题	8
		常用词汇	问答	
		重要术语	课堂讨论	
		对话指导	ORAL PRESENTATION	
6	游览	模块概况	对话：协商行程、堵车、门票	8
		常用词汇	问答	
		重要术语	课堂讨论	
		对话指导	ORAL PRESENTATION	
7	购物	模块概况	对话：银联卡、免税店	8
		常用词汇	问答	
		重要术语	课堂讨论	
		对话指导	ORAL PRESENTATION	
8	他国离境	模块概况	对话：退税、转机	8
		常用词汇	问答	
		重要术语	课堂讨论	
		对话指导	ORAL PRESENTATION	

四、考核评价

采用过程性与终结性评价两者相结合的考核方式，具体形式包括对话练习、课后作业、口头演示，单元测验和书面考试等多种考核方式。过程性考核包括考勤、作业、实训、课堂表现等形式，在总评成绩中的比重不低于50%。采用百分制计分，过程性和终结性考核各占50%。

五、课程资源及使用要求

（一）师资条件要求

该课程主讲教师由专兼职教师共同组成，以学院专任教师为主，同时聘任校外实习指导教师。专兼职教师都应符合相应的学历要求，并具备丰富的出境旅游行业经验。主讲教师应具备教学设计、课程开发、实践指导和比赛指导等方面的相关能力。

（二）实训教学条件要求

包括出境领队工作实训室、订单班和相关校外实训基地。实训时间安排为总学时的一半，即32学时。

（三）教材选用

采用新编教材《领队英语实用教程》，中国财经出版社出版，2016年第一版。该教材按领队工作流程设定框架，以领队工作场景专业对话为主要内容，全面实现本课程的教学目标。

六、课程实施建议及其他说明

本课程属于专业英语，课程实施建议以英语语言技能为基础，结合领队业务相关专业知识，授学时采用精讲多练、学生为主体的教学模式，并使用多媒体教学手段，强化学生英语听说能力。在教师必要讲解的基础上，采用课堂提问、对话练习、小组讨论和口头作文等多种形式，通过大量针对性练习使学生掌握教学内容。同时，授课教师应关注专业英语和行业发展最新资讯，在教学中做到与时俱进。

导游专业"导游实务"课程标准

一、课程性质

该课程是导游专业职业技术课。课程目标是让学生掌握导游服务相关业务知识、导游服务程序、服务技能及常见知识等能力。它以"旅游概论"课程的学习为基础，也是进一步学习"杭州模拟导游""华东模拟导游"等课程的基础。

该课程是依据"导游专业工作任务与职业能力分析表"中的中英文导游工作项目设置的。其总体设计思路是，打破以知识传授为主要特征的传统学科课程模式，转变为以工作任务为中心组织课程内容，并让学生在完成具体项目的过程中学会完成相应工作任务，并构建相关理论知识，发展职业能力。课程内容突出对学生职业能力的训练，理论知识的选取紧紧围绕工作任务完成的需要来进行，同时又充分考虑了高等职业教育对理论知识学习的需要，并融合了相关职业资格证书对知识、技能和态度的要求。项目设计以导游工作为线索来进行。教学过程中，要通过校企合作，校内实训基地建设等多种途径，采取工学结合、项目任务驱动等形式，充分开发学习资源。引入"赛教学"一体化教学实训改革成果，强化核心技能训练。教学效果评价采取过程评价与结果评价相结合的方式，通过理论与实践相结合，重点评价学生的职业能力。

该门课程的总学时为96学时，其中实践学时不少于72学时，分两个学期开设，学时分别为64学时和32学时，建议学分为4分，执笔人为孙旭。

二、课程目标

通过该课程的学习，学生应了解当今导游服务现状和发展趋势；熟悉导游服务中必须涉及的相关专业知识；牢固掌握导游工作的规范及导游的基本方法和技能；掌握导游服务中常见的问题和事故的处理方法；并能顺利通过"全国导游人员资格考试"，取得导游员资格。

（一）知识目标
- 能熟练讲述导游服务的历史与发展；
- 能准确理解导游员的概念、性质、特征及主要职责；
- 能熟练掌握导游服务工作流程；
- 能熟练掌握旅游者要求处理原则及方法；
- 能分清旅游事故种类并掌握基本处理原则及方法；
- 能熟练掌握常见的旅游相关业务知识。

（二）能力目标
通过对课程的学习，使学生达到能作为全陪、地陪导游接待旅游团队或散客，为其提供旅行生活服务、导游讲解服务等相关服务，并能基本达到处理带客过程中遇到的各种突发事件和问题的能力目标。

- 能完整、熟练操作地陪导游工作程序；
- 能完整、熟练操作全陪导游工作程序；
- 能完整、熟练操作散客导游工作程序；
- 能基本运用导游服务常见的综合服务技能；
- 能基本运用导游服务常见的语言技能；
- 能基本运用导游服务常见的讲解技能；
- 能熟练处理旅游者的个别要求；
- 能基本预防常见的旅游事故；
- 能基本处理常见的旅游事故。

（三）素质目标

通过课程教学，使学生具备导游的基本职业道德，掌握导游带团所需的业务知识，掌握基本的带团技能、讲解技能、游客心理服务技能等，具备较强的分析、处理各类问题的能力、组织能力、管理能力、创新能力等。

三、课程内容和要求

本课程以导游员从业资格为基准，以实际导游工作为参考，根据对市场岗位群需求调研、专家建议以及行业企业的建议要求，从实际职业工作任务要求出发，结合学生认知和学习的一般规律选取教学内容，且半数课程采用实践教学，通过七大教学单元开展教学。

序号	工作任务/项目	课程内容与要求		建议学时
		理论	实践	
1	导游服务与导游人员	●导游服务的内涵及类型 ●导游服务的发展历程 ●导游服务的性质和特点 ●导游服务的地位和作用 ●导游员的内涵及分类 ●导游员的基本素质 ●导游员的职责要求 ●导游员的培训和考核		10
2	团队导游服务规范	●熟悉地陪规范服务流程 ●熟悉全陪规范服务流程 ●熟悉领队规范服务流程 ●熟悉景区导游员规范服务流程	●能进行地陪规范服务流程操作 ●能进行全陪规范服务流程操作 ●能进行领队规范服务流程操作 ●能进行景区导游员规范服务流程操作	32
3	散客导游服务规范	●散客旅游的内涵及分类	●接站服务 ●导游服务 ●送站服务	4
4	导游语言技能	●导游语言的内涵与特性 ●导游口头语言的基本形式 ●导游讲解技能内涵与原则	●掌握导游口头语言的表达技巧 ●掌握导游态势语言的运用技巧 ●掌握导游语言沟通技巧 ●掌握导游讲解技能的常用方法	10

序号	工作任务/项目	课程内容与要求		建议学时
		理论	实践	
5	导游服务技能	●导游带团的原则	●掌握导游带团技巧 ●具体包括确立良好形象、提供心理服务、主导地位树立、引导观景赏美、合理安排行程、重点游客接待、妥善处理关系等	12
6	应变处理技能	●导游员应变处理的原则	●掌握个别要求的处理技巧 ●掌握旅游突发事件的处理技巧 ●掌握自然灾害事故的预防和处理	18
7	导游业务知识	●旅行社业务知识 ●入境知识 ●出境知识 ●海关规定 ●航空知识 ●铁路知识 ●货币保险知识 ●卫生常识 ●国际时差及单位换算		8
8	机动			2

四、考核评价

考核的结果能体现教学目标的实现情况，因此采用理论考核与实践考核相结合，在保证导游考试笔试顺利通过的前提下，尽可能地突出实践考核的方式；在笔试成绩的基础上，强调对实训成绩及团队合作完成项目情况的考核；同时，结合从事导游服务工作的具体要求，注重学生每节课的形象礼仪及精神面貌的考核。

考核 = 期末笔试成绩50%+ 实训成绩20%+ 项目完成情况20%+ 课堂表现10%。

五、课程资源及使用要求

（一）师资条件要求

导游实务是专业性极强的课程，任课教师为具有中高级职称的、相关行业企业经验较为丰富，且同时具有中高级职业资格的老师。整个教学团队由专任教师和行业兼职教师组成，既具备娴熟的导游服务技能，又有较好的导游文化知识、导游法规知识及行业相关知识。

（二）实训教学条件要求

实训条件："教学练用"四位一体模拟导游实训中心；校内相关资源如酒店、旅行社及其门市、旅游大巴等可供实训教学使用；拥有导游服务常用工具如话筒、导游旗、计划单等，以及其他所需的设施设备。校外实训基地涉及全省范围内的各类旅行社，实习基地数量足、质量高、合作紧密，如浙江中青旅、浙江省中旅、杭州市中旅、浙江海内外商务旅行社等社会资源正在积极进行工学合作，为实习生提供大量实践岗位。

项目	工作任务/项目	知识点	实训项目或工作任务	教学重点	教学情境与教学设计	建议学时
1	能进行地陪规范服务流程操作	准备工作 接站服务 入店服务 核对商定日程 参观游览服务 其他服务 送站服务 扫尾工作	准备工作 接站服务 入店服务 核对商定日程 参观游览服务 其他服务 送站服务 扫尾工作	接站服务 入店服务 送站服务	教师指导学生操作训练	16
2	能进行全陪规范服务流程操作	准备工作 首站接站服务 入店服务 商谈日程 各站服务 途中服务 末站送站服务 后续工作	准备工作 首站接站服务 入店服务 商谈日程 各站服务 途中服务 末站送站服务 后续工作	准备工作 首站接站服务	教师指导学生操作训练	4
3	能进行领队规范服务流程操作	接待前的准备工作 接待过程中的服务 接待结束阶段的工作	接待前的准备工作 接待过程中的服务 接待结束阶段的工作	接待前的准备工作 接待过程中的服务	教师指导学生操作训练	4
4	能进行景区导游员规范服务流程操作	服务准备 导游讲解 送别服务 其他服务	服务准备 导游讲解 送别服务 其他服务	导游讲解	教师指导学生操作训练	4
5	能进行散客导游服务	接站服务 导游服务 送站服务	接站服务 导游服务 送站服务	导游服务	教师指导学生操作训练	4
6	掌握导游语言技能	导游口头语言的表达技巧 导游态势语言运用技巧 导游语言沟通技巧 导游讲解技能的常用方法	导游口头语言的表达技巧 导游态势语言运用技巧 导游语言沟通技巧 导游讲解技能的常用方法	导游讲解技能的常用方法	学生展示，教师点评指导	14
7	掌握导游带团技巧	导游带团技巧	确立良好形象、提供心理服务、主导地位树立、引导观景赏美、合理安排行程、重点游客接待、妥善处理关系等	确立良好形象 重点游客接待	学生展示，教师点评指导	10
8	能掌握基本应变处理技能	个别要求的处理技巧 旅游突发事件的处理技巧 自然灾害事故的预防和处理	餐饮要求的处理 住宿要求的处理 交通要求的处理 购物要求的处理 娱乐要求的处理 其他要求的处理 漏接错接的处理 计划变更的处理 误机事故的处理 遗失问题的处理 走失问题的处理 患病死亡问题的处理 越轨言行的处理 安全事故的处理 投诉问题的处理 自然灾害的处理 重大传染病的处理	餐饮要求的处理 住宿要求的处理 交通要求的处理 漏接错接的处理 误机事故的处理 遗失问题的处理 走失问题的处理 安全事故的处理	教师进行案例展示和分析，学生分组讨论实训并汇报	16

（三）教材选用

本课程以浙江省旅游局编写的当年度全国导游人员资格考试参考教材《导游业务》为主要参考教材。该教材充分休现课程设计思想，单元之间的逻辑结构清晰，能支撑课程目标的实现，并能突出职业能力的培养与提高，同时直接针对全国导游人员资格考试。

六、课程实施建议及其他说明

本课程实行理论教学与实践教学相结合的方法，在此基础上，尊重认知的基本规律，立足于对学生的充分了解，将多种教学方法如案例教学法、讨论式教学法、项目教学法、情境教学法等，灵活应用于教学活动过程中，为学生营造真实的导游工作氛围，使学生既有感性认知，又有理性认识，强化其亲身感受所带来的重要影响作用。

结合中华人民共和国文化和旅游部全国导游大赛及全国职业院校技能大赛等赛项资源，开展"赛教学"一体化实训教学，强化学生的核心职业技能。

同时，引导学生经常使用国家财政支持的四位一体实训中心、各大景点的三维平台；推荐学生主动积极查阅国家级精品课程"导游实务"网站并利用发达的网络信息，如中华人民共和国文化和旅游部网站、中国旅游网、浙江旅游培训网、导游栖息地等诸多专业网站。

导游专业"模拟导游二"课程标准

一、课程性质

该课程是导游专业（3+2）学生的职业技术课之一，目标是让学生掌握出境、出国带团的各种知识，培养出境游领队带团的流程和技巧，达到具有出境资质旅行社对领队带团的职业要求。它以"导游业务"课程的学习为基础，也是进一步学习"目的地国家知识""领队英语""旅游服务质量"和"旅游政策法规"等课程的基础。

该课程是依据 2016 级人才培养方案中，校企合作共同实施"学生主体、任务驱动"人才培养模式改革设置的。其总体设计思路是：课程开发以学生文化素养、学习能力、认知能力，实践能力培养为重点，同时密切关注旅行社行业发展动态，紧跟行业需求，使得课程能够充分融入行业、迎合出境旅游市场的需求，重点培养旅行社所需要的相关知识要点、能力素质，充分挖掘学生的主动性和创造性；根据每一教学单元的知识、能力和技能在实际职业工作中出现的频率、内容的难度和要求掌握的程度来合理安排学时。其设计理念是：根据授课对象的文化知识素养、自我学习能力以及学习兴趣，同时参考本专业相关就业岗位——旅行社的知识、能力、素质要求，选取课堂教学内容，通过案例研究、情景模拟、小组讨论等多种形式的课堂教学对学生进行文化素养和学习能力、认知能力和职业技能的培养。

该课程的总学时为 64 学时，建议学分为 4 分，执笔人为韩德琼。

二、课程目标

（一）知识目标

通过该课程的学习，学生能掌握华东地区地接导游服务工作的基本流程和操作规范；掌握常用的导游讲解技能、语言技能与带团应变能力；能运用导游基础知识对当地的主要景点进行生动熟练的讲解；通过华东地接导游的模拟实训，帮助学生提前进入职业角色，培养学生带团能力，从而成为一名合格的导游人才。

（二）能力目标

通过该课程的学习，学生应达到如下的职业能力（技能）目标：

● 了解华东地接导游的带团基本流程；

● 掌握与游客良好的沟通能力；

● 掌握结合游客的身份、职业、性格特点针对性创作欢迎词和欢送词；

● 掌握结合当地人文历史民俗讲解华东各主要旅游城市的概况；

● 掌握华东地区主要城市旅游景点的讲解词。

（三）素质目标

通过该课程的学习，学生能够树立爱岗敬业、尊重游客、个性化服务的职业素质，良好的身心素质，以良好的综合素质在华东地接工作中更好地服务于客人。

三、课程内容和要求

序号	工作任务/项目	课程内容和要求		建议学时
		理论	实践	
1	上海	●城市概况 ●历史名人介绍 ●外滩、城隍庙、南京路、田子坊、浦东新区的介绍 ●风物特产	●上海实地踩线	8
2	苏州	●城市概况 ●历史名人介绍 ●拙政园、狮子林、寒山寺、虎丘、留园的介绍 ●风物特产	●苏州实地踩线	8
3	无锡	●城市概况 ●历史名人介绍 ●鼋头渚、灵山大佛、三国城介绍	●无锡实地踩线	8
4	南京	●城市概况 ●历史名人介绍 ●中山陵、总统府、夫子庙、南京大屠杀遇难同胞纪念馆 ●风物特产	●南京实地踩线	8
5	扬州	●城市概况 ●历史名人 ●瘦西湖、大明寺、个园 ●风物特产		8
6	水乡	●华东主要水乡介绍 ●乌镇 ●周庄	●乌镇实地踩线	8
7	接团的基本流程	●接团前的准备 ●欢迎词 ●沿途导游讲解 ●欢送词		8
8	带团中的操作流程与技巧	●导游带团规范 ●导游应变能力	●华东导游大赛	8

四、教学评价

本课程的考核由期末随堂考试＋比赛成绩＋实训成绩三部分组成，采用百分制记分，三者的比例分别为50%、30%、20%。期末考试形式为口试；比赛安排在本学期末进行，分为风采展示、自选讲解和抽选讲解及猜疑表演四个环节；实训成绩由本学期实地踩线时金牌导游根据学生在车上的专题讲解情况打分。

五、课程资源及使用要求

（一）师资条件要求

"模拟导游"任课教师为具有中高级导游证书的且具有丰富行业经验，在华东地接岗位从事工作或在相关企业挂职锻炼的老师，整个教学团队由专任教师和行业兼职教师组成，兼职教师均为杭州市资深金牌导游。

（二）实训教学条件要求

"模拟导游"课程主要使用导游四位一体实训室及华东主要旅游城市实地授课。同时，也在学校的4A级景区内授课及考核。

（三）教材选用

本课程以浙江旅游职业学院旅行社管理系副教授陈萍萍以及资深华东地接导游韩德琼等共同编著的《华东导游实战宝典》（上海财经大学出版社）为主要参考教材。该教材分为流程篇、讲解篇、景点特产篇三个模块。其中，流程篇采用任务驱动的体例。该部分的设计以真实华东地接导游的职业活动为导向，以华东地接工作真实的任务为载体，配合带团的案例分析，整合序化教学内容，导入教学情境，重视学生的能力训练，采用以学生为主体，学做一体化的课程教学模式，充分体现课程设计思想，单元之间的逻辑结构清晰，能支撑课程目标的实现，并能突出职业能力的培养与提高，可操作性较强。

六、课程实施建议及其他说明

本课程实行"理论＋流程"实践教学法，在此基础上，尊重认知的基本规律，立足于对学生的充分了解，将多种教学方法，如：启发式教学法、讨论式教学法、分析式教学法、案例研究教学法、多模态教学法、实景教学法等以及与课程相关联的音频、视频、微课等灵活应用于教学活动过程中，为学生营造真实的地接工作氛围，使学生既有感性认知，又有理性认识，强化其亲身感受所带来的重要影响作用。学时中，理论与实践的分配为各占一半。

1.本课程的学习参考书主要包括：

［1］钱均.华东黄金旅游线导游词［M］.杭州：浙江人民出版社，2010.

［2］周晓梅.导游带团技能一本通［M］.北京：旅游教育出版社，2007.

［3］徐鹏.华东讲解一本通汇编［M］.

［4］浙江旅游职业学院.诗画江南现场导游考试指南［M］.北京：中国旅游出版社，2016.

［5］王旭烽.走读西湖［M］.杭州：浙江摄影出版社2006.

［6］余秋雨.文化苦旅［M］.北京：东方出版中心2001.

2.融媒体学习资源：

"朗读者"《我是演说家》视频资料；

"孤独星球"微信公众号；

"新旅行"微信公众号（马蜂窝）；

喜马拉雅网络电台；

华东导游联盟 APP；

各大网络媒体朗读视频、旅游网站、网站旅游频道等。

导游专业"英语导游讲解"课程标准

一、课程性质

该课程是导游专业（国际导游）、旅游管理（中澳合作）及现代学徒制实验班的必修课，是专业核心课程和职业技术课程之一，目标是让学生掌握英语导游讲解能力。它以"大学英语""杭州模拟导游""导游业务"课程的学习为基础，为学生将来从事英语导游打下基础。

该课程是依据"导游专业核心能力要求表"中具备外语导游讲解能力而设置的。其总体设计思路是：课程开发以学生就英语导游证口试考试大纲所规定的浙江省主要城市的主要景点为重点，使得课程能够充分融入景点讲解中，重点培养学生用英语来讲解相关景点。根据每一教学单元的知识、能力和技能在实际职业工作中出现的频度、内容的难度和要求掌握的程度来合理安排学时。其设计理念是：根据授课对象的英语基础，同时参考本专业相关就业岗位的能力、素质要求，运用情景模拟、小组练习、实地踩线等多种形式的课堂教学提高学生英语讲解能力。

该门课程的总学时为 128 学时。其中理论课为 60 学时，实践课为 66 学时，机动为 2 学时，建议学分为 4 分，执笔人为童海洋。

二、课程目标

（一）知识目标

通过该课程的学习，学生应掌握浙江省内主要城市概况英语介绍、主要景点背景英语介绍和主要景点的英语介绍，具体如下：

● 英语欢迎词、英语欢送词；

● 英语杭州城市概况，英语西湖景区概况，英语西湖主要景点（如断桥、苏堤、孤山等）；

● 英语千岛湖概况，英语千岛湖景点（如梅峰观岛、龙山岛等）；

● 英语宁波城市概况，英语蒋氏故里概况，英语蒋氏故居景点（如小洋房、丰镐房、玉泰盐铺等）；

● 英语绍兴城市概况，英语鲁迅介绍，英语鲁迅故里景点（如鲁迅祖居、三味书屋、鲁迅故居等）；

● 英语舟山城市概况，英语普陀山概况，英语普陀山景点（如不肯去观音院、普济寺，南海观音铜像等）。

（二）能力目标

通过该课程的学习，学生应获得英语导游证，并将"导游业务"所学的导游词讲解方法（如：虚实结合法、画龙点睛法、列举数字法、类比法等）结合英语语言知识，创作出自己的导游词，形成自己的讲解风格，进一步运用到带团过程中，且能够运用自己的英语导游讲解知识进行实地或模拟实地讲解，为旅游企业服务。具体如下：

- 取得英语导游证；
- 编写原创导游词，建立自己的讲解风格；
- 掌握英语团队接站和送站的英语讲解技能；
- 掌握浙江省主要城市的英语城市概况介绍，浙江省主要自然、人文景点英语的实地讲解能力；
- 能够针对不同游客选择不同的讲解方法和内容进行针对性讲解；
- 进一步提高英语口语能力，扩大词汇量。

（三）素质目标

通过该课程的学习，学生结合课堂知识和课外阅读研究、信息采集，举一反三，触类旁通。通过杭州、宁波、绍兴等浙江省内城市概况的介绍，掌握所有国内城市（如北京、上海）英语城市概况讲解的模式；通过杭州西湖、千岛湖的英语讲解学习，掌握同一类别其他湖泊及其他水体景观（如江苏太湖）的讲解模式；通过鲁迅和蒋氏父子的介绍，掌握其他名人的英语介绍模式；通过普陀山的英语讲解学习，熟悉其他佛教名山的讲解模式。

此外，通过鼓励学生进行导游词的创作，锻炼学生的课外学习能力、独立思考能力，逻辑思维能力。通过课堂和（模拟）实地的演练，锻炼学生的交际能力、英语口语能力和公共场合的演讲、讲解能力。

三、课程内容和要求

序号	工作任务/项目	课程内容和要求		建议学时
		理论	实践	
1	用英语致欢迎词	英语欢迎词内容的讲授	英语欢迎词的创作 英语致欢迎词	4
2	用英语介绍杭州概况	英语杭州城市概况讲授（地理位置、交通条件、历史沿革、气候特点、风物特产、旅游资源、市树市花等）	创作英语杭州城市概况讲解稿 用英语介绍杭州城市概况	8
3	用英语介绍西湖概况	英语西湖概况讲授（形成原因、面积、深度、历代整治、西湖申遗等）	创作英语西湖概况讲解稿 用英语介绍西湖概况	8
4	用英语进行西湖景点讲解	英语西湖景点讲解讲授（苏堤、白堤、断桥、孤山等）	创作英语西湖景点讲解稿 用英语进行西湖景点讲解	8
5	杭州西湖	杭州西湖的答疑和补充		2
6	用英语介绍千岛湖概况	英语千岛湖概况讲授（地理位置、名称由来、面积、水深、水质、荣誉称号等）	创作英语千岛湖概况讲解稿 用英语介绍千岛湖概况	8

续表

序号	工作任务/项目	课程内容和要求		建议学时
		理论	实践	
7	用英语进行千岛湖景点讲解	英语千岛湖景点讲解讲授（梅峰观群岛、龙山岛、海瑞祠、水下古城、千岛湖绿道等）	创作英语千岛湖景点讲解稿用英语介绍千岛湖景点	8
8	杭州千岛湖	杭州千岛湖的答疑和补充		2
9	用英语介绍宁波城市概况	英语宁波城市概况讲授（地理位置、交通条件、历史沿革、气候特点、风物特产、旅游资源、市树市花等）	创作英语宁波城市概况讲解稿用英语介绍宁波城市概况	8
10	用英语介绍蒋氏故里概况	英语蒋氏故里概况讲授（地理位置、蒋氏简介、蒋氏故居历史、建筑布局等）	创作英语蒋氏故里讲解稿用英语介绍蒋氏故里概况	8
11	用英语进行蒋氏故里景点讲解	英语蒋氏故里景点讲解讲授（小洋房、文昌阁、丰镐房、玉泰盐铺等）	创作英语蒋氏故里景点讲解稿用英语介绍蒋氏故里景点	8
12	宁波蒋氏故里	宁波蒋氏故里答疑和补充		2
13	用英语介绍绍兴城市概况	英语绍兴城市概况讲授（地理位置、交通条件、历史沿革、气候特点、风物特产、旅游资源、市树市花等）	创作英语绍兴城市概况讲解稿用英语介绍绍兴城市概况	8
14	用英语介绍鲁迅故里概况和鲁迅生平	英语鲁迅故里概况和鲁迅生平介绍讲授（鲁迅生平介绍、鲁迅作品介绍、景区位置、景区规模等）	创作英语鲁迅故里概况和鲁迅生平讲解稿用英语介绍鲁迅故里概况和鲁迅生平	8
15	用英语进行鲁迅故里景点讲解	英语鲁迅故里景点讲解讲授（鲁迅故居、百草园、三味书屋、鲁迅祖居等）	创作鲁迅故里景点英语讲解稿用英语介绍鲁迅故里景点	8
16	绍兴鲁迅故里	绍兴鲁迅故里的答疑和补充		2
17	用英语介绍舟山城市概况	英语舟山城市概况讲授（地理位置、交通条件、历史沿革、气候特点、风物特产、旅游资源、市树市花等）	创作英语舟山城市概况讲解稿用英语介绍舟山城市概况	8
18	用英语介绍普陀山概况	英语普陀山概况讲授（地理位置、景区特色、历史沿革等）	创作英语普陀山概况讲解稿用英语介绍普陀山概况	8
19	用英语进行普陀山景点讲解	英语普陀山景点讲解讲授（普济禅寺、紫竹林、不肯去观音院、南海观音铜立像等）	创作英语普陀山景点讲解稿用英语介绍普陀山景点	8
20	用舟山介绍普陀山的答疑和补充			2
21	综合复习或机动	综合复习或机动		2

四、考核评价

本课程的考核由课堂考核成绩＋期末考核成绩＋平时成绩三部分组成，采用百分制记分，三者的比例分别为50%、40%、10%，期中课堂考试形式为口试，期末考试形式为口试，平时成绩由到课率＋课堂表现＋课外活动组成。

注：课外活动可以为积极参加各类英语活动，如英语角、英语类技能大赛等。

五、课程资源及使用要求

（一）师资条件要求

师资条件要求：应由相关专业背景，专任教师应为英语专业或旅游管理毕业，持有教师资格证，具有一线带英语团行业经历。兼职教师必须具有5年以上接待英语入境团经历，高级英语导游、金牌导游员、全国导游大赛获奖导游员、有英语导游考评员资格者优先。所有人员应会熟练掌握PPT的制作、视频播放等相关计算机能力。

（二）实训教学条件要求

本课程对教学场所要求如下。

授课教室：需具备黑板（或书写板）、可以播放光盘、视频、音频的电脑及投影仪、屏幕、音响设备。

教学和学习大厅：学生每学完一个模块，根据视频投影，进行模拟实地讲解练习。

微格环境实训大厅：结合录音和视频设备的使用，作为学生课外个人练习的场地。

注：教学环境可以不拘泥于室内，校园内的遂园、旅游博物馆、华夏湖等均可作为教学场地。

（三）教材选用

浙江旅游职业学院 . Poetic & Picturesque Zhejiang A Handbook for the Tour Guide Visual Test［M］. 北京：中国旅游出版社，2016.

参考书目：

［1］姚宝荣 . 模拟导游教程［M］. 北京：中国旅游出版社，2004.

［2］常骏跃 . 旅游英语口语［M］. 大连：大连理工大学出版社，1999.

［3］金鑫等 . 导游服务英语［M］. 广州：广东旅游出版社，2006.

［4］朱歧新 . 英语导游必读［M］. 北京：中国旅游出版社，1999.

［5］关肇远 . 导游英语口语［M］. 北京：高等教育出版社，2004.

［6］关肇远 . 导游英语口语教学辅导［M］. 北京：高等教育出版社，2004.

六、课程实施建议及其他说明

该课程的教学本着以"学生主体、任务引领"的理念进行。在常规的教师课堂讲解演示英语导游词后，学生组成若干学习活动小组，以小组为单位接受教师布置导游词写作的任务，并在小组进行活动以消化内容。在完成任务的过程中进行自我学习、小组合作学习。

主要教学方法如下：

讲授法。教师先进行英语导游词的讲解分析，旨在纠正学生不准确的语音语调，并让学生能够读懂英语导游词内容。通过教师讲授，学生有效地纠正了欠佳的英语语音语调并能读懂英语导游词内容，这是掌握英语导游讲解的基础与前提。

小组学习活动法。学生根据个人英语水平撰写适合自己的英语导游词并在小组内进行相互讲解训练。自己撰写导游词能够加深学生的印象且利于学生掌握化为己用；通过小组讲解训练，学生不仅能够有效地找出自己的讲解不足且小组学习加深了学生的学习氛围及学习兴趣。

模拟讲解法。学生上台进行学习讲解内容的现场模拟讲解，旨在检查学生的掌握情况并对不足进行即时的指导纠正。通过此学习方法，学生不仅有效提高了现场讲解的质量且慢慢找到了英语导游现场讲解的感觉，为将来的英语导游资格证考试及英语导游工作打下深厚的基础。

模拟实地讲解法。由教师事先组织，以小组的学习方法，按照平时小组训练的基础，进行有针对地讲解主题的分配，把若干个小组合并成由 22~25 人组成的大组，围绕西湖、千岛湖、鲁迅故里、蒋氏故里和普陀山景区，（通过视频的播放）按照英语导游考试的线路和主题，进行有针对性、有实用价值的模拟现场实践讲解。

导游专业"世界旅游概论"（双语）课程标准

一、课程性质

该课程是导游专业的选修课，是岗位能力课，目标是让学生通过中英文双语掌握当前世界旅游业发展的基本知识，培养使用科学方法进行旅游调研的能力，具备职业旅游人在行业、客户、旅游目的地、文化多样性和自我发展等方面的综合素质，达到具有广阔的世界旅游视野的职业要求。它以"大学英语"和"目的地国家知识"等课程的学习为基础，也是进一步学习导游专业相关岗位能力课的基础。

该课程是依据导游专业工作任务与职业能力分析表中的人才培养目标方案而设置。其总体设计思路是，打破以知识传授为主要特征的传统学科课程模式，转变为以"工学结合，任务驱动"为中心组织课程内容，并让学生在完成具体任务的过程中学会完成相应学习任务，并构建相关理论知识，发展职业旅游人的专业能力。课程内容突出学生对世界旅游发展趋势的把握和职业旅游人职业素养的培养。理论知识的选取紧紧围绕工作任务完成的需要来进行，同时又充分考虑当前世界旅游业发展的最新动态和企业对旅游人才的素质要求。教学过程中，通过采用理论结合实际的模式，充分开发学习资源，给学生提供丰富的实践实训机会。教学效果评价采取过程评价与结果评价相结合的方式，通过理论与实践相结合，重点评价学生的职业能力和综合素质。

该课程学时数总计为 28 学时，建议学分为 2 分，执笔人为袁青。

二、课程目标

（一）知识目标

通过该课程的学习，学生能通过中英文双语掌握当前世界旅游业发展的基本知识。

（二）能力目标

通过该课程的学习，学生应具备用科学方法对世界旅游相关领域进行调研的能力。

（三）素质目标

通过该课程的学习，学生应具备职业旅游人的相应素质：把握世界旅游发展的趋势，熟悉旅游调研的科学方法，具备行业、客户、旅游目的地、文化多样性和自我发展等方面的综合素质。

三、课程内容和要求

序号	工作任务/项目	课程内容和要求		建议学时
		理论	实践	28
1	概论	世界旅游业概述	N/A	3
2	世界旅游业	世界旅游基本构架	同左	5
		分析框架和寻找信息		
		互联网资源		
		其他资源		
		信息质量		
3	旅游业客户	了解客户需求	同左	5
		调研概况		
		大型和小型调研		
		设计和操作调研		
		顾客需求和互动		
4	旅游目的地	可持续发展介绍	同左	5
		独特性和标准化之间平衡		
		旅游目的地营销		
5	文化多样性	文化内涵和交流	同左	5
		标语和标志		
		食物		
		音乐		
		建筑		
		结论		
6	旅游职业	职业技能与发展	同左	5
		旅游业所需的态度和技能		
		企业中的职业发展		
		与旅游行业业内人士对话		

四、考核评价

采用过程性与终结性评价两者相结合的考核方式，具体形式包括课堂提问、读书报告、口头演示，单元测验和书面考试等多种考核方式。过程性考核包括考勤、作业、课堂表现等形式，在总评成绩中的比重不低于50%。采用百分制计分，过程性和终极性考核各占50%。

五、课程资源及使用要求

（一）师资条件要求

该课程主讲教师由学院专任教师组成，任课教师应符合相应的学历要求，并具备扎实的英语语言基础和丰富的旅游行业经验。主讲教师应具备教学设计、课程开发、任务指导等方面的相关能力。

（二）实训教学条件要求

"世界旅游概论"课程主要依托出境领队实训室授课。

（三）教材选用

采用新编教材《世界旅游概论》PASSPORT TO THE WORLD（双语），浙江大学出版社出版，2013 年第一版。该教材由美国 GTTP 执行董事 Nancy Needham 博士编写，香港理工大学张邱汉琴翻译。

六、课程实施建议及其他说明

本课程属于岗位能力课，课程实施以中英文双语为基础，结合相关专业知识，授学时采用讲练结合，学生为主体的教学模式，充分利用多媒体教学手段。在教师必要讲解的基础上，采用课堂提问、书面作业、小组讨论和课题研究等多种形式，通过大量针对性练习使学生掌握课程内容。

导游专业"职业形象与礼仪"课程标准

一、课程性质

"职业形象与礼仪"是高职导游、旅行社经营管理、旅游电子商务专业的岗位选修课程。该课程是从事旅行社服务工作所要掌握的入门课程，其功能是让学生了解并掌握旅行社服务各个岗位应具备的礼仪知识、具备旅行社服务各岗位所要求的仪容仪表、言谈举止，恰当运用礼仪处理好游客关系，维护旅行社行业的良好形象。该课程围绕旅游专业人才培养目标，面向旅行社等企业单位，培养具有优雅的礼仪素质、良好的沟通能力，掌握旅行社服务各个专业岗位应具备的礼仪常识和规范的应用型技能人才。是一门应用性学科和实践性学科，具有实践性强、与实际工作联系紧密的特点。是进一步学习其他岗位必修课程，特别是"模拟导游""导游业务"等课程的基础。

"职业形象与礼仪"课程中理论知识的选取紧紧围绕工作任务完成的需要来进行，同时又充分考虑旅游新业态与"旅游+"新形态下"大旅游"产业发展对理论知识学习的要求，以培养学生的专业创新技能为灵魂，以旅游行业业务运行的逻辑演进为线索构建教学内容体系。通过本课程的学习掌握在旅游业务运营过程中必须具备的礼仪基础知识和技能。以社会交往礼仪为中心进行教学，使学生熟悉基本的日常交往礼仪规范，养成礼貌待人处世的良好习惯。课程设计以真实的旅游行业社交礼仪为载体，将理论教学内容和实践教学内容，以案例教学、情景教学、课堂讨论、实践实训等形式，强化学生能力培养，实现课堂理论实训一体化；运用任务驱动的教学内容展开形式，融"教、学、做"为一体，强化关键能力的培养；设置有利于学生实践能力和应用能力提高的实践教学体系。

该门课程的总学时为 36 学时，建议学分为 2 分，执笔人钱正英。

二、课程目标

（一）知识目标

通过该课程的学习，学生应掌握旅游服务礼仪的基础知识、相关理论知识；明确职业形象和仪态在该行业中的重要性，在不同职业场合中的形象定位，待人接物的交际细节把握等。

（二）能力目标

立足于适应 21 世纪对旅游管理人才培养的需要、市场的需要，突出对学生的市场意识、服务意识、道德意识、竞争意识、创新意识、实践意识的培养，提高他们运用旅游服务相关课程的基本理论、基本原理、基本方法去发现问题、提出问题、分析问题和解决问题的能力。

（三）素质目标

培养学生良好的基本礼仪素质；修塑学生高贵、纤美的身体形态；提高审美情趣；提高学生的个人修养和文明程度。

三、课程内容和要求

序号	工作任务/项目	课程内容和要求		建议学时
		理论	实践	
1	概述（礼仪基础知识）	了解礼仪的基本内容和概念；熟悉现代礼仪的特征、原则和功能	礼仪起源，现代礼仪，职业形象与礼仪的关系	2
2	旅游服务人员仪容礼仪	了解仪容的基本概念	掌握仪容的基本要求和训练，掌握旅游接待人员不同场合仪容修饰的基本要求和规范	2
3	旅游服务人员仪表礼仪	了解仪表的基本概念	掌握仪表的基本要求和训练；掌握旅游接待人员不同场合着装的基本要求和规范	4
4	旅游服务人员仪态礼仪	了解仪态的基本概念	掌握仪态的基本要求和训练	4
5	旅游服务人员见面礼仪	熟悉称呼、问候、介绍、握手、递接名片和馈赠的礼仪规范	掌握称呼、问候、介绍、握手、递接名片和馈赠的礼节要求并运用于实际	6
6	旅游服务人员通信礼仪	熟悉电话、QQ、微信等现代通信数码工具的礼仪规范	掌握电话、QQ、微信等现代通信数码工具的礼节要求并运用于实际	5
7	旅游服务人员位次礼仪	熟悉位次排序的礼仪规范	掌握引导、用餐、会议、坐车等位次排序的礼节要求并运用于实际	5
8	旅游服务人员语言礼仪	熟悉旅游接待人员的基本语言要求；了解旅游从业人员语言的职业特点	掌握礼貌用语的学习与运用，培养语言能力的方法	4
9	旅游服务人员用餐礼仪	了解中西餐用餐知识	掌握出席中西餐的礼仪要求及注意事项	4

四、考核评价

"职业形象与礼仪"为考查课，考核重点是旅游服务人员礼仪行为规范、仪容仪表仪态礼仪规范、语言修养等，分值约占80%。终结考试采用现场面试和小组作业相结合的方式，同时注重考勤、作业、实训、平时表现等，其中平时成绩40%，终结考试60%。

五、课程资源及使用要求

（一）师资条件要求

根据本课程的性质与培养目标，要求课程主讲教师应具备"双师"素质，理论功底扎实，并且具有一定的实践经验。能够与相关行业单位合作共同开发和建设课程，积极参与行业企业培训，积累社会经验，指导学生开展社会实践活动。

（二）实训教学条件要求

课程：多媒体教室。

实训：校内实训基地，校外实训基地。

"职业形象与礼仪"实训项目设计

项目	项目内容	知识点	训练项目	教学情境与教学设计	建议学时
1	概述（礼仪基础知识）	礼仪的基本内容和概念，现代礼仪的特征、原则和功能	熟悉礼仪的各种基本知识	首先由教师讲解，学生接着进行讨论，老师进行点评	2
2	旅游服务人员仪容礼仪	仪容的基本概念、要求	旅游接待人员不同场合仪容修饰的基本要求和规范	首先由教师讲解、演示，学生接着进行训练，老师进行点评	2
3	旅游服务人员仪表礼仪	仪表的基本概念、要求	旅游接待人员不同场合着装的基本要求和规范	首先由教师讲解、演示，学生接着进行训练，老师进行点评	4
4	旅游服务人员仪态礼仪	仪态的基本概念、要求	仪态训练	首先由教师讲解、演示，学生接着进行训练，老师进行点评	4
5	旅游服务人员见面礼仪	称呼、问候、介绍、握手、递接名片和馈赠的礼仪规范	称呼、问候、介绍、握手、递接名片和馈赠的礼节训练	首先由教师讲解、演示，学生接着进行训练，老师进行点评	6
6	旅游服务人员通信礼仪	电话、QQ、微信等现代通信数码工具的礼仪规范	电话、QQ、微信等现代通信数码工具的礼节训练	首先由教师讲解、演示，学生接着进行训练，老师进行点评	5
7	旅游服务人员位次礼仪	位次排序的礼仪规范	引导、用餐、会议、坐车等位次排序的礼节训练	首先由教师讲解、演示，学生接着进行训练，老师进行点评	5
8	旅游服务人员语言礼仪	旅游接待人员的基本语言要求、旅游从业人员语言的职业特点	礼貌用语的运用训练	首先由教师讲解、演示，学生接着进行训练，老师进行点评	4
9	旅游服务人员用餐礼仪	中西餐用餐知识	出席中西餐的礼仪训练	首先由教师讲解、演示，学生接着进行训练，老师进行点评	4

（三）教材选用

本课程原先选用普通高等学校旅游管理专业应用型特色"十二五"规划教材系列中的《旅游礼仪》为教材，其在内容和体例的编排上，既注重理论知识的阐述，又重视情境实训的设计，强化学生技能训练，培养学生综合实践能力的形成。从 2018 年起将使用自编教材《旅行社服务礼仪》，该教材属 21 世纪高职高专规划教材，与本课程无缝对接，优点有四：

1. 针对性：新教材不同于一般泛泛而谈的礼仪教材，专为广大旅游专业学生和旅行社工作人员提高礼仪修养和技能量身定制，针对专业岗位而设计。

2. 实用性：新教材的基础理论和基本原理简明扼要，通俗易懂，重点突出，引用了一些实用的案例，理论密切联系实践，具有较强的实用性和可操作性。

3. 新颖性：新教材注重实训，让学生在练中学，强调以学生为中心，体现以学生为主体、教师为主导的教学理念。

4. 创造性：新教材运用了导入式教学理论，每章开头都配备了案例导入；同时，考虑到了学生的学习方式，在每章后设置了课堂讨论和情景训练，让学生在思考和训练中完成对课程内容的理解和运用。

六、课程实施建议及其他说明

（一）课程教学建议

本课程将理论讲授与实践操作相结合、运用多媒体课件教学、案例讨论相结合等。

1.案例教学。结合旅游实际案例分析，加深学生对旅游服务礼仪的认识和理解；

2.实践教学。针对具体旅游行业形象和仪态要求及社交礼仪知识，让学生动脑、动手收集资料，设计并制作成幻灯片，运用所学知识，进行介绍。

3.组织课堂讨论。针对旅游行业目前发展动态和敏感问题要求学生收集资料、启发学生进行思考，开展课堂讨论。

4.开展模拟训练。仿真"行业现场"，让学生深入理解旅游行业形象和仪态要求的相关内容。

5.注重社会调查和实践，引导学生学会收集资料，为自己塑造良好的职业形象。

（二）课程资源的开发与利用

1.参考书目

［1］魏凯，李爱军.旅游服务礼仪与实训［M］.北京：中国旅游出版社，2014.

［2］孙素，陈萍.旅游服务礼仪［M］.北京：北京理工大学出版社，2010.

［3］李丽.现代旅游服务礼仪［M］.北京：机械工业出版社，2008.

2.媒体资源（参考网站）

http：// www.cnta.gov.cn

http：// www.hotel-online.com

http：// ww.hotelsupplies.com.cn

http：// ww.hotels.org

http：// www.ctha.org.cn

3.校内外实训基地

校内实训室参观。

校外实训基地参观。

导游专业"旅游英语口语"课程标准

一、课程性质

该课程是导游专业（国际导游方向）岗位选修课，目标是让学生掌握旅游英语知识，培养旅游英语口语交际能力，具备表达交流旅游英语的素质，达到旅行社入境英语导游和出境领队英语职业要求。它以大学英语课程的学习为基础，也是进一步学习英语导游讲解课程的基础。

该课程是依据"导游专业（国际导游方向）工作任务与职业能力分析表"中的英文导游工作项目设置的。其总体设计思路是，打破以知识传授为主要特征的传统学科课程模式，转变为以掌握实际工作需求所需要的英文能力为中心组织课程内容，并让学生在完成具体项目的过程中学会完成相应工作任务，并构建相关理论知识，发展一定的英文表达职业能力。课程内容突出对学生旅游英语口语交际能力的训练、旅游英语综合素质的培养。理论知识的选取紧紧围绕工作任务完成的需要来进行，同时又充分考虑旅游新业态与"旅游+"新形态下"大旅游"产业发展对理论知识学习的要求。坚持立德树人，注重思想政治教育贯穿教学始终，同时融合了学生综合素质提升、创新创业能力培养、学生可持续发展的要求。项目设计以旅游英语交际场景为线索来进行。教学过程中，通过校企合作，校内实训基地建设等多种途径，采取工学结合、工学交替等形式，充分开发学习资源，给学生提供丰富的实践机会。教学效果评价采取过程评价与结果评价相结合的方式，通过理论与实践相结合，重点评价学生的职业能力和综合素质。

该门课程的总学时为 28 学时，建议学分为 2 分，执笔人为陈建新。

二、课程目标

（一）知识目标

本课程主要讲授入境游导游接待和出境游领队服务涉及的英语专业词汇、核心句型和情境会话，出入境旅游过程中涉及的各类表格的填写知识，以及危机处理应变技巧。通过教学，学生应熟悉入境涉外导游和出境领队服务的工作流程与规范，掌握旅游景点英语讲解和沿途英语讲解的内容以及出境游领队工作各流程的英语交际会话，提高职业素质和英语素质。

（二）能力目标

"旅游英语口语"课程是以旅游市场对英语导游人才的需求为导向，使学生掌握入境旅游和出境旅游方面的工作流程和工作所需的英语口语交际能力，为其将来成为合格的国际导游和出境游领队打下基础。通过本课程的学习，使学生掌握境内涉外导游服务英语讲解、协调能力和特殊问题的处理能力；境外领队工作的英语协调、交际能力与危机处理应变能力。

（三）素质目标

通过本课程的英语训练，增进学生的语音语调和会话流利程度以及听力理解能力，丰富学生的英语国家文化知识，提高学生的综合英语语言素质。

三、课程内容和要求

序号	工作任务/项目	课程内容和要求		建议学时
		理论	实践	
1	Greeting and Transferring	Working procedures of greeting Working procedures of transferring	Know how to greet and transfer tourists	4
2	Checking in at the Hotel	The procedures of check-in at the Hotel The situational conversations	Know how to check in at hotel	6
3	Itinerary Planning	The procedures of discussing itinerary with the foreign tour leader Situational dialogues	Know how to discuss itinerary with tour leader	6
4	City Sightingseeing	The procedures of taking a city tour The presentation of the scenic spots	Know how to introduce scenic spots to tourists	6
5	Dinning at a Chinese Restaurant	The procedures of arranging a group dinner The situational dialogues	Know how to arrange a group dinner, how to reserve	6

备注：典型工作任务、项目、模块、学习情境、工作过程等。

四、考核评价

在考核方式上，采用形成性与终结性评价相结合的开卷考试、大型作业、现场面试、上机考试、技能测试、阶段测试、课程论文、调研报告等多种考核方式。增加过程性成绩比重，增加考勤、作业、实训、平时表现等在成绩中的比重，合理确定过程性成绩在总成绩中的比重，由原先的不超过 40% 提高到不低于 50%。改革考核评价制度，支持学生以参加校内外各类考证、比赛取得的成果，以参加校内外优质网络课程、网络学习资源取得的结业证书，以参加创新创业、社会实践等活动以及发表论文、获得专利授权等与专业学习、学业要求相关的经历、成果，申请校内相关课程的免修（免考），折算为学分，计入学业成绩。

本课程的考核方式为课堂到课率 + 平时成绩 + 期末笔试考试，其比重分别为 10%、50%、40%。

五、课程资源及使用要求

（一）师资条件要求

专任教师戴雄萍为英语科班毕业，且是国家高级英语导游员，拥有数十年旅行社管理及英语导游一线工作经验。

（二）实训教学条件要求

导游模拟实验室为学生课后练习英语讲解提供了较好的条件。鼓励学生课后实地练习英语口语，自行讲解训练。

（三）教材选用

关肇远．导游英语口语［M］．北京：高等教育出版社，2017.

六、课程实施建议及其他说明

由于大一新生入学第一学期的课程，大多数学生英语基础薄弱，口语发音不标准，故课堂教学上注重对学生的英语纠音，培养学生准确标准的英语语音语调；由教师现场示范，要求学生现场朗读、角色模拟训练等，以此来提高学生口头表达能力。

（一）学习参考书

本课程的学习参考书主要包括：

姚宝荣．模拟导游教程［M］．北京：中国旅游出版社，2004.

常骏跃．旅游英语口语［M］．大连：大连理工大学出版社，1999.

金鑫等．导游服务英语［M］．广州：广东旅游出版社，2006.

朱歧新．英语导游必读［M］．北京：中国旅游出版社，1999.

（二）信息化教学资源

导游模拟实验室的英语导游讲解教学软件，可供学生学习、模拟。

导游专业"旅游文学"课程标准

一、课程性质

该课程是导游专业岗位选修课，目标是让学生掌握基本的旅游文学鉴赏、朗读、写作能力及转化运用能力，提高导游专业学生的文学知识素养、口语及书面语品质，涵养人文情怀。它以"导游文化基础知识"课程为基础，也是进一步学习"旅游美学""模拟导游""旅行社产品设计"等课程，以及考取高等级职业资格证书的基础。

该课程是依据"导游专业工作任务与职业能力分析表"中的"旅游企业及其他行业接待服务"工作项目设置的。其总体设计思路是，打破以知识传授为主要特征的传统学科课程模式，转变为以职业主要技能素养为中心组织课程内容，并让学生在完成具体项目的过程中学会完成相应教学任务，并构建相关理论知识，发展职业能力。课程内容突出对学生基础职业素养的训练，理论知识的选取紧紧围绕教学训练任务完成的需要来进行，同时又充分考虑了高等职业教育对理论知识学习的需要，并融合了相关职业技能对知识、技能和态度的要求。项目设计以导游职业的文学素养为线索来进行。教学过程中，要通过校企合作、校内实训基地建设、公众号运用等多种途径，采取翻转课堂、活动化教学、项目制等形式，充分开发学习资源。教学效果评价采取过程评价与结果评价相结合的方式，通过理论与实践相结合，重点评价学生的职业素养与能力。

该门课程的总学时为 28 学时，建议学分为 2 分，执笔人徐慧慧。

二、课程目标

通过课程教学，学生应能较好地结合相关旅游资源鉴赏旅游文学作品，能初步朗读并写作旅游文学作品，提高学生的旅游文学知识水平、素养和口语及书面语品质，贴近岗位需求，使学生学以致用，用得灵活，用得精彩。

具体而言，通过本课程的教学使学生达到以下岗位相关能力目标：
● 能结合旅游文化背景鉴赏各地旅游文学作品，运用于讲解、宣传及营销；
● 能结合旅游文学作品情境朗读品味旅游文学作品，运用于讲解、宣传与营销；
● 能结合旅游目的地及相关旅游活动创作旅游文学作品，运用于讲解、宣传及营销；
● 能结合旅游文学拓展专题加深对旅游与文学关系的理解，运用于讲解、宣传及营销。

三、课程内容和要求

为使学生掌握旅游文学知识与技能，课程通过四个教学模块及相关活动项目，采用翻转课堂教学和活动化教学。

序号	工作任务/项目	知识内容与要求	技能内容与要求	建议学时
1	旅游文学作品鉴赏	●古代旅游文学作品鉴赏 ●现当代旅游文学作品鉴赏 ●外国旅游文学作品鉴赏	●能结合旅游文化背景鉴赏各地旅游文学作品，运用于讲解、宣传及营销 ●相关活动：脚尖上的文学——结合诗词文章和书籍等旅游文学内容展示旅游目的地	10
2	旅游文学作品朗读	●古代旅游文学作品朗读 ●现当代旅游文学作品朗读	●能结合旅游文学作品情境朗读旅游文学作品，运用于讲解、宣传与营销 ●相关活动：世界旅游文学作品朗读分享会	8
3	旅游文学作品创作	●旅游文学诗词创作参考 ●旅游文学散文类创作参考	●能结合旅游目的地及相关旅游活动创作旅游文学作品，运用于讲解、宣传及营销 ●相关活动：旅游写作大赛	6
4	旅游文学拓展专题	●世界文学名著：经典作品导读 ●旅行文学奖：托马斯·库克旅行文学奖（获奖作品选读） 旅行书籍：《旅行的艺术》［英］阿兰·德波顿 旅行电影：摩托日记 Diarios de motocicleta（2004）；地球之盐The Salt of the Earth（2014）纪录片 旅游摄影文学：《在漫长的旅途中》［日本］星野道夫 旅游杂志：《LonelyPlanet》《新旅游》	能结合旅游文学拓展专题加深对旅游与文学关系的理解，运用于讲解、宣传及营销 相关活动：世界文学名著交流、讨论"文学如何使我成为更好的旅游人"等	4

四、课程实施建议

（一）教材选用/编写

本课程采用南京大学出版社出版的《旅游文学》教材为主要参考教材，该教材是目前旅游文学课程教材中相对适合本课程教学设计思想和理念的。教学过程将借助教材并配合教学改革需要，以模块项目为载体实施教学，项目之间有清晰的逻辑结构，并成系列，突出了职业能力的培养与提高，能支撑课程目标的实现，可操作性强。随着教学改革的深入，计划在教学过程中形成更符合教学实际需要的自编教材。

（二）教学建议

为使学生对知识的理解更准确，技能的掌握更牢固，在教学过程中采用融媒体中各种教学手段辅助教学；尤其加入对互联网技术、智能手机终端、APP及微信公众号等新技术、新媒体的应用，使复杂的教学内容和训练活动，以有趣的、体验性强的形式展现出来，提高教学效率和学生的学习兴趣。在教学方法中采用翻转课堂教学法，使教师的教学与学生的主动学习训练相结合，强化知识技能的运用能力。

（三）教学基本条件

任课教师应具有中高级职称、拥有旅游文学相关背景及旅游业丰富经验。在备学时，发挥团队优势，集思广益，以老带新，相互观摩，相互促进。倾听相关领域专家学者的讲座和专题报告、参与相关领域活动，鼓励教师进修相关课程。

系里拥有"四位一体"综合实训室，为学生提供训练展示机会。课程建有配套的公众号"诗与行"用以锻炼学生鉴赏写作能力。

借助"浙江旅游职业学院世界旅游文学朗读分享会""浙江旅游职业学院旅游写作大赛""GTTP国际旅行写作大赛选拔赛"、旅游文学课程公众号"诗与行"等课程依托的活动及平台，引导学生加强知识技能与素养的体验与应用。

（四）课程资源的开发与利用

1. 学习参考书

［1］彭万隆，肖瑞峰.西湖文学史［M］.杭州：浙江大学出版社，2013.

［2］张胜难，郅东梅.旅游文学［M］.南京：南京大学出版社，2015.

［3］章尚正.旅游文学［M］.福州：福建人民出版社，2002.

［4］王旭烽.走读西湖［M］.杭州：浙江摄影出版社，2006.

［5］余秋雨.文化苦旅［M］.北京：东方出版中心，2001.

［6］许明善，徐戈冰.中国导游诗话［M］.北京：中国旅游出版社，1988.

［7］三毛.撒哈拉的故事［M］.台湾皇冠出版社，1976.

［8］奥尔罕·帕慕克.伊斯坦布尔：一座城市的记忆［M］.上海：上海人民出版社，2007.

［9］大卫·梭罗.瓦尔登湖［M］.长春：吉林人民出版社，1997.

［10］北岛.城门开［M］.北京：生活·读书·新知三联书店，2015.

［11］刘子超.午夜降临前抵达［M］.北京：中信出版社，2015.

［12］周婉京.一个人的欧洲［M］.北京：中信出版社，2015.

［13］阿兰·德波顿.旅行的艺术［M］.南治国，彭俊豪，何世原，译.上海：上海译文出版社，2010.

［14］星野道夫.在漫长的旅途中［M］.蔡昭仪，译.上海：上海人民出版社，2010.

［15］托尼·惠勒，莫林·惠勒夫妇.LonelyPlanet［M］.（旅游杂志《孤独星球》）。

［16］《新旅行》杂志（马蜂窝）

2. 融媒体学习资源

［1］"朗读者"视频资料

［2］"濮哥读美文"微信公众号

［3］"孤独星球"微信公众号

［4］"新旅行"微信公众号（马蜂窝）

［5］"诗与行"微信公众号（本课程自创公众号）

［6］喜马拉雅网络电台

［7］美篇、简客、易企秀等APP

［8］各大网络媒体朗读视频、旅游网站、网站旅游频道等

五、教学评价

本课程的考核方式注重过程性考核与终结性考核相结合，突出过程性考核：

考核 = 课程训练参与完成度 20%+ 模块活动参与完成度 30% + 期末考查任务完成度 50%。

六、教学项目设计

旅游文学教学项目设计

工作任务/项目	知识点	训练或工作项目	教学重点	教学情境与教学设计	建议学时
旅游文学作品鉴赏	●古代旅游文学作品鉴赏 ●现当代旅游文学作品鉴赏 ●外国旅游文学作品鉴赏	●旅游文学作品鉴赏训练 ●旅游文学作品鉴赏汇报	旅游诗词作品的鉴赏与训练	●教师通过案例介绍旅游文学作品鉴赏方法 ●学生选择作品进行鉴赏训练 ●抽选学生展示训练成果并尝试结合旅游活动进行展示	10
旅游文学作品朗读	●古代旅游文学作品朗读 ●现当代旅游文学作品朗读	●旅游文学作品朗读训练 ●旅游文学作品朗读分享	旅游文学作品朗读训练	●教师通过案例介绍旅游文学作品朗读方法 ●学生选择作品进行朗读训练 ●抽选学生展示训练成果	8
旅游文学作品创作	●旅游文学诗词创作参考 ●旅游文学散文类创作参考	●旅游文学作品创作训练 ●旅游文学作品创作交流	旅游文学作品创作	●教师通过案例介绍旅游文学作品创作方法 ●学生进行旅游文学作品创作 ●学生展示交流创作成果	6
旅游文学拓展专题	●世界文学名著：经典作品导读 ●旅行文学奖：托马斯·库克旅行文学奖（获奖作品选读） ●旅行书籍：《旅行的艺术》[英] 阿兰·德波顿 ●旅行电影：摩托日记 Diarios de motocicleta（2004）；地球之盐 The Salt of the Earth（2014）纪录片 ●旅游摄影文学：《在漫长的旅途中》[日本] 星野道夫 ●旅游杂志：《LonelyPlanet》《新旅游》	●世界文学名著选读 ●旅行文学奖作品选读 ●旅行电影欣赏 ●旅游摄影鉴赏 ●旅游杂志阅读参考	世界名著选读交流	●教师展示拓展专题的代表作品 ●学生了解和感受相关专题作品及内容	4

导游专业"中国历史纲要"课程标准

一、课程性质

该课程是导游专业岗位选修课，目标是让学生掌握中国古代历史的发展概况，能够介绍重大历史事件与历史人物，培养学生中国古代历史知识和相关景点的讲解能力，具备国际导游所应该具有的职业素质，达到国际导游的职业要求。"中国历史纲要"是岗位基础课，应排在第一学期，为"导游文化基础知识"课程的学习打好基础。

"中国历史纲要"是依据"导游专业任务与职业能力分析表"中的领队与国际导游工作项目设置的。其总体设计思路是，打破以知识传授为主要特征的传统学科课程模式，转变为讲解实践的工作任务为中心组织课程内容，并让学生在完成具体项目的过程中学会完成相应工作任务，并构建相关理论知识，发展国际导游职业能力。课程内容突出对学生中国古代历史文化讲解能力的训练，提升中国古代历史文化素质的培养。理论知识的选取紧紧围绕工作任务完成的需要来进行，同时又充分考虑旅游新业态与"旅游＋"新形态下"大旅游"产业发展对理论知识学习的要求，坚持立德树人，注重思想政治教育贯穿教学始终，同时融合了学生综合素质提升、创新创业能力培养、学生可持续发展的要求。项目设计以中国古代历史发展时间为线索来进行。教学过程中，通过校企合作，校内实训基地建设等多种途径，采取现代学徒制等形式，充分开发学习资源，给学生提供丰富的实践机会。教学效果评价采取过程评价与结果评价相结合的方式，通过理论与实践相结合，重点评价学生的职业能力和综合素质。

该门课程的总学时为 28 学时，建议学分为 2 分，执笔人鲍新山。

二、课程目标

（一）知识目标

掌握中国古代王朝更替的先后顺序，主要帝王及名人的生平事迹，了解中国古代重大历史事件，了解中国古代重要历史人物与相关景区景点的关系。

（二）能力目标

1. 学会用历史材料为依据来解释相关城市及景点文化内涵及特征；形成重证据的历史意识和处理历史信息的能力，逐步提高对相关城市及景点的理解能力，提高从多种渠道获取历史资料补充自己的讲解词的能力。

2. 学会用口头、书面等方式讲述各朝各代的首都及其他重要城市及其著名景点，提高学生的讲解能力。

（三）素质目标

了解中国古代历史的发展顺序和规律，学会在具体的时空条件下对历史人物、历史事件进行分析和评判,从历史发展的进程中认识历史人物、历史事件的地位和作用,拓宽视野,丰富知识。

三、课程内容和要求

序号	工作任务/项目	课程内容和要求		建议学时
		理论	实践	
1	原始社会	1.血缘家族 2.母系氏族公社 3.父系氏族公社 4.原始社会的解体 5.古史传说与神话	河姆渡遗址、半坡遗址、跨湖桥遗址、良渚遗址的讲解	4
2	夏商周	1.夏族的来源、夏王朝的建立、少康中兴、夏朝的灭亡、夏文化 2.商族来源、商王朝的建立、盘庚迁殷、武丁中兴、帝辛亡国、商朝的文化 3.周族的兴起,武王克商与周王朝建立、周公东征、周公制礼作乐国人暴动和共和行政、西周衰微	1.大禹、商汤、周文王、周武王、武丁、伊尹、傅说、周公等历史人物的介绍 2.二里头遗址、安阳殷墟及西安的讲解 3.甲骨文、青铜器讲解	4
3	春秋战国	1.大国争霸 2.大夫兼并 3.变法运动 4.统一战争 5.百家争鸣	春秋五霸、战国七雄的讲解 管仲、商鞅、孔子、孟子的讲解	4
4	秦汉时期	1.秦朝统一的多民族中央集权国家的建立 2.陈胜吴广大起义与秦朝的灭亡 3.西汉的建立与文景之治 4.汉武帝加强中央集权的措施 5.西汉统一的多民族封建国家的发展 6.昭宣中兴与西汉衰落 7.王莽改制与绿林赤眉起义 8.东汉政权的建立 9.外戚宦官专权 10.黄巾大起义 11.秦汉文化	1.秦始皇生平事迹及秦始皇陵兵马俑坑的讲解 2.汉武帝生平事迹及汉茂陵的讲解 3.秦汉长城的讲解	4
5	魏晋南北朝	1.三国鼎立局面的形成 2.西晋的建立与统一 3.八王之乱与西晋的灭亡 4.东晋与十六国 5.南北朝	1.曹操、孙权、刘备、司马懿、诸葛亮、司马炎、谢安等生平事迹的讲解 2.洛阳、南京、成都等城市的讲解	4
6	隋唐五代	1.隋朝加强中央集权的措施 2.隋末农民大起义 3.唐朝的建立与贞观之治 4.武则天与武周政权 5.唐玄宗与开元盛世 6.安史之乱与唐朝的衰落 7.唐末农民大起义与唐朝的灭亡 8.五代十国 9.隋唐的文化	1.隋文帝、隋炀帝、唐太宗、武则天、唐玄宗、李白、杜甫、白居易等人物生平事迹的讲解 2.西安、洛阳、扬州的城市讲解 3.唐昭陵、唐乾陵、唐泰陵、京杭大运河的讲解	4

序号	工作任务/项目	课程内容和要求		建议学时
		理论	实践	
7	宋元明清	1.北宋的建立与统一 2.北宋加强中央集权的措施 3.北宋与辽、西夏的关系 4.北宋中期的政治改革 5.宋、金灭辽与北宋灭亡 6.南宋的建立与宋金战争 7.蒙古兴起与南宋灭亡 8.元朝的统治与元末农民大起义 9.明朝前期的政治与经济 10.张居正改革与明末李自成起义 11.清初专制主义统治的高度加强 12.清朝统一多民族国家的巩固和发展 13.鸦片战争与清朝的灭亡	1.赵匡胤、赵匡义、成吉思汗、忽必烈、朱元璋、朱棣、努尔哈赤、玄烨、弘历、范仲淹、王安石、苏东坡等人物生平事迹的讲解 2.开封、洛阳、杭州、南京、北京、沈阳等城市的讲解 3.明清故宫、沈阳故宫、圆明园、颐和园、承德避暑山庄、明孝陵、明十三陵的讲解	4

备注：典型工作任务、项目、模块、学习情境、工作过程等。

四、考核评价

在考核方式上，采用形成性与终结性评价相结合的开卷考试、作业、讲解讨论等多种考核方式。增加过程性成绩比重，增加考勤、作业、实训、平时表现等在成绩中的比重，合理确定过程性成绩在总成绩中的比重，由原先的不超过 40% 提高到不低于 50%。改革考核评价制度，支持学生以参加校内外各类考证、比赛取得的成果，以参加校内外优质网络课程、网络学习资源取得的结业证书，以参加创新创业、社会实践等活动以及发表论文、获得专利授权等与专业学习、学业要求相关的经历、成果，申请校内相关课程的免修（免考），折算为学分，计入学业成绩。

五、课程资源及使用要求

（一）师资条件要求

专兼职教师具备本课程的教学能力、行业能力，具有历史专业背景、硕士以上学历，拥有国际导游经验，以及教学设计、课程开发、实践指导等方面的能力。

（二）实训教学条件要求

校内领队实验室、实训室、图书馆以及多功能厅可以满足实训教学要求。

（三）教材选用

教材选用张帆的《中国古代简史》，相对通俗易懂。条件成熟时建立专业教学资源库、教学课件、网络学习资源、教学软件、实训指导手册等，着手新教材的编写。

六、课程实施建议及其他说明

课程实施方案：与"导游文化基础知识"课程同时开设。

教师教学计划：第一学年第一学期。

教学模式与教学方法：采用老师讲授、视频展示、课堂讨论、讲解比赛等进行。

导游专业"世界历史纲要"课程标准

一、课程性质

该课程是导游专业（国际导游方向）选修课，目标是让学生掌握世界历史的发展概况，能够介绍重大历史事件与历史人物，培养学生世界历史知识和国际旅游景点讲解能力，具备国际导游职业素质，达到国际导游的职业要求。它以"导游文化基础"课程的学习为基础，也是进一步学习"导游实训"课程的基础。

"世界历史纲要"是依据"导游专业任务与职业能力分析表"中的领队与国际导游工作项目设置的。其总体设计思路是，打破以知识传授为主要特征的传统学科课程模式，转变为讲解实践的工作任务为中心组织课程内容，并让学生在完成具体项目的过程中学会完成相应工作任务，并构建相关理论知识，发展国际导游职业能力。课程内容突出对学生世界历史文化讲解能力的训练，提升世界历史文化素质的培养。理论知识的选取紧紧围绕工作任务完成的需要来进行，同时又充分考虑旅游新业态与"旅游+"新形态下"大旅游"产业发展对理论知识学习的要求，坚持立德树人，注重思想政治教育贯穿教学始终，同时融合了学生综合素质提升、创新创业能力培养、学生可持续发展的要求。项目设计以世界历史发展时间为线索来进行。教学过程中，通过校企合作，校内实训基地建设等多种途径，采取现代学徒制等形式，充分开发学习资源，给学生提供丰富的实践机会。教学效果评价采取过程评价与结果评价相结合的方式，通过理论与实践相结合，重点评价学生的职业能力和综合素质。

该门课程的总学时为 28 学时，建议学分为 2 分，执笔人为于由。

二、课程目标

（一）知识目标

掌握世界历史相关知识，了解目的地国家重要历史与文化、重大历史事件、重要历史人物与目的地相关景区景点的关系。

（二）能力目标

达到国际导游历史文化讲解能力。

（三）素质目标

初步形成历史进步意识、历史正义感、热爱和平的观念和以人为本的价值观。培养学生运用唯物史观来分析和研究旅游文化的能力，培养学生人文素养和良好的道德情操。

三、课程内容和要求

序号	工作任务/项目	课程内容和要求		建议学时
		理论	实践	
1	古代篇	文明古国的出现（四大文明古国）	讨论文明古国为什么会在既定的时间、地点出现	4
2		文明古国的贡献	讨论四大文明古国对人类的贡献，以及现存的国际旅游景点	4
3	中古时代	中古时代的基督教世界	讨论基督教为什么会在既定的时间、地点出现与发展	4
4		伊斯兰教的世界	讨论伊斯兰教为什么会在既定的时间、地点出现与发展	4
5		基督教与伊斯兰教的重要贡献	讨论基督教与伊斯兰教对人类的贡献，以及现存的国际旅游景点	4
6	近代篇	文艺复兴	讨论文艺复兴为什么会在既定的时间、地点出现；文艺复兴时代的国际旅游景点讲解	4
7		资本主义制度的确立与巩固	讨论资本主义制度为什么会在既定的时间、地点出现；这一时期的国际旅游景点讲解。	4

备注：典型工作任务、项目、模块、学习情境、工作过程等。

四、考核评价

在考核方式上，采用形成性与终结性评价相结合的开卷考试、大型作业、讲解讨论等多种考核方式。增加过程性成绩比重，增加考勤、作业、实训、平时表现等在成绩中的比重，合理确定过程性成绩在总成绩中的比重，由原先的不超过40%提高到不低于50%。改革考核评价制度，支持学生以参加校内外各类考证、比赛取得的成果，以参加校内外优质网络课程、网络学习资源取得的结业证书，以参加创新创业、社会实践等活动以及发表论文、获得专利授权等与专业学习、学业要求相关的经历、成果，申请校内相关课程的免修（免考），折算为学分，计入学业成绩。

五、课程资源及使用要求

（一）师资条件要求

专兼职教师要具备教学能力、行业能力，包括相关专业背景、硕士以上学历，拥有国际导游经验，以及教学设计、课程开发、实践指导等方面的能力。

（二）实训教学条件要求

需要校内领队实验室、实训室、图书馆以及多功能厅等。

（三）教材选用

教材选用《世界通史》（各版本均可）。条件成熟时建立专业教学资源库、教学课件、网络学习资源、教学软件、实训指导手册等，鼓励新形态教材的编写、实操教材的自主编撰，以及新教材的使用。

六、课程实施建议及其他说明

课程实施方案：建议在"导游文化基础"课程以后开设。

教师教学计划：课程需要既懂旅游又懂历史的老师编制教学计划，开发课程资源。

教学模式与教学方法：建议结合目的地国家旅游景点授课，采用视频展示、课堂讨论、讲解比赛等进行。

导游专业"旅游心理学"课程标准

一、课程性质

旅游心理学课程在导游专业的课程体系中是必修课，是职业核心课程。旅游心理学的任务是掌握旅游者的心理规律，掌握心理服务一般原则，养成导游基本的职业心理素养，提高导游的个性化服务能力。

该课程的总体设计思路是，打破以知识传授为主要特征的传统学科课程模式，以活动化设计来转变教学方式；并让学生在完成具体项目的过程中学会完成相应工作任务，构建相关理论知识，发展职业能力。课程内容突出对学生职业能力的训练，理论知识的选取围绕活动化任务完成的需要来进行，同时又充分考虑了高等职业教育对理论知识学习的需要，并融合了相关职业对知识、技能和态度的要求。项目设计以活动化设计为线索来进行。教学效果评价采取过程评价与结果评价相结合的方式，通过理论与实践相结合，重点评价学生的职业能力。

该门课程的总学时为 36 学时，建议学分为 2 分，执笔人包美仙。

二、课程目标

旅游心理学是导游专业的专业基础课程之一，设置这门课程的主要目的是：使导游专业的学生认识旅游心理学在旅游业发展中的作用、地位和意义；掌握旅游心理学的基本原理与原则；掌握旅游消费心理，旅游企业管理心理以及旅游服务心理的一般规律；熟悉与了解各类旅游活动中的心理策略，运用基本原理和方法分析旅游活动中的各种心理现象，对人的旅游行为进行准确预测；并能够采取相应的措施和办法来引导旅游者的旅游行为，提高旅游从业人员的旅游服务与管理心理素质。为从事旅游及相关行业服务与管理工作打下坚实的理论基础。

具体而言，通过本课程的教学，学生应达到以下职业能力目标：

（一）知识目标

1. 心理学和旅游心理学的相关概念、懂得研究对象、意义。

2. 需要是旅游消费动机的源泉，懂得动机是推动旅游消费行为的直接动因。

3. 旅游者的态度构成，理解旅游偏好，熟悉改变旅游者态度的方式。

4. 感觉和知觉的概念；理解感觉与知觉的一般规律及其应用。

5. 情绪、情感的形式及特点，懂得影响旅游者情绪、情感的因素及旅游者的情绪、情感对旅游行为的影响。

6. 影响人格的因素，理解人格类型，懂得旅游者人格类型与旅游行为的关系。

7. 能熟悉旅游服务的要诀，懂得预防客人投诉的方法。

8.掌握旅游心理服务技巧。

9.导游员应该具备的心理素质。

（二）能力目标

1.基本掌握旅游心理学的观察法、调查法。

2.掌握激发旅游者动机的宣传推销等方法。

3.通过感觉规律安排好旅游项目。

4.通过察言观色了解人的心理，分析旅游者的人格类型，做到个性化的服务。

5.根据旅游者情绪的特点，有节奏地安排旅游行程。

6.掌握和运用心理服务技巧。

7.根据导游员应该具备的心理素质，培养职业素养。

（三）素质目标

通过旅游心理学课程树立以人为本的思想，关爱每一个旅游者。了解旅游者的不同心理需要，帮助不同旅游者在旅途中获得快乐。通过旅游从业人员的共同努力让旅游成为人们获得幸福生活的主要方法之一。通过课程让学生掌握服务技巧，做到个性化服务；同时培养导游员的职业心理素质，让学生成为心理健康同时又有一定人格魅力的服务人员。

三、课程内容和要求

序号	工作任务/项目	理论	实践	建议学时
1	旅游心理学概述	心理学的内涵 旅游心理学的研究对象 旅游心理学研究的意义	调查法训练（调查问卷与调查报告训练）	4
2	旅游动机	旅游动机 动机的种类 动机产生的内外在条件	激发旅游动机的方法训练——旅游景区宣传	2
3	旅游者的态度	态度的概念、态度构成 影响态度形成的因素 旅游偏好	改变态度的策略和方法训练	4
4	旅游知觉	旅游知觉的概念、特点 社会知觉类型 知觉偏差	自我第一印象测试与分析训练	4
5	旅游者的情绪情感	情绪情感概念、类型 情绪情感作用 旅游者情绪情感的特点	能够掌握旅游者的情绪情感特点	4
6	旅游者人格	人格概念 人格特征 旅游者人格类型	心理观察训练、观察同学的行为分析其人格类型，及其旅游类型	4
7	旅游服务的基本原理	旅游服务的二重性 旅游心理服务的基本要诀	措辞方式训练 善于利用微笑、眼神等行为的服务方式训练	4
8	投诉心理	投诉概念 投诉的心理原因 预防投诉的方法	预防投诉的方法训练	4

续表

序号	工作任务/项目	理论	实践	建议学时
9	导游服务心理	导游的仪表仪容 导游员的气质要求 导游员的性格要求 导游员的能力要求	能够根据旅游方式、团队特点整理仪表仪容 培养独立主动热情的性格 沟通能力训练	2
10	旅游企业团队心理	理解沟通的重要性 倾听技巧 同理心	倾听技巧的培养 同理心的培养	2
11	旅游企业员工保健心理	工作压力的来源	缓解压力的方法	2
合计				36

四、考核评价

本课程的考核方式为过程性考核与终结性考核相结合，突出过程性考核；以理论考核与实践考核相结合，突出实践考核，不以期末一张试卷来定结果。本课程的考核方式具体构成为出勤率考核＋活动化项目考核＋笔试考核，其比重分别为 20%、30% 和 50%，期末考试形式为笔试。活动化项目一般以课程论文、调研报告、演讲、观察日记为主要考核方式。

五、课程资源及使用要求

（一）师资条件要求

教师必须有相关专业背景，知识面广，具有一定的行业经历。利用多媒体教学手段和实训室。

（二）实训教学条件要求

主要包括针对校内及校外的每个实训项目（或工作任务）、实训室（或校外实训基地）、实训资源要求及实训时间安排等。

（三）教材选用

选用的教材：麻益军，等.旅游心理原理与实务［M］.3 版.北京：旅游教育出版社，2016.

这是普通高等教育"十二五"国家级规划教材。教材突出职业能力的培养与提高，同时具有可操作性。

旅游心理学是浙江省精品课程，在学院的精品课程网站里面有教学大纲、多媒体课件、习题库等，学生可以通过该平台进行查找和下载。还有自主开发的"旅游心理学案例教学软件"资源。

六、课程实施建议及其他说明

本课程理论性较强，建议采用活动化教学，教学做合一，增加学生体验。采用情景教学、案例教学、活动化方式教学。下面提供活动化教学设计项目教学内容。

教学项目（或学习情境）设计

活动模块一：基于人的认识的新（心）视角的游戏活动（1学时）

（一）教学目标

通过本次活动让学生认识到认识人的一个重要视角——人的心理，对人更为深刻的认识在于对人的思想感情等心理的认识。

（二）活动步骤

1. 让学生书写一份以自己为内容的寻人启事。内容包括：生理特征，兴趣、爱好、性格等心理特征，生活、学习、人际交往特点。

2. 收回。由学生朗读出来，请同学们一起来猜这个人是谁。

3. 请同学分析好猜的内容是什么样的？并且比较与同学们在生活中看到的寻人启事的异同。

（三）活动注意事项

必须是写自己的寻人启事。

写作可以有自己创意。

全体参与。

作为平时成绩记入期末总成绩。

（四）评价指标

1. 参与者均计平时成绩。

2. 表现积极踊跃者酌情加分，奖励。

（五）活动总结

这次活动，让同学深刻了解认识人的重要视角是从心理层面。了解所谓"知心""至交"等对人更深刻的认识，是建立在心理层面基础上的，是对人的思想感情等的认识。

活动模块二：旅游心理问卷调查

（一）活动目的与意义

本次活动练习，让学生走近人群，去真切了解生活中的同伴的旅游心理，直面形形色色的心理现象。

（二）活动步骤

1. 让学生设计一份针对旅游者或旅游行业相关内容的心理问卷。

2. 对学生的心理问卷进行点评，选择优秀的作为样本，设计"大学生旅游心理调查"问卷。

3. 分组。

4. 打印30份问卷，在萧山高教园区范围内进行调查。

5. 写出调查报告。

（三）活动注意事项

1. 每个同学都要设计心理问卷并参与调查。

2. 各组长要调动组员的积极性，每人负责一个环节。

3. 内容必须是针对大学生旅游心理内容的。

（四）评价指标

问卷调查项目评分表

序号	考核内容	考核要点	配分	评分标准	扣分	得分
1	问卷的设计	内容设计	20分	题目、问卷说明、问卷内容三要素齐全，10分		
				问卷内容科学性合理性，10分		
2	方法	解决各种问题的方法及其效果	20分	调查方法的抽样性欠妥，扣10分		
				调查方法的抽样性不够妥当，扣5分		
				调查方法的抽样性妥当，不扣分		
3	能力体现	成果	30分	调查报告结构完整，10分		
				调查报告内容完整，10分		
				调查报告剖析，10分		
		与他人和团队合作的能力	30分	团队负责人的掌控能力，10分		
				沟通能力，10分		
				团队分工协作能力，10分		
总分			100分			

（五）活动总结

本次活动练习，能够使学生走近他人，了解他人的心理，同时体会心理调查问卷的设计、采样、分析的技术过程。但这项方法技术性强，从设计到发放到分析都需要缜密、严谨。

活动模块三：旅游景区宣传策划

（一）活动目的与意义

本次活动练习，能够让学生利用所学旅游动机与态度的知识，充分发挥创新能力，设计出符合市场需求的旅游宣传。

（二）活动步骤

1. 组建宣传活动小组，将全班同学分成7~8个小组。

2. 明确活动任务与步骤：宣传一个景区，引发听众的旅游热情，激发听众的旅游内在动机。具体包括收集资料、确定宣传对象、分析需求、制作宣传产品（景区、线路）。

3. 成果汇报：学生将创意设计的成果以PPT的形式作汇报交流，并进行成绩评定。

（三）活动注意事项

1. 小组成员的每个人都要积极参与，组长进行分工，组员要合作。组长可以酌情给组员打分。

2. 结合旅游动机内容，要针对相关人群对象的特点。

3.宣传要能够激发旅游热情。

（四）评价指标

序号	考核内容	配分	考核要点	扣分	得分
1	活动策划的内容	30分	收集资料的代表性与合理性，10分		
			适宜人群的设定，10分		
			设计的科学性合理性，10分		
2	活动成果的展示	40分	PPT展示的技巧与方法，10分		
			汇报的内容和口头表达能力，10分		
			情绪感染力，10分		
			答辩水平，10分		
3	团队的整体表现	30分	团队负责人的掌控能力，10分		
			沟通能力，10分		
			团队分工协作能力，10分		
总分		100分			

（五）活动总结

本次活动使得学生对旅游动机的内容有了深刻的认识，旅游宣传对于旅游的目的地也有初步认识，为旅游心理学的学习奠定基础。

活动模块四：人格观察分析训练

（一）活动目的与意义

本次活动练习，能够让学生通过观察，感知他人的心理，分析他人的个性。既是培养学生对游客鉴貌辨色的能力，又培养学生分析个性心理的能力。

（二）活动步骤

1.选择观察对象。

2.设计观察内容如：表情观察、语言观察、生活习惯观察、衣冠服饰观察。

3.为期两周的观察。

4.记录观察日记，分析观察对象的心理。

5.学生点评与教师点评

（三）活动注意事项

1.每个人都要积极参与。

2.作为平时作业成绩考核，记入学期总成绩。

3.要记观察日记。

4.观察结束要分析对象心理。

（四）评价指标

鉴貌辨色的能力测评表

序号	考核内容	配分	考核要点	扣分	得分
1	观察内容的设计	30分	设计的科学性合理性不够，扣15分		
			设计的科学性合理性一般，扣10分		
			设计的科学性合理性较好，扣5分		
			设计的科学性合理性好，不扣分		
2	观察日记	30分	连续性、抓住特点不够，扣15分		
			连续性、抓住特点一般，扣10分		
			连续性、抓住特点较好，扣5分		
			连续性、抓住特点好，不扣分		
3	心理分析	40分	心理分析不够，扣15分		
			心理分析一般，扣10分		
			心理分析较好，扣5分		
			心理分析好，不扣分		
总分		100分			

（五）活动总结

本次活动让学生观察人的言行举止，借助鉴貌辨色，学会初步分析人的心理，掌握分析游客心理的能力。

活动模块五：第一印象塑造

（一）活动目的与意义

导游员与游客的交流更多是建立在第一印象基础上的，了解自己在别人眼里的第一印象，塑造好自己的第一印象对做好导游服务工作具有重要意义。

（二）活动步骤

1.通过第一印象测试，了解自己的第一印象。

2.通过社会调查记录自己的第一印象，找出影响自己第一印象的因素。

3.走访至少10个陌生人，通过社会调查了解自己留给别人的第一印象。

4.对比自我感觉与别人眼里"我"的差距，写出关于第一印象的调查报告，并根据自己实际以及导游服务需要设计自己的第一印象。

5.汇报自己的心得体会。

（三）活动注意事项

1.每个人都要积极参与。

2.作为作业成绩考核。

3.走访调查的对象必须是成年的陌生人。

（四）评价指标

第一印象塑造

序号	考核内容	考核要点	配分	评分标准	扣分	得分
1	知识	第一印象等知识	20分	相关知识点没有运用，扣10分		
				相关知识点不熟悉，扣8分		
				相关知识点比较熟悉，扣5分		
				相关知识点非常熟悉，不扣分		
2	方法	走访调查方法及其效果	30分	走访调查方法，10分		
				走访内容翔实，20分		
3	能力体现	分析问题和解决问题的基本能力	30分	对比分析主客观中的"我"，20分		
				概况总结，10分		
		塑造服务形象	20分	服务形象塑造根据自我的特点，10分		
				服务形象针对导游职业特点，10分		
总分			100分			

（五）活动总结

本次活动让学生注意到在导游服务中第一印象的重要性。要针对导游职业的特点去塑造服务形象，这对导游工作有积极作用。

活动模块六：心理服务与旅游者

（一）活动目的与意义

通过本次活动，能够使学生体验心理服务的基本原理。

（二）活动步骤

1.全班分成人物组、地点组、时间组、事件组4个小组。

2.每组想出若干个时间（桃花开放时节、荷花绽放，枫叶红了等）、地点（杭州苏堤、苏州拙政园、北京香山）、人物（西安游客、北京大学生、日本观光客）、事件（餐饮、游学、购物）。

3.收集各训练组资料。

4.以寝室为小组，根据抽到的时间＋地点＋人物＋事件的偶然组合，让学生分析心理特征，并找出合适的心理服务技巧。

（三）活动注意事项

1.时间、地点、人物、事件要特指旅游活动中。

2.人物要有一定普遍性，切忌具体单个人。

（四）评价指标

序号	考核内容	配分	考核要点	扣分	得分
1	活动内容	50分	心理活动特征分析，25分		
			心理服务方法，25分		
2	团队整体表现	50分	团队负责人的掌控能力，10分		
			沟通能力，10分		
			团队协作能力，30分		
总分			100分		

（五）活动总结

本次活动让学生体验因人而异、因时而异、因地而异是心理服务的原理，是提高服务满意度的要诀之一。

活动模块七：无声胜有声——导游服务技巧训练

（一）活动目的与意义

本次活动练习，能够让学生了解行动有时胜过万语千言。巧用无声的语言，可以让游客对你的服务更加满意。

（二）活动步骤

1. 分小组。全班分成 8 个小组。每组 6~7 人。

2. 观看旅游心理学教学软件，体验场景。

3. 你做我猜。训练眼神、表情、体态、姿势等无声语言的表现能力与理解能力。

4. 总结点评，评出优胜奖励。

（三）活动注意事项

1. 每个小组，人人都要积极参与。

2. 作为作业成绩考核。

3. 强调用无声语言表达。

（四）评价指标

序号	考核内容	配分	考核要点	扣分	得分
1	活动内容	50分	表演者表现力，25分		
			猜者准确率，25分		
2	团队的整体表现	50分	团队负责人的掌控能力，10分		
			沟通能力，10分		
			团队协作能力，30分		
总分		100分			

（五）活动总结

通过实训练习，使学生善于运用"无声语言"即体态语言，做到"有声语言"与"无声语言"并用，两种语言互相补充。

活动模块八：导游职业心理素养训练

（一）活动目的与意义

旅游服务品质提升的重要因素在于旅游从业人员素质的提升，如何在日常操作规程中体现服务品位，对旅游服务人员的职业心理素质的养成训练是一条可行高效之路。通过本次活动练习让学生养成良好的倾听与说话习惯。

（二）活动步骤

1. 将学生分成小组。

2. 角色扮演，说与听的游戏（逃生游戏）。

3. 集体点评。学生点评＋教师点评。

（三）活动注意事项

1. 复述前者的话语。

2. 说服别人。

（四）评价指标

序号	考核内容	配分	评分标准	扣分	得分
1	倾听能力	50分	复述内容不符合，扣20分		
			复述内容不太符合，扣15分		
			复述内容比较符合，扣10分		
			复述内容非常符合，不扣分		
2	讲解说服能力	50分	讲解说服能力欠妥，扣20分		
			讲解说服能力不够好，扣15分		
			讲解说服能力比较好，扣10分		
			讲解说服能力好，不扣分		

（五）活动总结

本次活动练习，让学生体会倾听是获得信任的方式，同时学习良好的表达方式。

导游专业"粤语导游"课程标准

一、课程性质

该课程是导游专业（国际导游方向）学生的职业技能课之一，目标是让学生掌握入境、出境带团的多种方言及知识，培养入境导游和出境游领队带团的辅助技能，达到具有入境、出境资质旅行社对导游带团的职业要求。它以"粤语"方言课程的学习为基础，也是进一步学习"目的地国家知识""领队英语""旅游服务质量"等课程的辅助课程。

该课程是根据"导游专业工作任务与职业能力分析表"中校企合作共同实施"学生主体、任务驱动"人才培养模式改革设置的。鉴于粤语（广东话），是我国第一大方言，通行于广东、广西部分地区、香港和澳门特区、东南亚及世界各地许多华人社区，估计世界各地有 8000 万华人、华侨在用粤语交流。其总体设计思路是：课程开发以学生文化素养、学习能力、认知能力、实践能力培养为重点，同时密切关注旅行社行业发展动态，紧跟行业需求，使得课程能够充分融入行业，迎合入境、出境旅游市场的需求，重点培养旅行社所需要的相关语言、能力素质，充分挖掘学生的主动性和创造性。根据每一教学单元的知识、能力和技能在实际职业工作中出现的频率、内容的难度和要求掌握的程度来合理安排学时。其设计理念是：根据授课对象的文化知识素养、自我学习能力以及学习兴趣，同时参考本专业相关就业岗位：旅行社的知识、能力、素质要求，选取课堂教学内容，通过案例研究、情景模拟、小组讨论等多种形式的课堂教学对学生进行文化素养和学习能力、认知能力和职业技能的培养。

该课程的总学时为 66 学时，建议学分为 4 分，执笔人为方健。

二、课程目标

（一）知识目标

该课程的学习及举行学院粤语大赛，能使学生了解广东话的真正含义，以及使用粤语地区的华侨、华人的生活习惯及方言，能够在今后顶岗实习和就业中胜任入境游导游、出境游领队、入境游计调等岗位的工作。

（二）能力目标

通过该课程的学习，学生应达到如下的职业能力（技能）目标：

- 初步掌握粤语的语音拼音和声调；
- 能用粤语自我介绍；
- 初步掌握粤语的日常会话和交流；
- 导游在境内与领队等入境华侨、华人有良好的沟通能力；

- 领队在境外与导游等华侨、华人有良好的沟通能力；
- 初步掌握导游带入境团（四种人）的讲解技能；
- 初步掌握领队带团的必备技能；
- 初步掌握领队带团中粤语词汇的运用与理解。

（三）素质目标

学生能够树立爱国主义思想，具备良好的语言技能、专业的职业素质、良好的身心素质，以良好的综合素质在未来的国际导游工作中更好地服务于客人。

三、课程内容和要求

序号	工作任务/项目	课程内容和要求		建议学时
		理论	实践	
1	粤语的概述	●粤语的发展历程 ●粤语的学习方法 ●粤语的素质要求 ●基础语音	无	8
2	日常口语	●问候词的运用 ●自我介绍	无	8
3	日常口语	●交通（车、船、机） ●时间与天气	无	8
4	日常口语	●生病看医生 ●餐厅用餐	无	8
5	日常口语	●银行与换钱 ●旅游与度假	无	8
6	日常口语	●逛街购物 ●入住酒店	●粤语大赛	8
7	日常口语	●打电话、聊天 ●约会和节目	无	8
8	日常口语	●运动与比赛 ●数量和货币	无	8

四、教学评价

本课程的考核由为期末考试＋平时成绩两部分组成，采用百分制记分，两者的比例分别为60%、40%。期末考试形式为口试（讲、听、译），平时成绩由到课率＋课堂表现＋课外作业组成。

五、课程资源及使用要求

（一）师资条件要求

"粤语导游"是专业性极强的课程，任课教师为具有粤语专业水平且具有丰富行业经验，同时具有粤语导游及出境游领队职业资格证的老师。整个教学团队由专任教师和行业兼职教师组成，既具备10多年的领队从业经历更具备20多年的粤语导游的资历，又能用中文讲授，也能用粤语讲授。

（二）实训教学条件要求

"粤语导游"课程主要使用多媒体教室，同时，也让学生在学校的4A级景区内授课及考核。

（三）教材选用

本课程以宋健榕所编著的《粤语就这么简单》（东南大学出版社，2017年6月版）为主要参考教材。该教材分为基础语音、日常口语、名词词库三个模块。其中有音频文件下载，听、讲、写一体化，操作实用。加入很多真实对话，导入教学情境，重视学生的能力训练，采用以学生为主体，学做一体化的课程教学模式，充分体现课程设计思想，单元之间的逻辑结构清晰，能支撑课程目标的实现，并能突出职业能力的培养与提高，可操作性较强。

六、课程实施建议及其他说明

本课程实行"理论＋流程"实践教学法，在此基础上，尊重认知的基本规律，立足于对学生的充分了解，将多种教学方法，如：启发式教学法、讨论式教学法、分析式教学法、案例研究教学法、多模态教学法、双语教学法等以及与课程相关联的音频、视频等灵活应用于教学活动过程中，为学生营造真实的出境游氛围，使学生既有感性认知，又有理性认识，强化其亲身感受所带来的重要影响作用。学时中，理论为主，加入粤语大赛元素。

导游专业"旅游服务质量"（双语）课程标准

一、课程性质

该课程是导游专业（国际导游方向）学生的岗位选修课之一，目标是要求学生通过本课程的学习了解和掌握旅游服务质量的基本理论及案例，进一步提高英语阅读及专业表述能力，并具备一定的专业翻译能力。它与"英语导游讲解""领队实务""领队英语""世界旅游概论"和"目的地国家知识"等双语课一起，共同组成国际导游英语（双语）核心课程群。

该课程是依据"导游专业（国际导游方向）工作任务与职业能力分析表"中的国际导游工作项目设置的。其总体设计思路是：课程开发以学生英语表达能力、专业英语阅读能力和相关业务操作能力培养为重点，同时密切关注行业发展动态，盯住产业需求，使得课程能够充分融入产业、迎合产业，重点培养企业所需要的相关知识和职业能力。充分挖掘学生的主动性和创造性。根据每一教学单元的知识、能力和技能在实际职业工作中出现的频度、内容的难度和要求掌握的程度来合理安排学时。其设计理念是：根据授课对象的实际英语水平、自我学习能力以及学习兴趣，同时参考本专业主要就业岗位（入境游导游及出境游领队）的知识、能力、素质要求，选取课堂教学内容，通过中英文的案例阅读与讲解、案例分析和小组讨论等多种形式的课堂教学对学生进行英语表达能力和专业会话能力的培养。

该课程的总学时为 32 学时，建议学分为 4 分，执笔人为徐辉。

二、课程目标

（一）知识目标

使学生掌握旅游服务质量在案例阐述及分析中的常用专业词汇，通过案例阅读及案例分析掌握表达技能，了解旅游服务质量在工作流程中英语讲解和沟通的基本方法。能够在今后顶岗实习和就业中胜任国际导游、计调、客服和门市等相关专业岗位的工作。

（二）能力目标

通过该课程的学习，学生应达到如下的职业能力（技能）目标：

- 能够用英双语阅读国际旅游服务质量操作中所发生的案例分析；
- 能够顺利地用中英文进行案例及评析内容的切换；
- 能够将案例中所延伸的知识点融会贯通；
- 能够将案例上升的各种评析理论掌握，如营销、公共关系、心理学等；
- 能够用英语简述案例的主要内容；
- 能够用中文进行案例写作和评析并能做一些基本的口译和笔译。

（三）素质目标

学生能够树立爱国主义思想，具备良好的旅游服务质量的素养，专业的职业素质，良好的身心素质，以良好的综合素质在未来的旅行社工作中更好地服务于客人。

三、课程内容和要求

序号	工作任务/项目	课程内容和要求		建议学时
		理论	实践	
1	旅行社门市接待篇	●案例研究：赴毛里求斯度蜜月 ●案例研究：终于赴日本看上了"滨崎步"	●掌握专线旅游的知识 ●掌握"护照消签"的知识	4
2	出入境体验篇	●案例研究：印度尼西亚自由行落地签 ●案例研究：您来新西兰的目的为何	●掌握落地签的知识 ●掌握抵达目的地国家的海关规定	4
3	航空服务延伸篇	●案例研究：在QANTAS的飞机上品赏牛肉馅饼 ●案例研究：坐一艘大船去旅行	●掌握旅游服务心理学 ●掌握国际邮轮知识 ●掌握语言的运用知识	4
4	品牌酒店感悟篇	●案例研究：体验洛桑的酒店服务 ●案例研究：在英国，假装像英国人一样生活	●掌握人性化服务的要素 ●掌握英国私人管家服务	4
5	全球导游服务篇	●案例研究：在阿联酋的旅游车上充当沿途导游 ●案例研究：比较讲解：让斯里兰卡的历史更容易牢记	●掌握出境游领队知识储备的重要性 ●掌握比较讲解的技巧	4
6	境外游览享受篇	●案例研究：享受着欧洲导游的车上讲解 ●案例研究：澳洲黄金海岸自由行	●掌握专题讲座的重要性 ●掌握自由行客人的特点	4
7	领队服务智慧篇	●案例研究：菲律宾之旅＝亲子＋旅游 ●案例研究：品尝到了巴黎华人制作的盒饭	●掌握亲子游的特点 ●掌握境外客人用餐的特点	4
8	文明出行综合篇	●案例研究：小孩无意中摸了泰国导游的头 ●案例研究：译，或者不译，这是一个问题	●掌握目的地国家的一些禁忌及习俗 ●掌握翻译的一些技巧	4

四、教学评价

本课程的考核由期末考试＋期中考试＋平时成绩三部分组成，采用百分制记分，三者的比例分别为50%、30%、20%。期中考试形式为口试，期末考试形式为笔试。平时成绩由到课率＋课堂表现＋课外作业组成。

五、课程资源及使用要求

（一）师资条件要求

"旅游服务质量"（双语）是专业性极强的课程，具有英语专业背景和出入境行业的从业经历，口语流利，有较强的英汉互译能力。教学团队由专任教师和行业兼职教师组成，既具备10多年的国际旅行社从业经历更具备20多年的外文导游的资历，又能用中文讲授，也能用英文讲授。

（二）实训教学条件要求

"旅游服务质量"（双语）课程主要使用出境领队实训室和西方文化体验式授课。

（三）教材选用

本课程以浙江旅游职业学院旅行社管理系副教授、高级经济师、资深国际导游（英文导游及出境游领队）、从事国际旅游业 30 年的徐辉所著的《中国出境旅游服务质量解析》（浙江工商大学出版社）为主要参考教材。该教材分为八个篇章，充分体现课程设计思想，单元之间的逻辑结构清晰，能支撑课程目标的实现，并能突出职业能力的培养与提高，同时可操作性较强。

六、课程实施建议及其他说明

由于本课程属于双语专业的范畴，在授学时要注意专业技能和语言基本功的结合，并贯彻精讲多练的原则。因此建议该课程采用讲解与分析相结合、朗读与对话相结合的形式，让学生在阅读案例的同时，也能走访一些景区等，来撰写一些案例，教师批卷后应针对学生的写作表现给予点评。这样一方面能调动学生英语学习的积极性，另一方面也能够提高学生对旅游业服务质量的认识。同时，将多种教学方法，如：启发式教学法、讨论式教学法、分析式教学法、案例研究教学法、多模态教学法、双语教学法等以及与课程相关联的音频、视频、微课等灵活应用于教学活动过程中，使学生既有感性认知，又有理性认识。

本课程的学习参考书主要包括：

［1］徐辉 . 国际旅游业对客服务艺术案例［M］. 杭州：浙江科学技术出版社，2008.

［2］李天元 . 旅游学概论［M］. 天津：南开大学出版社，2003.

［3］中国旅游研究院 . 中国出境旅游发展年度报告 2015［M］. 北京：旅游教育出版社，2015.

［4］中国旅游研究院 . 中国出境旅游发展年度报告 2016［M］. 北京：旅游教育出版社，2016.

［5］黄荣鹏 . 观光导游与领队［M］. 新北：松根出版社，2013.

［6］饶华清 . 中国出境旅游目的地概况［M］. 北京：中国人民大学出版社，2014.

［7］石定乐，孙嫘 . 旅游跨文化交流［M］. 北京：旅游教育出版社，2014.

［8］吕尔欣 . 中西方饮食文化差异及翻译研究［M］. 杭州：浙江大学出版社，2013.

［9］张晓青，周淑敏 . 市场营销实务［M］. 北京：中国财政经济出版社，2014.

［10］韦福祥，等 . 服务营销学［M］. 北京：电子工业出版社，2013.

导游专业"旅游危机处理"课程标准

一、课程性质

该课程是导游专业学生的职业技术课选修之一，目标是让学生掌握应对旅游危机、解决实际问题的方法，形成正确处理旅游危机的应变能力。它以"导游业务""旅游政策与法规"课程的学习为基础，为进一步学习后续"旅行社经营"等课程打下坚实的地基。

该课程是依据"导游专业工作任务与职业能力分析表"中"旅游危机处理能力"设置的，这就要求在教学过程中必须做到专业教学与职业考试并重，加深行业与校企合作结合。以必须够用为度，统筹设计教学内容，培育学生职业素养。同时由于高职教育的培养目标是实用型、技能型人才，采用与学生认知、理解、锻炼同步的相关理论课与实践课可以组合在一起，边学边练。

以职业能力培养为重点，与行业企业合作进行基于工作过程的项目课程开发和设计，充分体现职业性、实践性和开放性的要求。

课程设计以完成旅游管理与服务岗位工作任务为导向，将岗位与旅游危机处理相关的工作分解成若干工作项目。根据工作项目对能力和知识的要求确定教学项目，以职业能力形成为依据选择项目教学内容，将分散在各单行法规中的知识按照工作项目的内在联系进行整合。

该门课程的总学时为 36 学时，建议学分为 2 分，执笔人为江涛。

二、课程目标

（一）知识目标

本课程主要知识有：介绍各种旅游危机现象，并分别给予科学系统的分类和阐述；各类危机的现场应急处理的方法；各种旅游危机的处理预案和旅游危机行政管理方案；国家有关旅游的相关法律和法规等。

（二）能力目标

使学生了解各种旅游危机现象，熟悉各种旅游危机的处理预案，掌握应对旅游危机、解决实际问题的方法，形成正确处理旅游危机的应变能力。

（三）素质目标

具备良好的思想道德素质，树立科学的世界观和人生观；具备阅读、写作、思考与依法分析旅游危机能力；具备良好的职业素养和服务意识，具备良好的业务素质，熟悉旅游法律，运用科学方法处理旅游危机问题；抗挫折能力强，具备包容心和奉献精神，责任心强。

三、课程内容和要求

序号	工作任务/项目	课程内容和要求		建议学时
		理论	实践	
1	国际社会的旅游安全警示	1.联合国的旅游安全警示 2.各国的旅游安全警示 3.我国的旅游安全警示	菲律宾	4
2	旅游行业重特大安全事故应急预案	1.中国公民出境旅游突发事件应急预案 2.旅游突发公共事件应急预案（中华人民共和国文化和旅游部） 3.浙江省旅游突发公共事件应急预案	萧山区旅游突发公共事件应急预案	4
3	旅游企业旅游危机的预案和管理	1.星级旅游饭店紧急情况应急预案 2.森林公园旅游安全事故的预防和应急处理 3.湖泊型风景区旅游安全事故的预防和应急处理	旅游饭店应急演习	4
4	旅游危机的处理：交通事故	1.航空事故危机处理 2.铁路事故危机处理 3.水难事故危机处理	航空事故 水难事故	4
5	旅游危机的处理：自然灾害	地震、海啸、台风、暴雨洪灾、泥石流、雷电、暴风	地震 台风 泥石流	8
6	旅游危机的处理：意外伤害	火灾、食物中毒、发病、猝死、野蜂蜇伤、中暑、植物中毒、蛇咬、传染病、扭伤、骨折、化学物质、溺水	中暑 蛇咬 骨折 溺水	8
7	刑事犯罪旅游危机的处理	打架斗殴、抢劫、嫖娼、失窃、诈骗	失窃 诈骗	4

备注：典型工作任务、项目、模块、学习情境、工作过程等。

四、考核评价

本课程总评由两部分考核组成：实训成绩和课程考试成绩。总评成绩由下列几个部分组成：实训成绩评估 50%+ 课程考试成绩 50%。实训成绩评估由下列部分组成：旅游危机处理专题调研报告占 10%，案例训练占 40%。

五、课程资源及使用要求

（一）师资条件要求

承担本课程的教师必须毕业于与本课程相关的专业，且了解旅游行业，并具备律师证或导游证。本课程具有很强的实用性和实践性，在教学过程中应多采用模拟、讨论和案例分析的方法使同学们掌握基本要领、基本程序，培养学生实际应用能力。

（二）实训教学条件要求

实训设备与实训环境条件优越，拥有虚拟现实的模拟导游实训室，"虚拟现实"导游实验室是国内第一个采用环幕背投方式的教学实训室。以培养学生技术应用能力和职业素质为主旨,进行模拟导游课程设计内容改造,并进行模拟,大大提高了实践教学的先进性。我院拥有虚拟现实系统集成技术的旅游危机处理模块,是国内第一个把虚拟现实系统集成技术运用于导游教学中的院校。

校外实训基地,点多面广。现建有浙江省中旅、杭州旅游集散中心、杭州大厦旅行社、杭州新世界旅游有限公司、浙江中青旅、浙江省国际合作旅行社、宁波浙仑海外旅游有限公司、温州国旅等50余家校外实训基地。我们与这些实习基地建立了良好而稳定的关系。

(三)教材选用

本课程选用浙江大学出版社的《旅游危机处理指南》,该书对导游人员的要求和导游专业的培养目标相一致,同时选用旅游教育出版社《聚焦旅游安全》作为补充教材,弥补内容之不足。本课程核心能力和技能与岗位比较贴近,教材体现了核心能力和技能的深度。

六、课程实施建议及其他说明

本课程理论教学和实践教学并重,在此基础上,尊重认知的基本规律,立足于对学生的充分了解,将多种教学方法如启发式教学法、讨论式教学法、分析式教学法等,灵活应用于教学活动过程中,使学生既有感性认知,又有理性认识。

导游专业"中国旅游地理"课程标准

一、课程性质

"中国旅游地理"是导游专业的一门学习领域课程，是服务于旅行社导游、计调、外联等工作过程的专业基础课。对旅游资源、旅游景点的认知，是导游、计调、外联等工作过程必备的知识准备。它的前修课程是"旅游概论"，它的后续课程是"导游实务""计调业务""旅行社经营管理"等。通过本课程的学习，能帮助学生掌握基本的旅游地理知识，熟悉我国主要的旅游景点景观，培养学生积极乐观的生活情趣，在旅游审美中陶冶情操、完善修养、提高素质。

该课程是依据"导游专业工作任务与职业能力分析表"中校企合作共同实施"学生主体、任务驱动"人才培养模式改革设置的。其设计理念是：根据导游专业的文化知识素养、自我学习能力以及学习兴趣，同时参考导游专业相关就业岗位：旅行社的知识、能力、素质要求，选取课堂教学内容，通过案例研究、情景模拟、小组讨论等多种形式的课堂教学对学生进行文化素养和学习能力、认知能力和职业技能的培养。

该课程的总学时为 64 学时，建议学分为 2 分，执笔人为於佩红。

二、课程目标

课程的培养目标是培养学生导游、计调、外联等职业能力，通过对中国旅游资源、中国旅游客源地理、中国旅游产品、中国旅游交通、中国旅游区划及主要旅游资源线路认知，对应各职业工作过程相应的工作任务，使学生在个人实践经验的基础上，提升导游的职业能力。同时培养学生具有诚实、守信、爱岗、敬业，善于与人沟通和合作的职业素养，具有分析问题和解决问题的能力，具有从事导游和计调等其他工作的责任感，具有良好的职业道德。

1. 素质目标

（1）通过课程的分组模拟练习，培养学生良好的服务意识和团队协作精神。

（2）通过专业技能的学习，培养学生具有良好的奉献精神和职业道德。

2. 能力目标

（1）能进行基本的景观鉴赏和景点解说。

（2）能规划基本的旅游线路。

（3）能制订基本的旅游行程。

3. 知识目标

（1）了解旅游活动和地理环境之间的基本关系。

（2）了解旅游地理学的概念和学科性质。

（3）了解旅游的客源与客流的形成。
（4）掌握可持续发展对旅游的重要意义和策略。
（5）熟悉全国各旅游资源的分布与特征。
（6）掌握旅游资源的分区。
（7）掌握各区重要旅游景点与旅游精品线路。
（8）掌握各区重要旅游景点的解说和旅游精品线路的安排。

三、课程内容和要求

序号	单元内容	能力目标	知识要求	建议学时	
				理论学时	实践学时
1	中国旅游客流与客源状况	能根据旅游地理的特征，进行旅游客流的预测	了解旅游地理学的概念，了解旅游资源的概念及分类；掌握入境旅游客流、国内旅游客流和出境旅游客流的基本特征；了解感知环境与旅游决策行为之间的关系以及中国客源市场的发展与结构	2	
2	旅游的影响与可持续发展	能根据旅游资源的环境状况，运用可持续发展理念对旅游资源环境问题实施对策	了解旅游与旅游业的发展将对旅游目的地的经济、社会文化以及环境产生的影响，并理解和掌握旅游可持续发展的基本内涵	2	
3	中国自然旅游资源	能根据自然旅游资源的具体特点，进行自然资源的分类	了解中国各类型自然旅游资源的概况；掌握各种自然旅游资源的开发情况；掌握每种类型自然旅游资源具有代表性的景观	4	
4	中国人文旅游资源	能根据人文旅游资源的具体特点，进行人文资源的分类	了解中国各类型人文旅游资源的概况；掌握各种人文旅游资源的开发情况；掌握每种类型人文旅游资源具有代表性的景观	4	
5	中国旅游地理区划、中央区旅游综述	能根据旅游地类型区划依据，有效地对各旅游区进行划分，并根据中央区旅游资源特征，进行本区旅游线路设计	掌握旅游点、旅游地、旅游区的概念和旅游区划的原则与本书的中国旅游区划方案；了解本地区的旅游资源状况以及本旅游区成为旅游点的优势；熟悉本旅游区的线路；认识本旅游区应该侧重发展的对象；掌握本地区重要旅游景区和景点	2	
6	学生课内汇报	能根据导游词讲解的要求和技巧，进行该区的重要景区与旅游线路讲解	熟悉以上区域内的重要景点的导游词内容以及旅游线路的内容		2
7	东北区旅游综述、黄河中下游区旅游资源综述	能根据东北区和黄河中下游区旅游资源特色，进行本区旅游线路设计	了解东北区和黄河中下游区旅游资源特色；掌握两个区域的重点景区及其精品路线；掌握分析两个区旅游资源发展优势的要点；掌握预测旅游发展前景的要点	2	
8	长江中上游区旅游综述	能根据本区的旅游资源优势，进行本区旅游线路设计	了解本区旅游资源特色；掌握该区的重点景区及其精品路线；掌握分析该区旅游资源发展优势的要点；掌握预测旅游发展前景的要点	2	
9	学生课内汇报	能根据导游词讲解的要求和技巧，进行该区的重要景区与旅游线路讲解	熟悉以上区域内的重要景点的导游词内容以及旅游线路的内容		2

序号	单元内容	能力目标	知识要求	建议学时	
				理论学时	实践学时
10	华东区旅游综述	能根据本区的旅游资源优势，进行本区旅游线路设计	了解本区旅游资源特色；掌握该区的重点景区及其精品路线；掌握分析该区旅游资源发展优势的要点；掌握预测旅游发展前景的要点	2	
11	岭南区旅游综述、西南区旅游综述	能根据岭南区和西南区旅游资源特色，进行本区旅游线路设计	了解岭南区和西南区旅游资源特色；掌握两个区域的重点景区及其精品路线；掌握分析两个区旅游资源发展优势的要点；掌握预测旅游发展前景的要点	2	
12	学生课内汇报	能根据导游词讲解的要求和技巧，进行该区的重要景区与旅游线路讲解	熟悉以上区域内的重要景点的导游词内容以及旅游线路的内容		2
13	塞北区旅游综述、西北区旅游综述	能根据内蒙古自治区和西北区的自然地理环境、人文地理条件与历史文化风貌，进行该区旅游线路设计	了解内蒙古自治区和西北区的自然、人文地理条件；掌握两个区域的重点景区及其精品线路；掌握分析两个区旅游资源发展优势的要点；掌握预测旅游发展前景的要点	2	
14	青藏区旅游综述、港澳台区旅游综述	能根据青藏区和港澳台区的自然地理环境、人文地理条件与历史文化风貌，进行本区旅游线路设计	了解青藏区的自然地理环境、人文地理条件与历史文化风貌；认识旅游资源形成的背景；掌握本区旅游资源的特色和优势；掌握主要的旅游景区以及主要线路。了解港澳台区旅游资源特点；掌握本区重点景区的基本性质与特征；分析历史给本区带来的旅游发展优势和旅游产品特征	2	
15	学生课内汇报	能根据导游词讲解的要求和技巧，进行该区的重要景区与旅游线路讲解	熟悉以上区域内的重要景点的导游词内容以及旅游线路的内容		2
合计				26	8

四、考核评价

（1）过程与目标结合评价，结合课堂提问、课堂模拟、课后作业等手段，加强课内教学环节的考核，并注重平时分数。

（2）强调理论与实践一体化评价，注重引导学生进行学习方式的改变。

（3）强调课程结束后综合评价，注重考核学生前厅管理与服务知识的应用水平。

（4）建议在教学中分任务模块评分，课程结束时进行综合模块考核。

学期教学评价＝过程评价50%＋期末评价50%

过程评价：课堂参与程度、作业、课堂纪律与出勤、实践环节。

期末评价：期末笔试。

五、课程资源及使用要求

1. 教学方法

本课程采用理论与实践相结合的方式进行。

在教学中，使用多种教学法灵活课堂讲课，包括讲授法、提问法、互动教学法、案例分析法、图片视频欣赏、示范教学法、学生模拟演练法等。充分发挥师生在教学中的互动性和创造性，引导学生学习并掌握中国旅游地理的相关知识，如旅游区划分、各旅游区的经典代表及景观特征、旅游线路安排与设计等；通过教师的讲解和引导，让学生对该课程有正确的认识与看法，并能有效地进行景点景区介绍以及旅游线路设计与安排。

在教学的过程中，要充分利用各种资源。除了重点知识的讲解，还需要配合有关图文资料，便于学生的理解和掌握。

2. 教学条件与环境

结合课程充分使用多媒体设备，将理论内容转化为更为直观的方式让学生能更易于接受，并通过各种活动的设计、模拟与参与，充分调动学生的主动性、积极性和创造性。

六、课程实施建议及其他说明

本课程实行"理论＋流程"实践教学法，在此基础上，尊重认知的基本规律，立足于对学生的充分了解，将多种教学方法，如：启发式教学法、讨论式教学法、分析式教学法、案例研究教学法、多模态教学法、双语教学法等以及与课程相关联的音频、视频、微课等灵活应用于教学活动过程中，为学生营造真实的出境游氛围，使学生既有感性认知，又有理性认识，强化其亲身感受所带来的重要影响作用。学时中，理论与实践的分配为各占一半。

七、其他说明

为提高学生的专业技能，本课程融合了课内理论、课内模拟和课内实践等方式逐步深入的教学体系，以职业能力为目标，变书本知识的传授为业务操作能力的培养，以管理训练为载体，创设工作情境，采用教、学、练三者结合以练为主的教学方式，为今后的实践就业打下了坚实的知识和技能基础。

本课程的学习参考书主要包括：

（1）教材

芦爱英.中国旅游地理［M］.北京：高等教育出版社，2015.

（2）教参

［1］罗兹柏.中国旅游地理［M］.天津：南开大学出版社，2005.

［2］杨载田.中国旅游地理［M］.北京：科学出版社，2005.

［3］庞规荃.中国旅游地理［M］.北京：旅游教育出版社，2004.

［4］保继刚.旅游地理学［M］.北京：高等教育出版社，2006.

［5］刘英杰.中国旅游地理［M］.大连：大连理工大学出版社，2009.

［6］李娟文.中国旅游地理［M］.大连：东北财经大学出版社，2011.

旅行社经营管理专业课程标准

一、培养目标

本专业的首要目标为培养具有良好敬业精神与旅游职业素养及丰富的人文知识，能把握现代旅游发展动态，了解旅行社行业政策法规，熟悉旅行社企业主要业务操作，能胜任旅行社计调、旅游咨询员、旅游营销策划、门市接待、产品策划、客户关系管理、导游领队等一线岗位的高素质技能型人才以及旅行社计调+销售或产品策划+导游等一专多能复合型人才；本专业的发展岗位目标为培养熟悉旅游政策法规，具有一定沟通、组织、协调和决策能力，具备旅游市场开拓能力，掌握旅行社企业财务管理知识，能胜任计调部经理、销售部经理、导游部经理、门市店长等中层管理岗位乃至副总经理、自己创业担任总经理的高素质经营管理人才；本专业的拓展岗位目标为其他旅游企业、涉旅企业中高级管理人才。

二、主干课程

旅行社经营管理、旅行社计调业务、市场营销实务、旅游产品设计、旅行社连锁经营与门市管理实务、旅游概论、管理学原理、经济学基础、旅游美学、旅游交通实务、企业财务管理、广告创意与文案策划、旅游服务质量与客户管理、目的地国家旅游策划实务、旅游电子商务等。

三、职业定位

通过对旅行社及相关旅游企业进行岗位需求调研，参考国家最新《职业分类大典》，确定以计调、旅游咨询员、营销（外联）、门市、产品设计等旅行社一线技术性岗位为就业岗位群。

旅行社经营管理专业"旅行社经营管理"课程标准

一、课程性质

"旅行社经营管理"作为旅行社管理者和从业人员有效运作旅行社企业和利用旅行社平台进行旅游服务的岗位知识性必修课程，是专业基础性课程。目标是让学生充分了解旅行社行业的发展动态，掌握旅行社经营管理的最新知识和技能，使学生毕业走上工作岗位后，能够尽快适应工作岗位需要，成为合格的旅行社经营管理人才。它是较为独立的基础实操性课程。

该课程是依据"旅行社经营管理专业工作任务与职业能力分析表"中的实操性工作项目设置的。其总体设计思路是，打破以知识传授为主要特征的传统学科课程模式，转变为以工作任务为中心组织课程内容，并让学生在完成具体项目的过程中学会完成相应工作任务，并构建相关理论知识，发展职业能力。课程内容突出对学生职业能力的训练，理论知识的选取紧紧围绕工作任务完成的需要来进行，同时又充分考虑旅游新业态与"旅游+"新形态下"大旅游"产业发展对理论知识学习的要求，坚持立德树人，注重思想政治教育贯穿教学始终，同时融合了学生综合素质提升、创新创业能力培养、学生可持续发展的要求。项目设计以旅行社各岗位的实际工作，重视对学生的技能和能力培养，注意教学与学生未来就业相结合，最大限度地开阔学生的知识面并提高他们灵活运用知识的能力为线索来进行。教学过程中，通过校企合作、校内实训基地建设等多种途径，采取工学结合、工学交替等形式，充分开发学习资源，给学生提供丰富的实践机会。教学效果评价采取过程评价与结果评价相结合的方式，通过理论与实践相结合，重点评价学生的职业能力和综合素质。

该门课程的总学时为72学时，建议学分为3分，执笔人为任鸣。

二、课程目标

（一）知识目标

通过教学，学生应掌握旅行社的设立、旅行社组织结构、旅行社产品设计一般流程与方法、旅行社产品的营销特色、旅行社采购原则、旅行社接待服务及旅行社质量评价等。

（二）能力目标

掌握旅行社设立的步骤与方法、旅行社管理的一般性方法、产品的筛选方法、人员营销的方法、采购选择方法、各种不同团队的接待方法和质量管理方法等。

（三）素质目标

思想素质：能在服务行为与意识上得到提升。

文化素质：能在专业文化知识上，特别是分析问题的方法、处理问题的办法等有良好的能力提升。

职业素质：能根据旅行社职业的需求，通过学习提升职业水平和实操能力。

身心素质：通过学习培育和练就服务业应有的内涵和承受各种压力的心理。

三、课程内容和要求

序号	工作任务/项目	课程内容和要求		建议学时
		理论	实践	
1	旅行社概述	国内外旅行社的发展经历、旅行社的性质、地位和作用、旅行社的设立与年检、旅行社的职能、业务和分类等	设立旅行社过程性资料准备。（2）	10
2	旅行社组织与管理	旅行社企业的组织设计和组织结构、旅行社企业的制度管理、经营目标和管理模式、旅行社连锁经营的类别、旅行社目标管理	无	6
3	旅行社产品设计	旅行社产品的分类、旅行社新产品的类型、旅行社产品设计原则、旅行社新产品开发过程、旅行社产品训练、旅行社产品的筛选	旅行社产品自行设计（4）	12
4	旅行社产品的定价、促销和销售	旅行社产品价格制定的原则、策略、方法；旅行社产品的促销方法，包括广告促销、人员促销、公共关系促销及销售促进等方法，旅行社产品的销售渠道、类型；旅游中间商的管理	人员销售活动（2）	12
5	旅行社采购	旅行社采购的概念、旅行社采购的三个原则、三个主要策略；旅行社采购的六大内容，旅行社采购业务的管理，旅行社的相关保险业务和常规处理办法	无	12
6	旅行社接待业务	旅行社接待业务的内涵和特点；团体旅游接待业务；散客旅游接待业务；接待管理的内容；接待大型商务、政务团队和接待会议、展览模式等	接待服务模拟（2）	8
7	旅行社和电子商务	电子商务与旅游电子商务的基本概念、主要功能和应用领域，旅行社电子商务体系的基本组成、设计和实施，典型旅行社管理软件及其使用	无	4
8	旅行社的客户管理和质量管理	客户管理的含义、旅行社的客户管理，数据仓库和客户管理流程；旅行社的售后服务，旅行社服务质量；旅游投诉处理等	无	6
9	旅行社财务管理	旅行社财务管理的内容和目标；旅行社筹资管理和资产管理；旅行社的业务核算与损益管理，旅行社营业收入与利润管理；旅行社的财务报告分析；旅行社财务管理的目标	无	2

备注：典型工作任务、项目、模块、学习情境、工作过程等。

四、考核评价

在考核方式上，采用形成性与终结性评价相结合的开卷考试、大型作业、课堂作业、阶段测试等多种考核方式。本课程过程性成绩比重为 45%，包括：考勤、作业、实训、平时表现等。

五、课程资源及使用要求

（一）师资条件要求

旅行社经营管理是专业性极强的课程，从事本课程教学的师资，应是获得双师型资格、拥有丰富教学经验的专任教师。应具有一定的旅行社经营与管理的研究能力，熟练掌握旅游企业经营管理理论、旅行社管理实操、旅行社经营实践，具有较强的沟通协调能力，有较强的产学合作能力和教学实训项目组织及管理能力。

（二）实训教学条件要求

目前已经拥有杭州旅苑旅行社和旅行社虚拟场景"浸入式"实训室等校内实训基地。

（三）教材选用

本课程以任鸣所编写的"旅行社经营管理"（第二版）为主要教材，该教材为中国旅游出版社出版，是五校联盟教材。该教材充分体现课程设计思想，理论知识实用、够用，知识技能与岗位对应度较高，模块之间的逻辑结构清晰，能支撑课程目标的实现。

网络课程已建设成功，可供上网共享的教学资源有：课程标准、课程教案、多媒体课件、案例材料、学生实训项目以及行业信息、历届学生作品等。

六、课程实施建议及其他说明

标题：第一章　旅行社概述

教学目的与要求：

本章的教学，旨在帮助学生对旅行社建立起比较综合的、基础的认识，主要包括旅行社产生的历史背景与发展现状，旅行社在旅游产业中的地位和作用，旅行社设立的条件和程序，旅行社的性质、职能、基本业务、分工体系和分类制度等。学会如何设立旅行社及旅行社年检的具体方法与步骤。

授学时数：每班 10 学时

教学重点、难点：

设立旅行社及旅行社年检的具体方法与步骤。旅行社设立的条件和基本程序，旅行社的地位、作用、性质、特点和职能。

教学内容及过程：

国外旅行社的发展，中国旅行社的产生背景，中国旅行社的四个发展时期，西方国家旅行社的发展现状，中国旅行社的发展现状，旅行社的性质、地位和作用，旅行社的设立与年检，旅行社的职能、业务和分类等。

课堂讲授与课堂讨论、分组实操结合，多媒体课件为辅助。

思考题（作业）：

1.旅行社的产生背景是什么？

2.旅行社的性质和行业特点分别是什么？

3.旅行社的作用和职能分别是什么？

4.旅行社的基本业务主要有哪些?

5.在我省,设立旅行社及旅行社年检的具体方法与步骤。(实际案例)

课后教学效果自评。

标题:第二章 旅行社的组织管理和经营计划

教学目的与要求:

明确组织结构设计是由市场变化和企业规模决定的;了解旅行社企业组织结构再造的必然性;了解旅行社企业的制度管理和类别;了解旅行社连锁经营的类别与管理方式;旅行社经营计划的意义和制订过程。

授学时数:每班6学时

教学重点、难点:

旅行社组织结构设计、旅行社企业的制度管理、旅行社的目标管理、旅游集团的管理和虚拟旅行社、旅行社连锁经营管理。

教学内容及过程:

旅行社企业的组织设计、旅行社企业的组织结构、旅行社企业组织再造工程的战略创新、旅行社企业的虚拟经营趋势、旅行社企业的制度管理、旅行社企业的基本制度、员工的管理、旅行社的经营计划、旅行社连锁经营的类别与模式;旅行社经营计划的意义、内容、执行、控制和调整(目标管理)。

课堂讲授与课堂讨论结合,多媒体课件和案例分析为辅助。

思考题(作业):

1.旅行社企业组织结构的表现形式有哪些?

2.旅行社企业的制度管理和类别有哪些?

3.如何理解旅行社经营计划的意义?

4.旅行社的连锁经营有几种模式?

5.何为旅行社的目标管理?

课后教学效果自评。

标题:第三章 旅行社产品的开发设计

教学目的与要求:

掌握旅行社产品的基本特征、产品的分类、新产品的类型、新产品的开发设计的原则与思路等。其中着重掌握旅行社旅游线路的设计,产品开发应遵循的诸多原则、旅行社产品的训练。

授学时数:每班12学时

教学重点、难点:

旅行社产品的特征和分类,旅行社新产品的开发设计思路与过程。

教学内容及过程:

旅行社产品的分类、旅游线路的构成、旅行社新产品的类型、旅行社产品设计原则、旅行社产品的生命周期、旅行社产品的四象限评价法、旅行社新产品开发过程、旅行社产品训练。

课堂讲授与课堂讨论、分组实操结合,多媒体课件和案例分析为辅助。

思考题（作业）：

1. 旅行社产品有哪些特征？

2. 旅游线路主要由哪些方面构成？

3. 旅行社产品设计应当遵循哪些原则？

4. 旅行社产品的生命周期可分哪几个阶段？常见的曲线有哪几种？

5. 旅行社产品开发的步骤是什么？

课后教学效果自评。

标题：第四章　旅行社产品的定价、促销和销售

教学目的与要求：

掌握旅行社新产品的定价原则、策略和方法，熟悉旅行社产品的促销方法和推销手段，了解旅行社产品销售渠道和分销策略，掌握旅游中间商的选择和管理等。

授学时数：每班12学时

教学重点、难点：

旅行社新产品的定价原则和方法，广告促销和人员促销，中间商的选择和管理。

教学内容及过程：

旅行社产品价格制定的原则、旅行社经营目标对产品价格制定的影响、旅行社新产品的定价策略、方法；旅行社产品的促销方法，特别是旅行社常用的广告促销、人员促销、公共关系促销及销售促进等方法，旅行社产品的销售渠道、类型；旅游中间商的管理。

课堂讲授与课堂讨论结合，多媒体课件和案例分析为辅助。

思考题（作业）：

1. 旅行社产品的定价程序主要包括哪几个步骤？

2. 旅游广告的主流媒体：广播电视、网络、活页宣传、报纸与邮寄品的优缺点分别是什么？

3. 成本加成定价法和目标利润定价法的公式怎样？

4. 什么是旅行社产品的人员推销？人员推销的方法有哪几种？

5. 什么是公共关系？旅行社运用公共关系有什么好处？

6. 旅行社如何正确选择和管理中间商？

课后教学效果自评。

标题：第五章　旅行社的采购业务

教学目的与要求：

掌握旅行社采购的概念、原则、方式和策略。了解与部分掌握交通、住宿、餐饮、景点及娱乐等项目采购的程序和方法。明确旅行社采购业务管理。熟悉相关旅行社的保险业务和常规处理办法。

授学时数：每班12学时

教学重点、难点：

旅游六大要素与旅游保险的采购、旅行社采购业务的管理、采购合同和保险业务的管理。

教学内容及过程：

旅行社采购的概念、旅行社采购的三个原则、旅行社采购的三个主要策略；旅行社采购的六大内容，即：食、住、行、游、购、娱；旅行社采购业务的管理，旅行社的相关保险业务和常规处理办法

课堂讲授与课堂讨论结合，多媒体课件和案例分析为辅助。

思考题（作业）：

1. 什么是旅行社采购？如何理解旅行社采购的三个原则？

2. 旅行社在建立采购协作网络的过程中，必须坚持哪三个原则？

3. 旅行社采购的内容主要有哪些？

4. 旅行社采购交通的内容主要有哪些？各应注意的问题是什么？

5. 采购合同的基本内容包括哪几个方面？

6. 采购餐饮时必须注重的问题有哪些？

课后教学效果自评。

标题：第六章　旅行社的接待业务

教学目的与要求：

明确旅行社接待业务的内涵、特点，掌握旅游团队的分类和相应的接待操作程序，散客旅游的特点和接待程序，明确旅游团行李的交接，了解接待管理的内容，特别是接待大型商务、政务团队和接待会议、展览等模式。

授学时数：每班 8 学时

教学重点、难点：

旅游团队和散客旅游接待的操作程序，特殊旅游接待的管理。

教学内容及过程：

旅行社接待业务的内涵和特点；团体旅游接待业务，旅游接待计划的变更；旅游团行李接送；散客旅游接待业务的特点、程序；接待管理的内容；接待大型商务、政务团队和接待会议、展览模式等。

课堂讲授与课堂讨论结合，多媒体课件和案例分析为辅助。

思考题（作业）：

1. 旅行社接待业务的特点有哪些？

2. 团队接待的服务规范有哪些？

3. 团体旅游接待具有哪些特点？

4. 散客旅游接待具有哪些特点？

5. 接待管理分几类？会展接待的操作要点是什么？

课后教学效果自评。

标题：第七章　旅行社和电子商务

教学目的与要求：

掌握信息时代旅行社如何面对电子商务，旅行社电子商务的结构与设计，熟悉几种有特色的旅行社管理软件的应用及使用。

授学时数：每班 4 学时

教学重点、难点：

电子商务与旅游电子商务基本概念、旅行社电子商务活动的设计、旅行社管理信息系统实例。

教学内容及过程：

电子商务与旅游电子商务的基本概念、旅游电子商务的主要功能和应用领域、电子商务的发展状况、旅行社电子商务体系的基本组成、旅行社电子商务的设计和实施、典型旅行社管理软件及其使用。

课堂讲授与课堂讨论结合，多媒体课件和案例分析为辅助。

思考题（作业）：

1. 简述电子商务的概念。

2. 简述电子商务的分类。

3. 浅析旅行社电子商务体系的基本组成。

课后教学效果自评。

标题：第八章　旅行社的客户管理和质量管理

教学目的与要求：

明确旅行社客户管理的含义，了解客户流失的原因和维持客户关系的方法，明确数据仓库对客户管理的重要意义，明确旅行社的服务质量管理、监控和评价标准，明确旅游投诉的范围、类型、防范和处理方法。

授学时数：每班 6 学时

教学重点、难点：

客户流失的原因和维持客户关系的方法，数据仓库，服务质量管理、监控和评价标准，旅游投诉的防范和处理。

教学内容及过程：

客户管理的含义、旅行社的客户管理、数据仓库和客户管理流程、旅行社的售后服务、旅行社服务质量、旅游投诉处理等。

课堂讲授与课堂讨论结合，多媒体课件和案例分析为辅助。

思考题（作业）：

1. 简述客户管理的含义。

2. 旅行社客户流失的主要原因分析。

3. 旅行社的基本客户类型有哪些？

4. 旅行社服务的质量管理与监控的方法有哪些？

5. 如何处理旅游投诉？

课后教学效果自评。

标题：第九章　旅行社财务管理

教学目的与要求：

使学生了解财务管理是旅行社管理的重要组成部分，掌握旅行社财务管理的内容、旅行社筹资管理、资产管理、成本费用管理、收入与利润管理等，并能运用财务报表分析旅行社的经营情况。

授学时数：每班 2 学时

教学重点、难点：

旅行社流动资产与固定资产管理，旅行社营业收入与利润管理。

教学内容及过程：

旅行社财务管理的内容和目标、旅行社筹资管理、旅行社的资产管理、旅行社的业务核算与损益管理、旅行社营业收入与利润管理、旅行社的财务报告分析、旅行社财务管理的目标。

课堂讲授与课堂讨论结合，多媒体课件和案例分析为辅助。

思考题（作业）：

1. 什么是旅行社财务管理，其主要内容和方法是什么？

2. 什么叫最佳现金持有量？

3. 财务报表分析及其目的是什么？

课后教学效果自评。

考试模式：

1. 过程性考试：占 40%（作业占 30%，考勤占 10%）；

2. 期末考试：占 60%；

3. 考试形式：笔试（闭卷）。

旅行社经营管理专业 "旅行社计调业务" 课程标准

一、课程性质

该课程是旅行社经营管理专业的职业技术课，是具有专业特色的核心课程。目标是让学生熟悉旅行社计调岗位的工作内容，掌握旅行社计调岗位的工作流程，培养学生专业知识功底，良好职业道德意识，较强综合实践能力，是学生从事旅行社计调岗位及旅行社相关管理岗位应掌握的必修课。

设计理念是：该课程是依据 "旅行社经营管理专业工作任务与职业能力分析表" 中的计调岗位工作项目设置的。其总体设计思路是，打破以知识传授为主要特征的传统学科课程模式，转变为以旅行社业务工作任务为中心组织课程内容，并让学生在完成计调岗位的具体项目过程中学会完成相应工作任务，并构建相关理论知识，发展职业能力。课程内容突出对学生职业能力的训练，理论知识的选取紧紧围绕工作任务完成的需要来进行，同时又充分考虑了高等职业教育对理论知识学习的需要，并融合了 "旅行社计调业务工作规范" 对知识、技能和态度的要求。项目设计以工作任务为线索来进行。教学过程中，要通过校企合作、校内实训基地建设等多种途径，采取工学结合形式，充分开发学习资源。教学效果评价采取过程评价与结果评价相结合的方式，通过理论与实践相结合，重点评价学生的职业能力。

该门课程的总学时为 68 学时，建议学分为 4 分，执笔人为边喜英。

二、课程目标

使学生对旅行社工作流程特别是计调部门有一个基本的认识。重点掌握计价、报价、地接计调、组团计调等业务操作知识，能够通过学习顺利地完成计调工作，领会旅行社运营、管理的最新理念，培养和提高学生从事旅行社服务与管理的能力，从而为课程专业实习及日后从事相关工作奠定良好的业务基础。

（一）知识目标

- 熟悉旅行社条例，酒店、车辆、航空、景区等相关行业法律法规；
- 掌握旅行社产品价格组成及计报价方法；
- 掌握旅行社组团、地接、出境等模块业务工作流程；
- 熟悉传真件、合同构成；
- 了解消费者消费心理、现代交际礼仪。

（二）能力目标

- 能进行相关旅游服务的采购工作；
- 能进行国内组团、地接、出境的业务操作；

- 具备较强的文档处理能力；
- 具备与客户进行谈判的能力。

（三）素质目标

- 具备良好的思想道德素质，树立科学的世界观和人生观；
- 具备良好的职业素养和服务意识；
- 具备良好的业务素质，熟练掌握一线业务人员的操作技能。

三、课程内容和要求

本课程为 68 学时，重点为岗位认知及基本操作技能。

序号	课程内容和要求			学时
	理论		实践	
1	基础知识	岗位认知	分析计调岗位的作用与职责	4
2			行程单的内容和制订	4
3			短线自组团计报价	4
4		短线自组团	选择采购汽车、景区、传真的制订	6
5			采购保险、导游，预算单、导游派团	4
6			质量回访、审核报账、资料归档	4
7			发团工作流程	6
8	业务实操	国内长线组团	采购航空、火车、轮船、地接社	4
9			国内长线组团计报价	2
10			机票预订单、团队确认件	4
11			接团工作流程	6
12		国内地接业务	采购酒店、餐厅、购物、娱乐	4
13			国内地接业务计报价	2
14			港澳台通行证、护照签证	2
15		出境业务	工作流程	8
16			机动复习	2
17			合计	68

四、教学评价

本课程的考核方式为平时考核＋项目考核＋笔试考核，其比重分别为 20%、40% 和 40%。平时考核注重学生个人的学习态度和操作能力；项目考核注重团队协作能力，提高工作过程的认知；期末考试形式为笔试，重点考核知识的积累。

五、课程资源及使用要求

（一）师资条件要求

"旅行社计调业务"是专业性极强的课程，任课教师必须有相关专业背景、一定的行业经历，具备丰富的行业经验。

（二）实训教学条件要求

本课程应有校内实训基地，以能上网的计算机房即可，主要让学生完成各种行程方案和报价。此外，本课程还需要校外旅行社企业作为实训基地。

本课程实训主要围绕教学内容展开，每个教学模块均应有实训任务或项目。根据课程教学的知识目标、能力目标和素质目标，特别是能力目标，建议开设以下实训任务（项目）。

模块	工作任务/项目	教学目标	知识点	教学重点	课后练习与任务
1	计调概述	掌握计调的概念，掌握计调工作的地位与职责	计调工作的发展及现状、计调概述、计调地位、计调职责	计调在旅行社、旅游产业链中的地位	分析旅行社各个岗位的工作内容与计调岗位的联系
2	短线自组团	了解行程单的要素；熟悉采购汽车、景区、保险的相关知识；掌握短线自组团的计价方法	制定行程单，签订旅游合同，短线自组团计价与报价，汽车、景区、保险的采购	短线自组团的计价与报价	选取周围熟悉的团体，接待短线一日游的业务操作
3	国内长线组团	熟悉航空、火车、轮船等相关知识；掌握采购流程，掌握与地接社的合作及团队确认件的要素	国内长线组团流程，航空、火车、轮船、地接社的采购，国内长线组团的计价与报价	国内长线组团工作流程	贵公司签订一个去桂林的旅游团队，请完成整个操作
4	地接业务	掌握酒店、餐厅、购物、娱乐等采购流程，掌握传真件的要素	地接业务流程，采购酒店、餐厅、购物、娱乐，地接社的计价与报价	团队确认传真件、导游派团单的制定	贵公司接待一个华东地接的团队，请完成整个操作
5	出境业务	使学生熟悉港澳台通行证、护照、签证的办理；掌握出境操作流程	办理港澳台通行证、护照、签证，出境工作流程	办理港澳台通行证、护照、签证	请完成一份个人出境资料

（三）教材选用

根据授课内容以及高职高专学生的特点，该课程的教学团队编写了自编教材《旅行社计调业务》，经过多次修改，更加贴近旅行社岗位需求、高职高专培养目标、90后大学生的特性。

六、课程实施建议及其他说明

（一）教学建议

遵循教师主导、学生主体的教学理念，采用任务驱动法、小组讨论法、情景模拟法、实地考察法等教学方法，激发学生学习兴趣、参与积极性。突出理论与实践相结合，注重对学生的技能和能力的培养。采用团队准备—情境模拟—任务下达—理论学习—实践操作—归纳总结的教学程序，一方面能调动学生主动学习的积极性，另一方面能够培养其团队协作和动手的能力。

（二）课程资源的开发与利用

书名	出版社	编著	时间	备注
《旅行社计调师》	旅游教育出版社	叶娅丽、土彪	2011年2月	国家旅游人才新职业技能培训教材编审委员会
《旅行社计调师操作标准教程》	旅游教育出版社	米学俭、王国瑞	2010年7月	旅行社业操作标准系列教材
《旅行社OP计调手册》	中国旅游出版社	熊晓敏	2007年4月	
《计调部操作实务》	旅游教育出版社	周晓梅	2006年1月	

本课程有大量的网络资源。首先是由专业教师开发的微课等教学资源；其次，网上有许多旅行社正在销售的产品，这些旅游产品都是计调的成果，也是学生模拟的好素材；同时，推荐学生大量阅读知名专家学者所编撰的专业书籍作为参考书籍。推荐学生积极地利用发达的网络信息，如第一计调网、携程网、途牛网、到到网、驴妈妈等诸多专业网站，获得大量、及时的信息。

旅行社经营管理专业"市场营销实务"课程标准

一、课程性质

"市场营销实务"是旅行社经营管理专业必修课程，在"人才培养方案"中为专业技术课程，是具有专业特色的核心课程。目标是通过本课程的教学，使学生具备从事本专业相关职业岗位所必需的营销基本理论知识，掌握市场营销的思维与方法，形成市场营销基本技能。该课程以"旅行社经营管理"等课程的学习为基础，是进一步学习"旅行社计调业务""旅行社产品设计""旅行社连锁经营与门市管理实务"以及"旅游电子商务"等课程的基础。

该课程依据旅行社经营管理专业岗位群设置。其总体设计思路是，打破以知识传授为主要特征的传统学科课程模式，转变为以完成市场营销工作的实际需要为中心组织课程内容，并让学生在完成具体项目的过程中学会完成相应工作任务，并构建相关理论知识，发展职业能力。课程内容突出对学生职业能力的训练，理论知识的选取紧紧围绕工作任务完成的需要来进行，同时又充分考虑了高等职业教育对理论知识学习的需要，并融合了相关工作岗位对知识、技能和态度的要求。项目设计以营销工作程序为线索来进行。教学过程中，要通过课堂教学、课外实践等多种途径，采取理论与实践结合、能力与知识并重的教学方式，充分开发各类学习资源。教学效果评价采取过程评价与结果评价相结合的方式，重点评价学生的职业能力。

该门课程的总学时为 64 学时，建议学分为 4 分，执笔人为詹兆宗。

二、课程目标

使学生掌握市场营销的基本原理与基本技能，对市场营销具有整体认识。应使学生牢固树立以顾客需要为中心的市场营销观念，并将之作为研究和解决市场营销理论与实际问题的指导观念。积极投入市场营销活动的实践，从中切实提高分析和解决实际问题的能力，能顺利完成本专业相关岗位的工作任务，能为提高企业的经济效益服务。

（一）知识目标

● 掌握市场营销的基本知识；

● 能认识市场营销职业活动过程各环节的工作内容框架；

● 理解市场营销职业活动的基本观念，并能理论联系实际，认识市场营销活动在企业经营管理中的地位与作用。

（二）能力目标

● 能分析市场营销环境，分析消费者需要、类型以及购买决策过程；

● 能进行市场细分，并判断细分市场有效性；

- 能在细分市场中合理选择目标市场，能在目标市场中进行市场定位；
- 能判断营销产品所处生命周期，善于采取相应对策；
- 能进行产品线决策，撰写新产品市场推广方案；
- 能核算营销产品成本，切合实际运用定价方法与策略；
- 能根据产品实际，作营销渠道设计。

（三）素质目标

- 具有良好的营销人员从业道德；
- 养成严谨的工作态度和良好的团队合作精神；
- 具备良好的口头表达与人际沟通能力；
- 具有行业从业人员法律保护意识。

三、课程内容和要求

序号	工作任务/项目	课程内容与要求		建议学时
		理论	实践	
1	市场营销的基础工作	●理解营销概念，了解营销观念的演进 ●市场营销的计划流程	●结合实际案例，分析营销观念的演进 ●分析市场营销的计划流程	6
2	市场营销环境和购买行为分析	●市场营销环境的概念和构成内容 ●消费者需要特征与购买动机类型 ●消费者购买行为类型	●分析市场营销环境 ●熟悉并判断消费者需要和类型 ●分析消费者购买决策的过程	8
3	市场细分与目标市场定位	●市场细分和目标市场及其定位的含义 ●掌握市场细分的标准、有效条件和程序 ●熟悉目标市场选择的影响因素，掌握市场定位的程序和策略	●按照不同的市场细分标准进行市场细分，并判断细分市场的有效性 ●在细分市场中合理选择目标市场，在目标市场中进行市场定位	6
4	产品策略	●营销产品的概念和组合策略 ●营销产品组合和产品线决策 ●营销品牌策略 ●产品生命周期理论与判断方法 ●新产品研发程序和趋势以及市场推广技巧	●进行产品线决策 ●判断营销产品所处生命周期阶段，善于采取相应对策 ●撰写新产品市场推广方案	10
5	定价策略	●影响营销产品定价的主要因素 ●熟悉营销产品定价的程序 ●营销产品定价的基本方法和策略 ●营销产品价格变动后企业应采取的对策	●核算营销产品成本 ●根据企业实际、市场状况和竞争对手的情况，灵活运用定价方法 ●切合实际地运用定价策略	10
6	促销策略	●促销计划 ●公共关系 ●营业推广 ●人员推销	●促销计划的制订 ●公共关系营销方法 ●营业推广的主要途径 ●人员推销的管理	10
7	渠道策略	●营销渠道的概念、职能与作用 ●营销渠道的级数 ●营销渠道的设计	●根据某一产品的实际情况，做营销渠道的设计	10
8	复习			2
9	机动			2
	合计			64

四、考核评价

本课程的考核方式为到课率＋实践作业考核＋期中考试＋期末考试，其比重分别为10%、20%、30%和40%，期末考试形式为笔试，期中考试建议为营销方案设计。

五、课程资源及使用要求

（一）师资条件要求

应具有相关专业背景，具有一定的行业经历，尤应具备市场营销实际操作经验，最好每3年左右有到旅行社营销部门挂职的经历。

（二）实训教学条件要求

应有多媒体教学设备，便于展示各种类型案例；应具备大小适宜的实训场所，便于模拟情境教学。本课程可以开展以下实训活动。

项目1　市场营销环境和购买行为分析（6学时）

● 教学目标：让学生掌握以下知识点：①市场营销环境的概念和构成内容；②消费者需要特征与购买动机类型；③消费者购买行为类型。

● 工作任务：①分析市场营销环境；②熟悉并判断消费者需要和类型；③分析消费者购买决策的过程。

● 活动设计：课前小组汇报，绘制营销环境矩阵图，购买行为模拟。

● 相关知识：①市场营销环境的概念和构成内容；②消费者需要特征与购买动机类型；③消费者购买行为类型。

● 课后练习与任务：走访行业与客户。

项目2　市场细分与目标市场定位（4学时）

● 教学目标：让学生掌握以下知识点：①市场细分和目标市场及其定位的含义；②掌握市场细分的标准、有效条件和程序；③熟悉目标市场选择的影响因素，掌握市场定位的程序和策略。

● 工作任务：①按照不同的市场细分标准进行市场细分，并判断细分市场的有效性；②在细分市场中合理选择目标市场，在目标市场中进行市场定位。

● 活动设计：课前小组汇报，以一个新市场为例，要求以小组为单位进行市场细分；以小组为单位，绘制市场定位图。

● 相关知识：①市场细分和目标市场及其定位的含义；②掌握市场细分的标准、有效条件和程序；③熟悉目标市场选择的影响因素，掌握市场定位的程序和策略。

● 课后练习与任务：市场细分图、市场定位图。

项目3　产品策略（6学时）

● 教学目标：让学生掌握以下知识点：①营销产品的概念和组合策略；②营销产品组合和产品线决策；③营销品牌策略；④产品生命周期理论与判断方法；⑤新产品研发程序和趋势以及市场推广技巧。

● 工作任务：①进行产品线决策；②判断营销产品所处生命周期阶段，善于采取相应对策；③撰写新产品市场推广方案。

- 活动设计：课前小组汇报，选择一新产品，写出市场推广方案。
- 相关知识：①营销产品的概念和组合策略；②营销产品组合和产品线决策；③营销品牌策略，④产品生命周期理论与判断方法，⑤新产品研发程序和趋势以及市场推广技巧。
- 课后练习与任务：参观企业，听取产品线决策，掌握决策方法。

项目4 定价策略（4学时）

- 教学目标：让学生掌握以下知识点：①影响营销产品定价的主要因素；②熟悉营销产品定价的程序；③营销产品定价的基本方法和策略；④营销产品价格变动后企业应采取的对策。
- 工作任务：①核算营销产品成本；②根据企业实际、市场状况和竞争对手的情况，灵活运用定价方法；③切合实际地运用定价策略。
- 活动设计：小组汇报，选定一种产品，核算成本，并为其定价。
- 相关知识：①影响营销产品定价的主要因素；②熟悉营销产品定价的程序；③营销产品定价的基本方法和策略；④营销产品价格变动后企业应采取的对策。
- 课后练习与任务：小组为单位，产品成本核算单，定价方法、策略及其过程。

项目5 促销策略（4学时）

- 教学目标：让学生掌握以下知识点：①促销计划；②公共关系；③营业推广；④人员推销。
- 工作任务：①制订促销计划；②公共关系策划；③制订营业推广方案；④组建推销人员队伍。
- 活动设计：小组课前汇报，模拟情境，进行营业推广和人员推销训练。
- 相关知识：①促销计划的制订；②公共关系营销方法；③营业推广的主要途径；④人员推销的管理。
- 课后练习与任务：根据既定产品和市场现状，制订营业推广方案。

项目6 渠道策略（4学时）

- 教学目标：让学生掌握以下知识点：①营销渠道的概念、职能与作用；②营销渠道的级数；③营销渠道的设计。
- 工作任务：根据某一产品的实际情况，做营销渠道的设计。
- 活动设计：小组汇报，确定一产品，对其进行营销渠道设计。
- 相关知识：①营销渠道的概念、职能与作用；②营销渠道的级数；③营销渠道的设计。
- 课后练习与任务：产品营销渠道设计。

（三）教材选用

根据课程教学需要以及本专业高职高专学生特点，本课程教学用书为清华大学出版社出版，李博洋主编的《旅游市场营销》，主要内容包括：市场营销的基础工作、市场营销环境和购买行为分析、市场细分与目标市场定位、产品策略、定价策略、渠道策略等。

六、课程实施建议及其他说明

（一）教学建议

"市场营销实务"注重学生实践能力的培养，因此课程的教学宜以市场营销的各个环节作为线索，进行模块化教学。将市场营销的每一个环节作为一个教学单元，在讲授必要理论的基础之上，安排相应实践课程。在课程之始，宜将学生分为数个4~6人小组，不仅便于课堂小组讨论，还可以在实训环节以小组为单位进行实践。实践部分建议模拟旅行社工作实际，分别实施市场分析、产品设计、价格制定、渠道构建以及广告策划、人员推销等环节操演，这样可以调动学生主动性与积极性，还能够培养学生团队协作的精神和能力。

（二）课程资源的开发与利用

1. 学习参考书

本课程的学习参考书主要包括：

［1］林南枝，黄晶. 旅游市场学［M］. 天津：南开大学出版社，2010.

［2］赵西萍. 旅游市场营销学［M］. 北京：高等教育出版社，2011.

［3］赵西萍. 旅游市场营销学——原理·方法·案例［M］. 北京：科学出版社，2006.

［4］菲利普·科特勒，等. 旅游市场营销［M］. 2版. 谢彦君，译. 北京：旅游教育出版社，2002.

实训指导手册：

王妙，冯伟国. 市场营销学实训［M］. 上海：复旦大学出版社，2009.

2. 信息化教学资源

本课程利用QQ进行师生课外互动，并以中国知网、读秀知识库、MBA智库百科等作为补充阅读的信息化资源。

旅行社经营管理专业"旅游产品设计"课程标准

一、课程性质

本课程是旅行社经营管理专业的职业技术课程，是具有专业特色的核心课程。目标是让学生掌握旅游产品设计方法和流程方面的知识，培养不同类型的旅游产品的设计与制作的能力，具备开拓精神和创新素质，达到旅行社等旅游企业产品策划岗位的职业要求。它要以旅游概论、旅行社经营管理、旅行社计调业务、旅游政策与法规、市场营销实务课程的学习为基础，也是进一步学习旅行社连锁经营与门市管理实务、旅游服务质量管理、旅游企业品牌策划与管理的基础。在旅行社经营管理专业中，本课程是在学生充分掌握了公共基础课和职业基础课的前提下，学习的一门综合性的职业技术课程。

该课程是依据"旅行社经营管理专业工作任务与职业能力分析表"中的旅游产品设计工作项目设置的。其总体设计思路是，打破以知识传授为主要特征的传统学科模式，转变为以旅游产品设计的工作任务为中心组织课程内容，并让学生在完成具体项目的过程中学会完成相应工作任务，并构建相关理论知识，发展旅游产品设计职业能力。课程内容突出对学生旅游产品设计与制作能力的训练，开拓精神和创新素质的培养。理论知识的选取紧紧围绕工作任务完成的需要来进行，同时又充分考虑旅游新业态与"旅游+"新形态下"大旅游"产业发展对理论知识学习的要求，坚持立德树人，注重思想政治教育贯穿教学始终，同时融合了学生综合素质提升、创新创业能力培养、学生可持续发展的要求。项目设计以真实工作任务及其工作过程为线索来进行，依据整合、序化教学载体，组合了旅游产品设计基础知识与技能、观光旅游产品设计、老年旅游产品设计、修学旅游产品设计四大教学模块，每个教学模块均模拟旅游产品设计的业务操作流程。教学过程中，通过校企合作、校内实训基地建设等多种途径，采取工学结合等形式，充分开发学习资源，给学生提供丰富的实践机会。教学效果评价采取过程评价与结果评价相结合的方式，通过理论与实践相结合，重点评价学生的职业能力和综合素质。

该课程的总学时为 64 学时，建议学分为 4 分，执笔人为黄宝辉。

二、课程目标

通过课程教学，学生应掌握旅游产品设计基础理论知识，具备旅游产品设计与制作能力。能按流程进行观光旅游产品、老年旅游产品、修学旅游产品的设计与制作。学生同时还应具备良好的职业素养和业务素质，具有敬业精神，能够与工作团队保持良好协作关系，具有开拓精神与创新思维。

（一）知识目标

1.专业基础通用知识

● 旅游产品的定义和构成要素；

● 旅游产品的分类和特点；

● 旅游产品设计的内容和方法。

2.行业通用基础知识

● 旅游产品设计的作业流程；

● 旅游产品设计的质量管理；

● 观光旅游产品设计的流程和方法；

● 老年旅游产品设计的流程和方法；

● 修学旅游产品设计的流程和方法。

（二）能力目标

1.专业技术能力

● 能策划观光旅游产品；

● 能搜集观光旅游产品的资讯；

● 能进行观光旅游产品的实地考察；

● 能制作观光旅游产品；

● 能策划老年旅游产品；

● 能选择适宜的老年旅游设施并配置老年旅游服务；

● 能制作老年旅游产品；

● 能调研修学旅游市场需求；

● 能策划修学旅游产品；

● 能设计修学旅游活动项目；

● 能制作修学旅游产品。

2.社会通用能力

● 语言和文字表达能力；

● 沟通协调能力；

● 求实创新能力；

● 机动应变能力；

● 资源整合能力。

（三）素质目标

1.思想素质

● 具备良好的思想道德素质，树立科学的世界观和人生观。

2.文化素质

● 具备阅读、写作、思考与分析能力。

3.职业素质

● 具备良好的职业素养和服务意识；

● 具备良好的业务素质，熟练掌握旅游产品设计业务操作技能；

- 具有敬业精神，能及时并妥善完成本职工作；
- 能够与工作团队保持良好协作关系。

4. 身心素质

- 抗挫折能力强；
- 具备包容心和奉献精神；
- 责任心强；
- 意志力强。

三、课程内容和要求

为方便学生掌握旅游产品设计的知识与技能，课程遵循学生职业能力培养的基本规律，设置了四个教学模块，模块一是旅游产品设计的基础知识和技能，模块二为观光旅游产品设计与操作，模块三为老年旅游产品设计与操作、模块四为修学旅游产品的设计与制作。课程采用学生主体、任务驱动教学模式。

序号	工作任务/项目	课程内容和要求		建议学时
		理论	实践	
1	旅游产品设计基础知识和技能	●旅游产品的定义及构成要素、旅游产品的分类和特点 ●旅游产品设计的内容、方法	●能对旅游产品进行分类 ●能熟练掌握旅游产品设计的方法	16
2	观光旅游产品的设计与制作	●观光旅游产品的策划创意 ●观光旅游产品的实地考察 ●观光旅游产品行程编排 ●观光旅游产品定价 ●观光旅游产品行程单的制作	●能对观光旅游产品进行策划 ●能进行观光旅游产品的实地考察 ●能进行观光旅游产品的行程编排 ●能进行观光旅游产品的定价 ●能制作观光旅游行程单	16
3	老年旅游产品的设计与制作	●老年旅游产品的市场分析 ●老年旅游产品的策划创意 ●老年旅游产品设施与服务要求 ●老年旅游产品行程单的制作	●能进行老年旅游市场分析 ●能策划老年旅游产品 ●能选择适宜的老年旅游设施和配置老年旅游服务 ●能制作老年旅游产品行程单	16
4	修学旅游产品的设计与制作	●修学旅游产品的市场分析 ●修学旅游产品的策划创意 ●修学旅游产品活动项目的设计 ●修学旅游产品行程单的制作	●能进行修学旅游市场分析 ●能策划修学旅游产品 ●能设计修学旅游活动项目 ●能制作修学旅游产品行程单	16

四、考核评价

在考核方式上，采用形成性与终结性评价相结合的开卷考试、大型作业、现场面试、上机考试、技能测试、阶段测试、课程论文、调研报告等多种考核方式。增加过程性成绩比重，增加考勤、作业、实训、平时表现等在成绩中的比重，合理确定过程性成绩在总成绩中的比重，由原先的不超过 40% 提高到不低于 50%。改革考核评价制度，支持学生以参加校内外各类考证、比赛取得的成果，以参加校内外优质网络课程、网络学习资源取得的结业证书，以参加创新创业、社会实践等活动以及发表论文、获得专利授权等与专业学习、学业要求相关的经历、成果，申请校内相关课程的免修（免考），折算为学分，计入学业成绩。

五、课程资源及使用要求

（一）师资条件要求

旅游产品设计是专业性极强的课程，从事本课程教学的师资，应是获得双师型资格、拥有丰富教学经验的专任教师。应具有一定的旅游市场研究能力，熟练掌握旅游企业经营管理理论、旅游市场营销理论，熟悉旅游产品设计、制作，具有较强的沟通协调能力，有较强的产学合作能力和教学实训项目组织及管理能力。

（二）实训教学条件要求

目前已经拥有杭州旅苑旅行社和旅行社虚拟场景"浸入式"实训室等校内实训基地，以及校内三星级宾馆、金龙客车等实训场所和设施。校外实训基地中，既有规模较大、有专门的产品设计部门的旅游企业，又有产品运营模式较典型或有特点的旅游企业。这些旅游企业在研发新业态旅游产品方面有着大胆的探索，能让学生接触行业发展前沿，开阔视野，切实提升产品设计与制作能力。有 34 学时的实训时间。

（三）教材选用

本课程以黄宝辉所编写的《旅游线路设计实务》为主要教材，该教材为东北师范大学出版社出版，被评为"十二五"职业教育国家规划教材、"十二五"浙江省高校优秀教材（高职高专组）。该教材充分体现课程设计思想，理论知识实用、够用，知识技能与岗位对应度较高，模块之间的逻辑结构清晰，能支撑课程目标的实现，并能突出职业能力的培养与提高，同时可操作性较强。

实训指导材料包括两种：案例材料和专项技能培训材料。案例材料是在课堂教材之外，教师收集的旅游产品素材库等资料。专项技能培训材料包括产品策划、资讯收集、实地考察、行程单的制作等技能培训材料。

网络课程已建设成功，可供上网共享的教学资源有：课程标准、课程教案、多媒体课件、案例材料、学生实训项目以及行业信息、历届学生作品等。

六、课程实施建议及其他说明

（一）课程实施方案

"旅游产品设计"课程实施方案

项目	工作任务/项目	知识点	训练或工作项目	教学重点	教学情境与教学设计	建议学时
1	旅游产品设计案例分析	旅游产品设计的内容、方法	能够分析案例的实施背景、设计内容及设计方法、创新点及启示	案例的创新点以及市场反应	提前布置，让学生早做准备，避免讨论冷场；授课教师须精心准备，善于引导，充分调动学生的积极性	8
2	观光旅游产品设计	观光旅游产品策划创意、产品制作	能够对目标市场进行准确定位，活动策划或服务创意设计具有创新性；产品制作的流程严谨，方法得当	目标市场定位、活动策划及服务创意、产品制作	精心组织，妥善安排，重点关注学生团队的组建及作品的选题；企业和技术顾问联合指导；重视PPT的制作和汇报	16

项目	工作任务/项目	知识点	训练或工作项目	教学重点	教学情境与教学设计	建议学时
3	老年旅游产品设计	老年旅游产品市场分析、策划创意、产品制作	能够进行市场分析、能够对目标市场进行准确定位，活动策划或服务创意设计具有创新性；设施和服务选择注重保障性和性价比，产品制作的流程严谨，方法得当	市场分析、目标市场定位、活动策划及服务创意、设施与服务选择、产品制作	精心组织，妥善安排，重点关注学生团队的组建及作品的选题；企业和技术顾问联合指导；重视PPT的制作和汇报	12
4	修学旅游产品设计	修学旅游产品市场需求调研、策划创意、产品制作	能够进行市场需求调研、能够对目标市场进行准确定位，活动策划或服务创意设计具有创新性；产品制作的流程严谨，方法得当	市场需求调研、目标市场定位、活动策划及服务创意、资源采购、产品制作	精心组织，妥善安排，重点关注学生团队的组建及作品的选题；企业和技术顾问联合指导；重视PPT的制作和汇报	12

（二）教学模式与方法

课程教学应设置各种工学结合、工作过程导向的实训项目，建议应用"学生主体、任务引领、能力本位"的实践教学模式。该模式把知识模块和能力模块进行有机融合，以"作业团队"、阶段性"任务派遣"、工作业绩考核、作品评价等形式来充分调动学生的学习积极性；其核心指向是高技能、高质量人才培养。

课程教学方法主要为职业情境模拟教学法，使学生在实际或仿真工作环境按照岗位具体业务流程和真实工作过程，以从业者的身份完成工作任务，逐步培养学生的职业意识、职业素质和职业技能。职业情境模拟教学法的主要抓手为校企合作全过程实训，即在企业的全力支持下，开展面向市场的旅游产品设计及操作实训。作业项目的考核标准参照企业绩效考核标准执行。此类实训难度大、耗时长、环节多，能较快提升学生职业素质，整体效果好。

旅行社经营管理专业
"旅行社连锁经营与门市管理实务"课程标准

一、课程性质

　　旅行社连锁经营与门店管理实务课程是浙江旅游职业学院旅行社经营管理专业的一门职业技术课，是具有专业特色的核心课程，也是基于工作导向的理论和实践相结合的必修课程。目标是让学生掌握门市接待服务规范、门市销售技巧及连锁经营管理知识和能力。它要以"旅游概论""旅行社经营管理"等课程的学习为基础。

　　该课程是依据门市岗位的"旅行社门市岗位工作任务与职业能力分析表"设置的。其总体设计思路是，打破以知识传授为主要特征的传统学科课程模式，转变为以工作任务为中心组织课程内容，并让学生在完成具体项目的过程中学会完成相应工作任务，并构建相关理论知识，发展职业能力。课程内容突出对学生职业能力的训练，理论知识的选取紧紧围绕工作任务完成的需要来进行，同时又充分考虑了高等职业教育对理论知识学习的需要，并融合了相关职业资格证书对知识、技能和态度的要求。项目设计以旅行社门市工作内容和流程为线索来进行。教学过程中，要通过校企合作，校内实训基地建设等多种途径，采取工学结合、半工半读等形式，充分开发学习资源。教学效果评价采取过程评价与结果评价相结合的方式，通过理论与实践相结合，重点评价学生的职业能力。

　　该门课程的总学时为 72 学时，建议学分为 4 分，执笔人为池静。

二、课程目标

　　本课程主要展现的是门市接待服务规范、门市销售技巧及连锁经营管理知识，辅之以校企合作项目、真实产品进课堂等形式。通过本课程的学习使学生了解门市的发展概况和未来趋势，掌握门市服务礼仪和规范，掌握门市销售技巧，掌握连锁经营基本理论和部分运营管理实务。通过本课程的学习，学生能够胜任在旅行社门市等相关岗位的工作。

　　（一）知识目标
- 掌握旅行社门市的内涵；
- 掌握旅行社连锁门市的设立过程；
- 掌握旅行社门市的管理内容；
- 掌握咨询、询价议价服务流程与规范；
- 掌握签证办理服务流程与规范。

（二）能力目标

- 掌握门市仪容仪表要求；
- 掌握门市服务礼仪；
- 掌握合同签订服务流程与规范；
- 掌握退团、退订、退费服务流程与规范；
- 掌握投诉处理与回访服务流程与规范。

（三）素质目标

- 爱岗敬业；
- 有服务的热诚；
- 工作认真、细致、周到；
- 善于交流沟通。

三、课程内容和要求

序号	工作任务/项目	课程内容与要求		建议学时
		理论	实践	
1	旅行社连锁经营与门市管理概述	旅行社门市的内涵 旅行社连锁企业与旅行社传统企业区分 旅行社连锁门市的设立 旅行社门市的管理内容	掌握旅行社门市的内涵、连锁经营的特点 掌握旅行社连锁门市的设立程序 掌握旅行社门市在卫生、安全等方面的管理要求	16
2	旅行社门市服务人员礼仪	门市服务人员职业素养 门市服务人员的仪容仪表要求 门市服务人员的礼仪养成	掌握门市仪容仪表要求 掌握门市服务礼仪	24
3	旅行社国内门市接待服务	咨询、询价议价服务流程与规范 预订服务流程与规范 合同签订服务流程与规范 成团操作流程与规范 退团、退订、退费服务流程与规范 投诉处理与回访服务流程与规范	掌握咨询、询价议价服务流程与规范 掌握预订服务流程与规范 掌握合同签订服务流程与规范 掌握成团操作流程与规范 掌握退团、退订、退费服务流程与规范 掌握投诉处理与回访服务流程与规范	32
4	旅行社出境门市接待服务	咨询、询价议价服务流程与规范 预订服务流程与规范 合同签订服务流程与规范 签证办理服务流程与规范 成团操作流程与规范 退团、退订、退费服务流程与规范 投诉处理与回访服务流程与规范	掌握咨询、询价议价服务流程与规范 掌握预订服务流程与规范 掌握合同签订服务流程与规范 掌握签证办理服务流程与规范 掌握成团操作流程与规范 掌握退团、退订、退费服务流程与规范 掌握投诉处理与回访服务流程与规范	32
5	旅行社门市销售技巧	门市顾客旅游需求与购买决策 旅行社门市促销策划 门市销售技巧 门市电话营销技巧	理解门市顾客旅游需求与购买决策 掌握旅行社门市促销策划 掌握门市销售技巧 掌握门市电话营销技巧	24
6	旅行社连锁门市店长	认识旅行社连锁门市店长 旅行社连锁门市店长的工作流程和规范 当好连锁企业门店店长	认识旅行社连锁门市店长 掌握旅行社连锁门市店长的工作流程和规范	16

四、教学评价

本课程的考核方式为到课率考核 + 实训作业及课堂考核 + 实战项目表现 + 笔试考核，其比重分别为 10%、20%、30% 和 40%，期末考试形式为笔试。

五、课程资源及使用要求

（一）师资条件要求

必须有相关专业背景，知识面广，具有一定的行业经历。

（二）实训教学条件要求

主要包括针对校内及校外的每个实训项目（或工作任务）、实训室（或校外实训基地）、实训资源要求及实训时间安排等。本课程建议开展以下实训。

项目 1　咨询、询价、议价服务流程与规范（12 学时）

● 教学目标：通过模拟训练，让学生掌握咨询服务流程，询价、议价服务流程。

● 工作任务：

1. 教师选择不同小组学生模拟顾客、门市接待人员等不同角色。

2. 根据流程进行咨询服务，询价、议价。

3. 教师总结、点评。

● 活动设计：

教师要在学生的实训过程中，实施对各小组学生的考核：

1. 抽查每一小组一名学生对理论知识掌握情况，作为该组知识考核的一项成绩，进行打分，占 20 分。

2. 检查各小组讨论的记录，进行打分，占 20 分。

3. 要求每一小组选派一名代表，扮演门市接待人员角色，对不同情况进行处理，视表现情况进行打分，占 60 分。

● 相关知识：

咨询服务流程，询价、议价服务流程；旅游产品知识。

● 课后练习与任务：

进行咨询服务，询价、议价。

项目 2　预订服务流程与规范（6 学时）

● 教学目标：通过模拟训练，让学生掌握预订服务流程。

● 工作任务：

1. 教师选择不同小组学生模拟顾客、门市接待人员等不同角色。

2. 根据流程进行预订服务，签订合同。

3. 教师总结、点评。

● 活动设计：

教师要在学生的实训过程中，实施对各小组学生的考核：

1. 抽查每一小组一名学生对理论知识掌握情况，作为该组知识考核的一项成绩，进行打分，占 20 分。

2. 检查各小组讨论的记录，进行打分，占 20 分。

3. 要求每一小组选派一名代表，扮演门市接待人员角色，对不同情况进行处理，视表现情况进行打分，占 60 分。

● 相关知识：

预订服务流程。

● 课后练习与任务：预订服务流程。

项目 3　合同签订服务流程与规范（6 学时）

教学目标：通过模拟训练，让学生掌握合同签订服务流程。

● 工作任务：

1. 教师选择不同小组学生模拟顾客、门市接待人员等不同角色。

2. 根据流程签订合同。

3. 教师总结、点评。

● 活动设计：

教师要在学生的实训过程中，实施对各小组学生的考核：

1. 抽查每一小组一名学生对理论知识掌握情况，作为该组知识考核的一项成绩，进行打分，占 20 分。

2. 检查各小组讨论的记录，进行打分，占 20 分。

3. 要求每一小组选派一名代表，扮演门市接待人员角色，对不同情况进行处理，视表现情况进行打分，占 60 分。

● 相关知识：

合同签订服务流程、旅游合同。

项目 4　签证办理服务流程与规范（出境）（8 学时）

● 教学目标：通过模拟训练，让学生掌握签证办理服务流程（出境），行前服务流程。

● 工作任务：

1. 教师选择不同小组学生模拟顾客、门市接待人员等不同角色。

2. 根据流程进行签证资料签收服务。

3. 教师总结、点评。

● 活动设计：

教师要在学生的实训过程中，实施对各小组学生的考核：

1. 抽查每一小组一名学生对理论知识掌握情况，作为该组知识考核的一项成绩，进行打分，占 20 分。

2. 检查各小组讨论的记录，进行打分，占 20 分。

3. 要求每一小组选派一名代表，扮演门市接待人员角色，对不同情况进行处理，视表现情况进行打分，占 60 分。

● 相关知识：

签证知识。

● 课后练习与任务：

签证办理。

项目 5　成团服务流程与规范（4 学时）

● 教学目标：通过模拟训练，让学生掌握成团后行前服务流程。

● 工作任务：

1. 教师选择不同小组学生模拟顾客、门市接待人员等不同角色。

2. 根据流程进行行前说明及行前服务。

3. 教师总结、点评。

● 活动设计：

教师要在学生的实训过程中，实施对各小组学生的考核：

1. 抽查每一小组一名学生对理论知识掌握情况，作为该组知识考核的一项成绩，进行打分，占 20 分。

2. 检查各小组讨论的记录，进行打分，占 20 分。

3. 要求每一小组选派一名代表，扮演门市接待人员角色，对不同情况进行处理，视表现情况进行打分，占 60 分。

● 相关知识：

行前服务。

● 课后练习与任务：

行前服务。

项目 6　退团、退订服务流程、退费服务流程（4 学时）

● 教学目标：通过模拟训练，让学生掌握签证退团、退订服务流程、退费服务流程。

● 工作任务：

1. 教师选择不同小组学生模拟顾客、门市接待人员等不同角色。

2. 根据流程进行退团、退订服务，退费服务。

3. 教师总结、点评。

● 活动设计：

教师要在学生的实训过程中，实施对各小组学生的考核：

1. 抽查每一小组一名学生对理论知识掌握情况，作为该组知识考核的一项成绩，进行打分，占 20 分。

2. 检查各小组讨论的记录，进行打分，占 20 分。

3. 要求每一小组选派一名代表，扮演门市接待人员角色，对不同情况进行处理，视表现情况进行打分，占 60 分。

● 相关知识：

退团、退订、退费流程。

● 课后练习与任务：

退团、退订、退费。

项目 7　投诉服务流程、回访服务流程（4 学时）

● 教学目标：通过模拟训练，让学生掌握投诉服务流程、回访服务流程。

● 工作任务：

1. 教师选择不同小组学生模拟顾客、门市接待人员等不同角色。

2. 根据流程进行投诉服务，回访服务。

3. 教师总结、点评。

● 活动设计：

教师要在学生的实训过程中，实施对各小组学生的考核：

1. 抽查每一小组一名学生对理论知识掌握情况，作为该组知识考核的一项成绩，进行打分，占 20 分。

2. 检查各小组讨论的记录，进行打分，占 20 分。

3. 要求每一小组选派一名代表，扮演门市接待人员角色，对不同情况进行处理，视表现情况进行打分，占 60 分。

● 相关知识：

投诉处理、法律法规。

● 课后练习与任务：

投诉处理、回访。

项目 8　仪容仪表、待客礼仪（16 学时）

● 教学目标：通过模拟训练，让学生掌握仪容仪表、待客礼仪。

● 工作任务：

1. 教师选择不同小组学生模拟顾客、门市接待人员等不同角色。

2. 练习各种仪容仪表、待客礼仪要求。

3. 教师总结、点评。

● 活动设计：

教师要在学生的实训过程中，实施对各小组学生的考核：

1. 抽查每一小组一名学生对理论知识掌握情况，作为该组知识考核的一项成绩，进行打分，占 20 分。

2. 检查各小组讨论的记录，进行打分，占 20 分。

3. 要求每一小组选派一名代表，扮演门市接待人员角色，对不同情况进行处理，视表现情况进行打分，占 60 分。

● 相关知识：

礼仪规范。

● 课后练习与任务：

礼仪训练。

项目 9　门市销售技巧（8 学时）

● 教学目标：通过模拟训练，让学生掌握门市销售技巧。

● 工作任务：

1. 教师选择不同小组学生模拟顾客、门市接待人员等不同角色。

2. 练习各种销售技巧

3. 教师总结、点评。

● 活动设计：

教师要在学生的实训过程中，实施对各小组学生的考核：

1. 抽查每一小组一名学生对理论知识掌握情况，作为该组知识考核的一项成绩，进行打分，占20分。

2. 检查各小组讨论的记录，进行打分，占20分。

3. 要求每一小组选派一名代表，扮演门市接待人员角色，对不同情况进行处理，视表现情况进行打分，占60分。

● 相关知识：

销售技巧。

● 课后练习与任务：

产品销售。

项目10 门市宣传材料制作（6学时）

● 教学目标：通过模拟训练，让学生掌握门市宣传材料制作技能。

● 工作任务：

1. 教师选择不同小组学生根据店面情况对门市进行宣传材料制作，可以利用视频等多种形式。

2. 教师总结、点评。

● 活动设计：

教师要在学生的实训过程中，实施对各小组学生的考核：

1. 抽查每一小组一名学生对理论知识掌握情况，作为该组知识考核的一项成绩，进行打分，占20分。

2. 检查各小组讨论的记录，进行打分，占20分。

3. 要求每一小组完成门市宣传页制作，进行打分，占60分。

● 相关知识：

旅游产品、价格。

● 课后练习与任务：

制作宣传材料。

项目11 门市新技术新方法应用

● 教学目标：通过模拟训练，让学生掌握门市营销新技术新方法。

● 工作任务：

1. 教师选择不同小组学生通过微信等新技术新方法推荐旅游产品。

2. 教师总结、点评。

● 活动设计：

教师要在学生的实训过程中，实施对各小组学生的考核：

1. 抽查每一小组一名学生对理论知识掌握情况，作为该组知识考核的一项成绩，进行打分，占20分。

2. 检查各小组讨论的记录，进行打分，占20分。

3. 要求每一小组利用微信进行宣传销售，进行打分，占60分。

● 相关知识：

旅游产品、价格。

● 课后练习与任务：

微信营销。

（三）教材选用

依据本课程标准选用《旅行社连锁经营与门市管理实务》教材，由浙江大学出版社出版。

六、教学实施建议及其他说明

（一）教学建议

课堂实训项目让学生以 5~6 人为一个团队，负责相关知识和内容的收集，并在课前进行汇报，这样一方面能调动学生主动学习的积极性，另一方面能够培养其团队协作和动手的能力。另利用各种校企合作项目培养学生实战能力。

（二）课程资源的开发与利用

利用校内旅行社——杭州旅苑旅行社，实现在校内全真环境实习，所有产品与校办旅行社及合作旅行社对接。

旅行社经营管理专业"旅游概论"课程标准

一、课程性质

本课程是旅行社经营管理专业的职业基础课程，目标是让学生掌握旅游相关概念、基本知识和旅游业基本概况，使学生具备观察和了解旅游业及其发展状况的认识能力。

本课程是依据"旅行社经营管理专业人才培养方案"中的"工作任务与职业能力分解表"中的旅行社计调等岗位工作项目和人才培养规格要求的"具有旅游从业必需的基础知识和基本理论"的知识结构而设置的。其总体设计思路是，本课程主要从旅游理论与实践的基本问题出发，阐明社会经济发展与旅游活动的关系，阐述旅游活动的内容、种类和表现形式，发展旅游业的基本要素及各要素之间的关系，旅游对接待地区的基本影响，以及旅游和旅游业的发展趋势。课程实施以工学结合、校企合作为基础，采用专兼职双主讲方式，校企共同开发课程，通过情景模拟、实地考察和专题讲座、主题研讨等形式开展教学。

本课程计划总学时为32学时，建议学分为2分，执笔人为边喜英、詹兆宗。其中，理论24学时，实训6学时，机动/复习2学时。

二、课程目标

本课程注重对现象原理的揭示和理解，采用客观现象概述和原理论述相结合的方法，既注重同国际旅游学术接轨，又反映我国旅游研究和旅游发展的实情，使学生们能够层层深入，理解和掌握有关旅游的基础理论。

（一）知识要求
- 掌握旅游学的基本理论；
- 掌握旅游资源开发的原则。

（二）能力要求
- 学会制定基本的旅游发展规划；
- 学会对旅游市场进行调研和预测。

（三）素质要求
- 具有一定的职业道德修养；
- 遵守行规、各项政策和法规；
- 具备制定规划的前瞻性和营销策略的灵活性；
- 具备可持续发展的主体思想。

三、课程内容和要求

让学生通过本课程的学习，对旅游及旅游活动的发展、旅游者、旅游业及其构成、旅游业对经济社会文化的影响等有全面的了解和正确的认识，对旅游资源及其开发、旅游市场营销、旅游业发展规划、旅游行业管理、旅游政策法规等能掌握其基本原则和相关知识，为以后的学习打下基础。

序号	工作任务/项目	课程内容与要求		建议学时
		理论	实践	
1	旅游活动的历史考察	1.理解旅游的定义和内容 2.了解世界、中国旅游历史发展的概况和各时期旅游的特点 3.了解中国旅游历史的沿革及其与社会、政治、经济、文化发展的联系 4.理解世界现代旅游迅速发展的原因 5.掌握我国近代旅游的标志	活动设计： 1.课前资料收集 2.课前汇报 课后练习与任务： 1.旅游业与社会、政治、经济、文化发展的联系 2.我国现代旅游的发展	4
2	旅游者	1.掌握旅游者的定义、产生条件 2.了解旅游者旅游动机的因素和分类 3.掌握旅游者在不同阶段的需求心理以及不同类型旅游者的需求心理 4.了解旅游者的流动规律 5.了解旅游者的权利和义务	活动设计： 1.课前资料收集 2.课前汇报 课后练习与任务： 影响旅游者旅游动机的因素和分类	2
3	旅游业	1.掌握旅游业的基本概念 2.熟悉旅游业的构成 3.了解旅游业的性质和特点	活动设计： 1.课前资料收集 2.课前汇报 课后练习与任务： 旅游业有哪三大支柱行业	2
4	旅游业的构成	1.认识和了解旅游饭店 2.认识和了解旅游交通 3.认识和了解旅行社 4.认识和了解旅游商品	活动设计： 1.课前资料收集 2.课前汇报 课后练习与任务： 谈谈交通对旅游业的影响	6
5	旅游业对经济、社会和文化的影响	1.掌握旅游业在国民经济中的地位和作用 2.掌握旅游促进经济发展的理论依据 3.了解旅游对社会文化的影响 4.了解旅游的发展对经济的积极影响和消极影响 5.了解旅游的社会文化影响 6.理解实现旅游持续发展的关键因素	活动设计： 1.课前资料收集 2.课前汇报 课后练习与任务： 1.旅游发展对经济的积极影响和消极影响 2.旅游发展社会文化影响	2
6	旅游资源及其开发	1.了解旅游资源及其分类 2.学会对旅游资源进行评价 3.掌握旅游资源开发的原则 4.掌握旅游资源的概念及旅游资源对旅游发展业的重要性 5.了解旅游资源的特点及其认识定义 6.认识旅游资源开发的必要性	活动设计： 1.课前资料收集 2.课前汇报 课后练习与任务： 了解旅游资源分类及评价标准	4
7	旅游业发展规划	1.认识制定旅游发展规划的意义 2.了解旅游发展规划的基本内容 3.学会制定旅游发展规划	活动设计： 1.课前资料收集 2.课前汇报 课后练习与任务： 旅游规划对旅游业可持续发展有着怎样的意义	2

续表

序号	工作任务/项目	课程内容与要求		建议学时
		理论	实践	
8	旅游业市场营销	1.掌握旅游市场供求规律 2.掌握旅游市场细分的方法 3.学会对旅游市场进行调研和预测 4.掌握旅游宣传和促销的手段，能够进行有效的旅游宣传和促销工作 5.掌握旅游市场的概念以及对旅游市场进行划分的必要性、意义	活动设计： 1.课前资料收集 2.课前汇报 课后练习与任务： 1.旅游市场与旅游企业发展有着怎样的关系 2.简述旅游市场细分的方法	4
9	旅游业行业管理	1.了解旅游行业管理的基本概念 2.了解不同的国家旅游管理体制和管理模式 3.了解国家旅游行政管理机构的职能 4.了解旅游行业管理的对象、内容、方式和手段	活动设计： 1.课前资料收集 2.课前汇报 课后练习与任务： 了解我国的旅游行业管理体系	2
10	旅游业的可持续发展	1.了解旅游业可持续发展的基本概念 2.认识实现旅游业可持续发展的重要意义 3.了解实现旅游业可持续发展的途径 4.了解世界旅游业发展趋势	活动设计： 1.课前资料收集 2.课前汇报 课后练习与任务： 怎样实现旅游业可持续发展	2

四、教学评价

"旅游概论"课程实行以能力为中心的开放式、全程化考核。注重评价学生的学习态度、思维与技能；考核内容包括学生平时课堂参与情况、作业完成情况、资料收集水平、认知实践的表现以及期末课程考试成绩等。平时成绩占30%，期末成绩占70%。

五、课程资源及使用要求

（一）师资条件要求

任课教师需具备丰富理论知识和相关行业企业经验，整个教学团队可由专任教师和行业兼职教师组成，既能介绍旅游学研究的最新理论和成果，又能接轨旅游业的现状、展望旅游业的发展未来。

（二）实训教学条件要求

教学过程中要充分利用学院已建的旅游博物馆、景区博物馆、饭店博物馆等。

教学安排的教室应具备多媒体播放和互联网功能。

本课程建议开展以下实训项目。

项目一：旅游资讯播报

● 教学目的：使学生了解旅游业，培养对旅游信息收集的敏锐性。

● 工作任务：学生分组，从第三周开始每节课前做一个旅游主题的报告。

● 活动设计：演讲汇报。

● 工作条件：多媒体教室。

项目二：旅游资源考察

● 教学目的：让学生了解旅游资源的分类，实地感受旅游业的发展。

● 工作任务：选定一个景区，带学生实地参观或由学生自选景区进行考察。

● 活动设计：实地考察。

● 工作条件：景区。

项目三：旅游业构成调查

● 教学目的：使学生对旅游业构成及其产业的综合性有所认识。

● 工作任务：让学生自选一条旅游线路，分析其中包含的旅游企业及其行业。

● 活动设计：演讲汇报。

● 工作条件：多媒体教室。

项目四：旅游市场调查

● 教学目的：让学生了解旅游市场，增加对旅游消费的感性认识。

● 工作任务：学生自己设计调查问卷，以红色旅游、休闲旅游、修学旅游、农业旅游等为题，在学生中做市场调查。

● 活动设计：社会调查。

● 工作条件：校园。

（三）教材选用

根据授课内容以及高职高专学生的特点，该课程可以采用刘伟主编，高等教育出版社出版，"十一五"国家级规划教材"旅游概论"；也可以采用南开大学李天元修编，高等教育出版社出版的《旅游学概论》（第七版）。教学主要内容包括：绪论、旅游、旅游者、旅游业、旅游资源及其开发、旅游业影响、旅游业发展规划、旅游市场营销、旅游行业管理、旅游政策法规、旅游业危机管理与旅游业可持续发展等内容。

六、课程实施建议及其他说明

（一）教学建议

本课程注重对现象原理的揭示和理解，采用客观现象概述和原理论述相结合的方法，既注重同国际旅游学术接轨，又反映我国旅游研究和旅游发展的实情，使学生们能够层层深入，理解和掌握有关旅游的基础理论。为体现其特点，本课程可以旅游概论的总体结构为核心，采用分模块教学方法（基础模块和选学模块），并根据每一模块安排其对应的教学内容。本课程目标是使学生通过本课程的学习，对旅游及旅游业有全面的了解和正确的认识，为以后的学习打下基础，进一步提高学生的综合素质，增强适应职业变化的能力，为学生的顺利就业打下坚实的基础。

（二）课程资源的开发与利用

［1］谢彦君，等.旅游学概论［M］.大连：东北财经大学出版社.

［2］马勇，周宵.旅游学概论［M］.北京：旅游教育出版社.

［3］丹尼尔·贝尔.后工业社会［M］.彭强，编译.北京：科学普及出版社.

本课程教学中可大量运用交通、餐饮、饭店、景区等的音像资料。本课程相关的网络资源也极为丰富，应鼓励学生通过网络了解相关行业的最新资料，掌握网上检索的基本方法。

旅行社经营管理专业"管理学原理"课程标准

一、课程性质

管理学原理课程是浙江旅游职业学院旅行社经营管理专业的一门专业基础课，是基于理论的课程。目标是让学生掌握管理学原理有关知识。它是旅行社经营管理专业学习其他课程的基础。

该课程是依据经典管理学课程及理论的相关知识点和章节内容而展开，并根据高职学生理解能力和知识层次需求进行调整。教学效果评价采取过程评价与结果评价相结合的方式，通过理论与实践相结合，重点评价学生的职业能力。

该门课程的总学时为 72 学时，建议学分为 4 分，执笔人为池静。

二、课程目标

本课程阐述了管理的历史发展、管理的各项职能及一般管理原理的系统知识。

（一）知识目标

学生要对管理的基本概念、基本原理、基本职能、管理学的沿革有较全面的了解，熟悉基本的管理工作程序。

（二）能力目标

掌握基本的管理工具和方法，加深对管理的本质、管理者的角色的理解，学会从人本、系统、道德的原则考虑管理的问题，为今后进一步学习其他专业课做好准备，为未来的管理工作打下基础。

（三）素质目标

学生基本具备初级管理者综合素质要求。

三、课程内容和要求

序号	工作任务/项目	课程内容与要求		建议学时
		理论	实践	
1	管理概述	●管理 ●管理者 ●管理学	●了解管理学的研究内容、研究方法和特征，理解管理的含义、职能、原理及管理者的角色理论，掌握管理的性质、特征，管理者的分类及各项技能等内容	16
2	管理理论的发展	●西方管理理论发展的四个阶段 ●中国管理理论发展	●了解管理理论发展的基本过程，理解韦伯的行政组织理论、管理丛林时期的各个代表理论和管理的基本原理，掌握泰罗的科学管理理论、法约尔的一般管理理论及当代具有代表性的管理理论	8

续表

序号	工作任务/项目	课程内容与要求		建议学时
		理论	实践	
3	计划	●计划与计划工作 ●计划的编制方法	●理解计划职能的含义、性质及计划与决策的关系，掌握制订计划的过程、方法，了解目标管理的程序及优缺点	6
4	决策	●决策基本理论 ●决策方法	●理解决策的含义、分类、特征，掌握决策的程序和方法	6
5	组织	●组织与组织工作 ●组织结构类型 ●组织变革	●了解组织与组织工作的含义、特点，理解组织工作的原则，组织文化的作用、形式，掌握组织结构形式及组织文化的含义、内容	6
6	领导	●领导概述 ●领导理论 ●激励与沟通	●了解领导的含义、作用，领导者素质构成，理解领导的影响力构成因素、领导的类型，掌握相关领导理论	8
7	控制	●控制概述 ●控制类型与方法	●应了解控制的概念、控制的方法，理解控制的作用与目的、控制与计划、组织间的关系，掌握控制的类型、控制过程的步骤及有效控制的特征	6

四、考核评价

本课程的考核方式为到课率考核＋实训作业及课堂考核＋笔试考核，其比重分别为 10%、40% 和 50%，期末考试形式为笔试。

五、课程资源及使用要求

（一）师资条件要求

应具有管理学等相关专业背景，知识面广，有教学设计、课程开发等方面能力。

（二）实训教学条件要求

本课程不要求建有专门的实训场地，普通教室即可满足实训要求。有条件的学校可以建设沙盘模拟实训室。本课程建议开设以下实训项目。

实训一　案例分析（4 学时）

1. 实训类型：综合性实训。

2. 目的要求：理解管理职能的作用及操作过程。

3. 内容提要：按教学班学生人数来确定若干个小组，每一小组人数以 5~8 人为宜，小组中要合理分工。在教师指导下，以小组为单位组织讨论，在充分讨论基础上，形成小组的实训报告。

4. 主要仪器设备、实训设备及地点：教室。

实训二　观摩光碟（4 学时）

1. 实训类型：综合性实训。

2. 目的要求：学习相关的管理理论和专家进行的经典案例分析。

3. 内容提要：观摩光碟，学习相关的管理理论和专家进行的经典案例分析。

4. 主要仪器设备、实训设备及地点：多媒体教室。

（三）教材选用

选用三年内高职高专《管理学原理》教材。

六、课程实施建议及其他说明

（一）教学建议

增加行业热点，开展案例教学、实训等综合措施提高学生实践能力。

（二）课程资源的开发与利用

利用丰富的案例库和最新理论实践资源。

旅行社经营管理专业 "经济学基础" 课程标准

一、课程性质

该课程是旅行社经营管理专业岗位选修课，目标是让学生提升如何有效配置资源的能力，了解整个经济体系运行的脉络。它是进一步学习 "旅行社经营管理" "旅行社产品设计" "市场营销实务" 等课程的基础。

该课程是依据 "旅行社经营管理专业工作任务与职业能力分析表" 中的旅行社门市店长项目设置的。其总体设计思路是：课程开发以经济学体系为重点，同时密切关注现实，使得课程能够在系统的理论体系之下，结合现实，提升学生优化资源配置和分析问题的能力。其设计理念是：一方面，通过课堂讲解来讲授经济学基本原理；另一方面，通过课堂讨论利用经济学原理来分析现实经济中存在的问题。

该门课程总学时为 56 学时，建议学分为 4 分，执笔人为邓进。

二、课程目标

通过课程的学习，学生需掌握微观经济学和宏观经济学的基本原理，并能将基本原理灵活应用到其他学科的学习中去。

（一）知识目标

- 能够掌握供求理论；
- 能够掌握消费者行为理论；
- 能够掌握生产理论；
- 能够掌握市场结构理论；
- 能够掌握宏观经济变量及其衡量；
- 能够掌握宏观经济政策；
- 能够了解长期经济增长；
- 能够掌握国际经济基本知识。

（二）能力目标

- 能够用供求理论分析市场供求关系变化；
- 能够用消费者行为理论分析消费者最优决策；
- 能够用生产理论分析生产者的最优选择；
- 能够用市场结构理论分析四类市场结构下的不同市场形态；
- 能够掌握三类主要宏观经济变量及其衡量并应用；
- 能够分析宏观经济政策对国民经济的影响；
- 能够了解影响长期经济增长的核心因素；

- 能够使用国际经济基本知识来处理外汇等方面的问题。

（三）素质目标

- 具有良好的问题分析素质；
- 具有良好的现实洞察素质；
- 具有良好的决策判断素质。

三、课程内容和要求

序号	工作任务/项目	课程内容和要求		建议学时
		理论	实践	56
1	经济学导论	●了解经济学的研究对象 ●了解经济学的基本内容	无	4
2	供给与需求	●了解需求曲线 ●了解供给曲线 ●掌握供求均衡 ●掌握弹性	利用供求理论来分析现实中存在的问题，例如谷贱伤农、旅游产品的供给与需求等	8
3	消费者行为理论	●了解无差异曲线 ●了解预算线 ●掌握消费者均衡	利用消费者行为理论来分析旅游者的需求决策	8
4	生产与成本分析	●掌握生产函数 ●掌握成本方程 ●掌握规模报酬	利用生产理论来帮助旅游企业实现成本最优化决策	8
5	市场理论	●了解市场的类型 ●掌握完全竞争、垄断、垄断竞争和寡头	用市场理论去分析旅游价格竞争及垄断行为	8
6	宏观经济主要变量及其衡量	●掌握GDP ●掌握通货膨胀 ●掌握失业	用GDP、CPI、PPI等指标来分析经济走势	8
7	长期经济增长	●了解世界各国经济增长的现实 ●掌握经济增长的四个轮子 ●了解新古典增长模式 ●了解促进经济增长的政策	无	4
8	国际经济的基本知识	●了解国际贸易理论 ●了解国际贸易组织 ●了解国际金融体系 ●了解倾销的基本知识	学习外汇及汇率，外汇的买价、卖价以及中间价。	4
9	财政政策和货币政策	●掌握宏观经济政策的基本原理 ●掌握财政政策和货币政策	用宏观经济政策来分析经济走势，并指导企业经营。	4

备注：典型工作任务、项目、模块、学习情境、工作过程等。

四、考核评价

本课程的考核方式为平时成绩考核（百分制）+期末考试成绩考核（百分制），其比重分别为50%和50%，期末考试形式为闭卷笔试。

五、课程资源及使用要求

（一）师资条件要求

专业教师应为经济学硕士研究生学历及以上，有一定的行业企业经历，对经济中的现象和现实很熟悉，并能做出相应分析。

（二）实训教学条件要求

该课程为基础性的课程，实训教学条件需为联网的多媒体教室。

（三）教材选用

教材选用：

龚江南 . 经济学基础［M］. 2 版 . 北京：北京大学出版社 .

主要参考书：

萨米尔森，诺德豪斯 . 经济学［M］. 北京：华夏出版社，2016.

多恩布什 . 宏观经济学［M］. 北京：中国人民大学出版社 .

范里安 . 微观经济学［M］. 上海：上海三联出版社 .

六、课程实施建议及其他说明

项目 1　经济学导论（4 学时）

● 教学目标：让学生掌握以下知识点：1. 经济学的研究对象；2. 经济学的基本内容；3. 经济学的研究方法和工具。

● 工作任务：了解经济学的基本内容。

● 活动设计：说明现实中相关经济现象。

● 相关知识：1. 微观经济学的基本内容；2. 宏观经济学的基本内容。

● 课后练习与任务：简述经济学的基本内容。

项目 2　供给与需求（8 学时）

● 教学目标：让学生掌握以下知识点：1. 需求曲线；2. 供给曲线；3. 掌握供求均衡；4. 弹性。

● 工作任务：掌握供求理论、掌握弹性原理。

● 活动设计：用供求理论和弹性原理来讨论"谷贱伤农"。

● 相关知识：1. 需求曲线；2. 供给曲线；3. 供求平衡；4. 弹性及其应用。

● 课后练习与任务：画图解释"谷贱伤农"；旅游产品供给与需求分析。

项目 3　消费者行为理论（8 学时）

● 教学目标：让学生掌握以下知识点：1. 无差异曲线；2. 预算线；3. 消费者均衡。

● 工作任务：画出无差异曲线；画出预算线；画出消费者均衡图。

● 活动设计：如何来确定理性消费，使得自己在有限的收入条件下获取最大化效用。

● 相关知识：1. 效用论；2. 无差异曲线；3. 商品的边际替代率；4. 消费者的预算线；5. 消费者均衡；6. 消费者的需求函数；7. 从单个消费者的需求曲线到市场需求曲线；8. 消费者剩余。

● 课后练习与任务：用图来阐述消费者均衡及其条件，并分析旅游者的消费决策。

项目 4　生产与成本分析（8 学时）

● 教学目标：让学生掌握以下知识点：1. 短期生产函数；2. 长期生产函数；3. 成本方程；4. 最优生产要素组合；5. 短期总成本函数。

● 工作任务：画出总产量曲线、平均产量曲线和边际产量曲线；画出等产量曲线；画出等成本曲线；画出最优生产要素组合；画出短期总成本曲线、平均成本曲线和边际成本曲线等。

● 活动设计：如何来确定理性生产，使得在有限的支出条件下获取最大化产出。

● 相关知识：1. 生产函数；2. 短期生产理论；3. 两种可变生产要素的生产函数；4. 成本方程；5. 最优生产要素组合；6. 规模报酬；7. 成本的概念；8. 短期总产量曲线与短期总成本曲线的关系；9. 根据短期总成本曲线可得各种短期成本曲线；10. 短期产量曲线和短期成本曲线的关系。

● 课后练习与任务：1. 用图来阐述最优生产要素组合；2. 画出各种成本曲线；3. 帮助旅游企业实现成本最优化决策。

项目 5　市场理论（8 学时）

● 教学目标：让学生掌握以下知识点：1. 市场类型；2. 完全竞争、垄断、垄断竞争和寡头四种市场结构的特征。

● 工作任务：掌握完全竞争、垄断、垄断竞争和寡头四种市场结构。

● 活动设计：举例说明现实中的四种市场结构。

● 相关知识：1. 市场的类型；2. 完全竞争市场；3. 垄断市场；4. 垄断竞争市场；5. 寡头市场。

● 课后练习与任务：简述四种市场结构的特征，并分析旅游价格竞争与垄断行为。

项目 6　宏观经济主要变量及其衡量（8 学时）

● 教学目标：让学生掌握以下知识点：1.GDP；2. 通货膨胀；3. 失业。

● 工作任务：掌握 GDP、通货膨胀和失业。

● 活动设计：列举 GDP 前十名的国家。

● 相关知识：1.GDP 及其衡量；2. 通货膨胀及其衡量；3. 失业及其衡量。

● 课后练习与任务：1. 简述通货膨胀和失业；2. 用当前 GDP、CPI、PPI 等指标来分析经济走势。

项目 7　长期经济增长（4 学时）

● 教学目标：让学生掌握以下知识点：1. 经济增长的四个轮子；2. 促进经济增长的政策。

● 工作任务：掌握经济增长的四个轮子：资本、劳动力、技术和资源。

● 活动设计：分析韩国和朝鲜国民经济存在差距的原因。

● 相关知识：1. 世界各国的经济增长；2. 经济增长的四个轮子；3. 新古典增长模型；4. 促进经济增长的政策。

● 课后练习与任务：简述促进经济增长的政策。

项目 8　国际经济的基本知识（4 学时）

● 教学目标：让学生掌握以下知识点：1. 国际贸易理论；2. 国际金融体系。

- 工作任务：掌握国家贸易理论和国家金融体系。
- 活动设计：介绍国际金融体系构建历史。
- 相关知识：1. 国际贸易理论；2. 国际贸易组织；3. 国际金融体系；4. 倾销；5. 政府调节国际经济往来的措施。
- 课后练习与任务：1. 阐述国际贸易理论；2. 如何去银行进行外汇兑换。

项目 9　财政政策与货币政策（4 学时）

- 教学目标：让学生掌握以下知识点：1. 财政政策；2. 货币政策。
- 工作任务：掌握财政政策和货币政策六大政策工具。
- 活动设计：说明近年来财政部和央行如何应用六大政策工具来调节经济运行。
- 相关知识：1. 宏观经济政策的基本原理；2. 财政政策；3. 货币政策；4. 宏观经济政策运用的两个例子。
- 课后练习与任务：1. 简述财政政策和货币政策的六大政策工具；2. 利用宏观经济政策来把握经济走势，并指导企业经营。

旅行社经营管理专业"旅游美学"课程标准

一、课程性质

"旅游美学"课程是一门旅行社经营管理专业的岗位选修课程。该课程从职业活动的岗位能力需求出发，紧紧围绕专业人才的培养目标，以"旅游活动中的美"为研究对象，以提升学生的美学修养和美的服务技能为课程目标，着重讲解景观美和服务美。景观美以导游讲解服务中经常会涉及的自然景观美、人文景观美和社会景观美为主要内容，着重讲解山水景观、建筑景观、古典园林景观、书法、绘画、雕塑景观、乡村旅游景观、都市旅游景观、民族旅游景观和珠宝首饰购物的审美知识和审美技能；服务美以旅游接待服务与审美、导游服务与审美为主要内容，主要讲授游客的审美心理、游客对旅游服务的审美要求等。"旅游美学"是"导游文化基础知识"课程的补充与拓展。

本课程根据旅行社经营管理专业岗位需求和人才培养目标而设立。该课程的总体设计思路是：坚持"简化理论、强化知识、突出实用、注重技能"的设计理念，将传统以知识传授理论教学为主的旅游美学课程改革成为理论教学与实践教学融会贯通的理实一体课程，着重培养学生在旅游服务过程中发现美和欣赏美的能力、展示美和传递美的能力、创造美和设计美的能力。据此，根据便于学生理解知识的需要设计系列活动，通过活动活化课程，使学生变被动学为主动学，加深学生对知识点的理解，培养学生的自主学习能力、研究创新能力和小组协作能力。在每一章节的基本理论讲授以后增设实训活动，通过实训环节对学生进行针对性的审美训练，达到理论与应用相结合，学以致用。

该门课程总学时为28学时，建议学分为2分，执笔人为刘晖。

二、课程目标

通过课程教学，学生应了解"美"与审美的基本理论和知识，掌握旅游景观的审美特征和审美方法，理解游客与旅游服务人员的审美关系，掌握旅游服务的基本美学原则与技巧，提升学生的美学修养和美的服务技能。

（一）知识目标

● 掌握旅游审美的运行机制，做好导游服务的准备工作和讲解工作；
● 掌握自然景观的欣赏方法和审美特征；
● 掌握中国古建筑景观的观赏方法和审美特征；
● 掌握中国古典园林景观的观赏方法和审美特征；
● 掌握雕塑的分类和中西雕塑艺术的区别；
● 掌握旅游接待服务各工作流程应具备的审美修养和美的服务技能。

（二）能力目标

- 能够运用美的本质，分析事物的美与丑；
- 能够运用旅游审美的运行机制，做好导游服务的准备工作和讲解工作；
- 能熟练掌握自然景观的欣赏方法，讲解山水景观的美；
- 能熟练掌握建筑景观的观赏方法，讲解官式建筑、文人建筑和民间建筑的美；
- 能熟练掌握园林景观的观赏方法，讲解中国古典园林的美，并设计合理的游览线路；
- 掌握中国古代书画欣赏的要领；
- 能够鉴赏和讲解中国古代雕塑艺术的美；
- 能够针对游客的审美心理，鉴赏和讲解都市景观、乡村景观、民族景观的美；
- 能熟练掌握旅游接待服务各工作流程应具备的审美修养和美的服务技能；
- 能较熟练运用导游服务基本美学原则与技巧。

（三）素质目标

- 具有一定的审美素养和审美眼光。

三、课程内容和要求

序号	工作任务/项目	课程内容和要求		建议学时
		理论	实践	
1	绪论	●旅游与审美的关系 ●美的产生与本质 ●旅游审美心理	●掌握旅游审美心理要素 ●能够运用美的本质，分析事物的美与丑	2
2	自然景观美与欣赏	●自然景观的概念 ●自然景观的审美属性 ●自然景观美的表现形式 ●自然景观美的特征 ●自然景观美的观赏方法	●能熟练掌握自然景观的观赏方法，讲解山水景观的美	4
3	建筑景观美与欣赏	●建筑的概念、功能和本质 ●中国古建筑景观的外观结构鉴赏 ●中国古建筑景观的内在意蕴鉴赏 ●中国园林景观的美学思想 ●中西式建筑景观比较 ●建筑景观美的观赏方法	●能熟练掌握建筑景观的观赏方法，讲解官式建筑、文人建筑和民间建筑的美 ●能熟练掌握园林景观的观赏方法，讲解中国古典园林的美，并设计合理的游览线路	6
4	雕塑艺术美与欣赏	●雕塑欣赏的基本常识 ●中国古代雕塑的发展演变及其分类 ●中国古代雕塑的审美特征 ●中西造型艺术比较	●能掌握雕塑艺术欣赏的要领 ●能够鉴赏和讲解中国古代雕塑艺术的美	2
5	旅游住宿美与欣赏	●旅游住宿的分类与发展现状 ●标准型酒店的审美特征和审美方法 ●非标准型旅游住宿的审美特征和审美方法	●能够针对游客的审美心理，推介酒店、民宿、客栈等	4
6	陶瓷与珠宝首饰鉴赏	●陶器与瓷器的差异 ●陶器的历史 ●我国著名的陶器 ●瓷器的历史 ●我国著名的瓷都及其产品特色 ●金银饰品和珠宝首饰（玉、钻石、红宝石、祖母绿、蓝宝石、珍珠）鉴赏的基本常识	●能够基本鉴赏中国古代的陶瓷器皿 ●能够基本鉴赏和田玉、翡翠和珠宝首饰	6

序号	工作任务/项目	课程内容和要求		建议学时
		理论	实践	
7	旅游接待服务与审美	●旅游者对旅游服务人员的审美要求 ●旅游接待服务的基本美学原则 ●旅游接待服务的基本美学技巧	●能熟练掌握旅游接待服务各工作流程应具备的审美修养和美的服务技能	4

备注：典型工作任务、项目、模块、学习情境、工作过程等。

四、考核评价

本课程的考核方式为：到课率考核＋实训作业考核＋期中考核（审美体验报告）＋期末考核，其比重分别为10%、20%、20%和50%，期末考试形式为笔试。

五、课程资源及使用要求

（一）师资条件要求

授课教师应具备较好的导游文化基础知识，有旅游管理专业的学科背景，熟悉旅游产业发展现状，了解旅游市场的审美需求，具有一定的行业经历。

（二）实训教学条件要求

可采用景区现场教学和校园模拟情景演练的方式进行。

（三）教材选用

根据授课内容以及高职高专学生的特点，该课程的教学团队正在编写省教育厅重点教材"旅游美学"。教材内容包括：概述，旅游审美的概念、对象和旅游审美心理，自然景观审美，建筑景观审美，中国古典园林景观审美，中国古代造型艺术审美，社会景观审美，中国文物与旅游工艺品审美，旅游接待服务与审美，导游服务与审美。教材体例在每一模块的基础理论讲解后，增设实训环节，根据职业技能的要求，通过任务驱动对学生进行有针对性的模块化审美训练，以提升学生的审美修养和职业竞争力。

六、课程实施建议及其他说明

由于旅游美学涉及的知识点很多，为便于学生理解和掌握相关知识点，并能学以致用，建议采用"学生主体、任务驱动"的教学方法。即将每一授课单元看成是一个专题任务，课前让学生先复习"导游文化基础知识"等课程的相关章节及阅读参考书目，课中教师先通过课堂讲授、案例分析、课堂讨论的方式讲授基础理论知识，布置实训作业；学生以3~4人为一小组，课后完成实训作业，安排2~4学时，由学生做作业的汇报、点评、提问、回答。这样一方面能调动学生主动学习的积极性，另一方面能够培养其团队协作和动手的能力。

旅行社经营管理专业 "旅游交通实务" 课程标准

一、课程性质

旅游中首当其冲的是 "旅" 即交通，早已成为人们出游的核心内容和主要考量的事情。作为旅游从业人员，特别是旅游管理和旅行社业，对交通的认知和运营更需要熟知与掌握。由此可见，"旅游交通实务" 是旅游管理岗位的知识性必修课程。是专业基础性课程，目标是让学生掌握旅游出游交通的常规知识、交通工具运行分析和交通问题特殊处置等能力。它是较为独立的基础实操性课程。

该课程是依据 "旅行社经营管理专业工作任务与职业能力分析表" 中的实操性工作项目设置的。其总体设计思路是，打破以知识传授为主要特征的传统学科课程模式，转变为以工作任务为中心组织课程内容，并让学生在完成具体项目的过程中学会完成相应工作任务，并构建相关理论知识，发展职业能力。课程内容突出对学生职业能力的训练，理论知识的选取紧紧围绕工作任务完成的需要来进行，同时又充分考虑了高等职业教育对理论知识学习的需要，并融合了相关职业资格证书对知识、技能和态度的要求。项目设计以海陆空各交通工具特色、交通工具现实运营和管理、相应突发事件处置为线索来进行。教学过程中，要通过校企合作，开发学习资源。教学效果评价采取过程评价与结果评价相结合的方式，通过理论与实践相结合，重点评价学生的职业能力。

该门课程的总学时为 36 学时，建议学分为 2 分，执笔人为任鸣。

二、课程目标

（一）知识目标

通过教学，学生应掌握旅游出游交通的常规知识、交通工具（包括航空、高铁、游轮、汽车及特殊交通工具）运行分析和交通问题特殊处置等能力。

（二）能力目标

通过本课程的学习，学生应达到的职业能力目标主要包括：

- 能熟练操作航空、高铁、车辆租赁和邮轮的采购；
- 能熟练讲述各交通工具在具体乘坐中的注意事项和防范措施；
- 能熟练指导他人正确使用各种交通工具中的设施设备等；
- 会有效运用各交通工具的综合组合；
- 会进行各种交通活动中的自救与救援；
- 会运用法律法规处置各交通工具运营中发生的常规性事故。

（三）素质目标

- 思想素质：能在服务行为与意识上得到提升；

- 文化素质：能在专业文化知识上，特别是分析问题的方法、处理问题的办法等方面有良好的能力提升；
- 职业素质：能根据旅行社职业的需求，通过学习提升职业水平和实操能力；
- 身心素质：通过学习培育和练就服务业应有的内涵和承受各种压力的心理。

三、课程内容和要求

下表是根据专业课程目标和涵盖的工作任务要求，确定本课程的具体内容和要求，并对学生提出获得知识、技能与态度。

序号	工作任务/项目	课程内容与要求		建议学时
		理论	实践	
1	旅游交通基础知识	旅游交通概念、旅游交通特征与功能、旅游交通构成与方式、影响旅游交通的因素等	使学生了解旅游交通的特征、功能，了解旅游交通的构成与方式，掌握影响旅游交通的因素	6
2	旅游航空	旅游民航组织与管理知识；航空器简介；旅游航空运作；旅游航空常规事务处置等	掌握航空器一般知识；掌握航空运作；能处置旅游航空中的常规事务等	8
3	旅游铁路	铁路组织与管理知识；高铁简介；铁路交通运作；铁路交通常规事务处置等	掌握高铁的一般性知识；掌握铁路交通运作；能处置铁路交通中的常规事务等	4
4	旅游车辆	旅游车辆组织与管理知识；旅游车辆简介；旅游车辆租赁要求；旅游车辆常规事务处置等	掌握旅游车辆的一般性知识；掌握旅游车辆运作；能处置旅游车辆交通中的常规事务等	8
5	水上交通	水上交通组织与管理知识；邮轮简介；邮轮运作；邮轮交通常规事务处置等	掌握邮轮的一般性知识；掌握邮轮交通运作；能处置邮轮交通中的常规事务等	6
6	交通组织与实施	区域交通组织与管理知识，设计与实施交通方案，交通事务处置的一般方法	掌握区域交通组织与管理的一般性知识，设计与实施交通方案，交通事务处置的一般方法	4

四、考核评价

在考核方式上，采用形成性与终结性评价相结合的开卷考试、大型作业、课堂作业、阶段测试等多种考核方式。本课程过程性成绩比重为45%，包括：考勤、作业、实训、平时表现等。

五、课程资源及使用要求

（一）师资条件要求

"旅游交通实务"是专业性极强的课程，从事本课程教学的师资，应是获得双师型资格、拥有丰富教学经验的专任教师，应具有一定的旅游交通方面的研究能力，熟练掌握旅游企业在旅游交通方面的应用、管理实操、运行实践，具有较强的沟通协调能力，有较强的产学合作能力和教学实训项目组织及管理能力。

（二）实训教学条件要求

目前已经拥有航空飞行器实验室、邮轮虚拟场景"浸入式"实训室等校内实训基地。

（三）教材选用

本课程以任鸣所编写的"旅游交通实务"（第二版）为主要教材，该教材为北京大学出版社出版，是全国十二五规划和浙江省重点建设教材。该教材充分体现课程设计思想；理论知识实用、够用，知识技能与岗位对应度较高，模块之间的逻辑结构清晰，能支撑课程目标的实现。

网络课程已建设成功，可供上网共享的教学资源有：课程标准、课程教案、多媒体课件、案例材料、学生实训项目以及行业信息、历届学生作品等。

六、课程实施建议及其他说明

第一章　旅游交通基础知识（6学时）

●教学目标：使学生了解旅游交通的特征、功能，了解旅游交通的构成与方式，掌握影响旅游交通的因素。

●工作任务：完成旅游交通概念、旅游交通特征与功能、旅游交通构成与方式、影响旅游交通的因素等教学。

●活动设计：课堂互动、问题互动、背景互动和课后互动。

●相关知识：识别地图、辨别方向。

●课后练习与任务。

第二章　旅游航空（8学时）

●教学目标：使学生掌握航空器一般性知识，掌握航空运作，能处置旅游航空中的常规事务等。

●工作任务：完成旅游民航组织与管理知识，航空器简介，旅游航空运作，旅游航空常规事务处置等教学。

●活动设计：课堂互动、问题互动、背景互动和课后互动。

●相关知识：航空公司介绍、组织安全知识。

●课后练习与任务。

第三章　旅游铁路（4学时）

●教学目标：使学生掌握高铁的一般性知识，掌握铁路交通运作，能处置铁路交通中的常规事务等。

●工作任务：完成铁路组织与管理知识，高铁简介，铁路交通运作，铁路交通常规事务处置等教学。

●活动设计：课堂互动、问题互动、背景互动和课后互动。

●相关知识：高铁公司介绍、组织安全知识。

●课后练习与任务。

第四章　旅游车辆（8学时）

●教学目标：使学生掌握旅游车辆的一般性知识，掌握旅游车辆运作，能处置旅游车辆交通中的常规事务等。

● 工作任务：完成旅游车辆组织与管理知识，旅游车辆简介，旅游车辆租赁要求，旅游车辆常规事务处置等教学。

● 活动设计：课堂互动、问题互动、背景互动和课后互动。

● 相关知识：旅游车辆租赁介绍、组织安全知识。

● 课后练习与任务。

第五章　水上交通（6 学时）

● 教学目标：使学生掌握邮轮的一般性知识，掌握邮轮交通运作，能处置邮轮交通中的常规事务等。

● 工作任务：完成水上交通组织与管理知识，邮轮简介，邮轮运作，邮轮交通常规事务处置等教学。

● 活动设计：课堂互动、问题互动、背景互动和课后互动。

● 相关知识：邮轮公司介绍、组织安全知识。

● 课后练习与任务。

第六章　交通组织与实施（4 学时）

● 教学目标：使学生掌握区域交通组织与管理的一般性知识，设计与实施交通方案，交通事务处置的一般方法。

● 工作任务：完成区域交通组织与管理知识，设计与实施交通方案，交通事务处置的一般方法等教学。

● 活动设计：课堂互动、问题互动、背景互动和课后互动。

● 相关知识：以度假区、旅游目的地等为案例介绍、区域组织安全知识。

● 课后练习与任务。

旅行社经营管理专业"企业财务管理"课程标准

一、课程性质

该课程是旅行社经营管理专业岗位选修课，目标是让学生对企业整个财务体系有所了解，提升企业财务管理能力。它是企业经营管理者必须具备的一项能力，为学生后期升职打开成长空间。

该课程是依据"旅行社经营管理专业工作任务与职业能力分析表"中的旅行社门市店长项目设置的。其总体设计思路是：课程开发以企业财务管理体系为重点，同时密切关注现实，使得课程能够在系统的理论体系之下，结合现实，提升学生企业经营管理能力。其设计理念是：一方面，通过课堂讲解来讲授财务管理学基本内容；另一方面，通过实践案例来说明如何对企业进行财务管理。

该课程总学时为 30 学时，建议学分为 2 分，执笔人为邓进。

二、课程目标

通过课程的学习，学生需掌握筹资管理、投资管理、营运资金管理、利润分配管理和财务分析等。

（一）知识目标

- 能够掌握资金时间价值和风险价值的计算；
- 能够掌握筹集资金的方式；
- 能够对货币资金、应收账款和存货等营运资金进行管理；
- 能够了解对外投资管理；
- 能够对收入、利润和利润分配进行管理；
- 能够掌握财务分析。

（二）能力目标

- 能够使用资金时间价值和风险价值来进行资金的价值评估；
- 能够使用多种筹集资金进行筹资管理；
- 能够对货币资金、应收账款和存货等营运资金进行管理；
- 能够对对外投资进行管理；
- 能够对收入、利润和利润分配进行管理；
- 能够利用财务报表进行财务分析。

（三）素质目标

- 具有良好的投资决策素质；
- 具有良好的风险管理素质；

● 具有良好的财务分析素质。

三、课程内容和要求

序号	工作任务/项目	课程内容和要求		建议学时
		理论	实践	30
1	财务管理概论	●了解财务管理的基本概念和目标 ●了解财务管理的内容和方法	无	4
2	资金时间价值和风险价值	●掌握资金时间价值 ●掌握资金风险价值	用银行存贷款来说明资金时间价值和风险价值	4
3	筹集资金管理	●了解企业筹集资金的渠道和方式 ●了解权益资金和借入资金的概念和管理方法 ●掌握计算和分析资金成本的知识 ●掌握合理安排资本结构、选择最佳筹资渠道、减少财务风险、提高资金运筹的能力	股权融资、贷款融资和融资租赁融资案例分析	4
4	对外投资管理	●了解投资的概念、目的和应掌握的原则 ●掌握各种投资的基本内容和提高投资效果的措施 ●掌握各项投资决策和分析的方法和技能	股权投资的案例分析	4
5	营运资金管理	●了解营运资金的概念和作用 ●掌握营运资金的内容和管理方法 ●掌握现金、应收账款、存货等项目的控制和检查及资金时间价值的计算和运用的方法	如何进行应收账款管理（浙江中青旅应收账款管理案例分析）	4
6	收入、利润和利润分配的管理	●了解收入、利润和利润分配的概念 ●掌握销售收入和利润的构成以及利润分配的原则和顺序 ●掌握预测、计划、控制、分析、考核销售收入和利润的管理方法和操作技能	上市公司利润表解读	4
7	财务分析	●了解财务分析的含义和作用 ●掌握财务分析的内容、方法和评价指标 ●掌握运用财务分析与评价的指标，对企业经济活动过程进行分析、判断、预测财务状况的技能	用上市公司资产负债表、利润表进行财务分析。	6

备注：典型工作任务、项目、模块、学习情境、工作过程等。

四、考核评价

本课程的考核方式为平时成绩考核（百分制）+期末考试成绩考核（百分制），其比重分别为 50% 和 50%，期末考试形式为闭卷笔试。

五、课程资源及使用要求

（一）师资条件要求

专业教师应为经济学或管理学硕士研究生学历及以上，有一定的行业企业经历，掌握一定现实案例。

（二）实训教学条件要求

该课程为基础性的课程，实训教学条件需为联网的多媒体教室。

（二）教材选用

教材选用：

贾玎，肖华.旅游企业财务管理［M］.上海：复旦大学出版社.

主要参考书：

［1］陈余有，等.企业财务管理学［M］.北京：中国财政经济出版社.

［2］师萍.旅游企业财务管理［M］.北京：旅游教育出版社.

六、课程实施建议及其他说明

项目 1 财务管理概论（4 学时）

● 教学目标：让学生掌握以下知识点：1.财务管理的基本概念和目标；2.财务管理的内容和方法。

● 工作任务：了解财务管理的内容。

● 活动设计：说明企业财务的整个流程。

● 相关知识：1.财务管理的含义和作用；2.财务管理的目标和内容；3.财务管理的基本观念和环境；4.财务管理的程序和方法。

● 课后练习与任务：简述财务管理的内容。

项目 2 资金时间价值和风险价值（4 学时）

● 教学目标：让学生掌握以下知识点：1.明确资金时间价值的内涵；2.掌握自己时间价值的计算方案；3.明确风险和资金风险价值的概念；4.掌握风险的衡量方法及投资方案的取舍依据。

● 工作任务：1.复利的现值与终值；2.年金的现值和终值；3.风险的衡量。

● 活动设计：用不同案例来计算复利的现值与终值、年金的现值和终值、风险的衡量。

● 相关知识：1.永续年金的现实应用；2.基于标准离差的投资方案选择。

● 课后练习与任务：递延年金现值的计算；风险衡量的过程。

项目 3 筹集资金管理（4 学时）

● 教学目标：让学生掌握以下知识点：1.企业筹集资金的渠道和方式；2.权益资金和借入资金的概念和管理方法；3.计算和分析资金成本；4.合理安排资本结构、选择最佳筹资渠道、减少财务风险、提高资金运筹。

● 工作任务：计算和分析资金成本。

● 活动设计：用不同案例来计算和分析资金成本。

● 相关知识：1.筹集权益资金；2.筹集借入资金；3.资金成本和资金结构。

● 课后练习与任务：用不同案例来分析资金结构对企业盈利的影响。

项目 4 对外投资管理（4 学时）

● 教学目标：让学生掌握以下知识点：1.投资的概念、目的和应掌握的原则；2.各种投资的基本内容和提高投资效果的措施；3.各项投资决策和分析的方法和技能。

- 工作任务：确定有价证券的种类及投资优缺点。
- 活动设计：如何去购买股票和债券。
- 相关知识：1. 对外投资；2. 有价证券投资管理；3. 对其他单位投资管理。
- 课后练习与任务：简述各项投资决策和分析的方法。

项目 5　营运资金管理（4 学时）

- 教学目标：让学生掌握以下知识点：1. 营运资金的概念和作用；2. 营运资金的内容和管理方法；3. 现金、应收账款、存货等项目的控制和检查。
- 工作任务：应收账款管理策略。
- 活动设计：如何催收应收账款。
- 相关知识：1. 营运资金的概念及特点；2. 货币资金管理；3. 应收账款管理；4. 存货管理。
- 课后练习与任务：简述应收账款管理策略。

项目 6　收入、利润和利润分配的管理（4 学时）

- 教学目标：让学生掌握以下知识点：1. 收入、利润和利润分配的概念；2. 销售收入和利润的构成以及利润分配的原则和顺序；3. 预测、计划、控制、分析、考核销售收入和利润的管理方法和操作技能。
- 工作任务：认知和掌握利润表。
- 活动设计：根据利润表来编制利润分配计划。
- 相关知识：1. 收入管理；2. 利润管理；3. 利润分配管理。
- 课后练习与任务：简述利润分配的程序。

项目 7　财务分析（6 学时）

- 教学目标：让学生掌握以下知识点：1. 财务分析的含义和作用；2. 财务分析的内容、方法和评价指标；3. 运用财务分析与评价的指标，对企业经济活动过程进行分析、判断、预测财务状况。
- 工作任务：1. 比较同一家企业前后两年的财务报表，并提出改进建议；2. 对一家上市企业应用杜邦体系进行评价。
- 活动设计：提供相关财务报表，进行课上分析。
- 相关知识：1. 财务分析概述；2. 营运能力分析；3. 盈利能力分析；4. 偿债能力分析；5. 企业发展能力分析；6. 股票上市公司投资分析；7. 财务综合分析。
- 课后练习与任务：用比率分析法对一家上市公司营运能力、盈利能力、偿债能力、企业发展能力进行分析。

旅行社经营管理专业
"广告创意与文案策划"课程标准

一、课程性质

该课程是旅行社经营管理专业岗位选修课。课程目标是让学生掌握旅游企业开展市场营销中广告创意与文案策划的基础理论和方法，全面了解并熟悉广告学、广告市场调查、广告创意、广告策划、广告文案以及常见广告类型的基本知识，具备广告市场调查、广告创意、广告策划、广告文案写作的基本技能，胜任旅行社及其他旅游企业广告策划岗位。它以"旅游概论""旅游美学"等课程的学习为基础；对于本专业而言，掌握的重点为广告创意、广告文案写作基本知识和常见广告策划技能。

本课程是依据"旅行社经营管理专业人才培养方案"中的"工作任务与职业能力分解表"中的旅游咨询员、营销策划、旅游产品策划等岗位工作项目和人才培养规格要求的"具有旅游从业必需的基础知识和基本理论"的知识结构而设置的。其总体设计思路是，按照"以能力为本位、以职业实践为主线、以项目任务为载体"的模块化专业课程体系的总体设计要求，该门课程以掌握旅游广告创意策划及文案写作能力为基本目标，紧紧围绕旅行社广告策划业务的工作需要来选择和组织课程内容，突出工作任务与知识的联系，跟踪旅游广告的最新发展，让学生在职业实践活动的基础上掌握知识，增强课程内容与职业能力要求的相关性，提高学生的就业能力。

选取项目的基本依据是该门课程涉及的工作领域和工作任务范围，在具体设计过程中尽可能以旅游市场广告案例为模板，产生具体的项目任务。

该门课程总学时为 60 学时，建议学分为 4 分，执笔人为詹兆宗。

二、课程目标

使学生具备成为本专业的高素质技能型人才所必需的广告市场调查、广告策划、广告文案写作和广告创意知识与技能；使学生能掌握旅游广告策划与文案写作技能，具备适应旅游市场消费需求变化的能力以及继续学习新知识的能力；使学生通过策划旅游广告项目的实践，具备良好的综合素质和职业道德，能够吃苦耐劳、爱岗敬业、团结合作。

（一）知识目标

- 能掌握广告、广告策划、广告创意的概念；
- 会分析广告市场；
- 能知晓广告发展的历程及重要理论；
- 能掌握广告主题策划程序；

- 能分析广告表现策略；
- 会广告媒介及媒介战术；
- 能掌握广告营销策划方法；
- 会分析广告经费预算；
- 能掌握广告创意思维方式；
- 能掌握广告创意策略。

（二）技能目标

- 能完成广告市场调查与分析；
- 会市场细分与目标市场选择；
- 会运用广告表现策略；
- 会策划广告主题；
- 会广告效果测定；
- 会广告经费预算；
- 能撰写广告策划方案；
- 能撰写广告文案；
- 能提出广告创意；
- 会广告创意评价。

（三）素质目标

- 创意思维；
- 人际沟通交流；
- 敏锐的观察力；
- 组织管理能力。

三、课程内容和要求

课程通过 8 个教学单元，采用分模块、任务驱动的教学方法。

各模块的工作任务和知识内容及要求见下表。

序号	工作任务/项目	知识内容与要求	技能内容与要求	建议学时
1	广告及广告策划概述	• 广告与广告策划的概念 • 广告的历史沿革 • 广告策划的功能与类型	• 无	4
2	广告战略策划	• 广告战略概述 • 广告调查与分析 • 市场细分与目标市场确定	• 能进行广告调查 • 能分析细分市场 • 能确定目标市场	8
3	广告主题	• 广告主题类型 • 广告主题写作	• 能创作广告主题	4
4	广告表现与媒介	• 广告表现策略 • 广告媒介 • 广告媒介战术	• 能运用广告媒介战术	4
5	广告与营销策划	• 广告效果测定 • 广告经费预算	• 会广告经费预算	4

序号	工作任务/项目	知识内容与要求	技能内容与要求	建议学时
6	广告策划书	●广告策划书构成要素 ●广告策划书基本格式 ●广告策划书撰写技巧	●会广告策划书撰写	10
7	广告创意基础	●广告创意的概念 ●广告创意思维 ●广告创意原则	●无	10
8	广告创意实务	●广告创意过程 ●广告创意方法 ●广告创意评价	●能进行旅游广告创意 ●会广告创意评价	14
9	考试复习	●广告创意与文案策划基本知识与常见应用	●会广告策划技能 ●能进行广告创意	2
10	机动			2
11	合计			62

四、考核评价

本课程的考核方式为到课率考核＋课堂回答问题＋课堂任务（实训）＋期末考核，其比重分别为10%、20%、30%和40%，期末考试形式为笔试。

五、课程资源及使用要求

（一）师资条件要求

最好有相关专业背景，必须到旅行社营销策划部门挂职学习，知识面广，具有一定的行业经历者优先。

（二）实训教学条件要求

有专业机房，能连入互联网，完成会务策划等实训任务。本课程可以开设下列实训任务或项目，最好是所有任务最终构成一个完整的旅游广告策划与实施项目，而每个任务完成其中一个要点。

项目	工作任务/项目	知识点	训练或工作项目	教学情境与教学设计	建议学时
1	广告战略策划	广告战略概述 广告调查与分析 市场细分与目标市场确定	能进行广告调查 能分析细分市场 能确定目标市场	教师首先导入案例并分析，学生再进行讨论	2
2	广告主题创作	广告主题类型 广告主题写作	能创作广告主题	教师引导学生赏析经典广告主题，学生练习	2
3	广告表现与媒介	广告表现策略 广告媒介 广告媒介战术	能运用广告媒介战术	教师通过案例讲授广告表现与媒介，学生在网上查找某种广告在媒介上的表现	4
4	广告与营销策划	广告效果测定 广告经费预算	会广告经费预算	老师引入案例讲解如何评价广告效果；学生根据教师提供的资料进行广告经费预算	1

续表

项目	工作任务/项目	知识点	训练或工作项目	教学情境与教学设计	建议学时
5	广告策划书撰写	广告策划书构成要素 广告策划书基本格式 广告策划书撰写技巧	会广告策划书撰写	教师首先导入案例并分析，学生再进行讨论	1
6	广告创意概述	广告创意的概念 广告创意思维 广告创意原则	无	教师首先导入案例并分析，学生再进行讨论	4
7	广告创意实务	广告创意过程 广告创意方法 广告创意评价	能进行旅游广告创意，会广告创意评价	教师首先通过案例分析广告创意的方法，学生再进行讨论	4

（三）教材选用

根据授课内容以及高职高专学生的特点，注重培养学生的实践操作能力，选用《广告策划与创意》（第二版），武汉大学出版社，著者：饶德江、陈璐，2015年12月第一版，ISBN：9787307165908。

由于广告具有一定的时代性，建议教材选用近几年（如3年内）出版的。部分经典教材则可以推荐给学生作为参考书。

六、课程实施建议及其他说明

（一）教学建议

由于课程重点培养学生的广告创意与文案策划技能，因此建议该课程的教学宜采用案例与任务形式的授课方法，即将课程分解成若干个模块，课堂上，首先教师讲授案例，再分配和讲解任务，然后由学生完成，并进行分阶段成果汇报。这样一方面能调动学生主动学习的积极性，另一方面能够培养其团队协作和实践运用的能力。

（二）课程资源的开发与利用

1. 参考书

本课程的学习参考书主要包括：

［1］曲超. 广告创意策划文案写作指要［M］. 北京：北京工业大学出版社.

［2］高海友，等. 广告标题创作与赏析［M］. 长春：北方妇女儿童出版社.

［3］威廉·阿伦斯. 广告与营销策划［M］. 北京：人民邮电出版社.

2. 信息化教学资源

本课程是新开设的课程，但与本课程关联密切的"市场营销"已建设多年，该课程相关资料已上网，包括教学大纲、多媒体课件、课程习题等，学生可以通过该平台进行查找和下载；本课程相关资料也已整理完成，可通过旅行社管理系教学资源库进行查找。

旅行社经营管理专业
"旅游服务质量与客户管理"课程标准

一、课程性质

该课程是旅行社经营管理专业的岗位选修课。目标是让学生掌握旅游服务质量及其管理的基本知识和原理，培养学生分析旅游服务质量问题和解决旅游投诉的能力，具备旅游从业及旅行社经营管理的素质，达到计调、导游领队、质检等职业要求。它以"旅游政策与法规""旅行社经营管理"等课程的学习为基础，也是进一步完成跟岗、顶岗实习的基础。

该课程是依据旅行社经营管理专业工作任务与职业能力分析表中的旅行社服务质量管理、旅游投诉处理、团队跟踪、导游接待服务和旅行社客户关系管理工作项目设置的。其总体设计思路是，打破以知识传授为主要特征的传统学科课程模式，转变为以工作任务为中心组织课程内容，并让学生在完成具体项目的过程中学会完成相应工作任务，并构建相关理论知识，发展职业能力。课程内容突出对学生职业能力的训练，理论知识的选取紧紧围绕工作任务完成的需要来进行，同时又充分考虑了高等职业教育对理论知识学习的需要，并融合了相关职业技能和态度的要求。项目设计以知识掌握和技能养成为线索来进行。教学过程中，要通过校企合作，校内实训基地建设等多种途径，采取工学结合等形式，充分开发学习资源。教学效果评价采取过程评价与结果评价相结合的方式，通过理论与实践相结合，重点评价学生的职业能力。

该门课程的总学时为64学时，建议学分为4分，执笔人为周德邦。

二、课程目标

（一）知识目标
1. 基本知识
- 服务与服务业；
- 质量与服务质量；
- 质量管理知识与原理；
- 服务质量评价。
2. 应用知识
- 服务流程设计；
- 服务质量诊断与改进；
- 顾客投诉与补救。
（二）能力目标
1. 通用能力
- 调查分析能力；

- 沟通协调能力；
- 判断决策能力。

2. 岗位能力

- 旅游服务流程设计能力；
- 旅游服务质量诊断能力；
- 旅游投诉处理能力。

（三）素质目标

1. 基本素质

- 善于倾听、乐于助人；
- 客观、冷静、不浮躁；
- 诚实守信，讲求原则。

2. 职业素质

- 爱岗敬业，遵章守纪；
- 具有较强的服务意识。

三、课程内容和要求

为使学生掌握旅行社服务质量管理、客户关系维护、门市接待和处理相关旅游纠纷的知识与技能，本课程共九章，分为四大部分。第一部分介绍服务的基本概念及服务业的基本情况，包括第一章和第二章；第二部分阐述质量的相关概念，包括第三章和第四章；第三部分论述服务质量的形成与评价，包括第五章和第六章；第四部分专门分析服务质量管理的手段和方法，包括第七章至第九章。采用讲授、讨论、案例教学和职业情景教学。

根据专业课程目标和涵盖的工作任务要求，确定课程内容和要求，说明学生应获得的知识、技能与态度，见下表。

序号	工作任务/项目	课程内容和要求		建议学时
		理论	实践	
1	服务的特征	●服务的概念 ●服务的特征 ●服务的特征给企业带来的挑战及其应对策略	●掌握服务的特征 ●熟悉服务的挑战及其应对策略	6
2	服务业与服务的分类	●服务的分类 ●服务业与现代服务业	●熟悉现代服务业	4
3	质量和服务质量	●质量的定义 ●服务质量的定义 ●服务质量的维度与特征	●认知服务质量的维度	6
4	整体质量概念	●产品和服务整体组合概念 ●整体质量观念	●熟悉整体服务质量观念	6
5	顾客感知服务质量的形成	●格鲁努斯的总体感知服务质量模型 ●服务期望 ●企业形象	●运用格鲁努斯的总体感知服务质量模型 ●预测服务期望 ●维护企业形象	8

续表

序号	工作任务/项目	课程内容和要求		建议学时
		理论	实践	
6	服务质量的评价	●服务质量评价的方法和评价程序 ●SERVQUAL服务质量评价方法 ●其他服务质量评价方法	●评价服务质量	8
7	服务设计	●服务设计的概念和内容 ●服务流程设计的方法 ●服务流程设计的工具 ●排队系统设计	●设计服务流程	8
8	服务质量诊断与改进	●服务质量差距模型 ●服务质量管理规划	●诊断与改进服务质量	6
9	顾客投诉和补救性服务	●服务失误 ●顾客投诉处理 ●补救性服务	●处理投诉 ●顾客维护	8

四、考核评价

本课程总评考核由两部分组成：实训成绩（60%）和课程考试成绩（40%）。实训成绩包括讨论、案例分析、岗位模拟、纠纷处理等；课程考试成绩包括单元考试和期末考试。

五、课程资源及使用要求

（一）师资条件要求

专职教师应具备经管类专业本科以上学历，行业企业实践累计一年以上经历，兼职教师需具备本科以上学历或者中级以上职称。

（二）实训教学条件要求

经管专业实训室和校内多媒体教室。

（三）教材选用

温碧燕．服务质量管理［M］．广州：暨南大学出版社，2010.

六、课程实施建议及其他说明

本课程由专任教师主讲，并根据需要适当聘请行业兼职教师。实行理论教学与实践教学相结合。教学内容的设计和组织基于工作要求为依据，以工作任务为核心，实现教学过程的设计与工作过程相对接。遵循认知和教学规律，立足学生，灵活运用多种教学方法，营造真实的工作场景，强化在教学中的工作性的亲历感。

课程资源包括图书馆专业文献、中华人民共和国文化和旅游部网站投诉处理相关栏目、各省旅游局或省旅游质检所网站典型案例和投诉处理相关栏目、中国知网服务质量相关论文及其他关于质量管理的教材等。

旅行社经营管理专业
"目的地国家旅游策划实务"课程标准

一、课程性质

该课程是旅行社经营管理专业岗位选修课，目标是让学生掌握出境旅游主要目的地国家与地区的旅游资源概括，并能进行初步的出境旅游目的地咨询和线路策划。作为大一新生开设的岗位选修课，它的学习是为学生后期的"旅行社计调业务""旅游产品设计""旅行社连锁经营与门市管理实务"课程学习奠定主要目的地国家的基础知识和了解出境旅游的相关常识。

其总体设计思路是：课程开发以学生职业素养能力培养为重点，充分挖掘学生的主动性和创造性；同时密切关注中国出境旅游发展动态，盯住行业需求，使得课程能够充分融入行业、迎合行业，重点培养企业所需要的相关知识要点，并融合了出境领队、旅游顾问对知识、技能和态度的要求。项目设计以学生的文化知识素养为线索来进行，根据授课对象的文化知识素养、自我学习能力以及学习兴趣，同时参考出境旅游相关就业岗位（如出境领队、出境计调、出境门市、签证文员、旅游营销）的知识、能力、素质要求，选取课堂教学内容，通过案例展示、情景模拟、小组讨论等多种形式的课堂教学对学生进行文化素养和语言学习能力、职业能力的培养。

该门课程总学时为 56 学时，建议学分为 4 分，执笔人为刘晖。

二、课程目标

通过该课程的学习，学生需要了解中国出境旅游各主要目的地国家和地区的旅游环境特征，熟悉各主要旅游地和交通线路在地图上的大致分布，并掌握国家概况、风土人情和旅游资源，熟悉出入境工作常识，具备基本的出境旅游线路推介、策划能力。

（一）知识目标

● 掌握中国出境旅游各主要目的地国家与地区的分布；

● 掌握日、韩的风土人情、主要旅游景点；

● 能够掌握新、马、泰的风土人情、主要旅游景点；

● 能够掌握中国港、澳、台的风土人情、主要旅游景点；

● 能够掌握澳、新的风土人情、主要旅游景点；

● 能够掌握欧洲有关欧盟、申根等知识要点；

● 能够掌握英、法、德、意、西、瑞（士）等国家的风土人情、主要旅游景点；

● 能够掌握美、加的风土人情、主要旅游景点。

（二）能力目标

- 能够设计有主题的日、韩出境旅游线路；
- 能够设计有主题的新、马、泰出境旅游线路；
- 能够设计有主题的中国港、澳、台出境旅游线路；
- 能够设计有主题的澳、新出境旅游线路；
- 能够设计有主题的申根国旅游线路；
- 能够设计有主题的美、加旅游线路。

（三）素质目标

- 能够制作 PPT 和进行线路设计文本编撰；
- 能够正确查找资料并学会甄别网络资料；
- 具备一定的市场营销调研能力。

三、课程内容和要求

序号	工作任务/项目	课程内容和要求		建议学时
		理论	实践	
1	中国出境旅游概述	●中国出境旅游发展现状 ●中国出境旅游的特点 ●中国出境旅游发展的趋势	●能够根据数据分析中国出境旅游的发展特点	2
2	中国出境旅游——日、韩市场	●日、韩的地理位置 ●日、韩的风土人情 ●日、韩的旅游城市与景点 ●签证与大交通	●掌握日、韩的风土人情、主要旅游景点 ●掌握目的地国旅游的大交通和出境签证等基本情况 ●能够设计和策划日、韩主题旅游线路	6
3	中国出境旅游——新、马、泰市场	●新、马、泰的地理位置 ●新、马、泰的风土人情 ●新、马、泰的旅游景点 ●签证与大交通 ●其他东南亚国家旅游概况	●掌握新、马、泰的风土人情、主要旅游景点 ●掌握目的地国旅游的大交通和出境签证等基本情况 ●能够设计和策划新、马、泰主题旅游线路 ●知晓其他东南亚国家旅游概况	8
4	中国出境旅游——中国港、澳、台市场	●中国港、澳、台的地理位置 ●中国港、澳、台的风土人情 ●中国港、澳、台的旅游景点 ●中国签证与大交通	●掌握中国港、澳、台的风土人情、主要旅游景点 ●掌握大交通和出入境证件办理等基本情况 ●能够设计和策划中国港、澳、台主题旅游线路	6
5	中国出境旅游——澳、新市场	●澳、新的地理位置 ●澳、新的风土人情 ●澳、新的旅游城市与景点 ●签证与大交通	●掌握澳、新的风土人情、主要旅游景点 ●掌握大交通和目的地国签证办理等基本情况 ●能够设计和策划澳、新主题旅游线路	8
6	中国出境旅游——欧洲市场	●英、德、法、瑞（士）、意、西、俄的地理位置 ●英、德、法、瑞（士）、意、西、俄的风土人情 ●英、德、法、瑞（士）、意、西、俄的旅游城市与景点 ●签证与大交通	●掌握英、德、法、瑞（士）、意、西、俄的风土人情、主要旅游景点 ●掌握大交通和目的地国签证办理等基本情况 ●能够设计和策划英、德、法、瑞（士）、意、西、俄主题旅游线路	12

序号	工作任务/项目	课程内容和要求		建议学时
		理论	实践	
7	中国出境旅游——美、加市场	●美、加的地理位置 ●美、加的风土人情 ●美、加的旅游城市与景点 ●签证与大交通	●掌握美、加的风土人情、主要旅游景点 ●掌握大交通和目的地国签证办理等基本情况 ●能够设计和策划美、加主题旅游线路	8
8	中国出境旅游——非洲市场	●埃及、南非的地理位置 ●埃及、南非的风土人情 ●埃及、南非的旅游城市与景点 ●签证与大交通	●掌握埃及、南非的风土人情、主要旅游景点 ●掌握大交通和目的地国签证办理等基本情况 ●能够设计和策划埃及、南非主题旅游线路	6

四、考核评价

本课程的考核方式为到课率考核 + 小组作业考核 + 个人线路策划 + 笔试考核，其比重分别为 10%、30%、30% 和 30%，期末考试形式为笔试。

五、课程资源及使用要求

（一）师资条件要求

了解出境旅游市场发展动态和出境游客需求，具有旅游管理学科背景和行业背景，知识面广，视野开阔，具备一定的旅游营销、旅游策划能力，具有较好的旅游文化知识储备。

（二）实训教学条件要求

充分利用网络资源，进行实时跟进案例教学。与旅行社合作，开展线路设计。

（三）教材选用

根据授课内容以及高职高专学生的特点，该课程采用王昆欣教授主编，主讲教师参与编写的《中国旅游客源地与目的地概况》教材，主要内容包括：绪论、亚洲地区、大洋洲地区、欧洲地区、非洲地区、美洲地区、中国港澳台地区等。

六、课程实施建议及其他说明

由于中国出境旅游目的地国家与地区日益增长，而学生出境实践机会较少，因此建议该课程的教学宜采用活动小组为主体、小组互动为形式。学生查找各国不同风俗资料，自编自导，设计场景，角色扮演，同学互评，老师点评，归纳要点，学生把所学的知识融化、演绎为专业内涵，转化成学生们在今后工作岗位中能够应用和实践的能力。针对出境领队人员带团的技能、讲解技能等知识，融入旅行社企业的鲜活案例，通过案例分析讨论，把课堂讲授与学生讨论相结合，提高学生分析和处理问题的能力。

旅行社经营管理专业"旅游电子商务"课程标准

一、课程性质

该课程是旅行社经营管理专业岗位选修课。课程目标是让学生掌握旅游电子商务的基础理论和方法，全面了解并熟悉旅行社、饭店、景区旅游电子商务应用的基本内容，具备旅游电子商务基本业务技能，胜任旅行社及其他旅游企业电子商务岗位。它以"旅游概论""市场营销实务"等课程的学习为基础；对于本专业而言，掌握的重点为旅游电子商务基本知识和旅行社电子商务技能。

本课程是依据"旅行社经营管理专业人才培养方案"中的"工作任务与职业能力分解表"中的旅行社计调、旅游咨询员、营销策划、门市接待等岗位工作项目和人才培养规格要求的"具有旅游从业必需的基础知识和基本理论"的知识结构而设置的。其总体设计思路是，按照"以能力为本位、以职业实践为主线、以项目任务为载体"的模块化专业课程体系的总体设计要求，该门课程以掌握旅游电子商务运营能力为基本目标，紧紧围绕旅行社电子商务业务的工作需要来选择和组织课程内容，突出工作任务与知识的联系，跟踪旅游电子商务的最新发展，让学生在职业实践活动的基础上掌握知识，通过工作任务或实训项目增强课程内容与职业能力要求的相关性，提高学生的就业能力。选取实训项目的基本依据是该门课程涉及的工作领域和工作任务范围，在具体设计过程中尽可能以校企合作项目为载体，产生具体的项目模块。

该门课程总学时为 64 学时，建议学分为 4 分，执笔人为詹兆宗。

二、课程目标

使学生具备成为本专业的高素质技能型人才所必需的旅游电子商务网上预订、客户服务和旅游网络营销技能；使学生能全面掌握旅游网站运营技能，具备适应职业变化的能力以及继续学习新知识的能力；使学生通过旅游电子商务项目的实践，具备良好的综合素质和职业道德，能够吃苦耐劳、爱岗敬业、团结合作。

（一）知识目标

1. 基础理论知识

● 能解答电子商务及旅游电子商务的概念；

● 会识别旅游电子商务的类型；

● 会分析网上支付方式的特点及优劣；

● 能阐述网络安全最新技术；

● 掌握网络营销基本知识。

2. 行业应用知识

● 能分析旅游电子商务系统构架；

● 会分析旅游业与电子商务的天然适应性；

● 掌握旅游电子商务营销的特点；

● 会分析旅游企业电子商务的机遇和挑战。

（二）技能目标

1. 岗位基本技能

● 能分析旅游电子商务网站的业务模式；

● 会旅游电子商务网络技术基础；

● 能设计小型旅游电子商务网站；

● 会旅游电子商务支付系统应用；

● 会旅游电子商务的安全技术和协议标准。

2. 岗位操作技能

● 能进行旅游网上预订；

● 能进行线上旅游客户服务；

● 会旅游网络营销的方法和技巧；

● 能进行网上旅游产品策划；

● 会旅行社电子商务流程分析；

● 能处理旅行社网上订单；

● 会酒店电子商务流程分析；

● 能处理酒店网上订单；

● 会旅游目的地网络营销分析；

● 能处理景区网上订单。

（三）素质目标

● 具备较高的信息素养；

● 具有人际交往的良好素质；

● 耐心细致、不浮躁；

● 观察敏锐、善于捕捉市场信心。

三、课程内容和要求

课程通过 11 个教学单元，采用分模块、任务驱动的教学方法。

各模块的工作任务和知识内容及要求见下表。

序号	工作任务/项目	课程内容与要求		建议学时
		理论	实践	
1	旅游电子商务概述	●旅游电子商务基本概念 ●旅游电子商务的发展状况 ●电子商务对旅游业发展的影响	●无	4

续表

序号	工作任务/项目	课程内容与要求		建议学时
		理论	实践	
2	旅游电子商务的业务模式和概念	•业务模式 •分类 •新模式	•能分类旅游电子商务网站 •能分析旅游电子商务网站的业务模式	8
3	旅游电子商务网站建设	•旅游电子商务网站开发 •旅游信息门户网站 •虚拟旅游	•能开发简单的旅游电子商务网站	8
4	旅游电子商务支付	•电子货币 •数字钱包 •移动支付 •网络银行	•会常用的网上支付流程 •能通过网络银行进行电子支付	2
5	旅游电子商务的安全	•安全技术 •安全协议与标准	•能对旅游电子商务网站进行安全设置	2
6	旅游电子商务网络营销	•网上旅游服务 •网上零售	•会旅游产品网上服务流程 •会旅游产品网上零售方法 •能为客户进行旅游产品网上服务	12
7	旅行社电子商务应用	•旅行社业务流程分析 •旅行社电子商务应用	•会旅行社网上业务流程 •能建立简单旅行社电子商务网站	10
8	酒店电子商务应用	•酒店过程分析与电子商务流程 •酒店各环节电子商务功能 •酒店电子商务系统构成	•会酒店电子商务流程 •能进行网上酒店预订	4
9	旅游目的地的电子商务	•目的地营销	•会旅游目的地网上营销方法 •能进行旅游目的地网上营销	4
10	旅游交通电子商务应用	•旅游交通电子商务业务类型与模式	•会旅游交通网上营销方法 •能网上预订旅游交通	4
11	旅游电子商务最新业务模式分析	•旅游电子商务业务模式总结与最新模式介绍	•会分析最新旅游电子商务网站的业务模式	2
12	考试复习	•旅游电子商务基本知识与常见应用	•会旅游产品网上营销技能 •能网上预订旅游产品服务	2
13	机动			2

四、考核评价

本课程的评价采用形成性与终结性评价相结合的闭卷考试、课堂发言、课后作业、策划方案、上机实训等多种考核方式。其中，形成性评价占比70%，具体为考勤10%，课堂发言15%，课后作业15%，策划方案15%，上机实训15%；终结性评价占比40%，具体为期末考试占30%。

五、课程资源及使用要求

（一）师资条件要求

应有相关专业背景，持有教师资格证，具备教授旅游电子商务的专业理论和职业教育的基本知识；应有到旅游电子商务企业或旅行社电子商务部门挂职工作的经历，掌握旅游电子商务相关技术，具有从事旅游电子商务的业务技能，具有完成旅游电子商务教学设计、实训和竞赛指导等的能力；能完成旅游电子商务理实一体化教学。

（二）实训教学条件要求

实训条件：专业机房，能连入互联网，有旅游电子商务或电子商务模拟经营软件，能完成实训任务。其中，应当完成的实训项目或工作任务及建议学时见下表。

项目	工作任务/项目	知识点	实训项目或工作任务	教学重点	教学情境与教学设计	建议学时
1	旅游电子商务的业务模式	业务模式分类新模式	能分类旅游电子商务网站能分析旅游电子商务网站的业务模式	旅游电子商务网站业务模式	教师首先导入同程案例并分析，学生再进行讨论	2
2	旅游电子商务网站建设	旅游电子商务网站设计虚拟旅游	能开发简单的旅游电子商务网站	旅游电子商务网站模块及开发	教师以携程为例讲授旅游网站模块	4
3	旅游电子商务支付	电子货币数字钱包移动支付网络银行	会常用的网上支付流程能通过网络银行进行电子支付	网络银行第三方支付	老师以支付宝为例讲解网络支付，再由学生练习网上支付	1
4	旅游电子商务网络营销	网上旅游服务网上零售	会旅游产品网上服务流程掌握网上旅游产品定价策略	网上服务流程及技巧	老师分析网上旅游业务流程并演示，学生分组实训并汇报	4
5	旅行社电子商务应用	旅行社业务流程分析旅行社电子商务应用	会旅行社网上业务流程能在旅游电子商务网站进行产品发布	旅行社业务流程分析	老师首先分析业务流程并演示，再由学生分组实训并汇报	4
6	酒店电子商务应用	酒店业务与电子商务流程分析酒店各环节电子商务功能	会酒店电子商务流程能进行网上酒店预订	酒店电子商务流程	老师分析7天连锁酒店业务流程再由学生分组实训并汇报	2
7	旅游目的地电子商务应用	目的地网上营销	会旅游目的地网上营销方法能进行景点门票网上预订	旅游目的地网上营销方法与技巧	老师分析海南旅游目的地业务流程并演示，再由学生分组实训并汇报	2
8	旅游交通电子商务应用	旅游交通业务类型旅游交通网上营销	会旅游交通网上营销方法能进行旅游交通网上预订	旅游交通网上营销方法与技巧	老师首先分析携程网旅游交通业务类型与流程并演示，再由学生分组实训并汇报	2

（三）教材选用

根据授课内容以及高职高专学生的特点，应选择旅游电子商务理论够用、注重培养学生实践操作能力的教材。由于旅游电子商务发展迅速，尽量选用近3年出版的教材。

推荐教材：张琼.旅游电子商务［M］.北京：旅游教育出版社，2014.

六、课程实施建议及其他说明

由于课程重点培养学生的在旅游电子商务网站上的客户服务和网络营销技能，因此建议该课程的教学宜采用任务形式的授课方法。即将课程分解成若干个任务，课堂上，首先教师分配和讲解任务，然后由学生演练，并进行分阶段成果汇报，这样一方面能调动学生主动学习的积极性，另一方面能够培养其团队协作和动手的能力。

本课程有浙江省级精品课程，相关资料已上网，包括教学大纲、多媒体课件、相关教学单元的教学视频、课程习题库等，学生可以通过该平台进行查找和下载。

景区开发与管理专业课程标准

一、培养目标

本专业培养学生具备良好的职业道德和敬业精神，掌握较扎实的景区开发与管理基本理论知识，具有景区服务管理、营销策划等专业技能及较强的创新创业能力，能适应高品级旅游景区经营管理需要的高素质技能型旅游景区专门人才。

二、主干课程

旅游策划、景点导游、旅游资源调查与评价、旅游消费者行为、景区服务规范（双语）、景区标准知识等。

三、职业定位

主要涉及景区的服务管理与营销策划等岗位。通常在大型主题乐园或 5A 级旅游景区，起步岗位为讲解接待专员、市场专员、行政助理、项目主持人、规划设计岗，2~3年后可胜任接待部、市场部、游乐园、经营部、人力资源部等相关部门经理。

景区开发与管理专业"管理学基础"课程标准

一、课程性质

"管理学基础"课程是景区开发与管理专业的专业基础课,是职业基础课程。目标是让学生树立现代管理的思想观念,掌握和运用管理学的基础理论和方法,提高自身的管理素质,培养和提高学生的理论素质和实践技能;并通过实践技能训练,提高学生的实践能力、创新能力和职业能力,为学生提升景区综合管理能力打下坚实的理论基础和职业基础,是进一步学习景区服务管理和景区管理事务的基础。

课程是依据"景区开发与管理专业工作任务与职业能力分析表"中通用职业能力要求设置的。其总体设计思路是:以就业为导向,以能力为本位,以职业技能为主线,以单元项目课程为主题,以夯实基础、适应岗位为目标,尽可能形成模块化课程体系。具体学习项目的选择和编排依据:一是按照"管理认知、预测与决策、计划与组织、领导与激励、沟通与控制、管理创新"的逻辑顺序;二是从基础知识体系构建角度,保持管理的基本技能、基本知识、基本理论之间的内在必然关系。教学效果评价采取过程评价与结果评价相结合的方式,重点评价学生的职业管理实践能力。

该门课的总学时为32学时,建议学分为2分,执笔人为姚海琴。

二、课程目标

通过"管理学基础"课程的学习,要求学生能与"景区管理实务""客户关系管理""营销管理实务"等课程的共同学习,具备进一步从事服务管理、营销管理与项目管理的职业能力。就具体的职业能力而言,要求达到如下具体目标:

（一）知识目标
- 熟知古今中外管理思想内涵;
- 掌握管理的基本原理与方法;
- 掌握管理的计划、组织、领导、控制、创新等知识。

（二）能力目标
- 提升旅游景区营销管理能力;
- 提升旅游景区服务管理能力;
- 提升旅游景区项目管理能力。

（三）素质目标
- 提升紧急事件的应对处理能力;
- 提升在旅游景区等工作单位的综合管理能力。

三、课程内容和要求

序号	工作任务/项目	课程内容和要求		建议学时
		理论	实践	
1	管理认知	●管理的重要性 ●管理的概念与职能 ●管理的原理与方法 ●管理者的技能与角色 ●管理思想与管理理论 ●管理与环境的关系	●用管理的基本知识分析简单的管理问题的能力 ●正确运用相关的管理思想与管理理论分析企业中存在的管理现象	2
2	预测与决策	●预测与决策的概念 ●预测的程序与方法 ●决策基本理论 ●决策的类型 ●决策的技术与方法	●运用预测知识处理企业案例 ●运用决策的技术与方法进行企业决策	4
3	计划与组织	●计划工作的含义及重要性 ●计划的程序与方法 ●目标管理的基本内容和活动过程 ●组织的概念和类型 ●组织工作的原则 ●组织结构的类型及特点 ●组织设计的意义 ●程序和内容 ●组织结构的发展趋势 ●组织变革的原因、动力与阻碍	●熟练运用计划的程序与方法 ●运用目标管理分析和解释企业的管理行为 ●根据提供的材料识别或绘制组织结构图	6
4	领导与激励	●领导者与管理者的区别 ●人性理论 ●领导理论 ●领导理论的新观点 ●激励理论及应用 ●激励的原则 ●激励的基本途径与手段	●运用领导理论分析和解释企业有关领导问题 ●运用激励理论分析和解释企业有关激励问题	4
5	沟通与控制	●沟通的概念与基本类型 ●沟通的形式和方法 ●沟通的原则和要求 ●沟通的障碍与克服 ●控制的性质及类型 ●控制的方法 ●控制工作的步骤和要求	●正确掌握沟通的方法，清楚如何克服沟通障碍 ●正确掌握控制的方法，清楚如何进行有效控制	6
6	管理创新	●企业家和企业家精神 ●创新的价值和源泉 ●创新理论 ●创新技能	●根据企业面临的问题进行一定的管理创新	4
7	案例分析	●景区服务管理案例分析 ●景区营销管理案例分析 ●景区项目管理案例分析	●分析并解决景区的服务管理、营销管理、项目管理等方面的问题	6

四、考核评价

在考核方式上，采用形成性与终结性评价相结合的开卷考试、大型作业、现场面试、上机考试、技能测试、阶段测试、课程论文、调研报告等多种考核方式。增加过程性成绩比重，增加考勤、作业、实训、平时表现等在成绩中的比重，合理确定过程性成绩在总成绩中的比重，由原先的不超过 40% 提高到不低于 50%。改革考核评价制度，支持学生以参加校内外各类考证、比赛取得的成果，以参加校内外优质网络课程、网络学习资源取得的结业证书，以参加创新创业、社会实践等活动以及发表论文、获得专利授权等与专业学习、学业要求相关的经历、成果，申请该课程的免修（免考），折算为学分，计入学业成绩。对学生的评价与考核分职业素养考核、知识考核、技能考核三个部分。

1. 职业素养考核，包括平时的出勤率、听课态度、完成书面作业任务的情况等，占总评价成绩的 20% 左右。部分内容重点考核学生的学习过程，包括其学习态度、努力的程度以及表现出来的效果。

2. 期末综合实训，根据学习过的知识，进行综合管理问题的处理，考核学生的实际动手能力和对知识的综合掌握情况，由每个学生独立完成，建议考核的成绩占总成绩的 30%。

3. 期末考查，卷面考核学生对理论的实际掌握情况，占 50% 左右。

五、课程资源及使用要求

（一）师资条件要求

该课程的专兼职老师需具备基本的教学能力与经验，具有管理学背景，有企业管理的实践经验，积极实施"1+n"的专业师资力量，即由 1 名专任教师作为"管理学基础"课程的主讲教师，由兼职教师讲授实践课程或开设主题讲座。

（二）实训教学条件要求

本专业已配备 GIS 与遥感实验室、景区综合模拟实训室等开展实践项目，4A 级校园景区各部门可进行景区模拟管理及工作的分配完成等。

（三）教材选用

本课程一般选用近三年的优秀教材，为学生提供若干本的参考用书，目前所用教材为浙江大学邢以群教授的新形态教材。通过扫描书上的二维码可获得视频、文献资料、自我测试、案例讨论及在线测试等内容。

六、课程实施建议及其他说明

根据管理学中相关的专业知识内容的有关要求，结合景区开发与管理专业的实际要求，本课程安排了 7 个学习模块，通过 7 个模块学习情景中的工作任务，进而掌握"预测与决策""计划与组织""领导与激励""沟通与控制"等有关知识。达到掌握管理基本职能的要求。学习模块的设计思路是：目标—方法—过程—结果的顺序执行，计划总学时 32 学时，具体内容见下表。

项目	工作任务/项目	知识点	训练或工作项目	教学重点	教学情境与教学设计	建议学时
项目1 管理认知	管理、管理者与管理学	1.管理的概念与职能 2.管理的重要性与意义 3.管理者的概念及其素质	寓言故事的寓意分析	管理的职能	案例教学法 讨论分析法	2
	管理思想与管理理论	1.中国管理思想的产生及发展 2.西方管理思想及管理理论 3.管理与环境的关系	剖析国内旅游景区营销策略的根本原因	管理思想的演变与环境的关系	案例教学法 讨论分析法	
项目2 预测与决策	预测	1.预测的概念 2.预测的程序和方法	如何预测游客接待量	预测的程序和方法	项目驱动教学法，案例教学法	4
	决策	1.决策的基本理论 2.决策的概念 3.决策的技术与方法	判断企业是否应该投资某具体项目	决策的技术和方法	项目驱动教学法，案例教学法	
项目3 计划与组织	计划	1.目标的概念 2.计划的概念与类型 3.计划制订的程序与方法	如何制订个人未来三年行动计划	计划制订的程序与技术方法	项目驱动教学法，案例教学法	6
	组织	1.组织的概念 2.组织工作的概念与内容 3.组织的类型与特征 4.组织设计的意义、程序和内容 5.组织变革	设计某新成立旅游度假区的组织架构及其部门职能说明书	组织设计的意义、程序和内容	项目驱动教学法，案例教学法	
项目4 领导与激励	领导	1.领导者与管理者的区别 2.人性理论 3.领导理论 4.领导理论的新观点	如何对待一线员工的犯错问题	领导的技术与技巧	项目驱动教学法，案例教学法	4
	激励	1.激励理论及应用 2.激励的原则 3.激励的基本途径与手段		激励的基本途径与方法	项目驱动教学法，案例教学法	
项目5 沟通与控制	沟通	1.沟通的概念与基本类型 2.沟通的形式和方法 3.沟通的原则和要求 4.沟通的障碍与克服	如何学会聆听	沟通的障碍与克服	情境教学法 案例教学法	6
	控制	1.控制的性质及类型 2.控制的方法 3.控制工作的步骤和要求	如何实现景区服务质量的保证	控制的类型及其要求	情境教学法 案例教学法	
项目6 管理创新	创新	1.企业家和企业家精神 2.创新的价值和源泉 3.创新理论 4.创新技能	在快速变化的市场中，如何通过创新来适应市场的需求	创新的技术与方法	情境教学法 案例教学法	4
项目7 管理案例分析	景区服务管理问题	1.景区服务管理的问题及类型 2.景区服务问题的处理技巧	能根据景区面临的服务问题提出解决对策	景区服务问题的处理技巧	情境教学法 案例教学法	6
	景区营销管理问题	1.景区营销管理的问题及类型 2.景区营销战略的制定及技巧	能根据景区面临的营销问题提出解决对策	景区营销战略的制定及技巧	项目驱动教学法，案例教学法	
	景区项目管理问题	1.景区项目管理的问题及类型 2.景区项目管理的技巧	能根据景区面临的项目管理问题提出解决对策	景区项目管理的技巧	项目驱动教学法，案例教学法	

景区开发与管理专业"旅游消费者行为"课程标准

一、课程性质

该课程是景区开发与管理专业的必修课，是职业基础核心课程。目标是让学生掌握旅游者消费行为知识，培养分析旅游者行为的能力，具备市场运营素质，达到景区旅游行业等岗位职业要求。它以"市场调查与分析"课程的学习为基础，是进一步学习旅游策划课程的基础。

该课程是依据"景区开发与管理专业工作任务与职业能力分析表"中的景区接待能力景区市场营销能力等工作项目设置的。其总体设计思路是，打破以知识传授为主要特征的传统学科课程模式，转变为景区岗位主导的工作任务为中心组织课程内容，并让学生在完成具体项目的过程中学会完成相应工作任务，并构建消费者相关理论知识，发展景区职业经理人的职业能力。课程内容突出对学生基于消费者行为的旅游营销及管理能力的训练，营销与管理素质的培养。是为培养"科学基础、人文素养、创新能力和实践能力融合发展"、专业特色鲜明的经管类高等"'复合—应用'型"人才，打造以"旅游消费者行为的基本知识、主要能力和相关职业道德"为内涵的"'传承—创新'型"专业基础学习。同时又充分考虑旅游新业态与"旅游+"新形态下"大旅游"产业发展对理论知识学习的要求，坚持立德树人，注重思想政治教育贯穿教学始终，同时融合了学生综合素质提升、创新创业能力培养、学生可持续发展的要求。项目设计以游客行为特征为线索来进行。教学过程中，通过校企合作，校内实训基地建设等多种途径，采取现代学徒制等形式，充分开发学习资源，给学生提供丰富的实践机会。教学效果评价采取过程评价与结果评价相结合的方式，通过理论与实践相结合，重点评价学生的职业能力和综合素质。

该门课程的总学时为 56 学时，建议学分为 3 分，执笔人为顾雅青。

二、课程目标

（一）知识目标

掌握旅游消费者行为学的基本原理与基本技巧（实务），使学生具有设计和组织一般的旅游营销与管理活动的能力。

（二）能力目标

多接触旅游消费者行为及旅游营销实例，拓宽学生的视野，培养学生对现实营销及管理问题的深层次思考和分析研究。

（三）素质目标

帮助学生提升自身营销与管理素质，塑造个人良好形象，并运用旅游消费者行为学、旅游营销与管理基本原理和技巧正确地处理生活、学习中的沟通问题，为学生走向职场奠定良好的基础。

三、课程内容和要求

序号	工作任务/项目	课程内容和要求		建议学时
		理论	实践	
1	旅游消费者行为概论	●旅游消费者行为的相关概念 ●旅游消费者行为的特点	●无	2
2	旅游消费者感知	●旅游消费者知觉 ●旅游消费者感知的影响因素	●旅游消费者目的地感知； ●基于旅游消费者感知的营销策略	4
3	旅游消费者动机	●旅游消费者动机的经典理论 ●旅游消费者动机的影响因素	●旅游消费者动机的影响因素	4
4	旅游消费者情绪情感	●旅游消费者情绪情感的定义及影响因素	●基于旅游消费者情绪情感的营销与服务策略	4
5	旅游消费者态度	●旅游资源利用识记，旅游消费者态度形成与改变的基础理论 ●把握旅游消费者态度的影响因素	●无	4
6	社会环境因素与旅游消费者行为	●参照群体与旅游消费者行为 ●社会交往与旅游消费者行为	●家庭与旅游消费者行为 ●基于社会环境因素的旅游营销	8
7	文化和经济因素与旅游消费者行为	●文化与旅游消费者行为 ●亚文化与旅游消费者行为	●基于文化与经济因素的旅游营销	8
8	旅游消费者购买决策	●识记旅游消费者购买决策的特点 ●旅游消费者购买决策过程模型	●旅游消费者购买决策的影响因素	8
9	旅游消费者体验	●旅游消费者购买决策过程模型旅游体验的内涵与类型	●旅游体验对旅游者个人的重要性	8
10	旅游消费者满意度	●旅游消费者满意度定义以及影响因素	●旅游消费者满意度测量模型	4
11	旅游消费者行为跨文化比较	●旅游消费者行为跨文化比较	●跨文化旅游营销	4

备注：典型工作任务、项目、模块、学习情境、工作过程等。

四、考核评价

考核模式："传承型"学习成绩考核与"创新型"学习成绩考核并重，"知识成绩考核"与"实践成绩考核"并重，"过程考核"与"结果考核"并重。

具体见下表。

评价项目	分值	评价项目成绩
知识考核	100	
实践考核	100	
学生总成绩=实践考核（40%）+日常评价（10%）+期末知识考核（50%）		

五、课程资源及使用要求

（一）师资条件要求

积极实施"2+n"的专业师资力量，即2名校内专任教师与多名校外行业兼职教师共同完成《旅游消费者行为》的授课任务。要求2名校内专业教师为双师型教师，在课程开发比赛指导方面有丰富的经验，具有3年以上行业相关工作经历；要求多名校外行业兼职教师具有3年以上行业相关工作经历或项目实践经历。

（二）实训教学条件要求

本专业已拥有专业教室、校内实训基地、校外实训基地三类教学场所。其中专业教室包括多媒体教室、景区综合实训室，主要包括针对校内及校外的每个实训项目（或工作任务）。

（三）教材选用

［1］李志飞. 旅游消费者行为［M］. 武汉：华中科技大学出版社，2017.

［2］孙九霞，陈钢华. 旅游消费者行为学［M］. 长春：东北财经大学出版社，2015.

［3］自编教材.

六、课程实施建议及其他说明

（一）课程实施建议

整合"讲授教学法""学导教学法""互动教学法""案例教学法""讨论教学法""项目教学法"和"实践教学法"等教学方法，使其在教学设计中相得益彰。

1. 课堂讲授

本课程以教师课堂讲授为主，同时鼓励学生自主学习。要结合当前的社会实际，与时俱进地更新案例教学内容。

2. 学习模式

借鉴"美国21世纪技能联盟"提出的"学习框架"合理内核，用"新平衡学习"整合"传统学习"与"21世纪学习"。

3. 训练模式与环节

训练模式："传承型训练"与"创新型训练"并重，"学术型训练"与"职业型训练"并重，"认知性训练"与"实践性训练"并重。

训练环节：通过每章后"单元训练"的相关题型，培养学生"自主学习"能力、实践能力和创新能力。具体地说，对于每章后的"实践题""拓展创新""决策设计"和"自主学习"等训练题，要求学生在课后完成，教师要给学生的作业评分并做适当点评。

（二）课程设计

教学内容	教学难点、重点	作业
第1章 旅游消费者行为概论 1.1旅游消费者行为的概念 1.2旅游消费者行为的特点 1.3旅游消费者行为研究的历史 1.4旅游消费者行为的基础理论 1.5旅游消费者行为的研究方法 1.6研究旅游消费者行为的意义	重点：旅游消费者行为的定义，旅游消费者行为研究的历史，旅游消费者行为的基础理论 难点：旅游消费者行为的研究方法	单元训练：讨论题第1题 单元训练：撰写《自主学习-I》训练报告
第2章 旅游消费者感知 2.1旅游消费者感觉 2.2旅游消费者知觉 2.3旅游消费者感知的影响因素 2.4旅游消费者目的地感知 2.5基于旅游消费者感知的营销策略	重点：旅游消费者知觉，旅游消费者感知的影响因素 难点：旅游消费者目的地感知，基于旅游消费者感知的营销策略	单元训练：讨论题第1题 单元训练：撰写《拓展创新-I训练报告》
第3章 旅游消费者动机 3.1旅游消费者需要 3.2旅游消费者动机 3.3旅游消费者动机的影响因素 3.4旅游消费者动机的激发	重点：旅游消费者动机的经典理论，旅游消费者动机的影响因素 难点：旅游消费者动机的影响因素	单元训练：讨论题第1题 单元训练：撰写《决策设计-I训练报告》
第4章 旅游消费者情绪情感 4.1情绪情感概述 4.2旅游消费者情绪情感 4.3基于旅游消费者情绪情感的营销与服务策略	重点：旅游消费者情绪情感的定义及影响因素 难点：基于旅游消费者情绪情感的营销与服务策略	单元训练：讨论题第2、3题
实践课：检查、讨论、点评前4章的拓展创新训练	把学生分成若干小组，每组至少有一人次展示本组的训练课业	
第5章 旅游消费者态度 5.1旅游消费者态度概述 5.2旅游消费者态度形成与改变的基础理论 5.3旅游消费者态度的影响因素 5.4改变旅游消费者态度的策略	重点：旅游消费者态度形成与改变的基础理论；改变旅游消费者态度的策略 难点：旅游消费者态度的影响因素	单元训练：讨论题第2、3题
第6章 社会环境因素与旅游消费者行为 6.1参照群体与旅游消费者行为 6.2社会阶层与旅游消费者行为 6.3社会交往与旅游消费者行为 6.4家庭与旅游消费者行为 6.5基于社会环境因素的旅游营销	重点：参照群体与旅游消费者行为，社会交往与旅游消费者行为 难点：家庭与旅游消费者行为，基于社会环境因素的旅游营销	单元训练：讨论题第1题
第7章 文化和经济因素与旅游消费者行为 7.1文化与旅游消费者行为 7.2亚文化与旅游消费者行为 7.3经济状况与旅游消费者行为 7.4基于文化与经济因素的旅游营销	重点：文化与旅游消费者行为，亚文化与旅游消费者行为 难点：经济状况与旅游消费者行为	单元训练：讨论题第4题 单元训练：撰写《自主学习-II训练报告》
第8章 旅游消费者购买决策 8.1旅游消费者购买决策概述 8.2旅游消费者对旅游目的地的选择 8.3基于旅游消费者购买决策的营销	重点：旅游消费者对旅游目的地的选择 难点：基于旅游消费者购买决策的营销	单元训练：讨论题第3、4题 单元训练：撰写《决策设计-II训练报告》

续表

教学内容	教学难点、重点	作业
实践课：检查、讨论、点评5~8章的拓展创新训练	把学生分成若干小组，每组至少有一人次展示本组的训练课业	
第9章　旅游消费者体验 9.1旅游消费者体验概述 9.2旅游体验对旅游者的影响 9.3旅游体验营销	重点：旅游体验对旅游者的影响 难点：旅游体验营销	单元训练：讨论题第3、4题 单元训练：撰写《拓展创新–II训练报告》
第10章　旅游消费者满意度 10.1旅游消费者满意度概述 10.2旅游消费者满意度的影响因素 10.3满意度测量与旅游服务管理	重点：旅游消费者满意度定义以及影响因素 难点：满意度测量与旅游服务管理	单元训练：讨论题第3、4题 单元训练：撰写《自主学习–III》训练报告
第11章　旅游消费者忠诚度 11.1　旅游消费者忠诚度概述 11.2　旅游消费者忠诚度测量 11.3　旅游消费者忠诚度的影响因素 11.4　基于旅游消费者忠诚度的旅游营销	重点：旅游消费者忠诚度测量 难点：旅游消费者忠诚度的影响因素	单元训练：讨论题第3、4题 单元训练：撰写《决策设计–III训练报告》
实践课：检查、讨论、点评9~11章的拓展创新训练	把学生分成若干小组，每组至少有一人次展示本组的训练课业	
第12章　旅游消费者行为跨文化比较 12.1跨文化比较概述 12.2旅游消费者行为跨文化比较 12.3跨文化旅游营销	重点：旅游消费者行为跨文化比较 难点：跨文化旅游营销	单元训练：讨论题第1、2题 单元训练：拓展创新–III
第13章　全球消费趋势与中国特色旅游消费行为 13.1全球消费趋势 13.2中国特色的消费行为 13.3中国特色的旅游消费行为 13.4基于全球消费趋势的中国出境旅游营销	重点：中国特色的消费行为、基于全球消费趋势的中国出境旅游营销 难点：中国特色的旅游消费行为	单元训练：讨论题第1题 自主学习–IV训练报告
实践课：检查、讨论、点评12~13章的拓展创新训练	把学生分成若干小组，每组至少有一人次展示本组的训练课业	

景区开发与管理专业"旅游经济学"课程标准

一、课程性质

"旅游经济学"课程是景区开发与管理专业的必修课,在第一学期开设,是职业基础课程,是进一步学习"旅游策划""景区管理实务"等专业课程的前提和基础。目标是让学生全面掌握旅游活动的经济运行原理及旅游业发展现状,使其对旅游业的发展有一个清晰的蓝图,是景区开发与管理专业三大模块共同的职业基础课程。

"旅游经济学"课程是依据景区开发与管理专业工作任务与职业能力分析表中通用职业能力要求设置的。其总体设计思路是:通过对旅游及其相关概念的解析,对旅游经济活动的本质、供求、内容、种类、表现形式以及发展旅游业的基本要素及各要素之间的相互关系的辨析,总结旅游活动发展的基本规律及其对服务管理、营销策划、规划设计等方面的基础性作用,培养学生的经济创业头脑、旅游情结与基本素养。教学效果评价采取过程评价与结果评价相结合的方式,重点评价学生的职业基础分析能力。

该课程总学时为 32 学时,其中理论学时为 22 学时,实践学时为 10 学时。建议学分为 2 分,执笔人为姚海琴。

二、课程目标

通过"旅游经济学"课程的学习,要求学生能与"管理学基础""沟通技巧""市场营销基础"等课程的共同学习,掌握经济学的基本知识,具备进一步从事服务与管理、营销策划与规划设计的基础职业能力。达到如下具体目标:

(一)知识目标

- 掌握旅游供求关系变化规律;
- 掌握供给与需求的价格弹性;
- 能够进行旅游投资的可行性分析;
- 熟知旅游发展对目的地和客源地的影响。

(二)能力目标

- 旅游者消费行为的分析能力;
- 旅游产业要素组成及分析能力;
- 旅游经济效益分析能力。

(三)素质目标

- 旅游业发展的纵向分析判断能力;
- 旅游业发展的横向分析判断能力。

三、课程内容和要求

为使学生掌握旅游经济运行的基础知识与相关理论，课程共设置8个教学单元，具体内容要求见下表。

序号	工作任务/项目	课程内容和要求		建议学时
		理论	实践	
1	旅游的基础理论	●旅游的概念 ●旅游的性质与特点	●判断旅游行为 ●判断旅游的性质 ●判断具体旅游的行为	2
2	旅游需求	●旅游需求的概念 ●旅游产品价格与需求的关系 ●旅游需求量与可自由支配收入 ●旅游需求量与闲暇时间的关系 ●旅游需求弹性的概念与公式	●找出现实生活中的旅游需求 ●判断旅游商品促销的经济学原理 ●画出旅游需求量与可自由支配收入关系图 ●画出旅游需求量与闲暇时间的关系图 ●计算价格的需求弹性	4
3	旅游供给	●旅游供给的概念 ●掌握旅游产品及其特征 ●旅游产品的基本构成 ●掌握旅游供给规律 ●理解旅游产品价格—供给图 ●理解旅游产品供给曲线的左右移动 ●掌握旅游供给的价格弹性	●解释计划经济时的凭票购买现象 ●解释旅游供给创造旅游需求 ●试用经济学原理解释现实中的经济现象 ●探究特殊事件对相关商品的经济学影响	4
4	旅游供求关系平衡	●旅游需求和旅游供给的关系 ●旅游供求矛盾的内容 ●供求矛盾的价格调整：供过于求 ●供求矛盾的价格调整：供不应求 ●价格以外的其他因素造成供求矛盾	●试解释杭州特定时期旅委为什么要发放旅游消费券 ●找出旅游供求的数量矛盾 ●找出旅游供求的时间矛盾 ●找出旅游供求的空间矛盾	2
5	旅游业态	●旅游住宿业 ●旅游餐饮业 ●旅游交通业 ●旅游购物与商品 ●旅游娱乐 ●旅行社业 ●旅游电子商务 ●旅游新兴业态	●分析判断旅游住宿的类型需求 ●分析判断旅游餐饮的类型需求 ●分析判断旅游交通的类型 ●分析判断旅游购物的类型 ●分析判断旅游娱乐的类型 ●分析判断旅行社的类型 ●分析其他旅游新兴业态的前景	10
6	旅游市场	●旅游市场的类型 ●旅游市场的供给 ●旅游市场的需求	●分析判断目标细分市场的类型 ●分析判断区域市场供给特征 ●分析判断区域市场需求特征	6
7	旅游效应	●经济效应 ●社会文化效应 ●生态环境效应	●分析判断旅游的经济效应 ●分析判断旅游的社会文化效应 ●分析判断旅游的生态环境效应	4

四、考核评价

在考核方式上，采用形成性与终结性评价相结合的开卷考试、大型作业、现场面试、上机考试、技能测试、阶段测试、课程论文、调研报告等多种考核方式。增加过程性成绩比重，增加考勤、作业、实训、平时表现等在成绩中的比重，合理确定过程性成绩在总成绩中的比重,由原先的不超过 40% 提高到不低于 50%。改革考核评价制度,支持学生以参加校内外各类考证、比赛取得的成果,以参加校内外优质网络课程、网络学习资源取得的结业证书,以参加创新创业、社会实践等活动以及发表论文、获得专利授权等与专业学习、学业要求相关的经历、成果,申请校内相关课程的免修(免考),折算为学分,计入学业成绩。

本课程总评成绩 =10% 的平时考勤 +50% 平时作业 +40% 的期末测试,具体见下表。

考核项		分值	教学评价组成部分		分项成绩
			教师评价	学生互评	
日常考勤		100	100	0	10
教学项目	项目1	5	50	50	50
	项目2	5	50	50	
	项目3	20	50	50	
	项目4	5	50	50	
	项目5	30	50	50	
	项目6	20	50	50	
	项目7	15	50	50	
期末	期末考试	100	100	0	40
学生总成绩=教学项目评价(50%)+期末评价(40%)+日常评价(10%)					

五、课程资源及使用要求

(一)师资条件要求

积极实施"1+n"的专业师资力量,即 1 名专业带头人与多名双师教师共同完成"旅游经济学"的授课任务。要求 1 名专业带头人拥有丰富的高职教育经验与较高的行业水平;要求多名双师教师具有 3 年以上行业相关工作经历或项目实践经历。

(二)实训教学条件要求

本专业已配备 GIS 与遥感实验室、景区综合实训室,配有当前较为先进的制图设施、数据采集设施。

(三)教材选用

本课程一般选用近三年的优秀教材,为学生提供若干本参考用书。教材符合行业企业发展和职业岗位实际工作任务需求,能够实现课程教学目标。课程组专门制作教学课件、网络学习资源、教学软件、实训指导手册等教学资源,注重新形态教材的使用。

六、课程实施建议及其他说明

根据"旅游经济学"课程的性质,详细设计教学项目(模块),是教学实施的主要参考。

《旅游经济学》教学项目设计

项目	工作任务/项目	知识点	训练或工作项目	教学重点	教学情境与教学设计	建议学时
项目1 旅游的基础理论	旅游的概念	1.旅游概念的列举 2.旅游概念的元素提取	分析判断旅游行为	旅游的行为识别	课程案例教学	2
	旅游的性质	1.性质的举例 2.性质的分析	分析判断旅游的性质	旅游的特征识别	课程案例教学	
项目2 旅游需求	旅游需求及与闲暇时间等关系	1.旅游需求的概念 2.旅游需求与闲暇时间的关系 3.旅游需求与可自由支配收入的关系	分析旅游需求相关现象	各种旅游需求的识别	课堂案例教学	4
	旅游需求弹性	1.旅游需求弹性的计算 2.四种不同的旅游需求	分析不同旅游需求的弹性	需求弹性在什么情况下比较大	课堂案例教学	
项目3 旅游供给	旅游供给及与闲暇时间等关系	1.旅游供给的概念 2.旅游供给与闲暇时间的关系 3.旅游供给与可自由支配收入的关系	分析旅游供给相关现象	各种旅游供给的识别	课堂案例教学	4
	旅游供给弹性	1.旅游供给弹性的计算 2.四种不同的旅游供给	分析不同旅游供给的弹性	供给弹性在什么情况下比较大	案例教学法	
项目4 旅游供需平衡	供不应求	1.供不应求空间矛盾 2.供不应求时间矛盾	分析供不应求的案例矛盾	分析供不应求的案例矛盾	案例教学法	2
	供大于求	1.供大于求空间矛盾 2.供大于求时间矛盾	分析供大于求的案例矛盾	分析供大于求的案例矛盾	案例教学法	
项目5 旅游业态	传统旅游业态	1.旅游住宿 2.旅游餐饮 3.旅行社 4.旅游交通 5.旅游购物	类型与需求的预测	预测模型的构建与表格的设计	课堂案例教学	10
	新兴旅游业态	1.旅游演艺 2.旅游电子商务 3.工业旅游 4.乡村旅游	分析判断新兴业态的前景	无	多元智能教学	
项目6 旅游市场	旅游市场的类型	1.国内旅游市场 2.国际旅游市场 3.细分市场	某旅游景区的市场特征	细分市场的划分标准	案例教学法	6
	旅游市场的供给	1.市场供给的概念 2.市场供给的特征	某旅游景区市场供给的格局	供给的有效性分析	案例教学法	
	旅游市场的需求	1.市场需求的概念 2.市场需求的特征	某旅游景区的市场需求格局	需求的有效性分析	案例教学法	
项目7 旅游效应	经济效应	1.单体效应分析 2.衍生效应分析	某旅游景区的基本数据分析	数据分析的公式	案例教学法	6
	社会文化效应	1.积极效应 2.消极效应	某乡村旅游社区的社会文化效应分析	无	多元智能教学法	
	生态环境效应	1.积极效应 2.消极效应	某乡村旅游社区的生态环境效应分析	无	多元智能教学法	

景区开发与管理专业 "景区服务礼仪" 课程标准

一、课程性质

"景区服务礼仪"课程是景区开发与管理专业为实现教育目标而设置的一门职业基础课程。目标是让学生牢固树立礼貌服务意识,具备良好的礼仪素养,养成良好的礼仪习惯,掌握景区行业服务与管理中塑造职业形象,与游客、上下级、同事之间沟通与交际交往的能力。它是进一步学习"景区服务规范""景区营销基础""景区管理实务""景区游客管理"课程的基础。

该课程总体设计思路是,打破以知识传授为主要特征的传统学科课程模式,转变为以工作任务为中心组织课程内容,并让学生在完成具体项目的过程中学会完成相应工作任务,并构建相关理论知识,发展职业能力。课程内容突出对学生职业能力的训练,理论知识的选取紧紧围绕工作任务完成的需要来进行,同时又充分考虑了高等职业教育对理论知识学习的需要。教学过程中,要通过校企合作,校内实训基地建设等多种途径,采取工学结合、半工半读等形式,充分开发学习资源。教学效果评价采取过程评价与结果评价相结合的方式,通过理论与实践相结合,重点评价学生的职业能力。

该门课程的总学时为 28 学时,建议学分为 2 分,执笔人为温燕。

二、课程目标

通过本课程的学习和训练,学生应牢固树立礼貌服务意识,养成良好的个人礼仪习惯,形成良好的职业礼仪素养;为良好的交流沟通能力和社会融合能力的培养打下基础。从而全面培养学生的沟通实践能力,提高学生的综合素质和社会适应性。

● 形象塑造能力:能熟练塑造个人仪容形象;熟练搭配服饰技巧及穿着规范技巧;熟练运用个人优雅、文明、敬人的礼仪仪态。

● 沟通能力:正确运用语言技巧、通信技巧,提高沟通技能。

● 社交能力:熟悉见面礼仪中称呼、介绍、握手、名片等礼仪规范,和接待礼仪中接待拜访工作程序、位次礼仪规范、宴请礼仪规范。

● 组织能力:能够组织策划开业典礼和开业剪彩仪式活动。

三、课程内容和要求

为使学生掌握仪容、仪表、仪态、交谈、见面、接待、通信等礼仪知识与技能,课程通过对市场岗位群的调研,将教学任务设计为 9 个教学单元,根据课程性质及学生特点采用角色扮演、任务驱动、小组讨论、游戏教学、案例分析等教学方法。

序号	工作任务/项目	知识内容与要求		建议学时
		理论	实践	
1	服务礼仪概述	●掌握礼仪的概念，礼仪的基本理念、原则	旅游景区企业员工上岗前的服务意识	2
2	仪容礼仪	●掌握服务人员仪容要求、内容	考察并总结旅游行业从业人员的仪容修饰礼仪	2
3	仪表礼仪	●着装的基本原则，服装搭配的基本方法，着装的具体要求。饰品的选择与佩戴的基本规范	考察并总结旅游景区企业人员的服装和饰品佩戴	4
4	仪态礼仪	●掌握工作人员的仪态规范，克服不雅仪态	不同岗位旅游景区企业员工仪态演练	4
5	社交礼仪	●介绍的基本次序，介绍的姿态，名片的制作，名片的递送，接受、放置与回赠。握手与鞠躬的基本规范	某景区企业员工与游客、客户等见面场景演练	6
6	交谈礼仪	●正确掌握语言运用和语言技巧，提高沟通技能	旅游景区企业员工为客人服务交谈场景。学生模拟，扮演角色	4
7	办公礼仪	●正确掌握办公环境中的接待拜访的原则，接待工作的程序、位次礼仪及各种仪式礼仪	企业接待拜访、签约、颁奖角色扮演	4
8	拓展礼仪	●涉外礼仪、宗教礼仪	搜集涉外礼仪规范，并讲解	2

四、教学评价

本课程以过程性考核与终结性考核相结合，以终结综合性考核为主，以过程考核为辅；以理论考核与实践考核相结合，突出实践考核；考核方式与专业特点、课程特点相结合，灵活多样。采用礼仪现象分析、行业案例分析、课前角色扮演、仪态与日常交际模拟场景演示、综合场景表演等多种方式进行综合考核。因此本课程采用下面的考核方式进行：平时成绩 20%+ 期中成绩 35%+ 期末成绩 45%。

五、课程资源及使用要求

（一）师资条件要求

本课程是实践操作较强的课程，需要教师有较高的礼仪素养和较强的行业实践技能。整个教学团队由多位具有"礼仪培训师"证书的经验丰富的教师组成，同时聘请行业人士结合现实岗位经验进行讲解。

（二）实训教学条件要求

课程对于教学场所要求并不高，活动教室、形体训练室，校园内的博物馆、楼梯、电梯等场所均可以作为实践教学场所，同时校外实训基地也为服务礼仪与规范的实践教学提供了一定的条件。

项目	工作任务/项目	训练或工作项目	实训资源要求	教学情境与教学设计	建议学时
礼仪概述	礼仪概述	旅游景区企业员工上岗前的服务意识	活动教室	小组讨论法 游戏法	1
个人礼仪	仪容礼仪	考察并总结旅游行业从业人员的仪容修饰礼仪	普通教室	教师示范，讲解结合，情景演示	6
	仪表礼仪	考察并总结旅游景区企业人员的服装和饰品佩戴	普通教室	教师示范，讲练结合，情景演示	
	仪态礼仪	不同岗位旅游景区企业员工仪态演练	活动教室	课堂观摩、讲练结合	
职业礼仪	社交礼仪	某景区企业员工与游客、客户等见面场景演练	活动教室	角色扮演，讲练结合	4
	交谈礼仪	旅游景区企业员工为客人服务交谈场景。学生模拟，扮演角色。	活动教室	角色扮演，讲练结合	
	办公礼仪	企业接待拜访、签约、颁奖角色扮演	活动教室	角色扮演，讲练结合	3

（三）教材选用

课程选用教材为《旅游服务礼仪》，主编雷明化等，华东师范大学出版社出版。课程充分体现课程设计思想，以项目为载体实施教学，项目选取科学，项目之间的逻辑结构清晰，并成系列，能支撑课程目标的实现。突出职业能力的培养与提高，同时要考虑可操作性。

课程资源开发与利用：包括相关教辅材料、实训指导手册、信息技术应用、工学结合、网络资源、仿真软件等。

1.教材

［1］田晓娜.礼仪全书［M］.北京：中国人民大学出版社，2006.

［2］孙为.中国应用礼仪大全［M］.上海：上海文化出版社，2006.

［3］李莉.实用礼仪教程［M］.北京：中国人民大学出版社，2005.

［4］金正昆.涉外礼仪教程［M］.北京：中国人民大学出版社，2004.

［5］张贤明.日常实用礼仪必读［M］.北京：中国旅游出版社，1996.

［6］胡锐.现代礼仪教程［M］.杭州：浙江大学出版社，2006.

［7］张利民.旅游礼仪［M］.北京：机械工业出版社，2004.

［8］王希，牟红.旅游实用礼宾礼仪［M］.重庆：重庆大学出版社，2002.

［9］朱立安.国际礼仪［M］.广州：南方日报出版社，2001.

［10］王艳霞，田文.旅游交际礼仪［M］.济南：山东大学出版社.

2.网络资源

［1］现代礼仪——东方管理网：www.chinaqg.cn

［2］礼仪中国：www.361st.com

［3］风俗：http：//www.ro.mofcom.gov.cn

［4］佛教礼仪：http：//www.ly-travel.com/

［5］环球风情旅游网：http://www.online.cri.com.cn

［6］东方艺术网 http://www.eastart.net

［7］中华人民共和国文化和旅游部：http://www.cnta.com/

［8］国际旅游 http://www.gept.go2school.com.tw

［9］中国导游网：http://www.chinaguidenet.com/

［10］携程旅游网：http://www.ctrip.com/

［11］酒店服务与服务礼仪 http://www6.datasoon.com/

六、课程实施建议及其他说明

本课程的实践教学体系针对不同教学内容、教学目标，设计不同教学时段的实践教学活动，形式多样，生动活泼，有效提高学生学习的积极性，强化培养服务意识和接待能力。

1. 课堂实训

主要采用项目任务驱动方式进行穿插讲解，讲训结合、边讲边练。课堂内的实践教学活动主要有单项训练、综合训练、情景模拟表演、案例分析、项目讨论、团队协作等。

2. 课外实践

课堂外的实践教学活动主要有专题讲座（邀请企业界的专家）、校外礼仪培训活动、深入景区实践等，以培养学生综合性服务接待能力。

3. 自主学习拓展

利用配套的"训练指导""知识问答"等教学资源，将教学重点及具体考核参照标准提供给学生。以课堂带动课外，让学生的课外学习有章可循，加强平时实践训练，促进学生自学自练，激发学生主动学习的兴趣，进而促进专业职业形象的塑造及礼仪素养的内化。

4. 游戏教学法

游戏教学法就是以游戏的形式教学，也就是说使学生在生动活泼的气氛中，在欢乐愉快的活动中，在激烈的竞赛中，达到学习目的。

5. 案例分析法

案例教学法是教师将所需要掌握的理论知识融汇到一个典型生动的案例中，即把学生置于复杂、有意义、相对真实的问题情境中，学生通过对案例进行分析、推理、判断、提出问题，以自主学习、小组讨论的方式解决问题，从而获得隐含于问题背后的相关科学知识，是一种启发式的教学方法。通过案例分析既能使理论浅显易懂，又能使学生在分析案例的过程中增长判断能力、分析能力、观察能力及自主学习的能力，同时，学生自己采集案例的方法也能让同学们在"旁观者清"的角色中对正确的沟通技巧有更主动、切实的感受和掌握。

6. 综合实训实践

为了配合知识的掌握和技能的提高，另外安排综合实训模块。实践真实礼仪接待与服务项目，在实境中将所学知识、技能整合为一体，并在亲身实践中感受礼仪的效果与魅力，培养灵活运用的综合能力。

7.教学手段

采用多媒体、幻灯片、录像，结合传统教学手段进行讲授；采用学生示范、教师示范、学生感知训练、案例讨论、课堂观摩、小测试，讲练结合；利用实训基地情景模拟、真实礼仪接待与服务项目实践，做中学，学中做。

景区开发与管理专业"计算机辅助设计"课程标准

一、课程性质

本课程是职业技术课，必修课。目的是让学生掌握 Photoshop 和 AutoCAD 软件运用基本知识，培养学生运用该软件完成场地平面图和景观设计图的能力，具备基本制图素质，达到初级制图员职业要求。它以 Office 高级应用等计算机课程为基础，是进一步学习"景观设计""旅游规划设计""旅游策划"等课程的基础。

该课程是依据"景区开发与管理专业工作任务与职业能力分析表"中的总规及详细控规工作项目设置的。其总体设计思路是，打破以知识传授为主要特征的传统学科课程模式，转变为学生操作工作任务为中心组织课程内容，并让学生在完成具体项目的过程中学会完成相应工作任务，并构建相关理论知识，发展制图员的职业能力。课程内容突出对学生实操能力的训练，制图素质的培养。理论知识的选取紧紧围绕工作任务完成的需要来进行，同时又充分考虑旅游新业态与"旅游 +"新形态下"大旅游"产业发展对理论知识学习的要求，坚持立德树人，注重思想政治教育贯穿教学始终，同时融合了学生综合素质提升、创新创业能力培养、学生可持续发展的要求。项目设计以项目展开为线索来进行。教学过程中，通过校企合作，校内实训基地建设等多种途径，采取工学结合等形式，充分开发学习资源，给学生提供丰富的实践机会。教学效果评价采取过程评价与结果评价相结合的方式，通过理论与实践相结合，重点评价学生的职业能力和综合素质。

该门课程的总学时为 60 学时，建议学分为 4 分，执笔人为陈洁菡。

二、课程目标

（一）知识目标

● 能够掌握 Photoshop 和 AutoCAD 的制图操作；

● 能够掌握 Photoshop 和 AutoCAD 调整操作；

● 能够掌握 Photoshop、cad 与 skechup 等其他软件的衔接操作。

（二）能力目标

● 能够熟练运用 Photoshop 和 AutoCAD 软件完成景观设计方案的平面图绘制；

● 能够熟练运用 Photoshop 和 AutoCAD 软件完成旅游规划中总规和控规部分工作；

● 能够熟练运用 Photoshop 和 AutoCAD 软件完成方案文本、海报、宣传册等工作。

（三）素质目标

具备良好职业道德修养，能遵守职业道德规范。

三、课程内容和要求

序号	工作任务/项目	课程内容和要求		建议学时
		理论	实践	
1	界面熟悉；蚂蚁线工具	演示	练习	4
2	尝试小场地填充操作（任务1）	演示	练习	4
3	所有常用制图工具	演示	练习	8
4	尝试旅游规划各类配套图纸效果（红线、市场分析、区位分析）（任务2）	演示	练习	
5	别墅庭院平面方案（任务3）	演示	练习	4
6	色彩、蒙版、色彩模式；绘制海报（任务4）	演示	练习	4
7	配合滤镜和图层混合模式完成各种效果	演示	练习	4
8	剖面、指示牌、P效果图（任务5）	演示	练习	4
9	厕所、游客服务中心平面（任务6）	演示	练习	4
10	景观平面方案制作完整（任务7）	演示	练习	4
11	AutoCAD基本界面基本操作	演示	练习	4
12	AutoCAD基本图形绘制	演示	练习	4
13	AutoCAD基本图形修改	演示	练习	4
14	AutoCAD综合练习（任务8）	演示	练习	8
合计		40	20	60

备注：典型工作任务、项目、模块、学习情境、工作过程等。

四、考核评价

在考核方式上，采用形成性与终结性评价相结合的开卷考试、大型作业、现场面试、上机考试、技能测试、阶段测试、课程论文、调研报告等多种考核方式。增加过程性成绩比重，增加考勤、作业、实训、平时表现等在成绩中的比重。

本课程考核总成绩＝10%考勤＋56%平时成绩＋34%期末成绩

项目	内容	比例（%）
考勤	平时考勤	10
课程任务	任务1	7
	任务2	7
	任务3	7
	任务4	7
	任务5	7
	任务6	7
	任务7	7
	任务8	7
期末成绩	期末考试	34
合计		100

五、课程资源及使用要求

（一）专任教师要求

1.从教水平

● 教师均要掌握现代信息化教学手段，具备使用或制作多媒体课件进行教学的能力；

● 专任教师（含实训指导老师）具备对现行教材的筛选、组合能力；

● 能紧紧围绕专业人才培养目标，按照实施性教学大纲与课程标准的要求科学合理地安排教学内容；

● 具备运用灵活多样的教学模式、教学方法进行教学的能力；

● 具有较强的语言表达能力；

● 能够将学生的思想道德教育融入教学全过程。

2.专业经验

● 专任教师具备旅游规划设计公司、景观设计公司、旅游行政主管部门或景区挂职工作经历半年及以上，对旅游规划设计、旅游行政及旅游景区管理有实际的掌握与了解，具备旅游规划及开发的实际工作能力；

● 学校采取有效手段，鼓励教师积极申报教师系列外的行业岗位专业技术职称，全面提升教师的专业技能水平，做到真正意义上的双师型教师。

（二）兼职教师要求

1.行业背景

兼职教师具有中级及以上职称，企业中层及以上管理人员或中高级的技术人员，具有在旅游及相关行业丰富的工作经验，能够指导学生完成各项实训任务，能够承担职业技术课、专业选修课、职业提升课及职业技能训练课的教学指导任务。

2.教学水平

具有较强的语言表达能力，能够参与专业教学、课程建设和教材建设，并发挥重要作用。

（三）实训教学条件要求

（1）校内实训资源

在校内实训实验条件建设上，应能满足各课程教学项目实施的需求，适应小组团队完成任务学习的需要，使学生在仿真的职业环境中得到熏陶，按50人为自然班，具体配置要求如下。

实训室	实训（课程）项目	主要设备名称	主要用途	数量	工位数
景区综合模拟实训室	课程实操	景区综合实训软件	教学资料	1套	56
		橱窗	成果展示	若干个	
		组合桌椅	辅助教学	8套	
		笔记本		60台	
		投影仪		1套	
		教学控制软件	操作控制与演示	1套	
		教学主控台		1套	
		专业机柜		1套	
		台式机		1台	
		教学资源库	信息存储、教学资源共享	1套	
		服务器		1台	

续表

实训室	实训（课程）项目	主要设备名称	主要用途	数量	工位数
茶文化实训室（中心）	课程实操	茶艺桌	实训器具	15套	50
		各类茶具		60套	
		博古架	环境配套设施	2件	
		屏风		4件	
		储茶柜		2个	
		更衣柜		9个	
		多媒体投影设备及系统	教学、音频演示	1套	
		笔记本电脑		1台	
GIS与遥感实验室	课程实操	计算机	教学、科研工作	8台	14
		工作桌椅		8套	
		数据处理工作位		3套	
		文件柜	教学、科研辅助设施	10台	
		打印机		1台	
		扫描仪		1台	
		交换机		1台	
		传真机		1台	
		彩色电视机		1台	
		碎纸机		1台	
		卫星遥感接收系统	数据采集与信息处理中心	1套	
		"3S"软件		若干套	
		UPS		1台	
		数据存档系统		1套	
		服务器		1台	

（2）校外实训资源

在国内外旅游景区企业或旅游规划设计院中，选择有经营资质、管理科学规范、可接收学生进行相关岗位实习或顶岗实习的机构。旅游管理专业现有校外实习、实训基地17家，年可接纳学生总量105人，主要基地见下表。

序号	实习基地名称	主要实习岗位	年可接纳学生数
1	杭州天闻旅游规划设计有限公司	规划设计	3
2	杭州朗域标识工程有限公司	规划设计	5
3	杭州悦景旅游规划设计有限公司	规划设计	5
4	杭州村游旅游网络有限公司	活动策划、旅游电商	5
5	杭州麦扑网络科技有限公司	智慧旅游	10
6	浙江旅游科学研究院有限公司	旅游规划	5
7	浙江远见旅游规划设计研究院	规划设计	5
8	杭州大山艺景旅游策划有限公司	规划设计	4
9	浙江省旅游发展研究中心	规划设计	3
10	深圳华侨城欢乐谷	活动策划、景区管理	5

续表

序号	实习基地名称	主要实习岗位	年可接纳学生数
11	杭州宋城集团	活动策划、景区管理	10
12	杭州西溪湿地经营管理有限公司	活动策划、景区管理	5
13	浙江省各地市级县市区旅游主管部门	文秘	20
14	安吉凯蒂猫主题公园	活动策划、景区管理	5
15	上海华侨城投资发展有限公司	活动策划、景区管理	5
16	杭州宋城旅游发展股份有限公司宋城旅游管理分公司	活动策划、景区管理	5
17	丽水旅游集散中心有限公司	计调	5

（四）教材选用

本课程无固定教材，但参考书非常多，还有其他诸如专业教学资源库、教学课件、网络学习资源、教学软件、实训指导手册等教学资源。

六、课程实施建议及其他说明

根据制图员岗位的需求，结合高职学生的学习认知规律和行业发展要求，创新提升传统教学方式。一是考虑计算机辅助设计是辅助性的学科，在教学过程中将与"效果图制作""景观设计"等相关课程融合，形成"多课融合"的教学模式；二是项目化的教学模式，注重虚拟项目和真实项目的结合，利用各种资源最大限度实现项目的真实化。此外，整个课程以项目展开，项目由小到大，由简到繁，逐步提升学生的项目设计能力；三是注重实践教学，确保 3/4 的实践教学，注重实践训练；四是注重团队合作，即将目标学生划分为若干个学习小组，共同完成相关任务；五是自评、互评、教师评三评结合，在评价中融入各操作知识点，培养批判思考和换位思考的能力。

景区开发与管理专业"市场调查与分析"课程标准

一、课程性质

"市场调查与分析"是景区开发与管理专业的一门必修课，属于职业基础课程。目标是让学生掌握市场调查的基本原理和过程、调查报告撰写的基本原则与方法等，并形成市场调查、分析应用等基本能力，是该专业景区营销策划融合课程组的骨干课程之一，将以"旅游策划"为后续课程，以"景区营销基础"为提升课程。

该课程是依据"景区开发与管理专业工作任务与职业能力分析表"中的景区营销策划工作领域中的工作项目设置的。其总体设计思路是：打破以知识传授为主要特征的传统学科课程模式，转变为以工作任务为中心组织课程内容，并让学生在完成具体项目的过程中学会完成相应工作任务，并构建相关理论知识，发展职业能力。课程内容突出对学生职业能力的训练，理论知识的选取紧紧围绕工作任务完成的需要来进行，同时又充分考虑了高等职业教育对理论知识学习的需要，并融合了高级营销员资格证书对知识、技能和态度的要求。课程内容设计以问卷设计、数据处理，调查报告撰写为线索来进行。教学过程中，通过校企合作，校内实训基地建设等多种途径，采取工学结合、半工半读等形式，充分开发学习资源。教学效果评价采取过程评价与结果评价相结合的方式，通过理论与实践相结合，重点评价学生的职业能力。

课程的总学时为 56 学时，建议学分为 3 分，执笔人为姚海琴。

二、课程目标

（一）知识目标

- 认识旅游市场营销环境，掌握市场营销环境调查与分析的基本原理；
- 理解顾客价值理论，掌握研究旅游消费者需要、动机和消费者行为分析的理论和方法；
- 掌握二手资料调查方法、调查报告撰写，掌握网络调查方法；
- 掌握市场细分的基本理论、目标市场策略、市场定位策略；
- 掌握产品策略、价格策略、分销策略、促销策略的主要内容。

（二）能力目标

- 树立正确的市场营销观念，熟练掌握主要的调查方法；
- 初步掌握市场营销环境的分析方法，能运用所学方法，结合自己比较熟悉或了解的景区进行市场营销环境的分析；
- 掌握市场调查方案设计方法，学会调查问卷的设计与编排，掌握设计调查抽样的技能；能够运用市场细分的若干种方法，选择相关企业所面对的市场进行市场细分，进而选择目标市场，推出相应的目标市场策略和市场定位策略；

● 能够比较准确地分析旅游者的购买动机、购买行为和购买过程，并能采取相应的营销策略；能够针对具体的旅游企业选择与设计产品策略、价格策略、渠道策略和促销策略；

● 掌握调查资料的整理、处理方法；掌握调查数据分析方法；

● 掌握市场调研报告撰写技巧。

（三）素质目标

● 具有热爱景区开发与管理专业，爱岗敬业的精神和较强的服务意识；

● 具有很好的景区市场营销职业道德素质和身心素质，具备观念创新意识；

● 具有与人合作共事和团队精神；

● 具有市场营销方面的竞争意识，分析判断能力，开拓创新能力和科学决策能力。

三、课程内容和要求

（一）课程主要内容

为使学生掌握市场调查与分析基础知识与基本技能，课程通过9个教学单元，按照营销岗位基本能力、市场调查与分析工作流程设计教学内容和教学活动，以理论与实务相结合，把教学活动置于职业情景之中，以学生为主体，以教师为主导，培养学生基本的职业素质、职业道德、职业情感和职业能力。

1.介绍市场营销的基础知识和市场调查与分析。"市场调查与分析"在培养学生市场营销职业素质和能力过程中起着基础和引领的作用，从整体上介绍市场营销的基本理论和基础知识，通过这些基本理论和基础知识的介绍，让学生懂得市场营销岗位的工作内容和素质要求，为进入景区营销策划的学习和训练奠定一定的基础。

2.突出产品决策、定价决策、渠道决策、促销决策"四大支柱"。

3.将市场调查与分析方法作为课程的重点内容。

（二）课程教学内容与教学的总框架

	序号	工作任务/项目	课程内容和要求		建议学时
			理论	实践	
市场营销基础	1	认识市场营销	1.理解学习营销的必要性 2.准确把握市场营销的核心概念及框架 3.理解企业市场营销理念发展过程，初步树立社会营销观念	1.通过案例分析和课堂讨论，让学生理解旅游营销的内容及重要性 2.给定营销情景，让学生认识市场营销管理过程的各个步骤	2
	2	分析市场营销环境	1.了解影响特定营销活动的环境因素，并进行分析 2.掌握SWOT分析法的含义及使用方法 3.掌握市场调研的方法和步骤	1.能找出影响特定营销活动的环境因素，并能分析它们是如何影响市场营销活动的 2.能够区分影响市场营销计划的可控因素和不可控因素，识别可能的市场机会 3.能够运用SWOT分析法来确定市场竞争策略 4.能够运用合适的市场调查工具来收集和分析市场信息	2

续表

	序号	工作任务/项目	课程内容和要求		建议学时
			理论	实践	
市场营销基础	3	洞悉旅游顾客购买	1.了解影响顾客购买行为的因素 2.掌握顾客购买过程的各个步骤 3.掌握留住老顾客的方法与策略，掌握管理顾客关系的技能	1.具备找出企业顾客的能力 2.能够对消费者的购买行为和组织市场的购买行为进行分析	4
	4	市场细分与选择定位	1.掌握市场细分的依据及方法 2.理解掌握不同目标市场营销策略的运用 3.旅游企业进行市场定位的主要原理	1.有效运用市场细分标准进行市场的细分 2.评估细分市场吸引力，选择目标市场策略 3.能够通过市场细分找到企业的目标顾客 4.基本掌握选择目标市场和目标市场定位的方法技巧	4
	5	旅游市场营销组合策略	1.了解促销的基本策略 2.掌握广告、营业推广、人员推销和公共关系的特点、操作技巧 3.了解人员推销、营业推广、广告和公共关系策略中的常见失误	1.能够设计营销组合策略 2.能够正确运用人员推销、营业推广、广告和公共关系策略促进销售 3.能够避免人员推销、营业推广、广告和公共关系策略中可能出现的问题	4
市场调查方法	6	市场调查问题确定与调查方案撰写	1.确定调查需要，明确市场调查意图 2.了解营销问题背景，确定调查目标及其注意问题	1.能设计整合营销传播方案	10
	7	获取二手资料	1.二手资料定义及来源 2.二手资料收集方法 3.二手资料处理与利用	1.二手资料获取 2.二手资料利用 3.二手资料整理、分析	10
	8	设计调查问卷与实地调查	1.问卷设计相关知识 2.抽样调查概述 3.问卷设计 4.抽样误差控制 5.调查方法 6.调查注意事项	1.问卷设计 2.随机与非随机抽样 3.学会抽样 4.抽样误差控制 5.调查方法选择 6.调查实地操作注意事项	10
	9	整理分析资料数据撰写调查报告	1.数据处理 2.问卷数字化处理 3.确定数据类型 4.分析方法使用 5.框架构思 6.撰写报告	1.SPSS、Excel等软件使用 2.数据分析方法 3.单变量描述统计分析 4.相关分析与回归分析 5.数据统计分析 6.撰写调查报告	10

四、考核评价

1. 突出过程与模块评价，结合课堂提问、模拟实训、课后作业、小组训练等手段，加强实践性教学环节的考核，并注重平时成绩的评定与管理。

2. 强调目标评价和理论与实践一体化评价，注重引导学生进行学习方式的改变。

3. 强调课程结束后综合评价，结合案例分析、角色扮演、岗位轮训操作等手段，充分发挥学生的主动性和创造力，注重考核学生所拥有的综合职业能力及水平。

4. 建议在教学中分工作任务模块评分，课程结束时进行综合模块考核。各任务模块可参照下表：

序号	工作任务模块	评价目标	小组评价	教师评价	评价分值
1	认识市场营销	对营销的理解，准确区分营销和推销；学生的市场营销观念应用	40	60	2.5
2	分析市场营销环境	了解环境机会和抓住环境机会；具有市场调研的实际操作能力	40	60	2.5
3	洞悉旅游顾客购买	正确评价顾客、了解顾客，并采用恰当的方式与顾客沟通的能力	40	60	5
4	市场细分与目标市场选择定位	评价学生正确理解产品整体概念，应用产品生命周期理论和新产品开发理论，结合给定情景恰当地塑造和推广品牌的能力，以及制定适当的包装策略的能力。评价学生依据给定情景，细分市场、选择市场和市场定位的能力	30	70	5
5	旅游市场营销组合策略	学生掌握渠道基本概念和基本理论的能力，正确设计分销渠道和管理分销渠道的能力评价学生选择恰当的定价方法和定价策略的能力，正确地运用价格调整策略的能力评价学生了解各类促销工具，并能正确制定促销策略的能力	30	70	5
6	市场调查问题确定与调查方案撰写	学生市场调查问题确定过程和设计市场调查方案能力	40	60	20
7	获取二手资料	掌握二手资料基本概念，获取二手资料的能力	40	60	20
8	设计调查问卷与实地调查	掌握调查问卷基本理论的能力，正确设计调查问卷的能力，评价学生选择恰当的调查方法和实施实地调查的能力	40	60	20
9	整理分析调查资料数据撰写调查报告	正确应用SPSS等软件进行数据整理分析，撰写调查报告的能力	40	60	20

5. "市场调查与分析"是实践性很强的课程，建议取消期末统一的纸质考试形式，采用到课率考核＋实践作业考核＋综合实践报告考核的方式，实践作业考核和综合实践报告考核紧紧围绕任务模块给分，三部分分值的比重分别为15%、35%和50%。

五、课程资源及使用要求

（一）师资条件要求

该课程的专兼职老师需具备基本的教学能力与经验，具有市场营销背景，有企业管理的实践经验。积极实施"2+n"的专业师资力量，即由2名专任教师作为"市场调查与分析"课程的主讲教师，由兼职教师讲授实践课程或开设主题讲座。

（二）实训教学条件要求

本课程可以充分利用景区综合实训室进行分组上课，实训室装有多媒体操作台，配备50台笔记本，并全部可以上网，可以进行网上操作。

1. 利用现代信息技术开发录像带、视听光盘等多媒体课件，通过搭建起多维、动态、活跃、自主的课程训练平台，使学生的主动性、积极性和创造性得以充分调动。

2. 注重仿真软件的开发利用，如"模拟调研""模块考试"等，让学生置身于实习平台中，积极自主地完成该课程的学习，为学生提高营销的基本职业能力提供有效途径。

3. 加强校内外实训基地的建设，充分利用校内实训基地的资源和条件来加强学生的技能训练，从而提高学生的营销操作技能。

4. 搭建产学合作平台，充分利用本行业的企业资源，满足学生参观、实训和毕业实习的需要，并在合作中关注学生职业能力的发展和教学内容的调整。

（三）教材选用

教材选用充分体现课程设计思想，符合行业企业发展和职业岗位实际工作任务需求，实现课程教学目标，以及对教材内容的呈现方式、教材体例要求等。还有其他诸如专业教学资源库、教学课件、网络学习资源、教学软件、实训指导手册等教学资源，以及新教材的使用。

1. 教材选用王枝茂主编，由中国人民大学出版社出版的高职高专教材《市场营销基础》。本教材围绕高等职业教育的培养目标，坚持以能力为本位，以实践为基础，以学生为主体，确立课程体系和教材内容。教材具有突出基本原理，注重技能的培养，尽量采用图表形式表达，重视新理论、新成果的运用等特点。

同时，参考下列教材

［1］于成国. 旅游市场营销［M］. 北京：中国科学技术出版社，2009.

［2］赵轶. 市场调查与分析［M］. 北京：北京交通大学出版社，2009.

［3］李红，郝振文. 旅游景区市场营销［M］. 北京：旅游教育出版社，2006.

［4］刘锋，董四化. 旅游景区营销［M］. 北京：中国旅游出版社，2006.

［5］Philipo Kotler marketing for Hospitality and Tourism，2010，东北财经大学出版社，Plarson Education Press

2. 教材以完成任务的典型活动项目来驱动，通过录像、实际案例、情景模拟和课后拓展作业等多种手段，使学生通过上述各种教学活动来获得职业认知和职业技能。

3. 教材突出实用性，应避免把职业能力简单理解为纯粹的技能操作，同时具有前瞻性。应将本市场营销的发展趋势及实际业务操作中应遵循的新规定及时纳入其中。

4. 教材以人为本，文字表述清晰，内容展现图文并茂、突出重点，重在提高学生学习的主动性和积极性。

六、课程实施建议及其他说明

教学项目设计

项目	工作任务	知识点	训练或工作项目	教学重点	教学情境与教学设计	建议学时
认识市场营销	市场营销概念	市场营销的关注点与核心概念	企业市场营销"成人达己"的实现	市场营销的内涵和意义	课堂讨论，多媒体赏析，运用案例分析教学法归纳市场营销的基本含义	2
	市场营销理念发展	市场营销理念发展过程	分析与判别某景区市场营销理念的发展阶段及形成原因	营销理念的发展，具备社会营销导向理念	课堂多媒体教学与旅游市场案例分析相结合，分组讨论扩展新的市场营销观念	

续表

项目	工作任务	知识点	训练或工作项目	教学重点	教学情境与教学设计	建议学时
市场营销环境	市场营销环境分析	影响特定营销活动的环境因素	营销活动环境因素分析，市场机会识别；SWOT分析法	营销活动环境因素分析	课堂多媒体教学与旅游市场案例分析相结合	2
旅游顾客	洞悉旅游顾客购买	顾客购买行为的因素；顾客购买过程；顾客关系的管理	寻找企业顾客；分析消费者的购买行为	旅游顾客购买分析	案例分析案例	4
目标市场	市场细分与选择定位	市场细分、目标市场、市场定位	市场的细分、评估；选择目标市场；市场定位的方法技巧	市场定位	课堂多媒体教学与旅游市场案例分析相结合	4
营销组合	营销组合策略	促销的基本策略；广告、营业推广、人员推销和公共关系的特点	设计营销组合策略；运用人员推销、营业推广、广告和公共关系策略	避免人员推销、营业推广、广告和公共关系策略出现的问题	课堂多媒体教学案例分析	4
调查方案	撰写调查方案	市场调查调查问题界定调查方案	认识市场调查调查问题确定撰写调查方案	市场调查定义、程序调查问题方案内容	案例分析案例	14
调查问卷	设计调查问卷	二手资料调查问卷调查抽样实地调查	二手资料收集、调查问卷设计、设计抽样调查、开展实地调查	二手资料收集、分析、问卷设计调查、抽样实地调查	案例分析案例	16
调查报告	撰写调查报告	调查资料调查报告	整理、分析调查资料与调查报告撰写	调查资料整理分析调查资料撰写调查报告	调查资料整理调查资料案例分析案例撰写调查报告	10

景区开发与管理专业"景点导游"课程标准

一、课程性质

该课程是景区开发与管理专业的必修课，是本专业三大课程模块中服务管理模块的核心课程。目标是让学生掌握景点导游工作流程及相关景点知识，培养景区导游讲解和接待能力，具备良好的思想道德素质和职业素质，达到景点导游岗位的职业要求。它以"中国旅游文化""中国旅游地理""沟通技巧""浙江导游知识""景观欣赏""景区服务礼仪与规范"课程的学习为基础，是进一步学习"景区管理实务""景区突发事件处理""旅行社管理实务"课程的基础。为旅游景区或旅游相关企业培养优秀的 VIP 接待人才发挥重要的作用。

该课程是依据"景区开发与管理专业工作任务与职业能力分析表"中的景区服务管理类工作项目设置的。其总体设计思路是，打破以知识传授为主要特征的传统学科课程模式，转变为以景区导游工作任务为中心组织课程内容，并让学生在完成具体项目的过程中学会完成相应工作任务，并构建相关理论知识，发展景点导游职业能力。课程内容突出对学生景区导游能力的训练，理论知识的选取紧紧围绕景区导游工作任务完成的需要来进行，同时又充分考虑了高等职业教育对理论知识学习的需要。项目设计以景点导游岗位的工作任务为线索来进行。以"能本"为核心理念，突出实用性，强调实践性，做到基础知识"够用"，实践教学"实用"，技能训练"突出"。教学过程中，通过校企合作，校内实训基地建设、校外实训基地建设、VIP 讲解工作室等多种途径，采取工学结合、课证融合等形式，充分开发学习资源。教学效果评价采取过程评价与结果评价相结合、理论知识评价与实践技能评价相结合、专任教师评价与企业兼职教师评价相结合等方式，重点评价学生的职业能力。

该门课程的总学时为 72 学时，建议学分为 4 分，执笔人为牟丹。

二、课程目标

（一）知识目标

- 熟悉导游服务的心理学和基本礼仪知识；
- 熟悉景点导游的基本业务知识；
- 掌握典型景点的讲解知识。

（二）能力目标

就具体的职业能力而言，要求达到如下具体目标：

- 能熟知并遵守"景点导游员"的职业道德；
- 能熟练掌握导游接待程序；

- 能有表情地致欢迎词和欢送词；
- 能运用正确、优美的语言与旅游者进行交流与沟通；
- 能灵活运用导游方法进行导游讲解；
- 能独立收集、整理、撰写、修订各类景区的导游词；
- 能独立完成景区的导游接待任务；
- 能熟知 VIP 客人的特点并提供有针对性的导游讲解；
- 能较为灵活应对游客投诉和处理突发事故；
- 能流畅地讲解"景点导游员"资格证考试的相关景点。

（三）素质目标

- 良好的思想道德素质；
- 健康的身心素质；
- 过硬的职业素质和人文素质。

三、课程内容和要求

为使学生掌握景点导游的知识和技能，课程通过基础知识、基本技能、实践教学三个教学单元，采用模块化教学、学中练、练中学等方式。具体内容要求见下表。

序号	工作任务/项目	知识内容与要求	技能内容与要求	建议学时
1	基础知识模块	景区导游概述的认知 景区导游解说系统的认知 景区导游工作程序与规范	能致欢迎词和欢送词 能模拟完成景区导游接待全过程	16
2	基本技能模块	导游语言的概念及运用原则 导游讲解的几种常见方法 导游词特点及结构 游客类别和性格特点 VIP接待的素养和要求 景区常见问题的处理方法	能运用正确、优美的语言与旅游者进行交流与沟通 能将所学的导游讲解方法运用到具体的景点讲解中去 能独立撰写导游词 能根据不同的游客提供有针对性的服务 能灵活应对和处理游客投诉和突发事故	18
3	实践教学模块	地方代表景点的相关知识 景点的布局及游览方式 景点的特色及价值	能合理安排景区游览线路 能规范地接待旅游者 能有重点、有特色地介绍景点概况 能按景区游览线路逐一进行导游讲解 能恰当处理带团过程中发生的突发状况和事故	34

四、考核评价

在考核方式上，采取过程评价与终结评价相结合的方式，注重基础知识与职业技能的双重考核，旨在提升学生的综合素质和职业能力。

本课程总评成绩 =30% 平时成绩 +50% 口试成绩 +20% 导游词创作

考核项	考核内容		分值
平时成绩	致欢迎词、欢送词		10
	模拟讲解西湖、古堰画乡、南湖、千岛湖、雁荡山等		10
	模拟讲解天一阁、普陀山、鲁迅故居、乌镇等		10
实训成绩（口试）	西湖、千岛湖、普陀山三选一 或天一阁、鲁迅故居、乌镇三选一	企业评分	25
		教师评分	25
导游词创作	5A级景区导游词创作一篇		20
总分			100

五、课程资源及使用要求

（一）师资条件要求

本课程目前共拥有专任教师 4 名，行业兼职教师（专家）8 名共同完成"景点导游"课程的授课任务。以行业兼职教师授课为主，大力提升景点导游的实践操作能力；专任教师都具有在旅游企业兼职及社会服务的经历，拥有全国导游资格证书、浙江省导游考试考评员证、国家领队证等。通过各自发挥优势形成理论与实践优势互补、不断前进发展的教学团队，达到同时大力提升学生的文化修养与操作能力的目的。

（二）实训教学条件要求

1. 实训装备

本专业已配备景区综合实训室、模拟导游实训室等，配备与导游景点讲解高度仿真的设备和软件，使之具备现场教学、实验实训的功能，实现教学与实训合一，满足教、学、做一体化的要求。

2. 实训场所

本专业已拥有专业教室、校内实训基地、校外实训基地三类教学场所。其中专业教室包括多媒体教室、景区综合实训室、模拟导游实训室、"景点导游"网络教学平台等；校内实训基地以景区型（园林型）学院为主；校外实训基地包括杭州西溪国家湿地公园、宋城景区、西湖风景区、杭州雷峰塔景区、胡雪岩故居、万松书院、桐乡乌镇景区等，为学生的实训和实习提供了大量的训练场所。

3. 实训时间

实训时间安排在第三学期上半年的实训周时段，选择浙江省内某一 4A 级以上景区进行实地观摩学习和讲解训练，考核成绩作为期末口试成绩一部分。

（三）教材选用

采用教研室专为课证融合而编写的教材：

周国忠，牟丹.景点导游［M］.上海：上海交通大学出版社，2012.

六、课程实施建议及其他说明

（一）教学建议

根据"景点导游员"职业资格认证的要求，结合高职专业学生的学习认知规律及行业发展要求，创新性提升或更新传统教学方式。一是注重课程体系与职业考证相一致，即根据"景点导游员"资格证考试的内容和要求，构建"景点导游"课程体系，使课程结构、教学内容和教学评价与职业考证的内容、要求和结果相一致，实现核心课程模块与就业方向性课程模块的有机组合，实现职业资格制度与学历教育的真正融合；二是注重校内专业教师与校外行业专家授课相结合，既做到理论知识的系统学习，又对行业的现状和职业要求有更多的了解，提升学生的实践操作能力；三是注重观摩感知与实操练习相结合。通过实训活动，一方面观摩学习景区优秀讲解员的讲解和服务，另一方面通过自己的实地讲解训练，加深对景点导游工作的切身体会，达到良好的学习效果。

（二）课程资源的开发与利用

1. 相关辅助材料

［1］唐由庆.景区导游［M］.北京：高等教育出版社，2006.

［2］彭淑清.景点导游［M］.北京：旅游教育出版社，2006.

［3］蒋炳辉.景点导游教程［M］.北京：中国旅游出版社，2006.

［4］浙江省旅游局.浙江现场导游考试指南［M］.北京：中国旅游出版社，2012.

［5］国家旅游局.中国优秀导游词精选［M］.北京：中国旅游出版社，1999.

2. 网络建设

"景点导游"课程已建立了精品课程网络，网站的建立，延伸了本课程的教学时空，大大地拓展了师生的理论视野，拓宽了课程教学的知识范围，极大地激发了学生的学习兴趣，提高了课程学习效率。不断完善多媒体课件、网络课程、电子图书和专业网站，充分利用网络及网络资源，满足专业教学和专业技能训练的需要，实现师生网上互动和多媒体资源的共享，提高课程资源利用效率。

3. 开设"名师讲堂"

与知名景区合作，聘请行业经验丰富的景区讲解员或导游进行阶段性授课或讲座；同时使兼职和专任教师形成优势互补。

4. 校外实践基地的开拓与合作

与行业知名企业合作办学，开拓校外实践基地，充分发挥校外实践基地的作用。

（三）教学项目设计

根据"景点导游"课程的性质，按照教学项目（模块）设计详细的教学内容，具体设计见下表。

"景点导游"教学项目设计

项目	工作任务/项目	知识点	训练或工作项目	教学重点	教学情境与教学设计	建议学时
项目1 基础知识模块	景区导游概述	●景区和景区导游员 ●景区导游的作用 ●景区导游员的职业素养 ●景区导游的类型	●通过案例解析让学生了解景区导游的相关知识	景区导游的职业素养	案例法 对比分析法	16
	景区导游解说系统	●图文声像导游 ●电子导游 ●口语导游	●通过视频及图片展示，让学生熟悉景区导游解说系统的类型及利弊	图文声像导游	情景教学法	
	景区导游工作程序与规范	●迎接前的服务与规范 ●迎接时的服务与规范 ●游览中的服务与规范 ●送客时的服务与规范	●通过范文列举让学生掌握欢迎词、欢送词的内容和要求	欢迎词、欢送词的基本内容	案例教学法 情景教学法	
项目2 基本技能模块	景区导游语言技能	●景区导游语言概述 ●景区导游语言的运用原则 ●景区导游语言艺术	●朗诵练习 ●复述故事 ●模拟道歉、劝说、提醒的情景练习	景区导游语言的运用原则	案例教学法 情景教学法	20
	景区导游讲解技能	●景区导游讲解艺术 ●景区导游讲解方法和技巧	●景点概况介绍 ●实景讲解	导游讲解方法和技巧	情景教学法 讲练交叉法	
	导游词创作技能	●导游词概述 ●导游词的特点和结构 ●导游词的写作要求	●撰写本地著名景点导游词	导游词特点和结构	课堂讲授法 案例教学法	
	景区导游带团技能	●不同游览阶段的带团技能 ●不同对象的带团技能 ●激发游客兴趣的技能	●设计西湖的游览线路及内容 ●预计西湖各景点的游览时间	不同对象的带团技能	情景教学法 案例教学法	
	景区VIP接待与技巧	●VIP接待的重要性 ●VIP接待员的基本素养 ●VIP接待的基本要求 ●VIP接待的服务技能	●服务接待礼仪训练 ●与人沟通与交流训练	VIP接待的基本要求	案例教学法 情景教学法	
	景区常见问题和事故的处理技能	●常见问题的处理 ●旅游投诉的处理 ●安全事故的处理	●通过案例分析、情景设置，模拟各类问题的处理	安全事故的处理	案例教学法 情景教学法	
项目3 实践教学模块	课堂授课	●地方代表景点概况 ●地方代表景点的特色及价值 ●地方代表景点的布局及游览线路	●通过例文分析，让学生收集景点相关资料，撰写导游词	景点的布局及游览线路	课堂讲授法 图示法	36
	课堂训练	●地方代表景点知识 ●地方代表景点的线路及景点内容 ●导游礼仪及注意事项	●通过分组活动，让学生进行模拟景点的讲解练习	导游礼仪及注意事项	情景教学法 角色扮演法 分析点评法	
	实地训练	●正确的站位、表情及手势 ●语音、语调、语速的把控 ●讲解方法的运用技巧	●通过实地观摩学习，分组进行实地导游讲解训练	规范的站姿及准确的讲解	现场教学法 角色扮演法 师生点评法	

景区开发与管理专业"旅游策划"课程标准

一、课程性质

该课程是景区开发与管理专业的必修课，是专业核心课程。目标是让学生掌握景区营销策划的能力，包括创新思维能力、沟通协调能力、产品策划能力、营销推广能力、活动组织能力、形象策划能力、项目策划能力等。该课程以"市场调查与分析"课程的学习为基础，是进一步学习"销售技巧""营销管理实务"的基础。

该课程是依据"景区开发与管理专业工作任务与职业能力分析表"中的景区营销策划类工作项目设置的。其总体设计思路是：根据当前旅游景区或旅游企业的实际需求，贯彻"就业导向、能力本位、任务引领、项目驱动"的课程设计理念，遵循项目任务的真实性原则、教学过程的互动性原则、学生反思的主动性原则、教学主体的平等性原则、项目团队的协作性原则，有序增强学生的创新创意思维能力，同步推进旅游形象策划、旅游产品策划、旅游节事活动策划、旅游项目策划能力与旅游营销策划等核心技能的培养。课程内容突出对学生职业能力的训练，理论知识的选取紧紧围绕工作任务完成的需要来进行，同时又充分考虑了高等职业教育对理论知识学习的需要。课程将以创造真实的项目情境为目标，以院系产学合作为平台，以全方位的产学研合作单位为学生项目来源。教学过程中，要通过校企合作单位、校内实训基地、TC 智苑工作室、GIS 实验室等多种途径或平台，采取工学交替、项目参与等形式，充分开发学习资源。教学效果评价采取过程评价与结果评价相结合、理论知识评价与实践技能评价相结合、专任教师评价与兼职教师评价相结合等方式，重点评价学生的职业能力。

该门课程安排的总学时为 64 学时，建议学分为 4 分，执笔人为顾雅青。

二、课程目标

（一）知识目标

以专业学生将来要从事的相关工作内容和本专业教学要求的知识、能力标准为依据，要求学生理解和掌握旅游产品策划、节事活动策划、景区项目策划、旅游形象策划、网络营销策划、旅游促销策划等环节中的基本概念和内涵，掌握该项任务的基础知识。

（二）能力目标

能熟练掌握各策划的各个步骤，熟练完成相应的工作内容；能制订策划方案，并能对其进行综合评价。具体如下：

- 主题创新思维能力；
- 旅游景区形象策划能力；

- 旅游景区（或区域）产品策划能力；
- 区域旅游线路产品策划能力；
- 主题性节庆活动策划组织能力；
- 旅游促销策划能力；
- 旅游品牌策划能力；
- 旅游营销推广能力；
- 旅游项目与设施策划能力。

（三）素质目标

培养学生爱岗敬业、细心踏实、勇于创新的职业精神和互助合作的团队精神。

三、课程内容和要求

为使学生掌握旅游策划的知识与技能，课程通过"1个概述认知+1个方法环节+6个引领项目"等教学单元，采用多元智能教学、项目分组教学等方式。具体内容要求见下表。

序号	工作任务/项目	课程内容和要求		建议学时
		理论	实践	
1	旅游策划概论	●旅游策划的概念 ●旅游策划的类型 ●旅游策划的流程 ●旅游策划的派别	●能初步对旅游景区的空间结构进行分析 ●能对不同市场进行初步分析 ●能明确不同旅游策划机构或流派的差异	2
2	创新思维培养	●创新思维的原理 ●创新思维枷锁的类型 ●创新思维枷锁的破除方法 ●创新思维技巧的培养	●能针对某一策划主题进行发散性思维的创新	4
3	旅游产品策划	●旅游产品策划的概念类型 ●旅游产品策划的步骤 ●景区产品谱系的设计 ●区域旅游产品线路的设计	●能合作完成旅游产品策划案 ●能合作完成某区的旅游产品谱系图 ●能独立完成区域旅游产品线路的设计	10
4	节事活动策划	●节事活动策划的类型 ●节事活动策划的步骤 ●小型主题活动策划与执行 ●外部应景活动策划与执行 ●主题活动策划与评价	●能合作完成中小型主题活动策划案并执行 ●能综合评价旅游主题活动	12
5	景区项目策划	●旅游项目策划的步骤 ●旅游项目策划的实训	●能协同完成主题景区的项目策划 ●能协同完成主题景区的配套设施策划	6
6	旅游形象策划	●旅游形象策划的理论基础 ●旅游形象策划的步骤 ●旅游宣传口号的设计 ●旅游主题形象的设计 ●形象LOGO的设计	●能合作完成形象策划案 ●能独立创作宣传口号 ●能独立创作主题形象 ●能独立设计形象LOGO	12
7	网络营销策划	●网络营销的渠道与类型 ●网络营销的内容与技巧 ●网络营销的应用	●能合作完成某类主题的网络营销活动 ●能利用微博、QQ等组建网络关系网	8

续表

序号	工作任务/项目	课程内容和要求		建议学时
		理论	实践	
8	旅游促销策划	●景区广告促销 ●景区公共关系促销 ●景区营销推广促销 ●景区人员推销	●能合作完成某项旅游活动或某个景区的促销策划案	6

备注：典型工作任务、项目、模块、学习情境、工作过程等。

四、考核评价

本课程总评成绩 =10% 的平时考勤 +40% 平时实训 +50% 的期末测试，具体参照下表：

考核项		分值	教学评价组成部分			分项成绩
			企业评价%	教师评价%	学生互评	
日常考勤		100	0	100	0	
教学项目	项目1	5	0	100	0	
	项目2	10	20	40	40	
	项目3	15	40	40	20	
	项目4	10	40	40	20	
	项目5	15	40	40	20	
	项目6	15	40	40	20	
	项目7	15	40	40	20	
	项目8	15	40	40	20	
期末	期末考试	100	50	50	0	
学生总成绩=平时实训成绩（40%）+期末评价（50%）+考勤评价（10%）						

五、课程资源及使用要求

（一）师资条件要求

积极实施"2+n"的专业师资力量，即 2 名校内专任教师与多名校外行业兼职教师共同完成"旅游策划"的授课任务。要求 2 名校内专业教师为双师型教师，在课程开发比赛指导方面有丰富的经验，具有 3 年以上行业相关工作经历；要求多名校外行业兼职教师具有 3 年以上行业相关工作经历或项目实践经历。

（二）实训教学条件要求

1. 实训装备

本专业已配备 GIS 与遥感实验室、景区综合实训室，配有当前较为先进的制图设施、数据采集设施。

2.教学场所

本专业已拥有专业教室、校内实训基地、校外实训基地三类教学场所。其中专业教室包括多媒体教室、景区综合实训室、GIS与遥感实验室。

（三）教材选用

［1］郎富平，顾雅青.旅游策划实务［M］.上海：华东师范大学出版社，2014.

［2］《〈旅游策划实务〉综合实训指导书》及活动化课程。

六、课程实施建议及其他说明

课程实施建议包括课程实施方案、教师教学计划、课程资源开发、教学模式、教学方法、教学手段、主要参考资料等方面，为老师在课程实施时提供可行性建议。

（一）课程实施建议

根据高职专业学生的学习认知规律及行业发展前景要求，创新性提升或更新传统教学方式。一是注重理论与实践的融合，即确保1/3的理论教学与2/3的实践教学，注重实践演练；二是注重引进新型教学技术方法，包括多元智能教学法、项目教学法等；三是注重团队合作，即将目标学生划分为若干个学习小组，共同完成相关策划任务。

（二）课程资源的开发与利用

1.相关教辅材料

［1］肖星.旅游策划教程［M］.广州：华南理工大学出版社，2006.

［2］沈祖祥.旅游策划—理论.方法与定制化原创样本［M］.上海：复旦大学出版社，2007.

［3］王衍用，曹诗图.旅游策划理论与实务［M］.北京：北京大学出版社、中国林业出版社，2008.

［4］周耀烈.创造理论与应用［M］.杭州：浙江大学出版社，2000.

［5］田长广.现代策划实战技法［M］.北京：北京大学出版社，2008.

［6］黄祥.旅游节庆策划与营销研究［M］.天津：南开大学出版社，2008.

［7］武彬，龚玉和.旅游策划文化创意［M］.北京：中国经济出版社，2007.

2.工学结合资源

本专业已参与各类营销策划类课题60余项，均涉及旅游策划相关内容，各类课题成果可作为丰富的参考素材；同时，本专业教研室每年有5~7个相关营销策划课题，可作为学生实践项目来源，确保任务的真实性。

3.网络资源

"旅游策划实务"申报省在线精品课程，目前在建。

景区开发与管理专业"景区管理实务"课程标准

一、课程性质

"景区管理实务"是浙江旅游职业学院三年制"景区开发与管理"专业的必修课，开设于第六学期，属于职业提升课。目标是让学生熟悉景区综合管理的内容，具备景区管理的能力。它以"管理学基础""服务接待礼仪"等课程为基础和前导，分支课程是"景点导游""景区服务规范""营销管理实务"等课程，为学生毕业后走上景区管理岗位打基础。

该课程是依据"景区开发与管理专业工作任务与职业能力分析表"中的景区服务与管理工作领域的工作项目设置的。其总体设计思路是，做好概论性课程与专项性课程的衔接，在重点章节打破以知识传授为主要特征的传统学科课程模式，转变为以工作任务为中心组织课程内容，并让学生在完成具体项目的过程中学会完成相应工作任务，并构建相关理论知识，发展职业能力。在概论性章节中，突出对学生专业职业领域的认识和理解，理论知识的选取紧紧围绕工作任务完成的需要来进行。项目设计以景区接待部、市场营销部、形象策划部、人力资源部、安全部等工作领域的岗位能力为线索来进行。教学过程中，要通过与宋城景区、西溪湿地等紧密型合作企业的合作，景区管理实训中心的开发与利用、结合校园景区的管理等多种途径，采取工学结合形式，充分开发学习资源。该课程侧重于专业知识的整体掌握、侧重于综合能力和综合素质的培养，是一门集知识性与技能性于一体的综合性课程。通过本课程的学习，使学生掌握景区管理的基础理论和基本方法，熟悉景区管理的规律和特殊性，学会分析一个景区管理的现状和发展趋势。教学效果评价采取理论评价与实践考核相结合、学生自评与教师评价相结合、过程评价与结果评价相结合的方式，重点评价学生的职业能力。

课程总学时为60学时，建议学分为4分，执笔人为姚海琴。

二、课程目标

本课程培养学生对景区管理的基础理论与基本方法的掌握，使学生清楚景区各管理部门的基本功能与工作流程，激发学生对景区服务与管理工作的热爱，培养正确的对客服务意识、生态意识、可持续发展意识等景区管理者必备的正确意识。通过本课程的学习，学生能正确运用合理的价值观与合适的管理理论、管理方法，迅速融入景区主要管理部门的真实环境与工作场景，熟练掌握工作程序和工作规范，并能初步具备分析景区管理的现状和发展趋势的能力和创新意识。

（一）知识目标

- 掌握管理理论、管理方法等；
- 清楚景区各管理部门的基本功能与工作流程；
- 培养正确的对客服务意识、生态意识、可持续发展意识等。

（二）能力目标

- 能熟练接待游客；
- 能熟练掌握游客需求；
- 能熟练制订和执行服务质量调查与提升方案；
- 能规范处理突发事件。

（三）素质目标

- 能独立制订工作计划；
- 能熟练处理分析信息；
- 能规范改进提升能力；
- 能主动加强沟通协调；
- 能积极开展团队协作；
- 有灵活应变处事能力。

三、课程内容和要求

为了使学生掌握景区管理的知识与技能，课程通过第一章"景区管理理论与管理模式"、三章专项管理章节（景区服务质量管理、景区宣传与营销管理、景区安全管理）共四个教学单元进行授课，采用任务驱动法教学。根据课程目标和涵盖的工作任务要求，课程内容和要求作如下表设计。

序号	工作任务/项目	课程内容和要求		建议学时
		理论	实践	
1	景区管理理论与管理模式	•了解管理学基本原理 •掌握景区管理理论基础 •了解景区管理模式	•运用管理理论分析景区管理 •运用管理模式分析景区管理 •利用相关知识分析旅游发展的总体格局	14
2	景区服务质量管理	•了解景区服务质量管理的内涵 •熟悉景区服务质量管理的具体内容和方法	•开展服务质量管理的基本流程训练 •系统收集景区服务质量的各种信息，制订景区服务质量调查的工作方案和有效的工作流程 •系统处理景区服务质量各种信息，制订景区服务质量提升的工作方案及有效的工作流程	16
3	景区宣传与营销管理	•掌握景区宣传与营销的基本内容 •掌握景区宣传与营销的具体方法 •掌握宣传与营销效果评估的方法	•掌握日常景区宣传与营销的主要工作内容 •掌握重大营销活动开展的基本流程与具体内容 •为景区策划大型的宣传营销活动 •定期评估日常宣传与营销效果的方法 •掌握大型营销活动效果的评估方法，能完成反馈与总结工作	14
4	景区安全管理	•熟悉景区安全设施的配备要求 •掌握景区安全事故的处理方法	•使用景区水上安全设施设备 •使用景区器械安全设施设备 •熟悉和掌握景区自然灾害安全事故的处理流程 •熟悉和掌握景区突发疾病事故的处理流程	16

四、考核评价

在考核方式上，采用形成性与终结性评价相结合的开卷考试、大型作业、现场面试、上机考试、技能测试、阶段测试、课程论文、调研报告等多种考核方式。增加过程性成绩比重，增加考勤、作业、实训、平时表现等在成绩中的比重，合理确定过程性成绩在总成绩中的比重，由原先的不超过40%提高为不低于50%。改革考核评价制度，支持学生以参加校内外各类考证、比赛取得的成果，以参加校内外优质网络课程、网络学习资源取得的结业证书，以参加创新创业、社会实践等活动以及发表论文、获得专利授权等与专业学习、学业要求相关的经历、成果，申请校内相关课程的免修（免考），折算为学分，计入学业成绩。以教师评价为主，学生团队互评为辅，期终、日常分值比例为5：5，期终考核为卷面考核形式，日常考核为团队实践项目考核（教师评价）结合团队内部分工考核（学生自评互评）形式，以最大限度地提升学生参与实践实训的积极性和团队协作的协调性。

团队项目	分值	教学评价组成部分			团队成绩
		企业评价%	教师评价%	学生互评%	
实践项目1：景区质量调查	10	0	60	40	
实践项目2：景区质量提升	10	0	60	40	
实践项目3：景区投诉处理	10	0	60	40	
实践项目4：寻找景区的形象标志系统	10	0	60	40	
实践项目5：景区日常宣传与营销的基本内容设定	10	0	60	40	
实践项目6：景区大型宣传营销活动的策划安排	10	0	60	40	
实践项目7：水上活动安全	10	0	60	40	
实践项目8：器械安全	10	0	60	40	
实践项目9：自然灾害处理	10	0	60	40	
实践项目10：突发疾病处理	10	0	60	40	
学生总成绩=学习团队成绩考核分（50%）+期末知识评价（50%）					

五、课程资源及使用要求

（一）师资条件要求

本课程的前身是"景区服务与管理"，目前共拥有专任教师4名，行业兼职教师（专家）3名，均具有较高的理论研究水平与实践操作能力，符合"双师"结构特点的教学团队要求。

（二）实训教学条件要求

本课程主要依托校园景区、景区管理实训中心、多媒体教室、校外实训基地为硬件支撑。其中，校园景区是国家4A旅游景区，为学生提供了真实的教学场地。景区管理实训中心主要配备活动桌椅、计算机及配套网络、投影仪、头脑风暴工作室、音响设备、黑板等设备。所安装的景区管理教学软件具有景区管理教学功能。本课程理论教学环节在多媒体教室、景区管理实训中心开设，实践教学环节在校园景区、景区管理实训中心及校外实训基地开设。

（三）教材选用

1. 主要教材

周国忠. 旅游景区服务与管理实务［M］. 北京：清华大学出版社，2012.

2. 实训教材

冯海霞. 景区服务与管理综合实训指导书［M］. 北京：旅游教育出版社，2012.

3. 自编教材

景区服务与管理实训指导［M］. 北京：校本自编教材，2012.

4. 参考书

［1］邹统钎. 旅游景区开发与管理［M］. 北京：清华大学出版社，2011.

［2］周玲强. 旅游景区经营管理［M］. 杭州：浙江大学出版社，2006.

［3］董观志. 景区经营管理［M］. 广州：中山大学出版社，2007.

［4］邹统钎. 旅游景区开发与经营经典案例［M］. 北京：旅游教育出版社，2003.

［5］王瑜. 旅游景区管理实训教程［M］. 北京：机械工业出版社，2009.

［6］郭亚军. 旅游景区管理［M］. 北京：高等教育出版社，2006.

［7］邹统钎. 旅游危机管理［M］. 北京：北京大学出版社，2005.

［8］张凌云. 旅游景点景区管理［M］. 北京：旅游教育出版社，2005.

［9］约翰·斯沃布鲁克. 景点开发与管理［M］. 北京：中国旅游出版社，2000.

六、课程实施建议及其他说明

本课程采用任务驱动法、课堂讲授法、角色扮演法、案例教学法、项目教学法、实训作业法等教学方法。充分利用浙旅院国际教育旅游体验区（4A 级）教学场地进行实践教学。充分利用景区管理实训中心仿真软件和院级优质核心课程的网络资源，做到仿真场景下"学中做"。充分利用宋城景区和西溪湿地国家公园等紧密型合作企业的优势资源，做到真实场景中"做中学"。主要课程实施环节如下：

模块 1　景区管理理论与模式（14 学时）

● 教学目标

1. 了解管理学基本原理和可持续发展观、旅游体验论等景区管理理论，了解不同类型的景区管理模式

2. 会概括、分析、对比不同类型景区的管理模式

● 工作任务

1. 组织不同类型景区的项目小组

2. 设计管理模式调研的计划方案

3. 实施计划并进行目标管理

4. 完成不同类型景区管理模式调研报告

● 活动设计

国内旅游景区管理模式的调研分析

● 相关知识

管理的内涵

管理者素质和能力

可持续发展观

旅游体验论

景区生命周期

● 课后练习与任务

国内外旅游景区管理模式的对比分析报告

模块2 景区宣传与营销管理（16学时）

● 教学目标

1.了解景区服务质量管理的内涵，熟悉景区服务质量管理的具体内容和方法

2.熟练操作景区服务规范

3.具备优质服务意识和质量管理意识，掌握自我心理调节的方法

● 工作任务

1.设计景区服务质量暗访调研方案

2.实施暗访计划并完成质量分析报告

3.设计景区服务质量提升的措施

4.完成景区服务质量提升报告

● 活动设计

1.景区服务质量暗访实训项目

2.景区服务质量提升实训项目

● 相关知识

服务与服务质量

顾客满意度

全面质量管理

服务营销理论

景区服务系统

● 课后练习与任务

国外提升旅游服务质量的先进理念在国内景区实践案例

模块3 景区人力资源管理（14学时）

● 教学目标

1.掌握景区标志系统的内容

2.掌握景区日常宣传与营销的工作内容

3.掌握宣传与营销的技能与技巧

● 工作任务

1.找出景区的标志系统

2.整理完成景区宣传与营销的具体工作内容及其标准

3.策划一份具体的宣传与营销活动方案

● 活动设计

1.到附近社区宣传校园景区实训项目

2.校园景区标志设计大赛实训项目

● 相关知识

景区管理者的素质要求

景区人力资源结构

景区人力资源绩效评估

景区人力资源培训

团队管理

● 课后练习与任务

景区部门经理的团队管理

模块 4　景区安全管理（16 学时）

● 教学目标

1.掌握景区安全事故或事件的分类及事故的发生规律，了解景区安全管理相关法律和安全体系

2.熟悉景区安全管理的基本思路和方法，熟悉景区常见游客安全事故的规范处理流程

3.增强安全意识，培养沟通协调与危机管理的意识

● 工作任务

1.设计景区安全管理体系

2.处理各类景区安全事故

● 活动设计

1.水上活动安全实训项目

2.器械安全实训项目

3.自然灾害处理实训

4.突发疾病事故处理实训

● 相关知识

旅游安全

景区安全管理体系

重大旅游安全事故

危机管理

● 课后练习与任务

智慧景区、数字景区的安全管理创新

景区开发与管理专业"营销管理实务"课程标准

一、课程性质

"营销管理实务"是景区开发与管理专业的一门必修课，属职业技术核心课程，也是校企共同合作开发、基于工作过程的课证融合课程。它是在"管理学基础""市场调查与分析""市场营销基础"等职业基础课程上的后续提升课程，主要培养学生在景区营销过程中的营销计划、组织与执行、调控能力，为旅游景区或旅游相关企业培养高级应用型营销管理人才。

课程是依据景区营销策划工作领域中的工作项目设置的。本着"以学生为中心"教育思想，依据"任务驱动、工学结合、能力培养"的原则，以提高学生整体素质为基础，以培养学生市场营销综合管理能力、特别是创新能力和实际营销能力为主线，兼顾学生后续发展需要，选取符合旅游市场营销职场所要求的营销管理素质和能力为教学内容；在基础知识的选择上以应用为目的的，以"必需、够用、实用"为度，服从培养能力的需要，突出针对性和实用性，实现"教中学、学中做、做中学"。

该门课程的总学时为 32 学时，建议学分为 4 分，执笔人为吕汝健。

二、课程目标

（一）总体目标

通过本课程的教学，学生应了解旅游营销管理实务的内容，掌握营销管理的基本方法，会制定营销管理实务中景区产品策略、定价策略、分销策略和促销策略，学会旅游中间商选择、管理、客户忠诚度培养、营销团队组建与运作。

（二）具体目标

1. 方法能力目标

（1）学会景区市场营销管理的主要内容，掌握市场营销管理的基本原理；

（2）能了解景区市场营销战略和营销控制的相关内容；

（3）理解终端管理和客户服务关系管理理论；

（4）掌握中间商管理的基本理论、策略和操作实务；

（5）掌握市场营销团队管理的主要内容和方法。

2. 专业能力目标

（1）能制订景区营销年度计划、目标区域整体市场和局部市场计划以及调度计划；

（2）能运用客户关系管理的基本原理，进行客户投诉处理，培养客户的满意度、忠诚度；

（3）能做好旅游营销人员的选拔、培训、工作安排及鼓励和考核工作；

（4）能进行营销渠道的建设与维护管理，做好旅游中间商的考察、选择与调控工作；

（5）能进行营销团队构建，掌握营销团队管理技巧。

3. 社会能力目标

（1）热爱景区市场营销管理，具有爱岗敬业的精神和强烈的服务、法律意识；

（2）具备良好的市场营销职业道德素质和身心素质；

（3）具有与人合作共事和团队精神；

（4）具有市场营销方面的竞争意识、分析判断能力、开拓创新能力和科学决策能力。

三、课程内容和要求

（一）课程主要内容

以景区销售管理工作的各环节为依据，以中高级景区销售人员的工作职责与功能为主线构建教学内容。设计了景区营销计划管理、销售人员管理和销售业务指导管理三个方面6个项目。

主要内容包括：

1. 营销管理实务基本原理。从整体上介绍营销管理实务的基本理论和基础知识，让学生懂得市场营销管理岗位的主要工作内容和素质要求。

2. 突出"四大支柱"。产品决策、定价决策、渠道决策、促销决策（4Ps）是景区营销岗位必须涉及的基本内容，本课程将作为重点内容进行讲授和训练。

3. 旅游营销"五大"工作流程。重点围绕计划、调研、执行、控制和评价（PRICE）五大过程安排课程内容。

4. 营销管理新形态。增加整合传播营销、关系营销、网络营销和体验营销等新的市场营销管理模式，正确认识营销工作中的局部与全局的关系，提高营销执行力。

（二）课程教学内容与教学的总框架

序号	工作任务/项目	知识内容与教学要求	技能内容与教学要求	建议学时
1	营销计划管理	●理解市场营销计划的含义和内容 ●了解市场营销活动管理过程 ●掌握营销计划的实施 ●了解市场营销组织的类型	●能制订景区营销计划 ●能根据景区制定并实施差异化的营销策略 ●掌握整个景区市场营销计划实施过程，并进行有效调控管理	6
2	产品与价格管理	●理解景区产品整体概念 ●掌握景区产品组合的概念与产品组合策略 ●理解新产品的内涵与推广 ●能辨别景区产品所处生命周期的阶段，并找到对应的策略 ●了解景区产品定价的策略与技巧	●能组织实施景区产品组合 ●能进行景区新产品的策划与推广 ●针对景区生命周期的各阶段，提出相对应的产品与价格策略 ●能运用定价策略与技巧，提出景区产品价格组合方案，并进行调控管理 ●制订景区市场和新产品启动方案	6

续表

序号	工作任务/项目	知识内容与教学要求	技能内容与教学要求	建议学时
3	渠道设计与管理	●了解景区分销渠道的功能和类型 ●掌握影响景区分销渠道选择的因素和分销策略 ●理解销售代理方式，掌握选择代理商应考虑的因素 ●理解网络营销类型，了解新媒体营销的优势	●能正确分析景区分销渠道选择的影响因素 ●能根据实际情况正确设计和管理分销渠道 ●设计景区营销渠道体系和运作管理	6
4	促销管理	●了解促销的内涵及促销组合策略 ●掌握广告、公共关系、销售促进和人员推广的基本策略和原理	●能制订促销方案，并进行效果评估 ●能策划并实施公共宣传活动方案 ●能实施销售促进的策划 ●能进行广告传播策划 ●能够组织实施人员推销策划	6
5	客户开发与维护	●了解客户管理原理 ●了解信用管理的目标、信用政策的主要内容，掌握追账策略	●能够评价服务质量，能够采取措施提高服务质量 ●能够确定信用管理的目标、能够制定信用政策、能够选择追账策略	4
6	营销团队管理	●掌握营销团队作用原理 ●掌握团队绩效考核理论和激励的方法 ●掌握满足团队培养与发展需求	●能进行营销人员招聘、选用、培训 ●能与团队进行有效沟通与交流 ●能进行营销团队考核与管理	4

四、课程实施建议

（一）教材选用 / 编写

1. 吕汝健 . 景区市场营销实务（校企合作教材）[M]. 北京：清华大学出版社，2013.

参考教材：

[1] 吕汝健，刘俊丽 . 旅游市场营销实务 [M]. 北京：清华大学出版社，2014.

[2] 吕汝健，郑凤萍 . 旅游市场营销 [M]. 大连：大连理工大学出版社，2014.

[3] 于成国 . 旅游市场营销 [M]. 合肥：中国科学技术出版社，2009.

[4] 李红，郝振文 . 旅游景区市场营销 [M]. 北京：旅游教育出版社，2006.

[5] 刘锋，董四化 . 旅游景区营销 [M]. 北京：中国旅游出版社，2006.

[6] Philipo Kotler：Marketing for Hospitality and Tourism [M]. 大连：东北财经大学出版社，Plarson Education Press，2010.

2.《景区市场营销实务》教材以完成任务的景区营销活动项目来驱动，通过实际案例、情景模拟和课后拓展作业等多种手段，使学生通过各种教学活动来获得景区营销管理认知和技能。

3. 教材突出实用性，避免把景区营销能力简单理解为纯粹的技能操作；做到与时俱进，将现代景区的发展趋势及实际营销业务操作中应遵循的新业态及时纳入其中。

4. 教材以学生为本，文字表述简明扼要，内容展现应图文并茂、突出重点，重在提高学生学习的主动性和积极性。教材中的实训活动设计具有针对性和可操作性。

（二）教学建议

1. 应加强对学生职业能力的培养，强化案例教学或项目教学，注重以任务引领型案例或项目作业来诱发学生兴趣，使学生在案例分析或完成项目过程中掌握市场营销知识。

2. 应以学生为本，注重"教"与"学"的互动。通过选用典型活动项目，由教师提出要求或示范，组织学生进行活动，让学生在活动中增强职业意识，掌握本课程的职业能力。

3. 应注重职业情景的创设，以多媒体、录像、案例分析、角色扮演、实验实训等多种方法来提高学生分析问题和解决问题的职业能力。

4. 教师必须重视实践，更新观念，加强校企合作，教学与实践相结合，走产学研相结合的道路，探索中国特色职业教育的新模式，为学生提供自主发展的时间和空间，为学生提供轮岗实训的机会与平台，积极引导学生提升职业素养，努力提高学生的创新能力。

（三）教学条件

本课程教师队伍由学院内景区专业、市场营销专业3名专任教师与校外著名景区营销经理和营销精英等5名兼职教师组成。利用已经建成的景区综合实训室、市场营销实训室作为师生进行校内实训的教学场所，同时选择院中院宋城学院和西溪学院的校外旅游景区作为学生开展社会景区营销实践教学活动的平台。

（四）资源的开发与利用

1. 利用现代信息技术开发录像带、视听光盘等多媒体课件，通过搭建起多维、动态、活跃、自主的课程训练平台，使学生的主动性、积极性和创造性得以充分调动。

2. 注重仿真软件的开发利用，如"模拟调研""在线答疑""模块考试"等，让学生置身于网络实习平台中，积极自主地完成该课程的学习，为学生提高营销管理的基本职业能力提供有效途径。

3. 加强校内外实训基地的建设，充分利用校内实训基地的资源和条件来加强学生的技能训练，从而提高学生的营销操作技能。

4. 搭建产学合作平台，充分利用本行业的企业资源，满足学生参观、实训和毕业实习的需要，并在合作中关注学生职业能力的发展和教学内容的调整。

五、教学评价建议

（一）课程考核及方式说明

学生的成绩评定以突出阶段评价、目标评价、理论与实践一体化评价为指导，以评价激励为手段，主要根据理论认知的掌握（为总结性考核，占70%）、考勤（10%）；课堂讨论的参与度（10%）、作业（10%）四方面构成。除理论认知和考勤外，其他两部分的考核要遵循态度与实效兼顾、规范与创新兼顾的原则，必要时可吸收合作企业的评价意见，做到客观公平。

（二）课程过程考核说明

1.理论知识的掌握以试卷形式考核，题型包括单选、多选、判断、简答、案例分析等；

2.考勤及课堂讨论的参与度考核的依据是平时学生的上课出勤状况、回答课堂提问的积极性及正确率；

3.作业是指每个教学单元中要求学生完成的。以完成的数量和质量给予成绩。

表1　考核标准

序号	考核项目		考核内容	成绩比例（%）
1	形成性考核	考勤	根据学生上课的出勤情况评分，旷课一次扣5分，旷课两次无分。迟到、早退1次各扣1分。病事假不扣分。课堂违纪被老师点名批评1次扣2分	10
2		课堂讨论的参与度	根据其在课堂中的表现、课堂讨论参与程度等进行评分。举手回答问题，回答正确一次记2分，回答错误记1分。被老师点名回答问题，回答正确1次记1分，回答错误不得分	10
3		作业	根据学生课外作业完成情况评定，不交作业一次扣5分，两次不交作业不得分	10
4	终结性考核		期末通过闭卷考试综合测试学生对销售管理知识的掌握程度，详见表2	70
	合计			100

表2　终结性考核标准
营销管理考核标准与考核方法

序号	考核项目	考核内容	成绩比例（%）
1	销售规划管理	1.销售管理和营销管理的关系 2.销售计划管理 3.销售组织的设计 4.销售区域的设计与管理	40
2	销售人员管理	1.销售人员的招募与培训 2.销售人员的薪酬与激励 3.销售分析与绩效考评	30
3	业务指导管理	1.团队管理 2.信用管理 3.客户管理 4.客户服务管理	30
	合计		100

六、教学项目（或学习情境）设计

序号	项目	工作任务	知识点	训练或工作项目	教学重点	教学情境与教学设计	学时
1	营销计划管理	制订景区营销计划	营销计划的内容、营销活动管理过程、营销计划实施、营销组织的类型	制订和组织实施市场营销计划；制定并实施差异化的策略整个市场营销活动过程管理	景区营销活动管理的程序	课堂讨论，多媒体赏析，运用案例分析教学法归纳市场营销活动管理	6
2	产品与价格管理	产品设计与价格管理	产品整体概念、产品组合策略、新产品推广、辨别产品所处生命周期阶段，定价策略与技巧	能组织实施产品组合策略；新产品的采用与扩散；生命周期的阶段的策略	定价技巧	课堂多媒体教学与旅游市场案例分析相结合	6
3	渠道设计与管理	渠道管理	分销渠道的功能和类型、影响分销渠道选择的因素和分销策略、销售代理方式，连锁经营的本质和类型	分销渠道选择的因素、分销渠道设计和管理、启动市场、设计连锁经营体系	景区营销渠道调控	案例分析案例	4
4	促销管理	促销管理	促销的内涵及促销组合策略、广告、公共关系、销售促进和人员推广的基本策略和技巧	制订促销方案及效果评估策划并实施公共宣传活动方案；实施销售促进的策划；广告传播策划；组织实施人员推销策划	促销组合策划	案例分析案例	6
5	客户开发与维护	客户管理	服务质量的评价标准，提高服务质量的方法、信用管理的目标、信用政策、追账策略；选择分销商、激励中间商客户和渠道冲突管理	评价服务质量，采取措施提高服务质量；信用管理的目标确定、制定信用政策、选择追账策略；选择分销商，激励中间商，处理渠道冲突	客户关系管理	分析案例客户管理报告	6
6	营销团队管理	营销团队管理	团队作用原理、团队绩效考核理论和激励的方法、团队培养与发展需求	营销人员招聘、选用、培训；团队有效沟通与交流；营销团队考核与管理	团队建设	课堂讨论角色扮演	4

景区开发与管理专业"旅游规划实务"课程标准

一、课程性质

"旅游规划实务"是景区开发与管理专业的职业提升课,是培养学生旅游规划职业核心技能的支撑课程。"旅游规划实务"放在第六学期进行教学,以"旅游标准知识""旅游消费者行为""景点导游旅游资源调查与评价""景观设计"等课程为前导基础课程,主要培养学生宏观规划的概念,对旅游规划相关基础理论知识的认识,以及掌握 A 级旅游景区、旅游度假区和风景名胜区的评判标准,能够运用相关旅游规划原理对规划区域内的资源评价、开发以及配套服务设施的设置做出研判。结合学生未来相关工作岗位实习情况,主要培养学生规划文案编写的能力,增强其文字功底、团队协作精神以及与人沟通的能力。

本课程所面对的学习者在认知特点上,缺乏规划设计的基础。在第三学期有关于设计方面的岗位选修课,具备一定的设计软件操作基础。不具备面向大尺度景区旅游规划和大中尺度景观规划设计的宏观的分析、总结和规划设计能力。同时人文素养积累不足,语言表达能力较差,文案写作能力弱。在情感特点上,能够在景区管理专业中坚持规划设计的,是对于旅游规划有浓厚兴趣的,但是该兴趣可能会随着越来越多的规划理论、标准、规范的增加而降低。在意志力特点上,可能存在知难而退、应付了事的现象。规划设计成果表现具有开放性和不确定的特点,导致学生独立思考深度不够,资料搜索广度不足,随便应付了事现象较多。在行为特点上,进入第六学期,表现欲望会显著降低。行为的控制能力不强,专注力不够持久,玩手机、睡觉的同学较多。

在本课程学习相关的知识、技能准备状况方面,通过旅游标准知识和软件操作的学习,具有一定的开展旅游规划教学的基础。学生的动手操作能力和模仿能力较强,并具有一定的合作能力。

在学习风格方面,该批学生动手和实践的能力较强,不能长时间集中注意力听讲,且自学能力较差,因此学习风格为动觉型为主,读写型为辅型。

针对学生的特点同时又充分考虑旅游新业态与"旅游+"新形态下"大旅游"产业发展对理论知识学习的要求,坚持立德树人,注重思想政治教育贯穿教学始终,同时融合了学生综合素质提升、创新创业能力培养、学生可持续发展的要求,该课程总体设计思路是,打破以知识传授为主要特征的传统学科课程模式,转变为以工作任务为中心组织课程内容,将课程的知识点总体划分为产业空间布局、旅游项目设计、配套服务设置、资源环境保护、旅游效益分析等几大模块,每一模块结合案例以及相应的工作任务进行教学,让学生在完成具体工作任务过程中学习相应的知识。课程内容突出对学生职业能力的训练,理论知识的选取紧紧围绕工作任务完成的需要来进行,同时又充分考虑了高等职业教育对理论知识学习的需要，并融合了相关职业资格证书对知识、技能和态度的要求。在教学方式上，本课程采用项目教学法、任务操练法、情景教学法和启发式教学等多种教学方法，按照旅游规划编制工作流程来组织教学，实现教、学、练一体化，理论与实践一体化。

该门课程的总学时为 60 学时，建议学分为 4 分，执笔人于丹。

二、课程目标

（一）知识目标

1. 熟悉景区暗访、景区创建、旅游总体规划及详细规划设计的具体要求；

2. 掌握交通、服务、环卫、解说、安全、能源等配套设施设计和布局的基本标准规范；

3. 掌握旅游规划中生态容量、游客容量、设施容量等的计算方法；

4. 熟悉项目投资估算的方法。

（二）能力目标

1. 能够运用相关旅游规划原理对规划区域内的资源评价、开发以及配套服务设施的设置做出研判；

2. 能够对项目进行分析，并提出规划实施的相关建议及对策；

3. 能够根据规划区资源分布状况、地形地貌划分以及交通格局确定旅游功能分区；

4. 能够独立完成指定项目内容的文案写作。

（三）素质目标

思想素质：树立起符合生态文明的发展观、价值观和责任感。

文化素质：形成对旅游地理的良好认知，拓展知识的广度。

职业素质：具备较强的团队协作精神，以及与人沟通的能力。

身心素质：培养自信的演说家。

三、课程内容和要求

序号	工作任务/项目	课程内容和要求		建议学时
		理论	实践	
1	旅游规划的相关概念、分类及工作流程	●旅游规划的概念及内涵 ●旅游规划的分类及每种规划的技术要求 ●规划编制与审批的流程	无	6
2	景区暗访	●景区暗访的工作流程与步骤	●撰写景区暗访报告	6
3	景区创建	●景区创建的工作流程与步骤	●撰写景区创建的文本	12
4	旅游空间及项目规划	●旅游空间划分的原则 ●旅游空间划分的基本方法及形式 ●旅游项目设置的基本原则 ●旅游项目的创新	●绘制基础分析图 ●绘制总图和规划图 ●撰写文字	18

续表

序号	工作任务/项目	课程内容和要求		建议学时
		理论	实践	
5	旅游专项规划	●旅游交通规划的内容及原则 ●游览服务设施规划的内容与原则 ●旅游安全设施规划的内容 ●旅游环卫设施规划的内容与原则 ●工程管线设施规划的内容与原则 ●旅游解说系统规划的内容与原则	●绘制专项图纸 ●撰写专项文字	12
6	旅游环境与资源保护规划与投资估算	●各项评定标准对旅游区空气质量、噪声质量、污水排放等各项指标的要求 ●旅游资源保护规划的主要内容	●运用线路、面积、卡口等方法计算景区的生态环境容量 ●撰写资源与环境保护规划 ●计算投资估算	4
7	成果汇报	无	成果汇报	2

备注：典型工作任务、项目、模块、学习情境、工作过程等。

四、考核评价

学生考评采用期末汇报+软件操作+小组作业（规划文本）+平时考核相结合的形式，其比例分别为40%、20%、30%和10%。考核将期末考核和过程性考核相结合，以最大限度地提升学生参与项目实践实训的积极性。

考核方式	考试内容	比例
期末汇报	以小组为单位对最后一次旅游规划成果进行汇报	40%
软件操作	利用教学软件完成某一区域的旅游规划项目	20%
小组作业	结合实训课程以5~6人为一小组，完成某一区域的暗访、创建工作	30%
平时考核	到课率及作业完成情况	10%

五、课程资源及使用要求

（一）师资条件要求

必须具备相关专业背景，有丰富的旅游规划实践经历，或在规划设计单位、景区有过挂职锻炼的经历。

（二）实训教学条件要求

本专业已拥有专业教室、校内实训基地、校外实训基地三类教学场所。其中专业教室包括多媒体教室、景区综合实训室、GIS与遥感实验室。其他硬件设施包括手机GPS定位仪、照相机、规划区的相关资料及地形图、相关教学软件或制图绘图软件。

（三）教材选用

目前选用的是陈友军、吕汝健老师主编的《旅游规划实务》，由清华大学出版社出版，为高职高专旅游与酒店管理专业规划教材。该教材为本专业教师的自编教材，教材比较针对高职高专院校学生的特点，强调"理论够用，注重实践"，通过大量案例的展现，让学生掌握相关的知识点。

实训指导书：已经完成的《旅游规划实务综合实训指导书》。

学习参考书：

[1]国家旅游局人事劳动教育司.旅游规划原理［M］.北京：旅游教育出版社，1999.

[2]陈兴中，等.旅游资源开发与规划［M］.北京：科学出版社，2005.

[3]何雨，等.旅游规划概论［M］.北京：旅游教育出版社，2004.

[4]世界旅游组织.国家和区域旅游规划方法与案例分析［M］.北京：电子工业出版社，2004.

[5]国家旅游局.旅游规划通则.（国家标准 GB/T 18971-2003）。

[6]旅游规划技术与方法［M］.天津：南开大学出版社，2008.

网络资源

序号	网站名称	网址	备注
TD001	中国旅游规划网——浙大亚欧旅游规划设计研究院	http://www.ctplanning.com/	专业型
TD002	旅游规划天空	http://www.plansky.net	专业型
TD003	达沃斯	http://www.davost.com	专业型
TD004	谷德设计网	http://www.gooood.hk/	专业型
TD005	绿维创景	http://www.lwcj.com/	专业型
TD006	上海奇创	http://www.2020china.com/	专业型
TD007	达沃斯巅峰	http://www.davost.com/	专业型
TD008	北京大地风景	http://www.beltourism.com/	专业型

六、课程实施建议及其他说明

"旅游规划实务"主要采用任务驱动、过程导向、角色扮演、案例教学、实训作业、教学软件操作等教学方法。尤其需要学生以 4~6 人的团队为基本单位，对某一规划区域进行实地的考察，根据"旅游规划通则"的基本要求，运用辅助教学软件或计算机软件，完成一个总体或概念性的规划文案或图纸，通过任务驱动、案例实训的方法将会取得更好的教学效果。

景区开发与管理专业
"景区人力资源管理"课程标准

一、课程性质

"景区人力资源管理"课程是景区开发与管理专业的必修课,是专业基础课程。目标使学生掌握人力资源管理的基本概念、特点、发展历程、基础理论与基本职能活动以及在企业生产经营活动中的重要作用,并了解从事人力资源管理工作的人员所应具备的良好素质和基本技能,树立增强自身人力资本价值、关注职业发展的观念。为今后走上工作岗位从事人力资源管理及行政管理相关工作奠定坚实基础。该课程以"管理学""旅游心理"课程的学习为基础,是进一步学习"销售技巧""营销管理实务"的基础。

"景区人力资源管理"课程是依据景区开发与管理专业工作任务与职业能力分析表中的景区营销策划类工作项目设置的。其总体设计思路是:以就业为导向,以能力为本位,以职业技能为主线,以单元项目课程为主题,以夯实基础、适应岗位为目标,尽可能形成模块化课程体系。具体学习项目的选择和编排思路是:使学生全面系统地掌握人力资源管理的基本理论及基础知识。构筑一个较为完整的人力资源管理知识体系,掌握人力资源规划、招聘与配置、培训与开发、绩效管理、薪酬管理、劳动关系管理等内容;基本掌握从事企业人力资源管理工作所必需的工作分析、人力资源规划、招聘与录用、培训与开发、绩效管理、薪酬管理和劳动关系管理技能,以及针对企业现实中的新问题、难问题,灵活应对的能力。

"景区人力资源管理"课程安排的总学时为30学时,建议学分为2分,执笔人为顾雅青。

二、课程目标

(一)知识目标

能采用系统研究法和管理研究法进行学习与实践。能掌握人力资源管理的相关理念;能进行人力资源规划;能进行工作岗位分析;能进行绩效考核和绩效管理;能制定薪酬管理和相应的福利激励措施。

(二)能力目标

● 具有人力资源开发与管理、人才招聘与配置、员工培训与开发、绩效管理与薪酬设计等专业能力;

● 具有采用系统研究法和管理研究法进行学习与实践方法的能力。

(三)素质目标

具有团队精神及协作沟通能力、认真的学习态度、良好的职业道德和敬业精神,以及吃苦耐劳的精神。

三、课程内容和要求

序号	工作任务/项目	课程内容和要求		建议学时
		理论	实践	
1	人力资源管理规划	●人力资源管理 ●人力资源管理规划	无	2
2	人员配备	●工作分析 ●员工招聘	●首先分析公司定位，然后对所需要的工作进行分析 ●对某一特定的工作进行岗位分析 ●招聘的方式有哪些，通过哪些渠道进行招聘 ●招聘的方法，进行模拟招聘	6
3	员工培训	●员工培训与开发 ●职业生涯管理	●培训的重要性、培训的类型及方法 ●如何开展员工培训 ●员工职业计划的类型，职业生涯的制定，对职业生涯设计进行评估	8
4	绩效考核与绩效管理	●绩效考核 ●绩效管理	●绩效的含义及特点、功能，有效的绩效考评系统的要求 ●绩效考评方法的基本类型，绩效考评方法 ●绩效管理的特点及实施	8
5	薪酬管理	●薪酬制度 ●福利管理 ●劳动人事关系管理	无	6

备注：典型工作任务、项目、模块、学习情境、工作过程等。

四、考核评价

本课程总评成绩 =10% 的平时考勤 +40% 平时实训 +50% 的期末测试。

五、课程资源及使用要求

（一）师资条件要求

要求专兼职教师所要具备一年以上景区人力资源岗位工作经验等方面能力。

（二）实训教学条件要求

本专业已拥有专业教室、校内实训基地、校外实训基地三类教学场所。其中专业教室包括多媒体教室、景区综合实训室、GIS 与遥感实验室。

（三）教材选用

1. 教材

选用由沈雁飞主编、旅游教育出版社出版的《景区人力资源管理》，该教材是高职高专旅游管理类规划教材，新世纪高职高专经济管理专业规划教材。

2. 现代化教学资源

注重课程资源和现代化教学资源的开发和利用，如多媒体教室的应用，这些资源有利于创设形象生动的工作情景，激发学生的学习兴趣，促进学生对知识的理解和掌握。同时，建议加强课程资源的开发，建立多媒体课程资源的数据库，努力实现跨学校多媒体资源的共享，以提高课程资源利用效率。

3. 网络资源

积极开发和利用网络课程资源，充分利用诸如电子书籍、电子期刊、数据库、数字图书馆、教育网站和电子论坛等网上信息资源，使教学从单一媒体向多媒体转变；教学活动从信息的单向传递向双向交换转变；学生单独学习向合作学习转变。同时应积极创造条件搭建远程教学平台，扩大课程资源的交互空间。

六、课程实施建议及其他说明

（一）教学建议

根据高职专业学生的学习认知规律及行业发展前景要求，创新性提升或更新传统教学方式。一是注重理论与实践的融合，即确保 1/2 的理论教学与 1/2 的实践教学，注重实践演练；二是注重引进新型教学技术方法，包括多元智能教学法、项目教学法等；三是注重团队合作，即将目标学生划分为若干个学习小组，共同完成相关任务。

（二）课程资源的开发与利用

［1］张德. 人力资源开发与管理［M］. 北京：清华大学出版社，2007.

［2］陈维政，余凯成，程文文. 人力资源管理与开发高级教程［M］. 北京：高等教育出版社，2005.

［3］魏新，刘苑辉，黄爱华. 人力资源管理概论［M］. 广州：华南理工大学出版社，2007.

［4］陈维政，余凯成，程文文. 人力资源管理［M］. 北京：高等教育出版社，2006.

［5］雷蒙德·A·诺伊，约翰·R·霍伦贝克，巴里·哈哥特，帕特里克·M·赖特. 人力资源管理［M］. 北京：中国人民大学出版社，2006.

［6］章达友. 人力资源管理［M］. 厦门：厦门大学出版社，2008.

景区开发与管理专业
"景区安全管理与救护"课程标准

一、课程性质

"景区安全管理与救护"是景区开发与管理专业的岗位选修课程，是服务管理方向的核心课程之一，是培养学生景区安全管理和救护等职业核心技能的支撑课程之一。"景区安全管理与救护"放在第三学期，学生分方向之后进行授课，以"服务接待礼仪""景区服务规范（双语）"等课程为前导基础课程，主要培养学生景区安全管理的相关知识和技能，具体包括对不同类型景区的安全管理的基础知识，各种情况下的急救知识及技能以及消防安全知识和技能，为"景区管理实务"等后续课程打下基础，使学生能够掌握景区各种安全的要领，为学生今后在景区企业相关岗位上的实习和就业打下一定的基础。

该课程是依据"景区开发与管理专业工作任务与职业能力分析表"中的景区服务与管理能力所设置的。其总体设计思路是，打破以知识传授为主要特征的传统学科课程模式，转变为以工作任务为中心组织课程内容，将课程的知识点总体划分为景区旅游安全管理概述、景区安全管理体系建设、景区道路交通安全管理、景区治安安全管理、景区公共卫生安全管理、景区设施与设备安全管理、景区自然灾害安全管理、景区突发事件安全急救、景区消防管理及急救等知识点，在教学过程中充分利用校园 4A 级旅游景区等实训教学场地，并结合景区安全事故的案例，让学生在完成具体工作任务过程中学习相应的知识。课程内容突出对学生职业能力的训练，理论知识的选取紧紧围绕工作任务完成的需要来进行，同时又充分考虑了高等职业教育对理论知识学习的需要，并融合了相关职业资格证书（景区安全员资格证书）对知识、技能和态度的要求。在教学方式上，本课程采用项目教学法、任务操练法、情景教学法和启发式教学等多种教学方法，按照旅游规划编制工作流程来组织教学，实现教、学、练一体化，理论与实践一体化。教学效果评价采取过程评价与结果评价相结合的方式，通过理论与实践相结合，重点评价学生的职业能力。

本课程共 32 学时，建议学分为 2 分，执笔人为顾雅青。

二、课程目标

（一）知识目标

- 能够掌握景区旅游安全管理的目标和途径；
- 掌握景区安全管理体系的构成及主要内容；
- 掌握景区道路交通安全管理的内容、要点及途径；

- 掌握景区治安安全管理的内容、要点及途径;
- 掌握景区公共卫生安全管理的内容、要点及途径;
- 掌握景区设施与设备安全管理的内容、要点及途径;
- 掌握景区自然灾害安全管理的内容、要点及途径。

（二）能力目标

- 掌握一般景区各项安全管理制度制定的方法;
- 掌握景区安全急救的各项技能;
- 掌握景区消防急救的基本技能及知识。

（三）素质目标

- 能够运用景区安全管理的各种系统知识,构建景区安全体系,达到并胜任景区企业中景区安全管理或与安全管理相关的部门职员或部门经理的岗位要求;
- 具备较强的团队协作精神,以及与人沟通的能力;
- 具备较强的创新精神。

三、课程内容和要求

序号	工作任务/项目	课程内容和要求		建议学时
		理论	实践	
1	景区安全管理概述	●了解景区的基本类型 ●掌握景区安全问题发生的特点 ●掌握景区安全管理的主要原则	无	2
2	景区安全管理体系	●掌握景区安全机构设置的要求及方式 ●掌握景区安全管理机构的职能 ●掌握景区安全管理的应急体系 ●掌握景区安全警示标志的相关要求及规定 ●掌握A级景区及旅游度假区标准中对景区安全管理的要求	●景区安全警示标志的设置 ●A级景区及旅游度假区的标准	4
3	景区安全管理的内容及要求	●掌握景区道路交通安全管理的内容、要点及途径 ●掌握景区治安安全管理的内容、要点及途径 ●掌握景区公共卫生安全管理的内容、要点及途径 ●掌握景区设施与设备安全管理的内容、要点及途径 ●掌握景区自然灾害安全管理的内容、要点及途径	●能够制订各项景区的应急预案 ●能够制定各项景区安全管理的制度	10
4	景区医疗急救知识	●掌握急救医学及急救医疗服务体系的基本内容及要求 ●掌握脏器功能监测的技能 ●掌握休克、昏迷、急性中毒等应急的方法 ●掌握摔伤、跌伤等急救方法	●能够运用简单的医疗器具对造成人身损伤的事故进行处理	8
5	景区消防安全知识	●掌握不同类型景区消防防护的重点 ●掌握应急消防器具的使用	●能够使用简单的消防器材（如灭火器等） ●具备火灾逃生的基本知识	4

备注：典型工作任务、项目、模块、学习情境、工作过程等。

四、考核评价

学生考评采用笔试＋小组作业（景区安全管理制度及景区应急预案的制订）＋平时

考核相结合的形式，其比例分别为 30%、60% 和 10%。考核将期末考核和过程性考核相结合，以最大限度地提升学生参与项目实践实训的积极性。

考核方式	考试内容	比例
期末笔试	景区安全急救	30%
小组作业	景区急救知识考核、消防知识考核、景区安全管理制度和应急预案制订	60%
平时考核	到课率及作业完成情况	10%

五、课程资源及使用要求

（一）师资条件要求

必须具备相关专业背景，有丰富的旅游景区安全管理工作的经历，或在医疗、消防等部门工作，有过景区挂职锻炼的经历。

（二）实训教学条件要求

实训装备：各种医疗急救的器材以及消防器材等；实践教学为校园 A 级景区以及户外教学场所。

（三）教材选用

由于景区安全管理与救护是一门全新的课程，涉及景区的安全管理、医疗急救以及消防急救三大块内容，目前市场上还没有融合这三方面内容的教材，因此选用由祝善忠主编的旅游安全管理培训系列丛书《旅游景区安全管理实务》以及田锁臣、阳晓主编《急救医学知识》两本教材所组成。这两本教材前者为浙江省旅游局组织的景区安全员考证指导用书，后者为全国高职院校专业用书，比较适合本专业的学生，并可以做到课证融合。

六、课程实施建议及其他说明

（一）教学建议

"景区安全管理与救护"主要采用任务驱动、过程导向、角色扮演、案例教学、实训作业等教学方法。尤其需要学生以 4~6 人的团队为基本单位，制定景区的各项安全管理制度以及突发事件的预案，并能够掌握医疗急救的基础知识和消防安全知识。

（二）课程资源的开发与利用

自编教材：根据教学需要着手编制、出版。

学习参考书：

［1］席建超.旅游景区安全管理［M］.北京：旅游教育出版社，2015.

［2］菲舍尔.医疗急救指南［M］.刘德平，魏东，等译.北京：化学工业出版社，2009.

信息化教学资源。

多媒体课件：配有多媒体课件。

网络课程：根据学院核心课程建设需要，制作课程网站，丰富和完善网络课程。

景区开发与管理专业"景区投诉管理"课程标准

一、课程性质

该课程是景区开发与管理专业服务管理方向的岗位选修课，目标是让学生精通应对景区旅游投诉、解决已发生的负面问题的方法，掌握处理景区投诉的基本流程，并形成正确处理旅游投诉的应变能力。它以管理学基础、服务接待礼仪、景区服务规范（双语）三门课为学习基础，也是进一步学习景区游客管理、景区管理实务等课程的基础。

该课程是依据"景区开发与管理专业工作任务与职业能力分解表"中的景区服务管理工作领域与工作任务设置的。其总体设计思路是，打破以知识传授为主要特征的传统学科课程模式，转变为以工作任务为中心组织课程内容，并让学生在完成具体项目的过程中学会完成相应工作任务，并构建相关理论知识，发展职业能力。课程内容突出对学生职业能力的训练，理论知识的选取紧紧围绕工作任务完成的需要来进行，同时又充分考虑了高等职业教育对理论知识学习的需要，并融合了景点导游证、中级景区经理资格证和景区安全管理员证等相关职业资格证书对知识、技能和态度的要求。项目设计以游客的不同投诉心理为线索来进行。教学过程中，通过校企合作，校内实训基地建设等多种途径，采取工学结合、半工半读等形式，充分开发学习资源。教学效果评价采取过程评价与结果评价相结合的方式，通过理论与实践相结合，重点评价学生的职业能力。

该门课程的总学时为 32 学时，建议学分为 2 分，执笔人为顾雅青。

二、课程目标

本课程通过对心理学相关内容的教授，让学生掌握游客投诉的原因、游客投诉的基本心理及其分类，使其能够根据游客投诉的基本心理诉求来解决游客投诉问题。通过本课程的学习，学生能根据游客具体的投诉事件对游客的投诉进行归类，分析游客的投诉心理，从而快速及时地找到解决投诉的方案。通过本课程的学习，学生能掌握投诉处理的技巧，投诉处理的基本程序，能够判断游客的投诉诉求，进而提升学生灵活应对特殊事件的能力。

（一）知识目标

- 掌握游客投诉的基本心理，根据不同心理分析游客投诉的诉求；
- 掌握投诉的分类，能够根据不同的投诉类别选用不同的方法进行处理；
- 掌握人际沟通的基本技巧，能够使投诉游客缓和下来和工作人员商讨解决问题的办法；
- 掌握部门沟通的基本技巧，把游客的投诉正确地反馈到责任人和责任部门，并给责任部门提出反馈，建议改进措施等，把投诉管理转化为景区发展动力；
- 设计特殊事件、重大事件投诉的处理预案与流程。

（二）能力目标

● 掌握正确接待投诉游客的应对方法和技巧；

● 能正确分析投诉产生的原因，联系相关责任人和责任部门，尽快解决游客投诉的问题，让游客满意而归，同时又能合理维护景区的利益；

● 能及时做好登记工作，重大事件及时汇报给部门领导，由部门领导决定部门内处理还是向上汇报；

● 能够定期回访，询问游客对前期处理的满意程度，并最终解决问题；

● 提升总结、反馈、归档的能力与技巧。

（三）素质目标

● 具有热爱景区开发与管理专业，爱岗敬业的精神和较强的服务意识；

● 具有很好的景区市场营销职业道德素质和身心素质，具备观念创新意识；

● 具有与人合作共事和团队精神；

● 具有市场营销方面的竞争意识、分析判断能力、开拓创新能力和科学决策能力。

三、课程内容和要求

序号	工作任务/项目	课程内容和要求		建议学时
		理论	实践	
1	正确认识游客投诉	●认识游客投诉的意义 ●明确游客投诉的处理的职责与工作要求 ●明确游客投诉处理的工作人员的能力要求	●按照要求提升相应游客投诉处理能力能够清楚地表达游客投诉会给景区带来的利益与好处，正确看待与处理游客投诉	2
2	游客投诉心理分析	●个性特征理论的掌握 ●掌握游客投诉的心理类型 ●掌握不同投诉心理的投诉诉求	●根据游客言谈初步判断游客的个性特征 ●具有透过游客投诉表达分析其投诉诉求的能力	8
3	景区游客投诉的常见类型分析	●明确游客投诉的几种类型 ●掌握不同游客投诉类型的不同处理方式 ●分析不同游客投诉的原因及相应责任部门	●根据投诉的不同类型采用不同的方法有效地处理接到的投诉 ●能够反思、总结，并反馈，形成书面报告	8
4	景区游客投诉的处理流程	●掌握日常游客投诉的处理流程 ●掌握重大事件游客投诉的处理流程 ●掌握紧急事件游客投诉的处理流程	●能够按照标准流程处理日常游客投诉 ●能够按照标准流程处理重大事件游客投诉 ●能够按照标准流程处理紧急事件	4
5	处理游客投诉的原则与技巧	●掌握如何当面接待投诉的游客 ●掌握与脾气暴躁的投诉游客的处理技巧 ●掌握如何缓和投诉游客，并与之心平气和交谈的技巧 ●掌握处理游客投诉的其他灵活方法	●能够灵活应对各类投诉的游客 ●能够灵活处理各类投诉类型	2
6	景区游客投诉案例实战模拟	●模拟常规游客投诉处理，展示处理技巧与流程 ●模拟重大事件游客投诉处理，展示处理技巧与流程 ●模拟紧急事件处理，展示处理技巧与流程	●掌握常规游客投诉处理技巧 ●掌握重大事件游客投诉处理技巧 ●掌握紧急事件游客投诉处理技巧	8

备注：典型工作任务、项目、模块、学习情境、工作过程等。

四、考核评价

本课程将采用教师评价、学生互评相结合的方式进行。

以教师评价为主，学生团队互评为辅。期终、日常分值比例为 5：5，期终考核为卷面考核形式，日常考核为团队实践项目考核（教师评价）结合团队内部分工考核（学生自评互评）形式，以最大限度地提升学生参与实践实训的积极性和团队协作的协调性。

团队项目	分值	教学评价组成部分			团队成绩
		企业评价%	教师评价%	学生互评%	
实践项目1：游客投诉接待服务	10	0	60	40	
实践项目2：观看视频分析人物个性	15	0	60	40	
实践项目3：案例分析各类投诉诉求	15	0	60	40	
实践项目4：游客投诉处理流程图的绘制	10	0	60	40	
实践项目5：小组间相互出题，考验各自的灵活应对能力	10	0	60	40	
实践项目6：模拟练习日常游客投诉处理	15	0	60	40	
实践项目7：模拟练习重大事件游客投诉处理	15	0	60	40	
实践项目8：模拟练习紧急事件处理	10	0	60	40	
学生总成绩=学习团队成绩考核分（50%）+期末知识评价（50%）					

五、课程资源及使用要求

（一）师资条件要求

本课程是根据毕业学生实际工作需要开设的新课，目前共拥有专任教师 2 名，行业兼职教师（专家）2 名，均具有较高的理论研究水平与实践操作能力，符合"双师"结构特点的教学团队要求。

（二）实训教学条件要求

本课程主要依托校园景区、景区管理实训中心、多媒体教室、校外实训基地为硬件支撑。其中，校园景区是国家 4A 级旅游景区，为学生提供了真实的教学场地。景区管理实训中心主要配备活动桌椅、计算机及配套网络、投影仪、头脑风暴工作室、音响设备、黑板等设备。所安装的景区管理教学软件具有景区管理教学功能。

本课程理论教学环节在多媒体教室、景区管理实训中心开设，实践教学环节在校园景区、景区管理实训中心及校外实训基地开设。

（三）教材选用

《景区投诉管理》，自编教材（出版待定）。

六、课程实施建议及其他说明

（一）教学建议

本课程采用任务驱动法、课堂讲授法、角色扮演法、案例教学法、项目教学法、实训作业法等教学方法。

充分利用浙旅院国际教育旅游体验区（4A级）教学场地进行实践教学。

充分利用景区管理实训中心仿真软件和院级优质核心课程的网络资源，做到仿真场景下"学中做"。

充分利用宋城景区和西溪湿地国家公园等紧密型合作企业的优势资源，做到真实场景中"做中学"。

（二）课程资源的开发与利用

以自编的开发教材为主，各类景区收集的相关资料为辅助。

参考书目：

［1］张梅.客户投诉管理［M］.北京：人民邮电出版社，2006.

［2］韦峰.客户沟通技巧与投诉处理［M］.北京：人民交通出版社，2012.

［3］郭馨梅，王晓华.客户投诉管理［M］.北京：中国经济出版社，2012.

［4］程淑丽.客服人员超级口才训练——客服人员与顾客的135次沟通实例［M］.北京：人民邮电出版社，2010.

［5］朱玉华.客户服务与客户投诉，抱怨处理技巧［M］.北京：民主与建设出版社，2013.

景区开发与管理专业
"语音导览系统设计"课程标准

一、课程性质

该课程是"景区开发与管理"专业学生必修的岗位选修课之一，目标是让学生掌握语音导览解说词的写作技巧、创新讲解方法及将解说词制作成语音导览等技能，熟悉浙江及国内旅游相关知名景区景点及博物馆知识，掌握解说词写作的一般规律和特殊规律，通过多种严格训练，有效地提高学生自身的写作能力，为今后创作语音导览词及制作打下坚实基础。它以"浙江导游知识""旅游资源调查与评价""景点导游"等课程的学习为基础，也为进一步学习"旅行社管理实务"课程及景区专业实习、毕业实习做准备。

该课程是依据"景区专业工作任务与职业能力分析表"中景区导游讲解服务工作项目的要求设置的。本课程的设计思路是以培养学生的导游词写作能力、讲解技巧和相关知识素养为目标，以教、学、练、讲四位一体的教学方法，进行以现场实训教学为主种类导游词的编撰。该课程紧跟旅游产业需求，贴近一线景区导游服务的特点，密切关注行业与时代发展动态，突出课程的职业性和时代性。立足于学生的认知特点和写作能力的培养，以中级导游资格标准为基础，根据时代与产业的发展，不断调整优化课程结构，实施四位一体的"415"的教学模式，有效达成本课程预期目标。

该课程总学时为 36 学时，建议学分为 2 分，执笔人为牟丹。

二、课程目标

（一）知识目标

● 了解导游词创作的一些通用文史常识；

● 掌握导游词的创新写作涉及的专业术语和基本技能；

● 掌握导游员讲解操作的规范、基本标准的应用。

（二）能力目标

● 能准确认知不同类型导游词的形式、内容与语言特点；

● 能鉴赏识别各种经典导游词；

● 能分析探讨旅游活动中的文化现象、解决相关实际问题；

● 能基本讲解相关导游词；

● 能将解说词制作成语音导览。

（三）素质要求
- 提高学生自身的文化修养、专业素养、培育学生热爱中国优秀传统文化的热情；
- 学习领会中国文化深厚的底蕴和鲜明的民族特征；
- 增进对中华文化的民族自豪感和传播中华文化的使命感。

三、课程内容和要求

本课程以中级导游员的资格要求为基准，以旅游产业发展要求为参照，根据对市场岗位群需求调研、专家建议以及行业企业的建议要求，从景区导游带团实际工作任务要求出发，结合学生认知和学习的一般规律选取以下教学内容，且全部采用"教、学、练、讲"四位一体的教学模式。

序号	工作任务/项目	知识内容与要求	技能内容与要求	建议学时
1	初识导游词	●导游词的定义 ●导游词的分类 ●导游词的写作路径 ●导游词的修改	●网上查阅资料 ●采编技巧 ●构思技巧 ●文字表达技巧 ●修改技巧	4
2	概况类导游词的编撰	●概况类导游词和定义 ●概况类导游词的结构 ●概况类导游词的语言特点 ●概况类导游词的实训练习 ●概况类导游词的拓展阅读	●网上查阅资料 ●采编技巧 ●构思技巧 ●文字表达技巧 ●修改技巧	4
3	山地类导游词的编撰及语音制作	●山地类导游词和定义 ●山地类导游词的结构 ●山地类导游词的语言特点 ●山地类导游词的实训练习 ●山地类导游词的拓展阅读	●网上查阅资料 ●采编技巧 ●构思技巧 ●文字表达技巧 ●修改技巧	4
4	水体类导游词的编撰及语音制作	●水体类导游词和定义 ●水体类导游词的结构 ●水体类导游词的语言特点 ●水体类导游词的实训练习 ●水体类导游词的拓展阅读	●网上查阅资料 ●采编技巧 ●构思技巧 ●文字表达技巧 ●修改技巧	4
5	园林类导游词的编撰及语音制作	●园林类导游词和定义 ●园林类导游词的结构 ●园林类导游词的语言特点 ●园林类导游词的实训练习 ●园林类导游词的拓展阅读	●网上查阅资料 ●采编技巧 ●构思技巧 ●文字表达技巧 ●修改技巧	4
6	建筑类导游词的编撰及语音制作	●建筑类导游词和定义 ●建筑类导游词的结构 ●建筑类导游词的语言特点 ●建筑类导游词的实训练习 ●建筑类导游词的拓展阅读	●网上查阅资料 ●采编技巧 ●构思技巧 ●文字表达技巧 ●修改技巧	4
7	宗教类导游词的编撰及语音制作	●宗教类导游词和定义 ●宗教类导游词的结构 ●宗教类导游词的语言特点 ●宗教类导游词的实训练习 ●宗教类导游词的拓展阅读	●网上查阅资料 ●采编技巧 ●构思技巧 ●文字表达技巧 ●修改技巧	4

续表

序号	工作任务/项目	知识内容与要求	技能内容与要求	建议学时
8	主题公园类导游词的编撰及语音制作	●主题公园类导游词和定义 ●主题公园类导游词的结构 ●主题公园类导游词语言特点 ●主题公园类导游词实训练习 ●主题公园类导游词拓展阅读	●网上查阅资料 ●采编技巧 ●构思技巧 ●文字表达技巧 ●修改技巧	4

四、考核评价

考核的结果致力于体现学生学习的结果以及力图体现学生的进步，因此打破传统的结果式考核，转为分项目、分层次考核，并不仅仅对学生掌握的理论知识进行考核，更重要的是对学生掌握的写作与讲解技能进行考核。

本课程考核分为两个部分：一是导游词写作考核，每生每学期撰写5篇导游词作品，每篇15分，由教师根据文本质量进行打分，分成A：13~15分；B：9~12分；C：7~8分；D、6分以下。二是导游讲解及语音制作考核，总分为5分，分成A：5分；B：4分；C：3分以下。

五、课程资源及使用要求

（一）师资条件要求

本课程是专业性极强的专业选修课，所以任课教师必须具有旅游行业中高级职称，有导游讲解经验和经历；或为中文专业毕业，有一定文学创作基础的教师。

与知名行业企业合作，聘请行业经验丰富的人士阶段性授课或讲座；同时，兼职和专任教师形成优势互补。

（二）实训教学条件要求

与具备语音导览系统的景区合作，作为实训课堂及基地；电脑教学并让学生下载语音制作软件。建立微信平台，将制作完成的语音上传网络。

（三）教材选用

本课程选用由汪亚明教授编写的《导游词编撰实务》为主教材，以中华人民共和国文化和旅游部编的《走遍中国——中国优秀导游词精选》系列丛书为主要参考教材。该教材课程设计理念先进，采用项目化教学，各项目之间的逻辑结构清晰，能支撑课程目标的实现，并能突出导游职业能力的培养与提高，同时可操作性很强。

六、课程实施建议及其他说明

（一）教学建议

本课程全部实行"教、学、练、讲"四位一体的教学法，尊重学生认知与教师教学的基本规律，立足于对学生的充分了解，将多种教学方法如启发式教学法、讨论式教学法、案例分析式教学法等，灵活应用于教学活动过程中，为学生营造一种虚拟与真实相结合的仿真性教学空间，使学生既有感性认知，又有理性认识，强化其亲身感受所带来的重要影响作用。

（二）教学基本条件

由于导游词编撰是专业性极强的课程，任课教师由具有高级职称、写作能力很强且具有相关导游行业实践经验的人员担任。整个教学团队由专任教师和行业兼职教师组成，他们既具备娴熟的中文导游词写作技巧，又具有对自然与人文景观较高的理解和鉴赏能力。

由于导游词编撰与讲解是一门实践性很强的课程，而现在的编撰手段主要是电脑，所以本课程应安排在电脑房里进行。每人一台电脑，在电脑上完成教、学、练、讲、改的全过程，而在一般的教室里是无法实施五位一体的教学的。本校除了拥有许多电脑房外，还有设施一流的景区实训室和模导实训室。

（三）辅助教材

选用的参考书籍方面，推荐学生大量阅读国内外知名专家学者所编撰的旅游方面的书籍。如，各省的导考教材、各类旅游指南、各类文史、地理、艺术、宗教、建筑、饮食、特产等方面的图书资料等。同时，更是推荐学生积极地利用发达的网络信息，如各地旅游网和携程网等。此外，也积极向学生推荐阅读相关的报纸杂志，如"中国旅游报""江南游报""风景名胜"等。

（四）教学手段

借助网络信息技术，提高教学效果。

1.利用多媒体，提高教学效果

本课程完全实现在多媒体教室运用多媒体手段进行课堂教学。教师不仅要灵活运用网络技术、网络资源、自制语音导览开展本课程的教学活动；同时，还应指导学生自制语音导览促进学生学习兴趣的提高。

2.凭借景区语音导览网络资源，延伸教学时空

可凭借各景区的语音导览网络资源，提高教学效果。教师向学生提供或学生自主收集景区语音导览网络资源，进行互动交流学习和点评，使教学时空得以延伸。拓展师生的视野，拓宽课程教学知识与范围，激发学生学习兴趣，提高课程学习效率。

（五）教学项目（或学习情境）设计

"语音导览系统设计"教学项目设计

项目	工作任务/项目	知识点	训练或工作项目	教学重点	教学情境与教学设计	建议学时
1	初识导游词	导游词的定义、分类、立意选材、谋篇布局、语言表达与修改定稿	通过案例解析让学生了解并掌握导游词写作的相关知识与程序	导游词的写作路径	教师：运用多媒体讲授 互动：例文呈现、学生写作实训、分组讲解实训并互评	4
2	概况类导游词的编撰	概况类导游词结构、内容和语言特点分析	通过例文分析让学生熟悉概况类导游词的写作特点与要求	能按预设的实训题目和要求编写一则千字左右的概况类导游词作品	教师：例文呈现并分析 互动：学生写作实训，分组讲解实训并互评	4

续表

项目	工作任务/项目	知识点	训练或工作项目	教学重点	教学情境与教学设计	建议学时
3	山地类导游词的编撰	山地类导游词结构、内容和语言特点分析	通过例文分析让学生熟悉山地类导游词的写作特点与要求	能按预设的实训题目和要求编写一则千字左右的概况类导游词作品	教师：例文呈现并分析 互动：学生写作实训，分组讲解实训并互评	4
4	水体类导游词的编撰	水体类导游词结构、内容和语言特点分析	通过例文分析让学生熟悉水体类导游词的写作特点与要求	能按预设的实训题目和要求编写一则千字左右的概况类导游词作品	教师：例文呈现并分析 互动：学生写作实训，分组讲解实训并互评	4
5	园林类导游词的编撰	园林类导游词结构、内容和语言特点分析	通过例文分析让学生熟悉园林类导游词的写作特点与要求	能按预设的实训题目和要求编写一则千字左右的概况类导游词作品	教师：例文呈现并分析 互动：学生写作实训，分组讲解实训并互评	4
6	建筑类导游词的编撰	建筑类导游词结构、内容和语言特点分析	通过例文分析让学生熟悉建筑类导游词的写作特点与要求	能按预设的实训题目和要求编写一则千字左右的概况类导游词作品	教师：例文呈现并分析 互动：学生写作实训，分组讲解实训并互评	4
7	宗教类导游词的编撰	宗教类导游词结构、内容和语言特点分析	通过例文分析让学生熟悉宗教类导游词的写作特点与要求	能按预设的实训题目和要求编写一则千字左右的概况类导游词作品	教师：例文呈现并分析 互动：学生写作实训，分组讲解实训并互评	4
8	主题公园类导游词的编撰	主题公园类导游词结构、内容和语言特点分析	通过例文分析让学生熟悉主题公园类导游词的写作特点与要求	能按预设的实训题目和要求编写一则千字左右的概况类导游词作品	教师：例文呈现并分析 互动：学生写作实训，分组讲解实训并互评	4

（六）其他说明

本课程标准适用于景区开发与管理专业和导游专业。

景区开发与管理专业
"景区服务质量管理"课程标准

一、课程性质

该课程是景区开发与管理专业的选修课,是专业核心课程。目标是让学生掌握景区知识,培养景区服务质量管理能力,具备景区管理素质,达到景区管理岗位职业要求。它以旅游概论景区服务与管理课程的学习为基础,是进一步学习景区人力资源管理、旅游策划实务课程的基础。

该课程是依据"景区开发与管理专业工作任务与职业能力分析表"中的景区管理工作项目设置的。其总体设计思路是,打破以知识传授为主要特征的传统学科课程模式,转变为景区岗位设置工作任务为中心组织课程内容,并让学生在完成具体项目的过程中学会完成相应工作任务,并构建相关理论知识,发展景区管理职业能力。课程内容突出对学生景区服务质量管理能力的训练,职业经理人素质的培养。项目设计以景区关键岗位职能为线索来进行。教学过程中,通过校企合作,校内实训基地建设等多种途径,采取工学结合、工学交替等形式,充分开发学习资源,给学生提供丰富的实践机会。教学效果评价采取过程评价与结果评价相结合的方式,通过理论与实践相结合,重点评价学生的职业能力和综合素质。

该门课程的总学时为30学时,建议学分为2分,执笔人为顾雅青。

二、课程目标

(一)知识目标

使学生掌握旅游景区服务与管理的基本规律和方法,初步具备旅游管理工作要求的理论素养和操作技能。能帮助学生树立景区管理意识与职业思想,建立景区管理工作的基本思路和总体概念,具备从事与旅游景区相关工作的基本能力。

(二)能力目标

培养学生的旅游服务技能以及在旅游景区经营管理工作中分析与处理问题的能力。

(三)素质目标

细心、周密、热情的服务意识。团结、协作、宽容的合作意识。灵活、克制、诚信的职业意识。

三、课程内容和要求

序号	工作任务/项目	课程内容和要求		建议学时
		理论	实践	
1	景区概述	一、景区产品质量的概念 二、景区质量管理的内容 三、景区质量管理的特征和方法	无	4
2	景区质量管理的影响因素	人（Man） 设施（Machine） 材料（Material） 方法（Method） 环境（Environment）	影响因素分析报告	6
3	景区质量标准体系构建	工作标准体系 技术标准体系 管理标准体系	以某景区为例构建标准体系	10
4	景区质量问题分析	满意度评价 质量改进	以某景区为例进行质量问题分析并形成报告	10

备注：典型工作任务、项目、模块、学习情境、工作过程等。

四、考核评价

本课程采用全过程、多维度的课程考核、多元评价方式，全面考核学生的行业综合素质和能力。平时考查与期末考试相结合。重视学生学习过程评价，平时成绩占50%；平时成绩中融入案例分析、课堂讨论、教学观摩、课程实训等内容，按教学流程，完成教学单元后安排作业和实训。期末考试一般为闭卷考，占50%。

五、课程资源及使用要求

（一）师资条件要求

积极实施"2+n"的专业师资力量，即2名校内专任教师与多名校外行业兼职教师共同完成《景区服务质量管理》的授课任务。要求2名校内专业教师为双师型教师，在课程开发比赛指导方面就有丰富的经验，具有3年以上行业相关工作经历；要求多名校外行业兼职教师具有3年以上行业相关工作经历或项目实践经历。

（二）实训教学条件要求

1. 实训装备

本专业已配备GIS与遥感实验室、景区综合实训室，配有当前较为先进的制图设施、数据采集设施。

2. 教学场所

本专业已拥有专业教室、校内实训基地、校外实训基地三类教学场所。其中专业教室包括多媒体教室、景区综合实训室、GIS与遥感实验室。

（三）教材选用

自编教材。

参考书目：

［1］约翰·斯沃布鲁克.景点开发与管理［M］.张文，等译.北京：中国旅游出版社.

［2］邹统钎.旅游景区开发与管理［M］.北京：清华大学出版社.

［3］保继刚，等.旅游规划案例［M］.广州：广东旅游出版社.

［4］中国标准出版社第一编辑室.旅游标准汇编［M］.北京：中国标准出版社。

［5］Lynn Van Der Wagen.活动项目策划与管理.宿荣江，等译［M］.北京：旅游教育出版社.

［6］史蒂芬·佩吉，保罗·布伦特，等.现代旅游管理导论［M］.北京：电子工业出版社.

六、课程实施建议及其他说明

本课程以职业分析和职业标准确定课程的职业能力；以职业能力为目标，以实际工作任务为引领，以景区服务与管理实践联系密切的项目（景区服务、景区管理）为载体，来构建教学内容。

本课程以实际工作岗位要求，实施项目导向的教学方法，在教学情境上以模拟为主，以学生扮演景区服务人员和管理人员的角色，让学生模拟具体的操作技能；同时构建相对独立的案例教学体系，在案例教学过程中重视学生的主体地位，充分调动学生的主动性、创造性。在案例演示时，注意情景模拟尽量逼真，增加演示的真实性，让学生参与到教学活动中。这样既能提高学生的学习兴趣、活跃课堂气氛，又能锻炼学生的人际表达能力。

景区开发与管理专业"浙江导游知识"课程标准

一、课程性质

"浙江导游知识"是"景区开发与管理"专业"服务管理方向"的岗位选修课，目标是让学生掌握地方导游知识、提高职业素养，培养学生的实际应用能力。它以"中国旅游文化""中国旅游地理"课程的学习为基础，是进一步学习"景点导游""旅游资源调查与评价"等课程的基础。

该课程是依据"景区开发与管理专业工作任务与职业能力分析表"中的景区服务管理类工作项目设置的。其总体设计思路是，以旅游企业需求和景区导游工作体系为设计出发点，以学生为主体，重视素质培养的思想一直贯穿整个设计理念。通过对课程进行整体规划，实行模块化设计；基于景区导游员岗位要求，设计知识、技能和思想目标；根据旅游企业岗位任务分析，设计与工作内容相一致的课程项目；以知识能力在实践中培养的特点，设计教学方法与实训方法；以完成工作任务为考查点，设计全方位的考核方案。最后建立起以"导游知识应用能力和专业素养"并重，"导游核心知识理论与导游工作实践"相结合的课程体系。课程教学将从旅游景区、旅游行业的需求出发，以职业能力为核心，紧扣专业人才培养目标和景区导游员证考试的需要，不断满足旅游企业对导游员在知识、能力和职业素质上的要求；另外，充分考虑行业多岗位转换甚至岗位工作内涵变化、发展所需的知识和能力，使学生具有知识内化、迁移和继续学习的基本能力。

"浙江导游知识"课程安排的总学时为48学时，建议学分为2分，执笔人为牟丹。

二、课程目标

通过"浙江导游知识"课程的学习，要求学生掌握浙江地方知识，旅游文学知识，浙江各市地旅游资源等内容，并识记和理解相关知识点，培养学生导游知识的运用能力，提升学生的职业素养。

（一）知识目标
- 熟悉浙江历史、文化、地理、宗教、民族民俗、风物特产等知识；
- 熟悉浙江各市地的自然景观与人文景观资源及特色；
- 掌握浙江最具特色的名茶、名酒、中药、工艺品的基本常识。

（二）能力目标
- 能灵活运用导游知识进行专题讲解；
- 能使用导游专业语言进行旅游资源的评价和介绍；
- 能将导游知识融会贯通地加以运用；

● 能背诵和赏析浙江旅游景点的诗词、楹联及游记。

（三）素质目标

● 激发学生对旅游事业的热爱和爱国热情；
● 培养学生良好的旅游意识和服务意识；
● 具有高尚的审美情趣；
● 具有创新意识和创新精神。

三、课程内容与要求

根据"浙江导游知识"的课程目标，结合学生的认知特点和相应职业资格标准确定课程内容与要求。

序号	工作任务/项目	知识内容与要求	技能内容与要求	建议学时
1	浙江地方知识	1.浙江的地理与气候特点 2.浙江历史简编的认知 3.浙江的民族、民俗与民间艺术的认知 4.浙江的风物特产与美食	1.能对浙江的历史、民俗、民族及特产美食进行某个专题介绍	10
2	浙江著名景点诗文	1.浙江著名景点诗词选读 2.浙江著名景点楹联选读 3.浙江著名景点游记选读	1.能熟练背诵著名的楹联和诗词 2.能赏析和解释作品 3.能介绍作者及创作背景	10
3	浙江旅游资源	1.杭州旅游资源概述 2.嘉兴、湖州旅游资源概述 3.宁波、舟山旅游资源概述 4.绍兴、台州旅游资源概述 5.温州、丽水旅游资源概述 6.金华、衢州旅游资源概述	1.能概括介绍各市地的史地文化知识 2.能按地区、类别、特征归纳和介绍浙江各市地的旅游资源	14

四、考核评价

"浙江导游知识"课程是理论与实践结合得非常紧密的课程。教学评价将采用校外专家评价、教师评价和学生互评相结合的方式进行。

本课程总评成绩 =40% 单元成绩平均分 +50% 期末测试 +10% 平时考勤，具体参考如下：

项目序列	分值	教学评价组成部分			学习单元成绩
		校外专家评价%	教师评价%	学生互评%	
项目1	15	5	5	5	
项目2	10	0	5	5	
项目3	15	5	5	5	
学生总成绩=教学项目评价（40%）+期末知识评价（50%）+日常表现评价（10%）					

五、课程资源及使用要求

（一）师资条件要求

"浙江导游知识"目前共拥有专任教师 4 名，行业兼职教师（专家）4 名，均具有较高的理论研究水平与实践操作能力，符合"双师"结构特点的教学团队要求。

（二）实训教学条件要求

1. 实训装备

本专业已配备景区综合实训室、多媒体教室等设施。学校图书馆提供大量书籍作为课后学习延伸资料。浙江各地的旅游宣传片可作为视频资料让学生观赏和感受。

2. 教学场所

本专业已拥有专业教室、校内实训基地、校外实训基地三类教学场所。其中专业教室包括多媒体教室、景区综合实训室。

（三）教材选用

浙江省旅游局.浙江导游文化基础知识［M］.北京：中国旅游出版社，2014.

六、课程实施建议及其他说明

（一）教学建议

根据高职专业学生的学习认知规律及行业发展要求，要更新传统教学方式。一是采用讲授和启发式相结合的教学法，培养学生独立思考问题、分析问题和解决问题的能力；二是在讲授的基础上，引导和鼓励学生自学获取知识，增加讨论课、实地考察课等教学环节；三是注重团队合作，即将目标学生划分为若干个学习小组，共同完成相关专题介绍任务。

（二）课程资源的开发与利用

1. 相关教辅材料

［1］俞剑明.浙江旅游文化大全［M］.杭州：浙江人民出版社，1998.

［2］盛成皿.杭州新景导游词［M］.杭州：杭州出版社，2004.

［3］舟山市旅游局.舟山市现场导游考试指南［M］.2008.

［4］温州市旅游局.温州市现场导游考试指南［M］.2008.

［5］宁波市旅游局.宁波市现场导游考试指南［M］.2008.

［6］绍兴市旅游局.绍兴市现场导游考试指南［M］.2008.

［7］嘉兴市旅游局.嘉兴市现场导游考试指南［M］.2008.

［8］陈文锦.西湖文物［M］.杭州：浙江摄影出版社，1992.

［9］吴占垒.忆江南——名人笔下的老杭州［M］.北京：北京出版社，2000.

2. 实训指导书

［1］浙江旅游局.浙江景点导游词［M］.北京：中国旅游出版社，

［2］牟丹.浙江省现场导游考试指南［M］.北京：中国旅游出版社，2012.

3. 多媒体视频

［1］快乐旅游——浙江温州雁荡山

［2］快乐旅游——浙江象山

［3］快乐旅游——浙江台州山海之旅

［4］美丽的钱江源头风光欣赏

［5］浙江旅游——金华双龙洞

［6］浙江旅游风光欣赏

［7］宁波奉化旅游

［8］走进浙江绍兴

［9］浙江仙都风光

［10］浙江遂昌旅游

［11］西湖新旧十景

［12］江南风光——杭州篇

（三）教学项目设计

根据"浙江导游知识"课程的性质，详细设计教学项目（模块），是教学实施的主要参考。

"浙江导游知识"教学项目设计

项目	工作任务/项目	知识点	训练或工作项目	教学重点	教学情境与教学设计	建议学时
项目1 浙江地方知识	浙江地理与气候	●浙江地理位置及地形特点 ●浙江气候类型及特征 ●浙江行政区划及人口	●按地区制作浙江政区表	●浙江行政区划与人口	多元智能教学	10
	浙江历史简编	●浙江历史发展基本脉络 ●浙江历史名人	●按地区划分浙江名人	●浙江历史名人	多元智能教学	
	浙江的民族、民俗与民间艺术	●畲族与畲乡 ●浙江的主要民俗及特点 ●浙江的主要民间艺术及特点	●按地区进行民俗文化的专题介绍	●畲族及畲乡	多元智能教学	
	浙江风物特产与美食	●浙江名茶 ●浙江名酒与中药 ●浙江果品蔬菜类特产 ●浙江名菜及风味小吃	●熟记浙江的名特美食	●浙江名茶 ●浙江名菜及风味小吃	多元智能教学	
项目2 浙江著名景点诗文	浙江著名景点诗词选读	●诗词作者及解释 ●诗词赏析	●背诵诗词 ●翻译诗词作品	●诗词赏析	多元智能教学	10
	浙江著名景点楹联选读	●楹联作者及解释 ●楹联赏析	●背诵楹联	●楹联赏析	多元智能教学	
	浙江著名景点游记选读	●游记作者及解释 ●游记赏析	●背诵游记中的名句 ●翻译游记作品	●游记赏析	多元智能教学	

续表

项目	工作任务/项目	知识点	训练或工作项目	教学重点	教学情境与教学设计	建议学时
项目3 浙江旅游资源	杭州旅游	●杭州概况 ●杭州主要自然景观 ●杭州主要人文景观	●杭州西湖专题介绍	●杭州概况	多元智能教学	14
	嘉兴、湖州旅游	●嘉兴、湖州概况 ●嘉兴、湖州主要自然景观 ●嘉兴、湖州主要人文景观	●嘉兴、湖州文化名人专题介绍	●嘉兴、湖州主要自然景观	多元智能教学	
	宁波、舟山旅游	●宁波、舟山概况 ●宁波、舟山主要自然景观 ●宁波、舟山主要人文景观	●宁波、舟山的海洋文化专题介绍	●宁波、舟山主要人文景观	多元智能教学	
	绍兴、台州旅游	●绍兴、台州概况 ●绍兴、台州主要自然景观 ●绍兴、台州主要人文景观	●绍兴、台州的民俗文化专题介绍	●绍兴、台州主要人文景观	多元智能教学	
	温州、丽水旅游	●温州、丽水概况 ●温州、丽水主要自然景观 ●温州、丽水主要人文景观	●温州、丽水旅游资源专题介绍	●温州、丽水主要自然景观	多元智能教学	
	金华、衢州旅游	●金华、衢州概况 ●金华、衢州主要自然景观 ●金华、衢州主要人文景观	●金华、衢州特产文化专题介绍	●金华、衢州主要自然景观	多元智能教学	

（四）其他说明

本课程是一门实践性和实操性强的课程，任课教师可以根据教学需要灵活安排教学场地。

景区开发与管理专业 "景区服务规范" 课程标准

一、课程性质

"景区服务规范"是景区开发与管理专业服务管理方向的岗位选修课，目标是提升学生在景区的双语工作能力，提高国际化服务水平。"景区服务规范"授学时间为第二学期，以"大学英语""服务接待礼仪""景点导游"等课程为学习基础，是进一步学习"VIP服务""英语导游"的基础。本课程主要培养学生的双语服务能力、口语交际能力，如检票、售票、景区讲解、为游客提供咨询等各项双语服务能力，提高本专业学生的国际化景区服务水平。

该课程是依据"景区开发与管理专业工作任务和职业能力分析表"中的景区服务工作项目设置的，其总体设计思路是，打破以知识传授为主要特征的传统学科课程模式，转变为以工作任务为中心组织课程内容，并让学生在完成具体项目的过程中学会完成相应工作任务，构建相应的职业能力。课程内容突出对学生职业能力的训练，理论知识的选取紧紧围绕工作任务完成的需要来进行，同时又充分考虑高等职业教育对理论知识学习的需要，并融合了相关职业资格证书对知识、技能和态度的要求。项目设计以工作流程和岗位设置为线索来进行。教学过程中，要通过校企合作、校内实训基地建设等多种途径，采取工学结合、半工半读等形式，充分开发学习资源。其实践教学方式主要是在校园景区各个服务岗位进行演练与操作，进行舞台式和情境式学习。教学效果评价采取过程评价与结果评价相结合的方式，通过理论与实践相结合，重点评价学生的职业能力。

该门课程的总学时为32学时，建议学分为2分，执笔人为姚海琴。

二、课程目标

该课程要求学生具备三级的英语词汇量、掌握常用的景区英语表达形式以及常用的专业术语，能提供周到细致的服务，具有良好的交流能力和景区讲解能力。通过该课程的学习，学生能流利地用英语完成从指定地点到景区以及景区内部的讲解及其他服务等任务，完成旅游服务流程。

（一）知识目标
- 掌握景区服务管理的基本词汇；
- 掌握景区各项服务的流程和规范。

（二）能力目标
- 双语售票能力；
- 双语检票能力；
- 能用英语和外国人交流，并处理临时出现的投诉和问题等。

（三）素质目标
- 能流利地用英语对景区内的旅游景点进行讲解；
- 能流利地用英语售卖景区的旅游商品；
- 能流利地用英语为游客提供餐饮服务；
- 能流利地用英语为游客办理景区入住服务；
- 双语欢送景区游客的能力。

三、课程内容和要求

为使学生掌握标准的景区服务规范和常用的接待技能，提高双语服务能力，课程通过景区常用基本礼仪、景区售票服务规范、景区检票服务规范、景区讲解服务规范、游客中心服务规范、景区餐饮服务规范、旅游商品销售服务规范、景区宾馆入住服务规范八个教学单元，采用"情境＋舞台＋微课"的教学模式进行授课。

序号	工作任务/项目	课程内容和要求		建议学时
		理论	实践	
1	景区常用基本礼仪	专业词汇与常用表达	掌握问候与转移表达技巧	6
2	景区售票服务规范	专业词汇与常用表达	双语介绍票价及优惠规则	8
3	景区检票服务规范	专业词汇与常用表达	掌握团队和散客的进入程序	8
4	景区讲解服务规范	专业词汇与常用表达	掌握景区讲解技巧（双语）	8
5	游客中心服务规范	专业词汇与常用表达	掌握游客中心服务项目	16
6	景区餐饮服务规范	专业词汇与常用表达	掌握预定、点菜技巧（双语）	6
7	旅游商品销售服务规范	专业词汇与常用表达	掌握推荐技巧（双语）	6
8	景区宾馆入住服务规范	专业词汇与常用表达	掌握入住程序及服务项目	6

四、考核评价

在考核方式上，采用形成性与终结性评价相结合的开卷考试、大型作业、现场面试、技能测试、阶段测试、课程论文、调研报告等多种考核方式。增加过程性成绩比重，增加考勤、作业、实训、平时表现等在成绩中的比重，合理确定过程性成绩在总成绩中的比重，由原先的不超过 40% 提高到不低于 50%。以教师评价为主，学生团队互评为辅，期终、日常分值比例为 5:5。期终考核为卷面考核形式，日常考核为团队实践项目考核（教师评价）结合团队内部分工考核（学生自评互评）形式，以最大限度地提升学生参与实践实训的积极性和团队协作的协调性。改革考核评价制度，支持学生以参加校内外各类考证、比赛取得的成果，以参加校内外优质网络课程、网络学习资源取得的结业证书，以参加创新创业、社会实践等活动以及发表论文、获得专利授权等与专业学习、学业要求相关的经历、成果，申请校内相关课程的免修（免考），折算为学分，计入学业成绩。

五、课程资源及使用要求

（一）师资条件要求

该课程的专兼职老师需具备教学设计、课程开发、实践指导、比赛指导等方面的基本教学能力与经验，具有管理学、英语背景，有企业管理的实践经验。积极实施"1+n"的专业师资力量，即由1名专任教师作为"景区服务规范"课程的主讲教师，由兼职教师讲授实践课程或开设主题讲座。

（二）实训教学条件要求

主要有学院多媒体、校内外实习实训基地、实训室、浙旅院国际教育旅游体验区（4A级）景区等硬件设施，软件主要以系部智力资源为主。

（三）教材选用

以自编的开发教材为主，英语导游相关资料为辅助。

自编教材：

姚海琴.旅游景区服务双语教程［M］.北京：机械工业出版社.

参考书目：

［1］王瑜.景区服务与管理［M］.上海：上海交通大学出版社.

［2］王艳霞，田文.旅游交际礼仪［M］.济南：山东大学出版社.

［3］王昆欣.旅游景区服务与管理案例［M］.北京：旅游教育出版社.

［4］钟敬文.中国礼仪全书［M］.合肥：安徽科技大学出版社，2001.

［5］何浩然.中外礼仪［M］.大连：东北财经大学出版社，2002.

［6］舒伯阳，刘名检.旅游实用礼貌礼仪［M］.天津：南开大学出版社，2000.

［7］张利民.旅游礼仪［M］.北京：机械工业出版社，2004.

［8］王希，牟红.旅游实用礼宾礼仪［M］.重庆：重庆大学出版社，2002.

［9］朱立安.国际礼仪［M］.广州：南方日报出版社，2001.

［10］周国忠.旅游景区服务与管理实务［M］.北京：清华大学出版社，2012.

［11］冯海霞.旅游景区服务与管理实训［M］.上海：上海交通大学出版社，2011.

［12］冯海霞.Tourist Spots English 360（景区景点英语360句）［M］.北京：旅游教育出版社，2008.

［13］关肇仁.导游英语口语［M］.北京：高等教育出版社，2004.

［14］王君，冯海霞.景区景点实用英语［M］.北京：旅游教育出版社，2007.

［15］郭学英，刘慧波.旅游英语［M］.天津：天津大学出版社，2011.

［16］陈欣主编.导游英语情景口语［M］.2版.北京：北京大学出版社，2012.

［17］冯海霞.景区英语360句［M］.北京：旅游教育出版社，2008.

［18］斯沃布鲁克.旅游景区开发与管理［M］.2版.大连：东北财经大学出版社，2005.

六、课程实施建议及其他说明

在"能力本位""工作导向"等理念指导下，实施课堂讲授法、舞台角色扮演法、案例教学法、情境教学法等教学方法。学生以 6 人左右的工作小组或团队在校园景区各个岗位进行如下情景演练，以期将理论知识尽快地运用到实际操作中去。

景区英语教学项目设计

项目	工作任务/项目	知识点	训练或工作项目	教学重点	教学情境与教学设计	建议学时
景区常用基本礼仪	迎接问候	迎接用语	迎接游客/团体	迎接游客/团体	模拟迎接	4
	日常接待	接待沟通规范	问候打招呼	问候打招呼	模拟沟通	2
景区售票服务规范	票价介绍	票价表达	询问、介绍票价	询问、介绍票价	模拟票务员与闸口检票员	8
	优惠规则	优惠表达	优惠规则介绍	优惠规则介绍		
景区检票服务规范	检票规范	出口及节目提醒	小孩超高需补票	小孩超高需补票	团队检票，小孩超高	8
景区讲解服务规范	景区讲解	景区讲解常用表达	景区实地讲解	景区讲解技巧	景区实地讲解	8
游客中心服务规范	游客服务中心任务介绍	任务专用术语与表达	任务专用术语与表达	任务专用术语与表达	小组陈述	8
	游客服务中心接待员服务规范	接待流程与服务处理	接待流程与服务处理	接待流程与服务处理	模拟游客中心接待员	8
景区餐饮服务规范	包间预订	预订用语	包间预订训练	预订技巧	模拟包间预订	2
	寻找座位	找座位用语	找座位训练		模拟找座位	2
	点菜	点菜用语	点菜训练	点菜技巧	模拟点菜	2
旅游商品销售服务规范	纪念品介绍与推荐	介绍与推荐表达	纪念品介绍与推荐训练	纪念品介绍与推荐技巧	纪念品介绍与推荐模拟	6
景区宾馆入住服务规范	房间预订与入住	预订表达与入住程序	预订与入住训练	入住接待技巧	预订与入住模拟	4
	买单	买单表达	买单训练	结账送客技巧	买单模拟	2

景区开发与管理专业"销售技巧"课程标准

一、课程性质

"销售技巧"是景区开发与管理专业的一门必修课，属职业提升课程，在学生完成顶岗实习后，最后一个学期开设。也是校企合作开发的基于工作过程课、证、岗融合课程，它是在"市场调查与分析""景区营销基础"等营销基础课程上的后续提升课程，与"营销策划""客户关系管理"等课程同步，是本专业三大课程模块中的"营销策划"模块的专业课程的支撑课程之一。主要培养学生针对各类客户，掌握销售景区旅游产品的基本原理和方法，能较灵活运用各种销售策略及技能，形成一定的景区实际销售工作能力。

课程是依据"景区开发与管理专业工作任务与职业能力分析表"中的营销策划工作领域中的工作项目设置的。以销售基本方法与基本技能为中心组织课程内容，让学生掌握销售基本方法的同时，能把握旅游产品的销售任务、工作程序和关键技能。掌握挖掘与寻找客户、约见与接近客户、拜见客户的基本要领，学会现场谈判、客户异议处理、达成交易，能制订销售计划与实施方案。突出对学生景区销售基本素质和基本能力的训练，理论知识的选取紧紧围绕销售工作完成的需要来进行，同时又充分考虑了高等职业教育对理论知识学习的需要，并融合高级营销员职业资格证书对知识、技能和态度的要求。项目设计以销售准备，寻找、接近客户，洽谈、成交与维护，实际情景销售策略的线索来进行。

该门课程的总学时为 40 学时，建议学分为 3 分，执笔人为吕汝健。

二、课程目标

(一)总体目标

通过本课程的学习，学生能了解景区销售的基本概念，明确销售人员的职责；熟悉销售礼仪；掌握销售基本程序与技巧；掌握客户挖掘与管理方法；形成网络等实际情景销售模式，并逐渐养成良好的销售人员职业素质、为今后适应景区销售工作打好专业基础。

(二)具体目标

1. 方法能力目标

- 能熟悉景区不同销售人员的岗位职责和能力、素养要求；
- 能熟悉不同旅游消费者的消费需求和行为特征及购买过程；
- 熟悉寻找客户、接近客户和与客户洽谈不同的方法途径；
- 能够熟悉景区销售沟通的规范和礼仪；
- 掌握旅游合同签订，完整的销售过程条件。

2．专业能力目标

● 具有多渠道寻找与开发旅游顾客的能力；

● 较强的旅游客户沟通能力和谈判能力；

● 具有制订销售计划并予以实施的能力；

● 具有较强旅游景区市场信息收集能力；

● 能够掌握完整的景区产品销售过程；

● 能够运用软件系统进行客户关系管理；

● 能够制订景区销售计划、撰写销售日志。

3．社会能力目标

● 具有自主学习新知识、新技能的能力；

● 良好的心理素质；

● 较强的毅力和克服困难的精神；

● 较强的口头和书面表达能力；

● 团队合作能力。

三、课程内容和要求

（一）课程主要内容

景区销售技巧教学内容的选择是基于对景区销售岗位的工作任务性质的分析，以实际工作过程为导向，预置了 10 个学习任务，通过完成理论—实训—实践的 10 个学习任务，以强化学生的服务与销售意识，熟练掌握销售的基本原理和方法，形成一定的景区销售工作能力。

（二）课程教学内容与教学的总框架

序号	工作任务/项目	知识内容与要求	技能内容与要求	建议学时
1	认识销售	●掌握现代销售的定义与销售三要素、销售模式 ●了解销售的特点与功能 ●理解景区销售人员、顾客的方格理论	●掌握销售的原则、过程 ●学会销售人员与顾客方格理论的应用	4
2	提升素质与能力	●理解销售员的职责、基本素质和职业能力	●学会销售人员素质提升的方法与途径	4
3	销售礼仪	●明确景区销售礼仪的具体内容和基本要求 ●认识销售礼仪在景区产品销售过程中的作用	●学会送访、交谈、体态和服饰礼仪	4
4	销售准备	●了解旅游销售环境对景区销售活动的影响 ●掌握景区销售准备的内容和要求	●掌握旅游景区的顾客类型与特点 ●学会如何制订销售计划和销售准备	4
5	寻找景区顾客	●了解准顾客的含义 ●了解寻找顾客的重要性	●掌握寻找顾客的方法 ●熟悉顾客资格审查的主要内容	4
6	接近销售客户	●熟练销售接近的准备工作 ●领会约见顾客的内容和方法	●学会接近顾客的方法	4
7	销售洽谈	●了解销售洽谈的目标与内容 ●熟悉销售洽谈的原则与步骤	●掌握销售洽谈的方法与技巧，并能灵活运用	6

续表

序号	工作任务/项目	知识内容与要求	技能内容与要求	建议学时
8	处理顾客异议	●认识客户异议的类型与成因，并正确对待顾客异议 ●理解处理顾客异议的原则与思路	●掌握处理顾客异议的方法与技巧	4
9	销售成交	●理解促成交易的含义 ●理解促成交易的基本策略	●学会辨别成交的信号 ●掌握促进交易的方法	2
10	电话与现场销售网络销售	●了解电话与现场销售的优缺点与基本方法 ●了解景区网络销售的特点与方式	●掌握电话销售的技巧 ●掌握景区现场销售的技巧	4

四、课程实施建议

（一）教材选用/编写

1. 本课程目前尚未有对口教材，选用《景区市场营销实务》，吕汝健主编，2013年清华大学出版社出版，同时计划与合作企业开发校本教材《景区营销管理实务与销售技巧》。

参考教材：

[1] 钟立群. 现代销售技术［M］. 北京：电子工业出版社，2013.

[2] 谢声. 现代市场营销教程［M］. 广州：暨南大学出版社，2011.

[3] Philipo Kotler：Marketing for Hospitality and Tourism［M］. 大连：东北财经大学出版社，Plarson Education Press，2010.

2. 校本教材以完成任务的典型活动项目来驱动，通过实际案例、情景模拟和课后拓展作业等多种手段，使学生通过上述各种教学活动来获得职业认知和职业技能。

3. 教材突出实用性，避免把职业能力简单理解为纯粹的技能操作，同时具有前瞻性。将景区专业领域的发展趋势及实际业务操作中应遵循的新规定及时纳入其中。

4. 教材以学生为本，文字表述简明扼要，内容展现应图文并茂、突出重点，重在提高学生学习的主动性和积极性。教材中的活动设计具有可操作性。

（二）教学建议

1. 加强对学生销售能力的培养，强化案例教学与项目教学，以景区销售任务引领型案例或项目作业来诱发学生兴趣，使学生在案例分析或完成项目过程中掌握销售原理与方法。

2. 以学生为本，注重"教"与"学"的互动。通过选用景区销售活动项目，由教师提出要求或示范，组织学生进行活动，让学生在活动中增强销售服务意识，掌握景区营销人员的职业能力。

3. 注重销售情景的创设，以多媒体、录像、案例分析、角色扮演、销售实训等多种方法来提高学生分析问题和解决问题的职业能力。

4. 重视实践，更新观念，加强与景区的合作，做到实习与就业、创业相衔接，走产学研相结合的道路，探索旅游特色职业教育的新模式，为学生提供自主发展的时间和空间。

（三）教学条件

本课程教师队伍由学院内景区专业、市场营销专业 3 名专任教师与校外景区营销经理和营销精英等 3 名兼职教师组成。利用已经建成的景区综合实训室、市场营销实训室作为师生进行校内实训的教学场所，同时选择院中院宋城学院和西溪学院的校外旅游景区为学生开展社会景区营销实践教学活动的平台。

本课程可以充分利用景区综合实训室进行分组上课，实训室装有多媒体操作台，配备 50 台笔记本，并全部可以上网，可以进行网上操作。

（四）资源的开发与利用

1. 利用现代信息技术开发录像带、视听光盘等多媒体课件，通过搭建起多维、动态、活跃、自主的课程训练平台，使学生的主动性、积极性和创造性得以充分调动。

2. 注重仿真软件的开发利用，如"现场谈判""在线销售""模块考试"等，让学生置身于网络实习平台中，积极自主地完成该课程的学习，为学生提高营销管理的基本职业能力提供有效途径。

3. 加强校内外实训基地的建设，充分利用校内实训基地的资源和条件来加强学生的技能训练，从而提高学生的营销操作技能。

4. 搭建产学合作平台，充分利用本行业的企业资源，满足学生参观、实训和毕业实习的需要，并在合作中关注学生职业能力的发展和教学内容的调整。

五、教学评价建议

本学习课程的考核和评价分为理论考核技能考核两部分。理论考核以期末书面考核形式进行，技能考核分教学情境进行单元考核。技能考核主要考核完成销售洽谈、电话销售、门市销售、网络销售、客户关系管理工作任务情况。过程考核主要考核团队合作能力、语言表达和沟通能力、工作计划性、工作灵活性、服务意识和创新能力等方面。可采用观察、专业答辩与交流等方式。

考核与评价方式采用学生互评和教师评价相结合的方式，并按照对各个评价项目的掌握程度对不同的评价项目分配相应的权重，尽量保证考核的公平性和客观性。

景区销售技巧课程考核标准与考核方法

考核项目与分值比例	考核子项目和分值比例	评价标准及比例	考核方式及单项权重	
			学生评价	教师评价
期末考试40分	认识销售5分 素质与能力5分 销售礼仪5分 销售准备5分 电话与现场销售5分 网络销售5分 客户关系5分 案例分析5分	1.销售模式、景区销售方格、销售员素质和能力。20% 2.销售礼仪知识及准备、应用。20% 3.环境识别、销售计划与"三大"准备。现场与现场销售要点、网络销售作用与操作。20% 4.让渡价值、客户满意度、忠诚度与重购率，案例编写与分析。20%		100

续表

考核项目与 分值比例	考核子项目和 分值比例	评价标准及比例	考核方式及单项权重	
			学生评价	教师评价
技能考核 60分	寻找景区顾客20%	工作态度与团队协作（20%）、项目完成完整性（40%）项目完成创新性（10%）；成果汇报与语言表达（30%）	40%	60%
	接近销售客户20%	工作态度与团队协作（20%）、项目完成完整性（40%）项目完成创新性（10%）；成果汇报与语言表达（30%）	30%	70%
	销售洽谈20%	工作态度与团队协作（20%）、项目完成完整性（40%）项目完成创新性（10%）；成果汇报与语言表达（30%）	30%	70%
	处理顾客异议20%	工作态度与团队协作（20%）、项目完成完整性（40%）项目完成创新性（10%）；成果汇报与语言表达（30%）	40%	60%
	销售成交与管理20%	工作态度与团队协作（20%）、项目完成完整性（40%）项目完成创新性（10%）；成果汇报与语言表达（30%）	30%	70%
	情景现场销售20%	工作态度与团队协作（20%）、项目完成完整性（40%）项目完成创新性（10%）；成果汇报与语言表达（30%）	30%	70%

六、教学项目设计

序号	工作任务/ 项目	知识点	训练或工作项目	教学重点	教学情境与教学设计	建议 学时
1	销售基础	销售与销售三要素，销售模式、特点与功能，顾客的方格理论	销售模式案例分析、方格分析	销售模式、景区销售人员素质、顾客的方格理论	课堂多媒体教学与现场案例分析相结合，分组讨论	4
2	景区销售人员	景区销售人员素质、职责和职业能力要求	素质案例分析、自我测评	掌握销售人员应具备的能力	课堂多媒体教学与营销人员案例分析相结合，学生互评、教师点评	4
3	销售礼仪	销售送访礼仪、交谈礼仪、体态礼仪和服饰礼仪的技能与要求。	销售送访礼仪、交谈礼仪、体态礼仪和服饰礼仪习演	礼仪养成	教师示范，学生分组训练，分析案例、学生互评、教师点评	4
4	景区销售准备	旅游销售环境对景区销售活动的影响，景区销售准备的内容和要求	顾客、产品、工具准备训练	顾客、产品准备	课堂多媒体教学与分组习演、分析相结合	4
5	寻找景区顾客	寻找顾客的重要性、准顾客寻找的原则、方法与途径	分组模拟寻找景区顾客、案例分析	顾客寻找与准顾客的筛选、审查	课堂多媒体教学案例分析	4

序号	工作任务/项目	知识点	训练或工作项目	教学重点	教学情境与教学设计	建议学时
6	销售接近	销售接近的准备工作、约见顾客的内容和方法	接近、约见顾客	约见顾客的内容和方法	案例分析、示范后分组模拟与训练案例分析，学生互评、教师点评	4
7	销售洽谈	销售洽谈的目标与内容，洽谈的原则与步骤	景区顾客洽谈分组模拟与训练	因景洽谈技巧	案例分析、示范后分组模拟与训练案例分析，学生互评、教师点评	6
8	处理顾客异议	认识客户异议、类型与成因理解处理顾客异议的原则与思路	顾客异议判别与处理	顾客异议处理技巧	案例分析、教学示范、分组模拟训练，学生互评、教师点评	4
9	销售成交	促成交易的含义，促成交易的基本策略	成交信息捕捉、时机判别与准确应用	成交时机判别与应用	案例分析、教学示范、分组模拟训练，学生互评、教师点评	4
10	电话、现场、网络销售	电话销售的特点、基本方法与技巧，景区现场销售的方式与途径	电话销售、景区现场销售应用	电话、现场、网络销售的方法与技巧	案例分析、教学示范、分组模拟训练，学生互评、教师点评	4

景区开发与管理专业 "客户关系管理" 课程标准

一、课程性质

"客户关系管理"是景区开发与管理专业的一门职业岗位选修课，属专业能力提升课程。它是"市场调查与分析""景区营销基础""营销策划"等营销相关课程的后续提升课程，并在学生顶岗实习前开设，是本专业三大课程模块中的"营销策划"模块的专业课程与"规划开发"模块的相关课程之一。

本课程叙述景区客户关系管理的一般知识，并描述和叙述 CRM 的核心理念、CRM技术系统与管理、CRM 实施与管理等新理论和方法。目的在于让学生掌握景区顾客满意及其管理、顾客忠诚及其管理、顾客价值及其管理、景区客户关系管理系统（CRM）的技术，学会客户数据管理，制定关系营销策略。要求学生会把握客户中心时代、服务经济时代和知识经济时代的特点，树立"客户资源已经成为最宝贵财富"的管理思想。

该门课程的总学时为 32 学时，建议学分为 2 分，执笔人为吕汝健。

二、课程目标

（一）总体目标

通过本课程的学习，学生掌握景区客户关系管理的内涵、主题分析内容和基本方法、运作模式，理解景区客户管理关系系统结构、功能、技术体系与实施策略，掌握客户管理关系中的智能决策支持技术与作用，并能初步具备利用信息技术与智能技术设计或选择 CRM 系统解决方案的能力。

（二）具体目标

1. 方法能力目标

- 掌握景区客户关系管理的内涵；
- 掌握客户信息库建立的方法；
- 掌握景区客户关系管理技术；
- 掌握客户价值以及客户价值创造的途径；
- 掌握景区客户关系管理周期的概念。

2. 专业能力目标

- 能运用 CRM 软件进行客户管理；
- 能进行客户组合分析；
- 能构建景区客户信息库；
- 能对客户进行周期管理；
- 能设计客户价值和关系营销。

3.社会能力目标

● 培养学生诚实诚信，顾客至上的思想；

● 树立保守客户秘密的意识；

● 养成谨慎细致习惯；

● 树立团结协作的职业态度；

● 具有强烈的工作责任心、风险意识和良好心态。

三、课程内容和要求

（一）课程主要内容

教学内容的选择是基于对景区客户关系管理的工作任务性质的分析，以实际工作过程为导向，通过完成由理论—实训—实践的 8 个学习项目，强化学生们的客户关系服务意识，熟练掌握景区客户关系管理的基本原理和方法，形成一定的景区关系营销工作能力。

（二）课程教学内容与教学的总框架

序号	工作任务/项目	知识内容和教学要求	技能要求和教学要求	建议学时
1	认识景区客户关系管理	●学会景区客户关系管理的概念与内涵 ●理解景区客户关系管理的意义与作用	●把握景区客户关系管理的兴起与发展 ●景区客户关系管理的主要内容与逻辑框架	2
2	让客户满意	●了解顾客满意的概念 ●理解顾客满意的重要意义 ●理解影响顾客满意的因素 ●学会顾客投诉、流失及其管理	●会根据顾客满意度的测评，明确影响顾客满意的因素 ●能找到提高顾客满意度的途径 ●能进行顾客满意度的测评	4
3	培养顾客忠诚能力	●了解顾客忠诚概念与类型 ●了解顾客忠诚的发展过程 ●学会分析顾客忠诚驱动因素 ●学会培养顾客对企业的忠诚	●明确客户满意与客户忠诚的区别和联系 ●找出影响客户忠诚的关键因素，能够在电子商务环境中赢得客户	4
4	顾客价值最大	●了解价值的定义与内涵 ●理解顾客价值理论 ●学会顾客价值分析与度量	●根据顾客价值理论，描述顾客价值的驱动因素，并找到提升顾客价值的途径 ●学会顾客价值的驱动因素分析	4
5	分析技术系统	●了解CRM系统的特点 ●了解CRM系统的结构 ●学会CRM系统的分类	●根据CRM的软件系统和模块系统，总结归纳CRM系统的特点	6
6	管理顾客数据	●了解数据的概念和重要性 ●了解数据仓库、数据挖掘技术的演变与发展趋势	●学会数据的分类和搜集 ●学会数据仓库管理 ●能进行数据挖掘	4
7	操作CRM系统	●根据景区客户关系管理系统实施的方法和步骤，找出CRM系统成功的关键要素	●景区客户关系管理系统的类型 ●景区客户关系管理系统的基本功能 ●客户智能 ●互动中心	4
8	提升数据营销能力	●了解营销的概念与基本类型 ●了解数据库营销 ●了解关系营销 ●了解直复营销	●根据CRM的基本理论，进行关系营销、直复营销	4

四、课程实施建议

（一）教材选用/编写

1. 本课程选用《景区客户关系管理——客户关系的建立与维护（第2版）》苏朝晖著，2010-12-01，清华大学出版社为主参考教材，同时计划与合作企业开发校本教材《景区客户关系管理》。

参考教材：

[1] 林建宗. 景区客户关系管理 [M]. 北京：清华大学出版社，2011.

[2] 汤兵勇. 景区客户关系管理 [M]. 2版. 北京：高等教育出版社，2002.

[3] 杨路明，等. 景区客户关系管理 [M]. 北京：电子工业出版社，2009.

2. 校本教材以完成任务的景区营销活动项目来驱动，通过实际案例、情景模拟和课后拓展作业等多种手段，使学生通过各种教学活动来获得景区营销管理认知和技能。

3. 教材突出实用性，避免把景区营销能力简单理解为纯粹的技能操作。做到与时俱进，将现代景区的发展趋势及实际营销业务操作中应遵循的新业态纳入其中。

4. 教材以学生为本，文字表述简明扼要，内容展现应图文并茂、突出重点，重在提高学生学习的主动性和积极性。教材中的实验设计具有针对性和可操作性。

（二）教学建议

课程教学模式

本课程教学模式主要采用"教、学、做"教学模式，构建真实的工作环境，进行真实的工作过程。

教学方法与教学手段

1. 教学方法

为培养学生对客户关系进行管理的技能，本课程采用的主要教学方法有以下几种：

（1）"任务驱动"法

授学时就告诉学生本次课的任务内容、要求，设计应该涵盖的知识点，以此为基础展开教学，注重培养学生发现问题、分析问题、解决问题的能力以及创新思维与技术综合应用能力。

（2）案例法

通过精选典型案例，有机地将相关知识点融合到课程中，让学生对景区客户关系管理问题产生浓厚兴趣，提高其学习的积极性与主动性。

（3）"教、学、做"一体教学法

采用边讲解、边剖析、边指导的方法进行教学。

（4）直观教学法

通过动画演示、电子教案、电子课件、投影、录像、图片等现代教育技术展开理论教学，将复杂的原理用简单的、感性的方法展现出来，并选取与学生实际生活密切相关的实例讲解，有效地使难以理解的概念简单化、形象化，充分激起了学生的学习兴趣和主动性。

（5）讨论交流法

课程教学中，让每个学生积极参与，给学生机会发表自己的意见。

（6）激励教学法

采用小组之间竞赛的方法，竞赛的结果记入平时考核成绩。鼓励团队合作精神和培养创造性解决问题的能力。

2. 教学手段

"客户关系管理"课程的教学，采用如下的主要教学手段：

（1）展示教学大纲、教学进度、教师电子教案，提高学生学习的目的性和预知教学大纲、教学进度、教师教案等教学过程中的诸多要素。由于各方面的原因，在传统教学中是教师的专利，学生对将要学习的内容、练习的方法、手段等往往处于被动的你教我练状态。展示这些内容，可让学生有机会预知将要学习的内容，提高学生学习的针对性和目的性。

（2）精心设计教学课件，通过创建学习情境，激发学生学习兴趣。授课教师均独立精心制作电子教案、课件和教学录像，电子教案中适当加入一些视频录像文件，还加入声音文件以及一些动画效果的文件，这样使授课变得生动、有趣，使学生能够对所学知识加深印象。在课件设计中，营造轻松活泼的课堂气氛，将抽象化的问题融入学生易于理解的实际工作情境，并通过动画演示等手段，让学生通过对熟悉事物的认知来理解理论知识。

（3）通过定期互动，提高学生学习的自主性和参与性。从注重教师的"教"转为更加关注学生的"学"，帮助学生更多地通过自主学习、探索性学习提高自身技能。通过定期师生与景区企事业互动，让学生带着兴趣、带着问题来，带着答案、带着满意回，提高学生学习的主观能动性。

（4）培养学生检索相关网站和用多种方法查检使用工具书的习惯。在教学过程中适时地提出疑问，要求学生通过检索网页来解决问题，同时，在教学初始即提供学生专业重要工具书书目，在以后教学过程中经常提醒学生充分利用这些工具书，这是培养学生自学能力的重要内容，也是积累知识的一个十分重要的手段。学生一旦掌握了这些积累知识的方法，其好处是终身受用不尽的。

教学建议

1. 以学生为主体，培养学生综合应用能力

教学设计要符合学生生理和心理特点，遵循语言学习的规律，力求满足不同类型和不同层次学生的需求，使每个学生的身心得到健康的发展。在教学中教师应该注意：

（1）鼓励学生大胆地进行表达对管理问题的见解，对他们学习过程中的失误和错误采取宽容的态度；

（2）要为学生提供自主学习的机会以及充分表现和自我发展的空间。

2. 注重学生的情感教育，培养学生解决管理问题的热情

学生只有对自己将要就业的岗位有浓厚的感情，才会激起他们学习的热情，才能保持认真学习的动力并取得好的成绩。消极的情感不仅会影响学习的效果，而且会影响学生的长远发展。因此，在教学中教师应该自始至终关注学生的情感，努力营造宽松、民

主、和谐的教学氛围。

（1）尊重每个学生，积极鼓励他们在学习中的尝试，保护他们的自尊心和积极性；

（2）把课程教学与情感教育有机地结合起来，创造各种工学结合的学习交流活动，促使学生互相学习、互相帮助，发展合作精神；

（3）建立融洽民主的师生交流渠道，经常和学生一起反思学习过程和学习效果，互相鼓励和帮助，做到教学相长。

3. 针对岗位需求精选教学内容，缩短课堂与生产实际的距离

教学内容根据岗位能力需求进行精选，教师要认真把握管理景区企业一线的实际情况，确实把应知应会的知识和能力传授给学生。

（1）教师经常到景区企业一线了解情况，及时调整教学内容；

（2）聘请景区企业管理人员担任兼职教师；

（3）部分内容到景区现场，进行现场教学，加强直观性。

4. 利用现代教育技术，拓宽学生学习的渠道

（1）利用计算机和仿真教学软件，探索新的教学模式，促进个性化学习；

（2）合理地开发和利用报刊、图书馆和网络等多种资源，为学生创造自主学习的条件。

5. 加强对学生学习方法的指导，提高学生自主学习能力

使学生养成良好的学习习惯和形成有效的学习方法是课程教学的重要任务之一。学生必须有自主学习的能力才能适应工作岗位的要求，教师要有意识地加强对学生学习方法的指导，让他们在学习和运用基础技术的过程中逐步学会如何学习。教师应做到：

（1）根据职业岗位能力要求，让学生参与制订阶段性学习目标以及实现目标的方法；

（2）引导学生运用观察、发现、归纳和实践等方法，总结学习和工作经验，进行资料的积累；

（3）引导学生进行管理创新，促进学生实践能力和创新思维的发展；

（4）引导学生在学习过程中进行自我评价并根据需要调整自己的学习目标和学习方法。

6. 拓展学生的文化视野，为学生的可持续发展创造条件

教师应使学生在学习过程中了解国内外的发展动向，帮助他们提高运用能力，不断拓展文化视野。教师要善于通过活动来开阔学生的文化视野，并诱导、保护学生的好奇心，培养他们的自主性和创新意识。

7. 不断更新知识结构，适应不断发展的对管理学原理课程的要求

企业管理科学的发展正在发生着日新月异的变化，教师应不断更新知识结构，适应现代社会发展对景区客户关系管理课程的要求。为此，教师应该做到：

（1）以学习者为主体设计教学结构，营造民主、和谐的教学氛围，激发学习者参与教学活动，提高学习者学习积极性，增强学习者学习信心与成就感；

（2）教师应指导学习者完整地完成项目，并将有关知识、技能与职业道德和情感态度有机融合；

（3）准确把握本课程标准的理念、目标和内容，运用教育学和心理学理论，探索工学结合的教学模式。根据学生的心理特征和实际情况，及时调整教学内容和教学方法；

（4）提高课堂教学的调控和组织能力，灵活运用各种教学技巧和方法；

（5）掌握现代教育技术，并能在自己的继续学习和实际教学之中加以运用；

（6）自觉加强学习和实践，不断拓宽知识面、提高实践技能；

（7）要根据教学目标、学生的需要以及客观条件，积极地和有创造性地探索有效的教学方法；

（8）不断对自己的教学行为进行反思，努力使自己成为具有创新精神的研究型教师。

（三）教学条件

本课程教师队伍由学院内景区专业、市场营销专业 3 名专任教师与校外著名景区营销经理和营销精英等 5 名兼职教师组成。利用已经建成的景区综合实训室、市场营销实训室作为师生进行校内实训的教学场所，同时选择院中院宋城学院和西溪学院的校外旅游景区为学生开展社会景区营销实践教学活动的平台。

（四）教学建议资源的开发与利用

1. 利用现代信息技术开发录像带、视听光盘等多媒体课件，通过搭建起多维、动态、活跃、自主的课程训练平台，使学生的主动性、积极性和创造性得以充分调动。

2. 注重仿真软件的开发利用，如"模拟调研""在线答疑""模块考试"等，让学生置身于网络实习平台中，积极自主地完成该课程的学习，为学生提高客户关系管理的基本职业能力提供有效途径。

3. 加强校内外实训基地的建设，充分利用校内实训基地的资源和条件来加强学生的技能训练，从而提高学生的营销操作技能。

4. 搭建产学合作平台，充分利用景区企业资源，满足学生参观、实训的需要，并在合作中关注学生职业能力的发展和教学内容的调整。

五、教学评价建议

本学习课程的考核和评价分为理论考核与技能考核两部分。理论考核以期末书面考核形式进行，技能考核分教学情境进行单元考核。技能考核主要考核完成景区客户关系管理原理、客户满意能力、客户忠诚能力、顾客价值及管理能力、软件技术能力、数据管理能力、CRM 实施能力、关系营销能力工作任务情况。过程考核主要考核团队合作能力、语言表达和沟通能力、工作计划性、工作灵活性、服务意识和创新能力等方面。可采用观察、专业答辩与交流等方式。

考核与评价方式采用学生互评和教师评价相结合的方式，并按照对各个评价项目的掌握程度对不同的评价项目分配相应的权重，尽量保证考核的公平性和客观性。

本课程为考试课。为了体现"教、学、做"一体化的原则，考核方案中加大了过程考核的比重，具体比例是：过程考核占 60%，期末笔试 40%，具体见下表。

景区客户关系管理课程考核标准与考核方法

模块	考核方式（100%）	评价要素	评价方法
过程考核（60%）	素质考核（10%）	课堂出勤率、课后作业完成率、课堂互动、团队协作、创新建议	考勤，自评、互评、组评
	工作任务书（10%）	完成率、上交及时率、正确率	学生自评、教师综评
	核心技能考核（40%）（抽取3个，取平均值）	学习单元参与率、单元实训项目完成率、安全操作率、使用工具正确率	学生展示、教师评价
期末考核（40%）	期末笔试（40%）	基础理论知识比重40%、实践操作知识比重60%	笔试题型有：填空题、选择题、判断题、简答题、综合分析题

六、教学项目（或学习情境）设计

序号	项目	工作任务	知识点	训练或工作项目	教学重点	教学情境与教学设计	教学学时
1	景区客户关系管理概述	把握景区客户关系管理基本原理；能正确认识景区客户关系管理的应用现状与发展前景，并以此为基础描述景区客户关系管理的主要内容与逻辑框架	景区客户关系管理的概念与内涵；景区客户关系管理的意义与作用；景区客户关系管理的动因；景区客户关系管理实施现状	分析景区客户关系管理的动因；判别景区客户关系管理实施现状	景区客户关系管理的动因；景区客户关系管理实施现状	教师讲解，案例分析	2
2	客户满意管理	根据顾客满意度的测评，明确影响顾客满意的因素，并能找到提高顾客满意度的途径	顾客满意的概念；顾客满意的重要意义；影响顾客满意的因素；顾客投诉、流失及其管理；顾客满意度的测评	顾客满意度的测评，分析影响顾客满意的因素，提出提高顾客满意度的途径	影响顾客满意的因素；顾客投诉、流失及其管理；顾客满意度的测评	教师讲解顾客满意度的测评方法，教师操作示范，分组情景模拟，学生互评、教师点评	4
3	客户忠诚能力	明确客户满意与客户忠诚的区别和联系，找出影响客户忠诚的关键因素，以便能够在电子商务环境中赢得客户忠诚	顾客忠诚概念与类型；顾客忠诚的发展过程；顾客忠诚驱动因素；培养顾客对景区的忠诚	区别客户满意与客户忠诚，找出影响客户忠诚的关键因素	顾客忠诚的发展过程；顾客忠诚驱动因素；培养顾客对景区的忠诚	教师讲解，找出影响客户忠诚的关键因素，学生互评、教师点评	4
4	顾客价值管理能力	能根据顾客价值理论，正确描述顾客价值的驱动因素，并能找到提升顾客价值的途径	价值的定义与内涵；顾客价值理论	描述顾客价值的驱动因素，找到提升顾客价值的途径	顾客价值分析与度量；顾客价值的驱动因素	讲解顾客价值理论要点，顾客价值的驱动因素调研	4
5	技术能力	能根据CRM的软件系统和模块系统，总结归纳CRM系统的特点，并使用与维护、改进CRM系统	CRM系统的特点；CRM系统的结构；CRM系统的分类；CRM系统的软件和模块系统	分析CRM系统的特点，维护、改进CRM系统	CRM系统的结构；CRM系统的分类；CRM系统的软件和模块软件	教师讲解CRM的软件系统和模块并示范CRM系统操作，全班分组，操作CRM系统	6

续表

序号	项目	工作任务	知识点	训练或工作项目	教学重点	教学情境与教学设计	教学学时
6	数据管理能力	能根据信息技术在CRM中的地位，建立和应用数据仓库、数据挖掘等信息技术	数据的概念和重要性；数据的分类和搜集；数据仓库；数据挖掘；联机信息	建立和应用数据仓库、数据挖掘	数据的分类和搜集；数据仓库；数据挖掘	教师讲解数据、数据仓库和数据挖掘要点，全班分组，建立客户数据仓库，学生互评、教师点评	4
7	CRM实施能力	能够根据景区客户关系管理系统实施的方法和步骤，找出CRM系统成功的关键要素	景区客户关系管理系统的类型；景区客户关系管理系统的基本功能；客户智能；互动中心	客户关系管理系统实施的方法和步骤，找出CRM系统成功的关键要素	景区客户关系管理系统的基本功能；客户智能；互动中心	教师讲解基本知识、示范基本功能，全班分组找出CRM系统成功的关键要素	4
8	关系营销能力	根据CRM的基本理论，区分关系营销、直复营销等相关内容之前的区别与联系	关系营销的概念与基本类型；数据库营销；关系营销；直复营销	关系营销、直复营销的区别与实施	数据库营销；关系营销	教师讲解数据库营销基本知识，全班分组，应用数据库设计关系营销方案，学生互评、教师点评	4

景区开发与管理专业"旅游形象策划"课程标准

一、课程性质

　　该课程是景区开发与管理的专业必修课，是其他专业的选修课程。目标是让学生掌握旅游目的地形象的基础知识，培养基本的形象策划能力，具备专业策划素质，达到旅游管理营销策划岗位的职业要求。它以旅游资源调查与评价、市场调查与分析课程的学习为基础，是进一步学习营销管理实务、旅游规划实务课程的基础。

　　该课程是依据"景区开发与管理专业工作任务与职业能力分析表"中的营销策划工作项目设置的。其总体设计思路是，打破以知识传授为主要特征的传统学科课程模式，转变为以景区真实工作任务为中心组织课程内容，并让学生在完成具体项目的过程中学会完成相应工作任务，并构建相关理论知识，发展营销策划职业能力。课程内容突出对学生旅游策划能力的训练、专业素质的培养。理论知识的选取紧紧围绕工作任务完成的需要来进行，同时又充分考虑旅游新业态与"旅游+"新形态下"大旅游"产业发展对理论知识学习的要求，坚持立德树人，注重思想政治教育贯穿教学始终，同时融合了学生综合素质提升、创新创业能力培养、学生可持续发展的要求。项目设计以景区营销任务为线索来进行。教学过程中，通过校企合作、校内实训基地建设等多种途径，充分开发学习资源，给学生提供丰富的实践机会。教学效果评价采取过程评价与结果评价相结合的方式，通过理论与实践相结合，重点评价学生的职业能力和综合素质。

　　该门课程的总学时为 30 学时，建议学分为 2 分，执笔人为顾雅青。

二、课程目标

（一）知识目标

- 能有效识别旅游形象的概念、构成；
- 能理解旅游形象策划的概念及意义；
- 能掌握旅游形象策划的理论基础。

（二）能力目标

- 能利用多种方法对一个旅游目的地或景区的旅游形象进行调查，并对其进行诊断；
- 能分析旅游地形象定位；
- 能对旅游地形象进行宣传口号及简单的 LOGO 设计。

（三）素质目标

　　具有团队精神及协作沟通能力、认真的学习态度、良好的职业道德和敬业精神，以及吃苦耐劳的精神。

三、课程内容和要求

序号	工作任务/项目	课程内容和要求		建议学时
		理论	实践	
1	绪论	形象策划 旅游目的地形象	无	2
2	旅游目的地形象策划策略	旅游目的地形象策划的含义特征、核心 旅游目的地形象策划工作流程 旅游目的地形象策划定位与设计 旅游目的地形象策划评价	无	2
3	旅游目的地实态调研策略	旅游目的地实态调研的概念、必要性及特点 掌握旅游目的地实态调研的基本方法	根据不同的调查目的选定不同的调查内容，运用不同方法完成一份调查报告	6
4	旅游目的地形象公关策略	熟悉旅游目的地形象公关的一般程序，掌握旅游目的地形象公关策划，掌握旅游目的地形象公关专题活动的程序，了解旅游目的地形象拓展活动的概念	策划旅游目的地形象拓展活动	8
5	旅游目的地形象策划品牌策略	旅游目的地形象品牌的定义和要素，品牌定位的意义、方法和内容及品牌传播，构建旅游目的地形象品牌体系和旅游目的地形象品牌发展经营策略		4
6	旅游目的地形象CI策略	了解旅游目的地与CI理论的关系、旅游目的地CI导入背景和意义；熟悉旅游目的地形象CI导入程序，旅游目的地MI、BI、VI的概念与设计、旅游目的地理念识别功能、旅游目的地BI策划阶段	选择旅游目的地进行CI设计	8

备注：典型工作任务、项目、模块、学习情境、工作过程等。

四、考核评价

在考核方式上，采用形成性与终结性评价相结合的开卷考试、大型作业、现场面试、上机考试、技能测试、阶段测试、课程论文、调研报告等多种考核方式。增加过程性成绩比重，增加考勤、作业、实训、平时表现等在成绩中的比重，合理确定过程性成绩在总成绩中的比重，由原先的不超过40%提高到不低于50%。改革考核评价制度，支持学生以参加校内外各类考证、比赛取得的成果，以参加校内外优质网络课程、网络学习资源取得的结业证书，以参加创新创业、社会实践等活动以及发表论文、获得专利授权等与专业学习、学业要求相关的经历、成果，申请校内相关课程的免修（免考），折算为学分，计入学业成绩。

五、课程资源及使用要求

（一）师资条件要求

积极实施"2+n"的专业师资力量，即2名校内专任教师与多名校外行业兼职教师共同完成"旅游形象策划"的授课任务。要求2名校内专业教师为双师型教师，在课程开发比赛指导方面有丰富的经验，具有 3 年以上行业相关工作经历；要求多名校外行业兼职教师具有 3 年以上行业相关工作经历或项目实践经历。

（二）实训教学条件要求

1. 实训装备

本专业已配备 GIS 与遥感实验室、景区综合实训室，配有当前较为先进的制图设施、数据采集设施。

2. 教学场所

本专业已拥有专业教室、校内实训基地、校外实训基地三类教学场所。其中专业教室包括多媒体教室、景区综合实训室、GIS 与遥感实验室。

（三）教材选用

[1] 邹统钎. 旅游目的地营销［M］. 2 版. 北京：经济管理出版社，2017.

[2] 李蕾蕾. 旅游目的地形象策划：理论与实务［M］. 广州：广东旅游出版社，2008.

六、课程实施建议及其他说明

旅游目的地形象策划课程教学要遵循客观性、发展性、系统性与理论联系实际四大原则。具体的学习方法有：观察法、个案法、调查法、谈话 – 询问调查法及资料综合分析法等。

通过案例跟踪与剖析，掌握形象策划的一般方法与原理，通过小组合作完成特定案例的形象策划，达到学以致用的目的。

市场调查和旅游地模拟形象策划方案编制：根据老师的安排和布置，学生根据自愿的原则组成研究小组，选定研究对象，编制市场调查表，进行统一的市场调查，在此基础上完成旅游地形象模拟策划方案。

景区开发与管理专业"广告设计与策划"课程标准

一、课程性质

"广告设计与策划"课程是景区开发与管理专业的选修课，是职业选修课程。目标是让学生通过包括 CorelDraw 以及 Photoshop 在内的各类软件对广告进行创新，通过一定的理论知识传授让学生掌握正确的设计方法，建立设计的创新思维，拓宽学生的职业选择面，为将来的职业生涯奠定良好的基础。

课程总体设计思路是，打破以知识传授为主要特征的传统学科课程模式，转变为以工作任务为中心组织课程内容，立足于培养学生的综合职业能力，侧重于培养广告策划和表现的职业能力。课程的知识点总体划分为广告设计概况、广告市场调查、广告设计构成要素、广告设计的创意与表现、广告设计实施五大篇章，每一篇章结合案例以及相应的工作任务进行教学，让学生在完成具体工作任务过程中学习相应的知识。课程内容突出对学生职业能力的训练，理论知识的选取紧紧围绕工作任务完成的需要来进行，同时又充分考虑了高等职业教育对理论知识学习的需要，并融合了相关职业资格证书对知识、技能和态度的要求。在教学方式上，本课程采用项目教学法、任务操练法、情景教学法和启发式教学等多种教学方法，按照广告设计与策划的工作流程来组织教学，实现教、学、练一体化，理论与实践一体化。

"广告设计与策划"课程安排的总学时为60学时，建议学分为4分，执笔人为顾雅青。

二、课程目标

通过该课程的教学，学生应把握不同广告媒体的特点与局限，了解广告传播方式以及制作与实施，无论在理论上还是在实践中都能正确掌握平面广告设计的基本规律和艺术法则，创造出新颖别致、具有创造思维的方案与作品来。并着重培养学生的审美素质，促进学生用心灵、思想感受设计，提高学生对美的鉴赏能力、对广告作品的鉴赏能力以及创造能力。

（一）知识目标

使学生能掌握广告调查的方法与步骤，能够独立和协作完成广告调查并写出市场调查报告。要求数据真实、思路清晰、语言通顺、观点明确。

（二）能力目标

通过学习训练力求掌握广告版面的方法和技巧。能够正确地进行广告版面的编排设计。

（三）素质目标

能够综合运用所学知识，独立完成平面广告作品的创意与设计。

三、课程内容和要求

序号	工作任务/项目	课程内容和要求		建议学时
		理论	实践	
1	广告设计概况	●广告简史 ●广告定义与分类 ●现代广告的功能和主要特征	1.广告与品牌 2.广告设计与广告策划	4
2	广告市场调查	●调查内容 ●调查方法 ●调查步骤	1.调研报告	8
3	广告设计构成要素	●图形（包括摄影、插图） ●文字 ●色彩 ●文案		16
4	广告设计的创意与表现	●广告创意的思维方式 ●中外优秀广告案例创意分析 ●广告创意的视觉表现形式 ●广告创意的表现手法	1.广告创意 2.广告表现	16
5	广告设计实施	●前期准备 ●案例观摩 ●选题（实题项目或国内外广告竞赛项目） ●构思创意，提出方案 ●文案及图形设计（拍照、绘图、选图） ●制作完成 ●作业评价	1.广告设计完整实施	16

备注：典型工作任务、项目、模块、学习情境、工作过程等。

四、考核评价

本课程总评成绩=10%的平时考勤+40%的平时作业+50%的期末考试。

五、课程资源及使用要求

（一）师资条件要求

师资条件要求必须具备相关专业背景，有丰富实践经历，或在广告设计单位、管理部门有过挂职锻炼的经历。

（二）实训教学条件要求

相关教学软件或制图绘图软件。

（三）教材选用

［1］路明，徐帆.平面广告设计使用教程［M］.北京：清华大学出版社，2005.

［2］李巍.广告设计［M］.重庆：西南师范大学出版社，2005.

［3］文艺琴，郭传菁.平面广告设计与制作［M］.武汉：武汉大学出版社，2002.

六、课程实施建议及其他说明

（一）教学建议

每学完一个案例都进行核心技能实训，此时学生是在校内课堂中完成（非真实工作环境，称为"假做"）教师精心设计的涵盖核心技能的实训题（非真实工作任务，称为"假题"），进行"假题假做"。

（二）教学方法与手段

本课程在教学过程中以学生为中心，针对学生的认知特点和不同的教学内容，在使用传统的讲授法的基础上进行了多种教学方法的拓展。

任务驱动式：把真实的企业项目作为工作任务引入课堂，引导学生在完成任务的过程中模拟进入岗位角色，并以公司的工作制度、工作流程来要求学生完成作品的创作。

案例教学法：对于典型项目中的核心技能用生动、直观的案例进行导入。例如：某企业所设计的系列平面广告。

启发式教学法：学生掌握案例的制作方法后，对案例涉及的知识技能进行拓展提问，启发学生去思考，使学生能够举一反三，拓宽广告设计思路。

多媒体教学与常规教学结合：利用多媒体教室教学，能够增加学生的感性认识，激发学生的学习兴趣。

景区开发与管理专业"平面设计"课程标准

一、课程性质

　　该课程是景区开发与管理专业的必修课，是其他专业的岗位选修课。目标是让学生掌握平面设计基础知识、Photoshop 软件基本操作，并能够运用 Photoshop 软件进行旅游景区 LOGO、旅游景区宣传册、旅游景区门票等的设计制作。具备良好的职业道德、团队协作等综合素养，并能够独立完成特定旅游景区 LOGO、景区宣传册、景区门票设计等专业素质，达到旅游规划设计公司、旅游景区企业等进行旅游景区 LOGO、景区宣传册设计等的职业要求。它以"市场营销基础与方法""旅游资源调查与评价""旅游策划"为基础，是进一步学习"景观设计""旅游规划实务""GIS 制图与应用"课程的基础。

　　该课程是依据"景区开发与管理专业工作任务与职业能力分析表"中的旅游景区营销策划工作领域设置的。其总体设计思路是，打破以知识传授为主要特征的传统学科课程模式，转变为以工作任务为中心组织课程内容，并让学生在完成具体项目的过程中学会完成相应工作任务，并构建相关理论知识，发展职业能力。课程内容突出对学生职业能力的训练，理论知识的选取紧紧围绕工作任务完成的需要来进行，同时又充分考虑了旅游新业态与"旅游+"新形态下"大旅游"产业发展对理论知识学习的要求，坚持以德树人，注重思想政治教育贯穿教学始终，同时融合了学生综合素质提升、创新创业能力培养，学生可持续发展的要求。项目设计以平面设计基础、Photoshop 技能训练、景区平面主题设计实训为线索来进行。教学过程中，通过校企合作、校内实训基地建设等多种途径，采用工学结合、现代学徒制等多种形式，充分开发学习资源，给学生提供丰富的实践机会。教学效果评价采取过程评价与结果评价相结合的方式，通过理论与实践相结合，重点评价学生的职业能力和综合素养。

　　该门课程的总学时为 60 学时，建议学分为 4 分，执笔人为陈友军。

二、课程目标

（一）知识目标
- 景区创意设计训练基础知识；
- 景区色彩搭配原理；
- 景区构图原理；
- 景区形象 VI 理论。

（二）能力目标
- 景区茶展海报设计；
- 景区景观效果设计；

- 杭州茶博会邀请函个人设计；
- 景区节庆活动海报个人设计；
- 景区 LOGO 及吉祥物设计；
- 景区专刊版面设计。

（三）素质目标

- 具备良好的旅游业可持续发展的思维模式；
- 能够团结合作，实现特定旅游景区 VI 设计；
- 树立旅游景区形象识别系统设计的沟通协作意识；
- 坚忍不拔，能够达到预期目标；
- 热爱祖国，乐于奉献，为家乡旅游业发展奉献自身力量。

三、课程内容和要求

通过本课程学习，学生掌握旅游资源定义、特征、分类及主要旅游资源特征，掌握旅游资源调查、旅游资源评价相关内容，并能够撰写旅游资源调查报告。

序号	工作任务/项目	知识内容与要求	技能内容与要求	建议学时
1	平面设计基础	创意思维训练 平面设计理论初步	第一章　景区创意设计训练 第二章　景区色彩搭配原理及实例 第三章　景区构图原理及实例 第四章　景区形象VI理论及实例	16
2	Photoshop技能训练	Photoshop基础命令练习 Photoshop平面设计案例练习	第五章　Photoshop基本命令详解（上） 第六章　Photoshop基本命令详解（下） 第七章　景区茶展海报综合训练实例 第八章　景区景观效果设计实例	20
3	景区平面主题设计实训	主题创意设计实训	第九章　杭州茶博会邀请函个人设计 第十章　某景区节庆活动海报个人设计 第十一章　某景区LOGO及吉祥物设计 第十二章　某景区专刊版面设计	24
合计				60

四、考核评价

该课程具有较强的实操性和实践性，在考核过程中，一方面，采用企业评价、教师评价和学生互评相结合的方式进行；另一方面，注重平时成绩的考核，将校外实训基地和校内实训基地实习成绩纳入考核评价体系。

工作任务	分值	教学评价组成部分			学习单元成绩
		企业评价%	教师评价%	学生互评%	
工作任务一	20	0	70	30	
工作任务二	30	20	60	20	
工作任务三	50	30	50	20	
学生总成绩=学习单元成绩平均分（20%）+期末知识评价（40%）+过程作业及其他（40%）					

五、课程资源及使用要求

（一）师资条件要求

该课程专兼职教师应该具备最基本的教学能力、行业实操能力，应该具有平面设计、计算机制图等专业背景，硕士及以上学位学历，具有一定的行业企业一线工作经历等要求，并能够围绕课程教学内容独立进行教学设计、课程开发、实践指导等方面的工作。

（二）实训教学条件要求

序号	工作任务/项目	实训室	实训资源要求	实训时间安排（学时）
1	平面设计基础	校内/校外	景区VI系统设计	2
2	Photoshop技能训练	校内/校外	特定旅游景区照片素材	20
3	景区平面主题设计实训	校内/校外	特定景区照片素材	22
合计				44

（三）教材选用

本课程选用教材是《Photoshop 图形图像处理》《Photoshop + CorelDraw 平面设计创作实例教程（21 世纪高等职业教育信息技术类规划教材）》（崔英敏，人民邮电出版社）。

六、课程实施建议及其他说明

（一）教师教学计划

项目	工作任务/项目	知识点	训练或工作项目	教学重点	教学情境与教学设计	建议学时
1	平面设计基础	创意思维训练 平面设计理论初步	景区形象VI设计	景区形象VI设计	特定景区VI系统导入	16
2	Photoshop技能训练	Photoshop基础命令练习 Photoshop平面设计案例练习	景区茶展海报综合训练实例 景区景观效果设计实例	景区茶展海报设计	案例导入	20
3	景区平面主题设计实训	主题创意设计实训	杭州茶博会邀请函个人设计 某景区节庆活动海报个人设计 某景区LOGO及吉祥物设计 某景区专刊版面设计	景区海报设计	案例导入	24

（二）课程资源开发

本课程选用教材是《Photoshop 图形图像处理》《Photoshop + CorelDraw 平面设计创作实例教程（21 世纪高等职业教育信息技术类规划教材）》（崔英敏，人民邮电出版社）为主，兼有校园景区及旅游景区案例。此外，还有系部教师各项目资源依托。

（三）教学模式

该课程以课堂教学模式为主，以实训基地教学为辅。

（四）教学方法

讲授法、启发式教学法、互动式教学法、案例教学法、角色扮演法、操作示范法等方法为主要教学方法。

（五）教学手段

多媒体教学与现场教授教学相结合。

（六）主要参考资料

1. 书籍类

［1］伊延波，张建设.广告创意与设计［M］.北京：清华大学出版社，2010.

［2］李中扬.全国高等院校设计专业精品教材·创意思维训练［M］.北京：中国建筑工业出版社，2011.

［3］詹龙，武克元.Photoshop CS5 完全自学教程［M］.北京：中国铁道出版社，2011.

［4］尚峰，王国胜，陆文革.Photoshop & CorelDraw 包装设计详解［M］.北京：科学出版社，2010.

2. 网站类：

［1］Photoshop CS平面设计精品课程：http：//course.jingpinke.com/details?uuid=a0cd6610-12a8-1000-8a7a-3ae136a7d8d2&objectId=oid：12752fd3-6a17-44d9-b714-491f9f406899&courseID=a0cd6610-12a8-1000-8a7a-3ae136a7d8d2

［2］平面设计与工艺实训精品课程：http：//course.jingpinke.com/details?uuid=a9fced76-12aa-1000-b6cd-bd3919efaddd&objectId=oid：f922f3ac-3838-448f-a627-4acd4ee19dd6&courseID=a9fced76-12aa-1000-b6cd-bd3919efaddd

［3］电脑平面设计精品课程：http：//course.jingpinke.com/details?uuid=8a833999-20d0f6d2-0120-d0f6d24a-007b&objectId=oid：8a833999-20d0f6d2-0120-d0f6d24a-007a&courseID=D040038

［4］平面设计与排版精品课程：http：//course.jingpinke.com/details?uuid=cc56cdba-1233-1000-985d-144ee02f1e73&objectId=oid：cc56cdba-1233-1000-985c-144ee02f1e73&courseID=SG090038

［5］Photoshop 精品课程：http：//www2.sdlvtc.cn/jsjjingpin/dagang.htm

［6］ps 联盟：http：//www.68ps.com/

景区开发与管理专业"景观设计"课程标准

一、课程性质

本课程是岗位选修课，是专业提升课程。目的是让学生掌握景观设计基本知识，培养学生运用景观设计理论完成场地布置和景观设计能力，具备基本设计素质，达到初级景观设计师的职业要求。它以计算机辅助设计和园林植物识别与应用等课程为基础，是进一步学习计算机辅助、园林植物识别与应用、旅游规划设计、旅游策划等课程的基础。

该课程是依据"景区开发与管理专业工作任务与职业能力分析表"中的详细控规工作项目设置的。其总体设计思路是，打破以知识传授为主要特征的传统学科课程模式，转变为学生操作工作任务为中心组织课程内容，并让学生在完成具体项目的过程中学会完成相应工作任务，并构建相关理论知识，发展景观设计的职业能力。课程内容突出对学生实操能力的训练，规划设计素质的培养。理论知识的选取紧紧围绕工作任务完成的需要来进行，同时又充分考虑旅游新业态与"旅游+"新形态下"大旅游"产业发展对理论知识学习的要求，坚持立德树人，注重思想政治教育贯穿教学始终，同时融合了学生综合素质提升、创新创业能力培养、学生可持续发展的要求。项目设计以项目展开为线索来进行。教学过程中，通过校企合作、校内实训基地建设等多种途径，采取工学结合等形式，充分开发学习资源，给学生提供丰富的实践机会。教学效果评价采取过程评价与结果评价相结合的方式，通过理论与实践相结合，重点评价学生的职业能力和综合素质。

该门课程的总学时为 60 学时，建议学分为 4 分，执笔人为陈洁菡。

二、课程目标

（一）知识目标

● 能够了解中外园林风格与形成原因；

● 能够掌握概念和形式表达方式与方法；

● 能够掌握景观设计的基本原理和方法。

（二）能力目标

● 能熟练完成园林景观勘察、测绘任务；

● 能相对独立与甲方沟通业务细节；

● 能熟练应用景观美学的表现方式与技巧进行方案设计；

● 能结合园林景观植物的生长习性、栽培技术与养护要求等进行植物设计；

● 能独立完成小型景观项目各阶段的设计文件；

● 能够配合完成旅游规划控规部分内容。

（三）素质目标

能熟知并有效应用相关的法律法规、设计规范，并遵守"景观设计师"的职业道德。

三、课程内容和要求

序号	工作任务/项目	课程内容和要求		建议学时
		理论	实践	
1	中外园林史（任务1）	掌握不同时期园林风格和形成原因		4
2	案例解析	通过案例形式解析当下不同景观的风格		4
3	景观要素	要素介绍	要素在图纸上的呈现	4
4	概念—形式	概念表达方式 真实案例导入	校园某区块模仿与尝试	4
5	草图方案评图（任务2）		1.学生上台解读自己的方案 2.同学点评 3.教师点评（融入景观设计原理和方法）	8
6	植物配置	植物配置原理和方案	学生重新调整自己的草图	4
7	制图规范	规范	制图（按照规范）	4
8	色彩	色彩	制图（上色）	4
9	完成方案（任务3）		制图	4
10	别墅案例（任务4）	场地引入	实操绘制草图方案	4
11	别墅案例（任务4）	场地引入	实操绘制平面效果	4
12	城市小公园（任务5）	场地引入	实操绘制草图方案	4
13	城市小公园（任务5）	场地引入	实操绘制平面效果	4
14	随堂考		4	4
合计		30	30	60

备注：典型工作任务、项目、模块、学习情境、工作过程等。

四、考核评价

在考核方式上，采用形成性与终结性评价相结合的开卷考试、大型作业、现场面试、上机考试、技能测试、阶段测试、课程论文、调研报告等多种考核方式。增加过程性成绩比重，增加考勤、作业、实训、平时表现等在成绩中的比重。

本课程考核总成绩＝10%考勤＋50%平时成绩＋40%期末成绩

项目	内容	比例（%）
考勤	平时考勤	10
课程任务	任务1	10
	任务2	10
	任务3	10
	任务4	10
	任务5	10
期末成绩	期末考试	40
合计		100

五、课程资源及使用要求

（一）师资条件要求

（1）专任教师要求

1. 从教水平

● 教师均要掌握现代信息化教学手段，具备使用或制作多媒体课件进行教学的能力；

● 专任教师（含实训指导老师）具备对现行教材的筛选、组合能力；

● 能紧紧围绕专业人才培养目标，按照实施性教学大纲与课程标准的要求科学合理地安排教学内容；

● 具备运用灵活多样的教学模式、教学方法进行教学的能力；

● 具有较强的语言表达能力；

● 能够将学生的思想道德教育融入教学全过程。

2. 专业经验

● 专任教师具备旅游规划设计公司、景观设计公司、旅游行政主管部门或景区挂职工作经历半年及以上，对旅游规划设计、旅游行政及旅游景区管理有实际的掌握与了解，具备旅游规划及开发的实际工作能力；

● 学校采取有效手段，鼓励教师积极申报教师系列外的行业岗位专业技术职称，全面提升教师的专业技能水平，做到真正意义上的双师型教师。

（2）兼职教师要求

1. 行业背景

兼职教师具有中级及以上职称，企业中层及以上管理人员或中高级的技术人员，具有在旅游及相关行业丰富的工作经验，能够指导学生完成各项实训任务，能够承担职业技术课、专业选修课、职业提升课及职业技能训练课的教学指导任务。

2. 教学水平

具有较强的语言表达能力，能够参与专业教学、课程建设和教材建设，并发挥重要作用。

（二）实训教学条件要求

（1）校内实训资源

在校内实训实验条件建设上，应能满足各课程教学项目实施的需求，适应小组团队完成任务学习的需要，使学生在仿真的职业环境中得到熏陶。按 50 人为自然班，具体配置要求见下表。

实训室	实训（课程）项目	主要设备名称	主要用途	数量	工位数
景区综合模拟实训室	课程实操	景区综合实训软件	教学资料	1套	56
		橱窗	成果展示	若干个	
		组合桌椅	辅助教学	8套	
		笔记本		60台	
		投影仪	操作控制与演示	1套	
		教学控制软件		1套	
		教学主控台		1套	
		专业机柜		1套	
		台式机		1台	
		教学资源库	信息存储、教学资源共享	1套	
		服务器		1台	
茶文化实训室（中心）	课程实操	茶艺桌	实训器具	15套	50
		各类茶具		60套	
		博古架	环境配套设施	2件	
		屏风		4件	
		储茶柜		2个	
		更衣柜		9个	
		多媒体投影设备及系统	教学、音频演示	1套	
		笔记本电脑		1台	
GIS与遥感实验室	项目现状分析	计算机	教学、科研工作	8台	14
		工作桌椅		8套	
		数据处理工作位		3套	
		文件柜	教学、科研辅助设施	10台	
		打印机		1台	
		扫描仪		1台	
		交换机		1台	
		传真机		1台	
		彩色电视机		1台	
		碎纸机		1台	
		卫星遥感接收系统	数据采集与信息处理中心	1套	
		"3S"软件		若干套	
		UPS		1台	
		数据存档系统		1套	
		服务器		1台	
校园景区	案例分析	标识标牌系统	若干		若干
		校园绿化景观	若干		
		基础设施系统	若干		

（2）校外实训资源

在国内外旅游景区企业或旅游规划设计院中，选择有经营资质、管理科学规范，可接收学生进行相关岗位实习或顶岗实习。旅游管理专业现有校外实习、实训基地 17 家，年可接纳学生总量 105 人，主要基地见下表。

序号	实习基地名称	主要实习岗位	年可接纳学生数
1	杭州天闻旅游规划设计有限公司	规划设计	3
2	杭州朗域标识工程有限公司	规划设计	5
3	杭州悦景旅游规划设计有限公司	规划设计	5
4	杭州村游旅游网络有限公司	活动策划、旅游电商	5
5	杭州麦扑网络科技有限公司	智慧旅游	10
6	浙江旅游科学研究院有限公司	旅游规划	5
7	浙江远见旅游规划设计研究院	规划设计	5
8	杭州大山艺景旅游策划有限公司	规划设计	4
9	浙江省旅游发展研究中心	规划设计	3
10	深圳华侨城欢乐谷	活动策划、景区管理	5
11	杭州宋城集团	活动策划、景区管理	10
12	杭州西溪湿地经营管理有限公司	活动策划、景区管理	5
13	浙江省各地市级县市区旅游主管部门	文秘	20
14	安吉凯蒂猫主题公园	活动策划、景区管理	5
15	上海华侨城投资发展有限公司	活动策划、景区管理	5
16	杭州宋城旅游发展股份有限公司宋城旅游管理分公司	活动策划、景区管理	5
17	丽水旅游集散中心有限公司	计调	5

此外，安排学生前往西湖景区、苏州古典园林、钱江新城等地进行综合实训和课程实训，完善课程的实训体系。

（三）教材选用

本课程参考教材为：胡长龙.园林规划设计—理论篇［M］.3 版，2015.还有其他诸如专业教学资源库、教学课件、网络学习资源、教学软件、实训指导手册等教学资源。

六、课程实施建议及其他说明

根据"景观设计师"职业资格认证的要求，结合高职专业学生的学习认知规律及行业发展前景要求，创新提升传统教学方式。一是考虑景观设计是综合性的学科，在教学过程中将与"计算机辅助""效果图制作""园林植物识别与应用"等相关课程融合，形成"多课融合"的教学模式；二是项目化的教学模式，注重虚拟项目和真实项目的结合，利用各种资源最大限度实现项目的真实化；三是项目教学，整个课程以项目展开，项目由小到大，由简到繁，逐步提升学生的项目设计能力；四是注重实践教学，确保 3/4 的实践教学，注重实践训练；五是注重团队合作，即将目标学生划分为若干个学习小组，共同完成相关景观设计任务；六是自评、互评、教师评三评结合，在评图中融入景观设计的各知识点，培养学生批判思考和换位思考的能力。

景区开发与管理专业
"园林植物识别与应用"课程标准

一、课程性质

该课程为岗位选修课，专业提升课程。目的是让学生掌握常见园林植物识别特征和应用特征，培养园林植物辨别和应用能力，主要配合景观设计和旅游规划等设计工作的深化设计。它以植物学、园林植物栽培等课程为基础，是学校景观设计、旅游规划等课程的基础。

该课程是依据"景区开发与管理专业工作任务与职业能力分析表"中的详细控规工作项目设置的。其总体设计思路是，打破以知识传授为主要特征的传统学科课程模式，转变为学生操作工作任务为中心组织课程内容，并让学生在操作的过程中学会完成相应工作任务，并构建相关理论知识，发展植物设计的职业能力。课程内容突出对学生实操能力的训练，规划设计素质的培养。理论知识的选取紧紧围绕工作任务完成的需要来进行，同时又充分考虑旅游新业态与"旅游+"新形态下"大旅游"产业发展对理论知识学习的要求，坚持立德树人，注重思想政治教育贯穿教学始终，同时融合了学生综合素质提升、创新创业能力培养、学生可持续发展的要求。教学过程中，通过校企合作、校内实训基地建设等多种途径，采取工学结合等形式，充分开发学习资源，给学生提供丰富的实践机会。教学效果评价采取过程评价与结果评价相结合的方式，通过理论与实践相结合，重点评价学生的职业能力和综合素质。

该门课程的总学时为 30 学时，建议学分为 2 分，执笔人为陈洁菡。

二、课程目标

（一）知识目标
- 了解植物生长发育特征和生态习性；
- 掌握植物辨识特征；
- 掌握植物应用特征；
- 掌握园林植物的配置原则和方法。

（二）能力目标
- 能够从植物生态和生长发育角度了解植物的外在表现；
- 能够掌握不同植物的识别特征并能准确辨识 200 种以上常见园林植物；
- 能够运用不同植物完成植物配置工作。

（三）素质目标

- 培养学生能吃苦、勤思考的工作习惯；
- 培养学生热爱大自然的高尚情操，从而热爱园林建设事业。

三、课程内容和要求

序号	工作任务/项目	课程内容和要求		建议学时
		理论	实践	
1	植物学基础	教授		2
2	观树形+生长发育（任务1）	教授	现场教学	4
3	观叶+生态习性（任务2）	教授	现场教学	4
4	水生、攀缘植物（任务3）	教授	现场教学	4
5	一二年生球根宿根（任务4）	教授	现场教学	4
6	地被草坪室内观叶（任务5）	教授	现场教学	4
7	识别实训校内（任务6）		现场教学	2
8	植物配置（任务7）	教授	现场教学	2
9	课程实训之西湖（任务8）	教授	现场教学	4
合计		10	20	30

备注：典型工作任务、项目、模块、学习情境、工作过程等。

四、考核评价

在考核方式上，采用形成性与终结性评价相结合的开卷考试、大型作业、现场面试、上机考试、技能测试、阶段测试、课程论文、调研报告等多种考核方式。增加过程性成绩比重，增加考勤、作业、实训、平时表现等在成绩中的比重。

本课程考核总成绩＝10%考勤＋56%平时成绩＋34%期末成绩

项目	内容	比例（%）
考勤	平时考勤	10
课程任务	任务1	7
	任务2	7
	任务3	7
	任务4	7
	任务5	7
	任务6	7
	任务7	7
	任务8	7

项目	内容	比例（%）
期末成绩	期末考试	34
合计		100

五、课程资源及使用要求

（1）专任教师要求

1. 从教水平

● 教师均要掌握现代信息化教学手段，具备使用或制作多媒体课件进行教学的能力；

● 专任教师（含实训指导老师）具备对现行教材的筛选、组合能力；

● 能紧紧围绕专业人才培养目标，按照实施性教学大纲与课程标准的要求科学合理地安排教学内容；

● 具备运用灵活多样的教学模式、教学方法进行教学的能力；

● 具有较强的语言表达能力；

● 能够将学生的思想道德教育融入教学全过程。

2. 专业经验

● 专任教师具备旅游规划设计公司、景观设计公司、旅游行政主管部门或景区挂职工作经历半年及以上，对旅游规划设计、旅游行政及旅游景区管理有实际的掌握与了解，具备旅游规划及开发的实际工作能力；

● 学校采取有效手段，鼓励教师积极申报教师系列外的行业岗位专业技术职称，全面提升教师的专业技能水平，做到真正意义上的双师型教师。

（2）兼职教师要求

1. 行业背景

兼职教师具有中级及以上职称，企业中层及以上管理人员或中高级的技术人员，具有在旅游及相关行业丰富的工作经验，能够指导学生完成各项实训任务，能够承担职业技术课、专业选修课、职业提升课及职业技能训练课的教学指导任务。

2. 教学水平

具有较强的语言表达能力，能够参与专业教学、课程建设和教材建设，并发挥重要作用。

（二）实训教学条件要求

（1）校内实训资源

在校内实训实验条件建设上，应能满足各课程教学项目实施的需求，适应小组团队完成任务学习的需要，使学生在仿真的职业环境中得到熏陶，按50人为自然班，具体配置要求见下表。

实训室	实训（课程）项目	主要设备名称	主要用途	数量	工位数
景区综合模拟实训室	课程实操	景区综合实训软件	教学资料	1套	56
		橱窗	成果展示	若干个	
		组合桌椅	辅助教学	8套	
		笔记本		60台	
		投影仪	操作控制与演示	1套	
		教学控制软件		1套	
		教学主控台		1套	
		专业机柜		1套	
		台式机		1台	
		教学资源库	信息存储、教学资源共享	1套	
		服务器		1台	
茶文化实训室（中心）	课程实操	茶艺桌	实训器具	15套	50
		各类茶具		60套	
		博古架	环境配套设施	2件	
		屏风		4件	
		储茶柜		2个	
		更衣柜		9个	
		多媒体投影设备及系统	教学、音频演示	1套	
		笔记本电脑		1台	
GIS与遥感实验室	项目现状分析	计算机	教学、科研工作	8台	14
		工作桌椅		8套	
		数据处理工作位		3套	
		文件柜	教学、科研辅助设施	10台	
		打印机		1台	
		扫描仪		1台	
		交换机		1台	
		传真机		1台	
		彩色电视机		1台	
		碎纸机		1台	
		卫星遥感接收系统	数据采集与信息处理中心	1套	
		"3S"软件		若干套	
		UPS		1台	
		数据存档系统		1套	
		服务器		1台	
校园景区	案例分析	标识标牌系统	若干	若干	若干
		校园绿化景观	若干		
		基础设施系统	若干		

（2）校外实训资源

在国内外旅游景区企业或旅游规划设计院中，选择有经营资质、管理科学规范，可接收学生进行相关岗位实习或顶岗实习。旅游管理专业现有校外实习、实训基地 17 家，年可接纳学生总量 105 人，主要基地见下表。

序号	实习基地名称	主要实习岗位	年可接纳学生数
1	杭州天闻旅游规划设计有限公司	规划设计	3
2	杭州朗域标识工程有限公司	规划设计	5
3	杭州悦景旅游规划设计有限公司	规划设计	5
4	杭州村游旅游网络有限公司	活动策划、旅游电商	5
5	杭州麦扑网络科技有限公司	智慧旅游	10
6	浙江旅游科学研究院有限公司	旅游规划	5
7	浙江远见旅游规划设计研究院	规划设计	5
8	杭州大山艺景旅游策划有限公司	规划设计	4
9	浙江省旅游发展研究中心	规划设计	3
10	深圳华侨城欢乐谷	活动策划、景区管理	5
11	杭州宋城集团	活动策划、景区管理	10
12	杭州西溪湿地经营管理有限公司	活动策划、景区管理	5
13	浙江省各地市级县市区旅游主管部门	文秘	20
14	安吉凯蒂猫主题公园	活动策划、景区管理	5
15	上海华侨城投资发展有限公司	活动策划、景区管理	5
16	杭州宋城旅游发展股份有限公司宋城旅游管理分公司	活动策划、景区管理	5
17	丽水旅游集散中心有限公司	计调	5

（三）教材选用

本课程无固定的教材，以当下热门植物种的识别和江浙一带常见配置形式为主要参考。提供其他诸如专业教学资源库、教学课件、网络学习资源、教学软件、实训指导手册等教学资源。

六、课程实施建议及其他说明

1. 大纲的适用范围

本教学大纲适用大专学历景区开发与管理专业的专业课教学。教学时数可根据教学计划适当调整授学时数。

2. 教学建议

本课程理论授课建议教师采用多媒体形式进行课堂讲授，以加强学生感性认识，开拓学生视野。实训教学形式多为学生在教师的指导下进行的植物识别训练，要求教师在授课前做好实训授课的准备工作，授学时进行现场讲解，实训过程中给予学生必要的指导，确保实训教学的顺利进行。

3. 本课程与相关课程的衔接、配合关系

学习者应有"植物学"和"园林植物栽培"课程的基础知识。授课内容注意与观赏树木学科的区分，突出本地区重要植物的介绍，提高教学效果。

景区开发与管理专业"效果图制作"课程标准

一、课程性质

本课程是岗位选修课，为规划设计方向必修课，是专业提升课之一。目的是让学生掌握 Sketchup 软件运用基本知识，培养学生运用该软件完成场地建模和构筑物建模能力，具备基本制图素质，达到初级制图员职业要求。它以 AutoCAD、Photoshop 等课程为基础，也是进一步完善学习景观设计、旅游规划设计、旅游策划等课程的基础。

该课程是依据"景区开发与管理专业工作任务与职业能力分析表"中的详细控规工作项目设置的。其总体设计思路是，打破以知识传授为主要特征的传统学科课程模式，转变为学生操作工作任务为中心组织课程内容，并让学生在完成具体项目的过程中学会完成相应工作任务，并构建相关理论知识，发展制图员的职业能力。课程内容突出对学生实操能力的训练，制图素质的培养。理论知识的选取紧紧围绕工作任务完成的需要来进行，同时又充分考虑旅游新业态与"旅游+"新形态下"大旅游"产业发展对理论知识学习的要求，坚持立德树人，注重思想政治教育贯穿教学始终，同时融合了学生综合素质提升、创新创业能力培养、学生可持续发展的要求。项目设计以项目展开为线索来进行。教学过程中，通过校企合作、校内实训基地建设等多种途径，采取工学结合等形式，充分开发学习资源，给学生提供丰富的实践机会。教学效果评价采取过程评价与结果评价相结合的方式，通过理论与实践相结合，重点评价学生的职业能力和综合素质。

该门课程的总学时为 30 学时，建议学分为 2 分，执笔人为陈洁菡。

二、课程目标

（一）知识目标

- 能够掌握 Sketchup 制图操作；
- 能够掌握 Sketchup 修改操作；
- 能够掌握 Sketchup 与 AutoCAD 和 Photoshop 等其他软件的衔接操作。

（二）能力目标

- 能够运用 Sketchup 完成景观方案建模部分；
- 能够运用 Sketchup 配合旅游规划完成建模部分。

（三）素质目标

- 具备良好职业道德修养，能遵守职业道德规范。

三、课程内容和要求

序号	工作任务/项目	课程内容和要求		建议学时
		理论	实践	
1	软件介绍 任务1：主入口改造	演示	练习	2
2	操作命令补充 任务1：主入口改造	演示	练习	4
3	任务2：小公园 由AutoCAD导入建模	演示	练习	4
4	任务2：小公园 由AutoCAD导入建模	演示	练习	4
5	任务2：小公园 由AutoCAD导入建模	演示	练习	4
6	任务4：模型制作 由AutoCAD施工图绘制廊桥、景墙	演示	练习	4
7	任务4：模型制作 由AutoCAD施工图绘制廊桥、景墙	演示	练习	4
8	随堂考		4	4
合计		20	10	30

备注：典型工作任务、项目、模块、学习情境、工作过程等。

四、考核评价

在考核方式上，采用形成性与终结性评价相结合的开卷考试、大型作业、现场面试、上机考试、技能测试、阶段测试、课程论文、调研报告等多种考核方式。增加过程性成绩比重，增加考勤、作业、实训、平时表现等在成绩中的比重。

本课程考核总成绩＝10%考勤＋45%平时成绩＋45%期末成绩

项目	内容	比例（%）
考勤	平时考勤	10
课程任务	任务1	15
	任务2	15
	任务3	15
期末成绩	期末考试	45
合计		100

五、课程资源及使用要求

（一）专任教师要求

1. 从教水平

● 教师均要掌握现代信息化教学手段，具备使用或制作多媒体课件进行教学的能力；

● 专任教师（含实训指导老师）具备对现行教材的筛选、组合能力；

● 能紧紧围绕专业人才培养目标，按照实施性教学大纲与课程标准的要求科学合理地安排教学内容；

● 具备运用灵活多样的教学模式、教学方法进行教学的能力；

● 具有较强的语言表达能力；

● 能够将学生的思想道德教育融入教学全过程。

2. 专业经验

● 专任教师具备旅游规划设计公司、景观设计公司、旅游行政主管部门或景区挂职工作经历半年及以上，对旅游规划设计、旅游行政及旅游景区管理有实际的掌握与了解，具备旅游规划及开发的实际工作能力；

● 学校采取有效手段，鼓励教师积极申报教师系列外的行业岗位专业技术职称，全面提升教师的专业技能水平，做到真正意义上的双师型教师。

（二）兼职教师要求

1. 行业背景

兼职教师具有中级及以上职称，企业中层及以上管理人员或中高级的技术人员，具有在旅游及相关行业丰富的工作经验，能够指导学生完成各项实训任务，能够承担职业技术课、专业选修课、职业提升课及职业技能训练课的教学指导任务。

2. 教学水平

具有较强的语言表达能力，能够参与专业教学、课程建设和教材建设，并发挥重要作用。

（二）实训教学条件要求

（1）校内实训资源

在校内实训实验条件建设上，应能满足各课程教学项目实施的需求，适应小组团队完成任务学习的需要，使学生在仿真的职业环境中得到熏陶，按50人为自然班，具体配置要求见下表。

实训室	实训（课程）项目	主要设备名称	主要用途	数量	工位数
景区综合模拟实训室	课程实操	景区综合实训软件	教学资料	1套	56
		橱窗	成果展示	若干个	
		组合桌椅	辅助教学	8套	
		笔记本		60台	
		投影仪	操作控制与演示	1套	
		教学控制软件		1套	
		教学主控台		1套	
		专业机柜		1套	
		台式机		1台	
		教学资源库	信息存储、教学资源共享	1套	
		服务器		1台	

实训室	实训（课程）项目	主要设备名称	主要用途	数量	工位数
茶文化实训室（中心）	课程实操	茶艺桌	实训器具	15套	50
		各类茶具		60套	
		博古架	环境配套设施	2件	
		屏风		4件	
		储茶柜		2个	
		更衣柜		9个	
		多媒体投影设备及系统	教学、音频演示	1套	
		笔记本电脑		1台	
GIS与遥感实验室	课程实操	计算机	教学、科研工作	8台	14
		工作桌椅		8套	
		数据处理工作位		3套	
		文件柜	教学、科研辅助设施	10台	
		打印机		1台	
		扫描仪		1台	
		交换机		1台	
		传真机		1台	
		彩色电视机		1台	
		碎纸机		1台	
		卫星遥感接收系统	数据采集与信息处理中心	1套	
		"3S"软件		若干套	
		UPS		1台	
		数据存档系统		1套	
		服务器		1台	

（2）校外实训资源

在国内外旅游景区企业或旅游规划设计院中，选择有经营资质、管理科学规范，可接收学生进行相关岗位实习或顶岗实习。旅游管理专业现有校外实习、实训基地17家，年可接纳学生总量105人，主要基地见下表。

序号	实习基地名称	主要实习岗位	年可接纳学生数
1	杭州天闻旅游规划设计有限公司	规划设计	3
2	杭州朗域标识工程有限公司	规划设计	5
3	杭州悦景旅游规划设计有限公司	规划设计	5
4	杭州村游旅游网络有限公司	活动策划、旅游电商	5
5	杭州麦扑网络科技有限公司	智慧旅游	10
6	浙江旅游科学研究院有限公司	旅游规划	5

续表

序号	实习基地名称	主要实习岗位	年可接纳学生数
7	浙江远见旅游规划设计研究院	规划设计	5
8	杭州大山艺景旅游策划有限公司	规划设计	4
9	浙江省旅游发展研究中心	规划设计	3
10	深圳华侨城欢乐谷	活动策划、景区管理	5
11	杭州宋城集团	活动策划、景区管理	10
12	杭州西溪湿地经营管理有限公司	活动策划、景区管理	5
13	浙江省各地市级县市区旅游主管部门	文秘	20
14	安吉凯蒂猫主题公园	活动策划、景区管理	5
15	上海华侨城投资发展有限公司	活动策划、景区管理	5
16	杭州宋城旅游发展股份有限公司宋城旅游管理分公司	活动策划、景区管理	5
17	丽水旅游集散中心有限公司	计调	5

（三）教材选用

本课程无指定教材，但相关软件参考书本非常多，还有其他诸如专业教学资源库、教学课件、网络学习资源、教学软件、实训指导手册等教学资源。

六、课程实施建议及其他说明

根据制图员岗位的需求，结合高职学生的学习认知规律和行业发展要求，创新提升传统教学方式。一是考虑效果图制作是辅助性的学科，在教学过程中将与"计算机辅助设计""景观设计"等相关课程融合，形成"多课融合"的教学模式；二是项目化的教学模式，注重虚拟项目和真实项目的结合，利用各种资源最大限度实现项目的真实化；此外，整个课程以项目展开，项目由小到大，由简到繁，逐步提升学生的项目设计能力；三是注重实践教学，确保3/4的实践教学，注重实践训练；四是注重团队合作，即将目标学生划分为若干个学习小组，共同完成相关任务；五是自评、互评、教师评三评结合，在评图中融入各操作知识点，培养批判思考和换位思考的能力。

景区开发与管理专业
"旅游设施与工程设计"课程标准

一、课程性质

"旅游设施与工程设计"是景区开发与管理的岗位选修课，是规划岗的重要课程之一。"旅游设施与工程设计"放在第三学期进行教学，以"计算机辅助设计"等课程为前导基础课程，主要培养学生对旅游设施工程设计方面的标准知识、设计绘图技能，掌握景区旅游设施的基本类型和工程设计方法，结合学生未来相关工作岗位实习情况，主要培养学生工程设计图纸绘制技能，团队协作精神以及与人沟通的能力。

本课程所面对的学习者在认知特点上，缺乏规划设计能力，具备设计行业 AutoCAD软件操作基础。并且学生对于规划设计各部分内容与各阶段工作的组织协调能力弱。在情感特点上，对于工程设计有一定的兴趣，但是该兴趣会随着越来越多的设计难度的征集的增加而降低。在意志力特点上，知难而退，应付了事。规划设计成果表现具有开放性和不确定的特点，导致学生独立思考深度不够，资料搜索广度不足，随便应付了事现象较多。在行为特点上，自控能力差，表现欲望强。行为的控制能力不强，专注力不够持久，玩手机、睡觉的同学较多。但是上台表现的欲望与能力较强，能配合完成作业，并展现成果。

与本课程学习相关的知识、技能准备状况方面，通过前期旅游标准知识、计算机辅助设计的学习，已经具备一定的旅游服务设施层面的知识。学生的动手操作能力和模仿能力较强，并具有一定的合作能力。

在学习风格方面，不能长时间集中注意力听讲，且自学能力较差，因此学习风格为动觉型为主，读写型为辅型。

该课程总体设计思路是，打破以知识传授为主要特征的传统学科课程模式，转变为以工作任务为中心组织课程内容。并结合课下自学练习，课上解答和强化的模式为主进行操作，将课程的知识点总体划分为景区入口空间规划设计、游客中心的设计、公共厕所的设计、道路与广场的设计。每一模块结合案例以及相应的工作任务进行教学，让学生在完成具体工作任务过程中学习相应的知识。课程内容突出对学生职业能力的训练，理论知识的选取紧紧围绕工作任务完成的需要来进行，同时又充分考虑了高等职业教育对理论知识学习的需要，并融合了相关职业资格证书对知识、技能和态度的要求。在教学方式上，本课程采用任务驱动式教学方法，按照工程设计工作流程来组织教学，实现教、学、练一体化，理论与实践一体化。

该门课程的总学时为 64 学时，建议学分为 4 分，执笔人为于丹。

二、课程目标

（一）知识目标

● 掌握游客中心、公共厕所规划设计的具体要求；
● 掌握道路、停车场、广场设计的基本标准规范和制图要求；
● 掌握景观小品的设计方法与制图要求；
● 熟悉市政基础设施的规划设计要求。

（二）能力目标

● 能够运用相关旅游规划原理和设计方法，完成景区旅游服务相关设施的设计；
● 能够根据制图标准画出简单设施的施工图；
● 能够独立完成工程设计的文案写作。

（三）素质目标

● 思想素质：树立起符合生态文明的发展观、价值观和责任感；
● 文化素质：形成对以人为本，人文体验的良好认知，拓展知识的广度；
● 职业素质：具备较强的团队协作精神，以及与人沟通的能力。

三、课程内容和要求

序号	工作任务/项目	课程内容和要求		建议学时
		理论	实践	
1	景区入口空间规划设计	●通过入口空间的规划设计将旅游设施的布局要点能够讲透。	●某景区入口空间的规划设计（要包含游客中心、公共厕所、道路、停车场、集散广场、景观小品）	4
1	游客中心的设计	●游客中心布局、风貌、材质选择的要点	●游客中心平面设计	8
2	公共厕所的设计	●公共厕所布局、风貌、材质选择的要点	●公共厕所平面设计	8
3	道路与广场工程	●道路工程设计 ●停车场工程设计 ●广场工程设计	●道路施工绘制 ●停车场施工绘制 ●广场施工绘制	20
4	景观小品工程	●休憩设施工程设计 ●标识标牌工程设计	●休憩设施设计与建模 ●休憩设施施工图设计 ●标识标牌设计与建模 ●标识标牌施工图设计	16
5	市政基础设施	●给排水工程 ●电力工程	●给排水工程设计 ●电力工程设计	4

备注：通过某一典型景区的公共部分的游客中心、厕所、道路广场、景观小品和市政基础的设计，完成典型的景区旅游设施的工程设计。

四、考核评价

学生考评软件操作＋平时作业（工程设计）＋平时考核相结合的形式，其比例分别为30%、60%和10%。考核以过程性考核为主，期末拿出过程性考核的整体成果来进行考评，最大限度地提升学生参与项目实践实训的积极性。

考核方式	考试内容	比例
软件操作	利用教学软件完成某一区域的旅游规划项目	30%
平时作业	独立完成某一区域的景区入口工程设计	60%
平时考核	到课率及作业完成情况	10%

五、课程资源及使用要求

（一）师资条件要求

必须具备相关专业背景，有丰富的工程设计实践经历，或在规划设计单位、景区有过挂职锻炼的经历。

（二）实训教学条件要求

本专业已拥有专业教室、校内实训基地、校外实训基地三类教学场所。其中专业教室包括多媒体教室、景区综合实训室、GIS与遥感实验室。

（三）教材选用

学习参考书：

［1］中华人民共和国文化和旅游部：《建筑制图标准》GB/T 50104—2010

［2］中华人民共和国文化和旅游部：《城市用地分类与规划建设用地标准》（GB 50137—2011）

《旅游规划通则》

《村庄景观环境工程技术规程》

［3］中华人民共和国文化和旅游部：《美丽乡村建设指南》GB/T 32000—2015

［4］中华人民共和国文化和旅游部：《风景名胜区规范标准》GB 50298—1999

［5］工程建设标准：《村庄景观环境工程技术规程》CECS 285：2011

［6］中华人民共和国文化和旅游部：《工程测量规范》（GB 50026—2007）

六、课程实施建议及其他说明

"旅游设施与工程设计"主要采用任务驱动、过程导向、角色扮演、案例教学、实训作业、教学软件操作等教学方法，根据工程施工图设计中标准规范的要求，运用辅助教学软件或计算机软件以及网络资源，完成一个景区入口的工程设计图纸。通过任务驱动、案例实训的方法将会取得更好的教学效果。

景区开发与管理专业"旅游地理"课程标准

一、课程性质

"旅游地理"是景区开发与管理专业的一门职业基础课，课程所学内容是"旅游资源开发""旅游规划实务""营销管理实务""景区服务与管理"等众多课程的基础知识，地位十分重要，课程内容及教学体现景区开发与管理应用型人才培养的特色要求。通过课程的教学，让学生初步掌握旅游地理学科的基本理论和方法，重点掌握中国旅游资源的基本特征和时空分布及其形成的原因，掌握各分区最具特色的优势旅游资源，主要旅游景区及其旅游价值以及重要旅游线路，从而全面认识中国旅游国情，培养学生的创新精神，提高学生的景区开发与管理专业素质与能力。

该门课程的总学时为 32 学时，建议学分为 2 分，执笔人为吕汝健。

二、课程目标

（一）总体目标

通过本课程的学习，通过任务引领的项目活动，学生应掌握旅游地理的地域分异规律，能够进行旅游资源调查与分析，学会进行旅游线路设计、旅游目的地形象设计，同时培养学生多学科、多角度分析问题的思维能力，具有生态保护意识与创新设计意识。

（二）具体目标

1. 方法能力目标
- 学习与掌握各类旅游资源的旅游价值、空间分布规律；
- 学习与掌握我国重要旅游景点的空间分布；
- 学习与了解中国不同地域的景观特色；
- 熟悉中国各个地方的地理概况、旅游资源、特产以及风土人情。

2. 专业能力目标
- 学会对中国各区域旅游资源调查与分析的能力；
- 学会各类专题旅游线路设计的基本技能；
- 学会运用旅游地理知识进行区域旅游规划设计（旅游目的地系统设计、资源整合旅游产品组合、旅游形象设计）；
- 学会搜集、整理、提炼电子资料（互联网、视频）及纸质（书本、报刊）介质上旅游地理知识的技巧。

3. 社会能力目标
- 能正确解释其地理成因及旅游人地关系等，树立空间地域意识；
- 学会多学科、多角度分析问题的思维能力；

● 培养旅游欣赏与美学鉴赏分析能力；
● 形成生态环境保护意识与创新设计意识。

三、课程内容和要求

（一）课程主要内容

从协调旅游景区开发与管理人地关系特点出发，选择的教学内容围绕两大部分，一是旅游者地理、旅游影响、旅游容量、旅游景区等旅游地理方面的知识；二是中国旅游资源、旅游状况等方面。

在讲授过程中，以适应"新旅游"时代需要和应用为目的，突出旅游地理课程的基础性、实践性特色，以必须够用为主，讲清中国旅游资源地理和各分区旅游资源的分布特点，结合实际强化训练，突出适应性、实用性和针对性，注意课堂讲授和实地考察相结合，尽量采用多媒体教学手段。

（二）课程教学内容与教学的总框架

序号	项目名称	知识内容和要求	技能内容和要求	教学情景或教学设计	学时
1	旅游与地理学	掌握旅游地理学的基本理论	运用旅游地理的地域分异、人地关系等理论分析问题	多媒体教学	2
2	地文景观旅游资源	掌握各类地文旅游资源对旅游的影响	能够进行各类地文旅游资源调查和评价	案例教学、情景教学	4
3	地文景观旅游资源	掌握地文旅游资源空间特征	绘制旅游旅游资源调查和评价图	多媒体教学	2
4	水域风光旅游资源	掌握水文旅游资源对旅游的影响	能够进行地域资源利用和产品设计	案例教学、情景教学	2
5	水域风光旅游资源	掌握水文旅游资源空间特征	能够进行地域资源利用和产品设计	案例教学、情景教学	2
6	生物旅游资源	掌握生物旅游资源空间特征	能够进行地域资源利用和产品设计	案例教学、情景教学	2
7	生物旅游资源	掌握生物旅游资源对旅游的影响	能够进行地域资源利用和产品设计	案例教学、情景教学	2
8	气象与气候旅游资源	掌握气象与气候旅游资源对旅游的影响	能够进行地域资源利用和产品设计	案例教学、情景教学	4
9	历史古迹类旅游资源	掌握历史古迹类旅游资源对旅游的影响	能够进行地域资源利用和产品设计	案例教学、情景教学	4
10	历史古迹类旅游资源	掌握历史古迹类旅游资源的空间分布	能够进行地域资源利用和产品设计	案例教学、情景教学	4
11	宗教文化类旅游资源	掌握宗教文化类旅游资源的空间分布	能够进行地域资源利用和产品设计	案例教学、情景教学	4

四、课程实施建议

（一）教材选用/编写

1. 本课程选用：

刘振礼，王兵. 新编中国旅游地理［M］. 天津：南开大学出版社，2015.

2. 参考教材：

［1］石高俊.中国旅游资源［M］.南京：江苏教育出版社.

［2］王瑜，王勇.中国旅游地理［M］.北京：中国林业出版社，北京大学出版社.

［3］杨宇.中国旅游地理［M］.大连：大连理工大学出版社.

此外还编制了技能训练项目指导书及评分标准。

参考资料：网络课程资料、图书馆及学院资料室资料。

3.教材突出实用性，避免把旅游地理资源简单理解为纯粹的技能操作，做到与时俱进。

4.教材以学生为本，文字表述简明扼要，内容展现应图文并茂、突出重点，重在提高学生学习的主动性和积极性。教材中的实验设计具有针对性和可操作性。

（二）教学建议

课程教学模式

本课程采用课堂教学与实践教学相结合的方法，讲授和练习相结合，将旅游地理知识与旅游区域规划设计相结合，要求学生在掌握旅游地理学的基本理论、我国自然和人文旅游资源概况的基础上，熟悉不同区域旅游特色及主要旅游资源；并在此基础上进行区域旅游设计。

教学方法与教学手段

1.教学方法

为培养学生对旅游地理资源进行空间分析、人地关系平衡的技能，本课程采用的主要教学方法有以下几种：

（1）"任务驱动"法

授学时就告诉学生本次课的任务内容、要求，设计应该涵盖的知识点，以此为基础展开教学，注重培养学生发现问题、分析问题、解决问题的能力以及创新思维与技术综合应用能力。

（2）案例法

通过精选典型案例，有机地将相关知识点融合到课程中，让学生对旅游地理问题产生浓厚兴趣，提高其学习的积极性与主动性。

（3）"教、学、做"一体教学法

采用边讲解、边剖析、边指导的方法进行教学。

（4）直观教学法

通过动画演示、电子教案、电子课件、投影、录像、图片等现代教育技术展开理论教学，将复杂的原理用简单的、感性的方法展现出来，并选取与学生实际生活密切相关的实例讲解，有效地使难以理解的概念简单化、形象化，充分激起了学生的学习兴趣和主动性。

（5）讨论交流法

课程教学中，让每个学生积极参与，给学生机会发表自己的意见。

（6）激励教学法

采用小组之间竞赛的方法，竞赛的结果记入平时考核成绩。鼓励团队合作精神和培养创造性解决问题的能力。

2. 教学手段

《旅游地理》课程的教学，采用如下的主要教学手段：

（1）展示教学大纲、教学进度、教师电子教案，提高学生学习的目的性和预知教学大纲、教学进度、教师教案等教学过程中的诸多要素。由于各方面的原因，传统教学中学生对将要学习的内容、练习的方法、手段等往往处于被动的你教我练状态。展示这些内容，可让学生有机会预知将要学习的内容，提高学生学习的针对性和目的性。

（2）精心设计教学课件，通过创建学习情境，激发学生学习兴趣。授课教师均独立精心制作电子教案、课件和教学录像，电子教案中适当加入一些视频录像文件，还可加入声音文件以及一些动画效果的文件，这样使授课变得生动、有趣，使学生能够对所学知识加深印象；在课件设计中，营造轻松活泼的课堂气氛，将抽象化的问题融入学生易于理解的实际情境中，并通过动画演示等手段，让学生通过对熟悉事物的认知来理解理论知识。

（3）通过定期互动，提高学生学习的自主性和参与性。从注重教师的"教"转为更加关注学生的"学"，帮助学生更多地通过自主学习、探索性学习提高自身技能。通过定期师生与景区企事业互动，让学生带着兴趣、带着问题来，带着答案、带着满意回，提高学生学习的主观能动性。

（4）培养学生检索相关网站和用多种方法查检使用工具书的习惯。在教学过程中适时地提出疑问，要求学生通过检索网页来解决问题，同时，在教学初始即提供学生专业重要工具书书目，在以后教学过程中经常提醒学生充分利用这些工具书，这是培养学生自学能力的重要内容，也是积累知识的一个十分重要的手段。学生一旦掌握了这些积累知识的方法，其好处是终身受用不尽的。

教学建议

1. 以学生为主体，培养学生综合应用能力

教学设计要符合学生生理和心理特点，遵循语言学习的规律，力求满足不同类型和不同层次学生的需求，使每个学生的身心得到健康的发展。在教学中教师应该注意：

（1）鼓励学生大胆地表达对管理问题的见解，对他们学习过程中的失误和错误采取宽容的态度；

（2）要为学生提供自主学习的机会以及充分表现和自我发展的空间。

2. 注重学生的情感教育，培养学生解决人地关系协调管理问题的热情

学生只有对自己将要就业的景区管理与服务岗位有浓厚的感情，才会激起他们学习的热情，才能保持认真学习的动力并取得好的成绩。消极的情感不仅会影响学习的效果，而且会影响学生的长远发展。因此，在教学中教师应该自始至终关注学生的情感，努力营造宽松、民主、和谐的教学氛围。

（1）尊重每个学生，积极鼓励他们在学习中的尝试，保护他们的自尊心和积极性；

（2）把课程教学与情感教育有机地结合起来，创造各种工学结合的学习交流活动，促使学生互相学习、互相帮助，发展合作精神；

（3）建立融洽民主的师生交流渠道，经常和学生一起反思学习过程和学习效果，互相鼓励和帮助，做到教学相长。

3.针对岗位需求精选教学内容，缩短课堂与生产实际的距离

教学内容根据岗位能力需求进行精选，教师要认真把握管理景区企业一线的实际情况，确实把应知应会的知识和能力传授给学生。

（1）教师经常到景区企业一线了解情况，及时调整教学内容；

（2）聘请景区企业管理人员担任兼职教师；

（3）部分内容到景区现场，进行现场教学，加强直观性。

4.利用现代教育技术，拓宽学生学习的渠道

（1）利用计算机和仿真教学软件，探索新的教学模式，促进个性化学习；

（2）合理地开发和利用报刊、图书馆和网络等多种资源，为学生创造自主学习的条件。

5.加强对学生学习方法的指导，提高学生自主学习能力

使学生养成良好的学习习惯和形成有效的学习方法是课程教学的重要任务之一。学生必须有自主学习的能力才能适应工作岗位的要求，教师要有意识地加强对学生学习方法的指导，让他们在学习和运用基础技术的过程中逐步学会如何学习。教师应做到：

（1）根据职业岗位能力要求，让学生参与制订阶段性学习目标以及实现目标的方法；

（2）引导学生运用观察、发现、归纳和实践等方法，总结学习和工作经验，进行资料的积累；

（3）引导学生进行管理创新，促进学生实践能力和创新思维的发展；

（4）引导学生在学习过程中进行自我评价并根据需要调整自己的学习目标和学习方法。

6.拓展学生的文化视野，为学生的可持续发展创造条件

教师应使学生在学习过程中了解国内外的发展动向，帮助他们提高运用能力，不断拓展文化视野。教师要善于通过活动来开阔学生的文化视野，并诱导、保护学生的好奇心，培养他们的自主性和创新意识。

7.不断更新知识结构，适应不断发展的对管理学原理课程的要求

企业管理科学的发展正在发生着日新月异的变化，教师应不断更新知识结构，适应现代社会发展对景区客户关系管理课程的要求。为此，教师应该做到：

（1）以学习者为主体设计教学结构，营造民主、和谐的教学氛围，激发学习者参与教学活动，提高学习者学习积极性，增强学习者学习信心与成就感；

（2）教师应指导学习者完整地完成项目，并将有关知识、技能与职业道德和情感态度有机融合；

（3）准确把握本课程标准的理念、目标和内容，运用教育学和心理学理论，探索工学结合的教学模式。根据学生的心理特征和实际情况，及时调整教学内容和教学方法；

（4）提高课堂教学的调控和组织能力，灵活运用各种教学技巧和方法；

（5）掌握现代教育技术，并能在自己的继续学习和实际教学中加以运用；

（6）自觉加强学习和实践，不断拓宽知识面、提高实践技能；

（7）要根据教学目标、学生的需要以及客观条件，积极地和有创造性地探索有效的教学方法；

（8）不断对自己的教学行为进行反思，努力使自己成为具有创新精神的研究型教师。

（三）教学条件

本课程教师队伍由学院内景区开发与管理专业及旅游规划6名专任教师与校外著名景区规划及景区开发与管理精英等5名兼职教师组成，利用已经建成的景区综合实训室、GIS实训室作为师生进行校内实训的教学场所，同时选择院中院宋城学院和西溪学院的校外旅游景区为学生开展社会景区营销实践教学活动的平台。

（四）教学建议资源的开发与利用

1.利用现代信息技术开发录像带、视听光盘等多媒体课件，通过搭建起多维、动态、活跃、自主的课程训练平台，使学生的主动性、积极性和创造性得以充分调动。

2.注重仿真软件的开发利用，如"模拟调研""在线答疑""模块考试"等，让学生置身于网络实习平台中，积极自主地完成该课程的学习，为学生提高旅游资源管理的基本职业能力提供有效途径。

3.加强校内外实训基地的建设，充分利用校内实训基地的资源和条件来加强学生的技能训练，从而提高学生的地理分析操作技能。

4.搭建产学合作平台，充分利用景区企业资源，满足学生参观、实训的需要，并在合作中关注学生职业能力的发展和教学内容的调整。

五、教学评价建议

本学习课程的考核和评价分为理论考核与技能考核两部分。理论考核以期末书面考核形式进行，技能考核分教学情境进行单元考核。技能考核主要考核完成景区客户关系管理原理、客户满意能力、客户忠诚能力、顾客价值及管理能力、软件技术能力、数据管理能力、CRM实施能力、关系营销能力工作任务情况。过程考核主要考核团队合作能力、语言表达和沟通能力、工作计划性、工作灵活性、服务意识和创新能力等方面。可采用观察、专业答辩与交流等方式。

考核与评价方式采用学生互评和教师评价相结合的方式，并按照对各个评价项目的掌握程度对不同的评价项目分配相应的权重，尽量保证考核的公平性和客观性。

本课程为考试课。为了体现"教、学、做"一体化的原则，考核方案中加大了过程考核的比重，具体比例是：过程考核占60%，期末笔试40%。具体见下表。

旅游地理课程考核标准与考核方法

模块	考核方式（100%）	评价要素	评价方法
过程考核（60%）	素质考核（10%）	课堂出勤率、课后作业完成率、课堂互动、团队协作、创新建议	考勤、自评互评、组评
	工作任务书（10%）	完成率、上交及时率、正确率	学生自评教师综评
	核心技能考核（40%）（抽取3个，取平均值）	学习单元参与率、单元实训项目完成率、安全操作率、使用工具正确率	学生展示教师评价
期末考核（40%）	期末笔试（40%）	基础理论知识比重40%实践操作知识比重60%	笔试题型有：填空题、选择题、判断题、简答题、综合分析题

六、教学项目（或学习情境）设计

序号	项目	工作任务	知识点	训练或工作项目	教学重点	教学情境与教学设计	教学时数
1	旅游与地理学	提高学生对课程的学习兴趣，为提高学生的旅游科学文化素质和旅游地理科学素质奠定基础	掌握旅游及其要素构成、旅游地理学的理论与方法、中国旅游地理的产生与发展		旅游要素及其构成；中国旅游地理学的任务	教师讲解，案例分析	4
2	地文景旅游资源	掌握地质地貌与旅游的关系	地质地貌旅游资源的吸引因素与旅游功能，以及地质地貌旅游资源的基本类型	地文旅游资源成因分析	地质作用与地貌的形成；地质地貌与旅游的关系。	教师讲解顾客满意度的测评方法，教师操作示范，分组情景模拟，学生互评、教师点评	6
3	水域风旅游资源	要求了解水体旅游资源的概念，掌握水体与旅游的关系	水体的构景的主要因素、旅游功能，以及主要水体旅游资源的特点	找出水文对旅游影响的关键因素	水体旅游资源的概念，水体与旅游的关系	学生互评、教师点评	6
4	生物旅游资源	要求了解生物与旅游的关系	掌握生物旅游资源的特点，掌握生物旅游资源的构景因素，掌握动物、植物旅游资源的分类和功能，更全面地认识生物旅游资源	动物、植物旅游资源分类	生物与旅游的关系，生物旅游资源的吸引因素	讲解生态理论要点，生物影响因素调研	4
5	气象与气候旅游资源	要求正确理解气象气候与旅游的关系	理解气象、天气、气候概念，了解不同气候类型与旅游的关系；掌握主要的气象天气旅游资源类型	气候旅游资源分析	气象气候与旅游的关系	教师讲解并示范	4
6	历史古迹旅游资源	要求学生掌握历史古迹对旅游的影响方式	掌握历史古迹的概念，了解历史古迹类旅游资源的形成、范畴、作用，系统学习古代遗址、古代建筑、古代陵墓三种类型的人文旅游资源的基本知识	典型文物与建筑识别	历史古迹的概念及在旅游业中的作用	教师讲解数据、数据仓库和数据挖掘要点，全班分组，建立客户数据仓库，学生互评、教师点评	4
7	宗教文化类旅游资源	正确认识宗教文化的旅游功能	了解宗教的起源及其基本知识，掌握宗教建筑的类型及特点；了解各宗教的主要活动及其旅游吸引功能；了解宗教雕塑、壁画，石窟及摩崖造像艺术	宗教旅游目的地分析	宗教文化与旅游；中国旅游地理学的任务	教师讲解基本知识、示范基本功能	4

酒店管理专业课程标准

一、培养目标

本专业旨在培养学生具有良好的职业道德和敬业精神，具有扎实的酒店经营管理与服务所需的基础理论、基本知识和熟练的操作技能，能适应现代旅游酒店前厅、客房、餐饮等部门一线工作需要的高素质技能型人才。

二、主干课程

饭店市场营销、饭店财务管理、饭店服务质量管理、管理学原理、前厅服务与管理等。

三、职业定位

旅游行政管理部门、旅游行业协会、境内外高星级酒店等单位的管理与服务人员。

酒店管理专业"餐饮服务"课程标准

一、课程性质

"餐饮服务"课程是浙江旅游职业学院"酒店管理"专业的一门专业核心课程，本课程以餐饮服务的理论为基础，以业务经营活动为中心，坚持注重基础，强化能力，突出重点，学以致用的原则，既注重阐述餐饮服务的基础知识，又力求理论联系实际，具有很强的可操作性。

该课程以饭店餐饮部的对客服务与管理活动为主线，系统、全面地讲授餐饮服务的理论及方法，旨在使学生比较系统地掌握餐饮企业运营所必备的服务技能与管理理论，熟悉餐饮企业操作规范和运营流程，并能在实践中对所学技能规范操作，对所学理论学以致用，培养一批既具有一定责任心、有一定素养、有一定管理能力同时又受社会及企业欢迎的应用型人才，从而为学生毕业后适应旅游饭店餐饮管理工作的需要打下良好的基础。

在以"职业能力培养为重点，以工作过程为导向"的课程设计理念指导下，进行"以工作过程为能力主线，以职业能力为课程核心，以职业标准为课程内容，以教学模块为课程结构"的课程开发与设计，充分体现职业性、实践性和开放性的要求。

该课程立足于实际能力的培养，要求打破以知识传授为主要特征的传统学科课程模式，转变为以工作任务为中心组织课程内容，按照学习情境设计教学内容，让学生在完成具体项目的过程中学会完成相应工作任务，构建相关理论知识，发展职业能力，并为学生可持续发展奠定良好的基础。

"餐饮服务"课程教学时数为72学时，建议学分为6分，执笔人为李亚男。

二、课程目标

（一）知识目标

● 掌握餐饮服务基础理论和基础知识；

● 在熟悉餐饮管理理论的基础上，熟练掌握餐饮服务过程中各环节的各项服务技能；

● 熟悉酒店餐饮部组织机构和基本职能及其在岗工作职责和工作程序；

● 熟悉酒店餐饮部运行与管理的基本程序和方法。

（二）能力目标

● 培养学生具有较强的操作规范能力。

通过培训，使学生掌握酒店服务的操作规范，具有较强的操作规范能力，能够用正确而规范的方法从事服务工作。在课程结束时能通过餐厅服务国家技能职业鉴定，拿到职业技能证书。

●培养学生具有较强的服务技能。

通过培训，使学生掌握酒店服务的基本技能，具有较强的服务技能，能够针对不同的服务形式采取不同的服务方法。

（三）素质目标

●注重职业兴趣和职业道德的培养；
●注重服务意识和管理意识的培养；
●注重团队精神和敬业精神的培养；
●使学生成为有职业素养的酒店人。

三、课程内容与要求

根据专业人才培养目标要求，结合酒店管理专业职业特点，经过对学生就业岗位工作任务分析，将本课程教学内容分为餐饮概述、餐饮服务基本技能和餐饮对客服务 3 个模块。通过感性、仿真和真实训练，使学生达到既掌握基础知识和技能又培养其职业能力的目的，从而实现专业教学与学生就业的零距离对接。

序号	工作任务/项目	课程内容和要求		建议学时
		理论	实践	72
1	餐饮基础知识	餐饮发展概述		2
		餐饮部		4
		餐饮从业人员的素质要求		2
		餐饮业发展趋势		2
2	餐饮服务基本技能	托盘理论知识	托盘实践操作	4
		餐巾折花理论知识	餐巾折花	6
		酒水服务方法、流程	酒水服务	4
		摆台标准与步骤	摆台	18
		菜肴服务标准与步骤	上菜与分菜	4
		其他服务技能相关知识	其他服务技能	4
3	餐饮对客服务	中餐服务流程	中餐服务	6
		西餐服务流程	西餐服务	6
		宴会服务流程	宴会服务	6
		自助餐服务流程	自助餐服务	2
		客房送餐服务流程	客房送餐服务	2

四、考核评价

考核方式上，采用形成性与终结性评价相结合的理论考试、技能测试、阶段测试等多种考核方式。阶段测试（30%）+ 技能测试（20%）+ 理论考试（50%）。阶段测试主要考查学生课堂提问、课外作业、实践训练、小组讨论与作业等方面的完成情况与效果，占总成绩的 30%；技能测试重在评价学生将餐饮理论知识转化为实践的能力，占总成绩的 20%；理论考试重在评价餐饮服务课程的理论学习情况，占总成绩的 20%。对在学习和运用上有创新的学生应予以特殊鼓励，全面综合评价学生的能力。

五、课程资源及使用要求

（一）师资条件要求

本课程要求大多数教师具有研究生及以上学历，具备餐饮服务实践知识和能力，热爱教育工作，热爱学生；同时有较强的教学能力、教育科研能力和创新能力，能掌握相关高等教育法规，具有一定的教育学、心理学基本知识，并能运用在实际教学过程中。另外要求教师具有制作多媒体课件进行教学设计的能力，并具有应用现代教育技术进行教学的能力，具有指导学生参加宴会设计与服务竞赛的经验。

（二）实训教学条件要求

（1）多媒体教室

（2）客房实训室

（3）校外、校内实训实习基地

（4）提供学习资料的图书馆

（三）教材选用

匡家庆.酒店餐饮部运行与管理［M］.北京：外语教学与研究出版社.

教材充分体现课程设计思想，以项目为载体实施教学，项目选取科学，项目之间的逻辑结构清晰，并成系列，能支撑课程目标的实现。突出职业能力的培养与提高，同时具备可操作性。

六、课程实施建议及其他说明

1. 课程实施方案

课程目标的实现通过情境创设、仿真模拟、案例分析、认识实习、岗位体验等教学方法，以校内实训基地和校外实训基地为实习场所，教、学、做三者结合，强调学生在"做"中"学"。

● 树立学生对餐饮服务的正确认识，培养学生对餐饮服务的兴趣，塑造正确的对客服务理念。

● 应加强对学生实际职业能力的培养，强化基于工作过程的案例教学和任务教学，注重以任务引领型项目诱发学生兴趣，使学生在完成典型任务活动中能熟练掌握餐饮服务技能与流程。

● 教师应尽可能由浅及深地讲授餐饮服务专业知识，并结合饭店实际案例加深学生理解。

● 应注意职业情境的创设，以多媒体、录像等教学方法提高学生分析问题和解决实际问题的职业能力。

● 教师必须重视实践、更新观念，为学生提供自主发展的时间和空间，积极引领学生提升职业素养，努力提高学生的创新能力。

2. 教师教学计划

学习情境	情境1：餐饮基础知识		参考学时		10
学习目标	素质目标：培养职业兴趣和职业素养				
	知识目标：了解中外餐饮业发展概况；了解餐饮管理的难点、目标、任务和内容。				
	能力目标：掌握餐饮部作用和组织机构				
学习单元		内容描述	教学条件	教学方法和建议	参考学时
1.餐饮发展概述		中外餐饮业的发展概况；未来餐饮业的发展趋势	多媒体教室	知识讲授法 对比分析法	2
2.餐饮部		餐饮部的地位和作用；餐饮部的组织机构	多媒体教室	案例教学法 知识讲授法	4
3.餐饮从业人员的素质要求		餐饮从业人员的思想素质、业务素质、心理素质和身体素质	多媒体教室	案例教学法 情景教学法	2
4.餐饮管理概述		餐饮管理的难点、目标、任务和内容	多媒体教室	知识讲授法 对比分析法	2

学习情境	情境2：餐饮服务基本技能		参考学时		40
学习目标	素质目标：培养服务意识和职业素养				
	知识目标：了解托盘、餐巾折花等六大服务技能的操作要领				
	能力目标：熟练掌握托盘、餐巾折花等六大服务技能的规范操作				
学习单元		内容描述	教学条件	教学方法和建议	参考学时
1.托盘		托盘的作用、种类等；托盘的操作要领	餐饮实训室	示范教学法 讲练交叉法	4
2.餐巾折花		餐巾折花的作用、分类等；餐巾折花的基本技法和要领；餐巾折花的注意事项	餐饮实训室	示范教学法 讲练交叉法 分组练习法	6
3.酒水服务		酒水的服务程序；斟酒的具体操作；斟酒注意事项	餐饮实训室	示范教学法 分组练习法	4
4.摆台		中餐宴会摆台；西餐宴会摆台	餐饮实训室	示范教学法 分组练习法 实操考试	18
5.上菜与分菜		上菜的位置、时机、顺序、原则等；分菜的方法	餐饮实训室	示范教学法 分组练习法	4
6.其他服务技能		撤换餐用具；点菜服务等	餐饮实训室	示范教学法 案例教学法 情景教学法	4

学习情境	情境3：餐饮对客服务		参考学时	22

学习目标	素质目标：培养服务意识和职业素养			
	知识目标：了解中餐服务、西餐服务、宴会服务和其他服务的服务知识和内容			
	能力目标：熟练掌握不同的服务方式和服务程序			

学习单元	内容描述	教学条件	教学方法和建议	参考学时
1.中餐服务	中餐零点餐厅服务；团队用餐服务	多媒体教室 实训室	知识讲授法 角色扮演法 视频教学法	6
2.西餐服务	西餐常识；西餐的服务方式；西餐零点服务	多媒体教室 实训室	案例教学法 知识讲授法 角色扮演法	6
3.宴会服务	宴会概述；中餐宴会服务；西餐宴会服务	多媒体教室 实训室	案例教学法 角色扮演法 知识讲授法	6
4.自助餐服务	自助餐服务流程	多媒体教室	知识讲授法	2
5.客房送餐服务	客房送餐服务流程	多媒体教室 实训室	知识讲授法 分组练习法	2

3.课程资源开发

● 着重多媒体课件的制作和运用，最大限度地提高学生的学习兴趣。

● 本课程教学以工作过程为导向，所以要努力创设工作情境，提升学生学习兴趣，通过大量直观式、参与式的教学活动，让学生在"教"与"学"的过程中，认识本课程的特点，熟练进行岗位实践工作。

● 通过校内"餐饮服务与管理"MOOC等资源、推荐相关参考书目等途径，扩大学生的知识视野，补充课外学习内容。

● 充分利用学生校内见习机会，实践"工学交替"，完成学生实习、实训的实践任务，在实际对客服务过程中提升各项能力，同时为学生的就业创造机会。

4.教学模式

本课程针对来源于企业实践的、典型的职业工作任务，紧紧围绕学生在校学习与实际工作的一致性和行动导向原则进行教学模式设计，在培养岗位实际工作能力的同时，促进学生关键能力的发展和综合素质的提高。

● 工学交替。课程教学整体上注重工学交替，设计了课内—课外、校内—校外、随堂实训、项目活动等多种形式并举的实践教学模式。

● 任务驱动。将教学内容整合，注重工作过程的整体性，让学生在完整、综合的仿真行动中学习知识，体验实践。

● 项目导向。在教学与实践活动中，以项目为导向，师生通过共同实施一个完整的具有实际应用价值的"项目"工作而进行教学活动。

5.教学方法与手段

● 知识讲授法：主要应用于学生学习基础知识的初级阶段，要为学生学习创设一个合适的情景氛围，增强学生的学习兴趣和意识。

●示范教学法。通过教师现场示范、演示，提高学生对专业服务技能操作的掌握程度，同时也注重了教学内容的实用性。鼓励学生利用寒暑假去酒店顶岗实习，积累经验，提高学生理论联系实际的能力。

●启发式教学法。在授课的过程中，教师避免采用灌输理论知识的方式，而是采用提问和分析的方式，循序渐进地诱导、启发、鼓励学生对问题和现象进行思考、讨论，再由教师总结、答疑，做到深入浅出、留有余地，给学生深入思考和进一步学习的空间，同时也提高了学生的学习主动性。

●讲练交叉法。改变传统的单纯依赖教师讲授的方法，让学生参与到教学过程中。对于服务技能与服务流程部分的内容，可以采用边讲边练的教学方式，学生可以现场消化老师讲授的内容，及时反馈、提升。

●分组练习法。在学生进行技能训练的过程中，通过组建团队进行练习，教师通过点评、指导等方式提高学生对于餐饮服务技能的领悟能力，并学会举一反三、触类旁通。

●案例教学法。在讲解过程中结合案例，加深学生对基本理论的理解和认识。同时将案例分析作为对学生掌握理论知识和分析解决问题能力的检验，同时也能起到相互启发的效果。

●其他教学手段：现场参观、座谈会、交流互动、专题讲座、观看视频、角色扮演、岗位体验、项目作业等教学方式。

6.主要参考资料

[1]沈建龙.餐饮服务与管理[M].北京：中国人民大学出版社.

[2]戴桂宝.现代餐饮管理[M].北京：北京大学出版社.

酒店管理专业"中餐服务（双语）"课程标准

一、课程性质

本课程是酒店管理专业必修课，目标是让学生掌握中餐服务要点和流程及服务过程中所必需的英语口语能力，培养学生表达能力和动手能力，达到酒店从业人员所应具备的基本理论与实践素质。

该课程是依据"酒店管理专业工作任务与职业能力分析表"中的工作项目设置的。该课程总体设计思路紧紧围绕"三全一分"育人理念，充分体现依据学生的认知特点、学生可持续发展需求，打破以知识传授为主要特征的传统学科课程模式，设计通过任务引领、工作过程导向的理念和设计思路将本课程的内容分解为若干项目，创设相关工作情景采用并列与流程相结合的方式展示教学内容。理论知识的选取紧紧围绕工作任务完成的需要来进行，同时又充分考虑旅游新业态与"旅游+"新形态下"大旅游"产业发展对理论知识学习的要求，坚持立德树人，注重思想政治教育贯穿教学始终，同时融合了学生综合素质提升、创新创业能力培养、学生可持续发展的要求。项目设计以中餐服务为线索来进行。教学过程中，采取工学交替等形式，充分开发学习资源，给学生提供丰富的实践机会。教学效果评价采取过程评价与结果评价相结合的方式，通过理论与实践相结合，重点评价学生的职业能力和综合素质。

该门课程的总学时为 28 学时，建议学分为 2 分，执笔人为杨月其。

二、课程目标

（一）知识目标

掌握中餐服务的基本原则与方法，掌握中餐服务的核心要素及工作流程及对客服务标准。

（二）能力目标

能够参与餐厅中餐服务实践工作，根据宾客的需求，在常规工作流程的基础上提供个性化服务，培养学生形成独立分析问题、解决问题的能力。

（三）素质目标

培养善于分析、勤于学习的精神，具备不断探索、创新能力。具有酒店从业人员所应具备的基本理论与实践素质。

三、课程内容和要求

序号	工作任务/项目	课程内容和要求		建议学时
		理论	实践	28 学时
1	中餐服务基础知识	1.中餐服务基本知识 2.中餐服务基本流程 3.中餐服务标准 4.中餐服务对客交流的基本原则	电话预订	2
2	迎宾服务	1.迎宾服务的岗位实践标准 2.迎宾服务流程中的对客中英文表达	迎宾场景模拟 及对话模拟	2
3	点菜服务	1.点菜服务的岗位实践标准 2.菜肴名称的中英文对应表达 3.点菜服务流程中的对客中英文表达	点菜场景模拟 及对话模拟	3
4	结账服务	1.熟悉结账服务流程 2.识别不同假币 3.能用中英文为客人进行结账服务	结账场景模拟 及对话模拟	2
5	餐前准备	能达到中餐厅零点和宴会摆台的规范操作	1.餐用具及物品准备 2.菜单准备 3.餐巾折花 4.中餐摆台	4
6	餐后整理	1.能做好餐后整理工作 2.能进行餐后小结	1.收拾台面 2.重新摆台 3.环境整理 4.安全检查	
7	酒水服务	1.能识别常用酒水、饮料和相应杯具 2.能掌握酒水开瓶的方法 3.能熟练进行斟酒服务	1.斟酒顺序 2.斟酒姿势 3.斟酒标准	3
8	菜肴服务	1.能掌握上菜前的准备工作 2.能熟练进行菜肴服务 3.能熟练掌握菜肴服务过程中的中英文表达以及部分菜肴由来典故	上菜顺序和动作规范	2
9	席间服务	1.能保持餐桌卫生整洁 2.能熟练撤换餐具、烟灰缸 3.为客人提供其他就餐服务	1.撤换餐用具 2.撤换烟灰缸 3.冷、热毛巾服务 4.整理台面	2
10	送客服务	1.掌握送客服务流程和标准 2.按流程标准流程规范地提供送客服务	送客场景模拟 及对话模拟	2
11	工作小结	形成反思和复盘的工作习惯	服务流程导图理解	1
12	情景模拟		1.服务流程模拟 2.服务流程对话模拟	2
13	中餐服务流程		实践测试	1
14	对客翻服务交流	口语测试		1

备注：典型工作任务、项目、模块、学习情境、工作过程等。

四、考核评价

在考核方式上，采用形成性与终结性评价相结合的口语测试、技能测试、阶段测试等多种考核方式。口语测试（20%）+ 技能测试（30%）+ 阶段测试（50%）。口语测试重在评价学生服务流程中的英文表达能力，占总成绩的 20%；技能测试重在评价学生将中餐服务理论知识转化为实践能力，以及对中餐服务的基本原则掌握程度及灵活度表现，占总成绩的 30%；阶段测试成绩主要包括考勤、作业、实训、平时表现环节的表现，占总成绩的 50%。

五、课程资源及使用要求

（一）师资条件要求

师资条件要求，主要指专兼职教师所要具备教学能力、行业能力，包括专业背景、学历学位、行业企业经历等资质，以及教学设计、课程开发、实践指导、比赛指导等方面能力。

（二）实训教学条件要求

（1）多媒体教室。
（2）中餐实训室。
（3）校外、校内实训实习基地。
（4）提供学习资料的图书馆。

（三）教材选用

孟森.中餐服务［M］.北京：北京大学出版社.

六、课程实施建议及其他说明

1. 课程实施方案

课程目标的实现通过情境创设、仿真模拟、案例分析、认识实习、岗位体验等教学方法，以校内实训基地和校外实训基地为实习场所，教、学、做三者结合，强调学生在"做"中"学"。

● 树立学生对中餐服务的正确认识，培养学生对中餐服务及英语口语的兴趣，塑造正确的对客服务理念。

● 应加强对学生实际职业能力的培养，强化基于工作过程的案例教学和任务教学，注重以任务引领型项目诱发学生兴趣，使学生在完成典型任务活动中能熟练掌握中餐服务专业技能与创新能力。

● 教师应尽可能由浅及深地讲授中餐服务、菜品酒水中英文表达专业知识，并结合餐厅实际案例加深学生理解。

● 应注意职业情境的创设，以多媒体、录像等教学方法提高学生分析问题和解决实际问题的职业能力。

● 教师必须重视实践、更新观念，为学生提供自主发展的时间和空间，积极引领学生提升职业素养，努力提高学生的创新能力。

2. 教师教学计划

计划1：中餐服务基础知识		参考学时		2
学习目标	1.对中餐服务的正确认识 2.塑造正确的中餐服务理念			
学习单元	内容描述	教学条件	教学方法和建议	参考学时
中餐基本知识	1.中餐和服务的概念 2.中餐和服务的来源 3.中餐服务的作用	多媒体教室	运用多媒体教学、案例分析、教授等方法	0.5
中餐服务基本流程及标准	1.电话预订 2.迎宾服务 3.点菜服务 4.酒水服务 5.菜肴服务 6.席间服务 7.结账服务 8.送客服务 9.餐后整理	多媒体教室	运用多媒体教学、案例分析、教授等方法	1
中餐对客交流基本原则	1.问候客人 2.了解需求 3.接受预订 4.预订通知 5.预订记录	多媒体教室	运用多媒体教学、案例分析、教授等方法	0.5

计划2：迎宾服务		参考学时		2
学习目标	1.能了解引客入座的要点和注意事项 2.能掌握迎宾领位的服务流程和服务标准 3.能热情、熟练地进行迎宾服务			
学习单元	内容描述	教学条件	教学方法和建议	参考学时
迎宾服务问候引客的中英口语表达	1.问候客人 2.询问信息 3.引领座位 4.请客入座 5.为客斟茶 6.热情道别	多媒体教室	运用多媒体教学、案例分析、分组训练等方法	1
迎宾服务岗位实践标准及技能要点	1.中餐迎宾服务流程 2.为客人安排座位的注意事项 3.铺递餐巾	多媒体教室	运用多媒体教学、案例分析、分组训练等方法	1

计划3：点菜服务		参考学时		3
学习目标	1.能熟练进行点菜开单服务 2.能掌握点菜程序和促销菜点的技巧 3.了解顾客的心理，正确判断宾客的需求			

续表

学习单元	内容描述	教学条件	教学方法和建议	参考学时
点菜服务流程	1.递送菜单 2.问候客人 3.接受点菜 4.介绍推销菜肴 5.记录内容 6.复述确认	多媒体教室	运用多媒体教学、案例分析、分组训练等方法	1.5
点菜服务流程的中英文表达	中英文解释菜肴及由来典故	多媒体教室	运用多媒体教学、案例分析、分组训练等方法	1.5

计划4：结账服务		参考学时	2
学习目标	1.熟悉结账服务流程 2.识别不同信用卡 3.识别真假货币 4.能用中英文为客人进行结账服务		

学习单元	内容描述	教学条件	教学方法和建议	参考学时
结账服务流程	1.结账准备 2.递送账单 3.收银 4.致谢	多媒体教室	运用多媒体教学、案例分析、分组训练等方法	0.5
结账方式	1.现金结账：识别真假币 2.信用卡结账：识别不同信用卡 3.支票结账 4.签单结账	多媒体教室	运用多媒体教学、案例分析、分组训练等方法	0.5
结账服务中英文表达	1.询问结账方式 2.核实及解释账单 3.找零及小费 4.结算错误 5.出现假钞 6.请客至收银台付款	多媒体教室	运用多媒体教学、案例分析、分组训练等方法	1

计划5、6：餐前准备、餐后整理		参考学时	4
学习目标	1.强化对中餐设计的训练 2.能够根据主题进行完整的中餐设计		

学习单元	内容描述	教学条件	教学方法和建议	参考学时
餐前准备	做好中餐厅零点和宴会摆台的规范操作	中餐实训室	运用多媒体教学、案例分析、分组训练等方法	3
餐后整理	1.收拾台面 2.重新摆台	中餐实训室	运用多媒体教学、案例分析、分组训练等方法	1

计划7：酒水服务		参考学时		3
学习目标	1.能识别常用酒水、饮料和相应杯具 2.能掌握酒水开瓶的方法 3.能熟练进行斟酒服务			
学习单元	内容描述	教学条件	教学方法和建议	参考学时
酒水服务流程	1.示酒 2.开酒 3.客人确认检查 4.客人确认品尝 5.斟酒 6.添酒	中餐实训室	运用多媒体教学、案例分析、分组训练等方法	2
酒水服务知识	1.酒水服务知识 2.常用句型表达	中餐实训室	运用多媒体教学、案例分析、分组训练等方法	1

计划8：菜肴服务		参考学时		2
学习目标	1.能掌握上菜前准备工作 2.能熟练进行菜肴服务			
学习单元	内容描述	教学条件	教学方法和建议	参考学时
对客交流	1.撤换菜肴 2.汤洒在了客人身上	中餐实训室	运用多媒体教学、案例分析、分组训练等方法	0.5
菜肴服务流程	1.上菜顺序 2.分菜方法 3.程序及标准 4.中餐菜肴特点	中餐实训室	运用多媒体教学、案例分析、分组训练等方法	1.5

计划9：席间服务		参考学时		2
学习目标	1.能保持餐桌卫生整洁 2.能熟练撤换餐具、烟灰缸 3.为客人提供其他就餐服务			
学习单元	内容描述	教学条件	教学方法和建议	参考学时
服务流程	1.撤换餐用具 2.撤换烟灰缸 3.冷、热毛巾服务 4.整理台面	中餐实训室	运用多媒体教学、案例分析、分组训练等方法	1
沟通表达	1.席间服务要求 2.宾客投诉处理	中餐实训室	运用多媒体教学、案例分析、分组训练等方法	1

计划10：送客服务		参考学时		2
学习目标	1.掌握送客服务流程和标准 2.按标准流程规范地提供送客服务			

学习单元	内容描述	教学条件	教学方法和建议	参考学时
服务流程	1.征询意见 2.打包 3.拉椅、提醒 4.致谢道别 5.送客离开 6.物品检查	中餐实训室	运用多媒体教学、案例分析、分组训练等方法	2

计划11：工作小结		参考学时	2	
学习目标	1.养成反思和复盘的工作习惯			
学习单元	内容描述	教学条件	教学方法和建议	参考学时
工作小结要求	1.检查总结 2.填写管理日志 3.建立客史档案 4.信息传递 5.上交存档 6.反馈、改进	中餐实训室	运用多媒体教学、案例分析、分组训练等方法	2

计划12：情景模拟		参考学时	2	
学习目标	1.强化中餐服务流程的训练 2.能够根据客人要求进行中英对答			
学习单元	内容描述	教学条件	教学方法和建议	参考学时
服务流程情景模拟	1.电话预订 2.迎宾服务	中餐实训室	运用多媒体教学、案例分析、分组训练等方法	1
对客场景模拟	3.点菜服务 4.酒水服务 5.菜肴服务 6.席间服务 7.结账服务 8.送客服务 9.餐后整理	中餐实训室	运用多媒体教学、案例分析、分组训练等方法	1

计划13、14：测试		参考学时	2	
学习目标	1.检验中餐服务流程掌握 2.检验对客沟通基本原则及灵活性表达			
学习单元	内容描述	教学条件	教学方法和建议	参考学时
实践测试	根据抽签独立完成中餐服务中的一个步骤	中餐实训室	测试	1
口语测试	结对抽签，完成对客沟通的一组场景对话	中餐实训室	测试	1

3. 课程资源开发

● 进一步开发多媒体教学光盘，通过各种活动的设计、模拟与参与，使学生的主动性、积极性和创造性得以充分调动。

● 充分利用实习基地餐厅，为学生参观、实训和实习服务，并与时俱进及时调整教学内容。

● 课程资源建设，把有关电子教学资料（如 PPT 课件、案例、习题等）放在课程网站上，实现学生与教师的网上互动。

4. 教学模式

本课程针对来源于企业实践的、典型的职业工作任务，紧紧围绕学生在校学习与实际工作的一致性和行动导向原则进行教学模式设计，在培养岗位实际工作能力的同时，促进学生关键能力的发展和综合素质的提高。

● 工学交替。课程教学整体上注重工学交替，设计了课内—课外、校内—校外、随堂实训、项目活动等多种形式并举的实践教学模式。

● 任务驱动。将教学内容整合，注重工作过程的整体性，让学生在完整、综合的仿真行动中学习知识，体验实践。

● 项目导向。在教学与实践活动中，以项目为导向，师生通过共同实施一个完整的具有实际应用价值的"项目"工作而进行教学活动。

5. 教学方法与手段

● 讲授法：主要应用于学生学习基础知识的初级阶段，要为学生学习创设一个合适的情景氛围，增强学生的学习兴趣和意识。

● 启发式教学法。在授课的过程中，教师避免采用灌输理论知识的方式，而是采用提问和分析的方式，循序渐进地诱导、启发、鼓励学生对问题和现象进行思考、讨论，再由教师总结、答疑，做到深入浅出、留有余地，给学生深入思考和进一步学习的空间，同时也提高了学生的学习主动性。传输国内外有关餐厅经营管理的新理论、新思想以及发展动态。开阔学生的眼界，激发其求知欲，使学生具备现代酒店管理的理念和意识。

● 参与式教学法。改变传统的单纯依赖教师讲授的方法，让学生参与到教学过程中。学生可以就教师的讲授内容发表自己的见解，对问题和现象表达自己的看法。而通过小组讨论、专题汇报、小组辩论、情景模拟、课程作业等方式，学生可以变被动听课为主动学习，既有利于提高学生学习的积极性、主动性，也有利于学生分析问题、解决问题能力的培养和表达能力、团队合作能力的提高。针对某一具体餐厅的经营管理，让学生动脑、动手收集资料、设计并制作成幻灯片，运用所学知识，进行介绍。使学生真正动脑、动手，增强实际操作能力。

● 互动式教学法。教师提出问题或现象，启发学生的发散性思维，可以实现教学互动；而小组讨论、角色模拟的方式则可以起到学生之间相互启发的作用，进而又促进了教学。教学相长，扩展了教学的深度与广度。为了解学生对本课程的学习情况，针对餐厅目前发展动态和敏感问题要求学生收集资料、启发学生进行思考，开展课堂讨论，培养学生分析问题和解决问题的能力。

●案例教学法。在讲解过程中结合案例，加深学生对基本理论的理解和认识。同时将案例分析作为对学生掌握理论知识和分析解决问题能力的检验，同时也能起到相互启发的效果。加深学生对餐厅分类、餐厅产品特征、管理基础理论及服务质量管理的认识和理解。

●操作示范法。通过教师现场示范、演示，提高学生对专业服务技能操作的掌握程度，同时也注重教学内容的实用性。鼓励学生利用寒暑假去酒店顶岗实习，积累经验，提高学生理论联系实际的能力。

●其他教学手段：现场参观、座谈会、交流互动、专题讲座、观看多媒体、岗位体验、项目作业等教学方式。

6.主要参考资料

［1］詹姆斯·莫里斯，时李铭.酒店英语与国际服务文化［M］.北京：机械工业出版社.

［2］童霞，丁峰，王慧勤.中餐服务职业能力综合实训［M］.北京：机械工业出版社.

［3］郭兆康.饭店情景英语［M］.上海：复旦大学出版社.

酒店管理专业"西餐服务（双语）"课程标准

一、课程性质

本课程是酒店管理专业自主招生的职业技术课程，以双语形式教学。酒店管理专业与企业、行业专业共同开发建设的一门培养学生职业技术的核心课程。课程强调学生对于西餐服务基本素质和能力的培养，让学生掌握西餐基础知识、台面布置与设计、西餐服务现场控制、成本控制，培训学生善于分析，勤于学习的精神，具备情感服务、个性服务，具有酒店从业人员所应具备的基本理论和实践素质，贴近学生将来职业场景的需要。

本课程是依据"酒店管理专业工作任务与职业能力分析表"中的西餐服务（双语）工作项目设置的。该课程总体设计思路紧紧围绕"三全一分"育人理念，充分体现依据学生的认知特点、学生可持续发展需求，打破以知识传授为主要特征的传统学科课程模式，设计通过任务引领、工作过程导向的理念和设计思路将本课程的内容分解为若干项目，创设相关工作情景采用并列与流程相结合的方式展示教学内容。理论知识的选取紧紧围绕西餐服务工作任务完成的需要来进行，同时又充分考虑住宿业态的创新发展要求，坚持立德树人，注重思想政治教育贯穿教学始终，同时融合了学生综合素质提升、创新创业能力培养、学生可持续发展的要求。项目设计以西餐服务为线索来进行。教学过程中，通过校企合作、校内实训基地建设等多种途径，工学结合突出实践，充分开发学习资源，给学生提供丰富的实践机会。教学效果评价采取过程评价与结果评价相结合的方式，通过理论与实践相结合，重点评价学生的职业能力和综合素质。课程设计理念符合职业性、实践性和开放性要求，符合工作过程与方法的思路要求。

"西餐服务（双语）"课程的总学时为 32 学时，建议学分为 2 分，执笔人为罗栋琼。

二、课程目标

（一）知识目标

掌握西餐菜单设计、台面布置、接待流程设计、现场服务质量控制、酒水搭配及成本控制。

（二）能力目标

能够培养学生西餐服务能力，适应酒店西餐厅服务与基层督导工作的能力。

（三）素质目标

培养善于分析、勤于学习的精神，具备不断探索、创新能力。具有酒店从业人员所应具备的基本理论与实践素质。

三、课程内容和要求

序号	工作任务/项目	课程内容和要求		建议学时
		理论	实践	32
1	西餐基础知识	1.西餐常识 2.西餐的发展 3.西餐的主要菜式 4.西餐菜单认知		2
2	西餐服务方式/服务礼仪	1.西餐服务方式（法式服务、俄式服务、美式服务、英式服务） 2.西餐服务礼仪（西餐服务人员职业形象塑造、西餐服务礼仪、西餐用餐礼仪）		2
3	西餐酒水服务/零点服务与管理	1.西餐餐酒 2.咖啡厅西餐早餐和午、晚餐服务程序 3.扒房服务和西餐厅送餐服务		2
4	西餐宴会及自助酒会服务与管理	1.西餐宴会的组织与管理 2.西餐宴会服务规程，突发事件及投诉处理 3.自助餐、冷餐会和鸡尾酒会服务与管理		2
5	西餐服务基本技能		1.餐巾折花 2.西餐摆台	6
6	西餐厅现场服务情景模拟		1.西餐厅送餐服务模拟 2.西餐厅突发事件处理模拟	3
7	西餐主题宴会设计		各小组进行西餐主题宴会创意设计	3
8	自助餐会情景模拟		自助餐/冷餐会/鸡尾酒会设计摆台及服务流程	6
9	西餐酒水服务		西餐厅酒水侍酒服务	3
10	西餐摆台测试		实践测试	3

四、考核评价

考核方式上，采用形成性考核 40%+ 终结性考核 60%。形成性考核是对完成工作任务的态度及成果进行考核，主要包括考勤、作业、实训、平时表现；终结性考核是在课程结束时对重要知识进行的理论考核，包括基础理论、基本技能以及西餐服务创新知识。

五、课程资源及使用要求

（一）师资条件要求

本课程要求大多数教师具有研究生及以上饭店管理专业，具备相关西餐厅餐饮服务与管理实践的知识和能力，因其为双语课程，故要求教师具备一定的饭店专业英语知识水平与授课能力。健康的身心以及热爱教育工作，热爱学习，热爱学生，同时又有较强的教学能力、教育科研能力和创新能力，能掌握相关高等教育法规，具有一定的教育学、心理学基本知识，并能运用在实践教学过程中。另外要求教师具有制作多媒体课件进行教学设计的能力，并具有应用现代教育技术进行教学的能力，具有指导学生参加西餐服务技能大赛的经验。

（二）实训教学条件要求

（1）多媒体教室。

（2）西餐实训室。

（3）校外、校内实训实习基地。

（4）提供学习资料的图书馆。

（三）教材选用

本课程结合课程内容和高职自主招生学生特点选取"十二五"规划教材、高职高专酒店管理专业工学结合规划教材和近五年内出版的教材。以项目为载体实施教学，项目选取要科学，项目之间的逻辑结构清晰，并成系列，能支撑课程目标的实现。突出职业能力的培养与提高，同时要考虑可操作性。

六、课程实施建议及其他说明

1. 课程实施方案

课程目标的实现通过情境创设、仿真模拟、案例分析、认识实习、岗位体验等教学方法，以校内实训基地和校外实训基地为实习场所，教、学、做三者结合，强调学生在"做"中"学"。

● 树立学生对西餐服务的正确认识，培养学生对西餐服务、西餐主题宴会设计的兴趣，塑造正确的对客服务理念。

● 应加强对学生实际职业能力的培养，强化基于工作过程的案例教学和任务教学，注重以任务引领型项目诱发学生兴趣，使学生在完成典型任务活动中能熟练掌握西餐服务专业技能与西餐宴会设计创新能力。

● 教师应尽可能由浅及深地讲授西餐基本术语、西餐菜单设计、台面布置、接待流程设计、现场服务质量控制、酒水搭配及成本控制。

● 应注意职业情境的创设，以多媒体、录像等教学方法提高学生分析问题和解决实际问题的职业能力。

● 教师必须重视实践、更新观念，为学生提供自主发展的时间和空间，积极引领学生提升职业素养，努力提高学生的创新能力。

● 教师应注意培养学生对西餐服务、西餐主题宴会设计的钻研能力，以任务型活动，组织学生完成不同类型西餐服务的操作。

2. 教师教学计划

计划1：西餐服务基础知识			参考学时		2
学习目标	1.对西餐服务的正确认识 2.塑造正确的西餐服务理念				
学习单元	内容描述	教学条件	教学方法和建议		参考学时
西餐基础知识	1.西餐常识 2.西餐的发展 3.西餐的主要菜式 4.西餐菜单认知	多媒体教室	运用多媒体教学、案例分析、教授等方法		2

计划2：西餐服务方式			参考学时		2
学习目标	1.对西餐服务方式的认识 2.对西餐服务礼仪的正确解读				
学习单元	内容描述	教学条件	教学方法和建议		参考学时
西餐服务方式	1.法式服务 2.俄式服务 3.美式服务 4.英式服务	多媒体教室	运用多媒体教学、案例分析、教授等方法		1
西餐服务礼仪	1.西餐服务人员职业形象塑造 2.西餐服务礼仪 3.西餐用餐礼仪	多媒体教室	运用多媒体教学、案例分析、教授等方法		1

计划3：西餐酒水服务/零点餐厅服务与管理			参考学时		2
学习目标	1.掌握西餐酒水服务知识 2.掌握西餐零点餐厅服务与管理				
学习单元	内容描述	教学条件	教学方法和建议		参考学时
西餐酒水服务	1.西餐餐酒概述 2.服务各类酒水	多媒体教室	运用多媒体教学、案例分析、教授等方法		1
西餐零点餐厅服务与管理	1.咖啡厅西餐早餐和午、晚餐服务程序 2.扒房服务 3.西餐厅送餐服务	多媒体教室	运用多媒体教学、案例分析、教授等方法		1

计划4：西餐宴会/自助餐酒会服务与管理			参考学时		2
学习目标	1.掌握西餐流程宴会，接待方案的知识 2.掌握自助餐各类酒会服务知识				
学习单元	内容描述	教学条件	教学方法和建议		参考学时
西餐宴会服务与管理	1.西餐宴会的组织与管理 2.西餐宴会餐桌布局 3.西餐宴会服务规程及接待方案设计 4.西餐宴会突发事件及投诉处理	多媒体教室	运用多媒体教学、案例分析、教授等方法		1
自助餐酒会服务与管理	1.自助餐服务与管理 2.冷餐酒会服务与管理 3.鸡尾酒会服务与管理	多媒体教室	运用多媒体教学、案例分析、教授等方法		1

计划5：西餐服务基本技能		参考学时		6
学习目标	1.熟练掌握西餐厅各类餐巾折花 2.熟练掌握西餐摆台及流程			
学习单元	内容描述	教学条件	教学方法和建议	参考学时
西餐服务基础技能	1.根据课程内容，掌握各类餐巾折花出品并设计 2.认识西餐各类餐具 3.掌握西餐座次安排规则 4.掌握西餐摆台程序和要领	西餐实训室	运用多媒体教学、案例分析、分组训练等方法	6

计划6：西餐厅现场情景模拟		参考学时		3
学习目标	强化对西餐厅服务流程的训练			
学习单元	内容描述	教学条件	教学方法和建议	参考学时
西餐厅现场情景模拟	1.根据课程内容，进行西餐厅服务情景模拟 2.针对模拟过程进行点评与评分	西餐实训室	运用多媒体教学、案例分析、分组训练等方法	3

计划7：西餐主题宴会设计		参考学时		3
学习目标	1.强化对西餐宴会主题设计的训练 2.能够根据主题进行完整的设计			
学习单元	内容描述	教学条件	教学方法和建议	参考学时
西餐主题宴会模拟	1.选取西方任意节日为主题，进行西餐宴会主题方案及接待方案设计 2.针对每一小组的主题设计方案及现场效果与陈述进行互评	西餐实训室	运用多媒体教学、案例分析、分组训练等方法	3

计划8：自助餐会情景模拟		参考学时		6
学习目标	根据各类自助餐会类型进行服务流程情景模拟训练			
学习单元	内容描述	教学条件	教学方法和建议	参考学时
自助餐会情景模拟	对各类自助餐会进行现场活动设计及情景模拟服务	西餐实训室	运用多媒体教学、案例分析、分组训练等方法	6

计划9：西餐酒水服务		参考学时		3
学习目标	掌握西餐厅各类酒水服务			
学习单元	内容描述	教学条件	教学方法和建议	参考学时
西餐酒水服务	1.了解各类酒水与食物的搭配 2.各类酒水侍酒服务礼仪	西餐实训室	运用多媒体教学、案例分析、分组训练等方法	3

计划10：测试		参考学时		3
学习目标	1.强化对西餐服务的训练 2.能够根据主题进行完整的西餐主题宴会设计			
学习单元	内容描述	教学条件	教学方法和建议	参考学时
实践测试	分组完成西餐服务项目	西餐实训室	运用多媒体教学、案例分析、分组训练等方法	3

3. 课程资源开发

● 进一步开发多媒体教学光盘，通过各种活动的设计、模拟与参与，使学生的主动性、积极性和创造性得以充分调动。

● 充分利用实习基地酒店，为学生参观、实训和实习服务，并与时俱进及时调整教学内容。

● 课程资源建设，把有关电子教学资料（如 PPT 课件、案例、习题等）放在课程网站上，实现学生与教师的网上互动。

4. 教学模式

本课程针对来源于企业实践的、典型的职业工作任务，紧紧围绕学生在校学习与实际工作的一致性和行动导向原则进行教学模式设计，在培养岗位实际工作能力的同时，促进学生关键能力的发展和综合素质的提高。

● 工学交替。课程教学整体上注重工学交替，设计了课内—课外、校内—校外、随堂实训、项目活动等多种形式并举的实践教学模式。

● 任务驱动。将教学内容整合，注重工作过程的整体性，让学生在完整、综合的仿真行动中学习知识，体验实践。

● 项目导向。在教学与实践活动中，以项目为导向，师生通过共同实施一个完整的具有实际应用价值的"项目"工作而进行教学活动。

5. 教学方法与手段

● 讲授法：主要应用于学生学习基础知识的初级阶段，要为学生学习创设一个合适的情景氛围，增强学生的学习兴趣和意识。

● 启发式教学法。在授课的过程中，教师避免采用灌输理论知识的方式，而是采用提问和分析的方式，循序渐进地诱导、启发、鼓励学生对问题和现象进行思考、讨论，再由教师总结、答疑，做到深入浅出、留有余地，给学生深入思考和进一步学习的空间，同时也提高了学生的学习主动性。传输国内外有关饭店经营管理的新理论、新思想以及发展动态。开阔学生的眼界，激发其求知欲，使学生具备现代酒店管理的理念和意识。

● 参与式教学法。改变传统的单纯依赖教师讲授的方法，让学生参与到教学过程中。学生可以就教师的讲授内容发表自己的见解，对问题和现象表达自己的看法。而通过小组讨论、专题汇报、小组辩论、情景模拟、课程作业等方式，学生可以变被动听课为主动学习，既有利于提高学生学习的积极性、主动性，也有利于学生分析问题、解决问题能力的培养和表达能力、团队合作能力的提高。针对某一具体饭店的经营管理，让学生动脑、动手收集资料、设计并制作成幻灯片，运用所学知识，进行介绍。使学生真正动脑、动手，增强实际操作能力。

● 互动式教学法。教师提出问题或现象，启发学生的发散性思维，可以实现教学互动；而小组讨论、角色模拟的方式则可以起到学生之间相互启发的作用，进而又促进了教学。教学相长，扩展了教学的深度与广度。为了解学生对本课程的学习情况，针对饭店目前发展动态和敏感问题要求学生收集资料、启发学生进行思考，开展课堂讨论，培养学生分析问题和解决问题的能力。

● 案例教学法。在讲解过程中结合案例，加深学生对基本理论的理解和认识。同时将案例分析作为对学生掌握理论知识和分析解决问题能力的检验，同时也能起到相互启发的效果。加深学生对餐饮管理分类、饭店产品特征、管理基础理论及服务质量管理的认识和理解。

● 操作示范法。通过教师现场示范、演示，提高了学生对专业服务技能操作的掌握程度，同时也注重了教学内容的实用性。鼓励学生利用寒暑假去酒店顶岗实习，积累经验，提高学生理论联系实际的能力。

● 其他教学手段：现场参观、座谈会、交流互动、专题讲座、观看多媒体、岗位体验、项目作业等教学方式。

6. 主要参考资料

［1］党春艳. 西餐服务与管理［M］. 杭州：浙江大学出版社.

［2］陈燕航. 西餐服务［M］. 北京：中国人民大学出版社.

酒店管理专业"酒吧服务与管理"课程标准

一、课程性质

本课程是酒店管理专业的一门专业选修课。该课程以职业能力为本位，以行动为导向，通过行业专家对相关岗位工作任务的分析得出酒吧工作人员工作应具备的职业能力。在课程分析、课程内容分析的基础上，结合工作岗位、工作内容设置教学模块，以工作任务为线索采用并列式与流程式相结合设计课程内容，以实用够用为原则兼顾知识结构、能力结构的完整，为学生职业生涯的发展奠定基础。

本课程强调学生的基本素质和能力培养，让学生掌握酒吧服务与管理的基本运作，培训学生善于观察、勤于学习的精神，具备专业服务、个性服务以及酒吧基础管理的具体的能力，具有酒店从业人员所应具备的基本理论与实践素质。它以"酒水知识与酒吧管理""鸡尾酒调制"等课程学习为基础，是进一步学习酒店管理课程的基础。

本课程是依据"酒店管理专业工作任务与职业能力分析表"中酒吧服务与管理的工作项目设置的。该课程在"以职业能力培养为重点，以工作过程为导向"的课程设计理念指导下，进行"以工作过程为能力主线，以职业能力为课程核心，以职业标准为课程内容，以教学模块为课程结构"的课程开发与设计，充分体现职业性、实践性和开放性的要求。课程内容以酒吧服务与管理的理论为基础，以酒吧业务经营活动为中心，通过学习，使学生掌握酒吧服务流程和标准，具备一定的酒吧管理的基础能力。通过实践训练，让学生把所学知识真正运用到实际操作中，做到对前期操作技能的理论提升，并着力加强学生从事酒吧管理工作的实际能力。

"酒吧服务与管理"课程教学时数为 36 学时，建议学分为 2 分，执笔人为张水芳。

二、课程目标

（一）知识目标

● 了解酒吧的概念、种类及构成；了解酒吧的组织结构、岗位设置与职责；了解酒吧常用的设备；掌握酒吧服务的标准与程序。

● 了解酒吧日常管理的主要内容，了解人员配备与工作安排，掌握酒吧的质量管理、掌握酒水的采购控制、验收控制、饮料的库存与发放，了解饮料的损耗控制。

（二）能力目标

通过学习，使学生掌握酒吧接待服务流程与标准，具备酒吧接待能力以及酒吧日常管理能力。

（三）素质目标

学生通过规范、熟练操作酒吧服务与管理的各项技能，使其具备吃苦耐劳、主动热情、认真周到的服务精神，为职业能力的发展奠定良好的基础。

三、课程内容和要求

序号	工作任务/项目	课程内容和要求		建议学时
		理论	实践	36
1	酒吧简介	1.酒吧概念 2.酒吧分类 3.酒吧的组成 4.酒吧的组织结构		4
2	酒吧的设计	1.吧台的设计 2.气氛的设计 3.名称的设计		4
3	酒吧设备	1.制冷设备 2.清洗设备 3.其他常用设备		2
4	酒吧服务	1.酒吧服务程序 2.酒吧服务操作基本技巧	对客服务情景演练	12
5	酒吧管理	1.酒水成本控制 2.出品管理 3.服务品质管理	开吧准备 出品管理演练 服务质量控制情景演练	12
6	理论测试	理论测试		2

备注：典型工作任务、项目、模块、学习情境、工作过程等。

四、考核评价

考核方式上，采用形成性与终结性评价相结合的理论考试、技能测试、阶段测试等多种考核方式。理论考试（30%）＋技能测试（20%）＋阶段测试（50%）。理论考试重在检测学生对酒吧服务流程与标准的掌握、对酒吧管理需具备的一般能力和方法的掌握情况，占总成绩的30%。技能测试重在评价学生将酒吧服务与管理理论知识转化为实践的能力，占总成绩的20%；阶段测试成绩主要包括考勤、作业、实训、平时表现环节的表现，占总成绩的50%。

五、课程资源及使用要求

（一）师资条件要求

本课程的教学最好以团队形式来完成，由专兼职教师共同组成，紧密结合酒店酒吧工作的岗位要求与标准，使教学内容更贴近职业标准。要求教师最好有酒店、特别是酒吧工作经历，具备良好的专业技能与职业素养，热爱教学，身心健康，能与学生良好沟通，并遵守学校教学纪律。同时有较强的教学能力、教育科研能力和创新能力，能掌握相关高等教育法规，具有一定的教育学、心理学基本知识，并能运用在实际教学过程中。另外要求教师具有制作多媒体课件进行教学设计的能力，并具有应用现代教育技术进行教学的能力；具有指导学生参加各类调酒技能竞赛经验的教师最佳。

（二）实训教学条件要求

（1）多媒体教室。

（2）酒吧实训室。

（3）校外、校内实训实习基地。

（4）提供学习资料的图书馆。

（三）教材选用

推荐教材：何立萍.酒水知识与酒吧管理［M］.北京：中国劳动社会保障出版社.

教材充分体现课程设计思想，以项目为载体实施教学，项目选取科学，项目之间的逻辑结构清晰，并成系列，能支撑课程目标的实现。突出职业能力的培养与提高，同时具有可操作性。

六、课程实施建议及其他说明

1.课程实施方案

课程目标的实现通过项目设置、酒吧实操、情景模拟、小组作业、岗位体验等教学方法，以校内实训基地和校外实训基地为实习场所，教、学、做三者结合，强调学生在"做"中"学"。

● 采用理实一体化的教学模式，强调学生在校学习与实际工作的一致性。充分利用校内生产性实训室——酒吧，校外实训基地开展实践部分的教学，邀请行业能工巧匠进课堂，分担部分技能课程的教学。

● 本课程通过技能操作、仿真模拟、角色扮演、发现学习、案例教学、案例分析、实地参观、市场调查、小组合作、情境设置、仿真模拟、观看影像资料等活动组织教学，采用教、学、练三者结合以练为主的教学方式，将理论要求分解到技能操作训练中，或在操作训练中总结要求，强化操作效果。

● 充分调动学生训练的积极性，对于每项技能，布置具体的训练任务，组织学生课后加强训练。

● 教学活动设计的内容要具体，并具可操作性。活动形式应多样化，如"看一看""品一品""练一练""比一比"等。

2.教师教学计划

计划1：酒吧简介		参考学时		4
学习目标	1.了解酒吧的分类、结构 2.了解酒吧内常见的设施设备及其功能			
学习单元	内容描述	教学条件	教学方法和建议	参考学时
酒吧的定义	1.酒吧定义 2.酒吧发展史	多媒体教室	运用多媒体教学、案例分析、教授等方法	2
酒吧种类	1.酒吧 2.鸡尾酒廊 3.酒馆	多媒体教室	运用多媒体教学、案例分析、教授等方法	1
酒吧组成	1.前吧 2.后吧	酒吧实训室	运用多媒体教学、案例分析、教授等方法	1

计划2：酒吧的设计		参考学时		4
学习目标	了解酒吧吧台、气氛、名称设计的要点。			
学习单元	内容描述	教学条件	教学方法和建议	参考学时
吧台的设计	1.直线形 2.椭圆形与马蹄形 3.环形或中空式方形吧台	酒吧实训室	运用多媒体教学、情景教学、案例教学等方法	2
气氛的设计	1.通过装饰来创造气氛 2.气氛设计要求	多媒体教室	运用多媒体教学、情景教学、案例教学等方法	1
名称的设计	1.根据酒吧的装饰特点来设计名称 2.根据酒吧提供的主要娱乐项目来设计名称 3.根据所属饭店来设计名称	多媒体教室	运用多媒体教学、情景教学、案例教学等方法	1

计划3：酒吧设备		参考学时	2
学习目标	了解酒吧主要设备种类		
学习单元	内容描述	教学条件	教学方法和建议	参考学时
制冷设备	1.冰箱 2.立式冷柜 3.制冰机 4.碎冰机 5.生啤酒	酒吧实训室	运用多媒体教学、情景教学、案例教学等方法	1
清洗设备	洗杯机	酒吧实训室	运用多媒体教学、情景教学、案例教学等方法	1

计划4：酒吧服务		参考学时		12
学习目标	1.掌握酒吧服务的程序 2.掌握酒吧服务操作基本技巧			
学习单元	内容描述	教学条件	教学方法和建议	参考学时
酒吧服务程序	1.营业前的准备工作 2.营业中的工作标准 3.营业后的工作程序	酒吧实训室	运用多媒体教学、情景教学、案例教学等方法	6
酒吧服务操作基本技巧	1.示瓶 2.冰镇 3.遛杯 4.温烫 5.开瓶 6.斟酒 7.添酒	酒吧实训室	运用多媒体教学、情景教学、案例教学等方法	6

计划5：酒吧管理		参考学时		9
学习目标	1.了解酒吧管理基本内容 2.掌握酒吧管理基本能力			
学习单元	内容描述	教学条件	教学方法和建议	参考学时
酒水成本控制	1.酒水成本概念 2.酒水成本管理要点	多媒体教室	运用多媒体教学、案例分析等方法	4
出品管理	1.出品质量 2.出品管理要点	多媒体教室	运用多媒体教学、案例分析等方法	1
服务品质管理	1.服务质量标准 2.服务品质管理要点	多媒体教室	运用多媒体教学、案例分析等方法	4

计划6：测试		参考学时		2
学习目标	检查学生对酒吧服务程序及管理基本能力的掌握情况			
学习单元	内容描述	教学条件	教学方法和建议	参考学时
理论测试	理论测试形式，检查学生对本学期所学内容的掌握情况。	教室	测试	2

3.课程资源开发

● 着重多媒体课件的制作和运用，最大限度地提高学生的学习兴趣。

● 本课程教学的关键是现场教学，要充分利用酒吧实训室创设工作情景，紧密结合酒店酒吧部工作岗位要求，通过大量直观式、参与式的教学活动，让学生在"教"与"学"的过程中，认识本专业的特点，熟练进行岗位实践工作。

● 通过介绍相关书籍、网站等资源，扩大学生的知识视野，补充课外学习内容。

● 产学合作开发实训课程资源，充分利用实训场所和各种类型的实习基地等实训资源，实践"工学交替"，完成学生实习、实训的实践任务，同时为学生的就业创造机会。

4.教学模式

● 采用理实一体化的教学模式，强调学生在校学习与实际工作的一致性。充分利用校内生产性实训室——酒吧，校外实训基地开展实践部分的教学，邀请行业能工巧匠进课堂，分担部分技能课程的教学。

● 本课程通过技能操作、仿真模拟、角色扮演、发现学习、案例教学、案例分析、实地参观、市场调查、小组合作、情境设置、仿真模拟、观看影像资料等活动组织教学，采用教、学、练三者结合以练为主的教学方式，将理论要求分解到技能操作训练中，或在操作训练中总结要求，强化操作效果。

● 充分调动学生训练的积极性，对于每项技能，布置具体的训练任务，组织学生课后加强训练。

● 教学活动设计的内容要具体，并具可操作性。活动形式应多样化，如"看一看""品一品""练一练""比一比"等。

5.教学方法与手段

● 讲授法：主要应用于学生学习基础知识的初级阶段，要为学生学习创设一个合适的情景氛围，增强学生的学习兴趣和意识。

● 操作示范法。通过教师现场示范、演示，提高了学生对专业服务技能操作的掌握程度，同时也注重了教学内容的实用性。鼓励学生利用寒暑假去酒店顶岗实习，积累经验，提高学生理论联系实际的能力。

● 启发式教学法。在授课的过程中，教师避免采用灌输理论知识的方式，而是采用提问和分析的方式，循序渐进地诱导、启发、鼓励学生对问题和现象进行思考、讨论，再由教师总结、答疑，做到深入浅出、留有余地，给学生深入思考和进一步学习的空间，同时也提高了学生的学习主动性。传输国内外有关饭店经营管理的新理论、新思想以及发展动态。开阔学生的眼界，激发其求知欲，使学生具备现代酒店管理的理念和意识。

● 参与式教学法。改变传统的单纯依赖教师讲授的方法，让学生参与到教学过程中。学生可以就教师的讲授内容发表自己的见解，对问题和现象表达自己的看法。而通过小组讨论、专题汇报、小组辩论、情景模拟、课程作业等方式，学生可以变被动听课为主动学习，既有利于提高学生学习的积极性、主动性，也有利于学生分析问题、解决问题能力的培养和表达能力、团队合作能力的提高。针对某一具体饭店的经营管理，让学生动脑、动手收集资料、设计并制作成幻灯片，运用所学知识，进行介绍。使学生真正动脑、动手，增强实际操作能力。

● 互动式教学法。教师提出问题或现象，启发学生的发散性思维，可以实现教学互动；而小组讨论、角色模拟的方式则可以起到学生之间相互启发的作用，进而又促进了教学。教学相长，扩展了教学的深度与广度。为了解学生对本课程的学习情况，针对饭店目前发展动态和敏感问题要求学生收集资料、启发学生进行思考，开展课堂讨论，培养学生分析问题和解决问题的能力。

● 案例教学法。在讲解过程中结合案例，加深学生对基本理论的理解和认识。同时将案例分析作为对学生掌握理论知识和分析解决问题能力的检验，同时也能起到相互启发的效果。加深学生对饭店分类、饭店产品特征、管理基础理论及服务质量管理的认识和理解。

● 其他教学手段：现场参观、座谈会、交流互动、专题讲座、观看多媒体、岗位体验、项目作业等教学方式。

6. 主要参考资料

［1］徐利国，王明景. 酒水调制与酒吧服务实训教程［M］. 北京：科学出版社.

［2］费多·迪夫思吉. 酒吧圣经［M］. 上海：上海科学普及出版社.

酒店管理专业
"酒水知识与酒吧管理（双语）"课程标准

一、课程性质

　　"酒水知识与酒吧管理（双语）"是系统地对酒店管理专业的学生进行酒水基础理论教育的课程，该课程是酒店管理专业学生的岗位选修课，以双语形式教学。目标是让学生掌握酒水的基本知识、酒水文化和酒吧管理知识，培养学生分析和解决酒水服务中遇到的实际问题的能力，具备从事酒吧与酒店管理工作所需基本素质。它的前置课程有"中餐服务（双语）""西餐服务（双语）""饭店礼仪规范"和"餐饮管理实务"，它的并行课程有"鸡尾酒调制""咖啡制作""葡萄酒品鉴""茶饮制作"等课程。该课程以职业能力为本位，以行动为导向，通过行业专家对相关岗位工作任务的分析得出调酒师工作应具备的职业能力。在课程分析、课程内容分析的基础上，以工作岗位为专门化方向模块，以工作任务为线索采用并列式与流程式相结合设计课程内容，以实用够用为原则兼顾知识结构、能力结构的完整，保证技能证书考试的要求，为学生职业生涯的发展奠定基础。

　　课程采用以项目教学、任务教学为主体课程模式，以工作岗位、工作任务为线索设计项目教学，把工作过程设计成项目学习过程，以工作任务负载知识，通过技能操作、仿真模拟、角色扮演、创设情境、发现学习、案例教学、案例分析、实地参观、市场调查、小组合作等多种教学模式，在工作情境或模拟情境中开展学习过程。体现教师的主导和引领作用，突出强化学生的主体作用和自主性，强调师生之间、学生之间的合作探究、互动交流，用发现学习取代接受学习、理解学习取代机械学习、自调节学习取代他调节学习。通过项目课程的实施提高学生的方法能力、学习能力、交流能力，促进学生专业能力、社会能力、个性能力的形成。

　　"酒水知识与酒吧管理（双语）"课程的总学时为28学时，建议学分为2分，执笔人为张雪丽。

二、课程目标

（一）知识目标

　　通过学习，学生应了解并掌握酒水的基本知识、酒水文化，掌握常见的酿造酒、蒸馏酒、配制酒的概念、起源、发展。熟悉各类洋酒的常见品牌、特性及服务要求。通过实地参观、市场调查，了解酒吧经营与管理的相关知识。

（二）能力目标

　　了解并掌握酒水服务的基本程序、技能与基本的管理经营方法，并通过大量的案例分析、讨论、观摩、示范和实践等方式，使学生掌握实际操作能力和分析、解决酒水服务中遇到的实际问题的能力，从而为学生进行生产实习和以后专业发展奠定基础。

（三）素质目标

以教学任务和工作任务为引领，在理论知识中结合实际操作，将重点放在实务操作和学生的实践能力的培养上，培养学生细心、周密、热情的服务意识，团结、协作、宽容的合作意识，灵活、克制、诚信的职业意识。

三、课程内容和要求

序号	工作任务/项目	课程内容和要求		建议学时
		理论14	实践14	28
1	酒水概述	酒水的基本知识		2
2	发酵酒 Fermented wine	1.葡萄酒的介绍及酒质鉴别Wine 2.啤酒的介绍及酒质鉴别Beer 3.中国黄酒及日本清酒的介绍	4	8
3	蒸馏酒 Distillate Spirit	1.中国白酒的介绍 2.白兰地和威士忌、金酒的介绍 Brandy、Whisky、Gin 3.伏特加、朗姆、特基拉酒的介绍 Vodka、Rum、Tequila	4	10
4	配制酒 Integrated Alcoholic Beverages	1.中国配制酒 2.外国配制酒		2
5	酒吧管理 Bar management	1.认识酒吧 2.酒吧的组织结构及岗位设置 3.酒吧的工作程序	6	6

四、考核评价

考核方式上，采用形成性与终结性评价相结合的理论考试、技能测试、阶段测试等多种考核方式。理论考试（40%）+技能测试（20%）+阶段测试（40%）。理论考试重在评价酒水知识与酒吧管理课程的理论学习情况，占总成绩的40%。技能测试重在评价学生将酒水服务理论知识转化为实践的能力，以及对酒吧经营的服务程序与标准掌握程度及创新能力的表现，占总成绩的20%；阶段测试成绩主要包括考勤、课外作业、实践训练、技能竞赛、平时表现环节的表现，占总成绩的40%。

五、课程资源及使用要求

（一）师资条件要求

"酒水知识与酒吧管理（双语）"课程的教学团队由专兼职教师组成。通过教师队伍建设，本课程形成了一支素质良好，年龄、专业、职称和学历结构合理，理论知识与技能水平并重，能适应专业发展需要的双师型教师队伍。

（二）实训教学条件要求

（1）多媒体教室。

（2）模拟酒吧实训室。

（3）"调酒与酒吧管理"网络课程。

（4）校内外实训实习基地。

（5）提供学习资料的图书馆。

（三）教材选用

本课程选用何立萍主编的《酒水知识与酒吧管理》以及张雪丽主编的《酒水知识与酒吧管理》（双语讲义）为教材。其中，双语教材为学院自编教材，按照任务驱动教学法的思路编写，从酒水知识与酒吧管理两个关键点切入，共分八个模块，系统地介绍了发酵酒、蒸馏酒、配制酒、鸡尾酒及无酒精饮料等有关基础知识；并结合酒吧管理的实践经验，具体介绍了饭店酒吧管理所涉及的各方面内容，包括确定酒吧布局和吧台设计、为酒吧配置岗位和人员、酒吧的日常业务管理、酒会的设计、酒吧的销售管理、酒吧的成本管理、酒单设计及酒吧的原料管理。

六、课程实施建议及其他说明

1. 课程实施方案

● 采用理实一体化的教学模式，强调学生在校学习与实际工作的一致性。充分利用校内生产性实训室——酒吧，校外实训基地开展实践部分的教学，邀请行业能工巧匠进课堂，分担部分技能课程的教学。

● 本课程通过技能操作、仿真模拟、角色扮演、发现学习、案例教学、案例分析、实地参观、市场调查、小组合作、情境设置、仿真模拟、观看影像资料等活动组织教学，采用教、学、练三者结合以练为主的教学方式，将理论要求分解到技能操作训练中，或在操作训练中总结要求，强化操作效果。

● 充分调动学生训练的积极性，对于每项技能，布置具体的训练任务，组织学生课后加强训练。

● 教学活动设计的内容要具体，并具可操作性。活动形式应多样化，如"看一看""品一品""练一练""比一比"等。

2. 教师教学计划

计划1：酒水概述		参考学时		2
学习目标	1.了解酒水知识，为成为一名合格的调酒师打下理论基础 2.掌握酒的定义和分类，能识别不同的酒水			
学习单元	内容描述	教学条件	教学方法和建议	参考学时
酒水的基本知识	1.通过教学，使学生了解酒水的概念 2.掌握各种分类方法 3.掌握按生产工艺分成几类 4.掌握酒精度的表达方式和换算方法	多媒体教室	案例教学 观看影像资料 市场调查	2

计划2：发酵酒	参考学时	8
学习目标	1.能分清不同类型葡萄酒的特点，能读懂认识葡萄酒的标签，并进行简单的酒质优劣鉴别 2.能熟知啤酒的主要种类，了解世界主要啤酒名品，并能对啤酒进行酒质优劣的鉴别 3.能熟知黄酒的主要种类，了解主要黄酒和清酒名品，并能对黄酒进行酒质优劣的鉴别	

续表

学习单元	内容描述	教学条件	教学方法和建议	参考学时
葡萄酒的介绍及酒质鉴别	1.葡萄酒的分类 2.葡萄酒的标签 3.葡萄酒的品鉴	多媒体教室 酒吧实训室	案例教学 小组讨论 观看影像资料 市场调查	2
啤酒的介绍及酒质鉴别	1.啤酒的原料 2.啤酒的分类 3.啤酒的名品 4.啤酒的品鉴	多媒体教室 酒吧实训室	案例教学 小组讨论 观看影像资料 市场调查	4
中国黄酒及日本清酒的介绍	1.黄酒的分类 2.黄酒的名品 3.黄酒的鉴别 4.清酒的介绍	多媒体教室 酒吧实训室	案例教学 小组讨论 观看影像资料 市场调查	2

计划3：蒸馏酒			参考学时	10
学习目标				
学习单元	内容描述	教学条件	教学方法和建议	参考学时

学习目标：
1.了解蒸馏酒的定义特点、构成与分类，掌握蒸馏酒的酿酒原理与工艺特色
2.掌握白兰地、威士忌、金酒、伏特加、特基拉、朗姆酒的主要原料、生产地区及名品
3.懂得中国白酒的各种香型
4.能为客人进行各类白酒的出品服务

学习单元	内容描述	教学条件	教学方法和建议	参考学时
中国白酒的介绍	1.中国白酒的分类 2.白酒的名品介绍 3.白酒酒质的鉴别	多媒体教室 酒吧实训室	案例教学 小组讨论 观看影像资料 市场调查	2
白兰地和威士忌、金酒的介绍	1.白兰地介绍 2.威士忌介绍 3.金酒介绍	多媒体教室 酒吧实训室	案例教学 小组讨论 观看影像资料 市场调查	4
伏特加、朗姆、特基拉酒的介绍	1.伏特加介绍 2.朗姆酒介绍 3.特基拉酒介绍	多媒体教室 酒吧实训室	案例教学 小组讨论 观看影像资料 市场调查	4

计划4：配制酒			参考学时	2

学习目标：
1掌握配制酒的定义及了解主要的类别，能认识和简单介绍国内配制酒的名品
2掌握配制酒的定义及了解主要的类别，能认识和简单介绍国外配制酒的名品

学习单元	内容描述	教学条件	教学方法和建议	参考学时
中国配制酒	1.中国配制酒概述 2.中国配制酒名品	多媒体教室 酒吧实训室	案例教学 小组讨论 观看影像资料 市场调查	1
外国配置酒	1.外国配制酒概述 2.外国配制酒名品	多媒体教室 酒吧实训室	案例教学 小组讨论 观看影像资料 市场调查	1

计划5：酒吧管理		参考学时		6
学习目标	1.能够认识酒吧的常见布局及设备的摆放方法 2.能够画出酒吧的组织结构图，并且熟悉酒吧领导的主要职责 3.学习和了解酒吧的三个环节的工作程序，并会进行简单的操作			
学习单元	内容描述	教学条件	教学方法和建议	参考学时
认识酒吧	1.酒吧的定义及分类 2.酒吧的设备和用具 3.酒吧常用设备的使用方法	多媒体教室 酒吧实训室	情景教学 实训作业	2
酒吧的组织结构及岗位设置	1.酒吧的组织结构 2.酒吧的工作岗位设置 3.酒吧领班、主管的主要职责	多媒体教室 酒吧实训室	情境教学 实训作业	2
酒吧的工作程序	1.营业准备工作程序 2.正常营业工作程序 3.营业结束工作程序	多媒体教室 酒吧实训室	情境教学 实训作业	2

3. 课程资源开发

● 着重多媒体课件的制作和运用，最大限度地提高学生的学习兴趣。

● 本课程教学的关键是现场教学，要充分利用酒吧实训室创设工作情景，紧密结合职业资格证书的考核要求，通过大量直观式、参与式的教学活动，让学生在"教"与"学"的过程中，认识本专业的特点，熟练进行岗位实践工作。

● 通过介绍相关书籍、网站等资源，扩大学生的知识视野，补充课外学习内容。

● 产学合作开发实训课程资源，充分利用实训场所和各种类型的实习基地等实训资源，实践"工学交替"，完成学生实习、实训的实践任务，同时为学生的就业创造机会。

4. 教学模式

本课程针对来源于企业实践的、典型的职业工作任务，紧紧围绕学生在校学习与实际工作的一致性和行动导向原则进行教学模式设计，在培养岗位实际工作能力的同时，促进学生关键能力的发展和综合素质的提高。

● 工学交替。课程教学整体上注重工学交替，设计了课内—课外、校内—校外、随堂实训、项目活动等多种形式并举的实践教学模式。

● 任务驱动。将教学内容整合，注重工作过程的整体性，让学生在完整、综合的仿真行动中学习知识，体验实践。

● 项目导向。在教学与实践活动中，以项目为导向，师生通过共同实施一个完整的具有实际应用价值的"项目"工作而进行教学活动。

5. 教学方法与手段

本课程采用项目教学法、任务驱动法、讲授法、角色扮演法、案例教学法、情境教学法、实训作业法等。组织学生通过主动网上搜索资料以完成工作项目或任务。

6. 主要参考资料

[1] 熊国铭.现代酒吧服务与管理 [M].北京：高等教育出版社.

[2] 刘红专.酒水知识与酒吧管理 [M].上海：上海交通大学出版社.

酒店管理专业"餐饮管理"课程标准

一、课程性质

"餐饮管理"课程是浙江旅游职业学院"酒店管理"专业的一门专业选修课，是系统地对学生进行餐饮管理知识与能力训练的专业核心课程。本课程强调学生的基本素质和能力培养，让学生掌握餐饮经营的具体操作和管理，培训学生善于观察，勤于学习的精神，具备专业服务、个性服务以及餐饮部基础管理的能力，具有酒店从业人员所应具备的基本理论与实践素质。它以"中餐服务""西餐服务""宴会与会议服务"的课程学习为基础，是进一步学习酒店管理课程的基础。

本课程是依据"酒店管理专业工作任务与职业能力分析表"中的餐饮管理工作项目设置的。该课程在"以职业能力培养为重点，以工作过程为导向"的课程设计理念指导下，进行"以工作过程为能力主线，以职业能力为课程核心，以职业标准为课程内容，以教学模块为课程结构"的课程开发与设计，充分体现职业性、实践性和开放性的要求。课程内容以餐饮管理的理论为基础，以业务经营活动为中心，通过学习，使学生掌握餐饮经营实务包括餐饮管理的组织机构、人员编制、市场营销等环节的具体操作和管理；侧重于餐厅厅面管理以及后台设计等技能的培养，并通过实践训练，让学生把所学知识真正运用到实际操作中，做到对前期操作技能的理论提升，并着力加强学生从事餐饮管理工作的实际能力。

"餐饮管理"课程教学时数为 36 学时，建议学分为 2 分，执笔人为顾燕云。

二、学习目标

（一）知识目标
掌握餐饮基层管理工作的内容、标准、工作流程和工作要领。

（二）能力目标
培养学生的业务能力、协调能力、应变能力及创新能力等；培养学生胜任餐饮部基层管理工作，适应行业发展与职业变化的基本能力。

（三）素质目标
通过该门课程的学习，希望学生了解、掌握餐饮部业务内容、工作标准，具备餐饮服务意识与管理意识，做到：动手能力强，管理意识强，初步具备餐饮部主要营业点基层督导的素质和管理能力。

三、课程内容与要求

序号	工作任务/项目	课程内容和要求		建议学时
		理论	实践	36
1	餐厅管理	1.餐厅服务质量管理 2.餐厅人力资源管理 3.餐厅设备用品管理		6
2	菜单管理	1.中、西菜肴命名原则和方法 2.菜单设计与制作 3.菜肴定价	菜单设计	8
3	餐饮原料管理	1.餐饮原料采购管理 2.餐饮原料验收管理 3.餐饮原理库存管理	制定采购规格任务书	6
4	厨房管理	1.厨房概述 2.厨房的设计与布局 3.厨房出品管理		6
5	餐饮业的营销	1.餐饮市场消费需求 2.餐饮营销观念 3.餐饮营销模式和策略		6
6	餐饮成本费用控制	1.餐饮成本控制 2.餐饮费用控制		4

四、考核评价

考核方式上，采用形成性与终结性评价相结合的阶段测试、技能测试、理论考试等多种考核方式。阶段测试（30%）+ 技能测试（10%）+ 理论考试（60%）。阶段测试主要考查学生课堂提问、课外作业、实践训练、小组讨论与作业等方面的完成情况与效果，占总成绩的30%；技能测试重在评价学生将餐饮理论知识转化为实践的能力，占总成绩的10%；理论考试重在评价餐饮服务课程的理论学习情况，占总成绩的60%。对在学习和运用上有创新的学生应予以特殊鼓励，全面综合评价学生的能力。

五、课程资源及使用要求

（一）师资条件要求

本课程要求大多数教师具有研究生及以上学历，具备餐饮服务与管理实践知识和能力，热爱教育工作，热爱学生；同时有较强的教学能力、教育科研能力和创新能力，能掌握相关高等教育法规，具有一定的教育学、心理学基本知识，并能运用在实际教学过程中。另外要求教师具有制作多媒体课件进行教学设计的能力，并具有应用现代教育技术进行教学的能力，具有指导学生参加中西餐宴会设计与服务竞赛的经验。

（二）实训教学条件要求

（1）多媒体教室。

（2）客房实训室。

（3）校外、校内实训实习基地。

（4）提供学习资料的图书馆。

（三）教材选用

匡家庆.酒店餐饮部运行与管理［M］北京：外语教学与研究出版社.

教材充分体现课程设计思想，以项目为载体实施教学，项目选取科学，项目之间的逻辑结构清晰，并成系列，能支撑课程目标的实现。突出职业能力的培养与提高，同时具备可操作性。

六、课程实施建议及其他说明

1.课程实施方案

课程目标的实现通过情境创设、仿真模拟、案例分析、认识实习、岗位体验等教学方法，以校内实训基地和校外实训基地为实习场所，教、学、做三者结合，强调学生在"做"中"学"。

● 树立学生对餐饮管理的正确认识，培养学生对餐饮管理的兴趣，塑造正确的对客管理理念。

● 应加强对学生实际职业能力的培养，强化基于工作过程的案例教学和任务教学，注重以任务引领型项目诱发学生兴趣，使学生在完成典型任务活动中能熟练掌握餐饮基层管理技能与方法。

● 教师应尽可能由浅及深地讲授餐饮管理专业知识，并结合饭店实际案例加深学生理解。

● 应注意职业情境的创设，以多媒体、录像等教学方法提高学生分析问题和解决实际问题的职业能力。

● 教师必须重视实践、更新观念，为学生提供自主发展的时间和空间，积极引领学生提升职业素养，努力提高学生的创新能力。

2.教师教学计划

学习情境	情境1：餐厅管理		参考学时	6
学习目标	素质目标：具备餐厅日常管理所需的基本要求			
	知识目标：了解餐厅日常管理的主要方向			
	能力目标：掌握餐厅日常管理的要点并能够灵活运用			

学习单元	内容描述	教学条件	教学方法和建议	参考学时
1.餐饮服务质量管理	餐饮服务质量的内容与方法	多媒体教室	案例教学法 角色扮演法	2
2.餐厅人力资源管理	餐厅人员管理的方法与排班技巧	多媒体教室	案例教学法 情景教学法	2
3.餐厅设备用品管理	餐厅设备种类与管理要点	多媒体教室	案例教学法 情景教学法	2

学习情境	情境2：菜单管理	参考学时		8
学习目标	素质目标：具备菜单设计所需的基本素质			
	知识目标：掌握菜单设计所需具备的各项业务知识			
	能力目标：掌握菜单设计的方法、菜单定价的策略			

学习单元	内容描述	教学条件	教学方法和建议	参考学时
1.菜肴命名原则	中、西餐菜肴命名的方法	多媒体教室	发现学习法 现场点评法	2
2.菜单设计与制作	菜单设计与制作的方法、程序与要点	多媒体教室	现场展示法 对比分析法	4
3.菜肴定价	菜肴定价的方法与策略	多媒体教室	知识讲授法 对比分析法	2

学习情境	情境3：餐饮原料管理	参考学时		6
学习目标	素质目标：了解从事餐饮原料采购、验收与库存工作的员工应具备的基本素质			
	知识目标：掌握餐饮原料采购、验收与库存各项知识			
	能力目标：掌握餐饮原料采购、验收与库存所应具备的各项业务能力			

学习单元	内容描述	教学条件	教学方法和建议	参考学时
1.餐饮原料的采购管理	各类原料采购的方法与注意事项	多媒体教室	发现学习法 现场点评法	2
2.餐饮原料验收管理	餐饮原料验收的方法与要点	多媒体教室	知识讲授法 对比分析法	2
3.餐饮原料的库存管理	各类餐饮原料库存的方法与要点	多媒体教室	知识讲授法 对比分析法	2

学习情境	情境4：厨房管理	参考学时		6
学习目标	素质目标：了解从事厨房管理所应具备的基本素质			
	知识目标：掌握从事厨房管理所需具备的各项知识			
	能力目标：了解厨房出品管理所应具备的各项能力			

学习单元	内容描述	教学条件	教学方法和建议	参考学时
1.厨房概述	厨房人员配备与各岗位职责	多媒体教室	知识讲授法	2
2.厨房设计与布局	厨房设计与布局的要求	多媒体教室	知识讲授法 对比分析法	2
3.厨房出品管理	厨房出品管理的内容	多媒体教室	知识讲授法	2

学习情境	情境5：餐饮业的营销		参考学时	6
学习目标	素质目标：具备从事餐饮营销工作的基本素质要求			
	知识目标：掌握餐饮营销观念与策略			
	能力目标：掌握餐饮营销工作所需具备的各项业务能力			

学习单元	内容描述	教学条件	教学方法和建议	参考学时
1.餐饮市场消费需求	生理需求、心理需求及各类消费习俗等	多媒体教室	发现学习法 现场点评法	2
2.餐饮营销观念	生产观念；推销观念；社会营销观念 绿色营销观念	多媒体教室	知识讲授法 对比分析法	2
3.餐饮营销模式和策略	餐饮营销组合与组合策略	多媒体教室	知识讲授法 案例学习法	2

学习情境	情境6：餐饮成本、费用控制		参考学时	4
学习目标	素质目标：了解从事餐饮成本、费用控制工作的员工应具备的基本素质			
	知识目标：掌握餐饮成本、费用控制的主要方法			
	能力目标：掌握餐饮成本、费用控制所应具备的各项业务能力			

学习单元	内容描述	教学条件	教学方法和建议	参考学时
1.餐饮成本控制	餐饮成本控制的内容与方法	多媒体教室	发现学习法 案例学习法	2
2.餐饮费用控制	餐饮费用控制的内容与方法	多媒体教室	知识讲授法 案例学习法	2

3. 课程资源开发

● 着重多媒体课件的制作和运用，最大限度地提高学生的学习兴趣。

● 本课程教学以工作过程为导向，所以要努力创设工作情境，提升学生学习兴趣，通过大量直观式、参与式的教学活动，让学生在"教"与"学"的过程中，认识本课程的特点，熟练进行岗位实践工作。

● 通过校内"餐饮服务与管理"MOOC等资源、推荐相关参考书目等途径，扩大学生的知识视野，补充课外学习内容。

● 充分利用学生校内见习机会，实践"工学交替"，完成学生实习、实训的实践任务，在实际对客服务过程中提升各项能力，同时为学生的就业创造机会。

4. 教学模式

本课程针对来源于企业实践的、典型的职业工作任务，紧紧围绕学生在校学习与实际工作的一致性和行动导向原则进行教学模式设计，在培养岗位实际工作能力的同时，促进学生关键能力的发展和综合素质的提高。

● 工学交替。课程教学整体上注重工学交替，设计课内—课外、校内—校外、随堂实训、项目活动等多种形式并举的实践教学模式。

● 任务驱动。将教学内容整合，注重工作过程的整体性，让学生在完整、综合的仿真行动中学习知识，体验实践。

● 项目导向。在教学与实践活动中，以项目为导向，师生通过共同实施一个完整的具有实际应用价值的"项目"工作而进行教学活动。

5. 教学方法与手段

● 知识讲授法：主要应用于学生学习基础知识的初级阶段，要为学生学习创设一个合适的情景氛围，增强学生的学习兴趣和意识。

● 示范教学法。通过教师现场示范、演示，提高学生对专业服务技能操作的掌握程度，同时也注重了教学内容的实用性。鼓励学生利用寒暑假去酒店顶岗实习，积累经验，提高学生理论联系实际的能力。

● 启发式教学法。在授课的过程中，教师避免采用灌输理论知识的方式，而是采用提问和分析的方式，循序渐进地诱导、启发、鼓励学生对问题和现象进行思考、讨论，再由教师总结、答疑，做到深入浅出、留有余地，给学生深入思考和进一步学习的空间，同时也提高了学生的学习主动性。

● 讲练交叉法。改变传统的单纯依赖教师讲授的方法，让学生参与到教学过程中。对于服务技能与服务流程部分的内容，可以采用边讲边练的教学方式，学生可以现场消化老师讲授的内容，及时反馈、提升。

● 分组练习法。在学生进行实践训练的过程中，通过组建团队进行练习，教师通过点评、指导等方式提高学生对于餐饮管理知识的领悟能力，并学会举一反三、触类旁通。

● 案例教学法。在讲解过程中结合案例，加深学生对基本理论的理解和认识。同时将案例分析作为对学生掌握理论知识和分析解决问题能力的检验，也能起到相互启发的效果。

● 其他教学手段：现场参观、座谈会、交流互动、专题讲座、观看视频、角色扮演、岗位体验、项目作业等教学方式。

6. 主要参考资料

［1］沈建龙 . 餐饮服务与管理［M］. 北京：中国人民大学出版社 .

［2］戴桂宝 . 现代餐饮管理［M］. 北京：北京大学出版社 .

酒店管理专业"宴会与会议服务"课程标准

一、课程性质

"宴会与会议服务"课程是浙江旅游职业学院"酒店管理"专业的一门专业选修课程。本课程以宴会与会议服务的理论为基础，以业务经营活动为中心，坚持注重基础、强化能力、突出重点、学以致用的原则，既注重阐述宴会与会议服务的基础知识，又力求理论联系实际，具有很强的可操作性。

本课程是依据"酒店管理专业工作任务与职业能力分析表"中的夜床设计工作项目设置的。该课程立足于实际能力的培养，要求打破以知识传授为主要特征的传统学科课程模式，转变为以工作任务为中心组织课程内容，按照学习情境设计教学内容，让学生在完成具体项目的过程中学会完成相应工作任务，构建相关理论知识，发展职业能力，并为学生可持续发展奠定良好的基础。课程内容以酒店宴会与会议活动为主线，系统、全面地讲授宴会与会议服务的理论及方法，旨在使学生比较系统地掌握宴会及会议所必备的服务技能与管理理论，熟悉宴会及会议操作规范和运营流程，并能在实践中对所学技能规范操作，对所学理论学以致用，培养一批既具有一定责任心、有一定素养、有一定管理能力同时又受社会及企业欢迎的应用型人才，从而为学生毕业后适应旅游饭店餐饮管理工作的需要打下良好的基础。教学过程中，通过校企合作、校内实训基地建设等多种途径，工学结合突出实践，充分开发学习资源，给学生提供丰富的实践机会。教学效果评价采取过程评价与结果评价相结合的方式，通过理论与实践相结合，重点评价学生的职业能力和综合素质。课程设计理念符合职业性、实践性和开放性要求，符合工作过程与方法的思路要求。

"宴会与会议服务"课程教学时数为 36 学时，建议学分为 2 分，执笔人为顾燕云。

二、课程目标

（一）知识目标
掌握宴会与会议服务的基础理论和基础知识，熟悉宴会和会议的服务流程。
（二）能力目标
掌握宴会与会议预订、布置与服务等的具体操作能力，具有良好的组织协调能力和创新能力。
（三）素质目标
培养细心、周密、热情的服务意识，团结、协作、宽容的合作意识，灵活、克制、诚信的职业意识，具备良好的社会适应能力和人际关系处理能力。

三、课程内容与要求

根据专业人才培养目标要求，结合酒店管理专业职业特点，经过对学生就业岗位工作任务分析，将本课程教学内容分为宴会知识与服务、会议知识与服务和主题宴会设计3个模块。通过感性、仿真和真实训练，使学生达到既掌握基础知识和技能又培养其职业能力的目的，从而实现专业教学与学生就业的零距离对接。

序号	工作任务/项目	课程内容和要求		建议学时
		理论	实践	36
1	宴会知识与服务	宴会概述		2
		宴会预订	预订流程	2
		宴会服务	服务流程	4
2	会议知识与服务	会议概述		2
		会议策划与方案		4
		会议服务		
3	主题宴会设计	主题宴会设计概述		2
		宴会主题设计	宴会主题设计	4
		宴会台面设计	主题台面设计	8
		宴会菜肴设计		
		宴会服务设计		
		宴会环境设计		2

四、考核评价

考核方式上，采用形成性与终结性评价相结合的理论考试、技能测试、阶段测试等多种考核方式。阶段测试（20%）+ 技能测试（50%）+ 理论考试（30%）。阶段测试主要考查学生课堂提问、课外作业、实践训练、小组讨论与作业等方面的完成情况与效果，占总成绩的20%；技能测试重在评价学生将理论知识转化为实践的能力，占总成绩的50%；理论考试重在评价餐饮服务课程的理论学习情况，占总成绩的30%。对在学习和运用上有创新的学生应予以特殊鼓励，全面综合评价学生的能力。

五、课程资源及使用要求

（一）师资条件要求

本课程要求大多数教师具有研究生及以上学历，具备宴会与会议服务实践知识和能力，热爱教育工作，热爱学生；同时有较强的教学能力、教育科研能力和创新能力，能掌握相关高等教育法规，具有一定的教育学、心理学基本知识，并能运用在实际教学过程中。另外要求教师具有制作多媒体课件进行教学设计的能力，并具有应用现代教育技术进行教学的能力，具有指导学生参加宴会设计与服务竞赛的经验。

（二）实训教学条件要求

（1）多媒体教室。

（2）客房实训室。

（3）校外、校内实训实习基地。

（4）提供学习资料的图书馆。

（三）教材选用

刘澜江．主题宴会设计［M］北京：中国商业出版社．

教材充分体现课程设计思想，以项目为载体实施教学，项目选取科学，项目之间的逻辑结构清晰，并成系列，能支撑课程目标的实现。突出职业能力的培养与提高，同时具备可操作性。

六、课程实施建议及其他说明

1. 课程实施方案

课程目标的实现通过情境创设、仿真模拟、案例分析、认识实习、岗位体验等教学方法，以校内实训基地和校外实训基地为实习场所，教、学、做三者结合，强调学生在"做"中"学"。

● 树立学生对宴会与会议服务的正确认识，培养学生对宴会与会议服务的兴趣，塑造正确的对客服务理念。

● 应加强对学生实际职业能力的培养，强化基于工作过程的案例教学和任务教学，注重以任务引领型项目诱发学生兴趣，使学生在完成设计任务活动中能熟练掌握主题宴会设计。

● 教师应尽可能由浅及深地讲授宴会与会议服务专业知识，并结合饭店实际案例加深学生理解。

● 应注意职业情境的创设，以多媒体、录像等教学方法提高学生分析问题和解决实际问题的职业能力。

● 教师必须重视实践、更新观念，为学生提供自主发展的时间和空间，积极引领学生提升职业素养，努力提高学生的创新能力。

2. 教师教学计划

学习情境	情境1：宴会知识与服务		参考学时	8
学习目标	1.掌握宴会活动的基本概念、特点和分类 2.熟练宴会预订和服务流程			
学习单元	内容描述	教学条件	教学方法和建议	参考学时
1.宴会概述	宴会的概念、发展历史、特点和分类	多媒体教室	知识讲授法 对比分析法	2
2.宴会预订	酒店宴会预订流程	多媒体教室	案例教学法 知识讲授法	2
3.宴会服务	宴会服务流程和注意事项	餐饮实训室	案例教学法 讲练交叉法	4

学习情境	情境2：会议知识与服务		参考学时	8
学习目标	1.了解会议特点和分类 2.掌握会议策划 3.熟练会议服务流程			
学习单元	内容描述	教学条件	教学方法和建议	参考学时
1.会议概述	会议的分类和服务特点	多媒体教室	知识讲授法 对比分析法	2
2.会议策划与方案	会议策划要素；根据策划制订会议方案	多媒体教室	知识讲授法 案列教学法	4
3.会议服务	会议服务流程和要点	餐饮实训室	示范教学法 讲练交叉法	2

学习情境	情境3：主题宴会设计		参考学时	20
学习目标	1.了解宴会设计的概念和要素 2.能进行主题宴会台面的设计			
学习单元	内容描述	教学条件	教学方法和建议	参考学时
1.主题宴会设计概述	主题宴会设计概念、包含要素及要求	多媒体教室 实训室	知识讲授法 对比分析法	2
2.宴会主题设计	宴会主题赏析和讨论	多媒体教室	案例教学法 小组讨论法	4
3.宴会台面设计	宴会台面设计的要素和要求	多媒体教室 实训室	案例教学法 小组实践法	8
4.宴会菜肴设计	宴会菜肴设计的原则和方法	多媒体教室	知识讲授法 案例教学法	2
5.宴会服务设计	宴会服务要点	实训室	情景赏析法 讲练交叉法	2
6.宴会环境设计	宴会环境设计赏析	多媒体教室	情景赏析法 案例分析法	2

3. 课程资源开发

● 着重多媒体课件的制作和运用，最大限度地提高学生的学习兴趣。

● 本课程教学以工作过程为导向，所以要努力创设工作情境，提升学生学习兴趣，通过大量直观式、参与式的教学活动，让学生在"教"与"学"的过程中，认识本课程的特点，熟练进行岗位实践工作。

● 充分利用学生校内见习机会，实践"工学交替"，完成学生实习、实训的实践任务，在实际对客服务过程中提升各项能力，同时为学生的就业创造机会。

4. 教学模式

本课程针对来源于企业实践的、典型的职业工作任务，紧紧围绕学生在校学习与实际工作的一致性和行动导向原则进行教学模式设计，在培养岗位实际工作能力的同时，促进学生关键能力的发展和综合素质的提高。

● 工学交替。课程教学整体上注重工学交替，设计了课内—课外、校内—校外、随堂实训、项目活动等多种形式并举的实践教学模式。

●任务驱动。将教学内容整合，注重工作过程的整体性，让学生在完整、综合的仿真行动中学习知识，体验实践。

●项目导向。在教学与实践活动中，以项目为导向，师生通过共同实施一个完整的具有实际应用价值的"项目"工作而进行教学活动。

5.教学方法与手段

●知识讲授法：主要应用于学生学习基础知识的初级阶段，要为学生学习创设一个合适的情景氛围，增强学生的学习兴趣和意识。

●示范教学法。通过教师现场示范、演示，提高学生对专业服务技能操作的掌握程度，同时也注重了教学内容的实用性。鼓励学生利用寒暑假去酒店顶岗实习，积累经验，提高学生理论联系实际的能力。

●启发式教学法。在授课的过程中，教师避免采用灌输理论知识的方式，而是采用提问和分析的方式，循序渐进地诱导、启发、鼓励学生对问题和现象进行思考、讨论，再由教师总结、答疑，做到深入浅出、留有余地，给学生深入思考和进一步学习的空间，同时也提高了学生的学习主动性。

●讲练交叉法。改变传统的单纯依赖教师讲授的方法，让学生参与到教学过程中。对于服务技能与服务流程部分的内容，可以采用边讲边练的教学方式，学生可以现场消化老师讲授的内容，及时反馈、提升。

●分组练习法。在学生进行技能训练的过程中，通过组建团队进行练习，教师通过点评、指导等方式提高学生对于餐饮服务技能的领悟能力，并学会举一反三、触类旁通。

●案例教学法。在讲解过程中结合案例，加深学生对基本理论的理解和认识。同时将案例分析作为对学生掌握理论知识和分析解决问题能力的检验，也能起到相互启发的效果。

●其他教学手段：现场参观、座谈会、交流互动、专题讲座、观看视频、角色扮演、岗位体验、项目作业等教学方式。

6.主要参考资料

[1]叶伯平.宴会设计与管理[M]北京：清华大学出版社.

[2]廖雄军.会议组织规范与技巧[M]南宁：广西人民出版社.

酒店管理专业"鸡尾酒调制"课程标准

一、课程性质

本课程是酒店管理专业的一门专业选修课。该课程以职业能力为本位，以行动为导向，通过行业专家对相关岗位工作任务的分析得出调酒师工作应具备的职业能力。在课程分析、课程内容分析的基础上，以工作岗位为专门化方向模块，以工作任务为线索采用并列式与流程式相结合设计课程内容，以实用够用为原则兼顾知识结构、能力结构的完整，为学生职业生涯的发展奠定基础。

课程采用以项目教学、任务教学为主体课程模式，以工作岗位、工作任务为线索设计项目教学，把工作过程设计成项目学习过程，以工作任务负载知识，通过技能操作、仿真模拟、角色扮演、创设情境、发现学习、案例教学、案例分析、实地参观、市场调查、小组合作等多种教学模式，在工作情境或模拟情境中开展学习过程。体现教师的主导和引领作用，突出强化学生的主体作用和自主性，强调师生之间、学生之间的合作探究、互动交流，用发现学习取代接受学习、理解学习取代机械学习、自调节学习取代他调节学习。通过项目课程的实施提高学生的方法能力、学习能力、交流能力，促进学生专业能力、社会能力、个性能力的形成。

"鸡尾酒调制"课程的总学时为 36 学时，建议学分为 2 分，执笔人为张水芳。

二、课程目标

（一）知识目标

了解酒水基础知识；掌握国际上常用的六大基酒（外国蒸馏酒）、国外配制酒的基本知识；掌握鸡尾酒的概念与特点，了解鸡尾酒的不同分类，重点掌握鸡尾酒的基本结构及常用的四种调制方法，掌握 20 款世界著名鸡尾酒的调制。

（二）能力目标

通过实际操作训练，掌握经典鸡尾酒的调制，并能进行鸡尾酒的创新，培养学生的动手能力和创新能力，并为学习相关后续课程，如酒吧管理等课程打下一定基础。

（三）素质目标

通过规范、熟练掌握操作酒吧服务与管理的各项技能，学生应具备吃苦耐劳、主动热情、认真周到的服务精神，为职业能力的发展奠定良好的基础。

三、课程内容和要求

序号	工作任务/项目	课程内容和要求		建议学时
		理论	实践	32
1	酒水概述	1.了解酒水的概念 2.掌握各种酒水分类方法 3.掌握按生产工艺分成几类 4.掌握酒精度的表达方式和换算方法		4
2	外国酒蒸馏酒	了解六大基酒的英文单词、主要原料、生产地区、名品及饮用方式： 1.白兰地 2.威士忌 3.金酒 4.伏特加 5.特基拉 6.朗姆酒	六大基酒品鉴	6
3	外国配制酒	了解国外配制酒的分类及饮用方式	常用配制酒品鉴	2
4	鸡尾酒概述	1.掌握鸡尾酒的历史，分类、原料与配方 2.鸡尾酒调制的基本原则 3.掌握英式调酒的四种基本技法		4
5	鸡尾酒调制	1.摇和法 2.调和法 3.兑和法 4.搅和法	酒吧实操	10
6	鸡尾酒的创作与品尝	能根据自己对酒水的认识和理解创作出自己想要的酒品，并自己进行命名	酒吧实操	4
7	鸡尾酒调制测试	操作测试	实操测试	2

备注：典型工作任务、项目、模块、学习情境、工作过程等。

四、考核评价

考核方式上，采用形成性与终结性评价相结合的理论考试、技能测试、阶段测试等多种考核方式。理论考试（20%）＋技能测试（30%）＋阶段测试（50%）。理论考试重在检测鸡尾酒调制原则、方法以及品鉴标准的理论学习情况，占总成绩的20%。技能测试重在评价学生将鸡尾酒调制理论知识转化为实践的能力，以及对鸡尾酒调制的基本原则掌握程度及创新能力的表现，占总成绩的30%；阶段测试成绩主要包括考勤、作业、实训、平时表现环节的表现，占总成绩的50%。

五、课程资源及使用要求

（一）师资条件要求

本课程的教学最好以团队形式来完成，由专兼职教师共同组成，要求教师最好有酒店，特别是酒吧工作经历，具备良好的专业技能与职业素养，热爱教学，身心健康，能与学生良好沟通，并遵守学校教学纪律。同时有较强的教学能力、教育科研能力和创新能力，能掌握相关高等教育法规，具有一定的教育学、心理学基本知识，并能运用在实际教学过程中。另外要求教师具有制作多媒体课件进行教学设计的能力，并具有应用现代教育技术进行教学的能力，具有指导学生参加各类调酒技能竞赛经验的教师最佳。

（二）实训教学条件要求

（1）多媒体教室。

（2）酒吧实训室。

（3）校外、校内实训实习基地。

（4）提供学习资料的图书馆。

（三）教材选用

推荐教材：何立萍.酒水知识与酒吧管理［M］.北京：中国劳动社会保障出版社.

教材充分体现课程设计思想，以项目为载体实施教学，项目选取要科学，项目之间的逻辑结构清晰，并成系列，能支撑课程目标的实现。突出职业能力的培养与提高，同时要考虑可操作性。

六、课程实施建议及其他说明

1.课程实施方案

课程目标的实现通过项目设置、酒吧实操、饮品品鉴、岗位体验等教学方法，以校内实训基地和校外实训基地为实习场所，教、学、做三者结合，强调学生在"做"中"学"。

● 采用理实一体化的教学模式，强调学生在校学习与实际工作的一致性。充分利用校内生产性实训室——酒吧，校外实训基地开展实践部分的教学，邀请行业能工巧匠进课堂，分担部分技能课程的教学。

● 本课程通过技能操作、仿真模拟、角色扮演、发现学习、案例教学、案例分析、实地参观、市场调查、小组合作、情境设置、仿真模拟、观看影像资料等活动组织教学，采用教、学、练三者结合以练为主的教学方式，将理论要求分解到技能操作训练中，或在操作训练中总结要求，强化操作效果。

● 充分调动学生训练的积极性，对于每项技能，布置具体的训练任务，组织学生课后加强训练。

● 教学活动设计的内容要具体，并具可操作性。活动形式应多样化，如"看一看""品一品""练一练""比一比"等。

2.教师教学计划

计划1：酒水概述		参考学时		4
学习目标	1.掌握酒的定义和分类 2.了解酒精、酒度、发酵、蒸馏、配制等基础知识			
学习单元	内容描述	教学条件	教学方法和建议	参考学时
酒水的概念	1.酒水定义 2.酒的起源与历史	多媒体教室	运用多媒体教学、案例分析、教授等方法	2
酒水分类	1.按原料分类 2.按制作工艺分类 3.按酒精度高低分类	多媒体教室	运用多媒体教学、案例分析、教授等方法	1
酒度	1.酒精度的表达方式 2.不同酒精度之间的换算方法	多媒体教室	运用多媒体教学、案例分析、教授等方法	1

计划2：外国酒蒸馏酒		参考学时		6
学习目标	了解六大基酒的英文单词、主要原料、生产地区、名品及饮用方式			
学习单元	内容描述	教学条件	教学方法和建议	参考学时
白兰地	了解白兰地的英文单词、主要原料，生产地区及名品及饮用方式	酒吧实训室	运用多媒体教学、酒吧实训、分组训练等方法	2
威士忌	了解威士忌的英文单词、主要原料，生产地区及名品及饮用方式	酒吧实训室	运用多媒体教学、酒吧实训、分组训练等方法	1
金酒	了解金酒的英文单词、主要原料，生产地区及名品及饮用方式	酒吧实训室	运用多媒体教学、酒吧实训、分组训练等方法	1
伏特加	了解伏特加的英文单词、主要原料，生产地区及名品及饮用方式	酒吧实训室	运用多媒体教学、酒吧实训、分组训练等方法	1
朗姆酒	了解朗姆酒的英文单词、主要原料，生产地区及名品及饮用方式	酒吧实训室	运用多媒体教学、酒吧实训、分组训练等方法	0.5
特基拉酒	了解特基拉的英文单词、主要原料，生产地区及名品及饮用方式	酒吧实训室	运用多媒体教学、酒吧实训、分组训练等方法	0.5

计划3：外国配制酒		参考学时		2
学习目标	1.了解国外配制酒的分类 2.了解配制酒在鸡尾酒制作中的作用			
学习单元	内容描述	教学条件	教学方法和建议	参考学时
配制酒定义	1.配制酒定义 2.配制酒产地	酒吧实训室	运用多媒体教学、酒吧实训、分组训练等方法	1
配制酒分类	1.开胃酒 2.利口酒 3.甜食酒	酒吧实训室	运用多媒体教学、酒吧实训、分组训练等方法	1

计划4：鸡尾酒概述		参考学时		2
学习目标	1.掌握鸡尾酒的历史、分类、原料与配方 2.鸡尾酒调制的基本原则			
学习单元	内容描述	教学条件	教学方法和建议	参考学时
鸡尾酒概述	1.鸡尾酒定义 2.鸡尾酒起源与历史	酒吧实训室	运用多媒体教学、案例分析等方法	1
鸡尾酒调制的基本原则	鸡尾酒调制的基本原则	酒吧实训室	运用多媒体教学、案例分析等方法	1

计划5：鸡尾酒调制			参考学时	10
学习目标	1.通过四种不同调制方法的教和学，至少掌握12款世界著名鸡尾酒的制作与品鉴 2.具备举一反三的能力			
学习单元	内容描述	教学条件	教学方法和建议	参考学时
摇和法	1.教师示教 2.学生分组训练 3.针对训练过程进行纠错与点评	酒吧实训室	运用示教法、分组训练等方法	4
调和法	1.教师示教 2.学生分组训练 3.针对训练过程进行纠错与点评	酒吧实训室	运用示教法、分组训练等方法	1
兑和法	1.教师示教 2.学生分组训练 3.针对训练过程进行纠错与点评	酒吧实训室	运用示教法、分组训练等方法	4
搅和法	1.教师示教 2.学生分组训练 3.针对训练过程进行纠错与点评	酒吧实训室	运用示教法、分组训练等方法	1

计划6：鸡尾酒的创作与品尝			参考学时	2
学习目标	1.根据自己对酒水的认识和理解创作出自己想要的酒品，并自己进行命名 2.引导学生如何品鉴一款鸡尾酒			
学习单元	内容描述	教学条件	教学方法和建议	参考学时
自创鸡尾酒	1.分组现场完成一款自创鸡尾酒 2.对鸡尾酒命名、创意、配方进行阐述	酒吧实训室	分组法、现场点评法	1
鸡尾酒品鉴	1.鸡尾酒品鉴指标 2.引导学生对一款鸡尾酒进行品鉴	酒吧实训室	分组法、现场点评法	1

计划7：测试			参考学时	2
学习目标	1.检查鸡尾酒制作技能掌握情况 2.能够独立完成一款抽签鸡尾酒的制作			
学习单元	内容描述	教学条件	教学方法和建议	参考学时
理论测试	完成一款自创鸡尾酒的配方	酒吧实训室	测试	1
实践测试	独立完成一款抽签鸡尾酒的调制	酒吧实训室	测试	1

3. 课程资源开发

● 着重多媒体课件的制作和运用，最大限度地提高学生的学习兴趣。

● 本课程教学的关键是现场教学，要充分利用酒吧实训室创设工作情景，紧密结合职业资格证书的考核要求，通过大量直观式、参与式的教学活动，让学生在"教"与

"学"的过程中，认识本专业的特点，熟练进行岗位实践工作。

●通过介绍相关书籍、网站等资源，扩大学生的知识视野，补充课外学习内容。

●产学合作开发实训课程资源，充分利用实训场所和各种类型的实习基地等实训资源，实践"工学交替"，完成学生实习、实训的实践任务，同时为学生的就业创造机会。

4.教学模式

●采用理实一体化的教学模式，强调学生在校学习与实际工作的一致性。充分利用校内生产性实训室——酒吧，校外实训基地开展实践部分的教学，邀请行业能工巧匠进课堂，分担部分技能课程的教学。

●本课程通过技能操作、仿真模拟、角色扮演、发现学习、案例教学、案例分析、实地参观、市场调查、小组合作、情境设置、仿真模拟、观看影像资料等活动组织教学，采用教、学、练三者结合以练为主的教学方式，将理论要求分解到技能操作训练中，或在操作训练中总结要求，强化操作效果。

●充分调动学生训练的积极性，对于每项技能，布置具体的训练任务，组织学生课后加强训练。

●教学活动设计的内容要具体，并具可操作性。活动形式应多样化，如"看一看""品一品""练一练""比一比"等。

5.教学方法与手段

●讲授法：主要应用于学生学习基础知识的初级阶段，要为学生学习创设一个合适的情景氛围，增强学生的学习兴趣和意识。

●操作示范法。通过教师现场示范、演示，提高了学生对专业服务技能操作的掌握程度，同时也注重了教学内容的实用性。鼓励学生利用寒暑假去酒店顶岗实习，积累经验，提高学生理论联系实际的能力。

●启发式教学法。在授课的过程中，教师避免采用灌输理论知识的方式，而是采用提问和分析的方式，循序渐进地诱导、启发、鼓励学生对问题和现象进行思考、讨论，再由教师总结、答疑，做到深入浅出、留有余地，给学生深入思考和进一步学习的空间，同时也提高了学生的学习主动性。传输国内外有关饭店经营管理的新理论、新思想以及发展动态。开阔学生的眼界，激发其求知欲，使学生具备现代酒店管理的理念和意识。

●参与式教学法。改变传统的单纯依赖教师讲授的方法，让学生参与到教学过程中。学生可以就教师的讲授内容发表自己的见解，对问题和现象表达自己的看法。而通过小组讨论、专题汇报、小组辩论、情景模拟、课程作业等方式，学生可以变被动听课为主动学习，既有利于提高学生学习的积极性、主动性，也有利于学生分析问题、解决问题能力的培养和表达能力、团队合作能力的提高。针对某一具体饭店的经营管理，让学生动脑、动手收集资料、设计并制作成幻灯片，运用所学知识，进行介绍。使学生真正动脑、动手，增强实际操作能力。

●互动式教学法。教师提出问题或现象，启发学生的发散性思维，可以实现教学互动；而小组讨论、角色模拟的方式则可以起到学生之间相互启发的作用，进而又促进了教学。教学相长，扩展了教学的深度与广度。为了解学生对本课程的学习情况，针对饭店目前发展动态和敏感问题要求学生收集资料、启发学生进行思考，开展课堂讨论，培养学生分析问题和解决问题的能力。

● 案例教学法。在讲解过程中结合案例，加深学生对基本理论的理解和认识。同时将案例分析作为对学生掌握理论知识和分析解决问题能力的检验，同时也能起到相互启发的效果。加深学生对饭店分类、饭店产品特征、管理基础理论及服务质量管理的认识和理解。

● 其他教学手段：现场参观、座谈会、交流互动、专题讲座、观看多媒体、岗位体验、项目作业等教学方式。

6. 主要参考资料

[1] 徐利国，王明景. 酒水调制与酒吧服务实训教程［M］. 北京：科学出版社．

[2] 费多·迪夫思吉. 酒吧圣经［M］. 上海：上海科学普及出版社．

酒店管理专业"葡萄酒品鉴"课程标准

一、课程性质

本课程是酒店管理专业岗位选修课，酒店管理专业与企业、行业专家共同开发建设的一门具有工学结合鲜明特色的职业能力核心课程。通过对葡萄酒起源、产地、产区、文化内涵、饮用习惯的讲解，使学生能够掌握葡萄酒文化的基础知识；学习葡萄酒的外观、品种分类、等级、品酒技巧、菜肴搭配以及侍酒流程等葡萄酒的品鉴过程，全面掌握识酒与品酒的方法。本课程打开眼界，增加知识，陶冶情操，提高感知鉴赏能力，为学生进一步在各专业深造和开拓提供活力。

本课程是依据"酒店管理专业工作任务与职业能力分析表"中的葡萄酒品鉴工作项目设置的。该课程总体设计思路紧紧围绕"三全一分"育人理念，充分体现依据学生的认知特点，学生可持续发展需求，打破以只是传授为主要特征的传统学科课程模式，设计通过基础知识授予和实际品鉴相结合的理念和设计思路，将本课程的内容分解为若干项目。理论知识的选取紧紧围绕葡萄酒文化基础知识如葡萄酒起源、产地、产区、文化内涵来进行课堂理论授课，通过葡萄酒品鉴实训课程，切实学习和掌握品酒技巧和侍酒流程。教学过程中，通过校企合作、校内实训基地建设等多种途径，工学结合突出实践，充分开发学习和实践的资源，为学生提供诸多的实践机会。教学效果评价采取过程评价和结果评价相结合的方式，通过理论和实践相结合，重点评价学生的职业能力和综合素质能力。课程设计理念符合职业性、实践性和开放性的要求，符合工作过程与方法的思路要求。

"葡萄酒品鉴"课程的总学时为 16 学时，建议学分为 1 分，执笔人为罗栋琼。

二、课程目标

（一）知识目标

掌握葡萄酒识酒的基本知识及原则，葡萄酒品鉴的方法和葡萄酒侍酒礼仪及对客服务标准。

（二）能力目标

能够参与酒店餐饮服务部门管理实践工作，掌握针对宾客进行葡萄酒侍酒服务、葡萄酒与菜肴搭配能力，能够养成独立分析问题、解决问题的能力。

（三）素质目标

培养善于分析、勤于学习的精神，具备不断探索、创新能力。具有酒店餐饮从业人员所应具备的基本理论与实践素质。

三、课程内容和要求

序号	工作任务/项目	课程内容和要求		建议学时
		理论	实践	16
1	葡萄酒文化与基础知识	●葡萄酒的历史 ●葡萄酒的品种		2
2	葡萄酒的酿造	●葡萄酒的酿造 ●葡萄酒与菜肴搭配		2
3	葡萄酒世界地图及产区	●葡萄酒的旧世界 ●葡萄酒的新世界		6
4	实训课程：葡萄酒品鉴		●葡萄酒新世界与旧世界品种各两种品鉴	2
5	实训课程：葡萄酒服务		●葡萄酒侍酒礼仪 ●起泡葡萄酒品鉴	2
6	葡萄酒测试	理论测试		2

备注：典型工作任务、项目、模块、学习情境、工作过程等。

四、考核评价

在考核方式上，采用形成性与终结性评价相结合的理论考试、技能测试、阶段测试等多种考核方式。理论考试（20%）＋技能测试（30%）＋阶段测试（50%）。理论考试重在评价学生在葡萄酒品鉴课程中学习理论知识的情况，占总成绩的20%。技能测试主要分为两个部分，葡萄酒品鉴与葡萄酒侍酒，重在考察与评价学生将葡萄酒品鉴理论知识转化为实践的能力，占总成绩的30%；阶段性测试成绩主要包括考勤、作业、实训、平时表现，占总成绩的50%。

五、课程资源及使用要求

（一）师资条件要求

本课程要求大多数教师具有研究生及以上饭店管理专业，具备葡萄酒品鉴与侍酒服务、酒吧管理实践的知识和能力，并有葡萄酒行业相关认证证书；健康的身心以及热爱教育工作，热爱学习，热爱学生，同时有较强的教学能力、教育科研能力和创新能力；能掌握相关高等教育法规，具有一定的教育学、心理学基本知识，并能运用在实践教学过程中。另外要求教师具有制作多媒体课件进行教学设计的能力，并具有应用现代教育技术进行教学的能力。

（二）实训教学条件要求

（1）多媒体教室。

（2）葡萄酒品鉴教室。

（3）校内外实训实习基地。

（4）提供学习资料的图书馆。

（三）教材选用

本课程结合课程内容和高职高专学生特点进行自编教材。教材充分体现课程设计思想，以项目为载体实施教学，项目选取要科学，项目之间的逻辑结构清晰，并成系列，能支撑课程目标的实现。突出职业能力的培养与提高，同时要考虑可操作性。

六、课程实施建议及其他说明

1. 课程实施方案

课程目标的实现通过理论知识授课、多媒体资料播放、情景设置、实践品鉴、岗位体验等教学方法，以校内实训基地和校外实训基地为实习场所，教、学、做三者结合，强调学生在"做"中"学"。

● 树立学生对葡萄酒品鉴与侍酒服务的正确认识、兴趣，塑造正确的对客服务理念。

● 强调对学生实际职业能力的培养，强化基于教学过程中的案例教学和任务教学，注重以任务引导型项目诱发学生兴趣，让学生在葡萄酒品鉴与侍酒活动中能够熟练掌握其服务专业技能。

● 教师应由浅到深地讲授葡萄酒识酒、品鉴、侍酒专业知识与操作，并结合实际餐饮行业案例加深学生理解。

● 应注意职业情境的创设，以多媒体、录像等教学方法提高学生分析问题和解决实际问题的职业能力。

● 教师必须重视实践、更新观念，为学生提供自主发展的时间和空间，积极引领学生提升职业素养，努力提高学生的创新能力。

● 教师应注重培养学生对葡萄酒识酒、品鉴、侍酒服务的钻研能力。

2. 教师教学计划

计划1：葡萄酒文化		参考学时		2
学习目标	●通过讲解，使学生掌握酒的定义和分类，了解葡萄酒的起源和历史 ●掌握主要葡萄品种			
学习单元	内容描述	教学条件	教学方法和建议	参考学时
葡萄酒的历史	●葡萄酒的起源 ●葡萄酒的传说 ●葡萄酒的发展	多媒体教室	运用多媒体教学、案例分析、教授等方法	0.5
葡萄的品种	●葡萄的构成 ●世界常见的葡萄酒酿制的葡萄品种介绍（红葡萄品种与白葡萄品种）	多媒体教室	运用多媒体教学、案例分析、教授等方法	1.5

计划2：葡萄酒的酿造		参考学时		2
学习目标	●通过讲解，使学生掌握葡萄酒的酿造 ●葡萄酒与食物搭配			

续表

学习单元	内容描述	教学条件	教学方法和建议	参考学时
葡萄酒的酿造	●葡萄酒的分类按颜色分 ●葡萄酒的分类按葡萄汁含量分 ●葡萄酒的分类按照含糖量分 ●酿造各种类葡萄酒的方法（红葡萄酒，白葡萄酒，桃红葡萄酒，起泡酒）	多媒体教室	运用多媒体教学、案例分析、教授等方法	1.5
葡萄酒与食物的搭配	●各类葡萄酒与食物的搭配原则	多媒体教室	运用多媒体教学、案例分析、教授等方法	0.5

计划3：葡萄酒世界地图及产区		参考学时		6
学习目标	●通过讲解，使学生掌握葡萄酒旧世界与新世界产区的基本情况、等级制度、名酒庄、其知名产区和葡萄品种代表			
学习单元	内容描述	教学条件	教学方法和建议	参考学时
葡萄酒新旧世界概述一（世界葡萄酒地图）	●葡萄酒的新旧世界之差异 ●葡萄酒的旧世界——法国（葡萄酒等级制度划分，产区分布） ●葡萄酒的旧世界——意大利（葡萄酒等级制度划分，产区分布） ●葡萄酒的旧世界——西班牙（葡萄酒等级制度划分，产区分布）	多媒体教室	运用多媒体教学、案例分析、教授等方法	4
葡萄酒的新旧世界概述二（世界葡萄酒地图）	●葡萄酒的新世界（概况） ●葡萄酒的新世界美国、澳大利亚、智利、加拿大（葡萄酒等级制度划分，产区分布）	多媒体教室	运用多媒体教学、案例分析、教授等方法	2

计划4：葡萄酒品鉴		参考学时		2
学习目标	●考查学生对于知识到实践的转换能力 ●能够对葡萄酒用专业的词汇进行品鉴与讲解介绍			
学习单元	内容描述	教学条件	教学方法和建议	参考学时
实训课程：葡萄酒品鉴	葡萄酒品鉴（新世界与旧世界，红葡萄酒与白葡萄酒）	葡萄酒品教室	运用多媒体教学、案例分析、教授等方法	2

计划5：葡萄酒服务		参考学时		2
学习目标	●考查学生对于知识到实践的转换能力 ●熟练地掌握葡萄酒侍酒技巧与能力			
学习单元	内容描述	教学条件	教学方法和建议	参考学时
实训课程：葡萄酒服务	●起泡酒品鉴 ●侍酒服务礼仪	葡萄酒品教室	运用多媒体教学、案例分析、教授等方法	2

计划6：测试		参考学时		2
学习目标	1.强化对葡萄酒文化知识的掌握 2.强化对葡萄酒品鉴与侍酒的能力训练			
学习单元	内容描述	教学条件	教学方法和建议	参考学时
理论测试	独立完成葡萄酒知识卷面考查考试	多媒体教室	测试	1
实践测试	进行葡萄酒盲品测试	客房实训室	测试	1

3. 课程资源开发

● 进一步开发多媒体教学光盘，通过各种活动的设计、模拟与参与，使学生的主动性、积极性和创造性得以充分调动。

● 充分利用实习基地酒店，为学生参观、实训和实习服务，并与时俱进及时调整教学内容。

● 课程资源建设，把有关电子教学资料（如 PPT 课件、案例、习题等）放在课程网站上，实现学生与教师的网上互动。

4. 教学模式

本课程针对来源于企业实践的、典型的职业工作任务，紧紧围绕学生在校学习与实际工作的一致性和行动导向原则进行教学模式设计，在培养岗位实际工作能力的同时，促进学生关键能力的发展和综合素质的提高。

● 工学交替。课程教学整体上注重工学交替，设计了课内—课外、校内—校外、随堂实训、项目活动等多种形式并举的实践教学模式。

● 任务驱动。将教学内容整合，注重工作过程的整体性，让学生在完整、综合的仿真行动中学习知识，体验实践。

● 项目导向。在教学与实践活动中，以项目为导向，师生通过共同实施一个完整的具有实际应用价值的"项目"工作而进行教学活动。

5. 教学方法与手段

● 讲授法：主要应用于学生学习基础知识的初级阶段，要为学生学习创设一个合适的情景氛围，增强学生的学习兴趣和意识。

● 启发式教学法。在授课的过程中，教师避免采用灌输理论知识的方式，而是采用提问和分析的方式，循序渐进地诱导、启发、鼓励学生对问题和现象进行思考、讨论，再由教师总结、答疑，做到深入浅出、留有余地，给学生深入思考和进一步学习的空间，同时也提高了学生的学习主动性。传输国内外有关饭店经营管理的新理论、新思想以及发展动态。开阔学生的眼界，激发其求知欲，使学生具备现代酒店管理的理念和意识。

● 参与式教学法。改变传统的单纯依赖教师讲授的方法，让学生参与到教学过程中。学生可以就教师的讲授内容发表自己的见解，对问题和现象表达自己的看法。而通过小组讨论、专题汇报、小组辩论、情景模拟、课程作业等方式，学生可以变被动听课为主动学习，既有利于提高学生学习的积极性、主动性，也有利于学生分析问题、解决问题

能力的培养和表达能力、团队合作能力的提高。针对某一具体饭店的经营管理,让学生动脑、动手收集资料、设计并制作成幻灯片,运用所学知识,进行介绍。使学生真正动脑、动手,增强实际操作能力。

●互动式教学法。教师提出问题或现象,启发学生的发散性思维,可以实现教学互动;而小组讨论、角色模拟的方式则可以起到学生之间相互启发的作用,进而又促进了教学。教学相长,扩展了教学的深度与广度。为了解学生对本课程的学习情况,针对饭店目前发展动态和敏感问题要求学生收集资料、启发学生进行思考,开展课堂讨论,培养学生分析问题和解决问题的能力。

●案例教学法。在讲解过程中结合案例,加深学生对基本理论的理解和认识。同时将案例分析作为对学生掌握理论知识和分析解决问题能力的检验,同时也能起到相互启发的效果。加深学生对饭店分类、饭店产品特征、管理基础理论及服务质量管理的认识和理解。

●操作示范法。通过教师现场示范、演示,提高学生对专业服务技能操作的掌握程度,同时也注重教学内容的实用性。鼓励学生利用寒暑假去酒店顶岗实习,积累经验,提高学生理论联系实际的能力。

●其他教学手段:现场参观、座谈会、交流互动、专题讲座、观看多媒体、岗位体验、项目作业等教学方式。

6. 主要参考资料

[1] 何立萍 . 探究葡萄酒之奥秘 . 浙江旅游职业学院自编教材 .

[2] 凯文 兹拉利 . 世界葡萄酒全书 [M] . 海口:南海出版社 .

[3] 君岛哲至 . 品鉴宝典:葡萄酒完全掌握手册 [M] . 福州:福建科学技术出版社 .

酒店管理专业"茶饮制作"课程标准

一、课程性质

该课程是酒店管理专业的职业基础课，契合酒店从业人员在新时代所应具备的基本理论与实践素质，贴近学生将来职业场景的需要。目标是以"酒店管理人员""茶艺茶道培训人员"等职业岗位需求和创业需求为导向，以茶饮制作基础为知识核心，结合时代发展趋势，重点培养学生对茶文化的理解、领悟和表现能力；为培养学生的酒店服务管理能力和茶艺表演职业能力奠定坚实的基础；同时使学生在具备就业和创业所需的茶饮基础专业知识及实践技能的同时，具备良好的诚信品质、责任意识等职业素养，使学生达到人力资源和社会保障部初级茶艺师资格证书的基本要求。该课程以"茶道与茶艺""咖啡与茶饮制作"等课程的学习为基础，也是进一步学习"餐饮服务"等后续课程的基础。

该课程是依据"酒店管理专业工作任务与职业能力分析表"中的饮品制作，茶文化服务工作项目设置的。该课程总体设计思路紧紧围绕"三全一分"育人理念，充分体现依据学生的认知特点、学生可持续发展需求，打破以知识传授为主要特征的传统学科课程模式，以国家初级茶艺师资格标准为指导，根据时代发展不断调整优化，组建课程模块，实施"课堂＋实地认知＋情景体验"的教学模式，整合教学资源、序化教学内容。理论知识的选取紧紧围绕工作任务完成的需要来进行，同时又充分考虑了高等职业教育对理论知识学习的需要，并融合了相关职业资格证书对知识、技能和态度的要求。教学过程通过校企合作、校内实训基地建设等多种途径，充分开发学习资源。教学效果评价采取过程评价与结果评价相结合的方式，通过理论与实践相结合，重点评价学生的职业能力和综合素质。

该门课程的总学时为 16 学时，建议学分为 2 分，执笔人为雷明化。

二、课程目标

（一）知识目标

掌握茶文化基础理论，熟练不同基本茶类的茶艺手法，快速识别不同的基本茶类和我国各种名优茶品。

（二）能力目标

能够参与酒店客房服务管理实践工作，掌握针对宾客需求，灵活机动地进行调饮茶的配置，具备能够独立完成茶艺表演能力。

（三）素质目标

培养热爱中国优秀传统茶文化意识，能够针对不同的人群，选择恰当的方式演绎和表达茶文化；具备良好的沟通能力、会经营人际关系，具有酒店从业人员所应具备的基本理论与实践素质。

三、课程内容和要求

为达到课程教学目标，结合酒店时代发展趋势，根据对市场岗位群需求，调研结合学生认知和学习的一般规律选取教学内容，采用模块化教学内容设计，具体见下表。

序号	工作工作任务/项目	知识内容与要求	技能内容与要求	建议学时
1	茶艺师职业知识	●茶艺师的职业道德及相关的法律法规	●熟悉茶艺师的职业道德规范，当与消费者发生纠纷时，学会通过合适方式解决	2
2	茶叶基础知识	●茶树特征、茶区、茶的选购与贮藏、饮茶健康	●识别真茶与假茶，懂得茶叶的保健功效，学会科学养生	2
3	识茶	●掌握茶的功效、茶的基本制作过程、我国饮茶与制茶的历史、六大基本茶类、茶文化的外传、茶器与茶具、泡茶要素	●掌握主要茶类的主要制作流程和工序 ●能够辨别主要茶叶品种	4
4	绿茶玻璃杯冲泡	●熟悉玻璃杯冲泡的基本手法、基本礼仪、茶的要领和品饮艺术	●熟记3种常用茶叶冲泡方法的茶与水的比例、水温、冲泡时间、续水次数，掌握冲泡方法的冲泡程序	8
5	乌龙茶紫砂壶冲泡	●熟悉紫砂壶杯冲泡的基本手法、基本礼仪、茶的要领和品饮艺术		

四、考核评价

考核方式上，采用形成性与终结性评价相结合的理论考试、技能测试、阶段测试等多种考核方式。考核的结果力图体现学生的进步，因此打破传统的结果式考核，转为分阶段、分层次的逐步逐层考核，并不仅仅对学生掌握的理论知识进行考核，更重要的是对学生掌握技能的程度全面评价。理论考试（20%）+ 技能测试（30%）+ 阶段测试（50%）。理论考试重在茶饮制作的理论学习情况，占总成绩的20%。技能测试重在理论知识转化为实践的能力，以及对茶饮制作的基本原则掌握程度及创新能力的表现，占总成绩的30%；阶段测试成绩主要包括出勤情况、课堂环节的表现，占总成绩的50%。

五、课程资源及使用要求

（一）师资条件要求

本课程要求大多数教师具有国家初级茶艺师资格标准及以上，具备相关茶饮制作的实践知识和能力，健康的身心以及热爱教育工作，热爱学生；同时有较强的教学能力、教育科研能力和创新能力，能掌握相关高等教育法规，具有一定的教育学、心理学基本知识，并能运用在实际教学过程中，任课老师不仅对茶文化有深入理解，也应对中国传统文化有广泛的了解；对时代发展，潮流保持敏感，能够将传统茶文化与现代观念和消费方式相融合；同时，对相关领域如插花、诗词、服饰和音乐有相当程度的理解。

（二）实训教学条件要求

（1）多媒体教室。

（2）茶艺茶饮制作实训室。

（3）校外、校内实训实习基地。

（4）提供学习资料的图书馆。

（三）教材选用

1. 茶道与茶艺［M］.北京：中国劳动社会保障出版社，2016.

2. 学习网站：

（1）http：//www.fjteaw.cn/tea-wh/——爱茶网

（2）http：//www.gdsmart.net/——中华茶文化网

（3）http：//www.zh5000.com——中华五千年

（4）http：//www.teamuseum.cn/index8.aspx——中国茶叶博物馆

六、课程实施建议及其他说明

立足于对学生的充分了解，尊重认知的基本规律，以情境教学法为基本教学法，以实地模拟练习为辅助教学法，为学生创造恰当的茶文化环境氛围，使学生既有感性认知，又有理性认识，强化其亲身感受所带来的重要影响作用，综合运用发现问题、小组讨论、情境演练、点评法等多种方法，提高教学实效。

1. 课程实施方案

课程目标的实现通过情境创设、仿真模拟、认识实习、岗位体验等教学方法，以校内实训基地和校外实训基地为实习场所，教、学、做三者结合，强调学生在"做"中"学"。

2. 教师教学计划

学习情境	情境1：茶叶基础知识		参考学时	8
学习目标	专业能力目标：掌握茶的基本理论知识，能够准确识别六大茶类、解释不同茶类品质特征的差别、我国著名的名优茶品			
	社会能力目标：具备较强的民族自豪感，具有传承和发扬传统文化的意识			
学习单元	内容描述	教学条件	教学方法和建议	参考学时
1.茶的生长及特性	茶树的起源、生长环境、我国四大茶区、我国名优茶品、高山出好茶；分组进行茶树调研报告	多媒体教室、实地茶园	启发式教学法 问题式教学法 任务驱动式教学法	2
2.茶叶的功效	茶叶的基本成分、茶叶的保健功效、如何科学合理饮茶	多媒体教室、不同茶类品饮	启发式教学法 问题式教学法 讨论式教学法	2
3.我国饮茶与制茶的历史	我国饮茶的历史、我国制茶的历史	多媒体教室	启发式教学法 问题式教学法	2
4.六大基本茶类及其制作过程	六大基本茶类的品质特性、制作过程、名优茶品、保健功效	多媒体教室、校内实训室	问题式教学法 讨论式教学法 实地考察教学法	2

学习情境	情境2：茶艺与茶道		参考学时	8

学习目标	专业能力目标：理解茶艺与茶道的关系，提升自身的文学、哲学修养；能够通过茶艺的展示表达茶道的深刻思想内涵；能够识别不同茶类的冲泡程序、冲泡技巧以及科学地进行不同茶类的冲泡
	社会能力目标：提升自身的整体素养；良好的理解、表达和表演能力；良好的心理素质；具有良好的职业道德和职业素养；具有较强的责任感和严谨的工作作风；具有传承和发扬传统文化的意识

学习单元	内容描述	教学条件	教学方法和建议	参考学时
1.茶器与茶具	煮茶之器、泡茶之具	多媒体教室、校内实训室	问题式教学法 讨论式教学法 实践对比教学法	2
2.茶艺	茶艺的核心、茶艺的组成、茶艺的要求、不同茶类茶艺的程序、技巧、背景设计	多媒体教室、校内实训室	情境教学法 讨论教学法 任务驱动法 对比分析法	2
3.泡茶要素及流程	不同茶类泡茶之水的选择，包括水质、水量、水温；不同茶类泡茶之器具的选择，包括：玻璃、盖碗、紫砂等材质、款式和花色的选择；不同茶类泡茶茶量的选择，以及续水次数的选择，掌握冲泡方法和冲泡程序	多媒体教室、校内实训室	问题式教学法 讨论式教学法 实践对比教学法 情境教学法 任务驱动教学法	4

酒店管理专业"主题餐厅鉴赏"课程标准

一、课程性质

本课程是酒店管理专业选修课，目标是让学生掌握主题文化、色彩搭配、氛围布置和差异化营销知识，培养学生独立思考和团队协作的能力，达到酒店从业人员所应具备的基本理论与实践素质。它以"餐饮管理""宾客关系管理"课程的学习为基础。

该课程是依据"酒店管理专业工作任务与职业能力分析表"中的工作项目设置的。其总体设计思路是，打破以知识传授为主要特征的传统学科课程模式，设计翻转课堂的模式，扩大学生对主题文化边界的认识，通过任务引领、工作过程导向的理念将本课程的内容分解为若干项目，创设相关工作情景采用并列与流程相结合的方式展示教学内容。课程内容突出对学生分析应用能力的训练以及合作能力的培养。理论知识的选取紧紧围绕工作任务完成的需要来进行，同时又充分考虑旅游新业态与"旅游+"新形态下"大旅游"产业发展对理论知识学习的要求，坚持立德树人，注重思想政治教育贯穿教学始终，同时融合了学生综合素质提升、创新创业能力培养、学生可持续发展的要求。项目设计以主题餐厅为线索来进行。教学过程中，通过校企合作，采取工学交替等形式，充分开发学习资源，给学生提供丰富的实践机会。教学效果评价采取过程评价与结果评价相结合的方式，通过理论与实践相结合，重点评价学生的职业能力和综合素质。

该门课程的总学时为 16 学时，建议学分为 1 分，执笔人为杨月其。

二、课程目标

（一）知识目标

掌握主题餐厅鉴赏的基本原则与方法，掌握色彩搭配、氛围设置及对客服务的互动设计原理。

（二）能力目标

能够在进入餐厅服务之初，快速通过餐厅主题辨识主题元素，自如应答宾客此类提问。

（三）素质目标

培养善于分析、勤于学习的精神，具备不断探索、创新能力。具有酒店从业人员所应具备的基本理论与实践素质。

三、课程内容和要求

序号	工作任务/项目	课程内容和要求		建议学时
		理论	实践	16
1	主题餐厅的起源和定义	●主题餐厅的起源 ●主题餐厅的定义 ●主题餐厅与特色餐厅的异同 ●经营文化	●餐厅主题选择 ●主题文化素材搜集并进行文化解读	2
2	元素应用	●色彩搭配 ●民族代表色由来简介 ●地中海、东亚、东南亚餐厅设计及特色饮食鉴赏	●主题餐厅色彩搭配解析 ●解析一家餐厅的特色菜品及装修风格	2
3	氛围设置	●电影历程，赏析电影主题餐厅和年代主题餐厅 ●音乐流派，赏析音乐主题餐厅 ●餐厅设计中的灯光与光源应用	●解析一家主题餐厅光源的应用 ●解析一家主题餐厅氛围的设计	2
4	菜式和菜单设计	●中式菜肴特色及由来 ●中式习俗	●为一家餐厅设计菜单	2
5	差异化营销	●产品差异分析 ●服务差异分析 ●服务过程差异分析	●餐厅服务项目设计（互动） ●通过营销平台，以一家主题餐厅为例，用SWOT分析一家餐厅的营销策略	2
6	主题餐厅设计案例赏析	行业专家案例设计分析（以上知识点综合运用）		2
7	暗访主题餐厅成果展示		课堂展示	4

备注：典型工作任务、项目、模块、学习情境、工作过程等。

四、考核评价

在考核方式上，采用形成性与终结性评价相结合的大型作业、阶段测试、调研报告等多种考核方式。大型作业（40%）+研究报告（10%）+阶段性测试（50%）。大型作业贯穿整个学期，重在调动学生对身边主题餐厅的探究，占总成绩的40%。研究报告为大型作业的问卷设计和结果分析，占总成绩的10%。阶段测试成绩主要包括考勤、作业、实训、平时表现环节的表现，占总成绩的50%。

五、课程资源及使用要求

（一）师资条件要求

本课程要求教师具有研究生及以上学历，具备餐饮服务与管理的知识和能力，热爱教育工作，热爱学生；同时有较强的教学能力、教育科研能力和创新能力和信息搜索能力，及时掌握前沿资讯，了解教育方法新动态，并能运用在实际教学过程中。另外要求教师具有制作多媒体课件进行教学设计的能力，并具有应用现代教育技术进行教学的能力。

（二）实训教学条件要求

（1）多媒体教室。

（2）校外、校内餐厅。

（3）提供学习资料的图书馆。

（三）教材选用

本课程结合课程内容和高职高专学生特点自行编排。教材充分体现课程设计思想，以项目为载体实施教学，项目选取要科学，项目之间的逻辑结构清晰，并成系列，能支撑课程目标的实现。突出职业能力的培养与提高，同时要考虑可操作性。

六、课程实施建议及其他说明

1. 课程实施方案

课程目标的实现通过情境创设、仿真模拟、案例分析、认识实习、岗位体验等教学方法，以校内校外餐厅为考察场所，教、学、做三者结合，强调学生在"做"中"学"。

● 树立学生对主题餐厅的正确认识，培养学生对主题餐厅以及主题文化的兴趣，充实服务内涵，塑造正确的服务理念。

● 加强对学生研究能力的培养，强化基于实践过程的案例教学和任务教学，注重以任务引领型项目诱发学生兴趣，使学生在完成阶段性任务的过程中能熟练解析餐厅设计背后的主题文化，并有针对性地设计宾客互动。

● 教师应尽可能由浅及深地讲授餐厅设计、文化由来等专业知识，并结合餐厅实际案例加深学生理解。

● 应注意职业情境的创设，以多媒体、录像等教学方法提高学生分析问题和解决实际问题的职业能力。

● 教师必须重视实践、更新观念，为学生提供自主发展的时间和空间，积极引领学生提升职业素养，努力提高学生的创新能力。

● 教师应注意培养学生对主题文化探究的钻研能力，以任务型活动，组织学生了解不同类型的餐厅设计。

2. 教师教学计划

计划1：主题餐厅基本知识		参考学时		2
学习目标	●认识主题餐厅 ●塑造正确的夜床服务理念			
学习单元	内容描述	教学条件	教学方法和建议	参考学时
主题餐厅基本知识	●主题餐厅的概念 ●主题餐厅的来源 ●主题餐厅的分类 ●主题餐厅与特色餐厅的区别 ●主题餐厅名字选取 ●主题餐厅的标识	多媒体教室	运用多媒体教学、案例分析、教授等方法	1
餐厅主题的选择	●挑选一家特色餐厅，为其设置主题并想象元素 ●根据餐厅主题，明确设计元素，并收集素材	多媒体教室	运用多媒体教学、案例分析、教授、分组讨论等方法	1

计划2：主题元素应用		参考学时		2
学习目标	●对色彩搭配的正确认识 ●了解各国具有代表性的图案、图腾、颜色并知晓其由来 ●了解地中海、东亚、东南亚地区的饮食习惯及生活习俗 ●鉴赏餐厅设计的配色、图案、特色配饰等元素的应用并知晓其内涵			

学习单元	内容描述	教学条件	教学方法和建议	参考学时
色彩搭配	●三原色及冷暖色 ●色彩与体验	多媒体教室	运用多媒体教学、案例分析、分组讨论等方法	0.5
以地中海、东亚、东南亚地区特色为主题的餐厅	●地中海、东亚、东南亚地区的地域特色及生活习惯 ●地域特点与饮食习惯 ●解析一家以地域特色为主题的餐厅设计和菜品设计	多媒体教室	运用多媒体教学、案例分析、分组训练等方法	1.5

计划3：氛围设置		参考学时		3
学习目标	●了解电影的风格和发展历程，了解不同年代特征，了解音乐的流派风格 ●赏析电影主题餐厅、音乐主题餐厅、年代主题餐厅 ●能够根据主题了解灯光、饰物的运用对宾客体验的影响			

学习单元	内容描述	教学条件	教学方法和建议	参考学时
电影主题餐厅、年代主题餐厅	●根据夜床主题，设置服务项目，说明服务细节	多媒体教室	运用多媒体教学、案例分析、分组训练等方法	1
音乐主题餐厅	●针对服务项目进行点评与评分 ●淘汰最低分一组，重新加入其他分组	多媒体教室	运用多媒体教学、案例分析、分组训练等方法	1
餐厅设计中的光源与饰物应用	●根据餐厅主题，了解光源运用的要点及宾客感受 ●根据餐厅主题选择合理材质的饰物	多媒体教室	运用多媒体教学、案例分析、分组训练等方法	1

计划4：菜式和菜单设计		参考学时		1
学习目标	●根据地域文化，了解中式菜品的分类和由来 ●了解菜名设计的来源			

学习单元	内容描述	教学条件	教学方法和建议	参考学时
川菜、粤菜为主题的餐厅	●根据川菜和粤菜起源地区了解川菜和粤菜的特点，了解餐厅的氛围布置 ●根据当地习俗文化和语言特色设计菜单	多媒体教室	运用多媒体教学、学生分组展示等方法	1

计划5：差异化营销			参考学时		2
学习目标	●了解差异化营销的概念及其对主题餐厅经营的影响 ●设计特色宾客活动				
学习单元	内容描述	教学条件	教学方法和建议		参考学时
差异化营销	●差异化营销的概念 ●餐饮行业的市场细分以及差异化营销的必要性（案例）	多媒体教室	运用多媒体教学、案例分析、分组训练等方法		1
新兴主题餐厅：科技餐厅、流行文化餐厅	●主题餐厅发展的趋势	多媒体教室	运用多媒体教学、案例分析、分组训练等方法		1

计划6：主题餐厅设计赏析			参考学时		2
学习目标	●强化对主题餐厅元素的分析和运用				
学习单元	内容描述	教学条件	教学方法和建议		参考学时
主题餐厅设计赏析	●行业专家对主题餐厅设计进行角度解读和案例分析	多媒体教室	运用多媒体教学、案例分析、分组训练等方法		2

计划7：暗访主题餐厅			参考学时		2
学习目标	●实地暗访本地一家主题餐厅，从主题经营的角度对餐厅设计和服务进行比对、打分，对用餐顾客进行采访或问卷调查，了解其对主题的接收度和体验				
学习单元	内容描述	教学条件	教学方法和建议		参考学时
暗访主题餐厅成果展示	●展示小组对暗访结果和分析进行课堂展示 ●其他小组进行记录和评分	多媒体教室	课堂展示、同伴互评		2

3. 课程资源开发

●进一步开发多媒体教学光盘，通过各种活动的设计、模拟与参与，使学生的主动性、积极性和创造性得以充分调动。

●鼓励学生充分利用本地餐厅资源，为学生参观、考察做参考，并与时俱进及时调整教学内容。

●课程资源建设，把有关电子教学资料（如 PPT 课件、案例、习题等）放在课程网站上，实现学生与教师的网上互动。

●开设翻转课堂，建立线上资源库，供学生在课前储备主题文化知识。

4. 教学模式

本课程针对来源于企业实践的、典型的职业工作任务，紧紧围绕学生在校学习与实际工作的一致性和行动导向原则进行教学模式设计，在培养岗位实际工作能力的同时，促进学生关键能力的发展和综合素质的提高。

●工学交替。课程教学整体上注重工学交替，设计了课内—课外、校内—校外、随堂实训、项目活动等多种形式并举的实践教学模式。

●任务驱动。将教学内容整合，注重工作过程的整体性，让学生在完整、综合的仿真行动中学习知识，体验实践。

●项目导向。在教学与实践活动中，以项目为导向，师生通过共同实施一个完整的具有实际应用价值的"项目"工作而进行教学活动。

5. 教学方法与手段

●讲授法：主要应用于学生学习基础知识的初级阶段，要为学生学习创设一个合适的情景氛围，增强学生的学习兴趣和意识。

●启发式教学法。在授课的过程中，教师避免采用灌输理论知识的方式，而是采用提问和分析的方式，循序渐进地诱导、启发、鼓励学生对问题和现象进行思考、讨论，再由教师总结、答疑，做到深入浅出、留有余地，给学生深入思考和进一步学习的空间，同时也提高了学生的学习主动性。传输国内外有关餐厅经营管理的新理论、新思想以及发展动态。开阔学生的眼界，激发其求知欲，使学生具备现代酒店管理的理念和意识。

●参与式教学法。改变传统的单纯依赖教师讲授的方法，让学生参与到教学过程中。学生可以就教师的讲授内容发表自己的见解，对问题和现象表达自己的看法。而通过小组讨论、专题汇报、小组辩论、情景模拟、课程作业等方式，学生可以变被动听课为主动学习，既有利于提高学生学习的积极性、主动性，也有利于学生分析问题、解决问题能力的培养和表达能力、团队合作能力的提高。针对某一具体饭店的经营管理，让学生动脑、动手收集资料、设计并制作成幻灯片，运用所学知识，进行介绍。使学生真正动脑、动手，增强实际操作能力。

●互动式教学法。教师提出问题或现象，启发学生的发散性思维，可以实现教学互动；而小组讨论、角色模拟的方式则可以起到学生之间相互启发的作用，进而又促进了教学。教学相长，扩展了教学的深度与广度。为了解学生对本课程的学习情况，针对主题餐厅目前发展动态和敏感问题要求学生收集资料、启发学生进行思考，开展课堂讨论，培养学生分析问题和解决问题的能力。

●案例教学法。在讲解过程中结合案例，加深学生对基本理论的理解和认识。同时将案例分析作为对学生掌握理论知识和分析解决问题能力的检验，同时也能起到相互启发的效果。加深学生对主题餐厅分类、主题餐厅特征、管理基础理论及服务质量管理的认识和理解。

●其他教学手段：现场参观、座谈会、交流互动、专题讲座、观看多媒体、岗位体验、项目作业等教学方式。

6. 主要参考资料

[1] 黄浏英. 主题餐厅设计与管理[M]. 新北：扬智文化事业股份有限公司.
[2] 孙佳成. 酒店设计与策划[M]. 北京：中国建筑工业出版社.
[3] 理想宅. 小型餐厅空间设计[M]. 北京：中国电力出版社.

酒店管理专业"饮食文化"课程标准

一、课程性质

本课程是酒店管理专业岗位选修课，目的是让学生在掌握职业基础课程和职业技术课程的基础上对中国饮食文化和世界主要国家饮食文化有较全面、系统的了解；深刻认识中国传统饮食文化的历史及内涵，培养学生的爱国精神，进而能够提升自身的人文素养，达到培养具有高素质综合型技能人才的要求。

本课程是依据酒店管理专业人才培养方案的课程体系和课程目标设置的。其总体设计思路紧紧围绕"三全一分"育人理念，充分体现依据学生的认知特点、学生可持续发展需求，打破以知识传授为主要特征的传统学科课程模式，本课程不以系统知识的传授为目的，而是在学生掌握课程基本知识点的基础上将课程系统内容划分为若干项目。通过任务引领、知识衔接的学习理念和设计思路选取学习项目、学习任务和学习情境，充分体现职业性、实践性和开放性的要求，将每一个教学目标设计成真实具体的任务；在每一项任务学习过程中设计了实践性很强的课外活动项目，使课堂教学得到延伸。通过情境学习与知识渗透相结合的方式展示教学内容。课程内容突出对学生综合能力的训练，人文素质的培养。理论知识的选取紧紧围绕餐旅行业高素质人才掌握饮食文化内涵和知识的需要来进行，同时又充分考虑餐饮行业的创新发展要求，坚持立德树人，注重思想政治教育贯穿教学始终，同时融合了学生综合素质提升、创新创业能力培养、学生可持续发展的要求。注重课堂讲授与行业专家讲解结合，理论分析与案例分析结合，通过项目形式的任务驱动教学模式，推动工学紧密结合。

项目设计以中国饮食文化的完整框架体系为线索来进行。教学过程中，通过课堂教学，专题讲座、校内实训、校企合作等多种途径，工学结合突出实践，充分开发学习资源，给学生提供更多真实案例和丰富的饮食文化知识。教学效果评价采取过程评价与结果评价相结合的方式，通过理论与实践相结合，重点评价学生的实践能力和综合素质。课程设计理念符合职业性、实践性和开放性要求，符合工作过程与方法的思路要求。通过七个学习任务项目，让学生对中国饮食文化有一个总体的、清晰的认识。

"饮食文化"课程的总学时为28学时，建议学分为2分，执笔人为王昭。

二、课程目标

（一）知识目标

- 了解中国饮食文化的发展历程及饮食人物，对中国饮食文化有总体认知；
- 了解中国饮食文化的精髓，掌握中国饮食科学内涵；
- 感知中国各民族饮食风俗及礼俗，掌握饮食习惯、饮食礼仪等方面的基础理论知识；

- 了解中国饮食文化的地域性，掌握中国八大地方菜系的分布；
- 了解中国筵宴文化的发展趋势；
- 了解中国茶文化和酒文化的基本情况；
- 了解主要西方国家的饮食文化发展历程和中西方饮食文化的差异。

（二）能力目标
- 掌握中外饮食文化交流的历史和现状；
- 能从文化的角度解读中国烹饪发展的不同现象；
- 能够阐述中国八大菜系的特点，能够列举中国其他风味菜系，能够阐述典型菜谱名称文化内涵；
- 能把内在的文化素养在创新菜肴中体现出来；
- 体验中国茶文化和鉴赏酒类的内在品质和作用。

（三）素质目标
- 了解和继承中国传统饮食文化和世界饮食文化的博大精深；
- 培养学生理论联系实践的能力；
- 培养学生独立思考能力和信息收集的能力；
- 提高酒店管理专业学生的文化素养和综合素质。

三、课程内容和要求

序号	工作任务/项目	课程内容和要求		建议学时
		理论	实践	28
1	饮食文化基础知识	●饮食文化的定义和特征 ●中国饮食文化的地域差异 ●饮食文化的中西比较		4
2	中国烹饪文化	●饮食的起源与发展 ●中国烹饪的发展过程 ●饮食器具的发展（由行业专家讲解）		4
3	中国饮食风味流派	●中国八大菜系的形成历程和背景 ●其他风味流派		4
4	酒文化	●酒的起源与发展 ●酒的种类 ●饮酒文化 ●中华名酒介绍 ●西方名酒介绍		4
5	茶文化	●茶的起源 ●茶文化的发展 ●茶叶的种类 ●饮茶方法和茶具		4
6	中国饮食民俗	●居家日常食俗 ●中国饮食礼俗 ●年节食俗 ●筷子文化		4
7	世界主要西方国家饮食文化	●法国饮食文化 ●意大利饮食文化 ●西班牙饮食文化		4

四、考核评价

考核方式上，采用形成性与终结性评价相结合的开卷测试、大型作业、课程论文等多种考核方式。过程性评价（60%）+ 终结性评价（40%）。其中，过程性评价为20%考勤 +40% 课程作业；终结性评价为40% 课程论文。课程作业重在评价学生每个项目知识的掌握情况，课程论文重在评价学生的信息收集、整合和分析的能力，以及团队合作能力。

五、课程资源及使用要求

（一）师资条件要求

本课程要求大多数教师具有研究生及以上饭店管理专业，具备扎实的理论功底、拥有较深厚的文学素养和与时俱进的数学理念，又拥有较为丰富的旅游行业工作经验的"双师素质"的教师。健康的身心以及热爱教育工作，热爱学生；同时有较强的教学能力、教育科研能力和创新能力，能掌握相关高等教育法规，具有一定的教育学、心理学基本知识，并能运用在实际教学过程中。另外要求教师具有制作多媒体课件进行教学设计的能力，并具有应用现代教育技术进行教学的能力。

（二）实训教学条件要求

（1）多媒体教室。

（2）餐饮实训室。

（3）校外、校内实训实习基地。

（4）提供学习资料的图书馆。

（三）教材选用

本课程结合课程内容和高职高专学生特点，教材充分体现课程设计思想，以项目为载体实施教学，项目选取要科学，项目之间的逻辑结构清晰，并成系列，能支撑课程目标的实现。突出学生综合能力的培养与提高。

本课程建议使用教材：

徐文苑.中国饮食文化［M］.北京：清华大学出版社，北京交通大学出版社，2014.

备选教材：

吴澎.中国饮食文化［M］.北京：化学工业出版社，2014.

六、课程实施建议及其他说明

课程实施建议包括课程实施方案、教师教学计划、课程资源开发、教学模式、教学方法与手段、主要参考资料方面，为老师在课程实施时提供可行性建议。

1.课程实施方案

课程目标的实现主要以讲授为主、加以重点知识问答和演示的形式。注重启发思维，注重激励参与，注重合作学习，注重探究式和启发式教学，注重联系实际，注重鼓励质疑。倡导教学灵活性、多样性和实效性的统一。另外，课程的实施同样会将每一个教学目标设计成真实具体的任务，在每一项任务学习过程中设计了实践性很强的课外活动项目，使课堂教学得到延伸。通过情境学习与知识渗透相结合的方式进行教学开展。

● 树立学生对饮食文化概念的正确认识，培养学生对中国饮食文化的兴趣。

● 教师应尽可能由浅及深地讲授饮食文化专业知识，并结合饭店实际案例和最新发展趋势带入讲解，加深理解。

● 应注意学习情境的创设，以多媒体、录像等教学方法提高学生的上课积极性，加深对饮食文化的理解。

● 教师必须重视实践、更新观念，为学生提供自主发展的时间和空间，积极引领学生提升职业素养，努力提高学生的创新能力。

2. 教师教学计划

项目1：饮食文化基础知识			参考学时	4
学习目标	● 了解饮食文化的含义 ● 掌握饮食文化的特征和地域差异 ● 了解饮食文化中西方的不同点			
学习单元	内容描述	教学条件	教学方法和建议	参考学时
饮食文化的定义和特征	● 饮食文化的定义 ● 中国饮食文化的特征	多媒体教室	运用多媒体教学、案例分析、教授等方法	1.5
中国饮食文化的地域差异	● 中国饮食文化的区域性 ● 中国饮食文化的层次性	多媒体教室	运用多媒体教学、案例分析、教授等方法	1.5
饮食文化的中西比较	● 中西饮食文化的比较	多媒体教室	运用多媒体教学、案例分析、教授等方法	1

项目2：中国烹饪文化			参考学时	2
学习目标	● 掌握饮食的起源与发展状况 ● 了解中国烹饪的主要特点 ● 认识基本器具的分类及发展状况			
学习单元	内容描述	教学条件	教学方法和建议	参考学时
饮食的起源与发展	● 烹调的起源 ● 烹调的发展 ● 烹调与烹饪	多媒体教室	运用多媒体教学、案例分析、教授等方法	1
中国烹饪的发展过程	● 中国烹饪的发展过程：从史前时期到中华人民共和国成立以后 ● 中国烹饪的特点	多媒体教室	运用多媒体教学、案例分析、教授等方法	0.5
饮食器具的发展	● 饮食器具的历史演变 ● 美食与器具的搭配	多媒体教室	运用多媒体教学、现场演示、教授等方法	0.5

项目3：中国饮食风味流派		参考学时	4
学习目标	● 掌握中国八大菜系的形成背景和各自特点 ● 了解其他风味流派的特点		

续表

学习单元	内容描述	教学条件	教学方法和建议	参考学时
中国菜系的形成过程及背景	●中国菜系的形成过程 ●中国菜系的形成背景	多媒体教室	运用多媒体教学、案例分析、教授等方法	1
八大菜系	●鲁菜 ●川菜 ●粤菜 ●苏菜 ●湘菜 ●闽菜 ●浙菜 ●徽菜	多媒体教室	运用多媒体教学、案例分析、教授等方法	2
其他风味流派	●少数民族风味菜肴 ●仿古风味菜肴 ●特殊风味菜肴	多媒体教室	运用多媒体教学、讲座、教授等方法	1

项目4：酒文化		参考学时	4
学习目标	●了解我国酿酒的起源 ●了解我国的酒礼和酒令 ●认识酒的分类		

学习单元	内容描述	教学条件	教学方法和建议	参考学时
酒的起源与发展	●酿酒的起源传说 ●饮酒文化	多媒体教室	运用多媒体教学、案例分析、教授等方法	1.5
酒的分类	●按生产方式分类 ●按约定俗成的传统习惯分类（白酒、啤酒、葡萄酒）	多媒体教室	运用多媒体教学、案例分析、教授等方法	1.5
中华名酒介绍	●茅台酒 ●汾酒 ●五粮液酒 ●西凤酒 ●泸州老窖 ●剑南春酒	多媒体教室	运用多媒体教学、现场演示、教授等方法	0.5
西方名酒介绍	●威士忌 ●伏特加 ●白兰地 ●朗姆酒	多媒体教室	运用多媒体教学、现场演示、教授等方法	0.5

项目5：茶文化		参考学时	4
学习目标	●了解中国茶文化的发展历史 ●认识中国名茶的知识和种类 ●掌握识别名茶的一般知识与实践能力		

学习单元	内容描述	教学条件	教学方法和建议	参考学时
茶食渊源	●茶的起源 ●饮茶的发源时间 ●饮茶的起因	多媒体教室	运用多媒体教学、案例分析、教授等方法	1
茶文化的发展	●茶事初发 ●茶文化的萌芽 ●茶文化的兴起 ●茶文化的兴盛 ●茶文化向世界传播 ●现代茶文化的发展	多媒体教室	运用多媒体教学、案例分析、教授等方法	1.5
中国茶叶的种类	茶叶的种类及命名 中国名茶	多媒体教室	运用多媒体教学、现场演示、教授等方法	1.5

项目6：中国饮食民俗		参考学时		4
学习目标	●熟悉我国主要的年节文化食俗 ●了解我国饮食礼俗的特点 ●能够结合传统的饮食礼仪进行宴席的创新			
学习单元	内容描述	教学条件	教学方法和建议	参考学时
居家日常食俗	●我国日常饮食的食物结构 ●我国饮食的餐制 ●中国饮食习俗的特点	多媒体教室	运用多媒体教学、案例分析、教授等方法	1.5
年节食俗	●节日食俗 ●人生仪礼食俗	多媒体教室	运用多媒体教学、案例分析、教授等方法	1.5
饮食礼仪食俗	●中国宴饮之礼 ●宴会座次	多媒体教室	运用多媒体教学、现场演示、教授等方法	1

项目7：世界主要西方国家饮食文化		参考学时		4
学习目标	●了解世界主要西方国家的饮食特点 ●认识法国、意大利、西班牙的饮食文化及代表菜			
学习单元	内容描述	教学条件	教学方法和建议	参考学时
西方饮食文化的特点	●西餐烹饪方法 ●咖啡文化 ●西方饮食文化礼仪	多媒体教室	运用多媒体教学、案例分析、教授等方法	1
法国饮食文化	●法国饮食文化发展现状 ●代表菜	多媒体教室	运用多媒体教学、案例分析、教授等方法	1
意大利饮食文化	●意大利饮食文化发展现状 ●代表菜	多媒体教室	运用多媒体教学、现场演示、教授等方法	1
西班牙饮食文化	●西班牙饮食文化发展现状 ●代表菜	多媒体教室	运用多媒体教学、现场演示、教授等方法	1

3. 课程资源开发

（1）本课程在理论为主的基础上应增加编写实训指导书和实训教学标准，以指导学生将饮食文化知识更好地运用到实践中。

（2）利用现代信息技术开发制作各种形式的多媒体教学课件，为学生搭建一个立体的学习平台，激发学生的学习兴趣，调动学生学习的主动性和积极性。

（3）应充分利用旅游企业资源，进行校企合作，建立实习、实训基地，满足学生参观、实训和实习的需要，并在合作中关注学生职业能力的发展和教学内容的调整。

（4）积极开发和利用网络课程资源。

（5）校企合作编写校本特色教材。

4. 教学模式

本课程在实际教学过程中，采用项目教学和任务教学模式，在培养学生的饮食鉴赏能力的基础上增强饮食文化的知识储备，利用小组教学，提高学生的学习兴趣，激发学生的成就感和学习动机。

● 项目导向。在教学与实践活动中，以项目为导向，师生通过共同实施一个完整的具有实际应用价值的"项目"工作而进行教学活动。

● 任务驱动。将教学内容整合，注重工作过程的整体性，让学生在完整、综合的仿真情景中学习知识，增加理解。

5. 教学方法与手段

● 讲授法：主要应用于学生学习基础知识的初级阶段，要为学生学习创设一个合适的情景氛围，增强学生的学习兴趣和意识。

● 启发式教学法。在授课的过程中，教师避免采用灌输理论知识的方式，而是采用提问和分析的方式，循序渐进地诱导、启发、鼓励学生对问题和现象进行思考、讨论，再由教师总结、答疑，做到深入浅出、留有余地，给学生深入思考和进一步学习的空间，同时也提高了学生的学习主动性。传输国内外有关饮食文化的新理论、新思想以及发展动态。开阔学生的眼界，激发其求知欲，增强知识储备。

● 参与式教学法。改变传统的单纯依赖教师讲授的方法，让学生参与到教学过程中。学生可以就教师的讲授内容发表自己的见解，对问题和现象表达自己的看法。而通过小组讨论、专题汇报、小组辩论、情景模拟、课程作业等方式，学生可以变被动听课为主动学习，既有利于提高学生学习的积极性、主动性，也有利于学生分析问题、解决问题能力的培养和表达能力、团队合作能力的提高。针对某一具体饮食文化现象，让学生动脑、动手收集资料、设计并制作成幻灯片，运用所学知识，进行介绍。使学生真正动脑、动手，增强实际操作能力。

● 互动式教学法。教师提出问题或现象，启发学生的发散性思维，可以实现教学互动；而小组讨论、角色模拟的方式则可以起到学生之间相互启发的作用，进而又促进了教学。教学相长，扩展了教学的深度与广度。为了解学生对本课程的学习情况，针对各国饮食文化发展动态和敏感问题要求学生收集资料、启发学生进行思考，开展课堂讨论，培养学生分析问题和解决问题的能力。

● 案例教学法。在讲解过程中结合案例，加深学生对基本理论的理解和认识。同时将案例分析作为对学生掌握理论知识和分析解决问题能力的检验，同时也能起到相互启发的效果。加深学生对中国传统饮食文化、酒文化、茶文化以及世界主要国家饮食文化的认识和理解。

- 操作示范法。通过教师现场示范、演示，提高学生对专业服务技能操作的掌握程度，同时也注重了教学内容的实用性。鼓励学生利用寒暑假去实施调研、实践、感受各地饮食文化，提高学生理论联系实际的能力。

- 其他教学手段：现场参观、座谈会、交流互动、专题讲座、观看多媒体、岗位体验、项目作业等教学方式。

6.主要参考资料

[1] 隗静秋.中外饮食文化 [M].北京：经济管理出版社，2015.

[2] 何宏.中外饮食文化 [M].2 版.北京：北京大学出版社，2016.

酒店管理专业"总台服务（双语）"课程标准

一、课程性质

本课程是酒店管理专业职业技术课，酒店管理专业与企业、行业专家共同开发建设的一门具有工学结合鲜明特色的职业能力核心课程。课程强调学生的基本素质和能力培养，让学生掌握总台服务原则、内容，培训学生善于分析，勤于双语学习的精神，具备情感服务，个性服务以及关注宾客需求的定置化创新的具体的能力，具有酒店从业人员所应具备的基本理论与实践素质，贴近学生将来职业场景的需要。

本课程是依据"酒店管理专业工作任务与职业能力分析表"中的总台接待工作项目设置的。该课程总体设计思路紧紧围绕"三全一分"育人理念，充分体现依据学生的认知特点、学生可持续发展需求，打破以知识传授为主要特征的传统学科课程模式，设计通过任务引领、工作过程导向的理念和设计思路将本课程的内容分解为若干项目，创设相关工作情景采用并列与流程相结合的方式展示教学内容。理论知识的选取紧紧围绕总台服务工作任务完成的需要来进行，同时又充分考虑住宿业态的创新发展要求，坚持立德树人，注重思想政治教育贯穿教学始终，同时融合了学生综合素质提升、创新创业能力培养、学生可持续发展的要求。项目设计以总台服务为线索来进行。教学过程中，通过校企合作、校内实训基地建设等多种途径，工学结合突出实践，充分开发学习资源，给学生提供丰富的实践机会。教学效果评价采取过程评价与结果评价相结合的方式，通过理论与实践相结合，重点评价学生的职业能力和综合素质。课程设计理念符合职业性、实践性和开放性要求，符合工作过程与方法的思路要求。

"总台服务（双语）"课程的总学时为 28 学时，建议学分为 2 分，执笔人为武真奕。

二、课程目标

（一）知识目标

掌握总台服务的基本原则与方法，掌握总台服务的核心要素、工作流程及对客服务标准。

（二）能力目标

能够参与酒店总台服务管理实践工作，掌握针对宾客需求提供个性、定置化双语总台服务的创新能力，能够养成独立分析问题、解决问题的能力。

（三）素质目标

培养善于分析、勤于学习的精神，具备不断探索、创新能力。具有酒店从业人员所应具备的基本理论与实践素质。

三、课程内容和要求

序号	工作任务/项目	课程内容和要求		建议学时
		理论	实践	28
1	总台双语服务基础知识	1.饭店房间类型 2.客房状态控制 3.客房分配策略	1.总台销售艺术与技巧	4
2	总台接待双语服务	1.入住登记准备工作 2.入住登记的基本步骤 3.入住登记特殊问题处理	1.双语散客入住登记服务 2.双语团队入住登记服务 3.双语贵宾入住登记服务	8
3	总台问讯双语服务	1.问讯服务的业务范围 2.问讯员的职业要求 3.问讯处信息资料准备	1.利用多媒体计算机提供问讯服务 2.查询服务 3.留言服务 4.邮件服务	4
4	总台收银双语服务	夜间审核	1.离店结账服务 2.外币兑换服务 3.贵重物品的寄存与保管	6
5	双语情景模拟		1.中文总台服务模拟 2.英文总台服务模拟	4
6	总台服务		实践测试	1
7	理论测试	理论测试		1

四、考核评价

考核方式上，采用形成性与终结性评价相结合的理论考试、技能测试、阶段测试等多种考核方式。理论考试（20%）＋技能测试（30%）＋阶段测试（50%）。理论考试重在评价总台服务（双语）课程的理论学习情况，占总成绩的20%。技能测试重在评价学生将总台双语服务理论知识转化为实践的能力，以及对总台双语服务的基本原则掌握程度及创新能力的表现，占总成绩的30%；阶段测试成绩主要包括考勤、作业、实训、平时表现环节的表现，占总成绩的50%。

五、课程资源及使用要求

（一）师资条件要求

本课程要求大多数教师具有研究生及以上饭店管理专业，具备相关前厅服务与管理实践知识和能力，健康的身心以及热爱教育工作，热爱学生；同时有较强的教学能力、教育科研能力和创新能力，能掌握相关高等教育法规，具有一定的教育学、心理学基本知识，并能运用在实际教学过程中。另外要求教师具有制作多媒体课件进行教学设计的能力，并具有应用现代教育技术进行教学的能力。

（二）实训教学条件要求

（1）多媒体教室。

（2）前厅实训室。

（3）校外、校内实训实习基地。

（4）提供学习资料的图书馆。

（三）教材选用

本课程结合课程内容和高职高专学生特点进行自编教材。教材允分体现课程设计思想，以项目为载体实施教学，项目选取要科学，项目之间的逻辑结构清晰，并成系列，能支撑课程目标的实现。突出职业能力的培养与提高，同时要考虑可操作性。

六、课程实施建议及其他说明

1.课程实施方案

课程目标的实现通过情境创设、仿真模拟、案例分析、认识实习、岗位体验等教学方法，以校内实训基地和校外实训基地为实习场所，教、学、做三者结合，强调学生在"做"中"学"。

● 树立学生对总台双语服务的正确认识，培养学生对总台双语服务的兴趣，塑造正确的对客服务理念。

● 应加强对学生实际职业能力的培养，强化基于工作过程的案例教学和任务教学，注重以任务引领型项目诱发学生兴趣，使学生在完成典型任务活动中能熟练掌握总台双语服务专业技能与对客服务创新能力。

● 教师应尽可能由浅及深地双语讲授总台服务专业知识，并结合饭店实际案例加深学生理解。

● 应注意职业情境的创设，以多媒体、录像等教学方法提高学生分析问题和解决实际问题的职业能力。

● 教师必须重视实践、更新观念，为学生提供自主发展的时间和空间，积极引领学生提升职业素养，努力提高学生的创新能力。

● 教师应注意培养学生对总台双语服务的钻研能力，以任务型活动，组织学生完成不同的服务场景。

2.教师教学计划

计划1：总台双语服务基础知识		参考学时		4
学习目标	●对总台的正确认识 ●塑造正确的总台双语服务理念			
学习单元	内容描述	教学条件	教学方法和建议	参考学时
饭店房间类型	●根据房间及床位数量分类 ●根据客房的位置分类	多媒体教室	运用多媒体教学、案例分析、教授等方法	1
客房状态控制	●中英文房态的种类 ●房态的转换 ●房态的核对	多媒体教室	运用多媒体教学、案例分析、教授等方法	1
客房分配策略	●分房原则 ●分房顺序 ●分房程序	多媒体教室	运用多媒体教学、案例分析、教授等方法	1
总台销售艺术与技巧	●总台双语销售的工作要求 ●总台双语销售艺术	前厅实训室	运用多媒体教学、案例分析、教授、分组训练等方法	1

计划2：总台接待双语服务		参考学时		8
学习目标	1.对总台接待双语服务的正确认识 2.能够根据主题收集相关素材，并正确运用			
学习单元	内容描述	教学条件	教学方法和建议	参考学时
入住登记准备	1.办理入住登记手续的目的 2.入住登记准备工作	多媒体教室	运用多媒体教学、案例分析、分组训练等方法	1
散客入住登记流程（双语）	1.问候客人 2.询问住宿要求 3.验证 4.确认付款方式 5.房间钥匙发放 6.客人进房	前厅实训室	运用多媒体教学、案例分析、分组训练等方法	2
团队入住登记流程（双语）	1.准备工作 2.团队抵达 3.入住登记 4.分房及房间钥匙发放 5.确认相关信息 6.掌握付款方式	前厅实训室	运用多媒体教学、案例分析、分组训练等方法	2
贵宾入住接待流程（双语）	1.准备工作 2.迎接贵宾到达，办理入住登记手续 3.存储贵宾入住信息资料	前厅实训室	运用多媒体教学、案例分析、分组训练等方法	2
入住登记特殊问题处理	1.换房 2.延迟退房 3.客人押金数额不足	前厅实训室	运用多媒体教学、案例分析、分组训练等方法	1

计划3：总台问讯双语服务		参考学时		4
学习目标	1.对服务项目设置的正确认识 2.能够根据主题，设计服务项目与服务细节			
学习单元	内容描述	教学条件	教学方法和建议	参考学时
双语问讯服务基础知识	1.问讯服务的业务范围 2.问讯员的职业要求 3.问讯处信息资料准备	多媒体教室	运用多媒体教学、案例分析、分组训练等方法	1
双语查询服务	1.住客查询 2.查询住客情况 3.查询饭店及其他情况 4.住客要求保密的处理	前厅实训室	运用多媒体教学、案例分析、分组训练等方法	1
双语留言服务	1.访客给住客留言 2.访客给暂未入住客人留言 3.住客给访客留言 4.饭店给住客留言	前厅实训室	运用多媒体教学、案例分析、分组训练等方法	1
双语邮件服务	1.进店邮件服务 2.代办邮件服务	前厅实训室	运用多媒体教学、案例分析、分组训练等方法	1

计划4：总台收银双语服务		参考学时		6
学习目标	1.对总台收银服务的正确认识 2.能够根据主题，正确提供双语收银服务			
学习单元	内容描述	教学条件	教学方法和建议	参考学时
离店结账服务 （双语）	1.结账方式 2.散客结账服务程序 3.团体客人结账服务程序 4.快速结账服务	前厅实训室	运用多媒体教学、案例分析、分组训练等方法	2
外币兑换服务 （双语）	1.我国收兑外币的种类 2.外币兑换的服务规程	前厅实训室	运用多媒体教学、案例分析、分组训练等方法	2
贵重物品的寄存与保管	1.贵重物品保管箱的启用服务规程 2.贵重物品保管箱中途开箱服务规程 3.客人退还保险箱的服务规程 4.贵重物品寄存与保管的注意事项	前厅实训室	运用多媒体教学、案例分析、分组训练等方法	1
夜间审核	1.夜审的工作对象 2.夜审工作步骤和内容	多媒体教室	运用多媒体教学、案例分析、分组训练等方法	1

计划5：双语情景模拟		参考学时		4
学习目标	1.强化对双语总台服务的训练 2.能够根据双语情景进行完整的总台服务			
学习单元	内容描述	教学条件	教学方法和建议	参考学时
双语总台服务模拟	1.根据课程内容，进行中文总台服务及英文总台服务情景模拟 2.针对模拟过程进行点评与评分	前厅实训室	运用多媒体教学、案例分析、分组训练等方法	4

计划6：测试		参考学时		2
学习目标	1.强化对总台服务的训练 2.能够根据不同情景进行完整的英语总台服务			
学习单元	内容描述	教学条件	教学方法和建议	参考学时
理论测试	1.独立完成总台服务相关理论测试（双语）	前厅实训室	测试	1
实践测试	2.分组完成总台服务项目，分工明确	前厅实训室	测试	1

3. 课程资源开发

● 进一步开发多媒体教学光盘，通过各种活动的设计、模拟与参与，使学生的主动性、积极性和创造性得以充分调动。

● 充分利用实习基地酒店，为学生参观、实训和实习服务，并与时俱进及时调整教学内容。

● 课程资源建设，把有关电子教学资料（如 PPT 课件、案例、习题等）放在课程网站上，实现学生与教师的网上互动。

4. 教学模式

本课程针对来源于企业实践的、典型的职业工作任务，紧紧围绕学生在校学习与实际工作的一致性和行动导向原则进行教学模式设计，在培养岗位实际工作能力的同时，促进学生关键能力的发展和综合素质的提高。

● 工学交替。课程教学整体上注重工学交替，设计了课内—课外、校内—校外、随堂实训、项目活动等多种形式并举的实践教学模式。

● 任务驱动。将教学内容整合，注重工作过程的整体性，让学生在完整、综合的仿真行动中学习知识，体验实践。

● 项目导向。在教学与实践活动中，以项目为导向，师生通过共同实施一个完整的具有实际应用价值的"项目"工作而进行教学活动。

5. 教学方法与手段

● 讲授法：主要应用于学生学习基础知识的初级阶段，要为学生学习创设一个合适的情景氛围，增强学生的学习兴趣和意识。

● 启发式教学法。在授课的过程中，教师避免采用灌输理论知识的方式，而是采用提问和分析的方式，循序渐进地诱导、启发、鼓励学生对问题和现象进行思考、讨论，再由教师总结、答疑，做到深入浅出、留有余地，给学生深入思考和进一步学习的空间，同时也提高了学生的学习主动性。传输国内外有关饭店经营管理的新理论、新思想以及发展动态。开阔学生的眼界，激发其求知欲，使学生具备现代酒店管理的理念和意识。

● 参与式教学法。改变传统的单纯依赖教师讲授的方法，让学生参与到教学过程中。学生可以就教师的讲授内容发表自己的见解，对问题和现象表达自己的看法。而通过小组讨论、专题汇报、小组辩论、情景模拟、课程作业等方式，学生可以变被动听课为主动学习，既有利于提高学生学习的积极性、主动性，也有利于学生分析问题、解决问题能力的培养和表达能力、团队合作能力的提高。针对某一具体饭店的经营管理，让学生动脑、动手收集资料、设计并制作成幻灯片，运用所学知识，进行介绍。使学生真正动脑、动手，增强实际操作能力。

● 互动式教学法。教师提出问题或现象，启发学生的发散性思维，可以实现教学互动；而小组讨论、角色模拟的方式则可以起到学生之间相互启发的作用，进而又促进了教学。教学相长，扩展了教学的深度与广度。为了解学生对本课程的学习情况，针对饭店目前发展动态和敏感问题要求学生收集资料、启发学生进行思考，开展课堂讨论，培养学生分析问题和解决问题的能力。

● 案例教学法。在讲解过程中结合案例，加深学生对基本理论的理解和认识。同时将案例分析作为对学生掌握理论知识和分析解决问题能力的检验，同时也能起到相互启发的效果。加深学生对饭店分类、饭店产品特征、管理基础理论及服务质量管理的认识和理解。

● 操作示范法。通过教师现场示范、演示，提高学生对专业服务技能操作的掌握程度，同时也注重了教学内容的实用性。鼓励学生利用寒暑假去酒店顶岗实习，积累经验，提高学生理论联系实际的能力。

●其他教学手段：现场参观、座谈会、交流互动、专题讲座、观看多媒体、岗位体验、项目作业等教学方式。

6. 主要参考资料

［1］罗峰，杨国强.前厅服务与管理［M］.北京：中国人民大学出版社.

［2］卢静怡，葛米娜.前厅服务与管理［M］.北京：中国财政经济出版社.

［3］陈乃法，吴梅.饭店前厅客房服务与管理［M］.北京：高等教育出版社.

酒店管理专业"前厅综合服务（双语）"课程标准

一、课程性质

本课程是酒店管理专业前厅模块化教学中的一门职业技术课程，是酒店管理专业与企业、行业专家共同开发建设的一门具有工学结合鲜明特色的职业能力核心课程。通过开展前厅综合服务理论与实训的教学，让学生掌握酒店前厅基础服务知识，培养学生前厅各岗位的服务技能，具备专业的服务能力、沟通协作的综合素质，达到培养酒店管理专业高技能应用型人才的目标。它以"总台服务（双语）"为基础，是进一步学习"前厅管理实务"课程的基础。

"前厅综合服务（双语）"是理论与实际操作紧密结合的一门课程，依据"酒店管理专业工作任务与职业能力分析表"中的前厅综合服务任务设置，通过讲授酒店前厅综合服务与管理的基础知识，训练学生酒店前厅综合服务项目礼宾和行李服务、问询服务、电话总机服务、商务中心服务操作技能和前厅宾客关系管理；同时结合酒店对于外语服务质量提出的要求，通过双语教学提高学生岗位外语服务和交流水平。培养学生从事酒店前厅综合服务、适应行业发展与职业变化的基本能力。学习本课程后，学生应能熟练掌握散客、团队礼宾和行李服务、问询服务、电话总机服务、商务中心服务、正确处理前厅宾客投诉，为酒店前厅部基层管理工作做好知识储备，打好服务技能基础。

教学过程中，通过校企合作、校内实训基地建设等多种途径，工学结合突出实践，充分开发学习资源，给学生提供丰富的实践机会。教学效果评价采取过程评价与结果评价相结合的方式，通过理论与实践相结合，重点评价学生的职业能力和综合素质。课程设计理念符合职业性、实践性和开放性要求，符合工作过程与方法的思路要求。

"前厅综合服务（双语）"课程的总学时为32学时，建议学分为2分，执笔人为鲍娟。

二、课程目标

（一）知识目标

• 掌握前厅部基础知识（双语），熟悉前厅部员工应具备的素质与能力；

• 掌握前厅礼宾服务与行李服务知识与操作要领，熟悉金钥匙组织与职业要求。能够灵活运用服务用语（双语）为客人提供服务；

• 掌握问询服务知识（双语），熟悉问询处的业务范围和职业要求，熟悉岗位相关服务程序；

• 掌握电话总机服务的基础知识（双语），熟悉岗位相关服务程序；

●掌握商务中心服务基础知识（双语），熟悉岗位相关服务程序；

●熟悉宾客投诉处理的知识和程序，掌握宾客投诉处理流程，能够灵活运用服务用语（双语）为客人提供服务。

（二）能力目标

能根据酒店前厅部门服务工作的需要，按照酒店前厅各岗位的规范化流程开展相关工作；同时，具有良好的语言表达和沟通能力，能用规范的服务用语（双语）为宾客提供专业、周到的服务。

（三）素质目标

培养善于分析、勤于学习的精神，具备不断探索、创新能力。具有酒店从业人员所应具备的基本理论与实践素质。

三、课程内容和要求

序号	工作任务/项目	课程内容和要求		建议学时
		理论	实践	32
1	前厅综合服务基础知识	1.前厅部的概念 2.前厅部的组织机构 3.前厅布局和环境 4.前厅部员工的素质要求 5.前厅服务项目种类及特点		4
2	前厅部礼宾服务（双语）	1."金钥匙"服务 2.应接服务 3.行李服务 4.委托代办服务	1.机场接送 2.行李服务 3.引领客人进房间 4.物品寄存服务	8
3	问询服务（双语）	1.问询服务业务范围 2.问询处信息资料准备 3.查询服务 4.留言服务	1.为客人提供信息咨询 2.留言服务	2
4	总机服务（双语）	1.总机业务范围及服务环境 2.总机话务员服务的基本要求及注意事项 3.总机服务技能	1.电话转接服务 2.电话留言服务 3.电话叫醒服务	6
5	商务中心服务（双语）	1.商务中心业务范围及要求 2.商务中心服务技能	1.文秘相关服务 2.票务服务	2
6	会议服务中心（双语）	1.会议服务中心业务范围 2.会议服务中心服务技能	会议室（厅）租用及会务服务	2
7	前厅宾客关系管理（双语）	1.建立良好的宾客关系 2.宾客投诉处理 3.服务补救	处理宾客投诉	6
8	考试		实践测试	2

四、考核评价

考核方式上，突出过程评价，结合课堂提问、场景模拟、操作测试、任务考核等手段，加强实践性教学环节的考核，并注重平时考核。本课程为考试课，采用理论＋操作考试形式。总评成绩构成为：理论考试（40%）＋技能测试（30%）＋阶段测试（30%）。理论考试重在评价前厅综合服务课程的理论知识学习情况，占总成绩的40%。技能测试重在评价学生运用所学对客服务的能力，以及用外语进行服务交流、沟通的表现，占总成绩的30%；阶段测试成绩主要包括考勤、作业、平时表现环节的表现，占总成绩的30%。

五、课程资源及使用要求

（一）师资条件要求

本课程要求大多数教师具有研究生及以上酒店管理专业，具备相关前厅服务与管理实践知识和能力，具有良好的外语沟通交流能力，健康的身心以及热爱教育工作，热爱学生；同时有较强的教学能力、教育科研能力和创新能力，能掌握相关高等教育法规，具有一定的教育学、心理学基本知识，并能运用在实际教学过程中。另外要求教师具有制作多媒体课件进行教学设计的能力，并具有应用现代教育技术进行教学的能力。

（二）实训教学条件要求

（1）多媒体教室。

（2）客房实训室。

（3）校外、校内实训实习基地。

（4）提供学习资料的图书馆。

（三）教材选用

本课程结合课程内容和高职高专学生特点进行自编教材。教材充分体现课程设计思想，以项目为载体实施教学，项目选取要科学，项目之间的逻辑结构清晰，并成系列，能支撑课程目标的实现。突出职业能力的培养与提高，同时要考虑可操作性。

六、课程实施建议及其他说明

1. 课程实施方案

课程目标的实现通过情境创设、仿真模拟、案例分析、认识实习、岗位体验等教学方法，以校内实训基地和校外实训基地为实习场所，教、学、做三者结合，强调学生在"做"中"学"。

● 树立学生对前厅服务的正确认识，以大量业务操作案例作为基础，辅以主讲教师亲身经历的酒店方面的真实案例，并将理论内容融入经典案例的分析讨论中，"由表及里""深入浅出"地培养学生灵活运用理论研究问题、分析问题和解决问题的能力。

● 在校内理论知识学习同时，研究与分析问题训练的基础上，开展小组情景模拟，不同学生扮演客人、员工、管理者角色，安排学生对各个前厅综合服务环节进行模拟，进一步加强课堂的教学效果。

● 教师应尽可能由浅及深地讲授知识，并结合双语教学的特点，从日常对客交流口语到规范化服务用语的应用入手，提高学生在具体服务情景中的语言表达及沟通能力。注意职业情境的创设，以多媒体、录像等教学方法提高学生分析问题和解决实际问题的职业能力。

● 教师必须重视实践、更新观念，为学生提供自主发展的时间和空间，积极引领学生提升职业素养，努力提高学生的创新能力。

2. 教师教学计划

计划1：前厅综合服务基础知识（双语）			参考学时		4
学习目标	1.了解前厅部工作任务及作用，了解前厅部组织结构 2.熟悉前厅部服务项目及应掌握的酒店知识				
学习单元	内容描述	教学条件	教学方法和建议		参考学时
前厅基础知识	1.前厅部的概念 2.前厅部组织机构	多媒体教室	运用多媒体教学、案例分析、教授等方法		0.5
前厅布局和环境	1.前厅布局 2.前厅环境设计 3.前厅设备和用品	多媒体教室	运用多媒体教学、案例分析、教授等方法		1.5
前厅部员工的素质要求	1.素质要求 2.能力要求	多媒体教室	运用多媒体教学、案例分析、教授等方法		1
前厅服务项目种类及特点	1.前厅部主要任务 2.前厅服务特点	多媒体教室	运用多媒体教学、案例分析、教授等方法		1

计划2：礼宾服务（双语）			参考学时		8
学习目标	1.了解店内外迎送服务、行李服务、委托代办服务等知识 2.了解"金钥匙"服务 3.掌握行李服务、机场接送服务等服务程序、服务技能，并能运用外语提供服务				
学习单元	内容描述	教学条件	教学方法和建议		参考学时
金钥匙服务	1.金钥匙服务概念 2.金钥匙素质要求 3.金钥匙能力要求 4.金钥匙服务项目	多媒体教室	运用多媒体教学、案例分析、教授等方法		1
应接服务	1.机场代表概述 2.应接服务流程	多媒体教室	运用多媒体教学、案例分析、教授等方法		1
行李服务	1.客人入住行李服务 2.客人离店行李服务 3.换房行李服务 4.行李寄存服务	多媒体教室	运用多媒体教学、案例分析、教授、情景模拟等方法		4
委托代办服务	各类委托代办业务的服务事项及流程	多媒体教室	运用多媒体教学、案例分析、教授、情景模拟等方法		2

计划3：问询服务（双语）			参考学时	2	
学习目标	1.了解问询服务相关服务知识 2.掌握问询服务的操作技能				
学习单元	内容描述	教学条件	教学方法和建议	参考学时	
问询服务基础知识	1.问询服务业务范围 2.问询服务资料准备	多媒体教室	运用多媒体教学、案例分析、教授等方法	1	
问询服务操作技能	客人查询、留言等服务的对客服务技能	多媒体教室	运用多媒体教学、案例分析、教授、情景模拟等方法	1	

计划4：总机服务（双语）			参考学时	6	
学习目标	1.熟知总机的服务基础知识 2.了解总机服务工作任务与岗位职责 3.熟练掌握总机服务基本技能				
学习单元	内容描述	教学条件	教学方法和建议	参考学时	
总机服务基础知识	1.总机业务范围 2.总机服务工作环境 3.总机话务员服务的基本要求	多媒体教室	运用多媒体教学、案例分析、教授等方法	2	
总机服务操作技能	1.电话转接服务 2.电话叫醒服务 3.留言服务 4."免电话打搅"服务	多媒体教室	运用多媒体教学、案例分析、教授、情景模拟等方法	4	

计划5：商务中心服务（双语）			参考学时	2	
学习目标	1.了解商务中心服务相关服务知识 2.掌握商务中心服务的操作技能				
学习单元	内容描述	教学条件	教学方法和建议	参考学时	
商务中心服务基础知识	1.商务中心业务范围 2.商务中心常用表单	多媒体教室	运用多媒体教学、案例分析、教授等方法	1	
商务中心服务操作技能	商务中心服务技能	多媒体教室	运用多媒体教学、案例分析、教授、情景模拟等方法	1	

计划6：会议中心服务（双语）			参考学时	2	
学习目标	1.了解会议服务中心服务相关服务知识 2.掌握会议中心服务的操作技能				
学习单元	内容描述	教学条件	教学方法和建议	参考学时	
会议服务中心的服务基础知识	1.会议服务中心业务范围 2.常见的会场布置及会议服务设备	多媒体教室	运用多媒体教学、案例分析、教授等方法	1	
会议服务中心服务操作技能	会议中心服务技能	多媒体教室	运用多媒体教学、案例分析、教授、情景模拟等方法	1	

计划7：前厅宾客关系管理（双语）			参考学时	6
学习目标	1.掌握建立良好宾客关系的基本知识 2.掌握前厅部处理宾客投诉的程序 3.能够处理前厅服务中的常见投诉			
学习单元	内容描述	教学条件	教学方法和建议	参考学时
建立良好的宾客关系	1.正确认识宾客 2.掌握与宾客沟通的技巧	多媒体教室	运用多媒体教学、案例分析、教授等方法	2
宾客投诉处理	1.以服务案例、情景为载体阐释处理宾客投诉服务技能并安排学生模拟练习 2.特殊情况的服务技能	多媒体教室	运用多媒体教学、案例分析、教授、情景模拟等方法	4

计划8：测试			参考学时	2
学习目标	1.强化前厅各类服务项目中外语的灵活表达和规范应用 2.能够根据不同的服务项目提供周到优质的服务			
学习单元	内容描述	教学条件	教学方法和建议	参考学时
实践测试	分组模拟前厅服务情景，用英语提供服务	商务中心实训室	测试	2

3. 课程资源开发

● 进一步开发多媒体教学光盘，通过各种活动的设计、模拟与参与，使学生的主动性、积极性和创造性得以充分调动。

● 充分利用实习基地酒店，为学生参观、实训和实习服务，并与时俱进及时调整教学内容。

● 课程资源建设，把有关电子教学资料（如PPT课件、案例、习题等）放在课程网站上，实现学生与教师的网上互动。

4. 教学模式

本课程针对来源于企业实践的、典型的职业工作任务，紧紧围绕学生在校学习与实际工作的一致性和行动导向原则进行教学模式设计，在培养岗位实际工作能力的同时，促进学生关键能力的发展和综合素质的提高。

● 工学交替。课程教学整体上注重工学交替，设计了课内—课外、校内—校外、随堂实训、项目活动等多种形式并举的实践教学模式。

● 任务驱动。将教学内容整合，注重工作过程的整体性，让学生在完整、综合的仿真行动中学习知识，体验实践。

● 项目导向。在教学与实践活动中，以项目为导向，师生通过共同实施一个完整的具有实际应用价值的"项目"工作而进行教学活动。

5. 教学方法与手段

● 讲授法：主要应用于学生学习基础知识的初级阶段，要为学生学习创设一个合适的情景氛围，增强学生的学习兴趣和意识。

●启发式教学法。在授课的过程中，教师避免采用灌输理论知识的方式，而是采用提问和分析的方式，循序渐进地诱导、启发、鼓励学生对问题和现象进行思考、讨论，再由教师总结、答疑，做到深入浅出、留有余地，给学生深入思考和进一步学习的空间，同时也提高了学生的学习主动性。传输国内外有关酒店服务管理的新理论、新思想以及发展动态。开阔学生的眼界，激发其求知欲，使学生具备现代酒店服务管理的理念和意识。

●参与式教学法。改变传统的单纯依赖教师讲授的方法，让学生参与到教学过程中。通过小组讨论、小组辩论、情景模拟、课程作业等方式，学生可以变被动听课为主动学习，既有利于提高学生学习的积极性、主动性，也有利于学生分析问题、解决问题能力的培养和表达能力、团队合作能力的提高。针对某一具体酒店的服务情境，让学生运用所学知识，进行模拟服务。使学生真正动脑、开口，增强实际操作能力。

●互动式教学法。教师提出问题或现象，启发学生的发散性思维，可以实现教学互动；而小组讨论、角色模拟的方式则可以起到学生之间相互启发的作用，进而又促进了教学。教学相长，扩展了教学的深度与广度。

●案例教学法。在讲解过程中结合案例，加深学生对基本理论的理解和认识。同时将案例分析作为对学生掌握理论知识和分析解决问题能力的检验，同时也能起到相互启发的效果。加深学生对前厅服务各岗位服务知识和操作规范的理解和掌握。

●操作示范法。通过教师现场示范、演示，提高学生对专业服务技能操作的掌握程度，同时也注重了教学内容的实用性。鼓励学生利用寒暑假去酒店顶岗实习，积累经验，提高学生理论联系实际的能力。

●其他教学手段：现场参观、座谈会、交流互动、专题讲座、观看多媒体、岗位体验、项目作业等教学方式。

6. 主要参考资料

［1］卢静怡，葛米娜. 前厅服务与管理［M］. 北京：中国财政经济出版社.

［2］罗峰，杨国强. 前厅服务与管理［M］. 北京：中国人民大学出版社.

［3］肖璇，吴建华. 酒店前台实用英语口语教程［M］. 北京：世界图书出版公司.

酒店管理专业"前厅管理实务"课程标准

一、课程性质

本课程是酒店管理专业职业技术课，是酒店管理专业与行业专家共同开发建设的一门具有工学结合鲜明特色的职业能力核心课程。课程强调学生的基本素质和能力培养，让学生掌握前厅管理实务的原则、设计方法、服务内涵，培训学生善于分析、勤于学习的精神，具备情感服务、管家式服务以及关注宾客需求的定制化的、创新的、具体的能力，具有前厅从业人员所应具备的基本理论与实践素质，贴近学生将来职业场景的需要。

本课程是依据"酒店管理专业工作任务与职业能力分析表"中的前厅管理工作项目设置的。该课程总体设计充分体现依据学生的认知特点、学生可持续发展需求，打破以知识传授为主要特征的传统学科课程模式，设计通过任务引领、工作过程导向的理念和设计思路将本课程的内容分解为若干项目，创设相关工作情景采用并列与流程相结合的方式展示教学内容。理论知识的选取紧紧围绕前厅管理工作任务完成的需要来进行，同时又充分考虑住宿业态的创新发展要求，坚持立德树人，注重思想政治教育贯穿教学始终，同时融合了学生综合素质提升、创新创业能力培养、学生可持续发展的要求。项目设计以前厅管理为线索来进行。教学过程中，通过校企合作、校内实训基地建设等多种途径，工学结合突出实践，充分开发学习资源，给学生提供丰富的实践机会。教学效果评价采取过程评价与结果评价相结合的方式，通过理论与实践相结合，重点评价学生的职业能力和综合素质。课程设计理念符合职业性、实践性和开放性要求，符合工作过程与方法的思路要求。

"前厅管理实务"课程的总学时为 60 学时，建议学分为 4 分，执笔人为吴军卫。

二、课程目标

（一）知识目标

掌握前厅管理的基本原则与方法，掌握前厅管理的核心要素、工作流程及对客服务标准。

（二）能力目标

能够参与前厅管理实践工作，掌握针对宾客需求提供温馨、愉悦的定置化、管家式服务的创新能力，能够养成独立分析问题、解决问题的能力。

（三）素质目标

培养善于分析、勤于学习的精神，具备不断探索、创新能力。具有民宿从业人员所应具备的基本理论与实践素质。

三、课程内容和要求

序号	工作任务/项目	课程内容和要求		建议学时
		理论	实践	60
1	前厅部概述	1.什么是前厅 2.什么是前厅部 3.前厅部的组织机构 4.前厅布局和环境 5.前厅部员工的素质要求	每位同学收集一张酒店前厅部组织机构图	10
2	前厅部常用表单	1.前厅部对客表单 2.前厅部内部运作表单	每位同学收集1张最喜欢的前厅表单，并说明选择的原因	4
3	前厅部管理制度和职责	1.前厅部管理制度 2.前厅部岗位职责		4
4	前厅部预订服务	1.客房预订的基础知识 2.客房预订操作方式及程序 3.网络预订 4.客房预订的控制	1.课堂讨论 2.案例分析	14
5		期中考试	预订案例分析	2
6	前厅部礼宾服务	1."金钥匙"服务 2.应接服务 3.行李服务 4.委托代办服务	服务模拟	8
7	前厅部总台服务	1.总台服务基础知识 2.总台接待服务 3.总台问讯服务 4.总台收银服务	散客入住登记	12
8	前厅部总机和商务中心服务	1.总机服务 2.商务中心服务		2
9	前厅部宾客关系管理		案例分析	2
10	前厅部房价管理			2

备注：典型工作任务、项目、模块、学习情境、工作过程等。

四、考核评价

考核方式上，采用形成性与终结性评价相结合的理论考试、技能测试、阶段测试等多种考核方式。平时（30%）+期中测试（20%）+期末测试（50%）。期末考试重在评价前厅管理实务课程的理论学习情况，占总成绩的50%。期中测试重在评价学生将前厅管理知识转化为实践的能力，以及对前厅管理的基本原则掌握程度及创新能力的表现，占总成绩的20%；平时成绩主要包括考勤、作业、实训、平时表现环节的表现，占总成绩的30%。

五、课程资源及使用要求

（一）师资条件要求

本课程要求大多数教师具有研究生及以上饭店管理专业学历，具备前厅服务与管理实践知识和能力，健康的身心以及热爱教育工作，热爱学生；同时有较强的教学能力、教育科研能力和创新能力，能掌握相关高等教育法规，具有一定的教育学、心理学基本知识，并能运用在实际教学过程中。另外要求教师具有制作多媒体课件进行教学设计的能力，并具有应用现代教育技术进行教学的能力，具有指导学生参加前厅竞赛的经验或能力。

（二）实训教学条件要求

（1）多媒体教室。

（2）前厅实训室。

（3）校外、校内实训实习基地。

（4）提供学习资料的图书馆。

（三）教材选用

本课程结合课程内容和高职高专学生特点进行自编教材。目前使用浙江旅游职业学院卢静怡教授主编的"前厅服务与管理"为教材，该教材充分体现课程设计思想，教学时要以项目为载体实施教学，项目选取科学，项目之间的逻辑结构清晰，并成系列，能支撑课程目标的实现。突出职业能力的培养与提高，同时要考虑可操作性。

六、课程实施建议及其他说明

1. 课程实施方案

课程目标的实现通过情境创设、仿真模拟、案例分析、认识实习、岗位体验等教学方法，以校内实训基地和校外实训基地为实习场所，教、学、做三者结合，强调学生在"做"中"学"。

● 树立学生对前厅服务的正确认识，培养学生对前厅的兴趣，塑造正确的对客服务理念。

● 应加强对学生实际职业能力的培养，强化基于工作过程的案例教学和任务教学，注重以任务引领型项目诱发学生兴趣，使学生在完成典型任务活动中能熟练掌握前厅服务专业技能和创新能力。

● 教师应尽可能由浅及深地讲授前厅管理专业知识，并结合饭店实际案例加深学生理解。

● 应注意职业情境的创设，以多媒体、录像等教学方法提高学生分析问题和解决实际问题的职业能力。

● 教师必须重视实践、更新观念，为学生提供自主发展的时间和空间，积极引领学生提升职业素养，努力提高学生的创新能力。

● 教师应注意培养学生对前厅管理的钻研能力，以任务型活动，组织学生完成不同的前厅管理主题。

2. 教师教学计划

计划1：前厅部概述			参考学时	10
学习目标	1.了解前厅部的地位和作用 2.熟悉前厅部的组织机构			
学习单元	内容描述	教学条件	教学方法和建议	参考学时
前厅部的概述	1.定义 2.地位 3.作用 4.主要任务 5.服务特点	多媒体教室	运用多媒体教学、案例分析、教授等方法	2
前厅部的组织机构	1.大型酒店前厅部 2.中型酒店前厅部 3.小型酒店前厅部	多媒体教室	运用多媒体教学、案例分析、教授等方法	2
前厅的环境和布局	1.环境 2.布局	多媒体教室	展示前厅图片	2
前厅部人员的素质要求		多媒体教室	运用多媒体教学、案例分析、教授等方法	4

计划2：前厅部常用表格			参考学时	4
学习目标	了解前厅部常用表格的种类和内容			
学习单元	内容描述	教学条件	教学方法和建议	参考学时
前厅部对客表单	入住登记表等	多媒体教室	运用多媒体教学、案例分析、教授等方法	2
前厅部内部运作表单	传送信息登记表等	多媒体教室	运用多媒体教学、案例分析、教授等方法	2

计划3：前厅部的管理制度			参考学时	4
学习目标	1.前厅部管理制度 2.前厅部岗位职责			
学习单元	内容描述	教学条件	教学方法和建议	参考学时
前厅部管理制度	文档管理制度等	多媒体教室	运用多媒体教学	2
前厅部岗位职责	接待员岗位职责等	多媒体教室	运用多媒体教学	2

计划4：前厅部预订服务			参考学时	14
学习目标	熟悉预订基础知识，掌握预订服务程序			
学习单元	内容描述	教学条件	教学方法和建议	参考学时
1.预订基础知识	预订的分类	多媒体教室	运用多媒体教学、教授等方法	2
2.客房预订操作程序	预订的程序	多媒体教室	运用多媒体教学、案例分析、教授等方法	6
3.网络预订	网络预订简介	多媒体教室	运用多媒体教学、案例分析、教授等方法	2
4.客房预订的控制	预订的控制 超额预订的处理	多媒体教室	运用多媒体教学、案例分析、分组训练等方法	4

计划5：期中测试			参考学时	2
学习目标	学生掌握预订管理理论并灵活运用，先进行开卷的案例分析考试，再讲解			
学习单元	内容描述	教学条件	教学方法和建议	参考学时
期中测试	服务实践测试	多媒体教室	运用多媒体教学、案例分析、教授等方法	2

计划6：前厅部礼宾服务			参考学时	8
学习目标	学生掌握礼宾服务基础知识并能初步运用			
学习单元	内容描述	教学条件	教学方法和建议	参考学时
1.基础理论	1.服务理念 2.服务案例	多媒体教室	运用多媒体教学、案例分析、教授等方法	2
2.应接服务	1.原则与要求 2.服务程序	多媒体教室	运用多媒体教学、案例分析、教授等方法	2
3.行李服务	1.原则与要求 2.服务程序	多媒体教室	运用多媒体教学、示范、教授等方法	2
4.委托代办服务	1.服务内容 2.服务程序	多媒体教室	运用多媒体教学、案例分析、分组训练等方法	2

计划7：前厅部总台服务			参考学时	12
学习目标	1.强化对前厅接待程序的训练 2.掌握前厅总台服务基础知识			
学习单元	内容描述	教学条件	教学方法和建议	参考学时
1.基础知识	核心要素： 1.证照知识 2.签证常识 3.外管培训常识	多媒体教室	运用多媒体教学、案例分析、教授等方法	4
2.总台接待服务	核心要素： 1.入住登记程序 2.散客房销售	多媒体教室	运用多媒体教学、案例分析、操作、教授等方法	6
3.问询服务	核心要素： 1.问询服务 2.留言服务	多媒体教室	运用多媒体教学、案例分析、教授等方法	1
4.收银服务	核心要素： 收银服务	多媒体教室	运用多媒体教学、案例分析、教授等方法	1

计划8：前厅部总机和商务中心服务			参考学时	2
学习目标	总机和商务中心服务程序			
学习单元	内容描述	教学条件	教学方法和建议	参考学时
1.总机服务	总机服务程序	多媒体教室	运用多媒体教学	1
2.商务中心服务	商务中心服务程序	多媒体教室	运用多媒体教学	1

计划9：前厅部宾客关系管理			参考学时	2
学习目标	1.对客人的正确认识 2.投诉处理			
学习单元	内容描述	教学条件	教学方法和建议	参考学时
1.对客人的正确认识	对客人的认识	多媒体教室	运用多媒体教学、案例分析、教授等方法	1
2.投诉的处理	投诉的处理	多媒体教室	运用多媒体教学、案例分析、教授等方法	1

计划10：前厅部房价管理			参考学时	2
学习目标	1.对房价的再认识			
学习单元	内容描述	教学条件	教学方法和建议	参考学时
酒店房价讨论	回顾知识，并以讨论的形式，再一次重新对房价认识，让学生树立新的起点	多媒体教室	运用多媒体教学、分组讨论等方法	2

3. 课程资源开发

●进一步开发多媒体教学光盘，通过各种活动的设计、模拟与参与，使学生的主动性、积极性和创造性得以充分调动。

●充分利用实习基地，为学生参观、实训和实习服务，并与时俱进，及时调整教学内容。

●课程资源建设，把有关电子教学资料（如PPT课件、案例、习题等）放在课程网站上，实现学生与教师的网上互动。

4. 教学模式

本课程针对来源于企业实践的、典型的职业工作任务，紧紧围绕学生在校学习与实际工作的一致性和行动导向原则进行教学模式设计，在培养岗位实际工作能力的同时，促进学生关键能力的发展和综合素质的提高。

●工学交替。课程教学整体上注重工学交替，设计了课内—课外、校内—校外、随堂实训、项目活动等多种形式并举的实践教学模式。

●任务驱动。将教学内容整合，注重工作过程的整体性，让学生在完整、综合的仿真行动中学习知识，体验实践。

●项目导向。在教学与实践活动中，以项目为导向，师生通过共同实施一个完整的具有实际应用价值的"项目"工作而进行教学活动。

5. 教学方法与手段

●讲授法：主要应用于学生学习基础知识的初级阶段，要为学生学习创设一个合适的情景氛围，增强学生的学习兴趣和意识。

●启发式教学法。在授课的过程中，教师避免采用灌输理论知识的方式，而是采用提问和分析的方式，循序渐进地诱导、启发、鼓励学生对问题和现象进行思考、讨论，再由教师总结、答疑，做到深入浅出、留有余地，给学生深入思考和进一步学习的空间，同时也提高了学生的学习主动性。传输国内外有关饭店经营管理的新理论、新思想以及发展动态。开阔学生的眼界，激发其求知欲，使学生具备现代前厅管理事务的理念和意识。

●参与式教学法。改变传统的单纯依赖教师讲授的方法，让学生参与到教学过程中。学生可以就教师的讲授内容发表自己的见解，对问题和现象表达自己的看法。而通过小组讨论、专题汇报、小组辩论、情景模拟、课程作业等方式，学生可以变被动听课为主动学习，既有利于提高学生学习的积极性、主动性，也有利于学生分析问题、解决问题能力的培养和表达能力、团队合作能力的提高。针对某一具体饭店的经营管理，让学生动脑、动手收集资料、设计并制作成幻灯片，运用所学知识，进行介绍。使学生真正动脑、动手，增强实际操作能力。

●互动式教学法。教师提出问题或现象，启发学生的发散性思维，可以实现教学互动；而小组讨论、角色模拟的方式则可以起到学生之间相互启发的作用，进而又促进了教学。教学相长，扩展了教学的深度与广度。为了解学生对本课程的学习情况，针对饭店目前发展动态和敏感问题要求学生收集资料、启发学生进行思考，开展课堂讨论，培养学生分析问题和解决问题的能力。

●案例教学法。在讲解过程中结合案例，加深学生对基本理论的理解和认识。同时将案例分析作为对学生掌握理论知识和分析解决问题能力的检验，同时也能起到相互启发的效果。加深学生对饭店分类、饭店产品特征、管理基础理论及服务质量管理的认识和理解。

●操作示范法。通过教师现场示范、演示，提高学生对专业服务技能操作的掌握程度，同时也注重了教学内容的实用性。鼓励学生利用寒暑假去酒店顶岗实习，积累经验，提高学生理论联系实际的能力。

●其他教学手段：现场参观、座谈会、交流互动、专题讲座、观看多媒体、岗位体验、项目作业等教学方式。

6.主要参考资料

［1］刘伟.前厅服务与管理［M］.北京：高等教育出版社.

［2］吴军卫.饭店前厅管理［M］.重庆：重庆大学出版社.

［3］陈乃法，吴梅.饭店前厅客房服务与管理［M］.北京：高等教育出版社.

［4］吴军卫.前厅疑难案例解析［M］.北京：旅游教育出版社.

酒店管理专业"饭店信息系统"课程标准

一、课程性质

本课程是酒店管理专业岗位必修课，课程是酒店管理专业为实现教育目标，培养职业综合能力而设置的课程之一。它是学生学习和掌握酒店专业技能的重要的专业基础课程。它的任务是通过对本课程的教学，使学生掌握饭店信息系统发展历程，饭店信息系统的主要功能和操作技能，通过理论学习与上机实践实训，能够熟练运用饭店信息系统完成饭店业务操作，达到熟练操作的程度，同时深刻理解饭店信息系统与酒店服务、酒店管理的关系，培养学生的服务意识、团队意识，提升学生饭店信息化管理能力，培养针对饭店信息化管理中存在的问题的分析能力和解决能力，培养学生的综合管理技能与素质。

本课程充分注重高等职业教育的特点，使其具有可操作性，充分注重了对学生职业能力的培养。本课程具有知识性、实践性较强的特点。通过本课程的教学，使学生熟悉管理饭店信息系统在酒店的应用范围，三大主流饭店信息系统的功能和操作要点，各饭店信息系统各自的优缺点和适用范围，饭店信息系统与酒店收益管理、酒店服务质量管理之间的关系，初步具备运用饭店信息系统进行饭店收益管理和服务质量管理的综合能力和基本技巧，提高学生的管理素质和管理技能。

为实现"技能岗位型"的人才培养模式，本课程依据酒店管理专业工作任务与职业能力分析表中的饭店信息化管理工作项目设置。其总体设计思路是，打破以知识传授为主要特征的传统模式，转变为以工作任务为中心组织课程内容，让学生在完成具体项目的过程中学会完成相应工作任务，并构建相关理论知识，发展职业能力。项目设计以前厅业务发展为线索来进行。教学过程中，要通过校企合作，校内实训等多种途径。教学效果评价采取过程评价与结果评价相结合的方式，通过理论与实践相结合，重点评价学生的职业能力。以"能力为本"为核心理念，突出实用性，做到基础知识"够用"。教学中体现精选精讲、鼓励互动；理论操作相互结合，重视案例、注重运用；开动脑筋、理解为主；进入角色、情景模拟；能力本位、科学考核等教学理念。

"饭店信息系统"课程教学时数为36学时，建议学分为2分，执笔人为章勇刚。

二、课程目标

"饭店信息系统"课程以饭店信息化管理体系为研究对象，要求学生理解与掌握饭店信息化管理对饭店管理的重要作用，了解当今饭店信息系统的发展动态，并通过理论与上机实践操作，能够熟练利用饭店信息系统进行饭店客房预定、接待入住、收银离店业务操作，并深刻理解饭店信息系统与酒店质量管理、酒店收益管理的作用，提升学生分析和解决问题的能力。

（一）知识目标

- 掌握饭店信息系统发展的概念和发展历史。
- 了解三大主流饭店信息系统：Opera 管理系统、Fidelio 管理系统和西湖软件管理系统。
- 掌握饭店信息系统客史档案的创建、维护与合并的基本要求与操作要领。
- 掌握饭店信息系统预定的创建、变更与取消的基本要求与操作要领。
- 掌握饭店信息系统入住登记的基本要求与操作要领。
- 掌握饭店信息系统收银离店的基本要求与操作要领。
- 掌握饭店信息系统房态管理的基本要求与操作要领。
- 理解饭店信息系统与酒店收益管理、酒店服务质量管理的重要作用。

（二）能力目标

- 能利用三大主流饭店信息系统软件进行客史档案的创建、维护与合并操作。
- 能利用三大主流饭店信息系统软件进行客房预定的创建、查找、编辑与取消操作。
- 能利用三大主流饭店信息系统软件进行入住登记操作。
- 能利用三大主流饭店信息系统软件进行收银与离店操作。
- 能利用三大主流饭店信息系统软件进行房态更改、转换操作。
- 能运用所学的知识正确处理饭店信息系统操作服务中遇到的各种问题。
- 能利用三大主流饭店信息系统软件进行饭店收益管理、提升酒店服务质量。

（三）素质目标

- 注重职业兴趣和职业道德的培养。
- 注重服务意识和管理意识的培养。
- 注重团队精神和敬业精神的培养。
- 使学生成为有职业素养的酒店人。

三、课程内容和要求

根据专业人才培养目标要求，结合饭店岗位业务职业特点，经过对学生就业岗位工作任务分析，课程通过 6 个教学单元，采用理论与上机实践教学相互结合，将本课程教学内容分为 6 个项目。在每个项目中均明确设计了活动内容和学时数。通过理论讲解、仿真和真实训练，使学生达到既掌握基础知识又培养其职业能力的目的，从而实现专业教学与学生就业的零距离对接。

课程内容分解模块

序号	工作工作任务/项目	知识内容与要求	技能内容与要求	建议学时
1	饭店信息系统体系	●了解常见信息系统 ●理解信息系统对饭店的作用 ●理解信息化对工作效率、成本控制等内容的影响	●能应用常见的信息系统 ●能使用常见信息设备	2

序号	工作工作任务/项目	知识内容与要求	技能内容与要求	建议学时
2	客户资料管理与维护	●了解销售员客户资料维护工作的内容与工作流程 ●熟练掌握客户资料建立、修改与合并的操作 ●理解客户资料与销售工作的关系	●能操作两种以上的系统进行客户资料的维护工作 ●能使用常见信息设备	4
3	预订的新建、修改与取消	●熟练掌握预订的建立、修改与取消操作 ●理解预订与客户资料的关系 ●理解预订价格与客户资料的关系	●能操作两种以上的系统进行散客预订和团队预订工作 ●能操作两种以上的系统进行预订修改和取消工作	8
4	客人的接待与入住	●熟练掌握入住接待的操作 ●理解入住与预订的关系 ●理解房价与预订的关系	●能操作两种以上的系统进行入住工作	8
5	账务处理与收银	●熟练掌握账务处理与收银的操作 ●理解房费与账目的关系	●能操作两种以上的系统进行账务处理和收银工作	6
6	房务管理与夜审	●熟练掌握房务管理和夜审操作 ●理解房务管理和夜审与房态的关系，理解夜审与客人账目的关系	●能操作两种以上的系统进行房务管理工作 ●能操作两种以上的系统进行夜审工作	4

四、课程实施建议

（一）教材选用 / 编写

选用工学结合教材，即以工作过程为导向，体现工学结合、高职特色的教材，饭店信息系统选用教育部高等学校高职高专旅游管理类专业教学指导委员会推荐精品课程规划教材《饭店信息系统实务》，上海交通大学出版社，2011 年 6 月出版。

（二）教学建议

本课程教学上要注重理论与应用、知识与技能有机结合，强调工学结合，教学做合一，注重培养学生思考型学习、研究型学习以及实践探索型学习的习惯与能力。具体包括：

1. 理论教学——力求简洁

在理论内容体系上强调全面、完整但力求简洁，使学生理解并掌握相关理论知识。

2. 案例教学——由表及里

以饭店业大量业务操作案例作为基础，辅以主讲教师亲身经历的酒店方面的真实案例，并将理论内容融入经典案例的分析讨论中，"由表及里""深入浅出"地培养学生灵活运用理论研究问题、分析问题和解决问题的能力。

3. 实训教学——重在提高

在校内理论知识学习同时，研究与分析问题训练的基础上，开展小组情景模拟，不同学生扮演客人、员工、经理角色，安排学生对酒店客房预订、入住，收银离店等环节进行模拟，进一步加强课堂的教学效果。

4. 实践教学——学以致用

以学院的前厅实训室和实验酒店为依托，开展理论教学与模拟实验教学相结合的模式。教授学生根据所学的知识，进行实操性的饭店业务操作、收益管理和饭店服务质量提升大讨论等实训活动，加强研究性、探索性学习能力的培养，达到理论与应用相结合，学以致用。

通过以上理论教学—案例教学—实训教学—实践教学4个环节的教学安排，使《饭店信息系统》课程的教学达到了知识教育与综合能力培养的有机结合。

（三）教学基本条件

1. 软硬件条件

（1）前厅实训教室：安装有Opera饭店管理系统、Fidelio饭店管理系统和西湖软件饭店管理系统。

（2）《饭店信息系统》网络课程。

（3）校内实训基地：旅苑酒店。

（4）企业制学院见习酒店。

（5）提供学习资料的图书馆。

2. 师资条件

任课教师为具有中级以上职称且具有职业资格证，同时具有较为丰富的行业经验的老师。教学团队由双师型教师和专兼职教师组成，教师职称、年龄、学历等结构合理。

五、教学项目（或学习情境）设计

项目1 饭店信息系统体系（2学时）

● 教学目标：

理解饭店信息系统的定义和分类，熟悉国内常见的饭店前台系统，掌握运用搜索引擎搜索信息的能力，具备搜索饭店信息系统厂商相关资料的能力，了解主流饭店前台系统。

● 工作任务：

正确完成Opera管理系统、Fidelio管理系统和西湖软件管理系统的登录、退出。

● 活动设计：

自行搜索国内主要的饭店信息系统供应商北京石基信息技术公司网站，了解该公司发展和产品介绍。

● 相关知识：国内外饭店信息系统软件介绍。

● 课后练习与任务：

一个班级分成若干个小组，每个小组为4~7人，分别扮演队长、文员、技术人员和操作员，完成本次工作。除队长外，每位同学提交Fidelio系统生成的报表。

项目2 饭店客史资料（Profile）的管理与维护（4学时）

● 教学目标：

理解Fidelio系统和Opera系统中英文支持的区别，客史档案的分类，熟练掌握客史档案的新建（New）、查找（search）、修改（edit）操作，了解客史档案的删除（Delete）

和合并（Merge）。深刻理解客史档案与预订、个性化服务的关系。

● 工作任务：

1. Profile 在 PMS 系统中的作用以及 Profile 对于酒店经营的作用；

2. Profile 的建立、查找、修改、合并等常用操作。

● 活动设计：

一个班级分成若干个小组，每个小组为 4~7 人，分别扮演队长、文员、技术人员和操作员，完成本次工作。除队长外，每位同学提交 Fidelio 系统生成的报表。

● 相关知识：饭店客史资料（Profile）的分类：个人（Individual）、公司（Company）、旅行社（Travel Agent）、预订代理（Reservation Source）、团队（Group）、饭店客史资料（Profile）创建的基本要求和操作要领。

● 课后练习与任务：

1. 选择项目队长。队长要有较强的计算机操作能力，要有为组员服务的精神，要有领导组员分工调研，写作的能力；

2. 通过查看资料、课件等方式，初步掌握本任务基本理论；

3. 登录系统，协调组员完成本任务，对于组员在工作中遇到的困难，由小组共同讨论解决；

4. 提交作业。对于任务中填空、问答等题目，直接将答案录入在答案区域，任务所生成的报表则登录课程网站并提交。

项目 3　饭店客房预订（Reservation）的管理与维护（8 学时）

● 教学目标：

预订（Reservation）与客户资料（Profiles）的关系；熟悉预订中客人的价格代码（Rate Code）和资料中合同价格（Ctrct. Rate）之间的关系；熟练掌握预订新建、修改、编辑操作。

● 工作任务：

1. 使用预订员账号密码登录并完成任务；

2. 熟练掌握饭店客房预订（Reservation）的建立、查找、修改等常用操作；

3. 熟悉预订取消、预订修改、预订激活的操作；

4. 深刻理解预订生成与客人状态变化的关系。

● 活动设计：

一个班级分成若干个小组，每个小组为 4~7 人，分别扮演队长、文员、技术人员和操作员，完成本次工作。除队长外，每位同学提交 Fidelio 系统生成的报表。

● 相关知识：客房预订（Reservation）创建、修改的基本要求和操作要领。

● 课后练习与任务：

1. 选择项目队长。队长要有较强的计算机操作能力，要有为组员服务的精神，要有领导组员分工调研，写作的能力；

2. 通过查看资料、课件等方式，初步掌握本任务基本理论；

3. 登录系统，协调组员完成本任务，对于组员在工作中遇到的困难，由小组共同讨论解决；

4. 提交作业。对于任务中填空、问答等题目，直接将答案录入在答案区域，任务所生成的报表则登录课程网站并提交。

项目 4　接待入住（Check In）的管理与维护（8 学时）

● 教学目标：

1. 理解入住（Check In）操作与预订之间的关系；理解常用支付方式及其注意事项；客房的分配以及分配的常用思路；

2. 熟练掌握基本入住（预订日入住、提前入住、无预订入住）操作，入住取消和换房操作要领；

3. 深刻理解客人状态的转化流程。

● 工作任务：

1. 使用接待员账号密码登录系统并完成任务；

2. 熟练掌握基本入住（预订日入住、提前入住、无预订入住）操作，入住取消和换房等常用操作；

3. 深刻理解入住（Check In）操作与客人状态变化的关系。

● 活动设计：

一个班级分成若干个小组，每个小组为 4~7 人，分别扮演队长、文员、技术人员和操作员，完成本次工作。除队长外，每位同学提交 Fidelio 系统生成的报表。

● 相关知识：入住（Check In）创建、修改的基本要求和操作要领。

● 课后练习与任务：

1. 选择项目队长。队长要有较强的计算机操作能力，要有为组员服务的精神，要有领导组员分工调研，写作的能力；

2. 通过查看资料、课件等方式，初步掌握本任务基本理论；

3. 登录系统，协调组员完成本任务，对于组员在工作中遇到的困难，由小组共同讨论解决；

4. 提交作业。对于任务中填空、问答等题目，直接将答案录入在答案区域，任务所生成的报表则登录课程网站并提交。

项目 5　收银与结账离店（Cashing and Check out）的管理与维护（6 学时）

● 教学目标：

1. 熟练掌握收银账户的登录与退出；预订保证金、入住押金的收取；查询客人和浏览账单、抛账与支付、分账操作；账目的删除、劈账、转账操作；

2. 熟练掌握正常结账离店与提前离店操作要领。

● 工作任务：

1. 使用收银员账号密码登录系统并完成任务；

2. 完成收银账户的登录与退出；预订保证金、入住押金的收取；查询客人和浏览账单、抛账与支付、分账操作；账目的删除、劈账、转账操作。完成正常结账离店与提前离店操作。

● 活动设计：

一个班级分成若干个小组，每个小组为 4~7 人，分别扮演队长、文员、技术人员和操作员，完成本次工作。除队长外，每位同学提交 Fidelio 系统生成的报表。

● 相关知识：收银与结账离店（Cashing and Check out）的基本要求和操作要领。

● 课后练习与任务：

1.选择项目队长。队长要有较强的计算机操作能力，要有为组员服务的精神，要有领导组员分工调研，写作的能力；

2.通过查看资料、课件等方式，初步掌握本任务基本理论；

3.登录系统，协调组员完成本任务，对于组员在工作中遇到的困难，由小组共同讨论解决；

4.提交作业。对于任务中填空、问答等题目，直接将答案录入在答案区域，任务所生成的报表则登录课程网站并提交。

项目 6　夜审与客房管理（Night Audit & Rooms Management）操作（4 学时）

● 教学目标：

1.深刻理解夜审对饭店的重要作用，了解夜审的主要内容和步骤，熟练掌握夜审操作；

2.深刻理解房态管理对饭店的重要作用，了解房态管理的操作要领，熟练掌握房态转换操作。

● 工作任务：

1.使用接待员账号密码登录系统并完成任务；

2.根据题目要求完成房态的更改，OO 房的设置，变更；

3.关闭所有系统，完成系统夜审操作。

● 活动设计：

一个班级分成若干个小组，每个小组为 4~7 人，分别扮演队长、文员、技术人员和操作员，完成本次工作。除队长外，每位同学提交 Fidelio 系统生成的报表。

● 相关知识：夜审与客房管理（Night Audit & Rooms Management）的基本要求和操作要领。

● 课后练习与任务：

1.选择项目队长。队长要有较强的计算机操作能力，要有为组员服务的精神，要有领导组员分工调研，写作的能力；

2.通过查看资料、课件等方式，初步掌握本任务基本理论；

3.登录系统，协调组员完成本任务，对于组员在工作中遇到的困难，由小组共同讨论解决；

4.提交作业。对于任务中填空、问答等题目，直接将答案录入在答案区域，任务所生成的报表则登录课程网站并提交。

六、课程资源开发

● 进一步开发多媒体教学光盘，通过各种活动的设计、模拟与参与，使学生的主动性、积极性和创造性得以充分调动。

● 充分利用实习基地酒店，为学生参观、实训和实习服务，并与时俱进及时调整教学内容。

● 课程资源建设，把有关电子教学资料（如 PPT 课件、案例、习题等）放在课程网站上，实现学生与教师的网上互动。

七、教学模式

本课程针对来源于企业实践的、典型的职业工作任务，紧紧围绕学生在校学习与实际工作的一致性和行动导向原则进行教学模式设计，在培养岗位实际工作能力的同时，促进学生关键能力的发展和综合素质的提高。

● 工学交替。课程教学整体上注重工学交替，设计了课课内—课外校校内—校外随堂实训、项目活动等多种形式并举的实践教学模式。

● 任务驱动。将教学内容整合，注重工作过程的整体性，让学生在完整、综合的仿真行动中学习知识，体验实践。

● 项目导向。在教学与实践活动中，以项目为导向，师生通过共同实施一个完整的具有实际应用价值的"项目"工作而进行教学活动。

八、教学方法与手段

● 讲授法：主要应用于学生学习基础知识的初级阶段，要为学生学习创设一个合适的情景氛围，增强学生的学习兴趣和意识。

● 启发式教学法。在授课的过程中，教师避免采用灌输理论知识的方式，而是采用提问和分析的方式，循序渐进地诱导、启发、鼓励学生对问题和现象进行思考、讨论，再由教师总结、答疑，做到深入浅出、留有余地，给学生深入思考和进一步学习的空间，同时也提高了学生的学习主动性。传输国内外有关饭店经营管理的新新理论、新思想以及发展动态开阔学生的眼界，激发其求知欲，使学生具备现代酒店管理的理念和意识。

● 参与式教学法。改变传统的单纯依赖教师讲授的方法，让学生参与到教学过程中。学生可以就教师的讲授内容发表自己的见解，对问题和现象表达自己的看法。而通过小组讨论、专题汇报、小组辩论、情景模拟、课程作业等方式，学生可以变被动听课为主动学习，既有利于提高学生学习的积极性、主动性，也有利于学生分析问题、解决问题能力的培养和表达能力、团队合作能力的提高。针对某一具体饭店的经营管理，让学生动脑、动手收集资料、设计并制作成幻灯片，运用所学知识，进行介绍。使学生真正动脑、动手，增强实际操作能力。

● 互动式教学法。教师提出问题或现象，启发学生的发散性思维，可以实现教学互动；而小组讨论、角色模拟的方式则可以起到学生之间相互启发的作用，进而又促进了教学。教学相长，扩展了教学的深度与广度。为了解学生对本课程的学习情况，针对饭店目前发展动态和敏感问题要求学生收集资料、启发学生进行思考，开展课堂讨论，培养学生分析问题和解决问题的能力。

● 案例教学法。在讲解过程中结合案例，加深学生对基本理论的理解和认识。同时将案例分析作为对学生掌握理论知识和分析解决问题能力的检验，同时也能起到相互启

发的效果。加深学生对饭店分类、饭店产品特征、管理基础理论及服务质量管理的认识和理解。

● 操作示范法。通过教师现场示范、演示，提高学生对专业服务技能操作的掌握程度，同时也注重了教学内容的实用性。鼓励学生利用寒暑假去酒店顶岗实习，积累经验，提高学生理论联系实际的能力。

● 其他教学手段：现场参观、座谈会、交流互动、专题讲座、观看多媒体、岗位体验、项目作业等教学方式。

九、教学评价

1. 突出过程评价，结合课堂提问、场景模拟、操作测试、任务考核等手段，加强实践性教学环节的考核，并注重平时考核。

2. 强调目标评价和理论与实践一体化评价，注重引导学生进行学习方式的改变。

3. 强调课程结束后的综合评价，结合模拟操作，在操作中评价学生在实践中专业技能的掌握程度。

本课程为考试课，采用上机操作形式。总评成绩构成为：考勤 20%，课堂表现 20%，期中测查 20%，期末考试 40%。

酒店管理专业"客房管理实务"课程标准

一、课程性质

"客房管理实务"课程是浙江旅游职业学院酒店管理专业的职业选修课程,也是专业核心课程。其目的是通过理论学习和实践实训,使学生学习清洁保养质量控制、对客服务质量控制、客房产品规划设计、客房成本控制等客房管理中的重要理论知识和技术要求,培养学生具有一定客房专业管理理论和技巧,具备职业岗位发展的综合职业要求。它以学生前期的"客房清扫与服务"及相关职业基础课程等的学习为基础,是进一步学习"服务质量控制""饭店基建与装饰"等课程的基础。

该课程是根据酒店管理专业"工作任务与职业能力分析表"中的客房模块综合知识技能要求设置的。其总体设计思路是,打破以知识传授为主要特征的传统学科课程模式,转变为以工作任务为中心组织课程内容,并让学生在完成具体项目的过程中学会完成相应工作任务,并构建相关理论知识,发展职业能力。课程内容突出对学生职业能力的训练,理论知识的选取紧紧围绕工作任务完成的需要来进行,同时又充分考虑了高等职业教育和旅游饭店发展新业态下对理论知识学习的需求,坚持立德树人,注重思想政治教育贯穿教学始终,同时融合了学生综合素质提升、创新创业能力培养、学生可持续发展的要求。课程设计中的目标设定、教学过程、课程评价和教学资源开发等方面突出任务驱动和以工作流程为导向的教学理念,在教学过程中,通过校企合作、校内实训等多种途径,采取工学结合等形式,充分开发学习资源。教学效果评价采取过程评价与结果评价相结合的方式,通过理论与实践相结合,重点评价学生的职业能力和综合素质。

该门课程的总学时为 64 学时,建议学分为 4 分,执笔人为周寒琼。

二、课程目标

(一)知识目标

本课程以饭店客房部的管理内容和管理方法为研究对象,讲解饭店客房部服务质量控制、清洁卫生质量控制、成本控制、客房产品的设计规划、预算管理等各项管理的基本要求和方法,使学生了解饭店客房部的基本运行原理,掌握饭店客房管理的管理理论、原则和方法,提高学生对客房部的职业认同感。

(二)能力目标

学生应掌握客房对客服务质量控制、清洁卫生质量控制的方法和技能,能利用相关管理理论和知识,具有对客房部进行人员管理、设备管理、成本控制的基本能力,具有进行客房产品的设计规划,进行预算管理等各项管理技能,提高管理方法和技巧。

（三）素质目标

通过在教学中贯穿双创理念，强化教学中案例分析、角色扮演、情景再现等教学方法，培养学生的行业发展观察和思辨能力，养成学生分析问题、解决问题的能力，加强饭店管理的意识，为今后从事饭店管理的工作打下基础。

三、课程内容和要求

序号	工作任务/项目	课程内容和要求		建议学时
		理论	实践	
1	客房产品规划设计	●客房产品设计理念与原则 ●客房功能设计 ●客房类型设计 ●客房室内装饰设计	●能根据市场要求设计出适销对路的客房产品 ●能对客房进行室内装饰设计	18 （实践4）
2	客房产品质量控制	●客房产品质量构成要素 ●清洁保养质量控制 ●对客服务质量控制 ●客房安全质量控制	●学会客房的查房方法及质量检查手段。 ●能够鉴别出各类服务的品质 ●对客房安全的各类预案能进行演练	28 （实践12）
3	客房成本控制	●客房人力资源成本控制 ●客房设施设备成本控制 ●客房用品成本控制 ●饭店布草成本控制 ●客房预算管理	●能够计算客房人力成本，进行科学的用工管理 ●掌握客房设施设备保养方法 ●掌握客房用品成本的控制理念和技巧 ●掌握饭店布草的使用管理 ●简单掌握客房预算制定方法	26 （实践6）

备注：课程通过三个教学工作项目，进行模块化教学模板，将课程的能力目标转换成典型的工作任务和工作流程来确定课程学习项目，开展教学活动。

四、考核评价

考核方式上，采用形成性与终结性评价相结合的理论考试、技能测试、阶段测试等多种考核方式。理论考试（50%）+阶段测试（50%）。理论考试重在评价客房管理实务课程的理论学习情况，以期末闭卷考试为主要形式，占总成绩的50%。阶段测试主要包括考勤、大型作业、实训、平时表现环节的表现，占总成绩的50%。

五、课程资源及使用要求

（一）师资条件要求

任课教师为具有硕士或中级以上职称、具有职业资格证，或具有较为丰富的行业经验的"双师型"老师，具有客房部运营和管理实践经验，有一定的课程开发、理论教学、实践指导能力。《客房管理实务》课程的教学团队由双师型教师和专兼职教师组成。教师职称、年龄、学历、学缘结构要合理。

（二）实训教学条件要求

用于本课程教学的多媒体教室和客房实训室，配备与当前酒店相同或相近的设备和教学软件，实用、先进，使之具备现场教学、实验实训的功能，满足教、学、做一体化的要求。充分发挥校内外实践基地的作用，利用校内实训酒店和校外五星级酒店实训基地进行教学实践、见习周、毕业实习等教学环节，校企合作开发教学资源。

（三）教材选用

教材要求充分体现课程设计思想，符合行业企业发展和职业岗位实际工作任务需求。能够实现课程教学目标，教材内容丰富完整，有其他较为完善的专业教学资源库、教学课件、案例库、试题库、教辅材料、教学视频、实训指导手册等课程资源库，充分利用网络资源，满足专业教学和专业技能训练的需要，实现师生网上互动和多媒体资源的共享，提高课程资源利用效率。鼓励新形态教材的编写、实操教材的自主编撰，以及新教材的使用。

六、课程实施建议及其他说明

1. 课程实施方案

"客房管理实务"是一门实践性比较强的课程，建议在教学的过程中重视实践环节的内容，在课堂中主要采取案例分析、情景创设、仿真模拟、视频学习、分组讨论与合作训练、项目实践等教学方法，有效促进对知识的理解、掌握与领悟。课外通过企业调研、酒店见习、顶岗实习等形式充分体现课程的实践教学环节。强调工学结合，教学做合一。

2. 教师教学计划

《客房管理实务》教学计划

计划1：客房产品规划设计		参考学时	10
学习目标	1.客房产品设计理念与原则 2.客房设计布局知识和发展趋势		

学习单元	内容描述	教学条件	教学方法和建议	参考学时
客房产品设计理念与原则	1.设计理念 2.设计原则	多媒体教室	运用多媒体教学、案例分析	2
客房功能设计	1.客房室内空间布局 2.客房室内功能设计 3.楼层住宿功能与空间布局 4.楼层服务功能与空间布局 5.楼层交通疏散功能与空间布局	多媒体教室	运用多媒体教学、案例分析、讨论分析等方法	2
客房设施设备及用品配置	1.室内空间布局 2.客房室内功能设计 3.楼层住宿功能与空间布局 4.楼层服务功能与空间布局 5.楼层交通疏散功能与空间布局	多媒体教室	运用多媒体教学、案例分析、现场实训等方法	2
客房室内装饰设计	1.色彩设计与运用 2.照明设计 3.陈设设计	多媒体教室	运用多媒体教学、案例分析、教授等方法	2
客房类型设计	1.基本类型客房的设计 2.特殊类型客房的设计	多媒体教室 实训室	运用多媒体教学、案例分析、分组讨论、小组汇报等方法	2

计划2：客房产品质量控制		参考学时		28
学习目标	1.客房产品质量构成要素 2.清洁保养质量控制 3.对客服务质量控制			
学习单元	内容描述	教学条件	教学方法和建议	参考学时
客房产品质量构成要素	1.客房空间质量 2.客房设施设备质量 3.客房用品质量 4.客房环境质量 5.客房劳务质量 6.清洁卫生质量 7.安全质量	多媒体教室	案例导入 分析对比 模拟情景	6
清洁保养质量控制	1.树立正确的清洁保养意识 2.制定科学的清洁保养规程与标准 3.有效的清洁保养控制	多媒体教室 客房实训室	案例导入 分析对比 模拟情景 现场实训	10
对客服务质量控制	1.选择合适的客房服务模式 2.设立有效的客房服务项目 3.科学制定服务规程及质量标准 4.加强客房服务质量的控制	多媒体教室	案例导入 分析对比 模拟情景 现场实训	12

计划3：客房成本控制		参考学时		26
学习目标	1.客房人力成本控制 2.客房设施设备成本控制 3.饭店布草成本控制 4.客房用品成本控制 5.客房预算管理			
学习单元	内容描述	教学条件	教学方法和建议	参考学时
客房成本控制	1.人力资源的配备 2.人力资源的调节和选用 3.客房部人力资源的开发	多媒体教室	案例导入 分析对比 成本计算	6
客房设施设备成本控制	1.客房设施设备的选配 2.设施设备资产管理 3.设施设备的使用、维护保养 4.设备的改造更新 5.客房设备的报废处理	多媒体教室 客房实训室	案例导入 分析对比 成本计算 现场实训	6
饭店布草成本控制	1.布草的选购和日常管理 2.布草的贮存和保养管理 3.布草的报废和再利用	多媒体教室	案例导入 分析对比 成本计算	6
客房用品成本控制	1.低值易耗品的选购 2.客房低值易耗品的管理	多媒体教室	分析对比 成本计算 现场实训	6
客房预算管理	1.预算编制的依据 2.预算编制程序与方法 3.客房部预算的编制	多媒体教室	分析对比 成本计算	2

3. 课程资源开发

● 进一步开发多媒体教学光盘，通过各种活动的设计、模拟与参与，使学生的主动性、积极性和创造性得以充分调动。

● 充分利用实习基地酒店，为学生参观、实训和实习服务，并与时俱进及时调整教学内容。

● 课程资源建设，把有关电子教学资料（如 PPT 课件、案例、习题等）放在课程网站上，实现学生与教师的网上互动。

4. 教学模式

本课程针对来源于企业实践的、典型的职业工作任务，紧紧围绕学生在校学习与实际工作的一致性和行动导向原则进行教学模式设计，在培养岗位实际工作能力的同时，促进学生关键能力的发展和综合素质的提高。

● 工学交替。课程教学整体上注重工学交替，设计了课内—课外、校内—校外、随堂实训、项目活动等多种形式并举的实践教学模式。

● 任务驱动。将教学内容整合，注重工作过程的整体性，让学生在完整、综合的仿真行动中学习知识，体验实践。

● 项目导向。在教学与实践活动中，以项目为导向，师生通过共同实施一个完整的具有实际应用价值的"项目"工作而进行教学活动。

5. 教学方法与手段

● 讲授法：主要应用于学生学习基础知识的初级阶段，要为学生学习创设一个合适的情景氛围，增强学生的学习兴趣和意识。

● 启发式教学法。在授课的过程中，教师避免采用灌输理论知识的方式，而是采用提问和分析的方式，循序渐进地诱导、启发、鼓励学生对问题和现象进行思考、讨论，再由教师总结、答疑，做到深入浅出、留有余地，给学生深入思考和进一步学习的空间，同时也提高了学生的学习主动性。传输国内外有关饭店经营管理的新理论、新思想以及发展动态。开阔学生的眼界，激发其求知欲，使学生具备现代酒店管理的理念和意识。

● 参与式教学法。改变传统的单纯依赖教师讲授的方法，让学生参与到教学过程中。学生可以就教师的讲授内容发表自己的见解，对问题和现象表达自己的看法。而通过小组讨论、专题汇报、小组辩论、情景模拟、课程作业等方式，学生可以变被动听课为主动学习，既有利于提高学生学习的积极性、主动性，也有利于学生分析问题、解决问题能力的培养和表达能力、团队合作能力的提高。针对某一具体饭店的经营管理，让学生动脑、动手收集资料、设计并制作成幻灯片，运用所学知识进行介绍。使学生真正动脑、动手，增强实际操作能力。

● 互动式教学法。教师提出问题或现象，启发学生的发散性思维，可以实现教学互动；而小组讨论、角色模拟的方式则可以起到学生之间相互启发的作用，进而又促进了教学。教学相长，扩展了教学的深度与广度。为了解学生对本课程的学习情况，针对饭店目前发展动态和敏感问题要求学生收集资料、启发学生进行思考，开展课堂讨论，培养学生分析问题和解决问题的能力。

● 案例教学法。在讲解过程中结合案例，加深学生对基本理论的理解和认识。同时将案例分析作为对学生掌握理论知识和分析解决问题能力的检验，同时也能起到相互启发的效果。加深学生对饭店分类、饭店产品特征、管理基础理论及服务质量管理的认识和理解。

● 操作示范法。通过教师现场示范、演示，提高学生对专业服务技能操作的掌握程度，同时也注重了教学内容的实用性。鼓励学生利用寒暑假去酒店顶岗实习，积累经验，提高学生理论联系实际的能力。

● 其他教学手段：现场参观、座谈会、交流互动、专题讲座、观看多媒体、岗位体验、项目作业等教学方式。

6. 主要参考资料

[1] 韦小良. 客房服务与管理 [M]. 北京：中国财政经济出版社.

[2] 雷明化，葛华平. 客房服务与管理 [M]. 北京：中国人民大学出版社.

[3] 陈乃法，吴梅. 饭店前厅客房服务与管理 [M]. 北京：高等教育出版社.

酒店管理专业 "客房清扫与服务" 课程标准

一、课程性质

"客房清扫与服务" 是酒店管理专业的职业技术课程。课程的主要任务是讲授饭店客房清扫与服务的基础知识、基本技能以及客房清扫与服务创新，训练学生掌握饭店客房清扫与服务的操作技能，培养学生从事饭店客房服务工作，适应行业发展与职业变化的基本能力，以及具有客房清扫与服务优化及创新能力。

本课程是依据 "酒店管理专业工作任务与职业能力分析表" 中客房服务工作项目设置的。该课程项目设计以饭店客房部的工作任务与职业能力为线索来进行，依据学生的认知特点和可持续发展需求，充分体现任务引领、工作过程导向的设计理念，让学生在完成具体项目的过程中学会完成相应工作任务，并构建相关理论知识，发展职业能力。同时，又充分考虑住宿业态的创新与发展要求，坚持立德树人，注重学生综合素质提升、创新创业能力培养以及学生可持续发展的要求。在教学过程中，通过校企合作、校内实训基地建设等多种途径，工学结合突出实践，充分开发学习资源，给学生提供丰富的实践机会。教学效果评价采取过程评价与结果评价相结合的方式，通过理论与实践相结合，重点评价学生的职业能力和综合素质。课程设计理念符合职业性、实践性和开放性要求，符合工作过程与方法的思路要求。

"客房清扫与服务" 课程的总学时为 32 学时，建议学分为 2 分，执笔人为赵炜。

二、课程目标

（一）知识目标

掌握客房清扫与对客服务的基本内容与方法，掌握客房清扫与服务的核心要素、工作流程及对客服务标准。

（二）能力目标

能够胜任酒店客房清扫与服务实践工作，具备提供标准化对客服务的能力以及个性化服务的创新能力，能够养成独立分析问题、解决问题的能力，满足饭店对客房专业化人才的需求。

（三）素质目标

培养善于分析、勤于学习的精神，具备不断探索、创新能力。具有酒店从业人员所应具备的基本理论与实践素质。

三、课程内容和要求

序号	工作任务/项目	课程内容和要求		建议学时
		理论	实践	32
1	客房导论	1.认识客房 2.认识客房部 3.认识客房部员工		4
2	客房清洁保养	1.清洁保养的标准及质量要求 2.清洁剂和清洁设备 3.客房清洁保养	1.客房清洁 2.客房中式铺床	18
3	公共区域清洁保养	1.公共区域清洁保养规程 2.硬地面的清洁保养 3.软地面的清洁保养		2
4	客房对客服务	1.对客服务模式与特点 2.各项对客服务项目与规程 （客房迎送服务、夜床服务、洗衣服务、小酒吧服务、擦鞋服务、醉酒服务等）	1.迎送服务 2.夜床服务	8

四、考核评价

评价方式：形成性考核40%+终结性考核60%。形成性考核以完成工作任务的态度及成果进行考核，考核包括对客房清扫与服务的学习态度、对客房职业的正确认知，客房清扫与服务各项实训掌握程度及创新能力的表现；终结性考核是在课程结束时对重要知识进行的理论考核，包括基础理论、基本技能以及客房服务创新设计。

五、课程资源及使用要求

（一）师资条件要求

本课程要求大多数教师具有研究生及以上饭店管理专业背景，具备相关客房服务与管理实践知识和能力，健康的身心以及热爱教育工作，热爱学生；同时有较强的教学能力、教育科研能力和创新能力，能掌握相关高等教育法规，具有一定的教育学、心理学基本知识，并能运用在实际教学过程中。另外，要求教师具有制作多媒体课件进行教学设计的能力，并具有应用现代教育技术进行教学的能力，具有指导学生参加中式铺床及夜床设计竞赛的经验。

（二）实训教学条件要求

（1）多媒体教室。

（2）客房实训室。

（3）校外、校内实训实习基地。

（4）提供学习资料的图书馆。

（三）教材选用

本课程结合课程内容和高职高专学生特点选用或编写教材。教材充分体现课程设计思想，以项目为载体实施教学。项目选取要科学，项目之间的逻辑结构清晰，并成系列，能支撑课程目标的实现。突出职业能力的培养与提高，同时要考虑可操作性。

六、课程实施建议及其他说明

（一）课程实施方案

课程目标的实现通过情境创设、仿真模拟、案例分析、认识实习、岗位体验等教学方法，以校内实训基地和校外实训基地为实习场所，教、学、做三者结合，强调学生在"做"中"学"。

1. 树立学生对饭店客房工作的正确认识，培养学生对客房对客服务、专业客房技术、客房管理的兴趣，塑造正确的服务与管理理念。

2. 应加强对学生实际职业能力的培养，强化基于工作过程的案例教学和任务教学，注重以任务引领型项目诱发学生兴趣，使学生在完成典型任务活动中能熟练掌握客房清扫与服务技能。

3. 教师应尽可能由浅及深地讲授客房专业知识，并结合饭店实际案例加深学生理解。

4. 应注意职业情境的创设，以多媒体、录像等教学方法提高学生分析问题和解决实际问题的职业能力。

5. 教师必须重视实践、更新观念，为学生提供自主发展的时间和空间，积极引领学生提升职业素养，努力提高学生的创新能力。

6. 教师应注意培养学生对客房产品设计钻研能力，以任务型活动，组织学生完成不同的客房清扫与服务创新。

（二）教师教学计划

计划1：客房导论		参考学时	4	
学习目标	1.认识客房 2.认识客房部 3.认识客房部员工			
学习单元	内容描述	教学条件	教学方法和建议	参考学时
1.认识客房	●正确认识客房 ●熟悉客房类型	多媒体教室	运用多媒体教学、案例分析、教授等方法	1
2.认识客房部	●了解客房部的机构设置与业务分工 ●明确客房部业务运行的特点	多媒体教室	运用多媒体教学、案例分析、教授等方法	1
3.认识客房部员工	●了解客房部各岗位职责 ●明确客房部员工的素质要求	多媒体教室	运用多媒体教学、案例分析、教授等方法	2

计划2：客房清洁保养	参考学时	18
学习目标	●清洁保养的要求及质量标准 ●清洁剂和清洁设备 ●客房清洁保养	

续表

学习单元	内容描述	教学条件	教学方法和建议	参考学时
1.清洁保养的要求及质量标准	●正确认识清洁保养工作 ●明确清洁保养的要求与质量标准	多媒体教室	运用多媒体教学、案例分析、教授等方法	2
2.清洁剂和清洁设备	●选择用合适的清洁剂 ●配备适用的清洁器具	多媒体教室	运用多媒体教学、案例分析、教授等方法	2
3.客房清洁保养	●客房每日清洁保养 ●清洁准备工作 ●走客房清洁流程 ●住客房清洁要求 ●其他房态清洁事项 ●客房计划卫生 ●客房消毒方法	多媒体教室 实训室	运用多媒体教学、案例分析、教授等方法、实训	14

计划3：公共区域清洁保养		参考学时		2
学习目标	1.公共区域清洁保养规程 2.硬地面的清洁保养 3.软地面的清洁保养			

学习单元	内容描述	教学条件	教学方法和建议	参考学时
1.公共区域清洁保养规程	●公共区域清洁保养的范围及工作要求 ●清洁工具的使用与保养	多媒体教室	运用多媒体教学、案例分析、教授等方法	0.5
2.软地面清洁保养	●了解地毯干洗方法与操作流程 ●了解地毯水洗方法	多媒体教室 实训室	运用多媒体教学、案例分析、教授等方法、实训	1
3.硬地面清洁保养	●了解大理石地面每日清洁保养方法 ●了解晶面操作流程		运用多媒体教学、案例分析、教授等方法	0.5

计划4：客房对客服务		参考学时		8
学习目标	1.对客服务特点与模式 2.对客服务项目与规程			

学习单元	内容描述	教学条件	教学方法和建议	参考学时
1.对客服务特点与模式	●了解客房服务的特点 ●熟悉不同对客服务模式的优缺点	多媒体教室	运用多媒体教学、案例分析、教授等方法	2
2.对客服务项目与规程	●宾客迎送服务 ●宾客住店服务 ●掌握迎送服务流程，并能独立完成服务实训 ●掌握夜床服务流程和操作方法，并能独立完成服务实训 ●了解洗衣服务流程和操作方法 ●了解小酒吧服务操作流程和注意事项 ●了解醉酒服务的要点和要求 ●了解擦鞋服务的流程和操作方法	多媒体教室 实训室	运用多媒体教学、案例分析、教授等方法、实训	6

（三）课程资源开发

1.进一步开发多媒体教学光盘，通过各种活动的设计、模拟与参与，使学生的主动性、枳极性和创造性得以允分调动。

2.构建虚拟学习场景，通过分组模拟等形式，仿真实际的操作环境，体验真实操作过程。

3.搭建产学合作平台，充分利用实习基地酒店及本行业的企业资源，满足学生观摩、实训和实习的需要，并关注实施过程中学生职业能力的发展状况，同时确保教学内容与行业需求紧密切合。

4.加强课程资源建设，充分利用电子书籍、电子期刊、数字图书馆、校园网、各大网站等网络资源，使教学内容从单一化向多元化转变，通过职业指导教师的指导或辅导，使学生知识和能力的拓展成为可能。

（四）教学模式

本课程针对来源于企业实践的、典型的职业工作任务，紧紧围绕学生在校学习与实际工作的一致性和行动导向原则进行教学模式设计，在培养岗位实际工作能力的同时，促进学生关键能力的发展和综合素质的提高。

●工学交替。课程教学整体上注重工学交替，设计了课内—课外、校内—校外、随堂实训、项目活动等多种形式并举的实践教学模式。

●任务驱动。将教学内容整合，注重工作过程的整体性，让学生在完整、综合的仿真行动中学习知识，体验实践。

●项目导向。在教学与实践活动中，以项目为导向，师生通过共同实施一个完整的具有实际应用价值的"项目"工作而进行教学活动。

（五）教学方法与手段

1.讲授法：主要应用于学生学习基础知识的初级阶段，要为学生学习创设一个合适的情景氛围，增强学生的学习兴趣和意识。

2.启发式教学法。在授课的过程中，教师避免采用灌输理论知识的方式，而是采用提问和分析的方式，循序渐进地诱导、启发、鼓励学生对问题和现象进行思考、讨论，再由教师总结、答疑，做到深入浅出、留有余地，给学生深入思考和进一步学习的空间，开阔学生的眼界，激发其求知欲，提高学习的主动性。

3.参与式教学法。改变传统的单纯依赖教师讲授的方法，通过小组讨论、专题汇报、小组辩论、情景模拟、课程作业等方式，让学生参与到教学过程中，变被动听课为主动学习，学生可以就教师的讲授内容发表自己的见解，对问题和现象表达自己的看法，既有利于提高学生学习的积极性、主动性，也有利于学生综合能力的提升和团队合作能力的提高。

4.互动式教学法。教师提出问题或现象，启发学生的发散性思维，可以实现教学互动；而小组讨论、角色模拟的方式则可以起到学生之间相互启发的作用，进而又促进了教学。通过教学相长，扩展教学的深度与广度，启发学生进行思考，开展课堂讨论，培养学生分析问题和解决问题的能力。

5.案例教学法。在讲解过程中结合案例，加深学生对基本理论的理解和认识。同时将案例分析作为对学生掌握理论知识和分析解决问题能力的检验，也能起到相互启发的效果。同时，案例也会加深学生对饭店、饭店业及专业知识的认识和理解。

6.操作示范法。通过教师现场直观的示范、演示，有利于学生对专业服务技能操作的掌握程度，也增强了教学内容的实用性，提高学生理论联系实际的能力。

7.其他教学手段：现场参观、座谈会、交流互动、专题讲座、观看多媒体、岗位体验、项目作业等教学方式。

（六）主要参考资料

［1］雷明化，葛华平.客房服务与管理［M］.北京：中国人民大学出版社.

［2］韦小良.客房服务与管理［M］.北京：中国财政经济出版社.

［3］汝勇健.客房服务与管理实务［M］.南京：东南大学出版社.

酒店管理专业
"客房清扫与服务（双语）"课程标准

一、课程性质

"客房清扫与服务（双语）"是酒店管理专业的职业技术课程之一。课程的主要任务是讲授饭店客房清扫与服务的基础知识、基本技能以及客房清扫与服务创新，训练学生掌握饭店客房清扫与服务的操作技能，培养学生从事饭店客房服务工作，适应行业发展与职业变化的基本能力，以及具有客房清扫与服务优化及创新能力。

本课程是依据"酒店管理专业工作任务与职业能力分析表"中客房服务工作项目设置的。该课程项目设计以饭店客房部的工作任务与职业能力为线索来进行，依据学生的认知特点和可持续发展需求，充分体现任务引领、工作过程导向的设计理念，让学生在完成具体项目的过程中学会完成相应工作任务，并构建相关理论知识，发展职业能力。同时，又充分考虑住宿业态的创新与发展要求，坚持立德树人，注重学生综合素质提升、创新创业能力培养以及学生可持续发展的要求。在教学过程中，通过校企合作、校内实训基地建设等多种途径，工学结合突出实践，充分开发学习资源，给学生提供丰富的实践机会。教学效果评价采取过程评价与结果评价相结合的方式，通过理论与实践相结合，重点评价学生的职业能力和综合素质。课程设计理念符合职业性、实践性和开放性要求，符合工作过程与方法的思路要求。

"客房清扫与服务"课程的总学时为 64 学时，建议学分为 4 分，执笔人为周寒琼。

二、课程目标

（一）知识目标

掌握客房清扫与对客服务的基本内容与方法，熟练掌握客房清扫与服务的核心要素、工作流程及对客服务标准。

（二）能力目标

能够胜任酒店客房清扫与服务实践工作，具备提供标准化对客服务的能力以及个性化服务的创新能力，能够养成独立分析问题、解决问题的能力，满足饭店对客房专业化人才的需求。

（三）素质目标

培养善于分析、勤于学习的精神，具备不断探索、创新能力。具有酒店从业人员所应具备的基本理论与实践素质。

三、课程内容和要求

序号	工作任务/项目	课程内容和要求		建议学时
		理论	实践	64
1	客房导论	1.认识客房 2.认识客房部 3.认识客房部员工		8
2	客房清洁保养	1.清洁保养的标准及质量要求 2.清洁剂和清洁设备 3.客房清洁保养	1.客房清洁 2.客房中式铺床	32
3	客房对客服务	1.对客服务模式与特点 2.对客服务项目与规程	1.迎送服务 2.夜床服务 3.洗衣服务 4.小酒吧服务 5.管家服务	24

四、考核评价

评价方式：形成性考核40%+终结性考核60%。形成性考核以完成工作任务的态度及成果进行考核，考核包括对客房清扫与服务的学习态度、对客房职业的正确认知，客房清扫与服务各项实训掌握程度及创新能力的表现；终结性考核是在课程结束时对重要知识进行的理论考核，包括基础理论、基本技能以及客房服务创新设计。

五、课程资源及使用要求

（一）师资条件要求

本课程要求大多数教师具有研究生及以上饭店管理专业背景，具备相关客房服务与管理实践知识和能力，健康的身心以及热爱教育工作，热爱学生；同时有较强的教学能力、教育科研能力和创新能力，能掌握相关高等教育法规，具有一定的教育学、心理学基本知识，并能运用在实际教学过程中。另外，要求教师具有制作多媒体课件进行教学设计的能力，并具有应用现代教育技术进行教学的能力，具有指导学生参加中式铺床及夜床设计竞赛的经验。

（二）实训教学条件要求

（1）多媒体教室。

（2）客房实训室。

（3）校外、校内实训实习基地。

（三）教材选用

本课程结合课程内容和高职高专学生特点选用或编写教材。教材充分体现课程设计思想，以项目为载体实施教学。项目选取要科学，项目之间的逻辑结构清晰，并成系列，能支撑课程目标的实现。突出职业能力的培养与提高，同时要考虑可操作性。

六、课程实施建议及其他说明

（一）课程实施方案

课程目标的实现通过情境创设、仿真模拟、案例分析、认识实习、岗位体验等教学方法，以校内实训基地和校外实训基地为实习场所，教、学、做三者结合，强调学生在"做"中"学"。

（二）教师教学计划

计划1：客房导论		参考学时		8
学习目标	1.认识客房 2.认识客房部 3.认识客房部员工			
学习单元	内容描述	教学条件	教学方法和建议	参考学时
●认识客房	●认识客房 ●客房类型	多媒体教室	多媒体教学、案例分析、教授等方法	2
●认识客房部	●客房部的机构设置与岗位职责 ●客房部业务运行的特点	多媒体教室	多媒体教学、案例分析、教授等方法	2
●认识客房部员工	●客房部员工的素质要求	多媒体教室	多媒体教学、案例分析、教授等方法	4

计划2：客房清洁保养		参考学时		32
学习目标	1.清洁保养的要求及质量标准 2.清洁剂和清洁设备 3.客房清洁保养			
学习单元	内容描述	教学条件	教学方法和建议	参考学时
●清洁保养的要求及质量标准	●清洁保养 ●清洁保养的要求与质量标准	多媒体教室	多媒体教学、案例分析、教授等方法	4
●清洁剂和清洁设备	●清洁剂 ●清洁器具	多媒体教室	多媒体教学、案例分析、教授等方法	2
●客房清洁保养	●客房每日清洁保养 ●客房计划卫生 ●客房消毒	多媒体教室 实训室	多媒体教学、案例分析、教授等方法、实训	26

计划3：客房对客服务		参考学时		24
学习目标	1.对客服务特点与模式 2.对客服务项目与规程			
学习单元	内容描述	教学条件	教学方法和建议	参考学时
●对客服务特点与模式	●客房服务的特点	多媒体教室	多媒体教学、案例分析、教授等方法	4
●对客服务项目与规程	●迎送服务 ●夜床服务 ●洗衣服务 ●小酒吧服务 ●管家服务	多媒体教室 实训室	多媒体教学、案例分析、教授等方法、实训	20

（三）课程资源开发

1）进一步开发多媒体教学光盘，通过各种活动的设计、模拟与参与，使学生的主动性、积极性和创造性得以充分调动。

2）构建虚拟学习场景，通过分组模拟等形式，仿真实际的操作环境，体验真实操作过程。

3）搭建产学合作平台，充分利用实习基地酒店及本行业的企业资源，满足学生观摩、实训和实习的需要，并关注实施过程中学生职业能力的发展状况，同时确保教学内容与行业需求紧密切合。

4）加强课程资源建设，充分利用电子书籍、电子期刊、数字图书馆、校园网、各大网站等网络资源，使教学内容从单一化向多元化转变，通过职业指导教师的指导或辅导，使学生知识和能力的拓展成为可能。

（四）主要参考资料

［1］韦小良.客房服务与管理［M］.北京：中国财政经济出版社，2016.

［2］雷明化，葛华平.客房服务与管理［M］.北京：中国人民大学出版社，2012.

酒店管理专业"客房礼仪实训"课程标准

一、课程性质

本课程是酒店管理专业岗位选修课，酒店管理专业与企业、行业专家共同开发建设的一门具有工学结合鲜明特色的职业能力核心课程。课程强调对学生的职业素质和能力的培养，它以"饭店礼仪规范""客房清扫与服务"课程为基础，通过实训将服务操作标准进一步传递给学生，帮助他们在学习理论知识的基础上掌握具体的操作技能标准，塑造以礼示人的职业形象，培育以礼待客的服务意识，培训以礼服人的工作技能，贴近学生从事酒店客房服务工作场景的需要。

本课程是依据"酒店管理专业工作任务与职业能力分析表"中的客房服务工作项目设置的。该课程总体设计思路紧紧围绕"三全一分"育人理念，充分体现依据学生的认知特点、学生可持续发展需求，打破以知识传授为主要特征的传统学科课程模式，设计通过任务引领、工作过程导向的理念和设计思路将本课程的内容分解为若干项目，创设相关工作情景采用并列与流程相结合的方式展示教学内容。实训，既是理论知识掌握的强化过程，更是实际操作能力的培训过程，同时，将学生综合素质及职业形象的养成融入每一次项目教学中。项目设计以客房部工作人员的工作任务为载体设计的活动进行。教学过程中，通过校企合作、校内实训基地建设等多种途径，工学结合突出实践，充分开发学习资源，给学生提供丰富的实践机会。教学效果评价采取过程评价与结果评价相结合的方式，通过理论与实践相结合，重点评价学生的职业能力和综合素质。课程设计理念符合职业性、实践性和开放性要求，符合工作过程与方法的思路要求。

"客房礼仪实训（小班教学）"课程的总学时为 18 学时，建议学分为 1 分，执笔人为鲍娟。

二、课程目标

（一）知识目标
- 掌握酒店行业对仪容仪表的要求；
- 掌握客房部基础礼仪规范；
- 掌握客房清扫及常规服务项目的工作流程及对客服务标准。

（二）能力目标
- 能掌握职业妆技巧及工作着装规范并应用于实训中；
- 能掌握客房服务项目中各种行为礼仪规范；
- 能运用所学知识得体地处理服务过程中遇到的问题。

（三）素质目标
- 培养学生良好的综合职业素养；

- 培养学生良好的对客服务意识；
- 培养学生思辨、自控、自学的能力。

三、课程内容和要求

序号	工作任务/项目	课程内容和要求		建议学时
		理论	实践	18
1	岗前培训	1.客房服务员岗位要求 2.客房服务员职业礼仪要求 3.客房部服务礼仪规范		3
2	迎送服务礼仪	1.迎客准备 2.迎接客人 3.送客服务	情境模拟： 1.问候及引领服务 2.敲门 3.进房及退出房门 4.送客	3
3	清扫服务礼仪		不同情境下客房清扫服务模拟，如： 1.住客房（无人） 2.住客房（有人） 3.空房	4
4	洗衣服务礼仪		情境模拟：收取及返送客衣	2
5	借用物品服务礼仪		情境模拟： 1.接听客人电话 2.送交及收取借用物品	2
6	特殊情况处理服务礼仪		特殊情况下对客服务场景模拟 如：投诉客人	2
7	客房服务礼仪		实践测试	2

四、考核评价

考核方式上，采用形成性与终结性评价相结合的技能测试、阶段测试等多种考核方式。技能测试（60%）+阶段测试（40%）。技能测试重在评价学生将客房服务礼仪理论知识转化应用的能力，对客服务意识及专业规范的职业形象的展现程度，占总成绩的60%；阶段测试成绩主要包括考勤、课堂互动、课堂模拟练习等环节的表现，占总成绩的40%。

五、课程资源及使用要求

（一）师资条件要求

本课程要求大多数教师具有研究生及以上饭店管理专业背景，具备相关客房服务与管理实践知识和能力，健康的身心以及热爱教育工作，热爱学生；同时有较强的教学能力、教育科研能力和创新能力，能掌握相关高等教育法规，具有一定的教育学、心理学基本知识，并能运用在实际教学过程中。另外要求教师具有制作多媒体课件进行教学设计的能力，并具有应用现代教育技术进行教学的能力。

（二）实训教学条件要求

（1）多媒体教室。

（2）客房实训室。

（3）校外、校内实训实习基地。

（4）提供学习资料的图书馆。

（三）**教材选用**

本课程结合课程内容和高职高专学生特点进行自编教材。教材充分体现课程设计思想，以项目为载体实施教学，项目选取要科学，项目之间的逻辑结构清晰，并成系列，能支撑课程目标的实现。突出职业能力的培养与提高，同时要考虑可操作性。

六、课程实施建议及其他说明

1.课程实施方案

课程目标的实现通过情境创设、仿真模拟、案例分析、认识实习、岗位体验等教学方法，以校内实训基地和校外实训基地为实习场所，教、学、做三者结合，强调学生在"做"中"学"。

● 树立学生对酒店客房服务的正确认识，塑造正确的对客服务理念。

● 应加强对学生实际职业能力的培养，强化基于工作过程的案例教学和任务教学，注重以任务引领型项目诱发学生兴趣，使学生在完成典型任务活动中能熟练掌握客房服务礼仪专业技能要求。

● 教师应尽可能由浅及深地讲授岗位要求及客房对客服务礼仪专业知识，并结合饭店实际案例加深学生理解。

● 应注意职业情境的创设，以多媒体、录像等教学方法提高学生分析问题和解决实际问题的职业能力。

● 教师必须重视实践、更新观念，为学生提供自主发展的时间和空间，积极引领学生提升塑造职业形象的意识，努力提高学生的综合职业素质。

2.教师教学计划

计划1：客房服务员岗前培训		参考学时		3
学习目标	●了解客房服务员的岗位要求 ●掌握客房服务员职业礼仪要求及客房服务礼仪规范			
学习单元	内容描述	教学条件	教学方法和建议	参考学时
客房服务员 岗位要求	●职业素养 ●服务知识要求 ●必备能力要求	多媒体教室	运用多媒体教学、案例分析、教授等方法	1
客房服务员 职业礼仪要求	●职业形象要求 ●个人卫生要求 ●礼貌服务用语	多媒体教室	运用多媒体教学、案例分析、教授等方法	1
客房服务 礼仪规范	●客房对客服务项目中礼仪规范要求	多媒体教室	运用多媒体教学、案例分析、教授等方法	1

计划2：迎送服务礼仪		参考学时		3
学习目标	1.掌握客房迎送服务中的礼仪细节 2.能够根据不同客人的特点，提供专业周到的服务			
学习单元	内容描述	教学条件	教学方法和建议	参考学时
迎送服务	1.迎客准备、迎送客人的注意事项	多媒体教室 客房实训室	案例分析、教授等方法	0.5
迎接客人	2.问候及引领服务 3.敲门、进房及退出房门	客房实训室	运用多媒体教学、案例分析、分组训练等方法	1.5
送客服务	4.复习迎接客人礼仪要点 5.掌握送客服务礼仪	客房实训室	运用多媒体教学、案例分析、分组训练等方法	1

计划3：清扫服务礼仪		参考学时		4
学习目标	1.掌握客房清扫服务礼仪规范 2.能够在不同情境下提供优质的客房清扫服务			
学习单元	内容描述	教学条件	教学方法和建议	参考学时
客房清扫服务规范	1.客房清扫服务操作规范	客房实训室	运用多媒体教学、案例分析、教授等方法	0.5
不同情境下客房清扫服务礼仪	2.客房清扫服务期间总体礼仪要求 3.不同情境下清扫服务礼仪模拟（如：住客房、走客房、DND房等）	客房实训室	运用多媒体教学、案例分析、分组训练等方法	3.5

计划4：洗衣服务礼仪		参考学时		2
学习目标	1.掌握收取及返送客衣的服务礼仪规范 2.能够在不同情况下提供优质的洗衣服务			
学习单元	内容描述	教学条件	教学方法和建议	参考学时
收取客衣	1.收取客衣礼仪规范	客房实训室	运用多媒体教学、案例分析、分组训练等方法	1
返送客衣	2.返送客衣礼仪规范	客房实训室	运用多媒体教学、案例分析、分组训练等方法	1

计划5：借用物品服务礼仪		参考学时		2
学习目标	1.掌握借用物品服务礼仪规范 2.能够在不同情况下提供优质的物品借用服务			
学习单元	内容描述	教学条件	教学方法和建议	参考学时
借用物品服务	1.客房服务中心服务员接听客人电话模拟 2.送交及收取借用物品模拟	客房实训室	运用多媒体教学、案例分析、分组训练等方法	2

计划6：特殊情况处理服务礼仪		参考学时		2
学习目标	1.掌握客房对客特殊情况服务礼仪规范 2.能够在不同情况下提供优质周到的对客服务			
学习单元	内容描述	教学条件	教学方法和建议	参考学时
对客服务中特殊情况服务礼仪	特殊情况下对客服务情景模拟	客房实训室	运用多媒体教学、案例分析、分组训练等方法	2

计划7：测试		参考学时		2
学习目标	1.强化客房对客服务礼仪的训练 2.能够根据不同的客房服务任务提供周到的对客服务			
学习单元	内容描述	教学条件	教学方法和建议	参考学时
实践测试	以小组为单位，选择三项以上客房服务任务，设计对客服务情景模拟	客房实训室	测试	2

3.课程资源开发

● 进一步开发多媒体教学光盘，通过各种活动的设计、模拟与参与，使学生的主动性、积极性和创造性得以充分调动。

● 充分利用实习基地酒店，为学生参观、实训和实习服务，及时调整教学内容。

● 课程资源建设，把有关电子教学资料（如 PPT 课件、案例等）放在课程网站上，实现学生与教师的网上互动。

4.教学模式

本课程针对来源于企业实践的、典型的职业工作任务，紧紧围绕学生在校学习与实际工作的一致性和行动导向原则进行教学模式设计，在培养岗位实际工作能力的同时，促进学生关键能力的发展和综合素质的提高。

● 工学交替。课程教学整体上注重工学交替，设计了课内—课外、校内—校外、随堂实训、项目活动等多种形式并举的实践教学模式。

● 任务驱动。将教学内容整合，注重工作过程的整体性，让学生在完整、综合的仿真行动中学习知识，体验实践。

● 项目导向。在教学与实践活动中，以项目为导向，师生通过共同实施一个完整的具有实际应用价值的"项目"工作而进行教学活动。

5.教学方法与手段

● 讲授法：主要应用于学生学习基础知识的初级阶段，要为学生学习创设一个合适的情景氛围，增强学生的学习兴趣和意识。

● 启发式教学法。在授课的过程中，教师避免采用灌输理论知识的方式，而是采用提问和分析的方式，循序渐进地诱导、启发、鼓励学生对问题和现象进行思考、讨论，再由教师总结、答疑，做到深入浅出、留有余地，给学生深入思考和进一步学习的空间，同时也提高了学生的学习主动性。开阔学生的眼界，激发其求知欲，使学生具备现代酒店管理的理念和意识。

●参与式教学法。改变传统的单纯依赖教师讲授的方法，让学生参与到教学过程中。学生可以就教师的讲授内容发表自己的见解，对问题和现象表达自己的看法。而通过小组讨论、情景模拟、课程作业等方式，学生可以变被动听课为主动学习，既有利于提高学生学习的积极性、主动性，也有利于学生分析问题、解决问题能力的培养和表达能力、团队合作能力的提高。

●互动式教学法。教师提出问题或现象，启发学生的发散性思维，可以实现教学互动；而小组讨论、角色模拟的方式则可以起到学生之间相互启发的作用，进而又促进了教学。教学相长，扩展了教学的深度与广度。为了解学生对本课程的学习情况，针对饭店目前发展动态和敏感问题要求学生收集资料、启发学生进行思考，开展课堂讨论，培养学生分析问题和解决问题的能力。

●案例教学法。在讲解过程中结合案例，加深学生对基本理论的理解和认识。同时将案例分析作为对学生掌握理论知识和分析解决问题能力的检验，同时也能起到相互启发的效果。加深学生对酒店基础理论及服务礼仪的认识和理解。

●操作示范法。通过教师现场示范、演示，提高学生对专业服务技能操作的掌握程度，同时也注重了教学内容的实用性。鼓励学生利用寒暑假去酒店顶岗实习，积累经验，提高学生理论联系实际的能力。

●其他教学手段：现场参观、座谈会、交流互动、专题讲座、观看多媒体、岗位体验、项目作业等教学方式。

6.主要参考资料

[1]雷明化，陆宇荣.饭店礼仪规范［M］.北京：中国人民大学出版社.

[2]韦小良.客房服务与管理［M］.北京：中国财政经济出版社.

酒店管理专业"夜床设计"课程标准

一、课程性质

本课程是酒店管理专业选修课，是酒店管理专业与企业、行业专家共同开发建设的一门具有工学结合鲜明特色的职业能力核心课程。课程强调学生的基本素质和能力培养，让学生掌握客房夜床设计原则、设计方法，培训学生善于分析、勤于学习的精神，具备情感服务、个性服务以及关注宾客需求的定置化创新的具体的能力，具有酒店从业人员所应具备的基本理论与实践素质，贴近学生将来职业场景的需要。

本课程是依据"酒店管理专业工作任务与职业能力分析表"中的夜床设计工作项目设置的。该课程总体设计思路紧紧围绕"三全一分"育人理念，充分体现依据学生的认知特点、学生可持续发展需求，打破以知识传授为主要特征的传统学科课程模式，设计通过任务引领、工作过程导向的理念和设计思路将本课程的内容分解为若干项目，创设相关工作情景采用并列与流程相结合的方式展示教学内容。理论知识的选取紧紧围绕夜床设计工作任务完成的需要来进行，同时又充分考虑住宿业态的创新发展要求，坚持立德树人，注重思想政治教育贯穿教学始终，同时融合了学生综合素质提升、创新创业能力培养、学生可持续发展的要求。项目设计以夜床设计为线索来进行。教学过程中，通过校企合作、校内实训基地建设等多种途径，工学结合突出实践，充分开发学习资源，给学生提供丰富的实践机会。教学效果评价采取过程评价与结果评价相结合的方式，通过理论与实践相结合，重点评价学生的职业能力和综合素质。课程设计理念符合职业性、实践性和开放性要求，符合工作过程与方法的思路要求。

"夜床设计"课程的总学时为 18 学时，建议学分为 1 分，执笔人为杨国强。

二、课程目标

（一）知识目标

掌握夜床设计的基本原则与方法，掌握夜床服务的核心要素、工作流程及对客服务标准。

（二）能力目标

能够参与酒店客房服务管理实践工作，掌握针对宾客需求提供个性、定置化夜床服务的创新能力，能够养成独立分析问题、解决问题的能力。

（三）素质目标

培养善于分析、勤于学习的精神，具备不断探索、创新能力。具有酒店从业人员所应具备的基本理论与实践素质。

三、课程内容和要求

序号	工作任务/项目	课程内容和要求		建议学时
		理论	实践	18
1	夜床服务基础知识	1.夜床服务基本知识 2.夜床服务基本流程 3.夜床服务标准 4.夜床设计基本原则		2
2	元素应用	1.夜床设计主题选择 2.夜床元素	1.夜床主题选择 2.夜床元素确定 3.夜床素材收集	3
3	服务设置	1.夜床服务项目 2.宾客需求与服务设计	1.夜床服务项目设计 2.夜床服务细节与特色设计	3
4	氛围设置	1.夜床中色彩应用 2.夜床中光源应用 3.夜床情感氛围设计	1.夜床色彩体系设计 2.夜床光源应用 3.夜床情感氛围设计	4
5	情景模拟		1.夜床服务模拟 2.夜床设计模拟	4
6	夜床设计		实践测试	1
7	夜床测试	理论测试		1

四、考核评价

考核方式上，采用形成性与终结性评价相结合的理论考试、技能测试、阶段测试等多种考核方式。理论考试（20%）＋技能测试（30%）＋阶段测试（50%）。理论考试重在评价夜床设计课程的理论学习情况，占总成绩的20%。技能测试重在评价学生将夜床设计理论知识转化为实践的能力，以及对夜床设计的基本原则掌握程度及创新能力的表现，占总成绩的30%；阶段测试成绩主要包括考勤、作业、实训、平时表现环节的表现，占总成绩的50%。

五、课程资源及使用要求

（一）师资条件要求

本课程要求大多数教师具有研究生及以上饭店管理专业背景，具备相关客房服务与管理实践知识和能力，健康的身心以及热爱教育工作，热爱学生；同时有较强的教学能力、教育科研能力和创新能力，能掌握相关高等教育法规，具有一定的教育学、心理学基本知识，并能运用在实际教学过程中。另外要求教师具有制作多媒体课件进行教学设计的能力，并具有应用现代教育技术进行教学的能力，具有指导学生参加中式铺床及夜床设计竞赛的经验。

（二）实训教学条件要求

（1）多媒体教室。
（2）客房实训室。
（3）校外、校内实训实习基地。

（4）提供学习资料的图书馆。

（三）教材选用

本课程结合课程内容和高职高专学生特点进行自编教材。教材充分体现课程设计思想，以项目为载体实施教学，项目选取要科学，项目之间的逻辑结构清晰，并成系列，能支撑课程目标的实现。突出职业能力的培养与提高，同时要考虑可操作性。

六、课程实施建议及其他说明

1. 课程实施方案

课程目标的实现通过情境创设、仿真模拟、案例分析、认识实习、岗位体验等教学方法，以校内实训基地和校外实训基地为实习场所，教、学、做三者结合，强调学生在"做"中"学"。

- 树立学生对夜床服务的正确认识，培养学生对夜床服务、夜床设计的兴趣，塑造正确的对客服务理念。
- 应加强对学生实际职业能力的培养，强化基于工作过程的案例教学和任务教学，注重以任务引领型项目诱发学生兴趣，使学生在完成典型任务活动中能熟练掌握夜床服务专业技能与夜床设计创新能力。
- 教师应尽可能由浅及深地讲授夜床服务、夜床设计专业知识，并结合饭店实际案例加深学生理解。
- 应注意职业情境的创设，以多媒体、录像等教学方法提高学生分析问题和解决实际问题的职业能力。
- 教师必须重视实践、更新观念，为学生提供自主发展的时间和空间，积极引领学生提升职业素养，努力提高学生的创新能力。
- 教师应注意培养学生对夜床服务、夜床设计的钻研能力，以任务型活动，组织学生完成不同的夜床设计主题。

2. 教师教学计划

计划1：夜床服务基础知识		参考学时		2
学习目标	●对夜床的正确认识 ●塑造正确的夜床服务理念			
学习单元	内容描述	教学条件	教学方法和建议	参考学时
夜床基本知识	●夜床概念 ●夜床来源 ●夜床作用	多媒体教室	运用多媒体教学、案例分析、教授等方法	0.5
夜床服务基本流程	●夜床清洁服务 ●夜床服务项目	多媒体教室	运用多媒体教学、案例分析、教授等方法	0.5
夜床服务标准	●夜床清洁标准 ●开夜床标准 ●夜床服务细节标准	多媒体教室	运用多媒体教学、案例分析、教授等方法	0.5
夜床设计基本原则	●主题选择 ●主题元素 ●色彩、光源、结构等	多媒体教室	运用多媒体教学、案例分析、教授等方法	0.5

计划2：元素应用			参考学时	3
学习目标	1.对夜床元素的正确认识 2.能够根据主题收集相关素材，并正确运用元素			
学习单元	内容描述	教学条件	教学方法和建议	参考学时
夜床设计主题选择	1.根据夜床主题，明确夜床元素，并收集素材	客房实训室	运用多媒体教学、案例分析、分组训练等方法	1.5
夜床元素	2.针对元素应用进行点评与评分 3.淘汰最低分一组，重新加入其他分组	客房实训室	运用多媒体教学、案例分析、分组训练等方法	1.5

计划3：服务设置			参考学时	3
学习目标	1.对服务项目设置的正确认识 2.能够根据主题，设计服务项目与服务细节			
学习单元	内容描述	教学条件	教学方法和建议	参考学时
夜床服务项目	1.根据夜床主题，设置服务项目，说明服务细节	客房实训室	运用多媒体教学、案例分析、分组训练等方法	1.5
宾客需求与服务设计	2.针对服务项目进行点评与评分 3.淘汰最低分一组，重新加入其他分组	客房实训室	运用多媒体教学、案例分析、分组训练等方法	1.5

计划4：氛围设置			参考学时	4
学习目标	1.对夜床氛围的正确认识 2.能够根据主题，正确运用色彩、光源及结构进行氛围设计			
学习单元	内容描述	教学条件	教学方法和建议	参考学时
夜床中色彩应用	1.根据夜床主题，编制夜床服务的色彩体系设计要点	客房实训室	运用多媒体教学、案例分析、分组训练等方法	1
夜床中光源应用	2.根据夜床主题，编制夜床服务的光源应用设计要点			1
夜床情感氛围设计	3.根据夜床主题，编制情感氛围设计要点 4.针对以上内容进行点评与评分 5.淘汰最低分一组，重新加入其他分组	客房实训室	运用多媒体教学、案例分析、分组训练等方法	2

计划5：情景模拟			参考学时	2
学习目标	1.强化对夜床设计的训练 2.能够根据主题进行完整的夜床设计			
学习单元	内容描述	教学条件	教学方法和建议	参考学时
夜床设计模拟	1.根据课程内容，进行夜床服务及夜床设计情景模拟 2.针对模拟过程进行点评与评分	客房实训室	运用多媒体教学、案例分析、分组训练等方法	2

计划6：测试		参考学时		2
学习目标	1.强化对夜床设计的训练 2.能够根据主题进行完整的夜床设计			
学习单元	内容描述	教学条件	教学方法和建议	参考学时
理论测试	1.独立完成夜床服务及夜床设计项目编制	客房实训室	测试	1
实践测试	2.分组完成夜床项目，分工明确	客房实训室	测试	1

3. 课程资源开发

● 进一步开发多媒体教学光盘，通过各种活动的设计、模拟与参与，使学生的主动性、积极性和创造性得以充分调动。

● 充分利用实习基地酒店，为学生参观、实训和实习服务，并与时俱进及时调整教学内容。

● 课程资源建设，把有关电子教学资料（如 PPT 课件、案例、习题等）放在课程网站上，实现学生与教师的网上互动。

4. 教学模式

本课程针对来源于企业实践的、典型的职业工作任务，紧紧围绕学生在校学习与实际工作的一致性和行动导向原则进行教学模式设计，在培养岗位实际工作能力的同时，促进学生关键能力的发展和综合素质的提高。

● 工学交替。课程教学整体上注重工学交替，设计了课内—课外、校内—校外、随堂实训、项目活动等多种形式并举的实践教学模式。

● 任务驱动。将教学内容整合，注重工作过程的整体性，让学生在完整、综合的仿真行动中学习知识，体验实践。

● 项目导向。在教学与实践活动中，以项目为导向，师生通过共同实施一个完整的具有实际应用价值的"项目"工作而进行教学活动。

5. 教学方法与手段

● 讲授法：主要应用于学生学习基础知识的初级阶段，要为学生学习创设一个合适的情景氛围，增强学生的学习兴趣和意识。

● 启发式教学法。在授课的过程中，教师避免采用灌输理论知识的方式，而是采用提问和分析的方式，循序渐进地诱导、启发、鼓励学生对问题和现象进行思考、讨论，再由教师总结、答疑，做到深入浅出、留有余地，给学生深入思考和进一步学习的空间，同时也提高了学生的学习主动性。传输国内外有关饭店经营管理的新理论、新思想以及发展动态。开阔学生的眼界，激发其求知欲，使学生具备现代酒店管理的理念和意识。

● 参与式教学法。改变传统的单纯依赖教师讲授的方法，让学生参与到教学过程中。学生可以就教师的讲授内容发表自己的见解，对问题和现象表达自己的看法。而通过小组讨论、专题汇报、小组辩论、情景模拟、课程作业等方式，学生可以变被动听课为主动学习，既有利于提高学生学习的积极性、主动性，也有利于学生分析问题、解决问题

能力的培养和表达能力、团队合作能力的提高。针对某一具体饭店的经营管理，让学生动脑、动手收集资料、设计并制作成幻灯片，运用所学知识，进行介绍。使学生真正动脑、动手，增强实际操作能力。

●互动式教学法。教师提出问题或现象，启发学生的发散性思维，可以实现教学互动；而小组讨论、角色模拟的方式则可以起到学生之间相互启发的作用，进而又促进了教学。教学相长，扩展了教学的深度与广度。为了解学生对本课程的学习情况，针对饭店目前发展动态和敏感问题要求学生收集资料、启发学生进行思考，开展课堂讨论，培养学生分析问题和解决问题的能力。

●案例教学法。在讲解过程中结合案例，加深学生对基本理论的理解和认识。同时将案例分析作为对学生掌握理论知识和分析解决问题能力的检验，同时也能起到相互启发的效果。加深学生对饭店分类、饭店产品特征、管理基础理论及服务质量管理的认识和理解。

●操作示范法。通过教师现场示范、演示，提高学生对专业服务技能操作的掌握程度，同时也注重了教学内容的实用性。鼓励学生利用寒暑假去酒店顶岗实习，积累经验，提高学生理论联系实际的能力。

●其他教学手段：现场参观、座谈会、交流互动、专题讲座、观看多媒体、岗位体验、项目作业等教学方式。

6. 主要参考资料

[1] 雷明化，葛华平. 客房服务与管理 [M]. 北京：中国人民大学出版社.

[2] 韦小良. 客房服务与管理 [M]. 北京：中国财政经济出版社.

[3] 陈乃法，吴梅. 饭店前厅客房服务与管理 [M]. 北京：高等教育出版社.

酒店管理专业"白金管家服务"课程标准

一、课程性质

本课程是酒店管理专业选修课，酒店管理专业与企业、行业专家共同开发建设的一门具有工学结合鲜明特色的职业能力核心课程。课程强调学生的基本素质和能力培养，让学生具备白金管家服务意识，掌握白金管家服务原则、服务方法和技巧，培训学生善于分析、勤于学习的精神，具备情感服务、个性服务以及关注宾客需求的定制化服务的能力，具有酒店从业人员所应具备的基本理论与实践素质，贴近学生将来职业场景的需要。

本课程是依据"酒店管理专业工作任务与职业能力分析表"中的白金管家服务工作项目设置的。该课程总体设计思路紧紧围绕"三全一分"育人理念，充分体现依据学生的认知特点、学生可持续发展需求，打破以知识传授为主要特征的传统学科课程模式，设计通过任务引领、工作过程导向的理念和设计思路将本课程的内容分解为若干项目，创设相关工作情景采用与流程相结合的方式展示教学内容。理论知识的选取紧紧围绕白金管家工作任务完成的需要来进行，同时又充分考虑住宿业态的创新发展要求，坚持立德树人，注重思想政治教育贯穿教学始终，同时融合了学生综合素质提升、创新创业能力培养、学生可持续发展的要求。项目设计以白金管家服务为线索来进行。教学过程中，通过校企合作、校内实训基地建设等多种途径，工学结合突出实践，充分开发学习资源，给学生提供丰富的实践机会。教学效果评价采取过程评价与结果评价相结合的方式，通过理论与实践相结合，重点评价学生的职业能力和综合素质。课程设计理念符合职业性、实践性和开放性要求，符合工作过程与方法的思路要求。

"白金管家服务"课程的总学时为16学时，建议学分为1分，执笔人为叶秀霜。

二、课程目标

（一）知识目标
明确白金管家的素质要求，熟悉白金管家服务的核心要素、工作流程及对客服务标准，掌握白金管家服务的原则、方法与技巧。
（二）能力目标
能够参与酒店服务管理的实践工作，掌握针对宾客需求提供个性、定制化服务的策划、执行能力，能够养成独立分析问题、解决问题的能力。
（三）素质目标
培养善于分析、勤于学习的精神，具备良好沟通、应变及探索创新的能力。具有酒店从业人员所应具备的基本理论与实践素质。

三、课程内容和要求

序号	工作任务/项目	课程内容和要求		建议学时
		理论	实践	16
1	白金管家服务基础知识	1.白金管家服务的概念 2.白金管家的素质要求 3.白金管家服务的理念与原则		2
2	白金管家服务的前期准备	1.前期准备的内容 2.前期准备的注意事项	1.接机（站）准备 2.客房准备 3.其他准备	3
3	入住环节的白金管家服务	1.店外应接服务 2.店内应接服务	1.店外应接服务 2.店内应接服务	2
4	住店期间的白金管家服务	1.客房清洁保养服务 2.委托代办服务	1.客房清扫布置 2.夜床服务 3.委托代办服务	4
5	离店环节的白金管家服务	1.离店前的准备 2.离店时的服务 3.离店后的后续服务	1.离店前的准备 2.离店时的服务 3.离店后的后续服务	2
6	白金管家服务		实践测试	2
7	白金管家服务	理论测试		1

备注：典型工作任务、项目、模块、学习情境、工作过程等。

四、考核评价

考核方式上，采用形成性与终结性评价相结合的理论考试、技能测试、阶段测试等多种考核方式。理论考试（20%）＋技能测试（30%）＋阶段测试（50%）。理论考试重在评价白金管家服务课程的理论学习情况，占总成绩的20%。技能测试重在评价学生将白金管家服务理论知识转化为实践的能力，以及对白金管家服务的基本原则、服务方法技巧掌握的程度及沟通、应变能力的表现，占总成绩的30%；阶段测试成绩主要包括考勤、作业、实训、平时表现环节的表现，占总成绩的50%。

五、课程资源及使用要求

（一）师资条件要求

本课程要求大多数教师具有研究生及以上酒店管理专业背景，具备相关前厅、客房服务与管理实践知识和能力，健康的身心以及热爱教育工作，热爱学生；同时有较强的教学能力、教育科研能力和创新能力，能掌握相关高等教育法规，具有一定的教育学、心理学基本知识，并能运用在实际教学过程中。另外要求教师具有制作多媒体课件进行教学设计的能力，并具有应用现代教育技术进行教学的能力，具有指导学生开展白金管家服务的经验。

（二）实训教学条件要求

（1）多媒体教室。

（2）前厅、客房实训室。

（3）校外、校内实训实习基地。

（4）提供学习资料的图书馆。

（三）教材选用

本课程结合课程内容和高职高专学生特点进行自编教材。教材充分体现课程设计思想，以项目为载体实施教学，项目选取要科学，项目之间的逻辑结构清晰，并成系列，能支撑课程目标的实现。突出职业能力的培养与提高，同时要考虑可操作性。

六、课程实施建议及其他说明

1. 课程实施方案

课程目标的实现通过情境创设、仿真模拟、案例分析、认识实习、岗位体验等教学方法，以校内实训基地和校外实训基地为实习场所，教、学、做三者结合，强调学生在"做"中"学"。

●树立学生对酒店白金管家服务的正确认识，培养学生对酒店白金管家服务的兴趣，塑造正确的对客服务理念。

●应加强对学生实际职业能力的培养，强化基于工作过程的案例教学和任务教学，注重以任务引领型项目诱发学生兴趣，使学生在完成典型任务活动中能熟练掌握酒店白金管家服务的专业技能与沟通、应变、创新等能力。

●教师应尽可能由浅及深地讲授酒店白金管家服务专业知识，并结合酒店实际案例加深学生理解。

●应注意职业情境的创设，以多媒体、录像等教学方法提高学生分析问题和解决实际问题的职业能力。

●教师必须重视实践、更新观念，为学生提供自主发展的时间和空间，积极引领学生提升职业素养，努力提高学生的创新能力。

●教师应注意培养学生对酒店白金管家服务的钻研能力，以任务型活动，组织学生完成不同的饭店白金管家服务主题。

2. 教师教学计划

计划1：白金管家服务基础知识		参考学时		2
学习目标	●对白金管家的正确认识 ●塑造正确的白金管家服务理念			
学习单元	内容描述	教学条件	教学方法和建议	参考学时
白金管家服务的概念	1.白金管家与白金管家服务概念 2.白金管家服务的意义	多媒体教室	运用多媒体教学、案例分析、讲授等方法	0.5
白金管家的素质要求	白金管家的素质要求	多媒体教室	运用多媒体教学、案例分析、讲授等方法	0.5
白金管家服务的理念与原则	1.白金管家服务的理念 2.白金管家服务的原则	多媒体教室	运用多媒体教学、案例分析、讲授等方法	1

计划2：白金管家服务的前期准备			参考学时	3
学习目标				

计划2：白金管家服务的前期准备	参考学时	3

学习目标	1.正确认识白金管家服务前期准备工作 2.明确白金管家服务前期准备工作的内容 3.掌握白金管家服务前期准备的方法与技能

学习单元	内容描述	教学条件	教学方法和建议	参考学时
白金管家服务前期准备的内容	1.接机（站）准备 2.客房准备 3.其他准备	多媒体教室	运用多媒体教学、案例分析、讲授、角色扮演、情景设计等方法	2
白金管家服务前期准备的注意事项	注意事项	多媒体教室	运用多媒体教学、案例分析、讲授、讨论等方法	1

计划3：入住环节的白金管家服务	参考学时	2

学习目标	1.正确认识宾客入住环节的白金管家服务 2.明确宾客入住环节白金管家服务的内容 3.掌握宾客入住环节白金管家服务的方法与技能

学习单元	内容描述	教学条件	教学方法和建议	参考学时
店外应接服务	接机（站）服务	多媒体教室	运用多媒体教学、案例分析、讲授、角色扮演、情景设计等方法	1
店内应接服务	前厅应接服务 客房应接服务 其他服务	多媒体教室	运用多媒体教学、案例分析、角色扮演、情景设计、讲授等方法	1

计划4：住店期间的白金管家服务	参考学时	4

学习目标	1.正确认识宾客住店期间的白金管家服务 2.明确宾客住店期间白金管家服务的内容 3.掌握宾客住店期间白金管家服务的方法与技能

学习单元	内容描述	教学条件	教学方法和建议	参考学时
客房清洁保养服务	1.客房清扫布置 2.夜床服务	多媒体教室	运用多媒体教学、案例分析、讲授、角色扮演、情景设计等方法	2
委托代办服务	宾客委托代办服务	多媒体教室	运用多媒体教学、案例分析、角色扮演、情景设计、讲授等方法	2

计划5：离店环节的白金管家服务	参考学时	2

学习目标	1.正确认识宾客离店环节的白金管家服务 2.明确宾客离店环节白金管家服务的内容 3.掌握宾客离店环节白金管家服务的方法与技能

学习单元	内容描述	教学条件	教学方法和建议	参考学时
离店前的准备	1.征求宾客意见 2.提供相关服务	多媒体教室	运用多媒体教学、案例分析、讲授、角色扮演、情景设计等方法	0.5
离店时的服务	1.送别 2.客房检查 3.其他服务	多媒体教室	运用多媒体教学、讲授、案例分析、角色扮演、分组练习等方法	1
离店后的后续服务	1.委托代办服务 2.宾客关系维护	多媒体教室	运用多媒体教学、案例分析、角色扮演、情景设计、讲授等方法	0.5

计划6：测试		参考学时		3
学习目标	1.强化对白金管家服务的训练 2.能够根据工作任务提供完整有效的服务			
学习单元	内容描述	教学条件	教学方法和建议	参考学时
理论测试	1.独立完成白金管家服务项目策划、编制	客房实训室	测试	1
实践测试	2.分组完成白金管家服务项目，分工明确	客房实训室	测试	2

3. 课程资源开发

● 进一步开发多媒体教学光盘，通过各种活动的设计、模拟与参与，使学生的主动性、积极性和创造性得以充分调动。

● 充分利用实习基地酒店，为学生参观、实训和实习服务，并与时俱进及时调整教学内容。

● 课程资源建设，把有关电子教学资料（如PPT课件、案例、习题等）放在课程网站上，实现学生与教师的网上互动。

4. 教学模式

本课程针对来源于企业实践的、典型的职业工作任务，紧紧围绕学生在校学习与实际工作的一致性和行动导向原则进行教学模式设计，在培养岗位实际工作能力的同时，促进学生关键能力的发展和综合素质的提高。

● 工学交替。课程教学整体上注重工学交替，设计了课内—课外、校内—校外、随堂实训、项目活动等多种形式并举的实践教学模式。

● 任务驱动。将教学内容整合，注重工作过程的整体性，让学生在完整、综合的仿真行动中学习知识，体验实践。

● 项目导向。在教学与实践活动中，以项目为导向，师生通过共同实施一个完整的具有实际应用价值的"项目"工作而进行教学活动。

5. 教学方法与手段

● 讲授法：主要应用于学生学习基础知识的初级阶段，要为学生学习创设一个合适的情景氛围，增强学生的学习兴趣和意识。

● 启发式教学法。在授课的过程中，教师避免采用灌输理论知识的方式，而是采用提问和分析的方式，循序渐进地诱导、启发、鼓励学生对问题和现象进行思考、讨论，再由教师总结、答疑，做到深入浅出、留有余地，给学生深入思考和进一步学习的空间，同时也提高了学生的学习主动性。传输国内外有关酒店经营管理的新理论、新思想以及发展动态。开阔学生的眼界，激发其求知欲，使学生具备现代酒店管理的理念和意识。

● 参与式教学法。改变传统的单纯依赖教师讲授的方法，让学生参与到教学过程中。学生可以就教师的讲授内容发表自己的见解，对问题和现象表达自己的看法。而通过小组讨论、专题汇报、小组辩论、情景模拟、课程作业等方式，学生可以变被动听课为主动学习，既有利于提高学生学习的积极性、主动性，也有利于学生分析问题、解决问题

能力的培养和表达能力、团队合作能力的提高。针对某一具体酒店的对客服务与管理，让学生动脑、动手收集资料、设计并制作成幻灯片，运用所学知识，进行介绍。使学生真正动脑、动手，增强实际操作能力。

●互动式教学法。教师提出问题或现象，启发学生的发散性思维，可以实现教学互动；而小组讨论、角色模拟的方式则可以起到学生之间相互启发的作用，进而又促进了教学。教学相长，扩展了教学的深度与广度。为了解学生对本课程的学习情况，针对酒店目前发展动态和敏感问题要求学生收集资料、启发学生进行思考，开展课堂讨论，培养学生分析问题和解决问题的能力。

●案例教学法。在讲解过程中结合案例，加深学生对基本理论的理解和认识。同时将案例分析作为对学生掌握理论知识和分析解决问题能力的检验，同时也能起到相互启发的效果。加深学生对酒店分类、酒店产品特征、管理基础理论及服务质量管理的认识和理解。

●操作示范法。通过教师现场示范、演示，提高学生对专业服务技能操作的掌握程度，同时也注重了教学内容的实用性。鼓励学生利用寒暑假去酒店顶岗实习，积累经验，提高学生理论联系实际的能力。

●其他教学手段：现场参观、座谈会、交流互动、专题讲座、观看多媒体、岗位体验、项目作业等教学方式。

6.主要参考资料

[1]叶秀霜.客房运行与管理[M].杭州：浙江大学出版社.

[2]雷明化，葛华平.客房服务与管理[M].北京：中国人民大学出版社.

[3]韦小良.客房服务与管理[M].北京：中国财政经济出版社.

[4]陈乃法，吴梅.饭店前厅客房服务与管理[M].北京：高等教育出版社.

[5]罗峰，杨国强.前厅服务与管理[M].北京：中国人民大学出版社.

[6]何玮，高明，章勇刚.前厅服务与管理[M].北京：清华大学出版社.

[7]宋秋，唐恩富.酒店前厅服务与管理实训教程[M].重庆：西南财经大学出版社.

酒店管理专业"金钥匙服务"课程标准

一、课程性质

本课程是酒店管理专业选修课，是酒店管理专业与企业、行业专家共同开发建设的一门具有工学结合鲜明特色的职业能力核心课程。课程强调学生的基本素质和能力培养，让学生掌握酒店金钥匙服务原则、内容，培训学生善于分析、勤于学习的精神，具备情感服务、个性服务以及关注宾客需求的定置化创新的具体的能力，具有酒店从业人员所应具备的基本理论与实践素质，贴近学生将来职业场景的需要。

本课程是依据"酒店管理专业工作任务与职业能力分析表"中的金钥匙服务工作项目设置的。该课程总体设计思路紧紧围绕"三全一分"育人理念，充分体现依据学生的认知特点、学生可持续发展需求，打破以知识传授为主要特征的传统学科课程模式，设计通过任务引领、工作过程导向的理念和设计思路将本课程的内容分解为若干项目，创设相关工作情景采用与流程相结合的方式展示教学内容。理论知识的选取紧紧围绕金钥匙服务工作任务完成的需要来进行，同时又充分考虑住宿业态的创新发展要求，坚持立德树人，注重思想政治教育贯穿教学始终，同时融合了学生综合素质提升、创新创业能力培养、学生可持续发展的要求。项目设计以金钥匙服务为线索来进行。教学过程中，通过校企合作、校内实训基地建设等多种途径，工学结合突出实践，充分开发学习资源，给学生提供丰富的实践机会。教学效果评价采取过程评价与结果评价相结合的方式，通过理论与实践相结合，重点评价学生的职业能力和综合素质。课程设计理念符合职业性、实践性和开放性要求，符合工作过程与方法的思路要求。

"金钥匙服务"课程的总学时为 16 学时，建议学分为 1 分，执笔人为武真奕。

二、课程目标

（一）知识目标

掌握金钥匙服务的基本原则与服务内容，掌握金钥匙服务的核心要素、工作流程及对客服务标准。

（二）能力目标

能够参与酒店前厅部管理实践工作，掌握针对宾客需求提供个性、定置化委托代办服务的创新能力，能够养成独立分析问题、解决问题的能力。

（三）素质目标

培养善于分析、勤于学习的精神，具备不断探索、创新能力。具有酒店从业人员所应具备的基本理论与实践素质。

三、课程内容和要求

序号	工作任务/项目	课程内容和要求		建议学时
		理论	实践	20
1	金钥匙服务 基础知识	1.金钥匙简介 2.金钥匙服务简介 3.金钥匙标志		4
2	金钥匙服务理念	1.金钥匙服务理念的内容 2.金钥匙服务理念的精髓	1.案例分析 2.服务模拟	4
3	金钥匙素质要求	1.思想素质 2.能力要求 3.业务知识和技能要求	服务模拟	5
4	金钥匙服务在中国的发展	1.中国金钥匙发展史 2.中国金钥匙入会要求 3.中国金钥匙标志		3
5	情景模拟		金钥匙服务模拟	2
6	服务设计		实践测试	1
7	服务测试	理论测试		1

备注：典型工作任务、项目、模块、学习情境、工作过程等。

四、考核评价

考核方式上，采用形成性与终结性评价相结合的理论考试、技能测试、阶段测试等多种考核方式。理论考试（20%）+技能测试（30%）+阶段测试（50%）。理论考试重在评价金钥匙服务课程的理论学习情况，占总成绩的20%。技能测试重在评价学生将金钥匙服务理论知识转化为实践的能力，以及对金钥匙服务的基本原则掌握程度及创新能力的表现，占总成绩的30%；阶段测试成绩主要包括考勤、作业、实训、平时表现环节的表现，占总成绩的50%。

五、课程资源及使用要求

（一）师资条件要求

本课程要求大多数教师具有研究生及以上饭店管理专业背景，具备相关前厅服务与管理实践知识和能力，健康的身心以及热爱教育工作，热爱学生；同时有较强的教学能力、教育科研能力和创新能力，能掌握相关高等教育法规，具有一定的教育学、心理学基本知识，并能运用在实际教学过程中。另外要求教师具有制作多媒体课件进行教学设计的能力，并具有应用现代教育技术进行教学的能力。

（二）实训教学条件要求

（1）多媒体教室。

（2）前厅实训室。

（3）校外、校内实训实习基地。

（4）提供学习资料的图书馆。

（三）教材选用

本课程结合课程内容和高职高专学生特点进行自编教材。教材充分体现课程设计思想，以项目为载体实施教学，项目选取要科学，项目之间的逻辑结构清晰，并成系列，能支撑课程目标的实现。突出职业能力的培养与提高，同时要考虑可操作性。

六、课程实施建议及其他说明

1. 课程实施方案

课程目标的实现通过情境创设、仿真模拟、案例分析、认识实习、岗位体验等教学方法，以校内实训基地和校外实训基地为实习场所，教、学、做三者结合，强调学生在"做"中"学"。

- 树立学生对金钥匙的正确认识，培养学生对金钥匙服务的兴趣，塑造正确的对客服务理念。
- 应加强对学生实际职业能力的培养，强化基于工作过程的案例教学和任务教学，注重以任务引领型项目诱发学生兴趣，使学生在完成典型任务活动中能熟练掌握金钥匙服务专业技能与委托代办事项创新能力。
- 教师应尽可能由浅及深地讲授金钥匙、金钥匙服务专业知识，并结合饭店实际案例加深学生理解。
- 应注意职业情境的创设，以多媒体、录像等教学方法提高学生分析问题和解决实际问题的职业能力。
- 教师必须重视实践、更新观念，为学生提供自主发展的时间和空间，积极引领学生提升职业素养，努力提高学生的创新能力。
- 教师应注意培养学生对金钥匙服务的钻研能力，以任务型活动组织学生完成不同的场景模拟。

2. 教师教学计划

计划1：金钥匙服务基础知识		参考学时		4
学习目标	1.对金钥匙的正确认识 2.塑造正确的金钥匙服务理念			
学习单元	内容描述	教学条件	教学方法和建议	参考学时
金钥匙简介	1.金钥匙概念 2.金钥匙来源 3.金钥匙作用	多媒体教室	运用多媒体教学、案例分析、教授等方法	1
金钥匙服务简介	1.金钥匙服务概念 2.金钥匙服务发展	多媒体教室	运用多媒体教学、案例分析、教授等方法	2
金钥匙标志	1.国际金钥匙组织标志 2.金钥匙品牌	多媒体教室	运用多媒体教学、案例分析、教授等方法	1

计划2：金钥匙服务理念			参考学时	4	
学习目标	1.对金钥匙服务的正确认识 2.能够根据主题，收集相关素材，并正确运用元素				
学习单元	内容描述	教学条件	教学方法和建议		参考学时
金钥匙服务理念的内容	1.金钥匙服务宗旨 2.金钥匙的业务理念 3.金钥匙的人生哲学 4.金钥匙的口号	多媒体教室	运用多媒体教学、案例分析等方法		2.5
金钥匙服务理念的精髓	1.金钥匙服务价值观 2.金钥匙服务方法 3.金钥匙服务目标	前厅实训室	运用多媒体教学、案例分析、分组训练等方法		1.5

计划3：金钥匙素质要求			参考学时	5	
学习目标	1.对服务项目设置的正确认识 2.能够根据主题，设计服务项目与服务细节				
学习单元	内容描述	教学条件	教学方法和建议		参考学时
思想素质		多媒体教室	运用多媒体教学、案例分析、分组训练等方法		1
能力要求	1.交际能力 2.语言表达能力 3.应变能力 4.协调能力	多媒体教室	运用多媒体教学、案例分析、分组训练等方法		1
业务知识和技能要求	拉门员服务、行李服务、concierge柜台服务、宠物服务、送医院服务、问讯服务、修理服务、租借服务、代购物服务、代订报服务、快递服务、订接送服务、订旅游服务、订房服务、订餐服务、订车服务、订票服务、订花服务	前厅实训室	运用多媒体教学、案例分析、分组训练等方法		3

计划4：金钥匙服务在中国的发展			参考学时	3	
学习目标	1.对金钥匙服务的正确认识 2.能够根据主题，正确提供个性化服务				
学习单元	内容描述	教学条件	教学方法和建议		参考学时
中国金钥匙发展史	1.中国金钥匙会员类别和职业范围 2.国际金钥匙组织与中国金钥匙组织的差异	多媒体教室	运用多媒体教学、案例分析、分组训练等方法		1
中国金钥匙入会要求	1.中国金钥匙地区职位工作指引和考核标准 2.中国金钥匙会员誓词 3.中国金钥匙入会要求	多媒体教室			1
中国金钥匙标志	1.中国金钥匙工作目标 2.中国金钥匙组织标志	多媒体教室	运用多媒体教学、案例分析、分组训练等方法		1

计划5：情景模拟		参考学时		2
学习目标	1.强化对金钥匙服务的训练 2.能够根据主题进行完整的金钥匙服务			
学习单元	内容描述	教学条件	教学方法和建议	参考学时
金钥匙服务模拟	1.根据课程内容，进行金钥匙服务及金钥匙服务情景模拟 2.针对模拟过程进行点评与评分	前厅实训室	运用多媒体教学、案例分析、分组训练等方法	2

计划6：测试		参考学时		2
学习目标	1.强化对金钥匙服务的训练 2.能够根据主题进行完整的金钥匙服务			
学习单元	内容描述	教学条件	教学方法和建议	参考学时
理论测试	1.独立完成金钥匙服务相关理论知识的测试	前厅实训室	测试	1
实践测试	2.分组完成金钥匙服务项目，分工明确	前厅实训室	测试	1

3. 课程资源开发

●进一步开发多媒体教学光盘，通过各种活动的设计、模拟与参与，使学生的主动性、积极性和创造性得以充分调动。

●充分利用实习基地酒店，为学生参观、实训和实习服务，并与时俱进及时调整教学内容。

●课程资源建设，把有关电子教学资料（如PPT课件、案例、习题等）放在课程网站上，实现学生与教师的网上互动。

4. 教学模式

本课程针对来源于企业实践的、典型的职业工作任务，紧紧围绕学生在校学习与实际工作的一致性和行动导向原则进行教学模式设计，在培养岗位实际工作能力的同时，促进学生关键能力的发展和综合素质的提高。

●工学交替。课程教学整体上注重工学交替，设计了课内—课外、校内—校外、随堂实训、项目活动等多种形式并举的实践教学模式。

●任务驱动。将教学内容整合，注重工作过程的整体性，让学生在完整、综合的仿真行动中学习知识，体验实践。

●项目导向。在教学与实践活动中，以项目为导向，师生通过共同实施一个完整的具有实际应用价值的"项目"工作而进行教学活动。

5. 教学方法与手段

●讲授法：主要应用于学生学习基础知识的初级阶段，要为学生学习创设一个合适的情景氛围，增强学生的学习兴趣和意识。

●启发式教学法。在授课的过程中，教师避免采用灌输理论知识的方式，而是采用提问和分析的方式，循序渐进地诱导、启发、鼓励学生对问题和现象进行思考、讨论，再由教师总结、答疑，做到深入浅出、留有余地，给学生深入思考和进一步学习的空间，同时也提高了学生的学习主动性。传输国内外有关饭店经营管理的新理论、新思想以及发展动态。开阔学生的眼界，激发其求知欲，使学生具备现代酒店管理的理念和意识。

● 参与式教学法。改变传统的单纯依赖教师讲授的方法，让学生参与到教学过程中。学生可以就教师的讲授内容发表自己的见解，对问题和现象表达自己的看法。而通过小组讨论、专题汇报、小组辩论、情景模拟、课程作业等方式，学生可以变被动听课为主动学习，既有利于提高学生学习的积极性、主动性，也有利于学生分析问题、解决问题能力的培养和表达能力、团队合作能力的提高。针对某一具体饭店的经营管理，让学生动脑、动手收集资料、设计并制作成幻灯片，运用所学知识，进行介绍。使学生真正动脑、动手，增强实际操作能力。

● 互动式教学法。教师提出问题或现象，启发学生的发散性思维，可以实现教学互动；而小组讨论、角色模拟的方式则可以起到学生之间相互启发的作用，进而又促进了教学。教学相长，扩展了教学的深度与广度。为了解学生对本课程的学习情况，针对饭店目前发展动态和敏感问题要求学生收集资料、启发学生进行思考，开展课堂讨论，培养学生分析问题和解决问题的能力。

● 案例教学法。在讲解过程中结合案例，加深学生对基本理论的理解和认识。同时将案例分析作为对学生掌握理论知识和分析解决问题能力的检验，同时也能起到相互启发的效果。加深学生对饭店分类、饭店产品特征、管理基础理论及服务质量管理的认识和理解。

● 操作示范法。通过教师现场示范、演示，提高学生对专业服务技能操作的掌握程度，同时也注重了教学内容的实用性。鼓励学生利用寒暑假去酒店顶岗实习，积累经验，提高学生理论联系实际的能力。

● 其他教学手段：现场参观、座谈会、交流互动、专题讲座、观看多媒体、岗位体验、项目作业等教学方式。

6.主要参考资料

[1] 卢静怡，葛米娜.前厅服务与管理 [M].北京：中国财政经济出版社.

[2] 罗峰，杨国强.前厅服务与管理 [M].北京：中国人民大学出版社.

[3] 陈乃法，吴梅.饭店前厅客房服务与管理 [M].北京：高等教育出版社.

酒店管理专业"清洁保养技术与管理"课程标准

一、课程性质

"清洁保养技术与管理"是酒店管理专业技能模块中一门课程。通过本课程的学习，掌握酒店清洁工作的日常组成、清洁用品的基础知识、设施设备使用及维护、酒店各区域清洁与维护；能完成客房清洁维护、公共区域清洁保养及洗衣房作业内容；具备从事酒店客房、管家服务岗位的职业基本技能，同时，具备一定的一线部门管理能力。

本课程总体设计思路是以酒店管家部下辖各岗位的工作任务和职业能力分析为基础，采用酒店清洁保养工作过程系统化为依据的课程开发方法，根据酒店各区域、各材质的不同对应设置教学项目，依据清洁保养的工作情景设计教学任务，以学习性的工作任务为导向组织教学过程，以学生职业能力的培养和提升为核心，采用理实一体的教学方法，体现了工学结合的课程开发理念。

"清洁保养技术与管理"课程的总学时为32学时，建议学分为2分，执笔人为高明。

二、课程目标

（一）知识目标

通过本课程的学习，学生应掌握酒店管家部工作职责中楼层服务员、公共区域服务员、洗衣房服务员的清洁与保养工作流程及技能要求，掌握领班、主管及以上管理人员查验流程和标准，培养学生的人际交往能力和沟通服务能力。具体而言：

- 了解酒店各区域的基本功能和清洁要求；
- 熟悉酒店客房工作人员的技能要求；
- 掌握酒店洗衣房服务的基本理论知识；
- 掌握酒店公共区域服务员、领班的业务操作流程及注意事项。

（二）能力目标

能够参与酒店清洁保养类的实践工作，能对客房所有区域进行熟练的清洁工作。同时，能在酒店正常运营期间熟练进行各项清洁保养工作，对酒店 PA 操作器械有全面认知，能顺利操作各类机械设备。此外，掌握酒店及酒店客房区域日常清洁和深度清洁保养的特殊情况处理方法。

（三）素质目标

- 培养学生酒店从业的基本职业素质；
- 培养学生安全意识及团队协作精神；
- 培养学生良好的职业道德及行业自律意识；
- 培养学生的服务意识、经济成本意识和环保意识。

三、课程内容和要求

序号	工作任务/项目	课程内容和要求		建议学时
		理论	实践	32
1	楼层服务员	1.不同类型房间的清扫方法 2.复习中式铺床的方法 3.掌握基础清洁剂的成分和使用规则 4.掌握客房清洁用具使用方法，能熟练应用客房日常清洁法	1.客房日常清洁法 2.不同类型房间的清扫方法 3.复习中式铺床的方法	12
2	公共区域服务员	1.掌握各种地面材料的清洁保养方法 2.掌握各种墙面材料的清洁保养方法 3.掌握各种清洁机械设备器具的清洁保养方法	各种清洁机械设备器具的清洁保养方法	12
3	洗衣房服务员	1.掌握各种布件的洗涤方式 2.掌握酒店各类布草的洗涤方法 3.掌握布件的熨烫方法	各类酒店布草的洗涤方法	4
4	综合应用	1.个案处理 2.操作测试	空调设备清洁维护	2
5	管理能力提升	管家部清洁流程与方案制订		2

四、考核评价

考核方式上，采用形成性与终结性评价相结合的理论考试、技能测试、阶段测试等多种考核方式。理论考试（20%）+技能测试（30%）+过程性测试（50%）。理论考试重在评价课程的理论学习情况，占总成绩的20%。技能测试重在评价学生将理论知识转化为实践的能力，以及对各类清洁用具、用剂、设备的掌握程度及操作表现，占总成绩的30%；阶段测试成绩主要包括考勤、作业、实训、平时表现环节的表现，占总成绩的50%。

五、课程资源及使用要求

（一）师资条件要求

本课程要求大多数教师具有研究生及以上酒店管理专业背景，具备酒店管理的行业知识和能力，健康的身心以及热爱教育工作，热爱学生；同时有较强的实际操作能力、教育科研能力和创新能力，能掌握相关高等教育法规，具有一定的教育学、心理学基本知识，并能运用在实际教学过程中。另外要求教师具有制作多媒体课件进行教学设计的能力，并具有应用现代教育技术进行教学的能力，具有指导学生参加营销学沙盘竞赛的经验。

（二）实训教学条件要求

（1）多媒体教室。

（2）客房实训室。

（3）校外、校内实训实习基地。

（4）提供学习资料的图书馆。

（三）教材选用

本课程结合课程内容和高职高专学生特点进行自编教材。教材充分体现课程设计思想，以项目为载体实施教学，项目选取要科学，项目之间的逻辑结构清晰，并成系列，能支撑课程目标的实现。突出职业能力的培养与提高，同时要考虑可操作性。

六、课程实施建议及其他说明

"清洁保养技术与管理"打破以理论知识传授为主要特征的传统学科课程模式，强化安全意识、质量意识、养成规范化操作的职业习惯。在以任务为导向的教学设置中培养爱岗敬业、诚实守信、节约高效的职业意识和服务标准。

（一）授课体系

从工作岗位的需要出发，将能力与课程内容进行分解，形成以能力为导向的课程内容体系。

岗位	能力	课程内容
房务部一线管理	●确认各类材质的能力 ●甄别清洁用剂的能力 ●甄别清洁用具的能力 ●使用清洁保养设施设备的能力	学习单元一：客房服务员与PA服务员技能操作
	●合理计划和组织客房清洁的能力 ●制订客房深度消毒和维护保养计划能力 ●制订酒店各区域的定期保养计划的能力	学习单元二：房务一线管理者的计划能力
	●能在不同经营时段、不同材质规律、不同功能区域的基础上进行常规性和针对性相结合的清洁保养计划，能强化安全意识和成本意识，并具备一定的基层管理能力	学习单元三：复合化能力培养

（二）教师教学计划

模块一　客房产品概述

1.教学目的和要求

让学生对客房部有整体的了解，掌握客房的种类、特点、设施设备等基本知识，为后面的学习打下基础。

2.教学内容

第一节　酒店功能区域

（1）理解客房产品的基本要求和特点

（2）理解酒店餐饮、前厅等各功能区的特点

（3）了解酒店装修材质的类型、等级标准

第二节　客房的功能及设备用品配置

（1）了解客房设计的基本原则和现代化客房设施设备的发展趋势

（2）掌握客房的功能设计

（3）理解客房用品的配备

3.教学重难点

客房的种类、客房的功能设计、客房用品的配备

模块二　清洁器具和清洁剂

1.教学目的和要求

了解客房常用清洁工具和清洁剂的种类，掌握各种清洁工具的特点及使用方法，能根据不同的污渍正确使用清洁剂。

2.教学内容

第一节　清洁器具

（1）了解清洁器具的分类

（2）一般清洁器具和清洁设备的管理

（3）理解清洁设备

第二节　清洁剂

（1）了解"脏"的存在形态与性质

（2）掌握清洁剂的种类及用途

（3）理解清洁剂的管理

3.教学重难点

清洁设备与清洁剂的种类和使用方法

模块三　客房的清洁保养

1.教学目的和要求

让学生了解并掌握客房部各种房态的日常清洁整理方法和计划卫生，能按正确的步骤打扫客房，同时对客房虫害的控制有一定了解。

2.教学内容

第一节　客房清扫的准备

（1）理解客房清扫的规定、客房的清洁卫生质量标准

（2）掌握客房清扫前的准备工作

第二节　客房的清洁整理

（1）掌握客房清扫的基本方法、走客房的清扫程序以及其他状态客房的清扫

（2）理解饭店西式铺床的改进

（3）了解清洁和职业安全

第三节　客房的计划卫生

（1）了解计划卫生的意义和内容

（2）了解计划卫生的管理

第四节　客房的消毒及虫害控制

（1）理解客房消毒

（2）了解虫害的控制

实作训练能力要求：

客房中式铺床训练，开夜床训练，使学生熟练掌握饭店做床的方法。

3. 教学重难点

客房清扫前的准备工作、各种房态客房清扫的基本方法与程序

模块四　公共区域及面层材料的清洁保养

1. 教学目的和要求

了解公共区域的范围及清洁保养的特点，掌握各种地面材料和墙面材料的特点及清洁方法，能对特殊器具进行正确的清洁保养。

2. 教学内容

第一节　公共区域的清洁保养

（1）理解公共区域清洁保养工作的特点、公共区域的任务及要求

（2）了解公共区域清洁卫生的质量控制

第二节　地面材料的清洁保养

（1）掌握地毯、大理石地面、木质地板的清洁保养

（2）了解水磨石地面、混凝土地面、瓷砖地面的清洁保养

第三节　墙面材料的清洁保养

（1）了解硬质墙面、墙纸墙布、木质墙面的清洁保养

（2）了解软墙面、油漆墙面、涂料墙面的清洁保养

第四节　特殊器具的清洁保养

（1）掌握金属的清洁保养

（2）了解塑料制品、玻璃的清洁保养

3. 教学重难点

地毯地面、木质地面的清洁保养、金属器具的清洁保养

模块五　布件的洗熨与特殊污渍的清除

1. 教学目的和要求

了解洗衣房配备的洗涤设备和洗涤用品，能较好地掌握洗涤用品的化学特点，了解各种布件的洗涤方法及操作程序。

2. 教学内容

第一节　洗衣房洗涤设备及洗涤剂

（1）了解洗衣房的机构设置和岗位职责

（2）了解洗衣房洗涤设备和洗衣房专用洗涤剂

第二节　布件的洗涤与熨烫

（1）了解布件的洗涤要求、洗涤程序和布件的去渍

（2）了解干洗洗涤程序、客衣及制服的洗涤

（3）了解服装和布件的熨烫

（三）课程资源开发

●进一步开发多媒体教学光盘，通过各种活动的设计、模拟与参与，使学生的主动性、积极性和创造性得以充分调动。

●充分利用实习基地酒店，为学生参观、实训和实习服务，并与时俱进及时调整教学内容。

●课程资源建设，把有关电子教学资料（如 PPT 课件、案例、习题等）放在课程网站上，实现学生与教师的网上互动。

（四）教学模式

本课程针对来源于企业实践的、典型的职业工作任务，紧紧围绕学生在校学习与实际工作的一致性和行动导向原则进行教学模式设计，在培养岗位实际工作能力的同时，促进学生关键能力的发展和综合素质的提高。

●工学交替。课程教学整体上注重工学交替，设计了课内—课外、校内—校外、随堂实训、项目活动等多种形式并举的实践教学模式。

●任务驱动。将教学内容整合，注重工作过程的整体性，让学生在完整、综合的仿真行动中学习知识，体验实践。

●项目导向。在教学与实践活动中，以项目为导向，师生通过共同实施一个完整的具有实际应用价值的"项目"工作而进行教学活动。

（五）教学方法与手段

●讲授法：主要应用于学生学习基础知识的初级阶段，要为学生学习创设一个合适的情景氛围，增强学生的学习兴趣和意识；

●启发式教学法。在授课的过程中，教师避免采用灌输理论知识的方式，而是采用提问和分析的方式，循序渐进地诱导、启发、鼓励学生对问题和现象进行思考、讨论，再由教师总结、答疑，做到深入浅出、留有余地，给学生深入思考和进一步学习的空间，同时也提高了学生的学习主动性。传输国内外有关民宿营销的新理论、新思想以及发展动态。开阔学生的眼界，激发其求知欲，使学生具备现代酒店管理的理念和意识。

●参与式教学法。改变传统的单纯依赖教师讲授的方法，让学生参与到教学过程中。学生可以就教师的讲授内容发表自己的见解，对问题和现象表达自己的看法。而通过小组讨论、专题汇报、小组辩论、情景模拟、课程作业等方式，学生可以变被动听课为主动学习，既有利于提高学生学习的积极性、主动性，也有利于学生分析问题、解决问题能力的培养和表达能力、团队合作能力的提高。针对某一具体民宿的经营管理，让学生动脑、动手收集资料、设计并制作成幻灯片，运用所学知识，进行介绍。使学生真正动脑、动手，增强实际操作能力。

●互动式教学法。教师提出问题或现象，启发学生的发散性思维，可以实现教学互动；而小组讨论、角色模拟的方式则可以起到学生之间相互启发的作用，进而又促进了教学。教学相长，扩展了教学的深度与广度。为了解学生对本课程的学习情况，针对饭店目前发展动态和敏感问题要求学生收集资料、启发学生进行思考，开展课堂讨论，培养学生分析问题和解决问题的能力。

●案例教学法。在讲解过程中结合案例，加深学生对基本理论的理解和认识。同时将案例分析作为对学生掌握理论知识和分析解决问题能力的检验，同时也能起到相互启发的效果。加深学生对基础理论、用剂用具特征、操作实务及计划设置的认识和理解。

●操作示范法。通过教师现场示范、演示，提高学生对专业服务技能操作的掌握程度，同时也注重了教学内容的实用性。鼓励学生利用课余时间进行寝室清洁和校园爱卫活动，积累经验，提高学生理论联系实际的能力。

●其他教学手段：现场参观、座谈会、交流互动、专题讲座、观看多媒体、岗位体验、项目作业等教学方式。

（六）主要参考资料

[1] 雷明化.客房服务与管理 [M].杭州：浙江大学出版社.

[2] 韦小良.客房服务与管理 [M].北京：中国财政经济出版社.

[3] 叶红.客房实训 [M].北京：北京大学出版社.

酒店管理专业"饭店礼仪规范"课程标准

一、课程性质

本课程是酒店管理专业职业基础课，理论和实践相结合，聚焦于职业教育课程体系中的教育目标，培养学生职业综合能力而设置的课程。课程强调学生的礼仪知识储备和服务能力培养，本课程为专业核心课程的学习奠定了意识基础。学好礼仪，才能更好地开展其他科目的教学；提倡学生在扎实掌握理论知识和职业技能外，能力素质相对提升，满足酒店业对服务的更高要求。学好本课程对学习者也有一个深远而长久的影响，有助于其成为彬彬有礼、善于交往的职业人。

该课程总体设计思路紧紧围绕"三全一分"育人理念，充分体现依据学生的认知特点、学生可持续发展需求，打破以知识传授为主要特征的传统学科课程模式，设计通过任务引领、工作过程导向的理念和设计思路将本课程的内容分解为若干项目，创设相关工作情景采用并列与流程相结合的方式展示教学内容。理论知识的选取紧紧围绕饭店礼仪的需要来进行，坚持立德树人，注重思想政治教育贯穿教学始终，同时融合了学生综合素质提升、创新创业能力培养、学生可持续发展的要求。项目设计以饭店礼仪为线索来进行。教学过程中，通过校企合作、校内实训基地建设等多种途径，充分开发学习资源，给学生提供丰富的实践机会。教学效果评价采取过程评价与结果评价相结合的方式，通过理论与实践相结合，重点评价学生的职业能力和综合素质。课程设计理念符合职业性、实践性和开放性要求，符合工作过程与方法的思路要求。

"饭店礼仪规范"课程的总学时为 28 学时，建议学分为 2 分，执笔人为仝洁洁。

二、课程目标

（一）知识目标

学生首先掌握社交礼仪实务的基本理论和知识，具备社交礼仪的理念和意识，认识酒店礼仪活动的规律，了解酒店服务礼仪活动的规程。

（二）能力目标

熟悉一般社交礼仪行为的规范，具备社交礼仪实务接待和服务的基本技能，能与宾客有效地沟通。能够参与酒店服务管理实践工作，掌握针对宾客需求提供得体、人性化服务的创新能力，能够养成独立分析问题、解决问题的能力。

（三）素质目标

要培养学生的礼仪修养，提升学生的个人素质，树立良好的职业形象，以便能够更好地适应酒店行业工作的需要。培养善于分析、勤于学习的精神，具备不断探索、创新的能力。具有酒店从业人员所应具备的基本理论与实践素质。

三、课程内容和要求

序号	工作任务/项目	课程内容和要求		建议学时
		理论	实践	28
1	礼仪之源——一切从礼开始	1.礼仪的内涵 2.礼仪的起源		2
2	形象塑造——迷人优雅的仪表仪态	1.仪容 2.仪表 3.仪态	1.掌握基本的化妆技巧和服饰搭配技巧 2.了解酒店行业对仪容仪表的要求 3.站姿、走姿、坐姿 4.微笑练习、综合训练	8
3	语言艺术——高效畅通的沟通技巧	1.沟通的基本要求 2.沟通技巧 3.礼貌用语	1.语言方面 2.服务接待用语	4
4	社交礼仪——和谐积极的人际关系	1.会面礼仪 2.通信礼仪 3.馈赠礼仪 4.宴请礼仪	1.会面场景模拟 2.通信场景模拟 3.馈赠场景模拟 4.宴请场景模拟	6
5	优质服务——专业得体的职业技能	1.前厅服务及客房服务 2.餐饮服务及康乐服务	1.前厅服务模拟 2.客房服务礼仪模拟 3.餐饮服务礼仪模拟 4.康乐服务礼仪模拟	4
6	涉外礼俗——谦和有礼的国际交流	1.涉外礼俗 2.复习	涉外接待场景模拟	2
7	测试	理论测试	实践测试	2

四、考核评价

考核方式上，采用形成性与终结性评价相结合的理论考试、技能测试、阶段测试等多种考核方式。理论考试（40%）+ 技能测试（25%）+ 阶段测试（35%）。理论考试重在评价饭店礼仪规范课程的理论学习情况，占总成绩的40%。技能测试重在评价学生将饭店礼仪规范理论知识转化为实践的能力，以及对饭店礼仪规范的基本原则掌握程度及创新能力的表现，占总成绩的25%；阶段测试成绩主要包括考勤、作业、实训、平时表现环节的表现，占总成绩的35%。

五、课程资源及使用要求

（一）师资条件要求

本课程要求大多数教师具有研究生及以上饭店管理专业背景，有良好的酒店意识，具备相关酒店服务与管理实践知识和能力，健康的身心以及热爱教育工作，热爱学生；同时有较强的教学能力、教育科研能力和创新能力，能掌握相关高等教育法规，具有一定的教育学、心理学基本知识，并能运用在实际教学过程中。另外要求教师具有制作多媒体课件进行教学设计的能力，并具有应用现代教育技术进行教学的能力。

（二）实训教学条件要求

（1）多媒体教室

（2）形体实训室

（3）提供学习资料的图书馆

（三）教材选用

本课程结合课程内容和高职高专学生特点，选取雷明化、陆宇荣的《酒店服务礼仪》（中国人民大学出版社）。教材要求符合职业教育的特色，充分体现课程设计思想，应当以完全基于真实工作过程作为教材编写的主线，以岗位工作任务为载体实施教学，以完成工作任务必需的理论知识为背景。

六、课程实施建议及其他说明

1. 课程实施方案

以酒店行业的实际需要为依据，让学生在以项目为载体所设计的综合化情境中学习完成完整工作过程，获得相关的知识和技能，力求有效增强学生就业竞争力。以工作过程为导向来确定教学目标、选取教材内容、设计教学活动，并充分考虑高职教育对理论知识学习的需求和相关职业资格证书的需要，让学生通过完成具体项目来发展职业能力。本课程中每个项目的学习都是按饭店服务人员的典型服务为载体来进行，并注重各个项目活动及之间的完整性和联系性，促进学生在仿真情境中"做中学"。

通过仿真情景，学习者能够认识到在酒店的不同部门、不同环境要采用的不同礼仪，领略饭店服务礼仪独特的魅力，从而热爱服务岗位、热爱饭店事业，成为饭店礼仪的践行者和传播者；学会根据客人的需求和场合，提供不同的服务礼仪，不断优化服务，提升服务品质，实现满意、超值、惊喜的服务理念。

● 树立学生对饭店礼仪规范的正确认识，培养学生对饭店服务、饭店礼仪规范的兴趣，塑造正确的对客服务理念。

● 应加强对学生实际职业能力的培养，强化基于工作过程的案例教学和任务教学，注重以任务引领型项目诱发学生兴趣，使学生在完成典型任务活动中能熟练掌握酒店服务礼仪的能力。

● 教师为主导，学生为主体。教师应尽可能由浅及深地讲授饭店服务、饭店礼仪规范专业知识，并结合饭店实际案例加深学生理解。

● 应注意职业情境的创设，以多媒体、录像等教学方法提高学生分析问题和解决实际问题的职业能力。

● 教师必须重视实践、更新观念，为学生提供自主发展的时间和空间，积极引领学生提升职业素养，努力提高学生的创新能力。

● 教师应注意培养学生对酒店服务、饭店礼仪规范的钻研能力，以任务型活动，组织学生完成不同部门的饭店服务礼仪。

2. 教师教学计划

计划1: 了解礼仪之源		参考学时		2
学习目标	1.强调学以致用，将礼仪规范与日常行为养成相结合 2.培养学生乐于以礼待人，讲文明、讲礼貌的交往态度			
学习单元	内容描述	教学条件	教学方法和建议	参考学时
礼仪的起源	1.了解礼仪的相关概念 2.掌握礼仪的起源与发展 3.酒店服务礼仪的定义、原则、内容 4.酒店服务礼仪的作用、意义 5.理解礼仪对酒店服务人员的重要意义	多媒体教室	运用多媒体教学、案例分析、讲授等方法	2

计划2: 塑造迷人优雅的仪表仪态		参考学时		8
学习目标	1.了解职业形象的构成要素及相关的概念 2.理解职业形象塑造对酒店服务人员的重要意义 3.强调学以致用，将仪容修饰、着装打扮、仪态养成等基本方法和技巧与日常行为进行有机结合 4.具有一定的职业形象塑造技能，能根据工作岗位的职业要求塑造职业形象			
学习单元	内容描述	教学条件	教学方法和建议	参考学时
仪容	1.掌握仪容的礼仪规范要求 2.酒店服务人员的化妆原则	多媒体教室	运用多媒体教学、案例分析、分组训练等方法	2
仪表	3.掌握仪表的礼仪规范要求 4.酒店服务人员的穿衣原则	多媒体教室	运用多媒体教学、案例分析、分组训练等方法	2
仪态	5.掌握仪态的礼仪规范要求 6.表情语（微笑、目光）的规范要求 7.动作语（手势、站姿、坐姿、走姿、蹲姿）的规范要求	多媒体教室	运用多媒体教学、案例分析、分组训练等方法	4

计划3: 掌握高效畅通的沟通技巧		参考学时		4
学习目标	1.酒店服务人员每天面对的事情、宾客千差万别，无法预料，有些情况的处理无法事前规定，这就要求其能够与宾客进行有效的沟通 2.通过熟练使用礼貌用语和表达技巧，能在沟通中恰到好处地向宾客表达尊敬、友好之情			
学习单元	内容描述	教学条件	教学方法和建议	参考学时
沟通的基本要求	1.了解酒店服务语言的特点及礼仪规范	多媒体教室	运用多媒体教学、案例分析、分组训练等方法	1
沟通技巧	2.理解在与宾客交谈过程中，认真倾听、三思后言、表达得体的重要性 3.掌握酒店礼貌用语的运用技巧，并能因人因景灵活应对	多媒体教室	运用多媒体教学、案例分析、分组训练等方法	2
礼貌用语	4.礼貌用语	多媒体教室	运用多媒体教学、案例分析、分组训练等方法	1

计划4：社交礼仪		参考学时		6
学习目标	1.酒店服务人员与宾客的交往过程是一种社会交往活动，必须符合社交礼仪要求 2.通过熟练使用通信礼仪，运用正确的称呼、介绍、握手、名片交换，以及恰到好处的礼尚往来，不仅能为人际交往创造出友善、融洽的气氛，还能建立、保持和改善宾客关系			
学习单元	内容描述	教学条件	教学方法和建议	参考学时
1.会面礼仪	1.掌握酒店接待服务中的见面礼仪规范 2.根据会面主题，编制模拟场景	多媒体教室	运用多媒体教学、案例分析、分组训练等方法	2
2.通信礼仪	3.了解通信礼仪的实践运用，掌握电话接听、拨打技巧 4.根据通信主题，编制模拟场景	多媒体教室	运用多媒体教学、案例分析、分组训练等方法	1
3.馈赠礼仪	5.了解馈赠礼仪的注意事项，掌握礼品挑选与礼尚往来的各项技巧 6.根据馈赠主题，编制模拟场景	多媒体教室	运用多媒体教学、案例分析、分组训练等方法	1
4.宴请接待	7.宴请接待的学习 8.根据宴请主题，编制中餐、西餐宴请场景模拟	多媒体教室	运用多媒体教学、案例分析、分组训练等方法	2

计划5：职业技能		参考学时		4
学习目标	1.熟悉酒店业务各岗位的服务礼仪，提升酒店服务质量水平，树立酒店和个人良好的形象 2.掌握处理各种突发事件的礼仪规范 3.讲究接待服务的方法和艺术，体现宾客至上的理念			
学习单元	内容描述	教学条件	教学方法和建议	参考学时
前厅服务礼仪	1.熟悉酒店前厅部门各主要岗位的礼仪服务要求 2.根据课程内容，进行前厅服务情景模拟 3.针对模拟过程进行点评与评分	多媒体教室	运用多媒体教学、案例分析、分组训练等方法	1
客房服务礼仪	1.熟悉酒店客房部门各主要岗位的礼仪服务要求 2.根据课程内容，进行客房服务情景模拟 3.针对模拟过程进行点评与评分	多媒体教室	运用多媒体教学、案例分析、分组训练等方法	1
餐饮服务礼仪	1.熟悉餐饮业务部门各主要岗位的礼仪服务要求 2.根据课程内容，进行餐饮服务情景模拟 3.针对模拟过程进行点评与评分	多媒体教室	运用多媒体教学、案例分析、分组训练等方法	1
康乐服务礼仪	1.熟悉酒店康乐部门各主要岗位的礼仪服务要求 2.根据课程内容，进行康乐服务情景模拟 3.针对模拟过程进行点评与评分	多媒体教室	运用多媒体教学、案例分析、分组训练等方法	1

计划6：涉外礼俗		参考学时		2
学习目标	1.随着国际化的深入，酒店服务人员需具备"国际人"的基本素养 2.在日常接待中也有很多与外宾接触交流的机会，掌握国际礼仪、客源国礼仪有助于提升基本素质和服务水准			
学习单元	内容描述	教学条件	教学方法和建议	参考学时
涉外礼俗	1.了解各客源国和地区的概况 2.国际礼仪的基本原则，涉外活动中的礼宾次序、礼貌礼节、节庆风俗和各种禁忌 3.国际会见、会谈、签字仪式的场地布置及接待规范 4.我国主要客源国接待礼仪	多媒体教室	运用多媒体教学、案例分析、分组训练等方法	2

计划7：测试		参考学时		2
学习目标	1.强化对饭店礼仪规范的训练 2.能够根据情景进行完整的饭店服务礼仪			
学习单元	内容描述	教学条件	教学方法和建议	参考学时
理论测试	1.饭店礼仪规范的基本知识	多媒体教室	测试	1
实践测试	2.仪容、仪表、仪态的展示	多媒体教室	测试	1

3. 课程资源开发

● 充分整合网络资源，将网易公开课、中国大学生公开课、腾讯课程、慕课网、公众号等网络资源引入学生的课下自学活动。

● 进一步开发多媒体教学光盘，通过各种活动的设计、模拟与参与，使学生的主动性、积极性和创造性得以充分调动。

● 充分利用实习基地酒店，为学生参观、实训和实习服务，并与时俱进及时调整教学内容。

● 课程资源建设，把有关电子教学资料（如PPT课件、案例、习题等）放在课程网站上，实现学生与教师的网上互动。

4. 教学模式

本课程针对来源于企业实践的、典型的职业工作任务，紧紧围绕学生在校学习与实际工作的一致性和行动导向原则进行教学模式设计，在培养岗位实际工作能力的同时，促进学生关键能力的发展和综合素质的提高。

● 工学交替。课程教学整体上注重工学交替，设计了课内—课外、校内—校外、随堂实训、项目活动等多种形式并举的实践教学模式。

● 任务驱动。将教学内容整合，注重工作过程的整体性，让学生在完整、综合的仿真行动中学习知识，体验实践。

● 项目导向。在教学与实践活动中，以项目为导向，师生通过共同实施一个完整的具有实际应用价值的"项目"工作而进行教学活动。

5. 教学方法与手段

●讲授法：主要应用于学生学习基础知识的初级阶段，要为学生学习创设一个合适的情景氛围，增强学生的学习兴趣和意识。

●启发式教学法。在授课的过程中，教师避免采用灌输理论知识的方式，而是采用提问和分析的方式，循序渐进地诱导、启发、鼓励学生对问题和现象进行思考、讨论，再由教师总结、答疑，做到深入浅出、留有余地，给学生深入思考和进一步学习的空间，同时也提高了学生的学习主动性。传输国内外有关饭店经营管理的新理论、新思想以及发展动态。开阔学生的眼界，激发其求知欲，使学生具备现代酒店管理的理念和意识。

●参与式教学法。改变传统的单纯依赖教师讲授的方法，让学生参与到教学过程中。学生可以就教师的讲授内容发表自己的见解，对问题和现象表达自己的看法。而通过小组讨论、专题汇报、小组辩论、情景模拟、课程作业等方式，学生可以变被动听课为主动学习，既有利于提高学生学习的积极性、主动性，也有利于学生分析问题、解决问题能力的培养和表达能力、团队合作能力的提高。针对某一具体饭店的经营管理，让学生动脑、动手收集资料、设计并制作成幻灯片，运用所学知识，进行介绍。使学生真正动脑、动手，增强实际操作能力。

●互动式教学法。教师提出问题或现象，启发学生的发散性思维，可以实现教学互动；而小组讨论、角色模拟的方式则可以起到学生之间相互启发的作用，进而又促进了教学。教学相长，扩展了教学的深度与广度。为了解学生对本课程的学习情况，针对饭店目前发展动态和敏感问题要求学生收集资料、启发学生进行思考，开展课堂讨论，培养学生分析问题和解决问题的能力。

●案例教学法。在讲解过程中结合案例，加深学生对基本理论的理解和认识。同时将案例分析作为对学生掌握理论知识和分析解决问题能力的检验，同时也能起到相互启发的效果。加深学生对饭店分类、饭店产品特征、管理基础理论及服务质量管理的认识和理解。

●操作示范法。通过教师现场示范、演示，提高学生对专业服务技能操作的掌握程度，同时也注重了教学内容的实用性。鼓励学生利用寒暑假去酒店顶岗实习，积累经验，提高学生理论联系实际的能力。

●课内外结合法：以课堂学习带动课外训练。创设校园企业文化氛围，让学生们逐步完成从学生角色到职业角色的转变。

●其他教学手段：观察分析法、现场参观、座谈会、交流互动、专题讲座、观看多媒体、岗位体验、项目作业等教学方式。

6. 主要参考资料

［1］雷明化，陆宇荣.酒店服务礼仪［M］.北京：中国人民大学出版社.

［2］人社部教材办公室.饭店服务礼仪［M］3版.北京：中国劳动社会保障出版社.

［3］魏凤云.酒店服务礼仪［M］.上海：华东师范大学出版社.

［4］彭蝶飞.酒店服务礼仪［M］.上海：上海交通大学出版社.

酒店管理专业"饭店专业英语"课程标准

一、课程性质

本课程是酒店管理专业必修课，是酒店管理专业与企业、行业专家共同开发建设的一门具有工学结合、鲜明特色的职业能力核心课程。课程强调学生的基本素质和能力培养，既要培养学生具有必要的行业英语知识，全面了解国际饭店标准，也应该培养学生熟练运用英语进行饭店涉外业务工作的能力。具有酒店从业人员所应具备的基本理论与实践素质，贴近学生将来职业场景的需要。

本课程是根据国际旅游饭店发展的新形势和新特点，以国际饭店标准为依据，遵循"工作过程为导向"的教学设计理念，依照旅游饭店服务与管理活动的全过程，主要介绍旅游饭店各个相关部门的服务和管理工作等知识技能以及相关的语言知识技能和交际技能，注重"互动性、交际性、趣味性和实践性"。

教学过程中，通过校企合作、校内实训基地建设等多种途径，工学结合突出实践，充分开发学习资源，给学生提供丰富的实践机会。教学效果评价采取过程评价与结果评价相结合的方式，通过理论与实践相结合，重点评价学生的职业能力和综合素质。课程设计理念符合职业性、实践性和开放性要求，符合工作过程与方法的思路要求。

"饭店专业英语"课程的总学时为72学时，建议学分为4分，执笔人为吴峥。

二、课程目标

（一）知识目标

掌握饭店专业英语的基本知识与技能，掌握国际饭店各部门对客服务英语的核心要素、工作流程及对客服务标准。

（二）能力目标

能够参与酒店对客服务管理实践工作，掌握针对宾客需求提供标准化、个性化服务的能力，能够养成独立分析问题、解决问题的能力。

（三）素质目标

培养善于分析、勤于学习的精神，具备不断探索、创新能力。具有酒店从业人员所应具备的基本理论与实践素质。

三、课程内容和要求

序号	工作任务/项目	课程内容和要求	建议学时 144
1	酒店行业背景知识Background of hospitality industry	1.旅游行业背景 Background of tourism industry 2.酒店行业背景 Background of hospitality industry	4
2	酒店英语介绍Introduction of hospitality English	1.基本酒店英语 Basic hospitality English 2.电话技能Telephone skills	8
3	前厅部 Front Office	1.前厅部简介Orientation 2.总机Operator 3.预订Reservation 4.礼宾Concierge 5.登记入住Check-in 6.退房Check-out 7.咨询Information 8.投诉处理Complaints	32
4	客房部 Housekeeping	1.客房部简介Orientation 2.楼层Floors 3.客房服务中心Room service center 4.洗衣服务Laundry 5.公共区域Public area 6.其他Others 7.投诉处理Complaints	28
5	餐饮部 Food and Beverage	1.餐饮部简介Orientation 2.餐厅预订Table reservation 3.中餐服务Chinese restaurant 4.西餐服务Western restaurant 5.酒吧服务Bars 6.送餐服务Room service 7.宴会服务Banquet 8.投诉处理Complaints	40
6	康乐 Recreation	1.康乐简介Orientation 2.健身房Fitting room 3.游泳池Swimming pool 4.水疗SPA 5.投诉处理Complaints	28
7	口语测试	情景对话测试	4

四、考核评价

考核方式上，采用形成性与终结性评价相结合的理论考试、技能测试、阶段测试等多种考核方式。理论考试（50%）+技能测试（20%）+阶段测试（30%）。理论考试重在评价饭店专业英语课程的理论学习情况，占总成绩的50%。技能测试重在评价学生将饭店专业英语转化为实践的能力，以及对服务情景的基本原则掌握程度及对客服务能力的表现，占总成绩的20%；阶段测试成绩主要包括考勤、作业、课堂练习、平时表现环节的表现，占总成绩的30%。

五、课程资源及使用要求

（一）师资条件要求

本课程要求大多数教师具有研究生及以上饭店管理专业背景，具备大学英语六级及以上和相关酒店对客服务与管理实践知识和能力，健康的身心以及热爱教育工作，热爱学生；同时有较强的教学能力、教育科研能力和创新能力，能掌握相关高等教育法规，具有一定的教育学、心理学基本知识，并能运用在实际教学过程中。另外要求教师具有良好的英语口语能力和酒店专业英语知识，具有指导学生参加各项服务竞赛中英语项目的经验。

（二）教材选用

本课程结合课程内容和高职高专学生特点进行自编教材。教材充分体现课程专业性，以对客服务流程及情景为载体实施教学，能支撑课程目标的实现，同时突出职业能力的培养与提高。

六、课程实施建议及其他说明

1. 课程实施方案

课程目标的实现通过词汇句型解释、服务流程讲解、对话案例分析、情景练习等教学方法，强调学生在"练"中"学"。

● 树立学生对酒店各部门对客服务的正确认识，增强学生对各个服务部门的工作性质的了解程度。

● 应加强对学生实际饭店英语应用能力的培养，强化基于工作过程的案例教学和任务教学，注重以对话案例情景引发学生兴趣，使学生在完成对话情景任务活动中能熟练掌握各部门岗位的英文对客服务能力。

● 教师应尽可能由浅及深地进行词汇句型、服务流程要点、对话情景的讲解与练习，并结合饭店实际情景案例加深学生理解。

● 教师必须重视实践、更新观念，为学生提供自主发展的时间和空间，积极引领学生提升职业素养，努力提高学生的饭店英语实践与理论能力。

2. 教师教学计划

计划1：酒店行业背景知识 Background of hospitality industry			参考学时	4
学习目标	1.对旅游业及酒店业的正确认识 2.塑造正确的对客服务理念			
学习单元	内容描述	教学条件	教学方法和建议	参考学时
1.旅游行业背景 Background of tourism industry	1.旅游行业概念 2.英语在旅游业中的作用	多媒体教室	运用多媒体教学、案例分析、教授等方法	2
2.酒店行业背景 Background of hospitality industry	1.酒店行业概念 2.不同的酒店类型	多媒体教室	运用多媒体教学、案例分析、教授等方法	2

计划2：酒店英语介绍 Introduction of hospitality English		参考学时		8
学习目标	1.对酒店各个部门及相关岗位的正确认识 2.掌握总机的英文对客服务技能			
学习单元	内容描述	教学条件	教学方法和建议	参考学时
1.基本酒店英语 Basic hospitality English	1.酒店各部门结构及相应英语 2.酒店各岗位分布、工作性质及相应英语	多媒体教室	运用多媒体教学、案例分析、教授等方法	4
2.电话技能Telephone skills	1.酒店电话礼仪 2.酒店英文电话服务流程及情景	多媒体教室	运用多媒体教学、案例分析、教授等方法	4

计划3：前厅部 Front Office		参考学时		32
学习目标	1.对前厅服务项目设置的正确认识 2.能够根据前厅各个服务岗位和流程，掌握英文对客服务技能			
学习单元	内容描述	教学条件	教学方法和建议	参考学时
1.前厅部简介 Orientation	1.介绍前厅部的功能和概念 2.了解前厅部各个部门设置及工作性质	多媒体教室	运用多媒体教学、案例分析、教授等方法	4
2.总机 Operator	1.总机专业英语 2.总机对客服务流程 3.总机英文对客服务情景	多媒体教室	运用多媒体教学、案例分析、教授、学生演练等方法	4
3.预订 Reservation	1.预订专业英语 2.预订对客服务流程 3.预订英文对客服务情景	多媒体教室	运用多媒体教学、案例分析、教授、学生演练等方法	4
4.礼宾 Concierge	1.礼宾专业英语 2.礼宾对客服务流程 3.礼宾英文对客服务情景	多媒体教室	运用多媒体教学、案例分析、教授、学生演练等方法	4
5.登记入住 Check-in	1.前台登记入住专业英语 2.前台登记入住对客服务流程 3.前台英文登记入住对客服务情景	多媒体教室	运用多媒体教学、案例分析、教授、学生演练等方法	4
6.退房 Check-out	1.前台退房专业英语 2.前台退房对客服务流程 3.前台英文退房对客服务情景	多媒体教室	运用多媒体教学、案例分析、教授、学生演练等方法	4
7.咨询 Information	1.前台咨询专业英语 2.前台咨询对客服务流程 3.前台英文咨询服务情景	多媒体教室	运用多媒体教学、案例分析、教授、学生演练等方法	4
8.投诉处理 Complaints	1.前厅部客人投诉案例分析 2.前厅部客人投诉英文处理	多媒体教室	运用多媒体教学、案例分析、教授、学生演练等方法	4

计划4：客房部Housekeeping		参考学时		28
学习目标	1.对客房服务项目设置的正确认识 2.能够根据客房各个服务岗位和流程，掌握英文对客服务技能			

续表

学习单元	内容描述	教学条件	教学方法和建议	参考学时
1.客房部简介 Orientation	1.介绍客房部的功能和概念 2.了解客房部各个部门设置及工作性质	多媒体教室	运用多媒体教学、案例分析、教授等方法	4
2.楼层Floors	1.楼层专业英语 2.楼层对客服务流程 3.楼层英文对客服务情景	多媒体教室	运用多媒体教学、案例分析、教授、学生演练等方法	4
3.客房服务中心 Room service center	1.客房服务中心专业英语 2.客房服务中心对客服务流程 3.客房服务中心英文对客服务情景	多媒体教室	运用多媒体教学、案例分析、教授、学生演练等方法	4
4.洗衣服务 Laundry	1.洗衣服务专业英语 2.洗衣服务对客服务流程 3.洗衣服务英文对客服务情景	多媒体教室	运用多媒体教学、案例分析、教授、学生演练等方法	4
5.公共区域 Public area	1.公共区域专业英语 2.公共区域对客服务流程 3.公共区域英文对客服务情景	多媒体教室	运用多媒体教学、案例分析、教授、学生演练等方法	4
6.其他Others	1.楼房部其他专业英语 2.楼房部其他英文对客服务情景	多媒体教室	运用多媒体教学、案例分析、教授、学生演练等方法	4
7.投诉处理 Complaints	1.客房部客人投诉案例分析 2.客房部客人投诉英文处理	多媒体教室	运用多媒体教学、案例分析、教授、学生演练等方法	4

计划5：餐饮部Food & Beverage		参考学时	40
学习目标	1.对餐饮服务项目设置的正确认识 2.能够根据餐饮各个服务岗位和流程，掌握英文对客服务技能		

学习单元	内容描述	教学条件	教学方法和建议	参考学时
1.餐饮部简介 Orientation	1.介绍餐饮部的功能和概念 2.了解餐饮部各个部门设置及工作性质	多媒体教室	运用多媒体教学、案例分析、教授等方法	5
2.餐厅预订 Table reservation	1.餐厅预订专业英语 2.餐厅预订对客服务流程 3.餐厅预订英文对客服务情景	多媒体教室	运用多媒体教学、案例分析、教授、学生演练等方法	5
3.中餐服务 Chinese restaurant	1.中餐服务专业英语 2.中餐服务对客服务流程 3.中餐服务英文对客服务情景	多媒体教室	运用多媒体教学、案例分析、教授、学生演练等方法	5
4.西餐服务 Western restaurant	1.西餐服务专业英语 2.西餐服务对客服务流程 3.西餐服务英文对客服务情景	多媒体教室	运用多媒体教学、案例分析、教授、学生演练等方法	5
5.酒吧服务 BarsComplaints	1.酒吧服务专业英语 2.酒吧服务对客服务流程 3.酒吧服务英文对客服务情景	多媒体教室	运用多媒体教学、案例分析、教授、学生演练等方法	5
6.送餐服务 Room service	1.送餐服务专业英语 2.送餐服务对客服务流程 3.送餐服务英文对客服务情景	多媒体教室	运用多媒体教学、案例分析、教授、学生演练等方法	5
7.宴会服务 Banquet Service	1.宴会服务专业英语 2.宴会服务对客服务流程 3.宴会服务英文对客服务情景	多媒体教室	运用多媒体教学、案例分析、教授、学生演练等方法	5
8.投诉处理 Complaints	1.餐饮部客人投诉案例分析 2.餐饮部客人投诉英文处理	多媒体教室	运用多媒体教学、案例分析、教授、学生演练等方法	5

计划6：康乐Recreation			参考学时	28	
学习目标	1.对康乐服务项目设置的正确认识 2.能够根据康乐各个服务岗位和流程，掌握英文对客服务技能				
学习单元	内容描述	教学条件	教学方法和建议	参考学时	
1.康乐简介 Orientation	1.介绍康乐部的功能和概念 2.了解康乐部各个部门设置及工作性质	多媒体教室	运用多媒体教学、案例分析、教授等方法	5	
2.健身房 Fitting room	1.健身房专业英语 2.健身房对客服务流程 3.健身房英文对客服务情景	多媒体教室	运用多媒体教学、案例分析、教授、学生演练等方法	8	
3.游泳池 Swimming pool	1.游泳池专业英语 2.游泳池对客服务流程 3.游泳池英文对客服务情景	多媒体教室	运用多媒体教学、案例分析、教授、学生演练等方法	5	
4.水疗SPA	1.水疗服务专业英语 2.水疗服务对客服务流程 3.水疗服务英文对客服务情景	多媒体教室	运用多媒体教学、案例分析、教授、学生演练等方法	6	
5.投诉处理 Complaints	1.康乐部客人投诉案例分析 2.康乐部客人投诉英文处理	多媒体教室	运用多媒体教学、案例分析、教授、学生演练等方法	4	

计划7：测试			参考学时	4
学习目标	1.强化对饭店专业英语的训练 2.能够根据情景对客完成相关英文服务			
学习单元	内容描述	教学条件	教学方法和建议	参考学时
口语测试	分角色扮演相关酒店服务场景，完成英文服务流程	多媒体教室	情景对话测试	4

3. 课程资源开发

● 进一步开发多媒体教学光盘，通过各种情景的设计、模拟与参与，使学生的主动性、积极性和创造性得以充分调动。

● 课程资源建设，把有关电子教学资料（如 PPT 课件、视频、案例、习题等）放在课程网站上，实现学生与教师的网上互动。

4. 教学模式

本课程紧紧围绕酒店实际工作和服务场景原则进行教学模式设计，在培养岗位实际工作能力的同时，促进学生关键能力的发展和综合素质的提高。

● 理论实践交替。课程教学整体上注重理论实践交替，设计了饭店英语课程从词汇句型解释—服务流程讲解—案例分析—情景演练等多种形式并举的理论实践教学模式。

● 任务驱动。将教学内容整合，注重工作过程的整体性，让学生在完整、综合的仿真行动中学习知识，体验实践。

● 情景导向。在教学与实践活动中，围绕情景为导向，师生们通过共同完成一个完整的具有实际应用价值的服务流程工作而进行教学活动。

5. 教学方法与手段

● 讲授法：主要应用于学生学习基础知识的初级阶段，要为学生学习创设一个合适的情景氛围，增强学生的学习兴趣和意识。

● 启发式教学法。在授课的过程中，教师避免采用灌输理论知识的方式，而是采用提问和分析的方式，循序渐进地诱导、启发、鼓励学生对问题和现象进行思考、讨论，再由教师总结、答疑，做到深入浅出、留有余地，给学生深入思考和进一步学习的空间，同时也提高了学生的学习主动性。传输国内外有关饭店经营管理的新理论、新思想以及发展动态。开阔学生的眼界，激发其求知欲，使学生具备现代酒店管理的理念和意识。

● 参与式教学法。改变传统的单纯依赖教师讲授的方法，让学生参与到教学过程中。学生可以就教师的讲授内容发表自己的见解，对问题和现象表达自己的看法。而通过小组讨论、专题汇报、小组辩论、情景模拟、课程作业等方式，学生可以变被动听课为主动学习，既有利于提高学生学习的积极性、主动性，也有利于学生分析问题、解决问题能力的培养和表达能力、团队合作能力的提高。针对某一具体饭店的经营管理，让学生动脑、动手收集资料、设计并制作成幻灯片，运用所学知识，进行介绍。使学生真正动脑、动手，增强实际操作能力。

● 互动式教学法。教师提出问题或现象，启发学生的发散性思维，可以实现教学互动；而小组讨论、角色模拟的方式则可以起到学生之间相互启发的作用，进而又促进了教学。教学相长，扩展了教学的深度与广度。为了解学生对本课程的学习情况，针对饭店目前发展动态和敏感问题要求学生收集资料、启发学生进行思考，开展课堂讨论，培养学生分析问题和解决问题的能力。

● 案例教学法。在讲解过程中结合案例，加深学生对基本理论的理解和认识。同时将案例分析作为对学生掌握理论知识和分析解决问题能力的检验，同时也能起到相互启发的效果。加深学生对饭店分类、饭店部门及岗位特征、服务基础理论及服务规范管理的认识和理解。

● 操作示范法。通过教师现场示范、演示，提高学生对专业服务技能操作的掌握程度，同时也注重了教学内容的实用性。鼓励学生利用寒暑假去酒店顶岗实习，积累经验，提高学生理论联系实际的能力。

● 其他教学手段：座谈会、交流互动、专题讲座、观看多媒体、岗位体验、项目作业等教学方式。

6. 主要参考资料

［1］李晓红. 饭店英语［M］. 北京：旅游教育出版社.

［2］杨静怡. 酒店英语实训教程［M］. 北京：经济科学出版社.

酒店管理专业 "饭店概论" 课程标准

一、课程性质

本课程是酒店管理专业岗位选修课，是酒店管理专业与行业专家共同开发建设的一门具有工学结合、鲜明特色的职业能力基础课程。课程以提高学生整体职业素养为基础，以能力为本位，着力培养学生的操作实践能力和创新能力。本课程强调教与学、学与用的关系，兼顾了酒店管理专业学生的学习特点，减少了普通饭店概论教材中的管理类知识，加大了饭店业发展最新趋势等内容的比重，体现了饭店业日新月异的发展和变化。

该课程总体设计思路紧紧围绕 "三全一分" 育人理念，充分体现依据学生的认知特点、学生可持续发展需求，设计通过将本课程的内容分解为若干知识模块，让学生对整体饭店行业发展的新特点和新业态有一个全新了解，并能适度进行知识迁移。该课程充分考虑住宿业态的创新发展要求，坚持立德树人，注重思想政治教育贯穿教学始终，同时融合了学生综合素质提升、创新创业能力培养、学生可持续发展的要求。教学效果评价采取过程评价与结果评价相结合的方式，通过理论与实践相结合，重点评价学生的职业能力和综合素质。课程设计理念符合职业性、实践性和开放性要求，符合工作过程与方法的思路要求。

"饭店概论" 课程的总学时为 28 学时，建议学分为 2 分，执笔人为苏天顺。

二、课程目标

（一）知识目标

掌握饭店产品的概念和特点；了解饭店在新形势下业态的分化；理解饭店集团化的必然性；了解国内外饭店等级划分的异同；掌握绿色饭店和主题饭店的创建原则；了解经济型饭店的发展历程。

（二）能力目标

能够深刻理解饭店产品特点及其在饭店经营过程中应用；理解饭店集团化的内在机制；掌握绿色饭店和主题饭店的创建原则并能灵活运用到其他相关行业。

（三）素质目标

培养学生善于分析，勤于学习的精神，具备不断探索、创新能力。具有酒店从业人员所应具备的基本理论与实践素质。

三、课程内容和要求

序号	工作任务/项目	课程内容和要求		建议学时
		理论	实践	28
1	饭店基础知识	1.饭店的定义与功能 2.饭店产品及其特点 3.饭店业的作用 4.饭店的分类		4
2	饭店业发展史	1.世界饭店业的发展 2.中国饭店业的发展		4
3	饭店集团	1.饭店集团概述 2.饭店集团的经营模式 3.我国饭店集团的发展		6
4	饭店等级制度	1.饭店等级制度概述 2.国外饭店等级制度 3.中国饭店等级制度		2
5	绿色饭店	1.绿色饭店概述 2.绿色饭店的标准及等级划分 3.绿色饭店的创建		4
6	主题饭店	1.主题饭店概述 2.主题饭店的评价与创建 3.国内外主题饭店介绍与剖析		4
7	经济型饭店	1.经济型饭店的定义与特征 2.经济型饭店的发展 3.国内经济型饭店介绍与剖析		4

四、考核评价

在考核方式上，采用形成性与终结性评价相结合的大型作业、辩论赛、主题汇报和开卷考试等多种考核方式。增加过程性成绩比重，增加考勤、作业和课堂参与积极性等在总成绩中的比重，合理确定过程性成绩在总成绩中的比重。主题汇报（20%）+ 主题辩论（20%）+ 课堂表现（10%）+ 理论考试（50%）。主题汇报和主题辩论侧重了解学生对所学知识的拓展能力，课堂表现侧重了解学生在课堂上参与的主动性和投入程度，三者为形成性评价，合计50%；期末的理论考试侧重评价学生对酒店业发展态势的了解和把握情况以及理论运用于实践的能力，为终结性评价，占总成绩的50%。

五、课程资源及使用要求

（一）师资条件要求

本课程要求任课教师具有相关专业研究生以上学历或具有五年以上饭店行业从业经验，了解饭店行业发展动态，并能通过丰富的教学形式和手段将相关的专业知识有效传递给学生；任课教师应具备良好的师德师风，热爱教育工作，热爱学生；任课教师应具备较强的学习能力，勇于接受新鲜事物，能吐故纳新，在饭店领域能紧跟行业形势发展；任课教师应具备较强的教学能力、教育科研能力和创新能力，能掌握相关高等教育法规，具有一定的教育学、心理学基本知识，并能运用在实际教学过程中。

（二）实训教学条件要求

（1）能够开展实地考察的校内外实训实习基地。

（2）能够进行相关资料查阅的图书馆或网络。

（三）教材选用

教材应充分体现课程设计思路，能够因应酒店业发展所处社会经济环境变迁，能够紧跟酒店业态发展变化的新趋势和新主题。教材的主题框架应逻辑清晰，既要有严谨性，又能体现出一定的开放性特征。教材的呈现形式能适应高职院校学生的学习特点，有丰富的教学配套资源。

六、课程实施建议及其他说明

1. 课程实施方案

课程目标的实现通过案例分析、场景再现、头脑风暴、情境创设等教学方法，培养学生对酒店业的感性认识和理性思考能力，使学生在面对酒店业发展的新问题、新情况和新现象时，能够做到从特殊到一般，从一般到特殊。

● 树立学生对饭店专业的正确认识，培养学生对饭店行业的热忱。

● 应加强对学生实际职业能力的培养，注重以丰富的教学手段激发学生的潜在学习兴趣。

● 教师应尽可能由浅及深地讲授饭店行业相关知识，并结合形象生动的案例加深学生对饭店行业的感官认识。

● 应注意转变课堂教学主体，实现课堂的有效翻转，鼓励学生更多地参与到课堂中来，培养其主动意识和探究能力。

2. 教师教学计划

计划1：饭店基础知识		参考学时		4
学习目标	1.掌握饭店、饭店产品的定义及其特点，并能理解饭店产品特点在饭店经营管理中的作用 2.理解饭店在国民经济中的作用 3.了解饭店不同的分类方法			
学习单元	内容描述	教学条件	教学方法和建议	参考学时
饭店的定义与功能	1.饭店定义 2.饭店功能	多媒体教室	运用多媒体教学、案例分析、教授等方法	0.5
饭店产品及特点	1.饭店产品的定义 2.饭店产品的特点 3.饭店业务的特点	多媒体教室	运用多媒体教学、案例分析、教授等方法	2
饭店业的作用	1.物质基础作用 2.创收基地作用 3.创造就业作用 4.生活方式作用	多媒体教室	运用多媒体教学、案例分析、教授等方法	0.5
饭店的分类	1.按规模分类 2.按客源分类 3.按投资分类 4.按位置分类 5.计价方式分类	多媒体教室	运用多媒体教学、案例分析、教授等方法	1

计划2：饭店业发展史			参考学时		4
学习目标	1.掌握世界饭店业发展的分期 2.理解世界和中国饭店业不同时期的特点 3.理解饭店所处社会经济环境对饭店业态发展的影响				
学习单元	内容描述	教学条件	教学方法和建议		参考学时
世界饭店业的发展	1.古代客栈时期 2.豪华饭店时期 3.商业饭店时期 4.现代新型饭店时期	多媒体教室	运用多媒体教学、案例分析、教授等方法		2
中国饭店业的发展	1.中国古代的饭店业 2.中国近代的饭店业 3.中国现代的饭店业	多媒体教室	运用多媒体教学、案例分析、教授等方法		2

计划3：饭店集团			参考学时		6
学习目标	1.掌握世界饭店集团的产生与发展过程 2.了解世界饭店集团十大品牌及旗下品牌 3.掌握饭店集团的经营模式 4.了解我国饭店集团的发展情况				
学习单元	内容描述	教学条件	教学方法和建议		参考学时
饭店集团概述	1.饭店集团的产生和发展 2.世界饭店集团十大品牌	多媒体教室	运用多媒体教学、案例分析、教授等方法		2
饭店集团的经营模式	1.直接拥有 2.控股经营 3.租赁合同 4.管理合同 5.特许经营的转让	多媒体教室	运用多媒体教学、案例分析、教授等方法		2
我国饭店集团的发展	1.我国饭店集团的发展特点 2.我国饭店集团的发展趋势	多媒体教室	运用多媒体教学、案例分析、教授等方法		2

计划4：饭店等级划分与评定			参考学时		4
学习目标	1.了解中国饭店的星级评定发展史 2.了解各国饭店星级评定的基本概况 3.熟悉我国旅游饭店星级评定的方法				
学习单元	内容描述	教学条件	教学方法和建议		参考学时
饭店等级评定	1.等级评定的意义和目的 2.饭店等级评定模式 3.世界饭店等级划分 4.我国饭店等级划分	多媒体教室	运用多媒体教学、案例分析、教授等方法		2
我国星级饭店	1.我国旅游饭店星级评定的程序 2.我国星级饭店现状 3.我国星级饭店发展思路	多媒体教室	运用多媒体教学、案例分析、教授等方法		2

计划5：绿色饭店		参考学时		4
学习目标	1.掌握绿色饭店的概念、特点及发展背景 2.掌握发展绿色饭店的必然性 3.了解绿色饭店的建设思路			
学习单元	内容描述	教学条件	教学方法和建议	参考学时
绿色饭店概述	1.绿色饭店的含义 2.绿色饭店的特征 3.绿色饭店的由来 4.绿色饭店的发展	多媒体教室	运用多媒体教学、案例分析、教授等方法	2
绿色饭店的创建	1.创建绿色饭店的必要性 2.绿色饭店的基本原则 3.我国绿色饭店的建设思路	多媒体教室	运用多媒体教学、案例分析、教授等方法	2

计划6：主题饭店		参考学时		4
学习目标	1.掌握主题饭店的概念、特点及其与特色饭店的区别 2.掌握发展主题饭店的必然性 3.了解国内外知名主题饭店			
学习单元	内容描述	教学条件	教学方法和建议	参考学时
主题饭店概述	1.主题饭店的概念 2.主题饭店的文化内涵 3.主题饭店的特点	多媒体教室	运用多媒体教学、案例分析、教授等方法	1
主题饭店的评价与创建	1.主题饭店评价标准 2.主题饭店的创建	多媒体教室	运用多媒体教学、案例分析、教授等方法	1
国内外主题饭店介绍与剖析	1.国内外主题饭店 2.主题饭店的主题来源	多媒体教室	运用多媒体教学、案例分析、教授等方法	2

计划7：经济型饭店		参考学时		4
学习目标	1.掌握经济型饭店的概念、分类和特征 2.了解国内外经济型饭店的发展概况，中国经济型饭店发展的前景 3.了解中国著名经济型饭店品牌及其成功原因			
学习单元	内容描述	教学条件	教学方法和建议	参考学时
经济型饭店的定义与特征	1.经济型饭店的概念 2.经济型饭店的分类 3.经济型饭店特征 4.经济型饭店的设计和规划要点	多媒体教室	运用多媒体教学、案例分析、教授等方法	1
经济型饭店的发展	1.世界经济型饭店发展概述 2.中国经济型饭店发展概述 3.经济型饭店的发展前景与趋势	多媒体教室	运用多媒体教学、案例分析、教授等方法	1
国内经济型饭店介绍与剖析	1.国内外经济型饭店 2.经济型饭店的发展战略	多媒体教室	运用多媒体教学、案例分析、教授等方法	2

3.课程资源开发

● 进一步开发多媒体教学光盘，通过各种活动的设计、模拟与参与，使学生的主动性、积极性和创造性得以充分调动。

● 充分利用实习基地酒店，为学生参观、实训和实习服务，并与时俱进及时调整教学内容。

● 课程资源建设，把有关电子教学资料（如 PPT 课件、案例、习题等）放在课程网站上，实现学生与教师的网上互动。

4. 教学模式

本课程应紧紧围绕学生在校学习与实际工作的一致性和行动导向原则进行教学模式设计，促进学生关键能力的发展和综合素质的提高。

5. 教学方法与手段

● 讲授法：主要应用于学生学习基础知识的初级阶段，要为学生学习创设一个合适的情景氛围，增强学生的学习兴趣和意识。

● 启发式教学法。在授课的过程中，教师避免采用灌输理论知识的方式，而是采用提问和分析的方式，循序渐进地诱导、启发、鼓励学生对问题和现象进行思考、讨论，再由教师总结、答疑，做到深入浅出、留有余地，给学生深入思考和进一步学习的空间，同时也提高了学生的学习主动性。传输国内外有关饭店经营管理的新理论、新思想以及发展动态。开阔学生的眼界，激发其求知欲，使学生具备现代酒店管理的理念和意识。

● 参与式教学法。改变传统的单纯依赖教师讲授的方法，让学生参与到教学过程中。学生可以就教师的讲授内容发表自己的见解，对问题和现象表达自己的看法。而通过小组讨论、专题汇报、小组辩论、情景模拟、课程作业等方式，学生可以变被动听课为主动学习，既有利于提高学生学习的积极性、主动性，也有利于学生分析问题、解决问题能力的培养和表达能力、团队合作能力的提高。针对某一具体饭店的经营管理，让学生动脑、动手收集资料、设计并制作成幻灯片，运用所学知识，进行介绍。使学生真正动脑、动手，增强实际操作能力。

● 互动式教学法。教师提出问题或现象，启发学生的发散性思维，可以实现教学互动；而小组讨论、角色模拟的方式则可以起到学生之间相互启发的作用，进而又促进了教学。教学相长，扩展了教学的深度与广度。为了解学生对本课程的学习情况，针对饭店目前发展动态和敏感问题要求学生收集资料、启发学生进行思考，开展课堂讨论，培养学生分析问题和解决问题的能力。

● 案例教学法。在讲解过程中结合案例，加深学生对基本理论的理解和认识。同时将案例分析作为对学生掌握理论知识和分析解决问题能力的检验，同时也能起到相互启发的效果。加深学生对饭店分类、饭店产品特征、管理基础理论及服务质量管理的认识和理解。

● 其他教学手段：现场参观、座谈会、交流互动、专题讲座、观看多媒体、项目作业等教学方式。

6. 主要参考资料

[1] 卢静怡，张劲松. 饭店概论 [M]. 杭州：浙江大学出版社.

[2] 蒋卫平，范运铭. 饭店概论 [M]. 北京：旅游教育出版社.

[3] 刘筱筱. 饭店业概论 [M]. 北京：北京理工大学出版社.

酒店管理专业
"饭店服务心理学、饭店服务心理"课程标准

一、课程性质

本课程是酒店管理岗位选修课，是酒店管理专业管理模块中的专业基础核心课程。课程强调学生的基本素质和能力培养，让学生掌握服务心理的基本知识和原则，培训学生善于分析、勤于学习的精神，具备情感服务、个性服务以及关注宾客需求的定置化创新的心理服务能力，具有酒店从业人员所应具备的基本理论与实践素质，贴近学生将来职业场景的需要。

本课程是依据"酒店管理专业工作任务与职业能力分析表"中的饭店心理服务工作项目设置的。该课程总体设计思路紧紧围绕"三全一分"育人理念，充分体现依据学生的认知特点、学生可持续发展需求，打破以知识传授为主要特征的传统学科课程模式，转变为以任务引领、工作过程导向的理念和设计思路为中心组织课程内容。理论知识的选取紧紧围绕饭店心理服务任务完成的需要来进行，同时又充分考虑住宿业态的创新发展要求，坚持立德树人，注重思想政治教育贯穿教学始终，同时融合了学生综合素质提升、创新创业能力培养、学生可持续发展的要求。项目设计以饭店心理服务为线索来进行。教学过程中，充分开发学习资源，给学生提供丰富的学习机会。教学效果评价采取过程评价与结果评价相结合的方式，通过理论与实践相结合，重点评价学生的职业能力和综合素质。课程设计理念符合职业性、实践性和开放性要求，符合工作过程与方法的思路要求。

"饭店服务心理学、饭店服务心理"课程的总学时为 28 学时，建议学分为 2 分，执笔人为陈琦。

二、课程目标

（一）知识目标
掌握饭店心理服务的基本原则与方法，掌握心理服务的核心要素及对客服务要点。
（二）能力目标
能够参与饭店服务管理实践工作，掌握针对宾客心理需求提供个性、定置化饭店服务的创新能力，能够养成独立分析问题、解决问题的能力。
（三）素质目标
培养善于分析、勤于学习的精神，具备不断探索、创新能力。具有饭店从业人员所应具备的基本理论与实践素质。

三、课程内容和要求

序号	工作任务/项目	课程内容和要求		建议学时
		理论	实践	28
1	饭店服务心理引言	1.心理学的相关知识 2.从心理学视角看待饭店服务 3.饭店服务心理学研究方法和研究意义		2
2	客人对饭店的认知与服务	1.客人的感觉与知觉 2.客人在饭店中的社会知觉		4
3	客人在饭店的需要与动机	1.客人的需要与服务 2.客人的动机与服务		4
4	客人的态度与饭店服务	1.客人的态度分析 2.客人态度的改变与服务		2
5	客人的个性特点与服务	1.客人的气质与服务 2.客人的性格与服务		4
6	客人的情绪情感与服务	1.客人的情绪与情感 2.客人的情绪情感与服务		2
7	饭店服务心理	1.前厅服务心理 2.客房服务心理 3.餐饮服务心理 4.客人投诉心理		4
8	饭店员工的心理保健与心理能力	1.员工的心理保健 2.员工的心理能力		2
9	饭店服务心理测试	1.期中测试 2.期末测试		4

四、考核评价

考核方式上，采用形成性与终结性评价相结合的理论考试、开卷考试、大型作业、阶段测试等多种考核方式。增加过程性成绩比重，增加考勤、作业、平时表现等在成绩中的比重，合理确定过程性成绩在总成绩中的比重为不低于 50%。

五、课程资源及使用要求

（一）师资条件要求

本课程要求大多数教师具有研究生及以上心理学专业背景，具备相关饭店心理服务的实践知识和能力，健康的身心以及热爱教育工作，热爱学生；同时有较强的教学能力、教育科研能力和创新能力，能掌握相关高等教育法规，具有一定的教育学、饭店管理基本知识，并能运用在实际教学过程中。另外要求教师具有制作多媒体课件进行教学设计的能力，并具有应用现代教育技术进行教学的能力，具有饭店服务心理课程开发和实践指导的能力。

（二）实训教学条件要求

（1）多媒体教室。

（2）校外、校内实训实习基地。

（3）提供学习资料的图书馆。

（三）教材选用

本课程结合课程内容和高职高专学生特点采用的教材为《酒店服务心理学》，该教材由陈琦主编，是郑州大学出版社的普通高等学校高职高专旅游管理专业"十三五"规划教材。教材充分体现课程设计思想，以模块为载体实施教学，模块选取科学，模块之间的逻辑结构清晰，并成系列，能支撑课程目标的实现，突出职业能力的培养与提高。

六、课程实施建议及其他说明

1. 课程实施方案

课程目标的实现通过情境创设、案例分析、头脑风暴、角色扮演、自主学习等教学方法，教、学、做三者结合，强调学生在"做"中"学"。

● 树立学生对饭店服务心理的正确认识，培养学生对心理服务的兴趣，塑造正确的对客服务理念。

● 应加强对学生实际职业能力的培养，强化基于工作过程的案例教学和任务教学，注重以任务引领型项目诱发学生兴趣，使学生在完成典型任务活动中能熟练掌握饭店心理服务技能与心理服务创新能力。

● 教师应尽可能由浅及深地讲授饭店服务心理的专业知识，并结合饭店实际案例加深学生理解。

● 应注意职业情境的创设，以多媒体、录像等教学方法提高学生分析问题和解决实际问题的职业能力。

● 教师必须重视实践、更新观念，为学生提供自主发展的时间和空间，积极引领学生提升职业素养，努力提高学生的创新能力。

● 教师应注意培养学生对饭店服务心理的钻研能力，以任务型活动，组织学生完成不同的心理服务主题。

2. 教师教学计划

计划1：饭店服务心理引言		参考学时		2
学习目标	1.学会认识人的心理现象 2.塑造正确的饭店服务心理理念			
学习单元	内容描述	教学条件	教学方法和建议	参考学时
心理学的相关知识	1.心理学概念 2.心理现象内容	多媒体教室	运用多媒体教学、案例分析、教授等方法	0.5
从心理学视角看待饭店服务	1.饭店服务心理概念 2.心理学与饭店业的发展	多媒体教室	运用多媒体教学、案例分析、教授等方法	1
饭店服务心理学研究方法和研究意义	1.研究方法 2.研究意义	多媒体教室	运用多媒体教学、案例分析、教授等方法	0.5

计划2：客人对饭店的认知与服务		参考学时		4
学习目标	1.对感知觉、社会知觉内涵的正确认识 2.能够根据主题，运用感知觉及社会知觉的规律影响客人的行为			
学习单元	内容描述	教学条件	教学方法和建议	参考学时
客人的感觉与知觉	1.客人感觉与服务 2.客人知觉与服务	多媒体教室	运用多媒体教学、案例分析、分组设计等方法	2
客人在饭店中的社会知觉	1.社会知觉的类型 2.社会知觉的效应 3.社会知觉与服务策略	多媒体教室	运用多媒体教学、案例分析、教授等方法	2

计划3：客人在饭店的需要与动机		参考学时		4
学习目标	1.对客人需要和动机的正确认识 2.能够根据客人的需要和动机，设计服务项目与服务细节			
学习单元	内容描述	教学条件	教学方法和建议	参考学时
客人的需要与服务	1.分析客人心理需要 2.基于客人心理需要的饭店服务策略	多媒体教室	运用多媒体教学、案例分析、自主学习等方法	2
客人的动机与服务	1.动机及功能 2.客人动机与服务策略	多媒体教室	运用多媒体教学、案例分析、教授等方法	2

计划4：客人的态度与饭店服务		参考学时		2
学习目标	1.对客人态度形成的正确认识 2.能够理解改变饭店客人态度的心理服务策略			
学习单元	内容描述	教学条件	教学方法和建议	参考学时
客人的态度分析	1.客人的态度特点 2.客人的态度形成	多媒体教室	运用多媒体教学、案例分析、分组训练等方法	1
客人态度的改变与服务	1.客人态度形成的影响因素 2.改变客人态度的饭店服务心理策略	多媒体教室	运用多媒体教学、案例分析、教授等方法	1

计划5：客人的个性特点与服务		参考学时		4
学习目标	1.对个性特点的正确认识 2.能够根据客人的气质和性格，设计服务项目与服务细节			
学习单元	内容描述	教学条件	教学方法和建议	参考学时
客人的气质与服务	1.气质的表现及变化 2.不同气质客人的心理服务技巧	多媒体教室	运用多媒体教学、案例分析、角色扮演等方法	2
客人的性格与服务	1.客人性格的心理分析 2.客人性格的鉴别与服务	多媒体教室	运用多媒体教学、案例分析、角色扮演等方法	2

计划6：客人的情绪情感与服务			参考学时	2	
学习目标	1.对客人情绪情感的正确认识 2.能够在服务中调节自己的情绪，并根据客人的情绪提供心理服务策略				
学习单元	内容描述	教学条件	教学方法和建议		参考学时
客人的情绪与情感	1.情绪情感的基本知识 2.客人情绪情感的分析	多媒体教室	运用多媒体教学、案例分析、训练等方法		1
客人的情绪情感与服务	1.饭店的心理服务策略 2.调节情绪的方法	多媒体教室	运用多媒体教学、案例分析、训练等方法		1

计划7：饭店服务心理			参考学时	4	
学习目标	1.对客人饭店服务心理的正确认识 2.能够根据客人的服务心理，设计服务项目与服务细节				
学习单元	内容描述	教学条件	教学方法和建议		参考学时
前厅服务心理	1.前厅心理需求分析 2.心理服务策略	多媒体教室	运用多媒体教学、案例分析、分组训练等方法		1
客房服务心理	1.客房心理需求分析 2.心理服务策略	多媒体教室	运用多媒体教学、案例分析、分组训练等方法		0.5
餐饮服务心理	1.餐饮心理需求分析 2.心理服务策略	多媒体教室	运用多媒体教学、案例分析、分组训练等方法		1
客人投诉心理	1.投诉心理需求分析 2.处理投诉的心理策略	多媒体教室	运用多媒体教学、案例分析、分组训练等方法		1.5

计划8：饭店员工的心理保健与心理能力			参考学时	2	
学习目标	1.能够维护自己的心理健康 2.能够根据自己的特点提高心理能力				
学习单元	内容描述	教学条件	教学方法和建议		参考学时
员工的心理保健	1.心理健康相关知识 2.员工心理保健策略	多媒体教室	运用多媒体教学、案例分析、教授等方法		1
员工的心理能力	1.心理能力的品质 2.心理能力的培养	多媒体教室	运用多媒体教学、案例分析、教授等方法		1

计划9：饭店服务心理测试			参考学时	4	
学习目标	1.强化对饭店服务心理知识的掌握 2.能够根据客人的心理提供有效的心理服务				
学习单元	内容描述	教学条件	教学方法和建议		参考学时
期中测试	根据学生特点采取灵活的测试方式	多媒体教室	测试		2
期末测试	独立完成饭店服务心理的测试	多媒体教室	测试		2

3. 课程资源开发

● 进一步开发多媒体教学资源，通过各种活动的设计、模拟与参与，使学生的主动性、积极性和创造性得以充分调动。

● 充分利用实习基地酒店，并与时俱进及时调整教学内容。

● 课程资源建设，把有关电子教学资料（如 PPT 课件、案例、习题等）放在课程网站上，实现学生与教师的网上互动。

4. 教学模式

本课程紧紧围绕学生在校学习与实际工作的一致性和行动导向原则进行教学模式设计，在培养饭店心理服务实际工作能力的同时，促进学生关键能力的发展和综合素质的提高。

● 工学交替。课程教学整体上根据课程性质注重工学交替，设计了随堂实训、项目活动等多种形式并举的实践教学模式。

● 任务驱动。将教学内容整合，注重工作过程的整体性，让学生在完整、综合的仿真行动中学习知识，体验实践。

5. 教学方法与手段

● 讲授法：主要应用于学生学习基础知识的初级阶段，要为学生学习创设一个合适的情景氛围，增强学生的学习兴趣和意识。

● 启发式教学法。在授课的过程中，教师避免采用灌输理论知识的方式，而是采用提问和分析的方式，循序渐进地诱导、启发、鼓励学生对问题和现象进行思考、讨论，再由教师总结、答疑，做到深入浅出、留有余地，给学生深入思考和进一步学习的空间，同时也提高了学生的学习主动性。传输国内外有关饭店经营管理的新理论、新思想以及发展动态。开阔学生的眼界，激发其求知欲，使学生具备现代酒店管理的理念和意识。

● 参与式教学法。改变传统的单纯依赖教师讲授的方法，让学生参与到教学过程中。学生可以就教师的讲授内容发表自己的见解，对问题和现象表达自己的看法。而通过小组讨论、专题汇报、小组辩论、情景模拟、课程作业等方式，学生可以变被动听课为主动学习，既有利于提高学生学习的积极性、主动性，也有利于学生分析问题、解决问题能力的培养和表达能力、团队合作能力的提高。针对某一具体饭店的经营管理，让学生动脑、动手收集资料、设计并制作成幻灯片，运用所学知识，进行介绍。使学生真正动脑、动手，增强实际操作能力。

● 互动式教学法。教师提出问题或现象，启发学生的发散性思维，可以实现教学互动；而小组讨论、角色模拟的方式则可以起到学生之间相互启发的作用，进而又促进了教学。教学相长，扩展了教学的深度与广度。为了解学生对本课程的学习情况，针对饭店目前发展动态和敏感问题要求学生收集资料、启发学生进行思考，开展课堂讨论，培养学生分析问题和解决问题的能力。

● 案例教学法。在讲解过程中结合案例，加深学生对基本理论的理解和认识。同时将案例分析作为对学生掌握理论知识和分析解决问题能力的检验，同时也能起到相互启发的效果。

● 其他教学手段：根据实际情况有选择地考虑采取现场参观、座谈会、交流互动、专题讲座、观看多媒体、岗位体验、项目作业等教学方式。

6. 主要参考资料

［1］陈琦. 酒店服务心理学［M］. 郑州：郑州大学出版社.

［2］王赫男，杨海. 饭店服务心理学［M］. 北京：电子工业出版社.

［3］刘世权，李远慧. 旅游服务心理［M］. 武汉：武汉大学出版社.

酒店管理专业"企业文化与品牌建设"课程标准

一、课程性质

"企业文化与品牌建设"课程是浙江旅游职业学院"酒店管理专业"的专业选修课程，主要针对企业文化建设和企业品牌建设开展系列讲授课程。"企业文化和品牌建设"课程在新生入学的第一学期开设，旨在让学生专业品质形成的过程中重视企业文化理念的渗透和酒店品牌建设的思考，以期在培养优秀的酒店管理与服务人员过程中发挥积极的作用。

课程强调学生的基本素质和能力培养，让学生掌握企业文化建设的主要内容及设计原则，饭店品牌建设的基本环节及建设途径，培训学生善于观察、积极思考、努力积累的良好学习习惯，具备文化意识和品牌意识，具备酒店从业人员所应具备的基本素质，满足未来职业发展的需要。

该课程实践教学时数为 12 学时，占课程教学时数的 1/3。实践教学环节设计为课内实践，以基本素质培养为本位，以意识培养为目标，兼顾基本表达能力、概括能力、总结和分析能力的培养。

"企业文化与品牌建设"课程教学时数为 36 学时，建议学分为 2 分，执笔人为娄金霞。

二、课程目标

（一）知识目标

● 具备企业文化建设的基本知识。熟悉企业文化的概括及核心内容，掌握理念层企业文化、制度层企业文化、物质层企业文化及行为层企业文化的设计内容及原则；

● 具备饭店品牌建设的基本知识。熟悉饭店品牌的创建、推广、维护、提升、扩张、评估等方面的基本知识。

（二）能力目标

● 能够以生动形象的语言，收集、整理、撰写、修订酒店企业文化的内涵；

● 能够根据酒店服务对象的需求，灵活运用各种营销手段，塑造酒店品牌形象；

● 具备点评饭店品牌的创建、推广、维护、提升、扩张、评估的能力；

● 能够养成独立分析问题、解决问题的能力，具备不断探索、创新的能力。

（三）素质目标

● 培养爱岗敬业、规范上岗的职业品质；

● 培养待人热情、注重礼节的职业习惯；

● 培养讲诚信、讲公德、讲尊重的良好美德。

三、课程内容和要求

序号		工作任务/项目	课程内容和要求		建议学时
			理论	实践	36
企业文化建设	1	企业文化概述	●企业文化的内涵与功能 ●企业文化的由来与发展 ●企业文化系统的构建		2
	2	企业文化的设计	●理念层的设计 ●制度层的设计 ●物质层的设计 ●行为层的设计		8
	3	企业文化的宣传		●如何宣传企业文化 ●优秀企业文化宣传的实例分析	2
	4	学习成果展示		●典型企业文化建设案例解析（教师） ●优秀企业文化案例分析（学生）	6
饭店品牌建设	5	饭店品牌概述	●饭店品牌的历史与现状 ●饭店品牌的未来发展		2
	6	如何创建饭店品牌	●应具备的品牌意识 ●创建饭店品牌的准备活动 ●饭店品牌定位的方法		2
	7	如何推广饭店品牌	●利用广告推广饭店品牌 ●利用促销推广饭店品牌 ●利用公共关系推广饭店品牌		2
	8	如何维护饭店品牌	●品牌的组织管理 ●品牌的危机管理		2
	9	如何提升饭店品牌	●建立品牌知名度和美誉度 ●提高品牌的忠诚度 ●品牌的创新		2
	10	如何扩张饭店品牌	●品牌战略扩张 ●品牌扩张的途径		2
	11	品牌建设的实质		●饭店品牌建设的实例解析	2
	12	学习成果展示		●优秀品牌建设案例分析（学生）	2
	13	期末考试	理论测试		2

四、考核评价

1.突出过程与模块评价，结合课堂提问、课后作业、双向答辩等手段，加强实践性教学环节的考核，并注重平时成绩的评定与管理。

2.强调目标评价和理论与实践一体化评价，注重引导学生进行学习方式的改变。

3.强调课程结束后综合评价，结合案例分析、角色扮演等手段，充分发挥学生的主动性和创造力，注重考核学生所拥有的综合职业能力及水平。

4.积极利用电子书籍、电子期刊、数字图书馆、各大网站等网络资源，使教学内容从单一化向多元化转变，使学生知识和能力的拓展成为可能。

教学评价采取过程评价与终结评价相结合的方式，采用百分制，学习过程（30%）、作品展示（30%）、笔试相结合（40%）的方式进行考核。注重基础知识与职业技能的双重考核，旨在提升学生的综合素质和职业能力。

学生总成绩=学习过程（30%）+作品展示（40%）+期末知识评价（40%）

注：学习过程中的考核结合每次课堂的互动及招标作业完成情况；作品展示为PPT形式，每组10分钟时间（6分钟时间展示作品，2分钟时间教师点评，2分钟时间答辩）。

五、课程资源及使用要求

（一）师资条件要求

"企业文化与品牌建设"课程的任课教师为具有中级以上职称且具有职业资格证书，具备相关企业文化建设及品牌建设的知识和分析品鉴能力，健康的身心以及热爱教育工作，热爱学生的热情；同时有较强的教学能力、教育科研能力和创新能力，能掌握相关高等教育法规，具有一定的教育学、心理学基本知识，并能运用在实际教学过程中。另外要求教师具有制作多媒体课件进行教学设计的能力，并具有应用现代教育技术进行教学的能力，具有指导学生进行材料收集、整理及分析的能力。

模块课老师要求具有较为丰富的行业经验的老师，以满足课程教学要求。培养学生对于行业的关注，对于专业的热爱之情，对于顾客的关爱之情，同时强化学生的文化意识，能够灵活运作所学知识解决企业的实际问题。

（二）实训教学条件要求

（1）多媒体教室

（2）各大公司网站

（3）知名企业公众号

（4）提供学习资料的图书馆

注：多媒体教室需配备能播放各类多媒体软件、能上网的电脑和投影设备，能满足随时展开案例分析与小组商讨、期末学生作品展示的需要，图书馆提供学习资料的相应专业书籍。

（三）教材选用

必须依据本课程标准选用或编写教材。要充分体现课程设计思想，以项目为载体实施教学，项目选取要科学，项目之间的逻辑结构清晰，并成系列，能支撑课程目标的实现。突出实际能力的培养与提高，同时要考虑与行业的一致性及可操作性。

六、课程实施建议及其他说明

（一）实施方案

1.在教学中积极进行实践性教学改革，探索新的教学方法，注重案例教学法、现场教学法、情景短剧的制作、模拟教学法等全新的教学方法的综合运用，打破传统的、单一的讲授法。

2.应以学生为本，注重"教"与"学"的互动。精选一些案例，在课堂上组织学生分析、讨论，分析各种事实材料中的现存问题，分析问题的本质原因，让学生抓住事物的主旨，做到有的放矢。

3.本课程充分体现了教学方法上的普遍性和特殊性。本课程强调理论和实践的高度统一，工学结合，强调用学生能力提高的表现来检验教学成果。

4.努力营造实践教学环境，通过"情境体验""双向答辩"的方式促使学生关注企业文化建设的实际情况、让学生通过"多听、多看、多想、多做"等方式，展示自己的所学和所想。

（二）学习情境设计

项目1　典型企业文化建设案例解析（2学时）

● 教学目标：培养追求卓越的职业品质。

● 工作任务：能够关注企业文化建设的现状。

● 活动设计：教师结合案例解析三类典型企业文化（"做得好、说不好""做不好、说得好""做得好、说得好"）的现状，启发同学思考并总结。

● 相关知识：企业宣传的方式。

● 课后练习与任务：

概括目前企业文化建设中的不足，查找相对优秀的企业文化建设案例并点评。

项目2　优秀企业文化建设案例分析（6学时）

● 教学目标：培养追求卓越的职业品质。

● 工作任务：思考并提出企业文化建设的相关问题。

● 活动设计：结合教师讲授的相关案例进行思考、总结，对某一企业文化建设情况进行介绍、分析并提出自己的见解，完成作品展示和答辩（每组10分钟时间：6分钟时间展示作品，2分钟时间教师点评，2分钟时间答辩）。

● 相关知识：企业文化的体系构成及其设计、建设和宣传。

● 课后练习与任务：

根据教师意见完善作品并上交、统一上传网络，实现资源共享。

项目3　饭店品牌建设实例解析（2学时）

● 教学目标：了解饭店品牌战略。

● 工作任务：能够分析某一品牌酒店在中国的发展状况。

● 活动设计：教师结合案例解析两大品牌酒店的不同发展战略，启发同学思考并总结。

● 相关知识：企业品牌战略及途径。

● 课后练习与任务：

概括酒店的发展不足之外，查找相对优秀的品牌建设案例并点评。

项目4　饭店品牌建设案例分析（2学时）

● 教学目标：培养追求卓越的职业品质。

● 工作任务：思考并提出品牌建设中的相关问题。

● 活动设计：结合教师讲授的相关案例进行思考、总结，对某一品牌建设情况进行介绍、分析并提出自己的见解，完成作品展示。（每组 5 分钟时间：4 分钟时间展示作品，1 分钟时间教师点评）。

● 相关知识：饭店品牌建设的策略。

● 课后练习与任务：

根据教师意见完善作品并上交、统一上传网络，实现资源共享。

（三）教学方法

1. 案例教学法

在案例教学过程中，通过案例分析和研究，找到解决问题的途径和手段，培养学生独立分析问题和处理问题的能力。

2. 参与式教学法

让学生参与到教学过程中。学生可以就教师的讲授内容发表自己的见解，对问题和现象表达自己的看法。而通过小组讨论、招标作业、小组演讲、课程作业等方式，学生可以变被动听课为主动学习，既有利于提高学生学习的积极性、主动性，也有利于学生分析问题、解决问题能力的培养和表达能力、团队合作能力的提高。针对某一具体企业文化建设及品牌建设，让学生动脑、动手收集资料、设计并制作成幻灯片，运用所学知识，进行介绍和分析；增强实际动手、动脑能力。

3. 角色扮演法

要学生扮演对客服务中的各种角色，如顾客、服务员，让学生真正体验自己的角色，并根据自己的角色进行体验，增强职业意识。

4. 启发式教学法

在授课的过程中，教师避免采用灌输理论知识的方式，而是采用提问和分析的方式，循序渐进地诱导、启发、鼓励学生对问题和现象进行思考、讨论，再由教师总结、答疑，做到深入浅出、留有余地，给学生深入思考和进一步学习的空间，同时也提高了学生的学习主动性。传输国内外有关企业文化及品牌建设的新理论、新思想以及发展动态。开阔学生的眼界，激发其求知欲，使学生具备现代酒店管理的理念和意识。

5. 交互式教学法

教师提出招标作业，启发学生发散性思维，鼓励学生之间相互启发和互帮互助，完成招标作业并在下次课选择优秀的成果进行展示；实现了教学相长，扩展了教学广度，形成了力争上游的良好学习状态；也锻炼了学生收集资料、思考问题、参与讨论和展示自我的能力。

（四）课程资源的开发与利用

1. 充分利用网络资源。配合课程教学，收集大量的教学案例、推荐相关企业网站等。

2. 学生自行收集学习材料。在教学过程中，给学生提出一些资料收集的方向和建议，让学生自行收集材料，培养学生主动学习、使用资源的能力。

（五）教学建议

本课程充分体现了教学方法上的普遍性和特殊性。理论教学要强调课堂教学的案例讲授法，实践教学强调课堂教学的情景教学法和角色扮演法。本课程强调理论和实践的高度统一，工学结合，用实际的岗位实习来检验教学成果。

（六）主要参考资料

［1］陈雪钧，马勇，李莉.酒店品牌建设与管理［M］.重庆：重庆大学出版社，2015.

［2］吴金林.酒店品牌建设与管理［M］.北京：高等教育出版社，2016.

［3］王吉鹏.企业文化建设［M］.北京：中国人民大学出版社，2017.

酒店管理专业 "饭店营销实务" 课程标准

一、课程性质

本课程是酒店管理岗位选修课，是酒店管理专业与企业、行业专家共同开发建设的一门具有工学结合、鲜明特色的职业能力核心课程。课程强调学生的基本素质和能力培养，让学生掌握酒店营销人员应具备的专业技术能力，培训学生酒店营销岗位的基本管理能力，具有酒店营销人员所应具备的主体实践素质、思维素质以及语言文化素质，贴近学生将来职业场景的需要。

本课程是依据 "酒店管理专业工作任务与职业能力分析表" 中的饭店市场营销工作项目设置的。该课程总体设计思路紧紧围绕 "能力本位" 的育人理念，充分体现依据学生的认知特点、学生可持续发展需求，打破以知识传授为主要特征的传统学科课程模式，设计通过任务引领、工作过程导向的理念和设计思路将本课程的内容分解为若干项目，创设相关工作情景采用并列与流程相结合的方式展示教学内容。理论知识上以必需和够用为度，在实践上重点培养学生的技术应用能力和创新能力。在内容安排上，结合酒店行业的各个服务环节和管理实际，具有很强的操作性，坚持立德树人，注重思想政治教育贯穿教学始终，同时融合了学生综合素质提升、创新创业能力培养、学生可持续发展的要求。项目设计以酒店日常市场营销为线索来进行。教学过程中，通过校企合作、校内实训基地建设等多种途径，工学结合突出实践，充分开发学习资源，给学生提供丰富的实践机会。教学效果评价采取过程评价与结果评价相结合的方式，通过理论与实践相结合，重点评价学生的职业能力和综合素质。课程设计理念符合职业性、实践性和开放性要求，符合工作过程与方法的思路要求。

"饭店营销实务" 课程的总学时为 32 学时，建议学分为 2 分，执笔人为潘澜。

二、课程目标

（一）知识目标

掌握酒店营销岗位的基本知识和职业素养，掌握酒店营销岗位基本的工作流程及标准。

（二）能力目标

能够参与酒店营销岗位的实践工作，掌握酒店营销岗位的策划职能、沟通职能、管理职能、服务职能四大方面能力，能够养成独立分析问题、解决问题的能力。

（三）素质目标

培养善于分析、勤于学习的精神，具备不断探索、创新能力。具有酒店营销人员所应具备的主体实践素质、思维素质以及语言文化素质。

三、课程内容和要求

序号	工作任务/项目	课程内容和要求		建议学时
		理论	实践	32
1	导论	饭店市场营销基本理论		6
3	饭店营销调研	1.饭店消费市场调查 2.饭店营销环境分析 3.饭店目标市场确定		6
4	饭店营销策划	1.饭店产品策划 2.饭店价格策划 3.饭店渠道策划 4.饭店促销策划		12
5	饭店营销控制	1.饭店营销预算 2.饭店营销计划 3.营销绩效 4.顾客关系管理		4
6	饭店产品销售	1.旅行社与OTA销售 2.会议销售 3.宴会销售 4.商务和长包房销售		4

四、考核评价

考核方式上，采用形成性与终结性评价相结合的理论考试、调研报告、阶段测试等多种考核方式。理论考试（30%）+ 调研报告（20%）+ 阶段测试（50%）。理论考试重在评价饭店市场营销课程的理论学习情况，占总成绩的30%。调研报告重在评价学生饭店市场营销理论知识转化为实践的能力，以及对饭店市场营销的基本原则掌握程度及创新能力的表现，占总成绩的20%；阶段测试成绩主要包括考勤、作业、平时表现环节的表现，占总成绩的50%。

五、课程资源及使用要求

（一）师资条件要求

本课程要求大多数教师具有研究生及以上酒店管理专业背景，具备酒店管理实践知识和能力，健康的身心以及热爱教育工作，热爱学生；同时有较强的教学能力、教育科研能力和创新能力，能掌握相关高等教育法规，具有一定的教育学、心理学基本知识，并能运用在实际教学过程中。另外要求教师具有制作多媒体课件进行教学设计的能力，并具有应用现代教育技术进行教学的能力，具有高星级酒店管理实践能力。

（二）实训教学条件要求

（1）多媒体教室

（2）校外、校内实训实习基地

（3）提供学习资料的图书馆

（三）教材选用

本课程结合课程内容和高职高专学生特点选用教材。教材充分体现课程设计思想，以项目为载体实施教学，项目选取要科学，项目之间的逻辑结构清晰，并成系列，能支撑课程目标的实现。突出职业能力的培养与提高，同时要考虑可操作性。

六、课程实施建议及其他说明

1.课程实施方案

课程目标的实现通过案例导入、情境创设、岗位体验等教学方法，以校内实训基地和校外实训基地为实习场所，教、学、做三者结合，强调学生"能力本位"。

● 树立学生对饭店营销岗位的正确认识，培养学生对饭店市场营销的兴趣，塑造正确的就业观念。

● 应加强对学生实际职业能力的培养，强化基于工作过程的案例教学和任务教学，注重以任务引领型项目诱发学生兴趣，使学生将工作任务和工作角色相结合，掌握饭店市场营销专业技能与创新能力。

● 教师应尽可能由浅及深地讲授饭店市场营销专业知识，并结合酒店实际案例加深学生理解，应注意职业情境的创设，以多媒体、录像等教学方法提高学生分析问题和解决实际问题的职业能力。

● 教师必须重视实践、更新观念，为学生提供自主发展的时间和空间，积极引领学生提升职业素养，努力提高学生的创新能力。

2.教师教学计划

计划1：导论			参考学时	6
学习目标	1.掌握市场、市场营销概念 2.明白营销与销售的区别 3.熟悉饭店产品特点 4.了解饭店营销活动			
学习单元	内容描述	教学条件	教学方法和建议	参考学时
饭店营销功能	1.掌握市场、市场营销概念 2.明白营销与销售的区别	多媒体教室	运用多媒体教学、案例分析、教授等方法	3
饭店营销概念	1.熟悉饭店产品特点 2.了解饭店营销活动	多媒体教室	运用多媒体教学、案例分析、教授等方法	3

计划2：饭店营销组织			参考学时	2
学习目标	1.了解饭店营销岗位设置及岗位职责 2.了解饭店营销业务管理 3.掌握营销人员的素质和能力			
学习单元	内容描述	教学条件	教学方法和建议	参考学时
认识饭店营销部	1.饭店营销岗位设置及岗位职责 2.饭店营销业务管理	多媒体教室	运用多媒体教学、案例分析、教授等方法	1
营销团队建设	1.营销人员的素质和能力 2.营销人员的培训和激励	多媒体教室	运用多媒体教学、案例分析、教授等方法	1

计划3：饭店营销调研		参考学时		6
学习目标	1.掌握调查问卷的设计 2.了解市场调查报告的撰写			

学习单元	内容描述	教学条件	教学方法和建议	参考学时
饭店消费市场调查	1.制订调查计划 2.设计问卷和实施调查 3.撰写市场调查报告	多媒体教室	运用多媒体教学、案例分析等方法	2
饭店市场环境分析	1.宏观环境 2.微观环境 3.SWOT分析			2
饭店目标市场确定	1.饭店市场细分 2.饭店目标市场选择 3.饭店市场定位			2

计划4：饭店营销策划		参考学时		16
学习目标	1.掌握饭店产品策划 2.掌握饭店价格策划 3.了解饭店渠道策划 4.掌握饭店促销策划			

学习单元	内容描述	教学条件	教学方法和建议	参考学时
产品策划	1.产品和产品组合 2.消费者体验 3.新产品开发	多媒体教室	运用多媒体教学、案例分析、参与教学等方法	4
价格策划	1.影响定价的主要因素 2.定价方法和策略 3.价格实施	多媒体教室	运用多媒体教学、案例分析、教授等方法	4
渠道策划	1.渠道构成 2.渠道设计 3.分销渠道管理	多媒体教室	运用多媒体教学、案例分析、参与式教学法等方法	4
促销策划	1.广告策划 2.公共关系 3.销售促进 4.人员推销	多媒体教室	运用多媒体教学、案例分析、参与式教学法等方法	4

计划5：饭店营销控制		参考学时		4
学习目标	1.饭店营销预算 2.饭店营销计划 3.饭店营销绩效 4.顾客关系管理			

续表

学习单元	内容描述	教学条件	教学方法和建议	参考学时
饭店营销预算	1.营销预算的构成 2.营销预算的编制过程 3.编制方法和偏差调整	多媒体教室	运用多媒体教学、案例分析、教授等方法	1
饭店营销计划	1.计划制订 2.计划分解和调整 3.计划执行	多媒体教室	运用多媒体教学、案例分析、教授等方法	1
饭店营销绩效	1.计划控制 2.绩效控制 3.绩效评价	多媒体教室	运用多媒体教学、案例分析、教授等方法	1
顾客关系管理	1.顾客满意度管理 2.实施顾客关怀 3.定制化服务	多媒体教室	运用多媒体教学、案例分析、教授等方法	1

计划6：饭店产品营销		参考学时		4
学习目标	1.掌握旅行社和OTA销售 2.掌握会议销售 3.了解宴会销售 4.了解商务和长包房销售			
学习单元	内容描述	教学条件	教学方法和建议	参考学时
旅行社和OTA销售	1.旅游团队概述 2.旅行社销售管理 3.OTA销售管理	多媒体教室	运用多媒体教学、案例分析、教授等方法	1
会议销售	1.饭店会议概述 2.会议销售管理 3.会议销售技巧	多媒体教室	运用多媒体教学、案例分析、参与式教学法等方法	1
宴会销售	1.宴会概述 2.宴会销售管理 3.宴会促销	多媒体教室	运用多媒体教学、案例分析、教授等方法	1
商务和长包房销售	1.饭店商务市场概述 2.商务销售和长包房销售管理 3.大客户销售和维护技巧	多媒体教室	运用多媒体教学、案例分析、参与式教学法等方法	1

3. 课程资源开发

● 进一步开发多媒体教学光盘，通过各种活动的设计、模拟与参与，使学生的主动性、积极性和创造性得以充分调动。

● 充分利用实习基地酒店，为学生参观、实训和实习服务，并及时调整教学内容。

● 课程资源建设，把有关电子教学资料（如PPT课件、案例、习题等）放在课程网站上，实现学生与教师的网上互动。

4. 教学模式

本课程针对来源于企业实践的、典型的职业工作任务，紧紧围绕学生在校学习与实际工作的一致性和行动导向原则进行教学模式设计，在培养岗位实际工作能力的同时，促进学生关键能力的发展和综合素质的提高。

● 工学交替。课程教学整体上注重工学交替，设计了课内—课外、校内—校外、随堂实训、项目活动等多种形式并举的实践教学模式。

● 任务驱动。将教学内容整合，注重工作过程的整体性，让学生在完整、综合的仿真行动中学习知识，体验实践。

● 项目导向。在教学与实践活动中，以项目为导向，师生通过共同实施一个完整的具有实际应用价值的"项目"工作而进行教学活动。

5. 教学方法与手段

● 讲授法：主要应用于学生学习基础知识的初级阶段，要为学生学习创设一个合适的情景氛围，增强学生的学习兴趣和意识。

● 启发式教学法。在授课的过程中，教师避免采用灌输理论知识的方式，而是采用提问和分析的方式，循序渐进地诱导、启发、鼓励学生对问题和现象进行思考、讨论，再由教师总结、答疑，做到深入浅出、留有余地，给学生深入思考和进一步学习的空间，同时也提高了学生的学习主动性。

● 参与式教学法。让学生参与到教学过程中。学生可以就教师的讲授内容发表自己的见解，对问题和现象表达自己的看法。而通过小组讨论、专题汇报、小组辩论、情景模拟、课程作业等方式，有利于学生分析问题、解决问题能力的培养和表达能力、团队合作能力的提高。针对某一具体酒店的经营管理，让学生收集资料、设计并制作成幻灯片，真正动脑、动手，增强实际操作能力。

● 互动式教学法。教师提出问题或现象，启发学生的发散性思维，可以实现教学互动；而小组讨论、角色模拟的方式则可以起到学生之间相互启发的作用，进而又促进了教学。教学相长，扩展了教学的深度与广度。为了解学生对本课程的学习情况，针对酒店目前发展动态和敏感问题要求学生收集资料、启发学生进行思考，开展课堂讨论，培养学生分析问题和解决问题的能力。

● 案例教学法。在讲解过程中结合案例，加深学生对基本理论的理解和认识。同时将案例分析作为对学生掌握理论知识和分析解决问题能力的检验，同时也能起到相互启发的效果。加深学生对酒店分类、酒店产品特征、管理基础理论及服务质量管理的认识和理解。

● 其他教学手段：现场参观、交流互动、专题讲座、观看多媒体、岗位体验、项目作业等教学方式。

6. 主要参考资料

[1] 胡宇橙，王文君. 饭店市场营销管理 [M]. 北京：中国旅游出版社.

[2] 孙梦阳，赵晓燕. 饭店市场营销实务 [M]. 北京：北京航空航天大学出版社.

[3] 菲利普·科特勒，约翰·T.鲍文，詹姆斯·C.麦肯斯. 旅游市场营销 [M]. 北京：清华大学出版社.

酒店管理专业"沟通技巧"课程标准

一、课程性质

本课程是酒店管理专业选修课,也是酒店管理专业学生的职业能力岗位选修课程。课程通过讲解沟通的基本原理和沟通技巧,让学生掌握沟通的基本过程和沟通要素,培养学生在不同情境下灵活运用沟通技巧的能力,特别是通过案例培养学生不同岗位的沟通能力,让学生在职场养成沟通的意识和沟通技巧。

本课程是依据"酒店管理专业工作任务与职业能力分析表"中的岗位职业能力设置的。该课程总体设计思路紧紧围绕"三全一分"育人理念,充分体现依据学生的认知特点、学生可持续发展需求,打破以知识传授为主要特征的传统学科课程模式,设计通过任务引领、工作过程导向的理念和设计思路将本课程的内容分解为若干项目,创设相关工作情景采用并列与流程相结合的方式展示教学内容。理论知识的选取紧紧围绕沟通设计工作任务完成的需要来进行,同时又充分考虑住宿业态的创新发展要求,坚持立德树人,注重思想政治教育贯穿教学始终,同时融合了学生综合素质提升、创新创业能力培养、学生可持续发展的要求。项目设计以沟通设计为线索来进行。教学过程中,通过校企合作、校内实训基地建设等多种途径,工学结合突出实践,充分开发学习资源,给学生提供丰富的实践机会。教学效果评价采取过程评价与结果评价相结合的方式,通过理论与实践相结合,重点评价学生的职业能力和综合素质。课程设计理念符合职业性、实践性和开放性要求,符合工作过程与方法的思路要求。

"沟通技巧"课程的总学时为 36 学时,建议学分为 2 分,执笔人为沃斌峰。

二、课程目标

(一)知识目标

掌握沟通的基本要素和沟通过程,学会几种沟通技巧的应用和程序。

(二)能力目标

能够掌握几种沟通技巧及在不同情境下运用沟通技巧的能力。

(三)素质目标

养成沟通的意识,并与工作岗位相结合提高职场沟通能力。

三、课程内容和要求

序号	工作任务/项目	课程内容和要求		建议学时
		理论	实践	36
1	沟通概论	1.沟通三要素的内容 2.沟通类型		4
2	沟通主体对沟通的影响	1.知觉基模 2.沟通技巧之———知觉检核的程序和运用	知觉检核的案例分析	6
3	影响沟通效果的三要素	1.影响沟通效果的三要素 2.有效运用沟通效果中的三个要素		6
4	沟通三环节之倾听	1.倾听的含义 2.有效倾听的几个法则		6
5	同理心沟通	1.同理心沟通的定义 2.同理心沟通的案例分析		4
6	职场沟通	1.职场沟通法则 2.职场形象沟通 3.服务沟通 4.管理沟通	案例分析	8
7	沟通测试	理论测试		2

四、考核评价

考核方式上，采用形成性与终结性评价相结合的理论考试、阶段测试等多种考核方式。期中考试（20%）+平时测试（30%）+期末测试（50%）。期中考试重点关注学生的理论学习情况，占总成绩的20%。平时测试重在评价学生在课堂的表现和沟通案例的分析能力，主要包括考勤、作业，占总成绩的30%；期末测试重在评价学生综合运用沟通技巧的能力，占总成绩的50%。

五、课程资源及使用要求

（一）师资条件要求

本课程教师要求具备旅游管理或行政管理类相关专业背景，健康的身心以及热爱教育工作，热爱学生；同时有较强的教学能力、教育科研能力和创新能力，能掌握相关高等教育法规，具有一定的教育学、心理学基本知识，并能运用在实际教学过程中。另外要求教师具有制作多媒体课件进行教学设计的能力，并具有应用现代教育技术进行教学的能力。

（二）实训教学条件要求

（1）多媒体教室

（2）提供学习资料的图书馆

（三）教材选用

本课程结合课程内容和高职高专学生特点选用高职高专规划教材，教材充分体现课程设计思想，以项目为载体实施教学，项目选取要科学，项目之间的逻辑结构清晰，并成系列，能支撑课程目标的实现。突出职业能力的培养与提高，同时要考虑可操作性。

六、课程实施建议及其他说明

1. 课程实施方案

课程目标的实现通过理论讲解、案例分析、沟通演练等教学方法，教、学、练三者结合，强调学生在"练"中"学"。

● 传授基础的沟通理论知识，教会学生基本的沟通原理。

● 强调沟通的基本要素和环节，教会学生把握沟通的基本要点，掌握沟通技巧。

● 讲授常用的几种沟通技巧，教会学生应用的基本程序。

● 结合酒店管理和服务的相关案例讲解沟通技巧的应用，培养学生积极运用沟通技巧的能力。

● 教师在讲解过程中注重培养学生的沟通意识和沟通能力。

2. 教师教学计划

计划1：沟通概论		参考学时		4
学习目标	1.理解沟通的定义 2.理解沟通的三要素			
学习单元	内容描述	教学条件	教学方法和建议	参考学时
沟通的定义	1.沟通定义 2.沟通过程图	多媒体教室	运用多媒体教学、案例分析、教授等方法	1
沟通的类别	1.线性沟通 2.交流沟通	多媒体教室	运用多媒体教学、案例分析、教授等方法	1
沟通的三个要素	1.沟通的主体 2.沟通的渠道 3.信息	多媒体教室	运用多媒体教学、案例分析、教授等方法	2

计划2：沟通主体对沟通的影响		参考学时		6
学习目标	1.知觉基模对主体的影响 2.掌握知觉检核的沟通技巧			
学习单元	内容描述	教学条件	教学方法和建议	参考学时
知觉基模	理解知觉基模对沟通主体的影响	多媒体教室	运用多媒体教学、案例分析、分组训练等方法	2
知觉检核的沟通技巧	1.掌握知觉检核沟通的程序及应用场景 2.灵活运用知觉检核沟通技巧	多媒体教室	运用多媒体教学、案例分析等方法	4
面试中的非语言沟通	影响面试的非语言沟通	多媒体教室	运用多媒体教学、案例分析、分组训练等方法	2

计划3：影响沟通效果的三要素			参考学时	6
学习目标	1.了解不同信息类型对沟通效果的影响 2.熟练运用语言、语音语调、肢体语言对沟通的影响			
学习单元	内容描述	教学条件	教学方法和建议	参考学时
影响沟通效果的信息类型	语言、语音语调、肢体语言对沟通的影响效果	多媒体教室	运用多媒体教学、案例分析等方法	2
非语言沟通的作用	1.非语言沟通的内容 2.非语言沟通的功能 3.非语言沟通的案例分析	多媒体教室	运用多媒体教学、案例分析、分组训练等方法	2
面试中的非语言沟通	影响面试的非语言沟通	多媒体教室	运用多媒体教学、案例分析、分组训练等方法	2

计划4：沟通三环节之倾听			参考学时	6
学习目标	1.理解倾听的含义 2.掌握倾听的技巧			
学习单元	内容描述	教学条件	教学方法和建议	参考学时
理解倾听的含义	理解倾听的含义及重要性	多媒体教室	运用多媒体教学、案例分析、分组训练等方法	2
掌握倾听的技巧	根据倾听的技巧理解倾听的要义	多媒体教室	运用多媒体教学、案例分析、分组训练等方法	2
有效倾听	有效倾听的几个法则	多媒体教室	运用多媒体教学、网络、分组训练等方法	2

计划5：同理心沟通			参考学时	4
学习目标	1.理解同理心沟通的含义 2.灵活运用同理心沟通技巧			
学习单元	内容描述	教学条件	教学方法和建议	参考学时
同理心沟通	1.理解同理心沟通含义 2.掌握同理心沟通技巧	多媒体教室	运用多媒体教学、案例分析、分组训练等方法	2
同理心沟通技巧练习	选取多种案例练习同理心沟通技巧	多媒体教室	运用多媒体教学、案例分析、分组训练等方法	2

计划6：职场沟通			参考学时	8
学习目标	1.理解职场沟通的几个法则 2.养成职场沟通的意识和素养			
学习单元	内容描述	教学条件	教学方法和建议	参考学时
职场沟通的几个法则	理解职场沟通几个法则	多媒体教室	运用多媒体教学、案例分析、分组训练等方法	2
职场形象沟通法则	通过职场着装、化妆、礼仪等方面分析职场形象沟通的重要性	多媒体教室	运用多媒体教学、案例分析、分组训练等方法	2
职场服务沟通案例分析	选取酒店服务沟通案例分析职场沟通的重要性	多媒体教室	运用多媒体教学、案例分析、分组训练等方法	2
职场管理沟通案例分析	选取酒店管理沟通案例分析职场沟通的重要性	多媒体教室	运用多媒体教学、案例分析、分组训练等方法	2

计划7：测试		参考学时		2
学习目标	1.测试学生对沟通基本理论的掌握情况 2.测试学生对沟通综合技巧的应用能力			
学习单元	内容描述	教学条件	教学方法和建议	参考学时
综合测试	能够阐述沟通的基本理论和知识点，并综合运用沟通技巧分析职场沟通案例	教室	测试	2

3. 课程资源开发

● 进一步开发多媒体教学光盘，通过各种视频的观看，案例的分析，使学生的主动性、积极性和创造性得以充分调动。

● 充分利用学生实习报告中的案例，提供给学生真实又与时俱进的沟通案例。

● 课程资源建设，把有关电子教学资料（如 PPT 课件、案例、习题等）放在课程网站上，实现学生与教师的网上互动。

4. 教学模式

本课程通过介绍沟通的基本原理和理论，选取在生活中和职场中的一些典型沟通案例分析，培养学生增强生活和职场中的沟通意识，养成职场中的沟通素养，提升学生的沟通能力，促进学生关键能力的发展和综合素质的提高。

● 案例分析。教学内容根据沟通基本理论结合酒店管理领域整合，注重工作过程的整体性，让学生在完整、综合的仿真行动中学习知识，体验实践。

● 项目导向。在教学与实践活动中，以项目为导向，师生通过共同实施一个完整的具有实际应用价值的"项目"工作而进行教学活动。

5. 教学方法与手段

● 讲授法：主要适用于学生学习沟通基本原理和理论知识，为学生学习创设一个合适的情景氛围，增强学生的学习兴趣和意识。

● 启发式教学法。在授课的过程中，教师尽可能结合生活中的沟通案例启发学生对沟通的理解，避免采用灌输理论知识的方式；而是采用提问和分析的方式，循序渐进地启发、鼓励学生对问题和现象进行思考、讨论，做到深入浅出、留有余地，给学生深入思考和进一步学习的空间，同时也提高了学生的学习主动性。

● 参与式教学法。改变传统的单纯依赖教师讲授的方法，让学生参与到教学过程中。学生可以就教师的讲授内容发表自己的见解，对问题和现象表达自己的看法。而通过情景扮演、小组讨论、课程作业等方式，学生可以变被动听课为主动学习，既有利于提高学生学习的积极性、主动性，也有利于学生分析问题、解决问题能力的培养和表达能力、沟通能力的提高。

● 互动式教学法。教师提出问题或现象，启发学生的发散性思维，可以实现教学互动；而小组讨论、角色模拟的方式则可以起到学生之间相互启发的作用，进而又促进了教学。教学相长，扩展了教学的深度与广度。

● 案例教学法。在讲解过程中结合案例，加深学生对基本理论的理解和认识。同时将案例分析作为对学生掌握理论知识和分析解决问题能力的检验，同时也能起到相互启

发的效果。使学生在酒店不同岗位、不同情境下能够灵活运用沟通技巧。

● 其他教学手段：观看多媒体、交流互动、专题讲座、情境扮演、项目作业等教学方式。

6. 主要参考资料

［1］罗纳德.B 阿德勒.沟通的艺术［M］.北京：北京联合出版公司.

［2］尼基.斯坦顿.沟通圣经［M］.北京：北京联合出版公司.

［3］马歇尔 卢森堡.非暴力沟通［M］.

［4］黛安娜.布赫.卓有成效的沟通——领导者上传下达的10个沟通技巧［M］.

酒店管理专业"饭店安全管理"课程标准

一、课程性质

"饭店安全管理"课程是酒店管理专业的岗位选修课程。该课程充分考虑饭店业安全管理的特点，依据学生的认知特点和可持续发展需求，充分体现任务引领、工作过程导向的设计理念，让学生了解饭店各部门安全管理的知识及要点，掌握饭店安全操作规范和各类安全事件的处理方法，在构建相关理论知识的同时，又注重对学生安全防范意识和预防能力的培养。在教学过程中，通过校企合作、校内实训基地建设等多种途径，工学结合突出实践，充分开发学习资源，给学生提供丰富的实践机会。课程强调学生的基本素质和能力培养，教学效果评价采取过程评价与结果评价相结合的方式，通过理论与实践相结合，重点评价学生的职业能力和综合素质，满足学生可持续发展的要求。

"饭店安全管理"课程的总学时为 32 学时，建议学分为 2 分，执笔人为赵炜。

二、课程目标

（一）知识目标

了解饭店各部门安全管理知识及要点，掌握饭店安全操作规范及各类安全事故的处理方法和技巧。

（二）能力目标

能够参与饭店安全管理实践工作，培养学生对饭店各类安全事故的处理能力。

（三）素质目标

增强学生安全防范意识，培养学生具备饭店从业人员所应具备的安全知识和职业素养，具备善于分析、勤于学习的精神和创新能力。

三、课程内容和要求

根据专业人才培养目标要求，结合酒店安全管理的职业特点，经过对学生就业岗位工作任务的分析，将本课程教学内容分为以下几个模块。

序号	工作任务/项目	课程内容和要求		建议学时
		理论	实践	32
1	饭店安全管理概述	1.概念解读 2.饭店安全管理的内容与特点 3.饭店安全管理的原则与方法 4.饭店安全管理的重点及难点		4

续表

序号	工作任务/项目	课程内容和要求		建议学时
		理论	实践	32
2	饭店安全基础	1.饭店安全组织——安保部 2.饭店安全设施 3.饭店安全制度 4.饭店安全措施		4
3	饭店核心部门安全管理	1.前厅安全事项及管理 2.客房安全事项及管理 3.餐饮安全事项及管理 4.康乐安全事项及管理	1.客房清扫安全实训 2.餐厅服务安全实训 3.前厅服务安全实训	10
4	饭店消防安全管理	1.饭店消防安全重要性 2.饭店火灾的特点 3.饭店消防系统 4.饭店火灾防范	火灾疏散及逃生要领	4
5	员工职业安全	1.职业安全法律保障 2.员工职业安全与健康 3.饭店的职业危害及预防	1.员工手工操作安全 2.工作梯使用安全 3.身体安全防护 4.女工自我保护	6
6	饭店常见安全问题的预防及处理	1.客人伤病处理 2.客人报失处理 3.客人醉酒的安全防范 4.客人违法处理		4

四、考核评价

考核方式上，采用形成性评价与终结性评价相结合的理论考试、技能测试、阶段测试等多种考核方式。理论考试（50%）＋操作技能（30%）＋阶段测试（20%）。理论考试重在评价饭店安全管理课程的学习情况，占总成绩的50%。操作技能重在测试学生将安全知识转化为操作实践的能力，重点检查学生的安全意识及防范能力的表现，占总成绩的30%；阶段测试成绩主要包括考勤、作业、平时表现环节的表现，占总成绩的20%。

五、课程资源及使用要求

（一）师资条件要求

本课程要求大多数教师具有研究生及以上饭店管理专业背景，具备相关饭店安全管理的实践知识和能力，健康的身心以及热爱教育工作，热爱学生；同时有较强的教学能力、教育科研能力和创新能力，能掌握相关高等教育法规，具有一定的教育学、心理学基本知识，并能运用在实际教学过程中。另外，要求教师具有制作多媒体课件进行教学设计的能力，并具有应用现代教育技术进行教学的能力，具备指导学生进行安全实训操作的能力。

（二）实训教学条件要求

（1）多媒体教室；

（2）安全操作实训设施；

（3）校外、校内实训实习基地；

（4）提供学习资料的图书馆。

（三）教材选用

本课程结合课程内容和高职高专学生特点选用或编写教材。教材充分体现课程设计思想，以项目为载体实施教学。项目选取要科学，项目之间的逻辑结构清晰，并成系列，能支撑课程目标的实现。突出职业能力的培养与提高，同时要考虑可操作性。

六、课程实施建议及其他说明

（一）课程实施方案

课程目标的实现通过情境创设、仿真模拟、案例分析、认识实习、岗位体验等教学方法，以校内实训基地和校外实训基地为实习场所，教、学、做三者结合，强调学生在"做"中"学"。

1. 教师应注意职业情境的创设，以多媒体、录像等教学方法提高学生分析问题和解决实际问题的职业能力，最大限度地提高学生的学习兴趣。教师还必须重视实践、更新观念，引领学生提升职业素养，提高自身的创新能力。

2. 本课程教学主要是理论教学，教师要努力创设工作情境，提升学生学习兴趣，通过大量直观式、参与式的教学活动，让学生在"教"与"学"的过程中，认识本课程的特点，熟悉行业实践工作。

3. 充分利用学生校外实习机会，实践"工学结合"，完成学生实习、实训的实践任务，在实际工作过程中提升各项能力，同时为学生的就业创造机会。

4. 通过介绍相关书籍、网站等资源，扩大学生的知识视野，补充课外学习内容。

（二）教师教学计划

计划1：饭店安全管理概述			参考学时	4
学习目标	1.概念解读 2.饭店安全管理的内容与特点 3.饭店安全管理的原则与方法 4.饭店安全管理的重点及难点			

学习单元	内容描述	教学条件	教学方法和建议	参考学时
1.概念解读	●安全的内涵 ●饭店安全的内涵 ●饭店安全管理的内涵	多媒体教室	运用多媒体教学、教授等方法	0.5
2.饭店安全管理内容与特点	●饭店安全管理的主要内容 ●饭店安全管理的特点	多媒体教室	运用多媒体教学、案例分析、教授等方法	1.5
3.饭店安全管理的原则及方法	●饭店安全管理的原则 ●饭店安全管理的主要方法	多媒体教室	运用多媒体教学、案例分析、教授等方法	1
4.饭店安全管理的重点及难点	●饭店安全管理的重点 ●饭店安全管理的难点	多媒体教室	运用多媒体教学、案例分析、教授等方法	1

计划2：饭店安全基础			参考学时	4

学习目标	1.饭店安全组织——安保部 2.饭店安全设施 3.饭店安全制度 4.饭店安全措施			

学习单元	内容描述	教学条件	教学方法和建议	参考学时
1.饭店安全组织	●饭店安全组织系统 ●安保部的组织机构 ●安保部的任务与职责	多媒体教室	运用多媒体教学、教授等方法	1
2.饭店安全设施	●饭店安全系统 ●饭店区域安全设施 ●饭店安全应急设施	多媒体教室	运用多媒体教学、案例分析、教授等方法	1
3.饭店安全制度	●饭店核心部门的安全管理制度	多媒体教室	运用多媒体教学、案例分析、教授等方法	1
4.饭店安全措施	●饭店安全教育培训 ●建立有效的安全组织与安全网络 ●规划安全责任区等	多媒体教室	运用多媒体教学、案例分析、教授等方法	1

计划3：饭店核心部门安全管理			参考学时	10

学习目标	1.前厅安全事项及管理 2.客房安全事项及管理 3.餐饮安全事项及管理 4.康乐安全事项及管理			

学习单元	内容描述	教学条件	教学方法和建议	参考学时
1.前厅安全事项及管理	●礼宾及行李安全 ●住宿登记安全 ●收银安全管理 ●前厅服务安全实训	多媒体教室	运用多媒体教学、案例分析、教授等方法、实训	2
2.客房安全事项及管理	●客房防盗安全 ●客人遗留物品安全 ●客房服务安全 ●客房清扫安全实训	多媒体教室	运用多媒体教学、案例分析、教授等方法、实训	3
3.餐饮安全事项及管理	●食品卫生安全 ●餐厅服务与卫生安全 ●餐厅运营安全事项 ●餐厅服务安全实训	多媒体教室	运用多媒体教学、案例分析、教授等方法、实训	3
4.康乐安全事项及管理	●保健项目安全管理 ●娱乐项目安全管理 ●休闲项目安全管理	多媒体教室	运用多媒体教学、案例分析、教授等方法	2

计划4：饭店消防安全管理			参考学时	4

学习目标	1.饭店消防安全重要性 2.饭店火灾的特点 3.饭店消防系统 4.饭店火灾防范			

学习单元	内容描述	教学条件	教学方法和建议	参考学时
1.饭店消防安全重要性	●饭店火灾危害 ●饭店消防安全的重要性	多媒体教室	运用多媒体教学、案例分析、教授等方法	1
2.饭店火灾的特点	●可燃材料多，火灾荷载大 ●着火源多，管道、竖井多，火势蔓延速度快 ●人员高度密集，火灾伤亡严重	多媒体教室	运用多媒体教学、案例分析、教授等方法	0.5
3.饭店消防系统	●自动报警系统 ●手动报警系统 ●消防给水设备 ●饭店灭火器等	多媒体教室	运用多媒体教学、案例分析、教授等方法	1
4.饭店火灾防范	●饭店火灾应急预案 ●火灾疏散及逃生要领 ●火灾紧急救护	多媒体教室	运用多媒体教学、案例分析、教授等方法、实训	1.5

计划5：员工职业安全			参考学时	6

学习目标	1.职业安全法律保障 2.员工职业安全与健康 3.饭店的职业危害及预防			

学习单元	内容描述	教学条件	教学方法和建议	参考学时
1.职业安全法律保障	●劳动者的权利义务 ●劳动法等法律保障 ●劳动纠纷解决途径	多媒体教室	运用多媒体教学、案例分析、教授等方法	1
2.员工职业安全与健康	●员工职业危害因素 ●员工健康管理 ●饭店常见职业病	多媒体教室	运用多媒体教学、案例分析、教授等方法	2
3.饭店的职业危害及预防	●海因里希法则 ●用电安全 ●手工操作安全 ●工作梯使用安全 ●身体安全防护 ●女工自我保护	多媒体教室	运用多媒体教学、案例分析、教授等方法、实训	3

计划6：饭店常见安全问题的预防及处理			参考学时	4

学习目标	1.客人伤病处理 2.客人报失处理 3.醉酒客人安全防范 4.客人违法处理			

续表

学习单元	内容描述	教学条件	教学方法和建议	参考学时
1.客人伤病处理	●客人伤病的类型 ●客人伤病的处理	多媒体教室	运用多媒体教学、案例分析、教授等方法	1
2.客人报失处理	●客人报失的类型 ●客人报失的处理	多媒体教室	运用多媒体教学、案例分析、教授等方法	1
3.醉酒客人安全防范	●客人醉酒安全隐患 ●醉酒客人的安全	多媒体教室	运用多媒体教学、案例分析、教授等方法	1
4.客人违法处理	●客人违法的类型 ●客人违法防范处理	多媒体教室	运用多媒体教学、案例分析、教授等方法	1

（三）课程资源开发

1.进一步开发多媒体教学光盘，通过各种活动的设计、模拟与参与，使学生的主动性、积极性和创造性得以充分调动。

2.构建虚拟学习场景，通过分组模拟等形式，仿真实际的操作环境，体验真实操作过程。

3.搭建产学合作平台，充分利用实习基地酒店及本行业的企业资源，满足学生观摩、实训和实习的需要，并关注实施过程中学生职业能力的发展状况，同时确保教学内容与行业需求紧密切合。

4.加强课程资源建设，充分利用电子书籍、电子期刊、数字图书馆、校园网、各大网站等网络资源，使教学内容从单一化向多元化转变，通过职业指导教师的指导或辅导，使学生知识和能力的拓展成为可能。

（四）教学模式

本课程针对来源于企业实践的、典型的职业工作任务，紧紧围绕学生在校学习与实际工作的一致性和行动导向原则进行教学模式设计，在培养岗位实际工作能力的同时，促进学生关键能力的发展和综合素质的提高。

1.工学交替。课程教学整体上注重工学交替，设计了课内—课外、校内—校外、随堂实训、项目活动等多种形式并举的实践教学模式。

2.任务驱动。将教学内容整合，注重工作过程的整体性，让学生在完整、综合的仿真行动中学习知识，体验实践。

3.项目导向。在教学与实践活动中，以项目为导向，师生通过共同实施一个完整的具有实际应用价值的"项目"工作而进行教学活动。

（五）教学方法与手段

1.讲授法：主要应用于学生学习基础知识的初级阶段，要为学生学习创设一个合适的情景氛围，增强学生的学习兴趣和意识。

2.启发式教学法。在授课的过程中，教师避免采用灌输理论知识的方式，而是采用提问和分析的方式，循序渐进地诱导、启发、鼓励学生对问题和现象进行思考、讨论，再由教师总结、答疑，做到深入浅出、留有余地，给学生深入思考和进一步学习的空间，开阔学生的眼界，激发其求知欲，提高学习的主动性。

3. 参与式教学法。改变传统的单纯依赖教师讲授的方法，通过小组讨论、专题汇报、小组辩论、情景模拟、课程作业等方式，让学生参与到教学过程中，变被动听课为主动学习，学生可以就教师的讲授内容发表自己的见解，对问题和现象表达自己的看法，既有利于提高学生学习的积极性、主动性，也有利于学生综合能力的提升和团队合作能力的提高。

4. 互动式教学法。教师提出问题或现象，启发学生的发散性思维，可以实现教学互动；而小组讨论、角色模拟的方式则可以起到学生之间相互启发的作用，进而又促进了教学。通过教学相长，扩展教学的深度与广度，启发学生进行思考，开展课堂讨论，培养学生分析问题和解决问题的能力。

5. 案例教学法。在讲解过程中结合案例，加深学生对基本理论的理解和认识。同时将案例分析作为对学生掌握理论知识和分析解决问题能力的检验，也能起到相互启发的效果。同时，案例也会加深学生对饭店、饭店业及专业知识的认识和理解。

6. 操作示范法。通过教师现场直观的示范、演示，有利于学生对专业服务技能操作的掌握程度，也增强了教学内容的实用性，提高学生理论联系实际的能力。

7. 其他教学手段：现场参观、座谈会、交流互动、专题讲座、观看多媒体、岗位体验、项目作业等教学方式。

（六）主要参考资料

［1］程新友，等 . 饭店安全管理［M］. 北京：旅游教育出版社 .

［2］刘长慧 . 饭店实用安全管理［M］. 北京：群众出版社 .

［3］刘筏筏 . 现代饭店安全管理要点及案例评析［M］. 北京：化学工业出版社 .

酒店管理专业"饭店星级标准解读"课程标准

一、课程性质

本课程是酒店管理专业学生的专业选修课，它以其他酒店管理的专业课程如"前厅服务与管理""餐饮服务与管理""客房服务与管理""康乐服务与管理"为基础，同时也是学习"饭店财务管理""饭店基建与装饰"课程的基础。课程强调学生的基本素质和能力培养，让学生掌握创建星级饭店的原则、方法和标准，培训学生善于分析，勤于学习的精神，具有星级饭店从业人员所应具备的基本理论与实践素质，贴近学生将来职业场景的需要。

本课程是依据"酒店管理专业工作任务与职业能力分析表"中的饭店星级标准解读项目设置的。该课程其总体设计思路紧紧围绕"三全一分"育人理念，充分体现依据学生的认知特点、学生可持续发展需求，打破以知识传授为主要特征的传统学科课程模式，设计通过任务引领、工作过程导向的理念和设计思路将本课程的内容分解为若干项目，创设相关工作情景采用并列与流程相结合的方式展示教学内容。理论知识的选取紧紧围绕饭店星级标准解读任务完成的需要来进行，同时又充分考虑住宿业态的创新发展要求，坚持立德树人，注重思想政治教育贯穿教学始终，同时融合了学生综合素质提升、创新创业能力培养、学生可持续发展的要求。项目设计以星级饭店标准为线索来进行。教学过程中，通过校企合作、校内实训基地建设等多种途径，工学结合突出实践，充分开发学习资源，给学生提供丰富的实践机会。教学效果评价采取过程评价与结果评价相结合的方式，通过理论与实践相结合，重点评价学生的职业能力和综合素质。课程设计理念符合职业性、实践性和开放性要求，符合工作过程与方法的思路要求。

"饭店星级标准解读"课程的总学时为 28 学时，建议学分为 2 分，执笔人为章艺。

二、课程目标

（一）知识目标

学生了解饭店星级评定的标准和要求，并熟悉饭店星级检查表、设备评分表、饭店运营质量评价表，为以后在饭店业的实际工作打下坚实的基础。帮助学生形成对酒店的总体认识，为进一步学习其他专业知识，以及毕业后从事酒店工作奠定基础。

（二）能力目标

能够参与星级饭店服务管理实践工作，掌握针对宾客需求提供个性、定置创新能力，能够养成独立分析问题、解决问题的能力。

（三）素质目标

培养善于分析、勤于学习的精神，具备不断探索、创新能力。具有星级饭店从业人员所应具备的基本理论与实践素质。

三、课程内容和要求

序号	项目	知识内容与要求	技能内容与要求	建议学时
1	旅游饭店星级的划分与评定概述	要求学生了解旅游饭店星级的划分与评定的术语和定义，了解星级划分的标志和划分条件	划分术语、条件	2
			服务质量、管理要求	2
2	必备项目检查表释义	要求学生了解必备项目检查的内容及评分标准	饭店公共设施评价	4
			前厅及客房设施评价	4
			餐饮及康乐设施评价	4
3	设施设备评分表释义	要求学生了解饭店设施设备评分表及其评价标准	地理位置周围环境评价	2
			前厅、客房评价	2
			餐饮及饭店资质评价	2
4	饭店运营质量评价表释义	要求学生了解饭店运营质量评价表及其评价标准	饭店整体运营质量评价	2
			前厅部、客房部评价	2
			餐饮部、其他服务评价	2

四、考核评价

考核方式上，采用形成性评价与终结性评价相结合的理论考试、阶段测试等考核方式。理论考试（60%）+ 阶段测试（40%）。理论考试重在评价星级饭店标准课程的理论学习情况，占总成绩的 60%；阶段测试成绩主要包括考勤、作业、实训、平时表现环节的表现，占总成绩的 40%。

五、课程资源及使用要求

（一）师资条件要求

本课程要求大多数教师具有研究生及以上饭店管理专业背景，具备相关星级饭店标准与管理实践知识和能力，健康的身心以及热爱教育工作，热爱学生；同时有较强的教学能力、教育科研能力和创新能力，能掌握相关高等教育法规，具有一定的教育学、心理学基本知识，并能运用在实际教学过程中。另外，要求教师具有制作多媒体课件进行教学设计的能力，并具有应用现代教育技术进行教学的能力。

（二）实训教学条件要求

（1）多媒体教室；

（2）校外、校内实训实习基地；

（3）提供学习资料的图书馆。

（三）教材选用

教材选用：旅游饭店星级的划分与评价释义［M］.北京：中国旅游出版社，2010.

本教材由常年从事酒店星评工作的星评员编写组编写，内容丰富翔实。

六、课程实施建议及其他说明

1. 课程实施方案

课程目标的实现通过情境创设、仿真模拟、案例分析、认识实习、岗位体验等教学方法，以校内实训基地和校外实训基地为实习场所，"教、学、做"三者结合，强调学生在"做"中"学"。

● 树立学生对星级饭店的正确认识，培养学生对星级饭店标准的兴趣，塑造正确的旅游住宿设施理念。

● 应加强对学生实际职业能力的培养，强化基于工作过程的案例教学和任务教学，注重以任务引领型项目诱发学生兴趣，使学生在完成典型任务活动中能熟练掌握星级饭店标准专业技能与星级饭店标准创新能力。

● 教师应尽可能由浅及深地讲授星级饭店标准、星级饭店标准专业知识，并结合饭店实际案例加深学生理解。

● 应注意职业情境的创设，以多媒体、录像等教学方法提高学生分析问题和解决实际问题的职业能力。

● 教师必须重视实践、更新观念，为学生提供自主发展的时间和空间，积极引领学生提升职业素养，努力提高学生的创新能力。

● 教师应注意培养学生对星级饭店标准的钻研能力，以任务型活动，组织学生完成不同的星级饭店暗访。

2. 教师教学计划

学习情境1.	情境1：旅游饭店星级的划分与评定概述		参考学时	28
学习目标	素质目标：培养学生从事酒店业基本的职业素质			
	知识目标：要求学生了解旅游饭店星级的划分与评定的术语和定义，了解星级划分的标志和划分条件			
	能力目标：学生能够区分饭店星级划分的标志，能够解释星级评定中对服务质量的要求			
学习单元	内容描述	教学条件	教学方法和建议	参考学时
1.划分术语、条件	掌握饭店星级评定的术语和定义以及划分条件	多媒体教室	案例教学法 课堂讲授法	2
2.服务质量、管理要求	掌握饭店服务质量、管理和安全管理要求	多媒体教室	案例教学法 课堂讲授法	2

学习情境2.	情境2：必备项目检查表释义		参考学时	12
学习目标	素质目标：			
	知识目标：要求学生了解必备项目检查的内容及评分标准			
	能力目标：学生能够按照必备项目检查表上的内容对酒店的必备项目进行评价			
学习单元	内容描述	教学条件	教学方法和建议	参考学时
1.饭店公共设施评价	掌握饭店建筑、内外装饰、文字公共信息等评价标准	多媒体教室	案例教学法 课堂讲授法	4
2.前厅及客房设施评价	掌握酒店前厅布局、客房布置、客房服务评价标准	多媒体教室	案例教学法 课堂讲授法	4
3.餐饮及康乐设施评价	掌握酒店餐厅、餐具、厨房、会议、康乐等评价标准	多媒体教室	案例教学法 课堂讲授法	4

学习情境3.	情境3：设施设备评分表释义		参考学时		6
学习目标	素质目标：培养学生从事酒店业基本的认识				
	知识目标：要求学生了解饭店设施设备评分表及其评价标准				
	能力目标：能够按照设施设备评分表的要求对酒店的设备情况进行评价				
学习单元	内容描述	教学条件	教学方法和建议		参考学时
1.地理位置周围环境评价	掌握饭店地理位置、建筑结构、功能布局、饭店信息系统的要求	多媒体教室	案例教学法 课堂讲授法		2
2.前厅、客房评价	掌握前厅装饰艺术、客房舒适度的评价要求	多媒体教室	案例教学法 课堂讲授法		2
3.餐饮及饭店资质评价	掌握餐饮、安全设施、员工设施的要求以及饭店总经理资质、员工素质	多媒体教室	案例教学法 课堂讲授法		2

学习情境4.	情境4：饭店运营质量评价表释义		参考学时		6
学习目标	素质目标：培养学生从事酒店业基本的认识				
	知识目标：要求学生了解运营质量评价表及各打分项目				
	能力目标：了解运营质量评价表及各打分项目				
学习单元	内容描述	教学条件	教学方法和建议		参考学时
1.饭店整体运营质量评价	掌握运营质量评价的基本原则和员工素质要求	多媒体教室	案例教学法 课堂讲授法		2
2.前厅部、客房部评价	掌握前厅、客房各服务项目的质量评价	多媒体教室	案例教学法 课堂讲授法		2
3.餐饮部、其他服务评价	掌握酒店餐饮、其他各服务项目的质量评价	多媒体教室	案例教学法 课堂讲授法		2

3. 课程资源开发

● 进一步开发多媒体教学，通过各种活动的设计、模拟与参与，使学生的主动性、积极性和创造性得以充分调动。

● 充分利用实习基地星级饭店，为学生参观、实训和实习服务，并与时俱进及时调整教学内容。

● 课程资源建设，把有关电子教学资料（如PPT课件、案例、习题等）放在课程网站上，实现学生与教师的网上互动。

● 中国旅游饭店业协会 http：//www.ctha.com.cn/。

4. 教学模式

本课程针对来源于企业实践的、典型的职业工作任务，紧紧围绕学生在校学习与实际工作的一致性和行动导向原则进行教学模式设计，在培养岗位实际工作能力的同时，促进学生关键能力的发展和综合素质的提高。

● 工学交替。课程教学整体上注重工学交替，设计了课内—课外、校内—校外、项目活动等多种形式并举的实践教学模式。

● 任务驱动。将教学内容整合，让学生在暗访中学习知识，体验实践。

● 项目导向。在教学与实践活动中，以项目为导向，师生通过共同实施一个完整的具有实际应用价值的"项目"工作而进行教学活动。

5. 教学方法与手段

● 讲授法：主要应用于学生学习基础知识的初级阶段，要为学生学习创设一个合适的情景氛围，增强学生的学习兴趣和意识。

● 启发式教学法。在授课的过程中，教师避免采用灌输理论知识的方式，而是采用提问和分析的方式，循序渐进地诱导、启发、鼓励学生对问题和现象进行思考、讨论，再由教师总结、答疑，做到深入浅出、留有余地，给学生深入思考和进一步学习的空间，同时也提高了学生的学习主动性。传输国内外有关住宿新业态的理论、思想以及发展动态。开阔学生的眼界，激发其求知欲，使学生具备现代星级饭店管理的理念和意识。

● 参与式教学法。改变传统的单纯依赖教师讲授的方法，让学生参与到教学过程中。学生可以就教师的讲授内容发表自己的见解，对问题和现象表达自己的看法。而通过小组讨论、专题汇报、小组辩论、情景模拟、课程作业等方式，学生可以变被动听课为主动学习，既有利于提高学生学习的积极性、主动性，也有利于学生分析问题、解决问题能力的培养和表达能力、团队合作能力的提高。针对某一具体饭店的情况，让学生动脑、动手收集资料、设计并制作成幻灯片，运用所学知识，进行介绍。使学生真正动脑、动手，增强实际操作能力。

● 互动式教学法。教师提出问题或现象，启发学生的发散性思维，可以实现教学互动；而小组讨论、角色模拟的方式则可以起到学生之间相互启发的作用，进而又促进了教学。教学相长，扩展了教学的深度与广度。为了解学生对本课程的学习情况，针对饭店目前发展动态和敏感问题要求学生收集资料、启发学生进行思考，开展课堂讨论，培养学生分析问题和解决问题的能力。

● 案例教学法。在讲解过程中结合案例，加深学生对基本理论的理解和认识。同时将案例分析作为对学生掌握理论知识和分析解决问题能力的检验，同时也能起到相互启发的效果。加深学生对星级饭店类型、档次的认识和理解。

● 其他教学手段：现场参观、座谈会、交流互动、专题讲座、观看多媒体、岗位体验、项目作业等教学方式。

6. 主要参考资料

刘士军，鲁凯麟. 旅游饭店星级的划分与评定——条款解析与操作实务［M］.北京：中国旅游出版社，2011.

酒店管理专业"饭店财务管理"课程标准

一、课程性质和设计思路

（一）课程性质

"饭店财务管理"是酒店管理专业的一门专业选修课，同时也是一门重要专业基础课。本课程以酒店资金运动为中心内容，以资金的筹集、投放、耗费、收入和分配为框架，阐述饭店财务管理的基本理论问题以及正常的财务运作一系列环节：预算、筹资、投资、营运、收益与分配、财务成果评价。本课程具有较强的实用性，又有较强的理论性，计算内容较多，且与实践结合紧密，有广泛的适用性。学好本课程是学生毕业后成为酒店管理人员的基本保证。

学习本课程，学生可以了解酒店的财务决策过程及影响财务决策个因素相互之间的关系，掌握资金筹划与运作、成本分析与控制、利润分配、财务报表分析等能力，为将来胜任工作岗位中酒店财务这一工作领域奠定良好基础，是酒店管理专业人才培养目标实现的必要条件，也是学生走上工作岗位后专业技术资格晋升的必然要求。

该课程总学时为32学时，建议学分为2分，执笔人为章勇刚。

（二）设计思路

1. 课程设计总体思路

坚持以酒店管理职业岗位能力培养为重点的思路与理念来设计"饭店财务管理"课程内容并组织教学。"饭店财务管理"课程以完成饭店财务管理岗位的实际工作任务为导向组织教学过程，按照酒店资金运动过程程序化教学内容。具体分为五大模块（七个工作项目）：一是饭店财务管理基础，包括饭店财务管理基本理论和基本价值观念；二是酒店资金筹集管理活动；三是项目投资管理活动；四是资金运营管理活动；五是财务成果的分配与分析评价。

按高职学生的认知特点和职业能力培养要求采用"教、学、做"一体的教学方法，即理论教学与单项实训教学同步，要求学生做学结合、边学边做，以培养学生适应酒店管理岗位的工作能力。

2. 课程内容确定的依据

本课程以培养学生酒店管理职业岗位能力为核心，根据专业人才培养目标、酒店管理职业岗位能力需求和前后续课程的衔接，参照酒店管理职业资格标准，以必需够用为度，统筹考虑和选取教学内容。体现职业道德培养和职业素养养成的需要，以真实工作任务为载体设计教学过程，采用模块（项目）化方式构建课程的内容体系。每一工作任务为一基本模块，每一模块与特定的职业能力培养相结合，整个实训过程以实训任务为载体将以上模块互相交融，以便学生踏入社会后能适应职业岗位（群）的需要。教、学、做相结合，强化学生能力培养。

3. 学时安排说明

"饭店财务管理"课程安排在第六学期，每周 4 学时，共计 32 学时，其中理论教学 20 学时，实践教学 12 学时。

二、课程目标

通过饭店财务管理课程的学习与实训，掌握饭店财务管理的相关知识和岗位技能，养成具有敬业精神、团队精神和求索精神、严格执行财务相关法律法规、具有良好的人际沟通能力和职业道德的品格，为上岗就业做好准备。

课程目标	具体内容
知识目标	1.了解饭店财务管理基本概念、理论
	2.理解资金时间价值和投资风险价值的含义并掌握计算方法
	3.掌握财务预算的编制方法
	4.掌握资金筹集的渠道和方法，确定资金最佳成本结构的方法
	5.掌握项目投资的决策方法
	6.弄清营运资金管理的内容与方法
	7.弄清收益分配管理的内容与意义
	8.明确财务分析的意义及分析方法
职业技能目标	1.掌握货币时间价值的计算与评价
	2.能够编制财务预算
	3.能够进行资金筹集和确定最佳资本结构
	4.能够胜任项目投资决策工作
	5.能够进行资金运行管理
	6.能够完成收益分配工作
	7.能够胜任财务分析工作
职业素质养成目标	爱岗敬业、诚实守信、廉洁自律、客观公正、坚持准则、提高技能、参与管理、强化服务

三、课程内容与要求

序号	工作任务	课程内容与教学要求	活动设计	参考学时	
				理论	实践
项目一	饭店财务管理价值观念培养	1.掌握财务关系及饭店财务管理的基本内容 2.理解饭店财务管理的基本概念及饭店财务管理目标的科学表达 3.了解饭店财务管理工作环节和饭店财务管理环境 4.能掌握货币时间价值的计算 5.能了解风险与风险报酬的一般知识 6.能够进行风险衡量指标的计算	1.多媒体演示：教师根据相关教学内容制成多媒体课件进行演示和讲解 2.实训操作：资金时间价值、风险报酬的计算	4	2

续表

序号	工作任务	课程内容与教学要求	活动设计	参考学时	
				理论	实践
项目二	财务预算管理	1.能知道财务预算的作用 2.能知道财务预算编制的基本要求 3.能熟悉财务预算的编制方法 4.能进行现金预算与预计财务报表的编制	1.多媒体演示：教师相关的教学内容制成多媒体课件进行演示和讲解 2.实训操作：通过财务预算编制实训，培养学生的实战能力	2	1
项目三	筹资管理	1.了解筹资分类、渠道与方式 2.掌握各种筹资方式的优缺点 3.掌握资金需要量预测方法 4.了解资金成本的概念、内容及在筹资、投资决策中作用 5.理解综合资金成本和杠杆效应的含义 6.掌握综合资金成本、经营杠杆、财务杠杆、复合杠杆的含义及计算方法 7.掌握最优资金结构的确定方法	1.多媒体演示：教师相关的教学内容制成多媒体课件进行演示和讲解 2.实训操作：资本结构和筹资方式选择案例分析	4	2
项目四	项目投资管理	1.能理解项目投资计算期；能掌握项目投资决策的程序 2.能够分析项目现金流量的构成准确完成项目现金流量的计算 3.能够运用非贴现指标进行项目投资决策 4.能够运用贴现指标进行项目投资决策 5.能够掌握非贴现指标和贴现指标的计算 6.能够运用非贴现指标和贴现指标进行项目投资决策	1.多媒体演示：教师相关的教学内容制成多媒体课件进行演示和讲解 2.实训操作：完成某酒店项目投资决策，培养学生项目投资分析与决策能力	2	3
项目五	营运资金管理	1.了解营运资金决策的特点，熟悉营运资金管理的基本要求 2.了解现金管理的目的与内容，胜任现金的日常控制工作 3.能够进行最佳现金持有量的确定 4.能够运用现金的日常管理方法 5.了解应收账款成本，能够进行信用分析 6.能够完成信用政策的制定工作 7.能够进行应收账款的日常管理 8.了解存货的成本 9.能够进行存货经济订购量的确定 10.能够进行存货的日常管理 11.掌握短期借款的信用条件及实际利率计算、应付账款的现金折扣成本计算	1.多媒体演示：教师相关的教学内容制成多媒体课件进行演示和讲解 2.实训操作：某酒店营运资金管理案例分析	2	1
项目六	收益与分配管理	1.各种股利政策的基本原理、优缺点和适用范围 2.股票股利、股票分割、股票回购的含义和优点及影响	1.多媒体演示：教师相关的教学内容制成多媒体课件进行演示和讲解 2.实训操作：现金股利分配案例分析	2	1
项目七	财务分析与评价	1.了解财务分析的意义、内容 2.掌握各项财务指标的计算与分析 3.学会运用各项指标评价酒店的各方面能力	1.多媒体演示：教师相关的教学内容制成多媒体课件进行演示和讲解 2.实训操作：某酒店财务案例分析	2	1
机动（节假日、考试等）				2	1
合　计				20	12

四、课程实施

（一）教材编写或选用

1.必须依据本课程标准编写或选用教材。

2. 教材应充分体现项目驱动、实践导向的高等职业教育专业课程设计思想，以饭店财务管理岗位为核心，以饭店财务管理业务操作内容为主体，结合岗位职业资格证书的考核要求，合理安排教材内容。

3. 教材在内容上要具有实用性和可操作性，同时注重与时俱进，要把饭店财务管理实务过程中的新知识、新规定、新技术、新方法融入教材中，使教材更贴近饭店财务管理实务的发展变化和实际需要。

4. 建议选用教材

章勇刚. 饭店财务管理［M］. 北京：中国人民大学出版社，2018.

（二）教学方法

1. 问题诱导法。对每个教学项目我们都精心设计了小情景案例作引导，然后就案例提出相关的问题，把教学内容融入问题中，通过解决问题的方法达到教学目的。问题诱导教学方法能较好地将知识传授与创新精神的培养融为一体，课堂气氛较为活跃，学生学习更为主动。

2. 情景教学与角色扮演法。教学过程中以设计完成的项目活动为基础，通过多情景模拟、角色体验、角色互换、情景再现、案例分析等多种手段，强调学生做中学，突出技能培养目标，注重对学生实际操作能力的训练。除了上述几种主要方法外，在教学中还可运用诸如真账演示法、任务驱动与实际操练法，案例教学与小组讨论法等。

（三）教学评价

1. 教学评价的标准应体现项目驱动、实践导向课程的特征，体现理论与实践的统一，以能否完成项目实践活动任务以及完成情况给予评定。

2. 教学评价的对象应包括学生知识掌握情况、实践操作能力、学习态度和基本职业素质等方面，分为应知应会两部分。

3. 改革考核手段和方法，加强实践性教学环节的考核，过程考核和结果考核相结合。结合课堂提问、学生作业、平时测验、实训以及考试情况，综合评定学生成绩。

4. 应注重学生动手能力和实践中分析问题、解决问题能力的考核，对在学习和应用上有独特见解的学生应特别给予鼓励，综合评价学生能力。

（四）课程资源的开发与利用

1. 教辅材料如教材、案例、习题集、试题库等

参考书目：

［1］夏光. 饭店财务管理案例习题集［M］. 北京：机械工业出版社，2015.

［2］袁建国，周丽媛. 饭店财务管理习题与实训［M］. 大连：东北财经大学出版社，2016.

2. 多媒体教学手段的应用

（1）积极组织教师开发教学素材，丰富学校的教学资源，如教学材料、实验方案、教学论文、课件、图片、录像带、幻灯片、学生优秀作业和小论文等，形成资源库，实现资源共享。

（2）发挥师生的信息源作用。

酒店管理专业"饭店服务质量管理"课程标准

一、课程性质

"饭店服务质量管理"课程是为酒店管理专业高职高专学生开设的一门专业基础课，是一门以软科学为主的综合性课程。该课程以强化学生的质量意识和管理意识，培养和提高学生的职业发展能力为目标，为学生顺利就业和积蓄发展潜能打下良好基础。它依托于管理学科，以饭店行业特色和服务产品特点为基础，饭店管理概论、前厅运行与管理、餐饮运行与管理、客房运行与管理、饭店服务心理学等是本课程的前置课程。

"饭店服务质量管理"课程是依据酒店管理专业教学特点和就业岗位实际设置的。其总体设计思路是，打破以知识传授为主要特征的传统学科课程模式，坚持"简化理论、强化知识、注重技能"的理念，在教学内容上既强调学生对质量管理基本理论的理解，掌握饭店服务质量管理的基本程序，也强调学生对饭店不同岗位服务质量控制方法的掌握，并突出训练学生在人际沟通和冲突管理上的技巧，以便更好地提高饭店服务质量管理的综合能力。在课程设计上注重理论与应用、知识与技能、传统与现代的有机结合，培养学生思考型学习、研究型学习以及实践探索型学习的习惯与能力。

"饭店服务质量管理"课程的总学时为 36 学时，建议学分为 2 分，执笔人为陈爱宣。

二、课程目标

按照"以就业为导向，以服务为宗旨"的职业教育目标，注重"系统的应用型知识"而不是具有"学院的专业知识"，成为高职与普通高校教材的分水岭。"饭店服务质量管理"课程以饭店服务产品、过程和质量管理体系为研究对象，要求学生理解与质量和质量管理相关的基本概念，掌握质量控制和改进的基本理论、方法和工具，了解当今质量管理的发展动态和热点问题，并通过理论联系实际，培养学生分析和解决饭店在产品和服务生产活动中的质量问题的能力，并提高服务质量创新意识。

具体职业能力目标包括：

1. 知识目标

（1）熟悉服务质量管理的基本理念和发展趋势；

（2）熟悉全面质量管理的基本方法；

（3）熟悉饭店服务质量管理各个环节和不同岗位服务质量的检查评估方法。

2. 能力目标

（1）能独立开展饭店、部门或岗位的服务质量检查工作；

（2）能制订饭店、部门或岗位服务质量改进计划；

（3）有较娴熟的语言沟通技巧和处理冲突问题的能力；

（4）具备服务质量管理的创新性思维和创新能力。

3.素质目标

（1）具有良好的思想道德品质和服务意识；

（2）具有过硬的职业素质和深广的发展潜能。

三、课程内容和要求

"饭店服务质量管理"课程根据酒店管理专业的特点和服务质量管理综合性的实际，结合高职学生的情况，依照"简化理论、强化知识、注重技能"的教学理念，根据"由浅入深""深入浅出"的原则将教学内容分成四个部分十个章节进行模块化教学。四部分内容教学中都融入有大量的实践案例，并将实训和实践贯穿于整个教学过程：第一部分，饭店服务质量管理基础知识（第1~3章）（8学时）；第二部分，饭店服务质量管理过程和环节（第4~5章）（10学时）；第三部分，饭店服务质量管理理念和方法（第6~8章）（10学时）；第四部分：基本技能（第9~10章）（8学时）。具体安排如下：

序号	工作工作任务/项目	知识内容与要求	技能内容与要求	建议学时
1	掌握服务、服务质量、服务质量管理基本概念	1.了解服务的定义、基本特征及服务观念的历史演进 2.掌握服务质量的概念、服务质量的内涵和组成要素 3.理解服务质量的评价标准和测量方法 4.掌握服务质量管理的要点	1.能够运用服务质量差距模型改进企业的服务质量和营销效果	2
2	了解饭店业与饭店管理基本情况	1.了解饭店管理基本模式、饭店组织的构成四要素 2.熟悉饭店组织结构设计的原则及内容，熟悉饭店制度的四种类型 3.掌握饭店管理的特征、饭店制度的功能和饭店制度管理的基本要求	1.能够根据饭店组织的构成四要素和设计原则，设计一家中型饭店的组织结构图	3
3	掌握饭店服务质量管理及其管理的一般要求	1.认识饭店服务质量的重要性，熟悉饭店服务质量的构成、属性和特点 2.了解饭店交互服务质量管理的基本内容 3.理解饭店服务动态管理的基本内容 4.掌握饭店服务质量管理的一般要求	根据饭店服务质量的构成内容，观察星级饭店的服务动态管理，了解宾客对该饭店的满意程度	3
4	熟悉饭店服务质量管理各环节及工作要点	1.掌握饭店服务设计管理的要点 2.掌握服务现场管理的要点 3.了解饭店服务质量评估的分析方法 4.了解饭店服务质量控制体系的环节组成	1.运用所学知识，尝试设计饭店服务质量调查表，并能撰写服务质量检查报告 2.运用饭店服务质量评估的分析方法，找出并分析服务质量中存在的主要质量问题及其原因	5
5	掌握饭店服务产品质量控制与管理的标准的方法	1.了解饭店前厅部、客房部、餐饮部康乐部、安全部和工程部的基本工作职能 2.掌握饭店前厅部、客房部、餐饮部和康乐部相关工作的基本程序 3.了解前厅部、客房部、餐饮部、康乐部、安全部和工程部检查工作的重点及标准	1.能够熟悉饭店各部门的运作环节，掌握饭店各部门的服务质量检查重点	5

序号	工作工作任务/项目	知识内容与要求	技能内容与要求	建议学时
6	了解全面质量管理基本原理	1.了解全面质量管理理论的演变过程 2.阐述戴明14点质量管理方法的基本理念 3.概括朱兰的质量管理方法 4.解释克劳士比质量管理理论的精髓 5.阐述马奎斯的全面质量管理核心理论 6.理解现代质量管理理念中高效组织的特点	1.能够根据饭店的内外环境，根据饭店全面质量管理的基本理念设计具体管理方法	4
7	理解饭店优质服务的经济价值	1.了解满意与忠诚的区别 2.描述什么是顾客价值和可靠性服务的价值 3.概括员工不满意的代价 4.掌握什么是饭店内部关键时刻 5.阐述饭店该如何超越顾客价值	1.能够识别岗位工作中的关键时刻或接触点	3
8	掌握饭店服务质量管理方法	1.了解饭店服务质量分析的各种方法 2.描述马尔科姆·鲍德里奇国家质量奖的标准体系 3.了解ISO 9000质量标准体系的概况	1.运用饭店服务质量分析方法，找出并分析服务质量中存在的主要质量问题及其原因 2.选择我国与饭店相关的一项质量标准或质量奖项，依据其中某个标准或整个标准体系，完成一份四星级或五星级饭店全面质量管理改造计划书	3
9	掌握饭店服务质量改进途径	1.了解与掌握饭店服务金三角，饭店服务质量改时的原则、方法，服务蓝图的组成及其在质量改进中的作用 2.描述服务补救系统基本构成；明确顾客投诉的类型和处理顾客投诉的原则和程序	1.遵照处理客人投诉的原则和程序，正确处理客人投诉	4
10	熟悉饭店服务质量管理创新方式	1.熟悉饭店质量管理主题活动开展过程 2.明确服务方式的选择依据 3.了解饭店服务质量不断改进的四个步骤	1.设计饭店服务质量管理主题活动方案 2.从细微环节着手，进行服务方式和质量管理制度创新	4

四、考核评价

本课程的教学评价以过程性考核与终结性考核相结合，突出过程性考核；以理论考核与实践考核相结合，突出实践考核，兼顾平时成绩与期末成绩，兼顾小组合作与个人表现。评价上，学生的平时成绩占50%，期终卷面成绩占40%，期中测验占10%，另改变传统的完全由任课教师评价的单一评价主体，增加学生个人与小组自评的多元评价主体。

过程性测试成绩主要包括考勤、作业、实训、平时表现环节的表现，占总成绩的50%。

五、课程资源及使用要求

（一）师资条件要求

本课程要求大多数教师具有研究生及以上饭店管理专业背景，具备相关服务质量管理实践知识和能力，健康的身心以及热爱教育工作，热爱学生；同时有较强的教学能力、教育科研能力和创新能力，能掌握相关高等教育法规，具有一定的教育学、心理学基本知识，并能运用在实际教学过程中。另外，要求教师具有制作多媒体课件进行教学设计的能力，并具有应用现代教育技术进行教学的能力。

（二）教材选用/编写

教材的选用要充分体现课程设计"简化理论、强化知识、注重技能"思想，以达成技能目标进行项目设计，实施项目化教学。推荐选用：胡敏，张雪丽.饭店服务质量管理［M］.北京：清华大学出版社，2011.

（二）教学建议

课程教学上要注重理论与应用、知识与技能、传统与现代的有机结合，强调工学结合，教学做合一，注重培养学生思考型学习、研究型学习以及实践探索型学习的习惯与能力。具体包括：

1.理论教学——力求简洁

在理论内容体系上强调全面、完整但力求简洁，使学生理解并掌握相关理论知识。同时，注意及时吸收最新成果、最新知识以及服务质量管理理论发展的最新动态，及时补充到理论课程教学中。

2.案例教学——由表及里

以饭店业大量生动经典的案例作为基础，辅以主讲教师亲身经历的酒店服务质量方面的真实案例，并将理论内容融入经典案例的分析讨论中，"由表及里""深入浅出"地培养学生灵活运用理论研究问题、分析问题和解决问题的能力。

3.实训教学——学以致用

以学院的实验酒店为依托，尝试理论教学与模拟实验教学相结合的模式。教授学生根据所学的知识，进行实操性的饭店服务质量检查、顾客满意度调查、投诉处理、服务补救等实训活动，加强研究性、探索性学习能力的培养，达到理论与应用相结合，学以致用。

4.实践教学——重在提高

在校内理论知识学习、研究与分析问题训练的基础上，安排学生对酒店进行暗访实习，进一步加强课堂的教学效果。

通过以上理论教学——案例教学——实验教学——实践教学4个环节的教学安排，使"饭店服务质量管理"课程的教学达到知识教育与综合能力培养的有机结合。

（三）教学基本条件

任课教师需要有相对丰富的酒店管理方面的知识，并有一定实践经验。

教学场所以课堂教学为主，需要利用实验酒店进行饭店服务质量检查。

（四）课程资源的开发与利用

课程资源：案例库、实训指导手册等。

六、课程实施建议及其说明

1.课程实施方案

课程目标的实现通过提问、小组和集体讨论、案例分析、角色扮演、头脑风暴等教学方法，教、学、做三者结合，强调学生在"做"中"学"。

● 树立学生对人力资源管理的正确认识，培养学生对招聘、培训等的兴趣，塑造正确的员工关系管理理念。

● 应加强对学生实际职业能力的培养，强化基于工作过程的案例教学和任务教学，注重以任务引领型项目诱发学生兴趣，使学生在完成典型任务活动中能熟练掌握 HR 管理能力。

● 教师应尽可能由浅及深地讲授招聘、培训等专业知识，并结合饭店实际案例加深学生理解。

应注意职业情境的创设，以多媒体、录像等教学方法提高学生分析问题和解决实际问题的能力。

2. 教师教学计划

计划1：饭店服务质量管理：基础知识			参考学时	8
学习目标	服务的内涵和基础特征 服务质量的内涵和组成要素			
学习单元	内容描述	教学条件	教学方法和建议	参考学时
饭店服务质量管理：基础知识	1.服务的内涵和基础特征 2.服务质量的内涵和组成要素 3.理解服务质量的评价标准 4.能够运用服务质量差距模型改进企业的服务质量和营销效果	多媒体教室	运用多媒体教学、案例分析、教授等方法	6
服务质量差距模型改进企业的服务质量和营销效果	1.服务质量差距模型 2.改进企业的服务质量	多媒体教室	运用多媒体教学、案例分析、教授等方法	2

计划2：饭店业与饭店管理			参考学时	3
学习目标	1.了解饭店管理基本模式 2.饭店管理的特征、饭店制度的功能和饭店制度管理的基本要求			
学习单元	内容描述	教学条件	教学方法和建议	参考学时
饭店管理基本模式	1.组织的构成要素 2.组织结构设计的原则 3.饭店制度的四种类型	多媒体教室	运用多媒体教学、案例分析、分组讨论等方法	2
饭店管理的特征	1.饭店管理的特征 2.饭店制度的功能 3.饭店制度管理的基本要求	多媒体教室	运用多媒体教学、案例分析、分组讨论等方法	2

计划3：饭店服务质量及其管理的一般要求			参考学时	6
学习目标	1.饭店交互服务质量管理的基本内容 2.饭店服务质量管理的一般要求			
学习单元	内容描述	教学条件	教学方法和建议	参考学时
饭店服务质量的构成要素	1.硬件质量 2.软件质量	多媒体教室	运用多媒体教学、案例分析、分组讨论等方法	2
饭店服务的交互管理和动态管理	1.交互管理 2.动态管理	多媒体教室	运用多媒体教学、案例分析、分组讨论等方法	4

计划4：饭店服务质量管理环节		参考学时		5
学习目标	1.服务设计 2.服务保证体系设计			

学习单元	内容描述	教学条件	教学方法和建议	参考学时
服务设计	1.服务功能设计 2.服务产品设计 3.质量标准设计	多媒体教室	运用多媒体教学、案例分析、分组讨论等方法	2
服务保证体系设计	1.服务质量检查的组织形式 2.服务质量检查的实施方式	多媒体教室	运用多媒体教学、案例分析、分组讨论等方法	1
现场管理和过程管理	1.服务现场管理要点 2.服务运作过程质量控制	多媒体教室	运用多媒体教学、案例分析、分组讨论等方法	1
服务质量评估	1.饭店服务质量调查 2.饭店服务质量评估 3.饭店服务质量分析方法	多媒体教室	运用多媒体教学、案例分析、分组讨论等方法	1

计划5：饭店服务质量控制与管理		参考学时		5
学习目标	1.前厅部、客房部等部门的基本工作职能 2.前厅部、客房部等部门相关工作的基本程序			

学习单元	内容描述	教学条件	教学方法和建议	参考学时
前厅部、客房部等部门服务质量管理	1.部门工作职能 2.部门组织机构设置 3.部门服务与管理 4.部门工作检查标准	多媒体教室	运用多媒体教学、案例分析、分组讨论等方法	5

计划6：全面质量管理基本原理		参考学时		4
学习目标	1.质量管理理论的演变 2.全面质量管理哲学			

学习单元	内容描述	教学条件	教学方法和建议	参考学时
质量管理理论的演变	1.事后检验阶段 2.统计质量检查阶段 3.全面质量管理阶段	多媒体教室	运用多媒体教学、案例分析、分组讨论等方法	2
全面质量管理哲学	1.戴明14点质量方法 2.朱兰质量管理理念 3.克劳士比质量管理	多媒体室	运用多媒体教学、案例分析、分组讨论等方法	2

计划7：饭店优质服务经济学		参考学时	2
学习目标	1.顾客的价值 2.超越顾客的期望		

续表

学习单元	内容描述	教学条件	教学方法和建议	参考学时
顾客的价值	1.忠诚客人的价值 2.顾客对价值和服务的知觉 3.提供可靠服务	多媒体教室	运用多媒体教学、案例分析、分组讨论等方法	1
超越顾客的期望	1.顾客期望的构成 2.管理顾客的期望 3.超出顾客的期望	多媒体教室	运用多媒体教学、案例分析、分组讨论等方法	1

计划8：饭店服务质量管理方法		参考学时	2
学习目标	1.了解饭店服务质量分析的各种方法 2.ISO9000质量标准体系		

学习单元	内容描述	教学条件	教学方法和建议	参考学时
饭店服务质量分析方法	1.PDCA分析法 2.ABC分析法 3.因果分析法	多媒体教室	运用多媒体教学、案例分析、分组讨论等方法	1
ISO9000质量标准体系	1.ISO9000质量标准 2.ISO9000质量标准理念	多媒体教室	运用多媒体教学、案例分析、分组讨论等方法	1

计划9：饭店服务质量改进		参考学时	4
学习目标	1.饭店服务金三角 2.描述服务补救系统基本构成		

学习单元	内容描述	教学条件	教学方法和建议	参考学时
饭店服务质量改进方法	1.服务质量改进原则 2.服务蓝图	多媒体教室	运用多媒体教学、案例分析、分组讨论等方法	2
服务补救	1.服务补救系统基本构成 2.顾客投诉的类型 3.处理顾客投诉的原则和程序	多媒体教室	运用多媒体教学、案例分析、分组讨论等方法	2

计划10：饭店服务质量创新		参考学时	4
学习目标	1.服务质量管理主题活动 2.提升服务品质的服务方式创新		

学习单元	内容描述	教学条件	教学方法和建议	参考学时
服务质量管理主题活动	1.质管管理主题活动 2.保证服务质量的主题活动 3.提高服务质量的主题活动	多媒体教室	运用多媒体教学、案例分析、分组讨论等方法	2
服务方式创新	1.服务方式的选择 2.服务方式创新	多媒体教室	运用多媒体教学、案例分析、分组讨论等方法	2

3. 课程资源开发

● 进一步开发多媒体教学光盘，通过各种活动的设计、模拟与参与，使学生的主动性、积极性和创造性得以充分调动。

● 充分利用实习基地酒店，为学生参观、实训和实习服务，并与时俱进及时调整教学内容。

● 课程资源建设，把有关电子教学资料（如 PPT 课件、案例、习题等）放在课程网站上，实现学生与教师的网上互动。

4. 教学模式

本课程针对来源于企业实践的、典型的职业工作任务，紧紧围绕学生在校学习与实际工作的一致性和行动导向原则进行教学模式设计，在培养岗位实际工作能力的同时，促进学生关键能力的发展和综合素质的提高。

● 工学交替。课程教学整体上注重工学交替，设计了课内—课外、校内—校外、随堂实训、项目活动等多种形式并举的实践教学模式。

● 任务驱动。将教学内容整合，注重工作过程的整体性，让学生在完整、综合的仿真行动中学习知识，体验实践。

● 项目导向。在教学与实践活动中，以项目为导向，师生通过共同实施一个完整的具有实际应用价值的"项目"工作而进行教学活动。

5. 教学方法与手段

● 讲授法：主要应用于学生学习基础知识的初级阶段，要为学生学习创设一个合适的情景氛围，增强学生的学习兴趣和意识。

● 启发式教学法。在授课的过程中，教师避免采用灌输理论知识的方式，而是采用提问和分析的方式，循序渐进地诱导、启发、鼓励学生对问题和现象进行思考、讨论，再由教师总结、答疑，做到深入浅出、留有余地，给学生深入思考和进一步学习的空间，同时也提高了学生的学习主动性。传输国内外有关饭店经营管理的新理论、新思想以及发展动态。开阔学生的眼界，激发其求知欲，使学生具备现代酒店管理的理念和意识。

● 参与式教学法。改变传统的单纯依赖教师讲授的方法，让学生参与到教学过程中。学生可以就教师的讲授内容发表自己的见解，对问题和现象表达自己的看法。而通过小组讨论、专题汇报、小组辩论、情景模拟、课程作业等方式，学生可以变被动听课为主动学习，既有利于提高学生学习的积极性、主动性，也有利于学生分析问题、解决问题能力的培养和表达能力、团队合作能力的提高。针对某一具体饭店的经营管理，让学生动脑、动手收集资料、设计并制作成幻灯片，运用所学知识，进行介绍。使学生真正动脑、动手，增强实际操作能力。

● 互动式教学法。教师提出问题或现象，启发学生的发散性思维，可以实现教学互动；而小组讨论、角色模拟的方式则可以起到学生之间相互启发的作用，进而又促进了教学。教学相长，扩展了教学的深度与广度。为了解学生对本课程的学习情况，针对饭店目前发展动态和敏感问题要求学生收集资料、启发学生进行思考，开展课堂讨论，培养学生分析问题和解决问题的能力。

● 案例教学法。在讲解过程中结合案例，加深学生对基本理论的理解和认识。同时将案例分析作为对学生掌握理论知识和分析解决问题能力的检验，同时也能起到相互启

发的效果。加深学生对饭店分类、饭店产品特征、管理基础理论及服务质量管理的认识和理解。

　　● 其他教学手段：座谈会、交流互动、专题讲座、观看多媒体、岗位体验、项目作业等教学方式。

　　6. 主要参考资料

　　[1] 张凌云. 饭店服务质量管理与案例解析［M］. 北京：中国旅游出版社.

　　[2] 洛丝特. 全面质量管理［M］. 李晓光，译. 北京：中国人民大学出版社.

　　[3] 郑向敏. 饭店质量管理［M］. 北京：旅游教育出版社，2006.

酒店管理专业"饭店人力资源管理"课程标准

一、课程性质

该课程是酒店管理专业学生的专业选修课程，课程强调学生的基本素质和能力培养。目标是让学生掌握饭店人力资源管理工作分析、员工招聘与录用、培训、工作绩效考核、激励、职业生涯规划等与饭店人力资源管理相关能力。它以"客房服务与管理""餐饮服务与管理""前厅服务与管理"等课程的学习为基础，是进一步学习"绩效管理"课程的基础。

该课程是依据"酒店管理专业工作任务与职业能力分析表"中的酒店管理工作项目设置的。其总体设计思路是，打破以知识传授为主要特征的传统学科课程模式，转变为以工作任务为中心组织课程内容，并让学生在完成具体项目的过程中学会完成相应工作任务，并构建相关理论知识，发展职业能力。

本课程的特色在于：职业活动导向，突出能力目标（注重学生实际工作能力的培养），项目载体，用任务训练职业岗位能力，以学生为主体，一体化的课程设计。课程内容突出对学生职业能力的训练，理论知识的选取紧紧围绕工作任务完成的需要来进行，同时又充分考虑了高等职业教育对理论知识学习的需要，并融合了相关职业资格证书对知识、技能和态度的要求。

项目设计以职业能力为线索来进行。教学过程中，通过校企合作等多种途径，采取工学结合、半工半读等形式，充分开发学习资源。教学效果评价采取过程评价与结果评价相结合的方式，通过理论与实践相结合，重点评价学生的职业能力。

该门课程的总学时为36学时，建议学分为2分，执笔人为陈爱宣。

二、课程目标

按照"以就业为导向，以服务为宗旨"的职业教育目标，注重"系统的应用型知识"而不是具有"学院的专业知识"，成为高职与普通高校教材的分水岭。通过学习，培养学生对饭店重要环节的理解，强调人与工作的最佳组合，重视人力资源的心理因素，采用现代管理科学手段，有效地挖掘人力资源的潜能，以实现饭店的经营目标。

依据课程标准对本章的具体要求，同时针对高职生的学习特点和认知要求，从知识的掌握、技能的提高及素质的培养这三个方面确定本课程的教学目标：

（1）知识目标：理解饭店人力资源的内涵和相关的理论、了解员工类型与激励方法。

（2）能力目标：能够熟练掌握饭店员工的选人、用人、育人、留人等能力，基本胜任酒店 HR 部门的工作。

（3）素质目标：提升个人的人文素养，养成积极的人生观、价值观。

二．课程内容和要求

序号	工作任务/项目	课程内容和要求		建议学时
		理论	实践	36
1	饭店的机构设置	1.理解人力资源管理的任务和内容 2.理解饭店组织结构设置的原则 3.饭店人力资源配置的原则 4.不同部门员工的工作职责	能够画饭店组织结构图	4
2	工作岗位分析	1.掌握工作岗位分析的作用和流程 2.掌握工作岗位分析信息收集的基本方法 3.理解工作说明书的内容	能够编写工作岗位说明书	2
3	人力资源规划	1.掌握饭店人力资源规划的内容和作用 2.熟悉人力资源规划的步骤或程序 3.掌握人力资源需求预测方法与供给预测方法	能够运用人力资源规划对人力资源的需求与供给进行预测	2
4	招聘	1.了解饭店招聘的程序及步骤 2.了解筛选简历的方法 3.掌握面试的基本程序和面试提问的技巧 4.了解选拔的程序 5.掌握情境模拟等选拔方法	1.能够编写个人简历 2.能够开展一场模拟面试	6
5	培训	1.掌握培训需求分析的步骤、调查技术 2.了解培训准备及实施的常规知识 3.了解培训需求分析的信息来源和培训的常规方法 4.掌握培训效果的评价	1.能够进行培训需求分析，明确培训内容，制定培训目标 2.能够根据培训需求分析的结果，编写培训计划 3.能够根据实际需要，做好培训的组织活动 4.能够有效实施培训效果评估	4
6	绩效管理	1.了解饭店员工绩效考评的内容 2.熟悉饭店绩效管理的流程及其重要步骤	了解绩效考评的一些常用方法	2
7	薪酬管理	1.熟悉薪酬的构成及其功能 2.理解薪酬管理的原则 3.理解影响薪酬水平的主要因素	1.能够选择符合饭店要求的职位评价方法 2.能够初步设计饭店薪酬方案	2
8	激励	1.理解激励的内涵和相关的激励理论 2.了解员工类型与激励手段	能够熟练运用激励的手段	4
9	劳动关系管理	1.理解劳动关系的基本含义 2.理解工作时间的基本含义、计算工作时间的方式 3.了解五险一金的基本含义及其内容	1.能够签订、变更和解除劳动合同 2.能够计算劳动工作量，合理获取报酬 3.维护休息休假权利	2
10	职业生涯规划设计	1.理解职业生涯规划的内涵 2.理解职业锚理论 3.了解职业生涯规划设计的意义	1.能够使用相关的测试问卷，清楚认识自己的性格、兴趣、爱好、专业和职业性向 2.能够设计饭店员工职业生涯方案	4

四、考核评价

本课程的教学评价以过程性考核与终结性考核相结合，突出过程性考核；以理论考核与实践考核相结合，突出实践考核，兼顾平时成绩与期末成绩，兼顾小组合作与个人表现。评价上，学生的平时成绩占50%，期终卷面成绩占40%，期中测验占10%。另外，改变传统的完全由任课教师评价的单一评价主体，增加学生个人与小组自评的多元评价主体。

过程性测试成绩主要包括考勤、作业、实训、平时表现环节的表现，占总成绩的50%。

五、课程资源及使用要求

（一）师资条件要求

本课程要求大多数教师具有研究生及以上饭店管理专业背景，具备相关人力资源管理实践知识和能力，健康的身心以及热爱教育工作，热爱学生；同时有较强的教学能力、教育科研能力和创新能力，能掌握相关高等教育法规，具有一定的教育学、心理学基本知识，并能运用在实际教学过程中。另外，要求教师具有制作多媒体课件进行教学设计的能力，并具有应用现代教育技术进行教学的能力。

（二）教材选用

在教学过程中，我们所选用的教材是"全国高等职业教育旅游大类'十三五'规划教材"中的《酒店人力资源管理》，由褚倍主编，华中科技大学出版社出版，2017年第一版。该教材由浙江旅游职业学院等三所院校人力资源管理专业教师和开元酒店管理公司合作而成。本书全面系统地阐述了现代酒店人力资源管理的基本原理和主要活动，以系统性、实用性、创新性、趣味性为指导思想，结构简洁，逻辑严密、工学结合、独具特色。

六、课程实施建议及其他说明

1.课程实施方案

课程目标的实现通过提问、小组和集体讨论、案例分析、角色扮演、头脑风暴等教学方法，教、学、做三者结合，强调学生在"做"中"学"。

● 树立学生对人力资源管理的正确认识，培养学生对招聘、培训等的兴趣，塑造正确的员工关系管理理念。

● 应加强对学生实际职业能力的培养，强化基于工作过程的案例教学和任务教学，注重以任务引领型项目诱发学生兴趣，使学生在完成典型任务活动中能熟练掌握HR管理能力。

● 教师应尽可能由浅及深地讲授招聘、培训等专业知识，并结合饭店实际案例加深学生理解。

● 应注意职业情境的创设，以多媒体、录像等教学方法提高学生分析问题和解决实际问题的职业能力。

● 教师必须重视实践、更新观念，为学生提供自主发展的时间和空间，积极引领学生提升职业素养，努力提高学生的创新能力。

2. 教师教学计划

计划1：饭店机构设置及人员配置			参考学时	4
学习目标	设置饭店的组织结构 饭店人员配置			

学习单元	内容描述	教学条件	教学方法和建议	参考学时
设置饭店的组织结构	1.HR对饭店发展的重要意义 2.理解饭店组织结构设置的原则 3.理解HR管理的任务和内容	多媒体教室	运用多媒体教学、案例分析、教授等方法	2
饭店人员配置	1.人力资源配置的原则 2.不同部门员工的工作职责	多媒体教室	运用多媒体教学、案例分析、教授等方法	2

计划2：饭店人力资源规划			参考学时	4
学习目标	1.对工作岗位分析的正确认识 2.掌握人力资源规划的内容和作用			

学习单元	内容描述	教学条件	教学方法和建议	参考学时
工作岗位分析	1.掌握工作岗位分析的作用和流程 2.掌握工作岗位分析信息收集的基本方法 3.理解工作说明书内容	多媒体教室	运用多媒体教学、案例分析、分组讨论等方法	2
人力资源规划	1.掌握饭店人力资源规划的内容和作用 2.熟悉人力资源规划的步骤或程序 3.掌握人力资源的需求预测方法与供给预测方法	多媒体教室	运用多媒体教学、案例分析、分组讨论等方法	2

计划3：招聘与配置			参考学时	6
学习目标	1.招聘 2.选拔			

学习单元	内容描述	教学条件	教学方法和建议	参考学时
招聘	1.了解饭店招聘的程序及步骤 2.了解筛选简历的方法	多媒体教室	运用多媒体教学、案例分析、分组讨论等方法	2
选拔	1.掌握面试的基本程序和面试提问的技巧 2.了解选拔的程序 3.掌握情境模拟等选拔方法	多媒体教室	运用多媒体教学、案例分析、分组讨论等方法	4

计划4：培训			参考学时		4
学习目标	1.培训需求分析 2.拟订培训计划				
学习单元	内容描述	教学条件	教学方法和建议		参考学时
分析培训需求	1.培训需求的分析的步骤、调查技术	多媒体教室	运用多媒体教学、案例分析、分组讨论等方法		2
拟订培训计划	2.培训的常规方法				1
建立培训评估体系	3.掌握培训效果的评价	多媒体教室	运用多媒体教学、案例分析、分组讨论等方法		1

计划5：绩效管理			参考学时		4
学习目标	1.设置绩效指标和绩效标准 2.运用绩效考评方法				
学习单元	内容描述	教学条件	教学方法和建议		参考学时
绩效管理	1.设置绩效指标和绩效标准 2.运用绩效考评方法	多媒体教室	运用多媒体教学、案例分析、分组讨论等方法		2

计划6：薪酬与激励			参考学时		4
学习目标	1.设计薪酬体系流程 2.懂得运用激励手段				
学习单元	内容描述	教学条件	教学方法和建议		参考学时
薪酬管理	1.能够选择符合饭店要求的职位评价方法 2.能够初步设计饭店薪酬方案	多媒体教室	运用多媒体教学、案例分析、分组讨论等方法		2
激励手段	3.了解员工类型与激励手段	多媒体室	运用多媒体教学、案例分析、分组讨论等方法		2

计划7：劳动关系管理			参考学时		2
学习目标	1.签订、变更、解除劳动合同 2.计算劳动时间和维护员工休息休假权利				
学习单元	内容描述	教学条件	教学方法和建议		参考学时
劳动关系管理	1.能够签订、变更和解除劳动合同 2.能够计算劳动工作量，合理获取报酬	多媒体教室	运用多媒体教学、案例分析、分组讨论等方法		2

计划8：职业生涯规划设计		参考学时		2
学习目标	1.测试职业倾向 2.设计职业生涯规划方案			
学习单元	内容描述	教学条件	教学方法和建议	参考学时
职业生涯规划设计	1.测试职业倾向 2.分析职业环境 3.设计职业生涯规划方案	多媒体教室	运用多媒体教学、案例分析、分组讨论等方法	2

3. 课程资源开发

● 进一步开发多媒体教学光盘，通过各种活动的设计、模拟与参与，使学生的主动性、积极性和创造性得以充分调动。

● 充分利用实习基地酒店，为学生参观、实训和实习服务，并与时俱进及时调整教学内容。

● 课程资源建设，把有关电子教学资料（如 PPT 课件、案例、习题等）放在课程网站上，实现学生与教师的网上互动。

4. 教学模式

本课程针对来源于企业实践的、典型的职业工作任务，紧紧围绕学生在校学习与实际工作的一致性和行动导向原则进行教学模式设计，在培养岗位实际工作能力的同时，促进学生关键能力的发展和综合素质的提高。

● 工学交替。课程教学整体上注重工学交替，设计了课内－课外、校内－校外、随堂实训、项目活动等多种形式并举的实践教学模式。

● 任务驱动。将教学内容整合，注重工作过程的整体性，让学生在完整、综合的仿真行动中学习知识，体验实践。

● 项目导向。在教学与实践活动中，以项目为导向，师生通过共同实施一个完整的具有实际应用价值的"项目"工作而进行教学活动。

5. 教学方法与手段

● 讲授法：主要应用于学生学习基础知识的初级阶段，要为学生学习创设一个合适的情景氛围，增强学生的学习兴趣和意识。

● 启发式教学法。在授课的过程中，教师避免采用灌输理论知识的方式，而是采用提问和分析的方式，循序渐进地诱导、启发、鼓励学生对问题和现象进行思考、讨论，再由教师总结、答疑，做到深入浅出、留有余地，给学生深入思考和进一步学习的空间，同时也提高了学生的学习主动性。传输国内外有关饭店经营管理的新理论、新思想以及发展动态。开阔学生的眼界，激发其求知欲，使学生具备现代酒店管理的理念和意识。

● 参与式教学法。改变传统的单纯依赖教师讲授的方法，让学生参与到教学过程中。学生可以就教师的讲授内容发表自己的见解，对问题和现象表达自己的看法。而通过小组讨论、专题汇报、小组辩论、情景模拟、课程作业等方式，学生可以变被动听课为主动学习，既有利于提高学生学习的积极性、主动性，也有利于学生分析问题、解决问题能力的培养和表达能力、团队合作能力的提高。针对某一具体饭店的经营管理，让学生动脑、动手收集资料、设计并制作成幻灯片，运用所学知识，进行介绍。使学生真正动脑、动手，增强实际操作能力。

● 互动式教学法。教师提出问题或现象，启发学生的发散性思维，可以实现教学互动；而小组讨论、角色模拟的方式则可以起到学生之间相互启发的作用，进而又促进了教学。教学相长，扩展了教学的深度与广度。为了解学生对本课程的学习情况，针对饭店目前发展动态和敏感问题要求学生收集资料、启发学生进行思考，开展课堂讨论，培养学生分析问题和解决问题的能力。

● 案例教学法。在讲解过程中结合案例，加深学生对基本理论的理解和认识。同时将案例分析作为对学生掌握理论知识和分析解决问题能力的检验，同时也能起到相互启发的效果。加深学生对饭店分类、饭店产品特征、管理基础理论及服务质量管理的认识和理解。

● 其他教学手段：座谈会、交流互动、专题讲座、观看多媒体、岗位体验、项目作业等教学方式。

6. 主要参考资料

[1] 罗旭华.酒店人力资源开发与管理［M］.北京：旅游教育出版社.

[2] 李明宇.现代饭店人力资源管理实务［M］.北京：清华大学出版社.

[3] 沈文馥.饭店人力资源管理［M］.北京：机械工业出版社.

酒店管理专业"饭店公共关系实务"课程标准

一、课程性质

"饭店公共关系实务"是高职高专酒店管理专业的一门专业主干课程。公共关系是一门新兴的综合性的应用科学，是社会组织为了塑造组织形象，通过传播管理、形象塑造、沟通协调等手段来影响公众的科学与艺术。在现代饭店管理中，如果没有较强的公关意识就很难赢得顾客的青睐，不掌握一定的公关知识和技巧就很难成为一名好的经营者和管理者。本课程在兼顾公共关系作为一个完整学科体系的同时，突出了其作为应用型学科的特点，着力从实际、实用、实践的角度出发，突出饭店公共关系职业能力的培养与开发。主要内容包括饭店公共关系认知、饭店公关机构与人员、公共关系工作程序、饭店形象塑造、公共关系专题活动、公共关系服务礼仪、饭店危机公关和酒店公关活动管理。通过本课程的学习，学生可以熟悉饭店公共关系管理的基础理论和基本知识，掌握饭店公共关系运行与管理的基本内容、程序、方法和标准，了解公共关系实务的一般操作形式和组织方法，掌握并熟悉进行公共关系的基本工作技能，并能根据行业发展变化，调整工作思路，改进工作方法。

"饭店公共关系实务"课程教学时数建议为 28 学时，建议学分为 2 分，执笔人为张向东。

二、课程目标

（一）知识目标

- 熟悉饭店公共关系管理的基础理论和基本知识；
- 掌握饭店公共关系运行与管理的基本内容、程序、方法和标准；
- 了解公共关系实务的一般操作形式和组织方法；
- 熟悉并掌握进行公共关系的基本工作技能，并能根据行业发展变化，调整工作思路，改进工作方法。

（二）能力目标

本课程是为培养学生的公关能力而开设，突出"以饭店需求为导向，以职业能力为核心"的理念，结合饭店行业实际，反映岗位需求，注重职业能力的培养。通过有目的、有步骤地实施以任务驱动的项目教学，培养学生的三大关键能力，即公共关系的调研能力、饭店形象策划能力、公关专题活动的策划、组织和操作能力，以及自主学习能力、自我管理能力、组织协调能力、市场开拓意识、竞争意识和团队协作精神等，从而培养学生的岗位综合技能。

（三）素质目标

掌握公共关系的理论以及操作方法，并能贴合实际岗位的变化和要求，实现职业生涯的可持续发展。

三、课程内容和要求

章次	工作任务与项目	课程内容和要求	建议学时
1	饭店公共关系认知	了解公共关系的概念以及饭店公共关系的含义和本质,使学习者了解饭店公共关系的特点,明确饭店公共关系的基本特征,对构成饭店公共关系的主体、客体和中介三大要素及其内容有所了解	2
2	饭店公共关系的机构与人员	掌握饭店公共关系部门的机构设置和工作内容,掌握饭店公共关系人员的职责和素质要求,能根据这些要求进行自身的常识修养、专业技能和心理品质的提升	2
3	饭店主要公共关系	了解饭店公共关系的工作对象——内部公众和外部公众的特点、构成;内部公共关系协调的基本方法;饭店外部公共关系如顾客关系、同行关系、社区关系、政府关系、媒体关系的特征、重要性以及与之协调的基本策略	2
4	饭店公共关系传播	掌握饭店公共关系传播的特点和形式,理解饭店公共关系传播的目的以及有效传播的关键;学会根据不同传播媒介的特点,选择适合饭店公共关系活动的传播媒介;能够撰写饭店公关新闻,能够编排宣传手册,熟悉创编饭店内部刊物的步骤	2
5	饭店公共关系的工作程序	了解公共关系调查的意义、内容和各种调查方法;掌握公共关系调查的基本程序,学会撰写公关调查报告;掌握公共关系策划的程序与方法,学会制订饭店公共关系计划;了解公共关系实施的步骤	4
6	饭店形象设计与推广	正确理解饭店形象的含义、构成和特征,了解饭店形象塑造的原则与方法;熟悉饭店形象塑造的前期形象调查、形象定位和CIS设计等步骤和方法,掌握饭店形象推广的策略	6
7	饭店公共关系专题活动策划与操作	了解饭店公共关系专题活动的含义;理解公共关系专题活动策划的基本要求和原则;掌握饭店各类公共关系专题活动的特点、基本流程和步骤;能根据饭店公关目标,做好公共关系专题活动的策划;能够运用专题活动筹办与实施技巧组织饭店公共关系专题活动	6
8	饭店公共关系危机处理	了解饭店公关危机和危机公关的含义,了解饭店公关危机的特点;理解饭店公关危机预防的必要性;掌握饭店危机公关处理的原则及程序	2
9	考试		2

四、考核评价

由注重考核学习结果转变为注重考核学习过程;由重视考查理论知识转变为重视考查素质与能力;由单一的考查形式转变为灵活多样的考查形式。

课程考核由平时成绩和期末考试成绩两部分组成。考核成绩采用百分制,其中平时成绩占40%(考勤、课堂表现、作业和社会实践各占10%),期末考试成绩占60%。期末考试统一命题,灵活采取开卷、闭卷、小论文、面试等考核方法,适当时机尝试设立无人监考的"诚信考场"进行闭卷考试。

五、课程资源及使用要求

（一）师资条件要求

任课教师应为具有中高级职称的双师型教师；具备较为丰富的管理经验和实践能力，健康的身心，热爱教育工作，热爱学生；有较强的教学能力、教育科研能力和创新能力，能掌握相关高等教育法规，具有一定的教育学、心理学基本知识，并能运用在实际教学过程中。教师还应具有制作多媒体课件进行教学设计的能力，应用现代教育技术进行教学的能力。课程教学团队由专兼职教师组成。教师职称、年龄、学历、学缘结构合理。

（二）实训教学条件要求

1. 多媒体教室；
2. 网络资源；
3. 校内外实训实习基地；
4. 提供学习资料的图书馆。

（三）教材选用

选用适合高职高专学生特点的工学结合教材，即以工作过程为导向，体现工学结合、高职特色的教材，内容简单实用，体系完整，操作性强。

六、课程实施建议及其他说明

（一）课程实施方案

本课程具有实践性较强的特点，应充分注重高等职业教育的特点，使其具有可操作性。通过情境创设、案例分析、角色扮演、小组讨论等教学方法，充分注重对学生职业能力的培养。

为实现"技能岗位型"的人才培养模式，根据专业对应岗位的基本素质和技能要求来确定学生的知识、能力和素质结构。本课程的教学力求体现学科的重点知识和最新的研究成果，选用一批实战性或启发性较强的案例，突出实践性，力争做到让学生在做中学，学中练，学做结合，使学生更好地理解和把握各项主要的饭店公共关系任务，培养学生初步具有饭店公共关系工作所需要的创新思维和分析问题、解决问题的能力，切实提高学生的公共关系实务操作能力。

（二）教师教学计划

项目1　饭店公共关系认知（2学时）

● 教学目标：通过教学，使学生了解公共关系的概念以及饭店公共关系的含义和本质，使学习者了解饭店公共关系的特点，明确饭店公共关系的基本特征，对构成饭店公共关系的主体、客体和中介三大要素及其内容有所了解。

● 工作任务：

第一节　什么是公共关系
第二节　什么是饭店公共关系
第三节　饭店公共关系的构成

- 活动设计：案例教学、对比分析
- 相关知识：公共关系、广告、宣传、公共关系媒介
- 课后练习与任务：建议学生阅读一些相关的书籍，了解公共关系的基本常识。

项目2 饭店公共关系的机构与人员（2学时）

- 教学目标：掌握饭店公共关系部门的机构设置和工作内容，掌握饭店公共关系人员的职责和素质要求，能根据这些要求进行自身的常识修养、专业技能和心理品质的提升。
- 工作任务：

第一节 饭店公共关系部门的机构设置和工作内容

第二节 饭店公共关系人员的职责和素质

第三节 饭店公共关系人员的职业训练

第四节 饭店全员公共关系意识的培养

- 活动设计：小组讨论
- 相关知识：公关部、公关人员、公关意识、公关训练
- 课后练习与任务：组织学生开展对饭店全员公关意识进行讨论。

项目3 饭店主要公共关系（2学时）

- 教学目标：通过教学，使学生了解饭店公共关系的工作对象——内部公众和外部公众的特点、构成；内部公共关系协调的基本方法；饭店外部公共关系如顾客关系、同行关系、社区关系、政府关系、媒体关系的特征、重要性以及与之协调的基本策略。
- 工作任务：

第一节 饭店内部公众关系协调

第二节 饭店外部公众关系协调

- 活动设计：案例教学、情景教学
- 相关知识：公众、内部公众、外部公众、员工、股东、顾客
- 课后练习与任务：开展"如何吸引顾客公众"的小组讨论。

项目4 饭店公共关系传播（2学时）

- 教学目标：通过教学，使学生掌握饭店公共关系传播的特点和形式，理解饭店公共关系传播的目的以及有效传播的关键；学会根据不同传播媒介的特点，选择适合饭店公共关系活动的传播媒介；能够撰写饭店公关新闻，能够编排宣传手册，熟悉创编饭店内部刊物的步骤。
- 工作任务：

第一节 饭店公共关系传播的特点和形式

第二节 饭店公共关系活动的传播媒介

第三节 饭店公关新闻传播

- 活动设计：案例教学、小组讨论
- 相关知识：公共关系传播 大众传播 传播媒介
- 课后练习与任务：学生自学了解各种传播媒介。

项目5　饭店公共关系的工作程序（4学时）

● 教学目标：通过教学，使学生了解公共关系调查的意义、内容和各种调查方法；掌握公共关系调查的基本程序，学会撰写公关调查报告；掌握公共关系策划的程序与方法，学会制订饭店公共关系计划；了解公共关系实施的步骤。

● 工作任务：

第一节：饭店公共关系调查

第二节：饭店公共关系计划的制订

第三节：公共关系组织实施

● 活动设计：案例教学、小组讨论

● 相关知识：访谈法　问卷调查法　抽样调查法

● 课后练习与任务：学生设计一份简单的调查问卷。

项目6　饭店形象设计与推广（4学时）

● 教学目标：通过教学，使学生正确理解饭店形象的含义、构成和特征，了解饭店形象塑造的原则与方法；熟悉饭店形象塑造的前期形象调查、形象定位和CIS设计等步骤和方法，掌握饭店形象推广的策略。

● 工作任务：

第一节　饭店形象的含义、构成和特征

第二节　饭店形象塑造的步骤与方法

第三节　饭店形象推广的策略

● 活动设计：案例分析

● 相关知识：理念识别、行为识别、视觉识别、形象定位

● 课后练习与任务：通过对职业形象的认知，对个人形象进行规范。

项目7　饭店公共关系专题活动策划与操作（6学时）

● 教学目标：通过教学，使学生了解饭店公共关系专题活动的含义；理解公共关系专题活动策划的基本要求和原则；掌握饭店各类公共关系专题活动的特点、基本流程和步骤；能根据饭店公关目标，做好公共关系专题活动的策划；能够运用专题活动筹办与实施技巧组织饭店公共关系专题活动。

● 工作任务：

第一节　饭店公共关系专题活动的策划

第二节　饭店主要公共关系专题活动的组织

第三节　饭店专题活动公共关系操作技巧

● 活动设计：案例分析、小组作业

● 相关知识：新闻发布会、赞助活动、展览与促销、联谊活动

● 课后练习与任务：实地参加一次旅游行业的展览会，拍摄照片并制作PPT在课堂上演示，请老师和同学做出评价。

项目8　饭店公共关系危机处理（2学时）

● 教学目标：通过教学，使学生了解饭店公关危机和危机公关的含义，了解饭店公关危机的特点；理解饭店公关危机预防的必要性；掌握饭店危机公关处理的原则及程序。

● 工作任务：

第一节　认识饭店危机公关

第二节　饭店公共关系危机预防

第三节　饭店危机公关的处理

● 活动设计：案例分析、小组讨论

● 相关知识：公共关系危机、危机预防、危机处理

● 课后练习与任务：小组讨论：如何做好公关危机预防分析并制订相应应急计划。

（三）课程资源开发

积极探索建立录像、网络、视频等多种媒体构成的立体化教学载体模式，增强教学感染力。完善多媒体课件、网络课程、电子图书和专业网站，充分利用网络及网络资源，满足专业教学和专业技能训练的需要，实现师生网上互动和多媒体资源的共享，提高课程资源利用效率。

充分发挥校内外实训实习基地的作用。

（四）教学模式

以"能力为本"为核心理念，突出实用性，做到基础知识"够用"。教学中采用精选精讲、鼓励互动；重视案例、注重运用；各抒己见、集思广益；开动脑筋、理解为主；进入角色、情景模拟；能力本位、科学考核等教学模式。

（五）教学方法与手段

1. 课堂讲授法

本课程总体理论性较强，课堂上以教师为主体，辅助以多媒体手段进行讲授，讲授时辅以启发提问，讲清讲透课程的重点和难点，让学生把握住学习的关键点。

2. 案例分析法

以主讲教师岗位经历以及多年收集的经典案例为主，通过案例导入课程教学，采用典型案例解读，可以培养学生学习兴趣，使学生学习处于最佳有效状态。案例分析是本课程教学联系实际的特色形式。进行案例分析时，既可以采用由学生独立分析，再以口头回答或书面作业完成的分散方式；又可以采用先分小组讨论，小组发言人汇报，全班讨论参与这种集中的形式。后一种方式主要用于对重点案例进行分析。

教师的重点放在引导学生寻找正确的分析思路和对问题解决的多视角观察上，而不是用自己的观点来影响学生。教师对案例分析的总结，也不是对结果或争论下结论当裁判，而是对学生们的分析进行归纳、拓展和升华。

3. 小组讨论法

教师安排相应的课堂教学时间用于讨论典型案例，可指定或学生自愿组成学习小组，就某一问题展开充分讨论，每组选派一名发言人，上台汇报本组讨论的情况，与台下师生互动、交流，小组其他成员可以补充，教师予以点评。

4. 角色扮演法

在教学中，可根据教学要求，创设各种情境，给出一定的案例或要解决的问题，由学生扮演其中的角色（也可轮流扮演），设身处地地分析与解决所面临的问题。学生从所扮演角色的角度出发，运用所学知识，自主分析、自主决策、自主处置。

5.头脑风暴法

针对讲授中、案例中、学生实习见习中的实际管理问题，由学生应用所学知识，放开思路，大胆分析，提出自己的见解与解决方案。

6.其他方法

（1）演示法。学生开始完成某些项目之前，教师要向学生提供调查参考范例，以多媒体、录像等形式演示相关的方法与技巧，帮助学生获得感性认识。

（2）任务训练。教师要安排和指导学生完成相应项目任务，训练学生的实际操作能力。

（3）现场观摩。根据教学需要，安排学生到企业进行现场观摩，深入工作现场，感受真实的工作氛围。

（4）顶岗实习。学生参与企业工作，检验并提升自己各方面的职业素养和技能。

（六）主要参考资料

［1］张建庆.酒店公共关系［M］.上海：上海交通大学出版社，2011.

［2］尹景明，贺湘辉.酒店公关实务［M］.广州：广东经济出版社，2012.

［3］吕莉.酒店公共关系实务［M］.北京：经济科学出版社，2014.

［4］张向东.旅游公共关系［M］.上海：华东师范大学出版社，2014.

酒店管理专业"饭店督导技巧"课程标准

一、课程性质

"饭店督导技巧"是根据饭店行业基层管理岗位的需要开设的专业课程，也是酒店管理专业的一门核心主干专业课程。它是以饭店基层管理职能与工作流程为主线，以一线基层管理人员为对象，研究饭店基层管理程序、方法和技巧的一门应用性课程。本课程充分注重高等职业教育的特点，具有可操作性，注重对学生职业能力的培养。本课程知识性、实践性较强。课程主要内容包括督导和管理的最基本的管理职能、饭店人必须具备的现代饭店意识、团队建设、人际沟通、组织激励、质量管理、基层培训等，这是饭店督导应该了解和掌握的基础性的内容。通过学习，学生可以了解督导在饭店管理中应该掌握的最基本的工具和手段，这部分内容也是饭店督导能力基础性的理论和艺术；不懂得这些理论和艺术，要成为一名合格的督导就会成为空中楼阁。通过本课程的学习，学生可以熟悉饭店基层管理活动的一般规律、基本原理和基本方法，初步具备运用管理的基本原理和方法有效进行班组管理的综合能力和基本技巧。

"饭店督导技巧"课程教学时数建议为 32 学时，建议学分为 2 分，执笔人为张向东。

二、课程目标

（一）知识目标

通过督导管理理论的学习和管理技能的训练，学生掌握督导管理的基本理论与技能。

（二）能力目标

本课程是为培养学生的管理能力而开设，对学生的职业能力（创新创业、营销策划、日常管理、沟通协作）的培养和职业综合素养的养成起主要支撑作用，尤其对基层管理者岗位综合能力的培养与提升至关重要。学生通过学习，能将管理的理论与饭店各岗位运作流程相结合；能结合饭店的实际情况领导、管理员工并实施有效的授权、沟通与激励；能掌握饭店的基本营运标准和一线具体管理实务；能制订一线员工培训计划并指导一线员工工作。

（三）素质目标

培养职业生涯的可持续发展能力，成为高素质的饭店督导管理人员。

三、课程内容和要求

章次	工作任务与项目	课程内容和要求	建议学时
1	认识管理，认识督导	通过教学，使学生明确管理的概念，解释管理的职能，区分管理者和操作者，描述管理的不同层次；探讨督导的概念，说明督导管理在饭店业中的地位和作用	2
2	管理的基本原理与基本方法	了解管理学发展的历史，了解当代管理概念的起源和一些重要管理理论的发展历程；掌握管理的基本原则和基本方法	4
3	督导的地位和作用	掌握督导角色的概念，了解督导在管理中的地位和作用，了解有效督导所必需的基本技能以及督导个人的素质和技能	2
4	制定决策	掌握决策制定的定义，决策的类型，决策的制定步骤以及制定决策的要素	2
5	计划	掌握计划的概念，制订计划的步骤，了解计划的层次和类型	2
6	时间管理	了解时间的特点，掌握有效管理时间的一些好方法	2
7	有效的授权	掌握授权的概念，授权的层次、授权的障碍以及有效授权的条件	2
8	有效的沟通	掌握沟通的定义，沟通的功能，沟通的类型；了解有效督导管理沟通的障碍，探讨改进督导管理沟通的方法和技能	4
9	员工激励	掌握激励的概念，激励的功能，了解几种著名的激励理论，掌握激励的基本方法	2
10	有效的领导	掌握领导权力的来源，领导方式，了解领导艺术	2
11	团队建设	掌握团队和群体的含义，有效团队的特征；了解团队的形成与发展，探讨团队的效率和督导作为团队领导的作用	2
12	冲突和压力管理	了解冲突的形成，冲突的类型和来源，探讨冲突管理的重要工具——谈判；了解压力和压力管理	2
13	指导和培训员工	了解饭店如何培训员工，明确饭店培训的基本类型，实施培训计划的步骤，了解员工如何才能取得最好的学习效果	2
	考试		2

四、考核评价

由注重考核学习结果转变为注重考核学习过程；由重视考查理论知识转变为重视考查素质与能力；由单一的考查形式转变为灵活多样的考查形式。

课程考核由平时成绩和期末考试成绩两部分组成。考核成绩采用百分制，其中平时成绩占40%（考勤、课堂表现、作业和社会实践各占10%），期末考试成绩占60%。期末考试采取开卷考查或小论文等方式进行。

五、课程资源及使用要求

（一）师资条件要求

任课教师应为具有中高级职称的"双师型"教师，具备较为丰富的管理经验和实践能力，健康的身心，热爱教育工作，热爱学生；有较强的教学能力、教育科研能力和创新能力，能掌握相关高等教育法规，具有一定的教育学、心理学基本知识，并能运用在实际教学过程中。教师还应具有制作多媒体课件进行教学设计的能力，应用现代教育技术进行教学的能力。课程教学团队由专兼职教师组成。教师职称、年龄、学历、学缘结构合理。

（二）实训教学条件要求

1. 多媒体教室；

2. 企业实际案例、网络资源；

3. 校内设施设备齐全的实训中心；

3. 校外实训实习基地；

4. 提供学习资料的图书馆。

（三）教材选用

选用适合高职高专学生特点的工学结合教材，即以工作过程为导向，体现工学结合、高职特色的教材。

六、课程实施建议及其他说明

（一）课程实施方案

按照"技能岗位型"的人才培养模式，根据专业对应岗位的基本素质和技能要求来确定课程的知识、能力和素质目标。"饭店督导技巧"设计相互联系的课程单元和教学模块，以确保学生能了解和掌握目标岗位所要求具备的职业能力。课程实施遵循"职业性""实践性""开放性"的要求。职业性：一是紧密围绕专业培养目标的职业岗位需求设计课程，力求与实际工作紧密联系；二是按对饭店管理者的要求，进行职业化的课堂教学管理，模拟饭店工作的氛围管理过程，增加学生实践认知。实践性：联系行业企业的基层管理实践。开放性：开放性的作业设计、课程内容、教学方法。

（二）教师教学计划

项目1　认识管理，认识督导（2学时）

● 教学目标：通过教学，使学生明确管理的概念，解释管理的职能，区分管理者和操作者，描述管理的不同层次；探讨督导的概念，说明督导管理在饭店业中的地位和作用。

● 工作任务：

第一节　管理与管理职能

第二节　督导的概念

第三节　领导、督导和管理

● 活动设计：案例教学、对比分析

● 相关知识：管理的职能；督导管理在饭店业中的地位和作用

● 课后练习与任务：建议学生阅读一些相关的管理书籍，了解管理学的基本常识。

项目2　管理的基本原理和基本方法（4学时）

● 教学目标：通过教学，使学生了解管理学发展的历史，了解当代管理概念的起源和一些重要管理理论的发展历程；掌握管理的基本原则和基本方法。

- 工作任务：

第一节　管理思想的演进

第二节　管理的基本原理

第三节　管理的基本方法

- 活动设计　案例分析、小组讨论

- 相关知识　科学管理理论；人际关系理论；资源、系统、人本、权变

- 课后练习与任务　组织学生开展对科学管理理论进行讨论，建议学生阅读一些相关的管理书籍，了解管理学的基本常识。

项目3　督导的地位和作用（2学时）

- 教学目标：通过教学，使学生掌握督导角色的概念，了解督导在管理中的地位和作用，了解有效督导所必需的基本技能以及督导个人的素质和技能。

- 工作任务：

第一节　督导的角色

第二节　有效督导必需的技能

第三节　督导的素质和技能

- 活动设计：案例教学、情景教学、小组讨论

- 相关知识：督导在管理中的地位和作用；督导个人的素质和技能

- 课后练习与任务：组织相关讨论，谈谈对督导个人素质和技能的认识。

项目4　制定决策（2学时）

- 教学目标：通过教学，使学生掌握决策制定的定义，决策的类型，决策的制定步骤以及制定决策的要素。

- 工作任务：

第一节　决策的定义

第二节　决策的类型

第三节　制定决策

- 活动设计：案例教学、小组讨论

- 相关知识：决策的制定步骤

- 课后练习与任务：分析讨论个体决策与群体决策的区别和作用。

项目5　计划（2学时）

- 教学目标：通过教学，使学生掌握计划的概念，制订计划的步骤，了解计划的层次和类型。

- 工作任务：

第一节　计划

第二节　计划的层次和类型

第三节　如何做计划

- 活动设计：案例教学、小组讨论

- 相关知识：计划的概念，制订计划的步骤，计划的层次和类型

- 课后练习与任务：书面作业：制订一份班级春游计划。

项目6 时间管理（2 学时）

● 教学目标：通过教学，使学生了解时间的特点，掌握有效管理时间的一些好方法。

● 工作任务：

第一节 时间的特点

第二节 有效的时间管理

● 活动设计：案例教学、小组讨论

● 相关知识：拖延症、时间管理工具

● 课后练习与任务：讨论：作为饭店的一名督导管理者，如何更有效地管理时间？

项目7 有效的授权（2 学时）

● 教学目标：通过教学，使学生掌握授权的概念，授权的层次、授权的障碍以及有效授权的条件。

● 工作任务：

第一节 授权

第二节 有效的授权

● 活动设计：案例分析、小组讨论

● 相关知识：有效授权的条件

● 课后练习与任务：课后分析和归纳授权的几点启示。

项目8 有效的沟通（4 学时）

● 教学目标：通过教学，使学生掌握沟通的定义，沟通的功能，沟通的类型；了解有效督导管理沟通的障碍，探讨改进督导管理沟通的方法和技能。

● 工作任务：

第一节 沟通的定义

第二节 沟通的类型

第三节 有效督导管理沟通的障碍

第四节 改进督导管理沟通的方法和技能

● 活动设计：案例分析、小组讨论、情景模拟

● 相关知识：沟通的类型，改进督导管理沟通的方法和技能

● 课后练习与任务：利用沟通障碍的案例开展小组讨论或辩论。

项目9 员工激励（2 学时）

● 教学目标：通过教学，使学生掌握激励的概念，激励的功能，了解几种著名的激励理论，掌握激励的基本方法。

● 工作任务：

第一节 激励

第二节 激励理论

第三节 激励方法

● 活动设计：案例分析、小组讨论、课堂辩论

● 相关知识：激励理论的应用

● 课后练习与任务：课后讨论激励员工的方法和步骤。

项目 10　有效的领导（2 学时）

● 教学目标：通过教学，使学生掌握领导权力的来源，领导方式，了解领导艺术。

● 工作任务：

第一节　领导的概念

第二节　领导方式的分类

第三节　领导者的影响力

第四节　领导艺术

● 活动设计：案例分析、小组讨论、课堂辩论

● 相关知识：领导者的影响力，领导艺术

● 课后练习与任务：作业：领导者的影响力来源于何方？督导如何树立自己的威信？

项目 11　团队建设（2 学时）

● 教学目标：通过教学，使学生掌握团队和群体的含义，有效团队的特征；了解团队的形成与发展，探讨团队的效率和督导作为团队领导的作用。

● 工作任务：

第一节　团队和群体

第二节　有效团队的特征

第三节　团队的形成与发展

第四节　团队的效率

第五节　作为团队领导者的督导

● 活动设计：案例分析、小组讨论、课堂辩论

● 相关知识：有效团队的特征，团队的形成与发展

● 课后练习与任务：以如何创建高标准的工作团队为主题开展小组讨论或辩论。

项目 12　冲突和压力管理（2 学时）

● 教学目标：通过教学，使学生了解冲突的形成，冲突的类型和来源，探讨冲突管理的重要工具——谈判；了解压力和压力管理。

● 工作任务：

第一节　冲突管理

第二节　谈判

第三节　压力管理

● 活动设计：案例分析、情景模拟

● 相关知识：冲突产生的原因，原则性谈判解决冲突，处理个人压力的方法

● 课后练习与任务：发放调查问卷，调查学生压力产生的原因和处理方法。

项目 13　指导和培训员工（2 学时）

● 教学目标：通过教学，使学生了解饭店如何培训员工，明确饭店培训的基本类型，实施培训计划的步骤，了解员工如何才能取得最好的学习效果。

● 工作任务：

第一节　员工培训与发展

第二节　员工如何取得最好的学习效果
- 活动设计：案例分析、小组讨论、情景模拟
- 相关知识：选拔和招聘员工的程序和步骤
- 课后练习与任务：学生课后练习制订招聘计划。

（三）课程资源开发

本课程正在探索建立录像、网络、视频等多种媒体构成的立体化教学载体模式，以增强教学感染力。完善多媒体课件、网络课程、电子图书和专业网站，充分利用网络及网络资源，满足专业教学和专业技能训练的需要，实现师生网上互动和多媒体资源的共享，提高课程资源利用效率。

充分发挥校内外实践基地的作用。

（四）教学模式

以"能力为本"为核心理念，突出实用性，做到基础知识"够用"。教学中采用精选精讲、鼓励互动；重视案例、注重运用；各抒己见、集思广益；开动脑筋、理解为主；进入角色、情景模拟；能力本位、科学考核等教学模式。

（五）教学方法与手段

1. 实施现代教育，课堂采用动态、开放、互动式的教学方式

通过角色扮演的方式（每个人都是饭店督导），改变传统满堂灌的课堂教学方式，让学生成为课堂的主人。

通过模拟现场的情景，让学生感受饭店管理理论和方法的实际应用。

通过让学生以小组为单位就某一专题课前查阅资料，专题讨论，推选小组发言人，小组发言人在课堂上做中心发言，教师点评，以发挥学生的主观能动性，更积极地参与到教学中。

2. 进行体验式的职业化教学

专业教学中，推进体验式教学，学生上课按饭店的职业规范要求管理，重视课堂教学与学生的互动，鼓励学生积极开展讨论、通过案例分析和情景摸拟，促进理论知识学习与社会实践有效结合。

在课程教学中通过团队组建、角色扮演、现场模拟等方式，让学生感受职场氛围。

3. 案例教学等教学方式的运用

在教学中通过典型案例，将学生带入特定事件使学生在独立思考或集体协作的状态下，进一步提高其识别、分析和解决某一具体问题的能力，进而培养学生形成良好的学习能力、沟通能力、职业技能和协作精神，非常适宜塑造学生的综合素质与能力。

在讲授中注意理论与实践的紧密结合，在突破难点方面，注意选择典型的案例，将理论阐述得深入浅出又透彻具体，提高学生的学习兴趣和主动性，活跃学生的思维，开拓学生的思路，使学生成为课堂教学的中心。

4. 情景教学法

设计具体情景，要求学生在课前思考，并做出自己的工作方案。学生们带着自己做出的工作方案走进课堂，上学时将学生分成每8~10人一组，小组成员共同设想管理中的情景和会遇到的困难，通过分析讨论总结出典型的管理情景，设计出对应的解决方

案，再让团队成员扮演成不同的角色将情景表演出来，使学生从中得到感悟，做到教、学、做相结合，理论与实践一体化。

5. 理论与实践相结合

在入学教育时，通过安排学生去饭店参观，听取饭店经理们的讲课，使学生早期接触饭店运作实际，了解一线服务与管理的具体过程。

学生通过在饭店顶岗实习全面体验和巩固所学知识。

学生根据教师提出的知识点要求，自己动手进行资料收集、实践方案设计、各类调查工作设计，形成与课程知识紧密结合的调研报告。

鼓励学生参与各种竞赛活动，以提高学生的实践工作能力。

（六）主要参考资料

［1］刘纯．饭店督导管理［M］.北京：清华大学出版社，2008.

［2］栗书河．饭店督导管理［M］.北京：旅游教育出版社，2009.

［3］薛兵旺．酒店督导［M］.上海：上海交通大学出版社，2011.

酒店管理专业"饭店收益管理"课程标准

一、课程性质

本课程是酒店管理岗位选修课，是酒店管理专业课程体系中职业技术课程模块中职业能力的核心课程。课程强调学生的基本素质和能力培养，让学生掌握饭店收益管理理念、饭店收益管理方法，培训学生善于分析，勤于学习的精神，具备正确的收益管理的指导思想，以及创新饭店收益管理的具体能力，具有饭店从业人员所应具备的基本理论与实践素质，贴近学生将来职业场景的需要。

本课程是依据"酒店管理专业工作任务与职业能力分析表"中的饭店收益管理工作项目设置的。该课程其总体设计思路紧紧围绕"三全一分"育人理念，充分体现依据学生的认知特点、学生可持续发展需求，打破以知识传授为主要特征的传统学科课程模式，设计通过任务引领、工作过程导向的理念和设计思路将本课程的内容分解为若干项目，创设相关工作情景采用并列与流程相结合的方式展示教学内容。理论知识的选取紧紧围绕饭店收益管理工作任务完成的需要来进行，同时又充分考虑住宿业态的创新发展要求，坚持立德树人，注重思想政治教育贯穿教学始终，同时融合了学生综合素质提升、创新创业能力培养、学生可持续发展的要求。项目设计以饭店收益管理为线索来进行。教学过程中，通过校企合作，校内实训基地建设等多种途径，工学结合突出实践，充分开发学习资源，给学生提供丰富的实践机会。教学效果评价采取过程评价与结果评价相结合的方式，通过理论与实践相结合，重点评价学生的职业能力和综合素质。课程设计理念符合职业性、实践性和开放性要求，符合工作过程与方法的思路要求。

"饭店收益管理"课程的总学时为 28 学时，建议学分为 2 分，执笔人为陈琦。

二、课程目标

（一）知识目标

掌握饭店收益管理的基本原则与方法，掌握饭店收益管理的核心要素、工作流程及标准。

（二）能力目标

能够参与饭店收益管理实践工作，掌握针对市场需求提供个性、定置化收益管理策略的创新能力，能够养成独立分析问题、解决问题的能力。

（三）素质目标

培养善于分析、勤于学习的精神，具备不断探索、创新能力。具有饭店从业人员所应具备的基本理论与实践素质。

三、课程内容和要求

序号	工作任务/项目	课程内容和要求		建议学时
		理论	实践	28
1	收益管理基础知识	1.收益管理的发展 2.实施收益管理的意义 3.衡量收益管理的指标	收益管理指标	4
2	饭店产品组合与价格决策	1.饭店产品组合 2.饭店价格决策	1.设计产品组合 2.实施动态定价法	3
3	饭店市场细分与销售渠道管理	1.饭店市场细分 2.饭店销售渠道管理	饭店竞争环境的分析	4
4	收益管理的市场预测	1.市场预测的基本知识 2.收益管理中的预测方法	对饭店收益进行预测	4
5	收益管理实战技巧	收益管理实战技巧	收益管理实战演练	4
6	饭店收益管理系统	1.饭店收益管理系统简介 2.饭店收益管理系统的应用		1
7	饭店全面收益管理	1.收益管理策略的实施 2.餐厅收益管理	餐厅收益管理方法	4
8	饭店收益管理测试	1.期中测试 2.期末测试		4

备注：典型工作任务、项目、模块、学习情境、工作过程等。

四、考核评价

考核方式上，采用形成性评价与终结性评价相结合的理论考试、开卷考试、大型作业、阶段测试等多种考核方式。增加过程性成绩比重，增加考勤、作业、平时表现等在成绩中的比重，合理确定过程性成绩在总成绩的比重为不低于50%。

五、课程资源及使用要求

（一）师资条件要求

本课程要求大多数教师具有研究生及以上饭店管理专业背景，具备相关饭店收益管理实践知识和能力，健康的身心以及热爱教育工作，热爱学生；同时具有较强的教学能力、教育科研能力和创新能力，能掌握相关高等教育法规，具有一定的教育学、心理学基本知识，并能运用在实际教学过程中。另外，要求教师具有制作多媒体课件进行教学设计的能力，并具有应用现代教育技术进行教学的能力，具有指导学生进行饭店收益管理实践的经验。

（二）实训教学条件要求

（1）多媒体教室。

（2）校内实训实习基地。

（3）提供学习资料的图书馆。

（三）教材选用

本课程结合课程内容和高职高专学生特点采用的教材为《饭店收益管理》，该教材由祖长生著，中国旅游出版社出版。教材充分体现课程设计思想，系统阐述了收益管理的理论和应用方法以及在饭店中的实践运用，教材相关内容之间的逻辑结构清晰，并成系列，能支撑课程目标的实现。教材的选用既要突出职业能力的培养与提高，同时要考虑可操作性。

六、课程实施建议及其他说明

1. 课程实施方案

课程目标的实现通过情境创设、仿真模拟、案例分析、头脑风暴、自主研习等教学方法，以校内实训基地为实习场所，教、学、做三者结合，强调学生在"做"中"学"。

● 树立学生对饭店收益管理的正确认识，培养学生对饭店收益管理的兴趣，塑造正确的饭店收益管理理念。

● 应加强对学生实际职业能力的培养，强化基于工作过程的案例教学和任务教学，注重以任务引领型项目诱发学生兴趣，使学生在完成典型任务活动中能熟练掌握饭店收益管理专业技能与创新能力。

● 教师应尽可能由浅及深地讲授饭店收益管理专业知识，并结合饭店实际案例加深学生理解。

● 应注意职业情境的创设，以多媒体、案例分析等教学方法提高学生分析问题和解决实际问题的职业能力。

● 教师必须重视实践、更新观念，为学生提供自主发展的时间和空间，积极引领学生提升职业素养，努力提高学生的创新能力。

● 教师应注意培养学生对饭店收益管理的钻研能力，以任务型活动，组织学生完成不同的饭店收益管理任务。

2. 教师教学计划

计划1：收益管理基础知识		参考学时		4
学习目标	1.对收益管理的正确认识 2.掌握衡量收益管理的指标			

学习单元	内容描述	教学条件	教学方法和建议	参考学时
收益管理的发展	1.什么是收益管理 2.收益管理的历史、现状与未来	多媒体教室	运用多媒体教学、案例分析、教授等方法	1
实施收益管理的意义	1.收益管理适用的行业 2.实施收益管理的意义	多媒体教室	运用多媒体教学、案例分析、教授等方法	1
衡量收益管理的指标	1.OCC 2.ADR 3.RevPAR	多媒体教室	运用多媒体教学、案例分析、教授等方法	2

计划2：饭店产品组合与价格决策		参考学时		3
学习目标	1.对饭店产品组合与价格决策的正确认识 2.能够根据市场合理组合产品，并进行价格决策			
学习单元	内容描述	教学条件	教学方法和建议	参考学时
饭店产品组合	1.饭店产品的构成 2.饭店产品设计中的增收要素	多媒体教室	运用多媒体教学、案例分析、分组训练等方法	1.5
饭店价格决策	1.客房价格基本类型 2.收益管理定价决策	多媒体教室	运用多媒体教学、案例分析、分组训练等方法	1.5

计划3：饭店市场细分与销售渠道管理		参考学时		4
学习目标	1.对饭店市场细分与销售渠道管理的正确认识 2.能够合理进行市场细分并进行销售渠道的管理			
学习单元	内容描述	教学条件	教学方法和建议	参考学时
饭店市场细分	1.饭店的细分市场 2.竞争环境分析	多媒体教室	运用多媒体教学、案例分析、分组训练等方法	2
饭店销售渠道管理	1.饭店常用销售渠道 3.饭店销售渠道的管理方法	多媒体教室	运用多媒体教学、案例分析、分组训练等方法	2

计划4：收益管理的市场预测		参考学时		4
学习目标	1.对收益管理市场预测的正确认识 2.能够根据市场，正确进行饭店收益管理的市场预测			
学习单元	内容描述	教学条件	教学方法和建议	参考学时
市场预测的基本知识	1.市场预测的概念 2.市场预测在收益管理中的作用	多媒体教室	运用多媒体教学、案例分析、分组训练等方法	2
收益管理中的预测方法	1.收益管理预测的内容和步骤 2.收益管理中的预测方法	多媒体教室	运用多媒体教学、案例分析、分组训练等方法	2

计划5：收益管理实战技巧		参考学时		4
学习目标	1.强化收益管理的实战技巧 2.能够根据市场和饭店实际，开展收益管理			
学习单元	内容描述	教学条件	教学方法和建议	参考学时
收益管理实战技巧	饭店收益管理中常用的实战技巧	多媒体教室	运用多媒体教学、案例分析、分组训练等方法	4

计划6：饭店收益管理系统			参考学时	1
学习目标	1.对饭店收益管理系统的正确认识 2.能够了解饭店收益管理系统的应用			

学习单元	内容描述	教学条件	教学方法和建议	参考学时
饭店收益管理系统简介	1.收益管理系统的产生与发展 2.收益管理系统的工作原理	多媒体教室	运用多媒体教学、案例分析、教授等方法	0.5
饭店收益管理系统的应用	1.饭店收益管理系统的主要功能 2.饭店收益管理系统的作用	多媒体教室	运用多媒体教学、案例分析、教授等方法	0.5

计划7：饭店全面收益管理			参考学时	4
学习目标	1.对饭店全面收益管理的正确认识 2.能够实施饭店收益管理策略，并会开展餐饮收益管理			

学习单元	内容描述	教学条件	教学方法和建议	参考学时
收益管理策略的实施	1.饭店收益管理组织机构 2.饭店收益管理会议	多媒体教室	运用多媒体教学、案例分析、分组训练等方法	2
餐厅收益管理	1.衡量餐厅收益的指标 2.餐厅收益管理方法	多媒体教室	运用多媒体教学、案例分析、分组训练等方法	2

计划8：饭店收益管理测试			参考学时	4
学习目标	1.强化对饭店收益管理的正确理念 2.能够合理运用饭店收益管理的方法和技巧			

学习单元	内容描述	教学条件	教学方法和建议	参考学时
期中测试	根据学生特点采取灵活的测试	多媒体教室	测试	2
期末测试	独立完成饭店收益管理的测试	多媒体教室	测试	2

3.课程资源开发

● 进一步开发多媒体教学资源，通过各种活动的设计、模拟与参与，使学生的主动性、积极性和创造性得以充分调动。

● 充分利用实习基地酒店，并与时俱进及时调整教学内容。

● 课程资源建设，把有关电子教学资料（如PPT课件、案例、习题等）放在课程网站上，实现学生与教师的网上互动。

4.教学模式

本课程针对来源于企业实践的、典型的职业工作任务，紧紧围绕学生在校学习与实际工作的一致性和行动导向原则进行教学模式设计，在培养岗位实际工作能力的同时，促进学生关键能力的发展和综合素质的提高。

● 工学交替。课程教学整体上注重工学交替，设计了课内－课外、校内－校外、随堂实训、项目活动等多种形式并举的实践教学模式。

● 任务驱动。将教学内容整合，注重工作过程的整体性，让学生在完整、综合的仿真行动中学习知识，体验实践。

5. 教学方法与手段

● 讲授法：主要应用于学生学习基础知识的初级阶段，要为学生学习创设一个合适的情景氛围，增强学生的学习兴趣和意识。

● 启发式教学法。在授课的过程中，教师避免采用灌输理论知识的方式，而是采用提问和分析的方式，循序渐进地诱导、启发、鼓励学生对问题和现象进行思考、讨论，再由教师总结、答疑，做到深入浅出、留有余地，给学生深入思考和进一步学习的空间，同时也提高了学生的学习主动性。传输国内外有关饭店经营管理的新理论、新思想以及发展动态。开阔学生的眼界，激发其求知欲，使学生具备现代酒店管理的理念和意识。

● 参与式教学法。改变传统的单纯依赖教师讲授的方法，让学生参与到教学过程中。学生可以就教师的讲授内容发表自己的见解，对问题和现象表达自己的看法。而通过小组讨论、专题汇报、小组辩论、情景模拟、课程作业等方式，学生可以变被动听课为主动学习，既有利于提高学生学习的积极性、主动性，也有利于学生分析问题、解决问题能力的培养和表达能力、团队合作能力的提高。针对某一具体饭店的经营管理，让学生动脑、动手收集资料、设计并制作成幻灯片，运用所学知识，进行介绍。使学生真正动脑、动手，增强实际操作能力。

● 互动式教学法。教师提出问题或现象，启发学生的发散性思维，可以实现教学互动；而小组讨论、角色模拟的方式则可以起到学生之间相互启发的作用，进而又促进了教学。教学相长，扩展了教学的深度与广度。为了解学生对本课程的学习情况，针对饭店目前发展动态和敏感问题要求学生收集资料、启发学生进行思考，开展课堂讨论，培养学生分析问题和解决问题的能力。

● 案例教学法。在讲解过程中结合案例，加深学生对基本理论的理解和认识。同时将案例分析作为对学生掌握理论知识和分析解决问题能力的检验，同时也能起到相互启发的效果。

● 其他教学手段：根据实际情况有选择地考虑采取现场参观、座谈会、交流互动、专题讲座、观看多媒体、岗位体验、项目作业等教学方式。

6. 主要参考资料

[1] 祖长生. 饭店收益管理 [M]. 北京：中国旅游出版社.

[2] 胡质健. 收益管理——有效实现饭店收入的最大化 [M]. 北京：旅游教育出版社.

酒店管理专业 "宾客关系管理" 课程标准

一、课程性质

该课程是酒店管理专业选修课，是专业核心课程。目标是让学生掌握宾客关系管理的基本知识，培养学生与客户的沟通交流能力，具备基本的职业素养，达到酒店管理专业的所应具备的基本理论与实践素质，具备职场应变和创新的具体能力。

它以酒店管理专业的专业课程的学习为基础，进一步拓展专业课程的知识，达到学以致用。

该课程是依据"酒店管理专业工作任务与职业能力分析表"中的宾客关系管理工作项目设置的。其总体设计思路是，打破以知识传授为主要特征的传统学科课程模式，转变为宾客关系的工作任务为中心组织课程内容，并让学生在完成具体项目的过程中学会完成相应工作任务，并构建相关理论知识，发展与客户沟通的职业能力。课程内容突出对学生沟通能力的训练，基本职业素质的培养。理论知识的选取紧紧围绕工作任务完成的需要来进行，同时又充分考虑旅游新业态与"旅游+"新形态下"大旅游"产业发展对理论知识学习的要求，坚持立德树人，注重思想政治教育贯穿教学始终，同时融合了学生综合素质提升、创新创业能力培养、学生可持续发展的要求。项目设计以宾客关系、宾客满意、宾客忠诚为线索来进行。教学过程中，通过情景模拟实践等多种途径，采取分组讨论等形式，充分开发学习资源，给学生提供丰富的实践机会。教学效果评价采取过程评价与结果评价相结合的方式，通过理论与实践相结合，重点评价学生的职业能力和综合素质。

"宾客关系管理"课程的总学时为 18 学时，建议学分为 1 分，执笔人为葛志荣。

二、课程目标

（一）知识目标

掌握宾客关系管理的基本知识，达到用相关的理论知识运用到宾客关系的管理上。

（二）能力目标

能够参与酒店的宾客关系处理，掌握针对宾客需求提供行之有效的解决办法，提高自身的沟通、应变能力，养成独立分析问题解决问题的能力。

（三）素质目标

培养善于分析，勤于学习的精神，具备应有的沟通、应变能力。具有酒店从业人员所应具备的基本理论与实践素质。

三、课程内容和要求

序号	工作任务/项目	课程内容和要求		建议学时
		理论	实践	18
1	顾客关系管理	1.顾客关系管理的必要性 2.顾客关系管理的相关概念		2
2	顾客开发与管理	1.分类 2.寻找潜在客户 3.顾客管理		2
3	顾客满意	1.相关概念 2.顾客不满的应对 3.如何提升顾客满意度		2
4	顾客忠诚	1.相关概念 2.与满意度之间的关系 3.提高忠诚度的措施		2
5	顾客投诉处理	1.原因分析 2.处理步骤 3.处理技巧		4
6	情景模拟		案例情景模拟	4
7	理论测试	理论测试		2

四、考核评价

考核方式上，采用形成性评价与终结性评价相结合的理论考试、技能测试等多种考核方式。理论考试（60%）＋阶段测试（40%）。理论考试重在评价宾客关系管理课程的理论学习情况，占总成绩的60%；阶段测试成绩主要包括考勤、作业、情景模拟、平时表现环节的表现，占总成绩的40%。

五、课程资源及使用要求

（一）师资条件要求

本课程要求大多数教师具有研究生及以上酒店管理专业背景，具备相关酒店管理知识和能力，健康的身心以及热爱教育工作，热爱学生；同时有较强的教学能力、教育科研能力和创新能力，能掌握相关高等教育法规，具有一定的教育学、心理学基本知识，并能运用在实际教学过程中。另外，要求教师具有制作多媒体课件进行教学设计的能力，并具有应用现代教育技术进行教学的能力。

（二）实训教学条件要求

（1）多媒体教室。

（2）校外、校内实训实习基地。

（3）提供学习资料的图书馆。

（三）教材选用

本课程结合课程内容和高职高专学生特点选取教材。教材充分体现课程设计思想，以项目为载体实施教学，项目选取要科学，项目之间的逻辑结构清晰，并成系列，能支撑课程目标的实现。突出职业能力的培养与提高，同时要考虑可操作性。

六、课程实施建议及其他说明

1. 课程实施方案

课程目标的实现通过情境创设、仿真模拟、案例分析、认识实习、岗位体验等教学方法，在课堂上，教、学、做三者结合，强调学生在"做"中"学"。

2. 教学计划

计划1：顾客关系管理		参考学时		2
学习目标	1.对顾客关系管理的正确认识 2.生活中顾客关系管理			
学习单元	内容描述	教学条件	教学方法和建议	参考学时
顾客关系管理的必要性	1.企业生存的根基 2.决定企业的生存与发展 3.提高了顾客的转移成本	多媒体教室	运用多媒体教学、案例分析、教授等方法	0.5
顾客关系管理的含义	顾客关系管理的概念	多媒体教室	运用多媒体教学、案例分析、教授等方法	0.5
生活中的顾客关系管理	举例说明生活中的顾客关系管理	多媒体教室	运用多媒体教学、案例分析、教授等方法	0.5
相关的概念	1.服务营销 2.关系营销 3.顾客满意 4.顾客忠诚	多媒体教室	运用多媒体教学、案例分析、教授等方法	0.5

计划2：顾客开发与管理		参考学时		2
学习目标	1.对顾客分类的认识 2.了解寻找潜在客户的程序 3.能够进行客户管理			
学习单元	内容描述	教学条件	教学方法和建议	参考学时
分类	1.常见分类 2.分类模式的改进	多媒体教室	运用多媒体教学、案例分析、教授等方法	0.5
寻找潜在客户的程序及如何寻找	1.寻找范围 2.确认程序 3.寻找的方法 4.沟通中注意事项	多媒体教室	运用多媒体教学、案例分析、教授等方法	1
如何进行客户管理及大客户管理	1.客户管理中的内容 2.大客户管理	多媒体教室	运用多媒体教学、案例分析、教授等方法	0.5

计划3：顾客满意		参考学时		2
学习目标	1.正确对顾客满意的认识 2.顾客不满的应对 3.如何提高顾客满意			
学习单元	内容描述	教学条件	教学方法和建议	参考学时
顾客满意的内涵及重要性	1.概念 2.重要性	多媒体教室	运用多媒体教学、案例分析、教授等方法	0.5
顾客不满的应对	1.分析顾客为什么不满 2.分析顾客想要什么 3.平息顾客的不满	多媒体教室	运用多媒体教学、案例分析、教授等方法	1
利用顾客让渡价值提高满意度	1.告知概念 2.如何去提升	多媒体教室	运用多媒体教学、案例分析、教授等方法	0.5

计划4：顾客忠诚		参考学时		2
学习目标	1.对顾客满意的认识 2.顾客不满的应对 3.熟悉如何使顾客满意			
学习单元	内容描述	教学条件	教学方法和建议	参考学时
顾客忠诚的内涵	概念	多媒体教室	运用多媒体教学、案例分析、教授等方法	0.5
顾客满意与顾客忠诚的关系	1.举例说明 2.顾客满意与顾客忠诚的关系	多媒体教室	运用多媒体教学、案例分析、教授等方法	0.5
提高顾客忠诚度的措施	1.顾客终身价值 2.措施及方法	多媒体教室	运用多媒体教学、案例分析、教授等方法	1

计划5：顾客投诉处理		参考学时		4
学习目标	1.正确认识顾客投诉的原因 2.熟悉处理步骤 3.知道处理技巧			
学习单元	内容描述	教学条件	教学方法和建议	参考学时
顾客投诉的原因分析	1.意义 2.原因分析（产品、服务、期望值、自身素质）	多媒体教室	运用多媒体教学、案例分析、教授等方法	1.5
顾客投诉的处理步骤	1.六个步骤 2.注意事项	多媒体教室	运用多媒体教学、案例分析、教授等方法	1.5
顾客投诉的处理技巧	1.不在现场解决 2.应有专人解决 3.相关补偿、熟悉法律 4.处理中的禁忌	多媒体教室	运用多媒体教学、案例分析、教授等方法	1

计划6：情景模拟		参考学时		2
学习目标	1.强化对宾客关系管理的训练 2.能够根据场景处理宾客关系			
学习单元	内容描述	教学条件	教学方法和建议	参考学时
案例情景模拟	1.根据课程内容，进行宾客关系情景模拟 2.针对模拟过程进行点评与评分	多媒体教室	运用多媒体教学、案例分析、分组训练等方法	2

计划7：测试		参考学时		2
学习目标	测试学生掌握相关知识情况			
学习单元	内容描述	教学条件	教学方法和建议	参考学时
理论测试	独立完成宾客关系管理相关内容	客房实训室	测试	2

3. 课程资源开发

● 进一步开发多媒体教学光盘，通过各种活动的设计、模拟与参与，使学生的主动性、积极性和创造性得以充分调动。

● 充分利用实习基地酒店，为学生参观、实训和实习服务，并与时俱进及时调整教学内容。

● 课程资源建设，把有关电子教学资料（如 PPT 课件、案例、习题等）放在课程网站上，实现学生与教师的网上互动。

4. 教学模式

本课程紧紧围绕学生在校学习与实际工作的一致性和行动导向原则进行教学模式设计，在培养岗位实际工作能力的同时，促进学生关键能力的发展和综合素质的提高。

● 工学交替。课程教学整体上注重工学交替，设计了课内－课外、校内－校外、随堂实训、项目活动等多种形式并举的实践教学模式。

● 任务驱动。将教学内容整合，注重工作过程的整体性，让学生在完整、综合的仿真行动中学习知识，体验实践。

● 项目导向。在教学与实践活动中，以项目为导向，师生通过共同实施一个完整的具有实际应用价值的"项目"工作而进行教学活动

5. 教学方法与手段

● 讲授法：主要应用于学生学习基础知识的初级阶段，要为学生学习创设一个合适的情景氛围，增强学生的学习兴趣和意识。

● 启发式教学法。在授课的过程中，教师避免采用灌输理论知识的方式，而是采用提问和分析的方式，循序渐进地诱导、启发、鼓励学生对问题和现象进行思考、讨论，再由教师总结、答疑，做到深入浅出、留有余地，给学生深入思考和进一步学习的空间，同时也提高了学生的学习主动性。传输国内外有关饭店经营管理的新理论、新思想以及发展动态。开阔学生的眼界，激发其求知欲，使学生具备现代酒店管理的理念和意识。

● 参与式教学法。改变传统的单纯依赖教师讲授的方法，让学生参与到教学过程中。学生可以就教师的讲授内容发表自己的见解，对问题和现象表达自己的看法。而通过小组讨论、专题汇报、小组辩论、情景模拟、课程作业等方式，学生可以变被动听课为主动学习，既有利于提高学生学习的积极性、主动性，也有利于学生分析问题、解决问题能力的培养和表达能力、团队合作能力的提高。针对某一具体饭店的经营管理，让学生动脑、动手收集资料、设计并制作成幻灯片，运用所学知识，进行介绍。使学生真正动脑、动手，增强实际操作能力。

● 互动式教学法。教师提出问题或现象，启发学生的发散性思维，可以实现教学互动；而小组讨论、角色模拟的方式则可以起到学生之间相互启发的作用，进而又促进了教学。教学相长，扩展了教学的深度与广度。为了解学生对本课程的学习情况，针对饭店目前发展动态和敏感问题要求学生收集资料、启发学生进行思考，开展课堂讨论，培养学生分析问题和解决问题的能力。

● 案例教学法。在讲解过程中结合案例，加深学生对基本理论的理解和认识。同时将案例分析作为对学生掌握理论知识和分析解决问题能力的检验，同时也能起到相互启发的效果。加深学生对饭店分类、饭店产品特征、管理基础理论及服务质量管理的认识和理解。

● 其他教学手段：现场参观、座谈会、交流互动、专题讲座、观看多媒体、岗位体验、项目作业等教学方式。

6. 主要参考资料

［1］江林.顾客关系管理［M］.北京：首都经济贸易大学出版社.

［2］沈燕增.酒店经典案例与分析［M］.北京：中国人民大学出版社.

酒店管理专业"饭店行政实务"课程标准

一、课程性质

本课程是酒店管理岗位选修课，是酒店管理专业与企业、行业专家共同开发建设的一门具有工学结合、鲜明特色的职业能力核心课程。课程强调学生的基本素质和能力培养，让学生掌握酒店行政人员应具备的专业技术能力，培训学生酒店行政岗位的基本管理能力，具有酒店行政人员所应具备的主体实践素质、思维素质以及语言文化素质，贴近学生将来职业场景的需要。

本课程是依据"酒店管理专业工作任务与职业能力分析表"中的饭店行政实务工作项目设置的。该课程其总体设计思路紧紧围绕"能力本位"的育人理念，充分体现依据学生的认知特点、学生可持续发展需求，打破以知识传授为主要特征的传统学科课程模式，设计通过任务引领、工作过程导向的理念和设计思路将本课程的内容分解为若干项目，创设相关工作情景采用并列与流程相结合的方式展示教学内容。理论知识的选取紧紧围绕饭店行政实务工作任务完成的需要来进行，同时又充分考虑住宿业态的创新发展要求，坚持立德树人，注重思想政治教育贯穿教学始终，同时融合了学生综合素质提升、创新创业能力培养、学生可持续发展的要求。项目设计以酒店日常行政实务为线索来进行。教学过程中，通过校企合作，校内实训基地建设等多种途径，工学结合突出实践，充分开发学习资源，给学生提供丰富的实践机会。教学效果评价采取过程评价与结果评价相结合的方式，通过理论与实践相结合，重点评价学生的职业能力和综合素质。课程设计理念符合职业性、实践性和开放性要求，符合工作过程与方法的思路要求。

"饭店行政实务"课程的总学时为 28 学时，建议学分为 2 分，执笔人为吴樱。

二、课程目标

（一）知识目标

掌握酒店行政岗位的基本知识和职业素养，掌握酒店行政岗位基本的工作流程及标准。

（二）能力目标

能够参与酒店行政岗位的实践工作，掌握酒店行政岗位的参谋职能、沟通职能、管理职能、服务职能四大方面能力，能够养成独立分析问题、解决问题的能力。

（三）素质目标

培养善于分析、勤于学习的精神，具备不断探索、创新能力。具有酒店行政人员所应具备的主体实践素质、思维素质以及语言文化素质。

三、课程内容和要求

序号	工作任务/项目	课程内容和要求		建议学时
		理论	实践	28
1	饭店行政实务概述	1.酒店行政的概念 2.酒店行政的岗位及要求		2
2	办公环境管理	1.办公室的不同格局 2.办公室环境优化 3.办公室安全管理		2
3	酒店资产管理	1.酒店资产概念 2.酒店资产管理流程		4
4	行政日常事务管理	1.电话、邮件、值班事务管理 2.印信管理 3.时间管理		4
5	信息工作	1.信息收集与整理 2.信息传递与存储 3.信息开发与利用 4.信息反馈		4
6	参谋咨询	1.参谋咨询内容与要求 2.参谋咨询的方法		4
7	接待工作	1.各类接待工作的内容和程序 2.接待工作流程		2
8	差旅事宜	1.出差前工作流程 2.出差后工作流程		2
9	会务工作	1.会务工作的一般流程 2.会前筹备 3.会中服务 4.会后总结与落实		2
10	文档管理	1.公文处理程序 2.档案管理		2

四、考核评价

考核方式上，采用形成性评价与终结性评价相结合的理论考试、调研报告、阶段测试等多种考核方式。理论考试（30%）+ 调研报告（20%）+ 阶段测试（50%）。理论考试重在评价饭店行政实务课程的理论学习情况，占总成绩的30%。调研报告重在评价学生将饭店行政实务理论知识转化为实践的能力，以及对饭店行政实务的基本原则掌握程度及创新能力的表现，占总成绩的20%；阶段测试成绩主要包括考勤、作业、平时表现环节的表现，占总成绩的50%。

五、课程资源及使用要求

（一）师资条件要求

本课程要求大多数教师具有研究生及以上酒店管理专业背景，具备酒店管理实践知识和能力，健康的身心以及热爱教育工作，热爱学生；同时具有较强的教学能力、教育科研能力和创新能力，能掌握相关高等教育法规，具有一定的教育学、心理学基本知识，并能运用在实际教学过程中。另外，要求教师具有制作多媒体课件进行教学设计的能力，并具有应用现代教育技术进行教学的能力，具有高星级酒店管理实践能力。

（二）实训教学条件要求

（1）多媒体教室。

（2）校外、校内实训实习基地。

（3）提供学习资料的图书馆。

（三）教材选用

本课程结合课程内容和高职高专学生特点选用教材。教材充分体现课程设计思想，以项目为载体实施教学，项目选取要科学，项目之间的逻辑结构清晰，并成系列，能支撑课程目标的实现。突出职业能力的培养与提高，同时要考虑可操作性。

六、课程实施建议及其他说明

1. 课程实施方案

课程目标的实现通过案例导入、沙盘模拟、情境创设、岗位体验等教学方法，以校内实训基地和校外实训基地为实习场所，教、学、做三者结合，强调学生"能力本位"。

● 树立学生对饭店行政岗位的正确认识，培养学生对饭店行政实务的兴趣，塑造正确的就业观念。

● 应加强对学生实际职业能力的培养，强化基于工作过程的案例教学和任务教学，注重以任务引领型项目诱发学生兴趣，使学生将工作任务和工作角色相结合，掌握饭店行政实务专业技能与创新能力。

● 教师应尽可能由浅及深地讲授饭店行政实务专业知识，并结合酒店实际案例加深理解，应注意职业情境的创设，以多媒体、录像等教学方法提高学生分析问题和解决实际问题的职业能力。

● 教师必须重视实践、更新观念，为学生提供自主发展的时间和空间，积极引领学生提升职业素养，努力提高学生的创新能力。

2. 教师教学计划

计划1：饭店行政实务概述		参考学时		2
学习目标	1. 了解酒店行政的概念 2. 了解酒店行政的岗位及要求			
学习单元	内容描述	教学条件	教学方法和建议	参考学时
饭店行政概念	1. 饭店行政功能 2. 饭店行政概念	多媒体教室	运用多媒体教学、案例分析、教授等方法	1
行政岗位知识素养	1. 行政岗位知识要求 2. 行政岗位技能要求 3. 行政岗位能力要求	多媒体教室	运用多媒体教学、案例分析、教授等方法	1

计划2：办公环境管理		参考学时		2
学习目标	1.了解办公室的不同格局 2.掌握办公室环境优化 3.掌握办公室安全管理			
学习单元	内容描述	教学条件	教学方法和建议	参考学时
办公室格局	1.饭店行政部门办公室布置需求 2.办公室格局分类	多媒体教室	运用多媒体教学、案例分析、教授等方法	0.5
办公室环境优化	1.个人区域优化 2.上司区域优化 3.公共区域优化	多媒体教室	运用多媒体教学、案例分析、教授等方法	0.5
办公室安全管理	1.潜在危险与安全隐患 2.信息安全管理	多媒体教室	运用多媒体教学、案例分析、小组练习等方法	1

计划3：酒店资产管理		参考学时		4
学习目标	1.了解酒店资产概念 2.掌握酒店资产管理基本流程和原则			
学习单元	内容描述	教学条件	教学方法和建议	参考学时
酒店资产概念	1.酒店资产定义 2.办公用品概念	多媒体教室	运用多媒体教学、案例分析等方法	2
酒店资产管理流程	1.资产管理周期 2.资产采购流程 3.库存管理程序 4.申购影响要素	多媒体教室	运用多媒体教学、案例分析等方法	2

计划4：行政日常事务管理		参考学时		4
学习目标	1.了解饭店日常行政事务的内容和要求 2.了解印信的管理要求 3.了解时间表、工作日志的基本内容和要求			
学习单元	内容描述	教学条件	教学方法和建议	参考学时
饭店日常行政事务管理	电话、邮件、值班事务管理	多媒体教室	运用多媒体教学、案例分析、教授等方法	1
印信管理	1.印章管理 2.介绍信管理	多媒体教室	运用多媒体教学、案例分析、教授等方法	1
时间管理	1.时间管理原则 2.时间管理工具运用	多媒体教室	运用多媒体教学、案例分析、沙盘模拟等方法	2

计划5：信息工作		参考学时		4
学习目标	1.掌握信息的收集和整理、传递、存储、开发与利用及反馈知识 2.掌握信息收集的原则、范围、渠道、方法 3.掌握信息的筛选、分类和校核 4.掌握信息传递的方向、方法、形式 5.掌握信息存储的载体、装具与设备、管理系统、程序			
学习单元	内容描述	教学条件	教学方法和建议	参考学时
信息收集与整理	1.信息收集与整理原则 2.思维导图应用	多媒体教室	运用多媒体教学、案例分析、教授等方法	2
信息传递与存储	1.信息传递形式 2.信息存储管理系统	多媒体教室	运用多媒体教学、案例分析、教授等方法	0.5
信息开发与利用	1.信息开发形式 2.信息利用服务	多媒体教室	运用多媒体教学、案例分析、教授等方法	0.5
信息反馈	1.信息反馈形式 2.信息反馈方法	多媒体教室	运用多媒体教学、案例分析、教授等方法	1

计划6：参谋咨询		参考学时		4
学习目标	1.掌握日常工作中行政人员的参谋咨询作用 2.掌握饭店行政人员如何在日常工作中做好参谋咨询 3.掌握参谋咨询工作的内容和要求			
学习单元	内容描述	教学条件	教学方法和建议	参考学时
参谋咨询定义	1.参谋咨询作用 2.参谋咨询原则	多媒体教室	运用多媒体教学、案例分析、教授等方法	1
参谋咨询工具应用	管理分析工具应用 （SWOT/PDCA/SMART/WBS/6W2H/时间管理/二八原则）	多媒体教室	运用多媒体教学、案例分析、沙盘模拟等方法	3

计划7：接待工作		参考学时		2
学习目标	1.了解各类接待工作的内容和程序 2.熟悉接待工作中的准备、接站、食宿安排、交通工具安排、参观游览、送客等环节的要求 3.掌握制订接待计划的基本要求			
学习单元	内容描述	教学条件	教学方法和建议	参考学时
接待前工作	1.信息确认 2.接待计划	多媒体教室	运用多媒体教学、案例分析、教授等方法	0.5
接待中工作	1.迎宾安排 2.食宿安排 3.行程安排	多媒体教室	运用多媒体教学、案例分析、教授等方法	1
接待后工作	接待后续跟进相关工作	多媒体教室	运用多媒体教学、案例分析、教授等方法	0.5

计划8：差旅事宜		参考学时		2
学习目标	1.了解差旅活动中行政人员应提供的服务及完成各项工作的要领 2.掌握随从工作的特点及要求，处理好领导的随从事务			
学习单元	内容描述	教学条件	教学方法和建议	参考学时
出差前管理	1.出差申请 2.行程安排 3.差旅费用	多媒体教室	运用多媒体教学、案例分析、教授等方法	1
出差期间管理	路线、交通、食宿、其他事宜相关工作流程	多媒体教室	运用多媒体教学、案例分析、教授等方法	0.5
出差归来管理	1.报销票据审核 2.差旅费用核算 3.检验出差成果	多媒体教室	运用多媒体教学、案例分析、教授等方法	0.5

计划9：会务工作		参考学时		2
学习目标	1.掌握会务工作的一般流程 2.熟悉会前筹备的主要内容 3.熟悉会中服务工作的主要环节 4.熟悉会后总结与落实的内容			
学习单元	内容描述	教学条件	教学方法和建议	参考学时
会前筹备	1.会议方案 2.会议通知 3.会议资料 4.现场布置 5.其他准备	多媒体教室	运用多媒体教学、案例分析、教授等方法	1
会中服务	1.签到引座 2.分发资料 3.会议纪要	多媒体教室	运用多媒体教学、案例分析、教授等方法	0.5
会后总结与落实	1.会场清理 2.文书归档 3.落实跟进	多媒体教室	运用多媒体教学、案例分析、教授等方法	0.5

计划10：文档管理		参考学时		2
学习目标	1.理解和掌握公文处理的原则、公文处理程序及其各环节要求 2.掌握文书整理归档的基本原则、方法、步骤 3.了解档案管理工作的原则 4.掌握档案管理的程序 5.了解电子档案的特点 6.掌握如何管理电子档案			
学习单元	内容描述	教学条件	教学方法和建议	参考学时
公文处理程序	1.公文定义和分类 2.公文处理工作流程	多媒体教室	运用多媒体教学、案例分析、教授等方法	1
档案管理	1.档案定义 2.档案作用 3.档案管理流程	多媒体教室	运用多媒体教学、案例分析、教授等方法	1

3. 课程资源开发

● 进一步开发多媒体教学光盘，通过各种活动的设计、模拟与参与，使学生的主动性、积极性和创造性得以充分调动。

● 充分利用实习基地酒店，为学生参观、实训和实习服务，并及时调整教学内容。

● 课程资源建设，把有关电子教学资料（如 PPT 课件、案例、习题等）放在课程网站上，实现学生与教师的网上互动。

4. 教学模式

本课程针对来源于企业实践的、典型的职业工作任务，紧紧围绕学生在校学习与实际工作的一致性和行动导向原则进行教学模式设计，在培养岗位实际工作能力的同时，促进学生关键能力的发展和综合素质的提高。

● 工学交替。课程教学整体上注重工学交替，设计了课内 – 课外、校内 – 校外、随堂实训、项目活动等多种形式并举的实践教学模式。

● 任务驱动。将教学内容整合，注重工作过程的整体性，让学生在完整、综合的仿真行动中学习知识，体验实践。

● 项目导向。在教学与实践活动中，以项目为导向，师生通过共同实施一个完整的具有实际应用价值的"项目"工作而进行教学活动。

5. 教学方法与手段

● 讲授法：主要应用于学生学习基础知识的初级阶段，要为学生学习创设一个合适的情景氛围，增强学生的学习兴趣和意识。

● 启发式教学法。在授课的过程中，教师避免采用灌输理论知识的方式，而是采用提问和分析的方式，循序渐进地诱导、启发、鼓励学生对问题和现象进行思考、讨论，再由教师总结、答疑，做到深入浅出、留有余地，给学生深入思考和进一步学习的空间，同时也提高了学生的学习主动性。传输国内外有关酒店经营管理的新理论、新思想以及发展动态。开阔学生的眼界，激发其求知欲，使学生具备现代酒店管理的理念和意识。

● 参与式教学法。改变传统的单纯依赖教师讲授的方法，让学生参与到教学过程中。学生可以就教师的讲授内容发表自己的见解，对问题和现象表达自己的看法。而通过小组讨论、专题汇报、小组辩论、情景模拟、课程作业等方式，学生可以变被动听课为主动学习，既有利于提高学生学习的积极性、主动性，也有利于学生分析问题、解决问题能力的培养和表达能力、团队合作能力的提高。针对某一具体酒店的经营管理，让学生动脑、动手收集资料、设计并制作成幻灯片，运用所学知识，进行介绍。使学生真正动脑、动手，增强实际操作能力。

● 互动式教学法。教师提出问题或现象，启发学生的发散性思维，可以实现教学互动；而小组讨论、角色模拟的方式则可以起到学生之间相互启发的作用，进而又促进了教学。教学相长，扩展了教学的深度与广度。为了解学生对本课程的学习情况，针对酒店目前发展动态和敏感问题要求学生收集资料、启发学生进行思考，开展课堂讨论，培养学生分析问题和解决问题的能力。

● 案例教学法。在讲解过程中结合案例，加深学生对基本理论的理解和认识。同时将案例分析作为对学生掌握理论知识和分析解决问题能力的检验，同时也能起到相互启发的效果。加深学生对酒店分类、酒店产品特征、管理基础理论及服务质量管理的认识和理解。

●其他教学手段：现场参观、交流互动、专题讲座、观看多媒体、岗位体验、项目作业等教学方式。

6.主要参考资料

［1］卢海燕.办公室事务管理［M］.北京：中国人民大学出版社.

［2］王景峰.行政管理职位工作手册［M］.北京：人民邮电出版社.

［3］刘少丹，郭学丽.行政人员岗位培训手册［M］.北京：人民邮电出版社.

酒店管理专业"饭店文秘"课程标准

一、课程性质

本课程是酒店管理岗位选修课，是酒店管理专业与企业、行业专家共同开发建设的一门具有工学结合、鲜明特色的职业能力核心课程。课程强调学生的基本素质和能力培养，让学生掌握饭店文秘岗位应具备的专业技术能力，培训学生饭店文秘岗位的基本管理能力，具有饭店文秘岗位所应具备的主体实践素质、思维素质以及语言文化素质，贴近学生将来职业场景的需要。

本课程是依据"酒店管理专业工作任务与职业能力分析表"中的饭店文秘工作项目设置的。该课程的总体设计思路紧紧围绕"能力本位"的育人理念，充分体现依据学生的认知特点、学生可持续发展需求，打破以知识传授为主要特征的传统学科课程模式，设计通过任务引领、工作过程导向的理念和设计思路将本课程的内容分解为若干项目，创设相关工作情景采用并列与流程相结合的方式展示教学内容。理论知识的选取紧紧围绕饭店文秘岗位工作任务完成的需要来进行，同时又充分考虑住宿业态的创新发展要求，坚持立德树人，注重思想政治教育贯穿教学始终，同时融合了学生综合素质提升、创新创业能力培养、学生可持续发展的要求。项目设计以饭店文秘日常行政事务为线索来进行。教学过程中，通过校企合作，校内实训基地建设等多种途径，工学结合突出实践，充分开发学习资源，给学生提供丰富的实践机会。教学效果评价采取过程评价与结果评价相结合的方式，通过理论与实践相结合，重点评价学生的职业能力和综合素质。课程设计理念符合职业性、实践性和开放性要求，符合工作过程与方法的思路要求。

"饭店文秘"课程的总学时为 28 学时，建议学分为 2 分，执笔人为吴樱。

二、课程目标

（一）知识目标

掌握饭店文秘岗位的基本知识和职业素养，掌握饭店文秘岗位基本的工作流程及标准。

（二）能力目标

能够参与饭店文秘岗位的实践工作，掌握饭店文秘岗位的专业技能和管理技能，能够养成独立分析问题解决问题的能力。

（三）素质目标

培养善于分析，勤于学习的精神，具备不断探索、创新能力。具有饭店文秘岗位所应具备的主体实践素质、思维素质以及语言文化素质。

三、课程内容和要求

序号	工作任务/项目	课程内容和要求		建议学时
		理论	实践	28
1	饭店文秘从业准备	1.饭店文秘的岗位职责 2.饭店文秘应具备的知识素养		2
2	饭店文秘基本管理技能	1.工作计划制订和管理 2.团队管理 3.日常沟通管理		4
3	饭店行政公文写作	1.办公事务类文书写作 2.行政公务类文书写作 3.规章类文书写作		4
4	办公环境优化	1.办公环境设计 2.办公室5S管理		2
5	来宾接待	1.各类接待工作的内容和程序 2.接待工作流程		2
6	行政日常管理	1.电话、邮件、值班事务管理 2.文档管理		4
7	会议管理	1.会务工作的一般流程 2.会前筹备 3.会中服务 4.会后总结与落实		2
8	差旅管理	1.出差前工作流程 2.出差后工作流程		2
9	部门物资管理	1.印信管理 2.证照管理 3.办公用品日常管理		4
10	饭店安全管理	1.日常安全管理 2.信息安全管理 3.突发事件处理		2

四、考核评价

考核方式上，采用形成性评价与终结性评价相结合的理论考试、调研报告、阶段测试等多种考核方式。理论考试（30%）+调研报告（20%）+阶段测试（50%）。理论考试重在评价饭店文秘课程的理论学习情况，占总成绩的30%。调研报告重在评价学生将饭店文秘理论知识转化为实践的能力，以及对饭店文秘的基本原则掌握程度及创新能力的表现，占总成绩的20%；阶段测试成绩主要包括考勤、作业、平时表现环节的表现，占总成绩的50%。

五、课程资源及使用要求

（一）师资条件要求

本课程要求大多数教师具有研究生及以上酒店管理专业背景，具备酒店管理实践知识和能力，健康的身心以及热爱教育工作，热爱学生；同时有较强的教学能力、教育科研能力和创新能力，能掌握相关高等教育法规，具有一定的教育学、心理学基本知识，并能运用在实际教学过程中。另外，要求教师具有制作多媒体课件进行教学设计的能力，并具有应用现代教育技术进行教学的能力，具有高星级酒店管理实践能力。

（二）实训教学条件要求

（1）多媒体教室。

（2）校外、校内实训实习基地。

（3）提供学习资料的图书馆。

（三）教材选用

本课程结合课程内容和高职高专学生特点选用教材。教材充分体现课程设计思想，以项目为载体实施教学，项目选取要科学，项目之间的逻辑结构清晰，并成系列，能支撑课程目标的实现。突出职业能力的培养与提高，同时要考虑可操作性。

六、课程实施建议及其他说明

1. 课程实施方案

课程目标的实现通过案例导入、沙盘模拟、情境创设、岗位体验等教学方法，以校内实训基地和校外实训基地为实习场所，教、学、做三者结合，强调学生"能力本位"。

● 树立学生对饭店文秘岗位的正确认识，培养学生对饭店文秘的兴趣，塑造正确的就业观念。

● 应加强对学生实际职业能力的培养，强化基于工作过程的案例教学和任务教学，注重以任务引领型项目诱发学生兴趣，使学生将工作任务和工作角色相结合，掌握饭店文秘专业技能与创新能力。

● 教师应尽可能由浅及深地讲授饭店文秘专业知识，并结合酒店实际案例加深理解，应注意职业情境的创设，以多媒体、录像等教学方法提高学生分析问题和解决实际问题的职业能力。

● 教师必须重视实践、更新观念，为学生提供自主发展的时间和空间，积极引领学生提升职业素养，努力提高学生的创新能力。

2. 教师教学计划

计划1：饭店文秘从业准备		参考学时		2
学习目标	1.了解饭店文秘的岗位职责 2.了解饭店文秘应具备的知识素养			
学习单元	内容描述	教学条件	教学方法和建议	参考学时
饭店文秘岗位职责	1.饭店文秘所处位置 2.饭店文秘职责权限 3.饭店文秘工作流程	多媒体教室	运用多媒体教学、案例分析、教授等方法	1
饭店文秘岗位知识素养	1.岗位知识要求 2.岗位技能要求 3.岗位能力要求	多媒体教室	运用多媒体教学、案例分析、教授等方法	1

计划2：饭店文秘基本管理技能		参考学时		4
学习目标	1.了解工作计划制订和管理的流程 2.掌握团队管理基本技能 2.掌握日常沟通管理的方法和技能			
学习单元	内容描述	教学条件	教学方法和建议	参考学时
工作计划制订和管理	1.工作计划的格式和内容 2.工作计划的管理	多媒体教室	运用多媒体教学、案例分析、教授等方法	1
团队管理技能	1.认识团队管理 2.团队管理基本要点	多媒体教室	运用多媒体教学、案例分析、教授等方法	1
日常沟通管理	1.有效沟通方式 2.常见沟通障碍 3.沟通技巧	多媒体教室	运用多媒体教学、案例分析、教授等方法	2

计划3：饭店行政公文写作		参考学时		4
学习目标	1.了解饭店行政公文分类 2.掌握办公事务类文书写作技巧 3.掌握行政公务类文书写作技巧 4.掌握规章类文书写作技巧			
学习单元	内容描述	教学条件	教学方法和建议	参考学时
办公事务类文书写作	1.写作规范 2.写作要点	多媒体教室	运用多媒体教学、案例分析、教授等方法	1.5
行政公务类文书写作	1.写作规范 2.写作要点	多媒体教室	运用多媒体教学、案例分析、教授等方法	1.5
规章类文书写作	1.写作规范 2.写作要点	多媒体教室	运用多媒体教学、案例分析、教授等方法	1

计划4：办公环境优化		参考学时		2
学习目标	1.了解办公室的不同格局 2.掌握办公室环境优化 3.掌握办公室5S管理流程			
学习单元	内容描述	教学条件	教学方法和建议	参考学时
办公室环境优化	1.办公室布置需求 2.办公室格局分类 3.不同区域环境优化	多媒体教室	运用多媒体教学、案例分析、教授等方法	1
办公室5S管理流程	1.办公室5S管理规范 2.办公室5S管理流程	多媒体教室	运用多媒体教学、案例分析、教授等方法	1

计划5：来宾接待		参考学时		2
学习目标	1.了解各类接待工作的内容和程序 2.熟悉接待工作中的准备、接站、食宿安排、交通工具安排、参观游览、送客等环节的要求 3.掌握制订接待计划的基本要求			

续表

学习单元	内容描述	教学条件	教学方法和建议	参考学时
接待前工作	1.信息确认 2.接待计划	多媒体教室	运用多媒体教学、案例分析、教授等方法	0.5
接待中工作	1.迎宾安排 2.食宿安排 3.行程安排	多媒体教室	运用多媒体教学、案例分析、教授等方法	1
接待后工作	接待后续跟进相关工作	多媒体教室	运用多媒体教学、案例分析、教授等方法	0.5

计划6：行政日常管理		参考学时	4

学习目标	1.了解饭店日常行政事务的内容和要求 2.了解文档管理的基本内容和要求

学习单元	内容描述	教学条件	教学方法和建议	参考学时
行政日常事务管理	电话、邮件、值班事务管理	多媒体教室	运用多媒体教学、案例分析、教授等方法	2
文档管理	1.文档定义 2.文档作用 3.文档管理流程	多媒体教室	运用多媒体教学、案例分析、沙盘模拟等方法	2

计划7：会议管理		参考学时	2

学习目标	1.掌握会务工作的一般流程 2.熟悉会前筹备的主要内容 3.熟悉会中服务工作的主要环节 4.熟悉会后总结与落实的内容

学习单元	内容描述	教学条件	教学方法和建议	参考学时
会前筹备	1.会议方案 2.会议通知 3.会议资料 4.现场布置 5.其他准备	多媒体教室	运用多媒体教学、案例分析、教授等方法	1
会中服务	1.签到引座 2.分发资料 3.会议纪要	多媒体教室	运用多媒体教学、案例分析、教授等方法	0.5
会后总结与落实	1.会场清理 2.文书归档 3.落实跟进	多媒体教室	运用多媒体教学、案例分析、教授等方法	0.5

计划8：差旅管理		参考学时	2

学习目标	1.理解和熟悉差旅活动中行政人员应提供的服务及完成各项工作的要领 2.掌握随从工作的特点及要求，处理好领导的随从事务

学习单元	内容描述	教学条件	教学方法和建议	参考学时
出差前管理	1.出差申请 2.行程安排 3.差旅费用	多媒体教室	运用多媒体教学、案例分析、教授等方法	1
出差期间管理	路线、交通、食宿、其他事宜相关工作流程	多媒体教室	运用多媒体教学、案例分析、教授等方法	0.5
出差归来管理	1.报销票据审核 2.差旅费用核算 3.检验出差成果	多媒体教室	运用多媒体教学、案例分析、教授等方法	0.5

计划9：部门物资管理		参考学时	4
学习目标	1.了解酒店资产概念 2.了解印信管理流程 3.熟悉饭店部门证照管理 4.掌握办公用品日常管理		

学习单元	内容描述	教学条件	教学方法和建议	参考学时
酒店资产概念	1.酒店资产定义 2.办公用品概念	多媒体教室	运用多媒体教学、案例分析等方法	1
印信管理	1.印章管理 2.介绍信管理	多媒体教室	运用多媒体教学、案例分析等方法	1
证照管理	1.证照分类 2.证照管理规范与流程	多媒体教室	运用多媒体教学、案例分析等方法	1
办公用品日常管理	1.办公用品采购流程 2.办公用品日常管理	多媒体教室	运用多媒体教学、案例分析等方法	1

计划10：饭店安全管理		参考学时	2
学习目标	1.理解和掌握日常安全管理的原则、公文处理程序及其各环节要求 2.掌握信息安全管理的基本原则、方法、步骤 3.了解突发事件处理的原则和程序		

学习单元	内容描述	教学条件	教学方法和建议	参考学时
日常安全管理	1.安全管理基本内容 2.日常安全管理流程	多媒体教室	运用多媒体教学、案例分析、教授等方法	1
信息安全管理	1.信息分类 2.信息安全管理要点和流程	多媒体教室	运用多媒体教学、案例分析、教授等方法	0.5
突发事件处理	1.突发事件类别与危害 2.突发事件应急预案 3.公关意识树立	多媒体教室	运用多媒体教学、案例分析、教授等方法	0.5

3. 课程资源开发

● 进一步开发多媒体教学光盘，通过各种活动的设计、模拟与参与，使学生的主动性、积极性和创造性得以充分调动。

● 充分利用实习基地酒店，为学生参观、实训和实习服务，并及时调整教学内容。

● 课程资源建设，把有关电子教学资料（如 PPT 课件、案例、习题等）放在课程网站上，实现学生与教师的网上互动。

4. 教学模式

本课程针对来源于企业实践的、典型的职业工作任务，紧紧围绕学生在校学习与实际工作的一致性和行动导向原则进行教学模式设计，在培养岗位实际工作能力的同时，促进学生关键能力的发展和综合素质的提高。

● 工学交替。课程教学整体上注重工学交替，设计了课内 – 课外、校内 – 校外、随堂实训、项目活动等多种形式并举的实践教学模式。

● 任务驱动。将教学内容整合，注重工作过程的整体性，让学生在完整、综合的仿真行动中学习知识，体验实践。

● 项目导向。在教学与实践活动中，以项目为导向，师生通过共同实施一个完整的具有实际应用价值的"项目"工作而进行教学活动。

5. 教学方法与手段

● 讲授法：主要应用于学生学习基础知识的初级阶段，要为学生学习创设一个合适的情景氛围，增强学生的学习兴趣和意识。

● 启发式教学法。在授课的过程中，教师避免采用灌输理论知识的方式，而是采用提问和分析的方式，循序渐进地诱导、启发、鼓励学生对问题和现象进行思考、讨论，再由教师总结、答疑，做到深入浅出、留有余地，给学生深入思考和进一步学习的空间，同时也提高了学生的学习主动性。传输国内外有关酒店经营管理的新理论、新思想以及发展动态。开阔学生的眼界，激发其求知欲，使学生具备现代酒店管理的理念和意识。

● 参与式教学法。改变传统的单纯依赖教师讲授的方法，让学生参与到教学过程中。学生可以就教师的讲授内容发表自己的见解，对问题和现象表达自己的看法。而通过小组讨论、专题汇报、小组辩论、情景模拟、课程作业等方式，学生可以变被动听课为主动学习，既有利于提高学生学习的积极性、主动性，也有利于学生分析问题、解决问题能力的培养和表达能力、团队合作能力的提高。针对某一具体酒店的经营管理，让学生动脑、动手收集资料、设计并制作成幻灯片，运用所学知识，进行介绍。使学生真正动脑、动手，增强实际操作能力。

● 互动式教学法。教师提出问题或现象，启发学生的发散性思维，可以实现教学互动；而小组讨论、角色模拟的方式则可以起到学生之间相互启发的作用，进而又促进了教学。教学相长，扩展了教学的深度与广度。为了解学生对本课程的学习情况，针对酒店目前发展动态和敏感问题要求学生收集资料、启发学生进行思考，开展课堂讨论，培养学生分析问题和解决问题的能力。

● 案例教学法。在讲解过程中结合案例，加深学生对基本理论的理解和认识。同时将案例分析作为对学生掌握理论知识和分析解决问题能力的检验，同时也能起到相互启发的效果。加深学生对酒店分类、酒店产品特征、管理基础理论及服务质量管理的认识和理解。

●其他教学手段：现场参观、交流互动、专题讲座、观看多媒体、岗位体验、项目作业等教学方式。

6. 主要参考资料

［1］卢海燕.办公室事务管理［M］.北京：中国人民大学出版社.

［2］龙志鹤.文秘人员沟通艺术［M］.北京：经济管理出版社.

［3］宋亮，周洪林.现代文秘工作实务［M］.北京：中国书籍出版社.

酒店管理专业"管理理论与技巧"课程标准

一、课程性质

"管理理论与技巧"是酒店管理专业的一门专业基础课程，主要研究和介绍企业或一般社会、经济组织管理的基本概念、基本原理和基本方法。学习本课程的目的是使学生了解管理的过去与现在，树立现代管理精神和管理理念，掌握管理学的基本概念及方法和技巧，能够运用有关理论知识分析、解决管理中的具体问题，培养学生的综合管理技能与素质。通过本课程的学习，学生要对管理的基本概念、基本原理、基本职能、管理学的沿革有较全面的了解，熟悉基本的管理工作程序，掌握基本的管理工具及方法和技巧，加深对管理的本质、管理者的角色的理解，学会从人本、系统、道德的原则考虑管理的问题，为进一步学习服务质量管理、市场营销、经营管理、人力资源管理以及财务管理等课程打下理论知识基础。

本课程在酒店管理专业的人才培养方案中列为核心必修课程。

"管理理论与技巧"课程教学时数建议为28学时，建议学分为2分，执笔人为张向东。

二、课程目标

（一）知识目标

● 正确认识管理学的性质、任务及其研究对象，全面了解课程的体系、结构，对管理学有一个总体的认识。

● 掌握管理学的基本职能、基本概念、基本原理和基本方法，了解管理发展的新理论与新思想。

● 紧密联系实际，学会分析案例，解决实际问题，把管理理论和技巧的学习融入对酒店管理实践的研究和认识之中，切实提高分析问题、解决问题的能力。

（二）能力目标

本课程是为培养学生的管理能力而开设，对学生的职业能力（创新创业、营销策划、日常管理、沟通协作）的培养和职业综合素养的养成起主要支撑作用，尤其对服务类职业岗位综合能力的培养与提升至关重要。通过有目的、有步骤地实施以任务驱动的项目教学，培养学生的四大关键能力，即计划与决策的能力；组织与人事的能力；领导、激励与沟通的能力；控制与信息处理的能力，以及自主学习能力、自我管理能力、组织协调能力、市场开拓意识、竞争意识和团队协作精神等，从而培养学生的基层综合管理技能。

（三）素质目标

掌握管理的理论与技巧，培养职业生涯的可持续发展能力。

三、课程内容和要求

章次	工作任务/项目	课程内容和要求	建议学时
1	管理学导论	了解管理的概念以及管理学的研究对象和研究方法，掌握管理的基本原则和基本方法	4
2	管理理论的发展	了解中国的管理思想；了解西方管理思想的发展过程；掌握不同管理思想的特点及其主要学派的基本观点；掌握未来管理的基本发展趋势	4
3	决策与计划	掌握决策与计划的基本概念，学会运用决策的基本方法，学会编制计划	4
4	组织	掌握组织结构的设计原则、组织结构的类型；人员配备的内容和程序；了解组织力量整合的内容；了解组织文化	4
5	领导	掌握领导行为，领导方式，领导艺术；激励理论，激励实践技能；沟通理论，沟通障碍及其克服，管理沟通技能的开发，冲突处理等	6
6	控制	掌握控制的含义、作用、对象、基本过程、类型，了解财务控制、经营控制、人力资源控制三种常用方法，了解质量控制方法	2
7	创新	了解创新的基本类型和主要内容，重点掌握技术创新和管理创新，形成创新意识	2
8	考试		2

四、考核评价

由注重考核学习结果转变为注重考核学习过程；由重视考查理论知识转变为重视考查素质与能力；由单一的考查形式转变为灵活多样的考查形式。

课程考核由平时成绩和期末考试成绩两部分组成。考核成绩采用百分制，其中平时成绩占40%（考勤、课堂表现、作业和社会实践各占10%），期末考试成绩占60%。期末考试统一命题，灵活采取开卷、闭卷、小论文、面试等考核方法，适当时机尝试设立无人监考的"诚信考场"进行闭卷考试。

五、课程资源及使用要求

（一）师资条件要求

任课教师应具有中高级职称、具有职业资格证；具备较为丰富的管理经验和实践能力，健康的身心，热爱教育工作，热爱学生；有较强的教学能力、教育科研能力和创新能力，能掌握相关高等教育法规，具有一定的教育学、心理学基本知识，并能运用在实际教学过程中。教师还应具有制作多媒体课件进行教学设计的能力，应用现代教育技术进行教学的能力。课程教学团队由双师型教师和专兼职教师组成。教师职称、年龄、学历、学缘结构合理。

（二）实训教学条件要求

（1）多媒体教室。

（2）网络资源。

（3）校内外实训实习基地。

（4）提供学习资料的图书馆。

（三）教材选用

选用适合高职高专学生特点的工学结合教材，即以工作过程为导向，体现工学结合、高职特色的教材。

六、课程实施建议及其他说明

（一）课程实施方案

本课程具有知识性、实践性较强的特点，应充分注重高等职业教育的特点，使其具有可操作性。通过情境创设、案例分析、角色扮演、小组讨论等教学方法，充分注重对学生职业能力的培养。

为实现"技能岗位型"的人才培养模式，根据专业对应岗位的基本素质和技能要求来确定学生的知识、能力和素质结构。通过本课程的教学，使学生熟悉管理活动的一般规律、管理的基本原理和基本方法，了解人类管理思想的演进历史和发展动态，掌握从事各种管理活动所必备的理论基础和基本知识，初步具备运用管理的基本原理和方法有效进行管理的综合能力和基本技巧，提高学生的管理素质和管理技能。

（二）教师教学计划

项目1　管理学导论（4学时）

●教学目标：通过教学，使学生了解管理的概念以及管理学的研究对象和研究方法，掌握管理的基本原则和基本方法。

●工作任务：

第一节　管理概述

第二节　管理学的基本原理

第三节　管理学的基本方法

●活动设计：案例教学、对比分析。

●相关知识：资源、系统、人本、权变。

●课后练习与任务：建议学生阅读一些相关的管理书籍，了解管理学的基本常识。

项目2　管理理论的发展（4学时）

●教学目标：了解中国的管理思想；了解西方管理思想的发展过程；掌握不同管理思想的特点及其主要学派的基本观点；掌握未来管理的基本发展趋势。

●工作任务：

第一节　早期管理思想

第二节　古典管理理论

第三节　人际关系和行为科学理论

第四节　现代管理理论丛林

●活动设计：小组讨论。

●相关知识：亚当·斯密、泰勒、霍桑实验、非正式组织。

● 课后练习与任务：组织学生开展对科学管理理论以及 X、Y 理论进行讨论。

项目 3　决策与计划（4 学时）

● 教学目标：通过教学，使学生掌握决策与计划的基本概念，学会运用决策的基本方法，学会编制计划。

● 工作任务：

第一节　决策

第二节　计划

● 活动设计：案例教学、情景教学。

● 相关知识：决策过程、决策方法（头脑风暴法、专家意见法、决策树方法）、计划的层次。

● 课后练习与任务：对决策树方法进行具体训练。

项目 4　组织（4 学时）

● 教学目标：通过教学，使学生掌握组织结构的设计原则、组织结构的类型；人员配备的内容和程序；了解组织力量整合的内容；了解组织文化。

● 工作任务：

第一节　组织设计

第二节　人员配备与人员管理

第三节　组织力量的整合

● 活动设计：案例教学、小组讨论。

● 相关知识：组织结构类型、管理人员的培训考评、组织文化。

● 课后练习与任务：学生自学了解学习型组织。

项目 5　领导（6 学时）

● 教学目标：通过教学，使学生掌握领导行为，领导方式，领导艺术；激励理论，激励实践技能；沟通理论，沟通障碍及其克服，管理沟通技能的开发，冲突处理等。

● 工作任务：

第一节　领导概述

第二节　激励

第三节　沟通

● 活动设计：案例教学、小组讨论。

● 相关知识：领导艺术、激励实践、沟通障碍及其克服办法。

● 课后练习与任务：利用激励、沟通具体案例进行小组讨论。

项目 6　控制（2 学时）

● 教学目标：通过教学，使学生掌握控制的含义、作用、对象、基本过程、类型，了解财务控制、经营控制、人力资源控制三种常用方法，了解质量控制方法。

● 工作任务：

第一节　控制概述

第二节　控制应用与方法

第三节　质量控制

- 活动设计：案例分析。
- 相关知识：控制的基本过程和类型、人力资源控制方法。
- 课后练习与任务：通过酒店实际案例了解控制的类型。

项目7　创新（2学时）

- 教学目标：通过教学，使学生了解创新的基本类型和主要内容，重点掌握技术创新和管理创新，形成创新意识。
- 工作任务：

第一节　创新概述

第二节　技术创新

第三节　管理创新

- 活动设计：案例分析、小组讨论、课堂辩论。
- 相关知识：创新的概念和基本类型、技术创新、企业技术创新的模式和策略。
- 课后练习与任务：以企业创新成功的思考为主题开展小组讨论或辩论。

（三）课程资源开发

积极探索建立录像、网络、视频等多种媒体构成的立体化教学载体模式，增强教学感染力。完善多媒体课件、网络课程、电子图书和专业网站，充分利用网络及网络资源，满足专业教学和专业技能训练的需要，实现师生网上互动和多媒体资源的共享，提高课程资源利用效率。

充分发挥校内外实训实习基地的作用。

（四）教学模式

以"能力为本"为核心理念，突出实用性，做到基础知识"够用"。教学中采用精选精讲、鼓励互动；重视案例、注重运用；各抒己见、集思广益；开动脑筋、理解为主；进入角色、情景模拟；能力本位、科学考核等教学模式。

（五）教学方法与手段

1. 课堂讲授法

本课程总体理论性较强，课堂上以教师为主体，辅助以多媒体手段进行讲授，讲授时辅以启发提问，讲清讲透课程的重点和难点，让学生把握住学习的关键点。

2. 案例分析法

以主讲教师岗位经历以及多年收集的经典案例为主，通过案例导入课程教学，采用典型案例解读，可以培养学生学习兴趣，使学生学习处于最佳有效状态。案例分析是本课程教学联系实际的特色形式。进行案例分析时，既可以采用由学生独立分析，再以口头回答或书面作业完成的分散方式；又可以采用先分小组讨论，小组发言人汇报，全班讨论参与这种集中的形式。后一种方式主要用于对重点案例进行分析。

教师的重点放在引导学生寻找正确的分析思路和对问题解决的多视角观察上，而不是用自己的观点来影响学生。教师对案例分析的总结，也不是对结果或争论下结论当裁判，而是对学生们的分析进行归纳、拓展和升华。

3. 小组讨论法

教师安排相应的课堂教学时间用于讨论典型案例，可指定或学生自愿组成学习小组，就某一问题展开充分讨论，每组选派一名发言人，上台汇报本组讨论的情况，与台下师生互动、交流，小组其他成员可以补充，教师予以点评。

4.角色扮演法

在教学中，要根据教学要求，创设各种管理情境，给出一定的案例或要解决的管理问题，由学生扮演其中的角色（也可轮流扮演），设身处地地分析与解决所面临的问题。学生从所扮演角色的角度出发，运用所学知识，自主分析、自主决策、自主处置，提高实际技能。

5.头脑风暴法

针对讲授中、案例中、学生实习见习中的实际管理问题，由学生应用所学知识，放开思路，大胆分析，提出自己的见解与解决方案。

6.其他方法

（1）演示法。学生开始完成某些项目之前，教师要向学生提供调查参考范例，以多媒体、录像等形式演示相关的方法与技巧，帮助学生获得感性认识。

（2）任务训练。教师要安排和指导学生完成相应项目任务，训练学生的实际操作能力。

（3）现场观摩。根据教学需要，安排学生到企业进行现场观摩，深入工作现场，感受真实的工作氛围。

（4）顶岗实习。学生参与企业工作，检验并提升自己各方面的职业素养和技能。

（六）主要参考资料

[1]周三多，陈传明，鲁明泓.管理学——原理与方法［M］.上海：复旦大学出版社，2005.

[2]李海峰，张莹.简明管理学教程［M］.北京：科学出版社，2009.

[3]张红，王博，涂淼.管理学原理与实践［M］.北京：中国地质大学出版社，2011.

[4]张向东.管理的协调艺术［M］.武汉：武汉大学出版社，2014.

酒店管理专业"培训技巧"课程标准

一、课程性质

本课程是酒店管理专业管理模块选修课，是酒店管理专业与企业、行业专家共同开发建设的一门具有工学结合、鲜明特色的职业能力提升课程。课程强调学生的基本素质和能力培养，让学生掌握酒店培训的意义与方法，掌握演讲技巧、知识培训步骤与技巧、技能培训步骤与技巧，为学生将来从事酒店基层管理工作与培训工作提供必要的理论学习与实践训练，贴近学生将来职业场景的需要。

本课程是依据"酒店管理专业工作任务与职业能力分析表"中的培训工作项目设置的。该课程其总体设计思路紧紧围绕"三全一分"育人理念，充分体现依据学生的认知特点、学生可持续发展需求，打破以知识传授为主要特征的传统学科课程模式，设计通过小组任务引领、小组备课、抽签返课、老师与学生点评、现场评估的新颖理念和思路将本课程的内容分解为若干项目，根据作为一名酒店培训师需要掌握的培训技能开展理论与实践，重点在于返课与点评，通过学生的返课与点评，提升学生的培训技巧与能力。教学效果评价将采取返课评估的方式，由小组准备、现场返课表现、点评组成。轻理论，重实战。

"培训技巧"课程的总学时为32学时，建议学分为1分，执笔人为夏蓓。

二、课程目标

（一）知识目标
了解酒店培训的意义与价值，掌握演讲的技巧、知识培训与技能培训的方法、步骤。

（二）能力目标
可以独立进行30分钟的知识培训与技能培训。

（三）素质目标
培养善于演讲，乐于培训分享的精神，具备不断探索、创新能力。具有酒店基层管理人员所应具备的培训理论与实践素质。

三、课程内容和要求

序号	工作任务/项目	课程内容和要求		建议学时
		理论	实践与考核	18
1	酒店培训概论	酒店培训的好处 酒店培训体系 酒店7大模块		2

序号	工作任务/项目	课程内容和要求		建议学时
		理论	实践与考核	18
2	演讲技巧	开场步骤 如何成为一名出色演讲者 如何克服紧张感	每人十分钟演讲（开场）	2+6
3	知识培训方法与技巧	知识培训四步骤 实施技巧 其他培训方法	知识培训返课	2+8
4	技能培训方法与技巧	技能培训五步骤 实施技巧	技能培训返课	2+8

四、考核评价

考核方式上，采取返课即考核的方式，出勤占 20%，返课考核占 80%。

五、课程资源及使用要求

（一）师资条件要求

本课程要求大多数教师具有研究生及以上饭店管理专业背景，具备丰富教学或培训经历与经验。同时有较强的教学能力、教育科研能力和创新能力，能掌握相关高等教育法规，具有一定的教育学、心理学基本知识，并能运用在实际教学过程中。另外，要求教师具有制作多媒体课件进行教学设计的能力，并具有应用现代教育技术进行教学的能力。

（二）实训教学条件要求

多媒体教室且桌椅可灵活摆放。

（三）教材选用

本课程结合课程内容和高职高专学生特点进行自编教材。教材充分体现课程设计思想，以项目为载体实施教学，项目选取要科学，项目之间的逻辑结构清晰，并成系列，能支撑课程目标的实现。突出职业能力的培养与提高，同时要考虑可操作性。

六、课程实施建议及其他说明

1. 课程实施方案

课程目标的实现通过方法讲授、返课展示、现场点评等教学方法，达成教、学、做三者结合，强调学生在"做"中"学"。

● 树立学生对酒店培训重要性的正确认识，培养学生对酒店培训工作的兴趣，塑造正确的培训先行理念。

● 应加强对学生实际培训能力的培养，强化基于酒店培训实战的返课教学法，通过返课与点评最大限度地提升学生的培训能力。

● 教师应尽可能由浅及深地讲授演讲技巧、知识培训与技能培训的步骤与方法。

● 应注意职业情境的创设，以多媒体、录像等教学方法提高学生分析问题和解决实际问题的职业能力。

● 教师必须重视实践、更新观念，为学生提供自主发展的时间和空间，积极引领学生提升职业素养，努力提高学生的创新能力。

2.教师教学计划

计划1：酒店培训概论		参考学时		2
学习目标	1.知晓酒店培训的好处 2.了解酒店培训体系 3.了解酒店培训七个模块			
学习单元	内容描述	教学条件	教学方法和建议	参考学时
酒店培训的好处	1.对酒店 2.对员工 3.对客人	多媒体教室	运用多媒体教学、案例分析、教授等方法	0.5
酒店培训体系	1.4个人物 2.4份文件 3.7个模块 4.4个步骤	多媒体教室	运用多媒体教学、案例分析、教授等方法	0.5
酒店培训七个模块	1.新员工入职培训 2.部门培训/运营培训 3.酒店公共培训 （职业素养类、通识类、服务类、安全类等） 4.培训师培训TTT 5.初中高级管理晋升培训 6.语言培训 7.交叉培训	多媒体教室	运用多媒体教学、案例分析、教授等方法	1

计划2：演讲技巧		参考学时		2+6
学习目标	1.掌握演讲开场步骤 2.知晓如何成为一名出色演讲者 3.知晓如何克服紧张感 4.每人十分钟演讲展示			
学习单元	内容描述	教学条件	教学方法和建议	参考学时
演讲开场步骤	1.表示欢迎，介绍主题 2.自我介绍 3.建立权威 4.打破僵局 5.获得参与	多媒体教室	运用多媒体教学、讲授式	1
如何成为一名出色演讲者	1.先演 2.再讲 3.克服紧张感	多媒体教室	运用多媒体教学、讲授+演式	1
每人十分钟演讲	1.演讲展示 2.点评	多媒体教室	返课+点评	6

计划3：知识培训			参考学时		2+6
学习目标	1.掌握知识培训四步骤 2.掌握知识培训实施技巧 3.其他培训方法的应用 4.知识培训小组返课				
学习单元	内容描述	教学条件	教学方法和建议		参考学时
知识培训四步骤	1.介绍 2.内容 3.测试 4.总结	多媒体教室	运用多媒体教学、讲授+示范		1
知识培训实施技巧	1.条理清晰 2.生动丰富 3.提问总结	多媒体教室	运用多媒体教学、讲授+示范		0.5
其他培训方法的应用	1.小组讨论 2.案例分析 3.角色扮演	多媒体教室	运用多媒体教学、讲授+示范		0.5
知识培训小组返课	1.知识培训返课 2.点评	多媒体教室	返课+点评		6

计划4：技能培训方法与技巧			参考学时		2+6
学习目标	1.掌握技能培训五步骤 2.掌握技能培训实施技巧 3.技能培训小组返课				
学习单元	内容描述	教学条件	教学方法和建议		参考学时
技能培训五步骤	1.介绍 2.培训者演示 3.学员练习 4.评估 5.总结	多媒体教室	运用多媒体教学、讲授+示范		1
技能培训实施技巧	1.熟能生巧 2.演示是关键 关注学员练习与评估	多媒体教室	运用多媒体教学、讲授+示范		1
技能培训返课	1.技能培训返课 2.点评	多媒体教室	返课+点评		6

3. 课程资源开发

●进一步开发多媒体教学光盘，通过各种活动的设计、模拟与参与，使学生的主动性、积极性和创造性得以充分调动。

●充分利用外资酒店培训教程与方法，重实战与技能的提升。

●课程资源建设，把有关电子教学资料（如 PPT 课件、案例、习题等）放在课程网站上，实现学生与教师的网上互动。

4. 教学模式

本课程针对来源于企业实践的、典型的返课教学，通过返课，提升学生的培训能力与素养。

● 返课教学。在教师讲授、示演后通过学生返课展示，全面提升学员课程教学内容的掌握，通过返课＋点评，知其长，也知其短，学生们取长补短，这是外资酒店培训集团培训师的方法。

● 任务驱动。将教学内容整合，注重酒店培训实战的分析，分为三个模块，即演讲、知识培训及技能培训，让学生在完整、综合的仿真行动中学习知识，体验实践。

● 项目导向。在教学与实践活动中，以项目为导向，师生通过共同实施一个完整的具有实际应用价值的"项目"工作而进行教学活动。

5. 教学方法与手段

● 讲授法：主要应用于学生学习基础知识的初级阶段，要为学生学习创设一个合适的情景氛围，增强学生的学习兴趣和意识。

● 启发式教学法。在授课的过程中，教师避免采用灌输理论知识的方式，而是采用提问和分析的方式，循序渐进地诱导、启发、鼓励学生对问题和现象进行思考、讨论，再由教师总结、答疑，做到深入浅出、留有余地，给学生深入思考和进一步学习的空间，同时也提高了学生的学习主动性。传输国内外有关饭店经营管理的新理论、新思想以及发展动态。开阔学生的眼界，激发其求知欲，使学生具备现代酒店管理的理念和意识。

● 参与式教学法。改变传统的单纯依赖教师讲授的方法，让学生参与到教学过程中。学生可以就教师的讲授内容发表自己的见解，对问题和现象表达自己的看法。而通过小组讨论、专题汇报、小组辩论、情景模拟、课程作业，返课等方式，学生可以变被动听课为主动学习，既有利于提高学生学习的积极性、主动性，也有利于学生分析问题、解决问题能力的培养和表达能力、团队合作能力的提高。针对某一具体饭店的经营管理，让学生动脑、动手收集资料、设计并制作成幻灯片，运用所学知识，进行介绍。使学生真正动脑、动手，增强实际操作能力。

● 互动式教学法。教师提出问题或现象，启发学生的发散性思维，可以实现教学互动；而小组讨论、角色模拟的方式则可以起到学生之间相互启发的作用，进而又促进了教学。教学相长，扩展了教学的深度与广度。为了解学生对本课程的学习情况，针对饭店目前发展动态和敏感问题要求学生收集资料、启发学生进行思考，开展课堂讨论，培养学生分析问题和解决问题的能力。

● 操作示范法。通过教师现场示范、演示，提高学生对培训技能操作的掌握程度，同时也注重了教学内容的实用性。鼓励学生利用演讲与培训技巧多参与学校的主持活动。

● 其他教学手段：现场参观、座谈会、交流互动、专题讲座、观看多媒体、岗位体验、项目作业等教学方式。

6. 主要参考资料

[1] 薛永刚. 星级酒店培训管理［M］. 广州：广东经济出版社.

[2] 段烨. 培训师 21 项技能修炼［M］. 北京：北京联合出版社.

[3] "喜达屋 TTT" 培训课程.

酒店管理专业"团队建设"课程标准

一、课程性质

本课程是酒店管理专业选修课,是酒店管理专业与企业、行业专家共同开发建设的一门具有工学结合、鲜明特色的职业能力核心课程。课程强调学生的基本素质和能力培养,让学生掌握将来作为一名酒店的基层管理者必须掌握的高效团队打造的五大原则,使他们具备小团队管理者的基本理论与实践素质,贴近学生将来职业的需求。

本课程是依据"酒店管理专业工作任务与职业能力分析表"中的管理能力工作项目设置的。该课程的总体设计思路紧紧围绕"三全一分"育人理念,充分体现依据学生的认知特点、学生可持续发展需求,打破以知识传授为主要特征的传统学科课程模式,设计通过任务引领、工作过程导向的理念和设计思路将本课程的内容分解为若干项目,创设相关工作情景采用并列与流程相结合的方式展示教学内容。理论知识的选取紧紧围绕团队建设工作任务完成的需要来进行,同时又充分考虑住宿业态的创新发展要求,坚持立德树人,注重思想政治教育贯穿教学始终,同时融合了学生综合素质提升、创新创业能力培养、学生可持续发展的要求。项目设计以团队建设为线索来进行。教学过程中,除了教授理论,使用了案例分享、管理游戏、小组讨论、集体讨论、头脑风暴等多种途径,充分开发教学资源,让学生参与其中。教学效果评价采取过程评价与结果评价相结合的方式,通过理论与实践相结合,重点评价学生的职业能力和综合素质。课程设计理念符合职业性、实践性和开放性要求,符合工作过程与方法的思路要求。

"团队建设"课程的总学时为 12 学时,建议学分为 1 分,执笔人为夏蓓。

二、课程目标

(一)知识目标
掌握打造高效团队建设的五大原则。

(二)能力目标
能够参与酒店基层管理实践工作,掌握作为一名基层团队管理者如何打造一支高效的团队的知识与实践,能够养成独立分析问题,解决问题的能力。

(三)素质目标
培养善于分析,勤于学习的精神,具备不断探索、创新能力。具有酒店基层管理人员所应具备的基本理论与实践素质。

三、课程内容和要求

序号	工作任务/项目	课程内容和要求		建议学时
		理论	实践	12
1	团队的构成	1.团队的定义 2.团队的三要素 3.成功团队的界定	西游记团队案例	1
2	打造高效团队的原则之一——确定团队规模	1.团队的规模 2.直属下属的维度		1
3	打造高效团队的原则之二——完善成员的技能	1.成功团队中三大技能的人 2.三类人的定义与特征 3.高效团队成员的三大特点	西游记团队案例	2
4	打造高效团队的原则之三——树立共同的目标	1.酒店目标的四大层次 2.目标的SMART原则 3.酒店部门目标的三大维度 4.酒店个人目标的五大维度		2
5	打造高效团队的原则之四——建立绩效与激励体制	1.绩效管理的目的 2.绩效管理的步骤 3.激励的原理 4.零成本激励 5.激励要因人而异	黑熊棕熊绩效案例 激励游戏	4
6	打造高效团队的原则之五——培养相互信任的团队精神	1.公平 2.开诚布公 3.说出你的感觉 4.用语言和行动来支持自己的团队 5.表现出你的才能 6.保密		2

四、考核评价

考核方式上，采用形成性评价与终结性评价相结合的理论考试、阶段测试等多种考核方式。平时表现（50%）+期末测试（50%）。平时表现重在评价学生在课堂的表现和团队案例的分析能力，主要包括考勤、发言、小组成绩，占总成绩的50%；期末测试重在评价学生综合运用和团队建设五要素的掌握，占总成绩的50%。

五、课程资源及使用要求

（一）师资条件要求

本课程要求具备旅游管理或行政管理类相关专业背景，健康的身心以及热爱教育工作，热爱学生；同时具有较强的教学能力、教育科研能力和创新能力，能掌握相关高等教育法规，具有一定的教育学、心理学基本知识，并能运用在实际教学过程中。另外，要求教师具有制作多媒体课件进行教学设计的能力，并具有应用现代教育技术进行教学的能力。

（二）实训教学条件要求

（1）多媒体教室。

（2）提供学习资料的图书馆。

（三）教材选用

本课程结合课程内容和高职高专学生特点选用高职高专规划教材，教材充分体现课程设计思想，以项目为载体实施教学，项目选取要科学，项目之间的逻辑结构清晰，并成系列，能支撑课程目标的实现。突出职业能力的培养与提高，同时要考虑可操作性。

六、课程实施建议及其他说明

1.课程实施方案

课程目标的实现通过理论讲解、案例分析、小组讨论与集体讨论等教学方法，教、学、练三者结合，强调学生在"练"中"学"。

- 传授从管理学中如何定义团队，团队的三大要素与成功团队的衡量标准。
- 掌握打造高效团队的五大原则。
- 了解团队的规模与直属下属的最多人数。
- 知晓如何搭建团队成员及高效团队成员的三个特点。
- 掌握目标的四个层次和订立目标的 SMART 原则。
- 掌握酒店目标设定的三个维度与个人目标设定的五个维度。
- 掌握绩效管理目的与四个步骤。
- 掌握激励的原理与零成本激励的方式，懂得激励因人而异。

2.教师教学计划

计划1：团队的构成		参考学时		1
学习目标	1.知晓团队的定义 2.掌握团队构成的三要素 3.知晓成功团队的界定			
学习单元	内容描述	教学条件	教学方法和建议	参考学时
团队的定义	1.团队的定义 2.团队与群体的区别	多媒体教室	运用多媒体教学、案例分析、教授等方法	
团队的三要素	1.团队三要素 2.讨论"人多力量大"从管理学的角度是正确的吗	多媒体教室	运用多媒体教学、案例分析、教授等方法	1
成功团队的界定	1.成功团队如何界定 2.分享成功团队的案例	多媒体教室	运用多媒体教学、案例分析、教授等方法	

计划2：打造高效团队的原则之———确定团队规模		参考学时		1
学习目标	1.团队的规模 2.直属下属的维度			
学习单元	内容描述	教学条件	教学方法和建议	参考学时
团队的规模	1.大规模团队 2.中等规模团队 3.小规模团队	多媒体教室	运用多媒体教学、案例分析、分组训练等方法	1
直属下属的维度	1.何谓直属下属 2.最大人数 3.限数原因	多媒体教室	运用多媒体教学、案例分析等方法	

计划3：打造高效团队的原则之二——完善成员的技能		参考学时		6
学习目标	1.成功团队中三大技能的人 2.了解三类人的定义与特征 3.掌握高效团队成员的三大特点			
学习单元	内容描述	教学条件	教学方法和建议	参考学时
成功团队中三大技能的人	1.技术专长的人 2.决策问题的人 3.较强人际关系的人	多媒体教室	运用多媒体教学、案例分析等方法	2
三类人的定义与特征	1.技术专长的人的特点 2.决策问题的人的特点 3.较强人际关系的人的特点	多媒体教室	运用多媒体教学、案例分析、分组训练等方法	2
高效团队成员的三大特点	1.团队中每个人都有优点 2.团队是由有缺点的人构成的 3.人的价值是建立在团队基础之上	多媒体教室	运用多媒体教学、案例分析、分组训练等方法	2

计划4：打造高效团队的原则之三——树立共同的目标		参考学时		2
学习目标	1.了解酒店目标的四大层次 2.掌握目标的SMART原则 3.了解酒店部门目标的三大维度 4.酒店个人目标的五大维度			
学习单元	内容描述	教学条件	教学方法和建议	参考学时
酒店目标的四大层次	1.集团目标——愿景 2.酒店目标 3.部门目标 4.个人目标	多媒体教室	运用多媒体教学、案例分析、分组训练等方法	0.5
目标的SMART原则	1.具体的 2.可衡量的 3.可达到的 4.相关的 5.有时间限制的	多媒体教室	运用多媒体教学、案例分析、分组训练等方法	0.5
酒店部门目标的三大维度	1.营收+成本+利润 2.客人满意度 3.员工满意度	多媒体教室	运用多媒体教学、网络、分组训练等方法	0.5
个人目标的五大维度	1.工作态度 2.对客服务 3.培训及职业生涯发展 4.团队协作 5.管理潜力	多媒体教室	运用多媒体教学、网络、分组训练等方法	0.5

计划5：打造高效团队的原则四——建立绩效与激励体制		参考学时		4

学习目标	1.掌握绩效管理的目的 2.了解绩效管理的步骤 3.了解激励的原理 4.掌握零成本激励 5.知晓激励要因人而异			
学习单元	内容描述	教学条件	教学方法和建议	参考学时
绩效管理的步骤	1.制订本年度的工作目标 2.非正式辅导 3.正式辅导（年中和年末的）绩效考核 4.奖惩激励	多媒体教室	运用多媒体教学、案例分析、分组训练等方法	2
零成本激励	1.目标激励 2.制度激励 3.参与激励 4.榜样/荣誉激励 5.情感激励 6.培训	多媒体教室	运用多媒体教学、案例分析、分组训练等方法	1
激励要因人而异	1.老员工 2.外来打工者 3.新员工/年轻的员工（90后）	多媒体教室	运用多媒体教学、案例分析、分组训练等方法	1

计划6：打造高效团队的原则五——培养相互信任的团队精神		参考学时		2
学习目标	知晓从管理者角度，如何打造高效团队的原则五、培养相互信任的团队精神			
学习单元	内容描述	教学条件	教学方法和建议	参考学时
从管理者角度	1.公平 2.开诚布公 3.说出你的感觉 4.用语言和行动来支持自己的团队 5.表现出你的才能 6.保密	多媒体教室	运用多媒体教学、案例分析、分组训练等方法	2

3.课程资源开发

●进一步开发多媒体教学光盘，通过各种视频的观看，案例的分析，使学生的主动性、积极性和创造性得以充分调动。

●充分利用酒店实际案例，提供给学生真实又与时俱进的团队案例。

●课程资源建设，把有关电子教学资料（如 PPT 课件、案例、习题等）放在课程网站上，实现学生与教师的网上互动。

4.教学模式

●以案例分析与管理游戏为主，以理论为辅。教学内容根据团队建设五大原则，结合酒店管理领域案例，通过分享分析讨论，注重管理实践，让学生在真实的案例、管理游戏中学习知识，体验实践。

●项目导向。在教学与实践活动中，以项目为导向，师生通过共同实施一个完整的具有实际应用价值的"项目"工作而进行教学活动。

5. 教学方法与手段

● 讲授法：主要适用于学生学习团队建设基本原理和理论知识，为学生学习创设一个合适的情景氛围，增强学生的学习兴趣和意识。

● 启发式教学法。在授课的过程中，教师尽可能结合酒店实际工作中的团队及管理案例启发学生对团队建设与管理方法的理解，避免采用灌输理论知识的方式，而是采用提问和分析的方式，循序渐进地启发、鼓励学生对问题和现象进行思考、讨论，做到深入浅出、留有余地，给学生深入思考和进一步学习的空间，同时也提高了学生的学习主动性。

● 参与式教学法。改变传统的单纯依赖教师讲授的方法，让学生参与到教学过程中。学生可以就教师的讲授内容发表自己的见解，对问题和现象表达自己的看法。而通过情景扮演、小组讨论、课程作业等方式，学生可以变被动听课为主动学习，既有利于提高学生学习的积极性、主动性，也有利于学生分析问题、解决问题能力的培养和表达能力、沟通能力的提高。

● 互动式教学法。教师提出问题或现象，启发学生的发散性思维，可以实现教学互动；而小组讨论、角色模拟的方式则可以起到学生之间相互启发的作用，进而又促进了教学。教学相长，扩展了教学的深度与广度。

● 案例教学法。在讲解过程中结合案例，加深学生对基本理论的理解和认识。同时将案例分析作为对学生掌握理论知识和分析解决问题能力的检验，同时也能起到相互启发的效果。

● 其他教学手段：观看多媒体、交流互动、管理游戏、项目作业等教学方式。

6. 主要参考资料

［1］张周圆 . 高效能团队建设［M］. 北京：经济管理出版社 .

［2］约翰 .C. 马克斯维尔 . 高队建设［M］. 北京：北京联合出版公司 .

［3］姚裕群 . 团队建设与管理［M］. 北京：首都经济贸易大学出版社 .

休闲服务与管理专业课程标准

一、培养目标

培养具有良好的思想道德修养、职业素养和丰富的茶文化知识，具备茶叶审评、茶艺与茶道、茶叶冲泡、茶器鉴赏、茶文化空间设计、产品研发与创新、市场营销、茶会策划、茶文化企业经营管理等能力，胜任茶文化传承与创新、"有文化、有技艺、懂经营、善管理"的应用型高级技术人才。

二、主干课程

茶艺与茶道、茶文化、茶叶审评、茶席设计、茶器鉴赏、插画艺术、市场营销、休闲活动策划、企业经营管理、创意设计等。

三、职业定位

主要为茶艺师、茶文化培训师、茶产品营销师、茶会策划师、茶企主管、店长、经理等。

休闲服务与管理专业"沟通与礼仪"课程标准

一、课程性质

"沟通与礼仪"课程是休闲服务与管理专业茶文化方向为实现教育目标而设置的一门专业基础课程。目标是让学生接受传统礼仪与现代礼仪的熏陶后,牢固树立礼貌服务意识,具备良好的礼仪素养,养成良好的礼仪习惯,掌握工作中塑造职业形象、与顾客、上下级、同事之间沟通与交际交往的能力。它是进一步学习"服务心理学""市场营销学""企业经营与管理"课程的基础。

该课程总体设计思路是,打破以知识传授为主要特征的传统学科课程模式,转变为以工作任务为中心组织课程内容,并让学生在完成具体项目的过程中学会完成相应工作任务,并构建相关理论知识,发展职业能力。课程内容突出对学生职业能力的训练,理论知识的选取紧紧围绕工作任务完成的需要来进行,同时又充分考虑了高等职业教育对理论知识学习的需要。教学过程中,要通过校企合作,校内实训基地建设等多种途径,采取工学结合、半工半读等形式,充分开发学习资源。教学效果评价采取过程评价与结果评价相结合的方式,通过理论与实践相结合,重点评价学生的职业能力。

该门课程的总学时为56学时,建议学分为4分,执笔人为温燕。

二、课程目标

通过本课程的学习和训练,学生应在传统和现代礼仪中牢固树立礼貌服务意识,熟悉传统礼仪和茶礼的精髓,掌握现代礼仪的要领,养成良好的个人礼仪习惯,形成良好的职业礼仪素养;为良好的交流沟通能力和社会融合能力的培养打下基础。从而全面培养学生的沟通实践能力,提高学生的综合素质和社会适应性。

通过本课程的教学,学生应达到以下职业能力目标:

1. 能领悟传统礼仪的精髓;

2. 掌握传统礼仪的礼仪礼节;

3. 能熟练在各种场合运用茶礼;

4. 能熟练塑造不同场合下的个人仪容形象;

5. 能熟练掌握茶服及现代服装搭配服饰技巧及穿着规范技巧;

6. 能熟练展现个人优雅、文明、敬人的礼仪仪态;

7. 能熟练运用熟悉见面礼仪中称呼、介绍、握手、名片等礼仪规范,和接待礼仪中接待拜访工作程序、位次礼仪规范;

8. 能够熟练运用签约、剪裁、颁奖等各种礼仪规范;

9. 能正确运用语言技巧,提高沟通技能,掌握说服技巧;

10. 能掌握倾听技巧，学会倾听。

三、课程内容和要求

为使学生掌握传统礼仪、现代礼仪、沟通礼仪等礼仪知识与技能，课程通过对市场岗位群的调研，将教学任务设计为 3 个教学单元，根据课程性质及学生特点采用角色扮演、任务驱动、小组讨论、游戏教学、案例分析等教学方法。在传统礼仪教学中，融入《弟子规》《大学》《千字文》等内容，通过学生自学、抄写，然后在课堂上分节朗读解释，让同学们对古代文化和传统礼仪有更深刻的了解，传承传统文化的同时，对于自身加强道德、礼仪的约束。

序号	工作任务/项目		课程内容与要求		建议学时
			理论	实践	
1	沟通礼仪概述		●掌握沟通、礼仪的概念，礼仪的基本理念、原则		2
2	传统礼仪	汉服汉礼	●熟悉传统汉服、汉服展示	●汉服、汉礼演练	8
3		汉服茶礼	●掌握汉服茶礼的形式及在当代的运用	●汉代茶礼演练	8
4		传统妆容	●熟悉古代妆容造型史 ●掌握茶艺人员发型、面容造型	●茶艺妆容实践	8
5	现代礼仪	仪表礼仪	●着装的基本原则，服装搭配的基本方法		2
6		仪态礼仪	●掌握工作人员的仪态规范，克服不雅仪态	●服务、交流仪态展示	8
7	现代礼仪	社交礼仪	●掌握现代场合下见面礼仪：介绍、名片、握手等	●会见客户场景演练	4
8		办公礼仪	●掌握职场接待拜访的原则 ●掌握接待工作的程序、位次礼仪及各种仪式礼仪	●企业接待拜访、签约、颁奖角色扮演	6
9	沟通礼仪	沟通概述	●熟悉沟通技巧：看听笑说动		2
10		交谈礼仪	●掌握语言运用和语言技巧，提高沟通技能	●员工为客人服务交谈场景扮演角色	4
11		倾听技巧	●掌握倾听技巧，提高沟通技能	●销售与客人沟通技巧	4

四、考核评价

本课程以过程性考核与终结性考核相结合，以终结性考核为主，以过程性考核为辅；以理论考核与实践考核相结合，突出实践考核；考核方式与专业特点、课程特点相结合，灵活多样。考核评价分为平时成绩、期中成绩和期末成绩；平时成绩主要有课堂考勤、课堂表现和平时作业；平时作业主要采用礼仪现象分析、行业案例分析、课前角色扮演、仪态与日常交际模拟场景演示、综合场景表演等多种方式进行综合考核。期中考核以阶段性的服务礼仪等形式进行考核；期末以情景剧的形式进行考核。因此，本课程采用下面的考核方式进行：平时成绩 25%+ 期中成绩 35%+ 期末成绩 40%。

五、课程资源及使用要求

（一）师资条件要求

本课程是实践操作较强的课程，需要教师有较高的礼仪素养和较强的行业实践技能。整个教学团队由多位具有"礼仪培训师"证书的经验丰富的教师组成，同时聘请行业人士结合现实岗位经验进行讲解。

（二）实训教学条件要求

课程对于教学场所要求并不高，活动教室、形体训练室，校园内的博物馆、楼梯、电梯等场所均可以作为实践教学场所，同时校外实训基地也为服务礼仪与规范的实践教学提供了一定的条件。

项目	工作任务/项目	知识点	实训室	实训资源要求	实训学时安排
传统礼仪	汉服、茶礼	汉代茶礼演练	校内	无桌椅的实训室	4
	古代妆容	茶艺妆容实践	校内	普通教室	4
现代礼仪	仪态礼仪	服务、交流仪态展示	校内	无桌椅的实训室	4
	社交礼仪	会见客户场景演练	校内	桌椅活动教室	4
	办公礼仪	企业接待拜访、签约、颁奖角色扮演	校内	走廊、电梯、桌椅可活动的教室	4
沟通礼仪	交谈礼仪	员工为客人服务交谈场景扮演角色	校内	桌椅活动教室	4
	倾听技巧	销售与客人沟通技巧	校内	桌椅活动教室	4

（三）教材选用

课程选用教材为《旅游服务礼仪》，主编雷明化等，华东师范大学出版社出版。课程充分体现课程设计思想，以项目为载体实施教学，项目选取要科学，项目之间的逻辑结构清晰，并成系列，能支撑课程目标的实现。突出职业能力的培养与提高，同时要考虑可操作性。

课程资源开发与利用：包括相关教辅材料、实训指导手册、信息技术应用、工学结合、网络资源、仿真软件等。

1. 教材

［1］田晓娜.礼仪全书［M］.北京：中国人民大学出版社，2006.

［2］孙为.中国应用礼仪大全［M］.上海：上海文化出版社，2006.

［3］李莉.实用礼仪教程［M］.北京：中国人民大学出版社，2005.

［4］金正昆.涉外礼仪教程［M］.北京：中国人民大学出版社，2004.

［5］张贤明.日常实用礼仪必读［M］.北京：中国旅游出版社，1996.

［6］胡锐.现代礼仪教程［M］.杭州：浙江大学出版社，2006.

［7］张利民.旅游礼仪［M］.北京：机械工业出版社，2004.

［8］王希，牟红.旅游实用礼宾礼仪［M］.重庆：重庆大学出版社，2002.

［9］朱立安.国际礼仪［M］.广州：南方日报出版社，2001.

［10］王艳霞，田文.旅游交际礼仪［M］.济南：山东大学出版社.

2. 网络资源

［1］现代礼仪——东方管理网：www.chinaqg.cn

［2］礼仪中国：www.361st.com

［3］风俗：http：//www.ro.mofcom.gov.cn

［4］佛教礼仪：http：//www.ly－travel.com/

［5］东方艺术网：http：//www.eastart.net

［6］中国中华人民共和国文化和旅游部：http：//www.cnta.com/

［7］携程旅游网：http：//www.ctrip.com/

［8］酒店服务与服务礼仪：http：//www6.datasoon.com/

六、课程实施建议及其他说明

本课程的实践教学体系针对不同教学内容、教学目标，设计不同教学时段的实践教学活动，形式多样，生动活泼，有效提高学生学习的积极性，强化培养服务意识和接待能力。

1. 课堂实训

主要采用项目任务驱动方式进行穿插讲解，讲训结合、边讲边练。课堂内的实践教学活动主要有单项训练、综合训练、情景模拟表演、案例分析、项目讨论、团队协作等实践活动锻炼能力。

2. 课外实践

课堂外的实践教学活动主要有专题讲座（邀请企业界的专家）、校外礼仪培训活动、深入景区实践等，以培养学生综合性服务接待能力。

3. 自主学习拓展

利用配套的"训练指导""知识问答"等教学资源，将教学重点及具体考核参照标准提供给学生。以课堂带动课外，让学生的课外学习有章可循，加强平时实践训练，促进学生自学自练，激发学生主动学习的兴趣，进而促进专业职业形象的塑造及礼仪素养的内化。

4. 游戏教学法

游戏教学法就是以游戏的形式教学，也就是说使学生在生动活泼的气氛中，在欢乐愉快的活动中，在激烈的竞赛中，达到学习目的。

5. 案例分析法

案例教学法是教师将所需要掌握的理论知识融汇到一个典型生动的案例中，即把学生置于复杂、有意义、相对真实的问题情境中，学生通过对案例进行分析、推理、判断、提出问题，以自主学习、小组讨论的方式解决问题，从而获得隐含于问题背后的相关科学知识，是一种启发式的教学方法。通过案例分析既能使理论浅显易懂，又能使学生在分析案例的过程中增长判断能力、分析能力、观察能力及自主学习的能力；同时，学生自己采集案例的方法也能让同学们在"旁观者清"的角色中对正确的沟通技巧有了更主动、更切实的感受和掌握。

6. 综合实训实践

为了配合知识的掌握和技能的提高，另外安排综合实训模块。实践真实礼仪接待与服务项目，在实境中将所学知识、技能整合为一体，并在亲身实践中感受礼仪的效果与魅力，培养灵活运用的综合能力。

7. 教学手段

采用多媒体、幻灯片、录像，结合传统教学手段进行讲授；采用学生示范、教师示范、学生感知训练、案例讨论、课堂观摩、小测试，讲练结合；利用实训基地情景模拟、真实礼仪接待与服务项目实践，做中学，学中做。

休闲服务与管理专业"服务心理学"课程标准

一、课程性质

该课程是休闲服务与管理专业学生的职业基础课，目标是让学生掌握休闲消费者休闲消费的一般心理过程，以便提供针对性服务的能力。它以"沟通与礼仪""茶文化""市场营销"课程的学习为基础，也是进一步学习"企业经营与管理"课程的基础。

该课程是依据"休闲服务与管理专业工作任务与职业能力分析表"中的休闲场所服务、休闲企业市场营销与产品策划与营销工作项目设置的。其总体设计思路是以突出学生的职业能力为根本目的，打破以知识传授为主要特征的传统学科课程模式，完全以知识模块和案例相结合的形式构建组织课堂教学内容；课堂单元的设计以休闲消费者的一般休闲消费心理过程为线索来进行。

该门课程的总学时为 32 学时，建议学分为 2 分，执笔人为温燕。

二、课程目标

通过课程教学，学生应掌握休闲消费者在休闲消费时的一般心理过程，掌握休闲消费者在休闲消费时的内心需求及其外显和表达方式，掌握如何平衡自己的心态，调整自己的情绪；既能迅速准确识别消费者的真正需求，又能为其提供针对性的优质服务。

通过本课程的教学，学生应达到以下职业能力目标：

1. 能理解休闲消费者的一般心理过程；
2. 能准确识别休闲消费者的心理需求；
3. 能正确理解休闲消费者心理需求的外显和表达；
4. 能准确提供针对性的服务；
5. 能正确识别自身的心理状态；
6. 能迅速调整自身的心理状态，达到提供优质服务的要求。

三、课程内容和要求

课程以休闲消费者的一般心理过程为指导，并结合不同休闲方式的特点，以现代消费者的休闲需求特色为基准，根据行业企业的建议，从实际职业工作任务要求出发，结合学生认知和学习的一般规律选取教学内容。

序号	工作任务/项目	知识内容与要求		建议学时
		理论	实践	
1	休闲服务中的心理学	●心理学的知识和应用在休闲服务中是如何体现的 ●心理学是什么 ●休闲服务中需要心理学的哪些知识	●理解心理学无处不在 ●理解休闲服务中心理学的应用	2
2	休闲者的个性倾向分析	●了解休闲动机研究在休闲心理学中的地位 ●了解需要与动机之间的关系 ●掌握马斯洛需求层次论的基本内容 ●了解休闲动机的两种基本分类	●掌握动机的产生与分类在休闲消费中是如何体现的 ●掌握需要理论在休闲消费中的体现 ●能够结合案例进行分析 ●能够提出针对性服务的建议	6
3	休闲者的购买态度和购买决策	●理解态度使休闲者从潜在休闲者向现实休闲者转化的重要作用 ●认识决策在消费者购买行为中的核心地位 ●了解消费者追求心理满足最大化的心理活动过程	●能够识别休闲消费者对休闲服务的态度 ●能够引导休闲消费者产生购买决策 ●能够结合具体案例进行分析	6
4	影响休闲消费行为的个性特征	●了解个性差异的基本理论 ●了解不同个性特征的行为表现特征和规律	●能应用个性差异理论观察和判断各种类型的人 ●能应用所学知识，预测不同个性休闲者的休闲倾向 ●能够结合具体案例进行分析	4
5	影响休闲消费行为的社会因素	●理解文化对个人和社会阶层的休闲行为的悠久而深层的影响 ●认识个人的休闲行为都受到群体的种种影响 ●了解中国家庭文化对休闲行为的影响有中国的特殊性	●能够预测不同文化背景下休闲消费者的消费行为特征 ●能够为其提供针对性的服务 ●能够结合具体案例进行分析	4
6	休闲服务心理	●理解休闲服务的双重性 ●了解休闲服务人员的基本心理要求	●能够正确认识休闲服务的双重性 ●能够正确理解休闲服务过程中对休闲服务人员所具备的心理素质的要求 ●能够结合具体案例进行分析	6
7	员工的激励	●管理的核心问题是激励员工 ●了解人的需要是激励的基础 ●两种经典的西方激励理论	●能够理解别人的激烈 ●能够有效地激励别人 ●能够结合具体案例，提出有效激励的建议	2
8	休闲服务人员的心理保护与调适	●了解什么是挫折 ●了解挫折感产生的心理基础 ●了解什么是健康的心理 ●在挫折中如何自我调适	●能够识别自己的心理状态 ●能够调整自己的心理状态达到服务的要求 ●能够结合具体案例，提出有效的建议	2

四、教学评价

心理学课程学习的目的在于应用，传统的考核方式并不适合。考核的方式注重学生对于他人行为方式背后深刻心理需求的准确判断和提供针对性的服务，更注重学生对于自身心理状态的识别和调节，因此本课程采用下面的考核方式来进行：平时成绩 15%+案例分析 40% + 期末卷面成绩 45%。

五、课程资源及使用要求

（一）师资条件要求

本课程师资主要由教学经验丰富的专任教师担任，同时聘请行业人士为学生深入分析现实发生的案例。

（二）实训教学条件要求

本课程是专业性极强的课程，需要教师能够将深奥、枯燥的理论，转换成学生能够充分理解和感受的案例，深入浅出的讲解。整个教学团队由多位拥有中高级职称的经验丰富的教师组成，同时将聘请行业人士结合现实案例来为学生进行更为生动的讲解分析。

（三）教材选用

目前关于心理学方面的书籍非常多，但是具体描述服务心理学方面的书籍并不多。鉴于本专业的特色，本课程选择由魏乃昌、魏虹主编，中国物资出版社出版的《服务心理学》为主要参考书籍，同时推荐学生翻阅大量分析心理过程、消费行为的书籍，以支撑课程目标的实现，突出职业能力的培养与提高。

选用的参考书籍方面，除去上述的主要参考书外，更推荐学生大量阅读国内外知名专家学者所编撰的相关专业书籍、相关杂志和发达的网站资源。

六、课程实施建议及其他说明

无论是侧重于什么方向的心理学课程，其相关理论都是较为深奥、枯燥的，而本课程的实用性非常强，因此仅仅理论是远远不能满足课程要求的。基于此，本课程结合不同的主题单元，选取大量案例，并将案例教学法贯穿于教学过程的始终；同时多角度、多层次运用多元智能教学法，为学生创造逼真的案例环境和氛围，使学生能有真切的第一反应，并推己及人，针对现实休闲服务中的类似场景和问题提出实用性强的服务建议。

休闲服务与管理专业"市场营销"课程标准

一、课程性质

"市场营销"是休闲专业茶文化方向的职业基础课，是依据休闲服务与管理专业"工作任务与职业能力分析表"中的市场营销的工作项目设置的，是基于市场营销学传统理论框架，以项目任务为导向的课程。通过对市场营销基本概念、市场调研的基本方法、目标市场的选择、旅游产品促销策略等知识的学习，掌握现代营销的方法，培养学生发现问题、分析问题和解决问题的能力。为后续课程"茶会活动策划""企业经营与管理"等课程的学习、能力提升打好基础。

课程设计思路是从学生的认知特点出发，以课程内容和性质为依据，根据时代发展不断调整优化，组建专题学习模块，实施"理论教学＋案例教学＋情景体验＋综合实践"的教学模式，整合教学资源、序化教学内容。理论知识的选取紧紧围绕工作任务完成的需要来进行，同时又充分考虑了高等职业教育对理论知识学习的需要，并融合了相关职业领域对知识、技能和态度的要求。教学过程通过校企合作、校内实训基地建设等多种途径，充分开发学习资源。知识的选取紧紧围绕旅游新业态与"旅游＋"新形态下"大旅游"产业发展对理论知识学习的要求，坚持立德树人，注重思想政治教育贯穿教学始终，同时融合了学生综合素质提升、创新创业能力培养、学生可持续发展的要求。根据休闲服务与管理的基本技能需求，将市场营销涉及的相关工作设计成教学任务，由学生组成团队或单个完成教学任务，增强学生的团队资源利用能力、团队组织能力、沟通协调能力和表现能力，从团队组织能力和个人行动能力两个方面促进学生职业人格特征的形成，培养学生的职业性格和专业素养。在案例引入、现场实训中突出对地方特色休闲产品的营销。教学效果评价采取过程评价与结果评价相结合的方式，通过理论与实践相结合，重点评价学生的职业能力。

该课程的总学时为 64 学时，建议学分为 4 分，执笔人为康保苓。

二、课程目标

（一）知识目标

在给学生讲授比较系统的市场营销基本原理和分析技术的基础上，结合休闲行业的特性和发展趋势，通过课程教学使学生了解和掌握市场营销的主要概念；掌握市场调查、市场细分、营销组合、休闲产品营销的方法和技巧；把握现代营销发展新趋势。

（二）能力目标

利用休闲企业的相关案例进行具体的操作分析，使学生能熟练地掌握市场营销的一些基本技巧与方法，以及分析和解决营销实际问题的能力。

（三）素质目标

通过课外自学与课外讨论以及课外实践等深化学生对旅游市场营销基本原理的理解，提高理论解决实际问题的运用能力。能用所学知识对休闲产品相关案例进行综合分析，使学生具备市场营销的综合能力。

三、课程内容和要求

突出对学生的市场观念、竞争意识、创新意识、实践意识的培养，提高他们运用市场营销的基本理论、基本原理、基本方法去发现问题、提出问题、分析问题和解决问题的能力。

"市场营销"课程主要分为市场调查、市场细分、营销组合策略、营销综合实训四大模块。

学习项目		学习单元	参考学时
项目名称	项目描述		
项目1 市场调查	通过对市场营销环境分析、消费者购买行为、竞争者分析，利用市场调研的基本方法了解休闲企业市场营销的特点，通过课堂理论知识的讲解和实地考察的结合，以项目任务为驱动，使学生分组进行休闲旅游目的地满意度调查报告或产品竞争分析报告，充分强化其对市场营销的理解和掌握	市场营销学的产生和发展	2
		市场营销环境分析	4
		消费者购买行为	4
		竞争者分析	4
		旅游市场调查问卷设计和休闲旅游目的地消费者满意度调查报告	8
项目2 市场细分	通过了解消费者的市场细分的依据和标志，选择合适的目标市场营销策略，进行有效的市场定位选择，通过课堂理论知识的讲解和实地考察的结合，以项目任务为驱动，使学生分组进行客源市场分析报告，提出最适宜的目标市场，充分强化其对客源市场细分的理解和掌握	市场细分和目标市场选择	6
		市场定位策略和选择	6
项目3 营销组合策略	通过对产品策略、价格策略、分销渠道策略、促销策略等营销组合策略的学习，让学生了解各个策略使用的时机和具体应用的策略，通过案例导入与课堂讲解、产品设计等形式，使学生分组制订休闲产品的营销计划，充分强化其对营销组合策略的理解和掌握	产品策略	4
		价格策略	4
		分销渠道策略	4
		促销策略	4
项目4 营销综合实训	通过对茶文化休闲产品的构成和特点的了解，提出休闲产品中可融入营销的元素，通过导入案例背景，让学生完全动手策划茶文化休闲产品的目标市场策略、营销价值、产品设计、营销推广设计价格方案等，在教师指导下，学生分组实践完成各组营销策划作业，将营销体系完全在一个项目中整体学习，有利于学生对整门课的理解和掌握	茶文化休闲产品构成及特点 茶文化休闲产品营销构成元素	6
		高尔夫（茶文化）休闲产品案例营销策划实训	8

四、考核评价

针对工学结合的学习领域课程，采用企业评价、教师评价和学生互评相结合的方式进行。

考查内容	分值	教学评价组成部分			学习单元成绩
		企业评价%	教师评价%	学生互评%	
校内实训	30		60	40	30
校外实训	20	60		40	20
期末考试	50		100		50
学生总成绩=学习单元成绩平均分（40%）+期末考试（60%）					

五、课程资源及使用要求

（一）师资条件要求

与校企合作企业、知名休闲企业合作，聘请行业经验丰富的人士阶段性授课或讲座。兼职和专任教师形成优势互补，专任教师阶段性深入相关行业企业，掌握行业发展动态；行业兼职教师，为学生开设讲座、指导学生实践；通过发挥专任教师和兼职教师各自优势，形成理论与实践优势互补、不断前进发展的教学团队，达到大力提升学生的职业素养与实践能力的目的。

（二）实训教学条件要求

校内实训基地条件：要有营销活动的项目、平台或产品，以教师主导、学生主题的工作室完成，或由学生分组进行营销活动的实训。

网络资源建设：精品课程网站、网络课程资源。

校外实训基地涉及休闲产业的多个领域，数量多、级别高，如西湖国际高尔夫俱乐部、江滨一号高尔夫休闲会所、中国农业科学院茶叶研究所、杭州湖畔居茶楼、金都网球俱乐部、上海月圆圆、梅家坞茶村、龙井茶村等高端休闲企业，与学校建立了良好的合作关系，为学生提供大量的实训、实践岗位。

（三）教材选用

1.教辅材料

［1］孙亚洲.市场营销理论与实务［M］.北京：中国人民大学出版社，2017.

［2］鲍丽娜，姚丹.市场营销学实用教程［M］.大连：东北财经大学出版社，2008.

［3］张苗荧.市场营销策划［M］.北京：高等教育出版社，2007.

［4］杰恩.市场营销策划与战略案例［M］.贾光伟，译.北京：中信出版社，2003.

［5］林南枝.旅游市场学［M］.天津：南开大学出版社，2000.

［6］菲利浦.科特勒.旅游市场营销［M］.北京：旅游教育出版社，2002.

［7］马勇，毕斗斗.旅游市场营销［M］.汕头：汕头大学出版社，2003.

［8］赵西萍.旅游市场营销［M］.天津：南开大学出版社，1998.

［9］陈祝平，陆定光.服务营销管理［M］.北京：电子工业出版社，2002.

［10］邹统钎.旅游景区开发与经营经典案例［M］.北京：旅游教育出版社，2003.

2.网站类

［1］http://www.cnta.gov.cn/——中华人民共和国文化和旅游部

［2］http：//www.tourzj.gov.cn/——浙江旅游局

［3］http：//www.gotohz.gov.cn/——杭州市旅游委员会

［4］http：//www.toptour.cn/——第一旅游网

［5］www.yocity.cn/——旅游名店城

［6］www.17u.net/——同程网

［7］www.sotrip.com/——中华行知网

［8］www.lotour.com/——乐途旅游网

3. 报纸杂志类

《中国旅游报》《江南游报》《上海一周》《青年时讯》《休闲》等。

六、课程实施建议及其他说明

（一）实施建议

立足于对学生的充分了解，尊重认知的基本规律，将多元化的教学方法应用于授课环节，以情境教学、案例教学、项目驱动、综合实践等为主要教学法，为学生创造良好的休闲教育氛围和实训平台，使学生既有感性认知，又有理性认识和实践训练机会，多种教学方法灵活使用，提高教学实效。

1. 结合"市场营销"的课程特点，通过不断探索试验，精心选择和确定讲授法、讨论法、案例分析法、知识拓展法、模拟实验法等作为主要方法。

2. 根据教学内容的理论性、实践性、应用性、难易程度等的不同，借助于教研活动对要讲授的具体内容，充分体现"理论够用，突出实践"的指导思想，注重知识的系统性和连贯性。

3. 大力推动使用讨论式、案例分析、模拟实验法、知识拓展法等教学方法。其中案例分析教学以及知识拓展教学法是我院"市场营销"教学的重要方法。这些方法的实施受到了学生的普遍欢迎，它们不仅有利于培养学生独立的文献阅读、归纳分析和语言表达能力，而且通过知识拓展活动的开展，通过师生之间的互相研讨交流，还扩展了学生对问题认识的深度和广度，激发了同学们的创造能力。

4. 坚持教学、科研、社会实践相结合的原则，将专业课教学与第二课堂以及实习实训有机地结合起来，形成本课程的一大教学特色。

（二）教学项目（或学习情境）设计

项目	工作任务/项目	知识点	训练或工作项目	教学重点	教学情境与教学设计	建议学时
项目1：市场调查	了解市场营销学的产生和发展	市场营销的发展现状；先进的营销理念	市场营销学的产生和发展	营销现状营销理念	启发式教学法问题式教学法自主学习教学法	2
	能够进行市场营销环境分析	微观环境分析、宏观环境分析	市场营销的环境分析	营销环境分析	启发式教学法问题式教学法讨论式教学法案例导入教学法	4

续表

项目	工作任务/项目	知识点	训练或工作项目	教学重点	教学情境与教学设计	建议学时
项目1：市场调查	认识消费者购买行为	购买行为模式和影响因素	消费者购买行为分析	1.购买行为模式 2.购买行为的因素	启发式教学法 问题式教学法 情境教学法 实地考察教学法	4
	竞争者分析	竞争者类型、行为、策略	如何进行竞争的策略选择	竞争的策略选择	问题式教学法 讨论式教学法 情境教学法	4
	进行休闲旅游目的地旅游者满意度调查	问卷设计、现场调查 撰写报告	休闲旅游目的地旅游者满意度调查	旅游者满意度调查实训	实地考察法 情境教学法 任务驱动法	8

项目	工作任务/项目	知识点	训练或工作项目	教学重点	教学情境与教学设计	建议学时
项目2：市场细分	理解消费者的市场细分的标志和依据	市场细分的标志、依据	市场细分的方法	1.市场细分 2.目标市场选择	情境教学法 讨论教学法 对比分析法	6
	能根据目标市场进行市场定位、营销策略选择	市场定位、营销策略选择	市场定位策略的实施	市场定位策略和选择	情境体验法 案例教学法 对比分析法	6

项目	工作任务/项目	知识点	训练或工作项目	教学重点	教学情境与教学设计	建议学时
项目3：营销组合策略	新产品开发策略设计	产品策略	新产品开发策略设计教学与实训	1.产品生命周期 2.新产品开发策略	启发式教学法 情境教学法 讨论教学法	2
	如何进行品牌策划、包装	品牌策划品牌包装	产品品牌和包装策划要素	产品品牌和包装策略	启发式教学法 情境教学法 讨论教学法	4
	市场价格策略的实施	价格策略	定价目标和方法及策略	价格策略的选择	问题式指导 启发式指导 讨论分析指导	4
项目	分销策略的实施	分销策略	1.分销渠道设计和构建 2.分销商的类型及作用	分销渠道设计和构建	启发式教学法 情境教学法 讨论教学法	4
项目1：市场调查	促销策略的实施	促销策略	1.人员推销 2.营业推广 3.广告 4.公共关系	广告和公共关系	启发式教学法 情境教学法	4

项目	工作任务/项目	知识点	训练或工作项目	教学重点	教学情境与教学设计	建议学时
项目4：产品营销综合实训	高尔夫休闲产品	营销元素分析	高尔夫休闲产品营销元素分析实训	1.了解高尔夫休闲产品的构成、特点 2.高尔夫营销的构成元素	情境教学法 案例教学法 对比分析法	3
项目4：产品营销综合实训	茶文化休闲产品	营销元素分析	茶文化休闲产品营销元素分析	1.茶文化休闲产品的构成及特点 2.茶文化休闲产品营销的构成元素	情境教学法 案例教学法 对比分析法	3
	休闲产品案例营销策划实训	营销实训	休闲产品营销实训	产品的分析、营销环境的分析、营销推广的策略、分组汇报	情境教学法 任务驱动法 讨论分析法	8

休闲服务与管理专业"茶文化"课程标准

一、课程性质

该课程是休闲服务与管理专业的职业基础课，是以休闲服务与管理专业"工作任务与职业能力分析表"中的茶文化服务、茶艺茶道展示等职业岗位需求和创业需求为导向，以茶文化基础知识为核心，结合时代发展趋势，重点培养学生对茶文化的理解、领悟和表现能力；为培养学生的茶楼服务管理能力和茶艺表演职业能力，奠定坚实的基础；同时使学生具备就业和创业所需的茶文化基础专业知识及实践技能的同时，具备良好的诚信品质、责任意识等职业素养，使学生达到人力资源和社会保障部中级茶艺师资格证书的基本要求。该课程以"休闲概论""中国休闲文化"等课程的学习为基础，也是进一步学习"茶艺与茶道""茶席设计"等后续课程的基础。

其总体设计思路是，从学生的认知特点出发，打破以知识传授为主要特征的传统学科课程模式，以国家中级茶艺师资格标准为指导，根据时代发展不断调整优化，组建课程模块，实施"课堂＋实地认知＋情景体验"的教学模式，整合教学资源、序化教学内容。理论知识的选取紧紧围绕工作任务完成的需要来进行，同时又充分考虑了高等职业教育对理论知识学习的需要，旅游新业态与"旅游＋"新形态下"大旅游"产业发展对理论知识学习的要求，坚持立德树人，注重思想政治教育贯穿教学始终，同时融合了学生综合素质提升、创新创业能力培养、学生可持续发展的要求，并融合了相关职业资格证书对知识、技能和态度的要求。教学过程通过校企合作、校内实训基地建设等多种途径，充分开发学习资源。教学效果评价采取过程评价与结果评价相结合的方式，通过理论与实践相结合，重点评价学生的职业能力。

该课程的总学时为 56 学时，建议学分为 4 分，执笔人为康保苓。

二、课程目标

（一）知识目标

充分掌握茶文化基础理论，熟练演绎不同基本茶类的茶艺手法，熟练掌握不同茶类的基本品性，快速识别不同的基本茶类和我国各种名优茶品，能够根据要求灵活机动地进行调饮茶的配置与调饮，能够生动演绎和表达具有感染力的茶文化内涵。

（二）能力目标

通过课程教学，学生应达到人力资源和社会保障部中级茶艺师资格的标准，具备自主学习的能力，能够根据已有知识进行推理演绎和创造的能力；能够针对不同的人群，选择恰当的方式演绎和表达茶文化。

（三）素质目标

具备良好的团队精神，能够与他人通力合作进行茶艺组合表演；保持对行业发展的敏感度，具有创新精神；具备良好的沟通能力、会经营人际关系，遇到突发事件能够灵活机动地有效处理；拥有强烈的爱国主义精神和强烈的民族自豪感；具备传承和发扬传统文化的意识和精神。

三、课程内容和要求

为达到课程教学目标，在结合时代发展趋势的情况下，根据对市场岗位群需求调研、专家建议以及行业企业的建议要求，从实际职业工作任务要求出发，结合学生认知和学习的一般规律选取教学内容，采用模块化教学内容设计，具体见下表。

序号	工作任务/项目	知识内容与要求	技能内容与要求	建议学时
1	茶文化发展史	●我国饮茶与制茶的历史 ●点茶学习	●掌握中国饮茶史的主要发展阶段及特点 ●掌握中国制茶史的主要发展阶段及特点 ●掌握点茶技能	24
2	科学泡茶	●水为茶之母 ●器为茶之父 ●泡茶要素等	●掌握水对于泡好茶的重要作用，科学选水 ●根据茶品合理选择茶器 ●掌握泡茶要素	12
3	茶馆茶楼	●茶馆茶楼是茶文化的重要载体和表现形式，掌握茶馆的发展历程、了解主要经营知识等	●通过带领学生对茶馆或茶楼进行实地考察，以项目任务为驱动，学生分组进行茶馆茶楼业发展分析报告的调研和撰写，使学生掌握茶馆茶楼业发展现状，并了解其演绎和表达其文化内涵的方式	12
4	茶会茶俗	●茶会与茶俗是茶文化非常重要的演绎方式、掌握和理解不同主题茶会和茶俗的人文内涵是学生深刻理解、生动演绎、传承发扬茶文化的先决条件	●以项目任务为驱动，学生分组策划不同主题茶会并进行不同茶俗的理解和演绎	4
5	茶文化与休闲旅游	●茶文化休闲旅游的现状与开发策略	●结合案例，让学生了解最新的行业发展动态及应对措施	4

四、考核评价

教学评价要求具体翔实，它是今后设计考核项目、评价学习效果的依据。以过程性考核与结果性考核相结合，突出过程性考核；以理论考核与实践考核相结合，突出实践考核；要体现各课程在评价上的特殊性，关注评价的多元性。

考核的结果致力于体现学生学习的结果以及力图体现学生的进步，因此打破传统的结果式考核，转为分阶段分层次的逐步逐层考核；并不仅仅对学生掌握的理论知识进行考核，更重要的是对学生掌握技能的程度、对紧急事件的灵活机动处理能力、对情感态度的把握和控制、对人际交往经营能力以及团队合作精神等的全面评价。

期中考试采用学生针对某一主题进行策划或汇报，分组完成。评价主体由学生评委和教师共同承担，评价内容包括准备情况、现场表现、团队合作精神、是否有创新意识等内容。

期末综合考核结果 100%= 平时表现（出勤情况、课堂表现等）30%+ 期中考试 20%+ 期末考试 50%。

五、课程资源及使用要求

（一）师资条件要求

茶文化是我国传统文化的重要组成部分，涉及面非常广，因此任课教师不仅仅对茶文化有深入理解，也应对中国传统文化有广泛的了解；对时代发展潮流保持敏感，能够将传统茶文化与现代观念和消费方式相融合；同时，对相关领域如插花、诗词、服饰和音乐有相当程度的理解。任课教师为具有中高级职称的、相关行业企业经验较为丰富，且同时具有中高级职业资格的老师。

"茶文化"课程教学团队由专任教师和行业兼职教师组成，专任教师阶段性深入相关行业企业，掌握行业发展动态，进一步修炼和创新动手操作能力；行业兼职教师，分时段为学生授课，大力提升茶文化教育教学能力。通过各自发挥优势形成理论与实践优势互补、不断前进发展的教学团队，达到同时大力提升学生的文化修养与操作能力的目的。

（二）实训教学条件要求

校内实训场所要有专门的茶文化实训中心、茶叶审评实训中心，包括实训用茶具、茶叶、茶样以及其他所需的设施设备。

校外实训基地要涉及茶文化的多个领域，如茶叶公司、茶主题会所等，为学生提供大量实践岗位和就业岗位。

（三）教材选用

1. 教材选用/编写

［1］王岳飞.茶文化与茶健康［M］.北京：旅游教育出版社，2017.

［2］康保苓，温燕.杭州茶文化.

［3］朱自励.饮茶与茶文化读本［M］.广州：广东旅游出版社，2008.

［4］康乃.中国茶文化趣谈［M］.北京：中国旅游出版社，2006.

［5］黄志根.中华茶文化［M］.杭州：浙江大学出版社，2006.

［6］徐晓村.中国茶文化［M］.北京：中国农业大学出版社，2005.

［7］中国人最爱喝的 100 种茶［M］.武汉：武汉出版社，2009.

2. 学习网站：

［1］http：//www.fjteaw.cn/tea-wh/-- 爱茶网

［2］http：//www.gdsmart.net/——中华茶文化网

［3］http：//www.zh5000.com——中华五千年

［4］http：//yd.hecha.cn/——和茶网

［5］http：//www.teaeat.cn/——中华茶文化传播网

［6］http：//www.teaw.com/——茶文化休闲网

［7］http：//www.t0001.com/——第一茶叶网

［8］http：//www.chinatss.cn/——中国茶叶学会

［9］http：//www.teamuseum.cn/index8.aspx——中国茶叶博物馆

3. 报纸杂志类

《茶周刊》《茶博览》《中国旅游报》《江南游报》《上海一周》《青年时讯》《品茗》《普洱》《茶报》《茶叶科学》《中国茶业》《茶叶文摘》《茶 叶》《福建茶叶》《茶叶通讯》《茶苑》《茶天下》《茶博览》等。

六、课程实施建议及其他说明

（一）课程实施建议

立足于对学生的充分了解，尊重认知的基本规律，将多元智能法充分应用于授课环节，以情境教学法为基本教学法，以实地考察法为辅助教学法，以项目、任务驱动和案例教学法为主要教学法，为学生创造恰当的茶文化环境氛围，使学生既有感性认知，又有理性认识，强化其亲身感受所带来的重要影响作用，综合运用发现问题、小组讨论、情境演练、点评法等多种方法，提高教学实效。

（二）教学项目（或学习情境）设计

学习情境	情境1：茶文化发展史		参考学时	24
学习目标	专业能力目标：学习中国饮茶史，中国制茶的历史，点茶学习			
	社会能力目标：具备较强的民族自豪感；具有传承和发扬传统文化的意识；具备团队合作精神；具有较强的自主学习能力、拥有根据已有知识进行重构和创新的能力			
学习单元	内容描述	教学条件	教学方法和建议	参考学时
1.我国饮茶与制茶的历史	我国饮茶的历史、我国制茶的历史	多媒体教室、行业人士专题讲授	启发式教学法 问题式教学法 情境教学法	8
2.点茶学习	点茶的发展、特征、技能实训	校内实训室	实训教学 行业人士专题讲授	16

学习情境	情境2：科学泡茶		参考学时	12
学习目标	专业能力目标：深入了解水与器及茶的关系，掌握科学泡茶的方法			
	社会能力目标：提升自身的茶文化素养，具备良好的职业道德和职业素养，积极传播弘扬茶文化			
学习单元	内容描述	教学条件	教学方法和建议	参考学时
1.水为茶之母	不同茶类泡茶之水的选择，包括水质、水量、水温等	校内实训室、行业人士讲授	案例教学法 任务驱动法 对比分析法	4
2.器为茶之父	不同茶类泡茶之器具的选择，包括玻璃、盖碗、紫砂等材质、款式和花色的选择	校内实训室、行业人士讲授	案例教学法 任务驱动法 对比分析法	4
3.科学泡茶	科学泡茶要领	校内实训室、行业人士讲授	案例教学法 任务驱动法 对比分析法	4

学习情境	情境3：茶馆茶楼		参考学时		12
学习目标	专业能力目标：掌握茶馆的经营流程、掌握茶馆服务的基本流程、方法以及茶馆提供的茶品、能够分析和阐述茶馆文化内涵的物化表现形式、能够识别不同风格茶馆所要表达的文化类别、分析茶馆所植根的地方文化；对音乐、插花、字画有一定欣赏和分析能力、良好的表达能力				
	社会能力目标：具备良好的与人沟通和交往的能力；搜集分析信息和相关资料的能力；团队协作精神；具备基本摄影技巧				
学习单元	内容描述	教学条件	教学方法和建议		参考学时
1.茶馆茶楼业综述	茶馆茶楼业发展历程、各地特色茶馆茶楼介绍、茶馆茶楼产品分析、茶馆茶楼文化内涵的外显方式分析	多媒体教室、湖畔居茶楼	启发式教学法、情境教学法、讨论教学法、分析对比教学法		4
2.茶馆茶楼业发展分析	学生分组实地进行，内容包括：茶馆地址、产品、服务、环境特色、主题、市场消费行为和满意度分析、对未来茶馆业的发展设想	在老师的指导下，学生分组有选择地进行实地考察、湖畔居、梅家坞茶庄、龙井茶庄等。	问题式指导、启发式指导、讨论分析指导、任务项目驱动		8

学习情境	情境4：茶会茶俗		参考学时		4
学习目标	专业能力目标：会策划不同主题茶会、会根据不同的茶会主题确定茶品的选择；能够识别代表不同民俗的茶俗、能解释不同茶俗的深刻原因				
	社会能力目标：对社会深入了解的能力；能够理解和解释环境对人生活习俗的影响；具有社会责任感				
学习单元	内容描述	教学条件	教学方法和建议		参考学时
1.茶会	茶会历史悠久、形式多样，是茶文化生动的载体和表现形式，了解历代茶会，掌握现代茶会发展趋势，是深刻理解茶艺和茶道精神的重要途径	多媒体教室、校内实训室	情境教学法、任务驱动法、讨论分析法		2
2.不同民族茶俗演绎与分析	不同民族基于不同的生活环境，产生了非常多样的茶俗文化、掌握和理解这些丰富多样茶俗文化是深刻理解茶文化深厚历史和多样性的重要前提，也是增强爱国主义和民族自豪感的重要方法	多媒体教室、校内实训室	情境教学法、任务驱动法、讨论分析法		2

学习情境	情境5：茶文化与休闲旅游开发		参考学时		4
学习目标	专业能力目标：茶文化休闲旅游的现状与开发策略				
	社会能力目标：适应茶休闲文化发展的新趋势和动态，有利于产品策划的开展				
学习单元	内容描述	教学条件	教学方法和建议		参考学时
茶文化休闲旅游开发	茶文化与休闲旅游的关系与产业融合；茶文化休闲旅游的开发策略	多媒体教室、校内实训室	案例教学法、任务驱动法、讨论分析法		4

休闲服务与管理专业"茶艺英语"课程标准

一、课程性质

本课程是休闲服务与管理专业（茶文化方向）的职业基础课，也是茶艺场馆接待服务与管理岗位群的基础课程。课程教学主要以"茶楼经营管理人员""茶艺茶道培训人员"等职业岗位需求和创业需求为导向，以茶艺基础知识为核心，结合时代发展趋势，重点培养学生对茶文化专业知识、词汇、口语表达的运用、理解、领悟和表现能力。它以"茶文化""茶艺与茶道"等专业核心课程为基础。

该课程总体设计思路是，打破以知识传授为主要特征的传统学科课程模式，转变为以工作任务为中心组织课程内容，并让学生在完成具体项目的过程中学会完成相应工作任务，并构建相关理论知识，发展职业能力。课程内容突出对学生职业能力的训练，理论知识的选取紧紧围绕工作任务完成的需要来进行，同时又充分考虑了高等职业教育对理论知识学习的需要，并融合了相关职业资格证书对知识、技能和态度的要求。项目设计以英语学习为线索来进行。教学过程中，要通过校企合作，校内实训基地建设等多种途径，采取工学结合、半工半读等形式，充分开发学习资源。教学效果评价采取过程评价与结果评价相结合的方式，通过理论与实践相结合，重点评价学生的职业能力。

该课程的总学时为 32 学时，建议学分为 2 分，执笔人为邵淑宏。

二、课程目标

"茶艺英语"课程的开设，旨在为茶馆行业、茶艺服务等领域培养集专业知识和外语能力于一身的综合型人才。课程教学主要以"茶楼经营管理人员""茶艺茶道培训人员"等职业岗位需求和创业需求为导向，以茶艺基础知识为核心，结合时代发展趋势，重点培养学生对茶文化专业知识、词汇、口语表达的运用、理解、领悟和表现能力。

通过课程教学，学生应在学习专业核心课程的同时，现学现用。

1. 熟练掌握茶文化专业英语词汇；
2. 熟悉茶艺表演的常用句型；
3. 熟练掌握茶艺表演的专业词汇；
4. 能根据不同的场景灵活地进行口语对话，以展现高职休闲服务与管理专业学生的职业素质、外语表达和口语能力。

三、课程内容和要求

为使学生掌握休闲专业英语知识与技能，课程通过 14 个教学单元，采用视听教学、实物认知教学、讨论教学、情境体验教学。根据专业课程目标和涵盖的工作任务要求，确定课程内容和要求，说明学生应获得的知识、技能与态度。

序号	工作任务/项目	知识内容与要求	技能内容与要求	建议学时
1	Introduction of Tea（茶的起源）	●茶文化起源	●熟悉茶的起源	2
2	Introduction of Tea Utensil（茶具介绍）	●烧水器皿（water heating devices）	●掌握各类烧水器皿及相关对话	2
3		●冲泡器皿（tea cups and teapots）	●掌握各类冲泡器皿及相关对话	
4		●品饮器皿（various tea-wares for drinking and tasting）	●熟悉各类品饮器皿及相关对话	2
5		●承载器皿（tea containers and vessels）	●熟悉各类承载器皿及相关对话	2
6		●辅助器皿（supplementary utensils ceremony）	●熟悉各类辅助器皿及相关对话	
7		●茶席布置（the arrangements of different tea banquets）	●掌握各种茶席及相关对话	2
8	Tea Classification（茶叶介绍）	●绿茶（green tea）	●掌握各类绿茶及常用相关对话	2
9		●红茶（black tea）	●掌握各类红茶词汇及常用相关对话	2
10		●乌龙茶（olong tea）	●掌握各类乌龙茶词汇及常用相关对话	
11		●普洱茶（Pu' tea）	●掌握各类普洱茶词汇及常用相关对话	2
12		●花茶（Scented Tea）	●掌握各类花茶词汇及常用相关对话	
13		●其他茶类	●掌握黄茶、白茶等茶相关词汇及相关对话	2
14	Introduction of water（水的介绍）	●水的分类	●掌握水的分类及相关对话	2
15		●水质介绍	●掌握水质分类及相关对话	2
16	Teahouse Service（茶馆服务）	●接待礼貌用语	●掌握问候与结识、感谢及请求、祝贺与祝愿等用语	2
17		●咨询服务用语	●掌握问路、交通、时间等用语	2
18		●服务流程用语	●掌握迎客、咨客、点茶、冲泡、奉茶、品茶等对话用语	6

四、考核评价

教学评价要求具体翔实，它是今后设计考核项目、评价学习效果的依据；以过程性考核与终结性考核相结合，突出过程性考核；以理论考核与实践考核相结合，突出实践考核；要体现各课程在评价上的特殊性，关注评价的多元性。

考核的结果致力于体现学生学习的结果以及力图体现学生的进步，因此打破传统的结果式考核，转为分阶段分层次的逐步逐层考核，并不仅仅对学生掌握的理论知识进行考核，更重要的是对学生掌握技能的程度、对紧急事件的灵活机动处理能力、对情感态度的把握和控制、对人际交往经营能力以及团队合作精神等的全面评价。

考核 100%= 情境口语表演 30% + 实物认知术语运用 20% + 期末成绩 50%。

五、课程资源及使用要求

（一）师资条件

"茶艺英语"课程是休闲服务与管理专业学生学习的一门综合性专业英语课程。在保证外语知识面广的前提下，专门就茶艺核心能力提高学生的职业能力和素养，涉及休闲行业的面非常广，因此任课教师在具备一定的外语基础能力的基础上，还需对茶艺等行业有广泛的了解，对时代发展潮流保持敏感，能够将茶艺与现代观念和消费方式相融合。

（二）实训教学条件要求

立足于对学生的充分了解，尊重认知的基本规律，将多元智能法充分应用于授课环节。以实物认知法、情境教学法为基本教学法；以校内实训基地为依托，以视听教学法和问题启发式为主要教学法；使学生既有感性认知，又有理性认识，强化其亲身感受所带来的重要影响作用。综合运用发现问题、小组讨论、情境演练、点评法等多种方法，提高教学实效。

（三）教材选用 / 编写

林治，等 . 茶艺英语［M］. 北京：世界图书出版公司，2017.

参考材料：

1. 书籍类

［1］林治，李晶欧 . 茶艺英语［M］. 北京：世界图书出版公司，2009.

［2］刘彤 . 中国茶（英文版）［M］. 北京：五洲传播出版社，2005.

2. 网站类

［1］http：//www.gdsmart.net/——中华茶文化网

［2］http：//www.teaw.com/——茶文化休闲网

［3］http：//www.teamuseum.cn/index8.aspx——中国茶叶博物馆

［4］http：//www.teaeat.cn/——中华茶文化传播网

3. 报纸杂志类

《茶周刊》《茶博览》《品茗》《普洱》《茶天下》《茶博览》

六、课程实施建议及其他说明

教学项目（或学习情境）设计建议：

"茶艺英语"教学项目设计

项目	工作任务/项目	知识点	训练或工作项目	教学重点	教学情境与教学设计	建议学时
茶艺基本英语	Introduction of Tea（茶的起源）	茶叶的产生 茶叶的产地 茶叶的发展	茶叶发展演讲	茶叶的产生、发展	情境体验法 讨论教学法 视听训练	2
	Introduction of Tea Utensil（茶具介绍）	烧水、冲泡、品饮、承载器、茶席布置	认知茶具的专业英语	烧水、冲泡、品饮、承载器等英语翻译及相关对话	讨论教学法 视听训练、实物认知	8
	Tea Classification（茶叶介绍）	绿茶、红茶、乌龙茶、普洱茶、花茶、其他茶类	认知茶叶的专业英语	绿茶、红茶、乌龙茶、普洱茶、花茶等英语翻译及相关对话	讨论教学法、视听训练、实物认知	8
	Introduction of Water（水的介绍）	水的分类、水质等	掌握水的分类及水质	熟悉各类水的翻译及相关对话	讨论教学法、视听训练、实物认知	4
茶艺服务用语	Teahouse Service（茶馆服务）	接待礼貌用语	掌握问候与结识、感谢及请求、祝贺与祝愿等用语	熟悉各类相关对话	讨论教学法、视听训练、实物认知	2
		咨询服务用语	掌握问路、交通、时间等用语	熟练运用各类相关对话	讨论教学法、视听训练、实物认知	2
		迎客、咨客、点茶、冲泡、奉茶	茶馆服务规范	迎客、咨客、点茶、冲泡、奉茶	情境体验法 讨论教学法 实地考察法	6

休闲服务与管理专业 "茶艺与茶道一" 课程标准

一、课程性质

该课程是休闲服务与管理专业学生的职业技术课之一，目标是让学生掌握不同茶类的冲泡能力，掌握习茶的基本规范。它以"茶文化"和"茶学基础"课程的学习为基础，是进一步学习"茶艺与茶道二"和"茶席设计"课程的基础。

该课程是依据"休闲服务与管理专业工作任务与职业能力分析表"中休闲场所服务领域中茶艺茶道呈现、茶文化服务工作项目设置的。本课程的设计思路是以培养学生的职业能力素养为重点，以零距离的手把手方式为教学方法；紧盯产业需求，贴近一线服务，密切关注行业与时代发展动态，使得专业能够充分融入产业，并突出课程的职业性和时代性。同时在教学过程中，通过校企合作、校内实训基地建设、清风茶艺工作室等多种实践和实战途径，实行现代学徒制培养。教学效果评价采取过程评价与结果评价相结合的方式，通过理论与实践相结合，重点评价学生的职业能力和综合素质。立足于学生的认知特点和动手操作能力，以国家中级茶艺师资格标准为指导，根据时代发展，不断调整优化，整合教学资源、序化教学内容。

该门课程总学时为 56 学时，建议学分为 4 分，执笔人为张春丽。

二、课程目标

通过课程教学，学生应达到人力资源和社会保障部中级茶艺师茶艺表演的资格标准，既能熟练进行不同基本茶类的茶艺表演，又能将其中所蕴含的深厚人文内涵用茶具、茶艺、解说词等完整表达，使茶客能够理解和领悟；能够对茶客进行一定的选茶、泡茶的引导。

通过本课程的教学，学生应达到以下职业能力目标：

1. 能准确、熟练根据不同茶类备具；
2. 能完整、熟练进行绿茶类的冲泡表演；
3. 能完整、熟练进行花茶类的冲泡表演；
4. 能完整、熟练进行乌龙茶类的冲泡表演；
5. 能完整、熟练进行红茶类的冲泡表演；
6. 能准确识别典型的六大茶类茶样及其基本审评知识点。

三、课程内容和要求

本课程以中级茶艺师的资格要求为基准，以时代发展潮流为参考，根据对市场岗位群需求调研、专家建议以及行业企业的建议要求，从实际职业工作任务要求出发，结合学生认知和学习的一般规律选取教学内容，且全部采用实践教学。

序号	工作任务/项目	知识内容与要求	技能内容与要求	建议学时
1	茶艺与茶道基本知识	●了解茶艺与茶道 ●我国茶艺与茶道发展概况 ●世界茶艺与茶道发展概况 ●茶艺对茶艺师的基本要求	●了解茶艺、茶道 ●了解茶艺与茶道的区别和联系 ●了解茶艺与茶道的发展概况 ●掌握茶艺师应有的基本素质	4
2	绿茶玻璃杯泡法	●茶具的选择 ●绿茶的基本知识 ●绿茶的茶汤品评 ●冲泡动作蕴含的科学	●备具 ●布具 ●基本动作 ●全部流程 ●动作与神韵	8
3	花茶盖碗泡法	●茶具的选择 ●花茶的基本知识 ●花茶的茶汤品评 ●冲泡动作蕴含的科学	●备具 ●布具 ●基本动作 ●全部流程 ●动作与神韵	8
4	乌龙茶双杯泡法	●茶具的选择 ●乌龙茶的基本知识 ●乌龙茶的茶汤品评 ●冲泡动作蕴含的科学	●备具 ●布具 ●基本动作 ●全部流程 ●动作与神韵	12
5	红茶紫砂壶及盖碗泡法	●茶具的选择 ●红茶的基本知识 ●红茶的茶汤品评 ●冲泡动作蕴含的科学	●备具 ●布具 ●基本动作 ●全部流程 ●动作与神韵	12
6	识茶认茶	●熟练掌握典型茶类	●六大茶类典型茶样识别	4
7	不同泡法抽签复习考核 识茶认茶考核	●绿茶、花茶、乌龙茶的基本知识 ●相关茶器的选择 ●茶汤的内质 ●冲泡的原理	●备具 ●布具 ●基本动作 ●全部流程 ●动作与神韵	8
共计	56学时			

四、考核评价

考核的结果致力于体现学生学习的结果以及力图体现学生的进步，因此打破传统的结果式考核，转为分项目单元的考核，并不仅仅对学生掌握的理论知识进行考核，更重要的是对学生掌握技能的程度、对茶艺表演过程中紧急事件的灵活机动处理能力、对茶艺和茶品传递的情感的把握和控制等的全面评价。考核的主体来自校内教师、企业师傅、班内的学生。考核的参照由基础的考勤、作业、实训、平时表现扩充为校内外各类相关考证、比赛取得的成果，参加课程相关的创新创业、社会实践等活动，这些皆作为平时考核分。

学生总成绩＝平时考核分（35%）＋项目单元成绩平均分（35%）＋期末操作评价（30%）

茶艺操作考试评分标准：评分标准分为两部分：一为清饮茶茶艺评分标准；二为识

茶认茶评分标准。

清饮茶艺模块评分标准

序号		姓名			日期		考评员		
项目		满分	要求和评分标准					扣分	得分
1	选茶择水备具	5	能根据考题要求，正确选择茶类，取茶方法正确						
		5	取用水时手法卫生，水温符合用水要求						
		5	选用茶器、具有符合茶类花色品种冲泡的基本要求						
2	茶案布置器具排列	5	根据摆设茶案、铺设桌布及桌面物，茶案布置便于操作，茶案台布选择与布置美观						
		5	茶器具布置与排列基本合理，以主泡器为中心，两边均衡						
3	茶艺表演	15	从开始泡茶到操作结束整个过程衔接自然，温壶、投茶、净具、注水、行茶等技法熟练						
		15	手法准确、一次到位（净杯、投茶，沥泡），动作娴熟、优美						
4	敬茶（奉茶）	2	表情自然、精神、操作时面带微笑，端庄得体、热情大方						
		2	奉茶时用手势和语言敬茶，言辞恰当，姿势自然						
		1	奉客人的茶汤应茶量适中、先主宾后次宾						
5	服饰音乐	5	选择服饰，音乐与茶艺主题相吻合，服饰得体						
6	茶汤品质	20	茶汤色、香、味、形表达充分						
7	茶艺讲解	15	内容与茶艺表演节奏相符，语言表达到位、流畅，表达能力强						
总计		100分							

识茶认茶模块评分标准：（满分100分）

1. 完整写出茶样名称（2分）、大类（2分）、产地（1分）；

2. 写错、写不全皆不给分；

3. 共计20种茶样，每种茶样各5分。

五、课程资源及使用要求

（一）师资条件要求

茶艺与茶道是专业性和综合性极强的课程，任课教师为具有中高级职称的、相关行业企业经验较为丰富，且同时具有中高级职业资格的教师。整个教学团队由专任教师和行业兼职教师组成，既具备娴熟的冲泡技艺，又具有对茶席、插花、音乐、服饰等的理解和鉴赏能力。其中更有教师多次指导学生参加相关高级别的职业大赛获得金奖，同时多次指导学生进行多种类型的社会实践，拥有丰富的实战经验。

（二）实训教学条件要求

校内茶艺实训基地，有多种材质和形状的茶具，如紫砂、玻璃、盖碗等，以及体现时代特征的玻璃小壶配套茶具与茶器；拥有20多种我国名优茶样和大量学生练习用茶，以及其他所需的设施设备。同时，还拥有校内实训基地间茶岭、茶叶审评实验室等。

校外实训基地涉及茶文化的多个领域、数量多、级别高，如中国农业科学院茶叶研究所、杭州湖畔居茶楼、上海月圆圆、湖南鑫顺祥集团公司、滨江艺福堂茶艺有限公司等社会资源正在积极进行工学合作，为实习生提供大量实践岗位。

（三）教材选用

本课程以中国茶叶学会的专家所编写的《茶艺师培训教材》为主要参考教材。该教材充分体现课程设计思想，单元之间的逻辑结构清晰，能支撑课程目标的实现，并能突出职业能力的培养与提高，同时可操作性较强。

六、课程实施建议及其他说明

（一）课程实施建议

本课程全部实行实践教学法，在此基础上，尊重认知的基本规律，立足于对学生的充分了解，将情境化教学模式贯穿整个教学过程的始终；同时综合运用多种教学方法如启发式教学法、讨论式教学法、分析式教学法等，灵活应用于教学活动过程中，为学生营造真实的茶艺与茶道氛围，使学生既有感性认知，又有理性认识，强化其亲身感受所带来的重要影响作用。具体教学项目设计见下表。

茶艺与茶道教学项目设计

项目	工作任务/项目	知识点	训练或工作项目	教学重点	教学情境与教学设计	建议学时
1	茶艺与茶道基本知识	什么是茶艺、茶道；我国与世界茶艺茶道发展概况；茶艺师应具备的基本素质	通过组织学生观看茶艺与茶道视频，分析其中包含的相关内容	茶艺师应具备的基本素质	由案例引入，拉近学生对茶艺与茶道的距离，进而引起讨论	4
2	绿茶玻璃杯泡法	茶具的选择、绿茶的基本知识、茶汤品评、冲泡动作蕴含的科学	能够熟练备具、布具，完成全部冲泡动作	基本动作与神韵，茶艺解说	首先由教师演示，学生接着进行练习，并分组进行一对一的相互评价	12
3	花茶盖碗泡法	茶具的选择、花茶的基本知识、茶汤品评、冲泡动作蕴含的科学	能够熟练备具、布具，完成全部冲泡动作	基本动作与神韵，茶艺解说	首先由教师演示，学生接着进行练习，并分组进行一对一的相互评价	12
4	乌龙茶双杯泡法	茶具的选择、乌龙茶的基本知识、茶汤品评、冲泡动作蕴含的科学	能够熟练备具、布具，完成全部冲泡动作	基本动作与神韵，茶艺解说	首先由教师演示，学生接着进行练习，并分组进行一对一的相互评价	8
5	红茶紫砂壶及盖碗泡法	茶具的选择、红茶的基本知识、茶汤品评、冲泡动作蕴含的科学	能够熟练备具、布具，完成全部冲泡动作	基本动作与神韵，茶艺解说	首先由教师演示，学生接着进行练习，并分组进行一对一的相互评价	8
6	识茶认茶	六大茶类典型茶样	六大茶类典型茶样识别	典型茶样的掌握	摆出20种茶样，由外形、汤色、滋味、叶底、香气来认识	4

续表

项目	工作任务/项目	知识点	训练或工作项目	教学重点	教学情境与教学设计	建议学时
7	四种泡法抽签复习考核，识茶认茶考核	绿茶、花茶、乌龙茶、红茶的基本知识；相关茶器的选择；茶汤的内质；冲泡的原理；茶样识别	能够熟练备具、布具；完成全部冲泡动作；能够准确识别出茶样类别	基本动作与神韵，茶艺解说，茶样识别	由学生分组进行一对一的相互评价；茶样识别	8
共计	56学时					

（二）课程其他说明

选用的参考书籍方面，要求学生大量阅读国内外知名专家学者所编撰的专业书籍。如：江用文，童启庆.茶艺师培训教材［M］.北京：金盾出版社，2008.

霍艳平.名茶冲泡技法［M］.北京：中国轻工业出版社，2006.

冈仓觉三英.茶之书［M］.许淑真，译.茶学文学出版社，1985.

同时，要求学生积极地利用发达的网络信息和微信平台。如爱茶网、中茶文化网、和茶网、茶文化休闲网、中国茶叶博物馆等诸多专业网站；茗边、茶周刊、中国国际茶文化研究会等等诸多微信公众号。此外，相关的报纸杂志类也积极向学生推荐阅读，如《茶周刊》《茶博览》《中国旅游报》《江南游报》《品茗》《普洱》《茶报》《茶叶科学》《中国茶业》《茶叶文摘》《茶叶》《茶苑》《茶天下》《茶博览》等。

休闲服务与管理专业"茶叶审评"课程标准

一、课程性质

该课程是休闲服务与管理专业学生的岗位选修课之一,目标是让学生掌握不同类别和级别的茶品特质,具备一定的茶叶审评能力。它以"茶学基础""茶艺与茶道一""茶文化"课程的学习为基础。

该课程是依据"休闲服务与管理专业工作任务与职业能力分析表"中休闲场所服务领域中茶艺茶道展示、茶文化服务、高端会所服务工作项目设置的。本课程设计思路是以培养学生的专业职业能力素养为重点,密切关注茶产业的最新发展动态,使得学生对于茶品能够有全面、深入的了解、认识和掌握。同时,能够对于新出现的茶产品保持相当的敏感度,能够对新产品有全面的了解和掌握,能够在进行茶文化传播时,树立自己专业的职业形象。

该门课程总学时为 128 学时,建议学分为 8 分,执笔人为邵淑宏。

二、课程目标

通过课程教学,学生应达到人力资源和社会保障部中级评茶员的资格标准,能够通过人的视觉、嗅觉、味觉等感官来了解和认知茶叶品质高低优次的基础知识和技能。

通过本课程的教学,学生应达到以下职业能力目标:

1. 能准确识别典型六大茶类的代表茶品;
2. 能熟练应用茶叶审评的五因子来进行茶叶审评;
3. 能通过比较识别茶类品质的优劣;
4. 能够掌握不同类别茶叶的审评基本流程和专业术语的表达。

三、课程内容和要求

课程以中级评茶员的资格要求为基准,以茶产业的动态发展为参考,根据行业企业的茶产品现状,从实际职业工作任务要求出发,结合学生认知和学习的一般规律选取教学内容。

序号	工作任务/项目	知识内容与要求	技能内容与要求	建议学时
1	茶叶感官审评基本知识与基本要求	审评准备 审评流程	认识茶叶审评相关设备 了解茶叶分样、取样、摇样及茶汤制备基本操作	8
2	基础感官训练	典型茶样 审评准备 审评流程 审评术语 审评结果与判定	了解酸、甜、苦、涩、咸等味觉产生部位,训练自我敏感度 辨别清香、花香、果香、甜香等香味特点和持久度	8

续表

序号	工作任务/项目	知识内容与要求	技能内容与要求	建议学时
3	茶叶分类	典型茶样 审评准备 审评流程 审评术语 审评结果与判定	认识我国六大茶类代表性茶样及其品质特征 掌握正确的感官审评操作方法	8
4	茶叶品质成分	典型茶样 审评准备 审评流程 审评术语 审评结果与判定	了解茶叶香气、汤色与滋味形成的化学基础 训练茶叶审评敏感度	8
5	大宗绿茶感官审评	典型茶样 审评准备 审评流程 审评术语 审评结果与判定	掌握大宗绿茶审评方法和评语使用 了解各等级的品质特征 填写审评结果表格 审评结果交流分享	8
6	名优绿茶感官审评	典型茶样 审评准备 审评流程 审评术语 审评结果与判定	认识全国各地名优绿茶品质特点 掌握名优绿茶审评方法和评语使用 理解审评术语的意义 填写审评结果表格 审评结果交流分享	8
7	白茶感官审评	典型茶样 审评准备 审评流程 审评术语 审评结果与判定	掌握白茶的品质特点和感官审评方法 理解审评术语的意义 填写审评结果表格 审评结果交流分享	4
8	黄茶感官审评	典型茶样 审评准备 审评流程 审评术语 审评结果与判定	掌握黄茶的品质特点和感官审评方法 理解审评术语的意义 填写审评结果表格 审评结果交流分享	4
9	期中考核	典型茶样 审评准备 审评流程 审评术语 审评结果与判定	掌握中级评茶员考评中操作和茶类识别内容 掌握中级评茶员考评中等级排序内容	8
10	红茶感官审评	典型茶样 审评准备 审评流程 审评术语 审评结果与判定	掌握红茶品质特点、感官审评方法和评语使用 理解审评术语的意义 填写审评结果表格 审评结果交流分享	8
11	乌龙茶感官审评	典型茶样 审评准备 审评流程 审评术语 审评结果与判定	掌握乌龙茶品质特点、感官审评方法和评语使用 理解审评术语的意义 填写审评结果表格 审评结果交流分享	16
12	黑茶感官审评	典型茶样 审评准备 审评流程 审评术语 审评结果与判定	掌握黑茶品质特点、感官审评方法和评语使用 理解审评术语的意义 填写审评结果表格 审评结果交流分享	16

续表

序号	工作任务/项目	知识内容与要求	技能内容与要求	建议学时
13	再加工茶感官审评	典型茶样 审评准备 审评流程 审评术语 审评结果与判定	掌握再加工茶品质特点、感官审评方法和评语使用 理解审评术语的意义 填写审评结果表格 审评结果交流分享	8
14	国外茶叶感官审评	典型茶样 审评准备 审评流程 审评术语 审评结果与判定	了解国外主流茶的品质特征 审评结果交流分享	8
15	综合考核	典型茶样 审评准备 审评流程 审评术语 审评结果与判定	掌握中级评茶员考核技术 达到中级评茶员技术水平	8
共计	128学时			

四、教学评价

考核的结果致力于体现学生学习的结果以及力图体现学生的进步，因此打破传统的结果式考核，转为不同项目单元的考核。

学生总成绩＝项目单元成绩平均分（40%）＋期末操作评价（60%）

期末考查形式：个人操作考试

评分标准：

序号	项目	满分	要求和评分标准
1	茶类识别	10	正确识别茶叶类别
		10	正确识别茶叶品名
2	双杯审评操作	5	使用正确的方式摇样、扦样
		5	使用正确的方法取样，并量取定量茶样
		5	冲泡时正确择水，并保证水温
		5	冲泡时间正确
		5	出汤方式合理，无茶叶叶底漏出
		5	两杯茶汤汤色一致
3	感官品质比较	5	填写正确的茶类和品名
		10	根据茶叶品质特征，正确排序
		5	审评时，操作方法合理恰当
		10	评干茶外形的审评术语描述恰当
		5	评茶汤颜色的审评术语描述恰当
		5	评茶叶香气的审评术语描述恰当

序号	项目	满分	要求和评分标准
3	感官品质比较	5	评茶汤滋味的审评术语描述恰当
		5	评叶底的审评术语描述恰当
总计		100分	

五、课程资源及使用要求

（一）师资条件要求

师资方面，本课程是专业性极强的课程，整个教学团队由具有国家"高级评茶员"职业资格及以上的茶学专业博士专任教师和茶叶审评经验丰富的行业兼职教师组成。

（二）实训教学条件要求

课程主要在茶叶审评实训中心进行，该实训室要按照茶叶审评实训室建设的国家标准进行建设，同时配备国家标准的审评器具。课程要用到大量的茶叶样品，这些茶叶样品必须达到一定等级要求才可作为教学样品。

（三）教材选用

选用鲁成银主编的《茶叶审评与检验技术》（中央广播电视大学出版社2015年出版）为主要教材。同时要求学生大量阅读国内外知名茶文化方向的专家学者所编撰的相关专业书籍和相关杂志，并要求学生积极地利用发达的网络信息和微信信息学习相关理论知识。

六、课程实施建议及其他说明

（一）教学项目（或学习情境）设计建议

茶叶审评教学项目设计

序号	工作任务/项目	知识内容与要求	技能内容与要求	教学情景与教学设计	建议学时
1	茶叶感官审评基本知识与基本要求	●审评准备 ●审评流程	●认识茶叶审评相关设备 ●了解茶叶分样、取样、摇样及茶汤制备基本操作	参观审评实训中心，了解审评标准设备；教师示范茶叶分样、取样、摇样及茶汤制备基本操作，学生分组练习；分组交流分享	8
2	基础感官训练	●典型茶样 ●审评准备 ●审评流程 ●审评术语 ●审评结果与判定	●了解酸、甜、苦、涩、咸等味觉产生部位，训练自我敏感度 ●辨别清香、花香、果香、甜香等香味特点和持久度	针对"滋味""香气"两大因子基础感官训练；不同茶汤滋味和香气识别训练；分组交流分享	8
3	茶叶分类	●典型茶样 ●审评准备 ●审评流程 ●审评术语 ●审评结果与判定	●认识我国六大茶类代表性茶样及其品质特征 ●掌握正确的感官审评操作方法	全国20多种六大类代表性茶样展示；教师逐个解释其品质特点，学生识别、记忆；对部分典型茶样进行茶叶感官审评；分享交流审评结果	8

续表

序号	工作任务/项目	知识内容与要求	技能内容与要求	教学情景与教学设计	建议学时
4	茶叶品质成分	●典型茶样 ●审评准备 ●审评流程 ●审评术语 ●审评结果与判定	●了解茶叶香气、汤色与滋味形成的化学基础 ●训练茶叶审评敏感度	根据茶叶色、香、味形成机制，进行香气、汤色与滋味审评训练；了解自我敏感度	8
5	大宗绿茶感官审评	●典型茶样 ●审评准备 ●审评流程 ●审评术语 ●审评结果与判定	●掌握大宗绿茶审评方法和评语使用 ●了解各等级的品质特征 ●填写审评结果表格 ●审评结果交流分享	针对不同品类、等级的大宗绿茶进行感官审评；学生分组操作，填写感官审评表；最后进行审评结果的讲解、交流和分享	8
6	名优绿茶感官审评	●典型茶样 ●审评准备 ●审评流程 ●审评术语 ●审评结果与判定	●认识全国各地名优绿茶品质特点 ●掌握名优绿茶审评方法和评语使用 ●理解审评术语的意义 ●填写审评结果表格 ●审评结果交流分享	认识全国各地名优绿茶，对部分典型茶样进行感官审评；学生分组操作，填写感官审评表；最后进行审评结果的讲解、交流和分享	8
7	白茶感官审评	●典型茶样 ●审评准备 ●审评流程 ●审评术语 ●审评结果与判定	●掌握白茶的品质特点和感官审评方法 ●理解审评术语的意义 ●填写审评结果表格 ●审评结果交流分享	针对不同等级白茶样进行感官审评；学生分组操作，填写感官审评表；最后进行审评结果的讲解、交流和分享	4
8	黄茶感官审评	●典型茶样 ●审评准备 ●审评流程 ●审评术语 ●审评结果与判定	●掌握黄茶的品质特点和感官审评方法 ●理解审评术语的意义 ●填写审评结果表格 ●审评结果交流分享	针对不同黄茶样进行感官审评；学生分组操作，填写感官审评表；最后进行审评结果的讲解、交流和分享	4
9	期中考核	●典型茶样 ●审评准备 ●审评流程 ●审评术语 ●审评结果与判定	●掌握中级评茶员考评中操作和茶类识别内容 ●掌握中级评茶员考评中等级排序内容	分组考核，主要考核审评操作和茶类识别和等级排序等内容	8
10	红茶感官审评	●典型茶样 ●审评准备 ●审评流程 ●审评术语 ●审评结果与判定	●掌握红茶品质特点、感官审评方法和评语使用 ●理解审评术语的意义 ●填写审评结果表格 ●审评结果交流分享	针对不同红茶样进行感官审评；学生分组操作，填写感官审评表；最后进行审评结果的讲解、交流和分享	8
11	乌龙茶感官审评	●典型茶样 ●审评准备 ●审评流程 ●审评术语 ●审评结果与判定	●掌握乌龙茶品质特点、感官审评方法和评语使用 ●理解审评术语的意义 ●填写审评结果表格 ●审评结果交流分享	针对不同乌龙茶样进行感官审评；学生分组操作，填写感官审评表；最后进行审评结果的讲解、交流和分享	16
12	黑茶感官审评	●典型茶样 ●审评准备 ●审评流程 ●审评术语 ●审评结果与判定	●掌握黑茶品质特点、感官审评方法和评语使用 ●理解审评术语的意义 ●填写审评结果表格 ●审评结果交流分享	针对不同黑茶样进行感官审评；学生分组操作，填写感官审评表；最后进行审评结果的讲解、交流和分享	16

续表

序号	工作任务/项目	知识内容与要求	技能内容与要求	教学情景与教学设计	建议学时
13	再加工茶感官审评	●典型茶样 ●审评准备 ●审评流程 ●审评术语 ●审评结果与判定	●掌握再加工茶品质特点、感官审评方法和评语使用 ●理解审评术语的意义 ●填写审评结果表格 ●审评结果交流分享	针对不同等级茉莉花茶进行感官审评；学生分组操作，填写感官审评表；最后进行审评结果的讲解、交流和分享	8
14	国外茶叶感官审评	●典型茶样 ●审评准备 ●审评流程 ●审评术语 ●审评结果与判定	●了解国外主流茶的品质特征 ●审评结果交流分享	针对国外典型茶样进行感官审评；学生分组操作，填写感官审评表；最后进行审评结果的讲解、交流和分享	8
15	综合考核	●典型茶样 ●审评准备 ●审评流程 ●审评术语 ●审评结果与判定	●掌握中级评茶员考核技术 ●达到中级评茶员技术水平	根据中级评茶员考核要求对学生进行综合考核	8
共计			128学分		

（二）教学模式建议

课程重视学生与教师之间针对茶样进行品鉴、品种、加工方面的深度交流，建议小班化教学。

休闲服务与管理专业 "茶叶品鉴" 课程标准

一、课程性质

该课程是休闲服务与管理专业学生的职业技术课之一,目标是让学生深入掌握六大茶类知名代表性茶的品质特征。它以"茶学基础""茶文化""茶叶审评""茶艺与茶道"课程的学习为基础。

本课程设计思路是以提升学生的专业职业能力素养为重点,密切关注茶产业的最新发展动态,使得学生对于知名茶样能够有全面、深入的了解、认识和掌握。同时,能够对于新出现的茶产品保持相当的敏感度,能够在进行茶文化传播时,体现自我茶文化素养,树立自己专业的职业形象。

该课程总学时为 40 学时,建议学分为 2 分,执笔人为邵淑宏。

二、课程目标

该课程是在"茶叶审评"课程基础上的提升课程。目标是使学生在达到人力资源和社会保障部中级评茶员的资格标准基础上,提升学生感官审评品鉴水平,掌握知名代表性茶的历史文化,品质特点等。

通过本课程的教学,学生应达到以下职业能力目标:

1. 能准确识别典型六大茶类的代表茶品;

2. 能熟练掌握茶样感官审评操作技能;

3. 能熟练掌握代表性茶品的品质特征;

4. 能了解代表性茶品的历史文化;

5. 能独立进行茶品的品质鉴定。

三、课程内容和要求

课程以中级评茶员的资格要求为基准,以国内外知名代表性茶为品鉴对象,根据茶产业发展动态,从实际职业工作任务要求出发,结合学生学习和实习的经历进行深入拓展品鉴学习。

序号	工作任务/项目	知识内容与要求	技能内容与要求	建议学时
1	绿茶类	西湖龙井、洞庭碧螺春、安吉白茶、顾渚紫笋、信阳毛尖等知名代表性名优绿茶茶样	●掌握茶叶审评操作技能 ●了解相关茶的历史文化 ●掌握各自品质特征	4
2	红茶类	滇红、祁红、英德红茶、九曲红梅、古树红茶等知名代表性红茶茶样	●掌握茶叶审评操作技能 ●了解相关茶的历史文化 ●掌握各自品质特征	4

序号	工作任务/项目	知识内容与要求	技能内容与要求	建议学时
3	乌龙茶类	闽南乌龙、闽北乌龙、广东乌龙、台湾乌龙等知名代表性乌龙茶茶样	●掌握茶叶审评操作技能 ●了解相关茶的历史文化 ●掌握各自品质特征	8
4	白茶类	白毫银针、白牡丹、寿眉、老白茶等知名代表性乌龙茶茶样	●掌握茶叶审评操作技能 ●了解相关茶的历史文化 ●掌握各自品质特征	4
5	黄茶类	莫干黄芽、君上银针、平阳黄汤等知名代表性黄茶茶样	●掌握茶叶审评操作技能 ●了解相关茶的历史文化 ●掌握各自品质特征	4
6	黑茶类	不同山头普洱茶、广西六堡茶、茯砖等知名代表性黑茶茶样	●掌握茶叶审评操作技能 ●了解相关茶的历史文化 ●掌握各自品质特征	8
7	国外茶类	大吉岭、阿萨姆、国际知名袋泡茶等国际代表性红茶；日本蒸青绿茶、抹茶等	●掌握茶叶审评操作技能 ●了解各自品质特征和相关历史文化	4
8	自备茶样	学生自备茶样	●掌握茶叶审评操作技能 ●自备茶样品鉴交流	4
共计	40学时			

四、考核评价

考核的结果致力于体现学生学习的结果以及力图体现学生的进步，因此打破传统的结果式考核，转为不同项目单元的考核。

学生总成绩＝项目单元成绩平均分（40%）＋期末操作评价（60%）

期末考查形式：个人操作考试

评分标准：

序号	项目	满分	要求和评分标准
1	茶样识别	10	正确识别茶叶类别
		10	正确识别茶叶品名
2	茶叶审评操作	5	使用正确的方式摇样、扦样
		5	使用正确的方法取样，并量取定量茶样
		5	冲泡时正确择水，并保证水温
		5	冲泡时间正确
		5	出汤方式合理，无茶叶底漏出
		5	两杯茶汤汤色一致
3	茶叶品质鉴定	5	填写正确的茶类和品名
		10	根据茶叶品质特征，正确排序
		5	审评时，操作方法合理恰当

序号	项目	满分	要求和评分标准
3	茶叶品质鉴定	10	评干茶外形的审评术语描述恰当
		5	评茶汤颜色的审评术语描述恰当
		5	评茶叶香气的审评术语描述恰当
		5	评茶汤滋味的审评术语描述恰当
		5	评叶底的审评术语描述恰当
总计		100 分	

五、课程资源及使用要求

（一）师资要求

师资方面，本课程是专业性极强的课程，整个教学团队由具有国家"高级评茶员"职业资格及以上的茶学专业博士专任教师和茶叶审评经验丰富的行业兼职教师组成。

（二）实训教学条件要求

校内的茶叶审评实训基地和茶文化实训基地拥有大量可用于教学的不同品类的茶样，拥有审评课程所需要的全部器具。同时，校外诸多茶文化实习基地和众多资深的行业专家，更为学生提供了大量茶叶品鉴的实践机会。

（三）教材选用 / 编写

目前关于茶叶品鉴方面的专门书籍已经有相当的积累，本课程选取由宛晓春主编的《中国茶谱》作为课程的主要参考书籍。此外，鉴于该课程涉及面非常广，不仅有茶叶审评的知识还包含人文历史的知识，因此推荐学生翻阅大量相关资料，以支撑课程目标的实现，突出职业能力的培养与提高。

六、课程实施建议及其他说明

（一）教学项目（或学习情境）设计建议

茶叶品鉴教学项目设计

序号	工作任务/项目	知识内容与要求	技能内容与要求	教学情景与教学设计	建议学时
1	绿茶类	西湖龙井、洞庭碧螺春、安吉白茶、顾渚紫笋、信阳毛尖等知名代表性名优绿茶茶样	●掌握茶叶审评操作技能 ●了解相关茶的历史文化 ●掌握各自品质特征	知名代表性名优绿茶茶样展示；教师逐个解析其品质特点和相关历史文化；学生识别、记忆并进行茶叶感官审评；分享交流审评结果	4
2	红茶类	滇红、祁红、英德红茶、九曲红梅、古树红茶等知名代表性红茶茶样	●掌握茶叶审评操作技能 ●了解相关茶的历史文化 ●掌握各自品质特征	知名代表性红茶茶样展示；教师逐个解析其品质特点和相关历史文化；学生识别、记忆并进行茶叶感官审评；分享交流审评结果	4

序号	工作任务/项目	知识内容与要求	技能内容与要求	教学情景与教学设计	建议学时
3	乌龙茶类	闽南乌龙、闽北乌龙、广东乌龙、台湾乌龙等知名代表性乌龙茶茶样	●掌握茶叶审评操作技能 ●了解相关茶的历史文化 ●掌握各自品质特征	知名代表性乌龙茶茶样展示;教师逐个解析其品质特点和相关历史文化;学生识别、记忆并进行茶叶感官审评;分享交流审评结果	8
4	白茶类	白毫银针、白牡丹、寿眉、老白茶等知名代表性乌龙茶茶样	●掌握茶叶审评操作技能 ●了解相关茶的历史文化 ●掌握各自品质特征	知名代表性白茶茶样展示;教师逐个解析其品质特点和相关历史文化;学生识别、记忆并进行茶叶感官审评;分享交流审评结果	4
5	黄茶类	莫干黄芽、君山银针、平阳黄汤等知名代表性黄茶茶样	●掌握茶叶审评操作技能 ●了解相关茶的历史文化 ●掌握各自品质特征	知名代表性黄茶茶样展示;教师逐个解析其品质特点和相关历史文化;学生识别、记忆并进行茶叶感官审评;分享交流审评结果	4
6	黑茶类	不同山头普洱茶、广西六堡茶、茯砖等知名代表性黑茶茶样	●掌握茶叶审评操作技能 ●了解相关茶的历史文化 ●掌握各自品质特征	知名代表性黑茶茶样展示;教师逐个解析其品质特点和相关历史文化;学生识别、记忆并进行茶叶感官审评;分享交流审评结果	8
7	国外茶类	大吉岭、阿萨姆、国际知名袋泡茶等国际代表性红茶;日本蒸青绿茶、抹茶等	●掌握茶叶审评操作技能 ●了解各自品质特征和相关历史文化	国外代表性茶样展示;教师逐个解析其品质特点和相关历史文化;学生识别、记忆并进行茶叶感官审评;分享交流审评结果	4
8	自备茶样	学生自备茶样	●掌握茶叶审评操作技能 ●自备茶样品鉴交流	学生自备茶样展示;学生解析其品质特点和相关历史文化;分组进行茶叶感官审评;分享交流审评结果	4
共计	40学分				

(二)教学模式建议

课程重视学生与教师之间针对茶样进行品鉴、品种、加工方面的深度交流,建议小班化教学。

休闲服务与管理专业"茶会活动策划"课程标准

一、课程性质

"茶会活动策划"是休闲服务与管理专业必修课，也是专业的核心课程。目标是让学生掌握活动策划与管理的能力，它以"茶文化""茶艺与茶道"课程为学习基础，是进一步学习"市场营销学""企业经营与管理"课程的基础。

该课程是依据"休闲服务与管理专业工作任务与职业能力分析表"中的活动策划工作项目设置的。其总体设计思路是，打破以知识传授为主要特征的传统学科课程模式，转变为以工作任务为中心组织课程内容，并让学生在完成具体项目的过程中学会完成相应工作任务，并构建相关理论知识，发展职业能力。课程内容突出对学生职业能力的训练，理论知识的选取紧紧围绕工作任务完成的需要来进行，同时又充分考虑了高等职业教育对理论知识学习的需要，并融合了相关职业资格证书对知识、技能和态度的要求。项目设计以活动调研、策划、实施、评估为线索来进行。教学过程中，要通过校企合作，校内实训基地建设等多种途径，采取工学结合、半工半读等形式，充分开发学习资源。教学效果评价采取过程评价与结果评价相结合的方式，通过理论与实践相结合，重点评价学生的职业能力。

该课程的总学时为 64 学时，建议学分为 4 分，执笔人为温燕。

二、课程目标

课程目标是通过教学让学生具备可以独立策划、组织、管理一场小型茶会活动的能力，具备参与一场中型茶会活动策划、方案编写、组织、管理的能力，具备参与一场大型茶会活动策划、方案编写、过程准备的能力，并可以将茶文化活动与其他活动相结合，具备推广传承茶文化的能力。

通过本课程的教学，学生应达到以下职业能力目标：

- 熟悉茶会活动的类型；
- 掌握茶会活动策划的方法；
- 掌握茶会活动策划的流程；
- 掌握茶会活动策划的内容；
- 能独立、完整地策划一场小型茶会活动；
- 能完整、熟练地完成一场小型茶会活动的方案编写；
- 能独立、熟练地组织、管理一场小型茶会活动；
- 能全面地评估一场小型茶会活动；
- 能独立策划一场中型茶会活动；

- 能完整编写一份中型茶会活动方案；
- 能参与组织管理一场中型茶会活动；
- 能评估一场中型茶会活动；
- 能参与一场大型茶会活动策划；
- 能独立完成大型茶文化活动中的报名、赞助等部分策划组织。

三、课程内容和要求

为使学生掌握茶会活动策划与管理的知识与技能，课程设计三个教学任务：小型茶会活动策划、中型茶会活动策划、大型茶会活动策划。每个教学任务分为策划篇、管理篇、实践篇三个板块，每个板块的教学内容根据教学任务不断提升，教学过程通过知识的重复运用、练习，达到掌握熟练运用的目的。采用案例讨论、自主学习、课堂实训、综合实训等教学。根据专业课程目标和涵盖的工作任务要求，确定课程内容和要求，说明学生应获得的知识、技能与态度。

序号	工作任务/项目		知识内容与要求		建议学时
			理论	实践	
1	茶会活动概述	茶会活动类型、组织意义、发展现状	●掌握茶会活动类型，熟悉发展现状	●熟悉茶会的概括	2
2	茶会活动策划原理与方法	茶会活动策划理念、策划方法、策划原理、策划程序	●掌握策划方法、策划原理及策划程序	●运用头脑头风暴、三三两两讨论法对某一主题进行创意训练 ●掌握策划程序	2
3	小型茶会活动20	小型茶会活动策划理论	●掌握小型茶会活动策划方法、程序、内容	●熟练策划一场小型活动	2
4		小型茶会活动策划	●掌握小型茶会活动策划的技巧	●小组为单位策划一场小型活动	2
5		小型茶会活动实施	●熟悉小型茶会活动策划组织实施的流程；管理的内容	●实施一场小型茶会 ●熟悉小型活动组织实施的流程 ●总结归纳：一场小型活动中出现的问题	4*3
6		小型茶会活动总结	●掌握小型茶会活动策划实施的流程和内容	●辩论：他们的活动比我们做得好	2
7			●掌握小型活动策划的流程、管理的内容	●总结：活动策划流程、内容及管理的内容	2
8	中型茶会活动策划（30）	中型活动主题策划	●掌握茶会活动主题策划的方法 ●口号提炼的技巧	●策划一场校园中型茶会活动的主题 ●分小组汇报点评茶会活动策划的主题	6
9		中型活动项目策划	●掌握茶会活动项目策划的原则 ●掌握活动项目策划的创意与互动技巧	●策划一场校园中型茶会活动的活动项目 ●分小组汇报点评茶会活动策划的项目	6

序号	工作任务/项目	知识内容与要求		建议学时
		理论	实践	
10	中型茶会活动营销策划	●掌握茶会活动营销策划步骤及技巧	●策划一场校园中型茶会活动的营销 ●分小组汇报点评茶会活动的营销策划	4
11	中型茶会活动策划（30） 中型茶会活动组织管理	●掌握人员分工及岗位职责设计技巧 ●掌握活动时间管理技巧	●制订活动的任务分解表、岗位职责表、人员分工表 ●制订时间管理表	4
12	中型茶会活动方案编写与评选	●掌握中型茶会活动方案编写技巧和内容	●熟练汇总中型茶会活动方案，并进行汇报 ●评选出一场最佳的活动方案实施	4
13	活动评估	●熟悉活动评估的内容、方法	●运用评估方法对中型活动进行评估	2
14	中型茶会活动实施	●掌握活动组织管理技巧	●实施一场中型茶会活动	4
15	大型茶文化节庆活动策划（12） 活动调研及可行性分析	●掌握大型茶文化活动调研方法及可行性分析技巧	●熟练进行活动调研及可行性分析	4
16	活动赞助	●熟悉拉赞助的技巧	●与企业人士进行交流，对某一活动寻找赞助商	4
17	大型活动管理	●熟悉大型活动人流管理 ●掌握大型活动安全管理	●可以运用大型活动人流管理和安全管理的技巧	4

四、考核评价

教学评价要求具体翔实，它是今后设计考核项目、评价学习效果的依据。以过程性考核与结果性考核相结合，突出过程性考核；以理论考核与实践考核相结合，突出实践考核；要体现各课程在评价上的特殊性，关注评价的多元性。

1. 专家评价

邀请校内外专家对茶会活动策划课程教学质量进行评价，注重对学生策划技能的培养。

2. 学校督导组评价

接受学校督导组教学质量评价，促使"茶会活动策划"课程教学方法不断完善、教学质量不断提高，并在理论教学和实践教学中探索适合旅游高职院校学生特点的人才培养模式。

3. 通过学生评教

通过学生打分、网上评教、优秀教师评选等，对教师教学质量进行学生评价，进一步增强课程教学的趣味性、生动性、实务性。

4. 考核方式

按照学校考试课要求考核，注重过程考核，考核比分：期末考试30%，小型茶会25%，中型茶会30%，平时成绩15%。

团队考核＋个人考核，茶会活动以小组为单位进行策划、组织实施，因此在考核中以团队考核为主，并强调突出个人在团队中的作用。

五、课程资源及使用要求

（一）师资条件要求

师资条件要求，主要指专兼职教师所要具备教学能力、行业能力，包括专业背景、学历学位、行业企业经历等资质，以及教学设计、课程开发、实践指导、比赛指导等方面能力。

本课程教师需要具有较强的理论知识、丰富的教学经验和活动实践能力，专职教师要有相关的专业背景、高等学历学位以及一定的行业经历，同时具有教学设计、课程开发、实践指导、比赛指导等方面能力；兼职教师需要具有丰富的行业实践经验、实践指导、比赛指导等方面能力。本核心课程主讲教师温燕，企业兼职教师徐志高既有丰富的理论知识，又有较强的实践教学经验，都具有长期在企业工作或挂职锻炼的经历，积累了丰富的节庆、赛事和茶会活动策划经验，课程组全部为双师型教师；所有教师都有在国外或港澳学习、考察、工作、培训的经历。主讲教师具有行业职业资格，外聘教师具有丰富的茶会活动策划与组织管理的经验。青年教师康保苓等还在中国茶叶博物馆等企业挂职锻炼，积累了丰富的活动策划和营销经验。徐志高教师为行业兼职教师，具有丰富的茶会活动策划组织的经验。

（二）实训教学条件要求

学校教学硬、软环境良好，课堂多媒体教学，茶会活动策划有茶文化专门的实训室，加上校园场地共享，方便举办各类校园实训活动。

项目	工作任务/项目	实训资源要求	实训学时安排
小型茶会活动	分组策划小型茶会活动，简单编写活动概要	校内教室	2
	分组实施茶会活动	校园	12
	"对方活动比我们的好"为主题进行活动总结	校内实训教室	2
中型茶会活动	策划校园茶文化活动的主题	校内实训教室	3
	策划校园茶文化活动的项目	校内实训教室	3
	营销本组校园茶文化活动	校内实训教室	3
	对本组活动进行岗位分工，设计物料表、人员分工表和时间进度表	校内实训教室	3
	对本组茶文化活动进行方案整理 小组汇报评选最佳	校内实训教室	2
	实施最佳小组的茶文化活动	校内实训教室	4
大型茶文化活动	以茶奥会为例调研	校外会场	2
	以茶奥会为例进行活动准备	校内实训教室	2

（三）教材选用

本课程相对应教材暂时没有，因此采用由牟红等教师主编的《休闲活动策划与管理实务》，本教材由中国物资出版社出版，为十三五应用型本科旅游管理专业教材，教材条理性强，知识点丰富，因此借用此教材，结合茶会活动的实例进行教学。

课程资源开发与利用：包括相关教辅材料、实训指导手册、信息技术应用、工学结合、网络资源、仿真软件等。

1. 电子教案和课件

本课程的电子教案和课件是由本教学团队经过两年的反复修改和整理而成的。其中教案按照学院规范，重视整个教学过程的设计，分别从教学目的与要求、教学重点、难点、方法等多方面进行详细设计。课件采用 PowerPoint 为制作平台，满足目标性、科学性、教学性、简约性、通用性、控制性、艺术性等多方面的要求，激发学生的学习兴趣，扩大信息含量，着重解决教师用语言和文字难以表述的问题，并且在使用过程中得到了良好的教学效果。主要特点是 PPT 课件和文档图片、视频短片结合运用，增加趣味性，提高学生的学习热情。

2. 开设"名师讲堂"

邀请上城区茶研会非遗文化传承人徐志高教师等前来上课，为学生带来丰富的实践经验。通过走出去、请进来等多种形式的"名师讲堂"，让学生增强活动策划的现场感、实战感。

3. 案例编写

通过走出校门参加各类茶会活动，让学生在组织、策划管理过程中深有体会，并组织学生编写《优秀茶会活动策划》案例。

4. 编写《综合训练》手册

按照"学生主体、能力本位、任务引领"要求，组织 16 级茶文化学生积极参与《茶会活动策划专业能力综合训练手册》编写，为最后完成编辑《茶会活动策划实训指导书》奠定重要基础。

六、课程实施建议及其他说明

要充分体现各课程在教学方法上的特殊性；要强调工学结合，教学做合一。

1. 任务驱动型模式

从本行业技能型人才所必需的茶会活动策划技能作为本课程的工作任务，以工作任务为驱动、项目为导向，将本课程按类别分为若干技能单元，每个技能单元作为一个教学项目，实行理论、实践一体化的单元式教学。每个单元教学都以应用某些技能完成一个项目来贯穿。进行项目的教学开始时，由教师先给学生传授一定的理论，然后学生进行实践操作，最大限度地发挥学生的学习能动性，提高学生的实践水平。如教师通过组织学生举办圣诞晚会和趣味性运动会等校园活动项目，使学生对整个活动流程有全面的把握。

2. 现场实训型模式

在行业协会与专业委员会的指导下，本课程组的教师积极投身教学改革，紧扣高职教育的基本特征，大力推行边讲边练、理论与实践相结合的教学方法。采用"现场教学"方式，变"以教室为中心"为"以现场为中心"，把教学场所由教室转向实验室、实训基地，使学生熟悉会展策划、会展服务、会展营销的流程，强化了对学生动手能力的培养，教学效果明显提高。如教师多次带学生参加西湖国际茶文化博览会、中华茶奥会、吴山茶会、清河坊民间茶会等国际动漫节等大型活动的现场服务，提升了学生的实践技能。

3. 情景实践型模式

教师利用活动的场景和案例以及最新行业信息作为教学专题项目引入教学中，以案例、情景再现等教学，以策划活动项目为核心设计实践教学环节，提高职业素质与操作技能。

4. 企业化实践模式

学生第四、五学期到茶文化企业进行为期一年的毕业实习，将所学的知识和技能应用到活动项目策划和营销的实际中，实现了学校与用人单位之间的高度密切的合作，进一步提高实践技能，提升学生分析问题和解决问题的能力。

休闲服务与管理专业"茶学基础"课程标准

一、课程性质

该课程是休闲服务与管理专业学生的岗位选修课之一，目标是让学生掌握茶的起源与传播、茶与健康、茶树品种与栽培、茶叶加工、茶资源利用与深加工、茶叶质量安全、茶业经济管理等茶学相关基础知识。

该课程是依据休闲服务与管理专业茶文化人才培养的知识和技能要求，注重从高等职业教育的人才培养目标为切入点，以培养学生的职业能力素养为重点，提高学生基础理论知识储备。同时，结合学生的认知特点和实践能力，理论和实践相辅相成，该课程可为"茶艺与茶道""茶叶审评"等实践课程提供有力的理论支持，不仅有利于学生更好地掌握实践技能，还可提升学生的文化素养。

该课程总学时为28学时，建议学分为2分，执笔人为邵淑宏。

二、课程目标

通过课程教学使学生系统地掌握茶学基础知识，提升理论文化素养，并与专业能力需要的茶艺与茶道、茶叶审评、茶叶品鉴等课程有机结合，为更好、更系统、更深入地学习、传承、弘扬茶文化、振兴茶产业的发展奠定基础。

具体而言，通过本课程的教学使学生达到以下职业能力目标：

（一）知识目标

通过茶的起源与传播、茶与健康、茶树品种与栽培、茶叶加工、茶叶品质与鉴评、茶资源利用与深加工、茶叶质量安全、茶业经济管理等专题学习，让学生能够系统地掌握茶叶生产、品质鉴评、茶业经济与市场、茶的营养与保健等基础知识。

（二）能力目标

从科学的角度去理解茶和茶文化，加强学生的理性思维，争取达到"知其然，知其所以然"，拓展知识储备，提升文化素养。

（三）素质目标

熟练运用茶叶理论知识，更好地服务茶艺展示和茶叶品鉴工作，提升综合职业素养。

三、课程内容和要求

课程从提升学生茶学基础知识储备为出发点，结合行业企业的需要，从实际职业工作任务要求出发，开展专题化教学。

序号	工作任务/项目	课程内容和要求	技能内容与要求	建议学时
1	茶树起源与传播	●茶树的起源及茶的利用 ●中国茶业发展简史 ●茶在世界的传播	●茶树的起源和世界分布 ●茶的发展传播简史	2
2	茶与健康	●茶叶的营养和功能成分 ●茶叶的保健功效 ●科学饮茶	●茶叶的功效成分 ●茶叶的多种保健功效 ●饮茶常识	4
3	茶叶产销概况	●中国茶区分布 ●中国茶叶产销概况 ●世界茶叶产销概况 ●茶产业发展趋势	●中国四大茶区分布情况 ●中国茶叶经济发展历史 ●世界茶叶贸易情况 ●世界茶产业发展趋势	4
4	茶叶品种和栽培	●茶树的生物学特性 ●茶树品种 ●茶园生态	●茶树的形态特征 ●茶树品种的适制性	4
5	茶园认知实习	●茶树品种的认知 ●茶叶采摘	●问茶岭茶园实践	2
6	茶叶加工	●六大茶类加工	●绿茶、红茶、乌龙茶、黑茶、白茶、黄茶基本加工原理	4
7	茶叶深加工	●茶叶深加工 ●茶饮料加工工艺 ●终端功能茶产品	●茶叶、茶饮料和茶保健品等深加工产品概况	4
8	茶业经济管理	●茶业经济内涵 ●茶业微观经济管理 ●茶业宏观经济管理	●茶业经济管理基本策略	4

四、考核评价

考核的结果致力于体现学生学习的结果以及力图体现学生的进步，因此打破传统的结果式考核，转为不同项目单元的考核。

学生总成绩＝项目单元成绩平均分（40%）＋期末评价（40%）＋期中评价（20%）。

五、课程资源及使用要求

（一）师资条件要求

师资方面，本课程教学团队由具有茶学、文学等专业背景的博士、教授组成，充分利用校内外实训条件，加深学生对茶学基础知识的学习、掌握和运用。

（二）实训教学条件要求

可利用校内的茶叶审评实训基地，问茶岭茶园以及校外相关实训基地，如中国茶博馆、西湖龙井生产基地等，开展茶叶品种认知、茶叶生产加工、茶叶发展史等实训项目。

（三）教材选用/编写

本课程选取叶乃兴主编的《茶学概论》作为课程的主要参考书籍。

六、课程实施建议及其他说明

（一）教学建议

茶学基础虽然属于基础类理论课程，但涉及的面多，知识点广，科学性强，故课堂教学要注重理论解析，采用相对显浅的、更贴近生活的话语讲解；注重影视实践教学，利用直观影视材料掌握理论知识；注意突出重点知识，防止散而乱。

（二）课程资源的开发与利用

茶学基础是偏重科技理论知识的课程，要求学生大量阅读最新研究成果、论著等。同时，要求学生积极地利用发达的网络信息等专业网站资源，了解茶叶功效研究新发现、茶业发展新思路、茶叶深加工新产品等相关信息。

（三）教学项目（或学习情境）设计

项目1　茶树起源与传播

● 教学目标：让学生掌握以下知识点：①茶树的起源和世界分布；②茶的发展传播简史。

● 工作任务：能够较好地掌握茶树起源地和茶业发展简史。

● 活动设计：小组讨论。

● 课后练习与任务：制作茶业发展简史图谱。

项目2　茶与健康

● 教学目标：让学生掌握以下知识点：①茶叶中主要功效成分；②茶叶主要功效。

● 工作任务：了解茶叶功效成分对应的功能。

● 活动设计：选择茶叶某具体功效，小组汇报。

● 课后练习与任务：结合最新研究成果了解茶叶功效研究新进展。

项目3　茶叶产销概况

● 教学目标：让学生掌握以下知识点：①中国四大茶区分布情况；②中国茶叶经济发展历史。

● 工作任务：了解茶叶经济发展状况。

● 活动设计：小组准备，分享案例。

● 课后练习与任务：了解国内外知名茶企经营情况。

项目4　茶叶品种和栽培

● 教学目标：让学生掌握以下知识点：①茶树的形态特征；②茶树品种的适制性。

● 工作任务：了解不同茶类适制品种。

● 活动设计：手工作业——茶树叶片制作。

● 课后练习与任务：了解不同茶类适制品种的原理。

项目5　茶园认知实习

● 教学目标：通过问茶岭茶园实践活动，让学生认识茶树生物特性和品种。

● 工作任务：认识茶树生物特性。

● 活动设计：实践。

项目6 茶叶加工

- 教学目标：让学生掌握六大茶类基本加工工艺。
- 工作任务：掌握六大茶类最基本的加工工艺特点。
- 活动设计：视频观摩学习。
- 课后练习与任务：了解某茶的具体加工工艺。

项目7 茶叶深加工

- 教学目标：让学生掌握茶叶深加工终端产品。
- 工作任务：认识常见的茶叶深加工终端产品。
- 活动设计：寻找茶叶深加工终端产品。
- 课后练习与任务：寻找茶叶深加工终端产品。

项目8 茶业经济管理

- 教学目标：让学生掌握以下知识点：①茶业经济内涵；②茶业微观经济管理；③茶业宏观经济管理。
- 工作任务：了解茶业经济管理基本策略。
- 活动设计：小组准备、汇报茶馆经营模式。
- 课后练习与任务：案例学习，了解不同茶馆经营模式的差异。

休闲服务与管理专业"休闲概论"课程标准

一、课程性质

"休闲概论"是休闲专业茶文化方向的岗位选修课,是依据休闲服务与管理专业"工作任务与职业能力分析表"中的活动策划的工作项目设置的。通过对前沿性休闲理论的阐述,使学生了解休闲、休闲经济、休闲产业、现代休闲的主要形式,为后续课程"茶会活动策划""企业经营与管理"等课程的学习、能力提升打好基础。课程教学主要以休闲产业的基础知识为核心,结合时代发展趋势,重点培养学生对休闲、休闲产业的理解能力,为培养学生从事休闲领域的工作奠定坚实的基础;同时使学生具备就业和创业所需的休闲产业领域专业知识分析问题解决问题的能力,具备良好的诚信品质、责任意识等职业素养;同时,与后续的"茶会活动策划""企业经营与管理"等综合课程的学习,形成专业知识为基础、实践操作、综合应用能力为目标的良性循环。

该课程的设计思路是从学生的认知特点出发,以课程内容和性质为依据,根据时代发展不断调整优化,组建专题学习模块,实施"课堂教学 + 现场实训 + 情景体验 + 综合实践"的教学模式,整合教学资源、序化教学内容。理论知识的选取紧紧围绕工作任务完成的需要来进行,同时又充分考虑了高等职业教育对理论知识学习的需要,旅游新业态与"旅游 +"新形态下"大旅游"产业发展对理论知识学习的要求,坚持立德树人,注重思想政治教育贯穿教学始终,同时融合了学生综合素质提升、创新创业能力培养、学生可持续发展的要求。教学过程通过校企合作、校内实训基地建设等多种途径,充分开发学习资源。教学效果评价采取过程评价与结果评价相结合的方式,通过理论与实践相结合,重点评价学生的职业能力。

该课程的总学时为 28 学时,建议学分为 2 分,执笔人为康保苓。

二、课程目标

(一)知识目标

通过课程教学,学生应对闲、休闲、休闲学、休闲经济、休闲产业、休闲旅游、休闲生活等主要概念有一个基本了解和掌握;掌握中国休闲、外国休闲、旅游休闲、文化休闲、运动休闲、娱乐休闲等相关休闲知识;把握休闲产业、休闲经济、休闲生活、休闲时代等发展新趋势。

(二)能力目标

熟悉休闲产业发展现状和趋势,提高学生对休闲服务与管理岗位的职业意识、服务意识;掌握旅游、文化、娱乐、运动、娱乐、养生等相关休闲服务知识;按照专业培养目标,重点培养学生茶文化和高尔夫运动两个方向的岗位职业技能;培养学生对休闲产业、休闲经济、休闲生活的认知能力。

（三）素质目标

能用所学知识对休闲相关案例进行综合分析；在休闲服务与管理过程中能灵活运用相关休闲知识，大力发展文明的、健康的、积极的休闲方式；通过学习培养学生休闲场所经营管理和休闲活动策划组织方面的综合能力。

三、课程内容和要求

为达到课程教学目标，在结合时代发展趋势的情况下，根据对市场岗位群需求调研、专家建议以及行业企业的建议要求，从实际职业工作任务要求出发，结合学生认知和学习的一般规律选取教学内容。"休闲概论"课程主要分为九个模块。

序号	工作任务/项目	知识内容与要求	技能内容与要求	建议学时
1	休闲概述	●掌握休闲相关理念、休闲行为的影响因素	●能够将相关休闲理念、休闲行为的影响因素运用到活动策划、分析问题、解决问题中来	2
2	中国休闲	●了解中华民族的休闲传统 ●掌握有代表性的休闲作品 ●了解多层次的休闲主体	●能够分析中国休闲的主要特征	2
3	外国休闲	●掌握外国休闲主要特征及代表性的休闲方式	●能够比较中西休闲方式的不同	2
4	休闲产业	●了解休闲与经济的关系 ●了解休闲产业、休闲消费的知识	●能够进行相关的案例分析 ●活动策划时能够有效地运用相关知识	4
5	城市休闲	●了解城市性格与居民休闲方式的关系 ●掌握杭州休闲文化的渊源、特色，休闲产业的发展现状及趋势	●能够分析城市性格与居民休闲方式的关系	4
6	文化休闲	●掌握文化休闲的主要特征、内容	●能分析文化休闲与时代背景的关系	2
7	运动休闲	●掌握运动休闲的主要特征、内容 ●了解国内外运动休闲产业发展的状况	●通过现场实训，掌握基本的运动休闲技巧	2
8	休闲旅游	●掌握旅游与休闲的关系 ●认识休闲旅游市场、休闲旅游产品	●能进行休闲旅游活动的策划	2
9	娱乐休闲	●了解娱乐休闲特征、娱乐休闲发展的概况	●能进行娱乐休闲活动的策划	2

四、考核评价

教学评价和考核采取既注重结果考核，又注重知识考核、过程考核，注意考查学生的知识掌握能力、应用能力，解决问题的能力和创新意识。

期中考试采用学生针对某一主题进行策划或汇报，分组完成。评价主体由学生评委和教师共同承担，评价内容包括准备情况、现场表现、团队合作精神、是否有创新意识等内容。

期末综合考核结果 100%= 平时表现（出勤情况、课堂表现等）40%+ 期中考试 20%+ 期末考试 40%。

五、课程资源及使用要求

（一）师资条件要求

"休闲概论"课程教学团队由专任教师和行业兼职教师组成，通过发挥专任教师和兼职教师的各自优势，形成理论与实践优势互补的教学团队，达到同时大力提升学生的职业素养与实践能力的目的。专任教师除了具备较高较全面的休闲领域的理论素养，还要具备较强的实践能力及职业技能的"双师型"教师素质；与知名行业企业合作，聘请行业经验丰富的人士阶段性授课或讲座、指导学生实践等形式，强化学生对行业的认识和了解，强化技能。

（二）实训教学条件要求

《休闲概论》教学场所既有常规教学场所，又有校内茶文化实训中心，还有多家茶文化企业，为学生提供大量的实训、实践岗位。

（三）教材选用

1. 书籍类

［1］李红蕾.休闲学概论［M］.北京：中国旅游出版社，2014.

［2］休闲教研室.休闲专业实训指导书.

2. 报纸杂志类

《中国旅游报》《江南游报》《上海一周》《青年时讯》《休闲》等。

六、课程实施建议及其他说明

（一）实施建议

立足于对学生的充分了解，尊重认知的基本规律，将多元化的教学方法应用于授课环节，以情境教学、案例教学、项目驱动、综合实践等为主要教学法，为学生创造良好的休闲教育氛围和实训平台，使学生既有感性认知，又有理性认识和实践训练机会，提高教学实效。

（二）教学项目（或学习情境）设计

学习情境		情境1：休闲概述	参考学时		2
学习目标	知识目标：了解正确的休闲观、休闲行为的分类、休闲行为的影响因素等				
	能力目标：培养学生自主学习能力、分析问题能力				
学习单元	内容描述		教学条件	教学方法和建议	参考学时
1.休闲的相关理念	重点掌握正确的休闲观		多媒体教室	启发式教学法 问题式教学法 任务驱动式教学法	1
2.休闲行为的影响因素	休闲行为的动机、休闲行为的分类、休闲行为的影响因素		多媒体教室	启发式教学法 问题式教学法 讨论式教学法 案例教学法	1

学习情境	情境2：中国休闲		参考学时	2
学习目标	知识目标：通过学习了解中华民族的休闲传统、休闲主体多元化、丰富的休闲文学作品以及中国古代休闲的隐逸特征、注重人与自然的融合等特点			
	能力目标：培养学生自主学习能力、分析问题能力			
学习单元	内容描述	教学条件	教学方法和建议	参考学时
1.中华民族的休闲传统	了解中华民族悠久的休闲传统	多媒体教室	启发式教学法 问题式教学法	
2.丰富的休闲文学作品	掌握中国古代有代表性休闲文学作品	多媒体教室	问题式教学法 讨论式教学法 案例教学法	2
3.广泛的休闲主体	了解中国古代休闲不同层次的广泛的休闲主体	多媒体教室	问题式教学法 讨论式教学法 案例教学法	

学习情境	情境3：外国休闲		参考学时	2
学习目标、	知识目标：了解国外有代表性的休闲方式，并能分析中西休闲方式的异同			
	能力目标：培养学生自主学习能力、分析问题能力			
学习单元	内容描述	教学条件	教学方法和建议	参考学时
1.外国休闲特征	重点掌握外国休闲特征，与中国休闲相比有哪些不同	多媒体教室	启发式教学法 问题式教学法 任务驱动式教学法	1
2.个案解读：德国人、俄罗斯人的休闲方式	了解德国人、俄罗斯人的休闲方式	多媒体教室	启发式教学法 问题式教学法 讨论式教学法 案例教学法	1

学习情境	情境4：休闲产业		参考学时	4
学习目标	知识目标：经济与休闲的关系，休闲消费的分类、特征，了解休闲产业的构成现状、行业划分体系，理解大旅游视野中休闲产业的发展			
	能力目标：培养学生自主学习能力、分析问题能力			
学习单元	内容描述	教学条件	教学方法和建议	参考学时
1.经济与休闲的关系	经济因素是制约休闲行为的重要因素，休闲促进经济的发展	多媒体教室	案例教学法 启发式教学法 问题式教学法	4
2.休闲产业	掌握休闲产业的构成现状、行业划分体系，理解大旅游视野中休闲产业的发展	多媒体教室	启发式教学法 讨论式教学法 案例教学法	
3.休闲消费	掌握休闲消费的种类、特征，近年来休闲消费变化的趋势	多媒体教室	启发式教学法 讨论式教学法 案例教学法	4

学习情境	情境5：城市休闲		参考学时		4
学习目标	知识目标：通过了解不同城市休闲性格的不同，理解休闲行为的制约因素对城市休闲的影响作用				
	能力目标：培养学生自主学习能力、分析问题能力				
学习单元	内容描述	教学条件	教学方法和建议		参考学时
1.不同城市的不同休闲性格	学生分组了解不同城市的不同休闲特色	多媒体教室	案例教学法 启发式教学法 项目驱动教学法		2
2.校外实训	深入了解杭州休闲文化的特色	校外茶文化实训场地或景区	现场教学 综合实践 案例教学法		4

学习情境	情境6：文化休闲		参考学时		2
学习目标	知识目标：分析休闲与文化的关系，特别是琴棋书画、酒文化、茶文化等传统文化对休闲文化的巨大影响				
	能力目标：培养学生自主学习能力、分析问题能力				
学习单元	内容描述	教学条件	教学方法和建议		参考学时
1.古代文化休闲与风雅	琴棋书画、酒文化、茶文化等传统文化对休闲文化的巨大影响	多媒体教室	案例教学法 启发式教学法		2
2.中国酒文化	酒的起源、文人与酒、酒的种类、饮酒与健康	多媒体教室	讨论式教学法 案例教学法		

学习情境	情境7：运动休闲		参考学时		2
学习目标	知识目标：了解运动休闲产业的发展状况				
	能力目标：培养学生自主学习能力、分析问题能力				
学习单元	内容描述	教学条件	教学方法和建议		参考学时
1.运动休闲概述	掌握运动休闲生活和方式、运动休闲经济的表现	多媒体教室	案例教学法 讨论教学法 问题式教学法		2
2.运动休闲产业	运动休闲产业的特征，长三角运动休闲产业的发展现状及趋势	多媒体教室+校外实训场地	启发式教学法 讨论式教学法 案例教学法 现场实训		2

学习情境	情境8：休闲旅游		参考学时		2
学习目标	知识目标：掌握旅游与休闲的关系、休闲旅游的特征、休闲旅游市场的特点，进一步理解大旅游视野中休闲产业的发展				
	能力目标：培养学生自主学习能力、分析问题能力				
学习单元	内容描述	教学条件	教学方法和建议		参考学时
1.旅游与休闲的关系	旅游是休闲的一种实现方式，旅游产业是休闲产业的一部分	多媒体教室	案例教学法 启发式教学法		4
2.休闲旅游特征	掌握休闲旅游的内涵、发展环境	多媒体教室	启发式教学法		
3.休闲旅游市场的特点	掌握休闲旅游的主力市场，休闲旅游发展的趋势	多媒体教室+校外实训	启发式教学法 案例教学法 校外实训		4

学习情境	情境9：娱乐产业		参考学时		2
学习目标	知识目标：掌握娱乐的内涵、娱乐产业的发展现状和趋势				
	能力目标：培养学生自主学习能力、分析问题能力				
学习单元	内容描述	教学条件	教学方法和建议		参考学时
1.娱乐概述	娱乐的概念、娱乐休闲的重要性、娱乐活动的分类	多媒体教室	案例教学法 启发式教学法 问题式教学法		2
2.娱乐产业	掌握娱乐产业的发展现状和趋势	多媒体教室	讨论式教学法 案例教学法		

休闲服务与管理专业"茶席设计"课程标准

一、课程性质

该课程是休闲服务与管理专业学生的岗位选修课之一,目标是让学生掌握不同主题的茶席设计能力。它以"茶文化""茶艺与茶道"课程的学习为基础。

该课程是依据"休闲服务与管理专业工作任务与职业能力分析表"中休闲场所服务领域中茶艺茶道展示、茶文化服务、高端会所服务工作项目设置的。本课程设计思路是以培养学生的职业能力素养为重点,密切关注行业与时代发展动态,紧盯产业需求,使专业能够充分融入产业。在教学过程中,通过校企合作、校内实训基地建设、清风茶艺工作室等多种实践和实战途径,实行现代学徒制培养。同时,立足于学生的认知特点和动手操作能力,根据时代审美潮流的发展,不断调整优化,实施"操作课堂教学 + 实地学习"的教学模式,突出课程的职业性和时代性,整合教学资源、序化教学内容。

该课程总学时为 64 学时,建议学分为 4 分,执笔人为张春丽。

二、课程目标

通过课程教学,学生应达到人力资源和社会保障部中级茶艺师茶艺表演的资格标准,既能根据相关主题准确挑选茶具、配件、插花等多种茶席设计要素,又能将其中所蕴含的深厚人文内涵完整表达,使茶客能够理解和领悟,帮助茶客达到一定的心境。

具体而言,通过本课程的教学使学生达到以下职业能力目标:

- 能准确理解不同茶席主题的要求与内涵;
- 能准确理解不同茶席主题的表达方式;
- 能准确挑选相关的茶席设计要素;
- 能准确、熟练搭配茶席各要素;
- 能准确分析、流畅阐述茶席的设计。

三、课程内容和要求

课程以中级茶艺师的资格要求为基准,以时代审美发展潮流为参考,根据行业企业的建议,从实际职业工作任务要求出发,结合学生认知和学习的一般规律选取教学内容,且全部采用实践教学。

序号	工作任务/项目	知识内容与要求	技能内容与要求	建议学时
1	初识茶席	●茶席是什么 ●茶席的构成要素 ●茶席的主题 ●茶席的搭配	●茶席的空间布局 ●茶器的选择 ●配件的选择 ●茶垫的选择 ●要素的搭配	4
2	夏季茶席设计	●茶席的构成要素 ●茶席的主题 ●茶席的搭配	●茶席的空间布局 ●茶器的选择 ●配件的选择 ●茶垫的选择 ●要素的搭配	10
3	秋季茶席设计	●茶席的构成要素 ●茶席的主题 ●茶席的搭配	●茶席的空间布局 ●茶器的选择 ●配件的选择 ●茶垫的选择 ●要素的搭配	10
4	冬季茶席设计	●茶席的构成要素 ●茶席的主题 ●茶席的搭配	●茶席的空间布局 ●茶器的选择 ●配件的选择 ●茶垫的选择 ●要素的搭配	10
5	春季茶席设计	●茶席的构成要素 ●茶席的主题 ●茶席的搭配	●茶席的空间布局 ●茶器的选择 ●配件的选择 ●茶垫的选择 ●要素的搭配	10
6	创意主题茶席设计	●茶席的构成要素 ●茶席的主题 ●茶席的搭配	●茶席的空间布局 ●茶器的选择 ●配件的选择 ●茶垫的选择 ●要素的搭配	20
共计	64学时			

四、考核评价

考核的结果致力于体现学生学习的结果以及力图体现学生的进步，因此打破传统的结果式考核，转为分项目单元的考核。考核要点为学生对不同主题、场合的茶席和茶空间的现场设计，及其在设计过程中紧急事件的灵活机动处理能力、考核学生对茶空间的理解和传递能力，考核学生在设计过程中的团队协作能力和创新能力。考核的主体来自校内教师、企业师傅、班内的学生。考核的参照由基础的考勤、作业、实训、平时表现扩充为校内外各类相关考证、比赛取得的成果，参加课程相关的创新创业、社会实践等活动，这些皆作为平时考核分。

学生总成绩＝平时考核分（35%）+项目单元成绩平均分（35%）+期末操作评价（30%）

五、课程资源及使用要求

（一）师资条件要求

茶席设计是专业性和综合性极强的课程，任课教师为具有中高级职称的、相关行业企业经验较为丰富，且同时具有国家"高级茶艺师"职业资格及以上的专任教师和茶席设计经验丰富的行业兼职教师两部分组成。整个教学团队由专任教师和行业兼职教师组成，既有国家级茶艺大赛优秀指导教师，又有具备丰富茶席设计实战经验的行业资深人士。

此外，校内的茶艺实训基地中，用于茶席设计的元素丰富多样，如不同材质和造型的茶具、多种类型的茶席配件、多种花样的茶垫、多规格的剑山、花器等。同时，校外诸多茶文化实习基地，更为学生提供了大量茶席设计的实践机会。

（二）实训教学条件要求

学校本身就是 4A 级景区，拥有优美而多样的室外空间，可进行户外不同类型的茶席、茶空间设计；同时，校内茶艺实训基地，有多种材质的茶具，如紫砂、玻璃、盖碗，以及体现时代特征的玻璃小壶配套茶具与茶器；拥有 20 多种我国名优茶样和大量学生练习用茶，以及其他所需的茶器、花器、花材、多媒体等设施设备。

校外实训基地涉及茶文化的多个领域、数量多、级别高，如中国农业科学院茶叶研究所、杭州湖畔居茶楼、上海月圆圆、湖南鑫顺祥集团公司、滨江艺福堂茶艺有限公司等社会资源正在积极进行工学合作，为实习生提供大量实践岗位。

（三）教材选用

目前关于茶席设计方面的专门书籍非常少，本课程选取由乔木森所著的《茶席设计》作为课程的主要参考书籍。此外，鉴于茶席设计课程涉及面非常广，但主要集中于插花、音乐、空间设计、色彩搭配这几方面，因此推荐学生翻阅大量讲述茶艺插花、空间艺术和古典音乐方面的书籍，以支撑课程目标的实现，突出职业能力的培养与提高。

六、课程实施建议及其他说明

（一）课程实施建议

茶席设计课程非常强调整体效果和艺术感，因此激发学生的想象和联想，培养学生对于艺术的敏感度非常重要。基于此，本课程将实践教学法贯穿于教学的始终，多角度、多层次运用多元智能教学法，采用大量的茶席作品图片和茶席设计视频作为教学的重要资料和手段，强化学生对于茶席和茶席设计的感性认识，培养学生的审美能力，鼓励学生的创造力和想象力。具体教学项目设计见下表。

茶席设计教学项目设计

项目	工作任务/项目	知识点	训练或工作项目	教学重点	教学情境与教学设计	建议学时
1	初识茶席	茶席是什么、茶席的构成要素、茶席的主题、茶席的搭配	认识茶席、掌握茶席设计要素及茶席如何体现某一主题	茶席设计要素、如何用物质体现精神	由大量图片和视频引出茶席,然后由教师展示一幅茶席作品,并向学生讲解茶席相关知识	4
2	夏季茶席设计	茶席主题的内涵、茶席构成要素的选择、茶席的搭配、茶席讲解词	设计与夏季主题相关的茶席,并撰写茶席讲解词	茶席要素的选择、搭配;讲解词的撰写	首先由教师演示一幅茶席,学生分组进行茶席内涵的讲解和评价,继而由学生进行设定主题的茶席设计练习,并分组进行一对一的相互评价	10
3	秋季茶席设计	茶席主题的内涵、茶席构成要素的选择、茶席的搭配、茶席讲解词	设计与秋季主题相关的茶席,并撰写茶席讲解词	茶席要素的选择、搭配;讲解词的撰写	首先由教师演示一幅茶席,学生分组进行茶席内涵的讲解和评价,继而由学生进行设定主题的茶席设计练习,并分组进行一对一的相互评价	10
4	冬季茶席设计	茶席主题的内涵、茶席构成要素的选择、茶席的搭配、茶席讲解词	设计与冬季主题相关的茶席,并撰写茶席讲解词	茶席要素的选择、搭配;讲解词的撰写	首先由教师演示一幅茶席,学生分组进行茶席内涵的讲解和评价,继而由学生进行设定主题的茶席设计练习,并分组进行一对一的相互评价	10
5	春季茶席设计	茶席主题的内涵、茶席构成要素的选择、茶席的搭配、茶席讲解词	设计与春季主题相关的茶席,并撰写茶席讲解词	茶席要素的选择、搭配;讲解词的撰写	首先由教师演示一幅茶席,学生分组进行茶席内涵的讲解和评价,继而由学生进行设定主题的茶席设计练习,并分组进行一对一的相互评价	10
6	创意主题茶席设计	茶席主题的内涵、茶席构成要素的选择、茶席的搭配、茶席讲解词	设定茶席主题并设计,撰写茶席讲解词	茶席要素的选择、搭配;讲解词的撰写	首先由教师演示一幅茶席,学生分组进行茶席内涵的讲解和评价,继而由学生进行自创主题的茶席设计练习,并分组进行一对一的相互评价	20
共计	64学时					

（二）课程其他说明

本课程的师资由具有国家级高级别职业资质的专业教师和茶席设计行业经验丰富的兼职教师共同组成;选用的参考书籍方面,除去上述的主要参考书,还要求学生大量阅读国内外知名茶文化方向的专家学者所编撰的相关专业书籍和相关杂志,如李署韵的《茶味的真相》,静清和的《茶席窥美》,蔡荣章、丁以寿的《茶席·茶会》,池宗宪的《茶席》,法苏恬的《最新茶馆设计百问百答》以及《茶道》《普洱》等诸多文献资料;同时,要求学生积极地利用发达的网络信息和微信平台,如最陶瓷、弘益茶道美学、茶家十职等微信公众号以及爱茶网、中茶文化网、和茶网、茶文化休闲网、中国茶叶博物馆等诸多专业网站等。

休闲服务与管理专业"茶事艺文"课程标准

一、课程性质

　　该课程是休闲服务与管理专业学生的岗位选修课之一，依据工作任务与职业能力中的茶艺茶道展示、茶文化服务、活动策划等工作项目设置的，目标是让学生掌握与茶相关的多种文学艺术形式，如咏茶诗词、曲赋、楹联、散文、茶事小说、戏曲、影视以及绘画、书法、篆刻等。重点培养学生对茶文化的理解、领悟和表现能力；为培养学生对茶文化的兴趣以及将茶文化知识运用到自己所学专业，奠定坚实的基础；同时使学生在具备就业和创业所需的茶文化基础专业知识及实践技能的同时，具备良好的诚信品质、责任意识等职业素养，使学生达到人力资源和社会保障部中级茶艺师资格证书的基本要求。它以"茶文化""茶艺与茶道"课程的学习为基础，也是进一步学习"茶席设计"课程的基础。

　　其总体设计思路是，从学生的认知特点出发，打破以知识传授为主要特征的传统学科课程模式，以国家中级茶艺师资格标准为指导，根据时代发展不断调整优化，组建课程模块，实施"课堂＋实地认知＋情景体验"的教学模式，整合教学资源、序化教学内容。理论知识的选取紧紧围绕工作任务完成的需要来进行，同时又充分考虑了高等职业教育对理论知识学习的需要，旅游新业态与"旅游＋"新形态下"大旅游"产业发展对理论知识学习的要求，坚持立德树人，注重思想政治教育贯穿教学始终，同时融合了学生综合素质提升、创新创业能力培养、学生可持续发展的要求。教学过程通过校企合作、校内实训基地建设等多种途径，充分开发学习资源。教学效果评价采取过程评价与结果评价相结合的方式，通过理论与实践相结合，通过校企合作，校内实训基地建设等多种途径，工学结合、项目制等形式，充分开发学习资源，给学生提供丰富的实践机会，提升学生的职业能力和综合素质。

　　该课程的总学时为32学时，建议学分为2分，执笔人为康保苓。

二、课程目标

（一）知识目标

　　充分掌握与茶相关的多种文学艺术形式，如咏茶诗词、曲赋、楹联、散文、茶事小说、戏曲、影视以及绘画、书法、篆刻等，能灵活运用茶事艺文的知识到茶席设计、茶会策划举办、文创产品设计等方面，能够生动演绎和表达具有感染力的茶事艺文内涵。

（二）能力目标

　　通过课程教学，学生应达到人力资源和社会保障部初级茶艺师资格的标准，具备自主学习的能力，能够根据已有知识进行推理演绎和创造的能力；具备良好的团队精神，能够与他人通力合作进行茶艺组合表演；能够针对不同的人群，选择恰当的方式演绎和表达茶事艺文。

（二）素质目标

保持对行业发展的敏感度，具有创新精神；具备良好的沟通能力、会经营人际关系，遇到突发事件能够灵活机动地有效处理；拥有强烈的爱国主义精神和强烈的民族自豪感；具备传承和发扬传统文化的意识和精神。

三、课程内容和要求

为达到课程教学目标，在结合时代发展趋势的情况下，根据对市场岗位群需求调研、专家建议以及行业企业的建议要求，从实际职业工作任务要求出发，结合学生认知和学习的一般规律选取教学内容，采用模块化教学内容设计，具体见下表。

序号	工作任务/项目	知识内容与要求	技能内容与要求	建议学时
1	茶事艺文概述	●掌握茶事艺文的基本概念及范畴	●掌握茶事艺文的基本概念 ●能知道茶事艺文的基本范畴	2
2	茶事艺文作品讲	●茶事艺文是茶文化非常典型的承载和表现，掌握历史上的著名茶事艺文，充分了解其产生发展的深刻背景，加深对茶文化的理解	●掌握不同时代茶事艺文作品 ●能掌握基本的茶事艺文作品鉴赏能力	20
3	茶会茶宴、茶席设计	●茶会茶宴、茶席设计中会涉及诸多的茶事艺文的知识。对茶会茶宴、茶席设计的实践教学，增强茶事艺文知识的掌握	●以项目任务为驱动，学生分组策划不同主题茶会茶宴并进行不同茶事艺文的理解和演绎 ●通过以茶事艺文为创作背景的茶席设计	6
4	茶事艺文综合呈现	●茶事艺文的综合应用，制作简单的文化创意主题礼品；茶事艺文的演绎呈现	●能够运用茶事艺文的知识进行文创礼品的创作 ●能够灵活应用所学的专业知识，进行茶事艺文的综合演绎呈现	6

四、考核评价

在考核方式上，采用形成性评价与终结性评价相结合的方式，期中考试采用学生针对某一主题进行策划或汇报，分组完成。评价主体由学生评委和教师共同承担，评价内容包括准备情况、现场表现、团队合作精神、是否有创新意识等内容。

期末综合考核结果100%= 平时表现（出勤情况、课堂表现等）40%+

期中考试20%+ 期末考试40%。

五、课程资源及使用要求

（一）师资条件要求

茶事艺文是我国传统文化的重要组成部分，涉及面非常广，因此任课教师不仅仅对茶事艺文有深入理解，也应对中国传统文化有广泛的了解；对时代发展潮流保持敏感，能够将传统茶文化与现代观念和消费方式相融合；同时，对相关领域（如插花、诗词、服饰和音乐）有相当程度的了解。校内专任教师和具有丰富行业经验的校外兼职教师共同完成课程教学。

（二）实训教学条件要求

校内实训场所要有专门的茶文化实训中心，包括实训用茶具、茶叶、茶样以及其他所需的设施设备。校外实训基地要涉及茶文化的多个领域，如茶叶公司、茶主题会所等，为学生提供大量实践岗位和就业岗位。"茶事艺文"教学场所既有校内茶文化实训中心，又有龙井山园、中国农科院茶叶研究所、中国茶叶博物馆、杭州市茶楼协会的多家茶文化企业。

（三）教材选用

1. 教材选用 / 编写

［1］王镜轮 . 闲来松间座——文人品茶［M］. 北京：故宫出版社，2014.

［2］于良子 . 翰墨茗香［M］. 杭州：浙江摄影出版社，2003.

［3］沈冬梅，张荷，李涓 . 茶馨艺文［M］. 上海：上海人民出版社，2009.

2. 学习网站

［1］http：//www.fjteaw.cn/tea-wh/——爱茶网

［2］http：//www.gdsmart.net/——中华茶文化网

［3］http：//www.zh5000.com——中华五千年

［4］http：//yd.hecha.cn/——和茶网

［5］http：//www.teaeat.cn/——中华茶文化传播网

［6］http：//www.teaw.com/——茶文化休闲网

［7］http：//www.t0001.com/——第一茶叶网

［8］http：//www.chinatss.cn/——中国茶叶学会

［9］http：//www.teamuseum.cn/index8.aspx——中国茶叶博物馆

3. 报纸杂志类

《茶周刊》《茶博览》《中国旅游报》《江南游报》《上海一周》《青年时讯》《品茗》《普洱》《茶报》《茶叶科学》《中国茶业》《茶叶文摘》《茶 叶》《福建茶叶》《茶叶通迅》《茶苑》《茶天下》《茶博览》等。

六、课程实施建议及其他说明

（一）实施建议

立足于对学生的充分了解，尊重认知的基本规律，以情境教学法为基本教学法，以实地考察法为辅助教学法，以项目、任务驱动和案例教学法为主要教学法，为学生创造恰当的茶文化环境氛围，使学生既有感性认知，又有理性认识，强化其亲身感受所带来的重要影响作用，综合运用发现问题、小组讨论、情境演练、点评法等多种方法，提高教学实效。

（二）教学项目（或学习情境）设计

学习情境	情境1：茶事艺文概述		参考学时	2
学习目标	专业能力目标：掌握茶事艺文的基本概念及范畴			
	社会能力目标：具备较强的民族自豪感；具有传承和发扬传统文化的意识；具备团队合作精神；善于处理人际关系、能够灵活机动地处理突发事件。具有较强的自主学习能力、逻辑思维能力和处理信息的能力；拥有根据已有知识进行重构和创新的能力；计算机操作能力			

学习单元	内容描述	教学条件	教学方法和建议	参考学时
茶事艺文概述	茶事艺文的基本概念及范畴	多媒体教室	启发式教学法 问题式教学法 任务驱动式教学法	2

学习情境	情境2：茶事艺文作品讲		参考学时	20
学习目标	专业能力目标：理解茶事艺文的作品，提升自身的文学、哲学修养；掌握不同时代茶事艺文作品；能掌握基本的茶事艺文作品鉴赏能力			
	社会能力目标：提升自身的整体素养；良好的理解、表达和表演能力；良好的心理素质；具有良好的职业道德和职业素养；具有较强的责任感和严谨的工作作风；具有传承和发扬传统文化的意识			

学习单元	内容描述	教学条件	教学方法和建议	参考学时
茶事艺文作品讲	与茶相关的多种文学艺术形式，如咏茶诗词、曲赋、楹联、散文、茶事小说、戏曲、影视以及绘画、书法、篆刻等	多媒体教室、校内实训室、行业人士讲授	情境教学法 讨论教学法 任务驱动法 对比分析法	20

学习情境	情境3：茶会茶宴、茶席设计		参考学时	6
学习目标	专业能力目标：会策划不同主题茶会茶宴、会根据不同的茶会主题确定茶品的选择；能够识别蕴含茶事艺文的深刻原因			
	社会能力目标：对社会深入了解的能力；能够理解和解释环境对人生活习俗的影响；具有社会责任感			

学习单元	内容描述	教学条件	教学方法和建议	参考学时
1.茶会茶宴	茶会历史悠久、形式多样，是茶文化生动的载体和表现形式，了解历代茶会，掌握现代茶会发展趋势，是深刻理解茶艺和茶道精神的重要途径	多媒体教室、校内实训室	情境教学法 任务驱动法 讨论分析法	4
2.茶席设计	茶席设计是掌握茶文化知识的基本技能，不同茶席设计主题，所表现的内涵不同，基于茶事艺文的茶席设计，可以加深理解茶事艺文作品知识	多媒体教室、校内实训室	情境教学法 任务驱动法 讨论分析法	2

学习情境	情境4：茶事艺文综合演绎呈现	参考学时	6

学习目标	专业能力目标：理解和掌握著名茶事艺文；会将其自如地应用和融合在讲解和茶艺表演中；能够为不同茶类、不同主题准确选择恰当的茶事艺文背景；能够将茶事艺文的深刻背景及其内涵有技巧地表达，使人易于理解和记忆
	社会能力目标：对我国传统文学诗词歌赋有一定的理解能力；能够在流利背诵的基础上融入自己对茶事艺文的理解；会用多样的表达能力将其所表达的思想情感充分表达出来，具有感染力

学习单元	内容描述	教学条件	教学方法和建议	参考学时
茶事艺文综合演绎呈现	能够灵活应用茶事艺文的知识进行相应的文创礼品创作；能够综合应用专业知识进行茶文化的综合演绎呈现	多媒体教室、校内实训室	讨论教学法 情境教学法 启发式教学法	6

休闲服务与管理专业"养生与保健"课程标准

一、课程性质

本课程是休闲专业的专业课，也是休闲场馆服务与管理岗位群的战略核心课程，是从事服务管理、休闲活动策划、休闲业市场营销以及相关客户服务人员所需知识与能力的核心。它以"茶文化""中国休闲文化"课程的学习为基础，是进一步学习"高尔夫球僮技能"课程的基础。"养生与保健"是一门实践性和理论性、科学性和艺术性兼而有之的应用性学科，该课程旨在让学生树立运动有益保健和养生的思想观念，掌握和运用中国传统养生学的保健知识，提高学生的养生保健能力，并通过实践技能训练，提高学生的实践能力、创新能力和职业能力，为学生就业打下坚实的理论基础和职业基础。课程教学主要以"健身教练""运动保健员""养生顾问"等职业岗位需求和创业需求为导向，以养生保健学基础知识为核心，结合时代发展趋势，重点培养学生对养生保健的理解、领悟和运用能力；为培养学生的自我保护能力，奠定坚实的基础。

"养生与保健"课程是在学生实习归来、对实际工作有一定了解后，设置最后一学期的岗位选修课，旨在帮助学生了解休闲的终极目标——养生保健，每天锻炼一小时，健康工作30年。如何让客人在一小时中获得锻炼而免受伤害，是休闲服务与管理专业学生的职责。项目设计以养生保健为线索来进行。

该课程总学时为32学时，建议学分为2分，执笔人为张春丽。

二、课程目标

"养生与保健"课程的学习目标包括专业能力和社会能力两个方面。通过课程教学使学生学会中国传统的养生手型等技艺，学会处理和预防运动损伤，掌握穴位身体按摩的基本技法，培养学生动脑动手的运动健身管理能力。

（一）知识目标

- 具备养生的基本手型，了解基本的养生方法；
- 了解传统养生的历史渊源；
- 掌握按摩保健的基本方法。

（二）能力目标

- 掌握各类运动损伤预防和康复保健的操作要领；
- 熟悉养生保健经典著作；
- 能科学地指导休闲群体养生。

（三）素质目标

- 待人热情，知识丰富；

- 心灵手巧、细心周到；
- 养生健康、富有内涵。

三、课程内容和要求

根据 2017 级休闲服务与管理专业人才培养目标要求，结合休闲服务与管理专业职业特点，将本课程教学内容分为 4 个项目。在每个项目中均明确设计了活动内容和学时数。总学时为 32 学时，理论和实践教学时数各占 50%，形成了以职业活动为导向，以能力培养为本位的课程体系和课程特色。

序号	工作任务/项目	知识内容与要求	技能内容与要求	建议学时
1	养生源资料收集	●养生总论	●养生的内容与分类 ●传统养生的历史渊源	4
2	养生技巧视频	●养生方法	●中国传统养生思维模式 ●基本手型、养生8法 ●易筋经 ●五禽戏	12
3	运动损伤防治视频收集	●运动损伤预防及康复保健	●消除疲劳的方法和手段 ●运动员比赛期的饮食和营养 ●运动损伤的一般处理	10
4	按摩保健实际演练	●按摩保健	●按摩的手法 ●穴位按摩 ●身体各部位的按摩	6
		总计		32

四、考核评价

考核的结果致力于体现学生学习的结果以及力图体现学生的进步，因此打破传统的结果式考核，转为分项目单元的考核，并不仅仅对学生掌握的理论知识进行考核，更重要的是考核学生对养生理念的理解和传递能力、对养生技巧的掌握能力的全面评价。考核的主体来自校内教师、企业师傅、班内的学生。考核的参照由基础的考勤、作业、实训、平时表现扩充为校内外各类相关考证、比赛取得的成果，参加课程相关的创新创业、社会实践等活动，这些皆作为平时考核分。期末考查形式：理论考试 + 养生技巧展示考试。
学生总成绩 = 平时考核分（35%）+ 项目单元成绩平均分（35%）+ 期末操作评价（30%）

五、课程资源及使用要求

（一）师资条件要求

"养生与保健"是一门集文化学、体育学、养生学为一体的边缘性学科，养生与保健思想存在于每个人每天的工作生活之中。在校内，专任教师和行业兼职教师发挥各自优势，形成理论与实践优势互补、不断前进发展的教学团队，同时有多媒体视频辅助教学，有校医做专题主讲。

（二）实训教学条件要求

校内有室外高尔夫练习场、户外拓展实训基地和茶艺文化实训中心，供师生们体验中国茶养生和运动养生的意境和实际指导。在校外，涉及运动休闲文化的多个领域、数量多、级别高的实习实训就业基地，可对教学资源硬件进行有力补充。

（三）教材选用

目前该课程选用的教材是刘永祥主编的《健康体育与养生保健》，北京体育大学出版社 2006 年出版，该教材内容深入浅出，比较适合高职院校的学生使用。该教材集合健康体育锻炼、运动养生保健、医疗康复体育知识于一体，对广大运动休闲人群具有指导参加体育锻炼、增强体质健康健美的作用。

六、课程实施建议及其他说明

（一）课程实施建议

立足于对学生的充分了解，尊重认知的基本规律，以情境教学法为基本教学法，以实训法为辅助教学法，以项目、任务驱动和案例教学法为主要教学法，为学生创造恰当的养生文化环境氛围，使学生既有感性认知，又有理性认识，强化其亲身感受所带来的重要影响作用。"养生与保健"实训教学穿插在课堂理论教学中，以运动养生五禽戏、身体按摩等方式进行。在相应的理论教学结束后，进行实践教学，以达到理论知识和实践的有机结合，具体教学项目设计见下表。

情境 1　养生总论教学项目设计

项目	工作任务/项目	知识点	训练或工作项目	教学重点	教学情境与教学设计	建议学时
情境1：养生总论	1.养生的内容与分类	主要介绍富有代表性的导引、吐纳	静坐、站桩行功、卧功和内丹功、武术内功等	了解内功养生的内容与分类、特点和作用等	启发式教学法 问题式教学法 任务驱动式教学法	6
	2.传统养生的历史渊源	主要介绍古代养生的发端、养生理论与方法的初步形成	古代内练养生术的发展及古代养生学与炼养术的繁荣等	传承和发扬传统养生文化	启发式教学法 问题式教学法 讨论式教学法	

情境 2　养生方法教学项目设计

项目	工作任务/项目	知识点	训练或工作项目	教学重点	教学情境与教学设计	建议学时
情境2：养生方法	1.基本手型、步型、养生法	基本手型、步型、养生8法	提升自身的整体素养	了解古代养生的发端、养生理论与方法的初步形成	情境教学法 讨论教学法 任务驱动法 对比分析法	10
	2.易筋经	易筋经概况	动作名称为预备势、韦驮献杵第一势、韦驮献杵第二势、韦驮献杵第三势、卧虎扑食势、打躬势、掉尾势、收势	中国古代养生思想和养生理论模式	情境体验法	10
	3.五禽戏	五禽戏是以模仿五种动物的运动形态及生活习性，来锻炼人体精气神的一种独特的养生功法	练习五禽戏	五禽一般指虎、鹿、熊、猿、鸟	讨论教学法 对比分析法	

情境 3　运动损伤预防及康复保健教学项目设计

项目	工作任务/项目	知识点	训练或工作项目	教学重点	教学情境与教学设计	建议学时
情境3：运动损伤预防及康复保健	1.消除疲劳的方法和手段	疲劳的概念；疲劳产生的机制	疲劳程度的判断	消除疲劳的方法和手段	启发式教学法情境教学法讨论教学法	10
	2.运动员比赛期的饮食和营养	运动前膳食原则和安排	运动中的饮料与食物安排	运动后的饮食营养	问题式指导启发式指导讨论分析指导任务项目驱动	
	3运动损伤的一般处理	物理疗法；药物疗法	模拟急救	物理急救	启发式教学法情境教学法讨论教学法	

情境 4　按摩保健教学项目设计

项目	工作任务/项目	知识点	训练或工作项目	教学重点	教学情境与教学设计	建议学时
情境4：按摩保健	1.运动按摩的手法	运动按摩手法；治疗按摩手法	按摩的作用和注意事项；熟悉穴位按摩的手法	理解按摩者与被按摩者相互沟通的重要性	情境教学法视频教学	6
	2.穴位按摩	穴位按摩的手法	穴位按摩的取穴	穴位按摩的经络与穴位	情境教学法视频教学讨论分析法	
	3.身体各部位的按摩	颈部按摩法；上肢按摩法；下肢按摩法	掌握按摩的基本手法和身体各部位的按摩以及常用穴位，并能将按摩初步应用于体育运动实践和运动伤病的一般处理中	腰背部按摩法	情境教学法视频教学讨论分析法	

（二）课程其他说明

　　课程拥有大量丰富翔实的理论和实践资料，如书籍类，有刘永祥所著的《健康体育与养生保健》、张选惠编著的《内功养生学》、王安利编著的《运动医学》、曲绵域编著的《实用运动医学》、姚洪恩编著的《体育保健学》、徐莉编著的《疗养与保健》等。网络时代的颇多网络资源成为学习的重要途径和方式，如成都体育学院国家精品课程网站、健康生活网、健康频道、养生与保健刘太医微博等。诸多的报纸杂志类，如《现代养生》《养生杂志》《中华养生保健》《科学养生》《东方养生杂志》《中国保健》《家庭保健杂志》《医药保健杂志》《医药与保健》《中国人体科学与保健》等，都是课程学习的有效补充。

休闲服务与管理专业 "插花艺术" 课程标准

一、课程性质

"插花艺术" 课程是浙江旅游职业学院 "休闲服务与管理专业" 的岗位选修课程，是依据工作任务与职业能力中的茶文化服务、活动策划等工作项目设置的。通过教学，使学生掌握插花艺术的基本知识和基本技能，具有较高的审美能力和较强的动手能力，培养具有良好综合素质的茶文化人才。

该课程设计思路是充分注重高等职业教育的特点，注重激发学生学习积极性，注重学生实际操作能力与应用能力的培养。从学生的认知特点出发，打破以知识传授为主要特征的传统学科课程模式，根据时代发展和行业需要不断调整优化，组建课程模块、序化教学内容。理论知识的选取紧紧围绕工作任务完成的需要来进行，同时又充分考虑了高等职业教育对理论知识学习的需要，旅游新业态与 "旅游+" 新形态下 "大旅游" 产业发展对理论知识学习的要求，坚持立德树人，注重思想政治教育贯穿教学始终，同时融合了学生综合素质提升、创新创业能力培养、学生可持续发展的要求。教学过程通过校企合作、校内实训基地建设等多种途径，充分开发学习资源。教学效果评价采取过程评价与结果评价相结合的方式，通过理论与实践相结合，重点评价学生的职业能力。

该课程总学时为 56 学时，建议学分为 2 分，执笔人为康保苓。

二、课程目标

为实现 "技能岗位型" 的人才培养模式，根据专业对应岗位的技能要求来确定学生的知识、能力和素质结构。以 "能力" 为核心理念，突出实用性，强调实践性，做到基础知识 "够用"，实践教学 "实用"，技能训练 "突出"。

本课程实行模块式教学。使学生具有插花的基本理论知识，能熟练插作不同东方风格的基本花型。同时注重培养学生文明礼仪、热情大方等良好的职业素养。

（一）知识目标

- 具备插花的基本生物学理论知识。能区分常见花材并合理养护；
- 具备一定的文化修养。包括我国茶文化传统、风俗禁忌、花语等方面；
- 具备一定的美学知识。掌握一定的美学知识和审美基本方法。

（二）能力目标

- 掌握各类基本造型的操作要领。能熟练完成常见插花花材的基本花型插作；
- 具备一定的设计能力，能够根据茶席、场所、服务对象的不同，灵活插作；
- 能科学地养护常见绿植和插花作品。

（三）素质目标

- 待人热情，注重礼节；
- 心灵手巧，细心周到；
- 品位高雅、富有内涵。

三、课程内容和要求

根据专业人才培养目标要求，结合休闲服务与管理专业职业特点，将本课程教学内容分为2大项目。在每个项目中均明确设计了活动内容和学时数。总学时为56学时，理论教学时数为8学时，实训教学时数为48学时，形成以职业活动为导向，以能力培养为本位的课程体系和课程特色。

序号	项目名称	知识内容与要求	学时
1	花艺基础知识	●花艺概述 ●插花的常见种类 ●插花工具和材料	8
2	花艺技能与应用	●材料准备及修整 ●花器的特质与选择 ●四季花材插花、不同茶席主题花材插花、瓶、碗、盘、篮等传统花艺、居家花艺等基本花型插作	48
总计			56

四、考核评价

"插花艺术"课程为考查课，总成绩按照百分制进行考核。

1. 教学评价采取过程评价与结果评价相结合的方式，注重技能考核，旨在提升学生的综合素质和职业能力。

2. 学生总成绩 = 单元成绩平均分（40%）+ 期末操作评价（40%）+ 期中操作评价（20%）。

期末考查形式：操作考试

3. 评分标准

序号	考核内容	考核要点	配分	评分标准
1	花材的选择与整理	根据插花主题对花材的要求，选出适宜的花材进行整理	12	●花材选择不当扣2分 ●整理不到位扣3分
2	花泥浸泡与固定	能正确浸泡花泥使花泥充分吸水，并牢固地固定在花钵中	8	●花泥没有充分吸水扣2分 ●花泥固定不合格扣4分
3	构图造型	按照线条造型的比例尺度及规定要求插制作品	30	●造型比例失调扣4分 ●造型不规范扣3分 ●不按规定要求制作扣5分

序号	考核内容	考核要点	配分	评分标准
4	设色效果	整体色彩（花材之间、花材与容器之间）的搭配要和谐	25	●容器和花材之间色彩搭配不和谐扣8分 ●花材之间色彩搭配不和谐扣8分 ●作品色彩平衡关系不好扣6分
5	技巧及熟练程度	在插制中花材的修剪固定，花泥的掩盖等技巧要熟练	25	●花材的修剪不正确扣6分 ●花材固定不牢固扣6分 ●花泥掩盖不当及插口位置错误扣4分
	合计		100	

五、课程资源及使用要求

（一）师资条件要求

具有较为丰富经验的专任教师和行业兼职教师共同组成师资团队。

（二）实训教学条件要求

校内实训场所要有能够开展插花艺术教学的实训场所、代表性花器、根据主题需要配备相应花材，具备现场教学、实训的功能，实现教学与实训合一，满足教、学、做一体化的要求。

（三）教材选用

［1］李草木.中式插花艺术［M］.北京：化学工业出版社，2017.

［2］犀文图书.插花设计与造型［M］.长沙：湖南美术出版社，2012.

［3］犀文图书.实用插花技巧图解［M］.杭州：浙江科学技术出版社，2012.

［4］吴秋华.桌花设计［M］.长沙：湖南美术出版社，2008.

［5］"插花与花艺设计"精品课程：http：//jpkc.szpt.edu.cn/.

［6］荷兰布尔玛国际花艺学院：http：//www.boerma.com.cn/.

［7］Ohanaya Floral Design：http：//www.annietse.com.hk/.

六、课程实施建议及其他说明

（一）课程实施建议

立足于对学生的充分了解，尊重认知的基本规律，以项目、任务驱动和案例教学法为主要教学法，主讲教师对各种插花技巧和造型需采用边示范边讲解的方法进行教学，让学生学会常用插花技巧、基本型的插花步骤及要点。

（二）教学项目（或学习情境）设计

学习项目	项目1：花艺基础知识		参考学时	8
学习目标	素质目标：了解花艺在茶艺、茶席和日常生活中的作用；理解花艺工作者应具备的职业素养			
	知识目标：了解东西方花艺的差异和花语等基本知识			
	能力目标：熟练辨认常见30种花材			

学习单元	内容描述	教学条件	教学方法和建议	参考学时
1.花艺概述	东西方花艺史、区别和发展趋势	茶文化实训室	案例教学法 对比分析法	2
2.插花的常见种类	插花的常见种类	茶文化实训室	案例教学法 对比分析法	2
3.插花工具和材料	认识和使用基本工具和常见材料	茶文化实训室	示范讲解法 实训	4

学习项目		项目2：花艺技能与应用	参考学时	48
学习目标	素质目标：学会不同花材的变形方式，能一材多用；把握插花的基本规律，自由变化。学会不同场合、节日的用花方式，掌握传统瓶花、盘花、碗花、蓝花的插作技巧			
	知识目标：掌握常用的花材的基本特征和结构，了解不同花型的异同点。掌握常用花材、造型的文化含义			
	能力目标：能独立完成插花材料准备，掌握常用的花材修整技巧，掌握基本花型插作技巧，根据环境的变化设计花艺			

学习单元	内容描述	教学条件	教学方法和建议	参考学时
1.插花材料准备及修整	常用工具和花泥的准备，叶材、花材修整的基本方法	茶文化实训室	示范讲解法 实训	2
2.花器的特质与选择	了解不同花器的特质，进而挑选适宜的花材和花艺主题	茶文化实训室	示范讲解法 实训	2
3.各类基本花型插作技巧	四季花材插花、不同茶席主题花材插花、居家花艺等基本花型插作	茶文化实训室	示范讲解法 实训	4
4.瓶花插做技巧	掌握不同器形瓶花的插作	茶文化实训室	示范讲解法 实训	10
5.盘花插做技巧	掌握不同器形盘花的插作	茶文化实训室	示范讲解法 实训	10
6.碗花插做技巧	掌握不同器形碗花的插作	茶文化实训室	示范讲解法 实训	10
7.篮花插做技巧	掌握不同器形篮花的插作	茶文化实训室	示范讲解法 实训	10

休闲服务与管理专业"茶事美学"课程标准

一、课程性质

该课程是休闲服务与管理专业学生的岗位选修课之一，目标是让学生理解和领悟茶事中所蕴含的多种美学。它以"茶文化""茶艺与茶道一""茶艺与茶道二""茶席设计""插花艺术""中国传统文化"这六门课程的学习为基础。

该课程是依据"休闲服务与管理专业工作任务与职业能力分析表"中休闲场所服务领域中茶艺茶道展示、茶文化服务、高端会所服务工作项目设置的。本课程设计思路是以培养学生的职业能力素养为重点，立足于学生的认知特点，根据时代审美潮流的发展，以提升学生的审美水平和综合素质为基本出发点。

该门课程总学时为 32 学时，建议学分为 2 分，执笔人为温燕。

二、课程目标

通过课程教学使学生达到人力资源和社会保障部高级茶艺师所具备的审美能力，能够将茶所带来的美感深入地理解和领悟，能够将其贯穿在日常生活的始终，帮助学生将茶道美学内化，能够使自身具备一定的美学感染力。

三、课程内容和要求

课程以高级茶艺师的审美要求为基准，以时代审美发展潮流为参考，根据行业企业的建议，从实际职业工作任务要求出发，结合学生认知和学习的一般规律选取教学内容。

序号	工作任务/项目	知识内容与要求		建议学时
		理论	实践	
1	茶事美学是什么意思	●美的含义 ●茶的审美属性 ●茶美学的审美特征、风格特征	由大量图片和视频引出茶道美学，然后由教师引导学生，一步步由物化的茶道要素，领悟茶道美学的精神内涵及其表现形式	4
2	茶乡与生态美学	●茶叶生命的美 ●茶叶类别之美	引导学生进行设想"如果你是茶"	4
3	茶与鉴赏美学	●茶形之美 ●茶味之美 ●茶艺之美	引导学生进行设想"如果你是茶"	4
4	美的哲学	●茶道何为 ●茶道四谛 ●茶道三界	引导学生进行设想"如果你是茶"	4

序号	工作任务/项目	知识内容与要求		建议学时
		理论	实践	
5	茶为国饮	●中国人的生活方式与审美情趣	分组探讨红楼梦中的饮茶场景,所蕴含的美学特征	4
6	茶事美学实践	●将茶道美学贯穿在日常生活中	学生分组再现日常生活中的代表性场景、表现和分析其中所蕴含的茶道美学	12

四、教学评价

考核的结果致力于体现学生学习的结果以及力图体现学生的进步,因此打破传统的结果式考核,转为不同项目单元的考核。

学生总成绩 = 不同小组实践项目总分(100%)

期末考查形式:不同生活场景,分小组茶道美学实践。

评分标准:主要分展示和分享两个环节进行。

序号	考核内容	考核要点	配分	评分标准
1	茶事美学的展示	展示主题与要点	50	●展示要点与场景主题不相符合,扣15分 ●展示过程与场景主题不相符合,扣15分 ●展示整体效果与主题不相符合,扣15分 ●其他不恰当因素扣分
2	分享美学理念	准确理解和表达	50	●美学理念理解不准确,扣25分 ●抄袭他人,视情况不同,扣15~20分 ●语言和文字表达,词不达意,不流畅,扣5分 ●不能脱稿,扣5分
	合计		100	

五、课程资源及使用要求

(一)师资条件要求

本课程是专业性极强的课程,整个教学团队由具有国家"高级茶艺师"职业资格及以上的专任教师和茶道美学经验丰富的行业兼职教师两部分组成。

(二)实训教学条件要求

校内的茶艺实训基地中,用于茶道美学的元素丰富多样,如多次茶艺大赛的获奖作品、多次茶文化活动的图片、视频,诸多茶文化资深客座教授讲座等。同时,校外诸多茶文化实习基地,更为学生提供了大量茶道美学的实践机会。

(三)教材选用

目前关于茶道美学方面的专门书籍非常少,本课程选取由蔡镇楚所著的《茶道美学》作为课程的主要参考书籍。此外,鉴于茶道美学课程涉及面非常广,但主要集中于人文、哲学、宗教这几方面,因此推荐学生翻阅大量相关方面的书籍,以支撑课程目标的实现,突出职业能力的培养与提高。

本课程的师资由具有国家级高级别职业资质的专业教师和茶道美学行业经验丰富的兼职教师共同组成；选用的参考书籍方面，除去上述的主要参考书外，要求学生大量阅读国内外知名茶文化方向的专家学者所编撰的相关专业书籍和相关杂志。同时，要求学生积极地利用发达的网络信息和微信平台。

六、课程实施建议及其他说明

茶道美学课程非常强调人文内涵和艺术美感，因此激发学生的想象和联想，培养学生对于艺术的敏感度非常重要。基于此，本课程将情景教学法贯穿于教学的全部过程，采用大量的茶文化美学作品，利用图片、视频等作为教学的重要资料和手段，强化学生对于茶道美学的感性认识，培养和提升学生的茶道审美能力。

休闲服务与管理专业"茶产品开发"课程标准

一、课程性质

该课程是休闲服务与管理专业学生的岗位选修课之一,目标是让学生了解茶产业发展现状及趋势,掌握茶礼、袋泡茶等茶产品的开发、包装设计、营销宣传等技能。它以"茶文化""茶艺与茶道一""茶艺与茶道二""市场营销学"课程的学习为基础。

该课程是依据"休闲服务与管理专业工作任务与职业能力分析表"中茶文化服务、茶馆、高端茶企业服务工作项目设置的。本课程设计思路是以培养学生的职业能力素养为重点,立足于学生的认知特点,根据茶产业的发展以及事茶人对茶产品的追求,设计开发的课程。

该门课程总学时为 32 学时,建议学分为 2 分,执笔人为温燕。

二、课程目标

通过课程教学,学生应了解茶产业发展现状,熟悉茶产品市场需求;培养学生能根据不同季节茶的特点,以及不同人群喜好,进行选茶、用茶,设计开发出不同季节、适合不同人群的茶礼品或袋泡茶品,并进行包装和营销茶产品的能力。

具体而言,通过本课程的教学使学生达到以下职业能力目标:

● 能准确把握茶产业发展现状及茶产品需求特点;
● 能熟练、完整地进行春季茶礼的设计、包装、营销;
● 能熟练、完整地进行夏季茶礼的设计、包装、营销;
● 能熟练、完整地进行秋季茶礼的设计、包装、营销;
● 能熟练、完整地进行冬季茶礼的设计、包装、营销;
● 能熟练、完整地进行养生类袋泡茶的设计、包装、营销;
● 能熟练、完整地进行功能性袋泡茶的设计、包装、营销。

三、课程内容和要求

课程以市场需求为基准,根据不同季节、不同茶品的特点,根据行业企业的建议,从实际职业工作任务要求出发,结合学生认知和学习的一般规律选取教学内容。

序号	工作任务/项目	知识内容与要求		建议学时
		理论	实践	
1	茶产业发展趋势	●茶产业国内外发展现状 ●茶产品发展现状 ●茶产品发展趋势	●调研茶产品的现状	4

序号	工作任务/项目	知识内容与要求		建议学时
		理论	实践	
2	茶礼	●茶礼发展现状	●调研茶礼的现状	2
3	春季茶礼	●茶礼设计 ●茶礼包装 ●茶礼营销宣传	●以某一茶为代表进行茶礼设计、包装、营销宣传	4
4	夏季茶礼	●茶礼设计 ●茶礼包装 ●茶礼营销宣传	●以某一茶为代表进行茶礼设计、包装、营销宣传	4
5	秋季茶礼	●茶礼设计 ●茶礼包装 ●茶礼营销宣传	●以某一茶为代表进行茶礼设计、包装、营销宣传	4
6	冬季茶礼	●茶礼设计 ●茶礼包装 ●茶礼营销宣传	●以某一茶为代表进行茶礼设计、包装、营销宣传	4
7	袋泡茶	●袋泡茶发展现状	●调研袋泡茶的发展	2
8	养生类袋泡茶	●掌握茶礼设计原则 ●掌握茶礼包装技巧 ●掌握茶礼营销技巧	●以某一茶为代表进行茶礼设计、包装、营销宣传	4
9	功能类袋泡茶	●掌握茶礼设计原则 ●掌握茶礼包装技巧 ●掌握茶礼营销技巧	●以某一茶为代表进行茶礼设计、包装、营销宣传	4

四、考核评价

考核的结果致力于体现学生学习的结果以及力图体现学生的进步，因此打破传统的结果式考核，以过程性考核为主。过程性考核主要通过学生四次茶礼设计、营销、包装等以及 PPT 的小组作业为主，期末考核以袋泡茶的设计营销收入及 PPT 汇报为主。每一季节茶产品设计占 20%；平时课堂表现占 20%。

评分标准：主要分展示和分享两个环节进行。

五、课程资源及使用要求

（一）师资条件要求

师资方面，本课程是专业性极强的课程，整个教学团队由具有国家"高级茶艺师"职业资格及以上的专任教师和茶道美学经验丰富的行业兼职教师两部分组成。

（二）实训教学条件要求

校内的茶艺实训基地中，用于茶道美学的元素非常丰富多样，如，多次茶艺大赛的获奖作品、多次茶文化活动的图片、视频，诸多茶文化资深客座教授等。同时，校外诸多茶文化实习基地，更为学生提供了大量茶道美学的实践机会。

（三）教材选用

目前关于茶产品开发方面的专门书籍非常少，本课程选取由教师自编讲义，结合包装设计的理论，进行教学。

本课程的师资由具有国家级高级别职业资质的专业教师和茶产品发展行业经验丰富的兼职教师共同组成；选用的参考书籍方面，除去上述的主要参考书外，要求学生大量阅读国内外知名茶文化方向的专家学者所编撰的相关专业书籍和相关杂志。同时，要求学生积极地利用发达的网络信息和微信平台。

六、课程实施建议及其他说明

茶产品课程非常强调学生对市场的了解以及自主创意开发和设计，因此激发学生了解市场和开发的想象和联想，培养学生对于艺术的敏感度非常重要。基于此，本课程将情景教学法贯穿于教学的全部过程，采用大量的茶文化美学作品，利用图片、视频等作为教学的重要资料和手段，强化学生对于茶道美学的感性认识，培养和提升学生的茶道审美能力。

休闲服务与管理专业"日韩茶道"课程标准

一、课程性质

该课程是休闲服务与管理专业学生的岗位选修课之一，目标是扩充学生茶文化知识体系，了解日本茶道和韩国茶道基本知识和操作。

该课程是依据休闲服务与管理专业茶文化人才培养的知识和技能要求，以培养高标准的茶文化职业人才为目标，在了解和掌握中国传统茶文化和茶艺技能的基础上，增设日韩茶道选修课程。通过该课程了解日本茶道和韩国茶道的历史、发展现状、流派、寓意、基本操作等，培养学生多方面了解茶文化知识和内涵，提升自我职业素养和个人修养。

该课程总学时为 40 学时，建议学分为 2 分，执笔人为邵淑宏。

二、课程目标

通过课程教学，学生应了解日本茶道和韩国茶道基本知识和操作，扩充茶文化知识体系，并与中国茶文化、茶艺与茶道、茶席设计、插花艺术等课程有机结合，更好地提升自我综合职业素养和个人修养。

具体而言，通过本课程的教学使学生达到以下职业能力目标：

（一）知识目标

了解日本茶道和韩国茶道发展史、现状和精神内涵（寓意）。

（二）能力目标

掌握日本茶道和韩国茶道主流流派基本操作，学会组织布置日韩茶道茶会。

（三）素质目标

提升美学鉴赏能力，融会贯通日韩茶道和中国茶道精神，提升综合职业素养。

三、课程内容和要求

课程从提升学生综合职业素养和个人修养为目标，根据日韩茶道特性，开展专题化教学。

序号	工作任务/项目	知识内容与要求	技能内容与要求	建议学时
1	日本茶道历史	●日本茶道的起源 ●日本茶道的发展史 ●日本茶道的影响	●日本茶道的起源与中国的关系 ●日本茶道的发展史与影响之间的关系	4
2	日本茶道精神与流派介绍	●日本茶道精神与千利休 ●日本茶道流派介绍	●日本茶道创始人 ●日本茶道精神在现代社会的体现 ●日本不同流派的特征与差异	4

序号	工作任务/项目	知识内容与要求	技能内容与要求	建议学时
3	日本茶室布置	●日本茶室和庭院介绍 ●布置日本茶室	●日本茶室和庭院介绍及其寓意 ●根据日本茶道对茶室的基本要求布置茶室	4
4	日本基础茶道练习	●日本煎茶道——丸盆点前练习	●茶室布置 ●前期准备（器具、物料、服装等） ●操作流程和要领	4
5	日本基础茶道练习	●日本煎茶道——角盆点前练习	●茶室布置 ●前期准备（器具、物料、服装等） ●操作流程和要领	4
6	韩国茶道历史	●韩国茶道的起源 ●韩国茶道的发展史 ●韩国茶道的影响	●韩国茶道的起源与中国的关系 ●韩国茶道的发展史与影响之间的关系	4
7	韩国茶道精神与茶会布置	●韩国茶道精神 ●韩国茶道主流茶会布置	●韩国茶道精神与日本茶道和中国茶道精神异同点 ●韩国茶道茶会布置要求（茶席、茶具、茶点）	4
8	韩国茶道练习	●韩国主流茶道练习	●茶室布置 ●前期准备（器具、物料、服装等） ●操作流程和要领	4
9	韩国茶道练习	●韩国主流茶道练习	●茶室布置 ●前期准备（器具、物料、服装等） ●操作流程和要领	4
10	日韩茶道茶会交流	●茶会布置 ●茶会	●茶会布置要领 ●前期准备（器具、物料、服装等） ●茶会流程和注意事项 ●茶会交流	4

四、考核评价

考核的结果致力于了解学生掌握日韩茶道和基础操作的情况，因此考核主要由平时项目成绩和最后综合展示的成绩组成，具体分配如下。

学生总成绩＝项目单元成绩平均分（40%）＋期末综合展示评价（40%）＋平时成绩（20%）

五、课程资源及使用要求

（一）师资条件要求

师资方面，本课程会邀请学习日本茶道或韩国茶道多年，并一直在进行日韩茶道授课和传播的教师担任课程主要教师。

（二）实训教学条件要求

日韩茶道对茶室的要求较高，与中国茶道的茶室布置差异较大，如果条件允许希望建设一个可用于教学的日韩茶道室。如建设有困难，可在原有中国茶文化实训室的基础上简易改造成日韩茶道室。

（三）教材选用／编写

因日本茶道和韩国茶道涉及的内容比较广，但教学的内容因学时的限制比较基础，目前市场可供选择的书籍不够，与我们课程的匹配度也不高，建议使用自编教材。

六、课程实施建议及其他说明

教学项目（或学习情境）设计建议：

项目1　日本茶道历史

● 教学目标：让学生掌握以下知识点：①日本茶道起源和发展；②日本茶道与中国茶道的关系。

● 工作任务：能够较好掌握日本茶道的发展史。

● 活动设计：视频学习与理论讲解结合。

● 课后练习与任务：了解日本茶道起源的历史背景。

项目2　日本茶道精神与流派介绍

● 教学目标：让学生掌握以下知识点：①日本茶道精神；②日本各个流派特点。

● 工作任务：能够区分不同流派的差异。

● 活动设计：小组讨论，分析每个流派的异同点。

● 课后练习与任务：网络学习各个流派的操作视频。

项目3　日本茶室布置

● 教学目标：让学生掌握以下知识点和技能：①日本茶室、庭院特点；②根据日本茶道对茶室的基本要求布置茶室。

● 工作任务：布置日本茶室。

● 活动设计：项目制，把布置茶室作为一个项目去实施。

● 课后练习与任务：查阅不同日本茶室风格，拓展美学素养。

项目4　日本煎茶道——丸盆点前练习

● 教学目标：让学生掌握以下技能：掌握日本煎茶道——丸盆点前练习流程和操作。

● 工作任务：完整地展示日本煎茶道——丸盆点前练习流程和操作。

● 活动设计：操作练习，教师示范指导。

● 课后练习与任务：加强日本煎茶道——丸盆点前操作练习。

项目5　日本煎茶道——角盆点前练习

● 教学目标：让学生掌握以下知识点：掌握日本煎茶道——角盆点前练习流程和操作。

● 工作任务：完整地展示日本煎茶道——角盆点前练习流程和操作。

● 活动设计：操作练习，教师示范指导。

● 课后练习与任务：加强日本煎茶道——角盆点前操作练习。

项目6　韩国茶道历史

● 教学目标：让学生掌握以下知识点：①韩国茶道的起源和发展；②韩国茶道与中国茶道之间的关系。

● 工作任务：能够较好地掌握韩国茶道的发展史。

● 活动设计：小组讨论。

● 课后练习与任务：分析中国茶道、日本茶道和韩国茶道之间的关系、异同点。

项目7　韩国茶道精神与茶会布置

● 教学目标：让学生掌握以下知识点和技能：①韩国茶道精神；②布置韩国茶道茶会。

● 工作任务：了解韩国茶道精神与中国茶道精神的异同点，学会布置韩国茶会。

● 活动设计：项目制，布置韩国茶会。

● 课后练习与任务：韩国茶会与佛教的关系。

项目8　韩国茶道操作练习

● 教学目标：让学生掌握以下技能：韩国茶道基本操作技能和流程。

● 工作任务：完整地展示韩国茶道的操作和流程。

● 活动设计：小组展示韩国茶道。

● 课后练习与任务：加强韩国茶道练习。

项目9　日韩茶道茶会交流

● 教学目标：让学生掌握以下技能：①组织日韩茶道茶会；②展示基本日韩茶会技能。

● 工作任务：布置日韩茶道茶会，展示日韩茶道。

● 活动设计：布置茶会，综合展示。

● 课后练习与任务：分享日韩茶道学习心得体会。

休闲服务与管理专业"企业经营与管理"课程标准

一、课程性质

"企业经营与管理"是休闲服务与管理专业茶文化的岗位选修课，是一门基础性、实践性、综合性地介绍茶文化企业经营与管理概况的专业课程。目标是让学生掌握企业经营与管理的能力。它以"市场营销学""茶文化""茶艺与茶道""茶会活动策划"等众多基础课程的学习为基础。

该课程是依据"休闲服务与管理专业工作任务与职业能力分析表"中的活动策划工作项目设置的。其总体设计思路是，以学生的认知特点为基准，以课程内容和性质为依据，以中国企业经营管理调查报告项目为依托，根据时代发展不断调整优化，组建课程模块，实施"课堂+实地认知+情景体验"的教学模式，整合教学资源、序化教学内容。项目设计以企业经营与管理为线索来进行。教学过程中，要通过校企合作，校内实训基地建设等多种途径，采取工学结合、半工半读等形式，充分开发学习资源。教学效果评价采取过程评价与结果评价相结合的方式，通过理论与实践相结合，重点评价学生的职业能力。

该门课程的总学时为 40 学时，建议学分为 2 分，执笔人为温燕。

二、课程目标

从认识国内外茶文化企业发展为基础，熟悉一个茶文化企业规划、筹建的过程，掌握茶文化企业的组织机构，市场营销推广技巧，企业客户管理、员工管理技巧以及企业内部服务、产品设计。

通过本课程的教学，学生应达到以下职业能力目标：

- 能准确把握国内外茶文化企业发展现状及趋势；
- 能准确对茶文化企业进行调研并分析发展现状；
- 能准确把握市场构建一个茶文化企业；
- 能完整地对茶文化企业进行登记、注册，完成各项前期工作；
- 能完整地构建一个企业的组织结构；
- 能有效地开展企业的营销推广；
- 能有效地进行休闲场所的客户关系管理；
- 能有效地管理企业员工；
- 根据不同行业与需求设计服务流程。

三、课程内容和要求

为使学生掌握企业经营与管理的知识与技能，本课程根据企业实例和工作过程分析，设立与岗位工作密切相关的 7 个方面的学习情境，围绕企业真实案例开发了 9 个训练项目。

序号	工作任务/项目		知识内容与要求		建议学时
			理论	实践	
1	茶文化企业认知		●国内外茶文化企业发展现状及特点	●调研国内外茶文化企业的发展趋势	4
2	茶文化企业规划与筹建	●茶文化企业规划	●企业定位、调研	●调研某茶文化企业的定位、内容	4
3		●茶文化企业筹建	●资金筹措、登记注册、选址定位的方法	●实践企业资金筹措方法及登记注册步骤	4
4	茶文化企业组织结构		●组织结构设计、企业组织结构构架、组织结构形式	●厘清实习企业的组织结构；构建自己创业企业的结构	6
5	茶文化企业市场营销	●企业营销	●企业营销策略	●设计本企业营销策略	6
6		●会员营销	●会员营销方法	●营销本企业会员	4
7	茶文化企业客户管理	●客户管理	●客户管理方法及技巧	●设计管理流程	6
8	企业员工管理	●员工管理	●日常管理、沟通技巧、奖惩、冲突管理等	●案例分析及解决	6
9	企业服务设计	●服务设计	●服务流程设计	●设计企业服务流程	4

四、教学评价

考核的结果致力于体现学生学习的结果以及力图体现学生的进步，因此打破传统的结果式考核，转为分阶段分层次地逐步逐层考核；并不仅仅对学生掌握的理论知识进行考核，更重要的是对学生掌握技能的程度、对紧急事件的灵活机动处理能力、对情感态度的把握和控制、对人际交往经营能力以及团队合作精神等的全面评价。

注重过程考核和结果考核，考核 = 过程考核（完成项目、任务程度）40% + 自我对比进步程度 5% + 团队合作精神 10% + 灵活程度与沟通能力 5% + 结果考核 40%。

五、课程资源及使用要求

（一）师资条件要求

企业的横向与纵向关联产业较多，涉及面非常广，因此任课教师不仅仅对企业有深入理解，也应对企业文化有广泛的了解；对时代发展潮流保持敏感，能够将国外企业文化现代观念与中国现代消费方式相融合；同时，对相关领域如休闲、运动、艺术有相当程度的理解。任课教师为具有中高级职称的、相关行业企业经验较为丰富，且同时具有中高级职业资格的教师。

"企业经营管理"课程教学团队由专任教师和行业兼职教师组成。专任教师阶段性深入相关行业企业，掌握行业发展动态，进一步修炼和创新动手操作能力；行业兼职教师，分时段为学生授课，大力提升教育教学能力；通过各自发挥优势形成理论与实践优势互补、不断前进发展的教学团队，达到同时大力提升学生的文化修养与操作能力的目的。

（二）实训教学条件要求

校外拥有多种企业实训基地，数量多、级别高，如中国农业科学院茶叶研究所、杭州湖畔居茶楼、上海月圆圆、梅家坞茶村、龙井茶村、宁波致清堂茶文化有限公司、研茶园等，为校企合作、工学合作、学生实习提供大量实践岗位。

目前已经建有茶文化实训教室和审评室、茶艺实训基地，拥有多种材质和形状的茶具，如紫砂、玻璃、盖碗等，以及体现时代特征的玻璃小壶配套茶具与茶器；拥有20多种我国名优茶样和大量学生练习用茶，以及其他所需的设施设备。

（三）教材选用

教材选定为2009年科学出版社出版的《现代企业经营与管理》，陈春泉等编著，是全国高等院校工商管理系列教材。

1. 教材选用/编写

［1］彭星波.企业（俱乐部）经营管理实务［M］.北京：化学工业出版社，2007.

作者在借鉴专业资料和收集行业资讯的基础上，结合多年实际工作经验，对企业（俱乐部）的投资、建设、管理、运营及服务等方面进行了一定深度的探讨和研究，其中许多见地和所修订编制的文件，具有较大的实际意义和较高的参考价值。

［2］邹统钎.中外俱乐部经营与管理经典案例［M］.北京：旅游教育出版社，2006.

［3］周爱东.茶馆经营与管理实务［M］.北京：中国商业出版社，2007.

［4］黄小石.企业设计［M］.沈阳：辽宁科学技术出版社，2004.

［5］广州贝思图书出版公司.俱乐部和企业［M］.福州：福建科学技术出版社，2010.

［6］锋铁文化传播.灵感塑造空间：企业篇（建筑与景观设计系列）［M］.大连：大连理工大学出版社，2011.

［7］佳图文化.顶级企业［M］.天津：天津大学出版社，2011.

［8］刘光亚，鲁岗.企业设计1［M］.北京：中国建筑工业出版社，2006.

［9］香港视界国际出版有限公司.尚流企业［M］.福州：福建科学技术出版社，2011.

［10］翟东晓.企业娱乐/学院公共空间［M］.大连：大连理工大学出版社，2007.

2. 网站类

［1］http：//www.chinaclubchengdu.com/——中国企业

［2］http：//www.tzyoga.com/——天竺瑜伽

六、课程实施建议及其他说明

立足于对学生的充分了解，尊重认知的基本规律，将多元智能法充分应用于授课环节，以情境教学法为基本教学法，以实地考察法为辅助教学法，以项目、任务驱动和案例教学法为主要教学法，为学生创造恰当的企业环境氛围，使学生既有感性认知，又有理性认识，强化其亲身感受所带来的重要影响作用，综合运用发现问题、小组讨论、情境演练、点评法等多种方法，提高教学实效。

休闲服务与管理专业"管理学基础"课程标准

一、课程性质

本课程是休闲专业的专业茶文化方向的岗位选修课，也是休闲场馆服务与管理岗位群的战略核心课程。培养目标是使学生掌握从事服务管理、休闲活动策划、休闲业市场营销以及相关客户服务人员所需知识与能力。它是进一步学习"企业经营管理"等课程的基础。

该课程是依据"休闲服务与管理专业工作任务与职业能力分析表"中的企业经营管理工作项目设置的。其总体设计思路是，打破以知识传授为主要特征的传统学科课程模式，转变为以工作任务为中心组织课程内容，并让学生在完成具体项目的过程中学会完成相应工作任务，并构建相关理论知识，发展职业能力。课程内容突出对学生职业能力的训练，理论知识的选取紧紧围绕工作任务完成的需要来进行，同时又充分考虑了高等职业教育对理论知识学习的需要，旅游新业态与"旅游+"新形态下"大旅游"产业发展对理论知识学习的要求，坚持立德树人，注重思想政治教育贯穿教学始终，融合了学生综合素质提升、创新创业能力培养、学生可持续发展的要求。课程教学主要以休闲场所管理人员、茶会活动策划等职业岗位需求和创业需求为导向，以管理学基础知识为核心，结合时代发展趋势，重点培养学生对管理的理解、领悟和运用能力；为培养学生的管理能力奠定坚实的基础。

该门课程的总学时为40学时，建议学分为2分，执笔人为康保苓。

二、课程目标

（一）知识目标

"管理学基础"是一门实践性和理论性、科学性和艺术性兼而有之的应用性学科，该课程旨在让学生树立现代管理的思想观念，掌握和运用管理学的基本原理和方法，提高自身的管理素质。

（二）能力目标

培养和提高学生的理论素质和实践技能，并通过实践技能训练，提高学生的实践能力、创新精神，具备良好的沟通能力、经营管理能力、创新能力和职业能力，为学生就业打下坚实的理论基础和职业基础。

（三）素质目标

在系统地掌握管理学的基本理论、方法技能的基础上，培养学生从事计划、组织、领导和控制等工作的综合管理技能，为成为新时期的经营管理人员打好基础。

三、课程内容和要求

按照职业教育的培养目标，强化实践教学的环节，在学生掌握必要的理论知识的前提下，通过案例、实验教学、观察、模拟练习等方式加深对"管理学基础"理论知识的理解，并且积极创造机会让教师与学生实地观摩，实际运用学到的理论知识，从而实现理论教学与实践教学的有机结合。

"管理学基础"课程主要分为管理总论、管理理论的演进、计划与决策、组织领导协调、控制创新这五大模块。

序号	工作任务/项目	知识内容与要求	技能内容与要求	建议学时
1	认识管理	●管理总论	●管理概述 ●管理学六项基本原理	4
2	管理历史	●管理理论的演进	●早期管理思想 ●古典管理理论 ●现代管理理论丛林	10
3	管理前技能	●计划与决策	●计划职能 ●决策职能	8
4	管理中技能	●组织领导协调	●组织职能 ●领导职能	12
5	管理后技能	●控制创新	●控制职能 ●创新创业	6
		总计		40

本课程有 8 个实践学时，安排如下：6 个实践学时为全班分为若干个创业管理团队，参加校级挑战杯或校级创业大赛，从中领悟团队管理的计划、组织、协调和控制职能的运用；2 个实践学时观看纪录片《公司的力量》，并撰写管理感悟。实践学时穿插在理论学时中完成。

四、考核评价

考核的结果致力于体现学生学习的结果以及力图体现学生的进步，因此打破传统的结果式考核，转为分阶段分层次的逐步逐层考核，并不仅仅对学生掌握的理论知识进行考核，更重要的是对学生掌握技能的程度、对紧急事件的灵活机动处理能力、对情感态度的把握和控制、对人际交往经营能力以及团队合作精神等的全面评价。

考核 = 完成项目、任务程度 60% + 自我对比进步程度 15% + 团队合作精神 15% + 灵活程度与沟通能力 10%。

五、课程资源及使用要求

（一）师资条件要求

"管理学基础"课程教学团队由专任教师和行业兼职教师组成，专任教师阶段性深入相关行业企业，掌握行业发展动态，进一步修炼和创新动手操作能力；茶行业中高层管理人员是本门课程的兼职教师，行业经验丰富，分时段为学生授课，大力提升管理学教育教学能力；通过各自发挥优势形成理论与实践优势互补、不断前进发展的教学团队，达到同时大力提升学生的管理修养与操作能力的目的。

（二）实训教学条件要求

实训条件和教学场所有多媒体教室等，以便于教师进行视频教学和学生情景模拟开展。

（三）教材选用

1. 教学资源库建设

● 管理知识点试题库。收集整理浙江省专升本考试 1998~2010 年《管理学基础》全部试题及标准答案，建立《管理学基础》知识点试题库，作为讨论题和课后作业，引导学生反复训练答题技巧及管理思维模式。

● 管理游戏与情境案例库。据北京大学光华管理学院 MBA 实战课题研究表明，适用于管理学的课堂游戏近 100 个，结合章节挑选雨点协奏曲协调游戏、猎狗与猎人的激励思想、察言观色沟通领导能力等五种管理游戏，在课堂上师生互动参与管理游戏，有助于学生对管理技能的灵活运用。

● 管理偶像和创业实践管理资源库。以学校举办的挑战杯创业大赛和历届创业大赛为契机，分成若干个团队参赛，从中总结创业管理经验，形成创业实践资源库。管理偶像库选择刘邦、马云等数百个管理偶像。

2. 书籍类

[1] 芮明杰. 管理学 [M]. 上海：上海人民出版社，2005.

[2] 冯国珍，王云玺. 管理学 [M]. 上海：复旦大学出版社，2006.

[3] 孙永正. 管理学 [M]. 北京：清华大学出版社，2006.

[4] 韩庆林，韩红，崔影慧. 管理学 [M]. 南京：南京大学出版社，2005.

[5] 卿志琼. 管理学 [M]. 北京：旅游教育出版社，2009.

3. 网站类

[1] http：//v.ku6.com/playlist/index_3346908.html——管理学网络教程

[2] http：//jpkc.njau.edu.cn/management/——南京农业大学管理学精品课程

[3] http：//unit.cug.edu.cn/2007jpkc/glxgj2/course_ge.htm——中国地质大学管理学精品课程

[4] http：//newera.my169.com/index.html——新元管理网：工商企业管理的理论与实践的探索

[5] http：//bbs.pinggu.org/——人大经济论坛

[6] http：//www.ceconlinebbs.com/——世界经理人互动社区

4. 报纸杂志类

《管理世界》《科研管理》《中国软科学》《科学学研究》《外国经济与管理》《南开管理评论》《管理科学学报》《研究与发展管理》《管理科学》《管理工程学报》《中国管理科学》《科学管理研究》《管理评论》《经济管理》《公共管理学报》《科技进步与对策》《管理现代化》《科技管理研究》。

六、课程实施建议及其他说明

（一）实施建议

以项目为载体实施教学，项目选取要科学，项目之间的逻辑结构清晰，并成系列，能支撑课程目标的实现。突出职业能力的培养与提高，同时要考虑可操作性。

（二）教学项目（或学习情境）设计

情境 1　管理总论教学项目设计

项目	工作任务/项目	知识点	训练或工作项目	教学重点	教学情境与教学设计	建议学时
情境1：管理总论	1.管理概述	管理的概念、职能、角色和技能	管理学科体系和学科性质	管理学科体系	启发式教学法 问题式教学法 任务驱动式教学法	4
	2.管理学六项基本原理	系统原理、人本原理、能级原理、责任原理、权变原理、效益原理、信息原理	能级原理	权变原理、效益原理	启发式教学法 问题式教学法 讨论式教学法	

情境 2　管理理论的演进教学项目设计

项目	工作任务/项目	知识点	训练或工作项目	教学重点	教学情境与教学设计	建议学时
情境2：管理理论的演进	1.早期管理思想	泰勒、法约尔、韦伯的个人、组织、社会的管理思想	早期管理思想代表人物和代表观点	泰勒、法约尔、韦伯	情境教学法 讨论教学法 任务驱动法 对比分析法	10
	2.古典管理理论	马斯洛的需要层次论	结合个人实际说明	马斯洛	情境体验法 多媒体教室 行业人士讲授	
	3.现代管理理论丛林	管理理论丛林的学派名称和主要观点	列表分析	孔茨、西蒙	讨论教学法 对比分析法 多媒体教室	

情境 3　计划与决策教学项目设计

项目	工作任务/项目	知识点	训练或工作项目	教学重点	教学情境与教学设计	建议学时
情境3：计划与决策	1.计划职能	计划的层次体系	计划的编制与执行	计划的编制	启发式教学法 情境教学法 讨论教学法	8
	2.决策职能	决策的概念理解；决策的特征：选择性、目标性、动态性、目标性	决策过程	决策原则与决策者的素质；决策方法	问题式指导、启发式指导、讨论分析指导、任务项目驱动；在老师的指导下，学生分组有选择地讨论如何进行有效决策等	

情境 4　组织领导教学项目设计

项目	工作任务/项目	知识点	训练或工作项目	教学重点	教学情境与教学设计	建议学时
情境4：组织领导	1.组织职能	组织概念；组织结构设计；组织力量的整合	了解组织结构设计的基本过程；熟悉各种常见的组织结构形式	激励的技巧	情境教学法古今管理典故管理游戏	12
	2.领导职能	领导；激励；沟通	理解授权的重要性，会集权与分权的关系，了解权力分配中常见的错误及对应策略	沟通的技能；掌握领导的艺术	情境教学法视频教学讨论分析法	

情境 5　控制创新教学项目设计

项目	工作任务/项目	知识点	训练或工作项目	教学重点	教学情境与教学设计	建议学时
情境5：控制创新	1.控制职能	控制概述；控制应用与方法；质量控制	了解控制的作用；理解基本的控制类型及其适用特点；掌握创新的概念、类型和创新的六项突破点	掌握控制的基本前提与控制的基本原则	讨论教学法情境教学法	6
	2.创新创业	创新概述；技术创新；管理创新	理解人们反对控制的原因、表现形式和管理者对待人们抵制控制的方法	培养技术创新和管理创新的顿悟	《公司的力量》纪录片	

休闲服务与管理专业"中国传统文化"课程标准

一、课程性质

该课程是休闲服务与管理专业学生的岗位选修课之一，目标是让学生掌握中国传统文化知识，提升传统文化素养。

该课程是依据休闲服务与管理专业茶文化人才培养的知识和技能要求，注重从高等职业教育的人才培养目标为切入点，以学生的人文知识拓展和人文素养培养为基本目标，以培养学生的职业能力素养为重点，将中国传统文化与行业及时代发展动态相结合，夯实学生的传统文化素养，并与茶文化产业的发展紧密结合。同时，立足于学生的认知特点和实践能力，突出课程的人文性、综合性，整合教学资源、序化教学内容，强调科学性、知识性、趣味性相统一，强调贴近学生生活；体例上由"情境导入""案例欣赏""点击核心""知识链接""互动平台""网上冲浪"等模块构成；为了体现职业教育教材特色和操作性教学特点，十分注意培养学生的高尚的审美情趣、传统的人文精神、浓厚的伦理观念等。

鉴于中国传统文化博大精深，在教学过程中分为不同的专题进行授课。运用课堂讨论辩论、教师示范演练、观赏优秀作品、学后感分享等训练方法，精心设计，力求体现教材的针对性和可操作性。注重引导学生开展各种教学实践和社会实践，使学生在课程教学与实践中提高自己的职业能力和职业素养。

该课程总学时为 40 学时，建议学分为 4 分，执笔人为张春丽。

二、课程目标

通过课程教学，学生应系统地提升传统文化素养，并与专业能力需要的茶文化、茶艺与茶道、茶席设计、插花艺术等课程有机结合，为更好地学习、传承、弘扬茶文化、振兴茶产业的发展奠定基础。

通过本课程的教学，学生应达到以下职业能力目标：

（一）知识目标

激发学生学习中国传统文化的兴趣，增加学生在传统文化方面的积累和精神积淀。让学生掌握并传承中国传统文化的基本精神，了解中国传统哲学、文学、宗教文化精髓，扩大学生视野，读懂更多的经典名著名篇，熟悉中国古代的艺术、科技、文化成果，弘扬中国传统礼仪、风俗及美食文化。

（二）能力目标

学于内而形于外，让学生能从文化的视野分析、解读当代社会的种种现象，能把内在的文化素养在言行举止中体现出来。将科学精神和人文精神相结合，吸取中国传统文化精髓，学会做人。处理人与人、人与社会之间的关系。增强学生民族自尊心、自信心、自豪感。享受中国文化最辉煌的饕餮盛宴。开阔学生视野，提高文化素养。

（三）素质目标

具有对中国传统文化的热爱敬畏之情，具有强烈的民族精神、人文精神、科学精神，具有较好的审美情趣和审美能力。围绕学生的"人文精神"和"职业能力"培养，引导学生在本课程的学习中，不断提高社会能力、方法能力，使自己成为有职业素质、职业能力和可持续发展能力的现代职业人。

三、课程内容和要求

课程从提升学生人文素养和职业能力出发，结合行业企业的需要，从实际职业工作任务要求出发，开展专题化教学。

序号	工作任务/项目	知识内容与要求	技能内容与要求	建议学时
1	生命的律动：中国传统哲学	●中国传统哲学的发展演进 ●中国传统哲学中的民族精神	●中国传统哲学的类型及特征 ●中国传统哲学中的民族精神的体现	4
2	心灵的家园：中国传统宗教	●中国原始宗教 ●中国传统佛教 ●中国传统道教 ●伊斯兰教	●中国原始宗教的发展、特征 ●中国传统佛教的发展、特征 ●中国传统道教的发展、特征 ●伊斯兰教的发展、特征	4
3	修身齐家的法则：中国传统伦理道德	●中国传统伦理思想 ●中国传统道德规范 ●中国传统修身之道与理想人格	●中国传统伦理思想的内容和主旨 ●中国传统道德规范的内容 ●中国传统修身之道与理想人格的内容及当今应用	4
4	大国的风范：中国传统礼仪制度	●中国传统的五礼 ●中国传统的婚姻习俗 ●中国传统的丧葬习俗	●五礼的内容 ●传统的婚姻习俗的特征 ●传统丧葬习俗的内容	4
5	多彩的生活：中国传统衣食住行	●中国传统服饰 ●中国传统饮食 ●中国传统建筑 ●中国古代的交通工具 ●中国传统节日	●中国传统服饰的特色 ●中国传统饮食的特点 ●中国传统建筑文化 ●中国古代的交通工具的类型、特点 ●丰富多彩的传统节日	4
6	岁月的烙印：中国传统的节日	●中国传统节日	●传统节日的由来、习俗	4
7	诗意的栖居：中国传统文学	●中国传统文学	●中国传统文学的类型和特色	4
8	艺苑的奇葩：中国传统艺术	●多姿多彩的传统艺术	●传统艺术的起源、特色、代表作	4
9	先民的创造：中国传统科学技术	●中国传统天文历法 ●中国传统医药学 ●中国传统数学 ●中国传统科技发明	●中国传统天文历法代表性成就 ●中国传统医药学代表性成就 ●中国传统数学代表性成就 ●中国传统科技发明	4
10	至善的境界：中国传统教育、科举	●中国传统教育 ●中国古代科举制度	●中国传统教育的形式、内容、特征 ●中国古代科举制度的发展	4
共计	40			

四、考核评价

考核的结果致力于体现学生学习的结果以及力图体现学生的进步，因此打破传统的结果式考核，转为分项目单元的考核。考核的主体来自校内教师和班里的学生。考核的参照由基础的考勤、作业、实训、平时表现扩充为校内外各类相关考证、比赛取得的成果，参加课程相关的创新创业、社会实践等活动，这些皆作为平时考核分。

学生总成绩 = 平时考核分（50%）＋项目单元成绩平均分（20%）＋期末理论评价（30%）

期末考查形式：理论考试。

五、课程资源及使用要求

（一）师资条件要求

师资方面，本课程教学团队由具有文学、历史学等专业背景的博士、教授组成，充分利用校内的茶文化实训基地、丰富多彩的校园文化生活和广阔的校外博物馆、历史街区、名人故居、传统文化体验场所等，加深学生对传统文化的学习认识、掌握和运用。

（二）实训教学条件要求

学校为国家 4A 级国际旅游教育体验区，校园本身就是 4A 级旅游景区，还拥有古宅遂园和浙江旅游博物馆，其本身的设计呈现就是中国古典园林的再现；同时，学校位于南宋古都杭州，众多的历史遗存和典雅的江南风韵，都是课程得天独厚的实训场地。

（三）教材选用

本课程选取梁国楹的《中国传统文化教程》作为课程的主要参考书籍。此外，鉴于传统文化涉及面非常广，推荐学生翻阅大量传统文化的书籍和参考学习的网站，以支撑课程目标的实现，突出职业能力的培养与提高。

六、课程实施建议及其他说明

（一）课程实施建议

首先，在课堂教学上，注重启发式教学，开展案例教学、仿真教学、情景教学、讨论教学等。其次，与学校社团、茶艺工作室活动相结合，开展传统文化知识讲座，进行传统文化知识竞赛、开展茶文化推广活动。再次，与社会课堂相结合，如利用寒暑假社会实践要求学生发掘家乡的传统文化，并写出相应的论文。最后，与校园文化建设相结合。校园的建筑都有含义深刻的名字，它们都可以从传统文化的宝库中找到渊源、出处。具体教学项目设计如下：

项目 1　生命的律动：中国传统哲学

● 教学目标：让学生掌握以下知识点：①中国传统哲学的发展演进；②中国传统哲学中的民族精神。

● 工作任务：能够较好地掌握中国传统哲学的精髓和民族精神。

● 活动设计：小组讨论。

● 课后练习与任务：联系实际分析中国传统哲学的精髓和民族精神。

项目2 心灵的家园：中国传统宗教

●教学目标：让学生掌握以下知识点：①中国原始宗教的发展、特征；②佛教的发展、特征；③中国传统道教的发展、特征；④伊斯兰教的发展、特征。

●工作任务：能够区别不同的宗教。

●活动设计：课前小组准备、汇报。

●课后练习与任务：传统宗教的特色、著名的宗教圣地。

项目3 修身齐家的法则：中国传统伦理道德

●教学目标：让学生掌握以下知识点：①中国传统道德规范的内容；②中国传统伦理思想的主旨；③中国传统修身之道与理想人格的内容及当今应用。

●工作任务：了解传统的和当今的道德模范。

●活动设计：小组准备，分享案例。

●课后练习与任务：结合实际说明中国传统伦理道德的当代价值。

项目4 大国的风范：中国传统礼仪制度

●教学目标：让学生掌握以下知识点：①五礼的内容；②传统的婚姻习俗的特征；③传统丧葬习俗的内容。

●工作任务：了解五礼和传统的婚姻、丧葬习俗。

●活动设计：小组分享案例。

●课后练习与任务：查阅资料进行本项目的知识拓展。

项目5 多彩的生活：中国传统衣食住行

●教学目标：让学生掌握以下知识点：①中国传统衣食住行的内涵；②中国传统衣食住行的文化内涵；③中国主要少数民族服饰、饮食风俗。

●工作任务：区分各个时期的服饰差别。

●活动设计：课前小组汇报。

●课后练习与任务：我国传统衣食住行的文化内涵有哪些？

项目6 岁月的烙印：中国传统节庆活动

●教学目标：让学生掌握以下知识点：①中国传统的节日及其活动；②中国二十四节气及其风俗；③中国少数民族的主要活动；④中国传统服务的演变。

●工作任务：策划中国传统节日的各项活动、策划少数民族的主要的节庆活动。

●活动设计：课前小组汇报、活动策划方案。

●课后练习与任务：我国传统的节日有哪些？其主要的民俗与活动是什么？

项目7 诗意的栖居：中国传统文学

●教学目标：让学生掌握以下知识点：①中国传统文学题材的形式、特点；②不同文学题材的代表名家和名作赏析。

●工作任务：名作赏析。

●活动设计：小组准备、汇报代表文学名家和名作赏析。

●课后练习与任务：1.阅读古典文学名作。

2.撰写对某一诗词的鉴赏心得。

项目 8　艺苑的奇葩：中国传统艺术

●教学目标：让学生掌握以下知识点：①中国传统艺术的形式、特点；②不同艺术的代表名家和名作赏析。

●工作任务：名作赏析。

●活动设计：小组准备、汇报代表艺术名家和名作赏析。

●课后练习与任务：拓展对传统艺术的了解和感悟。

项目 9　先民的创造：中国传统科学技术

●教学目标：让学生掌握以下知识点：①中国传统天文历法代表性成就；②中国传统医药学代表性成就；③中国传统数学代表性成就；④中国传统科技发明。

●工作任务：掌握传统科学技术的主要成就。

●活动设计：课前小组汇报。

●课后练习与任务：查阅资料进行传统科学技术的知识拓展。

项目 10　至善的境界：中国传统教育、科举

●教学目标：让学生掌握以下知识点：①中国传统教育的形式、内容、特征；②中国古代科举制度的发展。

●工作任务：了解古代有名的教育家及教育思想。

●活动设计：课前小组汇报。

●课后练习与任务：结合实际谈谈传统教育思想的当代应用。

（二）课程其他说明

课程拥有大量丰富翔实的理论和实践资料，如书籍类，有龚鹏程所著《中国传统文化十五讲》，齐士怀著《中国传统文化常识》，张应杭、蔡海榕著《中国传统文化概论》第 2 版，侯金广著《中国传统文化在现代生活中的应用》等。还有诸多的网站，如中国传统文化网、中国传统文化论坛网、中国民俗网、国学网等。

休闲服务与管理专业"中国休闲文化"课程标准

一、课程性质

该课程是休闲服务与管理专业的岗位选修课,是依据"休闲服务与管理专业工作任务与职业能力分析表"中的文化休闲工作项目设置的。目标是让学生掌握指导他人更好地领悟和欣赏中国的传统休闲文化的能力。它是进一步学习"茶会活动策划""茶艺与茶道"等课程的基础。

该课程的总体设计思路是:以学生文化素养、学习能力、认知能力培养为重点,同时密切关注时代发展动态,关注产业需求,使得课程能够充分融入产业、迎合产业,重点培养企业所需要的相关知识要点、能力素质,充分挖掘学生的主动性和创造性;根据每一教学单元的知识、能力和技能在实际职业工作中出现的频度、内容的难度和要求掌握的程度来合理安排学时。课程设计充分考虑了高等职业教育对理论知识学习的需要,旅游新业态与"旅游+"新形态下"大旅游"产业发展对理论知识学习的要求,坚持立德树人,注重思想政治教育贯穿教学始终,同时融合了学生综合素质提升、创新创业能力培养、学生可持续发展的要求。根据授课对象的文化知识素养、自我学习能力以及学习兴趣,同时参考本专业相关就业岗位的知识、能力、素质要求,选取课堂教学内容。通过案例展示、情景模拟、小组讨论等多种形式的课堂教学对学生进行文化素养和学习能力、认知能力的培养。

该课程的总学时为40学时,建议学分为2分,执笔人为康保苓。

二、课程目标

(一)知识目标

通过该课程的学习,学生需掌握中国饮食文化休闲、中国中医养生文化、中国传统节庆活动、中国的酒文化、茶文化、中国古代琴棋书画、花鸟鱼虫等传统休闲文化、中国古代游戏竞技、古代诗词文化等知识点。能够了解中国传统休闲文化的精髓并知晓与西方休闲文化的根本差异。能够在今后顶岗实习和就业中胜任传统休闲活动策划、传统休闲艺术展示展览策划、古代游戏竞技活动策划等岗位。

(二)能力目标

- 能够看菜识别其所属菜系;
- 能够策划中国传统节日的各项活动;
- 能够策划少数民族的主要的节庆活动;
- 能够看茶识别种类;
- 能够策划一场简单的传统酒俗活动;

- 能够基本鉴赏中国古代的陶瓷器皿；
- 能够掌握围棋的基本规则和下法；
- 掌握中国古代书画欣赏的要领；
- 能够掌握鸟的选择和饲养的基本要领；
- 能够掌握观赏鱼的选择和饲养要领；
- 能够策划古代游戏竞技的活动。

（三）素质目标

具有创新精神，具有文化自信，在茶艺茶道展示、产品营销、活动策划、企业经营管理过程中体现出良好的职业素养和对行业发展的敏感度。

三、课程内容和要求

序号	工作任务/项目	知识内容与要求	技能内容与要求	建议学时
1	中国休闲文化概述	●休闲的内涵 ●中国传统的主要休闲方式 ●中西休闲文化的差异及其原因	●无	2
2	中国饮食休闲文化	●中国菜系的分类 ●中国四大菜系介绍 ●中国餐饮特点 ●中西餐饮文化差异及其原因	●能够看菜识别其所属菜系	2
3	中国服饰休闲文化	●中国传统服饰的演变 ●中国传统服饰的文化内涵 ●中国主要少数民族服饰	●无	2
4	中国传统节庆活动	●中国传统的节日及其活动 ●中国二十四节气及其风俗 ●中国少数民族的主要活动	●能够策划中国传统节日的各项活动 ●能够策划少数民族的主要的节庆活动	2
5	中国传统医学与养生	●中医概况及主要理论 ●中医的主要诊断方法 ●中医的主要养生及治疗手段 ●中国养生文化的形成 ●中国养生文化的主要理论 ●中国主要的文人养生法	●无	2
6	中国的酒文化	●酒的起源 ●酒的分类 ●酒的器具 ●酒的礼俗 ●酒的诗文和掌故	●能够策划一场简单的传统酒俗活动	2
7	中国的手工艺文化	●陶器与瓷器的差异 ●陶器的历史 ●我国著名的陶器 ●瓷器的历史 ●我国著名的瓷都及其产品特色 ●我国传统的四大名绣 ●玉的作用 ●玉雕的种类 ●牙雕的特点 ●木雕的种类和特点	●能够基本鉴赏中国古代的陶瓷器皿	6

续表

序号	工作任务/项目	知识内容与要求	技能内容与要求	建议学时
8	中国古代的琴棋书画	●古琴的文化 ●中国古代四大名琴 ●名曲的鉴赏 ●中国围棋的形成与发展 ●围棋的基本规则和下法 ●围棋的哲学内涵 ●中国书法的形成与发展 ●中国书法的种类 ●中国书法的欣赏 ●中国绘画的特点 ●中国绘画的欣赏	●能够掌握围棋的基本规则和下法 ●掌握中国古代书画欣赏的要领	12
9	中国古代的花鸟鱼虫	●中国古代花文化的内容和内涵 ●中国十大名花 ●中国鸟文化内涵 ●鸟的选择和饲养 ●中国鸟文化的继承和发展 ●中国鱼文化的形成 ●中国鱼文化的功能 ●鱼的选择和饲养 ●我国的三大鸣虫 ●鸣虫的蓄养器具 ●鸣虫文化的继承与发展	●能够掌握鸟的选择和饲养的基本要领 ●能够掌握观赏鱼的选择和饲养要领	6
10	中国古代的游戏竞技	●角力类游戏 ●技巧类游戏 ●智力类游戏 ●博彩类游戏	●能够策划古代游戏竞技的活动	4
11	中国古代的诗词文化	●诗词的发展简史 ●诗词的鉴赏 ●诗词与休闲	●无	2

四、考核评价

本课程的考核方式为课堂表现考核＋作业及课件考核＋笔试考核，其比重分别为20%、40%和40%，期末考试形式为笔试。

五、课程资源及使用要求

（一）师资条件要求

必须有相关专业背景，知识面广，对中国休闲文化具有广泛深入的了解，具有一定的行业经历。

（二）实训教学条件要求

校内实训场所要有多媒体教室，茶文化实训中心；校外文化企业。

（三）教材选用

1. 刘艳双. 休闲文化欣赏［M］. 北京：北京理工大学出版社，2016.

2. 学习参考书

［1］刘婷. 民俗休闲文化论［M］. 昆明：云南人民出版社，2008.

［2］胡伟希，陈盈盈. 追求生命的超越与融通（儒道禅与休闲）［M］. 昆明：云南人民出版社，2005.

［3］吴小龙. 适性任情的审美的人生（隐逸文化与休闲）［M］. 昆明：云南人民出版社，2004.

［4］李立. 看似逍遥的生命情怀（诗词与休闲）［M］. 昆明：云南人民出版社，2004.

［5］柴毅龙. 畅达生命之道（养生与休闲）［M］. 昆明：云南人民出版社，2004.

3. 信息化教学资源

本课程开设了专门的课程 QQ 平台，在 QQ 共享空间中可以找到教学大纲、多媒体课件、相关教学单元的教学视频、课程习题库等，学生可以通过该平台进行查找和下载。

六、课程实施建议及其他说明

（一）实施建议

由于中国休闲文化的博大精深，中国传统休闲方式的多样，因此建议该课程的教学采用专题形式的授课，即将每一授课单元看成一个专题，每一专题在课前让学生以 3~4 人为一团队，负责相关知识和内容的收集，并在课前进行汇报，这样一方面能调动学生主动学习的积极性，另一方面能够培养其团队协作和动手的能力。

（二）教学项目（或学习情境）设计

项目 1 中国休闲文化概述（2 学时）

• 教学目标：让学生掌握以下知识点：①休闲的内涵；②中国传统的主要休闲方式；③中西休闲文化的差异及其原因。

• 工作任务：能够较好掌握中西休闲文化差异及其原因。

• 活动设计：无。

• 相关知识：①休闲的内涵；②中国传统的主要休闲方式；③中西方休闲文化的差异及其形成原因。

• 课后练习与任务：中西方休闲文化的差异及其原因。

项目 2 中国饮食休闲文化（2 学时）

• 教学目标：让学生掌握以下知识点：①中国菜系的分类；②中国四大菜系介绍；③中国餐饮特点；④中西餐饮文化差异及其原因。

• 工作任务：能够看菜识别其所属菜系。

• 活动设计：课前小组汇报、看图识别菜系。

• 相关知识：①中国菜系的分类；②中国四大菜系介绍；③中国餐饮特点；④中西餐饮文化差异及其原因。

• 课后练习与任务：我国四大菜系及其代表名菜。

项目 3　中国服饰文化（2 学时）

●教学目标：让学生掌握以下知识点：①中国传统服饰的演变；②中国传统服饰的文化内涵；③中国主要少数民族服饰的分类。

●工作任务：基本区分各个时期的服饰差别。

●活动设计：课前小组汇报。

●相关知识：①中国传统服务的演变；②中国传统服饰的文化内涵；③中国主要少数民族服饰的分类。

●课后练习与任务：我国传统服饰的文化内涵有哪些？

项目 4　中国传统节庆活动（2 学时）

●教学目标：让学生掌握以下知识点：①中国传统的节日及其活动；②中国二十四节气及其风俗；③中国少数民族的主要活动。

●工作任务：策划中国传统节日的各项活动、策划少数民族的主要的节庆活动。

●活动设计：课前小组汇报、活动策划方案。

●相关知识：①中国传统的节日及其活动；②中国二十四节气及其风俗；③中国少数民族的主要活动。

●课后练习与任务：我国传统的节日有哪些？其主要的民俗与活动是什么？

项目 5　中国传统的医学与养生（2 学时）

●教学目标：让学生掌握以下知识点：①中医概况及主要理论；②中医的主要诊断方法；③中医的主要养生及治疗手段；④中国养生文化的形成；⑤中国养生文化的主要理论；⑥中国主要的文人养生法。

●工作任务：无。

●活动设计：课前小组汇报、养生馆项目的布置。

●相关知识：①中医概况及主要理论；②中医的主要诊断方法；③中医的主要养生及治疗手段；④中国养生文化的形成；⑤中国养生文化的主要理论；⑥中国主要的文人养生法。

●课后练习与任务：中医养生的主要方法和理论。

项目 6　中国的酒文化（2 学时）

●教学目标：让学生掌握以下知识点：①酒的起源；②酒的分类；③酒的器具；④酒的礼俗；⑤酒的诗文和掌故。

●工作任务：策划一场简单的传统酒俗活动。

●活动设计：课前小组汇报、传统酒俗活动设计。

●相关知识：①酒的起源；②酒的分类；③酒的器具；④酒的礼俗；⑤酒的诗文和掌故。

●课后练习与任务：酒的礼俗有哪些？

项目 7　中国的工艺文化（6 学时）

●教学目标：让学生掌握以下知识点：①陶器与瓷器的差异；②陶器的历史；③我国著名的陶器；④瓷器的历史；⑤我国著名的瓷都及其产品特色；⑥我国传统的四大名绣；⑦玉的特点与作用；⑧玉雕的种类；⑨牙雕和木雕的特点和种类。

- 工作任务：看图鉴赏中国古代的陶瓷器皿。
- 活动设计：课前小组汇报。
- 相关知识：①陶器与瓷器的差异，②陶器的历史；③我国著名的陶器；④瓷器的历史；⑤我国著名的瓷都及其产品特色；⑥我国传统的四大名绣；⑦玉的特点与作用；⑧玉雕的种类；⑨牙雕和木雕的特点和种类。
- 课后练习与任务：①陶瓷的差异有哪些？②陶瓷的鉴赏途径有哪些？

项目 8　中国古代的琴棋书画（12 学时）

- 教学目标：让学生掌握以下知识点：①古琴的文化；②中国古代四大名琴；③名曲的鉴赏；④中国围棋的形成与发展；⑤围棋的基本规则和下法；⑥围棋的哲学内涵；⑦中国书法的形成与发展；⑧中国书法的种类；⑨中国书法的欣赏；⑩中国绘画的特点与欣赏。
- 工作任务：掌握围棋的基本规则和下法、掌握中国古代书画欣赏的要领。
- 活动设计：课前小组汇报。
- 相关知识：①古琴的文化；②中国古代四大名琴；③名曲的鉴赏；④中国围棋的形成与发展；⑤围棋的基本规则和下法；⑥围棋的哲学内涵；⑦中国书法的形成与发展；⑧中国书法的种类；⑨中国书法的欣赏；⑩中国绘画的特点与欣赏。
- 课后练习与任务：①围棋的哲学思想有哪些？②中国绘画的特点有哪些？

项目 9　中国古代的花鸟鱼虫（6 学时）

- 教学目标：让学生掌握以下知识点：①中国古代花文化的内容和内涵；②中国十大名花；③中国鸟文化内涵；④鸟的选择和饲养；⑤中国鸟文化的继承和发展；⑥中国鱼文化的形成；⑦中国鱼文化的功能；⑧鱼的选择和饲养；⑨我国的三大鸣虫；⑩鸣虫文化的继承与发展。
- 工作任务：掌握鸟的选择和饲养的基本要领、掌握观赏鱼的选择和饲养要领。
- 活动设计：课前小组汇报。
- 相关知识：①中国古代花文化的内容和内涵；②中国十大名花；③中国鸟文化内涵；④鸟的选择和饲养；⑤中国鸟文化的继承和发展；⑥中国鱼文化的形成；⑦中国鱼文化的功能；⑧鱼的选择和饲养；⑨我国的三大鸣虫；⑩鸣虫文化的继承与发展。
- 课后练习与任务：鸣虫文化是我国的一大特色，有人认为它是我国的国粹之一，理应发扬光大；但也有人认为它是糟粕，是纨绔子弟们一种消磨时间的方式，并且逐渐沦为赌博的一种工具。对于这个问题，你怎么看？

项目 10　中国古代的游戏竞技（4 学时）

- 教学目标：让学生掌握以下知识点：角力类游戏、技巧类游戏、智力类游戏和博彩类游戏的主要内容及游戏规则。
- 工作任务：策划古代游戏竞技的活动。
- 活动设计：课前小组汇报、分组古代游戏竞技活动的策划。
- 相关知识：角力类游戏、技巧类游戏、智力类游戏和博彩类游戏的主要内容及游戏规则。
- 课后练习与任务：我国民间游戏竞技中的休闲价值体现在哪些方面？

项目 11　中国古代的诗词文化（2 学时）

● 教学目标：让学生掌握以下知识点：①诗词的发展简史；②诗词的鉴赏；③诗词与休闲。

● 工作任务：撰写对某一诗词的鉴赏心得。

● 活动设计：课前小组汇报。

● 相关知识：①诗词的发展简史；②诗词的鉴赏；③诗词与休闲。

● 课后练习与任务：撰写对某一诗词的鉴赏心得。

餐饮管理专业课程标准

一、培养目标

基于餐饮管理专业的特点、岗位需求及学生职业能力养成规律，通过"双主体"校企合作以及全程产学交叉的运行机制，培养学生具备优良职业素养和良好的职业道德，既掌握系统的餐饮管理相关知识又具备餐饮门店运营管理能力和一定的烹饪操作能力。能胜任餐饮连锁企业、大型餐饮集团、中高档餐厅的管理、服务、生产一线的高素质、应用型人才。人才培养的短期目标是为专业对口企业培养一线的门店店长、总部的职能专员、楼面经理，并通过一定的积累让学生在 5~10 年通过自身努力能走上对应企业的中高层岗位。

二、主干课程

餐饮连锁经营与管理、中西式烹饪工艺、快餐制作与管理、餐厅服务与礼仪、餐饮门店运营管理等。

三、职业定位

餐饮连锁企业门店店长、餐饮连锁总部企划、人事、加盟等职能管理岗位、自主创业老板、中职校餐饮管理教师等。

餐饮管理专业"餐饮连锁经营与管理"课程标准

一、课程性质

本课程是餐饮管理专业的一门必修课程。该课程是培养餐饮连锁企业领班、主管和门店经理必需的技能课程。其功能在于通过本课程学习使学生了解餐饮连锁的总部、加工中心、门店三大职能中心。能运用管理学、营养学、食品卫生法、会计学等相关知识进行门店管理、策划餐饮促销活动、设计原料采购验收体系、制定厨房生产与卫生安全标准、初步设计餐厅各岗位的服务流程、核算餐饮成本、处理客户投诉,具备从事餐饮连锁企业管理的基本职业能力。餐饮连锁经营与管理课程秉承"学习的内容是工作、通过工作完成学习内容"的原则,将组建并管理一家餐饮企业的整个工作过程,以"典型工作任务"为载体,设计学习情境,反映出工作对象、工具、工作方法、劳动组织方式和工作要求等。通过任务引领型的项目活动,学生能掌握餐饮管理技能和相关专业知识,具有诚实、守信、善于沟通和合作的品质,热爱本职工作,为其职业能力的发展打下良好的专业基础。

该课程总学时为 144 学时,建议学分为 8 分,执笔人为史涛。

二、课程目标

学生通过对本课程全面系统的实务学习,将有效地提高餐饮管理的综合能力,强化理论与实践的结合,强化餐饮应用能力和行业针对性。使学生了解、熟悉餐饮连锁企业、社会餐饮企业经营的基本运行模式、所面对的经营环境、目标消费者类型及其需求、日常管理的内容及其路径、运营的流程与环节及其控制的方法,都将起到重要的作用。

(一)知识目标

通过学习,学生应掌握连锁这种商业模式的起源和发展,餐饮连锁企业的总部、加工配送中心、门店等职能利润部门,熟悉餐饮连锁经营的主要经营流程和运作体系,为今后进一步学习相关课程打下知识基础。

(二)能力目标

能根据餐饮连锁企业的规模设计组织机构,熟悉厨房的组织机构;能够完成一份完整的菜单设计;能够签订采购合同;能够实际完成一次完整的原料采购与验收;能够提出绩效考核的合理化建议;能够制定厨房的作业流程;能够运用相关法规提出食物中毒事故解决的方法;能够进行菜肴的畅销分析和盈利分析;能够完成一份主题餐饮营销策划方案的撰写;能够制定餐厅收银员工作流程及标准;会填写和分析餐饮成本控制的系列营业日报表。

（三）素质目标

学生具有广博的知识面，扎实的理论基础，勤于动手和动脑的习惯，具备创新意识，能成为餐饮连锁企业的复合型人才。

三、课程内容和要求

序号	项目	课程内容与要求		建议学时
		理论	实践	
1	管理学原理篇	了解现代管理学的发展历程，主要管理学派的重要思想和成果。了解管理的四大基本职能	能准确地理解管理的本质，熟练地掌握管理的四大基本职能。知道企业管理的计划层次、控制的主要类型；现代组织权变因素和领导力与领导方式权变	36
2	餐饮连锁总部管理之连锁体系的设计	餐饮连锁总部的主要职能和组织架构，为学生以后能与总部较好地沟通打下基础	总部的决策能力、战略能力。总部的组织管理能力。学生通过学习和调研能很好地理解餐饮连锁总部这一职能部门	12
3	餐饮连锁总部管理之门店选址与开发	连锁加盟的运作，门店选址为学生将来能完成特许加盟工作打下基础	商圈选址能力、门店评估能力；市场调研能力和熟悉连锁加盟流程	12
4	餐饮连锁总部管理之人力资源规划	餐饮连锁企业人力资源的工作的主要内容。对员工的薪酬体系设计和绩效考核知识要求熟悉	熟悉餐饮连锁企业的薪酬体系设计，了解如何对员工进行绩效考核。为今后从事人力资源工作打下基础	12
5	餐饮连锁总部管理之菜品研发与标准化管理	标准化的重要性与意义，什么是标准化	能熟悉验收标准，了解菜品的加工过程，了解菜肴加工过程中的关键点控制	12
6	餐饮连锁加工配送中心管理	加工配送中心的采购管理、仓储管理、配送管理和生产加工知识，为学生今后的工作打下基础	能准确掌握供应商议价和评估能力，熟悉采购和验货流程。基本掌握配送中心的选址能力	12
7	餐饮连锁门店管理之餐厅服务现场管理	餐厅服务和流程 餐厅突发事件的处理。餐饮连锁门店客户服务的内容，客户投诉的处理	能准确地制定餐厅服务流程，对突发事件有基本的处理能力。能基本熟悉门店客户服务的内容、方式和策略。熟悉客户投诉的处理	14
8	餐饮连锁门店管理之卫生安全管理	厨房的卫生和作业 餐厅的卫生和作业	能准确地制定餐厅和厨房的卫生安全流程，能基本准确地运用相关法规提出食物中毒事故解决的方法	10
9	餐饮连锁门店管理之原料与设备管理	了解储藏室的设计要求，了解各种食品原料在储存环境下的基本要求，掌握食品原料的发放控制方法	能熟悉制定食品原料的储存与发放制度	10
10	餐饮连锁门店管理之财务管理	学会货币资金、现金收银、财务日报表和月报表的分析。门店的各种成本控制	能具备现金管理能力和财务报表的分析能力、成本控制能力	12

四、考核评价

在考核方式上，采用形成性与终结性评价相结合的闭卷考试、大型作业、技能测试、阶段测试、课程论文、调研报告等多种考核方式。增加过程性成绩比重，增加考勤、作业、实训、平时表现等在成绩中的比重，合理确定过程性成绩在总成绩的比重，由原先的不超过 40% 提高为不低于 50%。改革考核评价制度，支持学生以参加校内外各类考证、比赛取得的成果，以参加校内外优质网络课程、网络学习资源取得的结业证书，以参加创新创业、社会实践等活动以及发表论文、获得专利授权等与专业学习、学业要求相关的经历、成果，申请校内相关课程的免修（免考），折算为学分，计入学业成绩。

五、课程资源及使用要求

（一）师资要求

"餐饮连锁经营与管理"课程的教学团队由双师型教师和专兼职教师组成。任课教师均具有中级以上职称，同时具有较为丰富的行业经验，餐饮管理专业背景；实践指导、比赛指导等方面能力突出。

（二）实训教学条件要求

杭州知味观与星巴克集团为餐饮管理专业的合作办学企业，结合本课程的实际要求，将所拥有众多门店提供给学生作为本课程的实训场所。

（三）教材选用

教材选用的是北京大学出版社出版的蔡万坤编著的《餐饮管理》和上海复旦大学出版社出版的《管理学》，结合教师自编讲义。

六、课程实施建议及其他说明

（一）教学建议

1. 重视学生在校学习与实际工作的一致性，有针对性地采取工学交替、任务驱动、项目导向、课堂与实习地点一体化等行动导向的教学模式。

2. 根据课程内容和学生特点，灵活运用案例分析、分组讨论、角色扮演、启发引导教学方法，引导学生积极思考、乐于实践，提高教学效果。

3. 在教学过程中，要重视餐饮管理方面新技术、新工艺、新设施设备的发展趋势，贴近市场，采取工学交替的教学模式，着眼学生职业生涯的发展，致力于培养学生对餐饮管理工作的兴趣，积极引导学生提升自身职业素养和职业道德水平。

（二）教学评价

$$学期教学评价 = 过程评价 50\% + 阶段评价 50\%$$

过程评价：课堂答问、作业、课堂纪律。

阶段评价：期末笔试。

餐饮管理专业 "快餐制作与管理" 课程标准

一、课程性质

"快餐制作与管理"课程是餐饮管理专业的一门必修课,是让学生掌握快餐制作技能和管理。它是以"中西式烹调工艺"课程的学习为基础,也是进入企业实践学习的基础。

该课程总体设计思路是,打破以知识传授为主要特征的传统学科课程模式,转变为以工作任务为中心组织课程内容,并让学生在完成具体项目的过程中学会完成相应工作任务,并构建相关理论知识,发展职业能力。课程内容突出对学生职业能力的训练,理论知识的选取紧紧围绕工作任务完成的需要来进行,同时又充分考虑了高等职业教育对理论知识学习的需要,并融合了相关职业资格证书对知识、技能和态度的要求。该课程项目设计以餐饮管理与服务冷菜制作为线索来进行。教学过程中,通过校企合作,校内实训基地建设等多种途径,采取工学结合、半工半读等形式,充分开发学习资源。教学效果评价采取过程评价与结果评价相结合的方式,通过理论与实践相结合,重点评价学生的职业能力。

本课程总学时为 128 学时,建议学分为 8 分,执笔人为史涛。

二、课程目标

"快餐制作与管理"课程目标是用"以学生发展为本"的理念,培养餐饮管理与服务工艺专业的学生成为餐饮业或生产领域的高端技能应用型人才,使学生掌握快餐制作的工艺原理及管理,具有相应的餐饮管理与服务热菜和冷菜制作的操作技能,具有专业岗位群需要奠定的技术和技能基础,能适应行业用人单位的需要。

（一）知识目标

- 能熟悉快餐的基本概念及特点;
- 能掌握传统食品快餐化的方法;
- 能熟悉厨房设备和工具的用途;
- 能掌握西式快餐制作的基础流程;
- 能掌握快餐产品的成本控制方法。

（二）能力目标

- 通晓冷热房各种原料的特性及初步加工和用途;
- 能够制作蛋类、家禽类、肉肠类、谷物类等快餐食品;
- 能够制作各类快餐所使用的面包;
- 具有食品卫生与安全控制能力;

- 能够正确使用和保养冰箱等设备；
- 了解餐饮管理与服务热房菜品的英文名称；
- 具有较强的理解力、沟通能力和一定的内部协调能力、公关能力；
- 具有快餐产品质量管理知识和能力。

（三）素质目标

- 良好的心理素质和吃苦耐劳的精神；
- 较强的人际沟通能力；
- 阳光的人文气质；
- 良好的职业习惯；
- 较强的团队协作能力；
- 具有自我学习、自我提高的能力。

三、课程内容和要求

为使学生掌握"快餐制作与管理"的知识与技能，课程通过模块教学单元，采用任务教学。

序号	工作任务/项目	课程内容和要求		建议学时
		理论	实践	
1	快餐概述	●快餐的基本概念及特点 ●传统产品的快餐化 ●快餐市场类型 ●能了解快餐的基本概念及特点 ●了解传统产品的快餐化；了解快餐市场的类型		4
2	快餐产品安全与质量控制	●快餐产品安全与质量的基本概念 ●快餐产品质量管理的基础知识 ●快餐企业质量与安全管理体系的建立 ●掌握快餐产品安全与质量的基本概念 ●掌握快餐产品质量管理的基础知识 ●了解快餐企业质量与安全管理体系的建立		4
3	快餐产品设计	●快餐产品的设计特点 ●快餐产品的关键因素 ●快餐生产工艺体系 ●能准确说出快餐产品的设计特点 ●能说出快餐产品关键因素 ●能说出快餐生产工艺体系	●能够熟练掌握快餐产品筛选原则及快餐产品设计特点及方法；灵活运用操作技术设计快餐产品	6
4	快餐产品直接成本控制	●快餐产品直接成本控制内容 ●快餐产品直接成本控制方法 ●熟悉快餐产品直接成本控制的意义及内容 ●了解快餐产品直接成本控制的方法 ●熟悉快餐产品直接成本控制内容方法进行生产管理	●能掌握快餐产品直接成本控制的生产流程 ●能掌握快餐产品成本的核算 ●能运用快餐产品直接成本控制的方法进行生产管理	6
5	快餐机械设备特点	●常见中式、西式快餐机械设备用途及使用维护 ●了解中西式快餐机械设备的用途及维护与使用	●能够掌握常见的设备及生产流水线的种类、用途、主要结构特点和操作维护保养知识	4

序号	工作任务/项目	课程内容和要求		建议学时
		理论	实践	
6	快餐产品的包装设计	●快餐产品包装特点 ●快餐产品包装要求 ●快餐产品包装的发展趋势 ●了解快餐产品的包装特点 ●了解快餐产品包装基本要求 ●了解快餐产品的包装特点	●能掌握快餐产品包装的六大特点 ●能熟悉快餐包装的基本要求 ●熟悉快餐产品包装的未来发展趋势	4
7	中式快餐产品的制作	●快餐制作的基本技术 ●传统快餐产品的快餐化特点及方法 ●根据产品特点及加工条件来制作快餐的方法	●能掌握主食、菜品、汤、粥、小吃的等快餐产品的制作 ●能掌握传统产品的快餐化方法	30
8	西式快餐产品的制作	●西式快餐产品的分类 ●主餐类产品的基本制作 ●配餐、饮料的生产制作 ●了解快餐企业实现产品快餐化的过程及措施 ●了解西式快餐产品的分类方法 ●了解主餐类产品的基本制作技术 ●了解配餐、饮料的生产制作	●能熟悉快餐企业实现产品快餐化的过程及措施 ●能熟悉西式快餐产品的分类方法 ●能熟悉主餐类产品的基本制作技术 ●能熟悉配餐、饮料的生产制作方法	40
9	快餐新产品的的研发	●快餐新产品的研发知识 ●快餐新产品研发的流程和产品研发的方法 ●了解快餐新产品的研发知识 ●了解快餐新产品的研发流程	●能熟悉影响快餐新产品的研发因素 ●能熟悉新产品的研发流程和产品研发的方法	30

四、考核评价

在考核方式上，采用形成性与终结性评价相结合的闭卷考试、大型作业、技能测试、阶段测试、课程论文、调研报告等多种考核方式。增加过程性成绩比重，增加考勤、作业、实训、平时表现等在成绩中的比重，合理确定过程性成绩在总成绩的比重，由原先的不超过40%提高为不低于50%。改革考核评价制度，支持学生以参加校内外各类考证、比赛取得的成果，以参加校内外优质网络课程、网络学习资源取得的结业证书，以参加创新创业、社会实践等活动以及发表论文、获得专利授权等与专业学习、学业要求相关的经历、成果，申请校内相关课程的免修（免考），折算为学分，计入学业成绩。

五、课程资源及使用要求

（一）"快餐制作与管理"课程的教学团队

由双师型教师和专兼职教师组成。任课教师均具有中级以上职称，同时具有较为丰富的行业经验，餐饮管理专业背景，实践指导、比赛指导等方面能力突出。

（二）实训教学条件要求

杭州知味观与星巴克集团为餐饮管理专业的合作办学企业，结合本课程的实际要求，将所拥有众多门店提供给学生作为本课程的实训场所。

（三）教材选用

"快餐制作与管理"课程开设选用的是高等教育"十一五"规划教材，2010年4月，科学出版社出版的何江红主编的《快餐产品设计与制作》，高职高专餐饮管理与服务类专业系列教材。

六、课程实施建议及其他说明

1. 理实合一

理论和实践有机的统一，交替进行，理论部分以够用为准，并结合实践操作进行讲解。

（1）理论讲解：通过多媒体、图片、实物、仿真场景、真实场景等辅助完成。

（2）教师操作演示教学：学生通过观看了解产品制作方法、步骤、注意事项。

（3）学生实训练习：学生2～3人为一小组进行实际操作，任课教师现场指导。（根据教学品种复杂程度和耗时长短，可安排教师全程演示后学生实训，或教师演示和学生实训分步骤交叉进行，或学生独立实训等方式。）

2. 工学交替

学生在完成一定阶段的学习后，利用假期和课余时间到企业顶岗锻炼——实习，进行工作实践，获得实战经验，缩短毕业适应期。

3. 产教结合

学生在完成一定阶段的学习后，结合一些较为简单的产品进行实际生产，以强化职业技能，提升职业素养，磨炼心理素质，以提高今后工作的快速适应能力。

餐饮管理专业
"餐饮连锁企业门店开发与设计"课程标准

一、课程性质

"餐饮连锁企业门店开发与设计"课程是餐饮管理与服务专业的职业技术课程。该课程是培养餐饮连锁企业领班、主管和门店经理必需的门店开发与设计技能课程。其功能在于通过本课程学习使学生了解餐饮连锁门店的环境分析,连锁门店装饰设计以及连锁门店的形象设计、商品陈列等相关知识技能。能运用所学的管理学、运筹学和形象设计学等知识,对一家门店从可行性研究到门店选址,直至最后门店的成立开业做出专业性的判断和决策。

餐饮连锁企业门店开发与设计课程秉承"创新思维主导设计,设计体现人本理念"的原则,将设计和开发一家餐饮连锁门店的整个工作过程,以"工作任务"为载体,设计学习情境,从而完成设计的可行性分析,门店选址,内外部设计,CIS形象设计,到门店的开业等各项任务内容。教学过程中,要结合校外企业参观实践,工学结合,充分开发学习资源。教学效果评价采取过程评价与结果评价相结合的方式,通过理论与实践相结合,重点评价学生的职业能力。通过相关设计实践,使学生能掌握门店内外部设计,具有初级设计创新思维,为其日后在工作中门店拓荒、建立打下良好的专业基础。

本课程总学时为64学时,建议学分为4分,执笔人为史涛。

二、课程目标

(一)知识目标

学生通过对本课程全面系统的理论学习,有效提高餐饮门店开发与设计的综合能力,强化理论与实践的结合,强化餐饮开发、拓展的应用能力。使学生熟悉餐饮连锁企业可行性的分析,门店的选址,内外部的设计,CIS形象的设计,以及门店的开业、庆典策划,对一家连锁门店的开业建设有全面、系统的深入了解,并熟悉餐饮连锁门店相关的业务操作,并为今后进一步学习相关课程打下知识基础。

(二)能力目标

能对餐饮连锁门店的开发、投资做可行性分析报告;能够做好商圈调查;能够做好门店的选址和评估;能够对门店的外部形象做设计;能够对店名做设计;能够对照片做设计;能够对门店的橱窗和门脸做设计。能够对门店的内部装潢做设计;能够制定门店的CIS设计;掌握对门店商品陈列的技巧;能了解门店的开业庆典的相关手续和策略。

（三）素质目标

学生具有门店开发的相关专业知识，扎实的理论基础，具有创新思维，并敢于把新知识新创意运用到门店实际工作中。

三、课程内容和要求

为使学生掌握餐饮门店开发与设计的相关知识和技能，课程通过"餐饮连锁门店开发投资可行性分析"等 8 个教学单元，采用多媒体课堂教学和实践考察等教学方法实施教学。

序号	项目	课程内容和要求		建议学时
		理论	实践	
1	连锁门店开发与设计概述	●了解连锁门店的特征，类型，发展趋势 ●样板店的相关概念	●能全面了解连锁门店的特征 ●会对连锁门店的业态做调查和分析 ●知道样板店的作用和建立程序，设置know-how体系	4
2	餐饮连锁门店开发投资可行性分析	●餐饮连锁门店可行性研究 ●可行性环境分析 ●投资分析及评价	●了解门店开发投资环境的类型和特征 ●掌握环境分析的内容和方法 ●能对门店开发做出专业的经济财务评价	8
3	餐饮连锁门店选址	●连锁门店的开发规划，周边商圈调查 ●门店选址策略	●商圈选址能力、连锁开发规划能力 ●商圈市场调研能力，以及能够依照门店选址的原则和因素来做出详细的门店店址评估报告	24
4	餐饮连锁门店外部设计	●餐饮连锁门店的店面设计原则和风格 ●店名设计，店标和招牌设计，以及门店的门脸和橱窗设计，外部环境设计	●熟悉餐饮连锁门店的店面设计的原则和风格 ●懂得设计连锁店名 ●会设计简单的店标和招牌，了解店门，店铺橱窗，以及停车场，周边绿化的设计	4
5	餐饮连锁门店内部设计	●餐饮连锁门店的内部设计 ●门店照明和声音，色彩及其他要素的设计	●能熟悉和了解餐饮连锁门店的内部设计原理和要点 ●学会门店照明和声音的设计 ●懂得色彩的运用	4
6	餐饮连锁门店CIS设计	●CIS设计的概述 ●餐饮门店理念识别系统 ●行为识别系统，视觉识别系统，听觉识别系统	●能全面掌握CIS的相关知识内容，了解理念识别系统的作用和特点，初步构建门店行为识别系统，能做简单的视觉识别系统，会设计标志，了解门店的听觉识别系统	8
7	餐饮连锁门店商品陈列设计	●餐饮连锁门店产品陈列 ●设备设施陈列	●能对餐厅的陈列布局做设计，并且能按照相应的技巧，布置设备设置的陈列摆放，做到合理摆放，合理使用 ●产品样品展示合理有效，能吸引客人，增加消费欲望	4
8	餐饮连锁门店开业庆典策略	●餐饮连锁门店开业前准备 ●开业策略 ●店庆策略	●了解熟悉开业前的相关法律程序，做好开业前的检查和思想工作 ●懂得店庆设计，能运用店庆来增长营业额，扩大利润，提高人气和知名度	8

四、考核评价

在考核方式上，采用形成性与终结性评价相结合的闭卷考试、大型作业、技能测试、阶段测试、课程论文、调研报告等多种考核方式。增加过程性成绩比重，增加考勤、作业、实训、平时表现等在成绩中的比重，合理确定过程性成绩在总成绩中的比重，由原先的不超过40%提高到不低于50%。改革考核评价制度，支持学生以参加校内外各类考证、比赛取得的成果，以参加校内外优质网络课程、网络学习资源取得的结业证书，以参加创新创业、社会实践等活动以及发表论文、获得专利授权等与专业学习、学业要求相关的经历、成果，申请校内相关课程的免修（免考），折算为学分，计入学业成绩。

五、课程资源及使用要求

（一）"餐饮企业门店开发与设计"课程的教学团队

由双师型教师和专兼职教师组成。任课教师均具有中级以上职称，同时具有较为丰富的行业经验，餐饮管理专业背景，实践指导、比赛指导等方面能力突出。

（二）实训教学条件要求

杭州知味观与星巴克集团为餐饮管理专业的合作办学企业，结合本课程的实际要求，将其所拥有众多门店提供给学生作为本课程的实训场所。教学场所为多媒体教室、校外餐饮企业。

（三）教材选用

教材选用的是王吉方主编的《连锁企业门店开发与设计》，科学出版社出版。参考教材选用李晓辉的《连锁门店开发与选址》，中国发展出版社出版。

六、课程实施建议及其他说明

（一）教学建议

1. 重视学生在校学习与实际工作的一致性，结合目前社会餐饮连锁企业发展的现状和实际情况，增加社会实践学时，将相关优秀的门店设计与开发理念和最创新前沿的信息介绍给学生。

2. 根据课程内容和学生特点，灵活运用案例分析、分组讨论、角色扮演、启发引导教学方法，引导学生积极思考、乐于实践，提高教学效果。

3. 在教学过程中，要重视餐饮门店设计与开发方面的新技术、新工艺、新设施设备的发展趋势，贴近市场，着眼学生职业生涯的发展，积极引导学生提升自身职业素养和职业道德水平。

（二）相关资源的开发与利用

1. 着重多媒体课件的制作和运用，以提高学生的学习兴趣。

2. 通过介绍相关书籍、网站等资源，扩大学生的知识视野，补充课外学习内容。

3. 充分利用校外实践机会，在相关企业考察学习中，结合理论知识，提升各项能力，同时为学生的就业创造机会。

餐饮管理专业"中西餐烹饪工艺"课程标准

一、课程性质

该课程是餐饮管理专业的职业技术课,是"配送中心模块"的主干课程。本课程旨在培养学生从事餐饮管理工作的基本技能,初步掌握中西餐烹饪工艺的基本原理,具备中西菜肴制作的初级水平,了解菜肴创新的基本方法,为学生与将来从事的工作岗位无缝对接奠定扎实的基础,为第五、六学期到企业顶岗实习做好铺垫。

该课程是依据"餐饮管理专业工作任务与职业能力分析表"中的工作项目设置的。其总体设计思路是,采取理论与实践并进的教学模式,让学生在完成具体项目的过程中学会完成相应工作任务,并构建相关理论知识,发展职业能力。课程内容中,理论知识的选取紧紧围绕工作任务完成的需要来进行,同时又充分考虑了高等职业教育对理论知识学习的需要;实践项目的选取主要考虑具有代表性,并融合了相关职业资格证书对知识、技能和态度的要求。项目设计以中西餐厨房工作流程及工作内容为线索来进行。教学过程中,要通过校企合作,校内实训基地和生产性实训基地建设等多种途径,采取工学结合、半工半读等形式,充分开发学习资源。教学效果评价采取过程评价与结果评价相结合的方式,通过理论与实践相结合,重点评价学生的职业能力。

该课程总学时为 64 学时,建议学分为 4 分,执笔人为史涛。

二、课程目标

(一)知识目标

通过本课程的学习,学生应掌握厨房工作的职业标准、具备良好的心理素质和吃苦耐劳的精神,有自我学习和自我提高的能力,初步掌握中西餐烹饪工艺的基本原理和菜肴制作技能,为学生的岗位就业和可持续发展奠定基础。

(二)能力目标

1. 能制作具有中式烹饪特点的中餐菜肴;
2. 能熟练制作浙江菜中的代表品种;
3. 能制作具有西式烹饪特点的西餐菜肴;
4. 能熟练制作西餐的代表性菜肴;
5. 能使用中西餐常用设备,能做好日常维护;
6. 能有效控制食品卫生与安全。

(三)素质目标

1. 了解厨房加工的一般流程,能对烹饪原料进行初步处理;
2. 熟悉常见的烹调方法,了解会做常见菜肴;

3. 熟悉使用常用的烹饪设备，以及日常维护。

三、课程内容和要求

为使学生掌握中西餐烹饪工艺的基本知识与技能，课程通过厨师职业能力训练、中餐菜肴制作原理及技能、西餐菜肴制作原理及技能三个教学单元，采用多媒体课堂教学和产品实训教学，同时融"证"入"课"，以"课"为主，结合国家职业技能鉴定标准要求，实施教学。

根据专业课程目标和涵盖的工作任务要求，确定课程内容和要求，学生应获得的知识、技能与态度见下表。

序号	工作任务/项目	课程内容和要求		建议学时
		理论	实践	
1	职业能力训练	●了解厨师的职业标准 ●了解中西烹饪设备工具的使用和保养知识 ●掌握厨房生产安全知识	●快速正确按照标准穿着厨师服 ●基本能使用中西烹饪设备，挑选烹饪工具 ●按照标准整理厨房、库房 ●按照厨房安全生产法规进行生产工作	8
2	中餐菜肴制作原理及技能	●了解中餐原料初加工知识 ●了解中餐烹制的分类及原理 ●了解中餐调味的原理及基本方法 ●了解中餐装配的原理及基本方法	●会蔬菜原料的择拣、洗涤、整理和刀工处理技能 ●会动物性原料的解冻、宰杀、清洗、分档、出肉等技能 ●会上浆、挂糊、勾芡等基本技能 ●会运用炒、炸、烧等方法制作菜肴 ●会根据要求合理调味 ●会进行菜肴装盘的美化	32
3	西餐菜肴制作原理及技能	●了解西餐原料初加工知识 ●了解西餐烹制的分类及原理 ●了解西餐调味的原理及基本方法 ●了解西餐装配的原理及基本方法	●会蔬菜原料的择拣、洗涤、整理和刀工处理技能 ●会动物性原料的解冻、宰杀、清洗、分档、出肉等技能 ●会制作白色、棕色基础汤等 ●会制作清汤、浓汤和特殊汤三大类开胃汤 ●会调制基础少司 ●会制作西餐传统经典菜肴 ●会根据要求合理调味 ●会利用配菜装饰菜肴	24

四、教学评价

在考核方式上，采用形成性与终结性评价相结合的闭卷考试、技能测试、阶段测试、课等多种考核方式。增加过程性成绩比重，增加考勤、作业、实训、平时表现等在成绩中的比重，合理确定过程性成绩在总成绩的比重，由原先的不超过40%提高到不低于60%。改革考核评价制度，支持学生以参加校内外各类考证、比赛取得的成果，以参加校内外优质网络课程、网络学习资源取得的结业证书，以参加创新创业、社会实践等活动以及发表论文、获得专利授权等与专业学习、学业要求相关的经历、成果，申请校内相关课程的免修（免考），折算为学分，计入学业成绩。

五、课程资源及使用要求

（一）"中西式烹调"课程的教学团队

由双师型教师和专兼职教师组成。任课教师均具有中级以上职称，同时具有较为丰富的行业经验，烹饪工艺背景，实践指导、比赛指导等方面能力突出。

（二）实训教学条件要求

杭州知味观与星巴克集团为餐饮管理专业的合作办学企业，结合本课程的实际要求，将其所拥有众多门店提供给学生作为本课程的实训场所。

（三）教材选用

推荐教材：

戴桂宝，金晓阳.中西餐烹饪工艺［M］.北京：北京大学出版社，2014.

辅助教材：

职业技能鉴定指导＜中式烹调师＞［M］.北京：中国劳动社会保障出版社.

职业技能鉴定指导＜西式烹调师＞［M］.北京：中国劳动社会保障出版社.

六、课程实施建议及其他说明

1.教学方法要注重理实一体化。

2.教学过程要符合职业特性。

3.教学内容要呈现多元化。

4.要充分利用多媒体设备。

5.要结合校内生产性实训基地的功能。

6.要注重酒店顶岗实习的技能巩固效果。

餐饮管理专业"营养配餐"课程标准

一、课程性质

该课程是依据"餐饮管理专业工作任务与职业能力分析表"中的营养配餐工作项目设置的。其总体设计思路是，打破以知识传授为主要特征的传统学科课程模式，转变为营养配餐、科学膳食的工作任务为中心组织课程内容，并让学生在完成具体项目的过程中学会完成相应工作任务，并构建相关理论知识，发展公共膳食设计、营养配餐、公共卫生监控的职业能力。课程内容突出对学生营养配餐能力的训练，公共营养师素质的培养。理论知识的选取紧紧围绕工作任务完成的需要来进行，同时又充分考虑了餐饮连锁行业膳食卫生标准，公共人群膳食营养要求，以及国家对居民膳食的营养建议。教学过程中，通过校企合作，校内实训基地建设等多种途径，充分开发学习资源，给学生提供丰富的实践机会。教学效果评价采取过程评价与结果评价相结合的方式，通过理论与实践相结合，重点评价学生的职业能力和综合素质。

"营养配餐"是以课堂讲授法为主，运用多媒体设备，视频图片并茂，贯穿讨论法、演示法。另外，学生还需在毕业设计环节学院提供的实训周加强实践锻炼。

该门课程的总学时为 64 学时，建议学分为 4 分，执笔人为史涛。

二、课程目标

通过课程教学，学生能掌握营养相关专业知识和技能，并通过实践进一步强化学生的营养意识和健康意识，培养菜肴营养设计所需的各种能力。能够顺利完成原料的营养成分分析，能够对菜肴进行营养评价，并能对在菜点制作过程中营养的合理搭配进行分析和研究，制定食谱。

（一）知识目标

立足于餐饮连锁行业的社会需求，以及餐饮连锁企业相关标准，重点学习食品营养的基础知识、食品安全知识、食物中毒与预防、各类人群的营养、营养配餐等方面的知识，以达到营养配餐师的要求。

（二）能力目标

立足于营养配餐师的工作与实践，重点提升膳食调查与评价、人体营养状况测定、膳食指导与评估、食品营养评价、营养配餐等相关能力。

（三）素质目标

立足于营养配餐师的工作与实践，重点培养营养配餐员平衡膳食、合理设计、科学调查的相关职业素质。

三、课程内容和要求

通过课程目标和涵盖的工作任务要求为内容进行教学，使学生获得烹饪营养的相关知识和技能。

序号	工作任务/项目	知识内容与要求	技能内容与要求	建议学时
1	营养评价	●中国居民膳食指南 ●膳食调查 ●体质检测	●膳食指南 ●学会膳食调查的方法	8
2	各类食品营养	●蔬菜果品类 ●水产类 ●畜肉类 ●调味品	●合理组合和选择各类食材	8
3	各类人群营养	●普通人群的营养需要与食物选择 ●婴幼儿的营养需要与食物选择 ●儿童、青少年的营养需要与食物选择 ●孕妇、乳母的营养需要与食物选择 ●老年人的营养需要与食物选择 ●特殊职业人群的营养需要与食物选择	●各种人群的营养需要 ●各种人群的膳食要求	16
3	膳食指导与评估	●食谱编制的原则 ●普通人群食谱编制 ●特殊人群的食谱编制	●食谱编制	20
4	营养教育	●疾病人群饮食教育 ●营养咨询与教育	●营养教育	6
6	食品营养评价	●食品营养标签 ●食品营养价值分析	●营养标签的制作 ●产品说明书	6

四、考核评价

在考核方式上，采用形成性与终结性评价相结合的闭卷考试、大型作业、技能测试、阶段测试、调研报告等多种考核方式。增加过程性成绩比重，增加考勤、作业、实训、平时表现等在成绩中的比重，合理确定过程性成绩在总成绩的比重，由原先的不超过40%提高为不低于50%。改革考核评价制度，支持学生以参加校内外各类考证、比赛取得的成果，以参加校内外优质网络课程、网络学习资源取得的结业证书，以参加创新创业、社会实践等活动以及发表论文、获得专利授权等与专业学习、学业要求相关的经历、成果，申请校内相关课程的免修（免考），折算为学分，计入学业成绩。

五、课程资源及使用要求

（一）师资条件要求

教师具备烹饪营养课程的教学能力，具有行业实践背景，能够进行营养配餐项目的课程开发，项目设计和实践指导能力。

（二）实训教学条件要求

多媒体教室、黑板。

（三）教材选用

教材选用中国劳动社会保障出版社编制的《公共营养师》，参考教材选用中国轻工业出版社出版的彭景编著的《烹饪营养学》、中国轻工业出版社出版的路新国编著的《中国饮食保健学》。

六、课程实施建议及其他说明

建议学校联系大型企业的标准化厨房，以及大型快餐企业的现代化检测实验室、卫生控制系统用以参观。

餐饮管理专业"餐厅服务与礼仪"课程标准

一、课程性质

"餐厅服务与礼仪"课程是浙江旅游职业学院餐饮管理专业的一门重要的岗位选修课程。本课程以餐厅服务理论为基础，以业务经营活动为中心，坚持注重基础，强化能力，突出重点，学以致用的原则，既注重阐述餐饮服务的基础知识，又力求理论联系实际，具有很强的可操作性。其目标是让学生掌握餐饮行业相关知识，培养餐饮服务能力，具备优异的职业素质，达到餐饮服务的职业要求。该课程也是进一步学习"餐饮门店运营管理""采购与仓储"等课程的基础。

该课程是依据"餐饮管理专业工作任务与职业能力分析表"中的职业支撑能力课程项目设置的。其总体设计思路是，打破以知识传授为主要特征的传统学科课程模式，转变为餐饮企业对客服务的工作任务为中心组织课程内容，系统、全面地讲授餐饮服务的理论及方法，旨在使学生比较系统地掌握餐饮企业运营所必备的服务技能与管理理论，熟悉餐饮企业操作规范和运营流程，并让学生在完成具体项目的过程中学会完成相应工作任务，并构建相关理论知识，发展餐饮服务的职业能力。课程内容突出对学生服务技能的训练，服务意识的培养。理论知识的选取紧紧围绕工作任务完成的需要来进行，同时又充分考虑旅游新业态与"旅游+"新形态下"大旅游"产业发展对理论知识学习的要求，坚持立德树人，注重思想政治教育贯穿教学始终，同时融合了学生综合素质提升、创新创业能力培养、学生可持续发展的要求。项目设计以餐饮企业运营为线索来进行。教学过程中，通过校企合作，校内实训基地建设等多种途径，采取工学结合的形式充分开发学习资源，给学生提供丰富的实践机会。教学效果评价采取过程评价与结果评价相结合的方式，通过理论与实践相结合，重点评价学生的职业能力和综合素质。

"餐厅服务与礼仪"课程立足于实际能力的培养，要求打破以知识传授为主要特征的传统学科课程模式，转变为以工作任务为中心组织课程内容，按照学习情境设计教学内容，让学生在完成具体项目的过程中学会完成相应工作任务，构建相关理论知识，发展职业能力，并为学生可持续发展奠定良好的基础。

该门课程的总学时为 120 学时，建议学分为 8 分，执笔人为王琪。

二、课程目标

（一）知识目标

1. 掌握餐饮服务与管理基础理论和基础知识；

2. 在熟悉餐饮服务理论的基础上，熟练掌握餐饮服务过程中各环节的各项服务技能；

3.熟悉酒店餐饮部组织机构和基本职能及其在岗工作职责和工作程序；

4.熟悉酒店餐饮部运行与管理的基本程序和方法。

（二）能力目标

1.通过培训，使学生掌握酒店服务的操作规范，具有较强的操作规范能力，能够用正确而规范的方法从事服务工作。在课程结束时能通过餐厅服务国家技能职业鉴定，拿到职业技能证书；

2.通过培训，使学生掌握酒店服务的基本技能，具有较强的服务技能，能够针对不同的服务形式采取不同的服务方法；

3.通过学习，使学生掌握餐厅布局的基本原理和方法，初步具有餐厅布局的能力。在课程结束时，能对某一模拟餐厅进行布局设计；

4.通过学习，使学生掌握菜单设计的基本原理和方法，初步具有菜单设计的能力。在课程结束时，能对某一类型餐厅的菜单进行设计；

5.通过学习，使学生掌握生产计划制订的基本原理和方法，初步具有生产计划制订的能力。在课程结束时，能对某一模拟餐厅的生产计划做出预测。

（三）素质目标

1.注重职业兴趣和职业道德的培养；

2.注重服务意识和管理意识的培养；

3.注重团队精神和敬业精神的培养；

4.使学生成为有职业素养的酒店人。

三、课程内容与要求

序号	工作任务/项目	课程内容和要求		建议学时
		理论	实践	
1	餐饮服务概述	餐饮业发展概述、餐饮组织架构设置、餐饮从业人员的素质要求等		4
2	餐饮服务设备认知	帮助学生对餐饮服务的设施设备有较全面的认知，能熟悉各个餐具和设施设备的使用方法及保养方法，为之后的餐饮服务打好基础		4
3	服务形体礼仪		通过教学，使学生迅速建立餐饮服务仪式感，了解正确的站立、蹲姿、走姿、鞠躬、指示、问候礼仪和电梯岗迎宾操作，并能在酒店餐饮服务中积极运用	12
4	端托操作训练		通过教学，使学生掌握托盘的基本技巧和方法	8
5	餐巾口布折花操作		通过本部分教学，使学生了解餐巾折花基础知识和操作技能的演练，能用不同的折叠技法将餐巾折出10种以上不同的盘花造型，达到操作规范、熟练折叠的效果	8

续表

序号	工作任务/项目	课程内容和要求		建议学时
		理论	实践	
6	中餐宴会摆台		学生通过学习能掌握中餐宴会摆台的基本要领及操作程序,提高摆台技能。培养学生动手操作能力,在实际工作中能够根据宴会需要熟练应用摆台技能	12
7	西餐宴会摆台		熟练掌握西餐宴会摆台的流程和操作标准;能通过与中餐宴会摆台的对比,加深对西餐相关知识的理解和技能的掌握能力目标;能运用所学知识进行练习,提升动手能力,并学会进行创造性思维,能自主设计主题西餐宴会台面,并能通过对精美台面的设计与欣赏,学会发现美,创造美;通过对各种餐具的安排和对距离的把握,体验成就感,培养学生的职业自豪感	12
8	斟酒服务		了解斟酒的程序;掌握斟酒的顺序;掌握斟酒量的控制;熟悉斟酒注意事项	8
9	点菜服务		学生明确点菜的五个步骤、掌握点菜服务中的服务礼仪、语言技巧。通过现场教学法,培养学生实际操作能力,培养学生基本的职业素质	8
10	上菜、分菜服务		掌握中餐、西餐上菜的基本要求;掌握分菜的方法	12
11	宴会服务	了解宴会的种类及特点,掌握宴会预订程序,了解宴会厅布局,掌握宴会餐台布置,熟悉宴会菜单及宴会服务人员的职业素质要求	1.掌握中餐宴会服务程序标准及特殊问题的处理,掌握餐饮服务人员应具备的专业知识和素质要求。2.了解西餐宴会场地与餐台布置要求;能够根据不同宴会菜单准备西餐餐具并摆台,能够准确地为不同类型的宴会做好准备工作	16
12	餐饮服务质量管理	了解餐饮服务质量的含义,掌握餐饮服务质量的内容,熟悉餐饮服务质量的特点。掌握餐饮服务质量分析,了解服务质量控制,了解餐饮原料的质量控制,熟悉厨房生产质量控制	1.掌握餐饮服务质量的内容并熟悉其各自特点,提高学生对服务质量的认识,更好地做服务工作;2.了解服务质量分析方法,熟悉服务质量控制的内容,掌握服务质量控制途径,了解餐饮生产的控制环节,帮助餐饮部管理者找出存在的质量问题及其产生的原因,从而找到有针对性地解决问题的措施和方法	16

四、考核评价

在考核方式上,采用形成性与终结性评价相结合的操作考试、模拟场景技能测试等多种考核方式。增加过程性成绩比重,增加考勤、作业、实训、平时表现等在成绩中的比重,过程性成绩占总成绩的70%。学生参加省市级餐饮服务技能大赛获奖均可认定为考试成绩优秀,可申请该课程免考,折算为学分,计入学业成绩。

五、课程资源及使用要求

（一）师资条件要求

"餐厅服务与礼仪"课程的教学团队由双师型教师和专兼职教师组成。任课教师为具有中级以上职称，且具有餐饮服务职业资格证，同时具有较为丰富的行业经验，实践指导、比赛指导等方面能力突出。

（二）实训教学条件要求

实训场地主要为我校西餐实训中心，校外实训基地为杭州开元名都大酒店及雷迪森铂丽大饭店。

（三）教材选用

教材选用的是清华大学出版社出版的赵莹雪主编的《餐饮服务与管理项目化教程》，结合自主编撰的实操教材。

六、课程实施建议及其他说明

"餐厅服务与礼仪"是一门理论与实践紧密结合的课程，在教学过程中，灵活采用多种教学方法进行教学。如讲授法、互动式、启发式、案例教学法、角色扮演法、讨论法、模拟训练法、实践体验法、项目教学法等教学方法。通过灵活的课堂组织，强调学生内部动机的激发，充分调动学生的学习积极性、主动性和创造性，提高学生技术应用能力和创新能力。充分利用学生校内见习机会，实践"工学交替"，完成学生实习、实训的实践任务，在实际对客服务过程中提升各项能力，同时为学生的就业创造机会。

餐饮管理专业"采购与仓储管理"课程标准

一、课程性质

"仓储与采购管理"课程是餐饮管理专业的学生岗位选修课。目标是通过学习，使学生能从战略、技术、实践三个层面来对采购和仓储管理有深入的了解。能建立起餐饮企业采购供应和仓储库存的思维框架，并掌握数字时代先进的电子采购管理的能力。该课程以"餐饮门店运营管理""餐饮连锁经营与管理"等课程为基础，也是为之后的毕业实习打下基础。

该课程是依据"餐饮管理与服务专业工作任务与职业能力分析表"中的工作项目设置的。其总体设计思路是，采取理论与实践并进的教学模式，让学生在完成具体项目的过程中学会完成相应工作任务，并构建相关理论知识，发展职业能力。课程内容以理论知识教授为主，紧紧围绕实际案例分析，同时又充分考虑了高等职业教育对实践操作的需要。教学过程中，要结合校外企业参观实践，工学结合，充分开发学习资源。教学效果评价采取过程评价与结果评价相结合的方式，通过理论与实践相结合，重点评价学生的职业能力。

本课程的总学时为 40 学时，建议学分为 2 分，执笔人为王琪。

二、课程目标

（一）知识目标

通过课程教学，学生能掌握采购供应和仓储库存管理的方法，并了解这方面的新发展、新观点和新技术。能在日后的工作中，运用相关的知识，改善企业后台的物流状况，降低成本、加速流通、获取顾客满意，为学生的岗位就业和可持续发展奠定基础。

（二）能力目标

1. 能制定采购与供应管理的目标；
2. 能明确采购供应的业务流程；
3. 能掌握 ISO9000 质量保证、六西格玛质量改善、QFD 顾客满意实现的理论方法；
4. 能掌握仓储规划的原则和方法；
5. 能掌握库存控制决策的程序和绩效指标。

（三）素质目标

1. 注重职业兴趣和职业道德的培养；
2. 注重服务意识和管理意识的培养；
3. 注重团队精神和敬业精神的培养。

三、课程内容和要求

序号	工作任务/项目	课程内容和要求		建议学时
		理论	实践	
1	概述	了解采购与供应的基本内涵；了解购买、采购、供应、物料配送、物流与供应管理的概念差异；理解采购与供应在企业物流管理和供应链管理中的作用		2
2	采购与供应的决策和组织结构	了解采购与供应管理的目标；了解制造业和零售业采购和供应管理目标的差异；集中式采购的企业采购部门的设置；采购与供应的决策		2
3	采购供应链管理	熟悉企业采购供应的运作；了解采购供应链的基本概念；熟悉采购供应的业务流程，掌握采购供应链管理的内容；能够识别不同业态采购供应的特点		4
4	采购计划和预算管理	了解采购计划制订的流程及预算功能和预算方法的应用；采购计划策略管理；了解采购计划和预算的基本概念		4
5	供应商选择决策与管理	了解外包的概念；明确供应商调查、绩效评估的有关方法；供应商选择决策、供应商绩效评估和供应商关系管理		2
6	采购与供应质量控制	掌握采购质量控制的基本方法；了解ISO9000质量保证、六西格玛质量改善、QFD顾客满意实现的理论方法		4
7	电子采购与供应	理解电子采购的基本概念；明确电子采购的战略意义；了解电子采购的未来发展趋势		2
8	仓储管理概念	仓储与仓储活动；仓储管理的任务；仓储的功能与仓储组织；仓储业现状和发展趋势		4
9	仓储与仓储规划	理解仓库的作用；熟悉仓库的分类和特点；熟悉各种仓储装备的特点；掌握仓储规划的原则和方法		4
10	库存控制原理	掌握库存控制的原理；了解ABC原理、JIT原理在库存控制中的应用		2
11	库存控制决策分析	掌握库存控制决策的程序和绩效指标；了解库存财务与成本分析；理解库存的目标内容		2
12	校外实践考察		餐饮企业采购与仓储实地学习；了解餐饮企业实际物流操作；分析本地企业因地制宜的采购和仓储管理方法	8

四、考核评价

1. 期末理论考试

本课程期末理论考试在课程结束后进行，采取闭卷、笔试的形式，题型有单项选择题、多项选择、计算题、简答题、论述题等，满分为 100 分。按实际成绩的 50% 计入本课程综合成绩。

2. 过程性考核

本课程过程性考核的形式主要包括学生平时学习表现，以及案例探讨作业的成绩，满分为 50 分，其分值比例分别为 1：1。平时学习表现主要通过到课率、课堂表现来确定，每次上课由学习委员和教师共同考勤，凡有缺勤者每次扣 1 分，直至扣完。无故旷课者每次扣 3 分，累计 3 次该课程平时考核成绩为 0 分。实践探讨作业的成绩主要由任课教师按照相关教学项目，安排学生以小组为单位，利用各种渠道进行资料收集并进行课堂汇报，之后根据学生讨论过程的表现以及学生的讨论总结报告进行评分。

五、课程资源及使用要求

（一）师资条件要求

"仓储与采购管理"课程的教学团队由双师型教师和专兼职教师组成。任课教师具有较为丰富的行业经验的教师，同时聘请行业人士结合工作经验在实训场地进行讲解。

（二）实训教学条件要求

知味观作为餐饮管理与服务专业的合作办学企业，提供其规模化运作的现代化仓储基地作为本课程的实训基地，免费开放给学生参观授课。

（三）教材选用

熊伟. 采购与仓储管理［M］.北京：高等教育出版社，2006.

六、课程实施建议及其他说明

1. 在教学过程中要充分运用案例教学法，避免仓储和采购的相关知识理论过于枯燥。培养学生通过对案例进行分析、提出问题，并自主解决问题，从而提升学生判断能力、分析能力、观察能力以及自主学习能力，形象地理解相关概念和知识。

2. 为了配合知识的掌握和技能的提高，让学生对采购仓储知识能亲身体会、了解，要安排综合实践模块。通过相关企业考察，将所学知识、技能整合为一体，并在亲身实践中感受采购仓储知识的现实运用，培养实际动手能力。

餐饮管理专业"餐饮门店运营管理"课程标准

一、课程性质

"餐饮门店运营管理"课程是餐饮管理专业的一门为介绍门店服务与运营的基础理论和基本技能而设置的岗位选修课程。

该课程以餐饮门店的对客服务与管理活动为主线，系统、全面地讲授餐饮服务与管理的理论及方法，旨在使学生比较系统地掌握餐饮企业运营所必备的管理理论与服务技能，熟悉餐饮企业运营流程和操作规范，并能在实践中对所学理论学以致用，对所学技能规范操作，培养一批既具有一定责任心、有一定素养、有一定管理能力同时又受社会及企业欢迎的应用型人才，从而为学生毕业后适应门店管理工作的需要打下良好的基础。本课程要以"餐厅服务与礼仪"课程的学习为基础，也是进一步学习"厨政管理"等课程的基础。

通过本课程的学习可以实现为从事门店经营管理和个人进行创业提供理论知识和相关技能的任务。学习该门课程应具备相应的管理学概论、法律基础、市场营销和连锁经营管理的知识，以达到辅助学习深化理解的作用。

该课程总体设计思路是打破以知识传授为主要特征的传统学科课程模式，转变为组建并管理一家餐饮企业的工作任务为中心组织课程内容，并让学生在完成具体项目的过程中学会完成相应工作任务，并构建理论知识，发展餐饮企业管理的职业能力。课程内容突出对学生餐饮管理及运营能力的训练，餐饮职业素质的培养。理论知识的选取紧紧围绕工作任务完成的需要来进行，同时又充分考虑旅游新业态与"旅游+"新形态下"大旅游"产业发展对理论知识学习的要求，坚持立德树人，注重思想政治教育贯穿教学始终，同时融合了学生综合素质提升、创新创业能力培养、学生可持续发展的要求。教学过程中，通过校企合作，校内实训基地建设等多种途径，充分开发学习资源，给学生提供丰富的门店运营实践机会。教学效果评价采取过程评价与结果评价相结合的方式，通过理论与实践相结合，重点评价学生的职业能力和综合素质。

该门课程的总学时为 56 学时，建议学分为 4 分，执笔人为王琪。

二、课程目标

（一）知识目标

1. 餐饮业的现状及发展趋势的相关知识；

2. 餐饮业经营策划的相关知识；

3. 餐饮业餐厅设计与布局的相关知识；

4. 餐饮服务的相关知识；

5. 餐饮营销的相关知识。

（二）技能目标

1. 培养学生具有较强的服务技能；

2. 初步具有餐厅布局的能力；

3. 初步具有生产计划制订的能力；

4. 具有营销策划的能力。

（三）素质目标

1. 注重职业兴趣和职业道德的养成；

2. 注重服务意识和管理意识的养成；

3. 注重团队精神和敬业精神的养成。

三、课程内容和要求

序号	工作任务/项目	课程内容和要求		建议学时
		理论	实践	
1	餐饮门店店长职场认知	通过教学，使学生了解店长工作的特点、作用，以及怎样在上级、下级、平级同事之间扮演不同的角色		4
2	门店店长职责及考评	通过教学，使学生了解店长的职责，怎样才能做一个优秀的店长，以及店长的考核制度		4
3	餐饮管理团队配备及建设	餐饮门店机构设置和组织构架；如何缔造餐饮企业的管理团队；门店如何配备员工编制，做好做工管理和考评		8
4	餐厅装饰和环境管理	通过教学，使学生了解并思考如何布置门店，做好门店的设计装饰和环境管理，突出门店主题宴会的氛围	为西餐实训中心设计圣诞节的小环境布置	8
5	设备安全管理	使学生了解门店基本设备的配置要求和使用方法，具有安全意识，了解基本突发事件处理方式方法		4
6	卫生和餐具管理	通过教学，使学生了解卫生管理的要求和操作标准，重视对餐具的管理，有效遏制流失损耗		4
7	餐饮客户关系管理	通过教学，使学生了解客户关系管理的重要性，学会建立客户关系，会制作详尽有用的客史档案		8
8	餐饮预算制订和效益管理	通过教学，使学生了解预算编制的原理的方法，掌握预算的编制的方法和利润的控制手段，学会用不同的营销策略去完成预算，提高利润		8
9	门店店长职业发展规划	通过教学，使学生全面了解餐饮行业发展，对店长的职业有良好的前景展望，并学会一些应聘店长职务的技巧和方法，为自身职业发展做好规划		8

四、考核评价

在考核方式上，采用形成性与终结性评价相结合的开卷考试、小组作业、阶段测试、课程论文、调研报告等多种考核方式。增加过程性成绩比重，增加考勤、作业、实训、平时表现等在成绩中的比重，过程性成绩占总成绩60%。学生参加创新创业、社会实践等活动，以及与专业学习、学业要求相关的经历均可以申请该课程的免修免考，折算为学分，计入学业成绩。

五、课程资源及使用要求

（一）师资条件要求

"餐饮门店运营管理"课程的教学团队由双师型教师和专兼职教师组成。任课教师均具有中级以上职称，同时具有较为丰富的行业经验，餐饮管理专业背景，实践指导、比赛指导等方面能力突出。

（二）实训教学条件要求

杭州知味观与星巴克集团为餐饮管理专业的合作办学企业，结合本课程的实际要求，将所拥有众多门店提供给学生作为本课程的实训场所。

（三）教材选用

蔡万坤.餐饮企业楼面经理管理［M］.北京：北京大学出版社，2008.

教师自编讲义。

六、课程实施建议及其他说明

"餐饮门店运营管理"是一门理论与实践紧密结合的课程，在教学过程中，应重视学生在校学习与实际工作的一致性，有针对性地采取工学交替、任务驱动、项目导向、课堂与实习地点一体化等行动导向的教学模式。

在教学过程中，要重视门店管理方面新技术、新理念、贴近市场，采取工学交替的教学模式，着眼学生职业生涯的发展，致力于培养学生对门店管理工作的兴趣，积极引导学生提升自身职业素养和职业道德水平。

餐饮管理专业"咖啡与酒水调制"课程标准

一、课程性质

该课程是餐饮管理与服务专业岗位选修课。课程主要介绍以咖啡、外国酒为主的饮品的基本知识和咖啡馆、酒吧的设计与运行的相关知识，练习并掌握咖啡与鸡尾酒调制的基本技能。通过教学使学生掌握咖啡馆与酒吧岗位工作的职业标准、具备良好的心理素质和吃苦耐劳的精神，有自我学习和自我提高的能力，熟练掌握中级咖啡师和调酒师应具备的专业理论知识和酒水调制技能，为学生的岗位就业和可持续发展奠定基础。它以"饮品知识"课程的学习为基础，也是进一步学习"门店运营管理"等课程的基础。

该课程是依据"餐饮管理与服务专业工作任务与职业能力分析表"中的工作项目设置的。其总体设计思路是，打破以知识传授为主要特征的传统学科课程模式，转变为以工作任务为中心组织课程内容，并让学生在完成具体项目的过程中学会完成相应工作任务，并构建相关理论知识，发展职业能力。课程内容突出对学生职业能力的训练，理论知识的选取紧紧围绕工作任务完成的需要来进行，同时又充分考虑了高等职业教育对理论知识学习的需要，并融合了相关职业资格证书对知识、技能和态度的要求。项目设计以咖啡、酒吧工作流程及工作内容为线索来进行。教学过程中，要通过校企合作，校内实训基地和生产性实训基地建设等多种途径，充分开发学习资源。教学效果评价采取过程评价与结果评价相结合的方式，通过理论与实践相结合，重点评价学生的职业能力。

该课程总学时为64学时，建议学分为4分，执笔人为王琪。

二、课程目标

通过本课程的学习，学生应了解、熟悉并掌握以咖啡、外国酒为主的饮品的分类及特色，咖啡和鸡尾酒的调制及创作，咖啡和酒吧服务及管理的基本知识，并训练咖啡调制和鸡尾酒调制的技术要领，为学生今后从事咖啡馆、酒吧服务与管理奠定良好基础。

（一）知识目标

1.了解外国酒、无酒精饮料的分类及特色；

2.了解茶的分类及名茶的特点；

3.掌握咖啡的分类及特色；

4.了解咖啡馆的类型、特征、设计布局的原则和方法；

5.了解酒吧的类型、特征、设计布局的原则和方法；

6.了解咖啡馆的基本结构和岗位职责；

7. 了解酒吧的基本结构和岗位职责。

（二）能力目标

1. 会调制 3 款以上单品咖啡和 5 款以上化式咖啡；

2. 会调制 10 款以上鸡尾酒；

3. 会识别名茶的特征，并掌握绿茶、乌龙茶的泡制方法；

4. 会进行咖啡馆和酒吧的设计布局和设施配置；

5. 能自制创新鸡尾酒；

6. 能进行酒会服务。

（三）素质目标

具有职业操守，善于沟通交流，具有团队精神，有创新意识。

三、课程内容和要求

序号	工作任务/项目	课程内容和要求		建议学时
		理论	实践	
1	饮品基本知识	了解酒的分类；掌握葡萄酒、白兰地、威士忌的类型和储藏方法；掌握其他酒的类型和特点；了解非酒精饮料的分类；了解果蔬饮料、乳饮的基本特征；能根据酒标识别酒的基本特征；了解果蔬饮料的制作原则和方法		8
2	茶的知识和茶艺	了解茶的历史和文化；掌握茶的分类；具有识茶、藏茶的知识；认识茶器	能识别六大类茶；泡制绿茶和乌龙茶	8
3	咖啡的知识和调制	了解咖啡的起源与发展；掌握咖啡的产地、种类和特征；认识咖啡机的基本部件	会识别咖啡豆的优劣；会使用和保养咖啡机；会调制3款以上单品咖啡和5款以上花式咖啡	20
4	咖啡馆和酒吧	了解咖啡馆的历史；了解世界知名咖啡馆；了解咖啡馆的设计原则和设备配置；了解咖啡馆操作与管理的标准化；掌握酒吧的类型和基本结构；了解酒吧的设计原则和设备配置；了解酒吧操作与管理的标准化	会进行咖啡馆、酒吧的设备配置；会进行咖啡馆、酒吧的服务工作；会策划咖啡馆、酒吧的营销方案	8
5	鸡尾酒知识和调制	了解鸡尾酒的历史和特点；掌握常见鸡尾酒的酒谱；了解鸡尾酒的创新原则和方法	会熟练调制常见鸡尾酒；会编写鸡尾酒酒谱；会根据命题自制鸡尾酒	20

四、考核评价

在考核方式上，采用形成性与终结性评价相结合的考核方式。其中考勤、作业、实训、平时表现等过程性成绩在总成绩中的比重占 60%。理论与操作及平时成绩所占比例分别为 40%、30%、30%。理论成绩包含阶段性的理论考试和项目作业；操作成绩包含阶段性的操作考试和日常实践课的成绩；平时成绩主要以学习态度和平时的职业素养为考核内容。

学生可以以调酒师资格证书直接申请该课程的免考，折算为学分，计入学业成绩。

五、课程资源及使用要求

（一）师资条件要求

"咖啡与酒水调制"课程的教学团队由双师型教师和专兼职教师组成。任课教师为具有中级职称且具有酒水服务高级职业资格证，或具有较为丰富的行业经验，实践指导、比赛指导等方面能力突出的老师。教师职称、年龄、学历结构合理。

（二）实训教学条件要求

实训场地主要为我校西餐实训中心，校外实训基地为杭州四星级以上酒店、知名咖啡馆和酒吧。

（三）教材选用

费寅. 酒水知识与调酒技术［M］. 北京：机械工业出版社，2016.

六、课程实施建议及其他说明

"咖啡与酒水调制"是一门理论与实践紧密结合的课程，在教学过程中，灵活采用多种教学方法进行教学。教学方法要注重理实一体化，教学过程要符合职业特性，教学内容要呈现多元化，还要注重酒店顶岗实习的技能巩固效果。

餐饮管理专业"中西点工艺"课程标准

一、课程性质

"中西点工艺"是餐饮管理专业必修的核心主干课程。通过本课程的学习，让学生基本了解中点和西点的主要原料，掌握主要的产品种类以及主要产品的制作原理和过程。通过学习，学生将中点和西点工艺的理论基础与基本操作技能融为一体，有助于将前厅与厨房有机地结合于有效的沟通，并具有一定的厨房管理能力。本课程学习中点与西点的形成和发展，中西点的主要原料，面团形成的原理，面团调制工艺，成形工艺，熟制工艺，中西点厨房的设备和工具等理论知识，同时要求学习并基本掌握中西点制作的基本技能和主要品种的制作。它是以"中西餐工艺"和"菜点知识"课程的学习为基础，是进一步学习"餐饮管理""餐厅服务"等课程的基础，也为学生第五、六学期到企业顶岗实习做好铺垫。

本课程是依据"餐饮管理专业工作任务与职业能力分析表"中的中西点工艺工作项目设置的。其总体设计思路是：打破以知识传授为主要特征的传统学科课程模式，转变为以工作任务为中心组织课程内容，并让学生在完成各项具体项目的过程中学会完成相应工作任务，从而掌握相关理论知识，提高职业能力。

本课程是理论与实践密切结合的课程，在课程实施过程中，在系统传授学生基础知识、掌握基本技能的基础上，重点培养和提高学生的动手操作能力、从业习惯、从业要求与规范，锻炼、养成学生对环境、对事物的观察能力、思维能力、适应能力、应变能力和创新能力。培养学生成为现代生产领域的高端技能应用型人才，具有专业岗位群需要奠定的技术和技能基础，能适应行业用人单位的需要。同时融合了中级中式面点师和西式面点师的职业资格证书对知识、技能和态度的要求。

"中西点工艺"在课程教学过程中，充分开发学习资源。教学效果评价采取过程评价与结果评价相结合的方式，通过理论讲授、实践操作和美食节的策划等过程评价学生的职业能力。

本课程的总学时为 72 学时，建议学分为 4 分，执笔人为应小青、史涛。

二、课程目标

"中西点工艺"的课程目标是用"以学生发展为本"的理念，通过任务引领型的项目活动课程教学培养餐饮管理专业的学生成为现代酒店或生产领域的高端技能应用型人才，使学生了解中西点制作的工艺原理，了解中西点制作的基本操作技能，具有一定的管理经验，具有专业岗位群需要奠定的技术和技能基础，能适应行业用人单位的需要。

1. 能力目标

（1）能基本制作各类中西点制品，达到中级中式面点师和西式面点师的要求；

（2）能开具产品料单并进行营养分析；

（3）具有较好的学习能力和一定的创新能力；

（4）有较好的沟通和交流能力；

（5）具有一定的团队管理能力和行业应变能力。

2. 知识目标

（1）了解中西点制作的基本流程；

（2）了解中点房和西饼房的基本工作流程；

（3）基本掌握中西点主要产品制作的基本技能；

（4）了解中点房和西饼房的主要原料和主要设备。

3. 素质目标

良好的思想道德素质，健康的身心素质，过硬的职业素质和人文素质，乐于奉献的服务精神，勇于创业和创新的精神。

三、课程内容和要求

为使学生掌握"中西点工艺"的知识与技能，课程通过模块教学单元，采用任务教学法进行教学。

序号	项目	工作任务	课程内容和要求		建议学时
			理论	实践	
1	中点理论	面点概述	●了解面点的起源发展史和掌握面点的概念		2
		面点原料	●掌握制作面点所需的各种原料的性状	●各种面点原料在制作中的使用	2
		面点分类	●了解面点的各种分类方法以及不同流派的面点的特点	●常用的面点分类	2
2	水调面团	水调面团工艺	●水调面团的调制原理和调制注意事项	●冷水面团、温水面团和热水面团的调制工艺	2
		水调面团制作	●水调面团的产品制作	●掌握水饺、花色蒸饺等的制作	12
3	膨松面团	膨松面团工艺	●膨松面团的制作原理和制作注意事项	●生物膨松、化学膨松和物理蓬松面团的制作原理	2
		膨松面团制作	●膨松面团的产品制作	●掌握刀切、花卷、包类、广式月饼等产品的制作	6
4	西点理论	西点概述	●了解西点的起源发展史和掌握西点的特点	●西点的历史以及发展	2
		西点原料	●掌握制作西点所需的各种原料的性状	●各种西点原料在制作中的使用	2
		西点分类	●了解西点的各种分类方法以及各类西点的特点	●酒店中常用的西点类别	2

序号	项目	工作任务	课程内容和要求		建议学时
			理论	实践	
5	蛋糕类	蛋糕工艺	●蛋糕的原料选择和制作原理	●蛋糕的种类和制作工艺	2
		蛋糕制作	●各种蛋糕的制作	●能基本掌握海绵蛋糕、卷筒蛋糕等的制作	4
6	混酥类	混酥类制作工艺	●混酥类产品的原料选择和制作工艺原理	●混酥类产品的种类和制作工艺	2
		混酥类制作	●混酥类产品的制作	●饼干、曲奇等产品的制作	4
7	泡芙类	泡芙类制作工艺	●泡芙类产品的原料选择和制作原理	●泡芙的制作工艺	2
		泡芙类制作	●泡芙类产品的制作	●普通泡芙等的制作	4
	考核				4

四、考核评价

在考核方式上，采用形成性评价与终结性评价相结合的闭卷考试、技能测试、阶段测试等多种考核方式。增加过程性成绩比重，增加考勤、作业、实训、平时表现等在成绩中的比重，合理确定过程性成绩在总成绩的比重，由原先的不超过 40% 提高为不低于60%。改革考核评价制度，支持学生以参加校内外各类考证、比赛取得的成果，以参加校内外优质网络课程、网络学习资源取得的结业证书，以参加创新创业、社会实践等活动以及发表论文、获得专利授权等与专业学习、学业要求相关的经历、成果，申请校内相关课程的免修（免考），折算为学分，计入学业成绩。

五、课程资源及使用要求

（一）"中西点工艺"课程的教学团队

由双师型教师和专兼职教师组成。任课教师均具有中级以上职称，同时具有较为丰富的行业经验，烹饪工艺背景，实践指导、比赛指导等方面能力突出。

（二）实训教学条件要求

杭州知味观与星巴克集团为餐饮管理专业的合作办学企业，结合本课程的实际要求，将所拥有众多门店提供给学生作为本课程的实训场所。

（三）教材选用

"中西点工艺"课程中中式点心目前选用的是普通高等教育"十一五"国家级规划教材《面点工艺学》，该教材的理论基础和技能模块基本涵盖了面点制作技术的要求，并结合面点考证要求，理论和实践有较好的结合。该教材既有面点制作系统的讲述，又有示范练习的教学案例，理论与实践相结合。该教材图文并茂，具有很强的视觉冲击力，使学习者一目了然。该教材还全面介绍了各地的风味面点，全面了解面点的概貌和面点发展的趋势。该教材是目前较为全面的理论与实践结合的面点教材。

"中西点工艺"课程中西式点心目前选用的自编西点工艺教材，已经基本成形，理论基础和技能模块基本涵盖了西点制作技术的要求，并结合西点考证要求，理论和实践较好的结合，该教材已经列入教材出版计划。该教材工艺内容，涵盖了国家技能考核的内容，并将目前流行的西点产品和新工艺、新型原料及时扩充，是目前较为全面的理论与实践相结合的西点教材。

六、课程实施建议及其他说明

教学建议

1. 双师授课，理实合一

理论和实践有机的统一，交替进行，理论部分以够用为准，并结合实践操作进行讲解。

（1）理论讲解：通过多媒体、图片、实物、仿真场景、真实场景等辅助完成。

（2）教师操作演示教学：学生通过观看了解产品制作方法、步骤、注意事项。

（3）学生实训练习：学生 4～6 人为一小组进行实际操作，任课教师现场指导。（根据教学品种复杂程度和耗时长短，可安排教师全程演示后学生实训，或教师演示和学生实训分步骤交叉进行，或学生独立实训等方式。）

2. 工学交替

学生在完成一定阶段的学习后，利用假期和课余时间到企业顶岗锻炼，即打工，进行工作实践，获得实战经验，缩短毕业适应期。

3. 产教结合

学生在完成一定阶段的学习后，结合一些较为简单的产品进行实际生产，以强化职业技能，提升职业素养，磨炼心理素质，提高今后工作的快速适应能力。

餐饮管理专业"餐饮业法规"课程标准

一、课程性质

"餐饮业法规"课程是餐饮管理专业的岗位选修课程。通过学习，学生应对餐饮业相关法律法规有一个基本的掌握，对与餐饮业经营管理关系较为密切的主要法律法规有一个基本的把握，同时对违反相关法律规定后所产生的法律责任有所了解，并能运用所学的法律知识为其日后的餐饮业经营服务提供法律帮助，同时具备一定的解决法律问题的能力。

该课程是依据"餐饮管理与服务专业工作任务与职业能力分析表"中的工作项目设置的。其总体设计思路是，采取理论与法律案例相结合的教学模式，让学生在具体案例中理解相关法律知识，掌握法律条文。课程内容中，理论知识的选取紧紧围绕餐饮行业的实际情况来进行，并结合最近的案例分析来讲解。教学效果评价采取过程评价与结果评价相结合的方式，通过理论与案例分析相结合，重点评价学生对餐饮法律的运用能力和分析能力。

本课程的总学时为32学时，建议学分为2分，执笔人为王琪。

二、课程目标

（一）知识目标

通过课程教学，学生能掌握餐饮业法律法规等相关知识，并通过案例分析和讲解进一步强化学生对这些法规的理解。以知道了解为主，以用为辅，通过学习达到善于发现日常餐饮工作中的法律问题，尽可能避免因不懂法而犯的一些法律错误，并能以学到的餐饮业法律知识来处理这些法律问题。

（二）能力目标

1. 明确我国法律制度的基本概念；

2. 掌握餐饮业法律关系；

3. 理解《食品安全法》相关条例，并在日常生活中加以运用；

4. 掌握餐饮业其他相关法律。

（三）素质目标

1. 注重职业兴趣和职业道德的培养；

2. 注重服务意识和管理意识的培养；

3. 注重团队精神和敬业精神的培养。

三、课程内容和要求

序号	工作任务/项目	课程内容和要求		建议学时
		理论	实践	
1	概论	了解我国法律的基本体系，掌握法律关系构成的要素；了解我国法律所规定的违反不同法律法规所产生的责任		2
2	饮食企业连锁经营法律制度	了解标准连锁经营、自愿连锁经营、特许连锁经营各自的相关法律知识		2
3	食品安全法	了解我国食品及食品安全立法的概况；掌握食品安全的含义及其相应的具体要求；了解和熟悉食品安全法的具体内容；了解食品安全监管方面的法律规定，以及违反食品安全法应承担的法律责任		4
4	消费者权益保护法	了解消费者的基本权利和经营者的义务，了解侵犯消费者权益应当承担的法律责任；知道如何用法律来保护消费者的合法权益，同时使餐饮经营者的权益不受侵犯；了解消费者人身、财产权益受损时，经营者的责任		4
5	餐饮业和集体用餐配送单位卫生规范	熟悉餐饮业和集体用餐配送单位卫生规范的相关要求，并能在餐厅设计和日常运营中规范操作		4
6	食品卫生具体管理条例	熟悉餐饮业食品安全监督制度、食品安全许可制度、健康管理制度、食品索证制度、食物中毒和污染调查处理制度，明确餐饮经营者的相关责任		4
7	食品添加剂及食品添加剂卫生标准	了解食品添加剂的相关知识；明确禁止生产和使用的食品添加剂；掌握标准对食品添加剂的生产经营做的明确要求食品添加剂的作用与危害		4
8	餐饮业劳动法律制度	了解劳动合同法的基本内容；懂得正确处理劳动关系，维护劳动者的合法权益，同时运用法律手段保护餐饮经营者的合法权益		4
9	HACCP	掌握HACCP相关体系内容；初步了解如何在餐饮行业中建立HACCP体系		4

四、考核评价

1. 期末理论考试

本课程期末理论考试在课程结束后进行，采取闭卷、笔试的形式，题型有单项选择题、名词解释题、简答题、案例分析题等，满分为100分。按实际成绩的50%计入本课程综合成绩。

2. 过程性考核

本课程过程性考核的形式主要包括学生平时学习表现，以及实践探讨、阶段测试、课程论文、调研报告等作业的成绩，按实际成绩的 50% 计入本课程综合成绩。平时学习表现主要通过到课率、课堂表现来确定。每次上课由学习委员和教师共同考勤，凡有缺勤者每次扣 1 分，直至扣完。无故旷课者每次扣 3 分，累计 3 次该课程平时考核成绩为 0 分。实践探讨、阶段测试、课程论文、调研报告等作业的成绩主要由任课教师按照相关教学项目，安排学生以小组为单位，利用各种渠道进行资料收集并进行课堂汇报，之后根据学生讨论过程的表现以及学生的讨论总结报告进行评分。

五、课程资源及使用要求

（一）师资条件要求

"餐饮业法规"课程的教学团队由双师型教师和专兼职教师组成。任课教师为具有中级以上职称，有相关法律专业知识，其间也会聘请资深法律人士为学生做客座讲解。

（二）实训教学条件要求

本课程为纯理论课程。

（三）教材选用

［1］徐娇.餐饮业食品安全相关法律法规汇编［M］.北京：中国标准出版社，2008.

［2］自编讲义。

六、课程实施建议及其他说明

在本课程的教学过程中，要充分体现该课程以餐饮法律法规案例结合法条讲授为主的特点，结合大量实际案例，提高学生的法律意识。教学过程选择的法律和案例要尽量贴近餐饮行业的职业特性。教学内容要呈现多元化，积极结合学生实习的亲身案例体会。

餐饮管理专业"餐饮人力资源管理"课程标准

一、课程性质

本课程是餐饮管理与服务专业的一门岗位选修课程。通过本课程的学习，学生除了掌握人力资源管理的基本概念、原理以外，更为重要的是提高运用人力资源管理相关理论分析和解决餐饮企业经营与管理中存在的实际人力资源管理方面的问题的能力，树立增强自身人力资本价值、关注职业发展的观念。通过教与学的双边活动，学生能了解人力资源管理的战略意义、策略原理以及运作规程；结合专业实际，将所学的理论与职业活动、岗位的工作结合起来，提高管理水平和能力。

餐饮人力资源管理课程秉承"学习的内容是工作、通过工作完成学习内容"的原则，课程内容在设计上打破原来按照教材章节顺序编排内容，按照"项目教学法"的教学理念，组合各个教学内容。整个课程按照"模块——项目——典型工作任务"的结构组织。其中模块与项目内容的顺序安排上紧扣餐饮企业人力资源管理的工作流程。课程内容的选择以理论知识"必需、够用"，实践知识"实际、实用、实践"为原则。在典型工作任务的内容安排上充分考虑到专业的培养目标以及学生在毕业一段时间后所从事的岗位（餐饮企业的基层管理工作者）所必备的知识、技能。

"餐饮人力资源管理"课程在进行课程设计时以"学以致用"为原则，以项目教学法、任务驱动教学法为教学手段，实行"教、学、做"一体化模式，注重学生创新意识和实践能力培养。通过任务引领型的项目活动，学生能掌握餐饮人力资源管理技能和相关专业知识，具有诚实、守信、善于沟通和合作的品质，热爱本职工作，为其职业能力的发展打下良好的专业基础。

该课程总学时为 32 学时，建议学分为 2 分，执笔人为王琪。

二、课程目标

（一）知识目标

1. 了解餐饮企业机构设置和人员配置；

2. 掌握餐饮企业人力资源规划方法和理论知识；

3. 掌握餐饮企业员工招聘的程序和方法；

4. 掌握餐饮企业人力资源培训的要求与方法；

5. 掌握薪酬与激励运用的原则与方法；

6. 掌握餐饮企业劳动关系的主要种类及管理方法；

7. 理解职业生涯规划设计的基础知识。

（二）能力目标

1. 餐饮企业人力资源规划能力；

2. 餐饮企业员工招聘与录用的能力；

3. 策划和组织餐饮企业员工培训的能力；

4. 餐饮企业绩效管理与考聘的能力；

5. 餐饮企业薪酬管理能力；

6. 协调处理餐饮企业员工劳动关系的基本能力；

7. 帮助和指导员工设计职业生涯规划的能力。

（三）素质目标

使学生具有广博的知识面，扎实的理论基础，勤于动手和动脑的习惯。具备创新意识，能成为餐饮连锁企业的复合型人才。

三、课程内容和要求

序号	工作任务/项目	课程内容和要求		建议学时
		理论	实践	
1	餐饮企业的机构设置	了解设置餐饮企业的组织结构，能够画出餐饮企业的组织结构图		4
2	餐饮企业人员配置	了解配置餐饮企业员工的方法，能根据不同岗位要求设计员工工作职责		4
3	编制人力资源规划书	能够收集工作岗位的信息，使用关键事件法进行工作分析，画出餐饮企业人力资源规划流程，编写一份工作说明书，编制餐饮企业人力资源规划		4
4	招聘与配置	拟定一份餐饮企业招聘计划，会设计招聘申请表、面试情况记录表、招聘广告及个人简历		4
5	餐饮企业员工培训	学会收集培训需求信息，拟订培训计划，建立培训评估体系，评价培训效果		4
6	餐饮企业的绩效管理	会设计绩效指标和绩效标准，收集和分析绩效信息，做好绩效考评，评估绩效结果并能制订绩效改进计划，诊断并提高绩效		4
7	薪酬与激励	了解设计餐饮企业薪酬体系流程，选择职位评价方法，会设计员工工资制度，了解激励原则，能运用激励手段		4
8	劳动关系管理	掌握劳动合同法基本内容，了解劳动合同签订、变更、解除，会处理涉及劳动合同的有关劳动关系矛盾，会计算劳动时间和休息休假，了解"五险一金"的相关政策法规		4

四、考核评价

1. 期末理论考试

本课程期末理论考试在课程结束后进行，采取闭卷、笔试的形式。题型有单项选择题、名词解释题、简答题、案例分析题等，满分为 100 分。按实际成绩的 50% 计入本课程综合成绩。

2. 过程性考核

本课程过程性考核的形式主要包括学生平时学习表现，以及实践探讨、阶段测试、课程论文、调研报告等作业的成绩，按实际成绩的 50% 计入本课程综合成绩。平时学习表现主要通过到课率、课堂表现来确定。每次上课由学习委员和教师共同考勤，凡有缺勤者每次扣 1 分，直至扣完。无故旷课者每次扣 3 分，累计 3 次该课程平时考核成绩为 0 分。实践探讨、阶段测试、课程论文、培训模拟演练等作业的成绩主要由任课教师按照相关教学项目，安排学生以小组为单位，利用各种渠道进行资料收集并进行课堂汇报，之后根据学生讨论过程的表现以及学生的讨论总结报告进行评分。

五、课程资源及使用要求

（一）师资条件要求

"餐饮人力资源管理"课程的教学团队由双师型教师和专兼职教师组成。任课教师为具有中级以上职称，有相关餐饮企业人力资源部门工作背景；兼职教师均为酒店餐饮集团人力资源总监及以上级别，具有人力资源资格证书。

（二）实训教学条件要求

本课程为纯理论课程。

（三）教材选用

蔡万坤，李爱军.餐饮企业人力资源管理［M］.北京：北京大学出版社，2007.

六、课程实施建议及其他说明

1. 重视学生在校学习与实际工作的一致性，有针对性地采取工学交替、任务驱动、项目导向、课堂与实习地点一体化等行动导向的教学模式。

2. 根据课程内容和学生特点，灵活运用案例分析、分组讨论、角色扮演、启发引导教学方法，引导学生积极思考、乐于实践，提高教学效果。

3. 在教学过程中，要重视餐饮人力资源管理方面新技术、新工艺、新设施设备的发展趋势，贴近市场，采取工学交替的教学模式，着眼于学生职业生涯的发展，致力于培养学生对餐饮人力资源管理工作的兴趣，积极引导学生提升自身职业素养和职业道德水平。

餐饮管理专业"饮品知识"课程标准

一、课程性质

该课程是餐饮管理与服务专业的一门岗位选修课。立足于旅游业发展的现状，结合餐饮行业的实际情况，该课程具体阐述了各国饮料、葡萄酒、蒸馏酒、发酵酒、配制酒、冷冻饮品等内容，是一门涉及饮食文化、酒水、饮品、装饰艺术等领域的综合学科。本课程教学将学生的能力培养作为核心，贯彻理论联系实际、学以致用和因材施教的原则。通过对餐饮行业管理与服务中最为重要的内容之一——酒水知识的基本理论的讲授，使学生全面熟练掌握酒吧或大堂吧、西餐厅、咖啡厅应具备的知识、技能，具备一定的酒水知识及酒吧运作实务。培养学生成为酒店吧台或西餐厅等所需的高级技师人才，积极为我国的酒店管理与服务应用队伍发展提供有力的人才支持。

本课程的前期课程为"餐厅服务与礼仪"，后续课程包括"咖啡与酒水调制""厨政管理"等。

该课程是依据"餐饮管理与服务专业工作任务与职业能力分析表"中的工作项目设置的。它一方面服务于高职高专人才培养目标，为餐饮管理专业提供对学生进行职业能力培养的方法和手段；另一方面，培养学生的酒店职业能力和职业素质。其总体设计思路是，打破以知识传授为主要特征的传统学科课程模式，转变为以工作任务为中心组织课程内容，并让学生在完成具体项目的过程中学会完成相应工作任务，并构建相关理论知识，发展职业能力。课程内容突出对学生职业能力的训练，理论知识的选取紧紧围绕工作任务完成的需要来进行，同时又充分考虑了高等职业教育对理论知识学习的需要，并融合了相关职业资格证书对知识、技能和态度的要求。教学过程中，要通过校企合作，校内实训基地和生产性实训基地建设等多种途径，充分开发学习资源。教学效果评价采取过程评价与结果评价相结合的方式，通过理论与实践相结合，重点评价学生的职业能力。

该课程总学时为 32 学时，建议学分为 2 分，执笔人为王琪。

二、课程目标

（一）知识目标

通过学习，学生应了解并掌握酒水的基本知识、酒水文化和酒水调制，掌握常见的葡萄酒、酿造酒、蒸馏酒、配制酒和茶饮等概念、起源、发展。熟悉各类洋酒的常见品牌、特性及服务要求。通过实际操作掌握经典鸡尾酒的调制，了解酒吧经营与管理的相关知识。

（二）能力目标

以教学任务和工作任务为引领，在理论知识中结合实际操作，将重点放在实务操作和学生的实践能力的培养上，培养学生细心、周密、热情的服务意识，团结、协作、宽容的合作意识，灵活、克制、诚信的职业意识。

（三）素质目标

了解并掌握酒水服务的基本程序、技能与基本的管理经营方法，并通过大量的案例分析、讨论、观摩、示范和实践等方式，使学生掌握实际操作能力和分析、解决酒水服务中遇到的实际问题的能力，从而为学生进行生产实习和以后专业发展奠定基础。

三、课程内容和要求

序号	工作任务/项目	课程内容和要求		建议学时
		理论	实践	
1	酒水概论	明确酒水的概念及其分类，了解酿酒的起源，熟悉酿酒的原理；熟悉常见的酒品类别和品种		4
2	蒸馏酒	了解蒸馏酒的定义特点、构成与分类，掌握蒸馏酒的酿酒原理与工艺特色；掌握白兰地、威士忌、金酒、伏特加、特基拉、朗姆酒的主要原料，生产地区及名品；懂得中国白酒的各种香型		6
3	发酵酒	了解发酵酒的分类、发酵原理和工艺流程；掌握其消费特征；了解发酵酒中的葡萄酒、啤酒、黄酒的主要分类方法和名品介绍		6
4	配制酒	明确配制酒的概念与制酒原理，掌握配制酒的分类与名品；熟悉常见配制酒的酒品介绍，学会配制酒的饮用与服务		6
5	鸡尾酒知识和调制	明确鸡尾酒的概念与制酒原理，了解鸡尾酒的命名与起源；初步熟悉各种鸡尾酒的调制方法与操作技能，学会品尝鸡尾酒		6
6	非酒精饮料	了解常见的各种软饮料的品种、分类和特点，明确三大非酒精饮料的起源与发展史；初步熟悉三大非酒精饮料的品味、分类、功能和特点		4

四、考核评价

本课程保留传统的"平时＋期末"模式，但相对降低"期末考试"所占总评成绩的比例，提高平时成绩所占比例，两者各占50%。同时为了形成良好的教风、学风，实施教考分离，有效提高课程教学质量。

平时成绩考核内容主要包括上课出勤、作业、分析讨论、考察参观等。比较全面合理的考核方式，可以加强学生对课程学习、考核的重视程度，有利于提高学生的综合素质。应注重学生分析问题、解决实际问题能力的考核，对在学习和应用上有创新的学生应特别给予鼓励，综合评价学生能力。

五、课程资源及使用要求

（一）师资条件要求

"饮品知识"课程的教学团队由双师型教师和专兼职教师组成。任课教师为具有中级职称且具有酒水服务高级职业资格证；兼职教师均为酒店行业资深酒水服务经理，具有较为丰富的行业经验，实践指导、比赛指导等方面能力突出的教师。

（二）实训教学条件要求

本课程为纯理论课程，教学场地主要为我校西餐实训中心。

（三）教材选用

许金根.酒品与饮料［M］.杭州：浙江大学出版社，2012.

六、课程实施建议及其他说明

"饮品知识"课程虽然是一门理论课，但在教学过程中，应通过多种教学方法的灵活运用，使学生在轻松愉快中掌握酒水基础知识及服务规范等专业知识，具有酒水服务与管理的综合能力。同时，为了活跃课堂气氛，激发学生的学习兴趣，本课程运用多媒体教学手段，以文字、图像、声音综合作用于学生的感觉器官，加深学生的印象，帮助学生对所学知识有透彻的理解；另外，设置了课前学生自我展示环节，培养学生的自学、语言表达、分析解决问题等综合能力。

餐饮管理专业"餐饮企业电子商务"课程标准

一、课程性质

"餐饮企业电子商务"是餐饮管理专业的岗位选修课。在现代信息社会中，学习电子商务知识可以使掌握信息技术和商务规则的餐饮企业和个人，系统地利用各种电子工具和网络，高效率、低成本地从事各种以电子方式实现的餐饮商业贸易活动。

"餐饮企业电子商务"是餐饮专业电子商务活动的启蒙及导入性课程。它把电子商务专业所要具备的经济、管理、技术和法律等多种知识和技能，以及电子商务在国民经济的主要行业中的应用概况，给予提纲挈领的介绍，使学生从总体上对电子商务专业、电子商务知识体系和电子商务的国内外应用情况有一个整体印象和初步认识，为今后学生在工作中运用打下良好的基础。

本课程的理论教学主要解决"什么是电子商务"的问题，而实践教学主要解决"如何用电子商务经营餐饮企业"的问题。围绕个人和企业开展电子商务活动的具体内容，通过电子商务的操作和技能的一系列训练，使学生能够做到理论联系实际，学以致用，加深对电子商务基础理论的认识，并深刻理解电子商务运作模式和交易流程，掌握电子商务应用的基本技术和技能。

"餐饮企业电子商务"课程在设计过程中，结合高职高专教育的教学目标和特点，本着"必须、够用、适用"的原则和宽基础、多方向的就业思路，通过市场调研、召开企业专家研讨会及课程团队的共同梳理探讨，形成了"教、学、做"一体化的餐饮企业电子商务课程设计思路，根据设计思路确定了教学内容、教学时数和教学方法。"餐饮企业电子商务"课程教学内容包括电子商务概述、电子商务系统、电子商务安全、电子商务支付、电子商务物流、电子商务模式、网络营销七个项目。课程理论知识的选取紧紧围绕工作任务完成的需要来进行，同时又充分考虑了旅游新业态与"旅游+"新形态下"大旅游"产业发展对理论知识学习的要求，坚持立德树人，注重思想政治教育贯穿教学始终，同时融合了学生综合素质提升、创新创业能力培养、学生可持续发展的要求。项目设计以餐饮电子商务的工作任务为线索来进行。教学效果评价采取过程评价与结果评价相结合的方式，重点评价学生的职业能力和综合素质。

该课程的总学时为 32 学时，建议学分为 4 分，执笔人为王琪。

二、课程目标

（一）知识目标

1. 能够清楚理解电子商务的基本概念等基础知识；

2. 能够有效把握电子商务专业在校学习流程；

3.能够基本掌握常用电子商务工具软件的使用；

4.掌握并能操作电子商务业务流程和完成相应工作任务；

5.掌握电子商务交易过程；

6.明确电子商务岗位群及典型工作任务；

7.了解电子商务物流基本工作流程。

（二）技能目标

1.能自主学习新知识、新技术、新工艺；

2.能通过各种媒体资源查找所需信息；

3.能不断积累实践经验；

4.能利用网络收集与分析对学习和生活有用的信息；

5.会熟练使用网上支付工具；能利用网络进行应聘、订票等操作；

6.会利用网络对企业网站进行推广；

7.能够对给出的企业进行电子商务应用策划。

（三）素质目标

1.语言表达、社会交往和沟通能力；

2.具有良好的职业道德和身心素质以及创新能力；

3.具有敬业、吃苦耐劳的精神；

4.具有团队意识及妥善处理人际关系的能力；

5.工作中与他人的合作、交流与协商能力；

6.按规范办事、批评与自我批评能力。

三、课程内容和要求

序号	工作任务/项目	课程内容和要求	
		理论	实践
1	电子商务概述	1.理解电子商务的基本概念 2.理解电子商务的功能和优势 3.理解电子商务的发展现状 4.理解电子商务产生的影响	1.掌握搜索引擎应用的操作技能 2.掌握商业信息检索的操作技能 3.掌握即时通信工具应用的操作技能 4.掌握电子邮件客户端管理的操作技能
2	电子商务系统	1.理解电子商务的分类 2.理解电子商务系统框架 3.理解电子商务服务业构成 4.理解电子商务相关法规	
3	电子商务安全	1.理解电子商务的安全性要求 2.理解加密安全体制 3.理解身份认证与信息认证 4.理解电子商务安全交易协议	
4	电子商务支付	1.理解传统支付方式及优缺点 2.理解电子支付的基本概念 3.理解网上支付方式及流程 4.理解电子钱包的基本概念	

续表

序号	工作任务/项目	课程内容和要求	
		理论	实践
5	电子商务物流	1.理解物流的概念和价值 2.理解物流活动的基本要素 3.理解电子商务物流的概念 4.理解第三方物流的概念	
6	电子商务模式	1.理解C2C电子商务模式 2.理解B2C电子商务模式 3.理解B2B电子商务模式 4.理解成功企业的经营之道	
7	网络营销	1.理解网络营销的基本概念 2.理解网络市场调查方法 3.理解网络营销的常用工具 4.理解网络营销的常用方法	

四、考核评价

在考核方式上，采用形成性评价与终结性评价相结合的开卷考试、小组作业、阶段测试、课程论文、调研报告等多种考核方式。增加过程性成绩比重，增加考勤、作业、实训、平时表现等在成绩中的比重，过程性成绩占总成绩的60%。学生参加创新创业、社会实践等活动，以及与专业学习、学业要求相关的经历均可以申请该课程的免修免考，折算为学分，计入学业成绩。

五、课程资源及使用要求

（一）师资条件要求

课程的教学团队由双师型教师和专兼职教师组成。任课教师均具有中级以上职称，同时具有较为丰富的行业经验，具有系统的电子商务专业知识，具有企业电子商务实践经历，能够独自指导学生实际操作。

（二）实训教学条件要求

理论教学需要用多媒体教学平台，可利用视频进行教学。校内配有电子商务实训室，并安装配备了德意电子商务模拟实训软件，学生不仅可以利用模拟软件进行实训，还可以直接访问互联网来查找资料和进行网上实战。

（三）教材选用

万守付.电子商务基础［M］.北京：人民邮电出版社，2011.

六、课程实施建议及其他说明

"餐饮企业电子商务"是一门理论与实践紧密结合的课程。根据"先行后知"的高职教学理念，有些内容讲授顺序上是先讲授实践，后讲授理论。本课程在整个讲授过程中注重理论联系实际，通过实践提高学生对电子商务的理解，专注"教、学、做"

一体化模式的实践研究。学生在课程的学习过程中不但掌握了基本知识，还提高了操作能力；课程安排的讨论激发了学生的思维，培养了学生的表达和交流能力，增强了学生的自信心；部分岗位分角色模拟项目训练培养了学生与人合作、相互配合的团队精神。

餐饮管理专业"厨政管理"课程标准

一、课程性质

"厨政管理"是餐饮管理专业的一门岗位选修课程。该课程是培养厨房管理人员的创新能力、管理能力，提升其核心竞争力，使其具有一定的科学管理能力，能进行厨房设计布局与组织管理，能有效地实施厨房生产运行管理，能对厨房产品质量严格把关，能加强厨房物资管理与成本的控制，能合理调配人员并对员工进行培训，能对厨房卫生安全进行有效的管理，能根据需要策划美食活动，并根据季节开发菜肴。

该课程通过任务引领型的项目活动，学生能掌握厨房管理技能和相关专业知识，具有诚实、守信、善于沟通和合作的品质，热爱本职工作，为其职业能力的发展打下良好的专业基础。

厨政管理课程秉承"学习的内容是工作、通过工作完成学习内容"的原则，将组建并管理一家餐饮企业的整个工作过程，以"典型工作任务"为载体，设计学习情境，反映出工作对象、工具、工作方法、劳动组织方式和工作要求等。

该课程总学时为 40 学时，建议学分为 2 分，执笔人为史涛。

二、课程目标

通过对本课程全面系统的实务学习，学生将有效提高厨房管理的综合能力，强化理论与实践的结合，强化厨房应用能力和行业针对性。对学生了解、熟悉厨房运营的基本模式、所面对的经营环境、日常管理的内容及其路径、运营的流程与环节及其控制的方法，都将起到重要的作用。

（一）知识目标

通过学习，学生应掌握餐饮各部门关系、厨房生产运作流程；厨房环境要求、总体设计布局与设备配置布局；厨房组织结构、人员配备、岗位职责、管理制度、考核激励，为今后进一步学习相关课程打下知识基础。

（二）能力目标

能根据厨房的组织机构，编制生产计划、进行成本管理、质量控制、效率管理、设备管理。熟悉食品卫生、个人卫生、食具卫生、环境卫生和生产过程卫生管理。

（三）素质目标

学生具有广博的知识面，扎实的理论基础，勤于动手和动脑的习惯，具备创新意识，能成为餐饮企业的复合型人才。

三、课程内容和要求

序号	工作任务/项目	课程内容和要求		预计学时
		理论	实践	
1	管理学概论	管理学理论	管理的概念、管理的资源（对象）与手段	2
2	厨房的组织关系	餐饮出品运作概述	餐饮各部门关系、厨房生产运作流程	2
3	厨房布局	厨房设计与布局	厨房环境要求、总体设计布局与设备配置布局	8
4	人员管理	厨房人员管理	厨房组织结构、人员配备、岗位职责、管理制度、考核激励	6
5	原料控制	厨房原料管理	原料采购验收流程、储存保管管理	4
6	生产控制	厨房生产管理	编制生产计划、成本管理、质量控制、效率管理、设备管理	2
7	卫生控制	厨房卫生管理	食品卫生、个人卫生、食具卫生、环境卫生和生产过程卫生	2
8	安全管理	厨房安全管理	防火、防工伤、防食物中毒	2
9	出品管理	出品策划与营销	菜单设计、产品创新、市场研究与营销策划	4
10		总学时（参考）		32

四、考核评价

在考核方式上，采用形成性评价与终结性评价相结合的闭卷考试、大型作业、技能测试、阶段测试、课程论文、调研报告等多种考核方式。增加过程性成绩比重，增加考勤、作业、实训、平时表现等在成绩中的比重，合理确定过程性成绩在总成绩的比重，由原先的不超过40%提高为不低于50%。改革考核评价制度，支持学生以参加校内外各类考证、比赛取得的成果，以参加校内外优质网络课程、网络学习资源取得的结业证书，以参加创新创业、社会实践等活动以及发表论文、获得专利授权等与专业学习、学业要求相关的经历、成果，申请校内相关课程的免修（免考），折算为学分，计入学业成绩。

五、课程资源及使用要求

（一）师资要求

"厨政管理"课程的教学团队由双师型教师和专兼职教师组成。任课教师均具有中级以上职称，同时具有较为丰富的行业经验，餐饮管理专业背景，实践指导、比赛指导等方面能力突出。

（二）实训教学条件要求

杭州知味观与星巴克集团为餐饮管理专业的合作办学企业，结合本课程的实际要求，将所拥有众多门店提供给学生作为本课程的实训场所。

（三）教材选用

戴桂宝.厨政管理［M］.北京：中国旅游出版社，2012.

六、课程实施建议及其他说明

1. 重视学生在校学习与实际工作的一致性，有针对性地采取工学交替、任务驱动、项目导向、课堂与实习地点一体化等行动导向的教学模式。

2. 根据课程内容和学生特点，灵活运用案例分析、分组讨论、角色扮演、启发引导教学方法，引导学生积极思考、乐于实践，提高教学效果。

3. 在教学过程中，要重视厨房管理方面新技术、新工艺、新设施设备的发展趋势，贴近市场，采取工学交替的教学模式，着眼于学生职业生涯的发展，致力于培养学生对厨房管理工作的兴趣，积极引导学生提升自身职业素养和职业道德水平。

餐饮管理专业"商业思维与方法"课程标准

一、课程性质

"商业思维与方法"是餐饮管理专业的一门选修课程。该课程是培养餐饮连锁企业领班、主管和门店经理必需的商业思维和商业调查方法的课程。其功能在于通过本课程学习使学生能够运用科学的思维用于解决管理问题，了解商业调查的一般流程，了解研究方案的设计、数据收集与分析，商业报告的撰写。使学生具备从事餐饮连锁企业管理的商业思维与能力。

该课程通过任务引领型的项目活动，学生能掌握餐饮管理技能和相关专业知识，具有诚实、守信、善于沟通和合作的品质，热爱本职工作，为其职业能力的发展打下良好的专业基础。

该课程总学时为 32 学时，建议学分为 2 分，执笔人为史涛。

二、课程目标

（一）知识目标

1. 什么是商业研究；

2. 科学思维的标志；

3. 商业研究的一般过程；

4. 商业建议；

5. 商业研究中的伦理问题；

6. 商业研究方案的设计；

7. 数据的来源和分析。

（二）能力目标

通过学习，学生应具备科学的推理能力，能够具备内容联系的思维。根据市场信息，科学的设计商业调查方案，并对来源数据进行统计和分析。

（三）素质目标

使学生具备从事餐饮经营与生产所需的市场推理和商业研究等素质。

三、课程内容和要求

序号	工作任务/项目	课程内容和要求		建议学时
		理论	实践	
1	商业方面的研究	1.什么是商业研究 2.管理者和研究者之间的关系 3.商业思维方式	1.获得技能的价值 2.推理 3.什么是好的研究	6
2	研究过程	1.问题研究的分层结构 2.设计研究 3.抽样研究 4.信息评价 5.小规模实验	1.数据收集与解释 2.资源分配与预算 3.小规模实验 4.结构化研究建议	6
3	研究方案的设计	1.设计战略 2.抽样设计 3.测量 4.测量尺度	1.因果关系研究 2.测量差异研究 3.测量标的制定	12
4	数据来源与收集	1.一手二手数据 2.与应答者沟通 3.观察研究法 4.实验法	1.开发工具设计 2.观察方法评价 3.实验的效度与评价	6
	案例分析	案例	案例分析	2

四、考核评价

在考核方式上，采用形成性与终结性评价相结合的闭卷考试、大型作业、技能测试、阶段测试、课程论文、调研报告等多种考核方式。增加过程性成绩比重，增加考勤、作业、实训、平时表现等在成绩中的比重，合理确定过程性成绩在总成绩的比重，由原先的不超过40%提高为不低于50%。改革考核评价制度，支持学生以参加校内外各类考证、比赛取得的成果，以参加校内外优质网络课程、网络学习资源取得的结业证书，以参加创新创业、社会实践等活动以及发表论文、获得专利授权等与专业学习、学业要求相关的经历、成果，申请校内相关课程的免修（免考），折算为学分，计入学业成绩。

五、课程资源及使用要求

（一）师资要求

"商业思维与方法"课程的教学团队由双师型教师和专兼职教师组成。任课教师均具有中级以上职称，同时具有较为丰富的行业经验，餐饮管理专业背景，实践指导、比赛指导等方面能力突出。

（二）实训教学条件要求

杭州知味观与星巴克集团为餐饮管理专业的合作办学企业，结合本课程的实际要求，将所拥有众多门店提供给学生作为本课程的实训场所。

（三）教材选用

库珀，辛德勒 . 商业研究方法［M］. 北京：中国人民大学出版社，2006.

教师自编讲义。

六、课程实施建议及其他说明

1. 重视学生在校学习与实际工作的一致性，有针对性地采取工学交替、任务驱动、项目导向、课堂与实习地点一体化等行动导向的教学模式。

2. 根据课程内容和学生特点，灵活运用案例分析、分组讨论、角色扮演、启发引导教学方法，引导学生积极思考、乐于实践，提高教学效果。

烹调工艺与营养专业课程标准

一、培养目标

培养学生职业道德和敬业精神，具有本专业基本理论知识和职业技术能力，熟练掌握本专业中的烹调工艺、冷菜工艺、食品雕刻、面点制作等专业的操作技能，能适应现代旅游饭店和餐饮企业的高素质技能型人才。

二、主干课程

烹调工艺、冷菜工艺、食品雕刻、烹饪原料、烹饪营养等。

三、职业定位

国内外高星级酒店、中职学校、社会知名餐饮企业。

烹调工艺与营养专业
"烹饪原料"（一）课程标准

一、课程性质

"烹饪原料"（一）是烹调工艺与营养专业的必修课，是专业基础课。目标是让学生掌握烹饪原料的种类、性质、组织结构、营养特点，培养认识原料、鉴别原料的能力，具备专业厨师的职业要求，它以植物学、动物学、卫生学、营养学、烹饪化学、微生物学等课程为基础，也是进一步学习烹调工艺课程的基础。

"烹饪原料"（一）是依据"烹调工艺与营养专业工作任务与职业能力分析表"中的中餐厨房工作项目设置的。其总体设计思路是，打破以知识传授为主要特征的传统学科课程模式，以理论够用原则将课程内容与工作任务紧密结合，通过构建相关理论知识，发展职业能力。课程内容以模块化的形式展示，有利于学生掌握知识的系统性与实用性，同时又充分考虑了高等职业教育对理论知识学习的需要，并融合了相关职业资格证书的要求。教学过程中，要通过网络资源、图书馆等多种渠道，充分开发学习资源。

为实现"技能岗位型"的人才培养模式，根据专业对应岗位的基本素质和技能要求来确定学生的知识、能力和素质结构。以"能力为本"为核心理念，突出实用性，做到基础知识"够用"。教学中体现精选精讲、鼓励互动；重视案例、注重运用；开动脑筋、理解为主；进入角色、情景模拟；能力本位、科学考核等教学理念。

理论知识的选取紧紧围绕工作任务完成的需要来进行，同时又充分考虑了旅游新业态与"旅游＋"新形态下"大旅游"产业发展对理论知识学习的要求，坚持立德树人，注重思想政治教育贯穿教学始终，同时融合了学生综合素质提升、创新创业能力培养、学生可持续发展的要求。教学过程中，充分开发学习资源，给学生提供丰富的实践机会。教学效果评价采取过程评价与结果评价相结合的方式，通过理论与实践相结合，重点评价学生的职业能力和综合素质。

该课程的总学时为 56 学时，建议学分为 2 分，执笔人为王小敏。

二、课程目标

（一）知识目标

1. 了解烹饪原料的概念及研究内容，掌握原料的命名和分类方法；
2. 掌握烹饪原料的品质检验和贮存保鲜的要求和方法；
3. 了解烹饪原料资源的开发与保护途径；
4. 熟练掌握各种常用原料的特性及使用方法。

（二）能力目标

1. 掌握烹饪原料的分类和对烹饪原料进行鉴定及必要的保管知识，选择高质量的原料，并能保证原料的质量；

2. 掌握各类烹饪原料的组织结构特点、风味特点和营养特点，原料在烹饪加工中的变化规律，找出原料的合理利用形式，充分将原料的色、香、味、形、质展示于菜肴之中，或通过改变形成有特色的菜肴；

3. 最大限度地减少营养素的损失；

4. 在熟悉原料特性的基础上，为菜肴的制作和创新打下坚实的基础。

（三）素质目标

具有职业操守，合理使用原料，杜绝使用国家禁止的一切原料。

三、课程内容和要求

序号	工作任务/项目	课程内容和要求		建议学时
		理论	实践	
1	烹饪原料总论	●绪论 ●烹饪原料的化学组成和组织机构 ●烹饪原料的品质检验和储存	●能对烹饪原料进行分类 ●有烹饪原料品质检验的感官方法 ●会对烹饪原料进行储存	8
2	动物性原料	●畜类及乳品 ●禽类及蛋品 ●水产品	●正确选择动物性原料和运用原料	24
3	植物性原料	●粮食 ●蔬菜 ●果品	●鉴别植物性原料的品质和运用原料	14
4	调辅原料	●调味原料 ●辅助原料	●调辅料的烹饪运用方法	6
5	机动考试			4

四、考核评价

本课程为考试课，采用百分制。本课程成绩评价主要由平时成绩、期中考试、期末考试三部分组成。其中，平时成绩（包括作业、课堂实践练习、课堂表现等项目）占30%，期中考试成绩占30%，期末考试成绩占40%。期中、期末考试可采用开卷、闭卷或开卷闭卷相结合的形式。

五、课程资源及使用要求

（一）师资条件要求

任课教师为具有中级职称且具有高级职业资格证，或具有较为丰富的行业经验的教师。课程的教学团队由双师型教师和专兼职教师组成。教师职称、年龄、学历、学缘结构要合理。

（二）实训教学条件要求

多媒体教室、网络课程、校内外实训实习基地、提供学习资料的图书馆、大型市场和超市。

（三）教材选用

赵廉.烹饪原料学［M］.北京：中国纺织出版社，2008.

六、课程实施建议及其他说明

1. 课堂讲授法

本课程总体理论性较强，课堂上以教师为主体，辅助以多媒体手段进行讲授。讲授时辅以启发提问，讲清讲透课程的重点和难点，让学生把握住学习的关键点。

2. 案例分析法

主讲教师将在岗位上多年收集的经典案例引入课程教学，采用典型案例解读，可以培养学生学习兴趣，使学生学习处于最佳有效状态。案例分析是"烹饪原料"（一）教学联系实际的特色形式。进行案例分析时，既可以采用由学生独立分析，再以口头回答或书面作业完成的分散方式；又可以采用先分小组讨论，小组发言人汇报，全班讨论参与这种集中的形式。后一种方式主要用于对重点案例进行分析。

3. 小组讨论法

教师安排相应的课堂教学时间用于讨论典型案例，可指定或学生自愿组成学习小组，就某一问题展开充分讨论，每组选派一名发言人，上台汇报本组讨论的情况，与台下师生互动、交流，小组其他成员可以补充，教师予以点评。

4. 现场观摩法

根据教学需要，安排学生到企业进行现场观摩，深入工作现场，感受真实的工作氛围。

5. 实地调研法

组织学生对大型农贸市场、超市及专业供应商进行实地调研，获取课程所需的第一手资料。

烹调工艺与营养专业"烹饪营养"课程标准

一、课程性质

该课程是烹饪工艺与营养专业、西餐工艺专业的必修课，是专业核心课程。目标是让学生掌握对菜肴营养分析的能力，也是进一步学习"中国传统营养"课程的基础。

是以课堂讲授法为主，运用多媒体设备，视频图片并茂，贯穿讨论法、演示法。另外，学生还需在毕业设计环节学院提供的实训周加强实践锻炼。

该门课程的总学时为54学时，建议学分为2分，执笔人为何宏。

二、课程目标

（一）知识目标

学生应掌握各种营养素知识，食材中所含营养素，烹饪过程中营养素的变化，公共营养等知识。

（二）能力目标

判断食材所含营养素的能力，不同食材搭配的营养配餐能力，营养知识咨询能力。

（三）素质目标

树立餐饮过程中全面营养的理念。

三、课程内容和要求

序号	工作任务/项目	知识内容与要求	技能内容与要求	建议学时
1	绪论	●基本概念 ●消化系统	●尝试谈食物在人体内的变化过程	2
2	人体需要的营养素	●蛋白质 ●脂类 ●糖类 ●能量 ●矿物质 ●维生素 ●水	●各种营养素的功能 ●各种营养素的需要量 ●各种营养素的食物含量	12
3	烹饪原料的营养价值	●动物性食物的营养价值 ●植物性食物的营养价值 ●调味品的营养价值	●主要烹饪原料的营养价值	6
4	合理烹饪	●烹饪加工对原料营养价值的影响 ●烹饪原料的选择与搭配 ●合理的烹调方法	●了解烹饪加工对原料营养价值的影响 ●从营养角度选择和搭配原料 ●采用合理的烹调方法	4

续表

序号	工作任务/项目	知识内容与要求	技能内容与要求	建议学时
5	营养与健康	●膳食结构 ●食谱编制 ●慢性病营养	●学会使用中国居民膳食宝塔 ●科学编制食谱	8

四、考核评价

本课程的学生学业评价结果建议采取过程性评价与终结性评价相结合，以提高评价结果的可靠性与可比性，具体构成见下表。

	过程性评价			终结性评价	
	学习表现	课后作业	期中测验	宴席营养分析	期末理论考核
成绩比例	10%	10%	20%	20%	40%
总评比例	40%			60%	

学生以参加校内外营养方面的优质网络课程、网络学习资源取得的结业证书，以参加有关营养方面的创新创业、社会实践等活动以及发表论文、获得专利授权等与专业学习、学业要求相关的经历、成果，申请校内相关课程的免修（免考），折算为学分，计入学业成绩。

五、课程资源及使用要求

（一）师资条件要求

应具备烹饪营养教育、食品、医学等专业背景，硕士学位以上。具备应有的教学能力。具备教学设计、课程开发、营养指导、营养相关比赛指导等方面能力。

（二）实训教学条件要求

营养配餐的设计，4学时，对场地无特殊要求。

（三）教材选用

何宏.烹饪营养教程［M］.北京：中国轻工业出版社，2017.

六、课程实施建议及其他说明

主要参考资料：

［1］中国营养学会.中国居民膳食营养素参考摄入量（2013版）［M］.北京：科学出版社，2014.

［2］中国营养学会.中国居民膳食指南（2016）［M］.北京：人民卫生出版社，2016.

［3］杨月欣.中国食物成分表第一册［M］.2版.北京：北京大学医学出版社，2009.

［4］葛可佑.公共营养师基础知识［M］.2版.北京：中国劳动社会保障出版社，2012.

［5］葛可佑.中国公共营养师培训教材［M］.北京：中国卫生出版社，2005.

烹调工艺与营养专业"烹饪卫生与安全"课程标准

一、课程性质

该课程是烹调工艺与营养专业的必修课，是职业基础课。"烹饪卫生与安全"是一门研究食品中可能存在的、威胁人体健康的有害因素及预防措施，提高食品卫生质量，保护消费者健康安全的学科。本课程对食品由原料生产到饭桌每个环节中的各种危害因素及其传播规律、致病机理、防治控制方法等进行分析评价和研究，以确保食品对人的身体健康不会产生负面影响。它涉及烹饪学、微生物学、卫生学、分析化学、毒理学等学科。本学科具有很强的科学性、社会性和应用性，是从事食品生产和管理行业的一门重要的专业基础课。通过本课程的学习，学生掌握有关食品卫生和食品安全的基础理论、基本技术。

该课程是依据"烹调工艺与营养专业工作任务与职业能力分析表"中的"专业基础能力"工作项目设置的。其总体设计思路是：打破以知识传授为主要特征的传统学科课程模式，转变为以工作任务为中心组织课程内容，并让学生在完成各项具体项目的过程中学会完成相应工作任务，从而掌握相关理论知识，提高职业能力。

课程内容突出对学生职业能力的训练，理论知识的选取紧紧围绕工作任务完成的需要来进行，同时又充分考虑了高等职业教育对理论知识学习的需要，并融合了相关职业资格证书对知识、技能和态度的要求。

该课程的总学时为 32 学时，建议学分为 2 分，执笔人为王小敏。

二、课程目标

（一）知识目标

通过本课程的学习，学生应了解烹饪卫生和安全在烹饪生产中的作用，掌握食品卫生与安全的基本原理，能对烹饪原料进行卫生质量的检验，能合理地处理烹饪过程中出现的卫生问题，确保食品的安全；掌握餐饮业先进的卫生管理方法，做到环境卫生和个人卫生的要求，并能制订和实施卫生工作计划。

（二）能力目标

能应用知识解决及处理食品污染及食物中毒的方法，提高食品检验能力。

（三）素质目标

能制订餐饮业卫生工作计划。

三、课程内容和要求

序号	工作任务/项目	课程内容和要求		建议学时
		理论	实践	
1	烹饪卫生的基础知识	●烹饪的食品卫生与安全学意义 ●餐饮食品生物性危害及其控制 ●餐饮食品公害性化学毒物及其控制	●能界定食品卫生与食品安全的定义及相关概念 ●能解释和辨别常见的食品污染及食物中毒事件	16
2	烹饪工艺卫生与安全	●烹饪原料卫生与安全 ●烹饪初加工工艺卫生与安全 ●烹饪工艺卫生与安全 ●餐饮服务卫生与安全	●能应用知识解决及处理食品污染及食物中毒的方法 ●提高食品检验能力	10
3	餐饮卫生管理	●卫生管理的作用及其组织 ●卫生管理的法律法规 ●卫生管理的先进技术与质量认证	●熟悉食品卫生管理的法律法规 ●能编制卫生管理的工作计划	4
4	机动			2

四、考核评价

本课程的学生学业评价结果建议采取过程性评价与终结性评价相结合，以提高评价结果的可靠性与可比性，具体构成见下表。

	过程性评价			终结性评价	
	学习表现	课后作业	小论文	小论文	期末考试
成绩比例	10%	10%	20%	20%	40%
总评比例	40%			60%	

五、课程资源及使用要求

（一）师资条件要求

安排对烹饪卫生与安全有一定研究的专业教师任教。

（二）实训教学条件要求

具有多媒体设备、黑白版的教学场所。

（三）教材选用

蒋云升.烹饪卫生与安全学［M］.北京：中国轻工业出版社，2012.

六、课程实施建议及其他说明

本课程按"烹饪卫生与安全"的教学大纲具体要求，了解食品安全与健康的基本内容，掌握食品卫生安全基本知识、食品检验、食品卫生法、食品卫生管理制度等相关内容。

●围绕教材主题内容，以引导法的教学理念，根据学生实际状况，创造性地开展教学活动。

● 在教学过程中，要运用挂图、多媒体、投影等教学资源辅助教学，丰富学生知识，并能及时反映社会食品安全的动态。

● 在教学过程中，要重视把知识运用到学生的具体烹饪操作中，并结合餐饮业的卫生要求进行教学，把学到的知识运用到实际操作中，让学生懂得食品卫生对人类健康影响的重要性。

● 教学中注意增加食物中毒、食品添加剂安全性等案例，进行合理性食品安全检验实际操作，以提高学生的食品安全检验能力。

烹调工艺与营养专业
"烹调工艺"（一）课程标准

一、课程性质

"烹调工艺"（一）是烹调工艺与营养专业课之一，该课程是一门集烹调基础理论、烹调制作技术原理和烹饪操作技艺相结合的必修课，是专业核心课程。目标是让学生掌握烹调基础理论、烹调制作技术原理和烹饪操作基本技能的能力。它以"烹饪原料""烹饪营养""烹饪卫生与安全"课程的学习为基础，是进一步学习"餐饮管理""宴会设计"课程的基础。其总体设计思路是，打破以知识传授为主要特征的传统学科课程模式，转变为以工作任务为中心组织课程内容，并让学生在完成具体项目的过程中学会完成相应工作任务，并构建相关理论知识，发展职业能力。课程内容突出对学生职业能力的训练，理论知识的选取紧紧围绕工作任务完成的需要来进行，同时又充分考虑了高等职业教育对理论知识学习的需要，并融合了相关职业资格证书对知识、技能和态度的要求。教学过程中，要通过校企合作，校内实训基地建设等多种途径，采取工学结合、半工半读等形式，充分开发学习资源。教学效果评价采取过程评价与结果评价相结合的方式，通过理论与实践相结合，重点评价学生的职业能力。

该课程的总学时为 396 学时，建议学分为 10 分，执笔人为王玉宝。

二、课程目标

（一）知识目标

熟悉灶台岗位工作的一般流程，了解灶台岗位构造及设施设备情况，具有使用及基本维护保养相关设施和设备的能力，确保安全操作。

（二）能力目标

能根据学习任务的具体要求，运用工具书，互联网和教学资源库平台等学习资源收集相关信息，制订工作方案并合理运用相关知识和技能完成菜肴的制作。

（三）素质目标

具备从事本专业良好的职业道德意识、责任意识；能吃苦耐劳和诚实守信；具备良好的团结协作精神，具备做事认真，安全生产，遵守劳动纪律的敬业精神。

三、课程内容和要求

序号	工作任务/项目	课程内容和要求		建议学时
		理论	实践	
1	烹饪原料的鉴别与选择	●掌握烹饪原料的产地、产季、等级的知识 ●掌握烹饪原料的部位、特点、级别的知识 ●采用课堂讲授、外出参观等教学手段教学	●掌握辨别烹饪原料的产地、产季、等级的技能 ●掌握辨别烹饪原料的部位、特点、级别的技能 ●采用教师示范、学生操作练习的方法	16
2	鲜活原料的初加工	●掌握各种鲜活原料初加工的理论知识 ●掌握各种鲜活原料初加工方法的理论 ●采用课堂讲授的手段教学	●掌握各种鲜活原料初加工的技能 ●掌握各种鲜活原料初加工方法的技能 ●采用教师示范、学生操作练习的方法	16
3	干制原料的涨发加工	●干制原料涨发的目的和原理 ●干制原料涨发的类型	●常见干制原料涨发的加工实例	16
4	分割加工工艺	●分档取料 ●刀工工艺	●基本料形及应用特征 ●剞花工艺	16
5	保护及优化加工工艺	●保护性加工工艺	●溶胶制作工艺 ●制汤工艺	20
6	调配工艺通论	●调配工艺的概念及意义	●调配工艺的范围和应用	16
7	风味调配工艺	●调味工艺 ●调香工艺	●菜肴的味形及其调配 ●烹饪原料的风味特征及调配	20
8	菜肴和筵席组配工艺	●菜肴组配的原理和要求 ●菜肴组配的形式与方法	●筵席菜肴的组配形式和方法 ●菜肴的命名	16
9	烹饪原料熟处理的原理	●烹饪原料熟处理的作用与内容 ●烹饪原料熟处理中的传热过程	●火候及火候的运用 ●加热设备的工作原理及运用	24
10	烹饪原料熟处理的基本技法	●果蔬原料的变化特征 ●畜禽原料的变化特征 ●水产原料的变化特征	●调味品在加热过程中的变化 ●传热介质对原料风味和成熟的影响	20
	实践操作			210
	机动			6
	合计			396

备注：典型工作任务、项目、模块、学习情境、工作过程等。

四、考核评价

1. 专家评价

邀请校内外专家对"烹调工艺学"课程教学质量进行评价，注重对学生制作技能的培养。

2. 学校督导组评价

接受学校督导组教学质量评价，促使"烹调工艺学"课程教学方法不断完善、教学质量不断提高，并在理论教学和实践教学中探索适合旅游高职院校学生特点的人才培养模式。

3 通过学生评价

通过学生打分、网上评教、优秀教师评选等，对教师教学质量进行学生评价，进一步增强课程教学的趣味性、生动性、实务性。

4. 实习指导老师的评价

通过实习企业的指导教师对学生的实际运用效果的评价来反映教学效果。

5. 考核方式

按照学院考试要求分：

（1）理论考核闭卷考试。考试题型：名词解释、是非题、选择题、简答题和案例分析题。考试比分：期末理论占 30%。

（2）实践操作考试。期末实训考核占 20%。

（3）平时表现（包括期中测试等）占 50%。

五、课程资源及使用要求

（一）师资条件要求

担任本课程的专业教师 4 名，其中 2 名为副高职称，主要担任理论教学任务；同时聘请 1 名酒店一线的人员担任兼职教师。

（二）实训教学条件要求

学校建有中餐烹饪示教室、实训室，为中餐实验教学提供了良好条件。多媒体的教学手段、现场摄像投影、先进的烹制设备器具，为学生清晰仔细观看示范操作创造了极其良好的条件。教学实验条件的改善对提高教学质量、强化教学效果起到重要作用。

（三）教材选用

"烹调工艺学"（一）课程开设选用的是 2010 年中国纺织出版社出版的《烹调工艺学》、周晓燕主编。参考的教材资料：中国轻工业出版社出版的《烹调工艺学》、第二版，中国轻工业出版社出版的《烹调工艺学》，旅游教育出版社出版的《中餐烹调技术》，中国劳动社会保障出版社出版的《中餐烹调工艺》，中国旅游教育出版社出版的《中餐烹调技术》，东北财经大学出版社出版的《中式热菜制作》等。经过多年的教学经验和不断的改进，并结合中餐考证要求，以中式烹调师——国家职业技能鉴定考试复习指导丛书为考证基准和以企业岗位为目标。

六、课程实施建议及其他说明

1. 理论和实践有机的统一，交替进行

理论部分以够用为准，并结合实践操作进行讲解。

（1）理论讲解：通过多媒体、图片、实物、仿真场景、真实场景等辅助完成。

（2）教师操作演示教学：学生通过观看了解产品制作方法、步骤、注意事项。

（3）学生实训练习：学生进行实际操作，任课教师现场指导。

（4）分别讲评学生的作品，打分记录，作为学生平时成绩的依据。

2. 工学交替

学生在完成一定阶段的学习后，利用假期和课余时间到企业顶岗锻炼——即实习，进行工作实践，获得实战经验，缩短毕业适应期。

3. 产教结合

学生在完成一定阶段的学习后，结合一些较为简单的产品进行实际生产，以强化职业技能，提升职业素养，磨炼心理素质，提高今后工作的快速适应能力。

烹调工艺与营养专业
"食品雕刻"（一）课程标准

一、课程性质

本课程是高等职业院校烹调工艺与营养专业的一门核心课程，能帮助本专业学生掌握从事菜肴装饰美化与主题作品台面设计方面的专业技能。其功能在于让学生通过对食品雕刻技能的学习，使学生能自主完成工作过程中的常规任务，从而满足企业与社会对技能型人才的需求。本课程以本专业学生的就业为导向，以实际工作任务为引领，以打荷、冷菜岗位必须具备的职业能力为依据，并按照学生的认知特点，遵循岗位工作实际，确定本课程的项目任务模块和课程内容，采用工作过程导向的形式进行教学内容的组织。结合职业资格证书的考核要求，把理论与实践一体化，使学生在实训过程中学会操作技能，在操作技能中体会知识要点，满足学生职业生涯发展的需要。

该课程是依据"烹调工艺与营养专业专业工作任务与职业能力分析表"中的菜肴装饰美化工作项目设置的。其总体设计思路是，打破以知识传授为主要特征的传统学科课程模式，初步构架起以职业能力为主线、岗位项目为模块的课程框架。结合国家职业标准要求，按照学生的认知特点，采用任务递进与项目流程相结合的结构脉络来安排教学培训内容，并通过"以工作任务为中心，以典型作品为载体"任务引领来组织教学，倡导学生在"做中学、学中做"，着眼于学生专业生涯发展，注重职业素养的培养。理论知识的选取紧紧围绕工作任务完成的需要来进行，同时融合了学生综合素质提升、创新创业能力培养、学生可持续发展的要求。项目设计突出了针对性与实效性的特点。教学过程中，通过校企合作，校内实训基地建设等多种途径，采取现代学徒制（或工学结合、工学交替）等形式，充分开发学习资源，给学生提供丰富的实践机会。教学效果评价采取过程评价与结果评价相结合的方式，通过理论与实践相结合，重点评价学生的职业能力和综合素质。

该课程的总学时为64学时，建议学分为4，执笔人为吴忠春。

二、课程目标

职业能力培养目标：

1.通过岗位引领型的项目教学活动，学生能了解食品雕刻的相关知识，具备一定的菜肴装饰美化工作能力；具备诚实守信、沟通协作的职业品质；树立优质服务意识，热爱本职岗位，为职业能力的发展打下良好的专业基础；

2.能学习掌握常见花卉、鱼虫、禽鸟的制作技巧；

3.能熟练完成各种盘饰的制作工作；

4.能独立完成主题作品的制作；

5.能合作完成中餐方面宴会台面的设计与制作。

（一）知识目标

本课程内容涉及食品雕刻的形成与发展、食品雕刻和基础知识、食品雕刻的造型艺术，各种盘饰的制作及糖艺制作、刺身围边及展台制作等方面。

1.能够正确使用食品雕刻常用的工具和设备；

2.能够制作出常用的花卉及禽鸟作品；

3.具有一定的作品设计能力；

4.通过所完成的每一个作品，能举一反三。

（二）能力目标

贯彻国家中式烹调师高级工考核有关的技术标准要求，在教学目标、教学内容设置等方面，突出了实用与时效性，使学生学到并掌握企业社会最前沿的知识与技能。

1.能熟悉食品雕刻基本概念及特点；

2.能掌握食品雕刻的相关知识；

3.能熟悉食品雕刻工具的用途；

4.能掌握食品雕刻制作的基础流程。

（三）素质目标

本教材注重职业教育的发展规律和基本特点，以提高学生综合素质为中心，以加强学生的思想道德素质教育为基础，以加强学生思想政治素质教育为核心，着眼于学生职业素质与思想品德教学和专业技能教学相融合，将德育工作与教学方法、教学途径相结合。在德育工作的针对性和实效性上下功夫，配合我院特色的"三全"育人的德育模式，全面推进学生思想政治教育和综合素养培养工作。

1.良好的心理素质和吃苦耐劳的精神；

2.较强的人际沟通能力；

3.阳光的人文气质；

4.良好的职业习惯；

5.较强的团队协作能力；

6.具有自我学习、自我提高的能力。

三、课程内容和要求

为使学生掌握"食品雕刻"的知识与技能，课程通过模块教学单元，采用任务教学。普高班课程安排见下表。

序号	工作任务/项目	课程内容和要求		建议学时
		理论	实践	
1	理论	食品雕刻基础知识、工具认识、基本手法	工具实物展示、工具运用示范、基本操作手法演示讲解	4

序号	工作任务/项目	课程内容和要求		建议学时
		理论	实践	
2	大丽菊	结构分析、刀法讲解	戳刀练习；制作方法演示学习；结构与成型方法实践	4
3	月季花	结构分析、刀法讲解	旋刀练习；制作方法演示学习；结构与成型方法实践	4
4	月季花、树叶、树枝	配套结构件要求，组合形式设计	作品与外围相结合，制作实用小盘饰	4
5	月季花组合	组合形式、结构、细节，搭配方案讲解	以比赛要求练习；将单品与外围相结合，主体作品或作装饰衬托使用	4
6	牡丹花	零雕组装方法；结构分析、刀法讲解	零雕组装练习；制作方法演示学习；结构与成型方法实践	4
7	牡丹花、树叶、树枝组合	配套结构件要求，组合形式设计	以行业要求练习；将单品与外围相结合，制作实用小盘饰	4
8	菊花	结构分析、刀法讲解	戳刀练习；制作方法演示学习；结构与成型方法实践	4
9	荷花	零雕组装方法；结构分析、刀法讲解	零雕组装练习；制作方法演示学习；结构与成型方法实践	4
10	荷花、荷叶	零雕组装方法；结构分析、刀法讲解	以行业要求练习；将单品与外围相结合，制作实用小盘饰	4
11	马蹄莲	挖刻法应用	多种刀具操作手法结合；制作方法演示学习；结构与成型方法实践	2
12	马蹄莲组合	配套结构件要求，组合形式设计	以行业要求练习；将单品与外围相结合，制作实用小盘饰	2
13	竹子、蘑菇	景观类作品元素组合要求	多种刀具操作手法结合；制作方法演示学习；结构与成型方法实践	4
14	桥	杂项制作，元素组合制作	学习新品种，练习物件制作；将已学花卉与其结合制作景观类小作品	4
15	船	杂项制作，元素组合制作	学习新品种，练习物件制作；将已学花卉与其结合制作景观类小作品	4
16	塔	杂项制作，元素组合制作	学习新品种，练习物件制作；将已学花卉与其结合制作景观类小作品	4

四、课程实施建议

（一）教材选用/编写

吴忠春.食品雕刻与围边工艺 ［M］.杭州：浙江大学出版社，2017.

（二）教学建议

1. 双师授课，理实合一

理论和实践有机的统一，交替进行，理论部分以够用为准，并结合实践操作进行讲解。

（1）理论讲解：通过多媒体、图片、实物、仿真场景、真实场景等辅助完成。

（2）教师操作演示教学：学生通过观看了解产品制作方法、步骤、注意事项。

（3）学生实训练习：学生 2～3 人为一小组进行实际操作，任课教师现场指导。根据教学品种复杂程度和耗时长短，可安排教师全程演示后学生实训，或教师演示和学生实训分步骤交叉进行，或学生独立实训等方式。

2. 工学交替

学生在完成一定阶段的学习后，利用假期和课余时间到企业顶岗锻炼，即实习，进行工作实践，获得实战经验，缩短毕业适应期。

3. 产教结合

学生在完成一定阶段的学习后，结合一些较为简单的产品进行实际生产，以强化职业技能，提升职业素养，磨炼心理素质，以提高今后工作的快速适应能力。

（三）教学基本条件

1. 担任本课程教学的教师为行业的专业人员。

2. 学校建有冷拼雕刻制作示教室、实训室，为教学提供了良好条件；2010 年多媒体操作演示室的建成，使教学条件走在了同类院校的前沿。多媒体的教学手段、现场摄像投影、先进的烹制设备器具，为学生清晰仔细观看示范操作创造了极其良好的条件。教学实验条件的改善对提高教学质量、强化教学效果起到重要作用。

3. 校外实习基地中，国内以杭州洲际酒店、上海 JW 万豪明天广场酒店、上海浦东香格里拉酒店等高星级酒店为主，境外以阿联酋迪拜为主，涵盖了美国、法国、日本、我国台湾等国家和地区。为专业实训实习教学提供了有力的支持和保障。

4. 校内真实性生产性实训基地

拥有校内生产性实训基地"旅苑酒店"中餐厅，为全校师生提供服务，也为烹饪专业的学生提供校内的真实性实训场所，同时还是学生创业创新的基地。

（四）课程资源的开发与利用

有目的地开发和利用各种课程资源。

1. 文本资源

能帮助学生理解所学内容，巩固相关技能，开拓教学视野的资源，如教科书、教师用书，教与学的辅助用书、实训指导教材、教学挂图等。

2. 信息资源

有效地利用信息资源，如网络、多媒体光盘等。

3. 社会教育资源

教育与相关专业从业人员，图书馆、报纸杂志、电视广播等。

4. 环境与工具

日常生活环境中的教学信息，用于操作的学具或教具，教学实验室等。

5. 生成性资源

教学活动中提出的问题、学生的作品、学生学习过程中出现的问题、课堂实录等。

五、教学评价

（一）专家评价

邀请校内外专家对"食品雕刻"课程教学质量进行评价，注重对学生快餐制作技能与管理的培养。

（二）学校督导组评价

接受学校督导组教学质量评价，促使"食品雕刻"课程教学方法不断完善、教学质量不断提高，并在理论教学和实践教学中探索适合旅游高职院校学生特点的人才培养模式。

（三）学生评价

通过学生打分、网上评教、优秀教师评选等，对教师教学质量进行学生评价，进一步增强课程教学的趣味性、生动性、实务性。

（四）实习指导老师的评价

通过实习企业的指导教师对学生的实际运用效果的评价来反映教学效果。

（五）考核方式

按照学院考试要求分：

1. 理论考核闭卷考试。考试题型：名词解释、是非题、选择题、简答题和案例分析题。

期末理论考核占总分的40%。

2. 实践操作考试。期末实训考核占总分的40%。

3. 平时表现（包括期中测试等）占总分的20%。

六、教学项目（或学习情境）设计

按照项目任务的编排方式对学习领域的教学内容进行序化，设计见下表。

项目	工作任务/项目	知识点	训练或工作项目	教学重点	教学情境与教学设计	建议学时
教学模块1	食雕基础知识介绍	食雕的基本定义及基本概况	了解食品雕刻工艺起源、发展、工艺特点及应用	食品雕刻相关知识	聆听、观看图片、提问、讨论归纳总结	2
教学模块2	食品雕刻工具认识	食雕工具介绍及具体使用方法	熟悉食雕工具及具体使用方法和保养	食品雕刻工具的使用	学生聆听；利用实物展示及基本手法演示讲解的方法使学生了解工具的使用方法	2
教学模块3	基本手法练习	食品雕刻原料选择及旋、片、刻、戳等手法学习	熟悉各种原料质地、色泽和用途。练习旋与片两种基础用刀手法	各种原料的特性；制作"四角花"，削圆球	教学图片讲授；能熟各种原料的特性、演示练习二种基本手法	4
教学模块4	基本花卉练习	常见花卉结构刻制方法	学习行业常用及考证有用的花卉	怎样刻花卉类作品	讲授示教 实践操作 实物案例分析	8
教学模块5	花卉类组合练习	花卉外围作品学习及组合	学习枝、叶、假山等物件，掌握装配组合技巧	外围制作	图片教学 讲授实践操作 实物案例分析	8
教学模块6	小型禽鸟作品练习	简单鸟头、脚爪、翅膀、尾巴、身体及其拼装成品	学习简单的小鸟的雕制方法	刻小鸟的技法	操作演示讲授 实践练习改进 实物案例分析	12

项目	工作任务/项目	知识点	训练或工作项目	教学重点	教学情境与教学设计	建议学时
教学模块7	大型禽鸟类作品练习	学习天鹅、仙鹤等大型禽鸟作品	掌握大型禽鸟作品制作方法	大型禽鸟的制作技巧及造型要求	操作演示讲授 实践练习改进 实物案例分析	12
教学模块8	杂件制作、禽鸟花卉组合	主题作品；花卉禽鸟组合与整体造型工艺	了解糖艺与西点的结合方法；熟悉糖艺制品的质量要求和评分标准	主题作品制作；花卉、禽鸟、装饰件的组合	操作演示讲授 实践练习改进 实物案例分析	12

烹调工艺与营养专业
"面点工艺学"（一）课程标准

一、课程性质

（一）课程定位

该课程是高职烹调工艺与营养专业的必修课，是职业技术课程，授课对象是普高生。普高生初次接触面点课程，学习热情高涨，但是缺乏动手能力，所以在课程设置的时候，以各项目的基本功为主，提高学生的动手能力。主要是让学生了解和掌握面点工艺的基础理论和基础知识，学习面点制作原料选择、面团、馅心、成形、熟制等工艺流程，掌握各类面点制作的核心技能，从而达到岗位职责所必备的基本职业能力，为进一步的学习和实际操作打下基础。本课程根据烹饪行业岗位的任职要求，以面点制作项目任务为载体，以教师讲解面点理论知识和演示面点制作过程为辅助；学生以小组分工合作为重点，在教师的指导下以完成面点制作为目的，实施理论实践一体化教学；加大课程建设与改革的力度，对学生的职业能力和职业素养的培养起到主要支撑作用。

（二）设计思路

该课程是依据"烹调工艺与营养专业工作任务与职业能力分析表"中的面点课程工作项目设置的。其总体设计思路是，打破以知识传授为主要特征的传统学科课程模式，转变为以面点基本理论、面点风味流派、面点面团原理、面点馅心知识、面点制作手法、面点成熟成型方法、筵席面点设计为中心组织的课程内容，以课堂讲授、学生讨论、教师演示、实训操练等方法相结合，构建项目引领、任务驱动的课程体系。课程内容突出技能性、职业化要求，以理论适度、重在实践为原则，将面点操作手法、水调面团、发酵面团、油酥面团的制作等基础知识与基本技能作为主要教学内容。并让学生在完成具体项目的过程中学会完成相应工作任务，并构建相关理论知识，发展理实一体化的职业能力。

课程内容突出对学生"做中学"与"学中做"能力的训练，着力于对学生职业能力素质的培养。理论知识的选取紧紧围绕工作任务完成的需要来进行，同时又充分考虑了旅游新业态与"旅游+"新形态下"大旅游"产业发展对理论知识学习的要求，坚持立德树人，注重思想政治教育贯穿教学始终，同时融合了学生综合素质提升、创新创业能力培养、学生可持续发展的要求。教学过程中，通过校企合作，校内实训基地建设等多种途径，采取现代学徒制等形式，充分开发学习资源，给学生提供丰富的实践机会。教学效果评价采取过程评价与结果评价相结合的方式，通过理论与实践相结合，重点评价学生的职业能力和综合素质。

该课程总学时为 64 学时，建议学分为 4 分，执笔人为华蕾。

二、课程目标

（一）知识目标

了解面点的基本理论，掌握面点制作原料的选择、鉴别和管理，掌握面点加工基本技法，熟悉基本面点品种、典型面点品种的设计、加工及风味特色的调制。

（二）能力目标

能分析各类面点的加工原理、基本技法及风味特色；能设计、加工各类面点品种；达到职业培养目标和职业技术资格的要求，胜任各级各类餐饮面点加工的管理和技术工作。

（三）素质目标

让学生积极沟通、团结协作，并在主动参与中完成合作意识的内化与能力的提高，达到高技能人才应具有的良好职业道德和综合素质。

1. 方法能力——分析能力、逻辑思维能力、创新能力、继续学习能力；

2. 社会能力——信息获取能力、团队合作能力、组织协调能力、灵活适应能力、人际交流能力、自我发展能力、职业转换能力、生存能力；

3. 学习、协调能力；

4. 自信心、社会责任心、法律意识、职业道德等职业素养。

三、课程内容和要求

项目一 中式面点基本操作技能

项目分解	任务一：熟练掌握面团的调制技术 任务二：熟练掌握摘剂擀皮技术	
教学要求	面点基本操作要求 掌握和面揉面的技巧 掌握摘剂和擀皮的技巧	
素材准备	工具准备：擀面杖、电子秤、毛巾、刮板、量杯等；原料准备：面粉、水	
建议学时	4学时	
学习过程		
任务	知识要求	技能要求
任务一 熟练掌握面团的调制技术	1.学习水调面团的调制方法 2.掌握和面的正确手法和要求 3.掌握揉面的手法和要求	1.掌握正确的加水量和加水方法 2.掌握正确的和面手法 3.掌握单手揉面和双手揉面的技巧
任务二 熟练掌握摘剂擀皮技术	1.了解下剂和制皮的多种方法 2.掌握摘剂的手法和要求 3.掌握单手擀皮的手法和要求	1.掌握摘剂的正确手法，保证摘剂的大小均匀、圆正、美观 2.掌握单手擀制水饺皮的技巧和一定的速度要求
注意事项	1.重点掌握水调面团的调制 2.摘剂的手法需要正确 3.擀皮需要有时间的要求	

项目二　制作水调面团类产品

项目分解	任务一：了解水调面团的调制原理以及调制要领 任务二：掌握水调面团中冷水面团的调制和产品制作 任务三：掌握水调面团中温水面团的调制和产品制作 任务四：掌握水调面团中热水面团的调制和产品制作
教学要求	1.了解水调面团的调制工艺原理 2.掌握水调面团中冷水面团、温水面团和热水面团的调制要领 3.掌握水调面团中冷水面团中水饺的制作 4.掌握水调面图中温水面团小笼包的制作 5.掌握水调面团中热水面团花式蒸饺的制作
素材准备	工具准备：擀面杖、毛巾、刮板、量杯、电子秤、锅、蒸笼、剪刀等原料准备：面粉、水、猪肉、蔬菜、各种调味料等
建议学时	8学时

学习过程

任务	知识要求	技能要求
任务一 了解水调面团的调制原理以及调制要领	1.了解水调面团的制作原理 2.掌握不同的水调面团的调制要领	1.能利用水温来调制出不同性质的水调面团 2.能在调制面团的过程中充分地领会调制要领
任务二 掌握水调面团中冷水面团的调制和产品制作	1.复习冷水面团的调制 2.学习水饺馅心的调制 3.掌握水饺的制作	1.能调制出全肉和菜肉水饺的馅心 2.能制作出两种形状的水饺 3.能掌握水饺的成熟方法 3.能在规定的时间内完成
任务三 掌握水调面团中温水面团的调制和产品制作	1.学习温水面团的调制技术 2.学习皮冻的制作以及小笼包馅心的调制技术 3.掌握小笼包的制作技术	1.能调制温水面团 2.能熬制皮冻并调制小笼包馅心 3.能制作出比较美观的小笼包
任务四 掌握水调面团中热水面团的调制和产品制作	1.学习热水面团的调制技术 2.掌握瓦楞饺的制作 3.掌握花式蒸饺的制作	1.能调制热水面团 2.能掌握瓦楞饺的制作 3.能掌握冠顶饺、知了饺、秋叶饺、四喜饺等四种以上的花式蒸饺的制作 4.能正确对花式蒸饺进行装饰
注意事项	1.重点学习并很好地掌握不同水温的水调面团的调制技术 2.要制作出好的产品，需要不断的练习 3.小笼包的制作难度较高	

项目三　制作膨松类产品

项目分解	任务一：了解膨松类制品的种类和膨松原理 任务二：学习生物膨松面团制作影响因素 任务三：掌握生物膨松面团的产品制作 任务四：掌握化学膨松面团的产品制作
教学要求	1.了解膨松面团的主要制作原理 2.学习并基本掌握膨松面团中生物膨松面团的制作的影响因素 3.掌握鲜肉中包的制作 4.掌握寿桃中包的制作 5.掌握化学膨松面团开口笑的制作

续表

素材准备	工具准备：擀面杖、毛巾、刮板、量杯、电子秤、锅、蒸笼、剪刀等；原料准备：面粉、酵母、白砂糖、水、猪肉、藕苇、豆沙、化学膨松剂、芝麻、色拉油、各种调味料等
建议学时	16学时

学习过程		
任务	知识要求	技能要求
任务一 了解膨松类制品的种类和膨松原理	1.了解膨松类面团的种类以及膨松原理 2.学习不同的膨松方法的典型代表品种	1.能正确运用不同的膨松方法制作产品 2.能基本掌握膨松剂的使用
任务二 学习生物膨松面团制作以及影响因素	1.学习生物膨松面团的膨松原理以及影响因素 2.掌握生物膨松面团的基本配方比例	1.掌握生物膨松面团的制作要领 2.能根据具体情况对配方进行适当的调整
任务三 掌握生物膨松面团的产品的制作	1.学习生物膨松面团的调制 2.掌握鲜肉中包和寿桃包的制作 3.掌握花卷的制作	1.掌握鲜肉中包的制作 2.掌握寿桃包的制作 3.掌握各式花卷的制作，至少三种以上
任务四 掌握化学膨松面团的产品制作	1.学习化学膨松面团的调制技术 2.掌握开口笑的制作技术	1.能掌握化学膨松面团的调制技术要领 2.能掌握好开口笑的油温控制
注意事项	1.重点学习生物膨松面团 2.正确判断生物膨松面团的醒发程度是学习过程的难点 3.选择正确的适当的化学膨松剂	

项目四　制作油酥类产品

项目分解	任务一：了解油酥类产品的制作原理 任务二：掌握平板酥的制作 任务三：掌握卷酥的制作
教学要求	1.了解油酥面团制作的工艺原理 2.掌握油酥面团中平板酥、菊花酥、荷花酥等的制作 3.掌握油酥面团中卷酥吴山酥油饼、盒子酥的制作
素材准备	工具准备：锅、炉灶、擀面杖、毛巾、电子秤、刀片、筷子等；原料准备：面粉、鸡蛋、猪油、色拉油、豆沙等
建议学时	16学时

学习过程		
任务	知识要求	技能要求
任务一 了解油酥类产品的制作原理	1.学习油酥制品的制作原理 2.掌握油酥制品的制作工艺要领	1.掌握油酥制品制作的注意事项 2.能根据制作要领分析产品存在的问题
任务二 掌握平板酥的制作	1.学习制作平板酥 2.掌握平板酥制作的注意事项以及质量标准	1.能掌握油酥的面团调制 2.掌握平板酥中兰花酥、荷花酥、菊花酥等的制作 3.掌握对油温的正确判断
任务三 掌握卷酥的制作	1.学习制作卷酥 2.掌握卷酥制作的注意事项以及质量标准	1.掌握卷酥中吴山酥油饼和盒子酥的制作 2.能控制好卷酥的油炸温度
注意事项	1.重点掌握油酥产品中水油面团的调制 2.油温对于油酥制品的影响很大，需要正确判断	

项目五 特色中式面点制作

项目分解	任务一：了解其他特色中点的种类以及特点 任务二：掌握细沙软枣的制作 任务三：掌握窝窝头的制作	
教学要求	了解其他特色中点的种类和特点 学习掌握广式点心米粉面团中的细沙软枣的制作 学习掌握京式点心杂粮面团中的窝窝头的制作	
素材准备	工具准备：锅、炉灶、擀面杖、毛巾、刮板、蒸笼等；原料准备：面粉、米粉、玉米粉、鸡蛋、白砂糖、豆沙等	
建议学时	4学时	

学习过程		
任务	知识要求	技能要求
任务一 了解其他特色中点的种类以及特点	1.了解其他特色中点的种类和主要特点 2.了解中点的发展趋势	1.基本了解其他特色中点的特点 2.能根据中点的特点进行分类总结
任务二 掌握细沙软枣的制作	1.学习细沙软枣的制作过程 2.掌握制作注意事项	1.能掌握细沙软枣的制作 2.能掌握好油温的控制
任务三 掌握窝窝头的制作	1.学习杂粮面团的调制技术 2.学习窝窝头的制作	1.能掌握杂粮面团的制作要领 2.能制作窝窝头
注意事项	1.重点掌握米粉面团的调制 2.杂粮面团是非常有发展潜力的一块面团，值得关注	

四、考核评价

学生学习成绩的评定，以学生平时表现、任务完成情况以及最终考核来核定。

（1）平时表现10%（出勤、学习态度、作业、创新意识）。

（2）项目考核（40%）。

根据每个项目的质量验收细则，对学生的作品进行评定。

序号	项目名称	优秀（≥80）	良好（≥60）	一般（<60）
1	基本功	30		
2	水调面团	20		
3	膨松面团	20		
4	油酥面团	20		
5	特色点心	10		

（3）综合考核（50%）

在规定期限内，1人为1组，以基本功考核为基础，完成两个不同类别的中点的制作，并进行作品展示说明。要求产品的色、香、味、形以及卫生符合该产品的质量标准。

序号	评分点	技术要求	分值	记分标准	扣分说明
1	色	表面呈现产品应有的色泽，内部色泽均匀一致，不焦不生	20分	色泽美观（10分）；内部色泽均匀（5分）；不焦不生（5分）	焦或者生扣10~15分；色泽不够美观扣5~10分
2	香	具有该产品应有的香味，无异味	10分	香气正常5分纯正宜人5分	香气不纯正，扣1~5分；有较重不良气味，不得分
3	味	口味符合该产品的要求，甜度（咸度）适度	20分	口味纯正适中5分或香甜，或松软或香酥等5分	口感发硬，扣1~5分；有异味扣10~20分
4	形	符合该产品应有的形态，形态端正规范，厚薄均匀	20分	形态端正10分；厚薄均匀10分	产品歪斜扣1~5分；产品有塌陷或是隆起扣1~5分；产品厚薄不一致扣1~5分
5	内部组织	内部组织均匀	10分	内部组织均匀10分	内部有面粉、糖、蛋等颗粒状扣1~5分
6	卫生	产品内外无杂质、无污染、无异味	10分	作品符合卫生要求5分；周围环境清洁5分	作品有异物，不卫生，扣1~5分；周围环境不干净，扣1~5分
7	时间	在规定时间内完成	10分	规定时间内完成10分	超时：每超1分钟扣1分，超时10分钟（含）不计分
	合计		100分		

五、课程资源及使用要求

（一）师资条件要求

1.担任本课程的专业教师3名，其中1名为高级教师，主要担任理论教学任务；同时聘请1名酒店一线的人员担任兼职教师。

2.学校建有中、西点实训室，为面点教学提供了良好条件；多媒体操作演示室。多媒体的教学手段、现场摄像投影、先进的烹制设备器具，为学生清晰仔细观看示范操作创造了极其良好的条件。教学实验条件的改善对提高教学质量、强化教学效果起到重要作用。

3.校外实习基地中，以高端国际品牌和高星级酒店为主，为专业实训实习教学提供了有力的支持和保障。

（二）实训教学条件要求

1.理论和实践有机的统一，交替进行：理论部分以够用为准，并结合实践操作进行讲解。

2.本课程的理论授课教室应配有多媒体投影设备。理论讲解：通过多媒体、图片、实物、仿真场景、真实场景等辅助完成。

3.本课程实训场地主要为中点实训教室，实训教室内应配备中点制作中所需的机械设备和主要工具。教师操作演示教学：学生通过观看了解产品制作方法、步骤、注意事项。学生实训练习：学生进行实际操作，任课教师现场指导。分别讲评学生的作品，打分记录，作为学生平时成绩的依据。

4.有合适的企业提供合适的实训基地。

（1）工学交替：学生在完成一定阶段的学习后，利用假期和课余时间到企业顶岗锻炼，即实习，进行工作实践，获得实战经验，缩短毕业适应期。

（2）产教结合：学生在完成一定阶段的学习后，结合一些较为简单的产品进行实际生产，以强化职业技能，提升职业素养，磨炼心理素质，以提高今后工作的快速适应能力。

（三）教材选用

［1］沈军.中西点心［M］.北京：高等教育出版社，2009.

［2］陈忠明.面点工艺学［M］.北京：中国纺织出版社，2008.

六、课程实施建议及其他说明

因材施教，创设适合学生学习的教学方式，不断在教学中总结教学经验、改进教学方法，营造一个合适学生学习实践的氛围，激发学生学习热情，是高等职业院校的题中之意，也是中式面点教学的根本方法。

烹调工艺与营养专业 "宴会设计" 课程标准

一、课程性质

该课程是依据 "烹调工艺与营养专业工作任务与职业能力分析表" 中的 "宴会设计" 工作项目设置的。其总体设计思路是：打破以知识传授为主要特征的传统学科课程模式，转变为以工作任务为中心组织的课程内容，并让学生在完成各项具体项目的过程中学会完成相应工作任务，从而掌握相关理论知识，提高职业能力。课程内容突出对学生职业能力的训练，理论知识的选取紧紧围绕工作任务完成的需要来进行，同时又充分考虑了高等职业教育对理论知识学习的需要，并融合了相关职业资格证书对知识、技能和态度的要求。同时又充分考虑了旅游新业态与 "旅游+" 新形态下 "大旅游" 产业发展对理论知识学习的要求，坚持立德树人，注重思想政治教育贯穿教学始终，同时融合了学生综合素质提升、创新创业能力培养、学生可持续发展的要求。项目设计以宴会设计线索来进行。课程教学过程中，通过校企合作基地和校内实训基地，采取工学结合、校内实训、见习周等形式，充分开发学习资源。教学效果评价采取过程评价与结果评价相结合的方式，通过课堂理论讲解、课余作业布置等过程评价学生的职业能力。

本课程的总学时为 20 学时，建议学分为 1 分，执笔人为戴国伟。

二、课程目标

（一）知识目标

通过任务引领型的项目活动课程学习，学生能掌握宴会设计的基本知识、基本技能等方面的目标。

（二）能力目标

学生了解现代宴会分类与宴会格局、宴会业务部门的组织管理、宴会菜肴与菜单设计、宴会酒水知识、宴会业务经营管理、宴会组织与实施等知识，提高学生的综合职业能力和宴会设计能力。

（三）素质目标

能掌握系统的宴会设计的相关知识成为服务及生产的高素质、应用型人才。

三、课程内容和要求

序号	工作任务/项目	课程内容和要求		建议学时
		理论	实践	
1	宴会概述	●宴会的起源与演变 ●宴会的改革与创新 ●宴会的特点与作用 ●宴会的分类与内容	●熟悉宴会的特征与作用 ●掌握宴会业务特点	2
2	宴会菜单设计的原则与要求	●宴会菜单设计的原则 ●宴会菜单设计的要求 ●宴会菜单设计的程序	●了解宴会改革的基本思想，以及现代宴会发展的趋势 ●了解现代宴会分类标准及各类宴会的特点	2
3	常见宴会菜单设计	●宴会业务部门的组织机构设置 ●宴会业务部门员工素质要求 ●宴会部门工作人员职责	●了解宴会部员工的基本素质要求，熟悉各岗位的工作职责 ●掌握宴会业务部门组织机构设置的基本原则	2
4	特殊宴会菜单设计	●宴会菜肴设计的原则与方法 ●宴会菜肴与餐具的配备 ●宴会菜单的设计与制作	●掌握菜肴设计的方法和技巧，熟悉宴会菜单的设计与制作	2
5	美食节策划与菜单设计	●宴会台面种类与设计基本要求 ●宴会摆台基本技法 ●宴会台形设计	●熟悉常见的中西式及自助式宴会的台形设计模式 ●掌握宴会台面的种类及基本设计要求，掌握中餐宴会的基本摆台方法和席位安排法	2
6	主题宴会的设计	●酒水与宴会的关系 ●宴会常用酒水	●掌握酒水与宴会配备的原则 ●了解酒水与宴会的关系	2
7	宴会台型的设计	●宴会酒水及杯具的选择 ●宴会酒水服务程序与技巧	●熟悉宴会酒具的选择与配备方法 ●掌握宴会酒水服务的基本程序与技巧	2
8	宴会台面设计	●宴会台面种类与设计要求 ●宴会摆台与装饰	●熟悉宴会台面的种类	2
9	宴会服务	●宴会服务基本程序 ●宴会服务设计	●熟悉中西宴会服务的程序 ●掌握宴会服务设计的基本要领和方法	1
10	宴会部的组织机构与工作职责	●宴会预订的程序与处理方法 ●宴会定价与成本控制 ●宴会餐饮产品质量控制	●熟悉宴会预定工作的主要内容及基本程序 ●掌握宴会定价的基本方法，了解宴会成本控制，餐饮产品质量控制的基本方法	1
11	宴会的质量与成本控制	●宴会前的准备 ●宴会业务的督导	●熟悉中西宴会督导工作的主要内容与各个环节的具体要求	1
12	宴会部的促销与内部管理	●宴会结束工作与突发事件处理 ●宴会服务质量控制	●掌握中西宴会及自助式宴会质量标准及控制方法，了解突发事件的一般处理方法	1

备注：典型工作任务、项目、模块、学习情境、工作过程等。

四、考核评价

本课程的学生学业评价结果建议采取过程性评价与终结性评价相结合，以提高评价结果的可靠性与可比性，具体构成见下表。

	过程性评价			终结性评价	
	学习表现	家庭作业	期中测验	（纸笔考试）	期末理论考核
成绩比例	10%	10%	20%	20%	40%
总评比例	40%			60%	

五、课程资源及使用要求

（一）师资条件要求

安排有丰富餐饮管理经验的专业教师任教，或行业中具有教学能力的一线宴会管理操作人员任教。

（二）实训教学条件要求

具有多媒体设备、黑白版的教学场所。也可利用企业的实际场景作为第二课堂。

（三）教材选用

周妙林，陈青.宴会设计与运作管理［M］.南京：东南大学出版社.

六、课程实施建议及其他说明

在教学过程中要充分体现该课程以宴会设计为主、菜单设计与宴会服务为辅的特点。在教学方法上根据其特点，结合实际案例，开发学生的想象力和创新管理思维。

烹调工艺与营养专业"饮食文化"课程标准

一、课程性质

该课程是烹调工艺与营养专业的岗位选修课程，目标是让学生掌握对菜肴营养分析的能力。它也是进一步学习"中国传统营养"课程的基础。是以课堂讲授法为主，运用多媒体设备，视频图片并茂，贯穿讨论法、演示法。另外，学生还需在毕业设计环节学院提供的实训周加强实践锻炼。

该门课程的总学时为28学时，建议学分为2分，执笔人为何宏。

二、课程目标

（一）知识目标

饮食与文化的基本知识，饮食区域性知识，饮食民俗知识，饮食礼仪知识，茶文化知识，酒文化知识。

（二）能力目标

分析简单饮食文化现象的能力；理解饮食文化的历史传承性的能力；对地方菜系认识的能力。

（三）素质目标

深刻理解饮食文化的差异性。

三、课程内容和要求

序号	工作任务/项目	理论	实践	建议学时
1	对饮食文化的全面认识	饮食文化的概念 饮食文化研究的对象、内容和方法 饮食文化研究状况	尝试谈谈对饮食文化的认识	2
2	饮食文化的理论探讨	饮食方式 饮食文化的产生和发展的理论探讨	能了解人类的不同阶段的饮食方式，对饮食文化的产生和发展的主要理论有所认识	4
3	饮食文化的地域性	世界饮食的区域性 中国饮食的区域性	能掌握主要客源国的饮食特点，了解中国不同区域饮食特点	6
4	中外饮食民俗	中国饮食民俗 外国饮食民俗	了解中外不同的饮食民俗，特别是一些饮食禁忌	4
5	饮食礼仪	中国饮食礼仪 外国饮食礼仪	初步掌握中外不同的饮食礼仪	4

续表

序号	工作任务/项目	课程内容和要求		建议学时
		理论	实践	
6	茶文化	中国茶文化 外国茶文化	能分清中外茶文化的异同	2
7	酒文化	中国酒文化 外国酒文化	能分清中外酒文化的异同	2
8	饮食文化的交流	中国各民族饮食文化的交流 中外饮食文化交流 世界饮食文化交流	认识饮食文化交流的方式和过程	4

四、考核评价

本课程的学生学业评价结果建议采取过程性评价与终结性评价相结合，以提高评价结果的可靠性与可比性，具体构成见下表。

	过程性评价			终结性评价	
	学习表现	课后作业	小论文	小论文	期末考试
成绩比例	10%	10%	20%	20%	40%
总评比例	40%			60%	

五、课程资源及使用要求

（一）师资条件要求

应具备烹饪营养教育、食品、人文学等专业背景，硕士学位以上；具备应有的教学能力；具备教学设计、课程开发、饮食文化相关主题指导等方面能力。

（二）实训教学条件要求

相关饮食文化博物馆的参观，4 学时，校外饮食类博物馆。

（三）教材选用

何宏. 中外饮食文化 [M]. 2 版. 北京：北京大学出版社，2016.

六、课程实施建议及其他说明

主要参考资料：

[1] 赵荣光. 中华饮食文化史（全三卷）[M]. 杭州：浙江教育出版社，2015.

[2] 保罗·弗里德曼. 食物味道的历史 [M]. 杭州：浙江大学出版社，2015.

[3] 杰弗力·M·皮尔彻. 世界历史上的食物 [M]. 北京：商务印书馆，2015.

[4] 汤姆·斯坦迪奇. 舌尖上的历史、食物、世界大事件和人类文明的发展 [M]. 北京：中信出版社，2014.

[5] 李德宽. 饮食人类学 [M]. 银川：宁夏人民出版社，2014.

烹调工艺与营养专业 "烹饪工艺美术" 课程标准

一、课程性质

"烹饪工艺美术"课程是烹调工艺与营养专业的学生必修课程。目标是通过学习了解美术基础知识，了解烹饪美术在菜肴中的运用。培养学生的基础绘画能力和鉴赏能力，使学生具备一定的菜点设计和造型能力，及对菜点的审美能力，达到中式烹饪高级烹调师以上的职业要求。该课程的学习也是为进一步更好地学习"烹饪工艺""冷菜制作""菜点设计和创新"等课程打好良好的基础。

该课程是依据"烹饪工艺与营养专业专业工作任务与职业能力分析表"中的"菜肴装饰""宴席菜肴制作""冷菜拼摆"工作项目设置的。其总体设计思路是，打破以知识传授为主要特征的传统学科课程模式，转变为以绘画技能工作任务为中心组织的课程内容，并让学生在完成具体项目的过程中，学会美学在完成相应工作任务中的运用，并掌握相关理论知识，提高职业能力。课程内容突出对学生的绘画能力的训练，同时贯穿烹饪工艺制作实践中的美术知识的运用，突出学生美学素质的培养。使美术造型紧紧围绕烹饪实际工作任务完成的需要来进行，同时又充分考虑旅游新业态与"旅游+"新形态下"大旅游"产业发展对理论知识学习的要求，坚持立德树人，注重思想政治教育贯穿教学始终，同时融合了学生综合素质提升、创新创业能力培养、学生可持续发展的要求。项目设计以透视原理、线描基础为主线来进行。教学过程中，通过教授法、结合示范和练习，强调绘画技能够用，与烹饪结合为主的理念，采取项目形式和任务作业充分发挥学生的创造能力。教学效果评价采取过程评价与结果评价相结合的方式，通过理论与实践相结合，重点评价学生的职业能力和综合素质。

该门课程的总学时为 28 学时，建议学分为 2 分，执笔人为戴桂宝。

二、课程目标

（一）知识目标

掌握透视相关知识，掌握基础线描美术知识，了解色彩、构图等美学知识。

（二）能力目标

在熟悉基本绘画能力的基础上，根据冷菜设计的基本原理和方法对冷菜进行构思，并运用美术绘画能力绘制冷拼图案。

（三）素质目标

通过学习，学生应具备相应的菜肴造型能力，构图应用能力，以及审美能力，为烹饪工艺造型制作打下基础，也对今后工作涉及的艺术展台设计和菜肴摄影上有所帮助。

三、课程内容和要求

序号	工作任务/项目	课程内容和要求		建议学时
		理论	实践	
1	烹饪美术的意义和作用	1.烹饪美术的概念 2.学习烹饪美术的意义 3.烹饪美术的作用	了解学习烹饪美术的意义，明了美术在烹饪中的作用	2
2	透视法原理	基本透视知识、平行透视、成角透视、圆面透视、圆柱体透视知识	会运用一点透视、二点透视原理绘制简单图案，以及小区街道等	6
3	烹饪色彩和色彩基础	1.色彩三要素、原色、间色、复色，色彩对比、色调 2.色彩寓意、色彩味觉表现 3.菜肴原料色彩的变化、食用色素、菜点色彩运用原则	了解色彩概念，知晓菜肴色彩运用的原则	2
4	书法起源和美术字、白描图案绘制	1.认识书法字体 2.了解美术字书写 3.白描图案的绘制	1.绘画简单的白描画 2.绘画较为复杂的白描画 3.会书写一般仿宋体美术字和黑体美术字 4.会运用透视法创作美术字	8
5	菜肴造型艺术	1.冷菜造型艺术 2.热菜造型艺术 3.点心装盆造型	会运用美术造型知识，设计冷菜，并对热菜进行造型	6
6	宴会菜单设计	1.宴会菜单的艺术形式 2.宴会菜单的设计	能运用美术知识设计各式艺术宴会菜单	2
7	烹饪摄影和黄金分割	1.菜肴摄影知识 2.黄金分割概念和运用	1.能掌握一般的菜肴拍摄要领 2.能在菜肴设计和展台设计上运用黄金分割原理	2
				28

备注：典型工作任务、项目、模块、学习情境、工作过程等。

四、考核评价

在考核方式上，采用形成性与终结性评价相结合的开卷考试考核方式。增加过程性成绩比重，增加考勤、作业、实训、平时表现等在成绩中的比重，合理确定过程性成绩在总成绩的比重，由原先的不超过 40% 提高为不低于 50%，具体构成见下表。

	过程性评价			终结性评价
	学习表现	课外作业	期中测验	期末理论考核
成绩比例	15%	15%	20%（绘图）	50%（理论知识+绘画）
总评比例	50%			50%

五、课程资源及使用要求

（一）师资条件要求

要求教师具有美术学历或具有一定美术基础，要求有丰富的烹饪经验专业教师任教。也可由二位教师分别承担。能承担教学设计、课程开发、实践指导、比赛指导等。

（二）实训教学条件要求

使用普通教室，但必须拥有多媒体设备、黑板和绘图三角尺。学生在实训中需准备：铅笔（2B）2 支，橡皮 1 块，速写簿（素描本）1 本，直尺（30cm）1 支。

（三）教材选用

教材的选用需体现课程设计思想，结合行业企业发展和职业岗位实际工作任务的需求，符合易简易学的课程教学目标，编者自主编撰了《烹饪美术》。

六、课程实施建议及其他说明

由于该课程安排在第一学期，时间短，课程内容多；又因学生无绘画基础，要在短时间内掌握相关技能，一要靠教师的谆谆诱导，二要靠多布置课外作业，促使学生多画多练多看参考书籍。

该课程教学为理论实践混合课程，参考资料为《苏绣图案》《蜀绣图案》。

烹调工艺与营养专业"烹饪化学"课程标准

一、课程性质

"烹饪化学"是烹调工艺与营养专业的岗位选修课程，是烹饪学科体系和营养学科的重要组成部分。对培养"厨房"内会操作的烹饪师和能进行营养配膳工作的"烹调师"这种高素质、复合型实用性人才起关键作用。"烹饪化学"是为烹饪工艺技术等专业课程直接提供科学理论基础和知识，同时也为烹饪学科的其他有关课程，如营养卫生学、烹饪原料学提供相关理论和知识；使学生能以现代食品科技的观点、知识和方法来更好地学习和掌握烹饪技能，提高学生的科技文化水平和整体素质，增强学生适应社会和烹饪事业的能力。本课程按照"成分—结构—状态—性质—功能"这一化学逻辑关系递进相关内容来进行教学，引导学生在专业学习中从"怎么做"到"为什么这么做"。

该门课程的总学时为 32 学时，建议学分为 2 分，执笔人为王小敏。

二、课程目标

（一）知识目标

通过教学，学生应掌握烹饪化学的基本知识、基本理论，能以现代食品科技的观点、知识和方法来更好地学习和掌握烹饪技能，提高学生的科技文化水平和整体素质，增强学生适应社会和烹饪事业的能力。

（二）能力目标

通过大量烹饪实际问题的分析，采用案例方法来讲解有关原理和知识，使学生明白许多科学方法在烹饪工艺中的应用。

（三）素质目标

在烹调实践中能举一反三，明白实践操作要领中蕴含的化学原理。

三、课程内容和要求

通过课程目标和涵盖的工作任务要求为内容进行教学，使学生获得烹饪化学的相关知识和素质。

序号	工作任务/项目	课程内容和要求		建议学时
		理论	实践	
1	基础知识	●食品和烹饪基础知识 ●烹饪中的化学问题概述	●食品的化学组成	4

续表

序号	工作任务/项目	课程内容和要求		建议学时
		理论	实践	
2	食品的化学组成	●水 ●蛋白质 ●糖类 ●脂类 ●其他食品成分	●水分活度 ●蛋白质的变性 ●焦糖化反应 ●美拉德反应 ●油脂的酸败	14
3	食品的风味	●概述 ●食品的颜色 ●食品的香气 ●食品的滋味 ●食品的质构	●酶促褐变 ●味的相互作用	8
4	实验	●蛋白质的性质 ●食品褐变	●蛋白质变性的因素 ●酶促褐变和非酶促褐变	6

四、考核评价

学生学业成绩的评价方式是考试。由平时成绩与期末成绩两部分组成，以全面、综合评价学生能力和素质。其中：平时成绩占40%，包括出勤、课堂提问与练习、阶段考核、作业、实验和实验报告等；期末成绩考核方式是理论考试，总分100分，按60%计。

五、课程资源及使用要求

（一）师资条件要求
安排对饮食文化有一定研究的专业教师任教。

（二）实训教学条件要求
具有多媒体设备、黑白版的教学场所、化学实验室。

（三）教材选用
黄刚平.烹饪化学［M］.上海：复旦大学出版社，2011.

六、课程实施建议及其他说明

要充分体现各课程在教学方法上的特殊性；要强调工学结合，教学做合一。理论教学：本着新、准、够用和少而精的原则，以运用多媒体课堂授课为主，辅以课堂讨论、课外网络等形式，进行基本概念、基本理论和基本知识的传授。实验教学：以采用分组实验为主，结合课堂演示等形式进行实验教学，强化教师的示范、指导作用和学生的独立探究实验。联系实际，对教材内容进行调整；采用多媒体教手段，配合实验演示，注重启发、讨论式的教学，加强理论部分的教学；严格要求学生进行预习、复习；提倡采用新观点和新知识，密切理论与实践的结合，特别将食品品质、菜肴质量与食品的化学组成和化学变化结合起来。

烹调工艺与营养专业"传统名菜传承"课程标准

一、课程性质

"传统名菜传承"是烹调工艺与营养专业岗位的选修课程之一，也是一门集烹调概论、烹调知识于一体的选修课。本课程主要从中国烹饪史、中国烹饪工艺学、中国烹饪学及中国四大菜系等方面深入浅出地介绍了有关烹饪基本理论中的要点和规律性法则，有助于学生获得较为广泛的烹饪理论方面的知识，有利于今后在理论研究和操作技能上的发展和提高，以便适应中国和世界餐饮潮流的发展趋势，成为一名称职的中餐厨师。课程内容结合烹饪专业特点，明确要求该专业的学生在校学习期间完成内容，丰富学生专业内涵，帮助学生拓展专业知识的层面，不断提高学生的专业素养，培养学生可持续发展能力，从而全面提高人才培养质量。

该门课程的总学时为28学时，建议学分为2分，执笔人为王玉宝。

二、课程目标

（一）知识目标

要求通过对烹饪与烹饪学、烹饪文化、烹饪历史发展的学习，认识中国烹饪的优良传统和优势。掌握四大菜系的发展、演变等基础知识。

（二）能力目标

能根据学习任务的具体要求，运用工具书，互联网和教学资源库平台等学习资源收集相关信息，制订工作方案并合理运用相关知识完成学习任务。

（三）素质目标

具备从事本专业良好的职业道德意识、责任意识；能吃苦耐劳和诚实守信；具备良好的团结协作精神，具备做事认真，安全生产，遵守劳动纪律的敬业精神。

三、课程内容和要求

序号	工作任务/项目	课程内容和要求		建议学时
		理论	实践	
1	辣文化餐饮集聚区名菜赏析	●辣文化餐饮集聚区名菜概述	●辣文化餐饮集聚区代表名菜赏析	6
2	北方菜集聚区名菜赏析	●北方菜集聚区名菜概述	●北方菜集聚区代表名菜赏析	6
3	淮扬菜集聚区名菜赏析	●淮扬菜集聚区名菜概述	●淮扬菜集聚区代表名菜赏析	6
4	粤菜集聚区名菜赏析	●粤菜集聚区名菜概述	●粤菜集聚区代表名菜赏析	6

续表

序号	工作任务/项目	课程内容和要求		建议学时
		理论	实践	
5	清真餐饮集聚区名菜赏析	●清真餐饮集聚区名菜概述	●清真餐饮集聚区代表名菜赏析	4
	合计			28

备注：典型工作任务、项目、模块、学习情境、工作过程等。

四、考核评价

1.专家评价

邀请校内外专家对"传统名菜传承"课程教学质量进行评价，注重对学生制作技能的培养。

2 学校督导组评价

接受学校督导组教学质量评价，促使"传统名菜传承"课程教学方法不断完善、教学质量不断提高，并在理论教学和实践教学中探索适合旅游高职院校学生特点的人才培养模式。

3 通过学生评价

通过学生打分、网上评教、优秀教师评选等，对教师教学质量进行学生评价，进一步增强课程教学的趣味性、生动性、实务性。

4.考核方式

按照学院考试要求分：

（1）理论考核闭卷考试。考试题型：名词解释、是非题、选择题、简答题和案例分析题。考试比分：期末理论占50%。

（2）平时表现（包括期中测试等）占50%。

五、课程资源及使用要求

（一）师资条件要求

安排有丰富理论知识的专业教师任教，或行业中具有教学能力的一线餐饮管理人员任教。

（二）实训教学条件要求

学校建有中餐烹饪示教室、实训室，为中餐实验教学提供了良好条件。多媒体的教学手段、现场摄像投影、先进的烹制设备器具，为学生清晰仔细观看示范操作创造了极其良好的条件。教学实验条件的改善对提高教学质量、强化教学效果起到重要作用。

（三）教材选用

"传统名菜传承"课程开设选用的是2012年科学出版社出版的《名菜名点赏析》、杨存根主编。参考的教材资料有：2010年高等教育出版社出版的《烹饪概论》，中国轻工业出版社出版的《烹调工艺学》，旅游教育出版社出版的《中餐烹调技术》，中国劳动社会保障出版社出版的《中餐烹调工艺》，旅游教育出版社出版的《中餐烹调技术》，东北财经大学出版社出版的《中式热菜制作》等。

六．课程实施建议及其他说明

1.理论和实践有机的统一，交替进行

理论部分以够用为准，并结合实践操作进行讲解。

（1）理论讲解：通过多媒体、图片、实物、仿真场景、真实场景等辅助完成。

（2）教师操作演示教学：学生通过观看了解产品制作方法、步骤、注意事项。

2.产教结合

学生在完成一定阶段的学习后，结合一些较为简单的产品进行项目设计，以强化职业技能，提升职业素养，磨炼心理素质，提高今后工作的快速适应能力。

烹调工艺与营养专业 "中国传统营养" 课程标准

一、课程性质

该课程是烹调工艺与营养专业的专业选修课，是专业核心课程。目标是让学生了解中国传统营养的知识，具备一定的传统营养分析能力。它也是"烹饪营养"课程的后续课程。

是以课堂讲授法为主，运用多媒体设备，视频图片并茂，贯穿讨论法、演示法。另外，学生还需在毕业设计环节学院提供的实训周加强实践锻炼。

该门课程的总学时为 36 学时，建议学分为 2 分，执笔人为何宏。

二、课程目标

（一）知识目标

学生应掌握中国传统营养的基本知识，食材四性五味知识，饮食保健等知识。

（二）能力目标

具备一定食材搭配能力，按体施食能力。

（三）素质目标

了解中国传统文化，热爱中国传统文化。

三、课程内容和要求

序号	工作任务/项目	课程内容和要求		建议学时
		理论	实践	
1	传统营养基本知识	中国传统营养学与西方近代营养学 中国传统营养学发展简史 中医学的基本理论 中国传统营养学的特点	中医体质分类与判定	18
2	食品的性能和应用	补益类食物，理气、理血类食物，祛湿类食物，消食类食物，温里、清热、解表类食物，收涩类食物，化痰止咳平喘类食物，其他类食物	各类食物的应用	12
3	食养	四时食养，人群食养	不同季节适宜食物判断，不同人群适宜食物判断	6

四、考核评价

本课程的学生学业评价结果建议采取过程性评价与终结性评价相结合，以提高评价结果的可靠性与可比性，具体构成见下表。

	过程性评价			终结性评价	
	学习表现	课后作业	期中测验	宴席营养分析	期末理论考核
成绩比例	10%	10%	20%	20%	40%
总评比例	40%			60%	

学生以参加校内外中国传统营养方面的优质网络课程、网络学习资源取得的结业证书，以参加有关营养方面的创新创业、社会实践等活动以及发表论文、获得专利授权等与专业学习、学业要求相关的经历、成果，申请校内相关课程的免修（免考），折算为学分，计入学业成绩。

五、课程资源及使用要求

（一）师资条件要求

应具备烹饪营养教育、食品、医学等专业背景，硕士学位以上。具备应有的教学能力。具备教学设计、课程开发、营养指导、营养相关比赛指导等方面能力。

（二）实训教学条件要求

参观胡庆余堂中医药博物馆，4学时，对场地无特殊要求。

（三）教材选用

何宏.中国传统营养学［M］.北京：中国轻工业出版社，2012.

六、课程实施建议及其他说明

主要参考资料：

［1］周俭.中医营养学［M］.北京：中国中医药出版社，2012.

［2］人力资源和社会保障部教材办公室.中医营养［M］.北京：中国劳动社会保障出版社，2015.

［3］彭玉清.最适合中国人体质的营养膳食指南［M］.杭州：浙江科学技术出版社，2015.

［4］蔡洪光.四时养生饮食［M］.广州：广东科技出版社，2007.

［5］郭永洁.中医食养与食疗［M］.上海：上海科学技术出版社，2010.

烹调工艺与营养专业"中餐技能训练"课程标准

一、课程性质

"中餐技能训练"课程是烹饪工艺与营养专业的学生必修的主干专业课程。本课程的技能训练让学生正确掌握各种刀工、勺功的规范操作。熟悉各种味型的规范调配。熟练掌握各种常用热菜烹制工艺。正确掌握初步热处理、基础汤制作、溶胶制作的方法。

"烹饪工艺美术""食品雕刻"和"烹调工艺"课程是它的基础。

该课程是依据"烹饪工艺与营养专业工作任务与职业能力分析表"中的"综合技能训练"工作项目设置的。其总体设计思路是：打破以知识传授为主要特征的传统学科课程模式，转变为以工作任务为中心组织课程内容，并让学生在完成各项具体项目的技能训练过程中学会完成相应工作任务，从而掌握相关理论知识，提高职业动手能力。

课程内容突出对学生职业技能的训练，理论知识的选取紧紧围绕工作任务完成的需要来进行，同时又充分考虑了高等职业教育对理论知识学习的需要，并融合了相关职业资格证书对知识、技能和态度的要求。项目设计以热菜烹调和各项专业基本功线索来进行。

"中餐技能训练"课程教学过程中，通过校企合作基地和校内实训基地，采取教师对菜肴进行示教与讲解结合，通过学生的强化训练，最终能够通过劳动和社会保障厅职业技能鉴定中心组织的相关考试，从而获得职业等级证书。

该门课程的总学时为 120 学时，建议学分为 12 分，执笔人为王玉宝。

二、课程目标

（一）知识目标

熟悉灶台岗位工作的一般流程，了解灶台岗位构造及设施设备情况，具有使用及基本维护保养相关设施和设备的能力，确保安全操作。

（二）能力目标

能根据学习任务的具体要求，运用工具书，互联网和教学资源库平台等学习资源收集相关信息，制订工作方案并合理运用相关知识和技能完成菜肴的制作。

（三）素质目标

具备从事本专业良好的职业道德意识、责任意识；能吃苦耐劳和诚实守信；具备良好团结协作精神，具备做事认真，安全生产，遵守劳动纪律的敬业精神。

三、课程内容和要求

序号	工作任务/项目	课程内容和要求		建议学时
		理论	实践	
1	基本素质	●职业生涯的规划 ●厨师应具有的职业素养 ●礼仪礼貌和沟通能力的培养	●尝试谈谈厨师如何提高自己的职业素质	4
2	基本技能	●原料的选择与加工 ●刀工、勺功的规范操作 ●正确掌握烹调基础 ●正确掌握各种味型的调制	●刀工训练 ●勺功训练 ●掌握初步热处理方法 ●掌握基础汤的制作 ●掌握溶胶制作的方法	8
3	菜肴制作	●考证菜肴的示教和讲解 ●考证菜肴制作的关键 ●考证菜肴制作的特点 ●考证菜肴制作的烹调方法	●要求学生熟练掌握各种常用热菜烹制工艺 ●要求学生熟练掌握考证菜肴的规范操作	66
4	综合能力	●宴会菜肴合理组合、搭配 ●菜肴的成本核算 ●菜肴的造型与装饰 ●中国菜肴的制作特点	●熟悉宴会菜单的制作方法 ●掌握菜肴成本的控制能力 ●了解四大菜系的制作特点和风味特色	4
	合计			82

备注：典型工作任务、项目、模块、学习情境、工作过程等。

四、考核评价

1. 专家评价

邀请校内外专家对"中餐技能训练"课程教学质量进行评价，注重对学生制作技能的培养。

2. 学校督导组评价

接受学校督导组教学质量评价，促使"中餐技能训练"课程教学方法不断完善、教学质量不断提高，并在理论教学和实践教学中探索适合旅游高职院校学生特点的人才培养模式。

3. 通过学生评价

通过学生打分、网上评教、优秀教师评选等，对教师教学质量进行学生评价，进一步增强课程教学的趣味性、生动性、实务性。

4. 实习指导教师的评价

通过实习企业的指导教师对学生的实际运用效果的评价来反映教学效果。

5. 考核方式

按照学院考试要求分：

（1）理论考核闭卷考试。考试题型：名词解释、是非题、选择题、简答题和案例分析题。考试比分：期末理论占30%。

（2）实践操作考试。期末实训考核 20%。

（3）平时表现（包括期中测试等）占 50%。

五、课程资源及使用要求

（一）师资条件要求

安排有丰富操作技能经验的专业教师任教，或行业中具有教学能力的一线餐饮管理人员任教。

（二）实训教学条件要求

烹饪操作房。也可利用企业的实际场景作为第二课堂。

（三）教材选用

浙江劳动和社会保障厅职业．中式烹调师技能考试．

六、课程实施建议及其他说明

在教学过程中要充分体现该课程以操作动手能力为主、基本素质与基本技能为辅的特点。在教学方法上根据其特点，通过强化训练，提高学生的专业综合技术能力。最终能够通过劳动和社会保障厅职业技能鉴定中心组织的相关考试，从而获得职业等级证书。

烹调工艺与营养专业"冷菜工艺"课程标准

一、课程性质

"冷菜工艺"课程是烹饪工艺与营养专业的一门专业必修课程，是让学生掌握中式菜肴制作技能和管理，实现校企无缝链接的桥梁。它是以"烹饪工艺与营养专业"课程的学习为基础，也是进入企业实践学习的基础。

该课程是依据"烹饪工艺与营养专业工作任务与职业能力分析表"中的冷菜工作项目设置的。其总体设计思路是，打破以知识传授为主要特征的传统学科课程模式，转变为以工作任务为中心组织课程内容，并让学生在完成具体项目的过程中学会完成相应工作任务，并构建相关理论知识，发展职业能力。课程内容突出对学生职业能力的训练，理论知识的选取紧紧围绕工作任务完成的需要来进行，同时又充分考虑了高等职业教育对理论知识学习的需要，并融合了相关职业资格证书对知识、技能和态度的要求。该课程项目设计以烹饪工艺与营养专业冷菜制作为线索来进行。教学过程中，通过校企合作，校内实训基地建设等多种途径，采取工学结合、半工半读等形式，充分开发学习资源。教学效果评价采取过程评价与结果评价相结合的方式，通过理论与实践相结合，重点评价学生的职业能力。

该课程总学时为 32 学时，建议学分为 4 分，执笔人为程礼安。

二、课程目标

"冷菜工艺"课程目标是用"以学生发展为本"的理念，培养烹饪工艺与营养专业的学生成为现代酒店或生产领域的高端技能应用型人才，使学生掌握冷菜制作的工艺原理，具有相应的刀工和拼摆操作技能，具有专业岗位群需要奠定技术和技能基础，能适应行业用人单位的需要。

（一）知识目标

1. 能熟悉冷菜基本概念及特点，认识冷菜在菜肴制作中的地位与作用；
2. 能掌握冷菜的制作方法、制作步骤、菜品组合、菜品设计开发、色彩搭配、加工方法、原料选择等方面的综合知识；
3. 能熟悉冷菜设备和工具的用途；懂得冷菜菜肴的保鲜存贮；
4. 能掌握冷菜制作的基础流程；使学生为学习下一步的课程和进入工作岗位打好基础。

（二）能力目标

1. 能够正确使用冷菜所涉及的工具和设备；
2. 能够制作出简单的花卉等冷菜总盘作品；

3.具有食品卫生与安全控制能力；

4.通过所完成的每一个作品，能举一反三。

（三）素质目标

1.良好的心理素质和吃苦耐劳的精神；

2.较强的人际沟通能力；

3.阳光的人文气质；

4.良好的职业习惯；

5.较强的团队协作能力；

6.具有自我学习、自我提高的能力。

三、课程内容和要求

为使学生掌握"冷菜工艺"的知识与技能，课程通过模块教学单元，采用任务教学。

序号	工作任务/项目	知识内容与要求	技能内容与要求	建议学时
教学模块1	实践教学	冷菜操作技法（六种手法练习）	能用多种原料制作标准（堆、围、排、摆、叠、覆）六个手法	16
教学模块2	实践教学	●冷菜造型艺术的规律 ●掌握冷盘造型的构图及其变化的规律 ●冷盘造型的色彩与分类，了解冷盘造型的色彩的运用和冷盘造型的分类 ●掌握冷盘造型的构图及其变化的规律，冷盘造型美的形式法则	●能够掌握制作基础假山拼摆、花类、实景类等多种造型的艺术总盘	16

四、课程实施建议

（一）教材选用/编写

程礼安.冷菜工艺学［M］.杭州：浙江大学出版社，2017.

（二）教学建议

1.双师授课，理实合一

理论和实践有机的统一，交替进行，理论部分以够用为准，并结合实践操作进行讲解。

（1）理论讲解：通过多媒体、图片、实物、仿真场景、真实场景等辅助完成。

（2）教师操作演示教学：学生通过观看了解产品制作方法、步骤、注意事项。

（3）学生实训练习：学生进行实际操作，任课教师现场指导。根据教学品种复杂程度和耗时长短，可安排教师全程演示后学生实训，或教师演示和学生实训分步骤交叉进行，或学生独立实训等方式。

2.工学交替

学生在完成一定阶段的学习后，利用假期和课余时间到企业顶岗锻炼，即实习，进行工作实践，获得实战经验，缩短毕业适应期。

3.产教结合

学生在完成一定阶段的学习后，结合一些较为简单的产品进行实际生产，以强化职业技能，提升职业素养，磨炼心理素质，提高今后工作的快速适应能力。

（三）教学基本条件

1. 担任本课程教学的教师为学院专业教师或行业大师。

2. 学校建有烹饪工艺与营养专业烹饪示教室、实训室，为教学提供了良好条件；2010年多媒体操作演示室的建成，使教学条件走在了同类院校的前沿。多媒体的教学手段、现场摄像投影、先进的烹制设备器具，为学生清晰仔细观看示范操作创造了极其良好的条件。教学实验条件的改善对提高教学质量、强化教学效果起到重要作用。

3. 校外实习基地中，国内以杭州西湖国宾馆、西子宾馆、上海 JW 万豪明天广场酒店、上海浦东香格里拉酒店等高星级酒店为主；境外以阿联酋迪拜为主，涵盖了美国、法国、日本、我国台湾等国家和地区。为专业实训实习教学提供了有力的支持和保障。

4. 校内真实性生产性实训基地

拥有校内生产性实训基地"美味榴园"烹饪工艺与营养专业厅。为全校师生提供服务，也为烹饪工艺与营养专业的学生提供校内的真实性实训场所，同时还是学生创业创新的基地。

（四）课程资源的开发与利用

有目的地开发和利用各种课程资源。

1. 文本资源

能帮助学生理解所学内容，巩固相关技能，开拓教学视野的资源，如教科书、教师用书，教与学的辅助用书、实训指导教材、教学挂图等。

2. 信息资源

有效地利用信息资源，如网络、多媒体光盘等。

3. 社会教育资源

教育与相关专业从业人员，图书馆、报纸杂志、电视广播等。

4. 环境与工具

日常生活环境中的教学信息，用于操作的学具或教具，数学实验室等。

5. 生成性资源

教学活动中提出的问题、学生的作品、学生学习过程中出现的问题、课堂实录等。

五、教学评价

（一）专家评价

邀请校内外专家对"冷菜工艺"课程教学质量进行评价，注重对学生快餐制作技能与管理的培养。

（二）学校督导组评价

接受学校督导组教学质量评价，促使"冷菜工艺"课程教学方法不断完善、教学质量不断提高，并在理论教学和实践教学中探索适合旅游高职院校学生特点的人才培养模式。

（三）学生评价

通过学生打分、网上评教、优秀教师评选等，对教师教学质量进行学生评价，进一步增强课程教学的趣味性、生动性、实务性。

（四）实习指导教师的评价

通过实习企业的指导教师对学生的实际运用效果的评价来反映教学效果。

（五）考核方式

按照学院考试要求分：

1.理论考核闭卷考试。考试题型：名词解释、是非题、选择题、简答题和案例分析题。

期末理论考核占总分的40%。

2.实践操作考试。期末实训考核占总分的40%。

3.平时表现（包括期中测试等）占总分的20%。

六、教学项目（或学习情境）设计

按照项目任务的编排方式对学习领域的教学内容进行序化，设计见下表。

项目	工作任务/项目	知识点	训练或工作项目	教学重点	教学情境与教学设计	建议学时
教学模块1	实践教学	冷菜操作技法（六种手法练习）	能够掌握多种原料制作标准（堆、围、排、摆、叠、覆）六个手法	六种冷菜拼摆手法学习	理论讲解、图片参考，示范教学，实训指导	16
教学模块2	实践教学	冷菜造型艺术的规律 掌握冷盘造型的构图及其变化的规律 冷盘造型的色彩与分类，了解冷盘造型的色彩的运用和冷盘造型的分类 掌握冷盘造型的构图及其变化的规律，冷盘造型美的形式法则	了解掌握制作基础假山拼摆、花类、实景类等多种造型的艺术总盘	冷菜布局，色彩搭配，造型处理，技法学习	理论讲解、图片参考，示范教学，实训指导	16

西餐工艺专业课程标准

一、培养目标

基于西餐专业的特点、岗位需求及学生职业能力养成规律，通过"双主体"校企合作共育人才培养模式和"四联动"运行机制，培养具备良好的职业道德和敬业精神、具有国际视野、符合西餐行业职业规范要求的、"英语口语好、专业技能强、创新素质高"的、能适应中外旅游饭店、西餐企业或相关行业理论与实践要求的高素质技能型人才。

二、主干课程

西餐工艺（双语）、色拉与开胃菜制作、酒吧运行、烹饪营养学、西点工艺、糖艺等。

三、职业定位

国内外高星级酒店、国际邮轮、中职学校、知名西餐（点）连锁企业。

西餐工艺专业"烹饪英语"课程标准

一、课程性质

"烹饪英语"课程是烹饪工艺与营养及西餐工艺专业的必修课程，是专业核心课程。本课程的学习让学生学到和烹饪相关的英语知识，如厨房的介绍、厨房的设备、调料、食材、做菜的过程等；让学生掌握简单的在厨房里与其他工作人员沟通等能力。它以"西餐工艺""冷菜工艺""烹饪营养"等课程为学习基础，也为学生去迪拜、美国面试口语打下一定基础。

其总体设计思路是：以先进的教学理念为指导、以能力培养为本位、以就业为向导，紧密结合行业的实际，把语言教学与职业教育融为一体，突显高等职业教育的特点，体现学以致用的教学原则。

在"烹饪英语"的教学过程中，以食品制作、菜肴制作岗位为背景，围绕烹饪工作任务设计教学内容，具有鲜明的针对性，突出了实际操作的特点。

其中 58 学时是以课堂讲授法为主，运用多媒体设备，视频图片并茂，贯穿自学法、引导法、演示法来为学生讲解知识。8 学时由学生自主讲解菜肴的制作过程以及搭配自己编的情景对话来巩固所学知识，2 学时学生期中考试，另外 4 学时为机动课程。

本课程的总学时为 72 学时，建议学分为 4 分，执笔人为钟文。

二、课程目标

通过任务引导、学生自我学习及图文并茂的讲解，遵循功能语言学的教学原理，采用任务型教学模式，注重语言技能与职业知识技能的结合，学生在学习本课程的过程中和操作相结合，能够将语言运用到实际中。

三、课程内容和要求

序号	工作任务/项目	知识内容与要求	技能内容与要求	建议学时
1	厨房的介绍	1. 厨房人物头衔 2. 厨房任务分配及工作描述 3. 如何表达对工作的态度 4. 厨房里的规则 5. 厨房安全	熟悉知识点相对应的英文表述	6
2	厨房的设施	1. 厨房的结构 2. 厨房的设施 3. 厨房设施的功能描述 4. 食物制造所需的工具及其作用	1. 熟悉知识点相对应的英文表述 2. 熟悉厨房的区域 3. 熟悉设备及工具的名字	6

续表

序号	工作任务/项目	知识内容与要求	技能内容与要求	建议学时
3	调料	1.各种酱料 2.各种调料 3.各种香料	1.熟知各种调味品 2.知道如何区分调味品 3.简单地描述各种调味品的味道	6
4	食品原料（第一部分）	1.各种蔬菜 2.描述蔬菜 3.表达对蔬菜的喜爱和讨厌 4.蔬菜的制作过程 5.过程的描述 6.学厨与蔬菜厨师长的对话	1.熟知蔬菜的英文 2.学会如何表达对蔬菜的喜爱和不喜爱 3.熟知各种蔬菜的制作过程	6
5	食品原料（第二部分）	1.各种水果 2.描述各种水果 3.表达对水果的喜爱和讨厌 4.水果的制作过程 5.制作过程的描述 6.学厨与厨师长的对话	1.熟知水果的英文 2.学会如何表达对水果的喜爱和不喜爱 3.熟知各种水果的制作过程	6
6	食品原料（第三部分）	1.各种海鲜家禽 2.描述各种海鲜家禽 3.表达对海鲜家禽的喜爱和讨厌 4.海鲜家禽的制作过程 5.制作过程的描述 6.学厨与厨师长的对话	1.熟知海鲜家禽的英文 2.学会如何表达对海鲜家禽的喜爱和不喜爱 3.熟知各种海鲜家禽的制作过程	6
7	食品原料（第四部分）	1.各种肉类（牛肉、鸡肉、羊肉、猪肉） 2.牛身上各个部位的名称表述 3.肉类餐的制作过程 4.制作过程的描述 5.学厨与厨师长的对话	1.熟知各种肉类的英文 2.学会如何表达对肉类的喜爱和不喜爱 3.熟知各种肉类的制作过程	6
8	食谱及菜肴制作	1.开胃菜 2.汤和沙拉 3.鸡蛋和芝士 4.鱼类和海鲜类 5.家禽和肉类 6.比萨和米饭 7.烘焙	1.熟知开胃菜英文名称及制作 2.熟知汤和沙拉的英文名称及制作 3.熟知鸡蛋英文名称 4.熟知鱼类和海鲜类的英文名称及制作 5.熟知家禽和肉类的英文名称及制作 6.熟知比萨和米饭的英文名称及制作	10
9	西餐礼仪	1.西餐基本礼仪英文表述 2.西餐餐桌摆放的英文表述 3.西餐餐桌礼仪的英文表述 4.西餐正餐的情景英文对话	1.熟知西餐礼仪专有英文词汇 2.熟知西餐各种的摆盘的英文表述 3.了解并学习西餐正餐情景对话	6

四、课程实施建议

（一）教材选用/编写

华路宏，钟文.厨房情景英语［M］.杭州：浙江工商大学出版社，2013.

本教材系国家示范性骨干高职院校建设专业教材、中央财政支持"提升专业服务产业发展能力"建设专业教材。

（二）教学建议

教学内容贴近工作岗位，突出岗位情景英语。在教学过程中尽量结合学生在操作课中所学到的内容再融入一些课外的知识，结合西餐的各式菜肴，使学生在学习过程中学以致用。

（三）教学基本条件

专业教师：英语基础好及有"烹饪英语"教学经验的教师任教。

教学场所：具有多媒体设备、黑板的教学场所。

（四）课程资源的开发与利用

课程资源开发与利用：相关教辅材料 The Golden Book of Cooking 等；结合一些西餐的制作视频如每日食谱，You are the chef 等视频进行教学。

五、教学评价

本课程学生的学业评价结果建议采取口语测试（期中考试）、笔试测试（期终考试）以及平时上课表现三方面相结合，具体构成见下表。

	平时成绩	口语测试（期中）	笔试测试（期终）
所占比例	15%	20%	65%
总评	15%	20%	65%

六、教学项目（或学习情境）设计

"食品原料——蔬菜"学习情境表

学习情境1：食品原料——蔬菜			学时：6
项目目标	学生掌握各种蔬菜的英文表达；学会如何表达对蔬菜的喜爱和不喜爱；掌握几道蔬菜的菜谱制作过程		
项目任务	教授学生掌握各种蔬菜的英文表达；如何表达对蔬菜的喜爱和不喜爱；几道蔬菜的菜谱制作过程		
教师知识与能力要求	具备关于蔬菜几种烹饪方式，制作过程等方面的英文表达		
学生知识与能力准备	具备几道关于蔬菜的菜谱的制作知识以及英文表达能力		
教学材料	《烹饪英语》		
使用工具	多媒体，PPT		
步骤	工作过程	教学方法建议	学时
1.资讯			
2.计划与决策			
3.实施			
4.检查与评估			

西餐工艺专业"西餐烹饪原料"课程标准

一、课程性质

"西餐烹饪原料"是一门专业基础课。本课程主要内容包括西餐（点）烹饪原料的种类、组织结构、营养特点、贮存保鲜等及在烹饪中的应用规律。通过本课程的学习使学生了解西餐（点）原料的分类、鉴定和必要的保藏方法，熟悉各类原料的组织结构特点、风味特点和营养特点，掌握原料在加工中的变化规律，培养合理、科学地利用西餐（点）原料的能力。

该课程是依据"西餐工艺专业工作任务与职业能力分析表"中的西餐厨房工作项目设置的。其总体设计思路是，打破以知识传授为主要特征的传统学科课程模式，以理论够用原则将课程内容与工作任务紧密结合，通过构建相关理论知识，发展职业能力。课程内容以模块化的形式展示，有利于学生掌握知识的系统性与实用性，同时又充分考虑了高等职业教育对理论知识学习的需要，并融合了相关职业资格证书的要求。教学过程中，要通过网络资源、图书馆等多种渠道，充分开发学习资源。

为实现"技能岗位型"的人才培养模式，根据专业对应岗位的基本素质和技能要求来确定学生的知识、能力和素质结构。以"能力为本"为核心理念，突出实用性，做到基础知识"够用"。教学中体现精选精讲、鼓励互动；重视案例、注重运用；开动脑筋、理解为主；进入角色、情景模拟；能力本位、科学考核等教学理念。教学效果评价采取过程评价与结果评价相结合的方式，重点评价学生的职业能力。

该课程教学时数建议为 28 学时，建议学分为 2 分，执笔人为卜俊芝。

二、课程目标

（一）知识目标

1. 了解烹饪原料的概念、研究内容、命名及分类方法，掌握常用原料的中英文；
2. 掌握烹饪原料的品质检验和贮存保鲜的要求和方法；
3. 了解烹饪原料资源的开发与保护途径；
4. 熟练掌握各种西餐常用原料的特性及使用规律。

（二）能力目标

1. 掌握烹饪原料的分类，能对烹饪原料进行品质鉴定及正确的保管，选购高质量的原料，并能保证烹饪过程中最小的原料质量损耗；
2. 掌握各类西餐烹饪原料的组织结构特点、风味特点和营养特点，原料在烹饪加工中的变化规律，找出原料的合理利用形式，充分将原料的色、香、味、形、质展示于菜肴之中，或通过改变形成有特色的菜肴；

3.在熟悉原料特性的基础上,为菜肴的制作和创新打下坚实的基础。

（三）素质目标

具有职业操守,合理使用原料,培养可持续性发展观念,杜绝使用国家禁止的一切原料。

三、课程内容和要求

学习情境		学习单元	参考学时	备注
模块名称	模块描述			
模块1:基础知识	要求学生了解烹饪原料的分类、命名、营养价值,了解原料的品质检验和储存,了解资源的开发与保护途径	原料的分类与命名	1	
		品质检验和储存	2	
		资源的开发与保护	1	
模块2:动物性原料	要求学生正确掌握动物性原料的主要种类和特点,根据特点正确选择和运用原料,了解品质优良的产品属地及品牌	乳与乳制品	2	
		畜类原料与畜肉制品	4	
		禽类原料	2	
		水产品	2	
模块3:植物性原料	要求学生正确掌握植物性原料的主要种类和特点,根据特点正确选择和运用原料,了解品质优良的产品属地及品牌	蔬菜	2	
		果品	2	
		淀粉类原料	2	
模块4:调辅原料	要求学生掌握调辅原料的性质、形态特征及烹饪运用方法	酒类	2	
		调辅类原料	2	
模块5:实践	要求学生对杭州大型农贸市场、超市、专业供应商进行调查,进一步认识原料及掌握品质鉴别方法,了解原料的市场价格	实践	4	
合计			28	

四、课程实施建议

（一）教材选用/编写

选用工学结合教材,即以工作过程为导向,体现工学结合、高职特色的教材。目前采用徐迅编写的校本教材《西餐烹饪原料》。

辅助教材:

阎红,王兰.中西烹饪原料［M］.上海:上海交通大学出版社,2011.

（二）教学建议

1.课堂讲授法

本课程总体理论性较强,课堂上以教师为主体,辅助以多媒体手段进行讲授,讲授时辅以启发提问,讲清讲透课程的重点和难点,让学生把握住学习的关键点。

2.形象直观教学

俗话说"百闻不如一见"。因此,在学习过程中通过形象化教学来加深对烹饪原料的认识，达到提高教学的效果。让学生看得见、摸得着，当然这是最好的直观性教学方法了，可这将受到资金、保鲜、季节等诸多因素的限制，但是可以采用以下方法解决上述问题：（1）通过自拍、购买、网上下载、与其他单位合作等多种方式、多种途径，丰富多媒体资源（包括图片、文档、音频、视频等），建立课程动态教学网站，及时更新学习内容。（2）除学校出资外，学生和教师可以自己买一些原料带进课堂，课堂上观察，并设置任务，以实物奖励方式引起学生的兴趣。此外，师生可以利用微博、微信等平台组建交流群，将自身接触到的时新原料及时上传到这些平台，不仅扩大了信息量，也增加了师生间的互动和交流。（3）彻底改变课堂就是固定教室这一"画地为牢"的做法，让课堂走进菜市场、走进厨房、走进食材库。

3. 小组讨论法

教师安排相应的课堂教学时间用于讨论典型案例，可指定或学生自愿组成学习小组，就某一问题展开充分讨论，每组选派一名发言人，上台汇报本组讨论的情况，与台下师生互动、交流，小组其他成员可以补充，教师予以点评。

4. 一体化教学

学习原料知识是为了服务于实践操作，因此在教学过程中就应时时注意原料知识和烹饪实践紧密配合，进行一体化教学。例如，将原料知识和烹饪原料加工技术整合为烹饪原料和加工技术，这样以原料为引线，将两至三门课程联合一起教学，既讲授理论也进行实际的操作示范和练习，增强教学直观性，使学生能够用理论指导实践、在实践中消化理论，收获事半功倍的教学效果。

（三）教学基本条件

1. 专业教师

任课教师为具有中级职称且具有高级职业资格证，或具有较为丰富的行业经验的教师。课程的教学团队由双师型教师和专兼职教师组成。教师职称、年龄、学历、学缘结构要合理。

2. 实训装备和教学场所

多媒体教室、网络课程、校内外实训实习基地、提供学习资料的图书馆、大型市场和超市。

（四）课程资源的开发与利用

课程资源的开发与利用：包括相关教辅材料、实训指导手册、信息技术应用、工学结合、网络资源、仿真软件等。

1. 收集整理国内外相关教材、网站、公众号，推荐学生使用。

2. 制作实践教学过程的视频和图片资源库，放置于课程网站，供学生使用。

3. 利用远程教学平台，充分发挥校外实训指导教师的作用。

五、教学评价

本课程为考查课，采用百分制。本课程成绩评价主要由平时成绩、期中考试、期末考试三部分组成。其中，平时成绩（包括作业、课堂实践练习、课堂表现等项目）占30%，期中考试成绩占30%，期末考试成绩占40%。期中、期末考试可采用开卷、闭卷或开卷闭卷相结合的形式。

六、教学项目（或学习情境）设计

项目1 原料基础知识（4学时）

●教学目标：使学生了解烹饪原料的分类、命名、营养价值，了解原料的品质检验和储存，了解资源的开发与保护途径。

●工作任务：熟悉原料的分类与命名；掌握品质检验和储存的方法；了解资源的开发与保护途径。

●活动设计：选取若干原料进行分类；参观酒店库房。

●相关知识：烹饪原料的分类、命名、营养价值；原料的品质检验和储存；资源的开发与保护。

●课后练习与任务：对日常接触的原料进行品质检验。

项目2 动物性原料（12学时）

●教学目标：使学生正确掌握动物性原料的主要种类和特点，根据特点正确选择和运用原料。

●工作任务：熟悉乳与乳制品原料；熟悉畜类原料与畜肉制品；熟悉禽类原料；熟悉水产品原料。

●活动设计：观察不同乳制品的特点；熟记畜类、禽类原料各部位的特征；认知各种水产品的特征。

●相关知识：乳与乳制品原料；畜类原料与畜肉制品；禽类原料；水产品。

●课后练习与任务：熟记牛、小牛、羊的部位分割方法与肉质特征。

项目3 植物性原料（6学时）

●教学目标：使学生正确掌握植物性原料的主要种类和特点，根据特点正确选择和运用原料。

●工作任务：熟悉蔬菜的种类和特点；熟悉果品的种类和特点；熟悉淀粉类原料的种类和特点。

●活动设计：学生分组讨论，对各类蔬菜原料的种类和特点进行辨别分析。

●相关知识：蔬菜的种类和特点；果品的种类和特点；淀粉类原料的种类和特点。

●课后练习与任务：去大型超市认知进口蔬菜和果品；认知意大利面的品种。

项目4 调辅原料（6学时）

●教学目标：使学生掌握调辅原料的性质、形态特征及烹饪运用方法。

●工作任务：掌握西餐调料的性质、形态特征及烹饪运用方法；掌握西餐干鲜香料的性质、形态特征；掌握西餐用酒的性质、形态特征及烹饪运用方法。

●活动设计：学生分组，识别各种干鲜香料；尝试西餐用酒的口味特征。

●相关知识：西餐调料；西餐香料；西餐用酒。

●课后练习与任务：利用网络和书刊资料，收集调辅料的图片。

项目5 实地调研（4学时）

●教学目标：要求学生对杭州大型农贸市场、超市、专业供应商进行调查，主要对西餐原料达到进一步认识，并了解原料的价格。

- 工作任务：实践调研，记录西餐常用原料的产地、价格、特征及应用。
- 活动设计：统一组织或学生分组，实地调研。
- 相关知识：西餐常用原料的产地、价格、特征及应用。
- 课后练习与任务：利用课余时间，调研多家大型农贸市场、超市、专业供应商等。

西餐工艺专业"饮食文化"课程标准

一、课程性质

该课程是西餐工艺专业职业基础课，目标是让学生掌握西方烹饪与饮食基础知识，培养中西饮食文化的交流与借鉴、菜点创新能力，具备良好的职业素质、职业道德和爱岗敬业精神，达到西餐岗位文化职业素养要求。

该课程是依据"西餐工艺专业工作任务与职业能力分析表"中的现代西餐从业人员的基本素质工作项目设置的。其总体设计思路是，打破以知识传授为主要特征的传统学科课程模式，转变为基于工作过程，以工作任务为中心组织课程内容，并让学生在完成具体项目的过程中学会完成相应工作任务，并构建相关理论知识，发展中西饮食文化的交流与借鉴、菜点创新的职业能力。课程内容突出对学生西餐岗位文化素质需求能力的训练，注重综合素质的培养。理论知识的选取紧紧围绕工作任务完成的需要来进行，同时又充分考虑旅游新业态与"旅游+"新形态下"大旅游"产业发展对理论知识学习的要求，坚持立德树人，注重思想政治教育贯穿教学始终，同时融合了学生综合素质提升、创新创业能力培养、学生可持续发展的要求。项目设计以西方饮食遗产、饮食习俗与礼仪、饮食科学与历史、肴馔文化、饮品文化、餐饮环境艺术线索来进行。教学过程中，通过校企合作，校内实训基地建设等多种途径，采取工学结合等形式，充分开发学习资源，给学生提供丰富的实践机会。教学效果评价采取过程评价与结果评价相结合的方式，通过理论与实践相结合，重点评价学生的职业能力和综合素质。

该课程的总学时为 28 学时，建议学分为 2 分，执笔人为严利强。

二、课程目标

（一）知识目标

系统地了解西方饮食烹饪文化遗产、烹饪历史发展、烹饪科学、烹饪艺术成果等方面的知识，了解包括科学、艺术在内的整个西方饮食文化的总体特点和发展趋势，扩大眼界。

（二）能力目标

培养和提高专业素质和能力，为中西饮食文化的交流与借鉴，为创新出更多符合营养、卫生、科学、合理且具有美感的菜点，也为烹饪人才的自身发展，打下坚实的理论基础。

（三）素质目标

培养学生心灵与佳肴相互交流，使得肠胃和品位相互沟通；增强人文修养，感受西方饮食文化的独特魅力，提高学生综合素质。

三、课程内容和要求

序号	工作任务/项目	课程内容和要求		建议学时
		理论	实践	
1	西方饮食文化概述（绪论）	一、烹饪与饮食文化 二、西方与西方饮食文化	（一）掌握 1.烹饪、烹饪文化、饮食文化的概念、性质及其变化 2.西方文化的特点与西方饮食文化的概念 （二）熟悉 1.传统手工烹饪与现代食品工业的联系和区别 2.烹饪文化、饮食文化的关系	2
2	西方饮食文化遗产	一、西方烹饪典籍 二、西方饮食文献 三、西方饮馔语言	（一）掌握 1.文化遗产与饮食文化遗产的概念、内容 2.烹饪典籍的概念、类别及重要烹饪典籍的内容 3.饮食文献的概念、类别及重要饮食文献的内容 4.饮馔语言的概念、分类与特点 （二）熟悉 1.烹饪典籍的特点及形成原因 2.饮食文献的特点及形成原因 3.主要饮馔语言和餐饮业的行语行话	4
3	西方饮食民俗与礼仪	一、西方日常食俗 二、西方节日食俗 三、西方人生礼俗 四、西方社交礼俗	（一）掌握 1.民俗与饮食民俗的概念、特点与分类 2.节日食俗、日常食俗、人生礼俗和社交习俗的概念及主要内容 （二）熟悉 节日食俗、日常食俗、人生礼俗和社交习俗的特点与形成原因	6
4	西方饮食科学与历史	一、西方饮食科学 二、西方饮食历史	（一）掌握 1.饮食科学的概念、内涵 2.西方饮食科学思想主要内容与表现 3.西方饮食科学思想的特点及其形成原因 4.西方饮食历史发展的阶段及三个高峰 （二）熟悉 1.西方饮食历史发展的特点及形成原因 2.意大利、法国、英国、美国烹饪的兴起时间与特点	2
5	西方肴馔文化	一、西方肴馔制作技艺 二、西方肴馔的风味流派 三、西方筵席与宴会	（一）掌握 1.西方菜点的烹饪特色及形成原因 2.筵席与宴会的概念、关系 3.西方筵席的主要特色 4.西方宴会的特色与形式 （二）熟悉 1.西方主要风味流派及其著名品类 2.意大利菜、法国菜、英国菜、美国菜的烹饪风格与表现 3.西方筵宴特色的形成原因	6
6	西方饮品文化	一、西方酒文化 二、西方咖啡与茶文化	（一）掌握 1.西方酒文化的特点及主要酒类 2.西方咖啡与茶文化的特点和咖啡、茶的分类及名品 （二）熟悉 1.西方酒文化特点的形成原因 2.葡萄酒的历史、分类、名品与文化意蕴 3.鸡尾酒的历史、分类、名品 4.啤酒的历史、分类与名品 5.咖啡、茶的历史、分类与名品	2

续表

序号	工作任务/项目	课程内容和要求		建议学时
		理论	实践	
7	西方餐饮环境艺术	一、艺术设计的美学原理 二、西方美饮环境 三、西方美食环境	（一）掌握 1.西方美食环境的分类、特点 2.西方美饮环境的分类、特点 （二）熟悉 1.西方美食环境特点的形成原因 2.主题餐厅的内涵及艺术特色 3.西方美饮环境特点的形成原因 4.酒吧、咖啡馆的特色与文化内涵 5.美食、美饮与美器的配合规律	2
8	实训项目一	西方节日食俗	西方节日餐饮活动：分小组进行策划、展示并讨论、评价	2
9	实训项目二	西方美食、美饮环境	西餐厅、咖啡馆等餐饮环境策划 作业展示及讨论	2

四、考核评价

本课程的考核要求采用识记、领会、简单应用和综合应用四个方面来描述。

识记：指能记住、识别并能准确表述基本概念、基本方法。

领会：指能用自己的语言阐述已学过的知识要点，能理解概念和理论。

简单应用：指能应用学过的概念、理论、方法，正确解答一般问题，解决一些简单的实际问题。

综合应用：指能对所学的知识融会贯通，综合运用有关概念、理论方法解决较复杂的问题。

成绩构成＝考勤（10%）＋平时表现、作业（30%）＋期末考试（60%）

五、课程资源及使用要求

（一）师资条件要求

安排对饮食文化有一定研究的专业教师任教。

（二）实训教学条件要求

西餐实训演示操作室、香草园、校内18楼西餐综合实训室等。

（三）教材选用

"饮食文化"课程目前采用的是中国轻工业出版社出版的杜莉、孙俊秀主编的《西方饮食文化》教材，课程组还制作了一些电子课件与教材配合使用，形成了部分立体化教材。

六、课程实施建议及其他说明

1. 授课

讲授与讨论相结合，以讲授为主，制作多媒体课件，并且辅以相关书籍和图片资料等。理论与实践相结合，西方古代的饮食文化思想与现代饮食观念的对比及西方饮食思想与中国饮食思想的对比和在现代餐饮企业中的应用。

2. 作业

鼓励、引导学生查阅英文资料，了解国外餐饮行业发展信息，同时有意识地锻炼学生的阅读能力。根据教学需要布置一些学生主动思考的习题，以锻炼学生工作中解决实际问题的能力。

3. 实践与辅导课

鼓励、引导学生对西餐等相关市场进行调研，使学生更加形象、直观地了解西方饮食文化和在中国的发展情况。同时，课程组教师自制多媒体光盘，对课程的相关知识起到了一定的补充，使用效果很好。

4. 参考资料

［1］艾伦·大卫.牛津食物指南［M］.牛津：牛津大学出版社，1999.

［2］塞尔.西方礼节与习俗［M］.上海：上海文化艺术出版社，1995.

［3］米歇尔·爱德华，等.品味与鉴赏［M］.上海：上海文化艺术出版社，1998.

［4］启良.西方文化概论［M］.广州：花城出版社，2000.

［5］段宝林，等.世界民俗大观［M］.北京：北京大学出版社，1988.

《中国烹饪》《美食研究》《餐饮世界》《营养学报》等专业杂志。

西餐工艺专业"职业健康与安全"课程标准

一、课程性质

该课程是西餐工艺专业职业基础课，目标是让学生掌握职业健康与安全的基础知识，培养个体防护、急救与避险能力，具备良好的职业素质、职业道德，达到西餐岗位安全操作的素养要求。

该课程是依据"西餐工艺专业工作任务与职业能力分析表"中的现代西餐从业人员的基本素质工作项目设置的。其总体设计思路是，打破以知识传授为主要特征的传统学科课程模式，转变为基于工作过程，以工作任务为中心组织课程内容，并让学生在完成具体项目的过程中学会完成相应工作任务，并构建相关理论知识，发展个体防护、急救与避险的职业能力。课程内容突出对学生西餐岗位安全操作需求能力的训练，注重综合素质的培养。理论知识的选取紧紧围绕工作任务完成的需要来进行，同时又充分考虑了旅游新业态与"旅游+"新形态下"大旅游"产业发展对理论知识学习的要求，坚持立德树人，注重思想政治教育贯穿教学始终，同时融合了学生综合素质提升、创新创业能力培养、学生可持续发展的要求。项目设计以基础知识、职业健康与安全相关法律法规、职业安全、职业健康线索来进行。教学过程中，通过校企合作，校内实训基地建设等多种途径，采取工学结合等形式，充分开发学习资源，给学生提供丰富的实践机会。教学效果评价采取过程评价与结果评价相结合的方式，通过理论与实践相结合，重点评价学生的职业能力和综合素质。

该课程的总学时为 16 学时，建议学分为 1 分，执笔人为严利强。

二、课程目标

（一）知识目标

了解职业健康与安全概述、相关法律法规、职业安全、职业健康、个体防护、急救与避险等相关理论知识。

（二）能力目标

使学生掌握职业健康与安全的基础知识和常用方法，树立正确的职业健康与安全观念，形成职业健康与安全技能，重点在于个体防护、急救与避险等重要技能的养成。

（三）素质目标

使学生具备高度重视职业健康与安全的思想素质，全面了解职业健康与安全知识的文化素质，应变及时、操作得当的职业素质，稳定从容的身心素质。

三、课程内容和要求

序号	工作任务/项目	课程内容和要求		建议学时
		理论	实践	
1	基础知识	一、职业健康与安全概述 二、安全生产知识	了解职业健康与职业病的概念，理解职业健康安全教育的重要性	2
2	职业健康与安全相关法律法规	一、劳动者的权利与义务 二、法律对劳动过程中特定问题的规定 三、职业健康与安全的法律纠纷	了解劳动者的权利和义务；了解法律对于工作时间和休假时间的规定；了解有关法律对女工和未成年工的特别保护；了解劳动关系纠纷的解决途径；了解有关法律对职业病和工伤的认定标准、程序和救治的规定	2
3	职业安全	一、职业安全知识 二、急救与避险	了解安全用电知识，机械操作安全；了解防火防爆以及火灾扑救的基本知识，认识安全色和安全标志；了解现场救护的基本步骤，了解常用的现场救护通用技术，了解火灾时的避险和逃生方法与技巧	4
4	职业健康	一、影响职业健康的因素及其个体防护 二、法定职业病	了解生产工艺过程中的职业病危害因素，了解噪声、高温、电离辐射的危害和预防措施；了解身体各部位的防护装备	4
5	实训项目一	职业安全知识 急救与避险	了解西餐烹饪操作过程中的引发火灾安全事故原因分析及现场预防演练	2
6	实训项目二	影响职业健康的因素及其个体防护 法定职业病	了解西餐烹饪操作过程中的人身健康影响因素及个体防护措施现场演练	2

四、考核评价

本课程的学生考核评价结果建议采取过程性评价与期末终结性评价相结合，以提高评价结果的可靠性与可比性，具体构成见下表。

	成绩构成		
	考勤、学习表现	课后作业	期末小论文考核
成绩比例	10%	30%	60%

五、课程资源及使用要求

（一）师资条件要求

安排对职业健康与安全有一定研究的专业教师任教。

（二）实训教学条件要求

西餐演示操作实训室（配备相应的消防设施与设备）

（三）教材选用

职业健康与安全教材编写组.职业健康与安全概念知识手册［M］.北京：清华大学出版社.

六、课程实施建议及其他说明

（一）教学原则

1.以学生为中心进行职业健康与安全教育。改变传统的职业健康与安全教育常用的上大课、开大会的模式，用小班教学，采用分组教学组织形式，创设职业情境的教学环境；应用现代化的教学方法，充分调动学生学习的积极性和主动性；教学要把知识传授、能力训练同行为养成结合起来，牢固地掌握职业健康与安全知识，形成职业健康与安全观念，获得职业健康与安全技能。

2.课堂教学与各门课程教学和实习实训相结合，将所学的职业健康与安全观念运用于专业学习和实习实训中，发挥职业健康与安全教育的针对性和实效性。

3.注重职业健康与安全观念的培养和内化，将知识传授与技能培养相结合。要注重引导学生职业健康与安全观念的培养，使之内化成职业的健康观和生产的安全观。

（二）教学方法

1.在充分考虑到高职学生的认知特点、学习心理特点、专业特点以及职业健康与安全教育的内容和目标的基础上，选用适用的教学方法。

2.将讲授法与案例教学法、角色扮演教学法、活动教学法等现代教学方法相结合，旨在调动学生主动学习的积极性，使学生在学习职业健康与安全知识的基础上，形成职业健康与安全观念，获得职业健康与安全技能，并进一步提高学生的职业技能。

（三）教学活动

以职业健康与安全为内容的讲演和舞台表演、职业健康与安全状况的调查、行业和职业健康与安全现状及发展趋势的调查、参观访问、模拟演练、分组讨论、主题辩论、角色扮演等活动都是"职业健康与安全"教学的重要的可供选择的教学形式。教师在组织教学时，要开展多种形式的教学活动，调动学生的学习积极性，传授职业健康与安全知识的同时，培养学生的职业健康与安全技能。

（四）教学资源

教师应充分开发利用教学资源，以实现教学目标，取得好的教学效果。

学校和教师可以充分开发政府安监部门、企业安监人员、有丰富职业经验的技师和往届毕业生等教学资源；充分利用电视、网络、报刊等媒体；采用多媒体设备教学设施和手段；充分利用专业实习实训设备和环境，为职业健康与安全教学服务。

西餐工艺专业"西餐基础"课程标准

一、课程性质

该课程是西餐工艺专业的必修课，是专业核心课程。目标是让学生掌握西餐基本知识，培养基本操作技能，具备西餐厨师的基本素质，达到西餐岗位的职业要求。它与"西餐烹饪原料""饮食文化"等课程一起为学生奠定西餐认知与实践的基础，也是进一步学习"西餐工艺"课程的基础。

该课程是依据"西餐工艺专业工作任务与职业能力分析表"中的西餐厨房工作项目设置的。其总体设计思路是，打破以知识传授为主要特征的传统学科课程模式，转变为以工作任务为中心组织课程内容，并让学生在完成具体项目的过程中学会完成相应工作任务，并构建相关理论知识，发展西餐职业能力。课程内容突出对学生职业能力的训练，理论知识的选取紧紧围绕工作任务完成的需要来进行，同时又充分考虑了旅游新业态与"旅游+"新形态下"大旅游"产业发展对理论知识学习的要求，坚持立德树人，注重思想政治教育贯穿教学始终，同时融合了学生综合素质提升、创新创业能力培养、学生可持续发展的要求。项目设计以西餐厨房工作流程及工作内容为线索来进行。教学过程中，要通过校企合作，校内实训基地和生产性实训基地建设等多种途径，采取工学结合的形式，充分开发学习资源，给学生提供丰富的实践机会。教学效果评价采取过程评价与结果评价相结合的方式，通过理论与实践相结合，重点评价学生的职业能力和综合素质。

该课程的总学时为 56 学时，建议学分为 4 分，执笔人为徐迅。

二、课程目标

（一）知识目标

1. 掌握西餐的概念、发展概况及特点；

2. 了解西方主要菜式的风味特点；

3. 熟悉西餐厨房设施设备的使用方法及特点；

4. 掌握西餐原料加工的作用和意义；

5. 了解西餐烹调的基本原理。

（二）能力目标

1. 掌握西餐蔬菜、肉类、禽类、水产等原料初步加工的方法；

2. 掌握西餐原料的切配成型的方法；

3. 掌握基本配菜的制作方法；

4. 掌握基本少司的制作工艺；

5. 能有效控制食品卫生与安全。

（三）素质目标

1.具备良好的职业道德和职业观，爱岗敬业、吃苦耐劳、服务社会；

2.具备较高文化素质，通晓西方国家的饮食风俗、民族礼仪和宗教信仰；

3.具备基本的英文或法文的读写能力，熟练掌握常用烹饪原料、制作方法的外文知识；

4.具备自我学习和自我提高的能力，勇于突破与创新。

三、课程内容和要求

为使学生掌握西餐的基本知识与技能，课程通过西餐概述、常用设备与工具、西餐烹调工艺、菜肴制作准备、烹调原理和汤菜制作工艺六个教学单元，采用多媒体课堂教学和产品实训教学，同时融"证"入"课"，以"课"为主，结合国家职业技能鉴定标准要求，实施教学。

根据专业课程目标和涵盖的工作任务要求，确定课程内容和要求，学生应获得的理论与实践知识见下表。

序号	工作任务/项目	课程内容和要求		建议学时
		理论	实践	56
1	西餐概述	●了解西餐烹饪特点 ●了解主要菜式的风味特点 ●掌握西餐厨师的基本素养要求	●规范着装训练 ●熟记实训室实训守则	8
2	常用设备与工具	●认知和掌握厨房炉灶设备的特征 ●认知和掌握厨房常用工具的特征 ●认知和掌握刀具的特征	●厨房炉灶设备的使用与维护 ●厨房常用工具的使用与维护 ●各类刀具的使用	4
3	西餐烹调工艺	●了解原料加工的作用与意义 ●掌握西餐原料初加工知识 ●掌握原料的部位分卸知识 ●掌握原料的剔骨出肉知识 ●掌握原料的切割知识 ●掌握原料的整理成形知识	●蔬菜原料的择拣、洗涤、整理和刀工处理技能 ●动物性原料的解冻、宰杀、清洗技能 ●动物性原料部位分卸技能 ●动物性原料的剔骨出肉技能 ●动物性原料的切割技能 ●菜肴整理成形工艺	12
4	菜肴制作准备	●了解临灶操作的基本姿势 ●掌握初步热加工的分类、特点及加工目的 ●掌握基础汤的分类及制作要点 ●掌握配菜的作用及分类	●煎盘使用技巧练习 ●冷水、沸水、热油三种初步热加工方法演练 ●制作三种基本基础汤 ●制作土豆及其他蔬菜类配菜	12
5	烹调原理	●了解热传递的导热方式和传热形式 ●掌握菜肴在加工烹调过程中的颜色变化和保护方法 ●掌握烹调中不同味型的呈味原理 ●掌握菜肴香气的产生和保护	●熟练不同热传递方式的运用 ●练习菜肴制作过程中颜色、口味、香气的把握	12
6	汤菜制作工艺	●了解西餐汤的类别和特点 ●熟悉各种汤的工艺要求 ●了解汤菜品质鉴定方法和标准	●制作各种奶油汤 ●制作各种蓉汤 ●制作各种什锦汤 ●制作各种冷汤 ●制作各种清汤	8

备注：典型工作任务、项目、模块、学习情境、工作过程等。

四、考核评价

本课程为考试课，采用百分制，理论与操作及平时成绩所占比例分别为 30%、30%、40%。

理论成绩包含阶段性的理论考试和项目作业；操作成绩包含阶段性的操作考试和日常实践课的成绩，操作考试的评定采取教考分离；平时成绩主要以学习态度和平时的职业素养为考核内容，包括考勤、作业、实训、平时表现等。

支持学生以参加校内外各类考证、比赛取得的成果，以参加校内外优质网络课程、网络学习资源取得的结业证书，以参加创新创业、社会实践等活动以及发表论文、获得专利授权等与专业学习、学业要求相关的经历、成果，申请校内相关课程的免修（免考），折算为学分，计入学业成绩。

五、课程资源及使用要求

（一）师资条件要求

任课教师为具有中级职称且具有高级职业资格证，或具有较为丰富的行业经验的教师。课程的教学团队由双师型教师和专兼职教师组成。教师职称、年龄、学历、学缘结构要合理。具备教学设计、课程开发、实践指导、比赛指导等方面能力。

（二）实训教学条件要求

校内实训包括西餐示教室、学生实训室、校内生产性实训基地；校外实训指四星级以上酒店及知名西餐厅厨房。

理论教学场所包括多媒体教室、理实一体化教室、网络平台等。

（三）教材选用

推荐教材：

丁建军，张虹薇 . 西式烹调工艺与实训［M］. 北京：高等教育出版社，2015.

辅助教材：

［1］钟奇 . 西餐工艺实训教程［M］. 杭州：浙江工商大学出版社，2013.

［2］Wayne Gisslen. 专业烹饪［M］. 大连：大连理工大学出版社，2005.

［3］职业技能鉴定指导 < 西式烹调师 >［M］. 北京：中国劳动社会保障出版社 .

六、课程实施建议及其他说明

教学方法上要注重理实一体化，教学过程要符合职业特性，教学内容要呈现多元化，要充分利用多媒体设备，要西餐工艺专业教学资源库，要结合校内生产性实训基地的功能。

课程资源开发与利用上要收集整理国内外相关教材、实训指导书和网站，推荐学生使用；要制作实践教学过程的视频和图片资源库，放置于课程网站，供学生使用；指导学生使用《实训手册》，记录校内实训过程、操作建议、创新举措等。

西餐工艺专业"色拉与开胃菜制作"课程标准

一、课程性质

"色拉与开胃菜制作"课程是西餐工艺专业的一门核心技术课程，是专业必修课程，是让学生掌握色拉与开胃菜制作技能，实现校企无缝链接的桥梁。它是以"西餐工艺"课程的学习为基础，也是进入企业实践学习的基础。

该课程是依据"西餐专业工作任务与职业能力分析表"中的西厨冷房工作项目设置的。其总体设计思路是，打破以知识传授为主要特征的传统学科课程模式，转变为以工作任务为中心组织课程内容，并让学生在完成具体项目的过程中学会完成相应工作任务，并构建相关理论知识，发展职业能力。课程内容突出对学生职业能力的训练，理论知识的选取紧紧围绕工作任务完成的需要来进行，同时又充分考虑了高等职业教育对理论知识学习的需要，并融合了相关职业资格证书对知识、技能和态度的要求。该课程项目设计以西餐冷菜制作为线索来进行。教学过程中，通过校企合作，校内实训基地建设等多种途径，采取工学结合、半工半读等形式，充分开发学习资源。教学效果评价采取过程评价与结果评价相结合的方式，通过理论与实践相结合，重点评价学生的职业能力。

该课程的总学时为 56 学时，建议学分为 4 分，执笔人为王涛。

二、课程目标

"色拉与开胃菜制作"课程目标是用"以学生发展为本"的理念，培养西餐工艺专业的学生成为现代酒店或生产领域的高端技能应用型人才，使学生掌握色拉与开胃菜制作的工艺原理，具有西餐冷菜制作的操作技能，具有专业岗位群需要奠定的技术和技能基础，能适应行业用人单位的需要。

（一）知识目标

1. 能熟悉厨房设备和工具的用途；
2. 能熟悉色拉和开胃菜的基本概念及特点；
3. 能掌握色拉和开胃菜的制作流程；
4. 能掌握冷菜调味汁的制作方法；
5. 能掌握运用常见的食品原料制作冷菜的技能。

（二）能力目标

1. 能够制作传统冷少司，研发新式冷少司；
2. 能够制作法、意、美等国的传统色拉和创新色拉；
3. 能够制作各款三明治；

4.能够制作蛋类、肉肠类、谷物类等早餐食品；

5.具有食品卫生与安全控制能力；

6.能够正确使用和保养冰箱等设备；

7.了解冷房菜品的英文名称；

8.通过所完成的每一个作品，能举一反三。

（三）素质目标

1.良好的心理素质和吃苦耐劳的精神；

2.较强的人际沟通能力；

3.阳光的人文气质；

4.良好的职业习惯；

5.较强的团队协作能力；

6.具有自我学习、自我提高的能力。

三、课程内容和要求

为使学生掌握"色拉与开胃菜制作"的知识与技能，课程通过模块教学单元，采用任务教学。

序号	项目	工作任务	知识内容与要求	技能内容与要求	建议学时
1	开胃菜	开那批开胃菜	●开那批的定义及品种 ●能够准确地说出开那批的特点及组成	●能熟练地按规格完成各种开那批的制作	2
		鸡尾类开胃菜	●鸡尾类的定义及品种 ●能够准确地说出鸡尾类的特点及组成	●能熟练地按规格完成各种鸡尾类开胃菜的制作	2
		蘸汁类开胃菜	●蘸汁类的定义及品种 ●能够准确地说出蘸汁类的特点	●能熟练地按规格完成各种蘸汁类的制作	2
		鱼子酱开胃菜	●鱼子酱开胃菜的定义及品种 ●能够准确地说出鱼子酱开胃菜的特点及调味汁	●能熟练地按规格完成各种鱼子酱开胃菜的制作	2
		批类开胃菜	●批类的定义及品种 ●能够准确地说出批类的特点及种类、组成	●能熟练地按规格完成各种批类开胃菜的制作	4
		汤类开胃菜	●开胃汤的定义及品种 ●能够准确地说出开胃汤的特点及组成	●能熟练地按标准完成各种开胃汤的制作	2
		色拉开胃菜	●色拉开胃菜的定义及品种 ●能够准确地说出色拉开胃菜的特点	●能熟练地按规格完成各种色拉开胃菜的制作	4
		其他开胃菜	●其他类中胶冻开胃菜的定义及品种 ●能够准确地说出经常制作的一些开胃菜	●能熟练地按规格完成各种类别的开胃菜制作	2

序号	项目	工作任务	知识内容与要求	技能内容与要求	建议学时
2	色拉	绿叶蔬菜色拉	●绿叶蔬菜色拉的定义 ●能够说出经常使用的一些绿叶蔬菜	●能熟练地按规格完成各种绿叶蔬菜色拉的制作	4
		普通蔬菜色拉	●普通蔬菜色拉的定义 ●能够说出经常使用的一些普通蔬菜	●能熟练地按规格完成各种绿叶蔬菜色拉的制作	6
		组合原料色拉	●组合原料色拉的定义 ●能够正确分辨组合原料色拉	●能熟练地按规格完成各种组合原料色拉的制作	6
		熟制原料色拉	●熟制原料色拉的定义 ●能够准确地分辨熟制原料色拉和组合原料色拉	●能熟练地按规格完成各种熟制原料色拉的制作	6
		水果色拉	●水果色拉的定义 ●能够说出经常使用的水果色拉	●能熟练地按规格完成各种水果色拉的制作	4
		胶冻色拉	●胶冻色拉的定义 ●能够说出各种不同原料制作的胶冻色拉的制作要点	●能熟练地按规格完成各种胶冻色拉的制作	4
3	调味酱	色拉调味酱	●色拉调味酱的定义及特点 ●能够说出各种色拉调味酱的特点、组成原料、味道、色泽	●能熟练地按照标准完成各种色拉调味酱的制作	6

四、考核评价

按照学院考试要求"色拉与开胃菜制作"分为：

1. 理论考核闭卷考试。考试题型：名词解释、是非题、选择题、简答题和案例分析题。

期末理论考核占总分的40%。

2. 实践操作考试，期末实践考核占总分的40%。

3. 平时表现（包括期中测试等）占总分的20%。

五、课程资源及使用要求

（一）师资条件要求

任课教师为具有中级职称且具有高级职业资格证，或具有较为丰富的行业经验的教师。课程的教学团队由双师型教师和专兼职教师组成。教师职称、年龄、学历、学缘结构要合理。具备教学设计、课程开发、实践指导、比赛指导等方面能力。

（二）实训教学条件要求

校内实训包括西餐示教室、学生实训室、校内生产性实训基地；校外实训指四星级以上酒店及知名西餐厅厨房。

理论教学场所包括多媒体教室、理实一体化教室、网络平台等。

（三）教材选用

自编教材:《开胃菜与色拉》。

辅助教材:

［1］钟奇.西餐工艺实训教程［M］.杭州：浙江工商大学出版社，2013.

［2］Wayne Gisslen.专业烹饪［M］.大连：大连理工大学出版社，2005.

六、课程实施建议及其他说明

（一）教材选用/编写

"色拉与开胃菜制作"课程开设选用的是 2004 年，由本院教师编写的《开胃菜与色拉》。参考的教材资料有：2008 年 6 月中国纺织出版社出版的李祥瑞主编的《西餐工艺》，大连理工大学出版社出版的韦恩·吉斯伦的《专业烹饪》等。经过多年的教学经验和不断的改进，并结合西餐考证要求，以西式烹调师—国家职业技能鉴定考试复习指导丛书为考证基准和以企业岗位为目标，正在筹划更新版本。

（二）教学建议

1. 双师授课，理实合一

理论和实践有机统一，交替进行，理论部分以够用为准，并结合实践操作进行讲解。

（1）理论讲解：通过多媒体、图片、实物、仿真场景、真实场景等辅助完成。

（2）教师操作演示教学：学生通过观看了解产品制作方法、步骤、注意事项。

（3）学生实训练习：学生 2~3 人为一小组进行实际操作，任课教师现场指导。根据教学品种复杂程度和耗时长短，可安排教师全程演示后学生实训，或教师演示和学生实训分步骤交叉进行，或学生独立实训等方式。

2. 工学交替

学生在完成一定阶段的学习后，利用假期和课余时间到企业顶岗锻炼——即实习，进行工作实践，获得实战经验，缩短毕业适应期。

3. 产教结合

学生在完成一定阶段的学习后，结合一些较为简单的产品进行实际生产，以强化职业技能，提升职业素养，磨炼心理素质，提高今后工作的快速适应能力。

（三）教学基本条件

1. 担任本课程的专业教师 2 名，其中 1 名为副教授，主要担任理论教学任务；同时聘请 1 名酒店一线的人员担任兼职教师。

2. 学校建有西餐烹饪示教室、实训室，为西餐冷菜实验教学提供了良好条件；2010 年，多媒体操作演示室的建成，使教学条件走在了同类院校的前沿。多媒体的教学手段、现场摄像投影、先进的烹制设备器具，为学生清晰仔细观看示范操作创造了极其良好的条件。教学实验条件的改善对提高教学质量、强化教学效果起到重要作用。

西餐工艺专业 "餐饮服务与管理" 课程标准

一、课程性质

"餐饮服务与管理"课程是浙江旅游职业学院西餐工艺专业三类生的一门职业技术课程。本课程以餐厅对客服务与管理活动为主线，系统、全面地讲授餐饮服务与管理的理论及方法，主要内容包括餐饮概述、中餐厅服务、西餐厅服务、酒水知识、餐厅员工管理、餐饮设备、用品管理、餐饮服务质量管理和餐饮安全管理。以餐厅服务理论为基础，以业务经营活动为中心，坚持注重基础，强化能力，突出重点，学以致用的原则，既注重阐述餐饮服务的基础知识，又力求理论联系实际，具有很强的可操作性。其目标是让学生掌握餐饮行业相关知识，培养餐饮服务能力，具备优异的职业素质，达到餐饮服务的职业要求。该课程也是进一步学习"餐饮市场营销""宴会设计"等课程的基础。

该课程是依据"西餐工艺专业工作任务与职业能力分析表"中的职业支撑能力课程项目设置的。其总体设计思路是，以创建"职业化课程"为目标，按照"模块教学，工学结合，校企共建"的模式，基于岗位工作过程的项目化教学设计理念，组建专兼职"双师型"教师队伍，制定编写课程教学大纲和教学计划，创新教学模式，有效地组织教学，对"餐饮服务与管理"课程进行职业化教学设计；将政策支持、校企合作、师资建设和教学条件作为课程建设的运行和保障机制，树立以课程为主线，以能力为核心，整合各种教学资源和要素的全面发展观，积极而有效地促进"餐饮服务与管理"课程教学质量的全面提高，实现本课程教学资源行业共享的目标。将课程内容进行模块化划分，并为每一模块确定应知应会目标以及应知应会目标的鉴定标准和方式。教学效果评价采取过程评价与结果评价相结合的方式，通过理论与实践相结合，重点评价学生的职业能力和综合素质。

该门课程的总学时为 64 学时，建议学分为 4 分，执笔人为王琪。

二、课程目标

（一）知识目标

通过学习，学生应了解、熟悉并掌握餐饮部的概况，餐厅服务技能，中、西餐服务，宴会服务及其他餐饮服务；了解、熟悉并掌握餐饮部组织机构设置，餐厅员工管理，餐饮设备、用品管理，餐饮服务质量管理和餐饮安全管理等；培养学生胜任饭店餐饮服务与餐饮部基层管理工作，适应行业发展与职业变化的基本能力。

（二）能力目标

学生应掌握餐饮基层管理工作的内容、标准、工作流程和工作要领等，培养学生的业务组织能力，分析问题、处理问题的能力，协调管理的能力等。

（三）素质目标

学生应了解、掌握餐饮部业务内容、工作标准，具备餐饮服务意识与管理意识，做到：动手能力强，管理意识强，初步具备餐饮部主要营业点、基层督导的素质和管理能力。

三、课程内容和要求

序号	工作任务/项目	课程内容和要求		建议学时
		理论	实践	
1	餐饮服务概述	1.了解餐饮部的地位与作用 2.了解餐饮部的组织结构 3.熟悉餐饮部各岗位职责 4.掌握餐饮服务人员的基本素质要求	掌握餐饮部在饭店中的地位及作用；了解餐饮部的组织形态	4
2	中餐服务基本技能	1.托盘；2.斟酒；3.中餐摆台；4.餐巾折花；5.菜肴服务；6.掌握中餐早餐及午、晚餐服务的基本程序	熟悉并掌握中餐服务的流程和技能、常用词汇及服务用语，培养学生实际工作能力	8
3	西餐服务基本技能	1.了解欧美主要国家的菜式特点 2.对西餐餐具的认识并掌握各西餐餐具的特殊用途 3.掌握西餐摆台服务程序	了解欧美主要国家的菜式特点，西式烹饪的特点，西餐厅经营特点，以及西餐正餐的进餐礼仪，培养学生的服务意识，增强学生实际工作的能力	16
4	宴会服务	了解宴会的种类及特点，掌握宴会预订程序，了解宴会厅布局，掌握宴会餐台布置，熟悉宴会菜单及宴会服务人员的职业素质要求	1.了解掌握中餐宴会服务程序标准及特殊问题的处理，掌握餐饮服务人员应具备的专业知识和素质要求 2.了解西餐宴会场地与餐台布置要求；能够根据不同宴会菜单准备西餐餐具并摆台，能够准确地为不同类型的宴会做好准备工作	16
5	员工管理	了解员工日常管理的主要内容，掌握员工激励的几种基本方法，锻炼学生的日常管理能力，为将来走上领导岗位作好准备	熟悉拟订招聘计划的步骤，掌握招聘实施的过程，更好地迎合招聘企业的需要，从而走上工作岗位。了解培训的目的、培训的特点、培训的种类、培训的程序与内容，为学生走上酒店的人力资源部做准备	4
6	餐饮设备、用品管理	掌握餐饮各种设备用品的用途、掌握餐具、家具、布件、地毯和相关设备的使用与保养方法	了解基本的餐饮设备用品，包括家具、陶瓷器皿、玻璃器皿、金属餐具、布件及餐厅的电器设备。了解餐具的洗涤，熟悉餐具、餐厅家具、布件和地毯、餐厅和厨房其他设备的使用与保养	4
7	餐饮服务质量管理	了解餐饮服务质量的含义，掌握餐饮服务质量的内容，熟悉餐饮服务质量的特点。掌握餐饮服务质量分析，了解服务质量控制，了解餐饮原料的质量控制，熟悉厨房生产质量控制	1.掌握餐饮服务质量的内容并熟悉其各自特点，提高学生对服务质量的认识，更好地做服务工作 2.了解服务质量分析方法，熟悉服务质量控制的内容，掌握服务质量控制途径，了解餐饮生产的控制环节，帮助餐饮部管理者找出存在的质量问题及其产生的原因，从而找到有针对性地解决问题的措施和方法	8

续表

序号	工作任务/项目	课程内容和要求		建议学时
		理论	实践	
8	餐饮安全管理	1.了解餐饮安全管理的目的与任务 2.了解厨房的安全管理，掌握常见事故的预防，熟悉厨房灭火常识	1.了解餐饮安全管理的目的与任务，加强对餐饮安全重要性的理解，更清楚地去实施餐饮安全管理 2.了解厨房安全管理的重要内容；常见事故的预防与处理方法；食物中毒的种类、特点及预防方法，掌握灭火器材的使用方法，解决食物中毒的问题，学会正确使用灭火器	4

四、考核评价

在考核方式上，采用形成性与终结性评价相结合的操作考试、模拟场景技能测试等多种考核方式。增加过程性成绩比重，增加考勤、作业、实训、平时表现等在成绩中的比重，过程性成绩占总成绩的70%。学生参加省市级餐饮服务技能大赛获奖均可认定为考试成绩优秀，可申请该课程免考，折算为学分，计入学业成绩。

五、课程资源及使用要求

（一）师资条件要求

课程的教学团队由双师型教师和专兼职教师组成。任课教师为具有中级以上职称，且具有餐饮服务职业资格证，同时具有较为丰富的行业经验、实践指导、比赛指导等方面能力突出。

（二）实训教学条件要求

实训场地主要为我校西餐实训中心，校外实训基地为杭州开元名都大酒店及雷迪森铂丽大饭店。

（三）教材选用

赵莹雪.餐饮服务与管理项目化教程［M］.北京：清华大学出版社，2011.

自编实操教材。

六、课程实施建议及其他说明

"餐饮服务与管理"是一门理论与实践紧密结合的课程，在教学过程中，灵活采用多种教学方法进行教学。充分发挥"第二课堂"的作用，鼓励和指导学生开展社会实践，定期举办与课程教学内容相契合的专业技能比赛、专题讲座等，将课程教学延伸到课后，引导学生积极学习和主动学习，培养专业综合能力。通过灵活的课堂组织，强调学生内部动机的激发，充分调动学生的学习积极性、主动性和创造性，提高学生技术应用能力和创新能力。充分利用学生校内见习机会，实践"工学交替"，完成学生实习、实训的实践任务，在实际对客服务过程中提升各项能力，同时为学生的就业创造机会。

西餐工艺专业"冷房菜品制作"课程标准

一、课程性质

"冷房菜品制作"课程是西餐工艺专业的一门核心技术课程，是专业必修课程，是让学生掌握色拉与开胃菜制作技能，实现校企无缝链接的桥梁。它是以"西餐工艺"课程的学习为基础，也是进入企业实践学习的基础。

该课程是依据"西餐专业工作任务与职业能力分析表"中的西厨冷房工作项目设置的。其总体设计思路是，打破以知识传授为主要特征的传统学科课程模式，转变为以工作任务为中心组织课程内容，并让学生在完成具体项目的过程中学会完成相应工作任务，并构建相关理论知识，发展职业能力。课程内容突出对学生职业能力的训练，理论知识的选取紧紧围绕工作任务完成的需要来进行，同时又充分考虑了高等职业教育对理论知识学习的需要，并融合了相关职业资格证书对知识、技能和态度的要求。该课程项目设计以西餐冷菜制作为线索来进行。教学过程中，通过校企合作，校内实训基地建设等多种途径，采取工学结合、半工半读等形式，充分开发学习资源。教学效果评价采取过程评价与结果评价相结合的方式，通过理论与实践相结合，重点评价学生的职业能力。

该课程的总学时为 56 学时，建议学分为 4 分，执笔人为王涛。

二、课程目标

"冷房菜品制作"课程目标是用"以学生发展为本"的理念，培养西餐工艺专业的学生成为现代酒店或生产领域的高端技能应用型人才，使学生掌握色拉与开胃菜制作的工艺原理，具有西餐冷菜制作的操作技能，具有专业岗位群需要奠定的技术和技能基础，能适应行业用人单位的需要。

（一）知识目标

1. 能熟悉厨房设备和工具的用途；
2. 能熟悉色拉和开胃菜的基本概念及特点；
3. 能掌握色拉和开胃菜的制作流程；
4. 能掌握冷菜调味汁的制作方法；
5. 能掌握运用常见的食品原料制作冷菜的技能。

（二）能力目标

1. 能够制作传统冷少司，研发新式冷少司；
2. 能够制作法、意、美等国的传统色拉和创新色拉；
3. 能够制作各款三明治；

4. 能够制作蛋类、肉肠类、谷物类等早餐食品；

5. 具有食品卫生与安全控制能力；

6. 能够正确使用和保养冰箱等设备；

7. 了解冷房菜品的英文名称；

8. 通过所完成的每一个作品，能举一反三。

（三）素质目标

1. 良好的心理素质和吃苦耐劳的精神；

2. 较强的人际沟通能力；

3. 阳光的人文气质；

4. 良好的职业习惯；

5. 较强的团队协作能力；

6. 具有自我学习、自我提高的能力。

三、课程内容和要求

为使学生掌握"冷房菜品制作"的知识与技能，课程通过模块教学单元，采用任务教学。

序号	项目	工作任务	知识内容与要求	技能内容与要求	建议学时
1	开胃菜	开那批开胃菜	●开那批的定义及品种 ●能够准确地说出开那批的特点及组成	●能熟练地按规格完成各种开那批的制作	2
		鸡尾类开胃菜	●鸡尾类的定义及品种 ●能够准确地说出鸡尾类的特点及组成	●能熟练地按规格完成各种鸡尾类开胃菜的制作	2
		蘸汁类开胃菜	●蘸汁类的定义及品种 ●能够准确地说出蘸汁类的特点	●能熟练地按规格完成各种蘸汁类的制作	2
		鱼子酱开胃菜	●鱼子酱开胃菜的定义及品种 ●能够准确地说出鱼子酱开胃菜的特点及调味汁	●能熟练地按规格完成各种鱼子酱开胃菜的制作	2
		批类开胃菜	●批类的定义及品种 ●能够准确地说出批类的特点及种类、组成	●能熟练地按规格完成各种批类开胃菜的制作	4
		汤类开胃菜	●开胃汤的定义及品种 ●能够准确地说出开胃汤的特点及组成	●能熟练地按标准完成各种开胃汤的制作	2
		色拉开胃菜	●色拉开胃菜的定义及品种 ●能够准确地说出色拉开胃菜的特点	●能熟练地按规格完成各种色拉开胃菜的制作	4
		其他开胃菜	●其他类中胶冻开胃菜的定义及品种 ●能够准确地说出经常制作的一些开胃菜	●能熟练地按规格完成各种类别的开胃菜制作	2

序号	项目	工作任务	知识内容与要求	技能内容与要求	建议学时
2	色拉	绿叶蔬菜色拉	●绿叶蔬菜色拉的定义 ●能够说出经常使用的一些绿叶蔬菜	●能熟练地按规格完成各种绿叶蔬菜色拉的制作	4
		普通蔬菜色拉	●普通蔬菜色拉的定义 ●能够说出经常使用的一些普通蔬菜	●能熟练地按规格完成各种绿叶蔬菜色拉的制作	6
		组合原料色拉	●组合原料色拉的定义 ●能够正确分辨组合原料色拉	●能熟练地按规格完成各种组合原料色拉的制作	6
		熟制原料色拉	●熟制原料色拉的定义 ●能够准确地分辨熟制原料色拉和组合原料色拉	●能熟练地按规格完成各种熟制原料色拉的制作	6
		水果色拉	●水果色拉的定义 ●能够说出经常使用的水果色拉	●能熟练地按规格完成各种水果色拉的制作	4
		胶冻色拉	●胶冻色拉的定义 ●能够说出各种不同原料制作的胶冻色拉的制作要点	●能熟练地按规格完成各种胶冻色拉的制作	4
3	调味酱	色拉调味酱	●色拉调味酱的定义及特点 ●能够说出各种色拉调味酱的特点、组成原料、味道、色泽	●能熟练地按标准完成各种色拉调味酱的制作	6

四、考核评价

按照学院考试要求"冷房菜品制作"分为：

1.理论考核闭卷考试。考试题型：名词解释、是非题、选择题、简答题和案例分析题。

期末理论考核占总分的40%。

2.实践操作考试，期末实践考核占总分的40%。

3.平时表现（包括期中测试等）占总分的20%。

五、课程资源及使用要求

（一）师资条件要求

任课教师为具有中级职称且具有高级职业资格证，或具有较为丰富的行业经验的教师。课程的教学团队由双师型教师和专兼职教师组成。教师职称、年龄、学历、学缘结构要合理。具备教学设计、课程开发、实践指导、比赛指导等方面能力。

（二）实训教学条件要求

校内实训包括西餐示教室、学生实训室、校内生产性实训基地；校外实训指四星级以上酒店及知名西餐厅厨房。

理论教学场所包括多媒体教室、理实一体化教室、网络平台等。

（三）教材选用

《冷房菜品制作》课程开设选用的是2004年由本院教师编写的《开胃菜与色拉制作》。

辅助教材：

[1] 钟奇.西餐工艺实训教程［M］.杭州：浙江工商大学出版社，2013.

[2] 韦恩·吉斯伦.专业烹饪［M］.大连：大连理工大学出版社，2004.

[3] 职业技能鉴定指导＜西式烹调师＞［M］.北京：中国劳动社会保障出版社．.

六、课程实施建议及其他说明

（一）教材选用/编写

"冷房菜品制作"课程开设选用的是 2004 年，由本院教师编写的《开胃菜与色拉制作》。参考的教材资料有：2008 年 6 月中国纺织出版社出版的李祥瑞主编的《西餐工艺》教材，大连理工大学出版社出版的韦恩·吉斯伦的《专业烹饪》等。经过多年的教学经验和不断的改进，并结合西餐考证要求，以西式烹调师——国家职业技能鉴定考试复习指导丛书为考证基准和以企业岗位为目标，正在筹划更新版本。

（二）教学建议

1.双师授课，理实合一

理论和实践有机的统一，交替进行，理论部分以够用为准，并结合实践操作进行讲解。

（1）理论讲解：通过多媒体、图片、实物、仿真场景、真实场景等辅助完成。

（2）教师操作演示教学：学生通过观看了解产品制作方法、步骤、注意事项。

（3）学生实训练习：学生 2~3 人为一小组进行实际操作，任课教师现场指导。根据教学品种复杂程度和耗时长短，可安排教师全程演示后学生实训，或教师演示和学生实训分步骤交叉进行，或学生独立实训等方式。

2.工学交替

学生在完成一定阶段的学习后，利用假期和课余时间到企业顶岗锻炼，即实习，进行工作实践，获得实战经验，缩短毕业适应期。

3.产教结合

学生在完成一定阶段的学习后，结合一些较为简单的产品进行实际生产，以强化职业技能，提升职业素养，磨炼心理素质，以提高今后工作的快速适应能力。

（三）教学基本条件

1.担任本课程的专业教师 2 名，其中 1 名为副教授，主要担任理论教学任务；同时聘请 1 名酒店一线的人员担任兼职教师。

2.学校建有西餐烹饪示教室、实训室，为西餐冷菜实验教学提供了良好条件；2010年多媒体操作演示室的建成，使教学条件走在了同类院校的前沿。多媒体的教学手段、现场摄像投影、先进的烹制设备器具，为学生清晰仔细观看示范操作创造了极其良好的条件。教学实验条件的改善对提高教学质量、强化教学效果起到重要作用。

西餐工艺专业"西餐工艺"（一）（双语）课程标准

一、课程性质

该课程是西餐工艺专业的职业技术课，是专业核心课程。本课程目标是让学生掌握西餐工艺的基本原理，具备良好的菜肴制作及创新能力，为学生与将来从事的工作岗位无缝对接奠定扎实的基础。它以"西餐基础""西餐烹饪原料"课程的学习为基础，为第四、五学期到企业顶岗实习做好铺垫。

该课程是依据"西餐工艺专业工作任务与职业能力分析表"中的西餐厨房工作项目设置的。其总体设计思路是，打破以知识传授为主要特征的传统学科课程模式，转变为以工作任务为中心组织课程内容，并让学生在完成具体项目的过程中学会完成相应工作任务，并构建相关理论知识，发展职业能力。课程内容突出对学生职业能力的训练，理论知识的选取紧紧围绕工作任务完成的需要来进行，同时又充分考虑了旅游新业态与"旅游+"新形态下"大旅游"产业发展对理论知识学习的要求，坚持立德树人，注重思想政治教育贯穿教学始终，同时融合了学生综合素质提升、创新创业能力培养、学生可持续发展的要求。项目设计以西餐厨房工作流程及工作内容为线索来进行。教学过程中，要通过校企合作，校内实训基地和生产性实训基地建设等多种途径，采取工学结合、半工半读等形式，充分开发学习资源。教学效果评价采取过程评价与结果评价相结合的方式，通过理论与实践相结合，重点评价学生的职业能力。

"西餐工艺"课程教学时数建议为192学时，建议学分为10分，执笔人为徐迅。

二、课程目标

（一）知识目标

1. 掌握西餐烹调原理；
2. 掌握动植物原料加工的特征及规律；
3. 掌握西餐装盘的理论依据；
4. 掌握菜单设计的理论依据；
5. 掌握西餐宴会产品设计的原则与方法。

（二）能力目标：

1. 能熟练切配蔬菜、分割鱼、鸡、牛肉等动物性原料；
2. 能熟练掌握基础汤和常用汤菜的制作方法；
3. 熟悉各种配菜的制作方法；
4. 能熟练制作各类西餐菜肴；
5. 能熟练制作各种早餐产品；

6. 能正确开具产品料单，并合理设计西餐宴会菜单；

7. 能熟练使用西餐常用设备，能做好日常维护；

8. 能有效控制食品卫生与安全；

9. 具有较好的学习能力和一定的创新能力；

10. 能有较好的沟通能力和行业应变能力。

（三）素质目标

1. 具备良好的职业道德和职业观，爱岗敬业、吃苦耐劳、服务社会；

2. 具备较高文化素质，通晓西方国家的饮食风俗、民族礼仪和宗教信仰；

3. 具备基本的英文或法文的读写能力，熟练掌握常用烹饪原料、制作方法的外文知识；

4. 具备自我学习和自我提高的能力，勇于突破与创新。

三、课程内容和要求

为使学生掌握西餐工艺的基本知识与技能，课程通过厨师职业能力训练、原料加工工艺、制汤工艺、配菜工艺、少司制作工艺、热菜烹调工艺、早餐制作工艺、菜单设计八个教学单元，采用多媒体课堂教学和产品实训教学，同时融"证"入"课"，以"课"为主，结合国家职业技能鉴定标准要求，实施教学。

根据专业课程目标和涵盖的工作任务要求，确定课程内容和要求，学生应获得的理论与实践知识见下表。

序号	工作任务/项目	课程内容和要求		建议学时
		理论	实践	
1	职业能力训练	●了解厨师的职业标准 ●掌握烹饪设备工具的使用和保养知识 ●掌握厨房生产安全知识	●快速正确地按照标准穿着厨师服 ●熟练使用烹饪设备，挑选烹饪工具 ●按照标准整理厨房、库房 ●按照厨房安全生产法规进行生产工作	8
2	原料加工工艺	●掌握西餐原料初加工知识 ●掌握原料的部位分卸知识 ●掌握原料的剔骨出肉知识 ●掌握原料的切割知识 ●掌握原料的整理成形知识	●会蔬菜原料的择拣、洗涤、整理和刀工处理技能 ●会动物性原料的解冻、宰杀、清洗技能 ●掌握动物性原料的部位分卸技能 ●掌握动物性原料的剔骨出肉技能 ●掌握动物性原料的切割技能 ●掌握菜肴整理成形工艺	16
3	制汤工艺	●掌握基础汤和高汤的制作知识 ●熟悉开胃汤的制作知识	●会制作白色、棕色基础汤等 ●会制作牛清汤等高汤 ●会制作清汤、浓汤和特殊汤三大类开胃汤	12
4	配菜工艺	●掌握配菜的使用和规则 ●掌握配菜与主菜的搭配原则 ●掌握配菜的类别和装饰要求	●会制作常用配菜 ●会利用配菜装饰菜肴	12

续表

序号	工作任务/项目	课程内容和要求		建议学时
		理论	实践	
5	少司制作工艺	●掌握少司的分类 ●掌握少司的组成 ●了解各类少司的常见品种	●会对少司进行分类 ●会调制基础少司 ●会以基础少司为基础调制衍变出多种少司	8
6	热菜烹调工艺	●掌握热菜烹制的分类 ●了解各类加热法的典型菜肴 ●了解肉类原料成熟度的区分 ●掌握调味的基本方法 ●掌握装盘的基本方法	●会按照各类加热法的要求制作菜肴 ●会制作传统经典菜肴 ●会利用不同阶段对不同原料进行调味 ●会进行客前烹调表演 ●会对菜肴进行创新	120
7	早餐制作工艺	●了解早餐文化的知识 ●了解早餐常用原料及营养搭配知识 ●掌握早餐基本烹调方法的知识	●会制作谷物类菜肴 ●会制作蛋类菜肴 ●会制作肉类菜肴	8
8	菜单设计	●了解菜单种类和筹划 ●了解菜单定价方法	●会编制各类菜单 ●会对菜单进行定价	8

四、考核评价

本课程为考试课，采用百分制，理论与操作及平时成绩所占比例分别为30%、30%、40%。

理论成绩包含阶段性的理论考试和项目作业；操作成绩包含阶段性的操作考试和日常实践课的成绩，操作考试的评定采取教考分离；平时成绩主要以学习态度和平时的职业素养为考核内容，包括考勤、作业、实训、平时表现等。

支持学生以参加校内外各类考证、比赛取得的成果，以参加校内外优质网络课程、网络学习资源取得的结业证书，以参加创新创业、社会实践等活动以及发表论文、获得专利授权等与专业学习、学业要求相关的经历、成果，申请校内相关课程的免修（免考），折算为学分，计入学业成绩。

五、课程资源及使用要求

（一）师资条件要求

任课教师为具有中级职称且具有高级职业资格证，或具有较为丰富的行业经验的教师。课程的教学团队由双师型教师和专兼职教师组成。教师职称、年龄、学历、学缘结构要合理。具备教学设计、课程开发、实践指导、比赛指导等方面能力。

（二）实训教学条件要求

校内实训包括西餐示教室、学生实训室、校内生产性实训基地；校外实训指四星级以上酒店及知名西餐厅厨房。

理论教学场所包括多媒体教室、理实一体化教室、网络平台等。

（三）教材选用

1.推荐教材

[1]丁建军，张虹薇.西式烹调工艺与实训[M].北京：高等教育出版社，2015.

［2］钟奇．西餐工艺实训教程［M］．杭州：浙江工商大学出版社，2013.

2.辅助教材

［1］Wayne Gisslen．专业烹饪［M］．大连：大连理工大学出版社，2005.

［2］职业技能鉴定指导＜西式烹调师＞［M］．北京：中国劳动社会保障出版社．

六、课程实施建议及其他说明

教学方法上要注重理实一体化，教学过程要符合职业特性，教学内容要呈现多元化，要充分利用多媒体设备，要西餐工艺专业教学资源库，要结合校内生产性实训基地的功能。

课程资源开发与利用上要收集整理国内外相关教材、实训指导书和网站，推荐学生使用；要制作实践教学过程的视频和图片资源库，放置于课程网站，供学生使用；指导学生使用《实训手册》，记录校内实训过程、操作建议、创新举措等。

七、教学项目（或学习情境）设计

项目1 职业能力训练（8学时）

●教学目标：使学生了解西餐的基本情况，了解西餐厨师的职业标准，掌握烹饪设备工具的使用和保养知识，能按照厨房安全生产法规进行生产工作。

●工作任务：熟悉西餐厨房的布局、设施设备和组织结构。

●活动设计：按照标准穿着厨师服；识别并使用设施设备；厨房安全演练。

●相关知识：西餐概况；厨师应具备的条件；常用设施设备的使用和养护。

●课后练习与任务：练习西餐厨房设施设备；找一家五星级酒店的西餐厨房，绘制平面图。

项目2 原料加工工艺（16学时）

●教学目标：使学生了解西餐常用原料和特色原料，掌握常见动植物原料的加工工艺，为菜肴制作打下基础。

●工作任务：熟悉西餐常用原料和特色原料；学会基本的原料加工技能。

●活动设计：原料的质量鉴别；原料的初加工、切割、分档、成形。

●相关知识：西餐原料的分类；西餐调味料；原料的初加工、部位分卸、剔骨出肉、切割、整理成形。

●课后练习与任务：去大型超市了解西餐原料；刀工练习。

项目3 制汤工艺（12学时）

●教学目标：使学生了解西餐汤相关的概念，掌握汤的分类方法和烹调原理，熟悉各类汤的特点，掌握汤的制作方法和装饰。

●工作任务：制作基础汤和高汤；制作开胃汤。

●活动设计：学生分组，白色基础汤和棕色基础汤的制作；奶油汤、蔬菜汤、海鲜汤、冷汤的制作。

●相关知识：基础汤、高汤、开胃汤。

●课后练习与任务：利用网络和书刊资料，收集传统汤和创新汤的菜谱。

项目4 配菜工艺（12学时）

●教学目标：学生应了解配菜相关概念，掌握配菜的分类方法，掌握配菜的制作方法。

●工作任务：掌握土豆类、蔬菜类、谷物类配菜的制作和装饰。

●活动设计：学生分组，制作十种以上土豆类配菜。

●相关知识：配菜概述；配菜与主菜的搭配；配菜的制备与排盘装饰。

●课后练习与任务：利用网络和书刊资料，收集配菜的装饰图片。

项目5 少司制作工艺（8学时）

●教学目标：学生应了解少司相关的概念，掌握西餐少司的分类方法和生产工艺，熟悉各类少司的特点和应用。

●工作任务：制作常见冷少司、热少司和点心少司。

●活动设计：学生分组，将热少司进行分类，制作各类的典型品种。

●相关知识：西餐少司概述；西餐少司及制作案例。

●课后练习与任务：利用网络和书刊资料，收集传统少司和创新少司的菜谱。

项目6 热菜烹调工艺（120学时）

●教学目标：学生应掌握西餐烹制与热传递的方法，熟悉肉类菜肴烹调程度的测试方法，掌握西餐调味方法。

●工作任务：掌握各种烹制方法的特点，学会典型菜肴的制作。

●活动设计：学生分组，制作煎、炸、烤、煮、焗、烩等菜肴。

●相关知识：西餐烹制与热传递；西餐肉类菜肴烹调程度测试；西餐调味概述。

●课后练习与任务：利用网络和书刊资料，收集传统菜肴、创新菜肴和比赛菜肴的菜谱和图片、视频。

项目7 早餐制作工艺（8学时）

●教学目标：学生应了解西餐早餐文化的知识，了解早餐常用原料及营养搭配知识，掌握早餐菜肴的制作方法。

●工作任务：制作谷物类菜肴、蛋类菜肴和肉类菜肴。

●活动设计：学生分组，制作谷物类菜肴、蛋类菜肴和肉类菜肴。

●相关知识：西式早餐文化；早餐常用原料；常见早餐品种的制作方法。

●课后练习与任务：考察1~2家自助早餐餐厅，了解供应的品种。

项目8 菜单设计（8学时）

●教学目标：学生应掌握西餐菜单筹划的设计的分类方法，熟悉各类西餐菜单筹划和设计的特点，能独立完成菜单的设计。

●工作任务：编制各类菜单；对菜单进行合理定价。

●活动设计：编制自助餐菜单、鸡尾酒会菜单。

●相关知识：西餐菜单概述；西餐菜单种类；西餐菜单筹划；西餐菜单定价；西餐菜单设计。

●课后练习与任务：收集各种类型的西餐菜单。

西餐工艺专业"西点工艺"（一）（双语）课程标准

一、课程性质

"西点工艺"（一）（双语）是西餐工艺专业（西点方向）必修的核心主干课程，既强调对西点制作基本理论的掌握，更强调西点制作技能的实际运用。通过本课程的学习，将西点工艺的理论基础与基本操作技能融为一体，要求学生掌握蛋糕、面包、清酥、混酥、泡芙、冷冻品等大类产品的基本制作原理和制作方法，熟练掌握西点各种原料的基本运用，掌握不同类型的西点产品的装饰技巧等，同时培养学生的组织、管理和创业创新能力。它以"西餐原料"课程的学习为基础，也是进一步学习"西餐工艺""创新西点制作""中级西点制作"等课程的基础。也为学生第四、五学期到企业顶岗实习做好铺垫。

本课程是依据"西餐工艺专业工作任务与职业能力分析表"中的西点工艺工作项目设置的。其总体设计思路是：打破以知识传授为主要特征的传统学科课程模式，转变为以工作任务为中心组织课程内容，并让学生在完成各项具体项目的过程中学会完成相应工作任务，从而掌握相关理论知识，提高职业能力。

本课程是理论与实践密切结合的课程，在课程实施过程中，在系统地传授学生基础知识，掌握基本技能的基础上，重点培养和提高学生的动手操作能力、从业习惯、从业要求与规范，锻炼、养成学生对环境、对事物的观察能力、思维能力、适应能力、应变能力和创新能力。培养学生成为现代生产领域的高端技能应用型人才，具有专业岗位群需要奠定的技术和技能基础，能适应行业用人单位的需要；同时融合了中级西式面点师职业资格证书对知识、技能和态度的要求。

"西点工艺"（一）（双语）在课程教学过程中，通过校企合作基地和校内实训基地，采取工学结合、校内实训、见习周等形式，充分开发学习资源。教学效果评价采取过程评价与结果评价相结合的方式，通过理论讲授、实践操作和美味教室的见习周实习以及美食节的策划等过程评价学生的职业能力。

本课程的总学时为 256 学时，建议学分为 14 分，执笔人为应小青。

二、课程目标

"西点工艺"（一）（双语）的课程目标是用"以学生发展为本"的理念，通过任务引领型的项目活动课程教学培养西餐工艺专业的学生成为现代酒店或生产领域的高端技能应用型人才，使学生掌握西点制作的工艺原理，具有西点制作的操作技能，具有专业岗位群需要奠定技术和技能基础，能适应行业用人单位的需要。

（一）知识目标

1. 熟悉西点制作的基本流程；
2. 熟悉西饼房的基本工作流程；
3. 掌握西点制作的基本技能；
4. 掌握各种原料和制作工艺的基础知识。

（二）能力目标

1. 能制作各类西点制品，达到中级西式面点师的要求；
2. 能开具产品料单并进行营养分析；
3. 具有较好的学习能力和一定的创新能力；
4. 能有较好的沟通和交流能力；
5. 具有一定的团队管理的能力和行业应变能力；
6. 具有一定自主创业能力。

（三）素质目标

具有正确的社会主义核心价值观，具有良好的思想道德素质，健康的身心素质，过硬的职业素质和人文素质，乐于奉献的服务精神，勇于创业和创新的精神。

三、课程内容和要求

为使学生掌握"西点工艺"（一）（双语）的知识与技能，课程通过模块教学单元，采用任务教学法进行教学。

序号	项目	工作任务	课程内容和要求		建议学时
			理论	实践	
1	西点理论	西点概述	了解西点的起源发展史和掌握西点的特点、目前常用的西点类别		4
		西点原料	掌握制作西点所需的各种原料的性状		12
		西点主要设备与工具		了解各种设备的使用和清理及其英文名称	4
2	基本功	西点基本功	各种基本功的要领	练习并掌握各种基本功	32
3	面包类	面包工艺	了解面包的发展历史，学习面包制作工艺中原料的选择，面包制作工艺的各项技术要求	面包面团的调制	4
		面包制作	各种硬包、各种软包和甜甜圈的制作原理	能熟练制作硬包、软包和甜甜圈	28
4	蛋糕类	蛋糕工艺	蛋糕的原料选择和制作原理蛋糕的种类和制作工艺		4
		蛋糕制作	各种蛋糕的制作原理	能熟练掌握海绵蛋糕、黄油蛋糕、芝士蛋糕、卷筒蛋糕、裱花蛋糕等的制作	28

序号	项目	工作任务	课程内容和要求		建议学时
			理论	实践	
5	混酥类	混酥类制作工艺	混酥类产品的原料选择和制作工艺原理，混酥类产品的种类和制作工艺		4
		混酥类制作	混酥类产品的制作	饼干、曲奇、挞类、派类等产品的制作	20
6	泡芙类	泡芙类制作工艺	泡芙类产品的原料选择和制作原理，泡芙的制作工艺		4
		泡芙类制作	泡芙类产品的变化	普通泡芙、造型泡芙、酥皮泡芙、油炸泡芙等的制作	16
7	清酥类	清酥类制作工艺	清酥类产品的原料选择和制作工艺原理，清酥类产品的种类		4
		清酥类制作	清酥类产品制作变化	千层酥、蝴蝶酥、芝士条、拿破仑、对角包等产品的制作	16
8	冷冻品类	冷冻品类制作工艺	冷冻品制品制作原理	各种冷冻品的制作工艺	4
		冷冻品类产品制作	冷冻品类产品制作变化	慕斯、布丁、果冻等产品制作	20
9	各种甜汁以及装饰	各种甜汁和巧克力制作工艺	各种甜汁的制作原理以及巧克力基础知识	掌握甜汁制作工艺和巧克力制作工艺	4
		各种甜汁和巧克力装饰的制作	各种甜汁和巧克力装饰制品的制作	掌握基础甜汁制作和巧克力条、拉花、裱花等技巧	16
10	其他西点	其他西点的介绍	西方节日点心和其他西点	了解西方饮食文化和饮食习俗	2
		其他西点的制作	节日点心的制作	圣诞、复活节、万圣节等的节日点心的制作	14

备注：考核、复习等学时约 16 学时

四、考核评价

（一）专家评价

邀请校内外专家对西点工艺课程教学质量进行评价，注重对学生策划技能的培养。

（二）学校督导组评价

接受学校督导组教学质量评价，促使"西点工艺"课程教学方法不断完善、教学质量不断提高，并在理论教学和实践教学中探索适合旅游高职院校学生特点的人才培养模式。

（三）通过学生评教

通过学生打分、网上评教、优秀教师评选等，对教师教学质量进行学生评价，进一步增强课程教学的趣味性、生动性、实务性。

（四）考核方式

基础理论考试按照学校考试课要求考核，闭卷考试。考试题型：名词解释、是非题、选择题、简答题和案例分析题。

技能考核采用全程考核的方式考查学生成绩。将每一次的操作课都看作一次考试。

平时成绩从每次上课的出勤、听课和笔记情况、实验准备、操作过程和熟练程度、组员间的协作、产品质量、用具整理归还情况、清洁卫生、实验报告等方面进行评定。平时成绩占总成绩的 40%，期末成绩占成绩的 40%，应用新原料、新方法、新工艺的创新综合能力考核占总成绩的 20%。由于强调理论教学与实践教学并重，重视在实践教学中培养学生的实践能力和创新能力，教学方式多样，充分调动了学生的学习积极性，提高了学生在学习过程中的兴趣和实作能力。通过平时实验课堂教学对学生实施的各项评分，使学生不仅从课堂上学到技术，而且有意识地在各方面得到锻炼，对今后走到工作岗位有良好的适应能力。

考试比分：期末考试占总成绩的 40%，技能占总成绩的 30%，平时占总成绩的 30%。

五、课程资源及使用要求

（一）师资条件要求

本核心课程主讲教师应小青副教授既有丰富的理论知识，又有较强的实践教学经验，是双师型教师；还具有长期在企业工作或挂职锻炼的经历，曾带学生参加过很多的技能比赛和创业创新比赛，获得多个奖项。课程组刘鑫鑫教师年轻有能力，有很强的动手能力和较好的理论基础。专任教师有在国外或港澳学习、考察、工作、培训的经历。同时还聘请多名行业名师作为兼职教师。主讲教师具有行业职业资格，外聘教师具有丰富的实践经验和行业管理能力而且都是西点高级技师。

（二）实训教学条件要求

具有多媒体设备、黑白版的教学场所。也可利用校内创业创新的孵化基地——美味教室的实际场景作为第二课堂。学校建有西点专用实验室，为西点实验教学提供了良好条件；2013 年西点一体化教室的建成，2015 年西点教室二的建成，使"西点工艺"课程教学条件走在了同类院校的前沿。多媒体的教学手段、现场摄像投影、先进的烘焙设备器具，为学生清晰仔细观看示范操作创造了极其良好的条件。本课程实验实训开出率达 100%。教学实验条件的改善对提高教学质量、强化教学效果起到重要作用。

（三）教材选用

"西点工艺"（一）（双语）课程目前选用的西点工艺教材是《西点工艺》浙江工商大学出版社，ISBN 978-7-5178-0765-0，主编：应小青。该教材的西点基础理论和技能模块基本涵盖了西点制作技术的要求，并结合西点考证要求，理论和实践较好地结合。该教材涉及的工艺内容涵盖面广，涵盖了国家技能考核的内容，并将目前流行的西点产品和新工艺、新型原料及时扩充。该教材是目前较为全面的理论与实践相结合的西点教材。

实训课教材以校编教材《西点工艺实训教材》为主要实施教材。

其他专业教学资源有西点教学课件和西点教学视频 30 多个。

六、课程实施建议及其他说明

（一）课程实施方案

按照项目任务的编排方式对学习领域的教学内容进行序化，设计见下表。

教学项目设计

项目	工作任务/项目	知识点	训练或工作项目	教学重点	教学情境与教学设计	建议学时
教学模块1	西点工艺基础理论	西点的起源发展史、西点工艺的特点 制作西点所需的各种原料的性状 西点的各种分类方法以及各类西点的特点	熟悉和了解西点概念和种类 掌握西点制作原料的性状	西点原料	1.指导学生掌握和了解更多的西点原料 2.帮助学生提高学习西点的兴趣和信心 3.指导学生将所学的理论知识灵活运用于实践中	20
教学模块2	基础技能	各种工具和设备的使用 各种基本面团的调制 各种制作手法	熟悉各种西点常用工具和主要设备的使用 掌握面团的调制和揉面、擀皮、上馅、成熟等的基本技能	面团的调制	1.指导学生根据任务进行制作准备 2.指导学生按照制作的产品程序进行操作 3.指导学生完成整个制作的过程 4.培养学生吃苦耐劳的工作态度和认真负责的工作作风	32
教学模块3	面包制作工艺	面包制作的原料 面包的起源、发展和种类 面包制作工艺 面包制作问题分析	熟悉和掌握硬包、软包和甜甜圈的制作 并能分析制作中出现的问题，提出解决问题的方法	各种面包面团的调制以及制作要点	1.指导学生根据任务进行制作准备 2.指导学生按照制作的产品程序进行操作 3.指导学生完成整个制作的过程 4.对所做产品进行客观的评价	32
教学模块4	蛋糕制作工艺	蛋糕制作原料的选用 蛋糕面糊的调制原理 各种蛋糕制作工艺和制作注意事项	掌握蛋糕的主要原料的使用 熟练掌握海绵蛋糕和黄油蛋糕的制作 学习并基本掌握芝士蛋糕和蛋糕基本装饰技巧	各种蛋糕面糊的调制	1.指导学生根据任务进行制作准备 2.指导学生按照制作的产品程序进行操作 3.指导学生完成整个制作的过程 4.对所做产品进行客观的评价	32
教学模块5	西饼制作工艺	混酥面团的调制 清酥面团的调制 泡芙面糊的调制 冷冻品的浆液调制	熟练掌握混酥、清酥和泡芙面团的调制技术 掌握每个大类中基本产品的制作	面团调制、清酥面团包酥擀制技术、泡芙面糊调制、冷冻品浆液调制	1.指导学生根据任务进行制作准备 2.指导学生按照制作的产品程序进行操作 3.指导学生完成整个制作的过程 4.对所做产品进行客观的评价	80
教学模块6	甜汁、巧克力装饰盒其他西点	甜汁调制工艺 巧克力的调温和装饰技巧 其他节日西点的制作工艺	掌握2~3种基本甜汁的调制 掌握巧克力的调温技术和制作技巧 了解节日西点的制作过程	巧克力的调温技巧	1.指导学生根据任务进行制作准备 2.指导学生按照制作的产品程序进行操作 3.指导学生完成整个制作的过程 4.对所做产品进行客观的评价	32

备注：复习考试为16学时

（二）教学建议

1.双师授课，理实合一

理论和实践有机的统一，交替进行，理论部分以够用为准，并结合实践操作进行讲解。

（1）理论讲解：通过多媒体、图片、实物、仿真场景、真实场景等辅助完成。

（2）教师操作演示教学：学生通过观看了解产品制作方法、步骤、注意事项。

（3）学生实训练习：学生 4~5 人为一小组进行实际操作，任课教师现场指导。根据教学品种复杂程度和耗时长短，可安排教师全程演示后学生实训，或教师演示和学生实训分步骤交叉进行，或学生独立实训等方式。

2. 工学交替

学生在完成一定阶段的学习后，利用假期和课余时间到企业顶岗锻炼，在校内真实性实训基地美味教室进行轮岗实习，获得实战经验，缩短毕业适应期。

3. 产教结合

学生在完成一定阶段的学习后，结合一些较为简单的产品进行实际生产，在学校的美食节中进行强化职业技能，提升职业素养，磨炼心理素质，以提高今后工作的快速适应能力。

（三）课程资源的开发与利用

1. 文本资源

能帮助学生理解所学内容，巩固相关技能，开拓教学视野的资源，如教科书、教师用书，教与学的辅助用书、实训指导教材、教学挂图等。

2. 信息资源

有效地利用信息资源，如网络、多媒体光盘等。

3. 社会教育资源

教育与相关专业从业人员，图书馆、报纸杂志、电视广播等。

4. 环境与工具

日常生活环境中的教学信息，用于操作的学具或教具，数学实验室等。

5. 生成性资源

教学活动中提出的问题、学生的作品、学生学习过程中出现的问题、课堂实录等。

（四）主要参考资料

[1] 韦恩·吉伦斯. 专业烘焙 [M]. 3 版. 大连：大连理工大学出版社，2004.

[2] 江琦修. 面包制作技术图解 [M]. 香港：万里机构·饮食天地出版社，1998.

[3] 钟志慧. 西点制作技术 [M]. 北京：科学出版社，2012.

[4] 沈军. 中西点心 [M]. 北京：高等教育出版社，2004.

[5] 黄喜奎. 糕点原材料 [M]. 北京：中国商业出版社，1989.

[6] 李斯特等. 烘烤食品工艺学 [M]. 北京：中国轻工业出版社，2000.

[7] 刘荣华. 西点制作百科全书 [M]. 北京：全麦烘焙出版社，1999.

[8] 刘荣华. 现代面包制作百科 [M]. 北京：全麦烘焙出版社，1987.

[9] 张守文. 面包科学与加工技术 [M]. 北京：中国轻工业出版社，1996.

[10] 西式面点师 [M]. 北京：中国劳动社会保障出版社.

[11] 刘汉江. 烘焙工业实用手册 [M]. 北京：中国轻工业出版社，2003.

[12] J·阿曼德拉. 面包师手册 [M]. 徐书鸣，译. 北京：中国轻工业出版社，2000.

[13] 薛文通. 新版面包配方 [M]. 北京：中国轻工业出版社，2002.

西餐工艺专业"西点工艺"（二）课程标准

一、课程性质

"西点工艺"（二）是西餐工艺专业（西餐方向）必修的核心主干课程，既强调对西点制作基本理论的掌握，也强调西点制作技能的实际运用。通过本课程的学习，将西点工艺的理论基础与基本操作技能融为一体，要求学生掌握蛋糕、面包、清酥、混酥、泡芙等大类产品的基本制作原理和制作方法，基本掌握西点各种原料的运用，基本掌握不同类型的西点产品的装饰技巧等，同时培养学生的组织、管理和创业创新能力。它以"西餐原料"课程的学习为基础，也是进一步学习"西餐工艺""中高级西点制作"等课程的基础。也为学生第四、五学期到企业顶岗实习做好铺垫。

本课程是依据"西餐工艺专业工作任务与职业能力分析表"中的西点工艺工作项目设置的。其总体设计思路是：打破以知识传授为主要特征的传统学科课程模式，转变为以工作任务为中心组织课程内容，并让学生在完成各项具体项目的过程中学会完成相应工作任务，从而掌握相关理论知识，提高职业能力。

本课程是理论与实践密切结合的课程，在课程实施过程中，在系统传授学生基础知识，掌握基本技能的基础上，重点培养和提高学生的动手操作能力、从业习惯、从业要求与规范，锻炼、养成学生对环境、对事物的观察能力、思维能力、适应能力、应变能力和创新能力。培养学生成为现代生产领域的高端技能应用型人才，具有专业岗位群需要奠定的技术和技能基础，能适应行业用人单位的需要。同时融合了中级西式面点师职业资格证书对知识、技能和态度的要求。

"西点工艺"（二）在课程教学过程中，通过校企合作基地和校内实训基地，采取工学结合、校内实训、见习周等形式，充分开发学习资源。教学效果评价采取过程评价与结果评价相结合的方式，通过理论讲授、实践操作和美味教室的见习周实习以及美食节的策划等过程评价学生的职业能力。

本课程的总学时为 64 学时，建议学分为 4 分，执笔人为应小青。

二、课程目标

"西点工艺"（二）的课程目标是用"以学生发展为本"的理念，通过任务引领型的项目活动课程教学培养西餐工艺专业的学生成为现代酒店或生产领域的高端技能应用型人才，使学生掌握西点制作的工艺原理，具有西点制作的操作技能，具有专业岗位群需要奠定技术和技能基础，能适应行业用人单位的需要。

（一）知识目标

●熟悉西点制作的基本流程；

- 熟悉西饼房的基本工作流程;
- 基本掌握西点制作的基本技能;
- 基本掌握各种原料和西点制作工艺的基础知识。

（二）能力目标

- 能制作各类西点制品，达到中级西式面点师的要求;
- 能开具产品料单并进行营养分析;
- 具有较好的学习能力和一定的创新能力;
- 有较好的沟通和交流能力;
- 具有一定的团队管理能力和行业应变能力。

（三）素质目标

良好的思想道德素质，健康的身心素质，过硬的职业素质和人文素质，乐于奉献的服务精神，勇于创业和创新的精神。

三、课程内容和要求

为使学生掌握"西点工艺"（二）的知识与技能，课程通过模块教学单元，采用任务教学法进行教学。

序号	项目	工作任务	课程内容和要求		建议学时
			理论	实践	
1	西点理论	西点概述 西点原料	了解西点的起源发展史和掌握西点的特点，目前常用的西点类别，掌握制作西点所需的各种原料的性状		4
		西点工艺	各类西点的制作原理和主要制作工艺		4
3	面包类	面包制作	各种硬包、各种软包和甜甜圈的制作原理	能熟练制作硬包、软包	12
4	蛋糕类	蛋糕制作	各种蛋糕的制作原理	能熟练掌握海绵蛋糕、黄油蛋糕、卷筒蛋糕等的制作	16
5	混酥类	混酥类制作	混酥类产品的制作	饼干、曲奇、挞类、派类等产品的制作	12
6	泡芙类	泡芙类制作	泡芙类产品的制作原理	普通泡芙、造型泡芙、酥皮泡芙、油炸泡芙等的制作	8
7	各种甜汁以及装饰	各种甜汁制作工艺	各种甜汁的制作原理	掌握基本甜汁制作工艺	4

备注：考核、复习等学时约 4 学时

四、考核评价

（一）专家评价

邀请校内外专家对西点工艺课程教学质量进行评价，注重对学生策划技能的培养。

（二）学校督导组评价

接受学校督导组教学质量评价，促使"西点工艺"课程教学方法不断完善、教学质量不断提高，并在理论教学和实践教学中探索适合旅游高职院校学生特点的人才培养模式。

（三）通过学生评教

通过学生打分、网上评教、优秀教师评选等，对教师教学质量进行学生评价，进一步增强课程教学的趣味性、生动性、实务性。

（四）考核方式

基础理论考试按照学校考试课要求考核，闭卷考试。考试题型：名词解释、是非题、选择题、简答题和案例分析题。

技能考核采用全程考核的方式考查学生成绩。将每一次的操作课都看作一次考试。平时成绩从每次上课的出勤、听课和笔记情况、实验准备、操作过程和熟练程度、组员间的协作、产品质量、用具整理归还情况、清洁卫生、实验报告等方面进行评定。平时成绩占总成绩的40%，期末成绩占成绩的40%，应用新原料、新方法、新工艺的创新综合能力考核占总成绩的20%。由于强调理论教学与实践教学并重，重视在实践教学中培养学生的实践能力和创新能力，教学方式多样，充分调动了学生的学习积极性，提高了学生在学习过程中的兴趣和实作能力。通过平时实验课堂教学对学生实施的各项评分，使学生不仅从课堂上学到技术，而且有意识地在各方面得到锻炼，对今后走向工作岗位有良好的适应能力。

考试比分：期末考试占40%，技能占30%，平时占30%。

五、课程资源及使用要求

（一）师资条件要求

本课程主讲教师应小青副教授既有丰富的理论知识，又有较强的实践教学经验，是双师型教师；还具有长期在企业工作或挂职锻炼的经历，曾带学生参加过很多的技能比赛和创业创新比赛，获得多个奖项。课程组刘鑫鑫老师年轻有能力，有很强的动手能力和较好的理论基础。专任教师有在国外或港澳学习、考察、工作、培训的经历。同时还聘请多名行业名师作为兼职教师。主讲教师具有行业职业资格，外聘教师具有丰富的实践经验和行业管理能力而且都是西点高级技师。

（二）实训教学条件要求

具有多媒体设备、黑白版的教学场所。也可利用校内创业创新的孵化基地——美味教室的实际场景作为第二课堂。学校建有西点专用实验室，为西点实验教学提供了良好条件；2013年西点一体化教室的建成，2015年西点教室二的建成，使"西点工艺"课程教学条件走在了同类院校的前沿。多媒体的教学手段、现场摄像投影、先进的烘焙设备器具，为学生清晰仔细观看示范操作创造了极其良好的条件。本课程实验实训开出率达100%。教学实验条件的改善对提高教学质量、强化教学效果起到重要作用。

（三）教材选用

"西点工艺"课程目前选用的西点工艺教材是由浙江工商大学出版社，书号ISBN978-7-5178-0765-0，主编：应小青。该教材的西点基础理论和技能模块基本涵盖了西点制作技术的要求，并结合西点考证要求，理论和实践较好的结合。该教材涉及的工艺内容涵盖面广，涵盖了国家技能考核的内容，并将目前流行的西点产品和新工艺、新型原料及时扩充。该教材是目前较为全面的理论与实践结合的西点教材。

实训课教材以校编教材《西点工艺实训教材》为主要实施教材。

其他专业教学资源有西点教学课件和西点教学视频30多个。

六、课程实施建议及其他说明

（一）课程实施方案

按照项目任务的编排方式对学习领域的教学内容进行序化，设计见下表。

项目	工作任务/项目	知识点	训练或工作项目	教学重点	教学情境与教学设计	建议学时
教学模块1	西点工艺基础理论	西点工艺的特点。制作西点所需的各种原料的性状。西点的各种分类方法以及各类西点的特点	熟悉和了解西点概念和种类。掌握西点制作原料的性状	西点原料	1.指导学生掌握和了解西点原料。2.帮助学生提高学习西点的兴趣和信心。3.指导学生将所学的理论知识灵活运用于实践中	8
教学模块2	面包制作工艺	面包制作的原料、面包制作工艺	熟悉和掌握硬包、软包的制作	面包面团的调制及制作要点	1指导学生按照制作的产品程序进行操作。2.指导学生完成整个制作的过程	12
教学模块3	蛋糕制作工艺	蛋糕制作原料的选用。蛋糕面糊的调制原理。各种蛋糕制作工艺和制作注意事项	掌握蛋糕的主要原料的使用。熟练掌握海绵蛋糕和黄油蛋糕的制作	各种蛋糕面糊的调制	1.指导学生根据任务进行制作准备。2.指导学生按照制作的产品程序进行操作。3.指导学生完成整个制作的过程	16
教学模块4	西饼制作工艺	混酥面团的调制、泡芙面糊的调制	熟练掌握混酥、和泡芙面团的调制技术，掌握每个大类中基本产品的制作	面团调制、泡芙面糊调制	1.指导学生根据任务进行制作准备。2.指导学生按照制作的产品程序进行操作。3.指导学生完成整个制作的过程	20
教学模块5	甜汁制作	甜汁调制工艺	掌握2~3种基本甜汁的调制	甜汁的制作技巧	1.指导学生根据任务进行制作准备。2.指导学生按照制作的产品程序进行操作。3.指导学生完成整个制作的过程	4

备注：复习考试4学时

（二）教学建议

1.双师授课，理实合一

理论和实践有机的统一，交替进行，理论部分以够用为准，并结合实践操作进行讲解。

（1）理论讲解：通过多媒体、图片、实物、仿真场景、真实场景等辅助完成。

（2）教师操作演示教学：学生通过观看了解产品制作方法、步骤、注意事项。

（3）学生实训练习：学生4~5人为一小组进行实际操作，任课教师现场指导。根据教学品种复杂程度和耗时长短，可安排教师全程演示后学生实训，或教师演示和学生实训分步骤交叉进行，或学生独立实训等方式。

2. 工学交替

学生在完成一定阶段的学习后，利用假期和课余时间到企业顶岗锻炼，在校内真实性实训基地美味教室进行轮岗实习，获得实战经验，缩短毕业适应期。

3. 产教结合

学生在完成一定阶段的学习后，结合一些较为简单的产品进行实际生产，在学校的美食节中进行强化职业技能，提升职业素养，磨炼心理素质，以提高今后工作的快速适应能力。

（三）课程资源的开发与利用

1. 文本资源

能帮助学生理解所学内容，巩固相关技能，开拓教学视野的资源，如教科书、教师用书，教与学的辅助用书、实训指导教材、教学挂图等。

2. 信息资源

有效地利用信息资源，如网络、多媒体光盘等。

3. 社会教育资源

教育与相关专业从业人员，图书馆、报纸杂志、电视广播等。

4. 环境与工具

日常生活环境中的教学信息，用于操作的学具或教具，数学实验室等。

5. 生成性资源

教学活动中提出的问题、学生的作品、学生学习过程中出现的问题、课堂实录等。

（四）主要参考资料

［1］韦恩·吉伦斯.专业烘焙［M］.3版.大连：大连理工大学出版社，2004.

［2］江琦修.面包制作技术图解［M］.香港：万里机构·饮食天地出版社，1998.

［3］钟志慧.西点制作技术［M］.北京：科学出版社，2012.

［4］沈军.中西点心［M］.北京：高等教育出版社，2004.

［5］黄喜奎.糕点原材料［M］.北京：中国商业出版社，1989.

［6］李斯特等.烘烤食品工艺学［M］.北京：中国轻工业出版社，2000.

［7］刘荣华.西点制作百科全书［M］.北京：全麦烘焙出版社，1999.

［8］刘荣华.现代面包制作百科［M］.北京：全麦烘焙出版社，1987.

［9］张守文.面包科学与加工技术［M］.北京：中国轻工业出版社，1996.

［10］西式面点师［M］.北京：中国劳动社会保障出版社.

［11］刘汉江.烘焙工业实用手册［M］.北京：中国轻工业出版社，2003.

［12］J·阿曼德拉.面包师手册［M］.徐书鸣，译.北京：中国轻工业出版社，2000.

［13］薛文通.新版面包配方［M］.北京：中国轻工业出版社，2002.

西餐工艺专业"烹饪卫生与安全"课程标准

一、课程性质

该课程是西餐工艺专业岗位选修课，目标是让学生掌握烹饪卫生与安全的基础知识，培养辨别食品危害因素、规范食品安全操作的能力，具备良好的职业素质、职业道德和爱岗敬业精神，达到西餐岗位卫生规范操作的职业素养要求。

该课程是依据"西餐工艺专业工作任务与职业能力分析表"中的现代西餐从业人员的岗位操作规范工作项目设置的。其总体设计思路是，打破以知识传授为主要特征的传统学科课程模式，转变为基于工作过程，以工作任务为中心组织课程内容，并让学生在完成具体项目的过程中学会完成相应工作任务，并构建相关理论知识，发展辨别食品危害因素、规范食品安全操作的职业能力。课程内容突出对学生西餐岗位卫生规范操作需求能力的训练，注重综合素质的培养。理论知识的选取紧紧围绕工作任务完成的需要来进行，同时又充分考虑旅游新业态与"旅游+"新形态下"大旅游"产业发展对理论知识学习的要求，坚持立德树人，注重思想政治教育贯穿教学始终，同时融合了学生综合素质提升、创新创业能力培养、学生可持续发展的要求。项目设计以餐饮食品安全概况、餐饮食品原料及相关产品的安全、餐饮加工环节食品安全、餐饮从业人员及环境、服务的安全、餐饮业食品安全控制体系的线索来进行。教学过程中，通过校企合作、校内实训基地建设等多种途径，采取工学结合等形式，充分开发学习资源，给学生提供丰富的实践机会。教学效果评价采取过程评价与结果评价相结合的方式，通过理论与实践相结合，重点评价学生的职业能力和综合素质。

该门课程的总学时为 32 学时，建议学分为 2 分，执笔人为严利强。

二、课程目标

（一）知识目标
- 了解卫生与人体健康及烹饪的关系；
- 掌握食源性疾病、食品腐败变质、烹饪原料卫生、烹饪加工工艺卫生、餐饮从业人员卫生及卫生管理控制等方面的基本理论及实际应用。

（二）能力目标
- 烹饪卫生与安全的基础知识与烹饪实践的关系；
- 具备饮食卫生安全及预防食物中毒的基本技能。

（三）素质目标
- 要求学生重点掌握烹饪卫生与安全的基本概念、分类、发展现状、趋势及新技术；

● 培养学生热爱科学、努力学习和应用新技术的态度。

三、课程内容和要求

序号	工作任务/项目	课程内容和要求		建议学时
		理论	实践	
1	项目一：餐饮食品安全现状	模块一：餐饮业食品安全现状 模块二：餐饮食品安全相关法律法规和标准 模块三：餐饮食品安全危害及预防	了解食品安全的重要性；了解餐饮食品安全相关法律法规和标准；掌握食品安全、食品安全事故的概念；掌握《食品安全法》规定禁止生产经营的食品；掌握食品安全危害的类别和来源；了解常见食源性疾病的种类和特点	4
2	项目二：餐饮食品原料及相关产品的安全	模块一：原料采购验收的安全 模块二：餐饮食品原料贮存的安全 模块三：餐饮食品相关产品的安全	了解选择餐饮食品原料供货商的方法；掌握餐饮食品原料采购索证制度；掌握各类餐饮食品原料的采购验收方法；掌握各类餐饮食品原料正确的贮存和保藏方法及食物防腐措施；熟悉食品原料库房的管理方法；掌握餐饮食品相关产品的食品安全控制措施	4
3	项目三：餐饮加工环节食品安全	模块一：菜点初加工的食品安全 模块二：热制菜点的食品安全 模块三：冷制菜肴的食品安全 模块四：中央厨房的食品安全	掌握各类原料初加工的食品安全；掌握热制菜肴的食品安全控制措施；掌握冷制菜肴的高风险环节；掌握不同凉菜加工方法的食品安全控制措施；了解中央厨房生产中存在的食品安全风险和控制方法	12
4	项目四：餐饮从业人员及环境、服务的安全	模块一：餐饮从业人员的安全管理 模块二：餐饮加工环境的安全 模块三：餐厅服务的食品安全	掌握餐饮从业人员的食品安全管理规范；掌握餐饮加工环境的布局和设计；掌握餐饮服务的卫生操作规范；了解餐饮服务的环境和流程	4
5	项目五：餐饮业食品安全控制体系	模块一：现代食品安全控制体系 模块二：餐饮业HACCP体系的建立	掌握食品安全控制体系的概念，了解常用食品安全控制体系的特点；熟悉GMP、SSOP和餐饮服务食品安全量化分级管理制度的内容；掌握HACCP体系的基本原理；了解餐饮业建立HACCP体系的方法	4
6	实训项目一	餐饮业食品安全现状	调查校园周边餐饮店的食品安全问题	2
7	实训项目二	餐饮业HACCP体系的建立	应用HACCP体系对西餐菜肴实训过程进行危害分析、设立CCP点以及提出相应控制措施	2

四、考核评价

本课程的学生考核评价结果建议采取过程性评价与终结性评价相结合，以提高评价结果的可靠性与可比性，具体构成见下表。

	过程性评价			终结性评价	
	学习表现	课后作业	小论文	小论文	期末考试
成绩比例	10%	10%	20%	20%	40%
总评比例	40%			60%	

五、课程资源及使用要求

（一）师资条件要求

安排对烹饪卫生与安全有一定研究的专业教师任教。

（二）实训教学条件要求

西餐演示操作实训室（具体西餐菜肴的加工制作，为实训项目二提供条件）。

（三）教材选用

熊敏.餐饮食品安全［M］.南京：东南大学出版社.

六、课程实施建议及其他说明

（一）教学建议

● 围绕教材主题内容，以引导法的教学理念，根据学生实际状况，创造性地开展教学活动。

● 在教学过程中，要运用挂图、多媒体、投影等教学资源辅助教学，丰富学生知识，并能及时反映社会食品安全的动态。

● 在教学过程中，要重视把知识运用到学生的具体烹饪操作中，并结合餐饮业的卫生安全要求进行教学，让学生懂得食品卫生安全对人类健康影响的重要性。

● 教学中注意增加食物中毒、食品添加剂安全性等案例，进行合理性食品安全检验实际操作，以提高学生的食品安全检验能力。

（二）课程资源的开发与利用

● 图文并茂，充分运用图片、表格、案例来说明食品安全对人类健康的重要意义。

● 专有名词的解释，在教材上设计图标展现某些专有名词定义。

● 制作网络课程（或网站），让学生通过互联网来学习，更能充分体现学习本课程的意义。

（三）参考资料

［1］汪志君.餐饮食品安全［M］.北京：高等教育出版社，2010.

［2］赵笑虹.食品安全学概论［M］.北京：中国轻工业出版社，2010.

［3］蒋云升.烹饪学与安全学［M］.北京：中国轻工业出版社，2011.

［4］黄刚平.烹饪营养卫生学［M］.南京：东南大学出版社，2009.

西餐工艺专业"烹饪营养"课程标准

一、课程性质

该课程是西餐工艺专业的岗位选修课。学生通过这门课程学习，掌握营养相关的基本原理和基础知识，了解烹饪原料的营养价值及其在烹饪过程中的变化，从而能够科学、合理地烹调。掌握平衡膳食的方法，形成合理的菜肴搭配以及菜肴营养分析的能力。最终达到在实际操作中与其相关岗位必备的烹饪营养职业能力，为下一步的学习和实际操作打下良好基础。

本课程设计以"就业为导向、能力为本位、营养学为核心、模块化教学为主体"，整个"烹饪营养"课程分为六个模块，他们分别是营养学基础、常见烹饪原料的营养价值和评价、特殊人群的营养要求、合理烹调及平衡膳食、菜谱营养分析及营养食谱编制。其中模块六，即将所学营养基础知识应用于实践，并在毕业设计环节提供的实训周加强实践锻炼。教学模块既有独立性，又有关联性。学生在每个模块中掌握重难点，同时在各模块之间知识相互配合，解决实际问题。烹饪营养作为一门理论性学科，与烹调联系紧密，是指导烹调的理论知识体系，两者相辅相成，成为烹饪科学体系中不可缺少的组成部分。

该课程是以课堂讲授法为主，运用多媒体设备，视频图片并茂，贯穿案例分析法、演示法。

该门课程的总学时为 32 学时，建议学分为 2 分，执笔人为卜俊芝。

二、课程目标

（一）知识目标

1. 了解人体所需的七大必需营养素种类、生理功能，掌握主要营养素缺乏症状和食物来源；

2. 掌握常见动、植物性原料的营养特点，了解烹饪加工对原料营养影响的规律及控制方法，掌握评价食品营养价值的方法；

3. 掌握特殊人群的膳食原则和膳食指导；

4. 熟悉平衡膳食的含义、膳食指南及膳食平衡宝塔的相关知识，掌握平衡膳食的方法，学会应用计算法编制食谱。

（二）能力目标

1. 掌握烹饪原料的营养特点及平衡膳食方法，选购优质原料，编制营养食谱，进行顾客针对性的营养、健康配膳服务；

2. 掌握烹饪加工对原料营养影响的规律及控制方法，选择适当的烹调方式及改进烹调工艺，提高菜品的营养价值；

3. 在掌握营养基础知识及平衡膳食的基础上，为菜肴及烹调方式的创新打下坚实的基础。

（三）素质目标

通过课程教学，使学生能掌握营养相关专业知识和技能，并通过实践进一步强化学生的营养意识和健康意识，培养菜肴营养设计所需的各种能力，达到高素质技能型人才应具有的良好职业道德和综合素质。

三、课程内容和要求

学习情境		学习单元	参考学时	备注
模块名称	模块描述			
模块1：基础知识	要求学生掌握能量及各种营养素与人体健康的关系，熟悉生理功能、缺乏症及推荐摄入量，掌握营养素补充的食物源	基本概念、消化系统	2	
		人体需要的营养素	12	
模块2：烹饪原料的营养价值	要求学生正确掌握动物性、植物性原料的营养特点及营养价值的评价方法，了解食物中营养价值的影响因素	动物性食物的营养价值	2	
		植物性食物、调味料的营养价值	2	
模块3：合理烹饪	要求学生了解烹饪加工对原料营养价值的影响，学会从营养角度选择和搭配原料，采用合理的烹调方法	烹饪加工对原料营养价值的影响	2	
		烹饪原料的选择与搭配、合理烹调	2	
模块4：平衡膳食	要求学生了解膳食结构、平衡膳食的概念，熟悉中国居民膳食宝塔及膳食指南，掌握平衡膳食及合理烹饪的方法	膳食结构与健康	2	
		平衡膳食	2	
模块5：特定人群的营养需要	要求学生了解儿童、老年人、孕妇与乳母等生理状态人群及糖尿病、心血管疾病等不同病理状态人群的营养膳食指南	特殊人群的营养需要	4	
模块6：实践模块	要求学生掌握简单营养食谱编制方法及菜肴的营养评价	实践	2	
合计			32	

四、课程实施建议

（一）教材选用/编写

何宏.烹饪营养教程［M］.北京：中国轻工业出版社，2017.

（二）教学建议

在教学过程中要充分体现该课程以营养分析与健康的关系为重点，在教学方法上根据其特点，结合烹饪中的实际案例，开发学生对菜点的营养分析能力。

（三）教学基本条件

1. 师资：安排有丰富营养知识的专业教师任教。

2. 教学场所：具有多媒体设备、黑白版的教学场所。

（四）课程资源的开发与利用

课程资源开发与利用：包括相关教辅材料、实训指导手册、信息技术应用、网络资源、仿真软件等。

五、教学评价

本课程的学生学业评价结果建议采取过程性评价与终结性评价相结合，以提高评价结果的可靠性与可比性，具体构成见下表。

	过程性评价			终结性评价	
	学习表现	课后作业	期中测验	宴席营养分析	期末理论考核
成绩比例	10%	10%	20%	20%	40%
总评比例	40%			60%	

六、教学项目（或学习情境）设计

项目（或模块）营养分析

● 教学目标：学会对一桌宴席或菜点进行营养分析和评价。

● 工作任务：对给定的宴席进行营养素分析，并给出相应评价和改进措施。

● 活动设计：选取经典菜单，利用《中国食物成分表》，列出各种食物所含成分和数量，得出平均每人所摄取的营养素，与中国居民膳食宝塔的要求相对照。

● 相关知识：各种食物的营养素，营养素在各类食物中的含量。

● 课后练习与任务：就自己或同学今天一天所吃食物进行营养分析和评价。

西餐工艺专业"餐厅服务与礼仪"课程标准

一、课程性质

"餐厅服务与礼仪"课程是西餐工艺专业的一门岗位选修课程。本课程以餐厅服务理论为基础，以业务经营活动为中心，坚持注重基础，强化能力，突出重点，学以致用的原则，既注重阐述餐饮服务的基础知识，又力求理论联系实际，具有很强的可操作性。其目标是让学生掌握餐饮行业相关知识，培养餐饮服务能力，具备优异的职业素质，达到餐饮服务的职业要求。该课程也是进一步学习"餐饮管理""酒吧运行"等课程的基础。

该课程是依据"西餐工艺专业工作任务与职业能力分析表"中的职业支撑能力课程项目设置的。其总体设计思路是，打破以知识传授为主要特征的传统学科课程模式，转变为餐饮企业对客服务的工作任务为中心组织课程内容，系统、全面地讲授餐饮服务的理论及方法，旨在使学生比较系统地掌握餐饮企业运营所必备的服务技能与管理理论，熟悉餐饮企业操作规范和运营流程，并让学生在完成具体项目的过程中学会完成相应工作任务，并构建相关理论知识，发展餐饮服务的职业能力。课程内容突出对学生服务技能的训练，服务意识的培养。理论知识的选取紧紧围绕工作任务完成的需要来进行，同时又充分考虑旅游新业态与"旅游+"新形态下"大旅游"产业发展对理论知识学习的要求，坚持立德树人，注重思想政治教育贯穿教学始终，同时融合了学生综合素质提升、创新创业能力培养、学生可持续发展的要求。项目设计以餐饮企业运营为线索来进行。教学过程中，通过校企合作，校内实训基地建设等多种途径，采取工学结合的形式充分开发学习资源，给学生提供丰富的实践机会。教学效果评价采取过程评价与结果评价相结合的方式，通过理论与实践相结合，重点评价学生的职业能力和综合素质。

该课程立足于实际能力的培养，要求打破以知识传授为主要特征的传统学科课程模式，转变为以工作任务为中心组织课程内容，按照学习情境设计教学内容，让学生在完成具体项目的过程中学会完成相应工作任务，构建相关理论知识，发展职业能力，并为学生可持续发展奠定良好的基础。

该门课程的总学时为 40 学时，建议学分为 2 分，执笔人为王琪。

二、课程目标

（一）知识目标

1. 掌握餐饮服务与管理基础理论和基础知识；

2. 在熟悉餐饮服务理论的基础上，熟练掌握餐饮服务过程中各环节的各项服务技能；

3. 熟悉酒店餐饮部组织机构和基本职能及其在岗工作职责和工作程序；

4. 熟悉酒店餐饮部运行与管理的基本程序和方法。

（二）能力目标

1. 学生应掌握酒店服务的操作规范，具有较强的操作规范能力，能够用正确而规范的方法从事服务工作。在课程结束时能通过餐厅服务国家技能职业鉴定，拿到职业技能证书；

2. 学生应掌握酒店服务的基本技能，具有较强的服务技能，能够针对不同的服务形式采取不同的服务方法；

3. 学生应掌握餐厅布局的基本原理和方法，初步具有餐厅布局的能力。在课程结束时，能对某一模拟餐厅进行布局设计；

4. 学生应掌握菜单设计的基本原理和方法，初步具有菜单设计的能力。在课程结束时，能对某一类型餐厅的菜单进行设计；

5. 学生应掌握生产计划制订的基本原理和方法，初步具有生产计划制订的能力。在课程结束时，能对某一模拟餐厅的生产计划做出预测。

（三）素质目标

1. 注重职业兴趣和职业道德的培养；

2. 注重服务意识和管理意识的培养；

3. 注重团队精神和敬业精神的培养；

4. 使学生成为有职业素养的酒店人。

三、课程内容与要求

序号	工作任务/项目	课程内容和要求		建议学时
		理论	实践	
1	餐饮服务概述	餐饮业发展概述、餐饮组织架构设置、餐饮从业人员的素质要求等		4
2	餐饮服务设备认知	帮助学生对餐饮服务的设施设备有较全面的认知，能熟悉各个餐具和设施设备的使用方法及保养方法，为之后的餐饮服务打好基础		4
3	服务形体礼仪		使学生迅速建立餐饮服务仪式感，了解正确的站立、蹲姿、走姿、鞠躬、指示、问候礼仪和电梯岗迎宾操作，并能在酒店餐饮服务中积极运用	4
4	端托操作训练		使学生掌握托盘的基本技巧和方法	4
5	餐巾口布折花操作		使学生了解餐巾折花基础知识和操作技能的演练，能用不同的折叠技法将餐巾折出10种以上不同的盘花造型，达到操作规范、熟练折叠的效果	4

序号	工作任务/项目	课程内容和要求		建议学时
		理论	实践	
6	中餐宴会摆台		学生通过学习能掌握中餐宴会摆台的基本要领及操作程序，提高摆台技能。培养学生动手操作能力，在实际工作中能够根据宴会需要熟练应用摆台技能	4
7	西餐宴会摆台		熟练掌握西餐宴会摆台的流程和操作标准；能通过与中餐宴会摆台的对比，加深对西餐相关知识的理解和技能的掌握能力目标；能运用所学知识进行练习，提升动手能力，并学会进行创造性思维，能自主设计主题西餐宴会台面。并能通过对精美台面的设计与欣赏，学会发现美、创造美；通过对各种餐具的安排和对距离的把握，体验成就感，培养学生的职业自豪感	4
8	斟酒服务		了解斟酒的程序；掌握斟酒的顺序；掌握斟酒量的控制；熟悉斟酒注意事项	4
9	点菜服务		学生明确点菜的五个步骤、掌握点菜服务中的服务礼仪、语言技巧。通过现场教学法，培养学生实际操作能力，培养学生基本的职业素质	4
10	上菜、分菜服务		掌握中餐、西餐上菜的基本要求；掌握分菜的方法	4

四、考核评价

在考核方式上，采用形成性与终结性评价相结合的操作考试、模拟场景技能测试等多种考核方式。增加过程性成绩比重，增加考勤、作业、实训、平时表现等在成绩中的比重，过程性成绩占总成绩 70%。学生参加省市级餐饮服务技能大赛获奖均可认定为考试成绩优秀，可申请该课程免考，折算为学分，计入学业成绩。

五、课程资源及使用要求

（一）师资条件要求

"餐厅服务与礼仪"课程的教学团队由双师型教师和专兼职教师组成。任课教师为具有中级以上职称，且具有餐饮服务职业资格证，同时具有较为丰富的行业经验、实践指导、比赛指导等方面能力突出。

（二）实训教学条件要求

实训场地主要为我校西餐实训中心，校外实训基地为杭州开元名都大酒店及雷迪森铂丽大饭店。

（三）教材选用

赵莹雪.餐饮服务与管理项目化教程 [M].北京：清华大学出版社，2011.

自编实操教材。

六、课程实施建议及其他说明

"餐厅服务与礼仪"是一门理论与实践紧密结合的课程，在教学过程中，灵活采用多种教学方法进行教学。如讲授法、互动式、启发式、案例教学法、角色扮演法、讨论法、模拟训练法、实践体验法、项目教学法等教学方法。通过灵活的课堂组织，强调学生内部动机的激发，充分调动学生的学习积极性、主动性和创造性，提高学生技术应用能力和创新能力。充分利用学生校内见习机会，实践"工学交替"，完成学生实习、实训的实践任务，在实际对客服务过程中提升各项能力，同时为学生的就业创造机会。

西餐工艺专业"东南亚料理"课程标准

一、课程性质

该课程是西餐工艺专业的职业技术课，是专业核心课程。本课程旨在培养学生的专业核心技能，掌握东南亚料理的基本原理，具备良好的菜肴制作及创新能力，为学生与将来从事的工作岗位无缝对接奠定扎实的基础。它以"西餐烹饪原料""西餐工艺"课程的学习为基础，为第四、五学期到企业顶岗实习做好铺垫。

该课程是依据"西餐工艺专业工作任务与职业能力分析表"中的西餐厨房工作项目设置的。其总体设计思路是，打破以知识传授为主要特征的传统学科课程模式，转变为以工作任务为中心组织课程内容，并让学生在完成具体项目的过程中学会完成相应工作任务，并构建相关理论知识，发展职业能力。课程内容突出对学生职业能力的训练，理论知识的选取紧紧围绕工作任务完成的需要来进行，同时又充分考虑旅游新业态与"旅游+"新形态下"大旅游"产业发展对理论知识学习的要求，坚持立德树人，注重思想政治教育贯穿教学始终，同时融合了学生综合素质提升、创新创业能力培养、学生可持续发展的要求。项目设计以西餐厨房工作流程及工作内容为线索来进行。教学过程中，要通过校企合作，校内实训基地和生产性实训基地建设等多种途径，采取工学结合、半工半读等形式，充分开发学习资源。教学效果评价采取过程评价与结果评价相结合的方式，通过理论与实践相结合，重点评价学生的职业能力。

"东南亚料理"课程教学时数为 32 学时，建议学分为 4 分，执笔人为旷建村。

二、课程目标

（一）知识目标

学生应掌握厨房工作的职业标准、具备良好的心理素质和吃苦耐劳的精神、有自我学习和自我提高的能力，熟练掌握东南亚料理应具备的专业理论知识和菜肴制作技能，为学生的岗位就业和可持续发展奠定基础。

（二）能力目标

1. 能熟练切配蔬菜、分割鱼、鸡、牛肉等动物性原料；
2. 能熟练掌握基础汤和常用汤菜的制作方法；
3. 熟悉各种配菜的制作方法；
4. 能熟练制作有代表性的东南亚菜肴；
5. 能熟练制作几种东南亚甜品产品；
6. 能正确开具产品料单，并合理设计宴会套餐菜单；
7. 能熟练使用西餐常用设备，能做好日常维护；

8. 能有效控制食品卫生与安全；

9. 具有较好的学习能力和一定的创新能力；

10. 有较好的沟通能力和行业应变能力。

（三）素质目标

1. 能熟练应用烹调基础理论，制作理论，具有现代烹调理念和整个烹调工艺流程知识；

2. 厨德立人、厨艺立身。

三、课程内容和要求

为使学生掌握东南亚料理的基本知识与技能，课程通过厨师职业能力训练、原料加工工艺、制汤工艺、配菜工艺、少司制作工艺、热菜烹调工艺、甜点制作工艺、菜单设计八个教学单元，采用多媒体课堂教学和产品实训教学，同时融"证"入"课"，以"课"为主，结合国家职业技能鉴定标准要求，实施教学。

根据专业课程目标和涵盖的工作任务要求，确定课程内容和要求，学生应获得理论与实践知识见下表。

序号	工作任务/项目	知识内容与要求	技能内容与要求	建议学时
1	职业能力训练	了解厨师的职业标准 掌握烹饪设备工具的使用和保养知识 掌握厨房生产安全知识	快速正确地按照标准穿着厨师服 熟练使用烹饪设备，挑选烹饪工具 按照标准整理厨房、库房 按照厨房安全生产法规进行生产工作	4
2	原料加工工艺	掌握东南亚料理原料初加工知识 掌握原料的部位分割知识 掌握原料的剔骨出肉知识 掌握原料的切割知识 掌握原料的整理成形知识	会蔬菜原料的择拣、洗涤、整理和刀工处理技能 会动物性原料的解冻、宰杀、清洗技能 掌握动物性原料的部位分割技能 掌握动物性原料的剔骨出肉技能 掌握动物性原料的切割技能 掌握菜肴整理成形工艺	8
3	制汤工艺	掌握基础汤和高汤的制作知识 熟悉开胃汤的制作知识	会制作鸡汤、鱼汤、蔬菜基础汤等 会制作虾汤，昆布汤等高汤 会制作味增汤、大酱汤、冬阴功汤和椰子鸡汤四大类开胃汤	8
4	配菜工艺	掌握配菜的使用和规则 掌握配菜与主菜的搭配原则 掌握配菜的类别和装饰要求	会制作常用配菜 会利用配菜装饰菜肴	4
5	咖喱少司制作工艺	掌握少司的分类 掌握少司的组成 了解各类少司的常见品种	会对少司进行分类 会调制基础少司 会以基础少司为基础调制衍变出多种少司	8
6	热菜烹调工艺	掌握热菜烹制的分类 了解各类加热法的典型菜肴 了解肉类原料成熟度的区分 掌握调味的基本方法 掌握装盘的基本方法	会按照各类加热法的要求制作菜肴 会制作传统经典菜肴 会利用不同阶段对不同原料进行调味 会进行客前烹调表演 会对菜肴进行创新	8

续表

序号	工作任务/项目	知识内容与要求	技能内容与要求	建议学时
7	甜点制作工艺	了解东南亚甜点的知识 了解东南亚甜点常用原料及营养搭配知识 掌握东南亚甜点烹调方法的知识	会制作谷物类菜肴甜点 会制作蛋类菜肴甜点 会制作鱼胶类菜肴甜点	4
8	菜单设计	了解菜单种类和筹划 了解菜单定价方法	会编制各类菜单 会对菜单进行定价	4

四、考核评价

本课程为考试课，采用百分制，操作及平时成绩所占比例分别为 40%、60%。

操作成绩包含阶段性的操作考试和日常实践课的成绩，操作考试的评定采取教考分离；平时成绩主要以学习态度和平时的职业素养为考核内容。

五、课程资源及使用要求

（一）师资条件要求

任课教师为具有中级职称且具有高级职业资格证，或具有较为丰富的行业经验的教师。课程的教学团队由双师型教师和专兼职教师组成。教师职称、年龄、学历、学缘结构要合理。

（二）实训教学条件要求

校内：西餐示教室、学生实训室、校内生产性实训基地。

校外：四星级以上酒店，知名东南亚料理餐厅。

教学场所：多媒体教室、理实一体化教室、网络平台。

（三）教材选用

徐迅、旷建村主编：《东南亚料理》（自编教材）。

六、课程实施建议及其他说明

1. 教学方法要注重理实一体化。

2. 教学过程要符合职业特性。

3. 教学内容要呈现多元化。

4. 要充分利用多媒体设备。

5. 要结合校内生产性实训基地的功能。

6. 要注重酒店岗位实习的技能巩固效果。

西餐工艺专业"酒吧运行"课程标准

一、课程性质

该课程是西餐工艺专业西餐方向的一门岗位必修课，主要介绍酒类知识及酒吧服务与管理的基本内容。通过教学使学生掌握酒吧岗位工作的职业标准、具备良好的心理素质和吃苦耐劳的精神、有自我学习和自我提高的能力，熟练掌握中级调酒师应具备的专业理论知识和酒水调制技能，为学生的岗位就业和可持续发展奠定基础。

该课程是依据"西餐工艺专业工作任务与职业能力分析表"中的酒吧工作项目设置的。其总体设计思路是，打破以知识传授为主要特征的传统学科课程模式，转变为以工作任务为中心组织课程内容，并让学生在完成具体项目的过程中学会完成相应工作任务，并构建相关理论知识，发展职业能力。课程内容突出对学生职业能力的训练，理论知识的选取紧紧围绕工作任务完成的需要来进行，同时又充分考虑了高等职业教育对理论知识学习的需要，并融合了相关职业资格证书对知识、技能和态度的要求。项目设计以酒吧工作流程及工作内容为线索来进行。教学过程中，要通过校企合作，校内实训基地和生产性实训基地建设等多种途径，采取工学结合、半工半读等形式，充分开发学习资源。教学效果评价采取过程评价与结果评价相结合的方式，通过理论与实践相结合，重点评价学生的职业能力。

"酒吧运行"课程教学时数建议为 64 学时，建议学分为 4 分，执笔人为王琪。

二、课程目标

（一）知识目标

1. 了解酒吧的类型与特征；
2. 了解酒吧的基本结构和岗位职责；
3. 了解酒吧设计布局的原则和方法；
4. 了解酒吧服务及经营管理的基本知识；
5. 掌握酒水的分类及特色。

（二）能力目标

1. 会进行酒吧设计布局和设施的配置；
2. 能熟练调制与服务常规的非酒精饮料；
3. 能熟练调制与服务常见鸡尾酒；
4. 能自制创新鸡尾酒；
5. 能进行酒会服务。

（三）素质目标

具有职业操守，善于沟通交流，具有团队精神，有创新意识。

三、课程内容和要求

序号	工作任务/项目	课程内容和要求		建议学时
		理论	实践	
1	酒吧概况	掌握酒吧的概念、类型；了解酒吧的四大经营特征；了解酒吧的基本结构；掌握酒吧的岗位职责	能区分不同酒吧的经营特征；能绘制酒吧基本结构图	8
2	酒吧设计与设备	掌握酒吧设计的原则；掌握酒吧空间布局的原则和方法；掌握酒吧设施的名称和用途；掌握酒吧杯具的名称、规格和用途	能制作酒吧的设计方案；能绘制酒吧的空间布局图；能熟练使用酒吧的各种设施；能熟练识别和正确使用各种杯具	8
3	酒吧服务与管理	了解酒单的设计原则和方法；了解酒水的定价方法；掌握酒吧服务工作的内容；掌握酒会服务的程序及内容；了解酒水采保管理的方法；了解酒吧营销活动的基本内容；了解酒吧操作与管理的标准化	会设计不同类型酒吧的酒单；会进行酒水定价；会进行酒吧的服务工作；会进行酒会服务；能进行酒水的采购、验收、储存、发放工作；会策划酒吧的营销方案	16
4	非酒精饮料的操作与管理	了解非酒精饮料的分类；掌握果蔬饮料的制作原则和方法；掌握乳饮的制作原则和方法；掌握茶的种类和冲泡方法；掌握咖啡的种类、产地和调制方法	会制作果蔬饮料 会制作乳饮 会识别茶叶种类 会冲泡不同的茶叶 会调制多款咖啡	8
5	酒精饮料的操作与管理	了解酒的分类；掌握啤酒的特点与分类；掌握葡萄酒的类型和储藏方法；掌握白兰地的类型和储藏方法；掌握威士忌的类型和特点；掌握其他酒的类型和特点	会进行啤酒的服务操作 会进行葡萄酒的服务操作 会进行白兰地的服务操作 会进行威士忌的服务操作	8
6	鸡尾酒制作	了解鸡尾酒的历史和特点；掌握常见鸡尾酒的酒谱；了解鸡尾酒创新原则和方法	会熟练调制常见鸡尾酒 会编写鸡尾酒酒谱 会根据命题自制鸡尾酒	16

四、考核评价

在考核方式上，采用形成性与终结性评价相结合考核方式。其中考勤、作业、实训、平时表现等过程性成绩在总成绩中的比重占60%。理论与操作及平时成绩所占比例分别为40%、30%、30%，理论成绩包含阶段性的理论考试和项目作业；操作成绩包含阶段性的操作考试和日常实践课的成绩；平时成绩主要以学习态度和平时的职业素养为考核内容。

学生可以以调酒师资格证书直接申请该课程的免考，折算为学分，计入学业成绩。

五、课程资源及使用要求

（一）师资条件要求

课程的教学团队是由双师型教师和专兼职教师组成。任课教师为具有中级职称且具有酒水服务高级职业资格证，或具有较为丰富的行业经验、实践指导、比赛指导等方面能力突出的教师。教师职称、年龄、学历结构合理。

（二）实训教学条件要求

实训场地主要为我校西餐实训中心，校外实训基地为杭州四星级以上酒店、知名咖啡馆和酒吧。

（三）教材选用

推荐教材：

吴克祥.酒水管理与酒吧经营［M］.北京：高等教育出版社，2011.

辅助教材：

汪京强.酒吧管理与服务实训教程［M］.福州：福建人民出版社，2002.

六、课程实施建议及其他说明

"酒吧运行"是一门理论与实践紧密结合的课程，在教学过程中，灵活采用多种教学方法进行教学。教学方法要注重理实一体化，教学过程要符合职业特性，教学内容要呈现多元化，还要注重酒店顶岗实习的技能巩固效果。

西餐工艺专业"糖艺"课程标准

一、课程性质

"糖艺"课程是西餐工艺专业的一门专业必修课程，是让学生掌握西式快餐制作技能和管理，实现校企无缝链接的桥梁。它以"西餐工艺"课程的学习为基础，也是进入企业实践学习的基础。

该课程是依据"西餐专业工作任务与职业能力分析表"中的糖艺工作项目设置的。其总体设计思路是，打破以知识传授为主要特征的传统学科课程模式，转变为以工作任务为中心组织课程内容，并让学生在完成具体项目的过程中学会完成相应工作任务，并构建相关理论知识，发展职业能力。课程内容突出对学生职业能力的训练，理论知识的选取紧紧围绕工作任务完成的需要来进行，同时又充分考虑了高等职业教育对理论知识学习的需要，并融合了相关职业资格证书对知识、技能和态度的要求。该课程项目设计以西餐冷菜制作为线索来进行。教学过程中，通过校企合作，校内实训基地建设等多种途径，采取工学结合、半工半读等形式，充分开发学习资源。教学效果评价采取过程评价与结果评价相结合的方式，通过理论与实践相结合，重点评价学生的职业能力。

该门课程的总学时为 32 学时，建议学分为 2 分，执笔人为吴忠春。

二、课程目标

"糖艺"课程目标是用"以学生发展为本"的理念，培养西餐工艺专业的学生成为现代酒店或生产领域的高端技能应用型人才，使学生掌握糖艺制作的工艺原理，具有相应的西点和糖塑操作技能，具有专业岗位群需要奠定的技术和技能基础，能适应行业用人单位的需要。

（一）知识目标

1. 能熟悉糖艺基本概念及特点；
2. 能掌握糖艺的相关知识；
3. 能熟悉糖艺设备和工具的用途；
4. 能掌握糖艺制作的基础流程。

（二）能力目标

1. 能够正确使用糖艺所涉及的工具和设备；
2. 能够制作出简单的花卉等糖艺作品；
3. 具有食品卫生与安全控制能力；
4. 通过所完成的每一个作品，能举一反三。

（三）素质目标

1. 良好的心理素质和吃苦耐劳的精神；

2. 较强的人际沟通能力；

3. 阳光的人文气质；

4. 良好的职业习惯；

5. 较强的团队协作能力；

6. 具有自我学习、自我提高的能力。

三、课程内容和要求

为使学生掌握"糖艺"的知识与技能，课程通过模块教学单元，采用任务教学。

序号	工作任务/项目	课程内容和要求		建议学时
		理论	实践	
1	理论	糖艺的基本定义及基本概况；糖艺的行业运用与发展前景	1. 了解糖艺，糖艺工具展示（实物、图片） 2. 工具使用讲解；正确的工具使用方法和保养维护 3. 糖源选用，糖艺制品的特点和保存	4
2	熬糖工艺	熬糖知识（配方、各阶段温度点）；操作要点 能掌握熬糖的流程，能掌握各种不同的熬糖方法	1. 熬糖过程演示 2. 熬糖时各投料点及去杂质演示 3. 初始拉糖与整坯 4. 糖体保管	2
	拉糖手法	拉制花瓣的基本手法原理 会拉糖花、叶子、彩带等品种	叠、押、拉展、出瓣、收尾动作演示与练习 学习拉花瓣、叶子、彩带等品种	2
3	月季花制作	学习月季花的制作	学习拉糖月季花花瓣、叶子并进行组合；掌握拉糖月季花的结构特点及拼粘工艺的要点	4
4	荷花制作	学习荷花的制作	学习拉糖荷花花瓣、花蕊并进行给组合；掌握拉糖荷花的结构特点及拼粘工艺的要点	4
5	牡丹花制作	学习牡丹花的制作	学习拉糖牡丹花花瓣、花蕊并进行给组合；掌握拉糖牡丹花的结构特点及拼粘工艺的要点	4
6	吹糖学习	吹糖的基本原理 吹糖的技法	学习吹糖加热、塑坯、打窝、连接吹管的方法	2
	吹糖球、苹果	空心圆球、苹果的特作	学习吹糖圆球的控制形状方法 在吹制圆球的基础上学习苹果的制作方法	2
7	水果篮、花瓶	糖条拉盘制作篮子的方法 粮坯热塑制作花瓶的方法	能掌握水果篮、花瓶等糖艺造型的制作方法	4
8	糖艺小作品制作；糖艺作品的应用与欣赏	熟悉糖艺在西点中的应用；独立展示品在菜肴装饰美化作用；糖艺制品的质量要求和评分标准	1. 组合制作小型独立式作品 2. 将已学的品种进行组合；在现有的基础上进行适度创新 3. 熟悉糖艺制品的质量、标准	4

四、课程实施建议

（一）教材选用/编写

曹继桐. 糖艺［M］. 沈阳：辽宁科学技术出版社，2005.

（二）教学建议

1. 双师授课，理实合一

理论和实践有机的统一，交替进行，理论部分以够用为准，并结合实践操作进行讲解。

（1）理论讲解：通过多媒体、图片、实物、仿真场景、真实场景等辅助完成。

（2）教师操作演示教学：学生通过观看了解产品制作方法、步骤、注意事项。

（3）学生实训练习：学生 2~3 人为 小组进行实际操作，任课教师现场指导。根据教学品种复杂程度和耗时长短，可安排教师全程演示后学生实训，或教师演示和学生实训分步骤交叉进行，或学生独立实训等方式。

2. 工学交替

学生在完成一定阶段的学习后，利用假期和课余时间到企业顶岗锻炼，即实习，进行工作实践，获得实战经验，缩短毕业适应期。

3. 产教结合

学生在完成一定阶段的学习后，结合一些较为简单的产品进行实际生产，以强化职业技能，提升职业素养，磨炼心理素质，以提高今后工作的快速适应能力。

（三）教学基本条件

1. 担任本课程教学的教师为行业的专业人员。

2. 学校建有西餐烹饪示教室、实训室，为教学提供了良好条件；2010 年多媒体操作演示室的建成，使教学条件走在了同类院校的前沿。多媒体的教学手段、现场摄像投影、先进的烹制设备器具，为学生清晰仔细观看示范操作创造了极其良好的条件。教学实验条件的改善对提高教学质量、强化教学效果起到重要作用。

3. 校外实习基地中，国内以杭州洲际酒店、上海 JW 万豪明天广场酒店、上海浦东香格里拉酒店等高星级酒店为主；境外以阿联酋迪拜为主，涵盖了美国、法国、日本、我国台湾等国家和地区。为专业实训实习教学提供了有力的支持和保障。

4. 校内真实性生产性实训基地

拥有校内生产性实训基地"美味榴园"西餐厅。为全校师生提供服务，也为西餐专业的学生提供校内的真实性实训场所，同时还是学生创业创新的基地。

（四）课程资源的开发与利用

有目的地开发和利用的各种课程资源。

1. 文本资源

能帮助学生理解所学内容，巩固相关技能，开拓教学视野的资源，如教科书、教师用书，教与学的辅助用书、实训指导教材、教学挂图等。

2. 信息资源

有效地利用信息资源，如网络、多媒体光盘等。

3. 社会教育资源

教育与相关专业从业人员，图书馆、报纸杂志、电视广播等。

4. 环境与工具

日常生活环境中的教学信息，用于操作的学具或教具，数学实验室等。

5. 生成性资源

教学活动中提出的问题、学生的作品、学生学习过程中出现的问题、课堂实录等。

五、教学评价

（一）专家评价

邀请校内外专家对"糖艺"课程教学质量进行评价，注重对学生快餐制作技能与管理的培养。

（二）学校督导组评价

接受学校督导组教学质量评价，促使"糖艺"课程教学方法不断完善、教学质量不断提高，并在理论教学和实践教学中探索适合旅游高职院校学生特点的人才培养模式。

（三）学生评价

通过学生打分、网上评教、优秀教师评选等，对教师教学质量进行学生评价，进一步增强课程教学的趣味性、生动性、实务性。

（四）实习指导教师的评价

通过实习企业的指导教师对学生的实际运用效果的评价来反映教学效果。

（五）考核方式

按照学院考试要求分：

1. 理论考核闭卷考试。考试题型：名词解释、是非题、选择题、简答题和案例分析题。期末理论考核占总分的 40%。

2. 实践操作考试。期末实训考核占总分的 40%。

3. 平时表现（包括期中测试等）占总分的 20%。

六、教学项目（或学习情境）设计

按照项目任务的编排方式对学习领域的教学内容进行序化，设计见下表。

项目	工作工作任务/项目	知识点	训练或工作项目	教学重点	教学情境与教学设计	建议学时
教学模块1	糖艺介绍	糖艺的基本定义及基本概况	了解糖艺；熟悉糖艺工具及具体使用方法和保养	糖艺介绍 糖艺工具的使用	聆听、观看图片、提问、讨论归纳总结	4
教学模块2	熬糖与基础拉糖手法	熬糖知识 常见熬糖 初始拉糖 拉糖技法	了解常见熬糖方法 熟悉各种不同糖的特性	怎样熬糖 制成品的保存 基础拉糖手法	讲授示教 实践操作 实物案例分析	4
教学模块3	拉糖知识	初始拉糖 拉糖技法	熟悉拉糖技法	拉糖手法技法	图片教学，讲授 实践操作，实物案例分析	12
教学模块4	吹糖知识	吹糖	掌握吹糖的基本方法	吹糖的技法	图片教学讲授 实践操作 实物案例分析	4
教学模块5	造型知识	糖艺的造型	掌握糖艺的造型方法	糖艺造型	图片教学，示范教学，实践操作，实物案例分析	4
教学模块6	应用和欣赏	糖艺与西点糖艺制品的质量、标准	了解糖艺与西点的结合方法；熟悉糖艺制品的质量要求和评分标准	糖艺与西点的结合，糖艺的质量、标准	图片教学，示范教学，实践操作，作品评价	4

西餐工艺专业"调酒与咖啡"课程标准

一、课程性质

该课程是西餐工艺专业现代学徒制实验班的一门职业技术课。该课程主要介绍以咖啡、外国酒为主的饮品的基本知识和咖啡馆、酒吧的设计与运行的相关知识，练习并掌握咖啡与鸡尾酒调制的基本技能。通过教学使学生掌握咖啡馆与酒吧岗位工作的职业标准，具备良好的心理素质和吃苦耐劳的精神，有自我学习和自我提高的能力，熟练掌握中级咖啡师和调酒师应具备的专业理论知识和酒水调制技能，为学生的岗位就业和可持续发展奠定基础。它以"西餐基础"课程的学习为基础，也是进一步学习"中高级西餐制作"等课程的基础。

该课程是依据"西餐工艺专业现代学徒制实验班工作任务与职业能力分析表"中的工作项目设置的。其总体设计思路是，打破以知识传授为主要特征的传统学科课程模式，转变为以工作任务为中心组织课程内容，并让学生在完成具体项目的过程中学会完成相应工作任务，并构建相关理论知识，发展职业能力。课程内容突出对学生职业能力的训练，理论知识的选取紧紧围绕工作任务完成的需要来进行，同时又充分考虑了高等职业教育对理论知识学习的需要，并融合了相关职业资格证书对知识、技能和态度的要求。项目设计以咖啡、酒吧工作流程及工作内容为线索来进行。教学过程中，要通过校企合作，校内实训基地和生产性实训基地建设等多种途径，充分开发学习资源。教学效果评价采取过程评价与结果评价相结合的方式，通过理论与实践相结合，重点评价学生的职业能力。

"调酒与咖啡"课程教学时数建议为40学时，建议学分为4分，执笔人为王琪。

二、课程目标

通过本课程的学习，学生应了解、熟悉并掌握以咖啡、外国酒为主的饮品的分类及特色、咖啡和鸡尾酒的调制及创作、咖啡和酒吧服务及管理的基本知识，并训练咖啡调制和鸡尾酒调制的技术要领，为学生今后从事咖啡馆、酒吧服务与管理奠定良好基础。

（一）知识目标

- 了解外国酒、无酒精饮料的分类及特色；
- 了解茶的分类及名茶的特点；
- 掌握咖啡的分类及特色；
- 了解咖啡馆的类型、特征、设计布局的原则和方法；
- 了解酒吧的类型、特征、设计布局的原则和方法；
- 了解咖啡馆的基本结构和岗位职责；

●了解酒吧的基本结构和岗位职责。

（二）能力目标

●会调制 3 款以上单品咖啡和 5 款以上花式咖啡；

●会调制 10 款以上鸡尾酒；

●会识别名茶的特征，并掌握绿茶、乌龙茶的泡制方法；

●会进行咖啡馆和酒吧的设计布局和设施配置；

●能自制创新鸡尾酒；

●能进行酒会服务。

（三）素质目标

具有职业操守，善于沟通交流，具有团队精神，有创新意识。

三、课程内容和要求

序号	工作任务/项目	课程内容和要求		建议学时
		理论	实践	
1	饮品基本知识	了解酒的分类 掌握葡萄酒、白兰地、威士忌的类型和储藏方法；掌握其他酒的类型和特点；了解非酒精饮料的分类；了解果蔬饮料、乳饮的基本特征。能根据酒标识别酒的基本特征 了解果蔬饮料的制作原则和方法		4
2	茶的知识和茶艺	了解茶的历史和文化；掌握茶的分类；具有识茶、藏茶的知识；认识茶器	能识别六大类茶；泡制绿茶和乌龙茶	4
3	咖啡的知识和调制	了解咖啡的起源与发展；掌握咖啡的产地、种类和特征；认识咖啡机的基本部件	会识别咖啡豆的优劣；会使用和保养咖啡机；会调制3款以上单品咖啡和5款以上花式咖啡	12
4	咖啡馆和酒吧	了解咖啡馆的历史；了解世界知名咖啡馆；了解咖啡馆的设计原则和设备配置；了解咖啡馆操作与管理的标准化；掌握酒吧的类型和基本结构；了解酒吧的设计原则和设备配置；了解酒吧操作与管理的标准化	会进行咖啡馆、酒吧的设备配置；会进行咖啡馆、酒吧的服务工作；会策划咖啡馆、酒吧的营销方案	4
5	鸡尾酒知识和调制	了解鸡尾酒的历史和特点；掌握常见鸡尾酒的酒谱；了解鸡尾酒创新原则和方法	会熟练调制常见鸡尾酒；会编写鸡尾酒酒谱；会根据命题自制鸡尾酒	16

四、考核评价

在考核方式上，采用形成性与终结性评价相结合考核方式。其中考勤、作业、实训、平时表现等过程性成绩在总成绩中的比重占 60%。理论与操作及平时成绩所占比例分别为 40%、30%、30%，理论成绩包含阶段性的理论考试和项目作业；操作成绩包含阶段性的操作考试和日常实践课的成绩；平时成绩主要以学习态度和平时的职业素养为考核内容。

　　学生可以以调酒师资格证书直接申请该课程的免考，折算为学分，计入学业成绩。

五、课程资源及使用要求

（一）师资条件要求

　　课程的教学团队由双师型教师和专兼职教师组成。任课教师为具有中级职称且具有酒水服务高级职业资格证，或具有较为丰富的行业经验、实践指导、比赛指导等方面能力突出的教师。教师职称、年龄、学历结构合理。

（二）实训教学条件要求

　　实训场地主要为我校西餐实训中心，校外实训基地为杭州四星级以上酒店、知名咖啡馆和酒吧。

（三）教材选用

　　费寅.酒水知识与调酒技术［M］.北京：机械工业出版社，2016.

六、课程实施建议及其他说明

　　"调酒与咖啡"是一门理论与实践紧密结合的课程，在教学过程中，灵活采用多种教学方法进行教学。教学方法要注重理实一体化，教学过程要符合职业特性，教学内容要呈现多元化，还要注重酒店顶岗实习的技能巩固效果。

西餐工艺专业"宴会设计"课程标准

一、课程性质

该课程是西餐工艺专业岗位选修课程，目标是让学生掌握宴会会场设计与服务所必需的专业基础知识，培养宴会设计、服务、综合策划能力，具备良好的职业素质、职业道德和爱岗敬业精神，达到宴会策划与服务职业要求。

该课程是依据"西餐工艺专业工作任务与职业能力分析表"中的宴会组织、菜单筹划工作项目设置的。其总体设计思路是，打破以知识传授为主要特征的传统学科课程模式，转变为基于工作过程，以工作任务为中心组织课程内容，并让学生在完成具体项目的过程中学会完成相应工作任务，并构建相关理论知识，发展宴会设计、服务、综合策划的职业能力。课程内容突出对学生宴会设计、服务、综合策划能力的训练，宴会服务综合素质的培养。理论知识的选取紧紧围绕工作任务完成的需要来进行，同时又充分考虑旅游新业态与"旅游+"新形态下"大旅游"产业发展对理论知识学习的要求，坚持立德树人，注重思想政治教育贯穿教学始终，同时融合了学生综合素质提升、创新创业能力培养、学生可持续发展的要求。项目设计以不同宴会主题、功能、目的为线索来进行。教学过程中，通过校企合作，校内实训基地建设等多种途径，采取工学结合等形式，充分开发学习资源，给学生提供丰富的实践机会。教学效果评价采取过程评价与结果评价相结合的方式，通过理论与实践相结合，重点评价学生的职业能力和综合素质。

该门课程的总学时为 20 学时，建议学分为 1 分，执笔人为严利强。

二、课程目标

（一）知识目标

通过对宴会基础知识的讲解，使学生了解宴会的分类、特点，宴会厅的布置，宴前策划工作，掌握宴会服务程序与操作标准。

（二）能力目标

通过实操实训，使学生能够准确地进行宴会预订，能够合理设计宴会的台面、菜单和酒水，并能够及时熟练提供宴会间服务，宴会结束后能够准确结账，熟练把握送客的服务要求，清理现场和收台检查。

（三）素质目标

通过企业真实任务的项目实践，能爱岗敬业、有热情主动的工作态度；遵守操作规程，能认真负责、实事求是、坚持原则、一丝不苟地依据服务标准进行实践操作；并在工作实践中能遵守劳动纪律，注意安全；具备良好的敬业精神和协作精神，具有良好的接人待物、察言观色等职业素质，具备良好的服务礼仪、礼貌，具有较好的服务意识；

具有职业敏感性，具有一定的创造力，具备成本意识，具有较强的应变能力和部门间的协调能力；坚持努力学习，不断提高自身可持续发展的基础理论水平和操作技能，形成良好的职业素养和勤奋工作的基本素质。

三、课程内容和要求

序号	工作任务/项目	课程内容和要求		建议学时
		理论	实践	
1	第一单元：酒店宴会基本活动介绍	宴会活动的基本概念、特点、分类、内容形式以及宴会管理过程中需注意的问题	1.能够依据顾客需要作出判断，选择宴会活动的类型 2.掌握酒店宴会活动的基本概念、特点和分类	2
2	第二单元：酒店宴会预定工作	宴会预定方式、预定程序、对宴会预定过程中容易出现问题的预防和控制	1.能够熟练采用不同方式接受酒店预定 2.能够熟练掌握酒店预定流程	2
3	第三单元：酒店宴会的策划与实施	宴会策划的内涵、宴会活动的计划内容、宴会的组织实施	1.能够熟练掌握酒店宴会策划活动的实施步骤和流程 2.掌握酒店宴会策划设计的原则和注意事项	4
4	第四单元：酒店宴会促销活动	酒店宴会促销活动流程、宴会销售人员的选择、宴会促销材料的准备、宴会促销的形式与方法	1.能够结合不同宴会类型的要求，熟练进行宴会的促销工作，熟练掌握宴会促销活动的流程 2.掌握宴会促销形式、方法、选择原则	4
5	第五单元：酒店婚宴设计与策划	1.能够准确理解婚宴场景设计的原则与要求 2.能够准确掌握婚宴台面设计的作用和原则 3.能够了解婚宴台面的特点 4.准确理解婚宴台面设计的基本要求 5.能够了解婚宴菜单的分类和作用 6.能够深刻理解婚宴菜单的设计的依据和方法	1.能够根据婚宴要求合理布置会场景和安排席位 2.能够合理设计婚宴的餐台 3.能够合理配置婚宴台面物品 4.能够适宜使用婚宴台面美化造型方法 5.能够合理设计宴会菜单和酒水 6.能够准确进行婚宴中酒与菜肴的搭配 7.能够熟练准确提供婚宴所需服务	2
6	第六单元：酒店会议宴会设计与策划	1.能够准确理解会议宴会场景设计的原则与要求 2.能够准确掌握会议宴会台面设计的作用和原则 3.能够了解会议宴会台面的特点 4.准确理解会议宴会台面设计的基本要求 5.能够了解会议宴会菜单的分类和作用 6.能够深刻理解会议宴会菜单的设计的依据和方法	1.能够根据会议宴会要求合理布置会场场景和安排席位 2.能够合理设计会议宴会的餐台 3.能够合理配置会议宴会台面物品 4.能够适宜使用会议宴会台面美化造型方法 5.能够合理设计会议宴会菜单和酒水 6.能够准确进行会议宴会中酒与菜肴的搭配 7.能够熟练准确提供会议宴会所需服务	2

续表

序号	工作任务/项目	课程内容和要求		建议学时
		理论	实践	
7	第七单元：酒店自助餐式宴会设计与策划	1.能够准确理解自助餐式宴会场景设计的原则与要求 2.能够准确掌握自助餐式宴会台面设计的作用和原则 3.能够了解自助餐式宴会台面的特点 4.准确理解自助餐式宴会台面设计的基本要求 5.能够了解自助餐式宴会菜单的分类和作用 6.能够深刻理解自助餐式宴会菜单的设计的依据和方法	1.能够根据自助餐式宴会要求合理布置会场场景和安排席位 2.能够合理设计自助餐式宴会的餐台 3.能够合理配置自助餐式宴会台面物品 4.能够适宜使用自助餐式宴会台面美化造型方法 5.能够合理设计自助餐式宴会菜单和酒水 6.能够准确进行自助餐式宴会中酒与菜肴的搭配 7.能够熟练准确提供自助餐式宴会所需服务	2
8	第八单元：酒店主题宴会设计与策划	1.能够准确理解主题宴会场景设计的原则与要求 2.能够准确掌握主题宴会台面设计的作用和原则 3.能够了解主题宴会台面的特点 4.准确理解主题宴会台面设计的基本要求 5.能够深刻理解主题宴会菜单、酒单的设计的依据和方法	1.能够根据宴会主题要求合理布置会场场景和安排席位 2.能够合理设计主题宴会的餐台 3.能够合理配置主题宴会台面物品 4.能够适宜使用主题宴会台面美化造型方法 5.能够合理设计主题宴会菜单和酒水 6.能够熟练准确提供主题宴会所需服务	2

四、考核评价

建立多方位考查、全面评价、重视过程的多元化考核评估模式，全面考核学生的基础理论知识和检测学生的实践运用能力，重点考核实践操作技能和解决实际问题的能力。注重解决问题的过程，并能解决实际问题。

注重对学生学习过程的评价，包括参与教学活动的程度、自信心、合作的意识，独立思考的习惯，动手能力，解决专业问题的水平等方面。

本课程为考查课，平时（课业＋口试）＋策划书展示。在评分过程中，课业占20%，口试占20%，策划书展示占60%。

课业设计及完成要求：

1.教师根据大纲要求和实际授课情况，提出课业设计：包括（1）课业题目；（2）课业背景；（3）学生应完成的任务，包括个人独立完成或小组共同完成的任务。一次课业至少有三项任务，综合性课业为五项以上；（4）培养的能力，即通过本次课业要培养和考查学生哪些具体能力，包括专业能力和通用能力。一般一次课业所要培养和考查的能力应在四项左右；（5）课业评价标准，结合本课业任务和能力要求，明确规定出学生获得优、良、合格、重做、不合格五个等级的标准，并随课业设计一起交给学生，以便于学生进行自我评估；（6）课业完成时间，一般一次课业的完成期限规定为一至二周，综合性大课业可以更长一些。两次课业的间隔至少为三周。明确规定学生必须按时完成课业，缓交课业必须事先向任课教师说明原因，经允许可后延一周完成，对无故延迟一周完成的，成绩降一个等级，延迟一周以上完成视为无效，成绩按不及格处理；

2.学生分组并制定工作方案，交授课教师批准；

3.学生自主进行酒店及相关企业调研；

4.小组讨论并进行课业分工；

5.学生分头完成所负责部分并进行课业讨论和整合，完成最终课业；

6.教师按设定标准进行评判并向学生反馈；

7.进行课业修改完善，再进行评判、反馈。

五、课程资源及使用要求

（一）师资条件要求

教师应具有酒店管理专业背景，并取得硕士及以上学位、具有一定的酒店服务管理经验，并具备宴会设计课程教学设计、课程开发、实践指导、学生比赛指导等方面能力。

（二）实训教学条件要求

校内须配备酒店宴会服务综合实训室，依据学校合作酒店提供校外宴会服务真实实训场地（利用学生空余或周末时间对接训练，结合酒店宴会服务需求）。

（三）教材选用

王珑.宴会设计［M］.上海：上海交通大学出版社，2011.

六、课程实施建议及其他说明

（一）课程组织形式

1.注意生源特点，延伸学生的参与深度，充分发挥学生学习主体作用

课程内容的教学注意高职生源结构特点，发挥学生主体作用，以"从实践到理论再到实践"的模式安排课程内容顺序。通过项目式课程内容体系与项目式教学法，提高学生学习的兴趣，让他们"有意义地"掌握这些知识，有效培养学生的能力。改革传统的教学方法学生被动学习的弊病，充分调动学生的学习兴趣和参与意识，提高学生分析解决实际问题的能力，充分体现职业技术教育以培养受教育者操作技能为主的特色，有利于充分发挥学生学习主体的作用，培养学生的自学能力、观察能力、动手能力、研究和分析问题的能力、协作和互助能力、交际和交流能力、生活和生存的能力。在项目进行过程中，学生必须自己独立地制订项目完成计划、项目实施计划，还必须自我评价项目完成情况，这可以培养学生工作的独立性和主动性。将酒店企业相关组织引入本课程的教学过程中来，充分发挥学生学习主体的作用，突出技能的训练以及与生产和生活实践的结合，有效提高学生的学习兴趣和参与意识。

2.教法与学法改革，探索以项目导向为主旨的"从实践到理论再到实践"教学模式

教法上以项目教学法为主，灵活运用操作示范、视频教学、模拟训练、案例分析、课业讨论等多种教学方法开展本课题教学改革。根据课程性质、教学内容和学生的特点，创造性地进行教学设计，恰当地运用必要的现代教育技术和信息资源，寻求适当的

教学方式、方法来组织实施研究性课堂教学，努力提高教学质量。

学习引导上，以项目学习法的形式把学生融入有意义的任务完成的过程中，让他亲自经历获得经验和知识，使学生积极地学习、自主地进行知识的建构，以现实的学生生成的知识和培养起来的能力为最高成就目标。通过激发学生学习兴趣培养学生能力，能力提高反过来会激起更高的学习兴趣。

（二）教学方法

1. 在教学过程中，应立足于加强学生实际操作能力的培养，采用项目教学，以工作任务引领提高学生学习兴趣，激发学生的成就动机。

2. 本课程教学的关键是现场教学。在教学过程中，教师讲授示范和学生分组操作训练要互动，学生提问与教师解答、指导有机结合，让学生在"教"与"学"过程中，认识酒店宴会部门所从事工作的特点，较好地策划各种主题宴会，并提供全面的服务。

3. 在教学过程中，要创设工作情景，同时应加大实践实操的容量，在实践实操过程中，使学生掌握宴会服务技能，提高学生的岗位适应能力。

4. 在教学过程中，要重视本专业领域新技术、新设备发展趋势，贴近实际操作现场。为学生提供职业生涯发展的空间，努力培养学生参与社会实践的创新精神和职业能力。

5. 教学过程中教师应积极引导学生提升职业素养，提高职业道德。

（三）课程资源的利用和开发

1. 注重实训教材和指导用书的开发和应用。

2. 注重幻灯片、投影片、视听光盘、多媒体仿真软件等常用课程资源和现代化教学资源的开发和利用。这些资源有利于创设形象生动的工作情景，激发学生的学习兴趣，促进学生对知识的理解和掌握。同时，建议加强常用课程资源的开发，建立多媒体课程资源的数据库，努力实现跨学校多媒体资源的共享，以提高课程资源利用效率。

3. 积极开发和利用网络课程资源，充分利用诸如电子书籍、电子期刊、数据库、数字图书馆、教育网站和电子论坛等网上信息资源，使教学从单一媒体向多种媒体转变；教学活动从信息的单向传递向双向交换转变；学生单独学习向合作学习转变。同时应积极创造条件搭建远程教学平台，扩大课程资源的交互空间。

4. 产学合作开发实训课程资源，充分利用本行业的企业资源，进行产学合作，建立实习实训基地，实践"工学"交替，满足学生的实习实训，同时为学生的就业创造机会。

（四）参考资料

[1]方爱平.宴会设计与管理[M].武汉：武汉大学出版社，1999.

[2]刘澜江.主题宴会设计[M].北京：中国商业出版社，2005.

[3]许旺顺.宴会管理——理论与务实[M].长沙：湖南科学技术出版社，2001.

[4]思特恩斯，等.餐厅服务与宴会操作[M].北京：高等教育出版社，2005.

西餐工艺专业"中高级西餐制作"课程标准

一、课程性质

该课程是西餐工艺专业的岗位选修课。本课程旨在培养学生的专业核心技能，掌握西餐工艺的基本原理基础上培养良好的菜肴制作及创新能力，为学生与将来从事的工作岗位无缝对接奠定扎实的基础。它以"西餐工艺"课程的学习为基础，为即将就业做好铺垫。

该课程是依据"西餐工艺专业工作任务与职业能力分析表"中的西餐厨房工作项目设置的。其总体设计思路是，打破以知识传授为主要特征的传统学科课程模式，转变为以工作任务为中心组织课程内容，突出高等职业教育的双证优势，让学生在完成具体项目的过程中完成相应工作任务，并构建相关理论知识，发展职业能力。

课程内容以就业为导向，以行业专家对西餐烹饪工作任务与职业能力分析结果为依据，突出对学生职业能力的训练，紧紧围绕完成工作任务的需要循序渐进，充分考虑了高等职业教育对理论知识学习的需要，并融合了相关职业资格证书对知识、技能和态度的要求。每个项目的学习以西餐菜肴制作为活动载体，以工作任务为中心整合理论与实践，实现做学一体化。在教学过程中，通过示范、实操、分析、评定来组织教学，建立工作任务与知识、技能的联系，倡导学生在项目活动中学会对实践产品的理解和制作能力，培养学生具备相应职业能力。

"中高级西餐制作"课程教学时数建议为80学时，建议学分为8分，执笔人为卜俊芝。

二、课程目标

（一）课程总目标

学生应掌握厨房工作的职业标准，具备良好的心理素质和吃苦耐劳的精神，有自我学习和自我提高的能力，熟练掌握中高级西式烹调师应具备的专业理论知识和菜肴制作技能，为学生的岗位就业和可持续发展奠定基础。

（二）具体职业能力目标

1. 能熟练切配蔬菜，分割鱼、鸡、牛、羊等动物性原料；
2. 能熟练掌握基础汤和常用汤菜的制作方法；
3. 能熟练制作各类西餐菜肴；
4. 能熟练制作各种早餐产品；
5. 掌握各类热沙司的制作方法；
6. 能正确开具产品料单，并合理计算饮食产品成本和销售价格；
7. 能正确并熟练使用西餐常用设备，能做好日常维护工作；

8. 能有效控制食品卫生与安全；

9. 具有较好的学习能力和一定的创新能力；

10. 能有较好的沟通能力和行业应变能力。

三、课程内容和要求

为使学生掌握中高级西餐制作的基本知识与技能，课程通过职业基础能力培养、原料加工工艺、制汤工艺、冷菜制作工艺、少司制作工艺、热菜烹调工艺、早餐制作工艺、菜单设计八个教学单元，采用多媒体课堂教学和产品实训教学，融"证"入"课"，以"课"为主，满足国家职业技能鉴定标准要求，实施教学。

根据职业技能鉴定和涵盖的工作任务要求，确定课程内容和要求，学生应获得的知识、技能与态度见下表。

序号	工作工作任务/项目	知识内容与要求	技能内容与要求	建议学时
1	职业基础能力训练	1.掌握烹调的基础理论 2.掌握烹调过程中的理化变化理论 3.掌握烹饪设备工具的使用和维护知识 4.掌握厨房生产安全知识 5.掌握平衡膳食和科学配菜的概念及方法	1.掌握菜肴味、香、色、型的基本知识 2.掌握不同烹调方法的操作要领 3.掌握烹调过程中蛋白质、脂肪、水分等变化 4.熟练使用烹饪设备，挑选烹饪工具 5.按照厨房安全生产法规进行生产工作 6.掌握平衡膳食的概念和营养配餐的方法	4
2	原料加工工艺	1.掌握西餐原料初加工知识 2.掌握原料的部位分卸知识 3.掌握原料的剔骨出肉知识 4.掌握原料的切割知识 5.掌握原料的整理成形知识	1.会蔬菜原料的择拣、洗涤、整理和刀工处理技能 2.会动物性原料的解冻、宰杀、清洗技能 3.掌握动物性原料的部位分卸技能 4.掌握动物性原料的剔骨出肉技能 5.掌握动物性原料的切割技能 6.掌握菜肴整理成形工艺	8
3	制汤工艺	1.掌握基础汤和高汤的制作知识 2.熟悉开胃汤的制作知识	1.会制作白色、棕色基础汤等 2.会制作牛清汤等高汤 3.会制作清汤、浓汤和特殊汤三大类开胃汤	12
4	冷菜制作工艺	1.掌握批类的制作方法 2.掌握冷肉类的制作方法	1.会制作典型批类菜肴 2.会制作冷肉类菜肴	4
5	少司制作工艺	1.掌握少司的概念及分类 2.掌握热少司的制作方法	1.会对少司进行分类 2.会调制基础少司 3.会以基础少司为基础调制衍变出多种少司	8
6	热菜烹调工艺	1.掌握热菜烹制的分类 2.了解各类加热法的典型菜肴 3.了解肉类原料成熟度的区分 4.掌握调味的基本方法 5.掌握装盘的基本方法	1.会按照各类加热法的要求制作菜肴 2.会制作传统经典菜肴 3.会利用不同阶段对不同原料进行调味 4.会进行客前烹调表演 5.会对菜肴进行创新	32
7	早餐制作工艺	1.了解早餐文化的知识 2.了解早餐常用原料及营养搭配知识 3.掌握早餐基本烹调方法的知识	1.会制作谷物类菜肴 2.会制作蛋类菜肴 3.有制作肉类菜肴	8

续表

序号	工作工作任务/项目	知识内容与要求	技能内容与要求	建议学时
8	职业能力提升训练	1.掌握各类菜单的特点和策划 2.掌握厨房计划、生产、成本管理及库房管理	1.会编制各类菜单 2.会对菜肴进行成本核算及定价 3.有对厨房事物的管理能力	4

四、课程实施建议

（一）教材选用/编写

推荐教材：钟奇.西餐工艺实训教程［M］.杭州：浙江工商大学出版社，2013.

辅助教材：职业技能鉴定指导＜西式烹调师＞［M］.北京：中国劳动社会保障出版社.

（二）教学建议

1. 教学方法要注重理实合一。

2. 教学过程要符合职业特性。

3. 教学内容要呈现多元化。

4. 要充分利用多媒体设备。

5. 要结合校内生产性实训基地的功能。

6. 要注重酒店顶岗实习的技能巩固效果。

（三）教学基本条件

1. 专业教师

任课教师为具有中级职称且具有高级职业资格证或具有较为丰富的行业经验的教师。课程的教学团队由双师型教师和专兼职教师组成。教师职称、年龄、学历、学缘结构要合理。

2. 实训装备

校内：西餐示教室、学生实训室、校内生产性实训基地。

校外：四星级以上酒店。

3. 教学场所

多媒体教室、理实一体化教室、网络平台。

（四）课程资源的开发与利用

课程资源开发与利用：包括相关教辅材料、实训指导手册、信息技术应用、工学结合、网络资源等。

五、教学评价

本课程为考试课，采用百分制，理论与操作及平时成绩所占比例分别为40%、40%、20%。

理论成绩包含阶段性的理论考试和项目作业；操作成绩包含阶段性的操作考试和日常实践课的成绩，操作考试的评定采取教考分离；平时成绩主要以学习态度和平时的职业素养为考核内容。

六、教学项目（或学习情境）设计

项目 职业能力训练（4 学时）

● 教学目标：通过教学，使学生了解西餐厨师的职业标准，掌握烹调过程中的理化变化原理及营养配膳的方法，掌握烹饪设备工具的使用和保养知识，能按照厨房安全生产法规进行生产工作。

● 工作任务：熟悉西餐厨房的布局、设施设备和组织结构。

● 活动设计：按照标准穿着厨师服；识别并使用设施设备；厨房安全演练。

● 相关知识：西餐概况；烹调原理；厨师应具备的条件；常用设施设备的使用和养护。

● 课后练习与任务：练习西餐厨房设施设备；找一家五星级酒店的西餐厨房，绘制平面图。

西餐工艺专业"中高级西点制作"课程标准

一、课程性质

"中高级西点制作"是西餐工艺专业（西点方向）必修的核心主干课程，既强调对西点基本理论知识和技能的掌握，更强调西点制作技能的实际运用。通过本课程的学习，将西点工艺的基本知识技能和中高级考证产品融为一体，要求学生在掌握蛋糕、面包、清酥、混酥、泡芙等大类产品制作方法的基础上培养学生的组织、管理和创业创新能力。它以"西点工艺"（一双语）或中职"西点职业技能训练"课程的学习为基础，为职业技能等级考证中级西式面点证书和毕业设计展做准备。

本课程是依据"西餐工艺专业工作任务与职业能力分析表"中的西点工艺工作项目设置的。其总体设计思路是：打破以知识传授为主要特征的传统学科课程模式，转变为以工作任务为中心组织课程内容，并让学生在完成各项具体项目的过程中学会完成相应工作任务，从而掌握相关理论知识，提高职业能力。

本课程是基础知识与强化提升密切结合的课程。在系统传授学生基础知识、掌握基本技能的基础上，重点培养和提高学生的动手操作能力、从业习惯、从业要求与规范，锻炼、养成学生对环境、对事物的观察能力、思维能力、适应能力、应变能力和创新能力。培养学生成为现代生产领域的高端技能应用型人才，具有专业岗位群需要奠定的技术和技能基础，能适应行业用人单位的需要。同时融合了中级西式面点师职业资格证书对知识、技能和态度的要求。

"中高级西点制作"在课程教学过程中，通过校企合作基地和校内实训基地，采取工学结合、校内实训、美味教室创业基地实习、创业园创新模拟等形式，充分开发学习资源。教学效果评价采取过程评价与结果评价相结合的方式，通过理论讲授、实践操作和美味教室的见习周实习以及美食节的策划和创业园创新模拟等过程，评价学生的职业能力。

本课程的总学时为 80 学时，建议学分为 8 分，执笔人为刘鑫鑫。

二、课程目标

"中高级西点制作"的课程目标是用"以学生发展为本"的理念，通过任务引领型的项目活动课程教学培养西餐工艺专业的学生成为现代酒店或生产领域的高端技能应用型人才，使学生掌握西点制作的工艺原理，具有西点制作的操作新技能，具有专业岗位群需要奠定技术和技能基础，能适应行业用人单位的更高层次的需要。

（一）知识目标

1. 熟悉西点制作的工艺流程；

2. 熟悉西饼房的工作流程；

3. 了解西点创业的基本知识；

4. 掌握西点各种原料和考证品种的制作工艺。

（二）能力目标

1. 能制作各类西点制品，达到中高级西式面点师的要求；

2. 能开具产品料单并进行营养分析；

3. 具有较好的学习能力和一定的创新能力；

4. 有较好的沟通和交流能力；

5. 具有一定的团队管理的能力和行业应变能力。

（三）素质目标

培养学生良好的思想道德素质，健康的身心素质，过硬的职业素质和人文素质，乐于奉献的服务精神，勇于创业和创新的精神。

三、课程内容和要求

为使学生掌握"中高级西点制作"的知识与技能，课程通过模块教学单元，采用任务教学法进行教学。

序号	工作任务/项目	课程内容和要求		建议学时
		理论	实践	80
1	理论	原料知识及面包、蛋糕、清酥、裱花、泡芙、果乳冻品的工艺		8
2	混酥类		塔、派、饼干的制作	8
3	清酥类		清酥的制作	8
4	冷冻品类		冷冻品的制作	8
5	面包类		面包品种制作	8
6	面包类		面包品种制作	8
7	泡芙类		泡芙品种制作及装饰	8
8	蛋糕及装饰类		蛋糕制作及裱花装饰	8
9	蛋糕及装饰类		蛋糕制作及裱花装饰	8
10	巧克力类		巧克力调温和模塑	8

备注：考核、复习等学时约 8 学时

四、考核评价

在考核方式上，采用形成性与终结性评价相结合的大型考试、课外作业、现场面试、技能测试、阶段测试、宴会设计、毕业展台等多种考核方式。增加过程性成绩比重，增加考勤、作业、实训、平时表现等在成绩中的比重，合理确定过程性成绩在总成绩的比重，由原先的不超过 40% 提高为不低于 50%。改革考核评价制度，支持学生以参加校内外技能等级考证、比赛取得的成果，以参加校内外优质网络课程、网络学习资源取得的结业证书，以参加创新创业、社会实践等活动以及发表论文、获得专利授权等与专业学习、学业要求相关的经历、成果，申请"中高级西点制作"的免修（免考），折算为学分，计入学业成绩。

五、课程资源及使用要求

（一）师资条件要求

"中高级西点制作"师资：本核心课程主讲教师团队有应小青副教授和刘鑫鑫老师（高级技师）、既有较强的实践教学经验，又有丰富的理论知识，都是双师型教师。还具有长期在企业工作或挂职锻炼的经历，同时有在国外或港澳学习、考察、工作、培训的经历。课程组同时聘请行业精英陈铭洁大师和周明亮大师。陈铭洁老师是杭州奥体中心西点行政总厨，在 2017 年带领团队接待过 G20 国峰会国际领导人；周明亮老师是杭州流行餐饮雷迪森西点部门厨师长。同时还聘请多名行业名师作为兼职教师。主讲教师都具有行业职业资格，外聘教师具有丰富的实践经验和行业管理能力。

（二）实训教学条件要求

教学场所具有多媒体教学场所。也可利用企业的实际场景作为第二课堂。学校建有西点专用实验室，为西点实验教学提供了良好条件；多媒体操作演示室的教学手段、现场摄像投影、先进的烘焙设备器具，为学生清晰仔细观看示范操作创造了极其良好的条件。本课程实验实训开出率达 100%。教学实验条件的改善对提高教学质量，强化教学效果起到重要作用。

教学场所以外的基地：学院创业基地——美食体验中心、大学生创业园、美食活动周、专业饼房、酒店西点部门、网上和实体店开设创业平台，甚至社会培训机构等都对实训和创业创新提供了良好的基地。

（三）教材选用

"中高级西点制作"这门课程使用应小青主编的浙江工商大学出版社"西点工艺"教材。该教材理论基础和技能模块基本涵盖了西点制作技术的要求，并结合西点考证要求，同时将实践和创新较好地结合。工艺内容涵盖面广，涵盖了国家技能考核的内容。该教材是目前较为全面的理论与实践结合的西点教材。同时还利用其他诸如专业教学资源库、教学课件、网络学习资源、教学软件、实训指导手册等教学资源。

六、课程实施建议及其他说明

（一）课程实施方案及教学计划

序号	教学计划	教学内容和要求		建议学时
		相及知识	技能要求	
1	理论	西点原料 面包、蛋糕、清酥、裱花、泡芙、果乳冻品的工艺	1.指导学生掌握和了解更多的西点原料知识 2.帮助学生提高学习西点的兴趣和信心 3.指导学生将所学的创新知识灵活运用于实践中	8

续表

序号	教学计划	教学内容和要求		建议学时
		相及知识	技能要求	
2	面包类	1.熟悉和掌握各种软包和硬包的制作 2.能分析制作中出现的问题，提出解决问题的方法 3.面包生坯的成形手法和发酵注意事项	1.能制作不同形状的面包生坯 2.能用饧发设备发酵硬质、脆皮面包生坯 3.能用烤条成熟硬质和脆皮面包	16
3	蛋糕类 裱花类	1.熟悉和掌握各种蛋糕的工艺方法 2.能分析制作中出现的问题，提出解决问题的方法 3.卷筒蛋糕的卷制手法 4.奶油打发、抹面、装饰方法和注意事项	1.能用分蛋法搅拌戚风蛋糕面糊 2.能用模具成型戚风蛋糕生坯 3.能用蛋糕坯卷制卷筒蛋糕 4.能用动植物奶油夹层、抹面、裱挤花纹和图案	16
4	泡芙类	1.熟悉和掌握泡芙的制作方法、工艺及要求、注意事项 2.能分析制作中出现的问题，提出解决问题的方法 3.泡芙装饰的工艺方法和注意事项	1.能按泡芙配方配料并烫制泡芙面糊 2.能挤制和裱制泡芙面糊 3.能用烤箱和炸锅成熟泡芙面糊 4.能用奶油和果酱对泡芙夹馅 5.能用巧克力、糖粉对泡芙表面装饰	8
5	清酥类	清酥类点心制作工艺及成熟的注意事项	1.能设置清酥类点心烘焙温度 2.能运用烤箱成熟清酥类点心	8
6	混酥类	1.混酥类点心的工艺方法 2.混酥类点心的成熟注意事项	1.能制作塔、派、饼干类生坯 2.能用烤箱成熟塔、派、饼干类生坯	8
7	冷冻品类	1.冷冻品调制的工艺方法和注意事项 2.冷冻成型的注意事项	能用不同模具制作冷冻品以及冷冻品冰箱的保管	8
8	巧克力类	1.巧克力基本知识 2.双煮法的调制原理 3.微波炉调制巧克力的注意事项 4.巧克力夹馅、调味的工艺方法 5.巧克力模具的使用知识	1.能用双煮法和微波炉调制巧克力 2.能对巧克力进行夹馅、调味 3.能用模具成型巧克力	8

（二）教学建议

1. 双师授课，理实合一

理论和实践有机的统一，交替进行，理论部分以够用为准，并结合实践操作进行讲解。

（1）理论讲解：通过多媒体、图片、实物、仿真场景、真实场景等辅助完成。

（2）教师操作演示教学：学生通过观看了解产品制作方法、步骤、注意事项。

（3）学生实训练习：学生4人为一小组进行实际操作，任课教师现场指导。根据教学品种复杂程度和耗时长短，可安排教师全程演示后学生实训，或教师演示和学生实训分步骤交叉进行，或学生独立实训等方式。

2. 产教结合

学生在完成一定阶段的学习后，结合一些较为简单的产品进行实际生产，以强化职业技能，提升职业素养，磨炼心理素质，以提高进入工作岗位的快速适应能力。

西餐工艺专业"创新西点制作"课程标准

一、课程性质

"创新西点制作"是西餐工艺专业（西点方向）必修的核心主干课程，既强调对西点基本理论知识和技能的掌握，更强调西点制作品种的创新。通过本课程的学习，将西点工艺的基本知识技能和创新产品融为一体，要求学生在掌握蛋糕、面包、清酥、混酥、泡芙等大类产品制作方法的基础上，能够创新出更高层次的西点品种。如面包制作中，在花式软包、硬包、条理面包、丹麦、牛角等品种的基础上进行创新。如蛋糕在原有奶油装饰的基础上进行巧克力的装饰，糖艺装饰，翻糖装饰，还有盛行的韩式裱花装饰等。甚至在原有甜品的基础上，升华到法式西点，并在此基础上进行更高层次的创新。更培养学生的组织、管理和创业创新能力。它以"西点工艺"（一双语）课程的学习为基础，为职业技能等级考证中级西式面点证书和毕业设计展做铺垫。

本课程是依据"西餐工艺专业工作任务与职业能力分析表"中的西点工艺工作项目设置的。其总体设计思路是：打破以知识传授为主要特征的传统学科课程模式，转变为以工作任务为中心组织课程内容，并让学生在完成各项具体项目的过程中学会完成相应工作任务，从而掌握相关理论知识，提高职业能力。

本课程是基础知识与创新密切结合的课程，在课程实施过程中，在系统传授学生基础知识，掌握基本技能的基础上，重点培养和提高学生的动手操作能力、从业习惯、从业要求与规范，锻炼、养成学生对环境、对事物的观察能力、思维能力、适应能力、应变能力和创新能力。培养学生成为现代生产领域的高端技能应用型人才，具有专业岗位群需要奠定的技术和技能基础，能适应行业用人单位的需要。同时融合了中、高级西式面点师职业资格证书对知识、技能和态度的要求。

"创新西点制作"在课程教学过程中，通过校企合作基地和校内实训基地，采取工学结合、校内实训、美味教室创业基地实习、创业园创新模拟等形式，充分开发学习资源。教学效果评价采取过程评价与结果评价相结合的方式，通过理论讲授、实践操作和美味教室的见习周实习以及美食节的策划和创业园创新模拟等过程，评价学生的职业能力。

本课程的总学时为 40 学时，建议学分为 4 分，执笔人为刘鑫鑫。

二、课程目标

"创新西点制作"的课程目标是用"以学生发展为本"的理念，通过任务引领型的项目活动课程教学培养西餐工艺专业的学生成为现代酒店或生产领域的高端技能应用型人才，使学生掌握西点制作的工艺原理，具有西点制作的操作新技能，具有专业岗位群需要奠定的技术和技能基础，能适应行业用人单位的更高层次的需要。

（一）知识目标

- 熟悉西点制作的基本流程及创新；
- 熟悉西饼房的工作流程并创新；
- 掌握西点创业的基本知识；
- 掌握各种原料和制作工艺的基础知识。

（二）能力目标

- 能制作各类西点制品，达到中、高级西式面点师的要求；
- 能开具产品料单并进行营养分析；
- 具有较好的学习能力和一定的创新能力；
- 有较好的沟通和交流能力；
- 具有一定的团队管理能力和行业应变能力。

（三）素质目标

良好的思想道德素质，健康的身心素质，过硬的职业素质和人文素质，乐于奉献的服务精神，勇于创业和创新的精神。

三、课程内容和要求

为使学生掌握"创新西点制作"的知识与技能，课程通过模块教学单元，采用任务教学法进行教学。

序号	工作任务/项目	课程内容和要求		建议学时
		理论	实践	40
1	理论	西点原料知识，面包类、蛋糕类、泡芙类、蛋糕装饰类、巧克力类、慕斯和甜品类的制作工艺和创新知识		4
2	面包类		面包创新品种制作	4
3	蛋糕类		蛋糕创新品种制作	4
4	泡芙类		泡芙创新品种制作	4
5	蛋糕装饰类		韩式裱花装饰	4
6	蛋糕装饰类		韩式裱花装饰	4
7	巧克力类		巧克力类装饰	4
8	慕斯类		慕斯创新品种制作	4
9	甜品类		法式甜点	4
10	冷冻品类		冷冻品的创新制作	4

备注：考核、复习等学时约 8 学时

四、考核评价

在考核方式上，采用形成性与终结性评价相结合的大型考试、课外作业、现场面试、技能测试、阶段测试、宴会设计、毕业展台等多种考核方式。增加过程性成绩比重，增加考勤、作业、实训、平时表现等在成绩中的比重，合理确定过程性成绩在总成绩的比重，由原先的不超过 40% 提高为不低于 50%。改革考核评价制度，支持学生以参加校内外技能等级考证、比赛取得的成果，以参加校内外优质网络课程、网络学习资源取得的结业证书，以参加创新创业、社会实践等活动以及发表论文、获得专利授权等与专业学习、学业要求相关的经历、成果，申请"创新西点制作"的免修（免考），折算为学分，计入学业成绩。

五、课程资源及使用要求

（一）师资条件要求

"创新西点制作"师资：本核心课程主讲教师团队有应小青副教授和刘鑫鑫老师（高级技师）、既有较强的实践教学经验，又有丰富的理论知识，都是双师型教师。还具有长期在企业工作或挂职锻炼的经历，同时有在国外或港澳学习、考察、工作、培训的经历。课程组同时聘请行业精英陈铭洁大师和周明亮大师。陈铭洁老师是杭州奥体中心西点行政总厨，在2017年带领团队接待过G20国峰会领导人；周明亮老师是杭州流行餐饮雷迪森西点部门厨师长。同时还聘请多名行业名师作为兼职教师。主讲教师都具有行业职业资格，外聘教师具有丰富的实践经验和行业管理能力。

（二）实训教学条件要求

教学场所：具有多媒体教学场所。也可利用企业的实际场景作为第二课堂。学校建有西点专用实验室，为西点实验教学提供了良好条件；多媒体操作演示室的教学手段、现场摄像投影、先进的烘焙设备器具，为学生清晰仔细观看示范操作创造了极其良好的条件。本课程实验实训开出率达100%。教学实验条件的改善对提高教学质量、强化教学效果起到重要作用。

教学场所以外的基地：学院创业基地——美食体验中心、大学生创业园、美食活动周、专业饼房、酒店西点部门、网上和实体店开设创业平台，甚至社会培训机构等都对实训和创业创新提供了良好的基地。

（三）教材选用

"创新西点制作"这门课程计划使用自编校本教材。该本教材理论基础和技能模块基本涵盖了西点制作技术的要求，并结合西点考证要求，同时将实践和创新较好地结合。工艺内容涵盖面广，涵盖了国家技能考核的内容，并将目前流行的西点产品和新工艺、新型原料及时创新。该教材是目前较为全面的理论与实践结合的西点教材。实训课教材以校编教材"创新西点制作"为主要实施教材。同时还利用其他诸如专业教学资源库、教学课件、网络学习资源、教学软件、实训指导手册等教学资源。

六、课程实施建议及其他说明

（一）课程实施方案及教学计划

序号	教学计划	教学内容和要求		建议学时
		相及知识	技能要求	
1	理论	西点原料知识，面包类、蛋糕类、泡芙类、蛋糕装饰类、巧克力类、慕斯和甜品类的制作工艺创新、造型创新以及口味创新等	1.指导学生掌握和了解更多的西点原料知识 2.帮助学生提高学习西点的兴趣和信心 3.指导学生将所学的创新知识灵活运用于实践中	4

续表

序号	教学计划	教学内容和要求		建议学时
		相及知识	技能要求	
2	面包类	1.熟悉和掌握硬包、软包和丹麦、牛角、羊角等不同的制作 2.并能分析制作中出现的问题，提出解决问题的方法	面包创新品种的制作如羊角面包不同面团的醒发、丹麦面包生坯和成品装饰的不同造型等	4
3	蛋糕类	1.熟悉和掌握各种蛋糕的不同制作方法 2.并能分析制作中出现的问题，提出解决问题的方法	蛋糕创新品种制作如蛋糕不同抹面、夹层、奶油裱花构思和布局等	4
4	泡芙类	1.熟悉和掌握泡芙的制作方法 2.并能分析制作中出现的问题，提出解决问题的方法	泡芙创新品种制作如泡芙馅心的创新，泡芙造型和工艺的创新等	4
5	蛋糕装饰类	不同工艺和配方的韩式奶油的调制	不同花卉的裱制和组装	4
6	蛋糕装饰类	不同工艺和配方的韩式奶油的调制	不同时尚流行元素的裱制和组装	4
7	巧克力类	1.巧克力进行夹馅、调味的工艺方法 2.巧克力模具的使用和创新 3.巧克力配件的制作方法	1.能对巧克力类进行调味和各种成型 2.巧克力的淋面和装饰 3.巧克力配件的组合	4
8	慕斯类	1.慕斯糊制作的工艺和创新 2.色彩搭配的基本知识	1.慕斯配方配料及调制慕斯糊 2.能用巧克力和水果等进行装饰	4
9	甜品类	1.色泽与图案的综合运用知识 2.器皿的选择与配置	能用少司、巧克力、水果、果汁等对成品及器皿进行表面装饰	4
10	冷冻品类	1.冷冻品调制的工艺方法和注意事项 2.冷冻成型的注意事项	能用不同模具制作冷冻品以及冷冻品冰箱的保管	4

（二）教学建议

1. 双师授课，理实合一

理论和实践有机的统一，交替进行，理论部分以够用为准，并结合实践操作进行讲解。

（1）理论讲解：通过多媒体、图片、实物、仿真场景、真实场景等辅助完成。

（2）教师操作演示教学：学生通过观看教学演示、图片、微课和视频等了解产品制作方法、步骤、注意事项。

（3）学生实训练习：学生4人为一小组进行实际操作，任课教师现场指导。根据教学品种复杂程度和耗时长短，可安排教师全程演示后学生实训，或教师演示和学生实训分步骤交叉进行，或学生独立实训等方式。

2. 产教结合

学生在完成一定阶段的学习后，结合一些较为简单的产品进行实际生产，以强化职业技能，提升职业素养和创新能力，磨炼心理素质，以提高进入工作岗位的快速适应能力。

会展策划与管理专业课程标准

一、培养目标

本专业旨在培养学生拥有良好的职业道德和敬业精神，具备较全面的会展服务、会展管理的专业理论知识和专业技能，能胜任会议组织和管理，展览策划和管理，节事等相关活动的策划组织以及会展旅游的组织和服务等工作的高技能应用型人才。

二、主干课程

展览策划与管理、会议组织与管理、节事与活动策划、会展设计、参展商实务、会展信息管理、会展英语、会展物流（双语）。

三、职业定位

会展行业中的活动执行、项目管理、市场营销、客户服务、媒体管理等工作。

会展策划与管理专业"计算机平面设计"课程标准

一、课程性质

该课程是浙江旅游职业学院"会展策划与管理"专业的公共基础课,目标是让学生掌握 Photoshop、CorelDraw 两个计算机平面设计软件,达到初级平面设计师的职业要求。它以计算机课程为基础,也是进一步学习会展设计课程的基础。

该课程是依据"会展策划与管理专业工作任务与职业能力分析表"中的会展设计工作项目设置的。其总体设计思路是以"满足岗位需要""拓展职业生涯"为导向;以"职业能力"为基础,重视职业素质、专业素质培养;以"工作过程"为主线;以"工作实践"为起点。打破以知识传授为主要特征的传统学科课程模式,转变为以工作任务为中心组织课程内容,并让学生在完成具体项目的过程中学会完成相应工作任务,并构建相关理论知识,发展职业能力。课程内容突出对学生职业能力的训练,理论知识的选取紧紧围绕工作任务完成的需要来进行,同时又充分考虑了高等职业教育对理论知识学习的需要,并融合了相关职业资格证书对知识、技能和态度的要求。该课程以电脑作为工具,利用不同的计算机设备和软件辅助来完成工作。与传统的平面设计方式相比,计算机平面设计的操作更加方便快捷,修改也变得更加容易;更重要的是,利用计算机强大的图文生成、编辑处理功能,设计者可以更加容易地将创意、设计和制作融为一体。

该课程总学时为 80 学时,建议学分为 5 分,执笔人为邬燕。

二、课程目标

(一)知识目标

掌握计算机平面设计所必需的理论知识,其中 Photoshop 部分主要内容包括:软件操作基础、选区、图像绘制与修饰、图像色调和色彩调整、通道与蒙板、文字与滤镜等。CorelDraw 部分主要内容包括:软件操作基础、图形的绘制与编辑、轮廓线的编辑与填色、对象管理、文本的编辑、图形的特殊效果、位图滤镜等。

(二)能力目标

了解设计软件方面的发展状况以及最新运用动态;具备创新思维的理论知识并能结合专业学习熟练运用相关软件;掌握设计所必需的原理、方法;培养正确的设计理念、设计方法;在引导学生学习各类设计风格的同时促进学生设计个性的发展,同时具备独立进行原创设计和表达的能力。

(三)素质目标

培养学生能够清晰准确地阐述自己的设计思路;组织设计,独立完成作品;严谨求实、吃苦耐劳、爱岗敬业；勇于创新、善于团队合作等职业精神。

三、课程内容和要求

序号	工作任务/项目	课程内容和要求		建议学时
		理论	实践	
1	Photoshop	●软件操作基础	●选区 ●图像绘制与修饰 ●图像色调和色彩调整 ●通道与蒙板 ●文字与滤镜	40
2	CorelDraw	●软件操作基础	●图形的绘制与编辑 ●轮廓线的编辑与填色 ●对象管理 ●文本的编辑 ●图形的特殊效果 ●位图滤镜	40

备注：典型工作任务、项目、模块、学习情境、工作过程等。

四、考核评价

在考核方式上，采用形成性与终结性评价相结合的上机考试、大型作业、工作过程等多种考核方式。增加过程性成绩比重，增加考勤、作业、实训、平时表现等在成绩中的比重，合理确定过程性成绩在总成绩的比重，由原先的不超过40%提高为不低于50%。改革考核评价制度，支持学生以参加校内外各类考证、比赛取得的成果，以参加校内外优质网络课程、网络学习资源取得的结业证书，以参加创新创业、社会实践等活动与专业学习、学业要求相关的经历、成果，申请校内相关课程的免修（免考），折算为学分，计入学业成绩。

本课程为考试课，总分100分，其中操作练习考核80分，平时考核20分。操作练习考核主要设计8~10个综合练习项目，从效率、质量、结果、技能、创新等几个部分考核。平时考核主要从课堂到课率、课堂纪律、项目完成率等方面考核，注重评价的多元性。

五、课程资源及使用要求

（一）师资条件要求

本课程组现有专兼职3名教师。课程组的各位教师思想活跃、勇于改革、大胆创新，专业基础理论比较扎实，综合业务能力强，知识结构、年龄结构比较合理，教学能力强，行业企业经验丰富，专业包括平面设计、计算机辅助设计等背景，实践指导能力强，在课程组中根据自身的特点和特长分工合理。

（二）实训教学条件要求

实训项目1　标志设计（5学时）
●实训目标

掌握标志设计的技能、方法和相关知识。

● 工作任务

在 CorelDraw 软件中制作标志和标准字，在 Photoshop 软件中制作标志图形的立体效果。

● 项目设计

某展会、某会议、某节事品牌标志。

● 实训资源

绘图工具、文字工具、形状工具、图层工具等。

● 课后练习与任务

会员卡设计。

实训项目 2 卡 片 设 计（5 学时）

● 实训目标

掌握卡片设计的技能、方法和相关知识。

● 工作任务

在 CorelDraw 软件中制作祝福语和装饰图形，在 Photoshop 软件中制作正面和背面底面。

● 项目设计

某展会、某会议、某节事邀请函。

● 实训资源

绘图工具、文字工具、形状工具、图层工具等。

● 课后练习与任务

生日卡片设计。

实训项目 3 书籍封面设计（5 学时）

● 实训目标

掌握书籍设计的技能、方法和相关知识。

● 工作任务

在 CorelDraw 软件中制作相关内容和出版信息，在 Photoshop 软件中制作封面和封底。

● 项目设计

某展会、某会议、某节事会刊封面设计。

● 实训资源

绘图工具、文字工具、形状工具、图层工具等。

● 课后练习与任务

杂志封面设计。

实训项目 4 光盘封面设计（5 学时）

● 实训目标

掌握光盘相关设计的技能、方法和相关知识。

● 工作任务

在 CorelDraw 软件中制作文字和出版信息，在 Photoshop 软件中制作封面。

● 项目设计

某展会、某会议、某节事宣传光盘。

● 实训资源

绘图工具、文字工具、形状工具、图层工具等。

● 课后练习与任务

音乐 CD 光盘设计。

实训项目 5　宣传单设计（5 学时）

● 实训目标

掌握宣传单设计的技能、方法和相关知识。

● 工作任务

在 CorelDraw 软件中制作产品和相关信息，在 Photoshop 软件中制作宣传单的底图。

● 项目设计

某展会、某会议、某节事宣传单。

● 实训资源

绘图工具、文字工具、形状工具、图层工具等。

● 课后练习与任务

DM 广告设计。

实训项目 6　易拉宝设计（5 学时）

● 实训目标

掌握易拉宝设计的技能、方法和相关知识。

● 工作任务

在 CorelDraw 软件中制作文字和装饰图形，在 Photoshop 软件中制作背景图和处理素材图片。

● 项目设计

某展会、某会议、某节事易拉宝设计。

● 实训资源

绘图工具、文字工具、形状工具、图层工具等。

● 课后练习与任务

背景板设计。

实训项目 7　海报设计（5 学时）

● 实训目标

掌握海报设计的技能、方法和相关知识。

● 工作任务

在 CorelDraw 软件中制作标题及相关信息，在 Photoshop 软件中制作背景图。

● 项目设计

某展会、某会议、某节事海报设计。

● 实训资源

绘图工具、文字工具、形状工具、图层工具等。

● 课后练习与任务

样本单页设计。

实训项目8　手提袋设计（5学时）

● 实训目标

掌握手提袋设计的技能、方法和相关知识。

● 工作任务

在 CorelDraw 软件中制作文字和相关信息，在 Photoshop 软件中制作底图。

● 项目设计

某展会、某会议、某节事手提袋设计。

● 实训资源

绘图工具、文字工具、形状工具、图层工具等。

● 课后练习与任务

包装盒设计。

（三）教材选用

本门课程教材以计算机平面设计教材和自编讲义为主。教材依据本课程标准进行选用与编写。充分体现计算机平面设计教学资源的相关内容，体现课程设计思想，以课程为载体实施教学，教材的形式涵盖纸质和多媒体设计演示材料等，教学资源丰富。项目内容选取科学，符合该门课程的工作逻辑，能形成系列，让学生在完成计算机平面设计项目的过程中逐步提高职业能力。

六、课程实施建议及其他说明

计算机平面设计是一门以电脑为工具的课程，是一门技能性课程。所以在讲授过程中，教学的侧重点以实操为主，注重示范操作、反复练习。理论知识内容讲授不追求完整性，以够用为度。学生能力的构建应以自我学习、总结、归纳来获得。因此，在课堂的教学中，应努力鼓励学生通过讨论获得课程的基本知识和操作的经验。课程教学采用了理论实践一体化的讲授方式，强调设计过程中的职业素质养成。在相关的专题训练过程中，应注意教学情景的设计，应真实、直观，并注意训练的过程中在细节上督促和规范学生的操作，在整个训练的过程中强调过程考核。

反复的任务训练可以使学生无论在设计定位、设计创意、设计能力、团队精神、交际口语表达、综合素质等方面都有很大的提高。培养学生的个性发展，激发学生的创意思维能力和创新精神，使学生能在自主学习的环境中收获职业工作经验和实际设计成果，拥有对未来的自信心和进取心。同时，培养学生创新思维、专业理念、专业技术创造能力和运用能力。同时，把握平面设计的各种创意与方法和表现手法。提高学生职业岗位适应能力。把握正确的设计方法，建立设计的创新思维理念，扩展学生的职业选择面，为将来的职业生涯奠定好基础。

会展策划与管理专业 "会展业政策与法规" 课程标准

一、课程性质

本课程为会展策划与管理专业选修课，教学内容为会展业的法律规范解读，适合高职院校会展专业毕业班学生学习。该课程系统介绍与会展业务相关的我国现行政策与法律法规体系，教学任务是在会展专业课程系统学习的基础上，培养会展专业学生比较全面的法律知识和法制意识，帮助学生走上工作岗位后能更快更好地适应本职工作。

本课程是培养会展策划人了解掌握在国家法律法规框架下运作会展活动项目的重要政策界限。其总体设计思路是：根据会展业发展趋势和要求，着重培养学生把会展专业知识和会展实务自觉运用在会展审批管理能力、创新发展能力，以培养学生较强的法制意识，做到会展活动项目策划有法可依，走向社会就可以灵活运用会展法规。

该门课程的总学时为 32 学时，建议学分为 2 分，执笔人为陈唐。

二、课程目标

（一）知识目标

学生应基本熟悉和了解中华人民共和国主要法律法规体系，重点是要了解会展项目审批与管理法律制度、公司法律制度、合同法律制度、会展市场法律制度、广告法律制度、文物保护法律制度、出入境管理法律制度、海关商检法律制度、经济纠纷解决的法律制度等。

（二）能力目标

学生不仅要掌握未来从业所必需的理论知识，还要具有善于将所学知识运用于会展企业经营活动中的能力，为实习和毕业后从事会展项目审批和会展企业经营管理工作打下良好基础。

（三）素质目标

学生应具备良好的社会认知能力，牢固树立法制意识，做到知法、懂法、守法，诚实信用，照章纳税；在会展活动项目管理中能够自觉运用法律武器，维护企业合法权益；通过学习会展法律法规，少走弯路，提高办会效率，更好地开展会展项目审批、管理。尤其遇到会展突发事件能够运用法律武器进行应急而有效的处理。

三、课程内容和要求

根据教学计划和教学大纲要求，联系会展行业的实际和法律法规的现状，根据会展行业发展实际需要和行业专家的建议，从会展业法规工作任务要求出发，结合学生认知和学习的一般规律选取教学内容。

序号	工作工作任务/项目	课程内容和要求		建议学时
		理论	实践	
1	会展法规法律体系	会展法规法律体系理论讲解	案例分析	2
2	民法法律制度	民法法律制度理论讲解	案例分析	4
3	会展项目审批与管理	会展项目审批与管理理论讲解	案例分析	3
4	公司法律制度	公司法律制度理论讲解	案例分析	3
5	合同法律制度	合同法律制度理论讲解	案例分析	4
6	会展市场法律制度	会展市场法律制度理论讲解	案例分析	2
7	会展知识产权与广告法律制度	会展知识产权与广告法律制度理论讲解	案例分析	2
8	文物保护法律制度	文物保护法律制度理论讲解	案例分析	2
9	出入境管理法律制度	出入境管理法律制度理论讲解	案例分析	2
10	海关商检法律制度	海关商检法律制度理论讲解	案例分析	2
11	经济纠纷解决的法律制度	经济纠纷解决的法律制度理论讲解	案例分析	3

课程教学从学生的认知水平出发，联系会展专业学生企业实习的实际，结合公司法、合同法、税法、反不正当竞争法、广告法、知识产权保护法、经济纠纷等大量案例，进行针对性、应用性教学。

在课程教学中淡化理论色彩，强调基本概念、基本理论，突出应用技能的培养。从培养会展应用人才的目标考虑，教学内容以"必需、够用"为度。教学内容删去了难度较大的部分法律基础知识部分，大量增加了会展案例方面的内容。根据培养会展应用人才的需要，将法律知识细化会展实务要点，精选内容，够用为度，合理整合，整体优化。

在优化和整合教学内容和体系的基础上，充分运用现代教学技术，精简理论学时，在教学内容组织上力求简明直观、深入浅出、富有启发性，兼顾对学生归纳判断及综合应用等多方面能力的培养。

理论联系实际，课内课外相结合，教学内容注重了实践性案例教学环节的设计，集知识传授、能力培养、素质教育于一体培养学生的创新意识和创新能力，拓宽了学生知识视野、增添了一些趣味性和综合应用性题目，培养学生综合能力。

四、考核评价

以提高能力为本位，通过案例分析、期中测验、期末考试、平时作业等，主要考核和评价学生练习行业实际解决问题的能力，实现动态化、多元化评价体系，变学生被动应考为主动参与考核。根据练习题册、案例分析题册、期末考试复习提纲等，期末考试主要采用名词解释、单项选择、多项选择、是非判断题、简答题、案例分析题等多种题型的综合考核方式，方便学生应考。

本课程为考试课（闭卷），采用百分制记分制，其中，期末成绩占40%、期中成绩20%，案例分析（实验）占20%、平时成绩（作业）占20%。

五、课程资源及使用要求

（一）师资条件要求

该课程的教师共5人组成教学团队。包括2名副教授，2名讲师及1名助教。另外也聘请了3名来自行业内具有丰富经验的、具有一定级别的人士作为兼职教师。教学团队成员近年来均公开发表多篇论文。课堂教学效果良好，受到学生好评。可以说"会展业政策与法规"课程的教学队伍是一支学历较高、人员稳定、教学水平高、教学效果好的教师团队。

（二）实训教学条件要求

本课程校内实训基地为会展工作实验室，主要配套会展计算机软件和各类展台搭建设备及教学仪器与多媒体，完全能满足教学校内实训要求。课堂教学条件：具有多媒体功能的教室，包括投影仪、音响设备等。

校外实训基地：依托校企合作"六个一"平台，与杭州中博、中汽、西博办等单位建立了校企合作关系，每一届的西博会车展、房展、动漫节等成为我们校外实践的课堂。目前正向工学结合方面全面铺开，加强社会资源对专业和本课程的指导和建设。

（三）教材选用

教材建设是课程体系建设中的重要环节，是课程体系建设中的一项重要内容。教材的选用直接或间接地决定了人才培养的方向、目标和质量，并对教学效果和人才培养的质量起到非常巨大的作用。因此，结合学生的实际水平以及高职教育的实用性原则，选用教材：

于恬，李剑泉.会展政策与法规［M］.大连：东北财经大学出版社，2009.

该教材会展法律法规条理清楚，重点突出，深入浅出，比较适合高职院校的会展专业学生使用。同时选用参考书如下：

［1］杨朝晖.会展政策与法规［M］.重庆：重庆大学出版社，2006.

［2］韩力军.旅游政策与法规［M］.武汉：华中科技大学出版社，2008.

［3］田勇.旅游政策与法规［M］.上海：上海格致出版社，2010.

六、课程实施建议及其他说明

课程教学利用教室多媒体设备，结合传统板书，进行图像、文档、案例、作业等多种题材的演示。在具体教学过程中，充分利用学院配备的多媒体教室硬件设备，进行多媒体教学，追求良好的教学效果。

教学过程中，不断丰富和深化案例教学。选编案例时，要求所选案例要具有真实性、时效性，能够准确反映现阶段会展法律现象，努力提高这些案例的针对性，有利于激发学生学习的兴趣和热情，帮助学生澄清法律上的是非界限，解决思想认识上的疑难迷惑。同时推行开放性教学，便于学生对问题的性质进行深入分析和探究，培养学生的发散型思维，锻炼学生的分析问题和解决问题的能力。

附：教学情境设计

6.1 案例分析

本课程教学情境主要结合会展案例教学。为提高本课程教学的针对性和实效性，根据相关教学内容结合案例教学进行。案例教学的重点放在会展项目审批、公司法律制度、合同法律制度、知识产权保护法律制度、经济纠纷解决的法律制度等，联系我国会展业发展的实际，进行启发式教育、场景式教育。通过案例教学，教师从一个解惑者、演讲者、讲授者的角色转化为一个组织者、参与者、协调者的角色、充分反映出学生自主学习、研究性学习特色。

6.2 确定法律关系

对案例分析首先应当明确题干中涉及的法律关系。在具体答题时，为了节省时间，避免出错，可以在稿纸上画出一个法律关系结构图，将题干中涉及的当事人之间的法律关系都画在结构图上。无论这些法律关系在问题中是否体现，最好都在法律关系结构图中一一标出。这样答题时，内容一目了然，既可以节省时间，又可以避免忙中出错。

6.2.1 确定法律关系当事人

会展案例多数属于民事案件，其特点是当事人多，因此分析案件的第一步就是确定当事人，将其中没有意义的当事人剔除，从而简化分析内容。在确定当事人以后，应当分析当事人的状况，确定这些当事人在法律关系中的地位。

6.2.2 确定法律关系的事实

各个当事人之间的法律关系，往往是基于一定的法律事实（民事法律关系变动的原因），这个法律事实既可以是一个自然事实，也可以是当事人之间的行为。其中当事人之间的行为又可以有事实行为与民事法律行为之分。

6.2.3 确定法律关系的性质

在确定客观事实及当事人的行为性质以后，法律关系的性质也就明确了。但要注意两个当事人之间可能产生多个法律关系。其中既可能是多个行为导致的不同的法律关系，也可能是一个行为导致的多个法律关系。在一个行为导致的多个法律关系中，要注意分清两个以上法律关系之间的联系是责任聚合还是责任竞合。

6.3 确定法律后果

对于涉案法律关系的法律后果，主要是根据案例中提供的事实，确定其具体的法律后果，因为同一类型的法律关系，根据案例事实的不同，可以产生不同的法律后果。如：不当得利产生的返还后果，要根据不当得利占有人的主观状态的不同，确定不同的返还责任。效力待定的合同，要根据追认权人是否行使追认权而产生不同的法律后果。而对于这些问题的回答，必然是要根据案件的具体事实确定。

6.4 案例分析要点

6.4.1 案例分析思路清晰

案例分析要围绕案例设置的问题（提问）进行，要看清问题，厘清案例脉络，联系相关法律条文进行，不能指东说西，随意发挥。

6.4.2 案例分析规范要求

案例分析的基本要求：先写结论，后写理由。即先判定结论性意见，例如：对 / 不对，是 / 不是，错 / 不错，能 / 不能……结论不能含糊其辞、模论两可，然后根据结论进行论证（理由）分析，要注意正确结论的重要性。

会展策划与管理专业"会展概论"课程标准

一、课程性质

"会展概论"是会展策划与管理专业的职业基础课，是会展专业学生进入学校后学习的第一门专业基础课程。主要任务是激发会展专业学生的学习兴趣和热情，对会展教育起到启发和引导作用，为会展策划与管理专业必修课程教育打好基础。本课程系统介绍了会展业各细分市场的发展概况，揭示了发达国家会展业的成功经验，介绍我国会展业的市场化发展并讲解会展业的发展趋势。目的是让学生在掌握基本理论和操作方法的同时，深入全面了解一些有关会展业发展或会展活动组织的经典实例，以帮助学生更深入地领会会展业发展和会展企业经营的新理念。

通过本课程的学习，让会展专业新生熟悉会展业发展概况、会展策划基本理论、国内外会展业发展现状、前景，学会本专业课程最基本的学习方法，培养学生的国际化观念，并通过实践活动获得感性认识，为后续的会展专业课打下基础，同时树立对自己未来职业生涯的信心。本课程主要围绕会展专业应用性学科、交叉性学科、边缘性学科和培养应用型人才、服务型人才、学习型人才的特点进行设计，主要内容包括国内外会展业发展、会展场馆建设、会议活动、展览活动、节事活动、奖励旅游、会展场馆管理、会展行业管理、会展经济管理等进行概要性介绍。

该课程总学时为28学时，建议学分为2分，执笔人为叶斐。

二、课程目标

课程目的是培养会展专业学生对中外会展业发展历史、现状与未来发展趋势的基本认知能力，能够客观认识会展业、会展人、会展职业经理人。课程内容对会展职业生涯设计起到教化和示范作用，培养学生对会展专业教育有一个比较客观和正确的定位，提升专业的境界修养，树立职业道德。本课程坚持以就业为导向，注重知识的基础性、实用性、启发性以及对会展专业后续课程的连续性，并通过多使用国际会展案例及引用国际会展相关资料引导学生形成国际化思维。

作为第一门专业课，"会展概论"首要让学生正确认识会展行业和会展从业人员的职业道德，明确我国展览业的基本任务是以经济建设为中心，为社会主义物质文明建设和精神文明建设服务。服务的根本目标是：促进与发展社会主义市场经济，促进商品生产和商品流通，促进社会主义物质文明和精神文明建设。

（一）知识目标

1. 掌握会展的基本概念和会展发展简史；
2. 认识国内外会展业发展现状和趋势；

3. 掌握会议、展览、节事活动、会奖旅游的分类和特点；

4. 了解会展经济的真正含义和作用；

5. 明确会展项目的策划和实施过程，能撰写简单的项目策划书。

（二）能力目标

1. 具备与人合作共事的意识和团队合作精神。

2 具备一定的创新精神；

（三）素质目标

1. 明确我国会展业的法律、法规和相关政策，了解国际会展市场的惯例与规则；

2. 明确会展从业人员所应具备的职业道德和职业操守。

三、课程内容和要求

序号	工作任务/项目	课程内容和要求		建议学时
		理论	实践	
1	会展概述	会展的起源、现状 会展的特点、作用 会展的相关产业	熟悉国内外知名展会 了解会展业与相关产业之间的关系	2
2	会展职业道德	职业道德含义 我国展览业管理体制与机构	了解会展从业人员的职业道德 了解我国展览业的基本法律法规	2
3	会展构成要素	组展商 参展商 观展商 服务商	结合展会实践项目，角色模拟体验展会角色，能进行标准展位搭建和场馆服务	2
4	会议活动	会议的类型 会议的策划 会议的组织 会议的宣传	熟悉会议要素，能进行会议基本方案策划	4
5	展览活动	展览的类型 展览的策划 展览的组织 招商与招展	熟悉展览要素，结合实验展会项目，能开展展览项目招商与招展活动	4
6	节事活动	节事的类型 节事的策划 节事的流程 节事的管理	熟悉节事活动要素，能独立或团队合作开展校园节事活动策划	4
7	奖励旅游	奖励旅游类型 奖励旅游策划 奖励旅游组织	熟悉奖励旅游的含义，结合会展活动项目开展奖励旅游配套活动策划	4
8	会展管理	会展场馆设计 会展场馆管理 会展行业协会机构 国内会展行业管理	熟悉会展场馆智能化设计，了解会展信息化管理，了解会展相关行业机构、组织单位	2
9	会展经济	会展经济 会展审批	了解我国国际展、国内展经济管理体制	2

续表

序号	工作任务/项目	课程内容和要求		建议学时
		理论	实践	
10	会展发展现状与趋势	国内会展发展现状 国外会展发展现状 行业发展趋势	熟悉国内外会展行业发展现状，了解行业未来发展趋势	2
合计				28

四、考核评价

结合教学进度对每个章节课堂布置的思考练习进行检查考核，作为学生平时成绩的依据；组织学生在课堂上对相关案例进行分析讨论、发言交流，作为衡量学生机敏和反应能力的依据；组织学生对部分实训项目进行组织实施，进行实战型训练，作为衡量学生动手能力和职业能力的依据。强调对学生素质目标的评价，将法律法规、政策文件、会展职业道德等课堂所学运用于具体会展案例的分析和改进中，逐步强化学生的职业道德意识。

本课程以过程性考核与终结性考核相结合，突出平时作业、期中测验、实训环节等过程性考核；以理论考核与实践考核相结合，突出实验实训实践项目考核。本课程按照学校考试课程要求进行考核、闭卷考试。

考核方式：平时成绩（课堂表现、个人作业）占 30%、期中成绩占 20%、期末成绩占 50%。

五、课程资源及使用要求

（一）师资条件要求

本核心课程主讲教师叶斐、张捷雷副教授等既有丰富的理论知识，又有较强的实践教学经验，具有长期在企业工作或挂职锻炼的经历，积累了丰富的节庆、赛事活动策划经验，课程组成员全部为双师型教师；所有教师都有在国外或港澳学习、考察、工作、培训的经历。主讲教师具有行业职业资格，外聘教师如西博办金中伟处长、杭州世界休闲博览会有限公司总经理闻文元、杭州神州传媒有限公司董事长金岗副等，都具有西博会、休博会、世界汽车飘移大赛等多个大型节庆和赛事活动策划，实战经验丰富。

（二）实训教学条件要求

学校教学硬软环境良好，课堂多媒体教学，节事与活动策划有实验会展中心、会展实验室、学校操场、体育馆等实验活动场地，方便举办各类校园节庆和赛事实验活动。

（三）教材选用

本课程教材选用：

来逢波 . 会展概论 [M]. 北京：北京大学出版社，2012.

参考教材：

[1] 张红 . 会展概论 [M]. 北京：高等教育出版社，2006.

[2] 苏文才 . 会展概论 [M]. 北京：高等教育出版社，2004.

［3］龚平，赵慰平.会展概论［M］.上海：复旦大学出版社，2005.

［4］杨春兰.会展概论［M］.上海：上海财经大学出版社，2006.

自编教材:《会展概论》。用于会展专业新生课堂教学。课件生动活泼，案例喜闻乐见，强调课堂互动效果。

六、课程实施建议及其他说明

（一）课程资源的开发与利用

通过校企合作开发与利用课程资源，校企合作开发《会展概论》教材和讲义，通过杭州西湖博览会组委会办公室、杭州国际动漫节节展办、杭州世界休闲博览会有限公司、浙江中博展览股份有限公司、浙江联创展览有限公司等收集最新会展项目案例，同时组织学生积极参加西湖博览会、国际动漫节、汽车展等大型展会，按照"学生主体、任务引领、能力本位"，经常性开展堂实验、校园实训、社会实践活动，组织学生参与相关实训实验项目，不断完善多媒体教学、网络教学、实验性教学手段。

（二）教学情境设计

本课程采用模块教学法，主要包括基础知识、专业知识两大模块，各相关模块知识结构如图1所示。

● 教学目标：根据不同教学阶段性目标，明确学习重点，按照会展行业发展实际，了解会展行业发展基本规律性。

● 工作任务：基础知识模块阶段，主要学习和了解会展与会展业发展现状为主。熟练掌握会展构成要素，并能联系实验展会项目，通过角色模拟，体验会展人不同角色，提升会展策划人综合素质。根据我国会展业发展，通过知识运用与行业实际相结合，参与会展经营与管理，尤其是提高会展现场服务与管理技能。专业知识模块主要是了解会议、展览、节事活动、奖励旅游等会展MICE的含义。

● 活动设计：按照"学生主体、任务引领、能力本位"要求，由学生自发组织夏令展、冬令展、校园文化节、会展策划技能大赛等校园展会活动和节事活动，配合相关教学活动展开。必要时组织学生参加西湖国际博览会（车展）、国际动漫节实训。

● 相关知识：课堂教学和课外实践相结合，通过知识学习，自觉运用实践。

● 课后练习与任务：要求完成每章课后练习和相关实验展会活动方案策划并组织实施。

基础知识模块 （12学时）	专业知识模块 （16学时）
•会展概述（2学时） •会展产业（2学时） •会展构成要素（2学时） •会展管理（2学时） •会展经济（2学时） •会展发展现状及趋势（2学时）	•会议活动（4学时） •展览活动（4学时） •节庆活动（4学时） •奖励旅游（4学时）

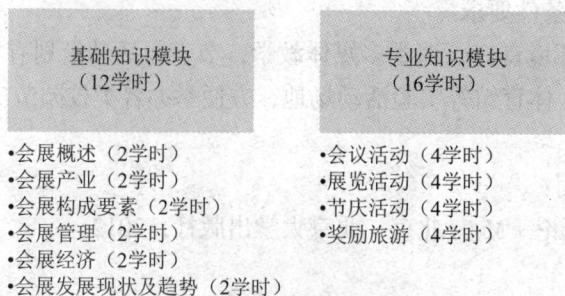

图1 会展概论模块教学

在各个知识模块教学中贯穿项目导线，进行工作任务引导型训练，坚持以项目为导向开展教学情境设计，见表2。

表2 会展概论教学项目设计

项目	工作工作任务/项目	知识点	训练或工作项目	教学重点	教学情境与教学设计	建议学时
展会项目	展会策划与组织/夏令展、冬令展	展会构成要素、展会招商与招展、展会宣传与推广	展会要素分析、项目招商书、招展书编写、展会宣传与推广计划	区分组展商与场馆方；参展商与客商（专业观众）展会招商招展计划；展会营销与推广	展会开幕式管理、展会现场搭建与服务管理、展会宣传推广实施计划	4
活动项目	节事活动策划与组织/校园文化节、会展策划技能大赛	节事活动类型、节事活动策划、节事活动组织	节事活动要素分析、节事活动主体内容策划、节事活动辅助活动策划	节事活动策划、节事活动宣传、节事旅游活动	节事活动开幕式策划和节事活动现场管理	4

结合会展活动经典案例，进行角色扮演和分工，开展情境教学环节设计。角色扮演是根据学习的需要，让学生扮演一些角色，亲身体验角色的心理、态度、情境等，借此可以认真地观察某一特定角色的行为方式，并能在特定的条件下学习和掌握某种职业行为能力。在整个过程中根据小组反馈意见进行调整和评估，并在情境教学中熟悉展会活动，见表3。

表3 会展概论教学情境设计

学习情境：观摩学习西博车展或国际动漫节现场服务与管理		学时：2	
项目目标	熟悉大型展会或节庆活动策划组织和现场管理		
项目任务	参观学习、现场服务、顶岗实习		
教师知识与能力要求	专任教师与行业名师合作，熟悉大型展会或节庆活动策划		
学生知识与能力准备	熟悉策划组织的基本流程，通过现场服务提高认知能力		
教学材料	与主办方联系，由主办方提供展会活动资料、门票、服务岗位证件		
使用工具	根据展会活动手册（会刊登），自带相机现场记录展会活动精彩瞬间		
实施步骤	工作过程	教学方法建议	学时
1.资讯	了解展会信息	网上搜索	3×3
2.计划与决策	签订合作协议	邀请行业专家讲座	
3.实施	参加现场培训和服务	按岗位顶岗实习	
4.检查与评估	现场服务工作小结	课堂发言交流	

（三）教学资源相关链接

http：//www.ufinet.org/　　UFI The Global Association of the Exhibition Industry

http：//www.iaee.com/ IAEE International Association of Exhibitions and Events

http：//www.lasvegasnevada.gov/——美国旅游会展名城拉斯维加斯官方网站

http：//www.lvcva.com/meetings/convention-calendar.jsp——拉斯维加斯会展查询

http：//www.meetingmatrix.com/　　Meetingmatrix international

http：//www.juliasilvers.com/　　Event Management speaker

http：//www.expedia.com/——美国著名旅行订票网 Expedia

http：//www.priceline.com/——美国著名旅行订票网 Priceline

http：//www.ctrip.com/——中国著名旅行订票网 携程旅行网

http：//www.occc.net/——奥兰多桔县会展中心

http：//www.mccormickplace.com/——芝加哥麦考米克会展中心

http：//www.messe.de/——德国汉诺威会展中心

http：//www.paconvention.com/——美国费城会展中心

http：//www.dcconvention.com/——华盛顿会展中心

http：//www.sniec.net/——中国上海新国际博览中心

http：//www.cantonfair.org.cn/——中国进出口商品交易会

http：//www.xh-expo.com——杭州西湖国际博览会

http：//www.wl-expo.com——杭州世界休闲博览会

http：//www.cicaf.com——中国杭州国际动漫节

会展策划与管理专业"展览策划与管理"课程标准

一、课程性质

"展览策划与管理"是会展策划与管理专业的专业课，既强调对展览策划与管理基本理论的掌握，更强调对会展策划技能、会展营销技能的实际运用。通过本课程的学习，将展览策划与管理的知识体系及基本操作技能融为一体，要求学生掌握展览项目管理的方法和展览项目策划方法和程序，熟练掌握展前、展中、展后各种策划文书的写作和市场宣传沟通方式，熟悉掌握现场管理和服务的基本流程，提高学生的展览策划与管理技能。

课程着重训练学生的展览策划与管理技能，对学生会展职业能力和职业素养的培养起重要的支撑作用；课程安排在第二学期，第一学期全部用于专业基础课程的教学，让学生了解会展行业，并为学习项目课程打下相关知识基础，相关课程如会展概论、创意思维训练、计算机辅助设计等。第二学期是展览项目的学习，一学期的时间将根据项目的任务先后安排课程，展览策划与管理课程项目的领衔课程，按照项目流程，会展设计、会展场馆管理、会展物流等课程也根据展览策划与管理项目展开；最后，形成项目的完整过程资料。

该门课程的总学时为 64 学时，建议学分为 4 分，执笔人为张捷雷。

二、课程目标

本课程学习目标包括能力目标、知识目标、素质目标三个方面。

具体如图所示。

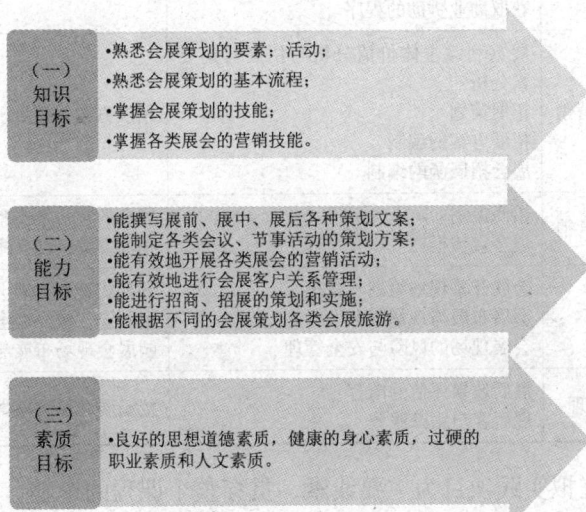

（一）知识目标
- 熟悉会展策划的要素；活动；
- 熟悉会展策划的基本流程；
- 掌握会展策划的技能；
- 掌握各类展会的营销技能。

（二）能力目标
- 能撰写展前、展中、展后各种策划文案；
- 能制定各类会议、节事活动的策划方案；
- 能有效地开展各类展会的营销活动；
- 能有效地进行会展客户关系管理；
- 能进行招商、招展的策划和实施；
- 能根据不同的会展策划各类会展旅游。

（三）素质目标
- 良好的思想道德素质，健康的身心素质，过硬的职业素质和人文素质。

"展览策划与管理"课程目标示意图

三、课程内容与要求

按照专业课程目标和涵盖的工作任务要求，结合学生的认知特点和相应职业资格标准确定课程内容（学习情境）。专业的课程教学采用基于流程化的项目导向教学方法，项目类型分为单项项目和综合项目，虚拟项目和真实项目等。

序号	工作工作任务/项目	课程内容和要求		建议学时
		理论（理论教学）	实践（能力教学）	
1	会展业通识	会展业的发展历史与现状 会展中心的经营方式 我国会展业发展的现状、问题和发展趋势	通过展馆和展会参观了解展览的构成要素	2
2	会展策划的基本原理	会展策划的含义 会展策划的基本原理 会展策划的方法	通过项目案例练习了解策划方法	2
3	会展项目的可行性分析	会展题材的初选 会展立项策划和可行性研究	了解题材的选取原则，进行选题汇报	6
4	会展立项策划	会展立项背景分析 会展的具体实施 会展的财务预算方案	立项策划方案撰写和汇报	6
5	确定会展服务商	展览场地的选择 展位承建商的选择 确定展会物流服务商 会展旅游代理服务 参展商手册的制订	根据策划方案对相关服务商进行选取和分析	6
6	展览相关活动策划	展览中的活动概述 展览中的各种会议活动策划 展览中的表演活动 展览中的竞赛活动	在立项方案的基础上策划各类活动，要求完成方案的文本和相关材料	8
7	展会赞助策划	赞助及其分类 会展赞助方案设计 获取商业赞助的程序	各项目赞助方案的撰写	8
8	招展策划与展位营销	展览利益主体价值分析与招展营销要素分析 招展策划 招展方案的编制 展会招展函的编制	招展方案、招展函的编制	8
9	招商策划与展会营销	招商策划 展会宣传推广	展会的宣传推广整体方案确定，招商方案，观众邀请函的撰写	6
10	会展现场服务策划与管理	会展开幕现场策划与管理 会展布展与现场服务 会展现场的风险与安全管理	开幕式策划，展会风险识别与预案制定，校外展会现场服务，校园展会现场布展与管理	8
11	展会后期跟踪管理	展后效果评估的内容 展后客户跟踪服务	校园展会总结报告起草	4

本课程以学生虚拟实践项目为主要线索，贯穿整个课程的讲解。此外，因为本学期为展览模块，会展项目管理实践课程作为辅助课程与该课程配套，形成虚拟和现实，课

堂内和课堂外，情景演绎和实际操作相结合的教学。

四、考核评价

教学评价和考核中贯彻能力为本的理念。变单向教学评价为多元评价，将静态教学评价变为动态评价。成绩由小组作业成绩、展会实践成绩和考试成绩构成。

教学环节	所占比重%	考核形式	分数构成
理论教学	40	笔试	40
能力教学	60	小组项目练习和展会现场实践	40+20

五、课程资源和使用要求

（一）师资条件要求

本课程主讲教师由专业双师型教师讲授，既有丰富的理论知识，又有较强的实践教学经验。都具有长期在企业工作或挂职锻炼的经历，积累了丰富的会展活动策划经验。聘请行业的项目经理、策划总监等来校共同授课。

（二）实训教学条件要求

本课程校内实训基地为会展工作实验室，主要配套会展计算机软件和各类展台搭建设备及教学仪器与多媒体，完全能满足教学校内实训要求。课堂教学条件：具有多媒体功能的教室，包括投影仪、音响设备等。

校外实训基地：依托校企合作"六个一"平台，与杭州中博、中汽、西博办等单位建立了校企合作关系，每一届的西博会车展、房展、动漫节等成为我们校外实践的课堂。目前正向工学结合方面全面铺开，加强社会资源对专业和本课程的指导和建设。

（三）教材选用

教材建设是课程体系建设中的重要环节，是课程体系建设中的一项重要内容。教材的选用直接或间接地决定了人才培养的方向、目标和质量，并对教学效果和人才培养的质量起到非常巨大的作用。因此，结合学生的实际水平以及高职教育的实用性原则，采用：张捷雷，陈唐.会展策划实务［M］.南京：东南大学出版社，2017.

参考教材有：

［1］许传宏.会展策划［M］.上海：复旦大学出版社，2015.

［2］刘嘉龙.会展策划与管理［M］.北京：中国旅游出版社，2016.

六、课程实施建议及其他说明

1. 本课程按类别分为若干技能单元，每个技能单元作为一个教学项目，实行理论、实践一体化的单元式教学，每个单元教学都以应用某些技能完成一个项目来贯穿。进行项目的教学开始时，由教师先给学生传授一定的理论，然后学生进行实践操作，最大限度地发挥学生的学习能动性，提高学生的实践水平。

2. 通过组织学生观摩展会，布置知识点拍摄任务，增强学生对展会的感性认识。鼓励学生参加各种展会的志愿者组织以增加展会工作认知。

3. 学生可以利用卓越会展工作室、杭州旅苑会展有限公司、综合实训课程开展企业模拟实训。

附、教学项目（或学习情境）设计

项目	工作工作任务/项目	知识点	训练或工作项目	教学重点	教学情境与教学设计	建议学时
会展项目选题	根据选题原则展开项目选题	会展项目的选题原则	项目选题	行业背景市场需求的调查	学生分小组根据要求进行选题汇报	4
展览立项策划和可行性分析	根据选择的项目展开立项策划	立项策划	各个项目立项策划	立项策划的撰写和可行性分析	小组分别汇报策划方案/策划组进行立项方案起草并汇报	6
展览相关活动策划	会议、讲座、比赛等相关活动策划	活动的策划方法；对展会的促进作用	各子项目的策划	活动策划	小组分别汇报策划方案/校园项目子方案汇报	8
展会赞助策划	赞助方案策划	招募赞助商的原则，赞助方案的写作要求等	项目的赞助方案策划	赞助方案的策划与起草	各项目赞助方案汇报	2
招展策划与展位营销	招展	招展的渠道、展区展位划分、招展方案、招展进度、招展函、参展商手册的内容与作用、展讯的内容和作用	招展方案制订招展函的起草	怎样制订招展方案；招展函的起草	各项目招展方案与招展函讨论	2
招商策划与展会营销	招商	招商的渠道、招商方案、招商进度、展会宣传推广、新闻发布会准备、新闻稿撰写	招商方案制订，观众邀请函的起草，宣传推广计划制订、新闻稿撰写、宣传网站内容准备	怎样制订招商方案；观众邀请函的起草，宣传推广方案制订、新闻稿撰写	各项目方案制订讨论	2
会展现场服务策划与管理	现场服务	现场环境布置、开幕式策划与准备、新闻发布会现场布置、布展、开展后的工作、撤展、现场安全管理	开幕式，观众注册与管理，模拟新闻发布会，展会期间的公关工作，校内展布展撤展、现场安全管理	开幕式策划，观众注册与管理	模拟项目开幕式策划方案讨论，展会现场观摩	4
展会后期跟踪管理	后期跟踪	展会总结的撰写、展会后期的工作内容	展会宣传总结撰写	展会宣传总结报告撰写	模拟展会和校园展的总结/展会现场观摩或志愿者作业	4

会展策划与管理专业"会议组织与管理"课程标准

一、课程性质

该课程是会展专业的必修课，目标是让学生掌握会议组织的流程，学会组织小型会议并制定论坛方案，培养学生团队合作、协同工作的能力，达到会展产业对会议人才的职业要求。会议组织与管理课程的学习，是进一步学习展览策划和节事活动策划等课程的基础。

该课程是依据"会展专业工作任务与职业能力分析表"中的会议组织与管理工作项目设置的。其总体设计思路是，打破以知识传授为主要特征的传统学科课程模式，转变为以工作任务为中心组织课程内容，并让学生在完成具体项目的过程中学会完成相应工作任务，并构建相关理论知识，发展职业能力。课程内容突出对学生职业能力的训练，理论知识的选取紧紧围绕工作任务完成的需要来进行，同时又充分考虑旅游新业态于"旅游+"新形态下"大旅游"产业发展对理论知识学习的要求，坚持立德树人，注重思想政治教育贯彻教学始终，同时融合学生综合素质提升、组织策划能力培养、学生可持续发展的要求。根据高等职业教育对理论知识学习的需要，并融合了相关职业资格证书对知识、技能和态度的要求。项目设计以会议组织与管理为线索来进行。教学过程中，要通过校企合作，校内实训基地建设等多种途径，采取工学结合、现代学徒制等形式，充分开发学习资源。教学效果评价采取过程评价与结果评价相结合的方式，通过理论与实践相结合，重点评价学生的职业能力。增加学生自主主办论坛和参观论坛相结合的方式，拓展学生的组织和策划能力。

教学过程中，将理论教学与活动策划实践相结合，根据专业技能对应岗位（群）的职责要求，确定学生的知识结构、能力结构和素质结构。实践教学环节包括课堂演讲、校内实训、社会实践等内容。在人才培养模式、实训实习基地建设、教师职业能力提升、专业指导委员会的建立、教学质量监控体系和信息反馈系统的完善等方面进行探索和实践。

该门课程的总学时为48学时，建议学分为3分，执笔人为杭宇。

二、课程目标

课程要求学生能够熟练掌握会展项目的分析，掌握会议组织的流程、组织小型会议并制定论坛方案的能力。在学生学习完本课程后，能够完成会议的组织方案，制定会议的工作方案。

通过本课程的学习，学生达到的职业能力目标：

（一）知识目标

1. 熟悉会议组织的原则；

2. 熟悉会议组织的基本流程；

3. 掌握会议组织的基本技能；

4. 掌握论坛策划的技能；

5. 掌握会议文案的格式。

（二）能力目标

1. 能撰写会议可行性方案；

2. 能有效地分析会议的预算；

3. 能有效地制定出会议风险的应对措施；

4. 能组织小型会议；

5. 能撰写开幕式方案；

6. 能撰写会议相关文案。

（三）素质目标

1. 培养学生的团队合作能力；

2. 培养学生的沟通能力；

3. 培养学生的协调能力；

4. 培养学生的综合分析能力。

三、课程内容与要求

为使学生系统掌握会议组织与管理的知识与技能，课程共分 7 个单元，采用理论和实践相结合的教学模式，做到理论和实践互相渗透、融会贯通。理论部分要求学生掌握会议的基本类型，熟悉会议策划的原理和方法。

序号	工作任务/项目	课程内容和要求		建议学时
		理论	实践	
1	掌握会议的基本概念/区分不同类型会议的组织形式	●会议的本质 ●会议的类型 ●会议的作用 ●会议的形式	了解会议的类型，区分不同类型的会议组织形式	6
2	会议市场/会议市场的统计分析	●社团会议市场 ●企业会议市场 ●其他会议市场	对会议项目进行SWOT分析，分析统计数据	6
3	会议产品要素/制订会议方案	●会议通知 ●会议场地 ●会议酒店	制订会议方案	8
4	会议供应机构/选择合适的会议供应商	●专业会议组织者 ●会议中心 ●酒店 ●旅行社	制订会后考察方案	6

序号	工作任务/项目	课程内容和要求		建议学时
		理论	实践	
5	熟悉会议筹备管理/制订会议筹备方案	●会议论文征集 ●会议营销 ●会议宣传 ●会议推广	制订会议筹备流程	8
6	会议现场管理/制订现场服务工作方案	●会议专业活动安排 ●注册安排 ●会场布置	制订现场工作方案	8
7	会议评估与会后工作/开展会后的评估和调查	●会议评估的方法 ●会后调研 ●问卷设计	制订会议评估的计划	6

四、考核评价

参照行业专家、学校督导组和学生网上评教等评价意见，不断改进教学方法，提高教学质量。本课程按照学校考试课程要求进行考核，闭卷考试。考试题型有名词解释、选择题、简答题和案例分析题。邀请会展专业人士对学生的小组实训报告进行评价并且点评。考试比分：期末考试占 50%，平时成绩占 20%，实验实训占 30%。

五、课程资源及使用要求

（一）师资条件要求

本课程主讲教师杭宇，担任规划系创新创业工作室指导教师，指导学生参加会展策划大赛多次获奖，既有丰富的理论知识，又有较强的实践教学经验。

（二）实训教学条件要求

学校教学硬软环境良好，课堂多媒体教学，实训课程有会展中心、会展实验室、学校操场、体育馆等实验活动场地，方便举办各类会展活动。

（三）教材使用

本教材使用的主教材：

肖国庆，武少源 . 会议运营管理［M］. 北京：中国商务出版社，2015.

教材编写兼顾教学和项目导向，每个章节都有案例分析，有大量会议相关的实例，理论联系实际。

其他主要参考教材有：惟言 . 宾馆酒店会议经营管理［M］. 北京：中国纺织出版社，2014.

本课程结合会议论坛实例，有大量的论坛图片和论坛策划方案，会根据会议产业发展情况每年增加最新的内容。

六、课程实践建议及其他说明

本课程是理论结合实践的课程。与知名的会展公司、旅行社、西博会、萧山旅游局节展办建立合作关系，邀请会展业内人士走进课堂，为学生讲授会议产业的最新动态和策划论坛过程，开阔学生的眼界；建立会展专门的实训基地，保证学生一学期有一次可以到场馆考察并全程参与一次论坛。

课堂教学利用学校现有的课堂教学器材，如投影仪、音响等，通过制作课件，以及案例教学法、问答教学法等多种方法，让学生掌握会议的策划流程。每次课安排两位同学自己准备 PPT 进行演讲，为全班同学介绍一个论坛或者会展，通过这些活动来调动学生的学习积极性。并由学生自己筹备一个论坛，完全模拟真实的论坛进行操作，让学生在实践中掌握技能。

根据"学生主体、任务引领、能力本位"，发动学生参与相关实训教辅材料案例搜集，按照课程教学进度要求，完成实训手册或实训指导用书编写。经常性开展课堂实验、校园实训、社会实践活动，组织会展专业学生运用专业知识策划、组织、实施节事活动项目。

会展策划与管理专业"节事与活动策划"课程标准

一、课程性质

"节事与活动策划"是会展策划与管理专业学生的职业技术课,为本专业核心课程。目标是让学生熟练掌握节事与活动策划的基本原理和方法,更强调对节事与活动策划技能、节事活动营销推广的把握和运用。本课程以"会展策划与管理"课程教学为基础,是进一步学习"会展营销""会展设计"等相关专业课程的基础。通过本课程的学习,将节事与活动策划的知识体系与基本操作技能融为一体,融会贯通。节事与活动策划原理和方法,独立开展节事活动各种策划文案写作,熟悉节事活动策划和组织的基本流程,掌握不同类型的节事活动策划的方式和途径,提高学生的节事活动策划与组织实施技能。

本课程是依据"会展策划与管理专业工作任务与职业能力分析表"中的"节事策划与服务"工作项目设置的。其总体设计思路是,打破以知识传授为主要特征的传统学科课程模式,转变为以工作任务为中心组织课程内容,并让学生在完成具体项目的过程中学会完成相应工作任务,并构建相关理论知识,发展职业能力。课程内容突出对学生职业能力的训练,理论知识的选取紧紧围绕工作任务完成的需要来进行,同时又充分考虑了高等职业教育对理论知识学习的需要,并融合了相关职业资格证书对知识、技能和态度的要求。项目设计以各类节事活动策划为线索来进行。教学过程中,要通过校企合作,校内实训基地建设等多种途径,采取工学结合、半工半读等形式,充分开发学习资源。教学效果评价采取过程评价与结果评价相结合的方式,通过理论与实践相结合,重点评价学生的职业能力。

教学过程中,将理论教学与活动策划实践相结合,根据专业技能对应岗位(群)的职责要求,确定学生的知识结构、能力结构和素质结构。实践教学环节包括课堂实验、校内实训、社会实践、顶岗实习等内容。本课程紧密依托行业需求开发课程,聘请行业专家、活动策划高手担任专业指导委员会委员,对"节事与活动策划"的教学目标、知识、能力素质结构进行论证,使之更符合市场需要。在人才培养模式、实训实习基地建设、教师职业能力提升、专业指导委员会的建立、教学质量监控体系和信息反馈系统的完善等方面进行探索和实践。

课程总学时 48 学时,建议学分为 3 分,执笔人为叶斐。

二、课程目标

(一)知识目标

1. 熟悉节事与活动策划的基本要素;

2. 熟悉节事与活动策划的基本流程;

3. 掌握节事与活动策划的基本技能;

4.掌握各类节事活动的营销技能。

（二）能力目标

1.能撰写各类节事与活动策划文案；

2.能有效地开展各类节事活动的营销策划；

3.能有效地开展节事活动市场营销与推广；

4.能进行节事活动招商、招展的策划和实施；

5.能根据不同类型的节事活动项目，策划节事活动等配套辅助活动。

（三）素质目标

良好的思想道德素质，健康的身心素质，过硬的职业素质和人文素质，乐于奉献的会展服务精神，对节事活动与提升生活品质的关系反应灵敏。

三、课程内容和要求

序号	工作任务/项目	课程内容和要求		建议学时
		理论	实践	
1	节事活动概述	节事活动内涵 节事活动分类 节事活动作用	节事活动案例对比分析	6
2	节事活动策划原理	节事活动策划原理	策划原理应用分析	3
3	节事活动策划内容	节事活动策划方法 节事活动策划步骤	节事活动策划方案编写	6
4	节事活动开幕式策划	开幕式策划的重点、要点和内容	灵活运用节事活动策划原理与方法开展幕式策划	3
5	大型活动策划/大型活动辅助内容策划	大型活动内容策划 大型活动立项策划	能独立或合作开展大型活动立项策划书编写	3
6	演出活动营销/新春联欢晚会策划方案	演出活动类型 演出活动流程 演出活动内容策划	组织开展中小型演出活动策划	3
7	赛事活动策划/选拔大赛方案	赛事活动主题策划 演出活动规则制订 演出活动组织实施	根据赛事规则拟订相关赛事活动方案	3
8	征集活动策划/赛事标志形象征集方案	征集活动内容 征集活动形式 征集活动组织实施	征集公告、方案和节事赞助回报计划编写	3
9	配套活动策划	新闻发布会策划 颁奖晚会策划	能结合闭幕式和文艺演出进行颁奖晚会策划	3
10	旅游活动策划	节事旅游活动类型 节事旅游项目策划	能够联系实际开展节事旅游活动策划组织实施	3
11	节事活动市场营销	市场营销的内容 市场营销5P要素	节事活动营销推广计划、宣传促销方案编写	6
12	节事活动的赞助	节事活动赞助内容、程序、方式	节事活动赞助方案撰写	6
合计				48

备注：典型工作任务、项目、模块、学习情境、工作过程等。

四、考核评价

结合教学进度对每个章节课堂布置的思考练习进行检查考核，作为学生平时成绩的依据；组织学生在课堂上对相关案例进行分析讨论、发言交流，作为衡量学生机敏和反应能力的依据；组织学生对部分实训项目进行组织实施，进行实战型训练，作为衡量学生动手能力和职业能力的依据。在教学评价中，坚持以过程性考核与终结性考核相结合，突出平时作业、期中测验、实训环节等过程性考核；以理论考核与实践考核相结合，突出实验实训实践项目考核。同时参考行业专家、学校督导组和学生网上评教等评价意见，不断改进教学方法，提高教学质量。

本课程按照学校考试课程要求进行考核，闭卷考试。考试比分：期末考试占 40%，实验实训占 40%，平时表现占 20%。

五、课程资源及使用要求

（一）师资条件要求

本核心课程主讲教师叶斐、张捷雷副教授等既有丰富的理论知识，又有较强的实践教学经验，具有长期在企业工作或挂职锻炼的经历，积累了丰富的节庆、赛事活动策划经验，课程组成员全部为双师型教师；所有教师都有在国外或港澳学习、考察、工作、培训的经历。主讲教师具有行业职业资格，外聘教师如西博办金中伟处长、杭州世界休闲博览会有限公司总经理闻文元、杭州神州传媒有限公司董事长金岗副等，都具有西博会、休博会、世界汽车漂移大赛等多个大型节庆和赛事活动策划，实战经验丰富。

（二）实训教学条件要求

学校教学硬软环境良好，课堂多媒体教学，节事与活动策划有实验会展中心、会展实验室、学校操场、体育馆等实验活动场地，方便举办各类校园节庆和赛事实验活动。

（三）教材选用

采用浙江旅游职业学院立项自编教材《节事与活动策划》（刘嘉龙编著），教材编写兼顾模块式教学和项目导向，每个章节都安排有案例分析和实训项目，充分体现本课程偏重于策划组织的设计思想，以实训项目为载体实施教学，各个章节实训项目针对性强、可操作性高，各个实训项目之间逻辑结构清晰，并形成系列，能支撑课程目标的实现。通过项目训练有利于会展活动策划职业能力的培养与提高。

参考教材：

[1]戴光全.节事活动策划与组织管理[M].北京：中国劳动社会保障出版社，2007.
[2]卢晓.节事与活动策划（修订本）[M].上海：上海人民出版社，2010.
[3]郑建瑜.大型活动策划与管理[M].重庆：重庆大学出版社，2007.
[4]常桦.企业文体活动策划与实施手册[M].北京：中国工人出版社，2008.
[5]刘保孚.策划实务全书[M].北京：经济日报出版社，1995.

六、课程实施建议及其他说明

(一)教学项目设计

结合演出活动、庆典活动、赛事活动、征集活动等相关章节内容的实训项目,进行项目方案策划,以提高学生的策划能力、写作能力、逻辑思维能力等。以节事与活动策划技能作为本课程的工作任务引领,通过项目驱动、导向作用,将本课程实训项目按类别分为若干技能单元,每个技能单元作为一个教学项目,实行理论、实践一体化的单元式教学。每个单元教学都以应用某些技能完成一个项目来贯穿,项目教学开始时,由教师结合实训项目先给学生传授一定的理论,然后学生进行实践操作,最大限度地发挥学生的学习能动性,提高学生的动手能力。其中相关章节的部分实训项目,如圣诞晚会、趣味运动会等,要求学生策划并组织实施,通过理论与实践相结合,课堂与实训相结合,变"以教室为中心"为"以现场为中心",把教学场所由教室转向实验室、实训场地,使学生熟悉节事与活动策划基本流程,强化对学生项目管理能力、现场协调能力的培养。

(二)学习情境设计

通过情境教学,使学生消化理论知识,活学活用,现学现用,锻炼学生在查找资料、文案写作、演讲沟通、活动组现场管理等各方面的实务能力。组织任课班级学生策划实施圣诞(新年)联欢晚会、趣味运动会(野战比赛)项目,组织学生参与杭州神州传媒有限公司举办的世界汽车漂移大赛现场服务或国际动漫节组委会节展办公室举办的国际动漫节顶岗实习,从实战出发锻炼和培养会展专业学生节事与活动策划组织实施能力(见表1和表2)。

表1　节事与活动策划校内学习情境设计

项目	工作工作任务/项目	知识点	训练或工作项目	教学重点	教学情境与教学设计	建议学时
圣诞晚会	结合演出活动策划组织开展项目实训	主题策划内容策划流程策划场地策划经费预算	演出节目编排游戏抽奖活动现场组织协调	演出策划总体方案实施方案现场管理	演出视频观摩演出方案讨论演出活动彩排	3
趣味性运动会项目	结合赛事活动策划组织开展项目实训	组织形式项目整合方案编制	比赛项目拟订比赛规则制订比赛组织落实	赛事方案赛事规则赛事分工现场管理	趣味运动演示课堂场景模拟比赛道具准备	3

表2　节事与活动策划校外学习情境设计

学习情境:世界汽车漂移大赛现场服务或国际动漫节顶岗实习		学时:6
项目目标	熟悉国际赛事和大型节庆活动策划组织流程	
项目任务	现场服务、顶岗实习	

教师知识与能力要求	专任教师与行业名师合作，熟悉国际赛事和大型节庆活动策划		
学生知识与能力准备	熟悉策划组织的基本流程，通过现场参与提高认知能力		
教学材料	组委会提供接送车辆，现场服饰、证件由组委会提供		
使用工具	节赛手册、道具和用具准备，自带相机现场记录节事活动精彩瞬间		
实施步骤	工作过程	教学方法建议	学时
1.资讯	了解赛事信息	网上搜索	
2.计划与决策	签订合作协议	邀请行业专家讲座	3×3
3.实施	参加现场培训和服务	按岗位顶岗实习	
4.检查与评估	现场服务工作小结	课堂发言交流	

会展策划与管理专业 "会展信息管理" 课程标准

一、课程性质

"会展信息管理"是会展策划与管理专业的必修课，是专业核心课程，目标是让学生掌握现代化信息软件在会展企业管理中的应用能力。它以"展览策划与管理""会议组织与管理""计算机辅助设计"课程的学习为基础，是进一步学习"参展商实务""客户关系管理"课程的基础。

该课程是依据"会展策划与管理专业工作任务与职业能力分析表"中的会展信息管理工作项目设置的。其总体设计思路是，围绕会展项目管理过程的网上展览、项目策划、项目运营、展会现场、会展场馆、会展管理等模块的学习，让学生在完成具体项目的过程中学会完成相应工作任务，并构建相关理论知识，发展职业能力。

课程内容选择 Office 2007、Dreamweaver 8.0 网页设计软件、会展客户关系管理软件、摄像制证系统软件、V3.0. 三维布展设计软件、展会现场门禁系统等软件，突出对学生职业能力的训练，理论知识的选取紧紧围绕工作任务完成的需要来进行。项目设计以一般会展项目运营的信息化管理流程为线索来进行，每个软件以实体展会为案例，采用教、学、做为一体，结合校内外实训基地，有针对性地让学生模拟展会案例，提高展会信息管理能力。

该门课程的总学时为 64 学时，建议学分为 4 分，执笔人为张素。

二、课程目标

（一）知识目标

培养学生具有会展信息管理所需要的基础知识，掌握计算机的应用能力；掌握展会现场信息收集、问卷调查、信息处理、管理和应用的能力；掌握利用会展信息管理软件对会议展会流程的管理；掌握会展项目运营中客户管理。

（二）能力目标

培养具有良好的综合素质和会展策划与管理专业基本理论知识和实践技能，适应展览企业招商招展工作、网展管理并付诸实施管理等第一线需要的技术应用型人才。其核心工作岗位是招商招展、网展管理。

（三）素质目标

注重学生良好的职业素质，为学生毕业后在展览公司相关岗位顶岗工作，能在实际工作中不断提高展会信息化管理水平打下坚实基础。

三、课程内容和要求

根据会展策划与管理专业课程目标和涵盖的工作任务要求，分析会展信息管理课程6个相关软件的学习和操作，并确定了6个知识模块的内容和要求，来说明学生应获得的知识、技能与态度，安排64学时。

序号	工作工作任务/项目	知识内容与要求	技能内容与要求	建议学时
1	会展信息管理概述	●信息化在会展业中的应用 ●会展信息与会展信息管理	●锻炼自我学习能力和提升行业洞察能力 ●会识别展览会信息管理器材和媒介	6
2	网上展览	●电子商务在会展业中的应用情况 ●网展与实体展的区别 ●综合性和专业性网展网站的布局要点	●掌握计算机、网络基本知识 ●了解网展网站的布局要点 ●提高对网展网站的应用能力	12
3	会展项目策划信息管理	●会展项目策划信息管理的内容 ●项目策划信息收集的途径与方法	●提高对展会策划信息的挖掘能力 ●设计和填写展会信息表和参展观众调查表	12
4	会展项目运营信息管理	●主办商管理系统的功能与流程 ●构建参展商信息库	●提高对展商、服务商、观众信息收集及整理能力 ●能制作展商及专业观众招商招展联系表	12
5	展览会现场信息化管理	●会展现场信息管理的对象 ●会展现场信息收集及处理方式与方法 ●现场信息服务的具体内容	●提高学生展会现场信息洞察及收集能力 ●对展会现场服务的器材进行识别并了解功能	12
6	场馆信息及智能化管理	●展馆信息化建设内容 ●展馆办公自动化系统	●对展馆办公自动化系统的应用和管理 ●提高展馆智能化发展趋势的认识	10

四、考核评价

教学评价和考核中贯彻能力本为的理念。变单向教学评价为多元评价，将静态教学评价变为动态评价；变学生被动应对考试为主动参与考核，将结果式考核变为分阶段分层次的过程考核。

针对工学结合的学习领域课程，针对不同教学单元的性质和要求，采用不同的考核方法。

教学环节	所占比重%	考核形式	分数构成		
			平时成绩	作业成绩	考试成绩
理论教学	40	笔试	10	20	70
能力教学	20	实训讨论+成果递交汇报	10	90	0
技能教学	40	5套软件上机+成果递交考核	10	40	50
学生总成绩=理论教学成绩40%+能力教学20%+技能教学40%					

五、课程资源及使用要求

（一）师资条件要求

构建理论＋实践，行业＋专业的课程教学团队。行业任课教师为中国展览集团副总裁兼首席信息官黄彬副教授和杭州磐天信息科技有限公司斯海军工程师带领下的技术团队，专业教师由会展策划与管理专业 3 名教师组成。所有任课教师都具备会展企业工作或挂职经验，对会展信息管理及应用有一定的研究，在计算机软硬件应用方面具有扎实的基础，且有丰富的市场调研经验。

（二）实训教学条件要求

课堂教学条件：具有多媒体功能的教室，包括投影仪、音像设备等。

校内实训基地：①场地条件，依托现有会展实训室计算机机房；②设备条件：杭州磐天信息科技有限公司会展软件，目前该款会展管理软件是市场占有率最高、企业应用最广泛的会展管理软件，此外教师机还需配备网络教学管理软件等。

校外实训基地：依托校企合作"六个一"平台，与杭州中博展览集团、休博办、中汽、西博办等建立了校企合作关系，每一届的西博会、房展、动漫节、休博会等成为我们校外实践的课堂，这些企业也成了我们的实训基地、实践基地和就业基地。

（三）教材选用

教材的选取体现项目课程设计的理念，学校教师通过调研结合行业、企业的职业标准，选用由会展专业和杭州磐天科技信息有限公司合作开发的《会展信息管理》教材，并于 2013 年 5 月出版，以配合课程教学。教材体现模块化、项目式，具有实用性、适应性的特色，符合高职会展策划与管理专业学生的职业培养要求。

（四）课程资源的开发与利用

1. 多媒体教案和课件

全教学过程使用，不受限制。

2. 实训指导书

本课程的实训指导基本按照教材中的相关内容设置，配套实训指导教材：张捷雷．会展管理实训教程［M］．南京：东南大学出版社，2009.

该教材为本专业专任教师编写，结合本专业学生实训操作进程，通过多个典型案例让学生可以分阶段对展会流程进行模拟，非常适合本专业会展专业学生使用。

3. 教学资源

本课程为院级优质核心课程，学生可通过网络查询到相关的课程介绍、电子课件、电子教案、学习资料、视频资料等。同时，专业开发会展行业资源库，学生可以登录了解会展行业发展动态和趋势。

六、课程实施建议及其他说明

1. 传统与现代相结合

首先不能遗弃板书、课堂宣讲等传统教学手法，其次要充分利用现代化的教学资源，使用多媒体、网络、计算机机房、实训基地等教学设施，通过上机操作、案例分析、小组讨论、课堂问答、实践考察等多种现代教学方法，不断完善"以学生为主导"的教学方式方法。

2. 充分利用现有的教学软硬件

本门课程运用了杭州磐天信息科技有限公司校企合作开发的会展综合实战模拟系统（包含展厅三维布展软件、网页设计软件、会展制证摄像软件、会展 CRM 客户关系管理软件）以及会展实训室机房，让学生至少掌握 3~4 款会展信息管理软件的操作，可以运用管理软件对会展的策划、营销、销售、客户沟通、客户资料管理、场馆管理、问卷设计、会刊制作等方面进行一系列管理。

3. 充分利用校外实训基地

本专业已与杭州创杰展览服务、杭州嘉诺展览有限公司、杭州仕邦展览有限公司、义乌市翔达展览服务有限公司、杭州西博国际展览有限公司等会展公司签署了校外实训基地的协议，充分利用这些校外实训基地，在会展期间以志愿者的形式加入展会现场，在实战中掌握会展信息管理的相关现状与知识。

4. 有效利用校内实训基地

本专业现有会展实训室，实训室内有 30 个标准展位、3 个特装展位及纸膜实训室、专业机房、展会服务中心，可让学生通过模拟展会或者自行组织和策划校园展览会的形式，巩固所学知识，从实践中找出课堂所学的不足。

七、学习情境设计

结合教学内容安排，穿插设计以下教学项目，共计 36 学时。

会展信息管理学习情境表

学习情境1：网上会展网站网页设计		学时：8	
项目目标	掌握网上会展网站网页布局与管理		
项目任务	对校内虚拟展会及校外实体展会设计网站首页和网页内容管理		
教师知识与能力要求	具备计算机基础操作能力、网站设计软件和Dreamweaver 8.0软件操作能力		
学生知识与能力准备	展览策划与管理课程内容和基本的计算机操作能力		
教学材料	Dreamweaver 8.0软件		
使用工具	计算机机房		
步骤	工作过程	教学方法建议	学时
1.网站设计软件	注册创建网站，进行网站网页管理	上机操作	4
2.Dreamweaver 8.0软件	网站主页布局与开发、网上调查问卷设计	上机操作	4

学习情境2：会展项目策划信息管理		学时：4
项目目标	掌握会展项目策划信息管理的内容	
项目任务	对校内虚拟展会及校外实体展会模拟会展策划的各项具体内容	
教师知识与能力要求	具备计算机基础操作能力、Office 办公软件操作能力	

续表

学生知识与能力准备	展览策划与管理课程内容和基本的计算机操作能力		
教学材料	Office办公软件		
使用工具	计算机机房		
步骤	工作过程	教学方法建议	学时
1.会展调研	相关展会信息收集、问卷制作	上机操作	2
2.会展数据分析	运用Excel对问卷进行统计分析	上机操作	
3.文案撰写	会展行业调研报告撰写	上机操作	2
4.检查与评估	案例完成，教师评估	上机操作	

学习情境3：会展项目运营信息管理		学时：10	
项目目标	掌握主办商对会展项目运营信息的管理内容		
项目任务	对校内虚拟展会及校外实体展会模拟展会运营		
教师知识与能力要求	具备计算机基础操作能力、会展客户关系管理软件操作能力		
学生知识与能力准备	参展商实务、客户关系管理课程内容和基本的计算机操作能力		
教学材料	会展客户关系管理软件		
使用工具	计算机机房		
步骤	工作过程	教学方法建议	学时
1.展会管理	创建展会、创建展会任务、创建展会服务、管理场馆信息	上机操作	2
2.客户管理	联系人、参展商、服务提供商及观众管理	上机操作	4
3.服务管理	参展商服务管理、合同管理、问卷调查	上机操作	2
4.财务管理	展会预决算、付款计划	上机操作	2

学习情境4：展览会现场信息化管理		学时：8	
项目目标	掌握会展现场信息管理的内容		
项目任务	对校内虚拟展会及校外实体展会模拟展会现场信息获取		
教师知识与能力要求	具备计算机基础操作能力、摄像制证系统软件操作能力		
学生知识与能力准备	会展设计和基本的计算机操作能力		
教学材料	会展制证摄像软件		
使用工具	计算机机房		
步骤	工作过程	教学方法建议	学时
1.证件设计	设计参展证、专业观众证、媒体证、贵宾证、代表证等证件	上机操作	4
2.证件制作	根据虚拟或实体展会，分组完成证件打印	上机操作	4
3.检查与评估	制证完成，投入现场使用，检验效果	上机操作	

学习情境5：场馆信息及智能化管理		学时：6	
项目目标	掌握会展场馆信息化管理的内容		
项目任务	对校内虚拟展会及校外实体展会模拟场馆信息化的各项具体内容		
教师知识与能力要求	具备计算机基础操作能力、三维布展设计软件操作能力		
学生知识与能力准备	场馆管理课程内容和基本的计算机操作能力		
教学材料	展厅三维布展设计软件		
使用工具	计算机机房		
步骤	工作过程	教学方法建议	学时
1.标准展位布置	利用软件中的布展常用元素，布置展位	上机操作	2
2.特装展位布置	利用软件中的布展常用元素，布置展位	上机操作	4
3.展位导出	将设计的展位导出成不同的格式、打印	上机操作	
4.场馆信息管理	利用办公自动化软件进行现场信息的发布、交流和管理	上机操作	

会展策划与管理专业"商务应用文写作"课程标准

一、课程描述

课程描述主要是对课程的性质、地位、功能作定性描述。根据不同的课程类型，结合"全员覆盖、全人教育、全程育人"课程标准研制原则、旅游新业态与"旅游+"新形态对专业人才培养要求、行业企业用人单位的岗位需求，阐述课程的基本教学理念，说明课程标准的设计思路，并说明该课程与前续及后续课程的关系。

该课程总学时为 28 学时，建议学分为 2 分，执笔人为余晨杰。

二、课程目标

课程目标是课程学习的预期结果，课程教学目标从横向可分为课程总目标和课程单元目标，从纵向可分为知识目标、能力目标、素质目标。课程总目标是规定学生在课程学习中的知识、能力、素质、职业等方向要达到的总体要求，课程总目标与专业人才培养目标相一致；课程单元教学目标是对课程总目标的细化，具体说明学生在每个工作任务、模块、情境中需要达到的目标。

三、课程内容和要求

课程内容可以从理论教学和实践教学两个层面，按照项目单元设计。项目单元可以表现为典型工作任务、工作过程、模块结构、学习情境、案例等，包括具体实施步骤或内容，以及学生在不同阶段应实现的表现标准。

序号	工作任务/项目	课程内容和要求		建议学时
		理论	实践	
1	商务应用文写作导论	1.商务应用文写作规范 2.商务应用文写作职业素养 3.商务应用文写作的操守	1.掌握商务应用文写作的目的和意义 2.能结合案例讨论商务应用文写作在实际工作中的作用	4
2	商务市场类应用文	1.市场预测报告 2.可行性研究报告 3.市场调查报告 4.社会实践报告	1.掌握各类商务市场调研及可行性分析类应用文的写作规范及注意要点 2.能结合案例讨论真实市场调查的过程 3.能为实际的市场调查撰写一份市场调查报告及其可行性分析报告	4

序号	工作任务/项目	课程内容和要求		建议学时
		理论	实践	
3	商务职场就业类应用文写作	1.求职信 2.竞聘书、应聘书 3.个人简历 4.自荐书	1.掌握如何根据自身条件和就业单位的实际要求来撰写合适的职场就业类应用文 2.能结合案例讨论正确的职场就业类应用文写作的要素 3.能为自己设计一份就业简历	4
4	市场营销策划类商务应用文写作	1.营销策划书 2.活动策划书 3.广告策划书	1.掌握各类商务市场营销策划类应用文写作规范及注意要点 2.能结合案例讨论真实的市场营销策划过程的重要因素 3.撰写一份市场营销策划商务应用文	4
5	商务洽谈及合同类商务应用文写作	1.招标书、投标书 2.意向书 3.商务合同	1.掌握各类商务合同和招投标类商务应用文的写作规范及注意要点 2.能结合案例讨论商务合同的主要内容	4
6	会务类商务应用文写作	1.开幕词、闭幕词 2.会议通知 3.会议记录、会议纪要 4.会议简报	1.掌握会议所需的各种文件,能够成功地组织各种会议及各种会议文书的格式和写作要求 2.能结合案例讨论如何成功组织会议 3.撰写一份会议记录	4
7	商务纠纷和维权类商务应用文写作	1.仲裁申请书、仲裁答辩书 2.起诉状 3.答辩状	1.掌握商务仲裁的流程和仲裁文书注意要点及各类起诉和答辩状的格式要求 2.能结合案例讨论如何起草正确的仲裁书 3.撰写一份格式正确的上诉书	4

四、考核评价

在考核方式上,采用形成性与终结性评价相结合的开卷考试、大型作业、现场面试、上机考试、技能测试、阶段测试、课程论文、调研报告等多种考核方式。增加过程性成绩比重,增加考勤、作业、实训、平时表现等在成绩中的比重,合理确定过程性成绩在总成绩的比重,由原先的不超过 40% 提高为不低于 50%。改革考核评价制度,支持学生以参加校内外各类考证、比赛取得的成果,以参加校内外优质网络课程、网络学习资源取得的结业证书,以参加创新创业、社会实践等活动以及发表论文、获得专利授权等与专业学习、学业要求相关的经历、成果,申请校内相关课程的免修(免考),折算为学分,计入学业成绩。

五、课程资源及使用要求

（一）师资条件要求

本课程已形成一支专业的教学团队，由教授和副教授及讲师组成梯队教学团队。

（二）实训教学条件要求

校内实训基地为会展工作实验室，主要配套会展计算机软件和各类展台搭建设备及教学仪器与多媒体，完全能满足教学校内实训要求。

校外实训基地目前有八家，都是专业的会展公司和场馆，主要提供会展专业实习和展会现场实训。平时有会展行业职业经理来校举办讲座。目前正向工学结合方面全面铺开，加强社会资源对专业和本课程的指导和建设。

（三）教材选用

教材建设是课程体系建设中的重要环节，也是课程体系建设中的一项重要内容。教材的选用直接或间接地决定了人才培养的方向、目标和质量，并对教学效果和人才培养的质量起到非常巨大的作用。因此，在选用"商务应用文写作"课程的教材时，通过对我省会展人才实际需求进行调查，认真研究，并在坚持结合本专业特点和突出职业教育特点的原则下，决定选用方有林主编，同济大学出版社的《商务应用文写作》为主教材，系全国高等职业教育规划教材。说明如下：

1. 该课程使用的教材每一章节在授完主要课程内容后均有实际案例供学生讨论和巩固所学内容，提高本课程的实际教学效果。

2. 该课程教材内容比较贴近会展相关岗位的实际，具体体现在知识和技能的传授上注重层次感，有清晰的技能要求。

3. 该课程教材体现的核心能力和技能以实用和适度为原则。以各类商务应用文的标准写作格式和用词为核心技能，学生在进入职业岗位后能马上在具体工作中使用该技能。

六、课程实施建议及其他说明

本课程教学方法与手段的指导思想是：人才培养目标决定教学方法，根据市场人才需求及岗位职业能力要求制订教学计划；课程教学手段服务于人才培养目标，将技能教育贯穿于整个教学过程。

（一）实施方案

为了培养学生的写作能力，在课程教学过程中，应该根据"教、学、做"合一的原则和不同文体的特点，探讨不同的教学方法。

1. 情景导入法

在实际的教学过程中，可以利用教材和现代化的教学手段创设情景，导入项目教学的内容。我们在教学实践中，根据项目内容的不同，采用不同情景导入的教学方法。具体而言，可以采用案例导入教学法、多媒体创设情景导入法、现场模拟情景导入法等。这些方法有利于启发学生学习的积极性，有利于学生的发散性思维能力的提高。

2. 现场教学法

根据实训条件，带学生到实训室和实习单位现场教学，通过企业布置项目，完成教学内容。

3. 开放式教学法

让学生走出教室，走出校门，在社会和企业所需要的项目工作中获得实践经验。采用分组教学的方式。自己选题，自己找单位联系，自己设计工作步骤，根据要求自己完成各种文体的撰写。

通过以上的教学改革，达到两个目的：一是真正调动学生主动学习的劲头，在自己动手动脑的过程中把握知识点；二是掌握各类商务应用文写作的技能。

（二）教学模式

该课程的教师由5人组成教学团队。包括：一名博士和4名硕士；副教授为2人、其余是讲师。另外也聘请了3名来自行业内具有丰富经验的具有一定级别的人士作为兼职教师。教学团队成员近年来均公开发表多篇论文。课堂教学效果良好，受到学生好评。可以说"商务应用文写作"课程的教学队伍是一支学历较高、人员稳定、教学水平高、教学效果好的教师团队。

（三）主要参考教材

［1］方有林.商务应用文写作［M］.上海：同济大学出版社.

［2］高晓梅.商务应用文写作［M］.大连：东北财经大学出版社.

［3］张建.应用写作［M］.北京：高等教育出版社.

［4］张中伟.应用写作［M］.北京：北京理工大学出版社.

（四）课程资源开发

课程资源及使用要求，即是本门课程运行所需的师资条件、实训教学条件等方面的要求。师资条件要求，主要包括教师所要具备的专业背景、学历学位、行业企业经历等资质，以及教学设计、课程开发、实践指导、比赛指导等方面能力。实训教学条件要求，主要包括针对校内及校外的每个实训项目（或工作任务）、实训室（或校外实训基地）、实训资源要求及实训时间安排等。教材编写的要求，主要包括要求充分体现课程设计思想，符合行业企业发展和职业岗位实际工作任务需求，能够实现课程教学目标，以及对教材内容的呈现方式、教材体例要求等。还有其他诸如专业教学资源库、教学课件、网络资源、教学软件、实训指导手册等教学资源需要达到的标准。

会展策划与管理专业"创意思维训练"课程标准

一、课程性质

该课程是会展专业的必修课,目标是让学生掌握创意思维的方法,活学活用,并完成一本《奇思妙想录》。培养学生独立思考、创新思考的能力,具备创新创业的基本素质,达到会展行业对创新人才的职业要求。通过创意思维训练课程的学习,为进一步学习展览策划和节事活动策划等课程打下基础。

该课程是依据"会展专业工作任务与职业能力分析表"中的创意思维训练工作项目设置的。其总体设计思路是,打破以知识传授为主要特征的传统学科课程模式,转变为以工作任务为中心组织课程内容,并让学生在完成具体项目的过程中学会完成相应工作任务,并构建相关理论知识,发展职业能力,培养学生跨学科学习的能力。课程内容突出对学生职业能力的训练,理论知识的选取紧紧围绕工作任务完成的需要来进行,同时又充分考虑旅游新业态与"旅游+"新形态下"大旅游"产业发展对理论知识学习的要求。坚持立德树人,注重思想政治教育贯彻教学始终,同时融合学生综合素质提升、创新创业能力培养、学生可持续发展的要求。根据高等职业教育对理论知识学习的需要,并融合了相关职业资格证书对知识、技能和态度的要求。项目设计以创意思维训练为线索来进行。教学过程中,要通过校企合作,校内实训基地建设等多种途径,采取工学结合、现代学徒制等形式,充分开发学习资源,给学生提供丰富的实践机会。教学效果评价采取过程评价与结果评价相结合的方式,通过理论与实践相结合,重点评价学生的职业能力。

教学过程中,将理论教学与创意思维训练相结合,根据专业技能对应岗位(群)的职责要求,确定学生的知识结构、能力结构和素质结构。实践教学环节包括课堂演讲、角色扮演、校内实训、社会实践等内容。在人才培养模式、实训实习基地建设、教师职业能力提升、专业指导委员会的建立、教学质量监控体系和信息反馈系统的完善等方面进行探索和实践。

该门课程的总学时为32学时,建议学分为2分,执笔人为杭宇。

二、课程目标

课程要求学生能够熟练掌握项目的分析、掌握创意思维的流程,并将好的创意融入策划方案的能力。在学生学习完本课程后,能够懂得创意思维的方法,制定有创意的方案,争取把好的创意变成创意产品。

通过本课程的学习,学生达到以下的职业能力目标:

（一）知识目标

- 熟悉创意思维的原则；
- 熟悉创意思维的基本流程；
- 掌握发散思维的方法；
- 熟悉创意产业的发展和趋势；
- 熟悉创新创业的政策。

（二）能力目标

- 能撰写有创意的方案；
- 能有效地应用创意思维的方法；
- 能有效地应用图形发散；
- 能销售创意产品；
- 能将创意做成创意产品；
- 能拍有创意的短视频。

（三）素质目标

- 培养学生的创新能力和独立思考能力；
- 培养学生的团队合作能力；
- 培养学生的开拓精神。

三、课程内容与要求

为使学生系统掌握创意思维训练知识与技能，课程共分4个单元，采用专业知识模块和知识应用模块两大模块教学，做到专业知识模块和知识应用模块互相渗透、融会贯通。专业知识模块要求学生掌握创意思维的基本类型，熟悉创意思维的原理和方法。

序号	工作任务/项目	课程内容和要求		建议学时
		理论	实践	
1	完成创意产业策划案/分析创意产业的趋势	●发散思维 ●全脑模式 ●创意产业 ●创新创业	掌握创意思维的方法，查找创意产业的资料，分析创意产业的前景，完成创意产业策划案	8
2	创造思维方法/5W2H法分析创业项目	●图形发散 ●用途发散 ●缺点列举法 ●5W2H法	用5W2H法分析创业项目，进行可行性分析	8
3	创造技法/用焦点法制定方案	●焦点法 ●图形联想法	运用焦点法制定创意方案	8
4	创意设计实践/完成一项创意设计作品	●幻想 ●表象控制 ●图片联想法	用图形记录设想，完成一项会展创意设计作品	8

四、考核评价

参照行业专家、学校督导组和学生网上评教等评价意见，不断改进教学方法，提高教学质量。本课程按照学校考试课程要求进行考核，闭卷考试。考试题型为名词解释、是非题、选择题、简答题和案例分析题。平时成绩按照学生的创意分享会、出勤情况进行打分，实训成绩要求每位同学写出 200 个创意，根据创意进行打分。考试比分：期末考试占 50%，平时成绩占 30%，实验实训占 20%。

五、课程资源及使用要求

（一）师资条件要求

本课程主讲教师杭宇，担任规划系创新创业工作室指导教师，参加过省教育厅创业导师培训，指导学生参加会展策划大赛多次获奖，既有丰富的理论知识，又有较强的实践教学经验。

（二）实训教学条件要求

学校教学硬软环境良好，课堂多媒体教学，会展有会展中心、会展实验室、学校操场、体育馆等实验活动场地，方便举办各类会展活动。

（三）教材使用

本教材使用的主教材为《创意思维训练》，为 2014 年首都经济贸易大学出版社出版，由罗玲玲主编。教材编写兼顾模块式教学和项目导向，每个章节都安排有案例分析，充分体现本课程偏重于实践的设计思想；以实训项目为载体实施教学，各个章节实训项目针对性强、可操作性高；各个实训项目之间逻辑结构清晰，并形成系列，能支撑课程目标的实现。

六、课程实施建议及其他说明

本课程是理论结合实践的课程。基础知识模块偏重于理论，要求学生了解创意思维的原理、创意思维的方法，熟练掌握发散思维的基本原理和方法。专业知识和知识应用模块偏重于实践，通过校园实训、校企合作、工学结合等，要求学生能够联系会展活动实际，独立或与人合作进行会展的创新。通过网络资源开发与利用课程资源，同时根据"学生主体、任务引领、能力本位"，发动学生参与相关实训教辅材料案例搜集，按照课程教学进度要求，完成实训手册或实训指导用书编写。经常性开展课堂实验、校园实训、社会实践活动，组织会展专业学生运用专业知识策划、组织、实施创意项目。并根据院级核心课程、精品课程建设要求，不断完善多媒体教学手段，利用现代信息技术和网络资源。

会展策划与管理专业"会展多媒体实务"课程标准

一、课程性质

本课程是会展策划与管理专业的实践课，属于专业岗位选修课程。它是会展专业计算机操作技能的前导，是后续课程"计算机辅助设计""平面设计""会展信息管理"的铺垫，也为学生在策划方案课件制作能力方面的提升打下基础。本课程根据高职会展专业的人才培养目标，面向展会、会议、节庆活动等相关企业的项目策划、执行等岗位，通过对多媒体课件制作、美图秀秀、movie maker、iebook电子杂志及锐动天地相关产品（超级录屏、视频编辑专家、视频转换专家、音频编辑专家）等软件操作的学习，同时结合相关理论授课讲解多媒体技术的应用，对会展行业多媒体技术的应用领域和发展趋势等进行课程内容分析、归纳、整合、优化教学内容，构建学习情境，对后续专业学习开阔思路、视野。

该课程的总学时为 28 学时，建议学分为 2 分，执笔人为张素。

二、课程目标

学生应掌握多媒体软件制作的基本概念、基本理论、基本方法，树立良好的理念、意识和团队协作精神，培养学生具有多媒体软件操作所需要的技能，能熟练地进行多媒体课件的制作和相关视频的处理。同时注重学生良好的职业道德和职业素质，为学生毕业后项目中运用到的多媒体制作铺路奠基。课程教学目标主要包括专业能力、社会能力和方法能力。

（一）知识目标

通过	●会展多媒体机房 ●多媒体课件制作 ●美图秀秀 ●movie maker ●iebook电子杂志 ●锐动天地相关产品（超级录屏、视频编辑专家、视频转换专家、音频编辑专家）	工作环境
完成	●动态多媒体课件制作 ●图片拼接、GIF图片制作 ●视频、音频剪辑、制作 ●电子杂志制作 ●多媒体技术讲解	工作任务
效果	●多媒体课件制作能力 ●多媒体素材编辑能力 ●多媒体视频制作能力 ●多媒体技术的理解能力	专业能力

（二）能力目标

1.具有制订多媒体作品设计方案和独立进行资料收集和整理的能力。

2.具有获取、分析、归纳、交流，使用信息和新技术的能力。

3.具有自学能力、理解能力和表达能力。

4.具有将知识与技术综合运用和转换的能力。

5.具有综合运用知识与技术从事程序较复杂的技术工作能力。

6.具有合理利用与支配资源的能力。

（三）素质目标

1.具有良好的职业道德和敬业精神。

2.具有团队意识及妥善处理人际关系的能力。

3.具有沟通与交流能力。

4.具有计划组织能力和团队协作能力。

三、课程内容和要求

根据会展策划与管理专业课程目标和涵盖的工作任务要求，分析会展多媒体实务课程五个学习情境，确定了每个子情境所具备的 5 个工作任务的内容和要求，并说明学生应获得的知识、技能与态度，安排 28 学时。

序号	工作工作任务/项目	知识内容与要求	技能内容与要求	建议学时
1	多媒体课件设计	●课件文本基本操作 ●声音课件模板制作 ●图文课件模板制作 ●图表课件模板制作 ●特效课件模板制作	●能制作基本多媒体课件 ●能制作主题特效课件 ●能制作Flash课件 ●能根据不同项目主题制作特效课件	14
2	美图秀秀	●软件基本界面认知 ●能制作图片素材 ●对图片进行美化、合成	●能根据不同主题制作相应图片素材	2
3	movie maker	●软件基本界面认知 ●视频制作、编辑 ●视频美化、合成	●能根据不同主题制作相应视频	2
4	iebook电子杂志	●软件基本界面认知 ●电子杂志制作、编辑 ●电子杂志美化、合成	●能根据不同主题、项目制作相应电子杂志	2
5	锐动天地相关产品（超级录屏、视频编辑、视频转换、音频编辑专家）	●软件基本界面认知 ●多媒体视频、音频的编辑、转换工具学习	●能根据不同的要求，编辑、转换相应的视频、音频素材	4
6	会展多媒体技术讲解	●投影技术 ●虚拟仿真技术 ●无线射频技术 ●多点触控技术	●基本了解会展领域应用的多媒体技术 ●根据所了解的多媒体技术能创新运用到项目创意中	4

四、考核评价

本课程对学生的评价与考核分三个部分：职业素养考核、实训作品考核、期末考核。

1. 职业素养考核

包括平时的出勤率、听课态度，完成相关项目任务的情况等，占总评价成绩的20%。部分内容重点考核学生的学习过程，包括其学习态度、努力的程度以及表现出来的效果。

2. 实训作品考核

根据学习过的知识，进行综合问题的处理，考核学生实际动手能力和对知识的综合掌握情况，由每个学生独立完成，考核成绩占总成绩的40%。

3. 期末考核

卷面考核学生对理论与实践掌握情况，占总成绩的40%。

五、课程资源及使用要求

（一）师资条件要求

教学队伍的合理性表现在两个方面：一是由一支教学经验丰富，且每年下企业锻炼的教学团队组成；二是由一支专兼结合的教学队伍任教，兼职教师来自于企业一线的技术带头人和骨干。所有的教师成员都是双师型教师，在行业内有一定的知名度，做到课程、服务、科研相融合。

（二）实训教学条件要求

会议宴会设计的实训条件有多媒体一体化机房，可容纳55人左右的学生操作，实训环境优雅，多媒体教学、舞台设备先进。校外实训基地为中国杭州低碳科技馆。中国杭州低碳科技馆是全球第一家以低碳为主题的大型科技馆；是集低碳科技普及、绿色建筑展示、低碳学术交流和低碳信息播等职能为一体的公益性科普教育机构；是公众特别是青少年了解低碳生活、低碳城市、低碳经济的"第二课堂"。

（三）教材选用

教材的选取体现项目课程设计的理念，学校教师通过调研结合行业、企业的职业标准，选取邓宁主编的《多媒体技术》，从多媒体的认知、平面设计、音频、视频等方面系统地进行介绍。并结合凤舞科技主编的多媒体课件制作入门与提高（模板实战版）（经典清华版）（附赠光盘）教材，通过4大篇幅内容布局、17章专题技术讲解、198个专家提醒、225个实战技巧、300多分钟视频演示、1300多张图片全程图解，可以帮助学生在最短的时间内从新手成为多媒体课件制作高手。教材体现模块化、项目式，具有实用性、适应性的特色，符合高职会展策划与管理专业学生的职业培养要求。

（四）课程资源的开发与利用

1. 多媒体教案和课件

全教学过程使用，不受限制。

2. 行业企业网站

学生通过如下行业、企业相关网站进行在线自主学习，拓展知识。

锐动天地：http：//www.17rd.com/

美图秀秀：http：//xiuxiu.meitu.com/

找爱 PPT：http：//www.1loveppt.cn/forum-free-1.html

3. 教学资源

本课程目前已拥有的学习资源包括国内多个展会现场多媒体应用图片、电子教案等。

六、课程实施建议及其他说明

各种教学方法在运用过程中围绕一个主题，即"突出学生主体地位、发挥项目导向作用"。如何才能达到该主题的要求，需选择以"工学结合"为指导的教学方法。灵活地把分组讨论法、角色扮演法、启发引导等方法有机融合，达到教学为培养学生创新能力、求知意志力、团队合作能力的效果。本课程的教学方法特色主要表现在如下两方面：

1. 灵活运用各种教学方法

会展多媒体实务教学过程中的多媒体软件操作环节，教师除了运用启发式教学调动学生的积极性外，还通过布置会展项目所学知识提高解决问题的能力，鼓励和引导学生通过互联网途径进行信息的熏陶，提高项目创意的能力。

2. 综合运用多种教学方法

基于"项目导向，产学并行"人才培养模式下的多种教学方法融为一体，综合运用于会展多媒体实务课程，使学生学习效果显著。

七、教学项目设计

结合教学内容安排，穿插设计以下教学项目设计，共计 26 学时。

项目	工作任务/项目	知识点	训练或工作项目	教学重点	教学情境与教学设计	建议学时
多媒体课件制作	课件文本基本操作	幻灯片工作界面基本操作、课件文本编辑	幻灯片切换方式与效果课件母版制作、版面布局、配色方案	幻灯片整体课件效果整合	制作一般过去时课件	14
	声音课件模板制作	幻灯片音频课件制作	幻灯片声音、视频、动画、Flash课件制作	幻灯片整体音频课件效果整合	制作化学概念课件	
	图文课件模板制作	幻灯片课件图文制作	幻灯片剪贴画、图片、艺术字、图形、SmartArt制作	幻灯片整体图文课件效果整合	制作物理基础知识课件	
	图表课件模板制作	幻灯片课件图表制作	幻灯片表格、图表制作	幻灯片整体图表课件效果整合	制作水果销售统计课件	
	特效课件模板制作	幻灯片美观特效制作	幻灯片主题特效、超链接制作	幻灯片整体特效整合	制作细胞学说课件	
美图秀秀	学会美图秀秀工具	对图片美化、合成	掌握图片的素材设计	GIF图片设计	校园风景美图设计	2
Movie maker	电影视频剪辑	学习movie maker工作界面	掌握电影视频剪辑、制作过程	movie maker操作	个人兴趣、专业介绍、展会概要等微电影制作	2

项目	工作任务/项目	知识点	训练或工作项目	教学重点	教学情境与教学设计	建议学时
iebook电子杂志	展会电子杂志制作	学习电子杂志工作界面	掌握电子杂志的剪辑、制作过程	能根据不同展会进行杂志制作	展会、会议、节庆项目电子杂志制作	2
锐动天地系列产品'	对多媒体编辑软件操作	学习各个多媒体软件的工作界面	掌握录屏、视频编辑、转换、音频编辑的过程	能根据不同多媒体素材进行编辑制作	根据以上多媒体素材进行相关编辑	2
会展多媒体技术	了解目前会展领域多媒体技术的应用类型	投影技术 虚拟仿真技术 无线射频技术 多点触控技术	根据所了解的多媒体技术,进行展项产品的创新开发	认识多媒体技术,能对这些技术在会展项目中进行策划、应用	对科技馆的多媒体技术进行认知、分析	4

会展策划与管理专业"展览场馆管理"课程标准

一、课程性质

该课程是会展专业的必修课，目标是培养学生掌握场馆管理的方法、识别场馆的风险并制定相应的应对措施的能力。以展览场馆管理课程的学习为基础，能够在会展场馆组织展览活动，并了解会展的基础设施。熟悉国内各大会展场馆并了解世界上一流会展场馆的运营模式，是进一步学习展览策划、会议组织与管理课程的基础。

该课程是依据"会展专业工作任务与职业能力分析表"中的展览场馆管理工作项目设置的。其总体设计思路是，打破以知识传授为主要特征的传统学科课程模式，转变为以工作任务为中心组织课程内容，并让学生在完成具体项目的过程中学会完成相应工作任务，并构建相关理论知识，发展职业能力。课程内容突出对学生职业能力的训练，理论知识的选取紧紧围绕工作任务完成的需要来进行；同时又充分考虑旅游新业态与"旅游+"新形态下"大旅游"产业发展对理论知识学习的要求；坚持立德树人，注重思想政治教育贯彻教学始终，同时融合学生综合素质提升、组织策划能力培养、学生可持续发展的要求。根据高等职业教育对理论知识学习的需要，并融合了相关职业资格证书对知识、技能和态度的要求。项目设计以会议组织与管理为线索来进行。教学过程中，要通过校企合作，校内实训基地建设等多种途径，采取工学结合、现代学徒制等形式，充分开发学习资源。教学效果评价采取过程评价与结果评价相结合的方式，通过理论与实践相结合，重点评价学生的职业能力。

教学过程中，将理论教学与活动策划实践相结合，根据专业技能对应岗位（群）的职责要求，确定学生的知识结构、能力结构和素质结构。实践教学环节包括课堂演讲、校内实训、社会实践等内容。在人才培养模式、实训实习基地建设、教师职业能力提升、专业指导委员会的建立、教学质量监控体系和信息反馈系统的完善等方面进行探索和实践。

该门课程的总学时为32学时，建议学分为2分，执笔人为杭宇。

二、课程目标

课程要求学生能够熟练掌握场馆管理的原则、分析会展中心的选址、了解会展中心的特点的能力。在学生学习完本课程后，能够完成会展项目的可行性分析，制定场馆管理预案。

通过本课程的学习，学生达到以下的职业能力目标：

（一）知识目标

1. 熟悉场馆管理的原则；

2. 熟悉场馆管理的基本流程；

3. 掌握现场管理的基本技能；

4. 掌握项目策划的技能；

5. 了解世界一流会展场馆的运营模式。

（二）能力目标

1. 能撰写场馆管理的可行性方案；

2. 能有效地分析场馆管理所面临的风险；

3. 能有效地制定出项目管理的应对措施；

4. 能进行场馆风险的识别；

5. 能撰写场馆的营销方案。

三、课程内容和要求

为使学生系统掌握展览场馆管理知识与技能，课程共分6个单元，采用专业知识模块和知识应用模块两大模块教学，做到专业知识模块和知识应用模块互相渗透、融会贯通。专业知识模块要求学生掌握场馆管理的流程，熟悉场馆管理的原理和方法。

序号	工作任务/项目	课程内容和要求		建议学时
		理论	实践	
1	分析会展中心的地位	●会展经济 ●会展中心的地位	查找会展中心相关资料	6
2	熟悉会展中心的规划	●周边配套 ●交通配套 ●应急疏散	调查会展中心的规划项目	6
3	会展中心的结构特点/讨论分析德国会展场馆的特点	●德国式实用主义 ●单体厂房 ●层高 ●地面承重 ●单体空间	能独立分析德国会展场馆的特点	6
4	分析会展中心的功能设置	●展厅 ●智能化 ●信息化	分析场馆的功能配置	6
5	计划管理/制订项目运作计划	●项目计划管理 ●经营成本 ●营销推广	制订并讨论项目运作计划	6
6	分析会展中心管理模式	●合作管理 ●委托管理	制定并讨论项目运作模式	6

四、考核评价

参照行业专家、学校督导组和学生网上评教等评价意见，不断改进教学方法，提高教学质量。本课程按照学校考试课程要求进行考核，闭卷考试。考试题型为名词解释、简答题和案例分析题。邀请会展专业人士对学生的小组实训报告进行评价并且点评。考试比分：期末考试占50%，平时成绩占20%，实验实训占30%。

五、课程资源及使用要求

（一）师资条件要求

本课程主讲教师杭宇，担任规划系创新创业工作室指导教师，指导学生参加会展策划大赛多次获奖，既有丰富的理论知识，又有较强的实践教学经验。

（二）实训教学条件要求

学校教学硬软环境良好，课堂多媒体教学，实训课程有会展中心、会展实验室、学校操场、体育馆等实验活动场地，方便举办各类会展活动。

（三）教材使用

采用胡平编写的教材《会展场馆经营与管理》，教材编写兼顾模块式教学和项目导向，每个章节都安排有案例分析，充分体现本课程偏重于实践的设计思想。以实训项目为载体实施教学，各个章节实训项目针对性强、可操作性高。各个实训项目之间逻辑结构清晰，并形成系列，能支撑课程目标的实现。

六、课程实践建议及其他说明

本课程是理论结合实践的课程。基础知识模块偏重于理论，要求学生了解场馆管理的原理，对会展场馆风险的识别，了解德国会展场馆的特点，掌握会展场馆的发展现状和趋势，熟练掌握场馆管理的基本原理和方法。专业知识和知识应用模块偏重于实践，通过校园实训、校企合作、现代学徒制等，要求学生能够联系会展活动实际，独立或与人合作管理场馆。

同时根据"学生主体、任务引领、能力本位"，发动学生参与相关实训教辅材料案例搜集；按照课程教学进度要求，完成实训手册或实训指导用书编写；经常性开展实训、校园实训、社会实践活动，组织会展专业学生运用专业知识策划、组织、实施节事活动项目。并根据院级核心课程和省级精品课程建设要求，不断完善多媒体教学手段，充分利用现代信息技术和网络资源。

会展策划与管理专业"会展物流双语"课程标准

一、课程描述

该课程是会展策划与管理专业的岗位选修课，是专业重要课程。目标是让学生掌握展品（国内／外展）运输、配送、仓储等具体业务，同时了解海关、商检及保险等部门的相关知识和业务流程（国际展）。目的是使学生在全面了解展品的物流过程及相关部门的业务流程的基础上使专业视角立体化和完整化，并拓展学生的实习及就业面，加强本专业学生的专业竞争能力，为高层次就业打下坚实基础。它以会展基础性课程（如会展概论）和实务性课程（如参展商实务）的学习为基础，也是进一步学习会展策划等课程的基础。

该课程是依据"会展专业工作任务与职业能力分析表"中的展品物流工作项目设置的。其总体设计思路是，打破以物流知识传授为主要特征的传统学科课程模式，转变为以展品物流流程工作任务为中心组织课程内容，并让学生在完成具体展品物流项目的过程中学会完成相应工作任务，并构建相关理论知识，发展职业能力。课程内容突出对学生职业能力的训练，理论知识的选取紧紧围绕工作任务完成的需要来进行，同时又充分考虑了高等职业教育对理论知识学习的需要，并融合了物流相关职业资格证书对知识、技能和态度的要求。项目设计以展品物流流程和涉及的相关单证为线索来进行。教学过程中，通过校企合作，校内实训基地建设等多种途径，采取工学结合、充分开发学习资源。教学效果评价采取过程评价与结果评价相结合的方式，通过理论与实践相结合，重点评价学生的职业能力。该课程大胆改革，拟引入双语教学模式。

该课程总学时为48学时，建议学分为3分，执笔人为余晨杰。

二、课程目标

1. 学生学习该门课程后应达到的预期结果

学生能够从展览主办方和参展商的角度了解展品和参展资料从参展商所在地运至展览场馆展台的整个过程。主要内容包括展品运输策划、展品装卸搬运技术、展品仓储、展品配送实务、展品海关报关、商检及保险等业务流程（国际展）、展品运输有关的单证、展品物流信息技术、展览场馆展台拆箱验货布展及展品物流发展趋势等。通过重新设计和定位课程，重组教学内容，创新教学模式并对教学方法和手段等进行改革，增强学生学习的积极性和主动性，强化学生职业素质的养成及关键能力和职业能力的培养。

2. 通过本课程的学习，学生应达到的职业能力目标

（1）具有熟练把握国际展品从出运到展馆展台的整个过程及各个环节的能力；

（2）具有熟练把握海关、展品检验检疫、展品保险等相关流程的能力；

（3）具有了解各类运输工具的性能和搬运机械的性能的能力；

（4）具有熟练掌握各类单证（书）及其填置的核心技能；

（5）具有熟练掌握各类单证（书）中英互换填置的核心技能。

三、课程内容和要求

序号	工作任务/项目	课程内容和要求		建议学时
		理论	实践	
1	Unit1 exhibition logistics system	The first section of the exhibitionlogistics system The second section of Exhibition logistics and exhibition enterprise environment Based on this chapter of the classroom learning, students are required to1.Mastering：The basic concept of exhibition logistics, nature and characteristics； Familiar With：The definition and characteristics of exhibition logistics； Understanding：The Classification of exhibition logistics 2 the course uses case combining theory and contrastive analysis, induction and deduction, teachers teach, students discuss the teaching mode	Through the course of teaching, the students enable to master： 1.Methods skills：students can combine the case and discusses the contents of each part of the system of real exhibition. 2.The industry skills：students are able to distinguish the actual exhibition project system composition.	4 Teaching hours
2	Unit 2 exhibition supply and sales logistics	The first section of Supply Logistics The second quarter sales logistics The third section JIT JIT purchasing 2 the course uses case combining theory and contrastive analysis, induction mode	Through the course of teaching, the students enable to master： 1.Methods skills：students can combine the case and discusses the supply and sales process of the real exhibitors exhibits. 2.The industry skills：students can provide information on the actual exhibition to do exhibition procurement JIT plan	4 Teaching hours
3	Unit 3 The returned logistics and waste material logistics exhibition	The first section The Waste classification and characteristics The second section The Characteristics and classification of emissions The third section waste treatment methods Based on this chapter of the classroom learning, students are required to Mastering：The main contents of the recycling exhibition logistics； Familiar With：The basic concepts of the exhibition waste logistics,； Understanding：The processing method of returned and waste material logistics. 2 the course uses case combining theory and contrastive analysis, induction mode	Through the course of teaching, the students enable to master： 1.Method skills：students can combines the case and discusses the types of waste and processing method of the real exhibition. 2.The industry skills：students can provide specific solutions for exhibitors exhibits recovery.	8 Teaching hours

序号	工作任务/项目	课程内容和要求		建议学时
		理论	实践	
4	Unit 4 The exhibits distribution and distribution center	The first section The basic concept of distribution The second section All kinds of distribution types The third section The distribution center Based on this chapter of the classroom learning, students are required to Mastering：The basic concepts of the exhibits distribution； Familiar with：the basic concept of the exhibits distribution center； Understanding：The treatment methods and characteristics of exhibits distribution 2 the course uses case combining theory and contrastive analysis，induction mode	Through the course of teaching，the students enable to master： 1.Method skills：students can combines the case and discuss the internal and external network operation exhibit authentic distribution center. 2.The industry skills：students can identify the objective standard of setting up the distribution center.	8Teaching hours
5	Unit 5 The exhibition logistics technology	The first section outlines logistics machinery The second section the common logistics machinery classification and its characteristics The third section of logistics information Based on this chapter of the classroom learning, students are required to Mastering：the basic concepts of the logistics machinery technology； Familiar with：the basic concept of the logistics warehousing technology； Understanding：the basic concept of logistics information technology 2 the course uses case combining theory and contrastive analysis，induction mode	Through the course of teaching，the students enable to master： The industry skills：students can combine the case and discuss the performance and function of the handling machinery warehouse.	4Teaching hours
6	Unit 6 exhibits inventory management	The first section：The outlines of inventory The second section：The exhibits inventory classification and characteristics The third section：The exhibits inventory management The fourth section：The zero inventory system Based on this chapter of the classroom learning, students are required to Mastering：the basic concepts of inventory； Familiar with：the basic concept of exhibit inventory management；Understanding：the basic concepts of the inventory forecast 2 the course uses case combining theory and contrastive analysis，induction mode	Through the course of teaching，the students enable to master： 1.Method skills：students can combine the case and discuss the advantages and disadvantages of exhibits warehouse management benefit. 2.The industry skills：students can predict with inventory（EOQ formula）preliminary calculation of reasonable exhibits inventory.	4Teaching hours

序号	工作任务/项目	课程内容和要求		建议学时
		理论	实践	
7	Unit 7 exhibits the entry-exit customs declaration system	The first section: the Basic knowledge of the Customs The second section: the exhibits Customs clearance procedures The third section: the import and export receipts and the export tax rebate introduced Based on this chapter of the classroom learning, students are required to Mastering: the Basic knowledge of Customs; Familiar with: the Customs clearance system; Understanding: the foreign exchange management for exhibit goods collection and payment 2 the course uses case combining theory and contrastive analysis, induction mode	Through the course of teaching, the students enable to master: 1.Method skills: students can be combined with a case to discuss exhibits process. 2.The industry skills: students can use English to fill in the customs declaration form.	4Teaching hours
8	Unit 8 exhibits entry-exit inspection and quarantine system	The first section: The entry-exit inspection and quarantine system The second section: The exhibits entry-exit inspection and quarantine procedures The third section: The main methods of section third exhibits of inspection and quarantine Based on this chapter of the classroom learning, students are required to Mastering the basic knowledge of: inspection; Familiar with: Inspection and quarantine system and procedures; Understand: Inspection and quarantine information 2 the course uses case combining theory and contrastive analysis, induction mode	Through the course of teaching, the students enable to master: 1.Method skills: students can combine with the inspection and quarantine process exhibits case discussion. 2.The industry skills: students can use English fill in the declaration form.	4Teaching hours
9	Unit 9 exhibits marine insurance and risk selection	The first section introduction of maritime transport insurance The second section exhibits transportation and insurance matters and attention The third section various insurance documents Based on this chapter of the classroom learning, students are required to Mastering: The Exhibits insurance concept; Familiar With: The Exhibits insurance coverage; Understanding: The Exhibits insurance documents 2 the course uses case combining theory and contrastive analysis, induction mode	Through the course of teaching, the students enable to master: 1.Method skills: students can combine with the appropriate case discussion exhibits insurance risks. 2.The industry skills: students can use English fill in insurance policy.	8Teaching hours

四、考核评价

教学评价致力于体现学生学习的结果以及力图体现学生的进步，因此打破传统的结果式考核，转为分阶段分层次的逐步逐层考核，并不仅仅对学生掌握的理论知识进行考核，更重要的是对学生掌握技能的程度、对紧急事件的灵活机动处理能力、对情感态度的把握和控制、对人际交往经营能力以及团队合作精神等的全面评价。

具体分为：

1. 课堂授课

以项目流程为导向，模块化教学。

2. 校内实训

以英文填制各类展品物流单证为主（采用教师讲解、学生收集单证资料、动手英文填制、教师和学生课堂讲评等）。

3. 校外实训

参观会展场馆展品搬运装卸作业流程、参与具体展会展品相关业务流程（用人单位展前培训、教师组织学生上岗位实习、用人单位领导给学生打分等）。

课程考核：平时课堂教学占 30%；课程实训占 20%；期末考试占 50%。

五、课程资源的开发与利用

（一）参考资料

[1] 张连富. 物流学 [M]. 北京：人民交通出版社，2005.

[2] 黄培. 现代物流导论 [M]. 北京：机械工业出版社，2005.

[3] 刘刚. 物流管理 [M]. 北京：中国人民大学出版社，2005.

[4] 张晓青. 现代物流概论 [M]. 武汉：武汉理工大学出版社，2005.

（二）指导教案

该课程已建设起较完备的练习题（包括选择题、判断题、名词解释和简答题），可以保证学生对基本概念的准确理解。

案例库：已收集具有指导意义的实际案例，通过对案例的讲解可以使学生把知识点转化成解决实际行业问题的能力。

（三）课程资源开发

校外实训基地建设：已和杭州国际会展中心等 10 余家行业内企业建立校企合作关系。

可以确保：

● 学生有足够的校外实训机会；

● 学生有实习的机会并能得到行业内人士的具体指导；

● 学生有充分的就业的机会选择。

六、课程实施建议及其他说明

本课程教学方法与手段的指导思想是：人才培养目标决定教学方法，根据市场人才需求及岗位职业能力要求制订教学计划；课程教学手段服务于人才培养目标，将技能教育贯穿于教学整个过程。

学生所学知识大部分是在课堂上获得的，因此课堂教学就显得尤为重要。具体课堂教学过程如下：

1. 教师先采用串联法把各部门的职责和必要的背景知识结合案例给学生简明扼要地讲授，目的是让学生有思想准备，知道学习的重点和中心。

2. 学生以寝室为单位，亲自动手，通过各种渠道收集各部门所要求的各类单证（书）。这是本课程教学改革的关键，渠道可以多样化，如网上收集、专业杂志收集，甚至可以到相关部门实地收集等。老师查漏补缺，作为平时成绩的重要打分环节。对于一些特殊表单如：运输麦头，还可以要求学生自己动手做一个。这样的教学方法可以大大提高学生的兴趣，通过自己动手主动去找单证（书），可以大大加深对其的理解。教师通过检查和平时打分又可以控制教学的进度和效果。

3. 以课堂讨论的形式让学生学习如何准确地填置收集齐全的单证（书）。具体教学过程是：让某个寝室的学生派出代表以 PPT 的形式演示单证（书）填置，其他学生如有不同意见，教师鼓励大胆提出。对某些疑难部分，教师重点讲解。讨论完成，对各类单证（书）教师再举一标准实例，加深学生对填置单证（书）的认识。这样一来，学生学习的积极性和课堂效果会大大改观。

4. 在完成了 2、3 步教学后，教师应该把重点转移到各类单证（书）的次序衔接上，也就是要学生对各部门的运作流程做到有全局观念。具体教学方法也是让学生先课堂讨论，教师对难点解答和做最后总结。

5. 最后一步也是关键的教学改革，就是把各类单证（书）中文转化成英文版本。原因很简单，就是要符合会展行业国际展对从业人员外语的要求。实际上，在行业内国际展，绝大多数的单证（书）都是要求英语表单和英语填置。而我们的学生客观说英语是个弱项，特别是专业英语。现在以各类英文版单证（书）为契机，是一个难得的学习和练习会展专业英语的好机会！具体教学是：教师先让学生找相应单证（书）的英文版，教师详细解释其中的英语术语，并要学生记忆，在期末考试中加大这方面的分值。平时，教师要注意教学检查，可以通过中文单证（书）让学生翻译成英文，或直接以英文表单让学生用英语填置。通过以上的教学改革，我们达到两个目的：一是真正调动学生主动学习的劲头，在自己动手动脑的过程中把握知识点，掌握真正核心技能——各类单证（书）及其填置；二是学习和掌握相关会展专业英语的技能。

本课程已形成一支专业的教学团队，有教授和副教授及讲师组成梯队教学；校内实训基地为会展工作实验室，主要配套会展计算机软件和各类展台搭建设备及教学仪器与多媒体，完全能满足教学校内实训要求。

校外实训基地目前有八家，都是专业的会展公司和场馆，主要提供会展专业实习和展会现场实训。平时有会展行业职业经理来校举办讲座。目前正向工学结合方面全面铺开，加强社会资源对专业和本课程的指导和建设。"会展物流"课程网络资源建设方面，目前已经建成精品课程网站。

The Teaching project Design For Exhibits Customs Clearance

Project	The task / Project	Points of knowledge	Training or work items	Teaching important points	The teaching situation and teaching design	Teaching hours
Exhibits the entry–exit customs	exhibits Customs declaration procedure	Basic knowledge of Customs Exhibits the customs clearance procedures	The customs declaration process	1.customs concept 2.declaration and registration system	This project use case combining theory and multimedia appreciation as well as comparative analysis, induction and deduction methods.The mode like teachers teaching, students discussing to display exhibits customs clearance procedures.	8 teaching hours

Project	The task / Project	Points of knowledge	Training or work items	Teaching important points	The teaching situation and teaching design	Teaching hours
Exhibits the entry–exit customs	English fill in the customs declaration	All kinds of customs declaration the general format and main content	Fill in customs declaration	1.qualification of declarers 2.declaration of professional English terms	This project use case combining theory and multimedia appreciation as well as comparative analysis, induction and deduction methods.The mode like teachers teaching, students discussing to display fill in customs declaration	8 teaching hours

会展策划与管理专业"参展商实务"课程标准

一、课程描述

该课程是会展专业的必修课，目标是让学生在学习展览策划课程之后，从参展的角度掌握企业参展的步骤过程，为日后为参展企业服务或代表企业参展打下基础。

该课程是依据"会展专业工作任务与职业能力分析表"中的展览策划与营销工作项目设置的。其总体设计思路是，打破以知识传授为主要特征的传统学科课程模式，转变为以工作任务为中心组织课程内容，并让学生在完成具体项目的过程中学会完成相应工作任务，并构建相关理论知识，发展职业能力。课程内容突出对学生职业能力的训练，理论知识的选取紧紧围绕工作任务完成的需要来进行，同时又充分考虑了高等职业教育对理论知识学习的需要，并融合了相关职业资格证书对知识、技能和态度的要求。项目设计以参展商参加展览为线索来进行。教学过程中，要通过校企合作，校内实训基地建设等多种途径，采取工学结合的形式，充分开发学习资源。教学效果评价采取过程评价与结果评价相结合的方式，通过理论与实践相结合，重点评价学生的职业能力。

教学过程中将理论教学与活动策划实践相结合，根据专业技能对应岗位（群）的职责要求，确定学生的知识结构、能力结构和素质结构。实践教学环节包括课堂演讲、校内实训、社会实践等内容。在人才培养模式、实训实习基地建设、教师职业能力提升、专业指导委员会的建立、教学质量监控体系和信息反馈系统的完善等方面进行探索和实践。

该门课程的总学时为 32 学时，建议学分为 2 分，执笔人为余晨杰。

二、课程目标

课程要求学生能够熟练掌握企业参展的流程，从参展企业的角度制定参展目标，选择合适的展会，展前准备，参展现场控制到展后工作都能够通过项目练习完成学习。

通过本课程的学习，学生达到的职业能力目标：

（一）知识目标

1. 了解世界知名的商务展会；

2. 掌握企业参展的流程；

3. 掌握国内外参展的相关准备工作；

4. 掌握展会现场营销的知识。

（二）能力目标

1. 能根据给定背景选择展会；

2. 能制定展会营销目标和参展方案；

3. 能有效开展展台营销活动。

三、课程内容与要求

为使学生系统掌握参展知识与技能，课程共分 5 个单元，采用专业知识模块和知识应用模块两大模块教学，做到专业知识模块和知识应用模块互相渗透、融会贯通。专业知识模块要求学生掌握参展的基本流程和各阶段的工作，了解参展相关法律知识和业务知识。

序号	工作工作任务/项目	课程内容与要求		建议学时
		理论	实践	
1	给定公司背景确定模拟项目内容，学生根据项目内容明确参展目标	1.世界主要知名展会 2.如何设定参展目标	了解会议的类型	4
2	学生根据各自项目明确参加的展会	1.行业内的知名展会 2.如何选择展会	对会议项目进行SWOT分析，分析统计数据	4
3	项目进入展前准备阶段	1.参展步骤 2.展前准备	制订会议方案	6
4	展示设计沟通	展示设计要求	制订会后考察方案	4
5	现场参展管理和营销	企业参展物流管理、现场营销、安全管理	制订会议筹备流程	6
6	展后客户跟踪和管理	展后管理和跟踪	制订现场工作方案	4
7	项目总结和相关知识补充	1.出国参展流程和特点 2.参展知识产权保护	制订会议评估的计划	4

四、考核评价

参照行业专家、学校督导组和学生网上评教等评价意见，不断改进教学方法，提高教学质量。本课程按照学校考试课程要求进行考核，闭卷考试。考试题型为名词解释、是非题、选择题、简答题和案例分析题。

考试比分：期末考试占 40%，平时成绩占 40%，实验实训占 20%。

五、课程资源及使用要求

通过校企合作开发与利用课程资源，并请西博公司陈燕为学生介绍会议组织的流程。同时根据"学生主体、任务引领、能力本位"，发动学生参与相关实训教辅材料案例搜集，按照课程教学进度要求，完成项目作业，经常性开展课堂实验、校园实训、社会实践活动，组织会展专业学生运用专业知识策划、组织、实施节事活动项目。

六、课程实施建议及其他说明

本教材使用的主教材：丁烨，企业参展管理［M］.天津：南开大学出版社，2009.
其他主要参考教材包括：参展商实务［M］.北京：机械工业出版社，2005.
本课程是理论结合实践的课程。基础知识模块是在展览策划与管理课程、营销课程、设计课程和物流等课程的基础上的，也是对以往知识从参展商的角度进行一个梳理。因此，在授课的时候要根据项目设计的情况教师进行点评和对知识点的概括。项目实践是该门课程的重点和主要教学线索，学生认真完成项目作业是教学活动开展的前提。

结合参展商实务等相关章节内容的实训项目，进行参展项目策划，以提高学生的策划能力、写作能力、逻辑思维能力和营销能力等。要求学生了解参展流程，通过理论与实践相结合，课堂与实训相结合，把教学场所由教室转向实验室、实训场地，使学生熟悉参展布展的基本流程，强化对学生项目管理能力、现场协调能力的培养（见下表）。

参展商实务教学项目设计举例

项目	工作任务/项目	知识点	训练或工作项目	教学重点	教学情境与教学设计	建议学时
确定要参加的展会	根据家具生产企业的现状和目标确定参加展会	企业如何确定展会	搜集全球知名家具展并做出选择	选择理由阐述	某家具生产企业参展	4
展前准备	软件公司的展前准备	一般企业展前准备工作	软件公司参展方案	指出展前准备工作的重点和问题	某软件有限公司参展	4
展览现场控制	现场营销和管理	展览现场有哪些工作	现场销售	现场营销工作应如何做	某仪表电子有限公司参展	2

会展策划与管理专业"会展英语"课程标准

一、课程性质

该课程是会展策划与管理专业的岗位选修课，是专业核心课程。目标是让学生通过大量的会展专业词汇和口笔译练习，逐步培养和提高学生用英语进行阅读、翻译和口头表达一般会展知识的能力；同时帮助学生了解主要发达会展国家的会展文化。通过本课程的学习，学生能掌握足够的会展专业词汇，应能就一般会展主题进行辅助性的中英文互译和交谈，提高英语在会展领域的应用能力，从而为在国际会展行业工作和发展打好良好的专业和语言基本功。它以会展基础性课程"展览策划与管理""市场营销""参展商实务"为前导课程，通过前导课程的学习，使学生掌握会议会展的基本流程，然后通过本课程的学习使学生掌握上述会展基本知识和流程的专业英语表达，而"会展物流"是本课程的后续课程，使学生继续深化专业英语在会展高端领域的运用能力。

该课程是依据"会展专业工作任务与职业能力分析表"中的专业英语工作项目设置的。其总体设计思路是，根据会展业发展趋势和要求，打破以知识传授为主要特征的传统学科课程模式，转变为以会展实用口语工作任务为中心组织课程内容，发展职业沟通能力。课程内容突出对学生职业能力的训练，理论知识的选取紧紧围绕工作任务完成的需要来进行，同时又充分考虑到高等职业教育对理论知识学习的需要。教学过程中，通过校企合作、校内实训基地建设等多种途径，采取工学结合、充分开发学习资源。教学效果评价采取过程评价与结果评价相结合的方式，通过理论与实践相结合，重点评价学生的职业能力。

该门课程的总学时为 64 学时，建议学分为 4 分，执笔人为陈唐。

二、课程目标

（一）知识目标

强化国际展会惯例和流程及专业英语术语和典型句型学习，重点结合校内课堂情景模拟口语实训的教学模式，使学生能掌握国际展会的一般流程特点，基本口语沟通交流的能力。成为既通晓国际展会的一般理论，又具备一定的国际展会英语接待、交流和沟通能力的专业人士，满足会展专业学生培养的要求。

（二）能力目标

1.展会介绍的编辑、设计能力；

2.展馆介绍的编辑、设计能力；

3.展会营销手段的应用能力；

4.展会辅助工作的执行能力；

5. 展会接待能力；

6. 展会后续跟踪、评估及投诉应对能力。

（二）素质目标

通过重新设计和定位课程，重组教学内容，创新教学模式并对教学方法和手段等进行改革，增强学生学习的积极性和主动性，强化学生职业素质的养成及关键能力和职业能力的培养。

三、课程内容和要求

根据会展策划与管理专业课程目标和涵盖的工作任务要求，确定了 11 个知识模块的内容和要求，并说明学生应获得的知识、技能与态度，安排 64 学时。

序号	工作工作任务/项目	课程内容和要求		建议学时
		理论（理论教学）	实践（能力教学）	
1	Exhibition and Convention	●Famous exhibitions in China and in the world ●The history of the fair industry in China	●Expressions of famous exhibitions in China and in the world ●Paper or oral introduction of an exhibition, or a convention, or an event	6
2	Size and Location	●EXPO jargons ●Famous exhibition centers and destinations worldwide ●Knowledge of the Friedrichshafen Exhibition Center	●Expressions of the facilities and equipment of an exhibition center ●Paper or oral introduction of an exhibition center	6
3	Promotion and Marketing	●Marketing jargons ●Basic promoting and marketing tactics	●Oral communication with potential clients concerning a new product or service	6
4	Preparation and Coordination	●Tips on conference operations ●Knowledge of a professional conference organizer	●Expressions of the facilities and equipment of a good meeting room ●Oral communications concerning the preparation work for a conference	6
5	Booth Design and Construction	●Booth design and construction jargons ●Tips on booth decorations	●Expressions of booth structure ●Oral communication concerning booth design and decoration with stakeholders	6
6	Presentation and Reception	●Body languages ●Taboos and tips on reception etiquette	●Product introduction to a potential client	6
7	Invitation and Thanks	●Steps to do invitations ●Draft of invitations letters or thanks letters	●Expressions of invitations and thanks ●Oral invitations and oral thanks	6
8	Business Travel and Sightseeing	●Business travel and sightseeing jargons ●Steps to plan a business travel	●Making reservations on tickets, hotel rooms, official visit, and leisure visit	6
9	Logistics and Insurance	●Logistics and insurance jargons ●Knowledge of the procedures of exhibits logistics	●Communication with stakeholders concerning exhibits logistics and insurance	6
10	Complaints and Countermeasures	●Steps to handle customer complaints ●Draft of a complaint letter	●Oral complaints ●Oral countermeasures for dealing with complaints	6

序号	工作工作任务/项目	课程内容和要求		建议学时
		理论（理论教学）	实践（能力教学）	
11	Follow-up and Assessment	●Knowledge of exhibition follow-up strategies ●Approaches for exhibition assessment	●Oral communication with clients after the exhibition or event	4

学生所学知识大部分是在课堂上获得的，因此课堂教学就显得尤为重要。具体课堂教学过程如下：

1. 教师先采用案例情景讲授专业英语术语，目的是让学生有思想准备，知道学习的重点和中心。

2. 以课堂讨论的形式让学生把所学的专业术语和句型表达出来。这样一来，学生学习的积极性和课堂效果会大大改观。

3. 以国际展会为载体，融入国外的会展文化，让学生就具体的会展情景主题进行中英文互译和交谈，提高英语在会展领域的应用能力，从而为在国际会展行业工作和发展打好良好的专业和语言基本功。

4. 充分利用现有的教学软硬件。

本门课程运用了会展试验室的展台，让同学在教师的指导下自行组展模拟展台服务，让同学可以运用展台对会展的招商招展、客户沟通、问卷设计等方面进行一揽子专业语言口语练习。

通过以上的教学改革，达到两个目的：一是真正调动学生主动学习的劲头，开口说专业英语；二是会展专业英语，是会展专业学生了解国际会展文化和惯例及参与高端国际展会的重要途径和手段。

四、考核评价

教学评价致力于体现学生学习的结果以及力图体现学生的进步，因此打破传统的结果式考核，转为分阶段分层次的逐步逐层考核，并不仅仅对学生掌握的理论知识进行考核，更重要的是对学生掌握技能的程度、对紧急事件的灵活机动处理能力、对情感态度的把握和控制、对人际交往经营能力以及团队合作精神等的全面评价。

教学评价和考核中贯彻能力为本的理念。变单向教学评价为多元评价，将静态教学评价变为动态评价；变学生被动应对考试为主动参与考核，将结果式考核变为分阶段分层次的过程考核。

教学环节	所占比重%	考核形式	分数构成		
			平时成绩	作业成绩	考试成绩
理论教学	50	笔试	20	40	40
能力教学	50	实训讨论	10	90	0
学生总成绩=理论教学成绩*50%+能力教学*50%					

五、课程资源及使用要求

（一）师资条件要求

本课程已形成一支专业的 4 人教学团队，均有英语专业学习或海外留学背景；同时聘请富有英语培训经验和行业实践经验的兼职老师，共同承担教学任务。可以说"会展英语"课程的教学队伍是一支学历较高、人员稳定、教学水平高、教学效果好的教师团队。

（二）实训教学条件要求

本课程校内实训基地为会展工作实验室，主要配套会展计算机软件和各类展台搭建设备及教学仪器与多媒体，完全能满足教学校内实训要求。课堂教学条件：具有多媒体功能的教室，包括投影仪、音响设备等。

校外实训基地：依托校企合作"六个一"平台，与杭州中博、中汽、西博办等单位建立了校企合作关系，每一届的西博会车展、房展、动漫节等成为我们校外实践的课堂。目前正向工学结合方面全面铺开，加强社会资源对专业和本课程的指导和建设。

（三）教材选用

教材建设是课程体系建设中的重要环节，是课程体系建设中的一项重要内容。教材的选用直接或间接地决定了人才培养的方向、目标和质量，并对教学效果和人才培养的质量起到非常巨大的作用。因此，结合学生的实际水平以及高职教育的实用性原则，特撰写《会展英语》课程自编教材。

1. 设计项目情景引导学生开口说专业英语，提高本课程的实际教学效果。

2. 该课程教材体现的核心能力和技能以实用和适度为原则。

3. 参考教材

［1］李世平，黄彬.会展英语［M］.北京：北京大学出版社，2013.

［2］王铮.会展英语［M］.北京：高等教育出版社，2012.

［3］赵玉牲.会展词典［M］.北京：对外经济贸易大学出版社，2011.

六、课程实施建议及其他说明

该课程教学在传统教学方法的基础上有所突破和创新，将课堂变为学生的主场。具体做法如下：

1. 学期初进行的第一步工作是，鼓励学生开口，不论词汇和语法；

2. 每次课都会组织 3~5 组学生进行情景对话或角色代入，由学生在上一次课程结束时自愿报名，培养学生主动学习的意识以及遵守承诺的职业素养；

3. 学生进行情景对话或角色代入的素材稿，在规定时间之前交由任课教师评判，逾期不候；

4. 学生课堂展现时必须脱稿，面向听众同学，听众同学可将 PPT 作为字幕；

5. 课程考评的创新之处在于：不设立基准门槛，班级学生之间形成对比竞争关系，按照最多最优表现来核算其他层次的表现。

附、教学项目（或学习情境）设计

项目	工作工作任务/项目	知识点	训练或工作项目	教学重点	教学情境与教学设计	建议学时
推广与营销	●营销专业术语 ●展会营销技巧	了解营销渠道和手段的专业表述	词组及专业表述	有效记忆	情景式课堂教学	6
	●展会营销对话	语言的可替换性	技巧式对话	实操训练	课程实践教学	
筹备与协调	●会议运作技巧 ●专业的会议组织者	了解会议运作技巧及会议组织者的职责	词组及专业表述	有效记忆	情景式课堂教学	6
	●会议筹备与协调对话	语言的可替换性	技巧式对话	实操训练	课程实践教学	
展示与接待	●肢体语言 ●接待禁忌与技巧	了解接待禁忌与技巧	词组及专业表述	有效记忆	情景式课堂教学	6
	●展会接待对话	语言的可替换性	技巧式对话	实操训练	课程实践教学	
邀请与感谢	●邀请函的拟制 ●感谢信的拟制	了解邀请程序 撰写邀请函和感谢信	词组及专业表述	有效记忆	情景式课堂教学	6
	●邀请对话与感谢对话	语言的可替换性	技巧式对话	实操训练	课程实践教学	
商务旅行与观光	●旅行与观光术语 ●旅行准备	掌握术语 了解旅行准备流程	词组及专业表述	有效记忆	情景式课堂教学	6
	●旅行对话	语言的可替换性	技巧式对话	实操训练	课程实践教学	

会展策划与管理专业"会展设计"课程标准

一、课程性质

该课程是浙江旅游职业学院会展策划与管理专业的必修课，是专业核心课程之一。目标是让学生掌握会展设计相关知识，培养会展 VI 设计、展台设计等能力，具备一定的平面和三维设计岗位素质，达到初级会展设计师职业要求。它以计算机辅助设计、创意思维训练课程的学习为基础，也是进一步学习展览策划与管理、节事与活动策划、会议宴会设计等课程的基础。

该课程是依据"会展策划与管理专业工作任务与职业能力分析表"中的会展设计工作项目设置的。其总体设计思路是，以"满足岗位需要""拓展职业生涯"为导向；以"职业能力"为基础，重视职业素质、专业素质培养；以"工作过程"为主线，以"工作实践"为起点。打破以知识传授为主要特征的传统学科课程模式，转变为以工作任务为中心组织课程内容，并让学生在完成具体项目的过程中学会完成相应工作任务，并构建相关理论知识，发展职业能力。课程内容突出对学生职业能力的训练，理论知识的选取紧紧围绕工作任务完成的需要来进行，同时又充分考虑了高等职业教育对理论知识学习的需要，并融合了相关职业资格证书对知识、技能和态度的要求。项目设计以实际工作过程为线索来进行，教学过程中，要通过校企合作，校内实训基地建设等多种途径，采取工学结合等形式，充分开发学习资源。教学效果评价采取过程评价与结果评价相结合的方式，通过理论与实践相结合，重点评价学生的职业能力。

该课程总学时为 72 学时，建议学分为 4 分，执笔人为邬燕。

二、课程目标

（一）知识目标

围绕会展的主题、目标和内容，通过视觉传达设计、空间环境设计、工业设计、设计管理等手段，掌握美学、艺术史、广告学、设计方法学、色彩学、人体工程学、材料学等多门学科的相关知识。

（二）能力目标

在专业知识和技能的基础上，培养有目的的、符合专业要求的、按照一定方法独立完成任务、解决问题和评价结果的热情和能力；培养自我学习、信息处理、数字应用等能力；培养与人交流、与人合作、革新创新、外语应用等能力。

（三）素质目标

培养学生爱岗敬业、细心踏实、思维敏捷、勇于创新、善于团队合作等职业精神。

三、课程内容和要求

序号	工作任务/项目	课程内容与要求		建议学时
		理论	实践	
1	工作描述	●概述 ●职业描述	●走进设计 ●设计体系 ●会展设计概述 ●行业背景与现状 ●职业和岗位描述 ●典型工作任务及工作流程 ●人员基本要求	4
2	设计基础	●构成设计 ●创意设计	●构成理论 ●平面构成 ●色彩构成 ●立体构成 ●创意设计概述 ●创意设计的方法 ●创意设计的形式美法则 ●创意设计的过程	16
3	专项设计	●会展形象识别系统设计 ●版式设计 ●书籍装帧设计 ●展台设计与搭建 ●场馆设计与布置	●项目概述 ●主要任务 （具体参照"六教学项目设计"）	44
4	拓展知识	●人体工程学应用 ●声光电及多媒体运用	●会展设计中的尺度要求 ●会展设计中的视觉要求 ●会展设计中的心理要素 ●声光电的运用 ●多媒体的运用	8

备注：典型工作任务、项目、模块、学习情境、工作过程等。

四、考核评价

在考核方式上，采用形成性与终结性评价相结合的闭卷考试、大型作业、工作过程等多种考核方式。增加过程性成绩比重，增加考勤、作业、实训、平时表现等在成绩中的比重，合理确定过程性成绩在总成绩的比重，由原先的不超过40%提高为不低于50%。改革考核评价制度，支持学生以参加校内外各类考证、比赛取得的成果；以参加校内外优质网络课程、网络学习资源取得的结业证书；以参加创新创业、社会实践等活动以及发表论文、获得专利授权等与专业学习、学业要求相关的经历、成果，申请校内相关课程的免修（免考），折算为学分，计入学业成绩。考核总分100分，其中知识考核40分，项目考核40分，平时考核20分。知识考核主要包括基础知识、理论知识、应用知识等。项目考核从效率、质量、结果、工作量、技能、创新性、团队性、积极性、纪律性、素养等几个部分考核。平时考核主要包括课堂到课率、课堂纪律等方面考核。注重评价的多元性。

五、课程资源及使用要求

（一）师资条件要求

本课程组现有专兼职 6 名教师。课程组的各位教师思想活跃、勇于改革、大胆创新，专业基础理论比较扎实，综合业务能力强，知识结构、年龄结构比较合理，教学能力强，行业企业经验丰富；专业包括平面设计、场馆设计、展台设计、工程搭建等背景；实践指导能力强，在课程组中根据自身的特点和特长分工合理。

（二）实训教学条件要求

实训项目1　会展形象识别系统设计（12 学时）

● 实训目标

熟练运用计算机辅助平面设计软件，完成全套 CIS 设计任务。

● 工作任务

理念识别系统设计、行为识别系统设计、视觉识别系统设计。

● 项目设计

某展览会的全套 CIS 设计（配合展览策划与管理课程）。

● 实训资源

设计定义与组成、原则、工作流程。

● 课后练习与任务

调查 CIS 设计市场价格。

实训项目2　版式设计（12 学时）

● 实训目标

熟练运用计算机辅助平面设计软件，完成常见版式设计任务。

● 工作任务

DM 系列版式设计、户外系列版式设计。

● 项目设计

某展览会的全套版式设计（配合展览策划与管理课程）。

● 实训资源

版式设计的定义及作用、发展趋势、设计原则、造型要素和变化规律、视觉流程、文字与图片的处理、工作流程。

● 课后练习与任务

调查版式设计市场的价格。

实训项目3　书籍装帧设计（12 学时）

● 实训目标

熟练运用计算机辅助平面设计软件，完成 CIS 书册装帧设计任务。

● 工作任务

封面封底设计、书脊和勒口设计、护封设计、衬页和扉页设计、目录设计、序言和正文设计、书眉和页码设计、切口设计。

- 项目设计

某展览会的 CIS 手册装帧设计（配合展览策划与管理课程）。

- 实训资源

书籍装帧设计的定义、功能、设计原则、常用纸张材料、印刷工艺、工作流程。

- 课后练习与任务

调查书籍装帧设计市场的价格。

实训项目 4　展台设计与搭建（8 学时）

- 实训目标

熟练运用计算机辅助平面设计软件，熟练运用搭建器材，完成标摊设计与搭建任务。

- 工作任务

展台总体设计、材料设计、展具的选择与搭建、道具的设计、展品陈列设计。

- 项目设计

某展览会的展台设计与搭建（配合展览策划与管理课程）。

- 实训资源

展台设计与会展活动的关系、展台设计与参展者的目的与要求、展台设计的类型、搭建的原则、注意要点、工作流程。

- 课后练习与任务

调查展台设计与搭建市场的价格。

实训项目 5　场馆设计与布置（8 学时）

- 实训目标

熟练运用计算机辅助平面设计软件，完成场馆（会展实训室场馆）或户外活动场地的设计与布置任务。

- 工作任务

场馆外部环境设计、场馆内部空间设计、展区与展位划分、场馆路线设计。

- 项目设计

某展览会的场馆设计与布置，或户外活动场地的设计与布置（配合展览策划与管理课程）。

- 实训资源

场馆的定义、场馆空间的构成、影响因素、原则、工作流程。

- 课后练习与任务

调查场馆设计与布置市场的价格。

（三）教材选用

选用教材是一本以工作过程导向为基础的、以任务驱动的、以适用性为原则的、从会展设计相关岗位及岗位群的职业角度出发的会展专业性教材。该教材突出实践性的特点，注重提高学生的专业实践能力、知识和技巧。围绕有关会展设计业务操作的各个环节的目标、程序、实施手段等内容展开，将来能在具体的会展设计业务实践中予以应用，保证工作更有条理性和整体性。并设计学习情景，以学生小组的方式合作完成专项设计项目，学生通过亲自调查分析、创意和动手操作乃至真正实施，能够对会展设计工作有一个完整的认识，切身体会到其运作过程。

六、课程实施建议及其他说明

会展设计是一门综合性很强的专业学科，它集美学、广告学、设计方法学、色彩学、人体工程学、材料学、现代信息技术等内容为一体，是艺术和科学结合的产物。所以在教学方法上根据课程的特点，依据"工学结合、学做合一"的原则，分别采用案例教学、项目教学、讨论式教学、探究式教学的方法，高度重视课程的实验、实训等实践性环节，在教学过程中应用多媒体教室等现代化教学设备，大量的应用图片和案例对课本知识进行讲解，强调课程的操作性和实用性，理论和实际相结合引导学生自主学习。课件应采用 PowerPoint 等多媒体为制作平台，满足目标性、科学性、教学性、简约性、通用性、控制性、艺术性等多方面的要求，激发学生的学习兴趣，扩大信息含量，着重解决教师用语言和文字难以表述的问题，并且在使用过程中得到良好的教学效果。在确保教程内容完整性的原则上增加一些辅助内容，扩大学生知识面；采用统一模板，保持整体风格的一致性，使学生在意识中有连续性；大量采用案例、图片、视频、声频等资源以满足课堂教学活动的需要，提高学生的学习兴趣。

会展策划与管理专业
"会展旅游组织与接待"课程标准

一、课程性质

"会展旅游组织与接待"课程是会展策划与管理专业学生的专业基础课，目标是让学生通过了解旅行社的一般性运作方法与方式，掌握会展旅游的组织与接待的操作能力。它以"会展概论""会展旅游"课程的学习为基础，内容包含旅游产品设计、旅游线路制定、旅游活动组织及旅游活动接待等。

该课程是依据"会展策划与管理专业人才培养方案"的课程体系设置的。其总体设计思路是：以学生的专业知会能力培养为重点，结合行业发展动态，把握产业需求，尽量使课程融入行业、产业，着力传授和训练企业所需要的相关知识和能力，充分挖掘学生的主动性和创造性；根据每一教学单元的知识、能力和技能在实际职业工作中出现的频度、内容的难度和要求掌握的程度来合理安排学时。课程中的各项目设计以企业实际常规性运作为线索来进行。教学过程实施课堂讲授与课堂讨论相结合，部分实操和多媒体软件为辅助，充分开发校企合作、实训基地等学习资源。教学效果评价采取过程评价与结果评价相结合的方式，重点评价学生的职业知会能力。

该门课程总学时为 36 学时，建议学分为 2 分，执笔人为牟丹。

二、课程目标

（一）知识目标

1. 掌握会展旅游接待管理的基本理论；

2. 掌握会展旅游接待组织的具体运作程序；

3. 掌握会展旅游接待与组织的管理实践。

（二）能力目标

1. 能准确表述会展旅游的类型、特点及要求；

2. 能完整表述常见会展旅游的组织构架；

3. 能完整表述会展旅游产品开发设计的原则与步骤；

4. 能制订会展旅游产品的行程单；

5. 会准确运用会展旅游产品定价、报价和计价的方法；

6. 能完整表述旅游服务采购业务的原则；

7. 会准确运用不同旅游产品要素的采购方法；

8. 能完整表述会展旅游接待业务的内涵和特点；

9. 能操作会议旅游和展览旅游接待业务；

10. 能准确运用不同会展旅游对象的接待方法。

（二）素质目标

1. 人际沟通能力及团队协作能力；

2. 勇于创新、敬业乐业、敢于实践的工作作风；

3. 质量意识、效率意识、服务意识和营销意识；

4. 分析问题、解决问题的能力。

三、课程内容和要求

为使学生掌握会展旅游的理论基础知识和会展旅游的操作技能，课程通过会展旅游概述、组织机构、产品设计、日程编制、服务采购、产品价格、接待服务等教学单元，采用课堂讲授与课堂讨论相结合，具体实训与分组实操为方式，具体案例与多媒体软件为辅助的教学。

下表是本课程根据专业课程目标和涵盖的工作任务要求，确定课程内容和要求，来说明学生应获得的知识、技能与态度。

序号	工作工作任务/项目	知识内容与要求	技能内容与要求	建议学时
1	会展旅游概述	●会展旅游概念的认知 ●会展旅游的类型 ●会展旅游的特征	●学会如何安排会议旅游、奖励旅游活动内容的具体方法	4
2	会展旅游的组织构建	●组织机构的设立原则 ●明白常见的组织机构模式 ●明白各组织机构的基本职能	●能分析比较不同模式的组织机构利弊	4
3	会展旅游产品设计	●掌握会展旅游产品的基本特征、分类、新产品的类型等 ●掌握会展旅游产品开发设计的原则与步骤 ●了解会展旅游产品的成本构成	●能按小组完成一个自创的旅行社产品设计 ●用多媒体形成进行汇报	8
4	旅游行程编制	●旅游行程的定义及作用 ●编制行程的基本要求 ●旅游行程的格式	●能根据自创旅游产品编制相应行程单	4
5	旅游服务采购	●明确服务采购的意义与原则 ●掌握旅游六大要素的采购要点 ●明白采购业务的管理要素	●学会采购合同的管理	4
6	旅游产品价格	●了解会展旅游产品的价格构成 ●掌握会展旅游产品的计价方法 ●学会会展旅游产品的报价、计价及利润	●能根据旅游行程给产品计价、报价及计算利润	6
7	旅游接待	●掌握会展旅游接待业务的内涵和特点 ●掌握会议旅游和展览旅游接待业务 ●学会准确运用不同旅游对象的接待方法	●学会准确运用不同旅游对象的接待方法	6

四、考核评价

改革传统的以比试形式考核成绩的方式，根据学生任务完成、项目实施情况，注重课程职业能力的考核，采用能力测试与理论测试相结合的综合评定。

序号	考核内容	分值	考核方式及比重	
			学生评价	教师评价
1	任务成果文案	10分	20%	80%
2	任务成果汇报	30分	10%	90%
3	团队协作和学习态度	10分	80%	20%
4	期末测试	50分		100%

五、课程资源及使用要求

（一）师资条件要求

"会展旅游组织与接待"是专业性极强的基础课程，涉及会展接待的方方面面，所以任课教师必须具有中高级职称、对会展旅游接待经营管理十分熟悉，又有一定企业运营管理经验。教学团队由专任教师和行业兼职教师组成。

与知名企业合作，聘请行业经验丰富的人士授课或讲座；同时，兼职和专任教师形成优势互补。

（二）实训教学条件要求

要有校企合作的实训基地，有相对独立的小组活动场所。

（三）教材选用

本课程以朱智主编的《旅行社运营管理实务》为主要参考教材。该教材充分体现了课程设计思想，单元之间的逻辑结构清晰，能支撑课程目标的实现，并能突出职业能力的培养与提高，同时可操作性较强。

六、课程实施建议及其说明

（一）教学建议

本课程建议采用课堂讲授与课堂讨论、课堂分组练习相结合，具体案例、具体实训与分组实操与多媒体软件为辅助的教学。结合高职高专学生爱动、重表象的学习特点，将启发式教学法、讨论式教学法、分析式教学法等，灵活应用于教学活动过程中，为学生营造真实的会展旅游运行氛围，使学生既有感性认知，又有理性认识。

（二）课程资源的开发与利用

1. 相关辅助教材

［1］王保伦.会展旅游［M］.北京：中国商务出版社，2004.

［2］刘红霞.会展管理［M］.北京：北京师范大学出版社，2011.

［3］龚维刚，陈建国.会展实务［M］.上海：华东师范大学出版社，2007.

［4］戴斌，杜江.旅行社，管理［M］.北京：高等教育出版社，2007.

［5］粱军.采购管理［M］.北京：电子工业出版社，2006.

［6］倪慧丽.旅行社经营管理实务［M］.北京：人民邮电出版社，2006.

［7］肖树青.旅行社经营管理［M］.北京：北京交通大学出版社，2010.

［8］张建融.旅行社运营实务［M］.北京：中国劳动社会保障出版社，2009.

［9］王健民.旅行社产品经营智慧［M］.北京：旅游教育出版社，2008.

同时，推荐学生积极地利用发达的网络信息，如同程网、旅行社协助网、经营管理网等诸多专业网站。此外，相关的报纸杂志类也积极向学生推荐阅读，如《旅行社》《中国旅游》等。

2. 与若干旅行社合作，不定期地进行旅游业务实践，考察与调查，及时了解旅游行业最新动向。

3. 充分利用网络资源，推荐学生积极利用发达的网络信息，如同程网、旅行社协助网、经营管理网等诸多专业网站。此外，相关的报纸杂志类也积极向学生推荐阅读，如《旅行社》《中国旅游》等。

（三）教学方法建议

1. 采用多媒体教学法，精心制作高质量课件，提高课堂教学的直观性。

2. 适度采用项目教学和工作任务教学法，密切课程教学与职业能力之间的关系，提高学生学习积极性。

3. 综合运用课堂讲授、建立模拟旅行社，小组讨论、旅行社实地考察、实例操作，案例分析、实训作业等多种方法，提高教学实效。

（四）教学项目（或学习情境）设计

根据《会展旅游组织与接待》课程的性质，按照教学项目（模块）设计详细的教学内容，具体设计如下：

项目1　会展旅游概述（4学时）

● 教学目标：旨在帮助学生对会展旅游建立起比较综合的、基础的认识，主要包括会展与会展旅游的定义，会展旅游的类型，会展旅游的特征等。学会如何安排会议旅游、奖励旅游活动内容的具体方法。

● 工作任务：能独立完成编排奖励旅游活动项目。

● 活动设计：案例讲解，分组讨论和设计奖励旅游的活动项目。

● 相关知识：会议旅游、展览旅游、奖励旅游的概念；会议旅游的特点和作用；会议旅游的特征分析。

● 课后练习与任务：什么是奖励旅游？如何在旅游产品中设计相关的活动内容？

项目2　会展旅游的组织机构（4学时）

● 教学目标：旨在帮助学生掌握常见的组织机构设立模式；明白各组织机构的基本职能。

● 工作任务：分析比较不同模式的组织机构的利弊。

● 活动设计：案例讲解，课堂讨论。

● 相关知识：组织机构设立的原则；常见的组织机构模式；组织机构的基本职能。

● 课后练习与任务：了解本地两家不同类别旅行社企业的组织结构模式，分析它们的利弊。

项目3　旅行社产品设计（8学时）

● 教学目标：旨在帮助学生掌握会展旅游产品的特征、分类、新产品的类型等；掌握会展旅游产品的开发设计原则与步骤；了解会展旅游产品的成本构成。

- 工作任务：按小组完成会展旅游产品设计。
- 活动设计：案例讲解，课堂讨论，分组设计自创的会展旅游产品，制作多媒体资料，选派代表汇报，进行全班评审。
- 相关知识：产品生命周期，会展业新产品开发过程，产品训练。
- 课后练习与任务：会展旅游产品有哪些特征？应当遵循哪些原则？会展旅游产品开发的步骤是什么？设定几个旅游消费群体，并为他们设计旅游线路（PPT）。

项目 4　旅游行程编制（4 学时）

- 教学目标：旨在帮助学生了解旅游行程的定义及作用；掌握行程编制的基本要求；能按旅游行程的格式和内容编制日程表。
- 工作任务：学会准确运用旅游行程的基本要求编制活动日程。
- 活动设计：案例讲解，分组讨论与练习。
- 相关知识：旅游线路与旅游行程定义，编制旅游行程的基本要求，旅游行程的基本格式。
- 课后练习与任务：旅游行程的作用是什么？编制行程时应注意的事项是什么？根据自创的旅游产品编制相应行程单。

项目 5　旅游服务采购（4 学时）

- 教学目标：旨在帮助学生掌握旅游服务采购的概念、原则、方式和策略。了解交通、住宿、餐饮、景点及娱乐等项目采购的程序和方法。明确旅游服务采购业务管理。
- 工作任务：学会管理采购合同。
- 活动设计：案例讲解，分组讨论与练习。
- 相关知识：民航、高铁、邮轮和保险业务。
- 课后练习与任务：什么是旅游服务采购？必须坚持哪些原则？旅游服务采购交通的内容主要有哪些？各应注意的问题是什么？采购合同的基本内容包括哪几个方面？

项目 6　旅游产品价格（6 学时）

- 教学目标：旨在帮助学生了解旅游产品的价格构成；掌握旅游产品的计价方法。学会旅游产品的报价和计价操作。
- 工作任务：学会旅游产品的计价和报价。
- 活动设计：案例讲解，分组讨论与操作练习。
- 相关知识：价格构成；组团社、地接社的计价、报价操作；产品利润的计算。
- 课后练习与任务：能根据旅游行程计划单给产品计价、报价及计算利润。

项目 7　旅游接待（6 学时）

- 教学目标：旨在帮助学生掌握会展旅游接待业务的内涵和特点，掌握会议旅游和展览旅游接待业务，掌握旅游接待业务原则，学会准确运用不同旅游对象的接待方法。
- 工作任务：学会会议旅游和展览旅游接待业务，学会准确运用不同旅游对象的接待方法。
- 活动设计：案例讲解，实训基地练习。
- 相关知识：接待礼仪；不同特殊客户和会议团体的特点。

● 课后练习与任务：会展旅游接待业务的特点有哪些？会议与展览旅游各具有哪些特点？接待管理分为哪几类？会展接待的操作要点是什么？

● 活动设计. 案例讲解，分组讨论与练习。

● 相关知识：会展旅游接待程序、接待相关注意事项。

● 课后练习与任务：旅游服务的质量管理与监控的方法有哪些？如何处理旅游过程中的突发事件？如何接待不同的旅游对象？

（五）其他说明

本课程标准适合会展专业、景区服务管理专业及导游专业。

会展策划与管理专业"对外商务函电"课程标准

一、课程描述

该课程是会展策划与管理专业的必修课，目标是让学生通过国际贸易理论学习和函电的练习，逐步培养和提高学生对国际展品的整个交易流程业务能用外贸英语处理的能力；同时帮助学生了解主要发达会展国家的展品整个交易流程业务的规则。通过本课程的学习，学生能掌握足够的外贸专业术语，应能就一般国际展品业务主题进行中英文互译和交谈，提高外贸英语在会展领域的应用能力，从而为学生在国际会展行业工作和发展打下良好的专业和语言基本功。它以会展基础性课程"市场营销""参展商实务"等为前导课程；通过前导课程的学习，使学生掌握会展的基本概念；然后通过本课程的学习使学生掌握国际展品的整个交易流程及其专业外贸英语表达。而"会展物流"为本课程的后续课程，继续使学生深化专业英语在国际会展高端领域的运用能力。使学生能掌握国际贸易的核心能力和技能，成为既通晓外贸商务，又对国际展展品所特有的外贸流程有清晰的认知和较强的操作能力，满足会展专业学生培养的要求。从而开拓会展专业学生的就业面，满足会展企业对国际会展人才的需求，达到专业、学生和企业三方共赢的效果。

该课程是依据"会展专业工作任务与职业能力分析表"中的专业英语能力应用项目设置的。其总体设计思路是，打破以知识传授为主要特征的传统学科课程模式，转变为以展品外贸整个交易流程为中心组织课程内容，发展职业沟通能力。课程内容突出对学生职业能力的训练，理论知识的选取紧紧围绕工作任务完成的需要来进行，同时又充分考虑了高等职业教育对理论知识学习的需要。教学过程中，通过校企合作，校内实训基地建设等多种途径，采取工学结合、充分开发学习资源。教学效果评价采取过程评价与结果评价相结合的方式，通过理论与实践相结合，重点评价学生的职业能力。

该门课程的总学时为32学时，建议学分为2分，执笔人为余晨杰。

二、课程目标

（一）知识目标

学生学习该门课程后应达到的预期结果：

强化国际展品交易惯例和流程及外贸英语术语和典型句型学习，重点结合校内课堂情景模拟函电和口语实训的教学模式。使学生能掌握国际展品的一般交易流程特点，基本外贸函电沟通交流的能力。成为既通晓国际展品交易的一般理论，又具备一定的国际展品交易处理的英语函电沟通的能力，满足会展专业高端学生培养的要求。通过重新设计和定位课程，重组教学内容，创新教学模式并对教学方法和手段等进行改革，增强学生学习的积极性和主动性，强化学生职业素质的养成及关键能力和职业能力的培养。通过本课程的学习，使学生能熟练掌握以下知识点：①外贸函电常用术语；②外贸函电常用句型，②外贸函电写作、交际、情景对话等。

（二）能力目标

1. 提高外贸函电写作、阅读及日常口语能力；

2. 提高展会现场和客户面对面沟通交流，完成客户接待、信息收集、问卷调查等的能力。

三、课程内容和要求

序号	工作任务/项目	课程内容和要求		建议学时
		理论	实践	
1	Unit 1: Communication in International Business	第一节 The characteristics of effective models of business and technical communications 第二节 practical writing and communication skills 通过本单元课程教学，使学生掌握外贸函电基本写作格式和原则	本单元课程运用案例结合理论以及对比分析、归纳演绎、教师讲授、学生练习等的教学模式	6
2	Unit 2: Inquiring and Replies	第一节 Establishing business Relationship 第二节 Enquiry/Inquiry 第三节 Reply to Inquiry 通过本单元课程教学，使学生掌握国际商品（含展品）交易询盘/询价的外贸术语句型和相关函电	本单元课程运用案例结合理论以及对比分析、归纳演绎、教师讲授、学生讨论等的教学模式	6
3	Unit 3: Offer and Trade Promotion	第一节 Offer and quotation 第二节 Firm offer/Non-firm offer 第三节 Counteroffer& Acceptance 第四节 Trade Promotion 通过本单元课程教学，使学生掌握国际商品（含展品）报盘至接受的过程中常用的外贸术语句型和相关函电	本单元课程运用案例结合理论以及对比分析、归纳演绎、教师讲授、学生讨论等的教学模式	6
4	Unit 4: Packing & Shipping Marks	第一节 Packing containers& Materials 第二节 Shipping Marks 通过本单元课程教学，使学生掌握国际商品（含展品）包装及运输（麦头）的外贸术语句型和相关函电	本单元课程运用案例结合理论以及对比分析、归纳演绎、教师讲授、学生讨论等的教学模式	6
5	Unit 5: Payment and Settlement of accounts	第一节 Terms of payment 第二节 Collection & Remittance 第三节 Letter of Credit 通过本单元课程教学，使学生掌握国际商品（含展品）支付的外贸术语句型及相关函电	本单元课程运用案例结合理论以及对比分析、归纳演绎、教师讲授、学生讨论等的教学模式	6

续表

序号	工作任务/项目	课程内容和要求		建议学时
		理论	实践	
6	Unit 6: Complaint and Adjustment	第一节 genuine complaint 第二节 Lodging a claim 第三节 Settle the problem and keep the customer 通过本单元课程教学,使学生掌握国际商品(含展品)交易索赔的外贸术语句型和相关函电	本单元课程运用案例结合理论以及对比分析、归纳演绎、教师讲授、学生讨论等的教学模式	6
7	Unit 7: Shipment and Insurance	第一节 Mode of transport and receipt documents 第二节 Shipping Advice/Instruction 第三节 partial shipment& Transshipment 第三节 Insurance Documents 通过本单元课程教学,使学生掌握国际商品(含展品)装运及保险常用外贸术语句型和相关函电	本单元课程运用案例结合理论以及对比分析、归纳演绎、教师讲授、学生讨论等的教学模式	6
8	Unit 8: The Other Modes of Transactions	第一节 Mode of Exclusive Sales 第二节 Mode of Agency/Consignment 第三节 Mode of Auction/Futures Trading 通过本单元课程教学,使学生掌握国际商品(含展品)各类交易方法的常用外贸术语句型和相关函电	本单元课程运用案例结合理论以及对比分析、归纳演绎、教师讲授、学生讨论等的教学模式	6

备注:典型工作任务、项目、模块、学习情境、工作过程等。

四、考核评价

教学评价致力于体现学生学习的结果以及力图体现学生的进步,因此打破传统的结果式考核,转变为分阶段分层次的逐步逐层考核,并不仅仅对学生掌握的理论知识进行考核,更重要的是对学生掌握技能的程度、对紧急事件的灵活机动处理能力、对情感态度的把握和控制、对人际交往经营能力以及团队合作精神等的全面评价,具体如下。

1. 课堂授课

以项目情景为导向,模块化教学。

2. 校内实训

以口语和笔译练习为主(采用教师设置具体情景、学生收集相关资料、分组用外贸术语讨论、教师课堂讲评等)。

3. 校外实训

参观和服务会展场项目,参与具体展会相关业务流程(用人单位展前培训教师组织学生上岗位实习、用人单位领导给学生打分等)。

考核=完成项目和任务程度占60%+自我对比进步程度占15%+团队合作精神占15%+灵活程度与沟通能力占10%。

五、课程资源及使用要求

（一）师资条件要求

本课程已形成一支专业的教学团队，有教授和副教授及讲帅组成梯队教学；校内实训基地为会展工作实验室，设备条件：3WShow 会展管理软件，主要配套会展计算机软件和各类展台搭建设备及教学仪器与多媒体，完全能满足教学校内实训要求。课堂教学条件具有多媒体功能的教室，包括投影仪、影响设备等。

（二）实训教学条件要求

校外实训基地：依托校企合作"六个一"平台，与杭州中博、中汽、西博办等八家建立了校企合作关系，每一届的西博会车展、房展、动漫节等成为我们校外实践的课堂，这些企业也成了我们的实训基地、实践基地和就业基地。平时有会展行业职业经理来校举办讲座。目前正向工学结合方面全面铺开，加强社会资源对专业和本课程的指导和建设。

（三）教材选用

教材建设是课程体系建设中的重要环节，也是一项重要内容。教材的选用直接或间接地决定了人才培养的方向、目标和质量，并对教学效果和人才培养的质量起到非常巨大的作用。因此，在选用"对外商务函电"课程的教材时，通过对我省会展人才实际需求进行调查，认真研究，并在坚持结合本专业特点和突出职业教育特点的原则下，决定选用：赵银德.外贸函电［M］.北京：机械工业出版社，2007.该教材知识重点突出，深入浅出，适合高职院校的会展专业学生使用。现说明如下：

1.该课程使用的教材每一章节在授完主要课程内容后均有实际案例供学生讨论和巩固所学内容，此外授课教师也设计项目情景引导学生练习相关外贸函电和口语，提高本课程的实际教学效果。

2.该课程教材体现的核心能力和技能以实用和适度为原则。通过外贸术语和句型的学习和练习，逐步培养和提高学生协作外贸函电的能力；同时帮助学生了解国际展品整个交易流程的各环节的国际贸易操作惯例；学生在学习了该课程后能在较短的实习期后很快适应国际展会展品交易的岗位的要求。

六、课程实施建议及其他说明

本课程教学方法与手段的指导思想是：人才培养目标决定教学方法，根据市场人才需求及岗位职业能力要求制订教学计划；课程教学手段服务于人才培养目标，将技能教育贯穿于整个教学过程。本课程主要展现的是国际展品外贸函电专业英语，是会展专业学生了解国际会展文化和惯例及参与高端国际展会的重要途径和手段。

学生所学知识大部分是在课堂上获得的，因此课堂教学就显得尤为重要。具体课堂教学过程如下：

1.教师先采用案例情景讲授专业外贸函电术语，目的是让学生有思想准备，知道学习的重点和中心。

2.以课堂讨论的形式让学生把所学的专业术语和句型用书面和口语表达出来。这样一来，学生学习的积极性和课堂效果会大大改观。

3.以实际国际展品外贸函电样本为载体，融入国际商品（含展品）贸易惯例，让学生就具体的外贸情景主题进行英文函电表达和中英文互译，提高外贸英语在国际展品交易领域的应用能力，从而为在国际会展行业工作和发展打好良好的专业和语言基本功。

通过以上的教学改革，达到两个目的：一是真正调动学生主动学习的劲头，动笔写专业函电；二是使会展专业学生了解国际展品交易惯例，为以后参与高端国际展会打下坚实的基础。

会展策划与管理专业"婚庆创意策划"课程标准

一、课程性质

"婚庆创意策划"是会展策划与管理专业学生的专业选修课，目标是让学生熟练掌握婚庆服务、会务管理等专业技能，培养婚庆服务实操技术和策划营销能力，具备良好的婚庆服务与管理理论素养。它是以"计算机辅助设计""市场营销"课程的学习为基础。

课程的总体设计思路是，打破以知识传授为主要特征的传统学科课程模式，转变为以工作任务为中心组织课程内容，并让学生在完成具体项目的过程中学会完成相应工作任务，并构建相关理论知识，发展职业能力。课程内容突出对学生职业能力的训练，理论知识的选取紧紧围绕工作任务完成的需要来进行，同时又充分考虑了高等职业教育对理论知识学习的需要，并融合了相关职业资格证书对知识、技能和态度的要求。项目设计不同主题的婚庆活动为线索来进行。教学过程中，要通过校企合作，校内实训基地建设等多种途径，采取工学结合、半工半读等形式，充分开发学习资源。教学效果评价采取过程评价与结果评价相结合的方式，通过理论与实践相结合，重点评价学生的职业能力。

该课程总学时 28 学时，建议学分为 2 分，执笔人为叶斐。

二、课程目标

（一）知识目标

1. 掌握中国传统婚礼、西方传统婚礼习俗；

2. 掌握中式婚礼、西式婚礼流程；

3. 掌握主题婚礼策划内容。

（二）能力目标

1. 专业的沟通能力（婚礼顾问）；

2. 策划能力（婚庆策划师）；

3. 平面设计能力（婚庆设计师）；

4. 婚礼现场执行能力。

（三）素质目标

1. 良好的思想道德素质；

2. 较好的职业素质和礼仪。

三、课程内容和要求

序号	工作任务/项目	课程内容和要求		建议学时
		理论	实践	
1	婚庆策划概述	婚庆策划的概念、发展及内容	各地婚俗对比	2
2	婚庆市场	婚庆产业链、婚庆市场发展现状及特点	课外调查：新人满意度调查	4
3	婚礼筹备流程	婚礼筹备的时间把控、内容把控	撰写婚庆筹备步骤（时间进度表）	2
4	中式、西式婚礼	中式婚礼流程、特点，西式婚礼流程、特点	中式婚礼与西式婚礼对比分析	2
5	主题婚礼策划	主题婚礼策划原理、方法及内容	策划一则主题婚礼	4
6	婚礼场景布置	婚礼场景布置内容、婚礼用具、婚礼配色	主题婚礼现场布置设计	4
7	婚礼SOP	SOP、全案服务流程	定制婚礼SOP撰写	2
8	婚礼核心人员	婚礼顾问工作内容、流程，婚礼策划师工作内容、流程		2
9	婚礼记录	婚礼摄影摄像及后期制作	婚礼摄影摄像案例分析	2
10	婚礼化妆及服饰	婚礼化妆、中式婚礼礼服、西式婚礼礼服	婚礼妆容和服饰搭配	2
11	婚礼司仪与致辞	司仪工作、主要致辞人	婚礼致辞撰写	2
12	婚庆花艺	花材认识、花艺布置		2
12	主题婚礼呈现		主题婚礼策划及场布展示	2

备注：典型工作任务、项目、模块、学习情境、工作过程等。

四、考核评价

结合教学进度对每个章节课堂布置的思考练习进行检查考核，作为学生平时成绩的依据；组织学生在课堂上对相关案例进行分析讨论、发言交流，作为衡量学生机敏和反应能力的依据；组织学生对部分实训项目进行组织实施，进行实战型训练，作为衡量学生动手能力和职业能力的依据。在教学评价中，坚持以过程性考核与终结性考核相结合，突出平时作业、期中测验、实训环节等过程性考核；以理论考核与实践考核相结合，突出实验实训实践项目考核。同时参考行业专家、学校督导组和学生网上评教等评价意见，不断改进教学方法，提高教学质量。

本课程为考查课，采用开卷考模式。考核打分：平时表现（出勤、听课、作业）30%、小组作业（40%）、期末考试（30%）。

五、课程资源及使用要求

（一）师资条件要求

本核心课程主讲教师叶斐等既有丰富的理论知识，又有较强的实践教学经验，具有长期在企业工作或挂职锻炼的经历，积累了丰富的节庆、赛事活动策划及婚庆策划经验，课程组成员全部为双师型教师；所有教师都有在国外或港澳学习、考察、工作、培训的经历。主讲教师具有行业职业资格，外聘教师如喜尔婚礼创始人兼总策划任骥、浙江省婚庆协会会长李正亮等，都具有丰富的实战经验。

（二）实训教学条件要求

学校教学硬软环境良好，课堂多媒体教学，节事与活动策划有实验会展中心、会展实验室、学校操场、体育馆等实验活动场地，方便举办各类活动。

（三）教材选用

王晓玫，李雅若.婚礼策划实务［M］.2版.北京：中国铁道出版社，2016.

参考教材：

［1］刘德艳.婚庆策划与管理［M］.北京：清华大学出版社，2014.

［2］李倩一，赵莲.婚礼色彩设计与应用［M］.北京：中国铁道出版社，2015.

［3］王丽娟.中西婚礼文化［M］.北京：中国铁道出版社，2016.

［4］人力资源和社会保障部教材办公室.职业技能培训鉴定教材：婚庆礼仪操作师［M］.北京：中国劳动社会保障出版社，2013.

会展策划与管理专业"会议宴会设计"课程标准

一、课程性质

本课程是会展策划与管理专业必修课，属于专业核心课程。本课程是培养学生会议服务接待能力，能在多人、多桌、多场地的情境下，提供会议酒店所定位的优质产品；能针对不同的宾客需求，设计主题宴会方案；能完成一整套会议宴会设计与管理工作，具有宴会设计师的潜质。本课程以"市场营销""沟通礼仪"课程学习为基础，同时与"会议组织与管理"课程相衔接。

会议宴会设计是会议服务与接待过程中的一项关键程序，尤其是大型会议，宴会设计成为会议酒店的核心要素。该课程是依据"会展策划与管理专业工作任务与职业能力分析表"中的宴会接待工作项目设置的。其总体设计思路是，以会议宴会接待过程为载体，以宴会设计步骤为任务程序，设计课程内容，仿真模拟工作过程，让学生在完成具体项目的过程中学会完成相应工作任务，并构建相关理论知识，发展职业能力。

课程内容的选择基础是以商务宴会、政务宴会为主要宴会情景，亲情宴会为衍生宴会情景。每种宴会载体突出对学生职业能力的训练，理论知识的选取紧紧围绕工作任务完成的需要来进行。项目载体设计以宴会接待程序为路径来进行，每个宴会情景又设计两个子情景，采用"教、学、做"为一体，结合校内外实训基地，有针对性地让学生模拟宴会情景，提高会议宴会服务能力。

会议宴会课程的总学时为 32 学时，建议学分为 2 分，执笔人为张素。

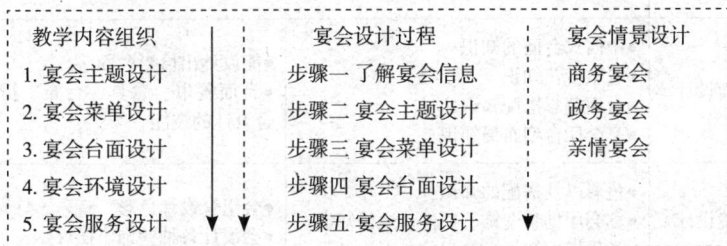

教学内容组织	宴会设计过程	宴会情景设计
1.宴会主题设计	步骤一 了解宴会信息	商务宴会
2.宴会菜单设计	步骤二 宴会主题设计	政务宴会
3.宴会台面设计	步骤三 宴会菜单设计	亲情宴会
4.宴会环境设计	步骤四 宴会台面设计	
5.宴会服务设计	步骤五 宴会服务设计	

二、课程目标

（一）知识目标

通过本课程系统学习，培养学生具有宴会设计所需要的基础知识，能熟练地实施宴会承接，熟练地进行常用宴会菜点、台面、环境氛围、服务和活动等方面的设计，能提炼宴会的主题并设计，并培养学生具有自我发展，创作高水平特色主题宴会的能力。

（二）能力目标

培养具有良好的综合素质和会展策划与管理专业基本理论知识和实践技能，适应会议酒店宴会产品的策划与设计、宴会服务接待并付诸实施管理等第一线需要的高等技术应用型人才。其核心工作岗位是宴会设计师、宴会部门主管。

（三）素质目标

注重学生良好的职业素质，为学生毕业后在会议酒店宴会部门岗位顶岗工作，能在实际工作中不断提高宴会设计水平打下坚实基础，为学生走向宴会设计师与管理岗位铺路奠基。

三、课程内容和要求

根据会展策划与管理专业课程目标和涵盖的工作任务要求，分析会议宴会设计课程三个学习情境中的 6 个子情境，并确定了每个子情境所具备的 7 个工作任务的内容和要求，并说明学生应获得的知识、技能与态度，安排 16 学时。

序号	工作工作任务/项目	知识内容与要求	技能内容与要求	建议学时
1	宴会承接	●宴会的种类及特点 ●宴会的特色和接待能力 ●宴会预订工作内容 ●签订合同所规定条款	●与宾客有良好的沟通能力 ●识别宾客需求能力 ●解读宾客预订各种宴会的信息	2
2	宴会主题设计	●中国传统宴会主题的背景 ●西式宴会主题的含义 ●关注时尚流行元素	●会表达各种宴会的特性 ●能把宾客需求与时代感融合的能力 ●能结合饭店特色设计	2
3	宴会菜单设计	●熟悉中餐八大菜系中1~2菜系知识和所处地方菜系 ●菜单和酒水知识 ●菜点营养搭配知识	●会设计符合宴会要求的菜单和酒水单 ●会表达菜单设计思想	2
4	宴会台面设计	●中西式台面的知识 ●餐巾折花知识 ●台面色彩搭配知识 ●宴会厅台型布局知识	●能设计出恰当台面 ●台面餐巾、餐具、台布、椅套等组合设计的技能	4
5	宴会环境设计	●色彩以及搭配的知识 ●宴会厅场景壁饰、摆件、地毯知识 ●音乐搭配知识	●会组合设计色彩、音乐、灯光 ●会设计各种壁饰、摆件	2
6	宴会服务设计	●中西餐服务接待礼仪与知识 ●大型宴会服务特点 ●设计宴会文艺活动	●会服务接待各式宴会 ●能操作各种服务技能 ●能把地方特色文艺表演活动与宴会结合	2
7	宴会组织实施	●综合宴会管理知识 ●宴会厅各种设备知识 ●掌握宴会接待场面的知识	●能选派和组织服务人员实施宴会接待技能 ●会与宾客宴会实施效果进行沟通	2

四、考核评价

本课程突出阶段评价、目标评价、理论与实践一体化评价，实施学生自我评价、教师评价和第三方评价的综合性结果。总之，评价围绕能力提高和测定为核心，实施如下方案：

1. 笔试时"虚"中有"实"。在闭卷形式中以各式宴会特点、要求为基础；开卷以会议宴会设计的中间环节设计为考核要点，并且每一个项目实施后对每一个环节都有阶段性评价，主要考核学生的设计能力和创新能力。

2. 实训时"实"中有"虚"。实训的项目设计有以个人为单位和小组为单位两种形式，通过实训内容的设计需达到设计成果之外，还需表达设计的意图和观点，过程需进行自我评价、小组评价和教师评价相结合。

3. 在条件允许的情况下，邀请校外企业作为第三方评价。实训过程中主要结合项目考核，学生们设计的宴会项目被酒店所选用的话，由第三方来认可评价。学生校外实训的过程性考核由基地和校方共同参与，部门考核与指导教师的检查相结合。

学生考核无论在哪个阶段，过程性的考核贯穿始终，尤其是对职业素养、工作态度、组织纪律性的考核不放松。各部分的考核比例见图1。

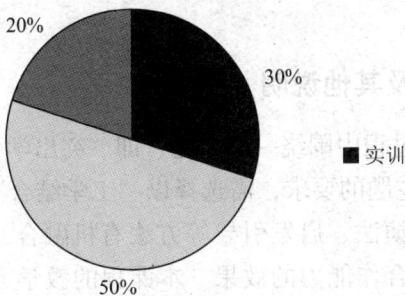

20%

30%

50%

■实训

图1　《会议宴会设计》考核分布

五、课程资源及使用要求

（一）师资条件要求

教学队伍的合理性表现在两个方面：一是由一支教学经验丰富，且每年下企业锻炼的教学团队组成；二是由一支专兼结合的教学队伍任教，兼职教师来自于企业一线的技术带头人和骨干组成。所有的教师成员都是双师型教师，在行业内有一定的知名度，做到课程、服务、科研相融合。

（二）实训教学条件要求

会议宴会设计的实训条件有校办企业杭州旅苑酒店、歌诗达实训中心二楼会议实训室，投资上百万的会议宴会多功能厅，可容纳88人左右的学生操作，实训环境优雅，多媒体教学、舞台设备先进。

（三）教材选用

教材的选取体现项目课程设计的理念，学校教师通过调研结合行业、企业的职业标准，选取王钰主编的新形态一体化《宴会设计》教材，结合刘澜江、郑月红主编的《主题宴会设计》配合课程教学。教材体现模块化、项目式，具有实用性、适应性的特色，符合高职会展策划与管理专业学生的职业培养要求。

（四）课程资源的开发与利用

1. 多媒体教案和课件

全教学过程使用，不受限制。

2. 行业企业网站

学生通过如下行业、企业相关网站进行在线自主学习，拓展知识。

中国餐饮网：http://www.canyin.com/

餐饮世界：http://www.canyinshijie.com/

中国会议网：http://www.chinameeting.cn/

中国花艺网：http://www.cfabb.com/

中国会议在线：http://www.ccchinaol.com/

中国会议产业网：http://www.meetingschina.com/

3. 教学资源

本课程目前已拥有的学习资源包括电子课件、电子教案、宴会影像、宴会台面图片等。

六、课程实施建议及其他说明

各种教学方法在运用过程中围绕一个主题，即"突出学生主体地位、发挥项目导向作用"。如何才能达到该主题的要求，需选择以"工学结合"为指导的教学方法。灵活地把分组讨论法、角色扮演法、启发引导等方法有机融合，达到教学为培养学生创新能力、求知意志力、团队合作能力的效果。本课程的教学方法特色主要表现在以下两方面：

1. 灵活运用各种教学方法

会议宴会设计教学过程中的宴会主题设计环节，教师除了运用启发式教学调动学生的积极性以外，还通过布置独产的设计课题以培养学生综合运用所学知识解决问题的能力，鼓励和引导学生通过国际互联网、图书馆、实地调研等途径进行资料收集与分析，提高宴会主题的精练能力；同时，也有利于学生掌握我国最新的宴会设计动态。教学过程中通过问题导入、分组讨论、角色扮演、个别指导等来启发学生的思维，从而培养学生的独立学习和创新能力。

2. 综合运用多种教学方法

基于"项目导向，产学并行"人才培养模式下的多种教学方法融为一体，综合运用于会议宴会设计课程，使学生学习效果显著，见图2。

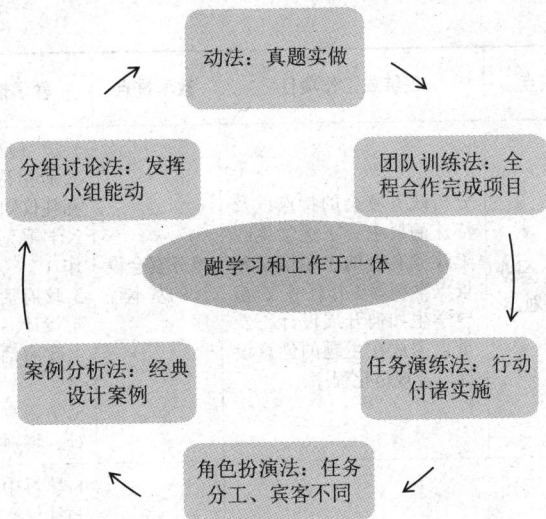

图2 基于工学结合的综合教学方法

七、教学项目设计

结合教学内容安排，穿插设计以下教学项目设计，共计16学时。

会议宴会设计教学项目设计

项目	工作任务/项目	知识点	训练或工作项目	教学重点	教学情境与教学设计	建议学时
商务宴会	商务会议宴会	会议宴会设计与策划	分析会议宴会的定位、特点、要求，下达学生收集商务活动宴会的主题信息等任务，运用案例模拟会议情景带领学生体验该宴会的特色	会议宴会设计的基本程序	1.学习会议宴会的特色与主题设计策略 2.会议活动宴会的菜点设计与菜单设计 3.宴会台面、台形设计与各场所所需的环境设计 4.会议宴会服务与活动的安排 5.会议宴会设计整体方案的小组评价	6
	公司庆典鸡尾酒宴会	鸡尾酒会设计与策划	西式宴会相关知识点，布置学生收集西式宴会的文献资料等任务，鸡尾酒会的特点，鸡尾酒会设计的步骤与方法	西式商务宴会设计的服务程序	1.西式宴会的基础知识及西餐服务礼节、礼仪 2.学习西式宴会菜点、酒水和庆功庆典鸡尾酒会的主题 3.庆功庆典鸡尾酒台面台形设计 4.学习宴会的服务与活动设计 5.该宴会设计方案与实训成果的评价	

续表

项目	工作任务/项目	知识点	训练或工作项目	教学重点	教学情境与教学设计	建议学时
政务宴会	政务活动宴会	政务宴会设计与策划	分析政务宴会的特点以及特殊的要求；下达学生收集政务宴会的主题信息和景点案例等工作任务；指导学生如何开展设计，着重点需放在主题的创意设计以及规格化程序	政务宴会设计的基本程序	1.学习政务宴会的特点与政府招待宴会的主题设计和礼仪知识 2.学习菜点设计与菜单制作 3.政府活动宴会台面、台形设计 4.政府活动宴会的环境设计 5.学习宴会服务与活动设计，特别突出政务需求	4
	外宾招待宴会	西式政务宴会设计与策划	讲解有外宾参加的宴会形式，采用中西结合的思想设计外宾招待宴会；分析冷餐会的形式和程序，下达学生查找接待外宾宴会的设计方案。以政府招待宴会为载体阐明其规格性	西式政务宴会设计的服务程序	1.学习中西结合服务方式与礼仪礼节程序 2.中西式的宴会台面、台形设计 3.外宾招待宴会的环境氛围与相关活动设计 4.主题策划与设计，侧重于文化主题 5.宴会菜点的组合与菜单设计 6.外宾招待宴会设计方案的评价、考核	
亲情宴会	中式传统婚宴	中式婚宴设计与策划	介绍婚庆宴会的特点与要求，下达学生收集中、西式婚庆宴会的地方特色，传授传统中式婚宴的设计技术关键，突显中式特色，集合历史丰富传统文化	婚宴设计的基本程序	1.学习婚庆宴会的主题设计与菜点知识 2.中式婚庆宴会的菜单制作 3.中式婚宴台面、台形、花艺设计 4.中式婚宴环境氛围设计 5.中式婚宴的服务与活动设计 6.中式传统婚庆宴会的菜单、花艺设计等各任务设计的小组评价	6
	寿宴	生日宴会设计与策划	引领学生走进宴会殿堂，介绍生日宴会的特点以及相关知识点，下达学生收集有关生日宴会的文献资料任务，特别是古代寿宴与现代寿宴的知识点，寿宴的设计思路	生日宴会设计的服务程序	1.宴会设计基础知识与基本技能 2.策划主题，学习与生日宴会相关的菜点 3.寿宴的菜单制作 4.寿宴台面、台形设计 5.寿宴服务与活动方案设计 6.寿宴环境氛围设计 7.寿宴设计方案评价	

会展策划与管理专业 "市场营销" 课程标准

一、课程性质

"市场营销" 是会展策划与管理专业的一门必修课，属专业核心课程。它是为会展的后续课程 "会议组织与管理" "展览策划与管理" 和 "节事与活动策划" 等专业课程打基础的课程。主要是培养学生在营销过程中的市场分析、营销策划、组织与执行和调控能力，为会展及相关企业培养市场调研、展览策划、对客服务的人才。

课程是依据工作领域中的工作项目设置的。本着 "以学生为中心" 教育思想，依据 "任务驱动、工学结合、能力培养" 的原则，以提高学生整体素质为基础，以培养学生市场营销综合管理能力，特别是创新能力和实际操作能力为主线，兼顾学生后续发展需要，选取符合市场营销职场所要求的市场营销管理素质和能力为教学内容；在基础知识的选择上以应用为目的，以 "必需、够用、实用" 为度，服从培养能力的需要，突出针对性和实用性。

该门课程的总学时为 56 学时，建议学分为 4 分，执笔人为张捷雷。

二、课程目标

（一）总体目标

通过任务引领型的项目教学活动，使学生掌握市场营销的理论知识，熟悉营销活动的流程及岗位要求，能够承担销售及销售管理等环节的工作任务。同时培养忠于职守、善于沟通、诚实守信、勇于开拓、吃苦耐劳的品质，为发展职业能力奠定良好的基础。

（二）具体目标

1. 知识目标

（1）认识市场营销管理的主要内容，掌握市场营销管理的基本策略；

（2）了解市场营销战略和营销控制的相关内容；

（3）理解终端管理和客户服务管理理论，掌握消费者需要、动机和消费者行为分析的理论和方法；

（4）掌握中间商管理的基本理论、策略和操作实务；

（5）掌握市场营销团队管理的主要内容和方法。

2. 能力目标

（1）能制订铺市计划、目标区域整体市场和局部市场计划以及调度计划；

（2）理解客户服务的基本原理，能进行客户投诉处理，培养客户的满意度、忠诚度；

（3）做好营销人员的选拔、培训、安排鼓励和考核工作；

（4）做好中间商的考察、选择与调控工作；

（5）能进行营销团队构建，掌握营销团队管理方法。

3. 素质目标

（1）具有热爱市场营销专业，爱岗敬业的精神和强烈的法律意识；

（2）具有很好的市场营销职业道德素质和身心素质；

（3）具有与人合作共事和团队精神；

（4）具有市场营销方面的竞争意识，分析判断能力，开拓创新能力和科学决策能力。

三、课程内容和要求

（一）课程主要内容

以会展策划与管理工作的各环节为依据，以工作职责与功能为主线构建教学内容，设计了会展策划管理、会展销售管理和销售业务指导管理三个方面6个项目。

主要内容包括：

1. 营销管理实务基本原理。从整体上介绍营销管理实务的基本理论和基础知识，让学生懂得市场营销岗位的工作内容和素质要求。

2. 突出"四大支柱"。产品决策、定价决策、渠道决策、促销决策是任何营销岗位都必须涉及的基本内容，本课程必须作为重点内容进行讲授和训练。

3. 营销管理新形态。增加整合传播营销、关系营销、网络营销和体验营销等新的市场营销管理模式，正确认识营销工作中的局部与全局的关系，提高营销执行力。

（二）课程教学内容与教学的总框架

序号	工作工作任务/项目	课程内容和要求		建议学时
		理论（理论教学）	实践（能力教学）	
1	认识市场营销活动	1.能够提高对营销重要性的认识与理解 2.正确认识市场营销观念，能够灵活运用营销观念分析、评价企业的现状 3.了解会展业中的营销者和营销对象是什么 4.掌握科学管理营销活动的程序	1.能够判别现实中存在的各种营销观念 2.明确作为某一会展企业的营销对象和营销目标	4
2	分析市场营销环境	1.掌握宏观环境指标体系及在市场分析中的运用 2.掌握微观环境指标体系及在市场分析中的运用 3.以会展项目为例掌握环境分析方法	能够以某一会展项目为例分析该项目的宏观环境和微观环境	2
3	营销市场战略分析	1.理解战略制定和分析的过程 2.了解或掌握几种战略分析方法，SWOT分析法、波士顿成长份额矩阵、安索夫矩阵、竞争战略等	学习用SWOT分析会展项目	4
4	购买者购买行为分析	1.掌握影响市场购买行为的主要因素 2.掌握市场购买决策过程中各环节的特点	1.以终端消费者为目标的展会案例，请学生分析其购买决策行为 2.以产业中间商为目标的展会案例，请学生分析其购买决策行为	4
5	市场调研	1.日常信息的收集 2.市场调研及方法	1.调研问卷起草和调查方案制订 2.调研报告撰写	6
5	目标市场营销战略	1.能够选用合适的标准进行市场细分 2.能够有效确定目标市场 3.能够准确实现市场定位	给学生一个命题，对命题按照目标营销市场进行分析和定位	4

序号	工作工作任务/项目	课程内容和要求		建议学时
		理论（理论教学）	实践（能力教学）	
5	产品策略	1.能够正确认识整体产品的概念及意义 2.能够判断出产品的生命周期并掌握应使用的营销策略 3.能够确定产品组合的状态及其应采取的策略 4.熟悉新产品开发的时机及流程	1.会展产品设计和概念策划 2.产品组合及其新产品开发	6
6	品牌与包装策略	1.能够熟练掌握品牌及商标的概念 2.理解品牌设计的基本原则及品牌的作用 3.了解比较全面的品牌营销策略 4.了解包装的含义、作用、分类和包装策略	学生建立如何树立和保持一个会展品牌的意识	4
7	价格策略	1.掌握影响定价的主要因素 2.能根据实际情况选用合适的定价方法 3.能根据市场定位及营销目标的调整合理运用价格策略 4.会展价格的构成及定价法	1.根据学校消费背景，请学生就设计的产品讨论定价 2.学生能够根据市场情况进行定价	2
8	分销策略	1.了解分销渠道的概念、职能与类型 2.熟悉分销渠道中间商的经营目标及运营特点 3.了解掌控分销渠道的基本方法及其影响因素	1.通过案例分析，掌握分销渠道的选择技能 2.通过情境学习，掌握中间商的管理技能	4
9	促销策略	1.能够有目的地选择促销组合 2.熟悉各种促销方式的特点 3.了解公共关系的概念、特征、原则、步骤与公共关系活动的主要方式	根据命题，能够制订切实可行的促销计划	4
10	营销沙盘软件实训		通过角色扮演，了解企业营销决策过程，小组进行对抗比赛，促进对理论知识的理解	12

四、考核评价

教学评价和考核中贯彻能力为本的理念。变单向教学评价为多元评价，将静态教学评价变为动态评价。成绩由小组作业成绩、展会实践成绩和考试成绩构成。

教学环节	所占比重%	考核形式	分数构成
理论教学	50	笔试	50
能力教学	50	沙盘实训成绩和平时作业成绩	30+20

五、课程资源和使用要求

（一）师资条件要求

本课程主讲教师需既有丰富的理论知识，又有较强的实践教学经验。课堂教学利用学校现有的课堂教学器材，如投影仪、音响等，通过制作课件，以及案例教学法、问答教学法、沙盘演练等多种方法，学生分组根据设定的背景情节完成规定的项目作业。

（二）实训教学条件要求

1. 利用现代信息技术开发多媒体课件，通过搭建起多维、动态、活跃、自主的课程训练平台，使学生的主动性、积极性和创造性得以充分调动。

2. 通过引入营销沙盘仿真实训软件，让学生置身于网络实习平台中，积极自主地完成探讨仿真企业的营销活动，为学生提高营销管理的基本职业能力提供有效途径。

3. 实训室具有投影仪、电脑、WiFi、服务器和小组讨论桌型等教学设施设备。

（三）教材选用

［1］吴健安.市场营销学［M］.北京：高等教育出版社，2016.

［2］营销沙盘软件实训操作手册（软件公司提供）。

参考教材：

［1］菲利普·科特勒.营销管理［M］.上海：上海人民出版社，2016.

六、课程实施建议及其他说明

1. 应加强对学生职业能力的培养，强化案例教学或项目教学，注重以任务引领型案例或项目作业来诱发学生兴趣，使学生在案例分析或完成项目过程中掌握市场营销知识。

2. 应以学生为本，注重"教"与"学"的互动。通过选用典型活动项目，由教师提出要求或示范，组织学生进行活动，让学生在活动中增强职业意识，掌握本课程的职业能力。

3. 营销沙盘的实训可以在课中进行，也可以放在理论课程结束后进行。

附：教学项目（或学习情境）设计

项目	工作任务	知识点	训练或工作项目	教学重点	教学情境与教学设计	学时
市场营销活动管理能力	背景分析	行业分析，收集数据和事实，制订工作计划和思路	沙盘软件/实地调研	会展营销活动管理的程序	沙盘软件学习/校园问卷调研	2
产品与价格管理能力	产品设计与价格管理	产品整体概念、产品组合的策略、新产品的推广、辨别产品所处生命周期的阶段，定价的策略与技巧	沙盘软件项目	定价技巧	根据软件进行设置控制	2
渠道设计与管理能力	渠道管理	分销渠道的功能和类型、影响分销渠道选择的因素和分销策略、销售代理方式，连锁经营的本质和类型	沙盘软件项目	会展营销渠道调控	根据软件进行设置控制	4
促销管理能力	促销管理	促销的内涵及促销组合策略、广告、公共关系、销售促进和人员推广的基本策略和技巧	沙盘软件项目	促销组合策划	根据软件进行设置控制	2
客户管理能力	客户管理	服务质量的评价标准，提高服务质量的方法、信用管理的目标、信用政策、追账策略；选择分销商、激励中间商客户	沙盘软件项目	客户关系管理	根据软件进行设置控制	2

后 记

　　经过近一年集中精力的工作，在总结十余年职业教育教学改革、课程建设经验的基础上，依靠浙江旅游职业学院全体师生的努力，我们承担的全国旅游职业教育教学指导委员会 2017 年科研项目《旅游职业教育旅游大类专业课程标准研制研究》（LZW201714），已经完成了学院旅游大类专业课程标准制定的预期成果。正式推出，在校内实施，并将推广到省内高教园区、国内旅游院校，争取通过国际课程标准认定，推动专业通过联合国世界旅游组织旅游教育质量认证。这是学院专业建设的重要成果，既是学院第三轮"英才计划"实施推进的显现，更是学院专业建设、教育教学改革创新的体现。

　　在课程标准制定的研究过程中，项目组坚持深化产教融合、校企合作，紧贴旅游业态、旅游经济发展的实际需求，在充分依托行业、接轨国际、校企合作，共同推进专业改革与实践的基础上，根据学院"围绕旅游办专业，围绕旅游育人才"的理念，按照专业与行业、产业、企业对接，专业课程内容与职业标准对接、教学过程与工作过程对接的原则，通过产业分析、行业调研、企业调查、毕业生调查、同类院校（专业）调研，了解旅游行业的现状和发展，了解相关职业岗位的主要职业活动，熟悉工作流程，从课程定位、课程目标、课程内容、考核方式与标准、课程教学资源及使用要求、课程实施建议及其他说明等方面，确定课程标准的基本构架和要求，精心研究制定《旅游职业教育旅游大类专业课程标准》，为有效提升专业建设与行业发展的吻合度，不断增强旅游职业教育人才培养的实效性和针对性，奠定了扎实的基础。

　　在此，谨向给予项目立项的全国旅游职业教育教学指导委员会和秘书处表示衷心的感谢，向支持此项研究的浙江旅游职业学院的领导和参与编制的教师表示衷心的感谢，向提供资源的兄弟院校朋友们表示感谢，向同心协力完成各项工作的浙江旅游职业学院教务处同仁表示感谢。正是因为大家的帮助和抱团作战，我们才完成了此项工作，并有了让工作成果得以面世的机会。

旅游职业教育旅游大类专业课程标准研制研究课题组

2018 年 4 月